北京朝阳年鉴

2017

BEIJING CHAOYANG NIANJIAN

北京市朝阳区地方志编纂委员会 编

方志出版社

图书在版编目（CIP）数据

北京朝阳年鉴．2017 / 北京市朝阳区地方志编纂委员会编．— 北京：方志出版社，2018.6
ISBN 978-7-5144-3117-9

Ⅰ．①北… Ⅱ．①北… Ⅲ．①朝阳区—2017—年鉴
Ⅳ．① Z521.3

中国版本图书馆 CIP 数据核字（2018）第 155612 号

北京朝阳年鉴（2017）

编　　者：北京市朝阳区地方志编纂委员会
责任编辑：丛　珺　宁　芳
出 版 人：冀祥德
出 版 者：方志出版社
地址　北京市朝阳区潘家园东里 9 号（国家方志馆 4 层）
邮编　100021
网址　http://www.fzph.org
发　　行：方志出版社图书经销中心
电话（010）67110500
经　　销：各地新华书店
印　　刷：北京中科印刷有限公司
开　　本：889×1194　1/16
印　　张：38 印张
字　　数：1562 千字
版　　次：2018 年 6 月第 1 版　2018 年 6 月第 1 次印刷
印　　数：0001 ～ 2000 册
ISBN　978-7－5144－3117－9　定价：260.00 元

编辑说明

一、《北京朝阳年鉴》是由北京市朝阳区人民政府主办，北京市朝阳区地方志编纂委员会办公室承编的地方综合年鉴。自2005年开始逐年编纂并公开出版，一年一卷，本卷为第13卷。

二、《北京朝阳年鉴》坚持以马克思列宁主义、毛泽东思想、邓小平理论、“三个代表”重要思想、科学发展观、习近平新时代中国特色社会主义思想为指导，坚持辩证唯物主义和历史唯物主义的立场、观点、方法，求真务实，全面、客观、系统地记述区域发展情况。

三、《北京朝阳年鉴》以出版年号为卷次名称。本卷全面记述朝阳区2016年政治、经济、文化和社会发展的基本情况，记述时限为2016年1月1日至2016年12月31日（部分内容根据实际情况，时限略有前后延伸）。凡在文中直书月、日的，均指2016年内的日期，文中“年内”指2016年。书中涉及其他年份的时间均标明年份。

四、《北京朝阳年鉴》采用文章体和条目体两种体裁，以条目体为主，用规范的语体文、记述体，直陈其事，文字力求简洁、朴实。全书条目标题统一用黑体【 】表示。

五、本卷设有32个一级栏目：（1）区情概览、（2）特载、（3）专文、（4）大事记、（5）中共朝阳区委、（6）朝阳区人民代表大会、（7）朝阳区人民政府（8）、政协朝阳区委员会、（9）纪检监察、（10）民主党派与工商联、（11）群众团体、（12）法治、（13）武装、（14）改革、（15）城乡规划与建设、（16）城乡管理、（17）功能区建设、（18）农业、（19）工业·商贸服务业、（20）旅游业、（21）财税金融、（22）经济管理与监督、（23）科技·教育、（24）文化、（25）卫生·体育、（26）社会与生活、（27）街道·地区（乡）、（28）人物、（29）统计资料、（30）附录、（31）索引、（32）勘误。除区情概览、特载、专文、大事记、人物、统计资料、附录、索引和勘误外，其余均为条目体。

六、文中除“民主党派”部分外，未标明党派的“市委”均指“中共北京市委”，“区委”均指“中共朝阳区委”，“党员”均指“中共党员”，“党建”工作均指“中国共产党建设”工作。

七、为方便读者使用，本年鉴一级栏目“街道·地区（乡）”内容，依据各街道、地区（乡）名称第一个字汉语拼音的英文字母顺序排列，第一个字相同的，按第二个字排列，以此类推。

八、《北京朝阳年鉴》配有双重检索系统：书前刊有详细目录，书后附有索引。

九、入鉴的资料、图片均由各撰稿单位确定专人撰写或提供，并经主要负责人审核。部分资料由编辑部收集。主要数据和统计资料由朝阳区统计局提供，部分数据由各相关部门提供。由于统计口径等原因，相关部门的个别数据与统计资料不一致的，以统计资料为准。

十一、本年鉴在编纂过程中，得到全区各单位的大力支持，在此一并表示感谢。年鉴中存在的不足和疏漏之处，恳请读者批评指正。

《北京朝阳年鉴》编辑部联系电话：010-65094147

地址：北京市朝阳区日坛北街33号朝阳区档案馆504室

邮编：100020　　　　邮箱：cyqzb@bjchy.gov

《北京朝阳年鉴》编辑部

数字朝阳

辖区面积	470.8平方千米	城镇单位职工年平均工资	134806 元
年末户籍人口	210.9万人	居民人均可支配收入	60056元
年末常住人口	385.6万人	居民人均消费支出	40034元
地区生产总值	5171.0亿元	幼儿园数	236所
地区生产总值增速	6.5%	小学学校数	87所
第一产业增加值	1.1亿元	中学学校数	91所
第二产业增加值	351.0亿元	职业高中	5所
第三产业增加值	4818.9亿元	医疗卫生机构数	1441个
人均地区生产总值	134102元	每千人拥有医院床位数	5.09张
规模以上工业企业总产值	688.5亿元	房屋施工面积	2034.4万平方米
一般公共预算收入	477.1亿元	房屋竣工面积	277.6万平方米
全社会固定资产投资	1257.9亿元	商品房销售面积	162.4 万平方米
社会消费品零售总额	2654.5亿元	开工建设保障房	8749套

区委书记吴桂英（前中）调研八场沟常营段施工现场黑臭水体整治工作

区长王灏欢送新入伍战士

区人大常委会主任陈宏志（右三）带队督办水污染治理

区政协主席谢莹（前中）检查京客隆天达路店安全工作

中国共产党北京市朝阳区第十二次代表大会

北京市朝阳区第十六届人民代表大会第一次会议

政协北京市朝阳区第十三届委员会第一次会议

区人大代表视察食品市场监管情况

区、乡人大换届选举工作动员部署暨培训会

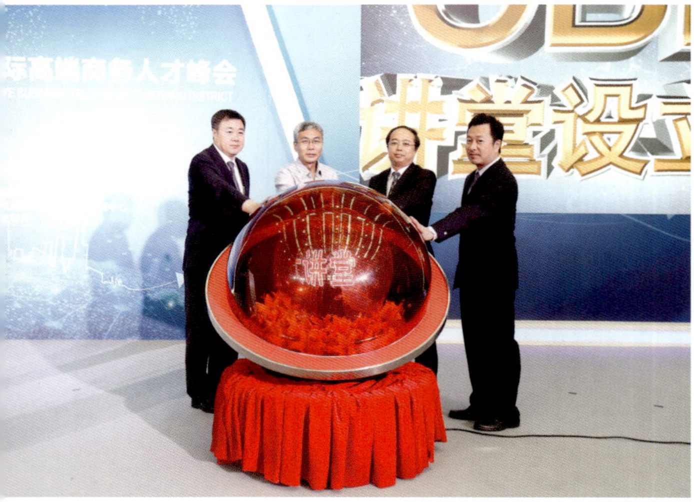

区国际高端商务人才峰会——CBD大讲堂启动

朝阳区"银税互动"合作框架协议签约仪式

第八届投资北京洽谈会重点项目签约仪式

创青春·创未来——2016年朝阳区青年创新创业工作座谈会

朝阳区东风乡与昆明寻甸帮扶暨招商引资推荐会

北京·朝阳
BEIJING · CHAOYANG
技创新 · 引领产
冬
奥
运

中国北京国际科技产业博览会朝阳展位

朝阳区文明校园创建活动启动

朝阳区第12届青少年机器人大赛

区科委举办科技周
科普体验活动

农业“六进”工程
走进北京朝阳外国
语学校

“奥运说”科普团启动

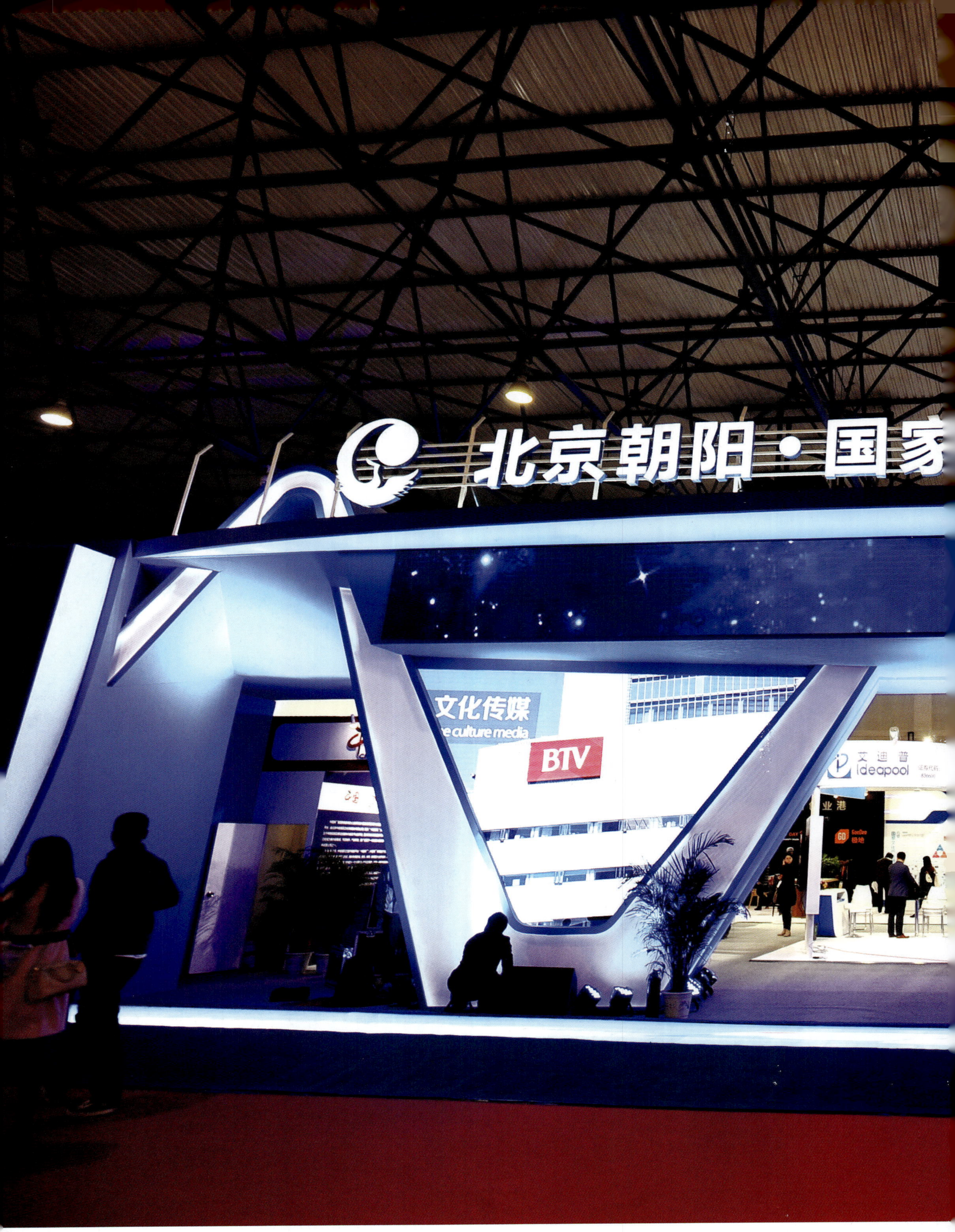

北京朝阳·国家
文化传媒
BTV
艾迪普
ideapool

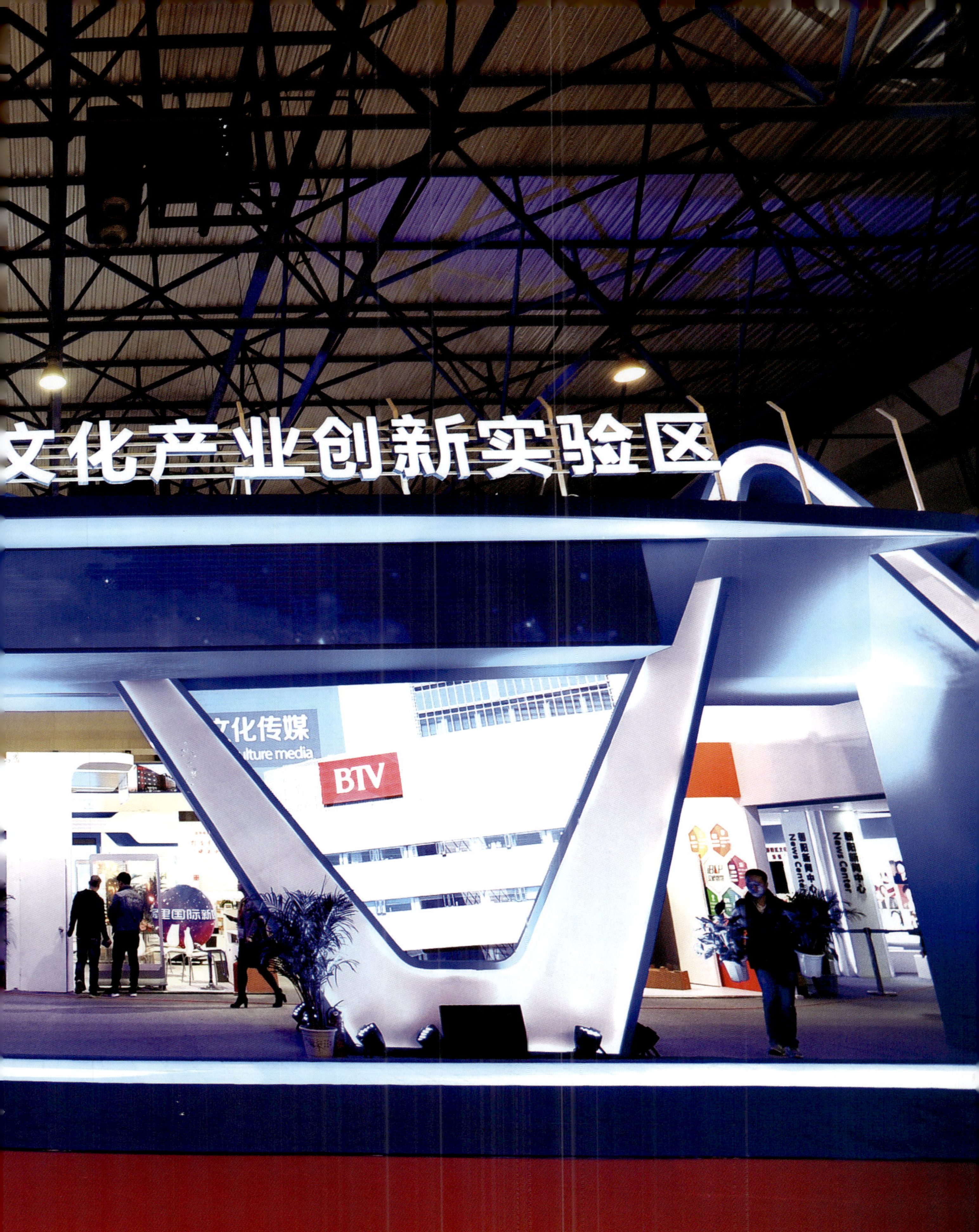

朝阳区参加第十一届中国北京国际文化创意产业博览会主会场展览展示活动

香河园街道民俗文化展

>>> 第十届春分朝阳文化节

>>> 亚运村第五届文化艺术节开幕仪式

>>> 奥运村街道“社区大舞台
——舞动北京”文化活动

第五届奥林匹克森林公园百亩葵花展

朝阳区“共话‘十三五’”百姓宣讲活动

太阳宫地区第七届文化节闭幕式

团结湖街道文学艺术界联合会成立仪式

东湖街道文学艺术界联合会成立仪式

劲松街道文学艺术界联合会成立大会

呼家楼街道文学艺术界联合会成立仪式

北京奥林匹克塔命名暨
Inauguration of the Beijing Olym

北京奥林匹克塔命名暨奥运五环标志落成仪式

朝阳体育欢乐嘉年华活动启动

袁艳萍（中）获第十五届残奥会柔道女子70公斤以上级冠军

谢青获第十五届残奥会女子S11级100米自由泳冠军

茅经典获第十五届残奥会乒乓球女子单打CL8冠军

2016年朝阳区首届小学生冰上趣味运动会

高碑店地区全民健身运动千人太极展示

勤廉行·中国梦——2016朝阳区勤廉榜样宣讲会

亚运村地区纪念建党95周年主题活动

>>> 街道系统庆祝建党95周年“学党史·强党性·爱朝阳”党史知识竞赛决赛

>>> 中共北京握奇数据系统有限公司党委成立仪式

>>> 豆各庄地区金豆创享党群服务中心启动仪式

定福庄再生水厂厂区

环卫工人雨中
清理雨水篦子

广渠路二期绿化成果

北京市第十七中学赛洛城校区屋顶绿化成果

信访宣传主题月活动

东风乡农民回迁入住

区种养中心阳台菜园蔬菜新品种推介会

惠新北里社区“3·15”消费者权益日法律咨询

>>> 首都机场街道南路东里社区议事协商立项会

>>> 垡头街道双合家园流动议事厅征集意见建议

>>> 王四营乡白鹿社区纪念申冬奥成功一周年——“2022有我”走进鸟巢活动

北京市首家社区流动美术馆在呼家楼街道金台社区揭幕

劲松街道社区居民与外国朋友共度端午节

文明旅游进社区宣传活动

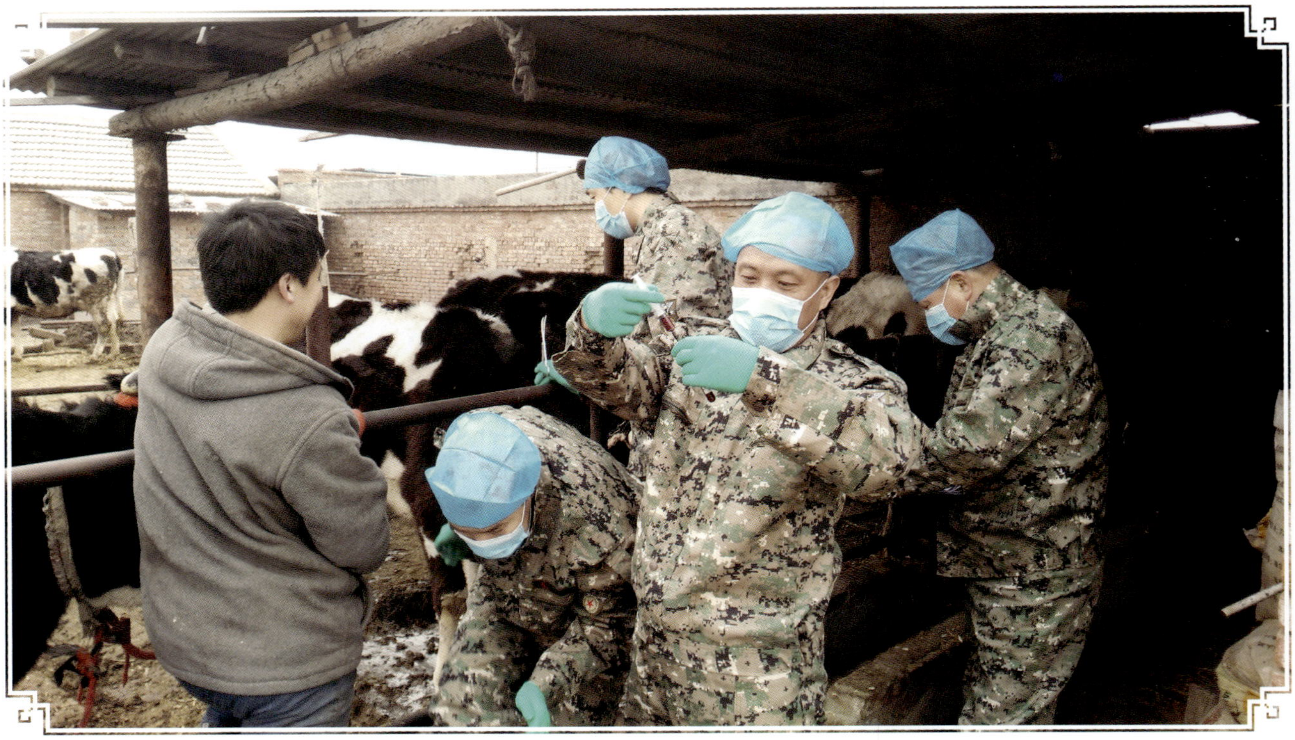

春季检疫净化采血工作

区卫生计生委在东坝奥林匹克运动城广场举行饮用水卫生宣传活动

动物防疫采羊血

区医保中心开展“服务群众月”活动

管庄地区红十字会慰问困难家庭

外籍志愿者在公交站台服务

民建北京市朝阳区二支部与丰台丽泽金融商会公益行欢庆教师节

区突发事件预警信息发布中心揭牌仪式

朝阳志愿者完成“为主席站岗、为人民服务”——毛主席纪念堂服务工作

防震减灾知识宣传活动

小学生志愿者在公交站台服务

区食品药品监管局开展安全生产大检查

潘家园旧货市场微型消防站揭牌仪式

区质监局开展计量执法专项检查

>>> “北京朝阳税务”微信公众号上线

>>> 区国税局实行税务事项全市通办

>>> 朝阳区一绿试点建设网络监督平台启动仪式

公安朝阳分局执法办案管理中心揭牌启动仪式

望京地区开展“珍爱生命，带上安全”主题宣传进校园活动发布中心揭牌仪式

区检察院首批入额检察员向宪法宣誓仪式

中共北京市朝阳区司法局机关委员会成立大会

左家庄街道开展双拥共建活动

团结湖街道与共建部队共庆端午节

公安朝阳分局看守所警长段星当选为“北京榜样·最美警察”

区武装部慰问驻区部队

公安朝阳分局发还被盗手机活动现场

>>> 麦子店街道参加丹麦“中国文化节”

>>> 俄罗斯莫斯科市西南区代表团参观日坛公园

>>> 芳草地国际学校“一带一路”课程走进贵州活动

奥地利政府商务代表团参观三源里市场

建设中的中信大厦

朝阳区行政区划地图

(2015.12)

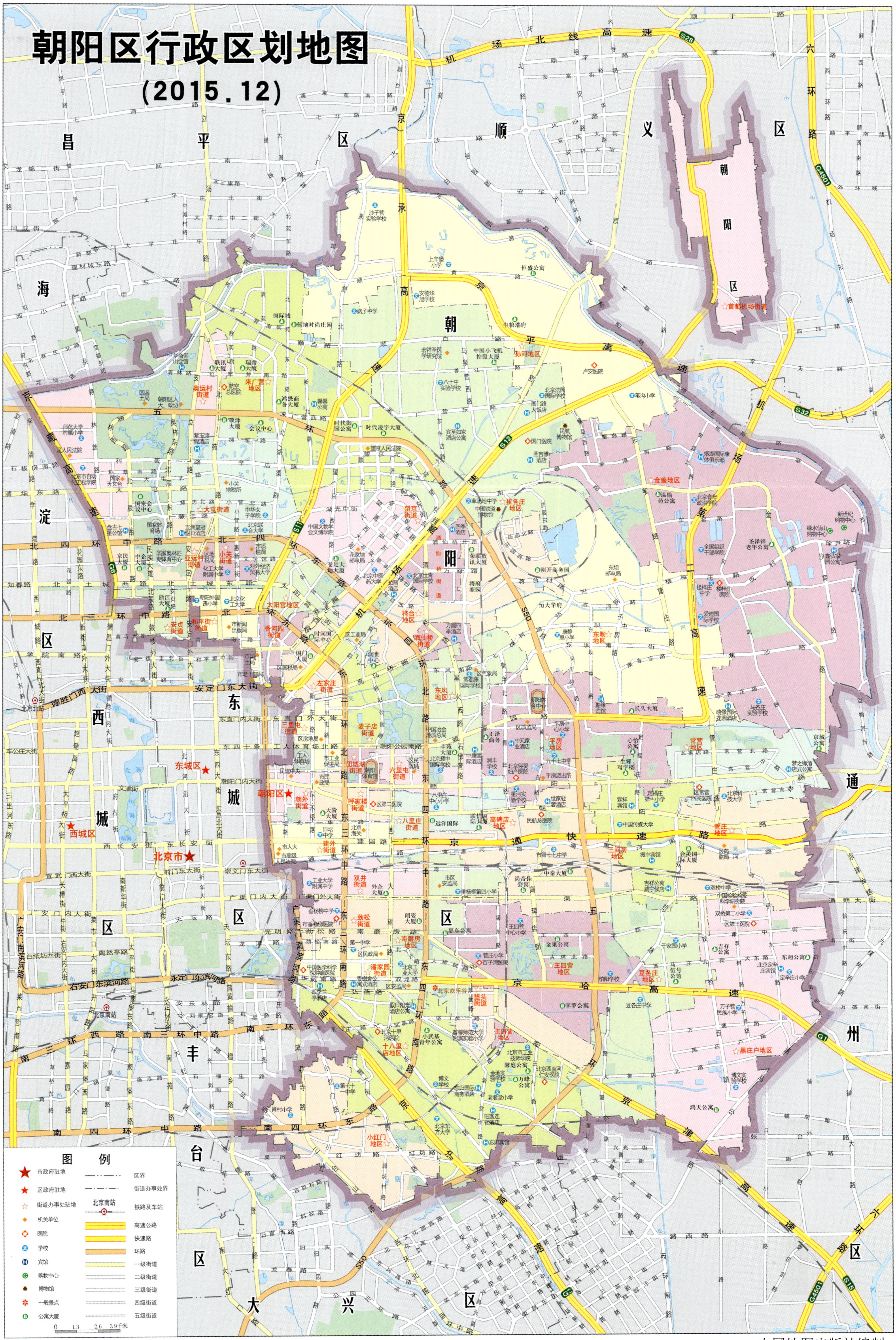

审图号：京S(2018)010号

中国地图出版社编制

目　　录

区情概览

特　载

专　文

大事记

中共朝阳区委

重大决策

组织工作

宣传与精神文明建设

朝阳区人民代表大会

综述

重要会议

议案办理和信访受理

代表活动

专门委员会工作

朝阳区人民政府

综述

主要工作和重大活动

政府信息公开

电子政务建设

行政服务

招商引资

民族·宗教

外事及港澳台工作

纪检监察

民主党派与工商联

共青团朝阳区委

朝阳区妇女联合会

朝阳区青年联合会

朝阳区归国华侨联合会

朝阳区科学技术协会

朝阳区残疾人联合会

朝阳区红十字会

公安

交通管理

检察

审判

司法行政

武　装

人民武装

人民防空

房屋管理

公用事业

供电

供水

园林绿化

朝园弘园林绿化有限责任公司

日坛公园

团结湖公园

红领巾公园

元大都城垣遗址公园

四得公园

北小河公园

邮政通信

城乡管理

市政管理

城管执法监察

数字化城市管理

交通运输管理

环保管理

北京奥林匹克公园

中关村朝阳园

温榆河生态走廊

农业综合执法

农村人才培训

工业·商贸服务业

工业产业发展

高新技术产业

商贸服务业

朝阳副食品总公司

蓝岛大厦

京客隆集团

旅游业

财税金融

安全生产监督管理

审计管理

国有资产监督管理

食品药品监督管理

烟草专卖与管理

工商行政管理

消费者权益保护

科技·教育

科技

科技工作

地震服务

气象服务

教育

综述

高等教育

职业教育

公共文化服务

文化遗产保护

文化市场管理

文化创意产业

798 艺术区

北京潘家园国际民间文化发展有限公司

朝阳规划艺术馆

新闻传播

卫生·体育

卫生

体育

社会保障

居民生活

老龄工作

街道·地区（乡）

街道

安贞街道

垡头街道

和平街街道

呼家楼街道

麦子店街道

潘家园街道

三里屯街道

首都机场街道

来广营地区（乡）

南磨房地区（乡）

平房地区（乡）

三间房地区（乡）

人　物

领导干部

先进人物

统计资料

附　录

朝阳区委、区政府主要文件

先进集体

索　引

勘　误

Contents

People's Government of Chaoyang District

Beijing Chaoyang District Committee of Chinese People's Political Consultative Conference

Discipline Inspection and Supervision

Democratic Parties and Federations of Industry and Commerce

Organizations

Rule and law

Armed Forces

Reform

Planning and Construction of Urban and Rural

Urban-rural Management

Construction of Functional Regions

Cultural

Health ·Sports

Social and Life

Sub-District ·Areas (Township)

People

Statistics

Appendix

Index

Erratum

区情概览

2017
北京朝阳年鉴

区 情 概 览

朝阳区是北京市辖区，因地处朝阳门外而得名。地处北京市中南部，位于北纬39°49′至40°5′，东经116°21′至116°38′。北接顺义区、昌平区，东与通州区接壤，南连丰台区、大兴区，西同海淀区、东城区、西城区毗邻。面积470.8平方千米。辖域地貌平坦，地势从西北向东南缓缓倾斜，平均海拔34米，最高处海拔46米，最低处海拔20米。轮廓南北长，最长约28千米；东西窄，最宽约17千米。元代开凿的通惠河流经辖区内，该河在元、明、清三朝曾是漕运重要河道。境内有温榆河、清河、坝河、亮马河、萧太后河、凉水河、北小河等河流。

截至2016年底，辖24个街道、19个乡。全区常住人口385.6万人，其中常住外来人口174.8万人。常住人口中出生33402人，出生率8.55‰；死亡人口15517人，死亡率3.97‰。

2016年，实现地区生产总值5001.6亿元，比上年增长6.5%。社会消费品零售总额完成2654.5亿元。全社会固定资产投资完成1257.9亿元。全区居民家庭人均可支配收入60056元，人均消费支出40034元。完成一般公共预算收入477.1亿元。

2016年国民经济和社会发展情况

经济建设

推进转型升级，区域发展实现稳中求进。调控人口涉及33.1万人。商品交易市场等四大重点领域疏解203家，腾退建筑面积112.1万平方米。萧太后河综合治理等重点项目带动拆迁低级次产业105万平方米，涉及2.9万人。启动12个棚户区改造项目，完成将台东八间房棚改项目拆迁腾退。通过治理“拆墙打洞”、整治群租房和地下空间等措施，疏解腾退5958户，涉及7.8万人。加快推进北京市第一道绿化隔离地区城市化建设（以下简称“一绿”）试点，拆迁腾退54.6万平方米，涉及2.9万人。“一绿”6个试点乡整建制转居完成，4个回迁安置房项目开工。新引入中航基金等50家金融机构。网上零售额增长贡献率34%。新能源汽车销售同比增长1.7倍。引进苹果公司北京研发中心等33个“高精尖”项目。北京奥林匹克塔五环标志正式落成。房地产业向高附加值商务楼宇地产和存量住宅交易转型，汽车金融等实体金融行业贡献持续提升。

城乡建设与管理

完成长安街及其延长线、广渠路34万平方米拆迁腾退，及30万平方米绿化美化建设。完成京沪高速、四环路绿化景观环境提升。治理非正规填埋场2处，清理环境脏乱点2800余处、散乱污企业736家。创建30个垃圾分类标准小区，垃圾分类覆盖率83.4%。新建改建公共卫生间50座，新增、更新果皮箱2650个，推进19座农村地区生活垃圾中转站升级改造和建筑垃圾资源化项目，生活垃圾资源化率56%，无害化处理率保持100%。启动百子湾路等20处疏堵、东高路楼梓庄大桥等6座危桥加固工程，建成立体停车设施2处、居民区停车位1147个、错时停车位440个，创建5条占道服务示范路段、2个停车示范小区、2个交通管理示范区、10条停车秩序严管街，完成30公里自行车道彩铺、28条道路步行道治理，增开、优化公共交通线路44条，增建候车亭14处。治理26条主要大街、2个重点区域城市道路空间设施，规范报刊亭、公交候车亭、早餐车、电话亭等1693处，完成320件公共服务设施二维码设置。

社会服务管理和保障

在扩大公共服务供给过程中实现民生改善。在全市率先开展医养结合与社区驿站式养老服务试点，实现养老照料中心全覆盖。城区8万余名党员走访居民家庭25.3万户、楼宇企业1466家、社会单位2332家、各类社会组织1225个，为民解难950余件，形成商务楼宇“关爱联盟”、商品房小区“薇动员”等服务品牌1123个。构建起“三级网络全覆盖、党建主体全参与、民意诉求全收集、党建服务全享受”的区域化党建工作格局。城区疏解转型雅宝红城、朝园文化收藏等区域性市场和无证照市场21家，拆除违法建设95处5.8万平方米。实现东大桥路、新东路、朝阳路、朝阳北路、金台路等5条大街无“开墙打洞”的目标。改善交通微循环道路115条，新增停车位6880个，设置交通装置7634个，拆除地桩地锁14170个。为城区3538户居民实施“煤改电”，完成5100户“无煤化”，基本实现四环以内“无煤化”。为城区27915户空巢老人、独居老人和低保残疾人家庭安装燃气自闭阀、报警器和长寿命胶管。全区群众安全感91.4%，同比提高近3.33个百分点。完成236个社区议事厅和199个小区议事厅规范化建设，协商解决楼道卫生共管、老旧电梯更换等问题1904个。在26个街乡263个社区，推进社区公共服务综合信息平台建设，规范优化公共服务事项150余项，推动卫计、残联等75个服务项目上线运行，基本建成区、街道（地区）、社区三级连通的“一站式”公共服务办理系统。新建181个智慧社区，试点建设“微网格”70个。建成46个“绿色智慧平安社区”。建设5016个楼门文化阵地。在全市率先建立动态调资机制，全区持证社工1555人，持证率32%。建成面积7200平方米的区级创享空间，实现街乡社会组织服务平台全覆盖，建立社区公益空间135个，为全区社会组织提供党建支持、组织培育、项目管理、资源对接、人才培养等服务。市、区购买社会组织服务项目308个，购买服务数量和金额连续五年居全市首位。新认定区社会组织联合会、区慈善协会、区人民调解员协会等9家区级枢纽型社会组织。“居民提案”项目获“2015年中国社区治理十大创新成果”。

科技 教育 文化 卫生 体育

全区国内专利申请量为38611件，同比增长46%；专利授权量为17780件，同比增长10%。国家高新技术企业共1939家，同比增长45.13%。支持企业技术创新、研发投入资助等项目39项。推荐867家企业申报国家级高新技术企业，较上年增长43.3%，电子信息领域占申报企业总量48.21%。扶持12家孵化机构创新发展，全区共47家孵化器和众创空间，包括孵化器21家，其中市级以上孵化器9家。众创空间26家，其中获市级认定的17家。极地国际创新中心、融创动力、洪泰创新空间、云研社4家众创空间纳入国家级孵化器管理服务体系。来广营、东坝两个社区科普体验厅获批2016年市级社区科普体验厅，全区共8家。新增汉能清洁能源展示中心、奇虎360等6家科普基地，市级科普基地共50家。在中小学生和社区居民中组织实施“创客培育、体验科普” 系列科普活动13场次，直接受众2000人次。打造5条具有朝阳特色的科技旅游推介线路。组织朝阳区科技周活动，40余家街乡、社区、科普基地共组织各类活动、展览展示、讲座等近70场次，发放宣传册5000余份，受益群众超过12000人次。

年内，建立20个督学责任区，朝阳区首批获“全国中小学校责任督学挂牌督导创新区县”称号。与天津市武清区，河北省承德市、唐山市、张家口市等地签署职业教育战略合作协议。在小红门地区、大屯地区由优质资源学校新办2所职业学校开学，新增2520个学位。打造网站、移动客户端、微信、电视节目“四位一体”社区教育数字化服务体系，服务使用者超过10万人。利用区老年大学资源建立6所老年大学分校。注册幼儿园增加23所，在园幼儿增加5648人，比上年增长7.8%。新增5个一级一类园，全区一级一类以上幼儿园114所。朝阳区被认定为全国义务教育发展基本均衡区。40 所学校获首批“北京市中小学文明校园”称号。启动STEM课题研究，141所“外教口语项目”学校设置英语口语课程。启动首届朝阳区“学校文化节”，各学区、学校开展200余场学校文化节活动，17万余名师生参与。22所学校被认定为“北京市第三批中小学学校文化建设示范校”。3所学校成为首批北京市“一校一品”体育教学改革项目试点校。在“北京市中小学生科学建议奖评选活动”中，朝阳区获奖成绩居全市首位。在全国第五届中小学生艺术展演活动获三个一等奖。高考本科上线率、一本上线率分别为95.12%、56.88%。开展58期“请进来”培训，吸引24所海外知名大学近百名教育专家服务朝阳，3300名干部教师受益。

年内，完成“三下乡”“周末大舞台”“星火工程”等公益性演出273场，为特殊少年儿童及老年人举办文化活动1000余场。文化朝阳云平台12月正式上线。垡头地区文化中心投入使用，三间房地区、团结湖街道文化中心建成并对外开放。完成团结湖、三里屯、常营、建外、来广营、潘家园、朝外、垡头、南磨房、东湖等10家区图书馆分馆建设及43个基层图书馆资源整合。首家城市书房“梦工坊”在左家庄街道建成开放。全市首家社区流动美术馆在呼家楼街道金台社区建成。开展“百姓原创文化节”“百姓周末大舞台”“全民星秀”“社区一家亲”“我们的节日”“书香朝阳全民阅读活动”等系列文化惠民活动，举办街乡级文化活动2170场。开展“博物馆家庭计划”“我爱我家”炎黄艺术节等系列活动。举办首届京津冀地区民间花会展演。继续与昆明市、贵阳市开展“春雨工程”系列文化活动。《漂亮的兵马俑》到克罗地亚、捷克和哥伦比亚展出。麦子店社区文艺团队受邀，前往丹麦参加中国文化节，这是全市范围内首次由街道单独组织团体赴外文化交流。

年内，全区有医疗卫生机构1441个，其中医疗机构1413个。实有床位22937张。组建38名责任主任和12个专全结合慢病管理团队，初步搭建分级诊疗服务框架。启动第四批“朝阳区中医药专家下基层暨学术经验继承工程”。完成急救社区化建设工作，建立5支队伍。全区新建完成29个健康小屋、10条健康步道和39家健促学校。完成6025人国家重大公共卫生脑卒中筛查、1923人城市五癌筛查项目。完善健康人群筛查在社区，高危诊治在专科，患者康复、随访回社区的健康管理模式。八里庄、崔各庄等10家社区卫生服务中心成为爱婴社区首创单位。全市首家对民营医疗机构的儿童保健门诊纳入规范化管理。为129名农村孕产妇进行住院分娩补助，增补叶酸工作发放5627人份，完成5918例乳腺癌检查、5661例宫颈癌检查，完成新生儿疾病筛查54383人次，0—6岁儿童免费体检297330人次，新生儿访视59560人次，儿童先心病筛查33290人次，新生儿听力筛查184925人次。

组建29名社区青年汇、冰雪俱乐部的专业教练及辖区内文体干部和社体中心体育骨干组成的宣讲团队，开展冰雪观赛礼仪、冰雪赛事规则、冰雪运动注意事项等相关培训172场，受众人数1.7万余人。在芳草地国际学校、八十中学和朝阳外国语学校等17所重点大、中、小学校推进“可拆装式移动冰场”。首创“朝阳体育欢乐嘉年华”活动，是集“互动性”体育项目展示与“欢乐型”嘉年华为一体的全景式趣味体验活动，组织40余所朝阳区中、小学2000余名学生和家长参与，覆盖集冰雪项目在内的23个竞训项目。举办朝阳区首届青少年冰球挑战赛。新建全民健身工程135套。举办区级全民健身活动15项，组织街乡开展全民健身活动2000余次，受益人群130余万人次。有630支全民健身晨晚练辅导站，常年健身人数增长至7.2万人。朝阳区被确定为全国“快乐体操”项目示范区，在工业大学幼儿园、十八里店兴华幼儿园、劲松第一幼儿园等10余所幼儿园中推广。“智能场馆”系统在“朝阳体育馆”“郡王府体育中心”和“朝阳体育中心”上线使用。

农村城市化

拆除清退低级次市场46家、废品回收场站19处、出租大院131个，王四营万润汇鑫钢材市场等一批吸附人口多、规模体量大的低级次产业完成拆除清退。十八里店白墙子等7个项目2143户完成腾退。聚焦“美丽乡村”建设，5个环境建设项目完工，32条“环境优美示范街”创建实现，50个环境脏乱点位得到治理，金盏乡东窑等3个村整体提升工程实施。新建7个社区，23个社区星级服务站、37个社区农民市民化工程和377项为民办实事项目完成。9个文化广场和2个乡情村史陈列室建成。完成30个城乡接合部重点村整治，建成9个平安示范小区和81个微型消防站。

精神文明 民主法治建设

在全区17个街乡开展6场榜样人物基层巡演、12场基层巡讲活动。打造“我是朝阳群众”故事会品牌。向全区各级各类精神文明建设先进集体、先进人物免费发放2016年“文化惠民逛庙会欢欢喜喜过大年”新春庙会门票10725张。举办朝阳区首届公共文明引导员趣味运动会。成立公共文明文化艺术团。“亲水朝阳志愿同行”项目被评为第三届中国青年志愿服务项目大赛银奖。北京朝阳站发起“为劳动者放歌”“有话对党说”“纪念长征”等自主策划主题宣传39项，27篇原创综稿被中国文明网总站首页采用。以“四季朝阳”为主线，组织志愿者围绕“好人365”“我们的节日”“长征路上诗与歌”等主题，通过微博、博客、微信、客户端等多种方式进行信息发布、评论、征文等线上传播。开展“不忘初心，2016，加油”“我心中的社会主义核心价值观”“致敬：人民子弟兵”等主题特色活动12次。

实现辖区政治和治安“两个稳定”。树立警力“走出派出所、融入社区、固化街头”理念，实践就近处警工作模式，依托3个“一分钟处置点”、39个巡逻警务站、384个社区警务室，将警力最大化投入一线。实行“社区间大联动”与“网格间小联动”相结合的联防联动模式。新建重点地区视频点位840个。区检察院受理审查逮捕案件2685件3365人，受理审查起诉案件2989件3633人；审查逮捕非法吸收公共存款（以下简称非吸）案件232件404人，审查起诉非吸案件147件351人。区法院收案101266件，增幅5.2%；结案102661件，增幅33.9%，结案率77.7%。

北京商务中心区

CBD功能区发展优势继续巩固。核心区15个二级地块项目中，13个项目取得立项批复，12个项目完成设计方案审定，9个项目取得全部工程规划许可证，清华、三星等7个项目开工，其中清华、国寿项目主体结构封顶，三星项目核心筒封顶，中信项目施工420米，成为“北京第一高”。中心区税收422.42亿元，同比增长11.54%。税收过亿楼宇52座，其中8座超过10亿元，国贸中心、财富金融中心、华贸中心3座超过20亿元。功能区税收1136.93亿元，同比增长2.07%。实现财政收入263.41亿元，同比增长4.41%。

特 载

2017
北京朝阳年鉴

特　载

在朝阳区委十一届十三次全体（扩大）会议闭幕式上的讲话

区委书记 吴桂英

（2016 年 11 月 18 日）

同志们：

本次全会是在深入学习贯彻党的十八届六中全会背景下所召开的一次重要会议。经过大家共同努力，会议圆满完成了各项预定任务，取得了良好效果，为区十二次党代会顺利召开奠定了坚实基础。今天会上，各位参会同志以饱满的政治热情和高度负责的精神，认真学习领会中央、市委精神，深入研讨区委和纪委工作报告，提出了很多真知灼见。区委会认真研究，充分吸纳，更好地推动工作开展。特别是在会前，我们就党代会报告，专门征求本届区委工作期间各位老领导的意见。陈刚书记、连元书记两位领导对朝阳的发展非常关心、充满感情，对报告予以赞同，特地批示："对过去五年朝阳区取得的巨大成就无比欣慰，对未来五年的发展充满期待，预祝十二次党代会圆满成功，对区委专门送达征求意见稿表示感谢。祝愿朝阳区明天更加美好"。

下面，借此机会，我跟大家谈四点意见：

第一，感谢大家五年来为朝阳科学发展民生幸福所作出的重要贡献

五年前，区第十一次党代会审时度势、与时俱进，提出了再创新优势、建设"新四区"、为朝阳科学发展民生幸福努力奋斗的目标。五年来，在市委的领导下，在陈刚书记、连元书记等领导的带领下，十一届区委深入学习贯彻习近平总书记系列重要讲话精神，紧紧围绕京津冀协同发展战略、首都"四个中心"城市战略定位，圆满完成了各项任务目标，各项成绩有目共睹。不少同志在分组讨论时都回顾了过去的发展历程，可以说很多事情我们记忆犹新、历历在目。五年来，我体会最深的是：

我们讲政治、守规矩，保持了正确的政治方向。五年来，我们深入贯彻落实党的十八大和十八届三中、四中、五中、六中全会精神，深入贯彻落实习近平总书记系列重要讲话精神，在全区坚定理想信念，加强理论武装，增强了党性修养。我们牢固树立政治意识、大局意识、核心意识、看齐意识，严守党的政治纪律和政治规矩，自觉在思想上政治上行动上同以习近平同志为核心的党中央保持高度一致。我们始终把思想政治建设放在首位，精心组织、扎实开展党的群众路线教育实践活动、"三严三实"专题教育和"两学一做"学习教育，加强和规范了党内政治生活，推进了学习教育经常化。全区各级班子和党员干部补强了精神之钙，夯实了理论之基，深固了为政之本，打牢了不忘初心、继续前进的思想政治基础。

我们讲团结、聚合力，提升了党建引领发展的能力。五年来，我们坚持总揽全局、协调各方，始终坚持把抓好党建作为最大的政绩，持续加强党的领导、加强党的建设。加强对人大、政府、政协工作的领导和支持，构建"大统战"工作格局，推进多党合作事业发展，凝聚了人心、凝聚了智慧、凝聚了合力，形成了全区"一盘棋"、同心同向、担当实干的良好氛围。我们坚持不懈加强班子和干部队伍建设，优中选优、强化管理，培养了一支素质高、能力强、作风硬的干部队伍。我们注重夯实党建基层基础，创新建立"一轴四网"区域化党建新格局，推进基层党建拓面提质，建设基层服务型党组织，加强党员教育管理，充分发挥了各级党组织的战斗堡垒作用和党员先锋模范作用。我们紧紧牵住主体责任的"牛鼻子"，大力开展正风肃纪，健全基层党风廉政建设制度体系，加快构建不敢腐、不能腐、不想腐的长效机制，干部清正、政府清廉、政治清明的良好氛围持续巩固，为全区各项事业的发展提供了坚强保障。

我们敢担当、敢碰硬，办好了一批大事难事。五年来，面对复杂发展形势，面对种种挑战和考验，我们始终坚持胸怀全局，把朝阳放在首都、国家发展大局中思考谋划。以"功成不必在我"的胸襟，以"打基础利长远"的认识，以滴水穿石的精神和韧劲，办好大事，扛起难事，努力在首都发展中发挥好自身作用，肩负起历史责任。我们只争朝夕、奋力拼搏，全力促进了朝阳科学发展、民生幸福，圆满完成国庆65周年游园活动、APEC、纪念中国人民抗日战争暨世界反法西斯战争胜利70周年、世界田径锦标赛、冬奥会申办等重大活动的服务保障工作，妥善处置了"涉日维稳""马航失联"等重大涉稳案（事）

件。我们坚持绿色发展理念，加大投入、创新机制，治脏、治气、治水、治堵、治违、增绿，环境建设取得明显成效，广渠路二期等一批道路建成通车，对萧太后河等20余条区域河道进行综合治理，建成了垡头、东坝2座污水处理厂和定福庄3座再生水厂。我们围绕解决制约城市发展的突出矛盾和深层次问题，实施环境建设分区域管理，加强对“小广告”“拆墙打洞”等痼疾顽症整治，环境治理实现重点突破。圆满完成六公主坟地区、和平一二三村、通惠河边角地、北湖渠等拆迁整治，多年来这些地区群众反映强烈的环境、安全、秩序等问题得到解决；利用拆除腾退土地高质量建成的望和公园、庆丰公园和在建的孙河湿地公园，成为疏解功能、还绿于民、服务百姓的典型。五年来，全区上下共同奋战、合力攻坚，各项工作走在全市前列，充分展示了朝阳干部敢打大仗、能打硬仗、善打胜仗的形象和风采。先后荣获国家公共文化服务体系示范区、全国社区治理和服务创新实验区等42项国家级和市级荣誉，党的建设工作在市委对16区2012—2015年考核中位列全市第一。

*我们抓机遇、创优势，推动了发展质量和效益不断提升。*五年来，我们主动融入首都发展大局，坚持规划引导发展、环境促进发展、管理规范发展、文化引领发展、治理共赢发展、疏解提升发展，区域转型发展取得了重大进展。我们坚持控增量与调存量并重，从“拆”上入手，在“控”上发力，由“点”上突破，综合施策、分类治理，功能疏解扎实有效，西直河石材市场、雅宝路市场的疏解经验在全市推广。我们坚持在攻坚中稳增长，在调整中促转型，瞄准国际化、高端化、内涵式发展，主动适应、把握和引领经济发展新常态，深化创新驱动，加快了动力转换，发展质量持续提升。十大发展基地功能不断优化，CBD核心区、大望京科技商务创新区建设取得显著成效，亚投行总部永久办公地址落户奥林匹克中心区，北京奥林匹克塔正式命名并永久悬挂奥运五环标志，为区域转型发展提供了重要空间。在面临经济结构调整和外在下行压力情况下，经济保持了7.4%的年均增速，保持和巩固了朝阳在首都发展大局中的支撑作用，能够取得这样的成绩，实属不易。我们坚持城乡统筹布局、协调发展，紧抓“一绿”试点、土地储备、重点村整治、棚户区改造等重大机遇，推动农村城市化取得了重大突破，为全市城乡接合部治理提供了有益经验。

*我们强宗旨、惠民生，不断提升了人民群众的“获得感”。*五年来，全区始终坚持以人民为中心的发展思想，以“十大民生工程”为载体，用更全面的覆盖、更精准的发力和更务实的举措一揽子破解民生难题，民生事业取得重大进步。我们坚持教育优先，教育整体水平进入先进区行列。我们推进医疗卫生事业改革创新，促进优质医疗资源聚集和均衡分布，在全市率先实现医联体服务全覆盖。我们不断健全养老服务体系，成为全国养老服务业综合试点改革区和北京市养老服务社会化示范区。我们在社会治理中注重体制机制创新和群众广泛参与，探索出党政群共商共治等一系列品牌，成为全市乃至全国社会治理的典型经验。我们聚焦提升群众安全感、满意度，突出依法治理、源头治理、系统治理、综合治理，深化平安建设，建立更加科学的维稳体系，社会治安达到近年来最好水平，“朝阳群众”品牌享誉全国，成为全国群防群治工作的一面旗帜。

回首五年来的奋斗历程，我们赢得了来之不易的成绩，受到了方方面面的肯定。这些难忘的记忆和收获，凝聚着各级党组织和党员干部群众的智慧和付出，凝聚着社会各界的参与和支持，是我们的宝贵财富，必将永载朝阳史册。我们在战斗中结成的深厚战斗情谊和同志友谊，值得我们永久珍惜和回味。在此，我代表十一届区委感谢大家五年来的辛勤工作，代表本届区委常委会感谢各位委员和同志们对区委工作的大力支持，对大家五年来的辛勤付出和无私奉献致以崇高的敬意！

第二，要认清形势、满怀信心，在新的起点上实现朝阳更高层次的发展

未来五年，是我国全面建成小康社会的决胜阶段，中华民族正处于走向伟大复兴的关键时期。党的十八届六中全会明确了习近平总书记的核心地位，正式提出“以习近平同志为核心的党中央”。十八届六中全会对我们开创党建工作新局面提出了新要求，全会所取得的政治成果、思想成果、制度成果，为我们干事创业提供良好的政治生态和坚强的政治保障。

*身处国家、首都和区域发展新阶段，我们首先要看到，未来五年朝阳有着一系列难得的机遇。*世界经济进入转型期，网络发展、科技进步日新月异，为我们更好地参与全球资源配置、创新治理方式创造了有利条件。我国国际地位持续提升，发展方式加快转变，改革开放不断释放新的活力，为朝阳发挥国际交往的窗口作用提供了更高平台。国家“一带一路”倡议和京津冀协同发展战略的实施，北京国际一流的和谐宜居之都建设的推进，北京城市副中心的建设和2022年冬奥会的筹办，为我们带来一系列重大机遇。朝阳区“新、转、疏、补、稳”的阶段性特征持续凸显，发展的综合优势更足，发展的潜力和回旋余地更大，发展的空间更加广阔。特别是北京城市副中心建设的加速推进和北京“十三五”规划对各区功能定位的优化调整，朝阳从功能拓展区变为中心城区，又是连接城市副中心的重要枢纽地区，为我们提升工作水准和发展品质提供了更多动力，创造了更有利的条件。

*研判未来五年形势，我们必须深刻把握面对的关键因素和难点挑战。要深刻认识到，落实首都城市战略定位，必须主动适应城市发展格局的新要求。*规划建设北京城市副中心是深入贯彻落实习近平总书记视察北京工作重要讲话精神的重要举措，是党中央作出的重大战略部署。既是机遇，更是挑战。朝阳特别是东部、东南部地区基础设施薄弱、公共服务水平整体不高、生态建设相对滞后、城乡接合部整治任务重、环境秩序有待改善等问题将更加凸显。要求我们必须全方位提高服务管理标准和工作水平。必须坚持对内统筹、对外协调，主动融入国家和全市发展大局，立足优势加强区域协同。必须强化目标导向，补齐发展短板，高质量实施“一廊”地区“五大提升工程”，高水平打造“现代都市景观与产业融合发展廊道”，在服务首都“四个中心”战略定位中发挥重要作用。

*要深刻认识到，增强首都核心功能，必须在疏解提升上有新作为。*有序疏解北京非首都功能是解决“大城市病”，优化提升首都核心功能的先导和突破口。总体来说，我区的产业结构向高端化迈进，但是仍然存在产业“大而全”问题，在农村地区特别是城乡接合部仍然聚集着大量聚人多、占地大、高耗能、高耗水的低端产业，环境脏乱、安全隐患突出。“舍不得”的思想依然存在，基础工作不扎实、管控责任不到位、力度逐级递减等问题，还没有完全杜绝。人口调控措施还不聚焦。疏解功能、治理环境尚需全面提速加力。

*要深刻认识到，引领经济发展新常态，必须加快培育发展新动能。*多年来，朝阳在首都发展大局中发挥了重要支撑

作用。当前正处于转型升级、新旧增长动力转换的关键时期。我们要清醒地认识到，面对外部宏观经济的转型，发展阶段的转变，朝阳新的增长动能尚未完全建立，经济结构调整的步伐还不够快，产业创新驱动不足。需要我们充分把握首都全国科技创新中心建设、北京市服务业扩大开放试点、国家文化产业创新实验区建设等重要机遇，以供给侧结构性改革引领经济发展方式，从要素驱动向创新驱动转变，推动文化、科技融合发展，增强国际商务核心功能，加快培育新经济增长点。

要深刻认识到，推进朝阳更高层次发展，必须在统筹协调上取得新成效。协调既是发展的手段又是发展的目标，同时还是评价发展的标准和尺度。朝阳城乡二元结构明显、非均衡性特征突出。虽然历经"三化四区"和"新四区"建设，在协同发展方面已经有了很大进步。但是，人口资源环境的矛盾、农村城市化与城市建设减量化的矛盾依然存在，要求我们必须坚持以城带乡、城乡协同，紧紧抓住"一绿"城市化试点契机，下大力气解决农村地区面临的各种瓶颈矛盾和深层次问题，加强区域协作，推动均衡发展。

要深刻认识到，回应人民群众的期盼，必须强化共治共享，展现和谐宜居新风貌。增进人民福祉，是我们一切工作的出发点和落脚点。当前，民生工作面临的宏观环境和内在条件都在发生变化，人民群众对收入稳步提升、优质医疗服务、教育公平、住房改善、优美环境和洁净空气等有更多的期盼。我们必须坚持党的群众路线，及时准确了解群众所思、所盼、所忧、所急，适应新变化，回应新期待，真正把群众工作做实、做深、做细、做透。要按照守住底线、突出重点、完善制度、引导预期的工作思路，采取针对性更强、覆盖面更大、作用更直接、效果更明显的举措，集中力量做好基础性、兜底性民生建设，在学有所教、劳有所得、病有所医、老有所养、住有所居上持续取得新进展，使发展成果更多更公平惠及人民群众。

同时，面对新的发展形势和任务，面对复杂多元的社会群体，特别是互联网时代的到来，进一步考验着我们的治理体系和治理能力。在这方面，一些干部的专业素养、专业能力、专业水平还需要进一步提高，还不能跟上发展形势的变化，这是需要引起我们高度重视，并在干部队伍建设中着力加以解决的。

面对未来新的形势和要求，报告在对接区"十三五"目标的基础上，提出了未来五年的指导思想和奋斗目标。也就是，紧紧围绕全面建成小康社会战略部署和北京建设国际一流和谐宜居之都目标任务，高水平建设"三区"，率先全面建成小康社会，打造高端集约、宜居优美、文明开放、和谐有序、民生幸福的魅力朝阳。在实现目标过程中，我们要着力实现党建科学化水平、发展质量效益、城乡规划建设管理水平、文化文明建设成效和人民生活水平"五大显著提升"。

报告提出这样的目标，主要是紧紧围绕中央全面建成小康社会战略部署和北京建设国际一流和谐宜居之都目标任务，把精神凝聚到使命担当上来，把思想统一到目标任务上来，把行动聚焦到创新实践上来，团结带领全区人民在转型发展中寻求新突破，在攻坚克难中谱写朝阳发展新篇章。

结合发展目标，按照区委总揽全局、协调各方的职责，报告提出了"三重三强"的侧重点和要求。其中，重党建、重改革、重民生，强调的是区委履职的工作重点；强优势、强基础、强队伍，强调的是各级党组织要把握的关键环节。我们要向"三重"持续聚焦，推动全面从严治党走向新境界、重大改革举措在朝阳落地生根，不断增强群众的获得感和满意度。我们要向"三强"精准发力，持续使优势成为功能、功能成为发展新动能，全面补齐各类短板、增强发展后劲，不断激发各级党组织的战斗堡垒作用和党员的先锋模范作用。报告还提出，要发扬创首善、争一流的传统，把"六个一流"的工作标准落实到具体工作中，切实推动各项工作水平的提高。今后五年，我们要始终坚持把抓好党建作为最大政绩，始终坚持以发展为第一要务，始终坚持以人民为中心的发展思想，做到"三个牢牢把握"：

一要牢牢把握正确方向，推进党建科学化。全面落实从严治党主体责任，提高管党治党能力和水平，以党建新成效引领全区新发展。要坚定信念、把牢方向筑根基，坚持不懈地抓好思想政治学习教育，推进党员干部学习教育常态化。要总揽全局、协调各方聚合力，充分发挥区委把方向、管大局、作决策、保落实作用，提高各级党组织领导经济社会发展的能力和水平。要建强班子、带好队伍作表率，加强区委常委会自身建设、完善区委全会工作制度、区委常委会工作制度，带头严肃党内政治生活，严格干部教育管理监督。要抓实基层、打牢基础强保障，聚焦党委（党组）主责主业，全面落实抓党建第一责任。要严明纪律、严格监督守底线，坚持和贯彻民主集中制，强化自上而下的组织监督，改进自下而上的民主监督，发挥同级相互监督作用，把党内监督和外部监督结合，不断推动管党治党走向"严实硬"。

二要牢牢把握核心功能，推进发展优质化。围绕落实首都城市战略定位，着力疏解功能、优化结构、增强动力、促进均衡、提高发展质量效益。要疏解功能提升发展，坚持控疏齐下、加强源头管控、确定"疏解提升区"空间范围，依托重点工程项目推动集中连片疏解，旗帜鲜明地做好"瘦身健体"大文章；坚持以业控人、以房管人、以证管人、以资源控人，不折不扣地完成市级下达的人口调减目标，以人口布局倒推发展布局，促进产城融合、职住平衡。要创新融合驱动发展，突出科技文化"双轮驱动"战略，构建创新型产业体系，提升总部经济能级、实现"文化+"战略，着力打造"高精尖"经济结构。要优化布局支撑发展，发挥区域作为对外交往重要窗口的作用，主动融入京津冀协同发展大局，加快形成开放紧凑的"一廊两带三区"功能布局，进一步形成农村地区与重点功能区产业融合、空间联动协同发展格局。要城乡一体协同发展，推动城乡要素优势互补、合理配置。

三要牢牢把握民生福祉，推进治理现代化。紧紧围绕关系人民群众切身利益的热点难点问题，回应民生最大关切，让广大群众共享改革发展成果。聚焦"一廊"建设，以一流标准实施 "五大提升工程"，使地区群众生产生活条件得到质的飞跃。聚焦治脏，形成城市痼疾顽症治理长效机制。聚焦治气，采取最严格的措施治理大气污染，让群众感受到更多的清新空气和蓝天白云。聚焦治水，加快建设人水和谐的"亲水朝阳"。聚焦治堵，构建优质便捷交通体系，多措并举缓解交通拥堵。聚焦治违，严厉整治违法用地、违法建设、违法经营、违法排污。聚焦建绿，形成绿色生态屏障，提升绿化美化水平。要厚植文化文明优势，围绕服务首都全国文化中心建设，充分挖掘区域文化底蕴和资源优势，为区域发展提供强大思想保证和精神力量。要提升优质公共服务，有效保障群众基本生活权益，建设"教育强区"，推动"健康朝阳"建设，完善养老服务体系，提高民生工作水平。要扎实履行维护首都安全稳定的政治责任，不断提升群众安全感，维护社会大局和谐稳定。

第三，深入贯彻党的十八届六中全会和市委十一届十一次全会精神，紧密团结在以习近平同志为核心的党中央周围

当前和今后一个时期，全区上下都要把学习领会和贯彻落实党的十八届六中全会和市委十一届十一次全会精神作为首要政治任务，突出“三个充分认识”。

一要充分认识六中全会所取得的重大政治成果。在中国共产党成立95周年、红军长征胜利80周年的历史节点，在全面深化改革、决胜全面小康的关键时刻，全会明确了习近平总书记的核心地位，正式提出“以习近平同志为核心的党中央”。习近平总书记的核心地位，是在新的伟大斗争实践中形成的。确立和维护习近平总书记的领导核心地位，符合党心军心民心，是历史的选择、全党的选择、人民的选择、事业的选择、实践的选择，是党和国家根本利益所在，对保证党和国家兴旺发达、长治久安，具有十分重大的意义。习近平总书记核心地位的确立是我们党的历史上具有极其重要意义的大事，无论是对实现中国梦蓝图，还是实现“两个一百年”目标，都具有深远的影响。在总结巴黎公社失败教训时，马克思恩格斯就曾深刻指出，“巴黎公社遭到灭亡，就是由于缺乏集中和权威”。在我们党的历史上，始终高度重视领导核心的作用，1935年遵义会议确立了以毛泽东同志为核心的党中央领导集体，1978年党的十一届三中全会确立了邓小平同志为核心的党中央第二代领导集体。1989年党的十三届四中全会确立了以江泽民同志为核心的党中央第三代领导集体。从历史和现实来看，像我们这样的大国大党，党要始终成为坚强有力的马克思主义政党，始终成为坚强有力的领导力量，就是要有个坚强有力的核心。《关于新形势下党内政治生活的若干准则》明确提出坚决维护党中央权威这一政治要求，是对马克思主义建党学说的深刻揭示，是对中国共产党长期实践中形成的优良传统和独特优势的科学总结，对开创治国理政新局面具有十分重要的作用。全区都要更自觉地强化政治意识、大局意识、核心意识、看齐意识，特别是更自觉地强化核心意识和看齐意识，更加紧密地团结在以习近平同志为核心的党中央周围，更加坚定地维护以习近平同志为核心的党中央权威，更加自觉地在思想上政治上行动上同以习近平同志为核心的党中央保持高度一致，做到令行禁止，确保政令畅通。

二要充分认识六中全会所取得的崭新思想成果。这一思想成果突出体现在习近平总书记在全会发表的重要讲话上。回顾党的十八届三中全会到六中全会，我们可以看到，三中全会的主题是全面深化改革，四中全会的主题是全面依法治国，五中全会的主题是全面建成小康社会，六中全会的主题是全面从严治党。这些主题渐次展开、深度推进，构成了“四个全面”战略布局从战略目标、战略举措到党的决定的完整过程。习近平总书记在全会上的讲话围绕全面从严治党的主题，科学分析了世情、国情、党情的发展变化，深刻阐明全面从严治党的重大意义，深入回答了立党兴党、管党治党的一系列重大理论和现实问题，对新形势下加强和规范党内政治生活、加强党内监督作出重大部署，对进一步做好党和国家的各项工作提出了明确要求，创造性地提出了一系列新思想新观点新论断，是我们开创全面从严治党新局面、推进党和国家各项事业的科学指南和行动纲领。全区都要在思想上政治上行动上倍加珍惜这一思想成果，将学习领会习近平总书记在全会上的重要讲话同深入贯彻习近平总书记系列重要讲话精神结合起来，同“两学一做”学习教育联系起来，同服务首都“四个中心”建设和京津冀协同发展紧密联系起来，进一步武装头脑、加强党性修养、夯实作为共产党人的理想信念之基，谱写朝阳发展的新篇章。

三要充分认识六中全会所取得的显著制度成果。突出体现在审议通过了《关于新形势下党内政治生活的若干准则》和修订后的《中国共产党党内监督条例》。这两大制度成果全面贯彻了党的十八大和十八届三中、四中、五中全会精神，深入贯彻了习近平总书记系列重要讲话精神和治国理政新理念新思想新战略，集中了全党智慧，一脉相承、与时俱进。全会审议通过的《关于新形势下党内政治生活的若干准则》，提出了坚定理想信念、坚持党的基本路线、坚决维护党中央权威、严明党的政治纪律、保持党同人民群众的血肉联系、坚持民主集中制原则、发扬党内民主和保障党员权利、坚持正确选人用人导向、严格党的组织生活制度、开展批评和自我批评、加强对权力运行的制约和监督以及保持清正廉洁的政治本色等12方面要求，提出了“四个着力”，即着力增强党内政治生活的政治性、时代性、原则性、战斗性；着力增强党自我净化、自我完善、自我革新、自我提高能力；着力提高党的领导水平和执政水平、增强拒腐防变和抵御风险能力；着力维护党中央权威、保证党的团结统一、保持党的先进性和纯洁性，努力在全党形成又有集中又有民主、又有纪律又有自由、又有统一意志、又有个人心情舒畅生动活泼的政治局面。全会审议通过的《条例》是在2003年印发的《中国共产党党内监督条例（试行）》的基础上修订而来，体现了五大特点，即突出尊崇党章、聚焦全面从严治党；突出“两个围绕”、强化担当精神；突出民主集中制、维护党的集中统一；突出关键少数、重点盯住一把手；突出问题导向、注重务实管用。整个《条例》通篇都有很强的针对性、指导性和可操作性。这两大制度通过从严抓思想、抓管党、抓执纪、抓治吏、抓作风、抓反腐六个方面紧扣重点、精准发力，成为推进全面从严治党新的制度安排，是制度治党的突出体现。

在“三个充分认识”基础上，我们要把握好三个重点，不断将学习贯彻六中全会精神内化于心、见诸于行。

一要自觉在思想上政治上行动上同以习近平同志为核心的党中央保持高度一致，坚决维护习近平总书记领导核心地位。拥有坚强有力的领导核心是中国特色社会主义制度的优势所在，我们党是一个有着8800多万名党员、440多万个党组织的大党，正处在实现民族复兴的关键历史节点，离不开核心的引领。我们全区广大党员，必须始终将维护党的领导核心作为党内政治生活关键，牢固树立“四个意识”，特别是要牢固树立核心意识和看齐意识，坚定不移地向以习近平同志为核心的党中央看齐。必须始终把纪律挺在前面，视政治纪律、组织纪律如生命，坚决做到“四个服从”，尤其是做到全党服从中央，以党中央的旗帜立场、决策部署、担当精神为标杆，在市委的统一领导下，提高政治站位、查找政治偏差、严肃政治纪律，更加扎实地把党中央各项决策部署落到实处。

二要准确把握加强和规范党内政治生活的目标要求，共同营造出更加良好的政治生态。我们党95年的奋斗历程充分表明，严肃认真的党内政治生活，是我们党区别于其他非马克思主义政党的鲜明标志。全区党员要按照中央和市委要求，深刻认识到党要管党必须从党内政治生活管起，从严治党必须从党内政治生活严起，开展严肃认真的党内政治生活，是我们党坚持党的性质和宗旨、解决党内矛盾和问题、保持先进性和纯洁性的重要法宝，是广大党员干部锤炼党性、纯洁党风的“大熔炉”，是党的十八大以来推进全面从严治党、营造良好政治生态的宝贵经验。全区党员都要主动加强和规范党内政治生活，切实把增强理想信念的坚定性作为严肃党内政治生活的根本任务，保持党同群众的血肉联系，把一切为了人民的政治要求落实到实际工作中。

*三要准确把握加强党内监督的现实意义和具体要求，以踏石留印抓铁有痕的劲头持续抓好落实。*全区党员都要按照中央和市委要求，深刻认识到强化党内监督，是推进全面从严治党的重要保障，没有严格的党内监督，必然会导致党的领导弱化、党的建设缺失、全面从严治党不力；深化全面从严治党，必须从根本上解决主体责任缺失、监督责任缺位、管党治党宽松软的问题，把强化党内监督作为党的建设的重要基础性工程，使监督的制度优势充分释放出来。我们要更加自觉地认识到，信任从来不能代替监督，权力行使必须有监督，始终牢记绝对的权力导致绝对的腐败、不受监督的权力是极其危险的铁律，主动从更高层面上对待信任和监督、自律和他律辩证统一的关系，更加自觉地带头把自己摆进去，始终坚定不移地抓好自我监督和自我约束，自警自省、慎独慎微、有始有终。坚持以上率下，党员之间、领导班子成员之间、上下级之间，都以《关于新形势下党内政治生活的若干准则》和《中国共产党党内监督条例》为标尺，互相提醒、互相监督。以严格落实“两个责任”为“牛鼻子”，坚决履行好党委主体责任和纪委监督责任，对于严重违反《关于新形势下党内政治生活的若干准则》和《中国共产党党内监督条例》规定的，发现一起，查处一起，对管党治党不力、放任违反准则行为发生的党组织及其主要负责人严肃追究。

同志们，以党的十八届六中全会圆满召开为标志，全面从严治党战略步入了新阶段。在这样一个新阶段，置身新的时代氛围，面临着一系列新的要求。我们要趁势而上、与时俱进、开拓进取，全面宣传党的十八届六中全会精神，深入学习领会习近平总书记系列重要讲话精神，坚决贯彻以习近平同志为核心的党中央的各项决策部署，不忘初心、继续前进。

四、齐心协力，高标准做好换届工作

区第十二次党代会即将召开，今年年底到明年年初这段时间，还将相继召开区人大和区政协会议，进行区四套班子的换届，选举产生新一届区级班子，这是我区民主政治生活和地方政权建设中的一件大事。

前期，在大家的共同努力下，各项工作有条不紊地推进，目前已进入决战决胜阶段。越是到这样一个阶段，越不能掉以轻心，越要振奋精神，按照中央、市委的要求，以严之又严、细之又细的精神抓好落实，绘出思路清措施实的好蓝图，选出忠诚干净担当的好干部，配出结构优功能强的好班子，换出心齐气顺劲足的好面貌。

*一要加强思想引导，确保干部群众凝聚共识。*这次换届对于加强干部队伍建设、组织落实中央、市委和区委重大决策部署、推动区域转型发展都具有十分重要的意义。换届要换好人，更要换出精气神，换出锐意创新的勇气、敢为人先的锐气、蓬勃向上的朝气。要深入细致做好思想政治工作，教育引导干部讲政治、顾大局、守纪律，正确对待进退留转，自觉服从组织安排。要充分发挥主流媒体和新媒体的作用，积极宣传我区经济社会发展成就、党的建设成效和先进典型。要根据时间阶段的变化，聚焦不同阶段的重点和特色，及时、准确、全面宣传好换届的相关要求，引导干部群众把思想统一到区委决策部署上来，凝聚全区推进改革发展、维护和谐稳定的力量，营造良好的舆论环境。

*二要加强组织领导，确保各项程序落实到位。*换届选举工作政治性、政策性强，涉及面广，社会关注度高。必须把加强党的领导贯穿全过程，前期我们制定了严密规范的工作方案和具体的工作程序，经过一段时间的磨合，发挥出了重要的作用。在决战决胜阶段，程序一定要更加严密、更加精准、更加细致，对选举中的重大问题要及时请示、做好沟通，牢牢把握选举工作的领导权和主动权。人大党组、政府党组、政协党组、纪委、组织、宣传、统战和政法等相关单位和部门要发挥好自身职能作用，提前谋划、周密安排，严格履行选举工作程序，做好工作衔接，组织好各项选举工作。各主管工委和基层党组织要结合“两学一做”学习教育，及时贯彻传达区委精神和要求，严格落实责任分工，及时做好沟通衔接，确保任务明确、各负其责、密切协作、形成合力。

*三要加强纪律检查，确保选举风清气正。*严守换届纪律是做好换届工作的头等大事，不能出现半点闪失。对此，要坚决把纪律和规矩挺在前面，始终把正风肃纪牢牢抓在手上，严明换届纪律，强化检查督察，严格追究问责，始终保持整治不正之风的高压态势。要严格按照中央“九个严禁”“四必看”“四必谈”的纪律要求，狠抓主体责任落实，把换届风气监督作为履行全面从严治党主体责任的重要内容，细化责任清单，加强督促指导，层层传导压力，坚决维护换届纪律的严肃性。要扎实开展警示教育，把警示教育片作为必备教材，深刻汲取湖南衡阳破坏选举案、四川南充拉票贿选案和辽宁贿选案的教训，时刻绷紧和严守纪律红线。

*四要加强工作统筹，确保整体工作稳步推进。*换届时间紧、任务重、要求高，搞好统筹才能有序推进。今年是“十三五”的开局之年，各项工作都比较重，我们又刚刚完成了乡换届和街道任期调整工作，各项人事调整正处于磨合和适应期。既要完成换届选举工作，又要完成好功能疏解、人口调控、经济发展、城市建设管理等全年工作目标任务，做到上下联动、有序衔接，使换届平稳开展、日常工作有序推进。要做好今年各项工作的总结和明年重点工作谋划，既收好尾，也开好局，为新一届区级班子履职创造条件、奠定基础。

同志们，宏伟的目标需要我们团结奋斗，崇高的使命激励我们勇敢前行。让我们更加紧密团结在以习近平同志为核心的党中央周围，牢记使命、振奋精神，不忘初心、继续前进，为朝阳“建设‘三区’、建成小康”，为北京建设国际一流的和谐宜居之都而努力奋斗，以优异成绩迎接党的十九大召开！

在中共朝阳区第十二次代表大会上的报告

中共朝阳区委书记 吴桂英

（2016 年 12 月 6 日）

我代表中共北京市朝阳区第十一届委员会向大会作报告。

这次大会的主要任务是：紧密团结在以习近平同志为核心的党中央周围，深入贯彻党中央治国理政新理念新思想新战略，坚决落实中央、市委各项决策部署，认真总结区第十一次党代会以来的工作，研究确定今后五年的奋斗目标和主要任务，选举产生中共北京市朝阳区第十二届委员会和纪律检查委员会，团结带领广大党员干部群众，举全区之力建设“三区”、建成小康，为北京建设国际一流的和谐宜居之都而努力奋斗，以优异成绩迎接党的十九大召开。

十一次党代会以来的工作回顾

区十一次党代会以来，在中央、市委的领导下，区委全面贯彻党的十八大和十八届三中、四中、五中、六中全会精神，深入贯彻习近平总书记系列重要讲话特别是视察北京重要讲话精神，紧紧围绕京津冀协同发展战略、首都“四个中心”城市战略定位，深入落实区十一次党代会提出的“再创新优势、建设‘新四区’”要求，圆满完成了各项目标任务，全力推动了朝阳科学发展、民生幸福。

过去的五年，是突出从严治党，党的建设取得显著成效的五年。

五年来，我们始终把抓好党建作为最大的政绩，严字当头，落实责任，改进作风，推动了全面从严治党向纵深发展。党的领导持续加强。区委认真贯彻《中国共产党地方委员会工作条例》，坚持民主集中制，完善党建工作例会、区四套班子定期会商等制度，支持人大、政府、政协依法履职尽责，增强了全区“一盘棋”的整体合力。区人大深化“四个坚持、四个服务”，围绕民意、聚焦主题、主动作为，工作成效显著。区政府依法行政、从严治政，突出效能建设，注重管理创新，工作实效突出。区政协认真履行政治协商、民主监督、参政议政职能，抓住关键环节，工作成果丰硕。构建“大统战”工作格局，多党合作深入发展，民族、宗教、台侨工作不断加强，工会、共青团、妇联等群团组织的桥梁纽带作用充分发挥。司法改革取得阶段性成果，基层民主政治建设进一步加强。思想政治建设深入推进。始终把思想政治建设放在首位，强化理论武装，强化意识形态工作责任，严肃党内政治生活，坚定信念、锤炼党性、凝聚共识。扎实开展党的群众路线教育实践活动、“三严三实”专题教育和“两学一做”学习教育，推动党内教育从“关键少数”向广大党员拓展，从集中性教育向经常性教育延伸。干部人才队伍建设不断加强。持续加强区委常委会自身建设，着力提高领导区域经济社会发展的能力。坚持新时期好干部标准，完善选人用人、综合考核与监督机制，提出“五有”干部的具体要求，统筹推进班子干部队伍调整配备，领导班子结构和功能不断提升。实施“凤凰计划”，建设国际高端商务人才发展区，朝阳进一步成为首都人才强区。基层党建水平全面提升。坚持系统推进，以区域化党建为统领，深化“聚合力工程”，构建起具有朝阳特色的“一轴四网”区域化党建格局。坚持重点突破，加快非公企业和社会组织党组织建设，着力打造基层党建创新项目，培育出具有全国影响力的党政群共商共治、楼宇党建等品牌。坚持从严管理，深化基层党建述职评议考核，加强软弱涣散党组织整顿，夯实了基层基础。党风廉政建设和反腐败工作持续深化。坚持以上率下、主动作为，坚决落实全面从严治党主体责任和监督责任。突出强化党风廉政建设和反腐败工作，以守纪律、讲规矩为重点加强纪律建设，以纠正“四风”和落实中央八项规定为重点正风肃纪，以严格纪律审查为重点惩治腐败，以组织制度创新为重点强化党内监督，以深化“三转”为重点加强纪检监察机关自身建设，取得了积极成效。五年来，实施立案449件，处分347人，其中处级干部48人，为当事人澄清反映失实问题692件，保持和巩固了风清气正的政治生态。

过去的五年，是突出核心功能，区域转型发展取得重大进展的五年。

五年来，我们主动融入首都发展大局，坚持规划引导发展、环境促进发展、管理规范发展、文化引领发展、治理共赢发展，推动了稳中求进、进中提质。功能疏解扎实有效。坚持控增量与调存量并重，综合施策、分类治理。先后关停工业企业、清退有形市场、出租大院等670家，西直河石材市场、雅宝路市场的疏解经验在全市推广。人口过快增长势头得到有效遏制，初步实现了人口拐点。发展质量持续提升。坚持在攻坚中稳增长，在调整中促转型，国际商务功能更加凸显，综合实力不断增强。预计地区生产总值达到4942亿元，增长51%；一般公共预算收入达到477.1亿元，增长52.5%；万元GDP水耗、能耗分别降低33%、24.1%。总部经济优势进一步强化，金融、商务服务、文化创意和高新技术产业对财政收入增长贡献率达66.4%。功能区联动协同发展态势不断强化，辐射带动作用进一步增强。CBD核心区、大望京科技商务创新区建设取得明显成效，亚投行总部永久办公地址落户奥林匹克中心区，北京奥林匹克塔正式命名并永久悬挂奥运五环标志，拓展了发展空间、增强了国际影响。发展动力加快转换。扎实推进供给侧结构性改革、北京市服务业扩大开放综合试点、国家文化产业创新实验区建设、城市规划建设管理创新、党政群共商共治、养老等重点改革，形成了一批试点经验和政策机制创新成果。城乡统筹取得突破。紧抓“一绿”试点、土地储备、重点村整治、棚户区改造等机遇，“六位一体”破解发展瓶颈，农村地区转型发展实现重大突破。围绕“四增五减”目标，加大倾斜力度，将台等6个乡“一绿”城市化试点全面推进，东风等5个乡第二批试点开始启动，有力推动了农村城市化进程。全区6万多农民实现转居，22个村搬迁上楼或改造，取得了群众满意、环境改善、社会稳定、促进发展的综合实效。

过去的五年，是突出生态优先，人居环境取得明显改善的五年。

五年来，我们坚持绿色发展理念，加强宜居建设，纵深治理“大城市病”，初步探索出城乡发展与生态改善双赢的发展路径。生态文明建设成效明显。加大绿化美化，平原造林2.8万亩，新增、改造绿化面积1129.7公顷，城市绿化覆盖率达到47.5%。健全大气污染治理长效机制，主要污染物全面削减，四环路内全面实现“无煤化”，PM2.5年均浓度持续下降。全面加大水环境治理力度，加快污水处理能力建设，综合治理河道20多条，河湖水质持续改善，生态涵养和防洪排涝能力大幅度提升。城乡规划建设取得长足进步。坚持“五规合一”，健全城乡规划体系，市政道路、公共服务设施、重大项目建设全面推进，城乡综合服务功能和运行承载能力进一步提升。“十大发展基地”功能不断优化。新建和打通主次干路、断堵头路100余条，广渠路二期建成通车，全区路网密度达到4.1公里/平方公里。环境治理实现重点突破。举全区之力完成一批重点环境整治和棚户区改造，创新“开墙打洞”、群租房和地下空间清理整治，居民反映强烈的环境、安全、秩序等问题得到有效解决。加快城管综合执法体制改革，推动管理重心下沉，实施环境建设分区域管理，加强城乡接合部重点村整治，拆除违法建设1340多万平方米，城乡治理水平和发展品质进一步提高。

过去的五年，是突出文化引领，文化强区战略取得丰硕成果的五年。

五年来，我们深入实施文化强区战略，不断把握工作规律，拓展工作格局，促进了文化文明建设创新发展。精神文明建设深入开展。牢牢把握宣传思想文化工作的根本任务，推进理念创新、内容创新、手段创新。加强各类意识形态阵地的管理。广泛开展群众性主题教育活动，推进中国特色社会主义、中国梦、社会主义核心价值观宣传教育。文明城区建设制度化、规范化、常态化水平不断提升，市民文明素质和社会文明程度持续提高。公共文化服务实现先行示范。完善四级公共文化服务网络，朝阳成为全国首批国家公共文化服务体系示范区。深入挖掘历史文化资源，系统研究保护乡村文化和工业遗存等传统文化，厚植文化底蕴，留住朝阳记忆。文化产业发展加快创新融合。首个国家文化产业创新实验区落户朝阳，不断完善实验区的产业功能、空间和结构布局，健全政策体系和协同创新体系，转型升级一批特色文创园，产业集群发展水平显著提升，文化创新发展氛围和优势日益凸显。

过去的五年，是突出共治共享，民生事业取得重大进步的五年。

五年来，我们牢固树立以民生为导向的政绩观，把人民对美好生活的向往作为奋斗目标，让改革发展成果更多更公平惠及全区人民。城乡基本公共服务水平持续提升。深入实施“十大民生工程”。基本社会保障扩大到所有常住人口，社会救助体系实现城乡全覆盖。教育整体水平进入先进区行列，优质资源校址、特级教师数量、中高考成绩大幅度提升。在全市率先实现医联体服务全覆盖，垂杨柳医院、小庄医院等建设改造取得重大突破。率先开展医养结合与社区驿站式养老服务试点，朝阳成为全国养老服务业综合改革试点区和北京市养老服务社会化示范区。推进棚户区改造和城乡危房改造，累计开工建设保障性住房6万多套。社会管理向社会治理加快转变。以全国社区治理和服务创新实验区建设为抓手，全面加强和创新基层社会治理和社区服务，形成了老旧小区“准物业管理”、保障房小区“三社联动”、商品房小区“五方共治”的社区分类治理模式，基层治理能力和水平显著提升。社区服务功能更加完善，群众办事更加便捷，“党政群共商共治”模式荣获“中国社区治理十大创新成果”。安全发展形势持续巩固。全面落实维护安全稳定的政治责任，深化社会面立体化防控体系建设，全力维护了全区社会大局稳定，打造出“朝阳群众”、科学维稳体系建设等一批工作亮点和特色品牌。实施重大决策社会稳定风险评估机制，完善多元化纠纷解决机制，社会矛盾纠纷有效化解。严格落实安全生产监管责任，建立事故隐患排查治理体系，全力保障人民群众生命财产安全。

过去的五年是不平凡的五年。

五年来，全区上下勠力同心，各条战线奋力拼搏，各级班子奋发有为。党的建设工作在市委对16区2012—2015年考核中位列全市第一，先后获了国家公共文化服务体系示范区、全国社区治理和服务创新实验区等42项国家级和市级荣誉。回首五年奋斗历程，我们深刻体会到，做好朝阳工作，必须坚持和加强党的领导，坚定信念、把牢方向，总揽全局、协调各方，凝心聚力谋发展；必须坚持以人民为中心的发展思想，补齐短板、促进均衡，共商共治惠民生；必须树立正确的政绩观，以“功成不必在我”的境界，坚守初心、保持定力，一张蓝图绘到底；必须强化大局意识和开放思维，抢抓机遇、开拓创新，敢为人先争首善。回顾这五年，我们群策群力、砥砺前行，在创新发展中实现突破，在共同战斗中凝聚合力，在迎接挑战中完成使命。我们难忘，在APEC、国庆65周年游园活动、纪念中国人民抗日战争暨世界反法西斯战争胜利70周年、田径世锦赛等重大活动的服务保障中，大家激情满怀、日夜奋战；我们难忘，在“涉日维稳”、“马航失联”、六公主文环境整治、和平一二三村拆迁等急难险重任务面前，大家执着坚守、担当作为；我们难忘，在推进疏功能减人口、“大城市病”治理、“一绿”试点等新任务中，大家并肩作战、合力攻坚。这些难忘的记忆和收获，凝聚着各级党组织和党员干部的智慧和付出，凝聚着社会各界的参与和支持，是我们宝贵的精神财富，必将永载朝阳史册。

未来五年的形势要求和指导思想

未来五年，是我国全面建成小康社会的决胜阶段，中华民族正处于走向伟大复兴的关键时期。

未来五年，是朝阳奋力拼搏、大有可为的五年。世界经济进入转型期，网络发展、科技进步日新月异，为我们更好地参与全球资源配置、创新治理方式创造了有利条件。我国国际地位持续提升，发展方式加快转变，改革开放不断释放新的活力，为朝阳发挥国际交往的窗口作用提供了更高平台。国家“一带一路”倡议和京津冀协同发展战略的实施，首都“四个中心”城市战略定位的落实，北京国际一流和谐宜居之都建设的推进，北京城市副中心的建设和2022年冬奥会的筹办，为我们带来一系列重大机遇。朝阳区“新、转、疏、补、稳”的阶段性特征持续凸显，发展的综合优势更足，发展的潜力和回旋余地更大，发展的空间更加广阔，国际商务的功能提升、文化创新的发展使命、和谐宜居的群众期盼、小康社会的率先建成，正激励着朝阳人众志成城、奋力前行。

新时代承载着新使命。要推动朝阳更高层次上的新跨越，必须进一步深化对发展阶段性特征的认识，深刻把握好当前所面临的形势要求和关键问题。

*要深刻认识到，推进朝阳经济社会新发展，必须在党建引领上有新提升。*党中央对全面从严治党的战略布局和重大部署，把党的建设新的伟大工程推进到新境界，对我们开创党建工作新局面提出了新要求。必须紧密团结在以习近平同志为核心的党中央周围，不断增强“四个意识”，特别是核心意识和看齐意识，坚定理想信念，严守政治纪律、政治规矩，有令必行、有禁必止。必须清醒地看到，一些党委（党组）主责主业意识还不够强，能力还不足，还没有真正管到位、严到份儿。个别基层党组织软弱涣散，政治功能弱化，引领作用不突出。一些党员干部忧患意识不强，工作平推，标准不高，甚至消极懈怠、为官不为，缺乏舍我其谁的责任担当，个别干部工作漂浮，做而不实，一抓到底的实干精神还不强。个别党员信念不坚定，违法违纪现象还没有杜绝。我们必须保持永远在路上的清醒和自觉，忠实履行职责使命，带头担起从严治党的政治责任，坚持不懈抓强党的建设，以管党治党新成效推进事业新发展。

*要深刻认识到，落实首都城市战略定位，必须主动适应城市发展格局的新要求。*规划建设北京城市副中心是深入贯彻落实习近平总书记视察北京重要讲话精神的重要举措，是党中央作出的重大战略部署。朝阳处于连接首都中心城区和北京城市副中心的枢纽地带，责任重大，既是机遇，更是挑战。区域基础设施薄弱、公共服务水平整体不高、生态建设相对滞后、城乡接合部整治任务重、环境秩序有待改善等问题将更加凸显，优化布局、提升品质任重道远。此外，北京“十三五”规划对各区功能定位进行调整，朝阳从功能拓展区变为中心城区，对朝阳服务管理标准和工作水平提出了更高要求。我们必须克服守成自满思想，增强忧患意识，不为盛名所累，不为利益所困，主动融入发展大局，以一流标准在服务首都“四个中心”建设中当标杆、作表率。

*要深刻认识到，增强首都核心功能，必须在疏解提升上有新作为。*疏解非首都功能是解决“大城市病”，优化提升首都核心功能的先导和突破口。必须看到，我区产业结构仍然存在“大而全”问题，在农村地区特别是城乡接合部，仍然聚集着大量聚人多、占地大、高耗能、高耗水的低级次产业，环境脏乱、违法建设、安全隐患等问题突出。必须增强转型发展的紧迫感和历史责任感，健全责任倒逼机制，加大“关停并转”力度，以“咬定青山不放松” 的精神疏解产业、疏解人口、疏解交通，锲而不舍、久久为功，在治理环境、打非治违、消除隐患等方面全面提速加力。

*要深刻认识到，引领经济发展新常态，必须加快培育发展新动能。*多年来，我们不断强化国际商务功能，着力构建“高精尖”经济结构，在首都发展大局中发挥了重要作用。但是要清醒地看到，在当前经济深度转型的关键时期，新的增长动能尚未完全建立，经济发展面临多因素综合影响，城市承载能力和环境容量受限，保持高基数上的中高速增长难度增大。需要我们以更大的决心、更实的举措，深化改革、放大优势、示范引领。要借助北京市服务业扩大开放试点、首都全国科技创新中心、国家文化产业创新实验区建设等重要机遇，以供给侧结构性改革引领经济发展方式转变，推动商务、文化、科技融合发展，增强国际商务中心功能，持续培育发展的新动力。

*要深刻认识到，推进朝阳更高层次发展，必须在增强发展的均衡性、协调性上取得新成效。*协调既是发展的手段又是发展的目标，同时还是评价发展的标准和尺度。朝阳城乡二元结构明显、非均衡性特征突出。虽然历经“三化四区”和“新四区”建设，在协同发展方面已经有了很大进步。但是人口资源环境的矛盾依然突出，协同推进农村城市化与城市建设减量化的挑战更加凸显。我们必须坚持以城带乡、城乡协同，紧紧抓住“一绿”城市化试点契机，下大力气解决农村地区面临的各种瓶颈矛盾和深层次问题，加强区域协作，推动均衡发展。

*要深刻认识到，回应人民群众的期盼，必须强化共治共享，展现和谐宜居新风貌。*面对人民群众对改善民生的更多期盼，朝阳在发展中的短板也更为突出。生态环境欠账多，市政基础设施缺口大，文化底蕴不够深厚，教育、卫生、养老等公共服务离群众诉求有差距，传统的服务管理体系难以适应现代社会发展需要，共治共享的社会治理机制亟待完善，法治建设水平还需进一步提升。我们必须坚持党的群众路线，密切联系群众，及时准确了解群众所思、所盼、所忧、所急，适应新变化，回应新期待，集中力量做好基础性、兜底性民生建设，着力弥补突出性、制约性民生短板，不断提高群众获得感、安全感和满意度。

总体来看，未来五年朝阳发展仍处于大有可为的重要战略机遇期。我们要把精神凝聚到使命担当上来，把思想统一到目标任务上来，把行动聚焦到创新实践上来，团结带领全区人民在转型发展中寻求新突破，在攻坚克难中谱写朝阳发展新篇章。

今后五年的指导思想是：

高举中国特色社会主义伟大旗帜，坚持以马克思列宁主义、毛泽东思想、邓小平理论、“三个代表”重要思想、科学发展观为指导，紧密团结在以习近平同志为核心的党中央周围，全面贯彻党的十八大和十八届三中、四中、五中、六中全会精神，深入贯彻习近平总书记系列重要讲话精神，牢固树立政治意识、大局意识、核心意识、看齐意识，建设坚强有力的区委领导班子，建设忠诚干净担当的党员干部队伍，提高发展质量效益，提升区域环境品质，增强服务保障能力，增进人民福祉，高水平建设国际商务中心区、文化创新实验区、和谐宜居模范区，率先全面建成小康社会，为北京建设国际一流的和谐宜居之都而努力奋斗。

今后五年的主要奋斗目标是：

——*党建科学化水平显著提升。*管党治党责任全面落实，党的思想建设、组织建设、作风建设、制度建设和反腐倡廉建设全面深化，党内政治生活进一步加强和规范，党内监督各项任务深入落实，基层党组织整体功能持续强化，党的执政能力、纯洁性和先进性不断提高。

——*发展质量效益显著提升。*疏解非首都功能取得明显成效，国际商务核心功能进一步完善，辐射带动作用持续增强，文化创新、科技创新能力明显提升，“高精尖” 经济结构加快构　建，发展环境明显改善，市场活力显著增强。保持经济中高速增长，地区生产总值年均增长6.6%，一般公共预算收入年均增长6.5%。

——*城乡规划建设管理水平显著提升*。坚持“多规合一”，实现区域现状建设用地负增长，提高集约高效发展水平。城乡治理体系和治理能力现代化取得重大进展。生态文明建设取得显著成效，PM2.5浓度和水环境治理完成市级下达任务，城市绿化覆盖率达48.3%，区域环境更加优美宜居。

——*文化文明建设成效显著提升*。中国梦和社会主义核心价值观更深入人心，国家文化产业创新实验区建设取得突破，现代公共文化服务体系健全完善。文化事业和文化产业蓬勃发展，朝阳在首都全国文化中心建设中的地位和作用进一步彰显。

——*人民生活水平显著提升*。居民人均可支配收入实际增长率与经济增长同步，城镇登记失业率控制在2.5%以内。公共服务体系和社会治理体制机制更加完善，基本公共服务均等化总体实现。

围绕上述目标，我们必须抢抓机遇、再创优势、争创一流。要重党建。推进朝阳事业兴旺发达，必须坚持和加强党的领导，必须把握党建这个根本。要坚持思想建党和制度治党紧密结合，在加强和规范党内政治生活、强化党内监督上重点发力，全面从严治党，做到管党有方、治党有力、建党有效，不断开创党建工作新局面。要重改革。实现朝阳转型发展新跨越，必须抓住改革这个关键，通过“改”来变观念、变机制，求转型、求突破。要争当改革的促进派和实干家，推动各项改革举措在朝阳落地生根，先行先试破解难题，增强动力。要重民生。践行以人民为中心的发展思想，必须坚持把改善民生作为一切工作的出发点和落脚点。要完善大民生工作格局，统筹解决好民生问题，让人民享受更充分的发展机会、更满意的公共服务、更适宜的居住条件和更优美的城市环境。要强优势。持续放大朝阳国际化优势、奥运优势、区位优势、空间优势、生态优势，使优势成为功能，使功能成为发展的新动能。要强基础。充分吸收借鉴先进地区发展和治理经验，加强基层组织、基层队伍、基础工作、基础力量建设，加快补足短板、打牢根基、增强后劲。要强队伍。着力打造坚强有力的领导集体和想干事、能干事、干成事的干部队伍，提升综合素质和专业水平，夯实区域发展的人才保障和智力支撑。

敢担当、肯实干是朝阳人的优良传统，建首善、创一流是朝阳人的不懈追求。站在新的历史起点，面对时代的使命召唤，我们要培育一流发展品质，营造一流发展环境，创新一流管理服务，发展一流区域文化，打造一流干部队伍，创造一流工作业绩，努力在新时期的首都发展大局中勇当主力军，争做排头兵，创造新业绩。

未来五年的主要任务：

新的起点，新的征程。我们要始终坚持党要管党、从严治党，始终坚持以发展为第一要务，始终坚持以人民为中心的发展思想，向破解难题持续聚焦，向突破瓶颈精准发力，推动各项工作再创新佳绩、实现新跨越。

一、牢牢把握正确方向，推进党建科学化。坚持问题导向，把握工作规律，落实主体责任，坚定不移推进全面从严治党，全面加强党的思想建设、组织建设、作风建设、制度建设和反腐倡廉建设，切实把党的政治优势和组织优势转化为推动发展新跨越的强大力量。

坚定信念、把牢方向筑根基。坚持把思想政治建设作为党的建设首要任务。强化理论武装，创新党内学习制度，深入开展党内集中学习教育，加强党性修养，教育和引导广大干部牢固树立“四个意识”，永葆共产党人的政治本色。坚定对中国特色社会主义的道路自信、理论自信、制度自信、文化自信，讲政治、讲大局、讲规矩，坚决贯彻执行中央、市委决策部署，确保令行禁止、政令畅通。加强中心组学习制度建设，充分发挥党委中心组的示范带动作用，加大党员干部专题培训和日常教育力度，推进党员干部学习教育常态化。加强对意识形态工作的领导和管理，积极有效引导信息化条件下的社会舆论。

总揽全局、协调各方聚合力。加强党对人大、政府、政协的领导，建立健全各单位党组向区委请示报告工作制度，加强区四套班子之间团结协作和紧密联动。支持和保证区人大及其常委会依法履行职能，依法加强对“一府两院”的工作监督和法律监督。支持和保证区政府加快转变职能，深化行政管理体制改革，提高依法行政、依法决策水平，切实做到为民务实高效清廉，增强公信力和执行力。支持和保证人民政协更好地发挥作为协商民主重要渠道和专门协商机构作用，推进政治协商、民主监督和参政议政建设。完善新形势下“大统战”工作格局，落实党的民族、宗教、台侨政策，充分发挥民主党派、工商联和无党派人士作用，巩固和发展最广泛的爱国统一战线。完善党委领导群团工作的制度机制，推动工青妇等群团组织实现组织联建、工作联动、队伍联合、服务联办、保障联享。加强党管武装，抓好国防动员和后备力量建设。

建强班子、带好队伍作表率。坚持以党章为根本遵循，着力增强党内政治生活的政治性、时代性、原则性、战斗性。加强区委常委会自身建设。坚持民主集中制原则，完善区委全会工作制度、区委常委会工作规则，健全常委会向全委会定期报告工作并接受监督制度。深入开展批评与自我批评，认真贯彻群众路线，常委会带头开好民主生活会，带头严肃党内政治生活。从严从实推进班子干部队伍建设。坚持新时期好干部标准，强化重品行、重实绩、重公论、重基层的用人导向，按照“五有”干部要求，制定加强党政领导班子建设的意见，注重干部储备，注重实践历练，加强党政正职选拔培养，抓好精准化教育培训，推进班子干部能力过硬、作风过硬、结构优化。规范干部选拔任用程序，推动干部能上能下。完善综合监督体系，建立容错纠错机制，调动和保护干部队伍积极性。

抓实基层、打牢基础强保障。深化聚合力工程，全面推广提升“一轴四网”区域化党建模式。健全党建责任体系，加强工作督导，全面落实抓党建第一责任。健全党建分类推进体系，实施社会领域党建“提质工程”、农村领域党建“强基工程”、非公企业和社会组织党建“突破工程”、传统领域党建“活力工程”，推动基层党建创新。推广和总结楼宇党建经验。在深化国企改革中加强党建工作。进一步加强基层党组织“带头人”队伍建设。健全党员教育管理体系，坚持“三会一课”制度，持续抓好经常性的组织生活，深化党员思想教育。健全党员干部直接联系服务群众制度，扎实开展党代表、党员等进社区（村）活动，推动基层党建活动扎根基层、扎根群众。

严明纪律、严格监督守底线。信任不能代替监督。要严格落实全面从严治党主体责任和监督责任。坚持把信任激励同严格监督结合起来，全面落实“六个从严”要求，促使党的领导干部有权必有责、有责要担当、用权受监督、失责必追究。强化自上而下的组织监督，改进自下而上的民主监督，发挥同级相互监督作用，把党内监督和外部监督相结合，形成监督合力。严格落实廉洁自律准则、纪律处分条例和问责条例，坚决查处各种违反纪律行为，真正把关口前移到纪律防线上来。深入推进党风廉洁建设和反腐败斗争，坚决查处群众身边的不正之风和腐败问题，持之以恒、锲而不舍纠正“四风”。支持和推动纪律检查体制改革和国家监察体制改革任务落实，把全面从严治党要求落实到基层末梢。推进领导干部认真履行“一岗双责”，让失责必问、问责必严成为常态，不断推动管党治党走向“严实硬”。

二、牢牢把握核心功能，推进发展优质化。紧紧围绕区域功能定位，增强核心竞争力，建设具有世界影响力的国际商务中心区、具有全国示范作用的文化创新实验区。坚持把发展的路径放在疏解提升上，把发展的优势放在强化特色上，把发展的基点放在改革创新上，把发展的支撑放在优化布局上，把发展的潜力放在城乡协同上，加快转变经济发展方式，推动发展更有活力、更有质量、更有效益、更有后劲。

疏解功能提升发展。坚持疏解提升并举，旗帜鲜明地做好先“舍”后“得”、“瘦身健体”大文章。着重解决认识不到位、行动不到位、担当不到位、问责不到位的问题，以更大的决心和勇气，打好疏解提升的攻坚战。“控”“疏”双管齐下，加强顶层设计，完善政策体系，建立健全责任倒逼和激励机制，加强源头管控，严禁新增不符合首都功能的产业，坚决守住各类功能禁止和限制底线。明确“疏解提升区”范围，依托棚户区改造、环境整治等，聚焦重点领域实现精准疏解，聚焦重点地区实现集中疏解，聚焦重点项目实现连片疏解，聚焦综合整治实现联动疏解。推动传统产业替换、淘汰、升级，带动人口调减和布局优化，全力促进朝阳发展转型。

巩固优势特色发展。坚持更大格局、更宽视野，紧抓北京市服务业扩大开放综合试点示范区建设、冬奥会筹办、第四使馆区建设等机遇，推动双向深度国际化，培育国际交往合作新优势，强化国际经贸枢纽功能和总部经济资源配置能力，提高国际商务中心的世界影响力。加快构建“高精尖”经济结构。大力发展知识经济、信息经济、服务经济、绿色经济，壮大商务服务、金融、文化创意、高新技术等重点产业，积极培育体育休闲、科技服务、健康养老等新兴产业。完善市场监管和公共服务模式，支持社会资本参与传统商业转型，大力发展跨境电子商务，探索设立国际技术转移分中心。强化承载首都功能的导向，突出绿色、低碳、智慧、创新，提升CBD、奥林匹克公园核心区、中关村朝阳园等重点功能区发展品质，发挥对全区发展的示范带动作用。

文化创新驱动发展。以文化和创新为引领，深化“双轮驱动”，增强发展新动能。实施“文化+”战略，集成优势创新资源，培育文创龙头企业和多层次文化产品、要素市场，促进文化产业与科技、金融、商务、旅游等领域融合发展，在体制机制、政策环境、市场体系、金融服务、人才培养、发展模式等方面改革突破，全力打造全国文化产业创新发展高地。发挥中关村朝阳园示范引领作用，完善科技成果转化的市场体系和服务体系，健全协同创新平台，鼓励大数据、云计算、物联网、人工智能等新技术发展应用，打造国际研发创新高地。深入推进供给侧结构性改革，在“去、治、进”上下功夫，推动空间结构从分散布局向精明统筹转型、人力结构从人口规模聚集向人才优势转变、产业结构从资源密集型向低耗高效型转变。抓住重要领域、关键环节，加大城市规划建设管理、国企国资、社会事业、养老服务业、人才发展体制机制等改革力度，增强改革发展动力。营造良好创新创业环境，引导和支持民营经济健康发展。

优化布局支撑发展。加快“一廊两带三区”建设是区域功能布局的一次系统性优化调整。要进一步聚焦“现代都市景观与产业融合发展廊道”，高标准实施基础设施、环境建设、产业发展、公共服务、社会治理“五大提升工程”，高品质推进东部廊道地区建设发展。紧抓“一带一路”战略机遇，主动融入京津冀协同发展大局，严格按照北京市“两线三区”空间管控原则，严守生态保护红线，严控建设用地，实施分类管理和差异化的空间发展策略，促进区域协同、联动发展。创新工作协同机制、项目投融资机制、资源统筹政策和管理维护机制。发挥规划统筹引领作用，拆建结合，区域统筹，有效控制开发强度，合理控制发展规模。按照国际一流标准，做好重点地区城市设计，强化城市形态、景观视廊、公共空间等精细化管控，提升整体城市设计水平。加强空间资源区级统筹，推进国有工业用地减量转型发展，加大农村产业用地空间布局调整力度，促进农村地区与重点功能区产业融合、空间联动。

城乡一体协同发展。坚持把协调发展作为可持续发展的内在要求，推动城乡要素优势互补、合理配置，促进城乡协同一体发展。完善城乡一体化的规划体系，推进“多规合一”。严格落实“增减挂钩、减量腾退”的联动机制，加快低端产业改造升级。统筹城乡建设与管理，深入实施城乡发展“六个一百”工程，推进财政投入、公共服务、基础设施、城市管理力量向农村地区倾斜，推动以城带乡、共同繁荣。坚持“六位一体”，全方位推进“一绿”等重点地区城市化进程。积极探索“二绿”地区城乡一体化建设模式，着力增强城市保障和生态建设功能。加快建立城乡一体的基础设施建设投入机制和统一管护机制。形成城乡基本公共服务均等化的体制机制，构建以公共财政投入为主的农村地区学前教育体系，促进城乡基础教育资源均衡配置。完善农村集体“三资”监管模式，创新集体资产管理和经营，深化农村集体产权制度改革，构建适应市场经济发展要求的新型集体经济组织，激发集体经济活力。

三、牢牢把握民生福祉，推进治理现代化。突出宗旨意识，保障改善民生，高起点建设和谐宜居模范区。强化法治引领，转变治理方式，创新服务模式，补足民生短板，维护社会稳定，让朝阳的发展更有“温度”，让百姓的幸福更有“质感”，促进人人参与、人人尽力、人人同享，率先建成全面小康社会。

建设优美城市环境。把改善环境质量作为最大的民生工程，让群众享受到更加舒适的人居环境。聚焦治脏，加强城市管理统筹，建立“大城管”的管理体制，建设“智慧城区”，细化分区域管理，形成城市痼疾顽症治理长效机制，推进城市管理精细化、科学化、社会化。聚焦治气，采取最严格的措施治理大气污染，全面实现无煤化，推进控车节油、治污减排、清洁降尘，确保PM2.5浓度下降达到市级要求。聚焦治水，加快建设“亲水朝阳”，严格排污执法监督，消除黑臭水体，建成萧太后河滨水绿廊生态带，确保水环境质量显著改善。聚焦治堵，构建布局合理、配套齐全、运行高效的基础设施体系，完善城乡骨干路网和区域微循环路网，优化道路交通布局，多措并举缓解交通拥堵。聚焦治违，严厉整治违法用地、违法建设、违法经营、违法排污。聚焦建绿，持续扩大绿色空间，形成绿色生态屏障，以孙河湿地公园为龙头的温榆河国家级森林公园、黑庄户国家级农业公园初具规模，新建和改造百个大中小微型公园，建成百条环境优美大街。重视群众身边的绿化美化，每年改造提升一批老旧小区，新增一批小微公共绿地。

厚植文化文明优势。围绕服务首都全国文化中心建设，充分挖掘区域文化底蕴和资源优势，全面提升人文精神凝聚力、公共文化服务力、文化国际影响力。实施精神文明建设"七项工程"，以培育和践行社会主义核心价值观为主线，传承弘扬中华传统文化和爱国主义精神，提高市民文明素质和社会文明程度，提升文明城区长效建设水平，为区域发展提供强大思想保证和精神力量。构建现代公共文化服务体系，创新公共文化服务供给方式，形成功能混合、服务共享、发展灵活的四级公共文化服务网络，建设联通全域的公共文化服务云平台，拓展公共文化服务空间。扶持优秀文化产品创作，促进文化发展社会效益与经济效益相统一。扎实做好冬奥会筹办服务保障工作，高质量服务和推进相关基础设施建设，加强奥运资源利用，积极发展体育事业，深入开展全民健身运动。

提升优质公共服务。按照守住底线、突出重点、完善制度、引导预期的思路，精准施策、补齐短板，推动公共服务共建共享。完善城乡社会保障和社会救助体系，加大扶贫济困力度，全力维护人民群众基本生活权益。强化资源倾斜、资金投入、机制保障，全面推进"教育强区""健康朝阳"建设。深化义务教育学区化综合改革，扩大普惠性幼儿园覆盖面，高水平普及和发展高中阶段教育，实现朝阳教育现代化。优化医疗资源布局，健全多层次的医疗卫生服务体系。加强职业健康监管。健全三级养老服务功能和设施网络，深化"医养结合"。鼓励社会资本参与社会服务设施建设和运营管理。围绕群众关注的热点难点民生问题，采取针对性更强、覆盖面更大、作用更直接的举措，全面推动各项社会事业均衡优质发展。

加强和创新社会治理。按照党建区域化、自治单元化、动员社会化、管理精细化、服务精准化"五化协同"的架构，深化社会治理体制改革，加快形成党委领导、政府主导、社会协同、公众参与、法治保障的社会治理格局。实施党政群共商共治深化工程，强化社区自治功能，落实社区减负增效，推进居民议事厅规范化，基本形成多方共治局面。扩大社区公共服务综合信息平台覆盖范围，基本实现社区公共服务事项一站式受理、各类人群覆盖、全口径集成和全区域通办。基本建成"枢纽型"社会组织工作体系，实现社会组织服务管理全覆盖。创新动员手段，搭建动员平台，提高社会动员能力。推进城市管理网、社会服务管理网和社会治安网融合发展，加快形成"三网融合、二级闭环、一格统筹"的网格化运行体系。依法治理网络空间，建设网络良好生态。

营造和谐稳定局面。坚持依法治区，弘扬法治精神，自觉运用法治思维和法治方式深化改革、推动发展、化解矛盾、维护稳定。深化司法体制改革，支持区法院、区检察院依法独立公正行使职权，提高司法公信力。健全普法宣传教育机制，推动全社会自觉尊法学法守法用法。深化平安朝阳建设。强化责任意识、底线思维，深化科学维稳体系建设，严格维稳工作责任制和责任追究制，完善"大安全"工作格局。健全反恐防暴工作机制，加强禁毒工作，推进阳光信访、责任信访、法治信访建设。完善立体化社会治安防控体系，创新流动人口服务管理，深化"朝阳群众"品牌建设，提升社区（村）治安防范水平，实现社会面治安防控零盲区，着力提升群众安全感。健全安全生产监管长效机制，围绕消防、食品药品、农产品等重点领域，完善安全隐患排查治理、执法监察、科技支撑和应急救援体系，保障城市安全运行，保障人民安居乐业。

同志们，蓝图已经绘就，目标催人奋进。让我们紧密团结在以习近平同志为核心的党中央周围，坚决落实党中央和市委的决策部署，牢记使命、担当作为，不忘初心、继续前进，不断开创无愧于人民、无愧于时代的新业绩，全力以赴建设"三区"、建成小康，为把北京建设成为国际一流宜居之都而努力奋斗！

朝阳区政府工作报告

——在朝阳区第十六届人民代表大会第一次会议上

朝阳区人民政府区长 王 灏

（2016 年 12 月 20 日）

各位代表：

我代表朝阳区人民政府向大会报告工作，请予审议，并请各位政协委员提出意见。

五年工作回顾

区十五届人大一次会议以来，在市委、市政府和区委的坚强领导下，在区人大、区政协的监督支持下，我们深入贯彻习近平总书记系列重要讲话精神特别是视察北京重要讲话精神，紧紧围绕京津冀协同发展规划纲要和首都"四个中心"城市战略定位，深入落实"再创新优势、建设'新四区'"发展要求，全面推进"双十工程"建设，大力疏功能、转方式、治环境、补短板、强管理、惠民生，顺利完成了"十二五"规划和十五届人大历次会议审议通过的各项任务，实现了"十三五"发展的良好开局，在朝阳科学发展、民生幸福的征程中迈出了坚实步伐。

一、全力服务首都核心功能，发展质量和效益显著提升

积极适应经济发展新常态，主动融入首都发展大局，着力构建“高精尖”经济结构，区域发展实现稳中求进、进中提质。2016年，地区生产总值预计达到4942亿元，同比增长6.5%，五年增加1670亿元，年均增长7.9%；居民人均可支配收入预计达到59886元，同比增长8%，五年增加20840元，年均增长8.9%；一般公共预算收入预计实现477.1亿元，同比增长6.5%，五年增加164.3亿元，年均增长8.8%；万元GDP能耗累计下降24.1%，主要指标始终保持全市前列。

疏解非首都功能扎实有效。坚决落实《京津冀协同发展规划纲要》，以咬定青山不放松的决心，全面打响疏解非首都功能攻坚战。旗帜鲜明的舍、态度坚决的退，“控疏”并举、示范带动，率先腾退华北地区最大的西直河石材市场，大力推动雅宝路市场集群转型升级，集中连片疏解孙河地区低级次产业，疏解经验在全市推广。先后清退商品交易市场154家，关停一般性制造业184家，拆除再生资源回收场站和仓储物流基地57家，清理出租大院289家，腾退建筑面积655.4万平方米。坚持瘦身与健体并重，高效利用疏解腾退空间发展高端产业、打造绿色精品，发展品质和城市环境进一步优化。

国际商务功能更加凸显。国际商务、国际金融、国际贸易聚集发展，跨国公司地区总部达到111家，占全市70%，外资金融机构达到312家，占全市65%，国际组织和机构占全市80%，亚投行总部和第四使馆区落户朝阳，区域国际影响力进一步提升。“高精尖”产业结构加快构建，产业高端化特色明显，第三产业比重达到92.3%，金融、商务服务、文化创意、高新技术四大重点产业对全区财政收入的增长贡献达到68.5%。新一代信息技术、新能源、新生物医药等战略性新兴产业规模不断扩大，新的优质产业正在加快聚集。“十大发展基地”加快建设，功能区高效发展态势明显。CBD税收过亿元楼宇52座，GDP、地均产出率年均增长10.5%和8.1%，核心区建设全面推进，中国尊成为北京新地标。奥运功能区国际高端会展、国际体育赛事和文化活动云集，北京奥林匹克塔建成开放，成为北京古老中轴线上的现代标志景观，奥林匹克公园成为国家5A级旅游景区和国家体育产业示范基地。中关村朝阳园创新动能和产业优势不断积聚，实现总收入稳居中关村十六园第二位，大望京新增产业空间141万平方米，新的增长极加快形成。国家文化产业创新实验区发展建设全面推进，正逐步成为北京建设全国文化中心的新名片。

农村转型发展实现突破。围绕“四增五减”目标，紧抓“一绿”试点、土地储备、重点村整治等重大机遇，积极破解农村地区发展难题。主动争取市级支持，政策捆绑、审批创新，在将台等6个乡开展一绿地区城市化试点，“六位一体”推动拆迁腾退、绿化建设、就业安置、社会保障、体制改革、社会管理，初步实现了疏解转型、减量增效、建绿提质的综合实效。五年来，22个行政村完成整体搬迁，7.7万人实现上楼安置，6.2万农民实现转居，51个村完成村级产权制度改革，45个产业项目建成运营，农村地区发展层级显著提升。

重点领域改革释放活力。突出问题导向、需求导向、民生导向，深入推进供给侧结构性改革，实施放权、松绑、减负、惠民的一系列改革措施，激发市场活力和发展动力。从政府自身改起，下大力气简政放权，全面清理非行政许可审批事项，集中取消51个区级行政审批事项。编制政府全口径预算，稳步推进财政预算管理改革。积极开展北京市服务业扩大开放综合试点，在文化创新、金融创新、中医药服务贸易等六大领域实施33项试点政策。率先在全国推行跨国公司外汇资金集中运营管理改革。大力开展商事制度改革，推行“五证合一、一照一码”登记制度，全面实施“营改增”，最大限度为企业减负松绑。创新投融资体制，发行定向票据支持基础设施和重点功能区建设，探索通过PPP、BT模式推进公共服务和市政基础设施建设。深化国有企业改革，实施国有企业分类监管，稳步推进昆泰集团等企业改制重组，企业运营效益不断提高。

二、坚决治理“大城市病”，城市建设和管理水平显著提升牢固树立绿色发展理念，坚持规划建设管理相统筹、人口资源环境相协调，实施一系列环境治理和提升工程，人居环境明显改善，城市综合服务能力不断增强

调控持续发力。坚持以业控人，大力疏解低级次产业，整治无证无照违法经营行为，促进人随功能走、人随产业走。坚持以拆控人，通过打击违法建设拆一批、城乡接合部改造拆一批、环境整治拆一批、项目工程建设拆一批，压缩人口无序聚集空间，拆迁腾退3650万平方米，拆除违法建设1340多万平方米。坚持以房控人，依法清理整治群租房和非法出租公寓，清理整治散租住人人防工程1400余处，整治开墙打洞2500余处。坚持以资源控人，制定水、电、气使用规范，严格审批、严格管理。2016年，全区常住人口首次负增长，初步实现由增到减的拐点。

环境建设成效显著。坚持首善标准、聚力改善环境，圆满完成了APEC峰会、国庆65周年游园活动、纪念中国人民抗日战争暨世界反法西斯战争胜利70周年、世界田径锦标赛等重大活动服务保障任务。开展“一区九线四周边”“两区两环四线多点”环境整治，着力改善城乡接合部环境面貌，六公主坟地区二十年的历史遗留问题得到彻底解决。实施清洁空气五年行动计划，大力压减燃煤、控车减油、治污减排、清洁降尘，积极推进煤改清洁能源工作，基本实现四环路内“无煤化”，主要污染物全面削减，PM2.5年均浓度持续下降。打造“清水朝阳”，开展“五水联治”，综合治理河道20多条，建成6个郊野公园雨洪利用工程，河湖水质持续改善，生态涵养与城市防洪排涝能力明显提升。启动萧太后河系综合治理和滨水绿色文化休闲廊道建设，河道沿线拆迁腾退102.4万平方米。大力拓展绿色空间，加快腾退建绿、拆违还绿、见缝插绿、多元增绿，启动占地1100公顷的集湿地景观、生态环保、文化休闲于一体的孙河湿地公园建设，高标准实施平原造林3万亩，新增、改造绿化1240公顷，温榆河景观大道、望和公园等成为全市绿化精品。

服务功能逐步完善。市政道路建设全面推进，新改扩建主次干路和支路100余条，打通断堵头路40条，广渠路二期、黄楼路等实现通车，路网密度达到4.1公里/平方公里。建成团结湖等6个交通管理示范区。新增轨道交通运营里程66.8公里。新增停车位2.64万个，6000辆公租自行车投放运营。公共服务设施建设全面提速，东北和东南热电中心建设完工，3座再生水厂投入使用，生活垃圾焚烧中心项目建成试运行。城市精细化管理水平明显提高，加快城管综合执法体制改革，推动城市管理力量下沉，实施环境建设分区域管理，重点地区环境秩序明显改善。“智慧城市”建设扎实推进，积极打造“数字市政”，探索推进“智慧物业”试点，智慧化城市建设取得积极进展。

三、着力增进民生福祉，社会建设和公共服务水平显著提升

坚持优质、均衡、特色、统筹的总体思路，全面推进民生和社会事业跨越发展，发展成果更多更好惠及全区人民。

基本公共服务水平稳步提升。深入实施十大民生工程。教育整体水平进入先进区行列，学区化综合改革深入推进，优质校比例提高33个百分点，全区83.6%的学生享受优质教育资源，特级教师数量跃居全市第一。新增一级一类幼儿园60所，多种方式增加学前教育学位2.4万个。新改扩建中小学37所，八十中南校区等一批新建校建成开学。高考本科上线率超过95%，名列全市前茅。医疗资源布局更加完善，朝阳医院、安贞医院和北京中医医院确定在常营、东坝、垡头开办新院区，垂杨柳医院改扩建主体工程加快实施，北京市第一中西医结合医院升级为三级甲等医院。构建新型医疗服务体系，在全市率先实现医疗联合体服务全覆盖。养老服务水平不断提升，建立三级养老服务体系，建成区第二福利中心，新建44家街乡养老照料中心，医养结合和社区“驿站式”养老服务模式在全市推广，我区成为全国养老服务业综合改革试点区和北京市养老服务社会化示范区。就业服务和社会保障力度全面加大，城镇登记失业率控制在1%以内，基本社会保障扩大到所有常住人口，社会救助体系实现城乡全覆盖。保障性住房建设和配租配售全面加快，开工6.7万套、建成7.9万套，分别占全市11.2%和18.6%，符合条件的经济适用房轮候家庭住房问题全部得到解决。棚户区改造全面推进，通惠河边角地等8个项目完成征收和拆迁，永安里旧城区改建取得实质进展，历时十年之久的和平一、二、三村拆迁工作全面完成。实施老旧小区抗震加固、节能改造近1200万平方米，占全市的20.9%。大力为群众办实事、解难题，累计办理各类实事近6700件。

文化文明建设成果丰硕。深化全国文明城区常态化建设，文明社区（村）达到90%，市级精神文明先进单位232家，市民文明素质和社会文明程度持续提升。厚植文化底蕴，留住朝阳记忆，传统文化、民俗文化、时尚文化、国际文化多元融合发展，朝阳特色的“文化味儿”更浓，群众文化活动更加丰富多彩。覆盖区—地区—街乡—社区（村）的“四级公共文化服务网络”不断完善，新增24小时自助图书机136台、文化大院11家、文化广场141个、基层文化队伍1600支，区图书馆新馆建成开放，街乡文化中心、社区（村）文化活动室实现全覆盖。加大文化遗产保护力度，挖掘区域历史文化资源，传承优秀传统文化。深入开展全民健身体育活动，新建全民健身居家工程675套。朝阳体育代表团首次登上北京市运动会金牌榜首位。

社会治理创新全面推进。以全国社区治理和服务创新实验区建设为抓手，全面加强和创新基层社会治理与社区服务，探索形成老旧小区“准物业”、保障房小区“三社联动”、商品房小区“五方共治”的社区分类治理模式，治理能力和水平显著提升。建成“一刻钟社区服务圈”199个、六型社区241个、智慧社区404个，社区服务功能更加完善。健全社会动员体系，购买社会组织服务项目1400余个。建成全模式社会服务管理体系，综合利用信息化手段，让群众办事更加便捷。坚持问政、问需、问计于民，设立“居民议事厅”，党政群共商共治和“居民提案”模式荣获“中国社区治理十大创新成果”奖。

安全发展形势不断巩固。坚守安全发展底线，严格落实“管业务必须管安全、管行业必须管安全、管生产经营必须管安全”的监管责任，开展安全发展示范城市和安全生产标准化示范区创建，强化法人主体责任，加大生产安全、消防安全、交通安全、公共安全等各领域隐患整治和执法力度，安全形势总体平稳可控。推进食品药品安全监管体制改革，充实基层监管力量，食品、药品抽验合格率始终保持98%以上。落实重大决策风险评估机制，完善多元化纠纷解决机制，社会矛盾纠纷有效化解。构建立体化社会治安防控体系，加强治安重点地区挂账整治，群众安全感、满意度稳步提升，“朝阳群众”在平安建设中的突出作用受到社会好评。

与此同时，双拥共建、“六五”普法等工作深入开展，民族宗教、妇女儿童、侨务对台、外事旅游、人民武装、人防地震、档案区志等各项事业全面进步。

各位代表，五年来，区政府全面加强自身建设，全力履行职责，确保工作实效。坚持依法行政。认真执行区人大及其常委会决议和决定，自觉接受人大工作监督、法律监督和政协民主监督，坚持向人大报告工作、向政协通报情况，五年共办理区人大议案9件、代表建议1203件，办理政协提案1355件。加大政府信息公开力度，依法编制并公开行政权力清单、责任清单。严格执行“三重一大”决策程序，在政府部门和各街乡建立重大行政决策合法性审查机制、风险评估机制和法律顾问制度，发挥政府决策咨询专家委员会和特约工作人员作用，提高政府决策规范化、科学化水平。深入转变作风。坚决落实中央八项规定，扎实整治“四风”问题。认真开展党的群众路线教育实践活动、“三严三实”专题教育和“两学一做”学习教育。成立区行政服务中心，推进窗口行业单位的规范化管理，开展“为官不为”“为官乱为”专项治理，加强政府绩效管理和行政问责，政府执行力和服务效能进一步提升。严明纪律规矩。严控政府行政成本，开展公车改革和办公用房整治，“三公”经费累计下降45%。严格落实“两个责任”，强化资金和资产管理，深入开展工程建设招投标、违法建设违法用地、“一绿”城市化建设等领域专项治理，严肃查处各类违纪违法案件，不断提高廉洁行政水平。

各位代表，五年风雨征程，五年砥砺前行，我们紧紧依靠全区人民，凝心聚力，真抓实干，在继承中创新、在改革中攻坚、在发展中突破，相继荣获国家公共文化体系示范区、双拥模范城六连冠等42项国家级和市级荣誉称号，各项工作走在全市前列，区域发展实现了新的历史性跨越。五年来，我们始终坚持立足首都、服务全局，深刻把握朝阳在国家战略、首都发展中的重要职责，坚守初心、保持定力，担当作为、乘势而上，敢为人先争首善，勇当发展排头兵。始终坚持巩固优势、创新突破，强化大局观念和开放思维，立足国际化、奥运、区位、空间和生态“五大优势”，积极争取国家和市级试点政策，抢抓机遇、突破瓶颈，赢得发展主动。始终坚持规划引领、城乡统筹，坚持土地、空间、人口、产业、生态“五规合一”，优化布局、完善功能，提升建设发展品质，构建全域统筹、均衡协调、绿色集约的发展格局。始终坚持民生为本、发展惠民，把人民对美好生活的向往作为奋斗目标，着力补齐民生短板，持续增进民生福祉，以实实在在的工作回应群众期盼。

回顾五年工作，成绩的取得，得益于市委、市政府的坚强领导和历届区委、区政府带领朝阳人民打下的坚实基础，得益于区人大、区政协的有力监督和鼎力支持，得益于全区广大干部群众的辛勤劳动和无私奉献。在此，我代表区政府，向各位人大代表、政协委员、各民主党派与无党派人士、各人民团体、社会各界人士和全区人民，向驻区中央和市属单位、人民解放军和武警部队，表示衷心的感谢，并致以崇高的敬意！

今后五年的主要任务

未来五年，是我国全面建成小康社会的决胜阶段，是朝阳奋力拼搏、大有可为的重要战略机遇期。国家“一带一路”倡议和京津冀协同发展战略的实施，首都“四个中心”建设的深入推进，为我们从更大范围、更高层次参与全球化发展、提升核心功能、实现深度转型，提供了重要契机和广阔空间。迎接2022年冬奥会、服务北京城市副中心建设，为我们补齐基础设施短板、全面改善区域环境，创造了有利条件。朝阳区“新、转、疏、补、稳”的阶段性特征持续凸显，发展的综合优势更足，发展的内在潜力更大，发展的空间更加广阔，“建设‘三区’，建成小康”的发展目标，建首善、创一流的时代追求，激励着我们众志成城、奋力前行。

我们必须清醒地看到，区域发展也面临诸多压力和挑战。经济发展处于动力转换、结构调整的攻坚阶段，产业结构仍存在大而全问题，新的增长动能尚未完全建立，保持高基数上的中高速增长难度增大。人口与资源环境承载力不相协调，城乡接合部地区环境脏乱、违法建设、安全隐患问题尚未有效解决，大气污染、交通拥堵等“大城市病”治理还需加大力度。共享共治的社会治理机制亟待完善，教育、卫生、养老等公共服务与群众诉求还有差距。面对新的形势和任务要求，政府服务管理还有不到位的地方，个别部门及工作人员仍存在作风不实、效率不高的问题，政府自身建设需要常抓不懈。

在科学分析和判断形势的基础上，区委把握大势、统揽全局，明确要求全区上下把精神凝聚到使命担当上来，把思想统一到目标任务上来，把行动聚焦到创新实践上来，牢牢把握正确方向，牢牢把握核心功能，牢牢把握民生福祉，在转型发展中寻求新突破，在攻坚克难中谱写朝阳发展新篇章。按照区第十二次党代会要求，今后五年的指导思想是：高举中国特色社会主义伟大旗帜，坚持以马克思列宁主义、毛泽东思想、邓小平理论、“三个代表”重要思想、科学发展观为指导，紧密团结在以习近平同志为核心的党中央周围，全面贯彻党的十八大和十八届三中、四中、五中、六中全会精神，深入贯彻习近平总书记系列重要讲话精神，牢固树立政治意识、大局意识、核心意识、看齐意识，提高发展质量效益，提升区域环境品质，增强服务保障能力，增进人民福祉，高水平建设国际商务中心区、文化创新实验区、和谐宜居模范区，率先全面建成小康社会，为北京建设国际一流的和谐宜居之都而努力奋斗。

新一届政府将在区委坚强领导下，在区人大和区政协监督支持下，抢抓机遇，务实担当，更加注重融入发展大局、做强朝阳优势，紧紧围绕首都“四个中心”城市战略定位，坚持区域统筹、城乡协同、减量提质，以“六个一流”标准实现疏解功能提升发展、巩固优势特色发展、文化创新驱动发展、优化布局支撑发展、城乡一体协同发展。更加注重深化改革创新、激发社会活力，加大改革攻坚力度，推动文化创新、科技创新“双轮驱动”，促进文化创新先行、科技创新引领、高端经济发展、创新人才聚集，加快形成以创新为主要引领和支撑的发展模式。更加注重补齐发展短板、提升城市品质，在增强城乡发展均衡性、协调性上下足功夫，在提高城市管理精细化、科学化水平上下足功夫，在强化共治共享、提升和谐宜居风貌上下足功夫，让朝阳发展更有“温度”，让百姓幸福更有“质感”。今后五年的工作目标是：完成“十三五”规划任务，经济和社会发展各项指标始终保持全市前列，地区生产总值年均增长6.6%，一般公共预算收入年均增长6.5%，城镇登记失业率控制在2.5%以内，居民人均可支配收入年均增长不低于6.6%，经济社会持续健康发展，群众获得感、安全感、幸福感持续增强。

一、强化核心功能，促进发展新提升

坚持疏解与提升并重、转型与提质并进，推进发展优质化，使发展更有活力、更有质量、更有效益、更有后劲，提升区域核心竞争力。

加快疏解非首都功能。旗帜鲜明地打好“瘦身健体”、疏解提升的攻坚战。强化源头管控，严格执行北京市新增产业禁限目录，建立健全责任倒逼机制和疏解提升激励机制，坚决守住禁止和限制底线。强化存量疏解，聚焦重点领域实现精准疏解，聚焦重点地区实现集中疏解，聚焦重点项目实现连片疏解，聚焦综合整治实现联动疏解，以疏解带动人口合理布局、有序流动。推动国有企业用地盘活利用。强化转型提升，在城市空间上留白建绿、减量发展，在发展方向上承载高端、提质增效。

加快完善城市功能布局。紧抓“一带一路”和京津冀协同发展战略机遇，高标准推进“一廊两带三区”建设。聚焦“现代都市景观与产业融合发展廊道”，加快推动基础设施、环境建设、产业发展、公共服务、社会治理“五大提升工程”，使连接首都中心城区和北京城市副中心的廊道地区设施更完备、景观更优美、品质更高端。把广渠路和长安街延长线打造成靓丽景观大道，把通惠河和萧太后河打造成最美生态河道。围绕生态环境带，在一道、二道绿隔地区有序腾退关键节点阻隔，大力提升与副中心相毗邻地区的生态环境；围绕高精尖产业发展带，以承载首都功能为导向，加快高精尖产业发展，提升高端商务功能，发挥对全市经济发展的示范带动作用。针对建成区、集中建设区和疏解提升区，实施差异化空间发展策略，促进集约高效发展。

加快提升国际化发展水平。紧密对接国家对外开放战略，推动双向深度国际化，把朝阳建设成为具有世界影响力的国际商务中心区。紧抓北京市服务业扩大开放综合试点示范区建设、冬奥会筹办、第四使馆区建设等契机，加快聚集国际金融、国际传媒、国际组织、高端智库和国际人才，培育国际交往合作新优势，提升国际经贸枢纽功能。做强总部经济，大力支持和培育研发、管理、财务型总部企业，鼓励总部企业实体化、功能化、全球化发展，提升总部经济能级。推动CBD核心区高品质建设，打造“光华金融城”，提升开放型经济节点功能。加快亚投行总部等重大项目建设，聚集和吸引高端会展、国际文化体育活动，提升奥运功能区国际交往功能。

加快构建“高精尖”经济结构。促进传统产业转型升级、优势产业高端高效、新兴产业聚集发展，加快形成更具竞争力的现代产业新体系。大力发展知识经济、信息经济、服务经济、绿色经济，壮大商务服务、金融、文化创意、高新技术四大重点产业，积极培育体育休闲、科技服务、健康养老等新兴产业。实施“互联网＋”行动计划，推动移动互联、大数据、云计算、物联网等与各行业融合发展，培育产业新形态。完善市场监管和公共服务模式，支持社会资本参与传统商业转型，大力发展跨境电子商务，探索设立国际技术转移分中心。突出绿色、低碳、智慧、创新，提升CBD、奥林匹克公园、中关村朝阳园等重点功能区发展品质，发挥对全区发展的示范带动作用。

加快推动城乡均衡发展。坚持把协调、均衡、优质发展作为可持续发展的内在要求，推动城乡要素优势互补、资源合理配置。坚持"多规合一"，集中布局、集约利用，完成"一绿"11个试点乡城市化建设，有序推进一绿地区剩余4个乡城市化工作，加快探索"二绿"地区城乡一体化模式，实现"一绿建成、二绿建好"，形成一道生态优美的绿色屏障。对标城市地区管理标准，全面加大对农村地区倾斜力度，政策聚焦、财力聚焦、管理聚焦，加快建立城乡一体的体制机制，着力缩小城乡差距。深入实施城乡发展"六个一百"工程，加速改善城乡接合部面貌。加大农村产业用地空间布局调整力度，促进农村地区与重点功能区产业融合、空间联动。加强农村集体"三资"监管，深化村级产权制度改革，激发集体经济活力。

二、强化创新引领，增强发展新动能

深入实施创新驱动发展战略，强化源头创新、开放创新、协同创新，加快构建具有朝阳特色的创新体系和发展模式，抢占未来发展制高点。

全面加强文化创新。围绕服务北京全国文化中心建设，集成创新资源，培育文创龙头企业和多层次文化产品、要素市场。推进体制机制、政策环境、金融服务、人才培养、发展模式等领域改革创新，加快建设具有全国示范作用的文化创新实验区。鼓励数字化生产与新闻出版、广播电视电影、文化艺术等传统领域深度融合，推动大数据、物联网、虚拟现实、人工智能等新技术在文化创意产业领域的开发利用，以"文化+"全面提升体育、旅游、商务等产业附加值。

全面加强科技创新。围绕北京建设全国科技创新中心，立足科技交流平台化、科技商务融合化、科技成果产业化，强化技术、资本、人才、服务等创新资源深度融合、优化配置。发挥中关村朝阳园的示范引领作用，加快聚集产学研创新主体和产业高端要素，鼓励新技术发展应用，打造国际研发创新高地。统筹推进科技、管理、品牌、组织、商业模式创新，促进创新链、产业链和资本链有效对接，推动"科技+金融""科技+文创"领域发展，催生一批科技含量高、附加值高的新产品、新业态。构建完善的创新服务体系，加强知识产权保护运用，建设科技信息交流、研发资源共享、技术展示交易、前沿科技论坛等一批服务平台，加快培育和引进创新型、领军型人才，提升科技驱动发展的动力和能力。

全面加强城市管理创新。严格落实《关于全面深化改革提升城市规划建设管理水平的实施意见》，严格遵循北京市"两线三区"空间管控原则，严守生态保护红线和城市增长边界线，有效控制开发强度，盘活土地存量空间，合理控制发展规模。发挥规划统筹引领作用，推进"多规合一"，促进空间分散布局向集约统筹转型，推动城市精明增长。创新城市设计理念，强化城市形态、景观视廊、公共空间等精细化管控，对标国际标准、瞄准一流水平，打造一批节能环保、品质高端的地标性城市建筑，高标准实施CBD、大望京、三里屯公共空间建设。创新城市管理理念，做实城市综合管理体系，推进管理标准化、规范化、精细化，解决跨部门、跨区域、跨领域管理难题，消除管理盲区。综合运用大数据、云计算等新技术，加快城市管理数据资源共融共享，提升智慧城市管理水平。

全面深化重点领域改革。深入推进供给侧结构性改革，在"去、治、进"上下功夫。深化商事制度改革，加强企业信用监管体系建设，规范市场秩序。深化国资国企改革，推进国有资产资源整合重组，增强国企改革发展动力。深化投融资体制改革，引导和支持民间投资参与公共服务领域建设。深化审批制度改革，进一步精简行政审批事项，给企业减负、给市场松绑。深化民生领域改革，推进义务教育学区化、分级诊疗、社会办医、养老社会化等改革事项，用改革新成果兑现服务社会的郑重承诺。

三、强化共治共享，实现民生新改善

积极顺应人民群众新期待，满腔热忱地做好民生工作，转变治理方式，创新服务模式，让城市更加包容、社会更加和谐、环境更加宜居、生活更有保障。

提高生态环境质量。把改善环境作为最大的民生工程，以治脏、治气、治水、治堵、治违和建绿为重点，全面实施环境美化工程。健全长效机制，加大对环境脏乱点和城市痼疾顽症的治理力度，完善生活垃圾、建筑垃圾的收集和消纳设施。重拳治理大气污染，采取最严格措施，持续推进控车、减煤、治污、降尘，确保PM2.5浓度下降达到市级要求。加快"亲水朝阳"建设，推进立体治水、综合治污，消除黑臭水体，所有出境断面水质全面达标，打造临水相依、绿水相间的水生态环境。加大规划道路建设力度，到2020年，规划道路实现率达到70%，规划快速路基本建成，规划主干路实现率力争达到100%。全面实施疏堵工程，畅通道路微循环，区域交通环境明显改善。严厉整治违法用地、违法建设、违法经营、违法排污。扩大绿色空间，新建改造百个大中小微型公园，建成百条环境优美大街，推进孙河湿地公园、温榆河森林公园带和黑庄户国家级农业公园建设，形成大尺度绿色生态景观，建设常清碧水、美丽蓝天、绿色家园。

提高优质公共服务。积极应对全面放开二孩政策和人口老龄化趋势，精准施策，补齐短板，持续提升公共服务供给能力和共享水平。推进教育强区建设，大力发展学前教育，新增50所普惠性幼儿园；深化义务教育学区化综合改革，力争优质教育资源实现100%覆盖；高水平发展高中阶段教育，实现教育现代化，使朝阳教育影响力和群众满意度显著提升。全面放开养老服务市场，创新多元供给模式，形成以居家为基础、社区为依托、机构为补充、医养相结合的多层次养老服务体系，为老服务水平显著提升。推进"健康朝阳"建设，优化医疗资源布局，加快大医院建设步伐，夯实基层卫生工作基础，提升公共卫生服务能力，形成"大健康"服务格局，居民健康水平持续提升。厚植文化文明优势，完善现代公共文化服务体系，创新公共文化服务供给方式，培育和打造一批具有朝阳特色、代表首都形象、符合时代特征的城市文化品牌，全面提升人文精神凝聚力、公共文化服务力、文化国际影响力。促进体育事业蓬勃发展。深化精神文明常态长效建设，传承弘扬传统文化和爱国主义精神，提高公共文明程度。完善就业服务体系，健全社会保险和社会救助网络，基本实现城乡社会保障对接。全面推进棚户区改造，改善群众居住和生活环境。

提高社会治理水平。按照"五化协同"治理架构，深化社会治理体制改革，进一步理顺政府社会治理职责，形成多方共治的社会治理局面。深化党政群共商共治，强化社区自治功能，深入开展"居民提案"工作，全面推进社区减负增效。大力培育社会组织，积极引入社会资本参与公共服务。构建"互联网+社区服务"模式，让数据多跑路、群众少跑腿。推进城市管理网、社会服务管理网和社会治安网融合发展，加快形成"三网融合、二级闭环、一格统筹”的网格化运行体系。强化责任意识、底线思维，织密生产安全、消防安全、食药安全等安全管理网络，提升安全发展水平。大力推进网上信访，依法依规解决群众合理诉求。深化平安朝阳建设，进一步发挥“朝阳群众”作用，健全立体化社会治安防控体系，构建“五张网”，实现社会面治安防控零盲区，着力提升群众安全感。

四、强化从严治政，推动政府效能和服务水平新提升

坚持从严治党要求，以坚定的态度、更高的标准、更严的举措，努力建设法治政府、创新政府、廉洁政府和服务型政府。

坚持依法行政，切实规范权力运行。自觉运用法治思维和法治方式深化改革、推动发展，主动接受党内监督、人大监督、民主监督、司法监督。严格执行政府权力清单和责任清单，进一步简化权力、优化权力、细化权力。建立公众参与、专家论证、风险评估、合法性审查和集体讨论决定的重大决策机制，进一步提高决策科学化、民主化、法治化水平。加大政府信息和政务公开力度，及时回应舆论和社会关切，提高政府工作的透明度。深入开展“七五”普法，全面增强社会法治意识。

坚持高效理政，切实提高工作实效。强化窗口意识、标杆意识、责任意识，着力转变政府职能、改进服务方式、深化作风建设，促进政府工作务实、创新、高效。规范政府管理流程，细化工作职责，理顺条块间、层级间权责关系。深入实际、深入基层、深入群众，开展调查研究，千方百计为群众排忧解难。加强公务员队伍建设，优化队伍结构，健全考核制度，创新培训内容，培养一支符合“五有”标准、具备“四坚”精神的公务员队伍。创新政府绩效管理，确保各项工作不折不扣落到实处。

坚持廉洁从政，切实做到政风清廉。严明政治纪律和政治规矩，认真落实党风廉政建设主体责任，健全廉政风险防控体系。严控政府行政成本，确保“三公”经费只减不增。严格资金、资产和资源监管，全面加大审计监督力度。坚持有责必问、问责必严，切实做到秉公用权、务实担当。

2017年工作建议

2017年是新一届政府的届首之年，也是加快落实“十三五”规划的关键之年。我们必须准确把握区域发展的阶段性特征，向破解难题持续聚焦，向突破瓶颈精准发力，推动朝阳区经济社会发展再上新台阶、再创新佳绩。2017年要重点抓好八项工作。

一是坚定不移推进功能疏解和人口调控。把疏解非首都功能作为贯通产业转型、城市治理、人口调控等各方面工作的一条主线，实施“疏解整治促提升”十大专项行动，聚焦重点领域、重点区域、重点项目，精准发力，年内疏解商品交易市场68家、一般性制造业99家、仓储物流基地6家、再生资源回收场站19家。深入推进人口综合调控改革试点，加快城乡接合部减人增绿和国有企业用地腾退转型，全力开展“三治、三清、五控”工作，年内常住人口降至374.1万人以内。与此同时，主动融入京津冀协同发展大局，促进资源共享、功能互补。

二是全力服务城市副中心建设。加快实施“一廊”地区“五大提升工程”和城乡发展“六个一百”工程。聚焦“一路”“一街”“一线”，加快改善廊道地区环境面貌。全面推进广渠路、长安街延长线、京秦铁路沿线环境综合整治，拆除住宅56万平方米、非宅58万平方米，同步高标准实施绿化。建成萧太后河滨水绿色休闲廊道，打造水清、岸绿、景美、蕴深的城市水岸景观。全面推进孙河湿地公园建设，启动黑庄户国家级农业公园规划研究，新增改造20个大中小微型公园，建成25条环境优美大街，建设多处高品质、有韵味、聚人气的生态特色林，提升郊野公园在体育、休闲、文化、旅游等方面的服务功能，让百姓融入绿色、享受绿色、消费绿色。

三是加快促进经济提质增效升级。深入推进结构调整，大力发展“高精尖”产业，推动经济向更高质量发展。保持目标不变、力度不减，大力推动增量优质、存量优化，全年地区生产总值超过5200亿元、增长6.5%，一般公共预算收入超过500亿元、增长6.5%。加快服务业扩大开放。全面推动试点政策落地，形成代表性园区、代表性企业、代表性项目。扩大服务业领域向外资和民营资本进一步开放，推动本土优秀企业“走出去”。加快供给结构调整。坚持需求牵引和供给推动并重。探索设立基础设施、棚改等领域城市建设发展基金，加大重大项目投资力度。创造良好政策环境，鼓励社会资本参与民生工程、生态环境建设，扩大民间投资。积极培育新型消费。加快高端商务服务业发展，大力吸引总部型金融机构，扩大科技和信息服务业规模，促进体育、健康、养老等新兴业态快速发展。全年引进15个以上的功能性项目。加快功能区建设。力争CBD核心区正大、泰康、阳光等项目主体结构封顶，中关村朝阳园国际电子总部等项目加快建设，大望京区域对全区经济的贡献率不断提高，奥林匹克公园中国国学中心、奥体文化商务园区、国家速滑馆等重点项目建设取得新突破。

四是着力增强创新发展新动力。深化文化创新、科技创新“双轮驱动”。推进国家文化产业创新实验区建设，实施“互联网+”“文化+”战略，发展“互联网+”传播媒介平台、“互联网+”集散互动平台，提升面向未来的文化创意产业发展竞争力。研究制定朝阳区创新创业扶持政策，设立创业投资引导基金，吸引未来科技论坛落地朝阳，打造“创E+”等创新产业聚集平台示范项目。聚集具有国际竞争力的技术创新型、总部型企业，促进新一代信息技术、新生物医药、新能源及节能环保、智能制造和新材料等领域创新发展。深化重点领域改革，加大“放管服”力度。落实北京市取消和下放审批事项的各项部署，建立权力清单动态调整机制，深入推进“双随机一公开”监管工作。深化“互联网+政务服务”，推动投资项目一站式网上审批。

五是大力推进农村城市化建设。加快“一绿”11个试点乡城市化建设，第一批6个乡的试点任务基本完成；第二批5个试点乡建设全面启动，完成拆迁腾退190万平方米，绿化800亩。加快“二绿”地区城乡一体化路径研究，在金盏乡开展集体经营性建设用地统筹利用试点。探索农村集体产业用地区域统筹、减量发展的有效机制。强化集体“三资”监管，全面加快村级产权制度改革，壮大集体经济实力。研究制定推动城乡均衡发展的政策机制，加大农村基础设施建设和城乡接合部治理力度，推动财政资金和管理力量向农村环境建设倾斜、向农村社会管理倾斜、向农村公共服务倾斜，有效改善农村地区环境面貌和治理水平。

六是聚焦“五治”改善城乡环境。聚焦治脏，重拳出击，加大背街小巷、挂账脏乱点、薄弱地区环境综合整治力度。加强生活垃圾源头治理，提高减量化、资源化利用水平，建筑垃圾资源化项目主体完工。聚焦治气，全面实施清洁空气行动计划，落实污染防治各项措施，大力推进“无煤化”改造，年内实现全域“无煤化”，PM2.5年均浓度完成市级下达任务。聚焦治水，开展水污染治理大会战，深化落实“河长制”，全面加大河湖水系综合治理力度，完成33条段、101公里黑臭水体治理任务，3个国考、2个市考出境断面水质实现达标。启动水系连通工程，实施污染源动态监测，加大排污执法力度，严格水资源管理。聚焦治堵，新改扩建30条主次支路和断堵头路，加快双桥路、双桥东路拓宽工程建设，实施大山子等区域疏堵工程改造，打通电子城北扩区周边微循环。加大对征而未建、建而未交道路的建设和管理力度。开展交通安全示范社区（村）创建，挖掘和规范停车资源，有效增加停车供给，营造良好交通安全环境。推进东大桥路路侧静态停车改革试点，提高智能化、精细化服务水平。聚焦治违，坚决遏制新增，大力拆除存量，年内完成拆违任务400万平方米。开展无开墙打洞街道和大街创建工作，整治开墙打洞1800户。严厉打击无证无照游商等违法经营行为。

七是不断提高城市运行管理水平。加强“智慧朝阳”建设，依托物联网、大数据，建立朝阳区人口监测平台、“智慧物业”管理平台、智慧消防警务数据平台，完善全区图像信息系统平台，构建信息化、智能化的城市管理体系，探索推进城市运营管理中心建设。深化分区域管理，合理分配城市管理资源，提高管理效能。完善常态化运行管理机制，做好水、电、气、热管网综合保障。加大老旧小区电梯改造力度。加强生产安全、消防安全、食品药品安全等领域监管，坚决遏制重特大事故发生。认真做好党的十九大等重大活动服务保障工作。

八是改善提升基本公共服务。持续扩大教育资源供给，新开办10所幼儿园，新改扩建4所中小学，新增学位6800个。启动第四轮“双名工程”，大力推进素质教育，促进教育优质均衡发展。加快垂杨柳医院改扩建工程，启动朝阳医院常营院区建设。健全医联体工作机制，搭建区域卫生信息共享平台。启动全国卫生城区创建工作。全面实施居家养老“四进”服务，发挥街乡养老照料中心作用，新建30家养老服务驿站，推进国家级医养结合试点工作。完善文化服务设施，打造30个基层文化品牌。档案馆新馆开工建设。深化精神文明建设，提升区域文化文明水平。积极开展丰富多彩的体育文化活动。加快推进永安里、酒仙桥等棚户区改造，年内完成7000户棚改任务。加大保障性住房的建设力度，推进老旧小区综合整治。加强社会服务管理创新，推动社区公共服务事项一站式受理、全人群覆盖、全口径集成和全区域通办。新建35个绿色智慧平安社区。大力培育社区社会组织，发展社区基金会，引导各类主体参与社会治理。深化党政群共商共治，推进基层议事平台建设，围绕群众需求，办好为民实事。

面对新形势、新任务，我们将落实全面从严治党要求，切实增强“四种意识”，尤其是核心意识和看齐意识，全面加强政府自身建设，坚持不懈改进作风，创新进取主动担当，确保中央、市委市政府和区委各项部署落地生根。我们将自觉接受人大工作监督、法律监督和政协民主监督，认真办理人大代表建议和政协提案，不断提高依法履职水平。加强督察检查，严格绩效考核，全面履行职责，推动各项工作干在实处、走在前列。

赋予重任，拼搏铸就辉煌。我们将在市委市政府和区委的坚强领导下，在区人大、区政协的监督支持下，解放思想，凝心聚力，勇于争先，奋发有为，为朝阳“建设‘三区’、建成小康”，为北京建设国际一流的和谐宜居之都而努力奋斗！

朝阳区人民代表大会常务委员会工作报告

——在朝阳区第十六届人民代表大会第一次会议上

朝阳区人大常委会主任 陈宏志

（2016年12月21日）

各位代表：

我受朝阳区第十五届人民代表大会常务委员会的委托，向大会报告工作，请予审议。

五年工作回顾

本届常委会任职的五年，是全区上下奋发有为、各条战线成果丰硕的五年，也是常委会落实“四个坚持、四个服务”目标要求，各项工作成效显著的五年。在中共朝阳区委的领导下，区人大常委会深入贯彻党的十八大和十八届三中、四中、五中、六中全会精神，习近平同志系列重要讲话精神以及市十一次党代会、区十一次党代会精神，紧紧围绕区委“再创新优势、建设‘新四区’”工作要求，认真履行宪法和法律赋予的职权，积极探索，勇于实践，为推进全区科学发展和民生幸福做出了积极贡献。

一、坚持对人民代表大会负责，保证人民代表大会依法行使职权

根据宪法规定，把保证区人民代表大会依法行使职权，作为加强和改进人大工作、推进人大工作与时俱进的首要任务，认真组织区人民代表大会会议，保障人民当家作主的权利通过人民代表大会依法有效得到实现。

突出代表依法履职，提高人民代表大会会议质量。五年来，共举行代表大会7次，审议议题30项，作出决议32项，使党的主张在充分汇集民意的基础上，通过法定程序成为全区人民的共同意志，凝聚共识、构筑合力。**一是丰富会前活动内容。**增加了代表集中听取并讨论政府相关报告起草情况的

环节，主任会议汇集代表意见建议，反馈给政府及相关部门，使代表意见建议提前进入各项报告的拟定过程。*二是设立大会“预算日”*。第四季度安排一天，由政府财政部门向全体代表介绍下一年度预算编制的总体考虑和主要内容，为高质量审查预算奠定基础。*三是增加大会发言环节*。围绕全区经济社会发展的热点难点问题，安排部分代表在全体大会上发表意见建议，有效扩大代表审议的影响力。*四是建立代表审议意见整理反馈机制*。将代表意见汇总，集中向“一府两院”反馈，并及时向社会公开，强化对落实情况的监督。

突出严肃权威，认真执行人民代表大会决议。依法向区人民代表大会报告工作，严格执行人民代表大会各项决议。通过依法行使监督权、重大事项决定权、人事任免权，圆满完成了区十五届人民代表大会各次会议确定的任务，有力促进了“一府两院”依法行政、公正司法，有力促进了民主政治建设，有力促进了区域科学发展和民生幸福。五年来，共召开常委会会议37次，主任会议37次，审议议题219项，其中听取审议“一府两院”专项工作报告84项，计划、预算、决算、审计等报告40项，开展法律法规实施情况的检查2项，作出决议、决定111项，依法任免国家机关工作人员764人次。实施对代表大会关于计划和预算审查意见落实情况的跟踪监督，主任会、常委会分别听取情况汇报，推进大会决议有效落实。

突出问题导向，抓好大会议案督办。区十五届人民代表大会历次会议共确立大会议案9项，集中反映了人民群众最关心、最直接、最现实的利益诉求。在议案督办的过程中，常委会发挥主导作用，创新督办方式，不断提高督办实效。*一是注重统筹联动*。整合资源，构筑合力，形成党委、人大、政府齐动，代表、社会、群众互动，市、区、乡三级联动相结合的工作格局，增强了议案督办的系统性。*二是深化过程监督*。坚持领导挂帅，明察暗访、实地考察、听取群众意见相结合，拓展督办工作深度和广度。建立专题汇报会机制，集培训、交流、询问于一体，由政府部门介绍情况，代表提出意见，双方良性互动，促进代表知情知政，促进政府部门了解民情。*三是强化持续督办*。建立议案跨年度督办机制，将监督内容、方式和节奏有机统一，持之以恒，务求实效。连续五年督办医疗卫生发展议案，组织代表开展视察调研9次，审议专项报告4次，听取阶段性汇报17次；连续三年督办农村产业发展议案，组织代表开展视察调研15次，审议专项报告3次，听取阶段性汇报6次，持续督办已经成为常态。区政府高度重视议案办理，研究政策，制定措施，狠抓落实，相关工作取得了显著成效。议案办理和督办工作，在推动区域发展、破解瓶颈问题、回应民生关切等方面发挥着越来越重要的作用。

突出严格依法，圆满完成区、乡人大代表换届选举工作。充分履行组织责任，提前调研，及早部署，周密安排，加强指导。区、乡两级选举机构在常委会领导下，认真贯彻中央、北京市关于做好人大换届选举的各项要求，把坚持党的领导、充分发扬民主和严格依法办事的原则贯穿于选举工作的始终，精心制定方案，及时动员部署，认真抓好培训，广泛宣传发动，实施严密组织，保证了换届选举工作按照法定程序顺利进行。通过三个多月的努力，依法选举产生区级人大代表445名，乡级人大代表898名，为区、乡两级人民代表大会依法行使职权奠定了坚实基础。

二、依法履行监督职能，在推进经济社会发展中发挥积极作用

坚持围绕中心、突出重点、注重实效的思路，抓住关系科学发展的重点难点问题和关系民生幸福的热点焦点问题，综合运用多种监督方式，不断提高监督工作的规范性、针对性、实效性。

认真落实预算法，着力深化预算监督。推动政府加强预算管理，建立现代财政制度，打造“阳光财政”。*一是全面推进全口径预算审查*。丰富监督内容，细化预算科目，推动“四本预算”单独编制，提交人代会审查，使监督内容更加全面、细致。*二是加强资金绩效管理监督*。先后对教育资金、为民办实事资金使用情况以及农村文化广场、沙子营环境整治等项目支出事前绩效评估情况进行专项监督，听取政府性债务管理情况汇报，开展文化创意产业发展引导资金使用情况专题询问，促进政府完善预算资金绩效约束机制，确保资金安全高效使用。*三是健全预算监督体系*。有效整合监督力量，组织相关工委委员、专业小组代表参与预算初审，提高预算审查质量；建立提前征集预算建议机制，使政府预算安排更加科学。*四是深化对政府审计工作的监督*。推动政府将审计结果明细，重点部门、重大项目的单项审计结果与审计报告一并提交常委会审议，提升了常委会审议监督的针对性。

坚持改革创新，促进经济社会发展。围绕中心、服务大局，加强对重点工作的监督。提前介入“十三五”规划编制，通过问卷调查、网络征求意见等方式，广泛听取社会各界意见，专门举行一次人民代表大会会议，组织代表集中讨论，征集代表意见建议1000余条，使规划编制具有更加坚实的民意基础。开展“十二五”规划实施中期评估监督，推动规划纲要700多项任务以及41个专项规划落实。密切关注区域可持续发展，以构建“高精尖”产业体系为主线，先后听取了功能疏解、项目审批、科技创新等工作汇报，并就“十大发展基地”重点项目建设和产业政策落实情况开展专题调研，针对突出问题和薄弱环节，提出加快产业升级、简化审批程序、构建创新体系等意见建议，督促落实全市“稳增长、促改革、调结构、惠民生”工作部署，转变发展方式，提高发展质量。抓住制约农村发展的瓶颈问题，先后听取审议了农民社会保障、农村集体“三资”管理、“三倾斜”等专项工作报告，围绕关系农民切身利益的重点村回迁房、农村社区建设、农民转居转工等工作情况进行调研视察，提出维护农民合法权益、加强集体经济管理、推进城乡基本公共服务均等化等审议意见，加快推进农村城市化、城乡一体化步伐。

坚持以人为本，促进民生改善。始终将保障和改善民生放在监督工作的重要位置，着力推动解决关系群众切身利益的热点难点问题，让广大群众充分享受发展成果。本届常委会审议的专项工作报告中，有13项涉及民生问题。高度关注食品药品安全，抓住网上订餐和大型农贸市场等监管薄弱环节，先后开展6次暗访和实地调研，连续三年听取审议区政府关于食品药品安全监管情况的报告，督促完善工作体系，加强工作统筹，消除监管死角，确保食品药品安全。针对人口老龄化的基本区情，听取审议区政府关于养老服务设施建设情况的报告，推动在全市率先制定《养老服务设施发展规划》，加快建立多层次、多样化、广覆盖的养老服务设施体系。持续把解决困难群体住房问题作为民生监督的重要内容，通过视察、座谈、检

查、审议等形式，推进保障性住房建设、老旧小区节能改造、建筑工程质量安全等工作。围绕义务教育入学政策调整、绿化建设管理、全模式社会服务管理、道路微循环改造等开展调研视察，推进相关工作。

*坚持法治思维，促进民主法治建设。*注重发挥在民主法治建设中的主导作用，每年选择群众普遍关注的执法、司法问题进行针对性监督。按照监督法的有关规定，先后对土地管理法、大气污染防治条例等法律法规实施情况进行检查，围绕老年人权益保障法、道路交通安全法、控烟条例等十余项法律法规的实施情况进行调研，促进有关法律法规贯彻实施。听取审议区政府“六五”普法工作情况和制定“七五”普法规划情况、行政复议、基层司法所建设等报告，大力推进法治政府建设和法治宣传教育工作。从群众反映集中的问题入手，加强对司法工作的监督，组织代表旁听庭审，召开律师专题座谈会，听取审议区法院行政诉讼案件审判、知识产权案件审判、执行工作等报告，听取审议区检察院未成年人案件检察、查办和预防职务犯罪、保障诉讼参与人合法权利等报告，开展法院司法改革、检察院检察官办案责任制改革等专题调研，促进“两院”进一步拓宽司法为民新途径，切实维护社会公平正义，为区域经济社会发展提供坚强的司法保障。强化法制统一，制定实施办法，开展规范性文件备案审查工作。高度重视信访工作，认真接待群众来信来访，维护群众合法权利，维护社会安全稳定。

本届以来，常委会坚持在实践中探索、在探索中创新、在创新中完善，一些新的监督模式在工作中得到运用。一是实现询问常态化，将询问引入常委会会议、主任会议及各工作机构会议的程序，增加了代表与政府的互动，提高了审议发言质量。二是完善会议保障系统，采取电子表决方式，提高了工作效率，保障了常委会组成人员充分行使表决权。三是打破条块限制，对公安、规划、国土、食药监等市属垂直部门的工作进行监督，拓宽了监督范围。

三、加强和改进代表工作，促进代表作用发挥

强化代表主体地位，积极探索支持和保障代表依法有效履职的工作措施。

*搭建平台，密切代表与群众的联系。*以选区代表工作室建设为抓手，积极拓宽代表联系群众的渠道。累计在43个街乡的201个选区建立了“人大代表工作室”，制定了“选民意见处理”等工作制度，为各街乡配备人大代表事务助理，促进了代表联系群众工作的制度化、规范化、常态化。五年来，依托人大代表工作室，共有3589人次的代表参加接待活动，联系群众2.2万余人次，收集意见2613件，解决问题1899件。完善代表述职制度，坚持当面述职和书面述职相结合，自觉接受选民监督。本届共有413名区人大代表向选民进行了当面述职。丰富闭会期间活动，通过开展“关注民生、代表行动”“摸实情、听民声、访民意”“建言十三五”等主题活动，组织代表广泛听取民声、反映民意，充分发挥好连接党委政府与人民群众的桥梁纽带作用。

*完善机制，深化代表建议督办。*积极探索代表建议督办的新模式。健全了常委会领导牵头督办、工作机构分类督办、代表联络室统筹督办的督办体系，建立了综合分析、定期沟通、复查补办、听取专题汇报、跨年度持续跟踪等督办机制，促进了代表建议办理质量提高。通过采取科学分类、建议办理情况公开、二次督办等措施，推进“一府两院”改进工作，解决了一批群众关心关注的难点问题。本届以来，代表共提出各类建议1594件，其中区属权限、交区有关部门办理的1223件建议已全部办复。

*筑牢基础，加强代表履职服务保障。*认真贯彻代表法，不断完善服务保障机制。坚持综合培训与专题培训相结合，集中培训与分散培训相结合，促进代表提高履职能力。五年来，共计培训代表1700人次。认真组织代表活动，根据代表构成情况和专业特点，组建8个专业代表小组，依托专业领域代表，提高人大工作专业化水平。将代表工作与常委会依法行使职权紧密结合，深化代表对常委会工作的参与。五年来，共有5300人次人大代表参与常委会组织的视察调研活动。完善代表履职登记反馈机制，建立了区人大代表履职情况数据库，作为代表连任的重要参考。

*强化沟通，促进市、区、乡三级人大代表联动。*按照市人大常委会要求，认真组织好市人大代表朝阳团的全团活动，安排好闭会期间代表联组和小组活动，为市人大代表高效履职提供保障。建立市人大代表联系街乡制度，将朝阳团100名市人大代表划分小组，分别联系16个区人大代表团，定期听取区、街乡意见建议。积极邀请市人大代表参加区人大常委会的履职活动，五年来，先后有1057人次市人大代表参加区人大常委会视察调研活动。三级代表联动机制在破解难题、推动发展方面发挥重要作用，区人大代表通过市人大代表呼吁反映问题309件，一批群众关心、代表关注的热点难点问题得到解决。

四、加强自身建设，不断提高履职能力

常委会把加强自身建设当作一项重要工作来抓，不断提高依法履职能力和服务保障水平，为完成各项任务提供了有力保证。

*加强能力建设，提高履职水平。*强化政治理论学习、法律法规学习和人大知识学习，不断加深对人民代表大会制度本质特征和内在优势的认识，增强坚持和完善人民代表大会制度、做好人大工作的自觉性和主动性。丰富学习形式，在坚持会前学法、常委读书班等制度的基础上，将监督工作与业务学习紧密结合，围绕审议的议案、议题，组织专题业务讲座，增强学习的针对性和实效性。建立常委会组成人员列席政府常务会等制度，促进常委会组成人员知情知政。

*把握工作规律，完善工作方式。*完善党组议事规则，认真落实党组向区委请示报告制度，将党的领导贯穿人大工作始终。每年聚焦一个主题，以主题定重点，集中精力，精准发力。健全工作制度，坚持民主集中制，依法建制，以制履责，不断完善工作体系和运行机制。五年来，围绕深化监督工作、加强代表工作、完善议事规则，制定工作制度15项，修订、废止4项，推动人大工作制度化、规范化。改进工作作风。端正会风，控制会议规模，精简会议文件；改进文风，直面问题，提高审议意见质量；大兴调研之风，了解真实情况、反映群众呼声。

*加强队伍建设，树立良好形象。*按照中央、市委和区委的部署，先后开展了党的群众路线教育实践活动、“三严三实”专题教育和“两学一做”学习教育，通过学习和教育，引导机关干部增强政治意识、大局意识、核心意识、看齐意识，坚定理想信念，激发工作热情。注重年轻干部培养，积极推进人大干部与党政干部交流，机关干部的年龄结构、知识结构进一步优化。加强信息宣传工作，不断丰富宣传载体，为坚持和完善人民代表大会制度、推进民主法治建设营造良好的舆论氛围。

*加强工作指导，夯实基层基础。*通过定期研讨、经验交流、具体指导等方式，促进区人大街道工委、地区代表小组

有效履行职责，推进区级人大工作向基层的延伸。坚持业务指导、工作联系、法律监督相结合，支持各乡人大加强组织建设，规范工作程序，开好乡人民代表大会，依法有效履行职责，使乡人大充分发挥职能作用。

加强和改进人事任免工作，实行被任命人员向宪法宣誓制度，增强被任命人员的宪法意识，提高依法履职的自觉性。配合市人大完成执法检查8次，立法征集活动3次。

各位代表，五年来，我们围绕中心、科学履职，在实践中体现作为，在尽责中服务全局，在推进发展中发挥了作用；我们把握规律、依法履职，按照民主集中制原则，通过法定程序凝聚各方优势和智慧，为科学决策、民主决策做出了贡献；我们积极实践、创新履职，探索完善工作制度和运行机制，在研究新情况、解决新问题、完善新举措中不断前行。回顾五年历程，我们深刻体会到，做好人大工作，必须把坚持党的领导作为根本保证，始终保持正确的政治方向；必须把坚持以人为本作为工作出发点和落脚点，最大限度地实现好、维护好、发展好人民群众的根本利益；必须把服务保障代表依法履职作为首要任务，千方百计促进代表主体作用发挥；必须把促进和谐作为不懈追求，形成推动发展的强大合力。

各位代表，区十五届人大常委会已经完成了任期历史使命。各项工作得以顺利开展并取得新的成效，是区委正确领导、人大代表和常委会组成人员共同努力的结果，是“一府两院”有力支持、广大人民群众和社会各界帮助促进的结果。在此，我代表区十五届人大常委会，向全体人大代表，向所有关心、支持、帮助人大工作的同志们、朋友们，表示崇高的敬意和衷心的感谢！

与此同时，我们清醒地看到，同区委的要求和人民的期待相比，我们还有不小差距。主要是：人民代表大会和常委会的法定职权行使还不够充分；监督工作的针对性和实效性有待提升；把握新形势、适应新变化的履职能力有待提高。这些差距和不足，需要新一届区人大常委会不断探索，加以解决。

今后五年和2017年工作建议

未来五年，是我国全面建成小康社会、实现第一个百年目标的决胜阶段，是北京落实首都城市战略定位、加快建设国际一流和谐宜居之都的关键时期。刚刚闭幕的区十二次党代会指出，未来五年，朝阳发展仍处于大有可为的重要战略机遇期，要把精神凝聚到使命担当上来，把思想统一到目标任务上来，把行动聚焦到创新实践上来，在转型发展中寻求新突破，在攻坚克难中谱写朝阳发展新篇章。

新的形势和任务，对做好新时期的人大工作提出了新的要求。中共中央下发了关于加强县乡人大工作和建设的若干意见，强调了县乡人民代表大会作为我国地方国家政权重要基础的地位，明确了加强县乡人大组织建设和制度建设的任务，为做好人大工作提供了指导。中共北京市委制定了关于加强区和乡镇人大组织建设若干问题的意见，围绕加强党对人大工作领导、增加常委会组成人员、设立专门委员会、充实人大工作力量提出了具体措施，为做好人大工作创造了条件。区十二次党代会规划了未来五年的宏伟蓝图，对做好人大工作提出了目标和要求。

新一届区人大常委会要在中共朝阳区委的领导下，全面贯彻党的十八大和十八届三中、四中、五中、六中全会精神，以及习近平同志重要讲话精神，牢牢把握首都“四个中心”城市战略的定位和京津冀协同发展战略的要求，紧紧围绕区十二次党代会提出的目标任务，坚持党的领导、人民当家作主、依法治国有机统一，在全区发展大格局中找准职能定位，认真履行宪法和法律赋予的职权，推进法律法规实施，维护群众合法权益，为“建设‘三区’、建成小康”而努力奋斗。

新一届区人大常委会要通过发挥职能作用，进一步彰显人民代表大会制度的优势，为区域经济社会发展贡献力量：一是深入贯彻科学发展观，围绕落实首都城市功能定位，促进功能疏解和结构优化，在服务发展大局上迈出新步伐；二是把破解民生难题放到重要位置，持续关注医疗、教育、养老、生态等关系群众切身利益的热点问题，在推进民生改善上取得新成果；三是适应全面落实依法治国方略需要，推进基层民主法治进程，在深化民主法治建设上迈上新台阶；四是积极探索代表履职有效途径，提高代表整体素质和履职水平，健全代表履职约束激励机制，在促进代表作用发挥上取得新进展；五是完善组织机构、工作制度、运行机制和工作方式，不断提高常委会的依法履职能力和议事决策水平，在加强自身建设上实现新提高。

2017年常委会主要工作和议题建议安排如下：

一、监督工作方面

紧紧围绕发展大局和民生需求，牢牢把握监督工作特点规律，以权力运行和资源配置为重点，依法履行监督职能。

安排听取审议9项工作报告。

——围绕首都建设一流和谐宜居之都目标，听取审议区政府关于继续办理“加快污水综合治理，提升我区水环境质量议案”情况的报告。

——围绕推进农村城市化进程，听取审议区政府继续办理“一绿”试点议案情况的报告。

——围绕落实“厚植文化文明优势”的要求，听取审议区政府关于推进文化产业与文化事业融合发展情况的报告，更好地服务首都全国文化中心建设。

——围绕改善空气质量，听取审议区政府关于推进农村地区“煤改电”工作的报告，加快落实“无煤化”任务。

——针对新一轮幼儿入园需求高潮，听取审议区政府关于加强学前教育工作情况的报告，促进入园难问题的缓解。

——围绕实施创新驱动发展战略，听取审议区政府关于科技工作情况的报告，推动资源集聚、政策集成，发挥科技引领作用。

——落实《法治政府建设实施纲要（2015—2020）》精神，听取审议区政府2016年法治政府建设工作情况的报告，推进法治朝阳建设。

——听取审议区法院关于执行工作情况的报告，促进法院执行效率的提高。

——听取审议区检察院关于民事行政诉讼法律监督工作情况的报告，推动检察机关落实法律监督职责。

做好计划和预算监督。听取审议2017年国民经济、社会发展计划上半年执行情况的报告，2016年预算执行和其他财政收支的审计工作报告，2016年财政决算草案的报告，2017年财政预算上半年执行情况的报告等法定议题，审查批准朝阳区2016

年财政决算。抓好规划与计划监督衔接，推进参与式预算监督，开展审计结果跟踪监督。

按照监督法的要求，开展《北京市居家养老服务条例》实施情况的执法检查，完善养老服务体系，健全养老基础设施，全面推进养老事业发展。

结合全区工作重点，围绕人防地下空间整治、食品药品监管、农村地区功能疏解等内容开展视察调研。

二、代表工作方面

落实代表主体地位，健全代表工作制度，保障代表发挥主体作用。强化新一届人大代表任职培训，提高代表依法履职能力。丰富代表闭会期间活动，积极探索专业代表联组监督机制，深化代表联系选民制度，借助信息化手段搭建代表工作新平台，拓宽代表履职渠道。完善人大代表事务助理保障机制，保持基层服务队伍稳定。健全代表履职约束激励机制，深化代表向选民述职制度，调动代表履职的主动性和创造性。积极探索新形势下建议督办新方式，创新管理措施，完善督办机制，规范工作流程，持续推动代表建议落实。

三、自身建设方面

加强思想建设，深入学习党的十八届六中全会精神和习近平总书记系列重要讲话精神，认真学习人民代表大会制度相关知识和宪法以及代表法、组织法、选举法等相关法律法规，不断增强做好新时期人大工作的责任意识和使命担当。加强组织建设，规范专委会工作制度和运行机制，制定专职委员工作办法，完成内部机构调整和干部配备，完善区人大街道工委工作职责。加强信息化建设，有效整合公共资源，搭建上情下达、下情上传的工作平台，促进代表知情知政与汇集社情民意相结合，完善代表工作联动机制。设立人大“专家顾问组”，为提高审议水平创造条件。积极探索监督工作新模式，推进议题调研课题化、议题审议专业化，提高监督质量。加强对基层人大工作的领导和指导，推进基层人大规范化建设。

各位代表，时代赋予我们重任，人民寄予我们厚望。新一届人大及其常委会一定能够在中共朝阳区委的领导下，继往开来，锐意进取，求真务实，奋发有为，更好地坚持和完善人民代表大会制度，不断开创人大工作新局面，为实现“建设‘三区’、建成小康”宏伟目标做出新的贡献！

政协朝阳区第十二届委员会常务委员会工作报告

——在政协朝阳区第十三届委员会第一次会议上

谢　莹

（2016 年 12 月 19 日）

各位委员：

我受政协北京市朝阳区第十二届委员会常务委员会委托，向大会报告过去五年的工作，对十三届区政协的工作提出建议，请予审议。

过去五年工作的回顾

过去五年，是朝阳区攻坚克难，战胜挑战，取得科学发展，民生幸福丰硕成果的五年，也是朝阳区政协事业在继承中创新，在巩固中发展的五年。五年来，在市政协的指导下，在区委的高度重视和坚强领导下，区政协认真学习习近平总书记系列重要讲话精神，深入贯彻党中央治国理政新理念新思想新战略，坚持团结和民主两大主题，围绕区委和区政府中心工作，在历任区委书记的关心和支持下，认真履行政治协商、民主监督、参政议政职能，充分发挥协调关系、汇聚力量、建言献策、服务大局作用，为推动全区经济建设、社会治理、人文环境、民生事业发展做出了积极贡献。

一、加强思想理论建设，夯实共同思想政治基础

五年来，区政协常委会坚持把思想理论建设摆在各项建设的首要位置，加强学习研究，广泛凝聚共识，不断夯实共同的思想政治基础。

*加强常委会思想政治建设。*充分利用政协常委会议、主席会议、秘书长会议、党派联席会议等多种形式，深入学习中共十八大和十八届三中、四中、五中、六中全会精神，学习习近平总书记系列重要讲话，贯彻市委、区委全会精神，深刻把握“四个全面”战略布局和“五大发展理念”内涵。强化常委会政治意识、大局意识、核心意识、看齐意识，积极引导参加政协的各党派团体和各界人士自觉接受中国共产党的领导，不断夯实团结奋斗的共同思想基础。每年安排听取经济发展、社会治理、文化建设和党风廉政建设等相关区情通报，组织常委赴外省市区学习考察，开拓视野，加强交流。充分发挥政协常委会集体领导作用，紧扣全区发展大局，对接区委工作部署和全区重点工作，确定“四个再上新台阶”的工作思路，提出深化政治意识、开展协商民主、加强履职能力建设的总体要求，研究确定区政协全体会议、常委会议、主席会议议题，推进政协工作有效开展。

*加强委员队伍全员培训工作。*制定委员学习与培训意见，每年举办委员读书班，实现每位委员届内至少参加一次集中学习培训的目标。开办政协报告厅，围绕国际国内形势、京津冀协同发展、依法治国、协商民主等主题，邀请全国政协委员和专家学者作专题报告28场，努力打造有层次、成系统、有权威的学习平台，协助委员及时掌握改革发展动态，着力提高政协委员队伍的综合素质和参政议政能力。组织委员参观考察，开展集中视察，部署专题建言活动，开展工作体会交流，

为政协委员知情明政、建言献策创造了良好条件。

加强人民政协的理论研究工作。按照人民政协理论创新、制度创新、工作创新的要求，成立区政协理论与实践研究会，组建由政协委员和专家学者相结合的研究队伍，召开系列主题研讨会，就协商民主、统一战线、民主监督、委员队伍建设等问题开展系列研究，形成了一批高质量论文和研究课题，其中《政协协商民主与基层协商民主制度衔接》《人民政协民主监督与发挥爱国统一战线组织作用》等一批论文和研究课题受到全国政协、市政协的重视，在相关刊物刊用。重视理论研究成果的转化，在制定议政会、委员视察、民主监督、调查研究、发挥界别作用等文件中，理论研究成果得到了充分运用，发挥了重要指导作用。

二、服务改革发展大局，助力区域经济社会发展

五年来，紧紧围绕服务全区改革发展稳定大局，突出民生导向，发挥人民政协作为协商民主重要渠道和专门协商机构作用，认真履行职能。

协商民主建设深入推进。贯彻落实中共十八大提出的推进协商民主广泛多层制度化发展的要求，在充分调研论证的基础上，协助区委出台《中共朝阳区委关于加强人民政协协商民主建设的实施意见》，协助区委召开政协工作会议，积极搭建协商平台，创新协商形式，扎实推进政协协商民主实践与创新。五年来，每年协同区委制定年度协商计划，细化实施方案，先后围绕区域国际化、区“十三五”规划编制、城乡一体化推进、文化产业发展、科技与创新等议题，召开议政性常委会议26次。注重协商会议与调研活动相结合，与委员进社区相结合，与提案办理相结合，围绕城市功能疏解、“城市病”治理、依法治区、生态环境建设等方面，开展专题协商、对口协商、界别协商、提案办理协商520多次，相关建议得到有关部门的重视和采纳，促进了科学民主决策和政府工作效能的提升。

民主监督工作有效开展。五年来，采取领导班子带队视察、专委会对口视察、委员集中视察等形式，围绕垡头功能区发展、APEC会议环境保障、城乡一体化推进、科技创新与发展、水系水质改善工程、社会服务管理创新，以及群众关心的就业、教育、保障等社会事业建设情况开展视察监督320多次，座谈研讨560多次，参与委员达8600多人次，为相关部门提出了许多具有参考价值的意见建议。由主席班子带队，选取经济建设、城市管理、民生问题等相关领域的26件重点提案进行督办，带动了有关提案的办理。常委会议听取建议案办理情况和提案办理情况专题通报，相关专委会成立财经、文化、环境综合治理咨议监督小组，增强民主监督的针对性和实效性。推荐部分委员担任特约监督员，围绕行政审批、公共服务、政风行风开展民主评议，促进了相关工作的开展。

参政议政工作富有实效。五年来，聚焦国际化、对接京津冀协同发展和“三区”建设，每年确定一个议政会主题，与区委统战部一起，会同区各民主党派、工商联，吸纳相关社会团体、研究机构的专家学者参与，深入开展调研活动。2012年以“聚焦国际化发展”为主题，形成了28篇专题报告，其中《以国际化为主题率先构建服务促发展新模式的若干建议》主报告，从5个方面提出16条建议，纳入区域医院布局规划之中。2013年以“聚焦国际化，提升软实力”为议政主题，形成43份调研报告，在《关于朝阳区转型发展要更加突出文化引领作用》的主报告中，提出了从“四个必须”到“四个率先”的战略，为朝阳区未来的发展开阔了视野和思路。2014年以“聚焦国际化，推进城乡一体化发展”为议政主题，形成45个专题报告，提出了加快城乡“六个一体化”发展的建议，对推进城乡协调发展具有启发引领作用。2015年以“对接京津冀，建言‘十三五’”为主题，采访百名中共委员，形成《访谈录》，征集了近400份党派团体和委员建言形成《建言汇编》，在主报告《关于朝阳区“十三五”发展的建议》中，提出“五个一百”的相关建议和意见，被吸纳到区“十三五”规划和相关专项规划的建议之中。2016年以“聚焦‘三区’建设，建言创新发展”为主题，形成120份党派团体和委员建言，其中《关于以创新推动“三区”建设》的主旨报告，提出了加快“三区”建设的系列建议，多角度、多层次、多渠道的建言出力，为区委、区政府的决策提供了有益参考。

三、活跃丰富政协特色工作，着力增强履职成效

五年来，强化创新意识，持续推进政协基础性、特色化的工作，增强了履职成效和工作活力。

全面加强提案工作。重视提案分析、梳理、分类，形成分析报告，编发提案摘报，使具有前瞻性和特殊意义的提案直接发挥决策参考作用。建立区政府向区政协常委会通报提案办理情况的制度，以重点提案办理带动相关提案，以务虚会形式与相关部门进行集中协商办理。注重创新提案督办形式，实行主席班子带队督办重点提案，各专委会联合督办相关提案，提高了办理质量和效率。建立提案月跟踪、月汇报制度，办理流程进一步完善。开展优秀提案点评，召开交办协商会，完善网络动态管理系统，建立办理绩效评估体系，实现了工作网络化。组织相关民主党派和界别全程参与提案办理协商，增强了办理实效。五年来，共审查立案1865件，办复率达到100%，156件优秀提案得到表彰。

扎实推进重点课题调研。坚持由主席会议成员牵头负责、专委会具体承办，组织政协委员、党派团体，吸纳有关高校科研院所的专家学者联合开展调研。五年来，围绕金融服务环境优化、文化产业发展、医疗卫生事业改革、低级次产业转型升级、“一绿”试点乡产业推进等方面开展调研活动，完成37份调研报告，形成了优化科技金融创新机制、完善基层医院与大医院分工协作机制、推动文化金融融合发展、促进农村地区就业等12份建议案，提出了推进电子城科技园区产业发展、优化金融服务环境和科技金融创新机制、构建“高精尖”产业体系、推进医联体改革、文化产业与公共文化融合、加快农村地区产业升级和农民就业等方面的意见建议，推进了相关工作的落实。

提升委员进社区和社情民意信息工作质量。研究制定委员进社区工作意见，完善22个委员社区活动小组，制定主题月活动方案，组织委员带着责任、带着资源、带着热情参与党政群共商共治工程和为民解忧工程，开展携手健康行、送文化进社区、朝阳慈善情活动，开办社区大讲堂等活动1200余次，参与委员2600人次，打造了政协协商民主向基层延伸的新平台，丰富了基层协商民主的有效形式。坚持把反映社情民意工作与委员进社区相结合，与提案和视察调研的成果转化相结合，着力提升了社情民意信息质量和层次。五年来，共编报社情民意信息2120余条，被全国政协、市政协和区委信息部门采用360条。其中《关于垡头功能区规划建设的相关建议》《关于提升仓储物流使用功能、疏解城市中心压力的建议》等多件信息被市委、市政府采用。

强化政协文史和宣传工作。五年来，收集整理“三亲”史料300余篇，完成《朝阳文史》12至16辑和《朝阳文史资料选编》（上、下）的征集出版工作，发挥出文史工作存史、资政、团结、育人的作用。重视政协特色文化建设，编印《朝阳政协年鉴》5期、《朝阳政协》期刊23期、《学习文选》55期，协助各大媒体报道政协工作的新闻稿件1200篇次，336名委员受到专题访谈，其中部分委员在政协内刊、政协网站、电视新闻栏目建言立论，传播了政协理论，展示委员风采。完善政协官网、微信平台和“移动政协”手机终端，加强政协信息化建设，努力使之成为资源共享、凝聚委员的活动平台。

四、充分发挥政协统战功能，全面加强政协自身建设

五年来，常委会注重发挥统一战线组织作用，加强政协自身建设，努力提高工作实效。

着力营造大团结大联合氛围。注重发挥人民政协作为统一战线组织作用，突出团结与民主两大主题，坚持与民主党派、工商联联席会议制度，听取区情通报、研究工作要点、确定议政课题；坚持政协常委会议、政情通报会、专题调研视察活动邀请党派团体参加，尊重和保障他们在政协活动中发表意见、提出建议；每年召开党派提案交办会，完善党派提案协商流程，保证党派提案办理质量。每年与区各民主党派和区相关部门共同举办庆祝“三八”妇女节、教师节和纪念“五一口号”发布等活动，开展平原绿化，建成“朝阳政协委员林”，进而加强了团结联谊工作。落实区委关于扶贫开发工作的相关要求，主席班子与区各民主党派主委、部分委员赴贵阳、昆明进行考察交流，开展脱贫帮扶工作，产生了良好的社会反响。组织港澳台侨委员、台资企业家和台湾学生举办元宵节、中秋节联谊座谈会，接待台湾乡里长来朝阳参观考察，增进了海峡两岸暨香港、澳门交流合作的共识。加强与民族宗教界人士的联系，专题视察宗教场所建设与管理情况，促进了民族和谐与宗教和睦。

充分发挥委员主体作用。重视发挥各专门委员会在政协履职中的基础作用，组建8个专门委员会，将全体委员纳入其中，有计划地组织开展履职活动，增强了政协的履职成效。修订委员队伍建设和管理的办法，制定委员履职考评实施细则，实现了委员管理动态化，日常考勤规范化。在区委、区政府和相关部门的大力支持下，建成并启用委员活动中心，切实使之成为党派团体和政协委员开展履职活动和团结联谊的重要场所。坚持用事业凝聚委员，五年来，参与各类履职活动的委员达16800多人次，充分体现了政协委员的履职热情和履职能力。

切实抓好政协机关自身建设。重视发挥政协机关党组织的作用，制定区政协机关党建工作意见，深入开展党的群众路线教育实践活动，“三严三实”“两学一做”专题教育活动，组织机关干部认真学习习近平总书记系列讲话精神和党章党规，参与区委要求的领导干部安全检查，开展“千名干部下基层”活动，参观反腐倡廉法制教育基地、廉政教育展、党史展，重温入党誓词，全面落实各项整改措施，政协机关工作作风全面加强。以重和谐、讲协商、求实效、谋创新、倡自律为重点，倡导“三心、四给、五力、六重”的机关文化，增强机关干部的事业心、责任心和包容心，营造给人希望、给人自信、给人快乐、给人方便的良好机关氛围，提高机关干部的学习力、思考力、转化力、表达力和沟通力，努力把政协机关打造成重学习、重调研、重团结、重规范、重时效、重奉献的集体。接待全国政协、市政协和部分省市区政协来我区交流考察86批次1200多人次，与全国政协、市政协和18个外省市区政协的相关专委会开展工作交流，促进了经济社会协同发展和政协工作创新开展。

回顾十二届区政协五年来所取得的成绩，是市政协正确指导和区委坚强领导的结果，是区政府大力支持、各部门大力配合的结果，是区各民主党派、工商联和人民团体通力合作的结果，是广大政协委员和机关工作人员共同努力的结果，也是本届两任领导班子凝心聚力、团结奋进的结果。在此，我代表十二届区政协常委会，向给予政协工作大力支持的市政协领导，全区各级党政领导，向全体政协委员、各民主党派、工商联和无党派人士，向所有关心支持人民政协事业发展的同志们、朋友们，表示衷心的感谢和崇高的敬意！

过去五年工作经验和体会

总结回顾过去的五年，十二届区政协始终坚持中国共产党的领导，坚持人民政协的性质定位，坚持大团结大联合，坚持发扬社会主义民主，在面对新形势，研究新情况，解决新问题的实践中，有以下经验体会：

一是坚持党的领导和正确的政治方向。人民政协是适合中国国情、具有鲜明中国特色的制度安排，坚持党的领导，坚定正确的政治方向，是人民政协事业发展的根本保证。人民政协只有准确把握政协的性质、地位、职能和作用，自觉把党的决策部署贯彻到自身工作中，努力使党的主张成为各民主党派、各人民团体和各族各界人士的广泛共识，才能推进人民政协事业不断创新发展。

二是坚持围绕区委中心工作献计出力。政协具有代表性强、联系面广、包容性大的优势，广大政协委员在推动改革发展中出实招、谋良策、进良言，在关心群众、关注民生中体现出较高的社会情怀。委员们用实际行动和真知灼见，宣传改革发展的大政方针，引导人民群众支持和参与改革，为全面深化改革添助力、聚合力、增动力。

三是坚持把协商民主贯穿履职全过程。人民政协是社会主义协商民主的重要渠道，集协商、监督、参与、合作于一体，发挥着专门协商机构的作用。通过把协商民主贯穿履行职能全过程，不断提高了人民政协协商民主制度化、规范化、程序化水平，更好的发挥协调关系、汇聚力量、建言献策、服务大局的作用。

四是坚持发挥爱国统一战线组织的功能。人民政协是最广泛的爱国统一战线组织。做好政协统战工作，核心是高举团结、民主两面旗帜，通过民主实现最广泛的团结，通过团结不断发展社会主义民主。通过各种会议和活动，积极发挥委员的主体作用，实现统战功能；通过广泛深入的协商和提出意见建议，深化统战实效。

五是坚持推进人民政协履职能力建设。人民政协是国家治理体系的重要组成部分，通过不断提高政治把握能力，调查研究能力，联系群众能力，合作共事能力，扩大团结面、增强包容性，拓展有序政治参与空间，在推进治理体系和治理能力建设中发挥更大作用。

今后五年的工作建议

未来五年，是我国全面建成小康社会的决胜阶段，也是朝阳奋力拼搏、大有可为的五年。国家“一带一路”倡议和京津冀协同发展战略的实施，首都“四个中心”城市战略定位的落实，北京国际一流和谐宜居之都建设的推进，北京城市副中心的建设和2022年冬奥会的筹办，为朝阳区带来一系列重大机遇。新一届区政协要紧紧围绕区第十二次党代会提出的奋斗目标和工作任务，主动增强政治意识、大局意识、核心意识、看齐意识，自觉服务区域发展、促进社会和谐、加强自身建设，为朝阳区高水平建设国际商务中心区、文化创新实验区、和谐宜居模范区，率先全面建成小康社会做出新的更大贡献。

一、突出理论学习，提升思想政治水平

坚持中国共产党的领导，扎实开展中国特色社会主义理论学习教育，增强道路自信、理论自信、制度自信和文化自信。重点学习把握中央关于统一战线和人民政协的新思想新要求。把学习贯彻区第十二次党代会精神与区政协履行职能的实践结合起来，把思想和行动聚焦到区委的决策部署上，把智慧和力量凝聚到实现目标任务上，在加强学习中深化认识，在积极引导中增进认同，在履行职能中深化运用，不断提升委员队伍的综合素质和协商议政能力。

二、突出协商民主，提升议政建言质量

按照区委提出的“建设‘三区’、建成小康，为北京建设国际一流和谐宜居之都而努力奋斗”的总体目标，认真落实《中共朝阳区委关于加强人民政协协商民主建设的实施意见》，把政治协商纳入决策程序，坚持协商于决策之前和实施之中，围绕党建科学化、发展优质化、治理现代化的任务要求，针对性地提出协商议题，丰富协商形式，完善协商制度，推进协商民主广泛、多层、制度化发展。努力做到协商在关键处、建言在需要时，转化在工作成效中。不断拓展协商民主的广度和深度，提高协商民主的质量和水平，为区委、区政府科学民主决策提供参考。

三、突出民主监督，提升服务大局实效

党的十八届六中全会审议通过新修订的《中国共产党党内监督条例》，强调“党内监督和外部监督相结合”，第一次把人民政协民主监督写进党内法规，成为党加强外部监督的一种有效形式和制度安排，赋予了人民政协新的重要使命。我们要认真学习贯彻中共中央即将出台的人民政协民主监督的实施意见，把握好民主监督的方向和原则，健全工作机制，推进民主监督规范化、制度化。要牢牢把握我区“新、转、疏、补、稳”五个阶段性特征，按照区委“六个一流”要求，针对区委、区政府重大发展任务和举措，坚持调研、协商、监督有机结合，推动区委决策部署贯彻落实。按照坚持性质定位、符合章程规定、发挥独特优势的要求，研究制定民主监督工作年度计划，明确监督的重点内容和议题，切实提高监督质量和实效。

四、突出团结民主，提升政协统战功能

充分发挥人民政协统一战线组织优势，坚持大团结大联合，积极引导参加政协的各党派团体、各界委员增进政治共识，聚焦区域发展，为改革建言，为发展出力。积极搭建民主协商、合作共事的平台，有计划地安排政协委员和各民主党派成员参与政协组织的学习、调研、视察、座谈、讨论、协商等重大活动。坚持和完善好党派联席会议制度，加强与各民主党派、工商联的联系，充分利用议政会、大会发言、联合调研等平台，共同学习、共同调研、共同视察，努力增进团结与合作。认真贯彻党的民族宗教政策，充分发挥民族宗教界代表人士在政协中的作用，积极维护民族团结、宗教和睦。注重发挥港澳台侨界政协委员作用，开展联谊交流和视察活动，积极推进海峡两岸暨香港、澳门的交流与沟通。重视通过特殊节日、传统节日，组织各界开展特色活动。深化委员进社区，积极参与党政群共商共治，通过服务群众、破解难题，抓好协商民主在基层的落实。

五、突出改进作风，提升自身建设水平

坚持深化党派合作、突出界别特色、发挥委员主体作用、加强专门委员会建设、加强机关建设“五位一体”协调推进政协自身建设。提升自身建设水平，关键在于不断改进作风；改进作风要靠法规制度来规范。根据全国政协制度体系建设要求，研究制定规范区政协政治协商、民主监督、参政议政的相关意见，完善政协委员履职工作细则，修订常委会议、主席会议工作规则，完善政协专门委员会通则，健全提案办理协商、视察调研、大会发言、反映社情民意信息等规章制度，全面推进政协制度建设和机制创新。按照懂政协、会协商、善议政的要求，加强委员履职能力建设。完善委员履职服务工作，搭建委员活动平台，依托专委会积极开展座谈、调研、考察、讲座、联谊等多种形式的特色活动，激发委员履职活力。要进一步巩固“三严三实”“两学一做”专题教育成果，按照区委提出的“三重三强”要求，努力打造一支有追求、有能力、有担当、有干劲、有规矩的政协机关干部队伍，不断改进作风，提高政务性服务能力和统筹协调能力。加强人民政协理论与实践研究，不断推进人民政协理论创新、制度创新、工作创新。

各位委员，站在首都和朝阳新的发展起点上，新一届区政协的征程已经开启，新形势催人奋进，新使命鼓舞人心，新征程任重道远。让我们在市政协的指导下，在区委的坚强领导下，高举中国特色社会主义伟大旗帜，团结一致，开拓进取，扎实工作，奋发有为，不断开创政协工作新局面，为朝阳“建设‘三区’、建成小康”，为北京建设国际一流和谐宜居之都谱写新的篇章！

朝阳区人民检察院工作报告

——在朝阳区第十六届人民代表大会第一次会议上

朝阳区人民检察院检察长 张玉鲲

（2016年12月21日）

各位代表：

我代表朝阳区人民检察院向大会报告工作，请予审议。

过去五年的主要工作

朝阳区十五届人大一次会议以来，我院在区委和市检察院的领导下，在区人大及其常委会的监督下，全面贯彻党的十八大和中央全会精神，紧紧围绕全区工作大局，认真履行宪法和法律赋予的职责，积极稳妥推进检察改革创新，大力加强检察队伍建设，为我区经济社会发展和平安朝阳建设做出了积极的贡献。

一、严厉打击刑事犯罪，加强社会治安综合治理，推进平安朝阳建设

五年来，共依法审查逮捕各类犯罪14263件18713人，审查起诉17472件21456人。

*一是严厉打击危害公共安全和社会管理秩序犯罪，切实维护辖区安全稳定。*审查起诉危害公共安全犯罪1806件1864人，办理涉暴恐、邪教犯罪39件44人，涉枪涉爆犯罪117件122人，涉毒犯罪1499件1608人。依法妥善办理"5·24"使馆区维稳专案、"7·20"首都机场爆炸案、大屯飙车案、五环路结伙抢劫大货车案等一批对社会安全影响较大的恶性案件。加强对网络空间的治理，依法办理了"秦火火""立二拆四"等利用网络实施诽谤、寻衅滋事、非法经营案件。

*二是依法打击严重暴力犯罪和危害民生犯罪，保障人民群众人身、财产安全。*审查起诉杀人、绑架、强奸等严重危害人身安全暴力犯罪428件467人，"两抢一盗"等多发性犯罪4435件5430人，提升了人民群众安全感。开展严惩危害食品药品安全犯罪专项活动，审查起诉生产、销售有毒有害食品犯罪434件436人，生产、销售假药犯罪179件207人。严厉打击电信诈骗犯罪21件152人，其中包括涉案93人的"3·10"特大跨国电信诈骗专案。

*三是积极参与社会治安综合治理，注重从源头化解矛盾，保障和谐宜居模范区建设。*通过机制创新和专业化建设，突出检察环节矛盾化解。创建"一二三四"刑事和解工作法和检调对接工作机制，最大限度减少社会不和谐因素。在全国首批开展刑事速裁程序试点和认罪认罚从宽制度探索，促使犯罪嫌疑人主动认罪、悔罪。构筑朝阳特色的"3+2+1"预防未成年人犯罪工作模式，加强对涉罪未成年人的教育挽救。充分发挥"妇女犯罪审控组"维权绿色通道作用，结合女性特点，加强教育、保护和普法宣传。针对办案中发现的突出问题，向相关职能部门、涉案单位发出检察建议400余份，督促问题整改。

二、严肃查办职务犯罪，加强预防体系建设，营造风清气正的政治生态

五年来，立案侦查各类职务犯罪159件167人，其中处级干部33人、局级干部11人。

*一是坚决惩治发生在群众身边、损害群众利益的"小官贪腐"。*五年来，立案侦查辖区内职务犯罪30件31人。依法查办原孙河乡党委书记纪海义受贿案，并对当地土储建设领域腐败问题进行专项查办，立案查处8件8人，涉案金额近六千万元。注重对辖区内重点民生工程的监督，立案查办区住建委原主任闫宾和副主任祝远纪涉老旧小区改造工程受贿案。加大追逃力度，成功劝返全市首例潜逃境外的滥用职权犯罪嫌疑人一名，成功抓捕潜逃十年的贪污犯罪嫌疑人一名。

*二是着力打击行业性腐败，突出查办大要案。*先后查办民航职业资格证书审核人员系列受贿案5件6人，新闻媒体行业贿赂系列案13件13人，区房管局权属登记环节行贿、受贿案11件11人，区地税六所违规办理二手房交易缴税窝案23件23人，形成有力震慑。成功完成多项最高检、市检察院、市纪委交办的重大专案办理任务。先后参与和查办了甬温线动车事故案、新疆原党委副书记杨刚受贿案、中国进出口信用保险公司原副总经理戴春宁受贿案等一批大案要案。

*三是不断强化职务犯罪预防，促进标本兼治。*五年来，接受社会公众行贿犯罪档案查询64147次，廉洁准入制度社会认可度逐年提升。紧紧围绕全区换届选举工作履行法律监督职能，为区农村两委换届、乡镇人大换届选举提供有力保障。不断强化调研工作，完成预防调查报告22篇，其中10篇报告获得市、区主要领导批示，推动相关单位完善廉政制度建设18项，"2014年度职务犯罪侦查与预防报告"被评为全国十佳年度报告。出版发行全市首个《职务犯罪侦查与预防工作》白皮书，全面通报我院职务犯罪侦查与预防工作进展，强化对重点领域、重点问题的警示宣传。

三、严厉打击经济犯罪，推进金融犯罪预防工作，保障经济平稳健康发展

*一是加大对非法集资等经济犯罪的打击力度。*近年来，我区以非法集资为典型的涉众型经济犯罪集中爆发，严重扰乱市场经济秩序、侵害人民群众的合法权益。五年来，我院累计审查逮捕1103件1650人、审查起诉1006件1601人。妥善办理了涉案金额55亿元的"华融普银案"，涉案金额14亿元投资人5000余人的"易胜百案"在内的重特大案件30余件。积极开展打击破坏经济秩序犯罪，审查起诉涉案金额1.4亿元的邢利红等22人制售假发票、非法经营票据套现案，涉案金额16亿元的王自起等4人非法经营票据结算业务案，有力维护了市场经济秩序。

*二是注重金融犯罪的预防工作。*主动服务经济发展大局，化解金融风险，发布全市第一个《金融检察白皮书》，对近三年辖区内金融犯罪案件进行系统梳理，总结犯罪特点，揭示、防范管理漏洞，并对区域金融产业健康发展提出建议。研

究制定《涉众型经济犯罪案件办案指南》，统一办案标准，提升办案质效，强化犯罪预防，最大限度为投资人挽回经济损失。积极与区金融办等部门沟通联动，构建区域涉众型经济犯罪联合防范治理体系。

三是积极探索专业化金融犯罪案件办理机制。针对辖区内金融犯罪高发的形势，我院设立了专门的金融犯罪检察部，打牢专业化办案的基础，提升专业化水平。出台《涉众型经济犯罪案件以案释法实施细则》等规范性文件，强化释法说理，力求案结事了、息诉罢访。加强金融犯罪理论研究和经验总结，举办"涉众型非法集资类犯罪问题研讨会"，与高校合作撰写《非法集资犯罪的理论与司法实践》一书，为防范和打击犯罪提供指导和借鉴。

四、强化法律监督，维护司法公正，营造公平正义的法治环境

一是不断深化刑事立案、侦查活动监督。坚持惩罚犯罪和保障人权并重，严格审查逮捕程序和标准，严把审查起诉质量关。五年来，共不批准逮捕3400件5147人，不起诉1068件1651人。重点监督纠正有案不立、有罪不究、刑讯逼供、暴力取证、动用刑事手段违法介入民事经济纠纷等问题，监督侦查机关立案84件，监督撤案115件，决定追加逮捕140人，追加起诉339人。前移法律监督关口，在公安机关执法办案中心派驻检察室，实现了对侦查活动的全程监督。针对侦查活动违法情况提出各类监督意见124份。进一步完善"两法衔接"工作机制，办理监督案件88件。

二是着力加强刑事审判监督和民事、行政检察监督。重点监督纠正刑事审判中适用法律错误、量刑畸轻畸重等问题，提出刑事抗诉24件。充分利用再审检察建议等手段，强化对民事和行政审判中诉讼过程、判决裁定与执行活动的监督。五年来，协助市检分院办理民事申请监督案件620件，位居全市首位。按照上级部署积极推进公益诉讼试点，加强对侵害公共利益和行政机关不依法履行职责的监督。

三是持续开展刑事执行检察。扎实开展监管活动监督，五年来，对日均关押量2000余人的朝阳区看守所开展各类安全防范检查900余次，针对相关问题制发各类监督意见21份，查办监管领域职务犯罪案件1件。强化人权司法保障，自新刑事诉讼法实施以来累计办理在押人员羁押必要性审查341件344人，提出变更强制措施建议277人。持续开展刑罚执行监督，重点加大对减刑、假释和暂予监外执行的监督力度，累计监督14409人次，办理监督案件69件69人。通过深入街乡巡视检查、审查档案、调查谈话、制发监督意见等方式，扎实开展社区矫正监督，切实保障刑罚执行的公平正义。

五、自觉接受监督，规范自身行为，确保检察权正确行使

一是自觉主动接受人大监督。认真办理代表议案，及时向代表反馈意见、建议办理情况，切实保障人大代表监督权。制定《联系街乡工作制度》，形成服务基层的长效机制，将代表监督转化为加强和改进检察工作的推动力。积极配合区人大常委会开展专项调研活动，主动向人大常委会做专项工作汇报。打造"一报两刊、一网多联"平台，定期开展代表联络活动，每周向代表报送《动态专报》，每月报送《检情通报》，方便代表监督。健全人民监督员制度，邀请人大代表参与案件公开听证，旁听职务犯罪案件庭审，丰富监督方式，拓宽监督范围。

二是构建多方参与的外部监督体系。建立外部监督委员会制度，聘请人大代表、政协委员、律师和专家学者，通过参与公开听证、公开审查、旁听庭审等方式开展监督工作。认真贯彻落实市、区有关保障律师执业权利的规定，不断拓展律师监督的方式和渠道，制定出台《规范司法行为保障律师执业权利合作备忘录》等一揽子协议，建立律师监督卡制度。加大检务公开力度，保障公众对检察工作的知情权。2014年下半年以来累计公开案件信息16190件。积极开展"检察开放日"等活动，"朝阳检察"官方客户端实现网络平台全覆盖，及时发布信息回应民众关切。

三是强化自身监督，不断完善内部监督体系。连续三年持续开展司法规范化专项整治，以问题为导向，深入剖析、全面梳理制约规范司法的制度、机制问题，研究成因和解决方案，制定侦查人员讯问同步录音录像工作规范、听取律师意见工作规定和公诉人出庭规范等30余项规范性文件。不断强化案件质量管理，依托统一业务应用系统，严格程序约束。建立案件质量监控、办案动态研判机制和季度评查制度，对检察权行使的各个环节均以书面清晰记载，确保全程留痕。对检察官办案情况进行专项督察并定期发布《执法规范化督察报告》。建立专项复查制度，对重点案件开展复查，分析原因，追究责任，督促整改。

六、坚持首善标准，树立底线思维，推进检察体制改革和检察队伍建设

一是坚持从严治检，确保全院上下在思想上划出红线、在行动上明确底线。始终坚持"抓党建带队建促发展"，扎实开展专题教育，制定《党建工作目标评价体系》及配套实施制度，引导全体干警坚定政治信仰，筑牢思想防线。加强党风廉政建设和执法执纪督察，制定"党风廉政建设责任清单"并层层签订责任书，维护党纪政纪和检察纪律的严肃性。出台加强内部执法监督防止说情干扰等规定，严肃办案纪律，保障检察人员依法履行职责。

二是坚持创新引领，检察体制机制改革迈出重大步伐。2013年以来，稳步推进检察官办案责任制改革试点，为检察体制改革贡献了宝贵经验。2016年，在市检察院的统一部署下，全面推开以司法责任制为核心的四项检察体制改革。以员额制改革为基石，对检察人员实行分类管理，将检力资源向司法办案一线倾斜。严格落实检察官办案责任制，通过权责清单等制度明确检察人员的履职范围和标准，切实突出"谁办案谁负责"。依据"精简、规范、效能"原则优化调整内设机构，设立金融、轻罪等专业化办案机构；按照诉讼与监督职能适当分离原则，设立侦查监督、刑事审判监督专门机构，分设民事检察和行政检察专门机构，强化检察监督职能。

三是坚持人才强检，打造过硬检察队伍。制定《检察官履职能力标准》，扎实开展教育培训。完善中层干部绩效考核和培训制度，注重对青年人才的培养。我院"检察官夜校"培训制度被评为北京市建设学习型党组织品牌活动。注重培育领军型人才，五年来，共培养全国及北京市检察业务专家和标兵25名。始终坚持文化育检，营造健康向上的工作氛围，获得首批"全国检察文化建设示范院"荣誉称号。

各位代表，过去的五年，是检察机关主动适应经济发展新常态、全面服务经济社会发展、保障民生建设的五年；是检察体制改革深入推进、取得关键成果的五年；是严格规范司法

行为、严防冤错案件，适应以审判为中心的诉讼制度变革的五年。五年来，我院先后荣获“全国检察机关文明接待室”“首都文明单位”“北京市先进基层检察院”等集体荣誉33项，荣获“全国三八红旗奖章”“首都五一劳动奖章”“北京市先进工作者”等个人荣誉47项。这些成绩的取得离不开区委的正确领导，离不开区人大及其常委会的有力监督，离不开区政府、政协及社会各界的关心、支持和帮助。在此，我代表区检察院向各位代表，向所有关心支持检察工作的领导和同志们表示衷心的感谢！

过去五年的工作，我们仍然存在一些问题和不足：检察队伍的整体素质和执法水平还有待进一步提升，服务大局的意识和能力还有待进一步提高，检察监督的力度和效果还需要进一步增强。同时，工作中我们也面临着一些困难和挑战：一是办案压力仍然突出。近年来，区检察院年办案数量连续位居全市第一，人均办案量是全市的2倍以上，疑难、复杂、新型案件层出不穷，涉众型经济犯罪持续爆发，如何正确适用法律公正办案，妥善处理人民群众多元诉求，是我们要认真研究、破解的难题。二是检察工作新形势新任务带来新的挑战。党的十八届三中、四中全会对完善检察机关行使监督权的法律制度、加强诉讼监督、加强对行政权的司法监督等方面都提出了明确要求。检察机关将从重办案、轻监督向办案与监督并重、深耕监督主业转变。这既需要我们从思想观念、人才培养、方式手段等方面积极适应、努力跟进、不断探索，也需要在推动公益诉讼、加强“两法衔接”等具体工作中得到社会各界的支持和帮助。三是队伍稳定性不足影响检察人才专业化、职业化建设。近年来，因多种原因造成检察机关人才流失情况较为严重，人才招录出现困难，加之司法人才培养周期长、难度大，加剧了案多人少的矛盾，也在一定程度上影响了我院高水平检察队伍建设。

今后的工作思路和安排

各位代表，未来的五年，是朝阳区高水平建设“三区”、率先全面建成小康社会、为北京建设国际一流的和谐宜居之都而努力奋斗的关键时期，我院要把思想和行动统一到区十二次党代会精神上来，围绕朝阳区经济社会发展的要求，明确任务，狠抓落实，以更高的目标、更严的标准充分履行检察职能。我院总体工作思路是：

一是坚持党的领导，进一步加强思想政治建设，夯实队伍根基。坚持党对检察工作的绝对领导，牢固树立政治意识、大局意识、核心意识、看齐意识，确保检察工作始终保持正确的政治方向。坚持以党建带队建，不断完善党建目标评价体系，确保党的建设全覆盖。加强党风廉洁建设，强化纪律约束和作风建设，坚守道德底线，严防廉政风险。

二是坚持围绕中心服务大局，切实履行检察职能，提升服务保障经济社会发展的水平。依法打击危害国家安全犯罪，严惩危害公共安全和个人极端暴力犯罪，保障社会和谐稳定。坚持人民检察为人民，紧紧围绕人民群众反映最强烈、感受最直接的突出问题，积极参与社会综合治理，保障人民群众安居乐业。坚持首善标准，增强服务保障能力，为经济社会发展提供坚强的法治保障。

三是树立监督主业意识，强化检察监督，增强监督实效。强化优势，补齐短板，拓展线索来源，不断加大同级监督力度。刑事审判监督中突出问题导向、完善抗诉机制，刑事执行监督中着力加强羁押必要性审查和刑罚交付执行监督。围绕全区中心工作，坚持同心同向，争取多方支持，进一步完善“两法衔接”工作机制，持续推进公益诉讼试点工作。

四是继续深化检察体制改革，严格落实上级部署，不断推进机制创新。确保国家监察体制改革试点任务落实。进一步推进司法责任制改革，遵循检察工作规律，合理统筹授权和监督，确立科学合理的考核方式。进一步推进专业化办案组织、未成年人惩防帮教机制、多元化纠纷解决机制、刑事速裁、认罪认罚从宽机制等方面的探索，及时健全配套机制。

五是狠抓规范司法行为，完善内部监督制约，不断提升法治化水平。以查摆梳理问题、剖析原因症结为重点，以整改落实为中心，抓住关键环节，突出整改重点，务必取得实效。进一步强化纪律约束，深化运用诊断式整改，将监督重心向执法办案一线延伸。进一步强化检务督察力度，严格责任追究，严肃办案纪律。始终将办案质量作为生命线，坚守严防冤错案件底线。

六是自觉接受人大监督，深化检务公开，提升检察公信力。增强权力本源意识，坚持向人大及常委会汇报工作，加大日常联络力度，拓宽接受人大监督的渠道和方式，为代表监督履职提供便利。不断增强检务公开，加大案件信息公开力度，确保公众知情权，不断扩大律师监督检察机关的渠道和范围，积极做好检察公共关系建设。

各位代表，未来的五年，我院将在区委和市检察院的坚强领导下，在区人大及其常委会的有力监督下，始终坚持首善标准，牢固树立底线意识，全力做好各项检察工作，为朝阳建设三区、建成小康做出新的更大的贡献。

朝阳区人民法院工作报告

——在朝阳区第十六届人民代表大会第一次会议上

朝阳区人民法院代院长 靳学军

（2016 年 12 月 21 日）

各位代表：

我代表朝阳区人民法院向大会报告工作，请予审议。

五年工作回顾

朝阳区十五届人大一次会议以来，区法院在区委的领导下，在区人大及其常委会的监督下，在区政府的支持、区政协的民主监督下，全面贯彻党的十八大和十八届三中、四中、五中、六中全会精神，深入贯彻习近平总书记系列重要讲话精神，紧紧围绕“努力让人民群众在每一个司法案件中感受到公平正义”的工作目标，坚持司法为民、公正司法的工作主线，忠实履行宪法法律赋予的职责，各项工作取得了新进展。

一、依法履行审判职能，为区域经济社会发展提供有力司法保障

五年来，区法院共受理各类案件385583件，结案342580件，收结案数均居全市基层法院之首。其中，审结刑事案件15792件、民商事案件238904件、行政案件3173件、其他案件1946件，执结案件82765件。

（一）依法审理刑事案件，推动平安朝阳建设

严格落实罪刑相适应原则，贯彻宽严相济的刑事政策。依法审理危害公共安全和社会管理秩序犯罪，共判处五年以上有期徒刑犯罪分子1757人，妥善审结了首都机场“7·20”爆炸案等一批大案、要案，增强人民群众的安全感；依法审理涉毒案件，共审结此类案件1540件，妥善办理了歌手尹某杰非法持有毒品、李某沫容留他人吸毒等案件，净化社会环境；针对涉众型经济犯罪快速增长的态势，组织专门力量集中审理非法集资、金融诈骗、电信诈骗等案件，加大财产刑适用和赃款赃物追缴力度，妥善办理了包括涉案金额55亿元的“华融普银”案、“3·10”特大跨境电信诈骗案在内的一批重大典型案件；针对网络犯罪高发的态势，加大打击力度，审结“秦火火”诽谤、寻衅滋事案，“立二拆四”非法经营案等一批社会关注的案件；积极参与反腐败斗争，审结中国移动北京公司副总经理受贿案等职务犯罪案件114件144人，被告人原为处级以上干部的20人。在严厉打击犯罪的同时，对主观恶性不深、社会危害较轻的犯罪，发挥刑罚的教育感化功能，共对4081名被告人判处缓刑或免予刑事处罚；坚持“教育、感化、挽救”方针，积极探索教育、保护未成年人的有效途径，推行“一二三四”亲情教育工作模式，设立涉诉未成年人“心理抚慰室”，与区律协联手成立“法律阳光工作室”，帮助未成年罪犯改过自新、回归社会。

（二）依法审理民商事案件，保护当事人的合法权益

服务和保障金融产业发展，设立金融审判庭，审结委托理财、融资、票据类案件19466件，促进金融市场的健康发展；加强与区金融办等部门的沟通，结合案件中发现的问题，每年发布《金融机构商事诉讼白皮书》，为区域内金融机构完善管理、防范风险提供司法支持。推进社会诚信体系建设，加强合同类案件审理，审结此类案件132450件，制裁违约欺诈行为，保护守约方权益，促进发展环境优化，其中“建材市场格式条款免责无效案”被中国法学会评为“3·15案例”。发挥司法保护知识产权的主导作用，审结著作权、商标权、专利权等知识产权案件10586件，妥善审理一批在全国有较大影响力的知识产权案件，其中“中国体育赛事转播著作权第一案”推进了互联网体育赛事正版化进程。因知识产权审判业绩突出，区法院被最高人民法院指定管辖专利权纠纷案件。强化对重点工作、重大工程建设的司法保障，针对京津冀协同发展和非首都功能疏解等对法院工作提出的新要求，加强司法应对，妥善处理解除商铺租赁、拆迁腾退等相关案件349件。

（三）依法审理行政案件，促进依法行政

监督和支持行政机关依法行政，保障行政相对人合法权益。加强对行政行为的司法审查，对违反法律规定、法定程序或者证据不足的行政行为，依法予以撤销；协调解决行政纠纷615件，既纠正了行政机关的执法问题，又维护了行政相对人的合法权益；大力推进行政机关负责人出庭应诉制度，五年来，市、区级行政机关负责人出庭应诉35人次；建立法院通报行政机关涉诉情况的长效机制，认真梳理分析依法行政方面存在的问题，每年向政府部门通报行政案件司法审查情况，《行政案件司法审判年度报告》多次受到区主要领导的批示肯定；加强与政府相关部门的沟通交流，与区政府法制办召开行政法律工作联席会议24次，为行政机关举办法制培训、组织旁听案件4900余人次。区法院被授予“北京市依法行政法制宣传教育基地”称号。

二、践行司法为民宗旨，积极回应人民群众日益增长的司法需求

五年来，区法院紧紧围绕人民群众对司法工作的新要求与新期待，强化为民意识，改进诉讼服务，延伸审判职能，不断拓展司法为民的途径和内容。

（一）完善工作方式，方便群众诉讼

努力让立案更加便捷。按照立案登记制改革要求，坚持有案必立、有诉必理，通过增设立案窗口、增派立案人员及时处理群众诉求，让人民群众快速立案；在 6 个人民法庭设立立案点，五年来立案点共受理案件143663件，让人民群众就近立案；大力推进远程立案工作，通过网上预约立案方式受理案件40115件，占全市法院总数的76.9%，让人民群众网上立案。针

对部分诉讼群众法律知识欠缺的情况，加强立案指导，制作《起诉材料告知书》，在立案大厅设立朝阳律协律师志愿服务工作站，提高一次性立案成功率；针对当事人调取证据难的情况，自2014年开始探索由法院为当事人出具诉前调查函，254名当事人成功调取到证据并及时立案。努力让诉讼更加顺畅。针对婚姻家庭、劳动争议、医疗纠纷等案件大幅增长态势，出台《关于加强涉民生案件审判工作的若干意见》，对15类涉民生案件建立快审、快调、快执的绿色通道，优先选择简易程序、小额诉讼程序等简便高效的审判方式方法，五年来共审结涉民生案件134801件，涉及标的额487.6亿元，49%的案件在45天内审结；注重保护妇女、儿童、老年人的合法权益，妥善审结了疯狂英语创始人李某离婚案、八旬老人诉拜耳医药公司试药案等一批社会关注案件。努力让案件执行更加高效。加大财产查询力度，通过网络查控系统查询被执行人银行存款、有价证券、不动产等财产信息9万余条；加大执行威慑力度，依法对3263名拒不执行判决、裁定人员采取罚款、拘留、限制出境等强制措施，其中追究刑事责任3人，维护法律尊严和司法权威；加强联合信用惩戒，发布失信被执行人信息30394次，联合有关部门对失信被执行人融资信贷、招标投标、行政审批等进行全面限制，协调蚂蚁金服公司大幅扣减失信被执行人的征信评分，奇虎360公司在搜索引擎界面增加了失信被执行人提醒内容，促使4016件案件的被执行人自动履行法律义务。努力让诉讼服务更加周到。成立诉讼服务办公室，进一步整合诉讼服务职能，打造“现场诉服窗口、12368热线、审判信息网”三位一体的当事人接待模式，五年来诉讼服务窗口接待、导诉群众77万余人次，回复网络、电话热线等渠道的群众留言2.3万余条。

（二）延伸审判职能，服务社会治理

加强司法建议工作。对案件审理中发现的社会管理中的苗头性、倾向性问题，依法向国家机关、企事业单位等部门发送司法建议373份，促进社会治理水平不断提升。五年来，共有31个国家部委和市级机关根据区法院司法建议改进了工作，其中，中国保监会废止了沿用15年的《人身保险残疾程度与保险金给付比例表》，进一步扩大了意外伤残保障范围；国家卫生计生委起草了《电子病历打印复制及锁定标准工作方法》，为患者依法维权提供了有力保障；国家食品药品监督管理总局规范了处方药品包装说明书制作标准，加强对消费者安全用药的告诫或提示，该司法建议被最高人民法院评为“全国法院十大司法建议”。

加强司法公开和普法宣传工作。扎实推进裁判文书、审判流程、执行信息三大公开平台建设，在互联网上对470件案件进行庭审直播，上网公开生效裁判文书51130份， 通过网站、短信等渠道向当事人推送案件审理、执行信息；贯彻“谁执法谁普法”的要求，设立社区法官工作站，五年来开展“法律六进”活动600余次，被授予“北京市法治宣传教育先进集体”称号；建立重要工作事项、重大典型案件的新闻通报会制度，在中央和市级以上媒体刊发法制宣传文章2.6万余篇，充分发挥司法裁判规范、指导、评价、引领社会价值的重要功能；开通朝阳法院官方微博和部门职务微博，开展“微直播”和“微访谈”活动，及时向社会发布、公开审判执行信息，被《人民日报》评为“全国二十大司法系统微博”。

三、开展司法体制改革，完善审判管理体制和审判权力运行机制

按照中央、市委、区委和上级法院的部署要求，区法院扎实推进以司法责任制为核心的司法体制改革，不断创新工作机制、加强审判管理，努力在改革中破解难题、补齐短板，促进审判质效不断提升。

以改革促公正。扎实开展法官员额制改革，坚持思想政治工作与员额法官遴选同步推进，坚持严格选任标准与明确权力责任一体进行，共遴选出员额法官243名，占法官总数的71%；探索司法责任制背景下的审判权力运行机制，从规范办案程序、细化工作标准、严格监督问责、建立长效机制上入手，全面推进法官释明、审判流程、文书制作、庭审行为“四个规范”建设，统一办案程序和法律适用尺度，不断提升案件办理水平；积极推进审判委员会运行机制改革，设立法官专业委员会，构建以法官案件质量自律委员会为核心的三级案件评查体系，进一步实现了法官的自我管理、自我约束；大力推进院庭长办案，2016年院庭长共结案21314件，占全院结案数的26.5%，同比增长70.8%。目前司法改革取得了初步成效，在收案数量大幅上升的情况下，2016年，区法院生效案件改判发回重审率同比下降，一审服判息诉率同比提高。

以改革促高效。与2012年相比，2016年区法院受理案件数量增长了73%，而干警数量仅增长了23%。面对更为繁重的审判工作任务，区法院坚持以改革的思维和方法破解案多人少难题。深化案件繁简分流，加强专业审判庭、专业合议庭建设，探索审判、执行团队建设；加强事务性工作的集约处理，设立审前工作室，集中办理开庭前的送达、保全、调查取证等事务性工作，提高工作效率；加强信息化建设，自主研发执行业务辅助及司法专邮送达等信息化管理系统，促进审判辅助工作的统一、规范、高效处理。2016年区法院法官人均结案297件，与2012年相比提高了69.1%。推动完善多元化纠纷解决机制，与区司法局等相关单位合作，共同构建人民调解员、律师等社会力量参与的纠纷化解平台；与北京地区28家行业性、专业性调解组织建立联动调解机制，民商事案件调撤率达49.6%。

四、坚持抓党建带队建，建设过硬队伍

牢牢把握“五个过硬”的总要求，始终坚持正规化、专业化、职业化发展方向，努力建设一支信念坚定、执法为民、敢于担当、清正廉洁的法院队伍。

加强思想政治建设，坚定干警理想信念。发挥党建工作的引领作用。深入学习习近平总书记关于法治建设的一系列重要论述，扎实开展党的群众路线教育实践活动、“三严三实”专题教育和“两学一做”学习教育。探索了“三引领四融合”党建工作模式，受到中组部和最高人民法院领导的批示肯定。大力推进“凝聚工程”建设和“一统四联”党建服务机制，实现党建工作与审判工作的紧密衔接、相互促进。发挥先进典型的示范作用。培养选树了以“全国模范法官”刘黎、“全国政法系统优秀党员干警”臧德胜为代表的一批先进典型，推出“崇法、明断、敬业、惟新”的院训，开展法官任职宣誓、青年之星评选等活动，提升队伍的凝聚力和战斗力。

加强司法能力建设，不断提升办案水平。出台《关于加

强司法能力建设的工作意见》，举办裁判文书评比、经典案例讲评等活动，打造窗口课堂、庭审课堂、资深法官课堂、专家课堂，形成具有朝阳法院特色的“1＋4”青年法官培养模式，被评为北京市政法系统“优秀基层党建工作重大创新项目”；加强专家型法官的培养，编辑出版了《人民法庭民事审判实务问答》，法官撰写的学术论文连续三年获得全国法院学术讨论会一等奖。五年来，区法院有2名法官被评为“全国法院办案标兵”，2名法官被评为“北京市审判业务专家”，14名法官被评为“北京法院司法业务技能标兵”。

加强纪律作风建设，严守廉洁司法底线。编制《法官廉政提示手册》，讲授廉政主题党课，加强司法廉洁教育；开展巡回检查、庭审视频抽查，加强对审判纪律作风的监督；全面排查廉政风险点，针对案款发放、赃证物管理等关键环节加强防范监督，确保党风廉政建设党组主体责任和纪检监督责任落到实处；加大违纪违法行为查处力度，五年来对6名违纪人员进行诫勉性谈话或纪律处分。

五、自觉接受监督，不断提升法院工作水平

始终将人大和社会各界的监督作为司法公正的重要保障，作为对法院工作的有力支持，切实增强接受监督的自觉性，不断改进审判、执行工作。

依法接受人大监督。加强代表联络工作，认真办理意见建议，邀请市、区人大代表500余人次视察法院工作、旁听案件审理，为人大代表了解法院工作创造条件；认真执行重点工作、重要事项报告制度，先后就知识产权审判、行政审判、执行工作、司法改革向区人大常委会进行专项工作报告，并根据审议意见切实改进工作。

依法接受检察机关诉讼监督。邀请检察长列席审判委员会，定期召开审判执行监督工作联席会议，认真听取并妥善办理检察建议10件，审结检察机关抗诉后再审案件9件，其中依法改判5件。

广泛接受社会监督。五年来，共选任人民陪审员480人，参审案件10万余人次；与区律师协会建立双向业务交流机制，认真贯彻落实市、区有关保障律师执业权利办法，与区司法局、律师协会共同搭建“法眼视界工作室”平台。

各位代表，五年来，区法院先后获得“全国文明单位”“北京市模范法院”“北京市先进法院”等荣誉称号，双桥法庭、民二庭等集体分别荣获“全国青年文明号”“全国工人先锋号”“北京市模范集体”“北京市人民满意的政法单位”等荣誉称号。我们深知，荣誉和成绩的取得，离不开朝阳区风清气正、干事创业的政治生态，离不开朝阳区充满活力、和谐稳定的发展环境，离不开区委的坚强领导、区人大及其常委会的有力监督以及区政府、区政协和社会各界的大力支持。特别是各位人大代表就维护司法公正、缓解案多人少矛盾等方面提出了许多宝贵的意见和建议。在此，我代表区法院，向一直以来关心和支持法院工作的人大代表及各级领导表示衷心的感谢和崇高的敬意！

在总结成绩的同时，我们也清醒地认识到，法院工作仍存在一些问题：一是案件快速增长并保持高位运行，给审判质效带来较大压力。由于案件绝对数量大，疑难复杂案件多，导致案件流转速度变慢，审理、执行周期普遍延长，与人民群众的期待还有差距。二是审判队伍整体比较年轻，还存在文书说理不充分、裁判尺度不统一、司法程序不规范等问题，与司法责任制的要求相比，法官的审判经验和能力需要进一步积累和提高。三是按照司法改革的要求，原有审判管理模式需要调整，符合审判工作规律的监督制约机制需要进一步完善。同时，法院工作也面临一些实际困难：一是与日益增长的审判任务相比，信息技术、办案条件等保障措施不足，影响了审判工作的进一步开展；二是当前区法院受理案件数量占全市法院的1/6，法官年人均结案数是全市法院平均值的1.9倍，今年以来民商事法官人均结案已达到369.4件，审判队伍长期加班加点应对案件增长态势，身心健康和队伍稳定都受到较大影响。对于这些问题和困难，我们会采取切实有效的措施，努力加以克服和解决。

今后五年的工作设想

今后的五年，区法院将坚决贯彻中央、市委和上级法院的工作部署，认真落实区十二次党代会精神及本次大会决议，进一步加强和改进各项工作，努力让人民群众在每一个司法案件中感受到公平正义。

一是发挥审判职能，服务发展大局。围绕“建设‘三区’、建成小康”的总体目标，依法履行好各项审判职能。加强金融审判庭建设，推动设立涉外案件审判庭，为“国际商务中心区”建设提供司法服务；加强知识产权审判工作，加大对文化创意、高新技术产业的司法保护力度，为“文化创新实验区”建设提供法律支持；推动完善多元化纠纷解决机制建设，加强与行政机关、社会团体、行业协会的沟通协作，创新在线纠纷解决方式，为“和谐宜居模范区”建设提供司法保障。

二是坚持严格司法，维护公平正义。在刑事审判中，落实以庭审为中心的诉讼制度改革，全面贯彻疑罪从无、证据裁判等原则，保障无罪的人不受刑事追究，确保每一个案件都经得起事实、法律和时间的检验。在民商事审判中，平等保护各类主体、各种所有制经济的合法权益，更好地发挥产权司法保护职能。在执行工作中，以提高信息化水 平为依托，以加强联合信用惩戒为手段，及时兑现当事人的胜诉权益，破除实现公平正义的最后一道藩篱。

三是推进司法改革，提升审判质效。全面落实司法责任制改革要求，细化各类司法人员的权力清单，设立符合司法规律的审判业绩考评体系，进一步提高送达、庭审、文书制作等环节的规范化水平；深化案件繁简分流机制，推广“审前工作室”等集约化管理模式，探索新型审判团队建设，全面加强法院信息化建设，破解案多人少难题。

四是深化司法为民，让群众共享司法改革成果。加快推动集立案、调解、便民服务和信访接待于一体的诉讼服务中心建设，搭建线上、线下两个诉讼服务平台，做到人民群众的司法需求发展到哪里，人民法院的司法服务就跟进到哪里；深化审判流程、执行信息、裁判文书三大司法公开平台建设，探索移动互联环境下司法公开新途径，不断增强司法工作透明度，让人民群众有更多的获得感。

五是加强人才建设，建设高水平审判队伍。加强思想政治建设，进一步增强“四个意识”。坚持“支部建在庭上”，完善党建工作评议考核机制，进一步凝聚和发挥审判队伍的积极性和创造性；加强司法能力建设，建立与法学院校的共建机制，

开展司法业务标兵评比等活动，努力培养一批在全市乃至全国具有较高知名度和影响力的优秀法官；加强审判纪律作风建设，坚持从严教育、从严监督、从严管理，发挥廉政监察员作用，运用司法巡查、专项检查、审务督察等方式，不断改进司法作风，促进审判队伍严格公正廉洁司法。

六是自觉接受人大和社会各界监督，提升司法公信力。自觉接受人大及其常委会监督，认真做好专项报告；加强代表联络机制建设，及时汇报司法改革和法院工作的最新动向，认真听取代表意见，不断改进工作。依法接受检察机关监督，加强对律师诉讼权利的保障，共同维护司法公正。扩大人民陪审员规模，探索事实审与法律审相分离的人民陪审员工作模式，进一步落实司法民主。

各位代表，在今后一个时期，区法院将在区委的领导下，在区人大及其常委会的监督下，始终将维护公平正义作为神圣使命，始终将人民群众满意作为第一标准，始终将积极推进改革作为应有担当，忠实履行宪法法律赋予的职责，为朝阳"建设'三区'、建成小康"提供更加有力的司法保障！

关于朝阳区2016年国民经济和社会发展计划执行情况与2017年国民经济和社会发展计划草案的报告

——在朝阳区第十六届人民代表大会第一次会议上

朝阳区发展和改革委员会主任 朱晟

（2016年12月20日）

各位代表：

受朝阳区人民政府委托，向大会提交我区2016年国民经济和社会发展计划执行情况与2017年国民经济和社会发展计划草案的报告，请予审议。

2016年国民经济和社会发展计划执行情况

2016年，是"十三五"规划的开局之年，也是全面贯彻中央系列重大发展理念、落实改革战略部署的关键之年。年初以来，在市委、市政府和区委的坚强领导下，在区人大、区政协的监督支持下，对照供给侧结构性改革的重大要求，紧紧围绕北京市"四个中心"定位和建设国际一流和谐宜居之都的目标，认真执行区人大的决议和批准的发展计划，坚持以"建设'三区'、建成小康"为区域发展目标，加快构建"一廊两带三区"的功能布局，统筹推进"一廊"地区"五大提升工程"和城乡发展"六个一百"工程实施。主要经济社会指标基本达到年初计划。预计全年GDP完成4942亿元，同比增长6.5%。一般公共预算收入完成477.1亿元，同比增长6.5%。全社会固定资产投资完成1247亿元，同比增长0.7%，完成市级任务。社会消费品零售总额超过2653亿元，同比增长5.5%左右，完成市级任务。居民人均可支配收入达到59886元，同比增长8%。万元GDP能耗下降3.9%，完成市级任务。城镇登记失业率控制在1%以内。

（一）在规划统筹过程中加强了任务落实

多规融合进程全面加快。围绕服务首都"四个中心"城市战略定位，结合朝阳阶段特征，制定空间优化布局与土地资源利用发展规划，统筹考虑土地利用、产业发展、人口调控和生态环境建设，推进多规融合，促进精明增长。

"1+32+N"规划体系基本形成。以"十三五"规划纲要为统领，发布32个专项规划，编制金融业发展等多个专项行动计划。强化规划实施抓手，制定"一廊"地区"五大提升工程"和城乡发展"六个一百工程"实施方案，出台《朝阳区"十三五"规划纲要任务分工意见》，明确29项主要指标和发展目标，部署九大领域189项重点任务。

各项规划任务有序落实。加强规划实施年度评估，跟踪分析规划纲要落实情况，将规划任务纳入绩效考评范围进行严格考核。"一廊"地区基础设施、环境建设、产业发展、社会治理、公共服务提升工程加快实施，广渠路、长安街延长线等主干道，以及通惠河、萧太后河等河流沿线逐步打造成最美景观通道。城乡发展"六个一百"工程有序推进，打造一批城市建设和改善民生的新亮点，完成五年任务量的25%。

（二）在关键领域重点区域整治中实现了功能疏解人口调控

统筹机制进一步强化。组织体系不断健全。在全市率先成立区级疏解非首都功能与人口调控工作领导小组，明确责任目标，将任务细化分解到部门、街乡。成立10个督导组实施专项督导考核。政策投入力度加大。出台《朝阳区疏解非首都功能五年工作方案》和《朝阳区人口综合调控改革试点工作方案》。修改完善功能疏解、人口调控专项支持政策，提高补贴标准，拨付专项资金11.2亿元。人口台账逐步完善。建立人口工作"三本账"，探索利用移动通信大数据开展人口监测工作，进一步摸清全区人口分布流动情况。增量管控更加严格。坚决落实北京市禁限目录，不予办理工商登记234项。

重点领域疏减取得实效。疏解领域完成任务目标。雅宝路大型市场群腾退楼宇式市场5栋，全年共疏解商品交易市场66家，疏解一般性制造业115家，拆除仓储物流基地3家，清理再生资源回收场站19家，共腾退建筑面积112.1万平方米，调减相关人员3.7万人。人口调控成效明显。常住人口增长拐点初步显现，年内全区流动人口比去年年底减少31.5万人，超额完成年度流动人口调减任务。

*区域整治力度不断加大。一道绿隔试点进展顺利。*来广营等6个乡拆迁腾退完成总任务的90%以上，转工转居和人口调控任务全部完成，绿化建设完成总任务的70%，实现减人增绿。第二批5个试点乡方案已报市级部门审议。*重点项目带动连片疏减。*结合广渠路二期建设及周边整治、萧太后河环境治理等重点工程建设，累计拆迁腾退151.4万平方米，疏解人口2.5万人。管庄乡郭家场村等12个棚户区改造项目正在施工，有序推进永安里、酒仙桥等棚改项目征收工作，完成将台东八间房棚改项目拆迁腾退，疏解人口超过1.3万人。*环境整治推动人口调减。*通过20个市级重点村整治工作，减少流动人口9万余人。通过治理"拆墙打洞"、拆除出租大院、整治群租房和地下空间等措施，共清退居住人员6.8万人。通过规范清理"七小"行业、打击无证照经营等工作，调减从业人员1万人。

（三）在加快转型升级中实现了稳定增长

*重点产业转型提质。商务服务业规模化发展。*国际经贸枢纽作用进一步增强，第四届"京交会"我区实现交易额1500亿元，同比增长24%。引进阿里巴巴音乐科技等总部企业13家，在总部企业支撑下，财政收入同比增长17.1%。*金融业聚集发展。*新引入中航基金等50家金融机构，国家金融与发展实验室落户我区，汽车金融公司等实体金融机构贡献进一步提升，带动金融业增加值同比增长7.2%。*房地产业转型发展。*在供地放缓情况下，加快向高附加值商务楼宇地产和存量住宅交易转型，写字楼和二手房销售额分别同比增长50.2%和47.5%。*批发零售业提质发展。*互联网消费成为增长新动力，网上零售额同比增长9.1%，乐视手机、乐视电子商务新增社会消费品零售额157.7亿元。支持绿色消费，新能源汽车销售同比增长1.7倍。

*重点区域发展提速。CBD功能区发展优势继续巩固。*核心区累计开工8个项目，Z13 国寿项目、Z1b清华项目实现结构封顶。引进法国兴业银行总部、民信资本投资管理有限公司等重点产业项目，高端要素加快聚集。*国家文化产业创新实验区建设取得突破。*出台《北京市朝阳区文化创意产业发展指导目录》，推出文化贸易、文化消费等领域的"政策十五条"。北京齿轮厂一期改造成为文创产业园，万东医疗一期等文创园区改造加快推进。*中关村朝阳园实现拓展。*中国电科太极产业园、金汉王研发中心等项目实现竣工，新增产业空间17万平方米。高新技术产业在电子与信息行业快速增长带动下，实现总收入4400亿元，同比增长4.5%。*奥运功能区*北京奥林匹克塔五环标志正式落成，中国国学中心已完成内外装修，奥体文化商务园区2号地等项目已竣工。*农村地区加快产业转型升级，*重点推进常营乡东方和瑞体育文化项目、豆各庄乡金田影视基地等产业项目建设。

*经济实现稳定增长。*在宏观经济下滑和营改增结构性减税、税制分成比例变化等客观因素影响下，围绕稳存量和引增量两个方面，全力确保经济实现稳定增长。*加大企业服务力度。*区四套班子成员对96家重点企业进行走访，协调解决企业反映的问题，稳定企业发展。全年拨付产业资金4.46亿元，其中为55家企业拨付上市奖励资金3100万元，安排中小企业发展专项资金1949万元，支持中小微企业开展技术研发、转型升级。委托第三方专业机构对区域内800多家中小企业进行培训。*"高精尖"项目加快落地。*引进亿利资源控股、苹果公司北京研发中心等25个项目，崔各庄乡大望京商务中心、将台乡北京国际文化硅谷等3个集体产业项目正有序推进，引导阿里巴巴等已落户重点企业尽快形成经济贡献。*税收征管体制改革全面推进。*落实北京市商务楼宇房产税从租计征和属地征收改革政策，集中清查174家异地缴纳房产税楼宇，重点做好CBD中心区规范企业经营试点工作。

（四）在加强建设管理过程中实现了城市环境提升

*基础设施建设不断完善。*结合"关于加强朝阳区东部、东南部地区市政基础设施建设，提升区域发展环境"的议案办理，加快重点设施建设。*交通设施建设力度加大。*全区路网密度达到4.1公里/平方公里。广渠路实现全线通车，东坝南二街东段全线进场施工，化工路和化二东侧路开展拆迁立项入户调查工作。东高路、白鹿司路等11条次支路和断堵头路已完工。安立路与北苑路交叉口等10项疏堵工程全部开工。地铁3号线一期，7号线东沿线开工建设。新增机动车停车位5011个。完成70个公租自行车点位建设。*环卫设施建设同步推进。*建筑垃圾资源化项目编制PPP实施方案，餐厨垃圾处理厂污水处理改造项目完成前期调研工作。

*生态环境持续改善。大气治理全面加强。*累计投入资金5.4亿元，完成2.13万户煤改电，四环路内煤炭销售点全面取消，"煤改电"涉及的5个110KV变电站项目进展顺利，四环路内基本实现无煤化。检查监测机动车尾气排放42.1万辆，淘汰高排放老旧机动车51245辆。428家燃气锅炉单位签订低氮燃烧技术改造协议。加强重点行业工业污染治理，削减挥发性有机物158吨。开展秋冬季扬尘污染治理专项行动，全面治理施工、道路、工业扬尘。我区PM2.5年均浓度为71微克/立方米，同比下降10.1%。*水环境治理力度加大。*结合"关于加快污水综合治理，提升我区水环境质量"的议案办理，制定实施《朝阳区水污染防治工作方案》。全面启动萧太后河系综合治理及滨水绿色文化休闲廊道建设，实施第三四阶段中小河道防洪治理工程，累计治理河道32公里。定福庄、高安屯等3座再生水厂投入试运行。截至10月底，通惠河、坝河、亮马河、清河等主要河流考核断面水质整体达标率达到40%，水环境质量初见好转。*绿化建设有序实施。*城市绿化覆盖率达到47.5%。红领巾公园改造项目完成主体建设，24个小微公园项目完成建设。来广营等5个乡完成平原绿化1747.6亩。温榆河绿道项目完成工作量的60%。孙河湿地公园开展景观规划方案研究等前期工作，实现绿化300亩。

*城市精细化管理深入推进。全模式社会服务管理体系不断完善。*深入推动"三网融合、二级闭环、一格统筹"社会管理体系建设，在全区43个街乡全面实施二级闭环试点工作，城管监督员进一步向网格下沉，1—10月共处理案件110余万件，结案率达到86.3%。*"智慧朝阳"建设加快实施。*制定《朝阳区关于开展智慧物业试点工作的实施方案》，采取"互联网+物业"的形式，搭建智慧物业公共服务管理平台，完成"363"信息系统框架结构搭建。*城市环境卫生进一步提升。*加大对户外广告、店外经营等难点问题治理力度，市容市貌不断改善。加大对次干路、背街小巷清扫力度，新工艺作业覆盖率达89%，道路洁净水平进一步提高。规范生活垃圾的收集，完成30个垃圾分类小区创建，厨余垃圾精准投放率和收集率明显提升。*城市运行平稳有序。*开展城乡接合部重点地区公共安全隐患问题综合整治，1—10月累计检查企业1.7万家，排查和消除安全隐患1300余起。建立区级食药专网，成立食品药品行业协会，深入开展校

园周边等食品药品高风险区域专项整治，食品、药品抽检合格率达到99%左右。应急管理体系不断健全，建成区气象灾害预警中心和突发事件预警信息发布中心，形成了统一指挥、信息畅通、协调有序、运转高效的应急管理格局。**节能管理水平提高。**安排节能专项资金4200余万元，支持49个重点项目，督促240家用能大户完成碳排放权履约工作，完成120家用能单位能源审计评审工作。

（五）在扩大公共服务供给过程中实现了民生改善

公共服务供给继续扩大。教育资源优质均衡发展。北京中学、北京二中朝阳学校项目进行结构施工，八十中南校区、陈经纶中学崇实分校开始招生，新增学位1440个。新建幼儿园4所，通过民办园开办普惠班等措施，提供普惠性学位1770个。**医疗设施建设加快推进。**垂杨柳医院改扩建主体工程加快实施，疾控中心二期完成建设，南磨房社区卫生服务中心完成新址建设。分级诊疗工作深入推进，建成区级家庭医生签约服务平台，开展数字化中医分级诊疗平台建设。**养老服务体系不断完善。**完成养老服务业综合改革试点任务。推进13家养老照料中心建设，基本实现街乡全覆盖。完善社区养老服务设施，单店养老产业示范基地加快前期手续办理，北京达美颐养中心启动建设，新建成养老驿站100个。**公共文化服务更加多元。**三间房地区文化中心建成开放，全区街乡文化中心、社区和行政村文化活动室实现全覆盖。开展“我是朝阳群众”主题创作等系列活动，全年组织基层文化活动3000余场。

社会保障水平不断提升。群众居住水平持续提高。建成各类保障性住房16904套，超额完成年度任务，1821户分配入住。加大市场化租金补贴力度，为996户家庭发放市场化租房补贴535万余元。**公共就业服务不断强化。**开展“春风行动”等专项就业服务活动，为57万余人申报稳定岗位补贴。全区登记失业人员实现就业2万人。将台、南磨房等2个乡完成3700余人整建制转居。**社会保障体系进一步完善。**统筹城乡社保发展，提高建筑、餐饮等行业农民工参保比例，新型农村合作医疗农民参合率达到99.8%。社会救助体系建设提速，临时救助制度日益完善，引导社会力量参与救助，全年累计救助各类人员1.74万人。

社会治理持续创新。社区服务水平不断提升。完成全国社区治理与服务创新实验区创建。深化“五化协同”社区治理模式，完成435个居民议事厅建设。新建成45个绿色智慧平安社区，完成100个社区三社一体化专业治理。**社会动员能力进一步增强。**着力提高社会组织培育、项目承接和项目运行管理能力，完成308个公共服务项目购买，引导社会力量积极参与社会治理。**文明城区建设持续深化。**以中央文明办全国文明城区专项督察为契机，着力实施社会风尚引领等七大工程，加大在交通、公共文明等领域引导力度，市民文明素质和社会文明程度持续提升。

（六）在深化改革过程中激发了发展活力

经济领域改革持续深入。服务业扩大开放综合试点工作有序推进，制定实施《朝阳区创建北京市服务业扩大开放综合试点示范区工作方案》，围绕六大重点领域，有序推进33项试点政策，20项已完成落实。稳步推进国企改革，修改完善《朝阳区全面深化区属国资国企改革指导意见》，CBD公司上市方案进一步完善，水务集团完成组建。积极落实“营改增”扩围政策，完成国地税8.2万户纳税人交接工作，落实“营改增”财政扶持政策，及时拨付营改增财政扶持资金2817万元。加快推进农村地区产权制度改革，完成豆各庄、常营等2个乡22个村产权制度改革。

城市综合管理领域改革加快实施。城市规划建设管理水平稳步提升，制定朝阳区《关于全面深化改革提升城市规划建设管理水平的实施意见》，围绕生态环境治理、基础设施建设等八大领域，明确36条改革措施，推进全区域城市规划建设管理创新。社会治理体制改革不断推进，制定《关于深化朝阳区社会治理体制改革的实施意见》和《关于深化朝阳区社区管理体制改革的实施意见》等“1+8+X”系列文件，党政群共商共治工程实现进一步拓展深化。

行政体制改革不断深化。完成区政府部门“9+X”权力清单编制，取消涉及3个部门的行政审批事项4项。非行政许可审批事项清理工作全面完成。加强政府债务管理。获批地方置换债券额度57.3亿元，新增债券额度20亿元，专项债务较年初降低45.9%，有效防范债务风险。工商登记全程电子化服务建设加快推进，依托工商登记网上服务系统，受理线上登记1498件。完成行政机关公务用车制度改革工作，启动国有企业、事业单位公务用车改革。

总体看，2016年国民经济和社会发展主要指标完成情况良好，全区经济社会发展平稳健康，“十三五”开局良好。同时我们也要清晰地认识到，当前发展中还存在一些矛盾和问题。**一是在服务首都核心功能的背景下，人口调控与功能疏解面临更高标准和更快速度的压力。**在人口刚性增长与新建住宅集中入住等因素影响下，区域人口增长压力进一步加大。同时，功能疏解调控难度越来越大，短期内要密集投入大量资金，需要探索高效、节约的疏解模式。**二是在内外部环境更加复杂多变的背景下，区域经济稳定增长面临着一定的宏观风险。**全球化速度放缓对于朝阳区巩固国际商务功能将形成外部压力，需要充分把握“一带一路”倡议、服务业扩大开放战略等机遇，进一步提升区域对外开放水平。随着供给侧改革的深化，房地产去杠杆、金融业去债务进程将会加快，需要大力推动区域房地产和金融业转型升级，巩固产业发展优势。目前科技服务、信息服务等创新经济对区级财力还没有形成足够的支撑和贡献，需要推动新兴经济增长点从培育阶段向产出阶段快速转化。**三是在城市发展格局加快调整的背景下，区域城市精细化管理和规划建设面临更高要求。**随着首都功能调整优化进程不断加快和城市管理水平要求不断提升，朝阳作为连接核心区和城市副中心的关键地带，未来需要全方位加大投入，进一步提升建设管理水平。

2017年经济社会发展计划总体考虑和初步安排

2017年是我区全面实施供给侧结构性改革、加快“一廊两带三区”建设、开创区域发展新局面的重要一年。外部环境依然严峻复杂，区域发展面临的困难和挑战也不容忽视，我们要积极将挑战转化为机遇，推动区域经济社会稳定发展。一是国家全面深化开放，有助于我区提升国际资源配置能力，从引进国际化资源的向内窗口转化为企业走出去发展的对外支点。二是首都功能的优化调整，有助于朝阳利用经济发展中的累积优势，加快区域发展转型升级，并以此带动功能疏解与人口调控任务的进一步落实。三是北京市“两线三区”规划及减量发展的要求，将使朝阳区更加注重挖掘存量空间，加快用地政策调整，提升区域空间利用效率。

综合考虑当前形势，2017年我们将按照中央和北京市的各项部署，一是高度聚焦人口调控，将功能疏解、环境治理、城市管理等各项工作与人口调控紧密结合，明确把人口调减数据作为考核各项工作的标准和依据。二是强调全域统筹的发展思路，加快廊道建设，深入解决农村城市化、区域发展不平衡等问题。三是着力弥补区域发展短板，进一步加强城市规划建设管理，大力改善生态环境。四是强化区域创新发展功能，提升文化、科技创新能级，推动产业结构转型升级，培育经济发展新动能。五是全面加大公共服务供给，加快推进教育、医疗、文化等各项社会事业发展，持续提升民生福祉。

2017年的主要预期发展目标是：地区生产总值增长6.5%，一般公共预算收入增长6.5%，全社会固定资产投资、社会消费品零售额、万元GDP能耗指标分别完成市级下达任务，城镇登记失业率控制在1.5%以内，居民人均可支配收入增长6.5%以上。

（一）强化统筹聚焦重点，全力冲刺疏解提升任务

坚持以疏解非首都功能为工作导向，将人口调控作为首要任务和重中之重，聚焦重点，创新机制，不折不扣高标准完成疏减任务，集约利用腾退疏减空间，实现首都城市核心功能提升。

统筹协调强化落实。明确任务责任。制定年度人口调控行动方案，细化措施台账，做好任务分解，确保年内常住人口降至374.1万人以内。**夯实底数基础。**科学组织核查核算，有效摸清街乡底数，完善人口基数台账。强化技术手段，加强人口流动分布监控，建成人口移动通信大数据监测系统。**协同联动攻坚。**积极争取市级政策与项目支持，突破关键问题。强化全区部门属地协同，整体推进疏减工作。同周边区、津冀地区加强联动，引导人口有序流动。**加大投入支持。**疏功能减人口工作专项资金提升至20亿元，提高疏解调控主体积极性。加快农村地区高端产业资源植入，促进低端业态转型升级。**严格督察考核。**加大全年疏减工作过程督导力度，强化信息报送和定期调度制度。制定专项考核办法，引入第三方评估机构，考核结果纳入政府绩效考评体系。

精准施策全面攻坚。将疏减工作与产业调整、城市治理、环境建设相结合，深入推进“疏解整治促提升”十大专项行动，聚焦重点区域、重点领域、重点项目，有的放矢开展工作。**加快重点领域疏减。**聚焦非首都功能，全力推动雅宝路、十里河等地区大型市场群疏解，全年疏解商品交易市场68家、一般性制造业99家、仓储物流基地6家，再生资源回收场站19家。加大对“七小”行业规范清理和无证照违法经营行为打击力度。聚焦违法建设拆除，加大违法建设、出租大院整治力度，完成400万平方米违法建设拆除任务。聚焦重点主体，督促驻区大型企事业单位加强集体户管理，协调中央和北京市机关、事业单位规范直管公房使用。**加强重点区域整治。**聚焦“一绿”带动，加快推进农村城市化试点，基本完成“一绿”第一批6个试点乡建设任务，实现拆迁腾退55万平方米；推动“一绿”二批试点任务，完成东坝乡西北门村等8个村190万平方米拆迁腾退。聚焦国企用地腾退转型，支持国企低端环节外迁和转型发展，推动广渠路沿线等区域市属国企农租房拆迁腾退。聚焦环境整治，持续开展违法群租房、拆墙打洞和地下空间专项治理行动，整治开墙打洞1800户。聚焦资源控人，强化“以电控人”“以水控人”等措施。**推进重点项目建设。**聚焦重点工程连片疏解，全面推进广渠路、长安街及其延长线两侧、京秦铁路沿线、萧太后河周边，以及孙河湿地公园等重点区域环境综合整治工程，加快十八里店、孙河、崔各庄等地区的连片疏解。完成市级重点村整治任务，压缩聚人空间。聚焦棚户区改造，整体推进东坝北区西部棚户区改造，加快永安里、化石营、酒仙桥、奶西村等棚改项目征收拆迁工作，年内完成7000户棚户区改造任务。

转型升级优化提升。疏减工作要坚持服务首都和区域核心功能提升，优化利用腾退空间，加快实施城市绿化和服务配套设施建设，促进农村地区产业升级。**加强疏解腾退空间管理。**严格落实北京市关于非首都功能疏解腾退空间管理使用要求，加强疏解工作后续监管，从严执行北京市新增产业禁限目录，严防低级次产业、流动人口重新聚集，重点解决“疏而不散”问题。**优先补充城市绿色空间。**统筹做好疏解腾退空间再利用，保障服务首都城市功能提升。推进孙河湿地公园建设，京承高速路以西区域形成绿化景观效果。完成“一绿”第二批5个试点乡绿化800亩，逐步恢复非首都功能占用的规划绿地。**高效利用集体产业用地空间。**加快农村地区业态调整，盘活农村集体产业用地，重点发展文化、科技、公共服务设施等符合首都城市战略定位的高端产业和群众需求的重要民生项目。

（二）提升能级加快创新，确保区域经济稳定增长

充分把握“一带一路”倡议机遇，全面对接京津冀协同发展规划，主动服务副中心建设，着力提升区域能级，增强内生动力，全面实施创新驱动战略，实现经济转型提质。

全面提升发展能级。对接国家“一带一路”发展倡议，提升对外开放能级。夯实国际商务功能，吸引国内外有发展潜力的总部企业入驻，支持本土企业参与国际竞争。提升国际交往能力，加强与“亚投行”等机构和国际组织的对接，搭建多国别多领域交流合作平台。加快外贸转型升级，拓展服务贸易发展空间，支持跨境电子商务发展。**主动融入京津冀协同发展大局，提升资源配置能级。**强化高端服务业的辐射带动能力，面向京津冀提供商务、金融和科技服务。协同打造跨区域产业链，建立迁出企业与承接地之间的对接平台，支持企业向津、冀具有承接优势的地区转移。打造跨区域创新链，建立成果转化对接平台，推进电子城天津西青科技产业园等科技园区合作建设。**着力服务首都“副中心”建设，提升核心廊道能级。**加快实施“一廊”地区“五大提升工程”。打通廊道关键道路，加快主次支干路及微循环道路建设。着力提升廊道环境，推进重点区域环境整治和绿化美化建设。提高廊道产业发展层级，加快疏解低级次产业，积极引进高精尖和功能型项目。提升廊道公共服务品质，加快民生项目建设，重点扩大东部、东南部地区公共服务资源供给。提升廊道社会治理水平，标准化社区管理模式加快向农村新建社区推广。

深入实施创新驱动战略。强化文化创新引领示范作用。研究设立文创实验区发展基金，实施“文化+”战略，强化文化品牌传播，推动新兴传媒、文化交易、高端创意等产业环节功能提升。新引进10家以上重点文化产业项目，提高文化产业对全区经济贡献程度。**全面提升科技创新能力。**推动关键技术、科技成果和人才等创新要素聚集，重点引进特斯拉等跨国公司总部研发中心，吸引未来科技论坛永久落地朝阳，打造创E+等“创新产业聚集平台”示范项目，努力建设国际化研发创新聚集区。研究制定朝阳区创新创业扶持政策，建立众创空间资源一体化服务平台。支持新一代信息技术等优势领域发展，高新技术产业总收入同比增长5%。

促进区域经济稳定增长。推动产业结构多元化发展。深入推进北京市服务业扩大开放综合试点，聚焦代表性园区、代表性企业、代表性项目，全面落实33项试点政策措施。实施金融业、商务服务业、高技术产业和文创产业三年行动计划。巩固提升商务服务业优势，吸引会计、法律、咨询服务等高端商务服务企业入驻。突出金融业国际化发展特色，吸引国际金融、跨境结算等总部金融机构，着力发展金融租赁等实体金融行业。引导房地产业转型发展，建立空间项目台账，鼓励发展自持物业，推动品牌物业建设。促进批发零售业转型升级，持续扩大互联网消费规模，加大对重点电商企业引进、培育力度，支持大悦城、太古里等综合零售企业创新发展。着力发展科技服务、信息服务、体育休闲、健康养老等新兴产业，支持技术转移、创业孵化、知识产权等重点领域发展。有序推进重点区域建设。CBD功能区加强商务楼宇精细化管理，加快推动Z9安邦等3个项目开工建设，力争实现Z2A阳光、Z12泰康、Z15中信等项目主体结构封顶。奥运功能区做好国家速滑馆建设、亚投行永久办公场所建设等各项服务保障工作，中国国学中心重点场馆实现对外开放，奥体文化商务园区3、5号地实现竣工并投入使用。中关村朝阳园加快推进国际电子总部、E5研发中心三期等项目建设。国家文化产业创新实验区加快完善文化企业信用数据库、高端人才智库、经济信息系统等公共服务，实施"蜂鸟计划"等八大行动计划，做好齿轮场文化园二期、万东国际文创产业园二期等项目招商工作。推动金盏、温榆河等区域的基础设施和重大项目建设取得新的实质进展。促进财政收入稳定增长。加大税源建设工作力度，落实重点企业联系服务工作机制，发挥产业资金带动作用，鼓励企业加大对我区经济贡献。提前对接税收体制改革方向，加大对个人股权转让、知识产权交易的关注力度，强化房产出租、交易环节管理。

（三）加大投入城乡统筹，全面促进城市环境改善

坚持城乡统筹，建管并举，努力破解城市发展难题，加快城乡基础设施建设步伐，不断加强城市精细化管理，全面改善区域环境面貌。

全力提升城市生态环境。坚决治理大气污染。落实清洁空气行动计划，全力推进民用采暖煤改清洁能源，加快配套电力设施建设，全域实现"无煤化"。严厉查处非法使用燃煤锅炉、超标排污等违法行为，提高污染企业违法成本。完成全部锅炉低氮改造，淘汰老旧机动车3.65万辆，实施全方位扬尘治理。PM2.5年均浓度完成市下达任务。切实抓好水环境治理。开展"六个一批"攻坚行动，完成33条段、101公里黑臭水体治理，实现3个国家考核断面、2个市级考核断面水质达标。加大通惠河治污力度，建成萧太后河滨水绿色休闲廊道，启动亮马河四环以上段景观提升和朝阳公园湖治理。严格控制新水用量，限制开发地下水，创建200个节水型社区、单位。加强城市绿化美化。新建和改造20个大中小微型公园，抓紧实施东郊森林公园、黑庄户国家级农业公园项目建设，新增改造绿化200公顷，完成平原造林795亩。推动25条环境优美大街建设，创建绿化美化花园式社区8个、花园式单位10个，实施10处老旧小区绿化美化提升工程。

加大基础设施建设投入。加快交通基础设施建设。新建及改扩建30条主次支路和断堵头路，加大对征而未建、建而未交道路的建设和管理力度。推进化工路、东坝南二街（西段）、东坝中路等主干路建设，启动单店南路等道路建设，北苑路北延实现通车。推动地铁3号线一期、7号线等4条轨道交通项目建设。实施市区两级疏堵工程。加快双桥路、双桥东路拓宽工程建设，实施大山子等区域疏堵工程改造，打通电子城北扩区周边微循环。加大停车位建设力度，新增2000个居住区停车位，推进东大桥路路侧停车改革试点工作。整治CBD、日坛公园等人流密集区域步道，完成年度排堵保畅工作任务。推进重点市政设施建设。启动CBD500kV变电站建设，加快建筑垃圾资源化项目和餐厨垃圾处理厂污水处理改造项目拆迁建设。

提升城市精细化管理水平。增强全模式社会服务管理体系效能。深化区域分片联勤联动机制，实现全区二级系统平台全面开通运行，强化对人口调控、环境保护等重点问题监督力度，不断提高系统案件结案率。加速推进"智慧朝阳"建设。依托"智慧物业"，探索推进城市运营管理中心建设，积极推动城市管理信息资源的整合共享。支持先进技术在空气质量监测、污水直排监测、"海绵城市"建设等方面的示范应用，推进智慧宜居朝阳建设。推动CBD核心区智慧城市示范工程项目，加快奥林匹克公园智慧景区建设，着力打造精细化智慧化城市管理体系。保障城市运行平稳有序。加大部门联合执法力度，严格落实法定标准，打击违法生产经营行为，加强对违章停车、非法小广告等痼疾顽症的治理。做好水电气热管网综合保障，完善常态化运行管理机制。提高安全生产监管能力，探索实行行业领域分类分级监管，深入开展建筑施工、人员密集场所等重要领域和重点区域专项整治。加大食品药品监管力度，完成全部街乡食药所标准化建设，建成高标准"示范所"24个，加大对中央厨房、学生食堂等场所监管力度，严厉打击非法添加、制售假劣药品等违法行为。提高突发事件处置能力，积极推进应急物资库智能化管理，推动风险评估常态化，全面提升突发事件预警预测水平。促进区域低碳循环发展。启动大望京绿色低碳智慧型商务区创建工作，加大三产和公建节能示范项目建设力度，实施节能减排产品消费补贴政策。统筹生活垃圾收集运输处理，创建20个垃圾分类达标小区。

加快农村城市化进程。促进基础设施向农村地区延伸。推进孙河北路、驹子房路等主次干路建设，实施来广营北路等3条10.4公里地下综合管廊工程，升级改造北甸、马泉营等小型污水处理站，在太阳宫乡牛王庙村等农村地区试点建设小型污水处理设施。启动豆各庄变电站拆迁建设，做好拆迁安置房配套设施建设，完成18处"三起来"工程和8个村庄基础设施项目建设，推动城乡基础设施均衡发展。加快农村经济转型升级。推动南磨房出版传媒基地B区、豆各庄中传科技文化园等项目建设。全面启动村级产权制度改革，完成东风、太阳宫等2个乡5个村集体资产处置。加强农村地区环境管理整治力度。推动城市公共管理服务模式向农村延伸，加大农村垃圾收集处置设施建设力度，有效处理90%以上村生活垃圾。以绿化美化、道路硬化、沟渠治理为重点，高标准实施50处重点区域和沿路两侧环境脏乱点治理工作，开展未拆迁村"环境优美示范街"创建工作，不断缩小城乡环境面貌落差。

（四）优化供给创新治理，持续增进百姓民生福祉

坚持民生优先，促进公共资源均衡优质布局，扩大社会保障覆盖范围。深化共建共享理念，推进社会治理体系和治理能

力现代化，提升人民群众获得感和幸福感。

更好满足群众公共服务需求。持续促进教育均衡优质发展。深化义务教育学区化改革，加强学区研训共同体和九年一贯培养体系建设。新建、改扩建4所中小学，加快北京二中朝阳学校、北京中学东坝南校区建设，新开办10所幼儿园，新增学位6800个。**不断优化医疗资源布局。**加速推进垂杨柳医院等区属医院改扩建工程，朝阳医院常营院区启动建设。新建潘家园等3家社区卫生服务中心（网点），扩大社区卫生服务中心业务范围。启动全国卫生城区创建工作。进一步完善分级诊疗服务体系建设，探索医联体医保付费“打包联管”模式。开展家庭医生签约试点服务。**进一步提高养老服务水平。**全力推进国家级医养结合试点建设，明确医养结合发展模式和目标。支持社会力量投入驿站运营，完善照料中心社区居家服务功能，新建30家养老服务驿站。**完善公共文化服务体系。**继续推进“3+1”四级公共文化设施服务网络体系建设，建设10处以上的朝阳图书馆分馆，档案馆新馆开工建设，加快常营、南磨房地区文化中心建设进度。实施百个基层文化品牌创建工作，制定“1+10”政策文件，完成30个基层文化品牌创建。建设智慧体育平台，为群众提供便捷的健身服务。深化全国文明城区长效建设，对接做好复查工作，持续提升社会文明程度和市民文明素质。

加大社会保障力度。做好就业创业工作。加大对本区大学生、军转人员创业支持力度，引导城乡劳动者在文创、高技术等新兴产业中就业，开展民营企业招聘周等多种形式就业促进活动。**提高社保参保水平。**实施“全民参保登记计划”，不断扩大参保人员范围，落实好养老保险制度改革各项衔接政策，启动东风乡整建制转居工作。**加大社会救助统筹力度。**动态管理各类救助对象，新建成80个应急救援站，区儿童福利院投入使用。**着力改善群众居住条件。**坚持“以租为主”住房保障模式，加大保障性住房供给力度。实施老旧小区外挂电梯改造试点工程，继续推进老旧供热管网改造等工作。

深化社会治理体制创新。构建“五化协同”社会治理架构。在278个社区实施创享计划，深入实施社区“三社一体化”专业治理。**努力提升社区管理服务水平。**深化智慧社区建设，新建35个“绿色智慧平安社区”，强化“96156”服务平台维护管理。鼓励社会力量参与社区服务，大力培育社区服务示范项目，打造养老、文化、“互联网+”等特色一刻钟服务圈。**加大对社会组织培育力度。**加快推进“枢纽型”社会组织工作体系建设，通过政府购买服务、社区公益事业经费补贴等方式，推动城乡社区社会组织快速健康发展。

（五）深化改革完善机制，提升区域管理服务效能

进一步深化重点领域和关键环节的改革创新，以体制机制创新提升发展软环境，激发区域活力，让改革发展成果更多更公平地惠及全区人民。

稳步推进经济领域改革。创新投融资体制，加快推进PPP模式运用，引导社会资本参与城市建设，积极推进建筑垃圾废弃物资源中心、大羊坊沟污水处理站等PPP项目。探索设立基础设施、棚改等领域发展基金，不断提升融资保障服务水平。全面深化区属国有企业改革，推动国有资产资源整合重组，持续推进昆泰集团、CBD公司上市工作。水务集团试点国有资本投资运营公司管理改革。

持续深化行政体制改革。协同推进“放管服”改革，落实北京市取消和下放行政审批事项的各项部署，进一步精简行政审批事项。完善权力清单动态调整机制，及时对权力清单进行调整。提高工商登记注册便利化和市场秩序监管水平，完善企业信用监管体系建设，确保简政放权、放管结合、优化服务取得实效。完成国有企业、事业单位公务用车改革，全面建立新型公务用车制度体系，有效降低行政成本。

深入落实城市综合管理领域改革。推进城市管理市场化，在秩序管理、环境整治、绿化养护、市政设施维护等领域推行政府购买服务模式，借助市场化手段提高服务供给效率。深化社会治理领域改革，出台全区社会治理体制改革实施意见，稳步推进社区减负增效和社区服务站改革工作。

各位代表，2017年任务艰巨而繁重，我们要坚决贯彻落实中央、北京市各项决策部署，在区委的坚强领导下，在区人大、区政协的监督支持下，加快落实“十三五”规划各项任务目标，紧抓机遇，开拓创新，勇于担当，迎难而上，不断开创朝阳区经济社会发展的新局面。

关于朝阳区2016年财政预算执行情况和2017年财政预算草案的报告

——在朝阳区第十六届人民代表大会第一次会议上

朝阳区财政局局长 欧晓勋

（2016年12月20日）

各位代表：

受朝阳区人民政府委托，向大会提交我区2016年财政预算执行情况和2017年财政预算草案的报告，请予审议。

2016年财政预算执行情况

2016年，是“十三五”规划的开局之年，是全力推进京津冀协同发展的关键之年。在市委、市政府和区委的坚强领导下，在区人大、区政协的监督支持下，全区上下紧紧围绕习近平总书记对首都“四个中心”的战略定位，发扬“迎难而上、攻坚克难、改革创新”的精神，不断开拓创新，努力增收节支，强化预算管理，稳步推进财政改革，完成全年财政预算任务。（以下数据为预计情况）

一、2016年预算执行情况

（一）2016年一般公共预算执行情况

2016年我区一般公共预算收入4771000万元，同比增长6.5%，完成预算的100%。在经济转型升级、结构性调整的关键时期，我区一方面认真落实各项结构性减税政策，积极推进营改增扩围；一方面为确保财政收入持续稳定增长，积极推进非首都功能疏解，加快产业结构调整步伐，努力发挥房产税属地征管、残保金征管政策调整等有利因素，促进房产税、残保金增收，保障收入总体稳定。从收入结构看，营业税、企业所得税、增值税、房产税、城市维护建设税、土地增值税六大主体税种占财政收入的比重达87%。

一般公共预算财力4799818万元，完成调整预算的116.4%，财力来源于：一般公共预算收入4771000万元，减去对市的体制上解1516134万元，加上市体制补助293181万元，市定额及结算补助177051万元，市追加专项576423万元，国有资本经营预算转列一般公共预算资金2097万元，动用上年结余263200万元，动用上年调入预算稳定调节基金50000万元，新增地方政府债券200000万元，扣除上缴北京市一般债券付息资金17000万元。

一般公共预算支出4498440万元，完成调整预算的109.1%。

经济分类支出科目完成情况是：工资福利支出811000万元，完成调整预算的109.2%；商品和服务支出3058090万元，完成调整预算的106.9%；对个人和家庭的补助340000万元，完成调整预算的109.3%；基本建设支出250000万元，完成调整预算的145.6%；其他资本性支出38000万元，完成调整预算的107.7%；其他支出1350万元，完成调整预算的102.9%。

功能分类支出科目完成情况是：一般公共服务支出199000万元，完成调整预算的102.6%；国防支出8050万元，完成调整预算的100.3%；公共安全支出493300万元，完成调整预算的106.7%；教育支出858219万元，完成调整预算的103%；科学技术支出93000万元，完成调整预算的112.5%；文化体育与传媒支出114000万元，完成调整预算的116.2%；社会保障和就业支出1156700万元，完成调整预算的119.5%；医疗卫生与计划生育支出408200万元，完成调整预算的115.9%；节能环保支出163600万元，完成调整预算的111.1%；城乡社区支出508000万元，完成调整预算的106.7%；农林水支出360000万元，完成调整预算的111%；资源勘探信息等支出39000万元，完成调整预算的109.3%；商业服务业等支出28000万元，完成调整预算的109.7%；金融支出35000万元，完成调整预算的106.6%；国土海洋气象等支出400万元，完成调整预算的100%；粮油物资储备支出7781万元，完成调整预算的100%；其他支出26190万元，完成调整预算的35.8%。

2016年一般公共预算财力4799818万元，支出4498440万元，收支相抵，当年结余301378万元。地方政府债券转贷收入72560万元，地方政府债券转贷支出72560万元。

2016年“三公”经费为8070万元，比2015年下降10%。

（二）2016年政府性基金预算执行情况

我区政府性基金预算收入1160834万元，完成预算的144.3%，其中：国有土地使用权出让收入489792万元（土地出让成本477237万元，土地出让收益12555万元），新型墙体材料专项基金、污水处理费等收入12402万元，政府性基金市追加专项139688万元，动用上年结余557952万元，减去上缴北京市专项债券付息资金39000万元。

我区政府性基金预算支出1155398万元，完成预算的143.6%。主要用于：土地出让成本支出503975万元，CBD建设支出57031万元，支持土地开发及城市基础设施建设支出555758万元，环境整治及绿化美化工程支出22056万元，福利彩票公益金等民生支出16578万元。

主要支出科目完成情况是：城乡社区支出1138820万元（其中土地出让成本支出503975万元），资源勘探信息等支出2500万元，社会保障和就业支出22万元，其他支出14056万元。

2016年政府性基金收入1160834万元，支出1155398万元，收支相抵，当年结余5436万元。

（三）2016年国有资本经营预算执行情况

目前，我区国有资本经营预算以区国资委直接监管的20家企业为编报单位。2016年国有资本经营预算收入13174万元，完成预算的119.4%，主要来源是：利润收入5980万元，股利、股息收入6995万元，动用上年结余199万元。2016年国有资本经营预算收入完成预算比例较高的原因是：一是2016年度转入部分往年收益，形成一次性增收；二是2016年部分企业兑现长期投资收入增加利润。

2016年国有资本经营预算支出11036万元，完成预算的100%，主要用于：向国有企业资本性注入、产业升级发展等资本性支出6380万元，解决历史遗留问题等费用性支出1914万元，对国有企业监管等其他支出645万元，国有资本经营预算转入一般公共预算2097万元。

2016年国有资本经营预算收入13174万元，支出11036万元，结转下年使用2138万元。

（四）2016年社会保险基金预算执行情况

根据社保基金的统筹层级分配，我区社保基金预算只涉及城乡居民基本养老保险基金、居民基本医疗保险基金两项，其他保险基金均由北京市统筹安排。

2016年，社会保险基金预算收入41977万元，完成预算的94.9%，未完成预算的主要原因是我区土储、重点村、绿隔试点村集体土地征为国有土地，农民转为居民身份，实际参保人数小于预计参保人数。主要收入来源是：保险费收入5603万元，利息收入204万元，财政补贴收入35754万元，转移收入416万元。

社会保险基金预算支出37506万元，完成预算的94.5%，主要用于：社会保险待遇支出37349万元，转移支出157万元。

2016年社会保险基金预算收入41977万元，支出37506万元，收支相抵，当年结余4471万元。

（五）2016年债务情况

2016年年底我区政府债务余额573.2亿元，在北京市核定我区的债务限额之内，其中，一般债务71.2亿元，主要通过统筹一般公共预算资金偿还；专项债务502亿元，主要通过国有土地出让收入偿还。

我区2016年初专项债务余额928.4亿元，专项债务规模较大，本年度通过筹集资金偿还专项债务191.5亿元，通过与社会企业签署土地开发项目确权协议并经北京市审核确认后移除专项债务234.9亿元，年末专项债务余额502亿元，较年初降低45.9%，努力化解专项债务风险。

北京市批复我区2016年新增一般债券20亿元，用于永安里旧城区改建项目，该项目于2016年10月26日启动征收预签约工作。批复置换一般债券7.3亿元，用于置换存量一般债务；批复置换专项债券50亿元，用于置换存量专项债务。

以上数字是按照预算执行的情况初步汇总的，在决算编成后，还会有所变化。

二、2016年预算执行效果

按照区第十五届人民代表大会第七次会议的有关决议，财政及相关部门围绕推动非首都功能疏解、供给侧结构性改革等重点任务，落实积极财政政策的各项措施，科学理财、依法理财，在促进经济稳定增长、加强城市管理、环境建设、推动城乡一体化发展、改善民生方面取得了良好成效。

（一）联动增效、夯实基础，着力提升经济发展质量

推进非首都功能疏解，优化区域发展空间，投入资金292353万元，完成预算113.8%，增强我区经济发展内生动力。一是保障非首都功能疏解，投入资金111916万元，强化萧太后河综合整治，大力推进十八里店乡、豆各庄乡等重点地区功能疏解工作；腾退低级次产业建筑面积104.8万平方米，调减从业人员4.1万人。二是优化调整经济结构，投入资金145167万元，加快房地产、批发零售业等传统产业转型发展，积极壮大具有核心竞争力的战略新兴产业，打造“高精尖”经济结构。三是加强对企业的服务，投入资金35270万元，发挥财政政策的引导作用，支持人才建设及引进计划，倡导创新驱动，强化招商引资，促进规划、政策和项目落地，培育更加成熟的市场环境。

（二）提升品质、优化环境，着力破解城市发展难题

聚焦生态文明建设和城市环境治理，投入资金704099万元，完成预算114.2%，加快宜居城市建设。一是大力推进优美环境建设，投入资金143816万元。深入实施清洁空气蓝天行动，加大“无煤化”资金投入力度，保障“煤改电”“煤改气”等重点工作实施，提升空气质量；加大黑臭水体治理力度，推进萧太后河系综合治理和滨水绿色文化休闲廊道建设，保障亮马河四环路至五环路段河道排污治理工作，改善区域水环境；完善城市绿化体系，新增、改造绿化面积300公顷，新建绿道28公里，提升生态环境质量。二是强化“大城市病”治理，投入资金493402万元。保障城市美化工程实施，加大重点地区、重要场所的环境综合整治力度，全区治理环境脏乱点4961处；促进优化骨干路路网，保障东坝南二街东段等3条主干路、东高路等7条次支路的建设，支持南湖渠公园南路等9条断堵头路改造项目，提高区域基础设施承载能力。三是强化城市运行管理，投入资金66881万元，推进东坝乡市重点挂牌督办社会治安综合治理工作，深化安全发展示范城市和安全生产标准化示范区建设，维护社会和谐稳定的良好局面。

（三）整合资源、协调发展，着力推进城乡一体化进程

统筹公共资源向农村地区倾斜，投入资金1753773万元，完成预算115.2%，加快城乡一体化进程。一是推动农村产业转型升级，投入资金117728万元。推进农村地区功能疏解，拆除清退低级次产业70余万平方米，疏解人口17万人。加快推进一绿6个试点乡建设，推进南磨房、将台乡回迁安置房建设；促进各乡与功能区协调联动、错位发展，建设高端高效高辐射的产业集群。二是提高农村地区民生建设水平，投入资金685351万元。开发区域适应性工作岗位，促进农民本土化就业；加快农村地区优质医疗、教育、文化等资源引进，提高公共服务均等化水平。三是加强农村基础设施建设，投入资金950694万元。大力支持一绿6个试点乡城市化建设，加大对农村环境、公共服务、新农村建设等公益性基础设施建设的扶持力度，大力开展农村地区环境综合整治工作，完善治安防控体系，提高农村地区社会治理水平。

（四）立足民生、保障重点，着力增进人民福祉

持续推进民生改善和社会公平，投入资金2624509万元，完成预算111.5%，促进各项社会事业协调发展。一是加快完善覆盖城乡的公共卫生服务体系，投入资金408200万元。优化医疗资源布局，结合年初人大代表提出的“提升基层医疗卫生服务能力”“医养结合与慢病管理相结合”等两项建议，推进垂杨柳医院主体工程和常营等地区大医院建设，加快社区卫生服务中心建设和区疾控中心二期投入使用，保障医养结合试点范围扩大，推进分级诊疗工作，努力提高基层卫生服务质量。二是提高教育优质均衡发展水平，投入资金994177万元。推进改扩建学校，深入实施第二期学前教育三年行动计划，大力发展学前教育。三是促进社会保障和就业体系建设，投入资金1156700万元。完善社会救助体系，扩大城镇社会保险覆盖面；加强居家和社区养老体系建设，完成全国养老服务综合改革试点区建设，实现街乡养老照料中心全覆盖；扩大政府购买公益性服务范围，提高公共服务供给水平。四是推进文化体育事业发展，投入资金65432万元。实施公共文化设施和服务提升工程，保障香河园、常营、奥运村地区文化中心建设，推进“城市书房”工作，丰富百姓文化生活；加大冰雪运动推广普及力度，促进群众体育事业繁荣发展。

三、强化管理、推进改革，着力完善财政管理体制

以建立现代财政制度、服务朝阳区发展为目标，着力推动财政改革重点领域和关键环节取得进展。一是注重管理抓改革，提高财政工作规范性和透明性。严格履行新《预算法》预算管理程序，对北京市下达我区的新增政府债券额度，按照法定程序提请人大常委会审查批准调整预算方案；保障营改增全面扩围，深入测算市区体制影响，获得市给予我区营改增体制补助24亿元；强化预算绩效管理，邀请人大代表参与孙河乡沙子营区域环境整治项目绩效跟踪，强化对民生、环境等重点工程的评估和监管；出台《行政事业单位固定资产配置管理暂行办法》，规范国有资产管理。二是注重效益抓支出，增强财政预算硬约束。大力推进“促支降存”工作，按照“简政放权”的原则，在全区范围内强化部门主体责任意识、简化审批流程，完善支出进度与下年预算挂钩机制，提高财政支出效率；认真落实人大议案，科学统筹财政资金，保障“加大东南部基础设施投入”、“加强生产生活污水处理”等两项议案办理的资金需求；努力探索政府和社会资本合作（PPP）模式，推进朝阳区第二福利中心、朝阳区建筑废弃物资源化利用中心等试点PPP项目，支持社会资本参与公共服务项目投资建设。三是注重安全抓监

督，构建财政“大监督”格局。加大财政监管力度，针对我区收支重点工作，开展专项检查，强化重大资金项目廉政风险防控；加快内控管理制度建设，确保财政资金安全高效使用。

2016年，区政府严格按照《北京市朝阳区预算监督办法》的要求和程序上报决算报告、预算上半年执行情况报告、预算调整报告，积极落实人大决议，认真办理人大常委会各项审议意见，高度重视区十五届人大七次会议计划预算审查委员会对财政预算的审查意见，并将研究处理方案落实在预算执行和编制工作当中，完成全年财政工作任务。同时我们也看到，目前财政运行中也面临一些突出矛盾和问题：一是财政收入稳增长压力较大，首都经济正处于爬坡过坎、“瘦身健体”阶段，朝阳区面临非首都功能疏解、经济转型升级的双重任务；二是收支矛盾进一步加剧，我区经济、社会、生态等方面建设不断深化，同时我区作为首都人口迁入区以及重点工作承载区，刚性支出规模日益扩大；三是财税改革仍需进一步深化，在提高部门预算执行的约束性、加强财政资金对产业的引导调控作用、创新投融资方式等方面工作仍需继续推进。针对上述问题，我们将加强调研，统筹协调，逐步予以解决。

2017年财政预算草案和主要工作

2017年是“十三五”规划承上启下的关键之年，也是我区全面实施供给侧改革、加快“一廊两带三区”建设的重要一年。我们将扎实工作、锐意进取、解放思想，促进朝阳区经济社会全面发展。

一、2017年预算安排的基本思路

朝阳区2017年部门预算编制的指导思想是：全面贯彻党的十八大和十八届三中、四中、五中、六中全会和中央经济工作会议精神，以习近平总书记系列重要讲话为指引，认真落实预算法和深化预算管理制度改革决定的要求，努力构建全面规范、公开透明的预算制度。按照首都“四个中心”战略定位，对照《京津冀协同发展规划纲要》建设要求，优化财政支出结构，盘活财政存量、用好财政增量，严格控制一般性支出及“三公”经费支出，推动三年滚动财政规划，强化预算执行监督，推进预算评审和绩效管理，深化部门预算改革，增强预算管理的规范性和高效性。

按照上述指导思想，在充分听取人大代表关于预算口径、支出重点、绩效预算等意见的基础上，按照朝阳区经济社会发展的需要，区政府编制2017年财政收支预算草案。

二、2017年预算安排具体情况

（一）2017年一般公共预算安排情况

目前，国内经济正由高速增长转向中低速增长，更加注重发展方式的转变和经济结构的调整。朝阳区面临重要发展机遇，我们将立足京津冀协同发展大局，聚焦北京“四个中心”城市战略定位及建设“国际一流的和谐宜居之都”目标，构建高精尖产业体系，提高区域发展的质量和效益。

在此经济发展的新背景下，我区一般公共预算收入预期5081000万元，同比增长6.5%。一般公共预算财力4417000万元，同比下降8%。财力来源于：一般公共预算收入5081000万元，减去对市的体制上解1673023万元，加上市体制补助424659万元，市定额及结算补助183624万元，市追加专项346906万元，国有资本经营预算转入一般公共预算资金2834万元，动用上年调入预算稳定调节基金75000万元，扣除上缴北京市一般债券付息资金24000万元。一般公共预算支出安排4417000万元，同比增长7.2%。2017年一般公共预算支出的经济分类是：工资福利支出948468万元，商品和服务支出2741136万元，对个人和家庭的补助288290万元，基本建设支出400000万元，其他资本性支出37762万元，其他支出1344万元。

功能分类是：一般公共服务支出197935万元；国防支出8602万元；公共安全支出496311万元；教育支出895251万元；科学技术支出88775万元；文化体育与传媒支出105484万元；社会保障和就业支出1042014万元；医疗卫生与计划生育支出379228万元；节能环保支出158642万元；城乡社区支出512564万元；农林水支出349270万元；资源勘探信息等支出38347万元；商业服务业等支出27511万元；金融支出35400万元；国土海洋气象等支出408万元；粮油物资储备支出7781万元；其他支出73477万元。一般公共预算实现收支平衡。

（二）2017年政府性基金预算安排情况

政府性基金预算收入预期513668万元，同比下降36.1%。其中，新型墙体材料专项基金收入2000万元，国有土地使用权出让收入499100万元，污水处理费收入1400万元，彩票发行机构和彩票销售机构的业务费用158万元，市追加专项11010万元。政府性基金预算收入预期大幅下降的主要原因是北京市2017年土地上市计划仍存在较大不确定性，国有土地使用权出让收入预期规模较小。

政府性基金预算支出安排513668万元，同比下降36.1%。主要用于：土地出让成本支出371100万元，城市环境及基础设施建设支出69000万元，新型墙体材料专项基金支出2000万元，污水处理费等民生支出12568万元，上缴北京市专项债券付息资金59000万元。

主要支出科目安排情况是：城乡社区支出444975万元（其中土地出让成本支出371100万元），资源勘探信息等支出2000万元，社会保障和就业支出17万元，其他支出7676万元，上缴北京市专项债券付息资金59000万元。政府性基金预算实现收支平衡。

（三）2017年国有资本经营预算安排情况

2017年，国有资本经营预算收入预期12882万元，同比增长16.7%。收入主要来源是：利润收入5568万元，股利、股息收入5176万元，上年结转2138万元。

2017年国有资本经营预算支出安排12882万元，同比增长16.7%，主要用于对国有企业转型升级、非首都功能疏解等项目给予重点支持的资本性支出7603万元，朝阳公园运维补贴等费用性支出1800万元，对国有企业监管等其他支出645万元，国有资本经营预算转入一般公共预算收入2834万元。国有资本经营预算实现收支平衡。

（四）2017年社会保险基金预算安排情况

2017年，社会保险基金预算收入预期43325万元，同比下降2.1%，主要来源是：保险费收入5562万元，利息收入585万元，财政补贴收入29362万元，转移收入333万元，动用上年结余7483万元。社会保险基金预算支出安排43325万元，同比下降

2.1%，主要用于：社会保险待遇支出43137万元，转移支出188万元。社会保险基金预算实现收支平衡。

三、强化统筹、突出重点，保障我区 2017 年中心工作

（一）优化升级“调结构”，围绕产业转型升级，推动经济健康持续发展

安排资金366963万元，同比增长42.8%。一是按照首都“四个中心”战略定位，对照《京津冀协同发展规划纲要》和北京市落实意见要求，加快非首都功能疏解，安排资金200000万元，激发区域发展新活力。二是进一步转变发展方式，安排资金131100万元，巩固壮大金融、文化创意、商务服务等优势产业，推进供给创新，大力发展体育休闲业、科技服务业、健康养老业等新兴产业，促进第三产业提级增效。三是培育更加成熟的市场环境，安排资金35863万元，加强财政政策的引导作用，支持招商引资工作，强化科技创新驱动，倡导节能降耗，形成市场良性竞争。

（二）多措并举“保生态”，围绕区域功能定位，提升生态文明发展水平

安排资金666359万元，同比增长8.1%。一是大力推进生态环境建设，安排资金140225万元。持续治理大气污染，深入推进清洁空气蓝天行动，促进节能减排；支持水务工程建设，全面推进水环境综合治理，改善我区河湖水环境；加强绿色生态建设，提升绿化品质。二是强化市容市貌及交通秩序管理，安排资金451624万元。加快城市美化工程实施，加大老旧小区综合整治，提升区域环境面貌；支持老旧小区节能和抗震改造；加快主次干路建设，完善路网体系，改善区域交通出行环境。三是加强城市运行管理，安排资金74510万元。完善安全生产事故隐患排查治理体系，加大食品药品监管力度，推进社会治安防控体系建设，提升群众安全感，积极打造平安朝阳。

（三）统筹协调“惠农村”，围绕城乡一体化发展，加大农村地区财政投入力度

安排资金1666745万元，同比增长9.5%。一是促进农村地区经济发展，安排资金203490万元。结合非首都功能疏解，推进农村地区的功能更新和完善，加快农村地区引入高端产业资源，促进低端业态转型升级，探索城乡接合部转型发展的新路径。二是加强农村民生建设，安排资金708686万元。推动资金向农村地区倾斜，统筹解决农村地区就业、保障、教育、医疗等民生问题，切实增进百姓福祉。三是强化农村地区环境整治及基础建设，安排资金754569万元。加大对乡级环境整治管理的倾斜支持，加快农村地区道路交通、用水、用电等基础设施建设，加强治安防范管理，改善农村地区居住生活。

（四）落实政策“稳民生”，围绕优质公共服务，推进公共事业发展

安排资金2554909万元，同比增长8.6%。一是稳步提高公共卫生事业水平，安排资金379228万元。优化医疗资源布局，推动优质医疗资源继续向薄弱地区倾斜，完善分级诊疗服务体系，增强基层医疗服务能力。二是促进教育优质均衡发展，安排资金1075290万元。扩大优质教育资源聚集，多种方式扩大学位供给，保障第二期学前教育三年行动计划实施，解决适龄儿童入园难问题。三是深化城乡统筹的社会保障体系建设，安排资金1042021万元。支持精细化就业服务和援助工作，解决功能疏解、结构调整中失业人员的再就业问题；完善社会救助体系，扩大城镇社会保险覆盖面；进一步提高全国养老服务综合改革试点区的运行管理水平，完善覆盖城乡的养老保障体系；增强政府购买公益性服务力度，提高我区公共服务水平。四是推动文体事业发展，安排资金58370万元，完善文化设施，培育一批具有朝阳特色、代表首都形象、符合时代特征的城市文化品牌，完善公共文化服务网络。

四、锐意进取、开拓创新，推动财税改革取得新进展

2017年是深化财税体制改革、贯彻落实新《预算法》的重要一年。财政工作将强化监管与提高效益相结合，打造规范透明高效的资金运行体系。一是继续关注营改增全面扩围改革动态，跟踪分析重点行业、重点企业税负变化情况，努力争取市政策支持。二是完善全口径预算管理，扩大国有资本经营预算编制范围，编制预算的国有企业数量由20家增加至33家，国有资本收入上缴公共财政的比例由19%提高至22%；进一步规范政府债务管理，将政府债务分门别类纳入全口径预算管理，建立政府债务风险预警机制，切实防范和有效化解债务风险。三是贯彻厉行节约的理念，坚持节约型政府建设，“三公”经费预算安排6865万元，比上年下降10%；大力做好促支降存工作，切实提高财政资金使用效率。四是深化财税管理改革创新，探索推进预算全过程绩效管理，在预算编制时增加对项目总目标和阶段性目标的填报，确保预算执行按绩效目标推进；继续邀请人大代表参与绩效评估，加大人大对财政预算的监督指导力度；创新政府投融资机制，继续推广政府与社会资金在民生领域的合作。五是夯实基础工作，强化重大资金项目廉政风险防控，结合内控管理强化财政资金的监管。

各位代表，2017年朝阳区的发展机遇与挑战并存，预算任务光荣而艰巨。我们将在区委的正确领导下，在区人大、政协的监督和指导下，扎实工作、不断改革、稳中求进，完成各项财政工作任务，为朝阳区“十三五”发展再上新台阶做出新的贡献！

专　文

2017

北京朝阳年鉴

专　　文

朝阳区2016年国民经济和社会发展统计公报

北京市朝阳区统计局
国家统计局朝阳调查队
北京市朝阳区经济社会调查队

2016年，区委、区政府牢固树立五大发展理念，深入落实京津冀协同发展规划纲要和首都"四个中心"城市战略定位，疏解非首都功能扎实有效，经济发展质量和效益明显提升，生态环境建设成效显著，民生事业持续改善，经济社会保持平稳健康发展，实现了"十三五"良好开局。

一、综合经济

◇ 经济增长

据初步核算数据显示：朝阳区全年实现地区生产总值（GDP）5001.6亿元，按不变价计算，比上年增长6.5%。其中，第一产业增加值1.1亿元，比上年下降5.5%；第二产业增加值341.4亿元，比上年下降0.5%；第三产业增加值4659.1亿元，比上年增长7.1%。三次产业结构为0.02:6.83:93.15。按年平均常住人口计算，全区人均GDP达到128065元。

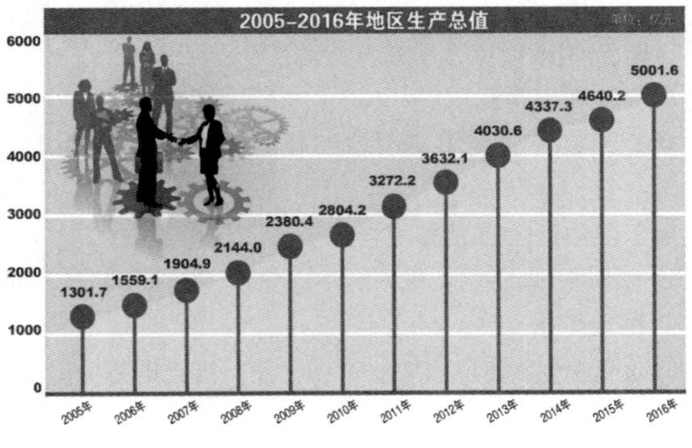

图1：2005—2016年地区生产总值

◇ 财政、金融

全年完成一般公共预算收入477.1亿元，比上年增长6.5%。其中，国内增值税119.3亿元，比上年增长56.9%；企业所得税110.4亿元，比上年增长12.5%；房产税57.7亿元，比上年增长53.0%；营业税54.4亿元，比上年下降55.3%。四大税种共完成341.8亿元，占一般公共预算收入的71.6%。

全年一般公共预算支出453.0亿元，比上年增长2.1%。其中，用于社会保障和就业、教育、城乡社区、公共安全、医疗卫生与计划生育的支出分别为114.1亿元、88.5亿元、50.7亿元、49.3亿元和40.9亿元，增速依次为27.3%、4.7%、-16.3%、-7.3%和1.7%。上述五项支出合计占一般公共预算支出的75.8%。

年末全区中资银行人民币各项存款余额23568.8亿元，比上年增长14.5%。其中，单位存款余额11807.8亿元，比上年增长16.7%；储蓄存款余额4940.9亿元，比上年增长2.6%。全区中资银行人民币各项贷款余额7799.5亿元，比上年增长3.5%。其中，中长期贷款余额5349.5亿元，比上年增长8.6%；短期贷款余额2395.6亿元，比上年下降5.7%。

◇ 消费

全年实现社会消费品零售额2654.5亿元，比上年增长5.6%。

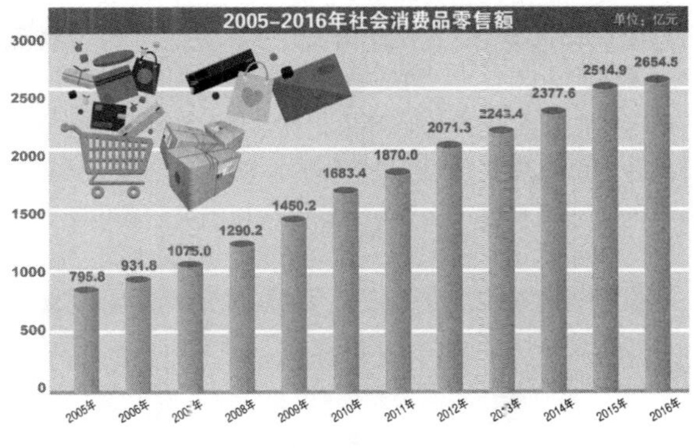

图2：2005—2016年社会消费品零售额

限额以上企业中，汽车及配件销售企业实现零售额728.8亿元，比上年增长9.1%；综合零售企业实现零售额360.0亿元，比上年增长0.9%；互联网零售实现零售额216.9亿元，比上年增长47.7%；家用电器、计算机及电子产品销售企业实现零售额373.1亿元，比上年下降11.6%；餐饮业实现零售额143.9亿元，比上年增长2.1%；医药及医疗器材销售企业实现零售额16.3亿元，比上年增长3.8%；石油及制品销售企业实现零售额108.8亿元，比上年增长2.4%。

◇ 固定资产投资

全年完成全社会固定资产投资1257.9亿元，比上年增长1.5%。其中，民间投资469.0亿元，比上年增长29.8%。

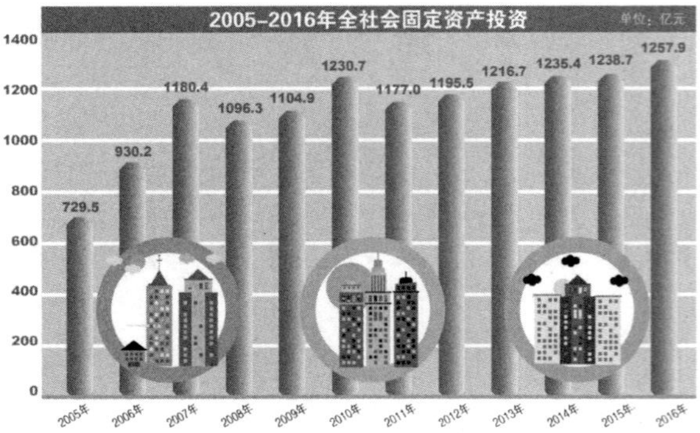

图 3：2005—2016 年全社会固定资产投资

按投资领域划分，城镇固定资产投资529.5亿元，比上年增长5.7%；房地产开发投资666.4亿元，比上年下降3.3%；农村固定资产投资62.1亿元，比上年增长28.0%。

城镇固定资产投资中，基础设施投资391.3亿元，比上年增长14.8%，占城镇固定资产投资的73.9%。其中，交通运输领域完成投资253.8亿元，比上年增长45.2%；能源领域完成投资78.3亿元，比上年下降27.1%；公共服务业完成投资44.5亿元，比上年增长1.1%。

房地产开发投资中，住宅投资311.6亿元，比上年下降1.4%；办公楼投资121.6亿元，比上年增长16.0%；商业营业用房投资97.7亿元，比上年增长32.7%。住宅投资中，自住型商品房投资为23.8亿元，占住宅投资的7.6%。

从产业投资看，第一产业投资10.6亿元，比上年下降56.2%；第二产业投资79.8亿元，比上年下降27.6%；第三产业投资814.7亿元，比上年增长10.8%。

◇ 对外经济

全年实现进出口总额1178.1亿美元，比上年下降6.7%。其中，出口152.5亿美元，比上年增长5.4%；进口1025.6亿美元，比上年下降8.3%。

全年新批外商投资企业505家，其中世界500强企业3家；新增跨国公司总部3家。全年批准合同外资额49.1亿美元，比上年下降67.0%；实际利用外资74.5亿美元，比上年下降20.3%。

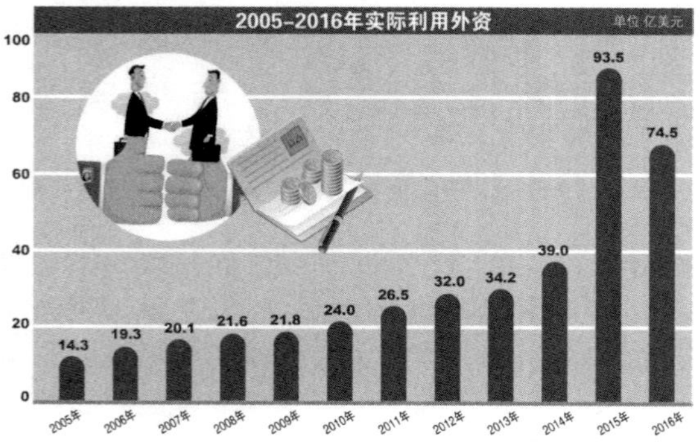

图 4：2005—2016 年实际利用外资

二、行业及重点产业发展

◇ 农业

农林牧渔业全年实现增加值1.2亿元，比上年下降5.2%，占全区GDP的0.02%。

全年完成农林牧渔业总产值31935.1万元，比上年下降8.9%。其中，农业产值5287.9万元，比上年下降38.1%；林业产值20174.8万元，比上年增长19.0%；畜牧业产值161.2万元，比上年下降93.9%；渔业产值3286.9万元，比上年下降15.4%。

全区共有农业观光园11个，接待旅游人数160.5万人次，观光园总收入4.0亿元。民俗旅游接待户30户，接待旅游人数800人次。设施农业实现收入3712.4万元，比上年下降13.9%；已利用设施农业占地面积1375亩，比上年增长2.2%。

◇ 工业

工业全年实现增加值283.7亿元，比上年下降2.6%，占全区GDP的5.7%。

全年规模以上工业企业实现工业总产值674.6亿元，比上年下降5.4%；实现销售产值668.0亿元，比上年下降5.0%；实现出口21.3亿元，比上年下降38.8%。从内部结构看，电力、热力生产和供应业实现工业总产值179.3亿元，比上年增长4.0%；开采辅助活动实现工业总产值86.2亿元，比上年下降31.8%；医药制造业实现工业总产值71.7亿元，比上年下降0.4%；电气机械和器材制造业实现工业总产值60.4亿元，比上年下降8.1%；计算机、通信和其他电子设备制造业实现工业总产值61.2亿元，比上年下降2.2%。上述五大行业共完成工业总产值458.8亿元，占全区规模以上工业企业总产值的68.0%。

全年规模以上工业企业实现主营业务收入773.2亿元，比上年下降3.3%；实现利润76.9亿元，比上年下降14.7%。

◇ 建筑业

建筑业全年实现增加值118.3亿元，比上年增长5.2%，占全区GDP的2.4%。

具有资质等级的总承包和专业承包建筑业企业完成总产值1155.1亿元，比上年增长7.6%。其中，在京内完成产值557.8亿元，比上年增长6.6%；在京外完成产值597.3亿元，比上年增长8.5%。全年累计签订合同额2567.0亿元，比上年增长7.9%；房屋建筑施工面积7284.8万平方米，比上年增长10.5%。

◇ 批发和零售业

批发和零售业全年实现增加值970.8亿元，比上年增长3.0%，占全区GDP的19.4%。

全年限额以上批发和零售业企业实现营业收入13117.2亿元，比上年增长2.2%；实现利润452.6亿元，比上年增长5.6%。

◇ 房地产业

房地产业全年实现增加值505.0亿元，比上年增长7.1%，占全区GDP的10.1%。

全年房屋施工面积2034.4万平方米，比上年下降2.5%，其中政策性住宅376.8万平方米；房屋竣工面积277.6万平方米，比上年下降11.5%，其中政策性住宅64.0万平方米。

全年商品房销售面积162.4万平方米，比上年下降13.6%，其中住宅销售面积96.6万平方米，比上年下降28.8%；商品房销售额696.4亿元，比上年增长13.0%，其中住宅销售额486.8亿元，比上年增长4.1%。

◇ 高技术产业

全年规模以上高技术产业单位实现收入485.4亿元，比上年增长4.5%。其中，高技术制造业实现营业收入182.8亿元，比上年增长0.9%；软件开发实现收入302.6亿元，比上年增长6.7%。全年高技术产业实现利润55.9亿元，比上年增长14.3%。其中，高技术制造业实现利润27.6亿元，比上年增长12.2%；软件开发实现利润28.3亿元，比上年增长16.4%。

全年规模以上高技术制造业企业实现工业总产值163.9亿元，比上年下降3.2%，占全区工业总产值的24.3%。其中，产值排名前三位的是医药制造业、电子及通信设备制造业和医疗设备及仪器仪表制造业，分别实现工业总产值71.7亿元、55.9亿元和30.7亿元，增速分别为-0.4%、5.1%和-9.2%。

◇ 现代服务业

全年规模以上现代服务业单位实现收入11724.8亿元，比上年增长2.6%。其中，商务服务业实现收入3863.4亿元，比上年增长4.0%；科学研究和技术服务业实现收入959.2亿元，比上年增长1.3%；信息传输、软件和信息技术服务业实现收入827.9亿元，比上年增长5.2%。

全年规模以上现代服务业单位实现利润3552.0亿元，比上年下降8.7%。其中，商务服务业实现利润851.1亿元，比上年下降19.9%；信息传输、软件和信息技术服务业实现利润47.0亿元，比上年下降30.1%；科学研究和技术服务业实现利润43.9亿元，比上年下降34.7%。

◇ 商务服务业

全年规模以上商务服务业单位实现收入3863.4亿元，比上年增长4.0%。其中，企业管理服务实现收入1579.9亿元，比上年增长4.7%；广告业实现收入555.0亿元，比上年下降3.9%；人力资源服务实现收入515.1亿元，比上年增长9.7%。

全年规模以上商务服务业单位实现利润851.1亿元，比上年下降19.9%。其中，企业管理服务实现利润769.7亿元，比上年下降22.9%；其他商务服务业实现利润22.6亿元，比上年增长4.1%；法律服务实现利润20.9亿元，比上年增长21.8%。

◇ 文化创意产业

全年规模以上文化创意产业单位实现收入2702.5亿元，比上年增长1.1%。其中，软件和信息技术服务、广告和会展服务、文化休闲娱乐服务分别实现收入741.5亿元、642.1亿元和488.4亿元，增速分别为5.2%、-3.2%和-1.2%。

全年规模以上文化创意产业单位实现利润114.2亿元，比上年下降36.4%。其中，软件和信息技术服务、文化用品设备生产销售及其他辅助、广告和会展服务分别实现利润42.4亿元、30.5亿元和22.1亿元，比上年分别下降30.2%、44.8%和26.7%。

◇ 金融业

金融业全年实现增加值623.5亿元，比上年增长10.6%，占全区GDP的12.5%。

全年金融业单位实现收入4059.7亿元，比上年下降1.3%。其中，保险业、货币金融服务和资本市场服务分别实现收入3155.4亿元、436.3亿元和143.0亿元，增速分别为5.7%、-12.0%和-23.3%。全年金融业单位实现利润2470.9亿元，比上年下降1.7%。其中，保险业、货币金融服务和资本市场服务分别实现利润1915.6亿元、225.6亿元和78.8亿元，增速分别为0.9%、-6.5%和-18.8%。

三、功能区发展

◇ CBD功能区

CBD功能区全年完成投资322.6亿元，比上年下降15.3%，占全区投资总量的25.6%。全年CBD功能区规模以上现代服务业单位实现收入8683.4亿元，比上年增长1.8%，占全区现代服务业收入的74.1%。其中，商务服务业实现收入3223.4亿元，比上年增长3.9%，占全区商务服务业收入的83.4%；金融业实现收入3879.9亿元，比上年下降0.4%，占全区金融业收入的95.6%。全年CBD功能区限额以上批发和零售业企业实现营业收入8442.2亿元，比上年增长3.6%，占全区批发和零售业营业收入的64.4%；实现利润234.7亿元，比上年下降1.3%，占全区批发和零售业利润的51.9%。

按北京商务中心区（CBD）6.99平方公里的范围统计，CBD全年完成投资121.8亿元，比上年增长4.0%；实现社会消费品零售额325.9亿元，比上年增长4.8%。全年CBD规模以上现代服务业单位实现收入3732.5亿元，比上年增长8.9%，占全区现代服务业收入的31.8%；规模以上文化创意产业单位实现收入874.2亿元，比上年下降5.9%，占全区文化创意产业收入的32.3%；限额以上批发和零售业企业实现营业收入2806.5亿元，比上年下降1.3%，占全区批发和零售业营业收入的21.4%。

◇ 电子城功能区

电子城功能区全年完成投资295.7亿元，比上年增长2.9%，占全区投资总量的23.5%；功能区内规模以上工业企业实现工业总产值209.5亿元，比上年下降0.2%，占全区工业总产值的31.1%。

全年电子城功能区规模以上高技术产业单位实现收入234.7亿元，比上年增长5.0%，占全区高技术产业收入的48.4%。其中，高技术制造业实现营业收入116.6亿元，比上年下降1.9%；软件开发实现收入118.1亿元，比上年增长12.7%。全年电子城功能区规模以上高技术产业单位实现利润38.4亿元，比上年增长36.2%，占全区高技术产业利润的68.7%。其中，高技术制造业实现利润16.9亿元，比上年增长11.2%；软件开发实现利润21.5亿元，比上年增长64.9%。全年电子城功能区限额以上批发和零售业实现营业收入1947.9亿元，比上年增长12.5%，占全区批发和零售业营业收入的14.8%；实现利润146.1亿元，比上年下降7.7%，占全区批发和零售业利润的32.3%。

1—11月中关村朝阳园单位实现总收入3915.7亿元，同比增长8.4%。其中，技术收入和产品销售收入分别为734.4亿元和630.9亿元，同比分别增长19.6%和下降0.9%。实现利润324.3亿元，同比下降14.1%。实现工业总产值330.6亿元，同比下降36.4%。其中，新产品产值118.7亿元，同比下降57.2%。

◇ 奥运功能区

奥运功能区全年完成投资99.2亿元，比上年下降6.9%，占全区投资总量的7.9%。全年奥运功能区规模以上现代服务业单位实现收入1635.8亿元，比上年增长4.7%，占全区现代服务业收入的14.0%；实现利润150.8亿元，比上年下降23.3%，占全区现代服务业利润的4.2%。全年奥运功能区限额以上批发和零售业企业实现营业收入2178.3亿元，比上年下降10.2%，占全区批发和零售业营业收入的16.6%。

四、人口、就业和人民生活

◇ 人口

年末全区常住人口385.6万人，比上年末减少9.9万人，比上年下降2.5%。其中，常住外来人口174.8万人，比上年末减少9.2万人，比上年下降5.0%，占常住人口的45.3%。从性别构成看，男性人口197.1万人，占常住人口的51.1%；女性人口188.5万人，占常住人口的48.9%。从年龄构成看，0—14岁人口37.4万人，占常住人口的9.7%；15—64岁人口306.4万人，占常住人口的79.5%；65岁及以上人口41.8万人，占常住人口的10.8%。常住人口中：全年出生人数33402人，出生率为8.6‰；死亡人数15517人，死亡率4.0‰；自然增长率为4.6‰。

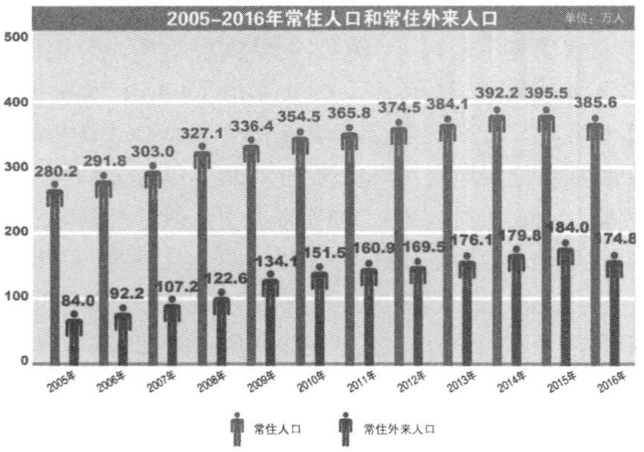

图 5：2005—2016 年常住人口和常住外来人口

年末全区户籍人口210.9万人，比上年末增加3.5万人，比上年增长1.7%。全区计划生育率为98.34%。

◇ 就业和社会保障

年末全区城镇登记失业率为0.82%，较上年末下降0.12个百分点。全年开发就业岗位10.7万个，比上年增长2.6%。城乡登记失业人员现就业人数2.4万人，比上年增长5.5%。

年末全区参加基本养老、基本医疗、失业、工伤和生育保险的人数分别为312.5万人、327.6万人、236.3万人、213.8万人和201.6万人，分别比上年增长3.7%、3.3%、1.6%、1.9%和1.3%。城镇社会保险各项基金征缴额达625.8亿元，比上年增长12.4%；各项基金收缴率均达到99.0%以上。全区农民参加城乡居民养老保险的人数为3.2万人，比上年下降9.0%。参加农村新型合作医疗的人数为7.5万人，新型农村合作医疗参合率达99.8%。全区城乡居民最低生活保障救济人数为13057人，比上年下降1.9%；最低生活保障金发放总金额为12888.6万元，比上年增长11.5%。

◇ 居民生活

全年居民人均可支配收入达到60056元，比上年增长8.3%。其中，人均工资性收入35191元，比上年增长9.7%；人均财产净收入11791元，比上年增长12.8%；人均转移净收入11381元，比上年增长3.9%；人均经营净收入1693元，比上年下降13.7%。

全年居民人均消费支出达到40034元，比上年增长0.9%。其中，居住、食品烟酒和交通通信支出在居民消费支出中所占比重位居前三，比重分别为35.5%、20.2%和11.4%；教育文化娱乐、居住支出增长最快，增速分别为9.8%和8.6%。居民恩格尔系数为20.2%。截至年末，居民每百户家庭拥有家用汽车47辆，家用电脑103台，空调173台，手机219部。

五、社会事业

◇ 科技

全年专利申请量和授权量分别为38611件和17780件，分别比上年增长46.3%和10.4%。其中，发明专利申请量和授权量分别为23853件和8029件，分别比上年增长47.3%和1.9%。全年技术市场成交量6778项，比上年增长1.8%；技术合同成交额754.7亿元，比上年增长16.2%。全年科普投入1080.0万元，人均科普经费5.1元。

◇ 教育

年末全区共有幼儿园236所，在园幼儿72166人，示范幼儿园比例为24.5%，一级（优质）幼儿园比例为64.0%，学前三年入园率为95.3%。

全区共有普通小学87所，当年招生22093人，在校生136820人，毕业生15392人；小学入学率100%，小学规范建设硬件达标率100%；拥有教职工7419人，其中专任教师6977人。

全区共有普通中学91所，当年招生17427人，在校生49345人，毕业生14161人；初中入学率100%，初中毕业率99.96%，初中校硬件办学标准达标率100%；高中录取率94.11%，高中毕业率95.47%；拥有教职工12969人，其中专任教师10627人。

全区共有职业高中5所，当年招生2473人，在校生7289人，毕业生2103人；拥有教职工936人，其中专任教师741人。

◇ 文化

年末全区共有公共图书馆3个，社区图书馆44个，图书馆馆藏图书达328.8万册。全区共有博物馆35个，剧场、影剧院71个，街乡级文化服务中心43个，社区（村）文化活动室覆盖率100%。广泛开展基层文化演出，公益性演出5800场次；基层数字电影放映1454场次；文化广场达到386个。

◇ 卫生

年末全区共有卫生机构1441个。其中，医院161个，社区卫生服务中心48个，社区卫生服务站221个。共有床位22222张，卫生技术人员47160人，其中，执业（助理）医师18504人，注册护士20348人。婴儿死亡率2.13‰，比上年提高0.3个千分点；每十万人甲乙类传染病发病率132.77例，比上年减少8.54例；人均期望寿命82.46岁，比上年提高0.07岁。

◇ 体育

年末全区共有体育场地1741个；各项体育活动参与人数130万人；全民健身工程1560个，比上年增加135个；全民健身工程面积156.6万平方米，比上年增加7.4万平方米。获得市级以上奖牌928枚，比上年增加66枚。其中，金牌383枚，银牌284枚，铜牌261枚。

六、资源、环境与城市管理

◇ 能源消耗

初步核算，全年能源消费总量876.7万吨标准煤，比上年增长2.4%。其中，第一产业能源消费量1.3万吨标准煤，比上年增长5.7%；第二产业能源消费量109.4万吨标准煤，比上年下降4.9%；第三产业能源消费量490.5万吨标准煤，比上年增长3.3%；生活用能275.5万吨标准煤，比上年增长3.9%。全区万元GDP能耗0.1753吨标准煤，按不变价计算，比上年下降3.9%。

◇ 环境保护

全区空气中悬浮颗粒物平均浓度（PM10）为91微克/立方米，比上年下降14.2%。空气中细颗粒物平均浓度（PM2.5）75微克/立方米，比上年下降9.6%。平均每月降尘量6.37吨/平方公里，比上年下降19.4%。

◇ 环卫

年末全区共有密闭压缩式垃圾转运站243个，比上年增加2个；生活垃圾无害化处理率为100%。全区共有公共卫生间983个，比上年增加46个；公共卫生间达标率为100%。

◇ 道路

年末全区城市道路总长度1915.8公里，比上年增加25.8公里。其中快速路231.5公里。新改扩道路长度58.5公里。其中，新建、改建和大中修道路分别为25.8公里、7.7公里和25.0公里。路网密度达到每平方公里4.07公里。

◇ 安全生产

全年共发生非正常死亡事故204起，非正常事故死亡人数221人。其中，生产安全事故28起，死亡28人；公共安全事故176起，死亡193人。亿元GDP安全生产事故死亡率为0.0442。

公报注释：

1. 2016年地区生产总值及各产业增加值、能源消费量和万元GDP能耗数据为北京市统计局反馈的初步核算数据，正式数据以《2017年朝阳区统计年鉴》为准。

2. 本公报中的地区生产总值及各产业、行业增加值绝对数按现价计算，增长速度按不变价计算；GDP产业划分执行国家统计局2012年制定的《三次产业划分规定》，行业划分执行《国民经济行业分类》（GB/T4754—2011）。

3. 除特殊说明外，本公报中所有增长速度指标均未扣除物价上涨因素。

4. 本公报中如无特殊注明均为区域口径。

5. 本公报中社会消费品零售额2005—2007年数据按第二次经济普查数据进行了修正，2008年为第二次经济普查数据，2009-2012年数据按第三次经济普查数据进行了修正，2013年为第三次经济普查数据，2014年数据按第三次经济普查数据进行了修正。

6. 本公报中涉及收入利润等财务指标、工业总产值为快报数据，正式数据以《2017年朝阳区统计年鉴》为准。

7. 本公报中农村固定资产投资包括农村非农户固定资产投资和农村农户固定资产投资。

8. 本公报中产业投资是指全社会固定资产投资扣除住宅投资之后的投资。

9. 规模以上工业划分标准：年主营业务收入2000万元及以上的工业法人单位。限额以上批发业划分标准：年主营业务收入2000万元及以上的批发业法人单位，年经营性单位收入2000万元及以上的批发业产业活动单位，年营业收入2000万元及以上的批发业个体经营户。限额以上零售业划分标准：年主营业务收入500万元及以上的零售业法人单位，年经营性单位收入500万元及以上的零售业产业活动单位，年营业收入500万元及以上的零售业个体经营户。限额以上住宿业划分标准：星级饭店和星级饭店以外年主营业务收入200万元及以上的住宿业法人单位，年经营性单位收入200万元及以上的住宿业产业活动单位，年营业收入200万元及以上的住宿业个体经营户。限额以上餐饮业划分标准：年主营业务收入200万元及以上餐饮业法人单位，年经营性单位收入200万元及以上的餐饮业产业活动单位，年营业收入200万元及以上的餐饮业个体经营户。规模以上服务业划分标准：（1）执行企业会计制度的年末从业人员50人及以上，或年营业收入1000万元及以上（其中居民服务、修理和其他服务业，文化、体育和娱乐业年营业收入500万元及以上）的服务业法人单位；（2）执行行政事业会计制度或民间非营利组织会计制度的年收入合计1000万元及以上的服务业法人单位；（3）全部旅行社；（4）A级及以上旅游区（点）和其他主要旅游区（点）。

10. CBD功能区、电子城功能区和奥运功能区数据按照朝阳区"十一五"规划确定的范围计算。CBD功能区：按照区"十一五"规划确定的统计口径，CBD功能区地域范围包括建外、朝外、呼家楼、三里屯、六里屯、麦子店、团结湖、八里庄、双井、劲松、潘家园、左家庄、东风、高碑店、平房、南磨房北部、太阳宫南部17个街道和地区办事处；电子城功能区：按照区"十一五"规划确定的统计口径，电子城功能区地域范围包括望京、来广营东部、酒仙桥、将台、东坝、崔各庄西部5个街道和地区办事处及望京高新技术产业区；奥运功能区：按照区"十一五"规划确定的统计口径，奥运功能区地域范围包括奥运村、大屯、亚运村、来广营西部、安贞、和平街、小关、香河园、太阳宫北部9个街道和地区办事处；北京商务中心区（CBD）地域范围涉及建外、呼家楼、六里屯、八里庄、高碑店五个街乡，包括南郎家园社区、北郎家园社区、永安里社区、光华里社区、建国里社区、秀水社区、北郎东社区、永安里东社区、金台里社区、小庄社区、关东店北街社区、核桃园社区、呼家楼北社区、呼家楼南社区、人民日报社社区、东大桥社区、关东店社区、新街社区、道家园社区、甜水园社区、红庙社区、红庙北里社区、延静里社区、华贸中心社区、八里庄社区25个社区。

11. 人口数据中，常住人口、常住外来人口、常住人口性别构成和年龄构成、常住人口出生人数、出生率、死亡人数、死亡率、自然增长率为北京市统计局反馈数据；户籍人口取自北京市公安局朝阳分局；计划生育率取自朝阳区卫生和计划生育委员会。

12. 根据国家安全监管总局办公厅《生产安全事故统计管理办法（暂行）》和《生产安全事故统计报表制度（暂行）》要求，决定2016年起全国实行生产安全事故统计联网直报制度，安全生产事故统计口径发生变化。无论是否取得营业执照，只要发生事故，均要纳入统计范围，包括国家机关、事业单位、人民团体在执行公务过程中发生的事故，并将工矿商贸、生产经营性道路交通、生产经营性火灾、铁路交通和农业机械等事故纳入新的统计范围。

13. 本公报部分指标数据取自朝阳区教育委员会、科学技术委员会、市政市容管理委员会、商务委员会、文化委员会、卫生和计划生育委员会、人力资源和社会保障局、财政局、安全生产监督管理局、体育局、环境保护局、民政局、北京市公安局朝阳分局和科学技术协会提供的相关数据；相关指标增长速度以上述部门上报数据表中的计量单位为准计算得出。

朝阳区“两学一做”学习教育工作小结

按照中央、市委关于“两学一做”学习教育的有关要求，朝阳区委切实履行责任，把组织开展“两学一做”学习教育作为全面夯实党建工作基础、推动全区各项事业发展的有利契机，组织全区各级党组织按照“*五全五学五讲一行动*”的学习教育推进主线，高起点布置、高标准组织、高质量实践，确保了学习教育扎实有序推进。

一、进展情况和特色做法

1.*坚持以上率下，强化责任落实*。在学习教育中强化领导责任，突出以上率下，带动和促进学习教育的有序开展。*一是区级领导干部率先垂范*。区委常委会、区人大常委会、区政府、区政协党组以及班子成员，坚持高标准、严要求，学在前、做在先，带头落实好专题学习、交流研讨、讲党课、召开专题民主生活会、调研指导联系点单位等工作安排，为全区党员干部学习教育作示范。区委常委会带头开展了18次专题学习讨论。区人大、区政府、区政协党组也均开展了10次以上专题学习。吴桂英同志以身作则，带头参加双重组织生活，以普通党员身份参加所在党支部组织生活6次。区级领导共参加所在支部组织生活153次。*二是处级领导干部带头落实责任*。全区处级领导干部，特别是党委（组）书记切实落实责任，及时传达学习中央、市、区委有关精神，审定工作方案，动员部署重要任务，带头讲党课，周密制定学习计划，严格落实双重组织生活制度，共参加所在支部组织生活3675次。指导各基层党支部编制了口袋书、学习手册等内容丰富、针对性强的学习资源。*三是基层党组织书记切实履行第一责任人责任*。区委注重把握经常性教育的特点，注重发挥党支部的关键作用，构建了“1+8+N”组织指导体系，依托8个主管工委，成立了19个巡回督导组，多次采取下发通知，召开部署会、推进会等措施，指导各基层党组织，特别是基层党支部书记切实承担第一责任人责任，结合自身党员队伍特点制定学习安排，严格落实学习要求，组织开展各具特色的党员活动。目前全区基层党组织结合党员群体特点开展党员活动共计45680次，有力促进了党员作用发挥。

2.*坚持打基础抓关键，提升学习教育实效*。*一方面注重打好“学”这个基础*，在系统梳理《党章》、习近平总书记系列讲话的基础上，及时将习近平总书记“七一”重要讲话、《党委会的工作方法》、严肃换届纪律警示教育片《警钟》《镜鉴》，特别是党的十八届六中全会精神及《关于新形势下党内政治生活的若干准则》《中国共产党问责条例》等纳入学习安排。全区162个二级班子通过党委（党组）会、中心组学习等方式开展学习研讨1945次；全区各党支部召开支部大会开展专题学习共计19315次。全区处级以上领导干部讲党课1582次，基层党支部书讲党课9303次，深入推动了先锋模范讲党课、专家讲师讲党课、普通党员讲党课，帮助党员切实提升党性意识、增强履职尽责能力。*另一方面注重抓好“做”这个关键*，在全区广泛开展“党旗耀朝阳，党员勇担当”主题实践行动的同时，指导各系统结合实际，开展具有自身特色的实践活动。例如，机关系统通过开展“机关党员献策朝阳”主题活动，广泛发动机关党员立足岗位积极为区域发展建言献策。街道系统深入推进“走清建树”主题实践，密切了党员与群众之间的联系。农村系统通过实行“党员聚拢行动”，努力把党员找出来，请进来，党建品牌做起来。宣传系统结合“我们的价值观”主题宣讲，以身边的先进事迹教育党员发挥先锋模范作用。教育系统以纪念教师节为契机，举办“托起朝阳，‘两学一做’学习教育展示活动”，扩大了学习教育的影响力。政法系统扎实推进争做“五个过硬”合格党员主题实践行动，强化党员干警队伍建设，树起了执法为民的良好形象。国资系统通过“三亮三比三评”主题活动，引导企业党员亮身份、争先锋、做贡献。非公系统组织开展了“三不忘六亮出”主题行动，推动非公党员不忘党员身份、增强党性意识。各领域采取有效做法，促进党员队伍发挥作用，在实践中取得了良好成效，提振了党员队伍精气神，彰显了朝阳党员风采。

3.*坚持问题导向，切实推动整改提升*。坚持把深入查摆整改问题作为开展学习教育的关键任务，做到即知即改、立行立改，破立并举、注重长效。*一是查实找准问题*。在查摆问题的过程中，重点做好“*三对照三查找*”。对照党的群众路线教育实践活动、“三严三实”专题教育中纳入整改的任务，对照刘云山同志点出的“强化党性观念、严格党内政治生活、提振干事创业精气神”3个方面及中组部列举的党员领导干部5个方面问题，围绕学习贯彻党的十八届六中全会精神，对照《关于新形势下党内政治生活的若干准则》《中国共产党党内监督条例》的各方面要求，查实找准存在的问题及具体表现。目前，全区处级以上党员领导干部结合自身实际建立问题清单，共查摆出问题2715条，党委（党组）书记带头查摆问题334条。确保了端正认识、不走过场，真正查实找准问题，为整改解决问题打下坚实基础。*二是推动问题解决*。针对查摆出的问题，深入剖析思想根源，逐项明确问题表现、整改目标、具体措施、完成时限等内容。根据查摆出的问题，确定立行立改、近期和中长期三个类别的整改项目，按照有先有后、先易后难的原则，区别情况、分类整改。目前，2475条立行立改问题已经全部整改完成，对于其余的240条中长期整改任务，正在按照要求不放松、措施不打折、标准不下降的原则全力整改落实。*三是促进常态长效*。把制度建设作为解决问题的关键之举，针对整改落实过程中的突出问题，建立触及问题本质和思想根源，切实可行、指导力强、衔接配套、长期管用的制度体系，用制度巩固整改成果。特别是围绕提升区委班子整体功能，健全完善了区委“1+3+N”制度体系，“1”是区委工作规则，“3”是区委全会工作制度、区委常委会工作规则、区委书记专题会议工作制度，“N”是在议事决策、统筹协调、督促检查等区委组织运行方面配套制定和完善的工作制度，有力提升了区委日常运行和决策的科学化水平。*四是周密筹备召开2016年度民主生活会。*把开好2016年度民主生活会当作“两学一做”学习教育中的关键任务，当作党员领导干部发现和解决自身问题能力，促进各项事业发展的有利契机，切实抓好抓实。全区局、处级班子扎实做好深化学习研讨、广泛征求意见、深入开展谈心谈话、撰写班子对照检查材料和个人发言提纲等各项会前工作，真正把自身问题谈清楚，把批评意见谈清楚，把整改措施谈清楚。区委派出巡回督导组，指导处级班子召开民主生活会。

4.*坚持围绕大局，着力推动全区中心工作。*坚持将“两学一做”作为强化领导班子干部队伍建设、抓好党建、推动发展的有利契机，加大问题整改力度，强化学习教育实效。*一是全面夯实基层党建。*以“两学一做”为契机，优化领导班子配备，提升班子整体动能，增强领导班子抓好党建的能力和水平。以“两学一做”为龙头，指导二级班子落实全区“一轴四网”党建体系，推动各领域党建“四大工程”，全面提升基层党组织运转能力。切实抓好党员组织关系集中排查、党员党费收缴情况检查等专项工作。*二是全面服务保障换届工作。*把开展“两学一做”学习教育与村“两委”换届、乡换届和街道任期调整工作相结合，特别是与区级班子换届结合起来，以换届工作的实际成果检验“两学一做”学习教育的成效。教育引导党员领导干部充分发挥表率作用，带头严守换届纪律，从区域发展大局出发，正确看待进退留转，自觉摆正位置，坚决服从组织安排，深入细致地做好政策解读和思想引导，确保换届期间思想不乱、工作不断、队伍不散。*三是全面服务改革发展稳定各项工作。*把推进全区中心工作作为检验“两学一做”的主阵地，积极引导全体党员，特别是党员领导干部以奋发有为的精神状态，带领全区干部群众破解矛盾问题、积极干事创业，努力在疏功能、减人口、稳增长上主动作为。预计年度地区生产总值达到4942亿元，同比增长6.5%。全区累计关停工业企业，清退有形市场、出租大院670家，累计拆除违法建设1340多万平方米，西直河石材市场、雅宝路市场的疏解经验在全市推广。创新流动人口服务管理，2016年度全区常住人口首次实现负增长，将学习教育成果切实转化成了推动全区各项事业发展的强大动力。

二、存在的问题

总体上看，朝阳区“两学一做”学习教育推进有序，取得了一定成效，但在工作过程中也发现一些问题：一是个别党员干部查摆问题不够深入，查摆的问题大而化之、浮于表面，与自身工作、生活结合的不够紧密，深刻剖析自身问题的思想认识有待提高。二是个别单位还缺少工作统筹，认为年底工作任务重，在筹备召开民主生活会等重点工作中比较被动，还存在“等”和“靠”的思想。

三、下一步工作安排

下一步，朝阳区将进一步严格按照中央、市委要求，继续深入学习贯彻党的十八届六中全会精神，扎实推进“学”“做”“改”各项工作任务，着力开展好全区民主生活会、组织生活会、民主评议党员相关工作，做好对学习教育的宣传引导和总结工作，进一步在全区营造学习教育的良好范围，让人民群众感受到实实在在的学习教育成效。

大事记

2017
北京朝阳年鉴

大 事 记

1月

6日 区委常委会召开“三严三实”专题民主生活会。区委书记吴桂英代表区委常委会领导班子作对照检查，查找在理论学习、谋划发展、党建工作、自身建设、破解难题、解决涉及群众切身利益、干部教育管理、党风廉政建设等10个方面存在的主要问题；剖析存在问题的原因；提出改进措施。

7日 市委书记郭金龙到区检查党风廉政建设责任制落实工作。郭金龙要求，营造清风气正的良好政治生态环境。

10日 参加全国统战工作会议的各地统战部部长到朝阳叶青大厦观摩考察“两新”组织统战工作。

13日 政协北京市朝阳区第十二届委员会第五次会议闭幕。区委党委，政协主席谢莹作报告。市政协副主席阎中秋，区委领导吴桂英、王灏、佟克克等出席闭幕式。

15日 区第十五届人民代表大会第七次会议闭幕。区委副书记、代区长王灏代表区政府向大会作《政府工作报告》。区领导吴桂英、佟克克、谢莹、陈宏志等出席会议。

20日 市委常委、市政法委书记张延坤，市委副秘书长邱水平到区调研城乡接合部重点地区整治工作。察看平房乡、崔各庄乡公共安全隐患和前期整治情况。

21日 区委组织部与云南省昆明市委组织部签订《合作框架协议》。双方拓展组织工作、基层党建和人才工作联动发展。

23日 区教育传媒实践基地挂牌。

25日 公安朝阳分局在南磨房、三间房、将台、莱广营、大屯、奥运村、花家地、酒仙桥派出所设中国公民出入境证件办理点。

31日 民政部部长李立国、副部长邹铭调研朝阳区养老工作。到三里屯夕阳红驿站察看老人们的生活情况。

1月至6月 35家金融机构落户朝阳区，其中外资金融机构3家。至此，朝阳区金融机构总数达1500家，其中外资机构307家，占全市1/4和2/3以上，总注册资金超过80亿元。涵盖银行、证券、保险及私募股权投资（PE）等新型金融机构。

1月至9月 文化创意产业实验区新增文创企业3567家，其中注册资本5000万元以上企业260家，注册资本1亿元以上企业86家，注册资本合计235.8亿元。文创实验区聚集人民日报社、中央电视台、北京电视台、凤凰集团、阿里巴巴、万达文化、恒大文化、苏宁文化、腾讯影业、恒美广告、亚马逊中国、爱上电视、途牛旅游、蓝色光标、掌阅科技、时尚集团等一批知名品牌文化企业。

2月

1日 区委召开老干部工作会。区四套班子领导出席会议。吴桂英要求，各级各部门，以高度的责任心做好新形势下老干部工作。

2日 区召开2016年军政领导迎春座谈会。驻区部队和北京武警总队领导参加座谈会。区委书记吴桂英、区长王灏、区人大常委会主任陈宏志等出席座谈会。

19日 区保密局获“全国保密工作先进集体”称号。

是月 朝阳区获2015年市科学技术奖29项，其中一等奖8项、二等奖5项、三等奖16项。占全市获奖项目总数14.5%。获奖领域主要为生物医药与医疗卫生和电子信息技术领域。

3月

8日 市委常委、副市长陈刚到三里屯街道、将台乡调研城市建设工作。

28日 全国政协副主席、农工党中央常务副主席刘晓峰率农工党中央“深化医药卫生体制改革”专题调研组到朝阳区调研。

是月 朝阳区望京李楠社会工作事务所负责人李楠、北京会兰孝亲敬老服务队负责人梁会兰获全国“最美志愿者”称号。

是月 奥运村街道南沙滩居委会主任康晓敏和署康社会工作事务所执行主任王蓓蓓获第四届“首都最美社工”。

4月

4日 区委书记吴桂英会见河南省淅川县代表团。双方交流对口支援、互相协作等事项。

21日 区第一个“城市书房”在西坝河东里社区落成。

25日 区召开“两学一做”学习教育动员大会，传达中央和北京市委关于在全体党员中开展“两学一做”学习教育有关精神，动员部署全区学习教育事宜。区委书记吴桂英作动员、区长王灏主持会议。区四套班子领导出席会议。

26日 区首个妇女儿童领域枢纽型公益慈善组织——朝阳区妇女儿童公益慈善促进会正式成立。

是月 完成东坝南二街西端建设工程。东坝南二街是贯穿东西方向的一条城市主干道，西起东四环，东至首都机场第二通道，全长4.6公里，是朝阳区东西主要交通道路之一，与亮马河、东坝大街一起构成东坝边缘集团东西向干线主框架。

是月 朝阳区被评为北京市农产品质量安全示范区。

5月

10日 全国妇联副主席、书记处书记焦扬率队到朝阳区调研家庭建设情况。参观麦子店街道国际社区服务中心和呼家楼街道党建服务指导中心。

17日 在奥林匹克公园举行南水北调展览馆开馆仪式，标志着南水北调中线工程水源地和北京对口协作进入新阶段。

18日 朝阳区在第十九届中国北京国际科技产业博览会上设3个功能区，8家科技创新型企业参加展览。

△河北省承德市委书记周仲明，市长常丽虹率承德市党政代表团到朝阳区考察交流。

27日 区长王灏与到访的天津市西青区委副书记、区长陈绍旺带领的政府代表团交流座谈。双方介绍两地经济社会发展情况，并就商务区建设、疏解非首都功能等。

28日 区召开2016年先进集体和先进个人座谈会，表彰获2016年全国及首都劳动奖章、奖状及工人先锋号的集体和个人。

6月

1日 在第四届京交会上，朝阳分销服务板块项目签约突破1500亿元人民币。

12日 坐落在朝阳区奥林匹克森林公园中，北京中轴线上246.8米高的标志性建筑命名为北京奥林匹克塔，并悬挂起永久性奥运五环标志。北京市成为继加拿大蒙特利尔后第二个永久悬挂奥运五环标志的城市。

28日至29日 文化部2016年全国文化产业工作会议在朝阳区召开。

7月

10日 老挝万象占塔布里县委书记兼县长布隆•冯达拉桑率代表团应邀到朝阳区访问，签署两地合作备忘录，缔结双方友好关系。

29日 在全国双拥模范城（县）暨双拥模范单位和个人命名表彰大会上，朝阳区获"全国双拥模范城（县）"荣誉称号。是朝阳区连续第六次获此荣誉称号。

是月 高安屯垃圾焚烧厂二期投入生产试运行，日处理生活垃圾能力1800吨，年发电量2.26亿千瓦小时。

8月

3日 区委书记吴桂英带领区四套班子领导到武警北京总队一师，参加"军事日"活动。

26日 区卫生计生委通过国家卫生计生委区域卫生信息互联互通标准化成熟度测评，定级为四级甲等。全国通过四级甲等认定地区11个，朝阳区是北京市首家获最高等级的区县。

9月

1日 军委国防动员部部长盛斌、副部长曲松一行到朝阳区调研国防动员、后备力量建设及征兵工作。

2日 京、津、冀文化产业园区（企业）联盟在北京成立。由北京市朝阳区文创实验区企业信用促进会、天津棉三创意企业管理服务有限公司、承德"21世纪避暑山庄"文化旅游产业园区等单位联合倡议成立。标志着京津冀地区以建立完善的产业生态为目的首个非营利性协同发展组织成立。

7日 区"十三五"规划展开展暨2016北京CBD商务节开幕式在朝阳区规划艺术馆举行。阿里巴巴集团、乐视控股集团、亿利资源集团、上海腾讯影业、中航基金、休斯车联网等12个项目与朝阳区签署战略合作协议。

9日 2016北京CBD商务节系列文化活动之一——第五届国际创意文化节开幕。

23日 亚洲基础设施投资银行总部在北京奥林匹克中心区奠基开工，标志着工程建设正式启动。

10月

1日 广渠路二期主路开通。广渠路二期西起东四环大郊亭桥，东至通州怡乐西路，全长12公里，是继京通快速路之后，又一条通往北京城市副中心的城市快速路，主路设计速度为每小时80公里，辅路设计速度为每小时40公里。道路从五环路起，全程为高架。

17日 区长王灏会见奥地利萨尔茨堡市市长海茵茨•沙登一行，就双方继续加强政府、教育、文化等方面进行交流。

25日 区第十三次妇女代表大会召开。区妇联主席蒋冬燕代表区妇联第十二届执行委员会作《凝心聚力、开拓创新团结带领广大妇女为朝阳区率先全面建成小康社会而努力奋斗》工作报告。

△区长王灏会见柬埔寨人民党金边市七玛卡拉区副主席、区长林索非一行。双方签署友好合作备忘录，在人员、经贸、文化、教育及青少年、城市管理、公共医疗和环境卫生、旅游等方面开展交流与合作。

是月 疏解商品交易市场66家（农村地区45家，街道地区21家），停产一般性制造业85家，拆除仓储物流基地3家、再生资源回收场站19个，分别完成年度任务的124.5%、100%、100%、126.7%，四类疏解领域完成年度疏解任务，腾退建筑面积104.8万平方米。

11月

9日至10日 共青团北京市朝阳区第十二次代表大会召开。团区委书记孔钢城作《固本强基改革创新——为朝阳"建设'三区'、建成小康"凝聚青春力量》工作报告。全区319名代表参加会议。

12月

6日 中共北京市朝阳区第十二次代表大会开幕。区长王灏主持大会。区委书记吴桂英代表中共北京市朝阳区第十一届委员会向大会作题为《建设"三区"成小康为北京建设国际一流的和谐宜居之都而努力奋斗》报告。

15日 全国政协副主席王家瑞带领全国政协教科文卫体委员会到朝阳区调研学前教育情况.

19日 政协北京市朝阳区第十三届委员会会议开幕。第十二届区政协主席谢莹作政协北京市朝阳区第十二届委员会常务委员会工作报告。

20日 朝阳区第十六届人大会议开幕。应出席代表445名，实到会代表424名。区长王灏代表区政府向大会作《政府工作报告》。

23日 市安委会第一督察组召开督察朝阳区安全生产情况反馈交流会。市安委会第一督察组到区民防局等12个行业主管部门，以及北京建工集团有限公司北京鲜活农产品流通中心项目部等4个企业项目部、北京市虎城小区供热服务中心等17个生产经营单位，综合督察区安全生产大检查落实情况。

是月 《朝阳区“十三五”时期产业发展规划》发布实施。“十三五”时期，朝阳区围绕“高水平建设国际商务中心区、文化创新实验区、和谐宜居模范区，率先全面建成小康社会”总体目标，立足构建“一廊两带三区”功能布局和实施城乡发展“六个一百”工程，加快推进产业转型升级和结构调整，提高产业发展的质量和效益，实现增长方式由要素驱动向创新驱动转型，产业结构由传统产业支撑向新兴产业主导转变。

中共朝阳区委

2017
北京朝阳年鉴

综　述

2016年，中共朝阳区委深入贯彻落实十八大以来系列重要会议精神和习近平总书记系列重要讲话特别是视察北京重要讲话精神，按照市委十一届十次、十一次、十二次全会和区委十一届十二次、十三次全会，十二次党代会的各项决策部署，牢固树立新发展理念，围绕京津冀协同发展战略、首都城市战略定位和朝阳"建设'三区'、建成小康"的发展目标，团结带领全区各级党组织和党员干部群众完成全年各项目标任务，确保"十三五"良好开局。

突出从严治党，党建工作稳步推进。区委认真贯彻《中国共产党地方委员会工作条例》，坚持民主集中制，制定区委工作规则、区委全会工作制度、区委常委会工作规则和书记专题会议制度，提高党建制度化水平。发挥总揽全局、协调各方的作用，大力支持人大、政府、政协及人民团体依法履职尽责，成立区委统战工作领导小组，健全统战工作体制机制，增强全区"一盘棋"的整体合力。坚持把思想政治建设放在首位，把学习贯彻习近平总书记系列重要讲话作为首要政治任务，发挥区委中心组示范带动作用，开展五大发展理念、十八届六中全会精神的学习教育，认真落实《关于新形势下党内政治生活的若干准则》（以下简称准则）和《中国共产党党内监督条例》（以下简称条例）。在全区党员干部中牢固树立"四个意识"，自觉在思想上政治上行动上同以习近平同志为核心的党中央保持高度一致。扎实开展"两学一做"学习教育，坚持学做结合，全区整改问题4467个，推动党内教育从"关键少数"向广大党员拓展，从集中性教育向经常性教育延伸。坚持新时期好干部标准，完善选人用人、综合考核与监督机制，按照"五有"干部的具体要求，统筹推进班子干部队伍调整配备，领导班子结构和功能不断提升。召开区十二次党代会，提出"建设'三区'，建成小康，为北京建设国际一流的和谐宜居之都而努力奋斗"奋斗目标、"三重三强"工作重点和"六个一流"工作标准，指明未来五年发展方向。完成区乡村（社区）三级领导班子换届和街道任期调整，以严肃换届纪律为契机，进一步正风肃纪，巩固风清气正的良好政治生态。坚持系统推进，以区域化党建为统领，深化"聚合力工程"，推广"一轴四网"区域化党建模式，深化党政群共商共治机制，中关村朝阳园党群活动中心建成为市级党员教育示范基地，叶青大厦商务楼宇统战模式在"全国统战工作实践创新现场观摩会"推广，全国首家妇女儿童领域枢纽型公益慈善组织在朝阳成立。坚持从严管理，深化基层党建述职评议考核，整顿提升19个软弱涣散党组织。坚持落实全面从严治党主体责任和监督责任，始终把党风廉政建设和反腐败工作纳入全区工作总体布局，完善基层党风廉政建设"1+6"制度体系，组织开展廉政提醒谈话3673人次，其中处级干部386人次，"咬耳扯袖、红脸出汗"的氛围逐步形成。着力抓住"一把手"和"微权力"两头，锲而不舍整治"四风"。全年查处违反中央八项规定精神问题20起，立案169件，处分152人，其中处级干部22人、基层干部130人。为当事人澄清反映失实问题141件，保持和巩固风清气正的良好政治生态，推动了党风政风持续好转。

突出功能疏解，推动经济发展提质增效。主动融入首都发展大局，坚持规划引导发展、环境促进发展、管理规范发展、文化引领发展、治理共赢发展、疏解提升发展，推动发展稳中求进、进中提质。牵住功能疏解"牛鼻子"，做好先"舍"后"得""瘦身健体"大文章。坚持以非首都功能疏解为导向，聚焦重点领域实现精准疏解，聚焦重点地区实现集中疏解，聚焦重点项目实现连片疏解，聚焦综合整治实现联动疏解。推动全区关停工业企业、清退有形市场、出租大院等230余家，腾退建筑面积112.1万平方米，调减常住人口9.9万人，遏制人口过快增长势头，初步实现人口拐点。年内实现地区生产总值首次突破5000亿元，达到5001.6亿元，占全市20.1%，同比增长6.5%。完成区财政一般公共预算收入477.13亿元，同比增长6.5%，总量继续居全市16区之首。在总量增长、增速平稳的同时，全区经济质量效益不断提升，"高精尖"经济结构加快形成，金融、商务服务、文化创意和高新技术产业支撑和引领作用凸显，科技服务业超过房地产业成为第四大支柱行业。CBD、奥林匹克公园核心区、中关村朝阳园等重点功能区发展势头强劲，发展品质稳步提升、辐射带动效应明显。紧抓建设服务业扩大开放综合试点示范区、建设国家文化产业创新实验区、落实北京市加强全国科技创新中心建设规划等契机，深化创新驱动战略，谋划供给侧结构性改革，适应新常态、培育新动力。加快"一绿"城市化建设试点，深化城乡接合部治理，"六位一体"统筹解决农村重点难点问题，基本完成"一绿"第一批6个乡的试点任务，启动东风乡等5个乡第二批试点，推动农村城市化进程。

突出环境建设，提升"大城市病"治理成效。深刻认识生态文明建设的意义，直面短板，聚焦"五治一增"，紧抓"一廊""一绿""一区"三件大事，抓好"一路""一河""一园"建设，提升和谐宜居水平。聚焦治脏，清理市级环境脏乱点1285处，整治率100%，重点地区环境秩序明显改善。聚焦治气，健全大气污染治理长效机制，主要污染物全面削减，四环路内基本实现"无煤化"，细颗粒物（PM2.5）年均浓度降至75微克/立方米。聚焦治水，全面实施"河长制"，严管新增水污染物排放建设项目审批，严治黑臭水体，严惩环境违法行为。聚焦治堵，建成广渠路等一批主干路，完成25条次支路建设，打通断堵头路5条，路网密度达到4公里/平方公里。聚焦治违，保持拆违控违高压态势，对新增违法建设"零容忍、零增长"，对存量违法建设加大整治力度，拆除违法建设416万平方米。聚焦增绿，新增、改造绿地289.7公顷，完成平原造林110.84公顷，启动温榆河森林湿地公园建设。

突出共治共享，着力增进民生福祉。牢固树立以民生为导向的政绩观，把人民对美好生活的向往作为奋斗目标，围绕解决关系群众切身利益的问题，办好为民实事，优化提升公共服务的供给质量和结构，民生工作得到拓展和深化。紧抓群众关心关注的教育、医疗、卫生、养老等问题，深入推进学区化综合改革，教育整体水平进入先进区行列，高考本科上线率超过95%，名列全市前茅；在全市率先实现医疗联合体服务全覆盖，垂杨柳医院改扩建主体工程加快实施，北京市第一中西医结合医院升级为三级甲等医院，医疗资源布局更加完善；推进养老服务“四进”，医养结合和社区“驿站式”养老服务模式在全市推广，成功创建全国养老服务业综合改革试点区。聚焦全国社区治理和服务创新实验区建设，注重系统治理、依法治理、综合治理、源头治理，构建“五化协同”的社区治理格局。坚持以点带面、创新引领，“全国社区治理和服务创新实验区”通过考核验收，党政群共商共治工程不断深化，“居民提案”项目获“2015年中国社区治理十大创新成果”，社区规范化建设持续深化，带动基层治理水平不断提高。全面落实维护安全稳定的政治责任，深化社会面立体化防控体系建设，充分发挥“朝阳群众”、科学维稳体系建设等一批工作亮点和特色品牌作用，全力保障全区社会大局稳定。实施重大决策社会稳定风险评估机制，完善多元化纠纷解决机制，社会矛盾纠纷有效化解。严格落实安全生产监管责任，建立事故隐患排查治理体系，全力保障人民群众生命财产安全。

朝阳区面临的矛盾。一是一些党委（党组）主责主业意识还不够强，能力还不足，还没有真正管到位、严到份儿。个别基层党组织软弱涣散，政治功能弱化，引领作用不突出。个别党员信念不坚定，违法违纪现象还没有杜绝。二是区域基础设施薄弱、公共服务水平整体不高、生态建设相对滞后、城乡接合部整治任务重、环境秩序有待改善等问题将更加凸显，优化布局、提升品质任重道远。三是产业结构仍然存在“大而全”问题，在农村地区特别是城乡接合部，仍然聚集着大量聚人多、占地大、高耗能、高耗水的低级次产业，环境脏乱、违法建设、安全隐患等问题突出。四是在当前经济深度转型的关键时期，新的增长动能尚未完全建立，经济发展面临多因素综合影响，城市承载能力和环境容量受限，保持高基数上的中高速增长难度增大。五是人口资源环境的矛盾依然突出，协同推进农村城市化与城市建设减量化的挑战更加凸显。六是生态环境欠账多，市政基础设施缺口大，文化底蕴不够深厚，教育、卫生、养老等公共服务离群众诉求有差距，传统的服务管理体系难以适应现代社会发展需要，共治共享的社会治理机制亟待完善，法治建设水平还需进一步提升。

地址：日坛北街33号
邮编：100020
电话：65094217

（王斯琪）

重点工作

【疏功能减人口稳增长工作会】 1月29日，召开疏功能减人口稳增长工作会议。区四套班子领导出席，区长王灏主持会议。副区长张维刚作《疏功能减人口稳增长，推进朝阳经济提质增效、稳中求进》工作报告。吴桂英、王灏与委办局、街、乡代表签订《2016年朝阳区功能疏解、人口调控与经济发展工作责任书》。吴桂英强调，疏功能减人口稳增长三者彼此联系、相互衔接，需要整体统筹、系统推进。要提高思想认识，增强做好工作的责任感、紧迫感，要加强组织领导，为疏减稳工作提供坚强保障。

（朱　静）

【环境建设和安全生产工作会】 2月2日，召开环境建设和安全生产工作会。区四套班子领导出席，王灏主持会议。杨树旗、王志勉、陈涛作工作总结和部署。吴桂英、王灏与区旅游委、建外街道、将台地区（乡政府）主要领导签订安全生产工作责任书。吴桂英强调，要从北京建设国际一流的和谐宜居之都、市委市政府对朝阳工作的期待、朝阳当前的发展形势和存在问题的高度和角度深化思想认识，扛起应有责任。要紧扣工作重点，全力以赴保安全、多管齐下促管理、持之以恒抓整治、健全体系强保障，抓好任务落实。

（朱　静）

【社会建设和农村城市化工作电视电话会】 3月2日，召开社会建设和农村城市化工作电视电话会。区四套班子领导出席，王灏主持会议。刘军胜作《创新社会治理，强化民主协商，持续提升朝阳社会建设工作水平》工作报告，陈涛作《强化统筹，转型升级，努力开创农村城市化工作新局面》工作报告。吴桂英强调，要提高站位、深化认识，增强新时期促进城乡发展的责任感和紧迫感。要突出要点、把握关键，开创社会建设和农村城市化工作新局面。

（朱　静）

【党建工作电视电话会】 3月29日，召开党建工作电视电话会。区四套班子领导出席，王灏主持会议。刘军胜部署2016年宣传工作，何明部署2016年组织、统战工作，陈涛部署2016年工会、共青团、妇联工作。围绕推动党建水平再上新台阶，吴桂英强调，要主动融入首都发展大局、紧扣关键问题，牢固树立政治意识、大局意识、核心意识、看齐意识、首善意识。要深入落实谋党建、抓党建、促党建的责任，坚持挺纪在前，把学习贯彻《中国共产党廉洁自律准则》《中国共产党纪律处分条例》作为一项政治任务，把守纪律、讲规矩作为一种范式、一种习惯，长期坚持、自觉遵循。要始终把围绕中心、服务大局作为党建工作的主基调，团结各界人士，形成推动区域发展的强大合力。

（朱　静）

【深化改革提升城市规划建设管理水平座谈会】 6月3日，召开深化改革提升城市规划建设管理水平座谈会。区领导吴桂英、王灏、刘军胜、张维刚、王志勉、杨树旗、黄晓伟出席，吴桂英主持会议。围绕贯彻落实中央政治局部署规划建设北京城市副中心工作会议和北京市委十一届十次全会精神，提升城市规划建设管理水平，吴桂英强调，要高度重视，深刻领会中央和市委精神；要突出重点，全面提升城市规划建设管理水平；要勇于担当，有效推动全年工作任务落实。

（朱　静）

【维护稳定工作专题会】 7月4日，召开维护稳定工作专题会。区领导吴桂英、王灏、陈涛、马继业、刘军胜、高岩、张维刚、杨树旗、李瑞翔、张玉鲲出席，王灏主持会议。陈涛传达市委维护稳定工作专题会会议精神，赵鲁燕、宋少伟、赵红伟通报近期突出群体性聚集事件、突出信访事件及非正常访情况、维稳形势相关情况和下一步工作措施。吴桂英强调，在维稳工作上要认真学习贯彻习近平总书记重要批示精神，清醒认识维护首都安全稳定的重大责任。要紧扣重点、标本兼治，以一以贯之的标准，下先手棋、打主动仗，切实抓好相关工作的具体贯彻落实。要坚决承担好维护安全稳定的第一责任。

（朱　静）

【区委党建工作领导小组会】 8月30日，召开区委党建工作领导小组会议。区领导吴桂英、陈涛、宋铁健、何明、刘军胜、张维刚出席，陈涛主持会议。何明传达市委党建工作领导小组会议精神，并对区委党建工作领导小组部分成员调整情况作说明，陈涛通报2015年全区党建工作情况，对2016年工作要点作说明。吴桂英强调，要深入学习贯彻中央、市委精神，增强做好党建工作的思想自觉和行动自觉。要以“严”和“实”的标准，扎实有效推进全区党建工作任务落实。要充分发挥党建领导小组作用，进一步完善党建工作格局。

（朱　静）

【疏解非首都功能与人口调控工作领导小组第一次工作会议】 8月30日，召开2016年区疏解非首都功能与人口调控工作领导小组第一次会议。区领导吴桂英、王灏、陈涛、张维刚、王志勉、杨树旗、孙其军、黄晓伟出席，吴桂英主持会议。会议总结上半年非首都功能疏解与人口调控工作并对下一阶段工作进行部署。吴桂英强调，要增强对疏功能、减人口工作的责任感。要抓住工作重点、抓紧硬任务落实。要举全区之力，集合各方面力量和资源，加大整体推进力度，打好协同仗。要统一思想、坚定信心、积极探索创新，提振干部“精气神”，确保完成各项任务目标。

（朱　静）

【迎接全国文明城区专项督察工作部署电视电话会】 9月1日，召开深化文明城区建设迎接全国文明城区专项督察工作部署电视电话会。区四套班子领导出席，王灏主持会议。刘军胜传达《中央文明办关于全国文明城市和提名城市深化创建工作、保持创建经常化的通知》精神，黄晓伟部署《朝阳区关于深化文明城区建设迎接全国文明城区专项督察工作方案》。吴桂英强调，要推动认识再提升，进一步增强文明城区建设的责任感和紧迫感。要推动重点再聚焦，进一步提升文明城区建设整体水平。要推动工作再统筹，全力以赴打好迎检攻坚战。要以最高的水平、最好的状态，圆满完成迎接全国文明城区专项督察工作。

（朱　静）

【街乡（工）党委书记会】 9月28日，召开街乡工（党）委书记会。区领导吴桂英、王灏、陈涛、何明、马继业、刘军胜、高岩、史连雪、张维刚、李俊杰、杨树旗、孙其军、黄晓伟出席会议。王灏传达市委相关会议精神，陈涛、杨树旗部署相关工作。吴桂英强调，要认清形势，保持良好工作状态。要紧盯重点环节，抓好节日期间相关工作。要落实责任，统筹安排好第四季度工作。

（朱　静）

【政党联合推荐会】 10月25日，召开中共朝阳区委、朝阳区各民主党派、无党派代表人士和各人民团体民主协商会。区领导吴桂英、陈涛、何明出席，陈涛主持会议。何明作关于联合推荐人大代表候选人建议人选有关情况的说明，胡杰华宣读联合推荐书。吴桂英强调，要充分认识做好换届选举工作的重要意义，通过换届优化领导班子和干部队伍结构，为圆满完成“十三五”规划任务，推动朝阳更高水平发展打好基础、提供坚强的组织保证。要精诚团结，形成合力，确保换届工作圆满完成。

（朱　静）

【环保督察工作动员部署会】 11月29日，召开环保督察工作动员部署会。区领导吴桂英、王灏、甘靖中、马继业、张维刚、刘新宇、苅文新、王志勉、牛国泉、杨树旗、孙其军、黄晓伟、张永新、靳学军、张玉鲲、郭智、荣慧出席，王灏主持会议。王志勉部署迎接中央环境保护督察工作。吴桂英就做好迎接环保督察工作强调，要充分认识到迎接环保督察是落实中央和市委决策部署的重要政治任务、是对全区生态建设的全面检验、是补齐生态短板的有利契机。要严格落实责任、突出问题导向、坚持首善标准、筑牢工作基础、加强工作统筹、注重宣传引导，抓住重点工作和关键环节，全力以赴迎接环保督察，确保环保督察工作顺利进行。

（朱　静）

【环保督察重点单位集体谈话】 12月13日，召开环保督察重点单位集体谈话会。区领导吴桂英、王灏、张维刚、王志勉出席，吴桂英主持会议。马龙汇报环保督察工作整体情况及存在的问题。吴桂英强调，要进一步提振信心士气，把中央环保督察工作当成是补齐环境保护工作短板的有利契机，全面提升工作水平，力促区域环境质量好转。要进一步聚焦问题整改，坚持问题导向，把问题整改贯穿始终，对问题整治锲而不舍、一盯到底、落实到位。要进一步强化责任意识，严格落实环保工作责任制，及时研究解决整改过程中存在的问题，按时保质完成整改任务，确保环保督察取得实实在在的效果。

（朱　静）

重要会议和活动

【干部选拔任用工作座谈会】 1月29日，召开区委干部选拔任用工作座谈会。区领导吴桂英、何明、刘军胜出席，何明主持会议。张中华通报区委2015年干部选拔任用工作情况。吴桂英强调，用人导向关乎党风民意、关乎事业成败，必须持之以恒树立重品行、重实绩、重公论、重基层的正确选人用人导向。选人用人是关系事业发展的关键性、根本性问题，必须坚持不懈提升干部选拔任用工作水平，把事业第一的要求贯穿选人用人工作始终，营造公开、公平、公正的用人环境，真正使选拔出来的干部组织放心、群众满意、干部认可，为全区各项事业的科学发展提供有力组织保障。

（朱 静）

【老干部工作会】 2月1日，召开老干部工作会。区领导吴桂英、王灏、佟克克、谢莹、陈宏志、甘靖中、何明出席，王灏主持会议。陈宏志传达中央和北京市老干部工作会精神，何明作工作报告。吴桂英强调，要饮水思源、发扬传统，进一步增强老干部工作的责任感和使命感。要加强引导、凝心聚力，激励离退休干部为朝阳发展增添正能量。要真心真诚、倾情倾力，全力做好老干部服务工作。

（朱 静）

【街乡党（工）委书记抓基层党建工作述职评议考核会】 2月3日，召开街乡党（工）委书记抓基层党建工作述职评议考核会。市委组织部副部长、市老干部局局长蔡淑敏及市委组织部干部周其柏、张俊华、李萌，区委常委出席，王灏主持会议。吴桂英强调，要在全区树立一个鲜明的导向，全面从严治党正在成为党的建设新常态，各级党委必须在从严治党管党上带好头、作表率，毫不松懈，一抓到底，真正做到敢管敢治、严管严治、长管长治。要严明政治纪律和政治规矩，强化主责主业、激发创新活力、加强队伍建设、坚决挺纪在前，推进基层党风廉政建设落实和党建工作水平提升。

（朱 静）

【村“两委”换届选举工作领导小组会】 2月26日，召开村“两委”换届选举工作领导小组会。区领导吴桂英、陈涛、何明、刘军胜、胡良森、孙其军出席，陈涛主持会议。唐行安汇报村党组织换届选举工作情况，张岩汇报第十届村委会换届选举工作情况，会议审议《朝阳区第十届村民委员会选举工作方案（草案）》。吴桂英强调，要严格工作程序，完成换届目标。要加强研究预判，化解矛盾问题。要加强组织领导，积极主动作为。要严肃选风选纪，确保守住底线。

（朱 静）

【乡换届和街道任期调整动员部署会】 5月5日，召开乡换届、街道任期调整动员部署会。区领导吴桂英、王灏、陈宏志、谢莹、陈涛、宋铁健、何明、马继业、刘军胜、高岩、史连雪、张维刚、胡良森、黄晓伟出席，王灏主持会议。何明部署相关工作。吴桂英强调，要准确把握乡换届和街道任期调整工作的重点任务，绘出好蓝图、选出好干部、配出好班子、换出好面貌。要加强对换届调整工作的领导和指导，真正做到了解实情、客观评价、规范操作、稳妥有序，圆满完成各项任务，不辜负组织的信任和干部群众的期望。

（朱 静）

【党政群共商共治民主协商会】 6月2日，召开党政群共商共治民主协商会。区领导吴桂英、王灏、陈涛、甘靖中、刘军胜、张维刚、杨树旗出席，王灏主持会议。陈涛介绍区级民主协商会议实事项目有关情况并宣布议事规则。吴桂英强调，要完善制度机制，提高共商共治科学化水平，要加强组织动员，凝集社会治理的多方力量，要深化共商共治，促进社会治理难题有效解决。

（朱 静）

【纪念中国共产党成立95周年暨表彰大会】 6月28日，召开纪念中国共产党成立95周年暨表彰大会。区四套班子领导、法检“两长”出席，王灏主持会议。陈涛宣读区委表彰优秀共产党员、优秀党务工作者、先进基层党组织的决定。表彰优秀共产党员100名、优秀党务工作者100名、先进基层党组织100个。吴桂英强调，要铭记历史、坚定信念，坚定不移走好中国特色社会主义道路。要总结经验、把握规律，不断提升全区党建科学化水平。要凝心聚力、与时俱进，全面保持发展党的先进性和纯洁性。

（朱 静）

【党管武装工作会】 7月7日，召开党管武装工作会。区领导吴桂英、王灏、陈涛、史连雪、张维刚、杨树旗出席，王灏主持会议。陈涛传达市党管武装工作会议精神，汪建新讲评并部署党管武装工作，杨树旗宣读《关于表彰2015年朝阳区党管武装工作先进单位和个人的通报》。吴桂英强调，要提升认识，进一步增强抓好党管武装工作的责任感、紧迫感。要强化担当，把党管武装工作不断引向深入。要夯实基础，扎实推进国防后备力量建设。要共融共促，努力开创军民融合发展新局面。

（朱 静）

【区委十一届十二次全体（扩大）会议】 7月22日，召开区委十一届十二次全体（扩大）会议。吴桂英代表区委常委会作工作报告。会议审议通过《中共北京市朝阳区委朝阳区人民政府关于全面深化改革提升城市规划建设管理水平的实施意见》和《关于召开中国共产党北京市朝阳区第十二次代表大会的决议》。吴桂英强调，要从发展思路和改革力度上认清形势，放大和彰显国际化、空间、创新、区位、环境、奥运等优势，进一步增加责任感和使命感。要紧扣重点难点，高质量完成全年减人口、稳增长、抓改革、维护安全稳定等各项任务。要抓好“两学一做”学习教育、换届调整等工作，保持良好作风状态，奋发有为干事创业。

（朱 静）

【区、乡人大换届选举工作动员部署会】 8月23日，召开区、乡人大换届选举工作动员部署会。区领导吴桂英、陈宏志、陈涛、何明、苑文新、朱春霞、叶青出席，何明主持会议。陈宏志部署区、乡人大换届选举工作。吴桂英强调，要充分认识换届选举的重要意义，准确把握换届选举面临的新形势。要强化党委领导、正确选人用人、注重统筹协调、严肃换届纪律，扎实做好换届选举工作。

（朱 静）

【对台工作领导小组（扩大）会议】 8月25日，召开对台工作领导小组（扩大）会议。区领导吴桂英、王灏、何明、苑文新、黄晓伟、王文远出席，王灏主持会议。何明传达中央和市委对台工作会议有关精神，并就全区对台工作进行部署，黄晓伟就区委对台工作领导小组、区台胞权益保障协调小组调整情况作相关说明。吴桂英强调，要准确把握形势，应对新变化，服务好对台工作大局。要发挥对台优势，广泛凝聚各方合力，要注重分工协作，完善对台工作格局。

（朱 静）

【庆祝中共叶青大厦委员会成立十周年大会】 9月5日，召开庆祝中共叶青大厦委员会成立十周年大会。市有关部门领导周开让、宋贵伦、陈建领、严卫群，区领导吴桂英、何明、张维刚、叶青出席，邵云勇主持会议。邵云勇作叶青大厦党委工作汇报。吴桂英强调，要发扬敢于担当、敢于碰硬、敢于创新的精神，不断提高想问题、找规律、树品牌的本领，推动两新组织党建工作再上新台阶、再出新成绩，为朝阳“建设‘三区’、建成小康”做出新的更大贡献。

（朱 静）

【国家文化产业创新实验区高端峰会】 9月6日，举办2016国家文化产业创新实验区高端峰会。文化部党组成员、部长助理于群，市委常委、宣传部部长李伟，区领导吴桂英、何明、马继业、刘军胜、张维刚、朱春霞、黄晓伟出席，刘军胜主持会议。吴桂英代表区委、区政府对出席峰会的领导和嘉宾表示欢迎，并强调朝阳将以此次峰会为契机，进一步增强紧迫感，全方位推动文化产业协同创新与融合发展等方面探索。一是开拓创新，引领文化产业内涵式发展；二是融合发展，打造“文化+”产业发展新格局；三是多元协同，共筑文化产业发展新生态。

（朱 静）

【区委十一届十三次全体（扩大）会议】 11月17日、18日，召开区委十一届十三次全体（扩大）会议。会议审议通过区第十二次党代会有关事项，讨论区第十二次党代会报告和区纪委工作报告。吴桂英在全会闭幕式上强调，要深入贯彻党的十八届六中全会和市委十一届十一次全会精神，紧密团结在以习近平同志为核心的党中央周围。要认清形势、满怀信心，在新的起点上实现朝阳更高层次的发展。要加强思想引导、组织领导、纪律检查，确保干部群众凝聚共识、确保各项程序落实到位、确保选举风清气正，高标准做好换届工作。

（朱 静）

【党派民主协商会】 11月28日，召开中共朝阳区委、朝阳区各民主党派、无党派人士和各人民团体民主协商会。区领导吴桂英、何明出席，何明主持会议。何明作关于人大、政府、政协班子和法检“两长”候选人情况的说明，胡杰华作关于政协委员、常委候选人情况的说明并宣读联合建议书。吴桂英强调，要提高认识，将思想统一到市委、区委人事安排上来。要共谋发展，把智慧和力量凝聚到推动朝阳经济社会发展上来。要加强组织，确保选举工作圆满完成。

（朱 静）

【区第十二次党代会】 12月5日至9日，召开中共北京市朝阳区第十二次代表大会。大会听取和审查吴桂英代表十一届区委所作的工作报告、席成坡代表十一届区纪委所作的工作报告。12月9日，选举产生十二届区委委员45名，候补委员9名，纪委委员29名。大会审议通过《中国共产党北京市朝阳区第十二次代表大会关于中共北京市朝阳区第十一届委员会工作报告的决议》，批准席成坡代表十一届纪委所作的工作报告。大会号召全区各级党组织和全体共产党员要高举中国特色社会主义伟大旗帜，坚持以马克思列宁主义、毛泽东思想、邓小平理论、“三个代表”重要思想、科学发展观为指导，紧密地团结在以习近平同志为核心的党中央周围，全面贯彻党的十八大和十八届三中、四中、五中、六中全会精神，深入贯彻习近平总书记系列重要讲话精神，牢固树立政治意识、大局意识、核心意识、看齐意识，建设坚强有力的区委领导班子，建设忠诚干净担当的党员干部队伍，提高发展质量效益，提升区域环境品质，增强服务保障能力，增进人民福祉，高水平建设国际商务中心区、文化创新实验区、和谐宜居模范区，率先全面建成小康社会，为北京建设国际一流的和谐宜居之都而努力奋斗。

（朱 静）

【区委十二届一次全会】 12月9日，召开区委十二届一次全体会议，会议选举吴桂英、王灏、甘靖中、何明、马继业、刘军胜、张维刚、席成坡、刘新宇、孙其军、黄晓伟为新一届区委常委，选举吴桂英为区委书记，王灏、甘靖中为区委副书记，通过中国共产党北京市朝阳区第十二届纪律检查委员会第一次全体会议选举结果的报告。吴桂英强调，大会确立了2016—2020年“建设‘三区’、建成小康”的发展目标，提出推进党建科学化、发展优质化、治理现代化的战略任务，下一步要奋发有为、真抓实干，向新的宏伟目标阔步前进。实现宏伟目标，必须讲政治、顾大局，必须攻坚克难、担当作为，必须崇尚实干、一抓到底，必须同频共振、团结协作。

（朱 静）

【“学习贯彻党的十八届六中全会精神”研讨班】 12月26日至30日，举办朝阳区第一期处级干部“学习贯彻党的十八届六中全会精神”专题研讨班。区领导吴桂英、王灏、甘靖中、何明、刘军胜、张维刚、席成坡出席开班式，王灏主持。王灏传达市委十一届十二次全会精神、市委常委会精神、全市经济社会发展工作报告精神及郭金龙书记讲话精神。吴桂英强调，要充分认识党的十八届六中全会的重大意义，深刻理解和把握六中全会精神的精髓。要立足朝阳实际，贯彻落实六中全会精神。要落实市委全会精神，做好近期工作安排，为推进各项工作开展打下坚实思想理论基础。

（朱 静）

【区委常委会】 年内，召开区委常委会41次，研究议题232个，议题涉及党的建设、经济发展、农村城市化、社会建设、民生工作、安全稳定、干部工作等内容。

（朱 静）

重大决策

【制定区第十三个五年规划建议】 1月8日，区委下发《关于制定朝阳区国民经济和社会发展第十三个五年规划的建议》，提出8个方面意见：科学把握发展形势，在新的起点上实现朝阳更高层次发展；疏解提升并举，全力服务保障首都核心功能；深化创新驱动，促进发展提质增效；坚持生态优先，提高宜居环境品质；加强城乡统筹，促进区域均衡协调发展；突出文化引领，提升文化文明水平；强化共治共享，着力增进民生福祉；加强党的领导，为实现"十三五"规划提供坚强保障。

（王斯琪）

【加强社会主义协商民主建设】 3月28日，区委下发《关于加强社会主义协商民主建设的实施意见》，提出8个方面的实施意见：准确认识和把握加强协商民主建设的意义和总体要求；继续加强政党协商；积极开展人大协商；扎实推进政府协商；进一步完善政协协商；认真推进人民团体协商；稳步推进基层协商；提供保障措施。

（王斯琪）

【确保区"一绿"试点工作顺利推进】 7月9日，区委下发《关于进一步严明纪律确保北京市第一道绿化隔离地区城市化建设朝阳区试点工作顺利推进的意见》，提出5个方面意见：总体要求与基本原则；坚持问题导向，把握重点环节；健全工作机制，促进任务落实；拓展监督渠道，明确监管责任；落实四种形态，强化执纪问责。

（王斯琪）

【提升城市规划建设管理水平】 8月23日，区委、区政府下发《关于全面深化改革提升城市规划建设管理水平的实施意见》，提出9个方面实施意见：强化综合统筹、管控有效的城乡规划体系；服务首都功能，提升朝阳特色的国际都市品质；建设绿色覆盖、水景共融的城市生态环境；打造高效联通、安全保障的城市基础设施；实施综合一体、共管共治的城市治理创新；构建数字智能、精细安全的城市管理网络；营造文化示范、文明和谐的城市宜居生活；聚焦城市发展突出问题，明确阶段工作重点；加强统筹保障，确保工作落实。

（王斯琪）

【推进人民防空改革发展】 9月1日，区委、区政府和区武装部印发《关于深入推进人民防空改革发展的实施方案》，提出6个方面的实施意见：着力提升城市和重要经济目标综合防护能力；积极推动人民防空信息化建设实现新跨越；不断优化人民防空发展方式；加强人防工程建设和管理；着力加强人民防空体系建设；全面落实各项保障措施。

（王斯琪）

【转发法治宣传教育第七个五年规划】 9月1日，区委、区政府转发《朝阳区依法治区领导小组关于在全区开展法治宣传教育的第七个五年规划（2016—2020年）》的通知，要求认真学习领会，并结合实际贯彻落实。方案提出7个方面主要任务：深入学习宣传习近平总书记关于全面依法治国的重要论述；深入学习宣传宪法；深入宣传中国特色社会主义法律体系；深入学习宣传党内法规；繁荣发展社会主义法治文化；广泛开展多层次多领域的法治创建；推进法治教育与道德教育相结合。

（王斯琪）

【构建"一轴四网"区域化党建体系】 11月11日，区委下发《关于构建"一轴四网"区域化党建体系进一步深化聚合力工程的意见》，提出4方面主要任务：健全以区域性党组织为核心，全覆盖、网络化、充分发挥功能的组织体系；建立以落实党建工作责任制为核心、能统筹协同解决问题的工作体系；完善以提升统筹服务能力为核心，基层党组织整合各类社会力量开展服务的服务体系；健全以制度化、系统化保障为核心，责权利统一、向基层倾斜、向区域聚集的保障体系。

（王斯琪）

【培育和践行社会主义核心价值观】 12月30日，区委印发《关于培育和践行社会主义核心价值观的实施办法》，提出8条具体措施：加强理论阐释；坚持融入贯穿；加强宣传教育；丰富文化内涵；深化实践养成；注重典型引领；突出立德树人；强化统筹落实。

（王斯琪）

【明确环境保护工作职责分工】 12月30日，区委、区政府印发《朝阳区环境保护工作职责分工》，进一步明确区委、区政府环境保护工作职责；区委职能部门环境保护工作职责；区政府职能部门环境保护工作职责；区政府直属事业单位环境保护工作职责；街道办事处、乡政府（地区办事处）环境保护工作职责。

（王斯琪）

组织工作

【概况】 中共朝阳区委组织部是区委主管组织建设、干部队伍建设和人才队伍建设的职能部门。设干部科、干部监督科、人才科、组织科、党员教育管理科、干部教育培训科、调研室、党代表联络室、办公室等9个科室。年内，组织工作紧紧围绕有序疏解非首都功能、推动京津冀协同发展等中心任务，以纪念建党95周年、"两学一做"学习教育和区、乡、村三级班子换届和街道任期调整为契机，履行职责，夯实基层基础。构建"一轴四网"区域化党建工作体系，完善区域化党建，强化干部教育培训和干部监督工作，完善考核评价机制，统筹推进班子干部队伍调整配备。推进国际高端商务人才发展区建设，优化人才发展环境，加强自身建设，推动全区组织工作的整体水平提升。制发了《北京市朝阳区"十三五"时期人才发展规划（2016-2020年）》。

地址：日坛北街33号

邮编：100020

电话：65094313

网址：http://www.chyzg.gov.cn

（杨怀恺）

【慰问党组织和党员】 1月5日，联合区老干部局制发《关于转发中央组织部〈关于在元旦春节期间开展走访慰问生活困难党员、老党员和老干部活动的通知〉的通知》，启动2016年"两节"走访慰问活动。七一前夕，结合纪念建党95周年，开展走访慰问老党员、老干部、优秀共产党员、优秀党务工作者、先进基层党组织负责人和困难党员活动，通过座谈、走访看望等形式，了解党员的所思、所想，掌握生活状况，解决实际困难。年内，走访慰问党员7785人，发放慰问金491.8万元。

（欧阳龙）

【乡党代会年会】 1月8日至2月28日，召开区2015年度乡党代会年会。全区19个乡完成审议通过乡党委工作报告、乡纪委工作报告，党费收缴、使用及管理情况报告等常规性工作，通报村党组织换届情况，分组讨论村委会换届选举可能出现问题、下一步工作建议等，以东坝、来广营两个乡为试点，探索开展代表述职评议工作，以太阳宫、平房两个乡为试点，开展代表询问试点工作。

（李　锋）

【党代表参加（列席）干部人才工作（重要会议）】 2月2日，组织5名区第十一次党代会基层代表参加区级班子民主测评会。2月22日，组织5名区第十一次党代会基层代表参加全区领导干部大会。8月24日至25日，组织2名区第十一次党代会基层代表监督朝阳区"凤凰计划"人才评审工作。9月19日，组织5名区第十一次党代会基层代表参加全区领导干部大会。10月31日至11月3日，组织3名区第十一次党代会基层代表参加2016年朝阳区国际高端商务人才评审工作。12月下旬，组织5名区第十二次党代会基层代表参加区委常委班子2016年度民主生活会征求意见工作。

（李　锋）

【基层党建述职评议考核】 2月3日，组织召开街乡党（工）委书记抓基层党建工作述职评议考核会。区长王灏主持会议，区委书记吴桂英、区委常委陈宏志、陈涛、宋铁建、甘靖中、何明、马继业、刘军胜、史连雪参加会议。市委组织部副部长、市委老干部局局长蔡淑敏出席会议并讲话。会议采取街乡书记述职和自评、区委书记和常委点评、与会代表测评、基层代表提问的"一述三评一问"方式，强化党（工）委书记抓基层党建工作的责任意识。吴桂英逐一点评述职情况并讲话。区委党建工作领导小组成员、街乡党（工）委书记、基层代表等220余人参加会议。

（韦良中）

【基层党代表列席区委重要会议】 2月3日，组织10名区第十一次党代会基层代表参加朝阳区街乡党（工）委书记抓基层党建工作述职评议考核会，部分代表对述职的街乡党（工）委书记进行现场提问。3月29日，组织街道、农村系统43名区第十一次党代会基层代表参加区2016年党建工作电视电话会议。6月2日，组织6名区第十一次党代会基层代表参加2016年党政群共商共治区级民主协商会。6月28日，组织10名区第十一次党代会基层代表参加全区纪念中国共产党成立95周年暨表彰大会。11月15日，组织4名区第十一次党代会基层代表参加朝阳区第十二次党代会报告起草征求意见座谈会。

（李　锋）

【村委会换届】 2月26日，组织召开第十届村委会换届选举工作领导小组会。区领导吴桂英、陈涛、何明、刘军胜、孙其军、胡良森出席会议。吴桂英从认清发展形势、加强组织领导、加强研究谋划、严格工作程序、严肃选风选纪五个方面对村委会换届工作提要求。7月19日，完成第十届村委会换届选举工作，12个乡71个行政村参加换届选举，登记选民90217人，其中参加投票选民87055人，参选率96%。选举产生村委会成员305名，其中主任71名、副主任36名、委员198名。

（韦良中）

【党代表任期制工作会】 3月8日，区委组织部召开朝阳区2015年度党代表任期制工作会。总结2015年党代表任期制工作，部署2016年工作，座谈交流2016年如何进一步深化党代表任期制，提高党代表履职能力。

（李　锋）

【领导调研】 3月10日，市委常委、组织部部长姜志刚就非公企业党建工作到奇虎360公司、洛娃集团、叶青大厦调研，并与市邮政管理局、渔阳集团、北京纳通科技集团、大业传媒集团、九一金融公司、威斯汀酒店等企业党组织座谈。3月24日，四川省委组织部有关领导到区八里庄街道华贸中心社区、麦子店街道枣营北里社区、街道社区服务中心参观调研城市社区党建工作。3月28日，昆明市委组织部到区尚都SOHO、华贸中心社区、永安里东社区、北郎东社区楼宇服务站参观，学习调研朝阳商务楼宇党建工作。6月6日，市委组织部常务副部长贾沫微到三间房乡东柳村调研村委会换届选举和"两学一做"工作开展情况。12月16日，中组部组织二局、中央网信办网络社会工作局、市委组织部、首都互联网协会相关领导到区调研非公企业党建工作。到北京蜜莱坞网络科技有限公司、北京弹幕网络科技有限公司、叶青大厦等单位了解党建工作情况。

（韦良中）

【北京朝阳高端人才昆明行活动】 4月16日至20日，组织区百余名高端人才到昆明参加"北京朝阳高端人才昆明行"活动。通过主题演讲、交流座谈、实地考察等形式，与昆明有关部门在教育、卫生和生物医药、文化创意、信息技术、环境保护、金融商务、高校联盟、人力资源等领域开展交流合作，促进项目落地，推动两地发展共赢。朝阳区与昆明市正式签订人才工作、科技、教育、人力资源等4项战略合作协议，专家人才与昆明市在环境保护、文化创意、医药卫生等领域达成38项初步合作意向。

（陶　智）

【区委党建工作例会】 4月21日，区委召开2016年党建工作例会第一次会议。吴桂英及区委党建领导小组成员参加会议。听取"关于进一步做好区委党建工作例会有关工作的汇报""关于深化党的群团工作会议精神，以青年创业工作为突破，助力区域转型升级，构建'大众创业、万众创新'工作新氛围的有关考虑"等议题汇报。5月30日，区委召开2016年党建工作例会第二次会议，区委副书记、区委政法委书记陈涛及区委党建领导小组成员参加会议。听取"关于2015年全区基层党建工作述职评议考核工作有关情况"和"关于围绕'五服务'强化'五种意识'进一步加强机关基层党组织建设"汇报并讨论。6月28日，区委召开2016年党建工作例会第三次会议。陈涛主持会议，区委常委、组织部部长、统战部部长何明出席会议。听取并讨论“一轴四网”区域化党建工作推进情况和区人力资源公共服务中心关于流动党员管理情况议题汇报。7月25日，区委召开党建工作例会2016年第四次会议，陈涛出席会议，区委党建工作领导小组成员参加会议。听取并讨论“朝阳区第十届村委会换届选举工作情况”“2016年上半年朝阳区意识形态工作情况”“全区对台工作情况及筹备召开2016年区委对台工作领导小组（扩大）会议情况”“朝阳区政法系统队伍建设”等议题汇报。8月30日，区委召开党建工作例会2016年第五次会议，区领导吴桂英、陈涛等出席会议。会议听取并讨论“强化监督执纪，探索‘四种形态’实践路径”“大力开展‘四个工程’建设，推动党建工作实现新发展”“党建工作目标评价体系制定实施情况”议题汇报。9月30日，区委召开党建工作例会2016年第六次会议，陈涛主持会议，何明出席会议。会议听取并讨论“朝阳区街道系统区域化党建工作”“区公安分局加强忠诚建警工作”“加强和改进青联工作，构建更广泛的青年爱国统一战线”“在非公企业探索‘党管’模式与现代企业制度相结合”议题汇报。以上会议与会领导及区委党建工作领导小组成员，分别结合各自领域工作，对相关议题提出建设性意见建议。10月31日，区委召开党建工作例会2016年第七次会议，陈涛及区委党建领导小组成员参加会议。区妇联、教委、非公工委及社工委四家单位负责人分别汇报1年来各自党建工作。会议强调，基层党建工作要与全区中心任务及党风廉政建设工作相结合，要全面推进基层党建创新，搭建新平台，探索新亮点，总结新规律，以党建工作引领朝阳各项事业全面发展。11月24日，区委召开党建工作例会2016年第八次会议，陈涛主持会议，何明、刘军胜出席会议。会议听取并讨论区委统战部关于区社会组织统战试点工作和区国资委关于区属国有企业党建工作议题。区委党建工作领导小组成员对相关议题提出建设性意见建议。

（李　锋）

【乡换届和街道任期调整】 5月上旬，区委召开专题动员会，启动区乡换届和街道任期调整工作。5月至9月，组织9个考察组，考察43个街乡领导班子。根据考察情况，开展班子干部队伍综合分析，统筹用好全区干部资源，有计划引进事业急需、区内紧缺专业型年轻干部，推进街乡领导班子结构更趋合理，整体功能有效增强。其间，听取干部群众意见，组织4496人参加民主测评和民主推荐，调整干部280人，其中退二线17人，提拔112人，交流轮岗129人，实现换届和任期调整各项既定目标。

（娄　牛）

【基层党代表培训会】 5月11日至12日，区委组织部召开朝阳区2016年基层党代表培训会。区第十一次党代会基层代表及区委各系统党代表工作负责人参加会议。培训解读“两学一做”学习教育和全区“十三五”规划内容，到顺义区全国党代表任期工作联系点进行现场教学。

（李　锋）

【市“优青”资助申报】 5月17日，启动青年骨干个人项目申报工作。经个人申报、单位提名、区人才办审核筛选后，向市评选办公室提交1个结题项目和61个新申报项目。最终6个项目获市优秀人才培养资助。

（陶　智）

【人才合作框架协议签订】 5月，拟定《北京市朝阳区和延庆区、河北省张家口市加强人才合作框架协议》，并于5月31日在首都专家张家口行活动启动仪式上签订三方协议。

（陶　智）

【党代表读书活动】 6月20日至10月下旬，区委组织部在全体区党代表中组织开展“阅读•进步•履责”读书活动。读书活动包括代表学习和撰写心得、评比交流2项内容。全体区级党代表参考区委组织部推荐书目，结合工作和自身实际，有针对性地选读有关书籍。区委各工委按照系统党代表分布情况，结合区委中心工作和系统实际确定主题适时组织交流研讨并撰写读书心得。

（李　锋）

【区域化党建理论研讨会】 6月23日，召开朝阳区“一轴四网”区域化党建理论研讨会。市党建研究会秘书长、市党建研究所所长章建伟，市委组织部组织处处长徐颖，区领导陈涛、刘军胜、张维刚出席会议。中央党校巡视员、教授戴焰军，全国党建研究会专职副秘书长陈东平，市委《前线》杂志社原总编辑刘陈德，全国党建研究会特邀研究员、市委党建顾问组成员、市委党校教授姚桓，北京大学政府管理学院教授、博士生导师、北京大学廉政建设研究中心主任李成言等5名专家发言，表彰基层党建创新单位28家。区委党建工作领导小组成员、街乡党（工）委书记、部分区直属企事业单位和社区（村）党组织书记、新闻媒体150人参加会议。

（韦良中）

【纪念建党95周年系列活动】 6月至7月，培育和宣传先进典型。叶青大厦党委获评“全国先进基层党组织”，15名党员和3家单位获市级表彰，300人获评区先进个人，并将先进事迹汇编成《党旗耀朝阳》丛书。组织召开区庆祝中国共产党成立95周年纪念大会。命名并表彰全区“三个一百”先进典型，吴桂英对全区党员和党组织提要求。组织指导各级党组织结合纪念建党95周年开展学习研讨、讲党课、主题党日等活动。推进共产党员“心”行动，开展走访慰问党员“关心”、帮扶党员“爱心”和查找失联党员“连心”活动。

（欧阳龙）

【乡党委、纪委换届】 7月12日，召开朝阳区乡党委、纪委换届工作动员会及各乡选举出席区第十二次党代会代表工作培训会。9月22日，完成换届选举工作，全区农村系统1352个基层党组织、34928名党员参加选举，党员参与率84.5%，选举产生乡党员代表大会代表2065名，选举产生新一届党委委员201名、新一届纪委委员133名，同步选举产生各乡出席区第十二次代表大会的代表77名。

（韦良中）

【基层党代表列席区委全会】 7月22日，区委召开十一届十二次全体（扩大）会议。邀请18名区第十一次党代会基层代表列席会议，听取区吴桂英代表区委常委会做的工作报告。11月18日，区委召开十一届十三次全体（扩大）会议。邀请18名区第十一次党代会基层代表列席会议，吴桂英代表区委常委会做的工作报告。

（李　锋）

【OTEC创业大赛决赛】 7月29日，举办2016年海外学人创业大会（OTEC）创业大赛决赛。展示22个创业项目，邀请20余位创投机构负责人担任评委，海外人才、海归创业者等约150人参加活动。比赛按照项目类别分为“节能环保”“数据智能”“技术应用”“生活互联网”“消费升级”5组，每组各产生1个优胜项目。生物技术公司"BioCellection"项目获冠军。

（陶　智）

【OTEC创新峰会】 7月30日，举办2016年OTEC"智能·智造·智绘未来"创新峰会。启动区首批4家"国际人才创新创业港"，为初创企业提供差异化创业空间服务。开办欧美同学会海归创业学院北京朝阳学院分享创业技能，提升初创企业成功率。开通"一站式"行政服务绿色通道，为海外学人节约75%的注册时间。发布海归创业评选榜单，服务海归创新创业。举办海归招聘会，为留学生提供近千个工作机会。

（陶　智）

【党员电化教育】 7月，配合市委组织部电教中心调研组完成远程教育站点调研工作。到三里屯、金盏、来广营的远程教育站点实地调研，组织召开专题座谈会。9月，为全区农村、社区终端站点统一配备智能TV系统终端，举办智能TV系统应用操作培训。各街乡组织科及技术工作人员86人参加会议。

（欧阳龙）

【党员教育阵地建设】 7月，指导各级党组织推动党员教育基地建设，为驻区基层党组织和党员学习教育、会议交流、开展活动等提供服务。建成中关村朝阳园（电子城）党群活动中心，利用声光电、VR技术、AR技术等前沿科技，推进集党群工作、企业交流、党员服务等功能于一体的市级党员教育示范基地，组织党员进行党性体验。全区各社区（村）及部分委办局建设党员服务中心、党群工作站1200余个。

（欧阳龙）

【非公有制经济组织和社会组织联席会】 8月18日，召开朝阳区非公有制经济组织和社会组织党建工作联席会。组织部部长何明出席会议并讲话。31个联席会议成员单位负责人及43个街乡党（工）委副书记参加会议。截至12月31日，区非公企业党组织覆盖率82.6%，社会组织党组织覆盖率71.1%。

（韦良中）

【编制《朝阳区人才工作项目操作指南》】 8月22日，编制完成《朝阳区人才工作项目操作指南》。修改完善区人才工作项目工作流程，提出年度申报人才工作项目选题参考，明确项目申报对象、申报方向、工作流程、经费拨付、管理机制。

（陶　智）

【"凤凰计划"评审认定】 8月23日至25日，在望京昆泰酒店组织开展2016年"凤凰计划"评审工作，91人次专家参与评审，187人次参加答辩。经专家评审认定、专家评审认定委员会审议，形成认定资助建议名单。对拟认定资助企业的工商、税务登记情况，及拟认定人才有无违法犯罪情况进行背景调查。

（陶　智）

【区委党建工作领导小组会】 8月30日，区委召开党建工作领导小组会议，吴桂英、陈涛等出席会议。传达市委党建工作领导小组会议精神并就领导小组部分成员调整情况作说明。通报2015年全区党建工作情况。讨论研究《中共北京市朝阳区委党的建设工作领导小组2016年工作要点》等文件。

（李　锋）

【国际高端商务人才峰会】 9月9日，在朝阳规划艺术馆举办以"打造人才新高地，汇聚发展新动能"为主题的2016年朝阳区国际高端商务人才峰会。围绕加快构建"高精尖"经济结构、如何吸引培育国际高端商务人才、激发人才发展活力、形成区域创新发展新动力等问题进行探讨。专家学者、企业代表90余人参加会议。正式启动CBD大讲堂，将为区域商务人才量身定制特色课程，邀请国内外权威专家、学者及知名企业家与区域国际高端商务人才座谈。

（陶　智）

【区十二次党代会代表选举】 9月27日，召开区第十二次党代会代表选举工作动员部署会。何明出席会议并强调，要加强组织领导，严把代表"入口关"，依法依规履行各项程序，营造良好换届风气。区委各主管工委副书记、51个选举单位党组织负责人及相关工作人员参加会议。10月28日，区70个选举单位全部完成选举工作，选举党代表389名。12月6日，组织召开朝阳区第十二次党代会，389名代表出席会议。12月9日，区第十二次党代会闭幕，选举产生区委委员45名，区委候补委员9名，区纪委委员29名。

（韦良中）

【第二批国际高端商务人才评审认定】 10月31日至11月3日，在望京昆泰酒店开展第二批区国际高端商务人才评审。组织54位专家评审国际高端商务人才申报人，133位申报人（商务精英申报人60人、青年英才申报人73人）答辩，邀请区6名"两代表一委员"全程监督。评审结束后汇总整理专家评审结果，形成2016年朝阳区国际高端商务人才建议人选名单，提请区委政法委、区发改委对建议人选进行背景调查，完成专家库和评审材料等档案整理工作。

（陶　智）

【人才工作项目管理】 11月14日，完成2015年39个人才项目结题验收评审，及2016年新申请27个项目的立项评审工作，并根据专家评审结果形成验收和立项建议。2015年39个结题项目通过验收；2016年申请项目中24个项目立项，其中重大项目4个，重点项目9个，一般项目11个。

（陶　智）

【中共十九大代表人选推荐提名】 11月22日，召开朝阳区党的十九大代表人选推荐提名工作部署会。区委各主管工委、街道（地区）工委、区属相关委办局、区属国有企业等150余家单位的相关领导及工作人员参加会议。

（韦良中）

【党代会会前培训会】 11月24日，区委组织部召开区第十二次党代会会前培训会，160名基层党代表参加培训。区发改委相关负责人作区经济社会发展成就专题讲座；中央党校政法教研部政治学理论教研室主任肖立辉作党代表任期制工作及党代表履职专题讲座。区委组织部专题辅导区委换届相关工作。与会基层党代表观看《镜鉴》和《警钟》换届警示教育专题片，4名区第十一次党代会基层代表在会上作履职经验交流。

（李　锋）

【年度民主生活会筹备】 12月，制定《区委常委班子召开2016年度民主生活会方案》，制发《关于开好2016年度民主生活会的通知》。会同区委办等部门完成区委常委班子民主生活会征求意见、深入谈心谈话、起草班子对照检查材料、个人发言提纲等筹备工作。指导处级班子做好年度民主生活会有关筹备工作。

（欧阳龙）

【党刊集中征订】 12月底，按照中央、市委要求，开展2017年度党刊集中订阅工作。全区各级党组织订阅《北京支部生活》《党建》《党建研究》《党课一小时》等7类党刊20481份，保持稳中有升态势。

（欧阳龙）

【区级领导班子换届】 年内，完成区级领导班子换届。7月至9月，完成配合市委考察组对区级领导班子换届考察。10月，组织开展“两代表一委员”人选考察审查，考察代表委员人选842人，审查代表委员人选资格1650人。12月5日至9日，召开中共朝阳区委第十二次代表大会。选举产生十二届区委委员45名，候补委员9名，纪委委员29名。12月9日，召开区委和区纪委十二届一次全会，选举吴桂英、王灏、甘靖中、何明、马继业、刘军胜、张维刚、席成坡、孙其军、黄晓伟为十二届区委常委，吴桂英为区委书记，王灏、甘靖中为区委副书记；选举席成坡等9人为区纪委常委，席成坡为区纪委书记，田峡、高大中、于良佐为区纪委副书记。12月19日至23日，召开区第十六届人民代表大会第一次会议。选举陈宏志为人大常委会主任，朱春霞、常树奇、胡良森、牟燕东、叶青为人大常委会副主任。选举王灏为区长，马继业、孙其军、王志勉、牛国泉、李俊杰、杨建海、李国红、刘海涛为副区长。选举靳学军为人民法院院长，张玉鲲为检察院检察长。12月19日至21日，召开北区政协第十三届委员会第一次会议，选举陈涛为政协主席，杨树旗、张永新、王文远、连玉明、张兴凯、战春燕为政协副主席。

（娄　牛）

【党委成立批复】 年内，批复成立中共北京朝阳中西医结合急诊抢救中心委员会、中共朝阳区人力资源公共服务中心流动人员委员会、中共国家统计局朝阳调查队支部委员会、中共北京市朝阳区东风地区东风苑社区委员会、中共安东石油技术（集团）有限公司委员会、中共北京市朝阳区司法局机关委员会、中共北京市朝阳区委区政府研究室（区委改革办）支部委员会、中共北京市盈科律师事务所委员会、中共高度国际工程装饰设计股份有限公司委员会、中共北京市金杜律师事务所委员会、中共共青团北京市朝阳区第十二次代表大会临时委员会、中共通惠河畔文化创意产业园委员会、中共北京奥运功能区非公企业委员会、中共中关村科技园区朝阳园非公企业委员会、中共北京商务中心区非公企业委员会、中共北京市朝阳区东坝地区社会工作委员会、中共北京市朝阳区黑庄户地区社会工作委员会、中共北京市朝阳区小红门地区社会工作委员会、中共北京市朝阳区崔各庄地区社会工作委员会，批复同意中共宜信汇才商务顾问（北京）有限公司委员会名称变更为中共宜信惠民投资管理（北京）有限公司委员会，函复同意中共北京捷科智诚科技有限公司委员会、中国国药药材股份有限公司总支部委员会整建制转入，决定撤销中共中国艺术家协会委员会、中共高德实业股份有限公司委员会。

（韦良中）

【党建研究】 年内，区党建研究会承担中组部党建所“中国特色党建智库建设研究”子课题调研任务，“朝阳区基层党建智库建设基本路径研究”获中组部党建研究所2016年度课题成果二等奖；承担市党建研究会“超大型首都城市基层党建工作特点和规律研究”子课题调研任务，《朝阳区城乡接合部党建工作调研报告》获市党建研究会2016年度课题成果一等奖，被市党建研究会推荐上报至全国党建研究会参评，获全国党建研究会2016年度调研课题优秀成果三等奖。区党建研究会年度立项课题46项（含5项两年结项课题），其中重点课题25项，指导性课题21项，经专家评审，评出一等奖6项，二等奖11项，三等奖13项。区党建研究会第四届自选课题评选收到投稿41篇，评出一等奖6项，二等奖10项，三等奖15项。经由区党建研究会推荐8篇区内基层课题至北京市党建研究会参评优秀自选课题，经评审4篇报告分获二、三等奖，其中孙河乡《党员在功能疏解中发挥主体作用调研报告》获市党建研究会2016年度优秀自选课题二等奖，南磨房乡《功能疏解中基层党组织做好群众工作的调研报告——以南磨房东郊市场拆迁为例》、非公工委《朝阳区非公党建品牌建设研究报告》及社工委《朝阳区社会组织党建工作有关问题研究报告》获市党建研究会2016年度优秀自选课题三等奖。区党建研究会全年编发会刊《基层党建与社会》正刊4期和“一轴四网”理论研讨会专刊，刊登稿件150篇，其中对区内外党建专家、基层领导和理事会员单位的约稿26篇、征稿33篇、组稿30篇、宣传区内党建工作经验和典型50篇、宣传区外经验和典型11篇。

（韦良中）

【发展党员】 年内，发展党员1483名。其中，发展35岁以下青年党员886名，占发展总数的59.7%；发展大专及以上学历党员1292人，占发展总数的87.1%；发展工人271名，占发展总数的18.5%，同比增长5.3%；发展农民工、农牧渔民176名，占发展总数12.0%，同比增长7.9%。发展党员工作侧重向生产、工作第一线、青年党员、高学历党员倾斜。

（欧阳龙）

【党员教育培训】 年内，实施《朝阳区2014—2018年党员教育培训工作实施意见》，以建设服务型党员队伍为目标，以加强党员思想教育为重点，健全和完善“区级示范培训—各主管工委重点培训—基层党组织普遍培训”三级培训网络，实施“六大培训工程”。举办“两新”党组织书记、新发展党员、流动党员、社区（村）党组织书记境外培训等一批示范培训班，支持主管工委及相关单位培训项目16个，指导基层党组织普遍开展党员培训。创新党员教育形式，利用“朝阳党建”微信公众平台等推送学习资源，全区近万名党员参加北京长城网“党章党规知识竞赛”，参与人数位列全市第一。

（欧阳龙）

【党员队伍管理】 年内，将4093名失联党员重新纳入组织管理，为7896名党员落实组织关系，规范管理重新找回党员，稳步推进仍失联党员组织处置工作。排查清理党代表和党员违纪违法未给予相应处理情况工作，制定实施方案，会同区纪委、区人大、区政协、区人民法院、区检察院、公安分局等有关部门和单位，对照5类排查对象和18项重点问题开展全面摸排，依纪依规处置103名违纪违法党员。

（欧阳龙）

【党费使用管理】 年内，开展加强区管党费的日常管理和使用工作。集中返还2015年度“两新”党组织上缴的党费。向全区基层党组织和党员公示中管、市管、区管党费使用情况。开展党费收缴工作专项检查，组织指导各级党组织自查2008年以来的党费收缴情况，教育引导未足额交纳党费的党员于主动补交党费，规范党费收缴、使用与管理工作。

（欧阳龙）

【关心关爱党员】 年内，对新中国成立前入党农村老党员和未享受离退休待遇城镇老党员，普遍上调补贴标准。对区19名抗日战争时期入党党员生活补贴上调至1310元/人·月，对41名解放战争时期入党的老党员，补贴上调至1090元/人·月。以建党95周年为契机，开展共产党员献爱心活动，联合慈善协会发放帮扶资金216.2万余元，开展帮扶1723名市、区级困难党员活动。

（欧阳龙）

【处级班子干部调整】 年内，区委常委会讨论决定处级干部任免526人次，其中提拔201人次，平职交流改任191人次，转任非领导职务33人次，挂职兼职等其他任命101人次。

（娄 牛）

【挂职干部和军转安置】 年内，选派1名干部到中央国家机关和金融机构挂职，选派2名干部到西藏开展对口援建，选派7名干部赴河北、河南、湖北对口协作。接收中央国家机关和金融机构挂职干部3名，市级机关和企事业单位挂职干部5名，河北、云南、内蒙古等外省市挂职干部57名。在尊重派出单位及本人挂职意向基础上，按照“专业对口”原则拟定安置方案，将挂职干部分别安置在相关委办局及部分街乡等单位。年内，接收安置1名师职军转干部、5名团职军转干部。

（娄 牛）

【换届风气监督】 年内，坚持把加强换届风气监督与换届工作同研究、同部署，制定责任清单、组织二级班子正职签订承诺书，组织3000余人次观看《镜鉴》《警钟》宣传片，发放换届纪律告知函、宣传折页万余份，协调安排区级领导谈心谈话2000余人次，组织重点系统、重点岗位及督导组业务培训6次1500余人次。报告核查1132名干部有关事项，对相关人选全部征求纪检监察机关意见，梳理核实信访问题，有发现问题人员一律停止提名任用程序，预防“带病提名”“带病提拔”。

（娄 牛）

【干部选拔任用监督和重点监督任务落实】 年内，执行《干部任用条例》，规范选拔任用流程，推进各级党委（党组）在干部选拔任用中的领导把关责任，完成二级班子“一报告两评议”工作，对于班子存在的制度不健全、程序不规范等问题，要求其限期整改。完善并严格落实提醒、函询和诫勉制度，提醒谈话166人次，函询152人次。全面开展二级班子选人用人检查，离任检查22名书记。完成2016年度个人有关事项报告填报、信息录入、统计分析和随机抽查工作。根据工作需要，加大对换届人选、后备初步人选等对象个人有关事项报告查核力度，研究运用个人有关事项报告抽查核实结果防止“带病提拔”途径办法。完成超职数清理，配合做好规范领导干部配偶、子女及其配偶经商办企业，及科级以下干部档案专项审核等工作，完成因私出国（境）证件清理、“裸官”任职管理、违规兼职清理等工作的动态管理。

（娄 牛）

【干部培训】 年内，举办脱产培训班33期，培训干部3388人次，其中处级干部1786人次。举办处级干部五大发展理念专题研讨班、学习贯彻十八大六中全会精神专题研讨班、北京大学公共管理高级研修班、清华大学领导力提升高级研修班等12期，培训761人次。举办处级干部党性教育专题培训班、“树立五大发展理念，推动京津冀协同发展”等专题班21期，培训2627人次。

（陶文鑫）

【干部在线学习】 年内，全区有159家单位7717人参加干部在线学习和考试。其中，处级干部1209人，考核通过率为100%，平均84.23学时；科级及以下干部6508人，考核通过率为99.8%，平均102.10学时。

（陶文鑫）

【政工职称评定】 年内，完成常年政工职称评审工作，7人获政工师资格，2人获助理政工师资格。

（陶文鑫）

宣传与精神文明建设

【概况】 中共北京市朝阳区委宣传部（简称区委宣传部）是主管全区思想文化宣传和精神文明建设的区委工作部门。北京市朝阳区精神文明建设委员会办公室（简称区文明办）是区委、区政府精神文明建设工作的综合协调部门，也是区精神文明建设委员会的办事机构，设在区委宣传部。区委宣传部代行宣传系统工委职能，并负责区文化创意产业领导小组办公室日常工作。年内，开展中国特色社会主义和中国梦宣传教育，全区各级党委（党组）中心组开展理论学习2000余次。推出“我是朝阳群众”特色主题，开展“艺术朝阳”社会主义核心价值观原创文艺作品征集和展示活动，举办百姓宣讲1300余场。成立文化领域改革专项小组，文化事业、文化产业等重点改革任务有序推进。加强新媒体建设，开通“北京朝阳”“朝阳微讯”政务微信号和“北京朝阳”APP，组织新闻宣传活动80余场次，媒体报道与重要网络转载3.2万篇次。加强宣传干部思想政治建设，提出“八常八要八有”工作要求，组织系统书记讲党课446人次，征集“凡人心语”268件，开展8场“做合格党员学习论坛”系列活动。

地址：日坛北街33号

邮编：100020

电话：65099322

邮箱：xcbwmb@bjchy.gov.cn

（孙 翀）

【“北京朝阳”政务微信开通】 1月7日，“北京朝阳”官方政务微信正式上线。全方位报道朝阳建设发展动态，推送百姓民生服务信息，展示特色人文景观。全年推送内容291条，粉丝数突破13000人。7月18日，“北京朝阳”政务微信正式开通朝阳区微信矩阵板块，全区70余个区属部门、街乡、社区、村微信公众号形成集群效应。10月18日，凭借“朝阳7个部门搬家”服务信息，阅读量首次突破10万；在北京政务微信排行榜排名突破前三名，先后两次位列第二；获“今日头条”特别贡献奖。

（姜丽钧）

【区“两会”宣传】 1月11日至15日，区“两会”期间，组织策划区领导专访1场、新闻发布活动15场、集中采访活动3场，集中宣传区2015年工作成果、2016年工作重点，区“十二五”规划期间经济社会发展成果及“十三五”规划工作亮点等，并邀请新华社、中新社、《北京日报》、北京电视台等40余家媒体到场采访。12月19日至22日，区“两会”举行期间组织策划1场区领导专访、15场新闻发布会，集中宣传全区各领域在“十三五”之年取得的成果，及2017年工作思路和重要举措等。新华社等40余家媒体到场采访。

（姜丽钧　康　艺）

【榜样人物访谈活动】 1月19日，在北京朝阳传媒影视技术服务中心演播室举办“崇德向善　爱满朝阳”2015年度榜样人物访谈活动。陈沫等8位2015年度区榜样人物代表互动访谈并慰问。

（徐祯卿）

【“三下乡”活动】 1月20日，联合区委农工委、区文明办、区文化委、区卫生计生委等相关单位，在崔各庄地区文化活动中心组织开展2016年朝阳区文化、科技、卫生“三下乡”集中示范活动。活动惠及群众300余人，现场展出点赞“朝阳区2015美德少年人物”事迹展和“春风化雨 法润朝阳——朝阳普法30年成果展”。开展医疗计生咨询120余人次，法律咨询60余人次，妇女儿童权益保护咨询50余人次，发放医疗、计生、法律、妇女儿童和科普知识各类图书500余册、折页600余册、其他宣传品1500余份。活动还邀请老艺术家为村民写春联300份，剪窗花500份，送福字200余个。

（杨　帆　徐志浩）

【“我们的节日”主题文化活动】 2月1日至13日，在北京民俗博物馆开展“我们的节日·春节”系列文化活动。4月4日，在庆丰公园围绕“我们的节日·清明”举办“北京二闸清明踏青节”。6月7日至8日，在北京民俗博物馆举办以“夏蒲清和”为主题的“我们的节日·端午”系列文化活动。8月6日，在北京民俗博物馆以“诗诵七夕‘巧’聚东岳”为主题，举办“我们的节日·七夕”系列文化活动。9月14日，在北京民俗博物馆围绕“月圆中秋情暖朝阳”主题，举办“我们的节日·中秋”系列文化活动。10月9日至11日，在北京民俗博物馆以“孝道”主题，举办“我们的节日·重阳”系列文化活动。

（徐祯卿）

【志愿服务】 3月3日，在区卫生计生委报告厅召开2016年朝阳区志愿服务工作会。会议传达全国学雷锋志愿服务推进会精神，总结2015年志愿服务工作，交流典型经验，部署2016年志愿服务工作，对2015年度十大金牌项目授牌。各工委及志愿者联盟成员单位共26个单位及43个街乡志愿者代表参加会议。3月10日，朝阳区艺术家文化志愿者服务队在垡头地区文化中心专场演出，慰问来自区内各街乡的300名志愿者骨干，区文明办向获得“最美志愿者”称号的李楠、梁会兰，“最美志愿服务社区”称号的八里庄街道红庙社区颁发奖牌。在中宣部、中组部、中央文明办等部门首次开展的全国志愿服务“四个100”推选活动中，朝阳区有2位志愿者和1个社区入选，获奖代表和相声表演艺术家李增瑞代表全体艺术家志愿者服务队成员共同发起志愿服务倡议。3月26日，在第二十九届“中国水周”期间，区委宣传部，区文明办、水务局、教委，团区委在朝阳公园联合举办“志愿同行　亲水朝阳”主题志愿服务活动。“亲水朝阳　志愿同行”项目被评为第三届中国青年志愿服务项目大赛银奖。11月10日，在朝阳宾馆举办朝阳区志愿者骨干政策辅导培训班，采取“理论+案例”的授课方式，指导各单位贯彻落实法律法规要求和政策精神，加强骨干志愿者能力培训。年内，统筹全区2016年“学雷锋志愿服务推动月”活动，推动各相关部门、各街乡开展形式多样的志愿服务活动，营造良好的志愿服务氛围。全面开展志愿者培训工作，对接街乡需求，完善朝阳区志愿服务师资库，按照通用培训、骨干培训、领袖培训、专业培训四大模块设立25项课程，为街乡提供“菜单式”志愿者培训68次。区内273个站（岗）入选由首都文明委命名的第二批首都学雷锋志愿服务站（岗），其中示范站24个、示范岗11个、服务站91个、服务岗147个，数量位居各区首位。在全区开展第二批“清洁空气蓝天行动——微承诺、微行动、微志愿”活动示范案例及“绿色生活好市民”推荐报送工作。组织团委、民政局、首都学雷锋志愿服务示范站代表及公共文明引导10人参加首都文明办组织“v蓝北京——传递榜样力量”绿化植树志愿服务活动。

（左向军）

【榜样人物基层巡演巡讲活动】 3月至12月，在全区17个街乡的机关、社区、村镇、学校、企业、军营等场所，开展6场榜样人物基层巡演、12场基层巡讲活动，以艺术表演和故事宣讲的形式，宣传榜样人物事迹。

（张　凌）

【清明祭扫文明引导行动】 4月2日至4日，清明节期间，组织呼家楼、平房乡等相关街乡公共文明引导员，在东大桥祭扫专线、东郊殡仪馆周边公交站台，开展清明祭扫假日文明引导行动。

（王　峰）

【“清明祭英烈”活动】 清明节期间，区文明办、区委教工委、区教委面向全区中小学校，组织开展“清明祭英烈”主题教育实践活动，全区15万名中小学生参与活动。

（李　娟）

【公共文明引导日活动】 4月11日，组织开展公共文明引导日暨文明有礼好乘客推举活动。以南磨房乡公交41路华侨城总站为区级主宣传站台，举行“文明出行　美丽生活”主题宣传活动。5月11日，组织开展公共文明引导日暨文明有礼好乘客推举活动。以十八里店乡政府西行站为区级主宣传站台，动员十八里店中学学生志愿者参与，开展“播种文明 收获温馨”公共文明引导主题宣传活动。11月11日，在劲松东口东行宣传主站台，劲松文明办携手“云端劲松V”微信平台志愿者与文明有礼好乘客，共同发放“致文明有礼好乘客一封信”等宣传材料500余份，灭烟盒50个。

（王　峰）

【“勤廉榜样”宣讲报告会】 4月13日，联合区纪委举办朝阳区“勤廉榜样”宣讲首场报告会。宣讲团成员主要由勤廉榜样和廉政教育志愿者组成，结合廉洁自律宣讲主题，引导广大党员干部崇德向善，在全区营造风清气正的政治生态。年内，举办“勤廉榜样”宣讲团巡讲活动7场。

（杨　帆　徐志浩）

【宣传思想和精神文明建设工作培训会】 4月14日，联合区文明办在朝阳宾馆举办2016年朝阳区宣传思想和精神文明建设工作培训电视电话会。全区120家单位的181名宣传思想和精神文明干部在主会场参加培训，另有38家单位及43个街乡的宣传文化干部、文明办主任、文明专干，社区（村）书记和分管宣传工作的专干、信息员1196人在各分会场参加培训。区委常委、宣传部部长刘军胜围绕“把握方向 狠抓落实 努力开创全区宣传思想工作新局面”作培训讲话。

（杨　帆　吴丁佳宝）

【朝阳·淅川宣传活动】 4月15日，区委宣传部、区委农工委、区文化委与河南省南阳市淅川县委宣传部、淅川对口协作办等相关单位在南磨房地区成人教育培训中心二楼报告厅，举办朝阳·淅川“弘扬移民精神 深化京淅协作宣传月”启动仪式。5月17日，在区奥体公园朝阳淅川友谊月季园，举办宣传月活动闭幕式暨朝阳·淅川友谊月季园南水北调展览馆开园（馆）活动。

（杨 帆 徐志浩）

【文明校园创建活动启动】 4月19日，区委教工委、区教委、区文明办在北工大附中富力校区启动朝阳区文明校园创建活动。每年推荐40所中小学作为申报北京市文明校园的推荐对象，最终实现"十三五"期间朝阳区中小学文明校园创建全覆盖。

（李 娟）

【"十三五"系列形势政策报告会】 4月27日，以"京津冀协同发展 交通一体化情况介绍"为主题组织形势政策报告会。市交通委副主任方平作报告。首都高校师生、市理论宣讲示范基地代表及区广大干部群众300余人参加报告会。年内，组织开展"展望'十三五'发展谱新篇"系列形势政策报告会6场。

（徐志浩 吴丁佳宝）

【"第五届首都道德模范"评选】 5月13日，由市委宣传部、首都文明办主办的"第五届首都道德模范"评选活动揭晓。朝阳区发明马桶节水器的退休工程师金九皋当选"十大首都道德模范"，郑丹娜、陈沫、屈正3人获"首都道德模范"提名奖。

（张 凌）

【冠名慈善捐助金建立】 5月18日，与区慈善协会正式签订《北京市朝阳区冠名慈善捐助金协议》，募集资金124万余元，为生活困难的志愿者提供救助。对接各街乡做好困难志愿者需求摸底调研，加大重点企业走访力度，引导企业向志愿者奉献爱心履行社会责任。召开座谈会，制定完善《北京市朝阳区志愿者关爱冠名慈善捐助金实施办法》，搭建"1+N"全方位激励回馈和嘉许礼遇体系。

（左向军）

【"魅力朝阳"主题创作成果展】 5月10日至22日，区委宣传部、区文化委、区诗书画研究会、区规划艺术馆共同举办"魅力朝阳"主题创作成果展。展出70余件以朝阳经济社会发展为主题的原创诗、书、画、楹联等文艺作品，记录和展现"十二五"时期朝阳区发展成果与朝阳群众的精神风貌。朝阳区广大干部群众近7000余人参观展览。

（徐志浩 吴丁佳宝）

【"京交会"宣传】 5月28日至6月1日，第四届中国（北京）国际服务贸易交易会举行。围绕"新空间、新价值、新能量——共建'一带一路'服务贸易价值共同体"主题重点宣传，组织策划5场新闻宣传活动。邀请《人民日报》、新华社、《光明日报》《北京日报》、北京电视台等40余家媒体到场采访。

（王 伟）

【军警民共建】 5月31日，推进"和谐、文明、关爱、育人、荣誉"军（警）民共建五项工程，联合双拥办实地走访消防支队红庙中队、空军监狱等基层部队，支持和指导基层部队开展精神文明建设工作，66194部队等3个部队共建项目得到专项扶持。

（李 蕊）

【"2016北京榜样"活动】 5月至10月，向"北京榜样"活动组委会推荐候选人181人，11人当选周榜人物，4人当选月榜人物。最终1人获评2016年度"北京榜样"，3人获评"北京榜样"提名奖。

（徐祯卿）

【"朝阳榜样"推荐评选】 5月至10月，每月评选"朝阳榜样"月榜人物10名，制作《朝阳报》专版6版、网络专题6期宣传。12月1日至9日，在全区组织开展"为榜样点赞"活动，全区干部群众参与点赞120205人次。评选2016年度"朝阳榜样"10名，"朝阳榜样"提名奖42名。

（徐祯卿）

【国际儿童艺术周】 6月1日至5日，区文明办、团区委、区残联、北京798艺术区管理委员会联合举办北京798艺术区庆"六一"国际儿童艺术周活动。尤伦斯当代艺术中心、悦·美术馆、圣之空间等园区艺术机构参加活动，展示少年儿童艺术作品并现场互动。

（黄建祥）

【档案馆"小小讲解员"活动】 6月7日、8日，第四届"国际档案日"暨朝阳区第八届"档案馆日"活动期间，区文明办与区档案馆、区教委联合举办中小学生参观展览专场，并培训档案馆陈列展厅首批"小小讲解员"上岗。

（黄建祥）

【奥运五环标志落成仪式】 6月12日，奥林匹克塔命名暨奥运五环标志落成仪式在奥林匹克公园举行，国际奥委会主席巴赫出席活动。国内外青少年、奥运冠军、奥运志愿者、先进典型、公共文明引导员、奥运建设者等首都各界市民代表近200人参加现场仪式。

（李 蕊 左向军）

【区文明委全委（扩大）会】 6月16日，在朝阳宾馆多功能厅召开2016年朝阳区文明委全委（扩大）电视电话会。会议贯彻落实首都精神文明建设工作大会精神，总结部署区精神文明建设工作。区委书记、区文明委主任吴桂英出席会议并讲话。区四套班子领导、战略支援部队政治工作部办公室副主任胡泽刚、武警北京总队政治部副主任吴传俊等出席大会，区二级班子主要领导、区文明委社会单位委员、部分区人大代表、政协委员及先进典型代表参加会议，各街、乡设立电视电话会议分会场。会上，刘军胜作关于"朝阳区精神文明建设2015年工作总结和2016年工作安排"报告。第五届首都道德模范提名奖、公安朝阳分局预审大队民警陈沫，区委教工委副书记刘雨彬，首都学雷锋志愿服务示范站、和众泽益公益发展中心主任王忠平作大会发言。会议下发《朝阳区文明委委员建议工作制度（试行）》，鼓励社会委员单位围绕朝阳区经济建设、政治建设、文化建设、社会建设、生态文明建设的中心工作及人民群众关心的热点、难点问题，向文明委提出建议。印发《区文明委社会委员单位2015年精神文明建设情况报告》，梳理各委员单位精神文明建设及参与文明城区建设、社会共建、志愿服务等常态共建方面的工作成果，推进常态融合。

（李 蕊）

【"童心向党"歌咏活动】 6月17日，区政府承办的北京市2016年"童心向党"歌咏活动优秀节目展演在朝阳剧场举办。中央文明办三局领导，首都文明办主任滕盛萍，区领导刘军胜、黄晓伟出席活动。市、区相关部门和十六区文明办主管领导，及部分学校德育干部及师生代表参加活动。

（黄建祥）

【"十三五"专项规划编制完成】 6月27日，出台《朝阳区"十三五"时期精神文明建设规划》。11月，正式印发至区文明委各成员单位、各街乡。

（李 蕊）

【"我是朝阳群众"故事会巡讲】 6月至10月，区艺术家文化志愿者服务队成员通过"讲故事、说历史、树典型"的宣讲方式，深入街乡、学校、机关等基层单位，送去6场"我是朝阳群众"故事专场演出。

（张 凌）

【"三大展"系列活动】 7月1日至8月1

日，区委宣传部联合区文联，在798艺术中心举办朝阳区纪念建党95周年暨红军长征胜利80周年"三大展"系列活动。系列活动包括"中国梦·翰墨朝阳"全国书法大展获奖作品展、"朝阳艺象"美术作品展、"镜头中的朝阳·爱在朝阳"摄影展。

（杨 帆 徐志浩）

【未成年人思想道德建设工作会】 7月6日，在朝阳宾馆召开朝阳区未成年人思想道德建设工作会。会议总结部署未成年人思想道德建设重点工作，表彰"美德少年"和"好家长之星"。

（黄建祥）

【网络舆情联动闭环处置工作机制】 7月8日，面向全区印发《关于建立网络社会舆情处置联动工作机制暂行办法》，建立健全源头预警、跟踪监测、会商处置、督办落实、沟通反馈和责任奖惩六项机制，并启动"朝阳政民互动"平台转办流程，将每天监测收集的涉及区网络社会舆情，借助"朝阳政民互动"平台转办到各相关部门，并限期回复，形成网络舆情办理闭环工作流程，确保发现舆情第一时间转办，及时有效回复，提高舆情办结回复效率。

（王金凤）

【暑期"社区文明小使者"活动启动】 7月12日，围绕纪念红军长征胜利80周年，暑假期间区文明办、教工委、教委、团委、妇联联合开展"学长征精神，做红色传人——争当社区文明小使者"主题教育实践活动。

（黄建祥）

【社会主义核心价值观宣传】 8月，印发"图说我们的价值观""讲文明树新风"公益广告海报18万张，发放全区各街乡、学校、商场、超市、公园、机关单位、医院等场所张贴，完成三环、四环主路43座过街天桥宣传标语制作及更新。年内，区委宣传部制定完善《朝阳区关于培育和践行社会主义核心价值观实施办法》，并于12月30日下发。统筹全区宣传栏、阅报栏、户外广告牌、电子显示屏、工地围挡、过街天桥等传统宣传阵地，宣传社会主义核心价值观。全年制作安装各类硬质宣传横幅630条，印发宣传海报20万余张，协调悠唐广场、昆泰商城、朝阳大悦城等6处户外大屏刊播公益广告131400分钟。年内，区文明办委托北京讽刺与幽默杂志社创作《践行——图说我心中的社会主义核心价值观（中小学读本）》，指导呼家楼中心小学设计制作《社会主义核心价值观12集系列动漫剧》光盘，下发全区街乡、社区（村）、各学校。

（杨 帆 徐志浩 李 娟 张 凌）

【"北京朝阳"APP上线】 8月16日，"北京朝阳"APP正式上线，集新闻资讯、政务服务、生活服务、互动活动等功能。年内发布相关内容2725篇次，注册人数4220人，总阅读量超20万人次。

（冯 烨）

【迎接全国文明城区专项督察】 8月18日，在小关街道、平房乡政府，分别召开街道系统和农村地区迎接全国文明城区专项督察工作部署会，各街乡主管领导和主责科室负责人参加会议。8月29至9月3日，委托第三方测评全区43个街乡1173个考察点4592个实地考察项目，形成全区测评报告和43个分报告，反馈各街乡和相关19个委办局。形成《2010—2016年朝阳区文明城区建设第三方测评简要分析报告》，系统梳理分析7年来测评统计数据，并提出意见建议。分别在街道系统、农村系统两次专题培训。9月1日，在朝阳宾馆召开朝阳区深化文明城区建设迎接全国文明城区专项督察电视电话会，传达中央文明办专项督察通知精神，对全区迎接专项督察工作进行部署。吴桂英出席会议并讲话，王灏主持会议。区四套班子领导出席会议，各部委办局、区属国有企业主要领导及主责科室负责人在主会场参加会议，各街、乡设立电视电话会议分会场。会上，刘军胜传达《中央文明办关于全国文明城市和提名城市深化创建工作、保持创建经常化的通知》精神，黄晓伟部署全区深化文明城区建设迎接全国文明城区专项督察工作，区城管执法监察局、安贞街道、南磨房乡作表态发言。会议下发《朝阳区关于深化文明城区建设迎接全国文明城区专项督察工作方案》《实地考察操作手册（街乡版和城区版）》《朝阳区文明城区建设自查、督察重点》。10月18日，区农委、区文明办在平房乡政府会议室召开农村地区迎接全国文明城区专项督察工作推进会，部署农村系统深入推进文明城区专项督察工作。10月19日，区社会办、区文明办在小关街道办事处召开街道系统文明城区专项督察培训会，对街道系统迎接文明城区专项督察进行再动员、再部署、再培训。年内，区领导带队到基层实地检查，全年召开8次专题调度会，重点调度解决氛围营造、停车秩序等问题，完成147条文明城区测评指标档案材料收集整理工作，并按照新下发的全国文明城区测评体系操作手册要求完成新增和调整指标的档案上报梳理工作。编发迎接专项督察工作信息专报12期。对深化文明城区建设工作进行系统梳理，在北京日报推出区文明城区巡礼宣传3篇文章。

（李 蕊 左向军）

【先进事迹巡展】 8月26日，区文明办面向街乡、社区（村）和中小学校，组织开展"美德少年""好家长之星"先进事迹巡展和"网络点赞"活动。

（黄建祥）

【未成年人思想道德建设创新案例】 8月30日，为推动区未成年人思想道德建设出品牌、出亮点，区文明办面向全区开展2016年度朝阳区未成年人思想道德建设创新案例征集活动。11月18日，收集整理未成年人思想道德建设创新案例50个，参加首都文明办未成年人思想道德建设创新案例评选，八里庄街道"爱的十色光"和双井街道"过精彩假期"分获优秀创新案例和创新案例提名。

（黄建祥）

【"讲红军故事"主题宣讲活动】 9月6日，以纪念中国工农红军长征胜利80周年为契机，下发《长征的故事》《红军不怕远征难》图书，在全区青少年中开展"讲红军故事、学长征精神"主题宣讲活动。

（黄建祥）

【CBD商务节宣传】 9月7日至9日，围绕2016北京CBD商务节整体宣传安排，举办1场区领导专访、6场新闻发布会、6场集中采访。邀请《人民日报》、新华社、中央电视台、人民网、《北京日报》、北京电视台等40余家媒体采访报道。对接《人民日报》《法制晚报》《北京青年报》利用旗下新媒体平台，发布商务节期间发布会内容，并策划发布互动活动；利"北京朝阳"微信公众号、APP、官方微博，及"朝阳微讯""朝闻道"等新媒体发布报道内容。对接新华网、凤凰网分别对"2016北京CBD圆桌会""2016北京CBD国际金融圆桌会""2016国家文化产业创新实验区高端峰会"三场会议进行网络直播。

（冯 烨）

【奥运冠军进社区活动】 9月10日，在八里庄街道十里堡南里社区早安广场举行"看见文明·爱的十色光"——奥运冠军进社区活动。里约奥运会男子双人10米跳台冠军林跃为地区未成年人上体育课并现场互动。

（黄建祥）

【第九届“旋舞朝阳”群众交谊舞展赛】 9月14日，区委宣传部联合区文联等单位，在区体育馆开展朝阳区第九届“旋舞朝阳”群众交谊舞展赛。来自全区各街乡群众非专业团队43支队伍、近2200人参赛，石景山区、密云区、房山区等兄弟区代表队参加表演。

（杨 帆）

【新闻发言人培训】 9月20日至22日，组织召开全区新闻发言人培训班。全区80余个单位近150名新闻发言人和新闻联络员参加专题培训。通过专家授课、小组讨论、模拟演练等环节，提高全媒体时代的新闻人素养，增强在新闻外宣、媒体应对、舆情处置等方面的实战能力和水平。

（王金凤）

【“向国旗敬礼”主题教育活动】 9月27日，为庆祝新中国成立67周年和纪念中国工农红军长征胜利80周年，区文明办、区委教工委、区教委面向广大中小学生开展“向国旗敬礼”主题教育活动。

（黄建祥）

【“英雄史诗 不朽丰碑”主题展览】 10月2日，组织全区24个街道、14个乡（地区），近3000余名党员干部到中国人民革命军事博物馆参观纪念红军长征胜利80周年“英雄史诗不朽丰碑”主题展览活动。

（杨 帆）

【公共文明引导行动15周年主题宣传活动】 10月11日，组织开展公共文明引导日暨北京市公共文明引导行动15周年主题宣传活动。全区34个街乡的358个公交地铁站台文明引导员参加活动。

（王 峰）

【“一把手”微访谈】 10月14日，市政府新闻办公室官方微博“北京发布”联合“北京朝阳”政务微博，举办朝阳区十三五规划解读“一把手”微访谈。区委副书记、区长王灏，副区长李俊杰在线回答网友问题，对朝阳区“十三五”规划的主要目标和重点任务进行解读。当日微访谈新浪热点话题实时排名第四，新浪平台即时浏览量109万，讨论456次。新浪微博当日话题阅读量超过226.7万，新浪、人民、腾讯三网微博平台覆盖人次910万。

（王金凤）

【“北京少年·孝心榜样”征集推广活动】 10月20日，区文明办、区教委面向广大中小学生开展“北京少年·孝心榜样”征集推广活动。全区评选上报10名候选人，其中和平街一中吴发颖获评市级“北京少年·孝心榜样”。

（黄建祥）

【文博会宣传】 10月27日至30日，第十一届北京市文博会举行。按照提前预热、集中展示、宣传互动3个阶段，利用电视、平面、新媒体，构成全媒体宣传格局。组织策划1场新闻通气会、8场主会场新闻发布、13场分会场文化活动，突出区文化创意产业高端引领、突出实验区发展定位、突出百姓互动参与，形成朝阳文化创意产业“宣传月”。邀请新华社、中央电视台、《北京日报》、北京电视台等40余家媒体到场采访。

（王 伟）

【“参与社会实践，争当‘六星’少年”活动】 10月29日，为强化社区教育在未成年人思想道德建设中的平台作用，在八里庄街道举办朝阳区“参与社会实践，争当‘六星’少年”——朝阳区未成年人社区“六小”主题实践活动启动仪式，首都文明办副主任卜秀均，刘军胜出席启动仪式。

（黄建祥）

【“好家长之星”推选启动】 11月9日，区文明办联合区教委、区妇联、社区学院在全区中小学、职业高中、幼儿园开展朝阳区第二届“好家长之星”认定和“我的育子梦——家庭教育故事”征文活动。

（黄建祥）

【迎接环保督察专题宣传】 11月29日至12月29日，中央环保督察组进驻北京。主动策划新闻选题，对接中央及市属主要媒体，报道全区各部门、街乡应对空气重污染红色预警措施。中央电视台、《北京日报》、北京电视台等媒体对区环境保护相关工作连续报道，利用《朝阳报》、朝阳有线，以及“北京朝阳”“朝阳微讯”微平台、北京朝阳APP等新媒体，加大对环保工作内容的宣传报道力度；在北京朝阳政府官网开设“环保督察立查立改”专栏，每日发布区各相关部门、街乡环境保护工作亮点、应对空气重污染措施等内容；启动空气重污染预警5次，宣传部根据预警级别分别做好相应应急措施；启动舆情专项监测并形成《朝阳区环境保护舆情报告（日报）》，每日定时报送相关区领导。

（冯 烨）

【公共文明文化艺术团成立】 12月13日，区文明办成立朝阳区公共文明文化艺术团，组建舞蹈队、合唱队。

（王 峰）

【“学家史、寻家训、传家风”主题教育活动启动】 12月15日，由区文明办、区教委、区妇联联合主办的“学家史、寻家训、传家风”主题教育活动，在中国音乐学院附属北京实验学校举行启动仪式。

（黄建祥）

【中华传统美德讲座光盘制发】 12月28日，区文明办制作下发《十德树人》专题讲座光盘，并将11位专家教授的讲义整理成册，编印下发《十德树人——中华传统美德教育读本》。

（黄建祥）

【疏解非首都功能宣传】 年内，围绕朝阳区疏解非首都功能、清退低级次产业组织策划系列宣传活动20余场，邀请《人民日报》、中央电视台、《北京日报》、北京电视台等20余家媒体，重点对萧太后河沿线、农村地区低级次市场、雅宝路市场疏解及2017年非首都功能疏解工作计划等内容进行采访报道。

（姜丽钧）

【全区2人入选“中国好人榜”】 年内，向中央文明办“中国好人榜”推荐候选人25人，完成23位候选人的投票评议宣传发动工作。团结湖街道居民、区工会退休干部陶玉珍当选4月“中国好人榜”助人为乐好人，北京朝阳医院团委副书记、药事部药师王子惠当选10月“中国好人榜”助人为乐好人。

（徐祯卿）

【生态环境建设宣传】 年内，围绕朝阳区生态环境建设工作，组织策划14场宣传活动。邀请《北京日报》、北京电视台等10余家媒体，采访报道着力提升绿化建设水平、萧太后河两岸环境整治、2017年实现全境无煤化、完成广渠路14公里景观大道环境提升、朝阳区秋冬扬尘专项治理活动、朝阳空气质量监测系统投运等内容。

（单艺伟）

【关心下一代工作委员会成立】 年内，根据区编委会《关于设立北京市朝阳区关心下一代工作委员会的批复》，同意设立朝阳区关心下一代工作委员会，该委员会为区级议事协调机构。区关工委下设办公室，办公室设在文明办，主要职责是负责朝阳区关心下一代工作委员会的日常工作。经2016年第2次区编委会研究决定，同意为未成年人工作科增加行政编制1名，相应核增副科级领导职数1名。

（王　峰）

【“一绿”城市化建设试点宣传】 年内，围绕朝阳区“一绿试点”工作成果组织策划宣传活动2场，邀请中央电视台、北京电视台等20余家媒体，采访报道将台乡东八间房村将学习教育与推进“一绿”试点建设工作相互结合，确保拆迁地区“两学一做”工作精准落地，助推地区“一绿”工作进程等内容。

（康　艺）

【社会治理创新工作宣传】 年内，围绕社会治理创新工作，组织策划11场宣传活动，邀请《北京日报》、北京电视台等20多家媒体，采访报道区居民议事厅工作、社区提案大赛、社会管理创新项目大会、街道系统微循环、街道地区煤改电、“走清建树”主题实践活动等内容。

（李　树）

【城市环境治理工作宣传】 年内，围绕城市环境治理工作，组织策划9场宣传活动，邀请《北京日报》、北京电视台等20多家媒体，采访报道区街道地区地下空间整治、打造首个无地锁街道、平房危房改造等内容。

（李　树）

【民生工作宣传】 年内，围绕民生工作成果，组织策划宣传活动14场，邀请《北京日报》、北京电视台、《北京青年报》、北京新闻广播等20余家媒体，采访报道朝阳区优化区域医疗布局、打造“零距离”养老服务、新建百个养老驿站、新建4所中小学、10所幼儿园等内容。

（杨亚清）

【公共文化建设宣传】 年内，围绕公共文化建设工作，组织策划3场宣传活动，邀请《北京日报》、北京电视台等20多家媒体，采访报道八里庄街道成立区首个街乡级文联、文联组织妇女节主题活动等内容。

（单艺伟）

【志愿服务宣传】 年内，围绕区志愿服务工作，组织策划2场宣传活动，邀请《北京日报》、北京电视台等20多家媒体，采访报道“志愿同行亲水朝阳”主题志愿服务活动、区志愿者叶如陵到崔各庄乡开展健康讲座志愿服务等内容。

（杨亚清）

【新闻应急处置】 年内，对孙河乡前苇沟村火情、十八里店大洋路农副产品市场火情、东方建材城火灾、永安里旧城区改造引发部分人员聚集、常营一处燃气管道泄漏爆燃等126起突发事件展开新闻应急处置，参与并做好10余起事件的维稳值守。

（康　艺）

【中国文明网“北京朝阳”站宣传】 年内，中国文明网“北京朝阳”站发布信息3128条，策划制作综合专题27个，推荐原创评论56篇，完成总站宣传配合、承担工作等各类宣传任务67项。288条信息被中国文明网首页各栏目采用，60条信息在头条、要闻、图片、深度评论等重点区域面向全国展示。

（徐祯卿）

【“十三五”主题宣传】 年内，制定下发《朝阳区关于组织开展“展望‘十三五’发展谱新篇”主题宣传教育活动的工作方案》，开展形势政策教育、理论家走基层、系列专题节目、百姓宣讲、网上主题宣传、公益广告宣传等多种形式的主题活动。联合区相关单位，围绕非首都功能疏解、商务中心区建设、提升城市环境品质、生态环境治理、增进民生福祉等方面内容，打造区“共话‘十三五’”主题宣讲团，广泛宣讲“做首都的环保卫士”“以水为魂，做亲水朝阳践行者”“绿色的希望”等感人故事。年内，举办“十三五”主题形势政策报告会12场，主题宣传活动32场，涉及全区党员干部群众近万人。

（杨　帆　徐志浩）

【“艺术朝阳”原创文艺作品征集展示】 年内，区委宣传部会同区文明办、区文化委等相关单位，举办2016年“艺术朝阳”社会主义核心价值观原创文艺作品征集和展示活动。活动征集原创文艺作品122件，包括歌曲类作品29件、舞蹈类作品32件、戏剧类作品17件、曲艺类作品17件、微电影作品27件。

（吴丁佳宝）

【爱国主义教育基地纳新】 年内，区委宣传部组织召开2016年朝阳区爱国主义教育基地工作会暨交流座谈会，并批准命名北京中医药大学中医药博物馆、闽龙陶瓷艺术馆、北京税务博物馆3家新申请教育基地。

（徐志浩）

【百姓宣讲】 年内，继续开展“我们的价值观”主题宣讲，创新研究百姓宣讲的内容与形式，指导全区各单位围绕“十三五”规划、建党95周年、京津冀协同发展等热点问题，广泛开展百姓宣讲活动。8月10日至11日，在区图书馆（新馆）举办2016年朝阳区百姓宣讲汇讲活动。各主管工委推荐的8支宣讲队伍、51名宣讲员参加活动，最终遴选出3支优秀宣讲团、2支特色宣讲团、15名优秀宣讲员。区委宣传部常务副部长毕重伟参加活动，并为优秀宣讲团和优秀宣讲员颁发证书。10月27日，市委宣传部、市委讲师团联合调研区2016年百姓宣讲工作。在2016年市百姓宣讲工作表彰中，区委宣传部获评“先进单位”，“朝阳群众”宣讲团获评“优秀宣讲团”，并在“优秀宣讲员”“优秀网络宣讲员”“优秀组织员”“优秀微视频”“优秀微故事”5个奖项中获得荣誉。区委宣传部组建“共话‘十三五’”“我们的价值观”等区级特色宣讲团，区文明办开展“我是朝阳群众”巡讲活动、联合区纪委开展“勤廉榜样”主题宣讲、卫生计生委开展“健康惠民”巡讲活动、指导区慈善协会开展“朝阳慈善情”主题宣讲等活动。加大百姓宣讲矩阵建设推广，积极发动全区宣讲“网军”队伍，不断完善百姓宣讲工作“1+N”的立体化传播模式（“1”指宣讲，“N”指N种传播宣传方式），充分运用报纸、电视、微信、微博和手机客户端等网络媒体方式，广泛宣传百姓宣讲活动。收到基层报送微视频7部、微故事680余篇，整理撰写精选微故事50篇，并在“朝阳百姓宣讲”微信公众账号和北京朝阳APP上进行宣传推广。全年全区各系统、各单位组建宣讲团532支，宣讲员2926人，网军成员739人，开展宣讲1300余场，受众10万余人。

（杨　帆　徐志浩）

【群众性主题文化活动】 年内，围绕纪念长征胜利80周年、建党95周年等重大主题，组织开展“社区一家亲”“书香朝阳全民阅读活动”“北京民俗文化节”“我们的节日”“东岳书院”等传统群众性文化活动建设。创新时尚文化品牌，举办“2016北京朝阳国际风情节”“潮流音乐节”“金刺猬大学生戏剧节”等时尚文化品牌宣传推广。全年邀请近30个国家上百名艺术家，为京城百姓奉献100余场演出和表演。启动“文蕴朝阳艺术惠民”工程，实施“一十百千”活动计划，面向农村百姓的“星火工程”和面向城区百姓的“百姓周末大舞台”公益惠民演出508场。全年开展大型文化活动3000余场，受益人群近200万人次。

（吴丁佳宝）

【对外文化交流】 年内，指导区对外文化交流协会开展各项对外文化交流活动。统筹组织“漂亮的兵马俑”赴克罗地亚、捷克和哥伦比亚展出；组织“红半天”女子鼓乐团参加比利时首届“中国春节巡游活 动”；组织北京9当代舞团出访马其顿，在马其顿国家剧院为第16届斯科普里舞蹈节闭幕式演出当代舞《穿越溪谷》。

（吴丁佳宝）

【周末社区大讲堂】 年内，按照市社科联周末社区大讲堂工作安排，开展周末社区大讲堂活动，以“公益讲座、百姓点题”模式开展理论政策解读下基层和社科普及活动。全年组织开展讲座22场，直接受众近5000人次。

（董 梅）

【“中外记者看朝阳”活动】 年内，接待美联社、德国《商报》、富士电视台等30余家境外媒体，60余名记者走进朝阳，围绕“养老服务”主题，采访拍摄市社区服务协会、寸草春晖养老护理机构、区养老服务指导中心，宣传京津冀养老服务举措及区优秀典型。协助做好境外媒体采访接待和服务保障工作，配合市外宣办组织“外国摄影师拍北京”系列活动、法国网络大V团走访798活动等大型采访拍摄活动。

（王金凤）

【“北京朝阳”政务微博】 年内，以“朝阳新发展”主题围绕区“十三五”规划区“两会”、京交会、文博会、“我们的节日”等内容，策划12个版块的系列微话题发布。依托微博互动平台，分别策划组织“快乐暑期行•暑期亲子陶艺活动”“首届朝阳SUN RUN健身跑步节”等微活动。年内，“北京朝阳”政务微博在新浪网、腾讯网、人民网三网平台发布微博近万条，微博粉丝数量累计近140万。

（王 静）

【网络舆情监测】 年内，有监测预警约3500条，平均预警频次为9.5件/天。专项舆情事件数据统计116件。按照舆情发生的不同周期，形成2016年度《朝阳区网络舆情分析报告》日报232期、月报11期、年报1期，“政民互动平台”舆情转办情况专报（双周报）2期。

（王 静）

【“北京朝阳”今日头条号】 年内，围绕政策宣讲、专题解读和典型推广，每日编发“北京朝阳”今日头条号客户端重要和重点新闻内容，同时推出“开启十三五”“聚焦两会”“聚焦文博会”等系列专题内容。年内，“北京朝阳”头条号编发新闻内容226篇，阅读近110万次。

（王 静）

【理论研究】 年内，开展“朝阳区网络舆论生态建设情况专题研究”，形成《朝阳区舆论生态与网络社会治理研究报告》《朝阳区网络社会舆情监测处置机制探索与研究》等课题成果。开展文化创意产业专题研究，形成《朝阳区推进国家文化产业创新实验区建设思路和举措研究》课题成果。开展深化文明城区工作专题研究，形成《文明朝阳建设与社会文明指数探索与实践》课题成果。

（王 静 祁春娜）

【《圆满朝阳》编辑出版】 年内，选取全区32个故事线索，与当代中国出版社合作，策划出版《圆梦朝阳》故事集，并在“点读朝阳”微信平台选登刊发。

（祁春娜）

【区委中心组学习】 年内，制定实施《2016年区委中心组学习计划》，围绕中共十八届六中全会精神、党章党规、意识形态工作等党中央治国理政新理念新思想新战略，组织区委中心组开展理论学习24次，其中专家报告14次、集体学习研讨6次、调研学习4次。征集区委中心组调研课题25项，完成第27届“丹柯杯”优秀研究成果参评作品推荐工作。其中，刘军胜课题《朝阳区基层宣传思想文化工作调研报告》获一等奖，区委常委、组织部部长、党校校长何明课题《朝阳区区域化党建工作的实现路径研究》和区委党校教师李岱课题《论新媒体时代政府公信力的提升》获三等奖。为区委中心组配发《习近平总书记重要讲话选编》《习近平总书记在庆祝中国共产党成立95周年大会上的讲话》单行本、《中国共产党问责条例》《中国共产党九十年》等学习书籍22种880册。

（权英淑 张秋佳）

【意识形态工作】 年内，制定《朝阳区党（工）委（党组）意识形态工作责任制实施细则》，提交区委党建工作例会和区委常委会研究审议，以区委办文件形式印发全区。起草《2016年上半年朝阳区意识形态工作情况通报》，提请区委党建工作例会和区委常委会研究审定。成立全区意识形态综合分析研判小组，建立意识形态会商研判机制，刘军胜每季度牵头召开区意识形态领域情况会商研判和通气会，沟通和会商首都和区意识形态领域的总体形势。9月，会同798艺术区管委会，依法取缔处置荔空间举办的“BIFF2016实验影像展”。10月下旬至11月中旬，由区委办公室、区纪委、区委组织部、区委宣传部组成联合督察组，通过书面督察与现场督察相结合的方式，书面督察59家单位，现场督察12家单位，形成《朝阳区意识形态工作专题督察情况的报告》，经区委审定后向全区通报。撰写信息《朝阳区“三个强化”落实意识形态责任制》，被中宣部刊物《每日要情》第834期采用。12月，召集相关部门分别围绕家庭教会和金盏乡皮村“工友之家”问题召开专题会商研判会，分析研判形势，沟通情况，提出对策建议。把意识形态工作列入《2016年区委中心组学习计划》《2016年朝阳区党委（党组）中心组专题学习重点内容安排》《2016年朝阳区干部教育培训计划》，开设“旗帜鲜明地做好意识形态工作”“当前意识形态工作的新特征及对策”“如何做好新时期意识形态工作”“当代艺术与意识形态工作”系列课程，面向处级干部、新任副处级干部、中青年干部、新闻发言人、宣传文化干部等各级党员干部授课。围绕习近平总书记关于意识形态工作重要讲话和批示精神，编写《党委意识形态工作责任制学习导读》，向全区二级班子党政正职领导印发320册。

（张秋佳 梁奥博）

【理论宣传】 年内，编制并印发《朝阳区“十三五”规划导读》900本，按照“原文引导、要点全面、导向明确”原则，梳理全区31大项96小项任务，阐释解读“十三五”期间全区118项重点工作目标及工作任务。在全区开展党的十八届六中全会精神宣讲活动，印发《朝阳区学习宣传贯彻党的十八届六中全会精神宣讲活动实施方案》，会同区纪委、区委组织部、区委统战部、区委党校及区委各工委主要领导，成立“区委学习贯彻党的十八届六中全会精神宣讲团”，于12月中下旬深入全区各系统和43个街乡开展集中宣讲49场，受众16300余人。开展“走基层送理论”活动，为区政协、组织部、政法委、国资委、区妇联、亚运村、崔各庄等60余家单位联系推荐75场专家辅导报告，推荐相关专家260余人次，解答基层单位咨询450余人次。

（权英淑　梁奥博）

【学习服务】 年内，理论学习手机报开通“两学一做”专栏，连载党章党规，摘编最新习近平总书记重要讲话54期。研发区委中心组“掌阅”学习平台，并为31位区领导配发。改版《宣传文化学习咨询》为《理论与实践》，以“十三五”规划纲要、全国“两会”、习近平总书记治国理政新实践、“两学一做”学习教育等为主题，全年编发24期1440册。为全区处级班子中心组配发《中国共产党九十年》《全面小康热点面对面》等学习书籍5种3800册。抓好网络平台建设，“中心组学习园地”网站及时登载总书记最新讲话原文、各领域专家对讲话精神的解读及全区各级党委中心组学习讲话精神情况。为全区局处级领导干部订阅为局处级领导订阅2017年度理论学习刊物《网络舆情》《大讲堂》等7种800份。

（权英淑　梁奥博）

【思想政治和理论宣讲典型选树】 年内，挖掘梳理安贞街道、区卫生计生委、高井村理论宣讲工作典型事迹，推荐参评中宣部理论宣讲先进集体。7月至9月，印发《关于推荐第十三届北京市思想政治工作优秀单位、优秀思想政治工作者的通知》，从各系统上报的14个单位和13名个人中，择优推选区国税局等4个单位和北京中复集团党委书记孔祥雨等4名思想政治工作者，向市“双优”评选表彰工作领导小组办公室报送有关材料。完成2016年度“宣讲家杯”优秀报告（党课）推荐工作，向市委讲师团报送基层上报的报告光盘及推荐表15件，其中7件作品获评优秀报告。

（权英淑　张秋佳）

【群众性精神文明创建规范化建设】 年内，按照《2015年朝阳区群众性精神文明创建工作评估验收安排》，委托第三方组织机构走访督导96家单位，联合各工委对13家重点单位抽查督导。经过一票否决、社会公示、会议审定等程序，以区文明委名义命名太阳宫乡等14个乡为2015年度群众性精神文明创建工作规范化建设文明乡，平房乡石各庄村等34个村为文明村，区国税局等371个单位为文明单位，中国人民解放军66194部队等56个部队为军（警）民共建文明单位，六里屯街道十北社区、来广营地区茉藜园社区等297个社区为文明社区，北京朝阳公园等11个景区为文明风景旅游区。梳理798家文明单位创建成果，汇集80余家实地走访先进单位的事迹材料，完善精神文明建设十线百点的展示成果。联合朝阳报推出区群众性精神文明创建工作规范化建设专刊。依托微博微信，以新媒体方式集中跟踪采访报道国税局、望京网、高碑店社区卫生服务中心等文明单位特色创建，开展特色网络文明传播。7月8日，印发《2016年朝阳区群众性精神文明创建工作规范化建设实施方案》，229个新增单位累计1027个基层单位申报，经资格评审和工委验收，最终有220个新增单位，942个规范化建设单位进入公示候选名单。农村“十二个一”创建工程持续推进，完成2016年4个乡情村史陈列室和3个网络宣传视屏建设及验收，启动2017年申报立项工作。推动首都文明单位与农村开展结对共建。继续推进朝阳区精神文明建设展示点线品牌培育展示工作，挖掘、展示基层在创建工作中的好经验、好做法、好活动、好案例，推出“文明朝阳示范有我”精神文明100个点线攻略。

（李　蕊　周　密）

【“首都精神文明建设奖”推荐】 年内，按照基层申报、工委推荐、综合审查、社会公示、会议审议等程序，经32次区委常委会审定上报，杜凯等9名人员入选2015—2016年度“首都精神文明建设奖”，并完成历届精神文明建设奖非京籍情况统计。

（周　密）

【网络宣传引导】 年内，制定下发《2016年朝阳区网络文明传播工作方案》，围绕中央、市区重点工作，开展网络传播活动。以“四季朝阳”为主题，组织志愿者围绕“好人365”“我们的节日”“长征路上诗与歌”等重大传播主题，通过微博、博客、微信、客户端等多种方式进行信息发布、评论、征文等线上传播。开展“不忘初心，2016，加油”“我心中的社会主义核心价值观”“致敬：人民子弟兵”等主题特色网络传播活动12次。配合“北京朝阳”政务微博，开展亲子陶艺、SUN RUN健身跑步等线下互动活动。2016年共发布新浪微博1299条，微博粉丝27270个，微信271期、1116条。先后向中国文明网推荐70篇特约评论稿件，40篇优秀稿件，完成中央文明办网络文明传播和新媒体季度考核工作。11月17日，在朝阳宾馆举办区网络文明传播志愿者骨干培训班，全区各相关单位、各街乡100余名网络文明传播志愿者骨干参加培训。年内，按照首都文明办《关于开展首都“我爱社区”随手拍征集活动的通知》精神，制定工作方案，按照家庭和谐、邻里和谐、社区好人、社区美景、未成年人成长、文化活动、志愿服务7个类别挑选图片上报首都文明办。

（周　密）

【文明旅游宣传】 年内，面向全区相关部门下发文明旅游工作通知，贯彻落实全国提升中国公民出境旅游文明素质部际联席会议精神，配合旅游委对宾馆、饭店、旅行社开展专题培训，“最美一米风景”文明旅游主题宣传活动，做好全区春节、暑期、国庆节等重要节点的文明旅游有关工作。自主设计“我承诺”六大主题文明旅游行动宣传品，面向A级旅游景区、旅行社、区出入境办证大厅、星级饭店、社会旅馆及社区、村等，下发口袋书、行李牌、指甲刀、海报约20万个（张），倡导文明旅游不大声喧哗、不横躺侧卧、不乱刻乱画、不乱扔垃圾、不损坏花草树木、排队不加塞。

（周　密）

【诚信建设】 年内，加强重点人群、行业领域诚信普及教育，推进执法监管部门和窗口服务单位文明诚信服务。打造诚信示范市场、街（店）等品牌，联合工商分局、商务委、农委等单位开展诚信市场创建及培训、推荐工作，2家市场入选市诚信示范市场。开展“诚信做人守信做事”“诚信做产品”等主题教育实践活动，刊播涵盖政务、商务、司法和社会诚信四个领域的微电影，通过网站、微博、微信等新媒体手段创新方式方法传播诚信理念。

（李　蕊）

【寒假社区文明小使者活动】 年内，区文明办以“弘扬好传统，传承好家风——争当‘社区文明小使者’”为主题，面向全区中小学生开展假期“六小”道德实践活动。各街乡、社区（村）、各中小学结合自身实际和未成年人成长规律，组织开展多种实践活动。

（李　娟）

【“美德少年”选树活动】 年内，在全区开展选树“美德少年”活动，推选“朝阳区2016美德少年”20名、“朝阳区2016美德少年”提名30名。其中，10名被评为首都百名“最美少年”，1名被评为全国“最美少年”。

（黄建祥）

统战工作

【概况】 中共朝阳区委统战部、中共朝阳区委台湾工作办公室、朝阳区人民政府台湾事务办公室、朝阳区人民政府侨务办公室3个机构合署办公。设有部长1人，由区委常委兼任［年内分别由马继业、何明、黄晓伟（女）兼任］；常务副部长1人，协助部长落实各项工作；副部长、台办主任1人，负责区涉台事务工作；副部长、侨办主任1人，负责区侨务工作及海外联络；副部长、工商联党组书记1人（编制在工商联）负责区会员企业和非公经济领域的统战工作；副部长、区民宗办主任1人（编制在民宗办）。部内设办公室、对台联络科、侨务办公室、党派工作科、综合科。主要任务是在区委的领导和上级统战部门的指导下，围绕区中心工作，贯彻落实党的各项统一战线方针政策。年内成立区委统战工作领导小组，加强党对统战工作的领导。完成政协换届、民主党派区级组织换届，指导区工商联、区侨联完成换届工作。三里屯小学、对外经济贸易大学附属中学、中国音乐学院北京实验学校被授予“北京市青少年涉台教育基地”。

地址：团结湖北五条5号
邮编：100026
电话：65099438
邮箱：chytzb@126.com

（姚德文）

【走访慰问】 元旦、春节期间，区委统战部、台办、侨办走访慰问所联系党外代表人士、困难家庭、长期帮扶对象、民族宗教和部分活动场所教职人员、黄埔同学会老先生、台胞台属、归侨侨眷和部分台资、侨资企业、部内离退人员。为困难家庭送去生活用品和慰问金。

（姚德文）

【约谈区各民主党派主委】 1月4日至3月30日，区委常委、统战部部长、区直机关工委书记马继业，区委常委、组织部部长、统战部部长何明就民主党派区级组织换届问题协商有关事宜约谈民革区委主委张兴凯、民建区委主委徐艳梅、民进区委主委张耘、农工党区委主委邢念增、致公党区委主委高向宇、九三学社区委主委张明森、台盟区工委主任高峰、区委统战部常务副部长胡杰华陪同。

（姚德文）

【走访慰问宗教人士】 2月1日，区委常委、统战部部长、区直机关工委书记马继业，区委统战部常务副部长胡杰华，区民宗办主任王爱录，以及部门工作人员到道教活动场所东岳庙走访慰问，提前祝福宗教人士春节快乐。

（姚德文）

【走访党派市委主委】 3月1日至4月25日，马继业、何明走访民革市委主委傅惠民，民建市委副主委任学良、符国群，民进市委常务副主委李焕喜，农工党市委副主委刘迎，致公党北京市委主委李昭玲，九三学社市委副主委方炎，协商区委换届人选问题。胡杰华陪同。

（姚德文）

【三方协商】 4月26日，何明与各民主党派市委、市委统战部进行三方协商，就民主党派区委换届重要人事安排交换意见。

（姚德文）

【宗教人士座谈会】 5月10日，何明在东岳庙庙管会召开区宗教代表人士见面座谈会。区伊斯兰教协会、区基督教“三自”爱国会、区天主教爱国会、东岳庙庙管会4个宗教团体10名宗教界代表人士参加。各宗教团体介绍宗教团体工作情况、存在的问题、工作思路以及学习总书记讲话精神体会。胡杰华及区民宗办主任梅诗曙、副主任马舍尔巴等参加座谈。

（姚德文）

【社会组织统战工作交流】 6月3日，山东青岛考察团一行，由青岛市委统战部副部长、市社会主义学院党组书记三修照带队一行到朝阳区考察学习社会组织统战工作。围绕社会组织统战工作座谈。9月28日，北京市委统战部副部长严卫群带队到朝阳区考察学习社会组织统战工作并座谈交流。胡杰华、区社会组织联合会会长王小毛、区社会办副主任马凯等陪同考察和座谈。

（姚德文）

【知联会召开理事会】 8月6日，区知识分子联谊会（简称知联会）召开一届理事会四次会议。区政协副主席、知联会会长连玉明做2015年工作报告，胡杰华部署2016年工作。

（姚德文）

【换届工作民主协商会】 9月23日，召开朝阳区各民主党派、无党派人士和各人民团体民主协商会。区领导何明、苑文新、汪洋出席会议。区委组织部副部长张中华传达中共北京市委关于做好2016年区领导班子换届工作有关精神要求，通报区人大换届工作进展情况；区委统战部常务副部长胡杰华作关于区政协换届工作意见说明。

（姚德文）

【政协委员推荐工作部署会】 9月23日，区委召开区政协委员人选推荐工作部署会。何明出席会议并讲话，汪洋主持会议。胡杰华出席会议。

（姚德文）

【蔡蔚获“京华奖”】 9月，加拿大籍华人蔡蔚获北京市第二届“京华奖”蔡蔚为朝阳区“凤凰计划”首批创业类高层次人才。该奖项是市委、市政府表彰和奖励在北京市建设发展中，做出突出贡献华侨华人、归侨侨眷和港澳同胞而设立的特殊荣誉奖。

（姚德文）

【考察工作部署会】 11月7日，区委组织部、区委统战部在朝阳宾馆召开区政协委员考察工作部署会。会议决定组建5个联合考察组和49家考察责任单位，划分120余个考察组入驻200家单位，于11月7日至15日，考察对1年内没有考察的285名政协委员提名人选。

（姚德文）

【第十三届政协人事安排】 11月24日，吴桂英主持召开十一届区委常委会第152次会议。关于第十三届区政协委员建议名单；常委候选人建议名单；区政协一次会议主席团成员建议人选名单、主席团常务主席建议人选名单、秘书长建议人选名单5人选建议名单（草案）的汇报。同意区委统战部关于朝阳区第十三届政协人事安排工作汇报。

（姚德文）

【第十三届区政协委员建议名单通报会】 11月28日，区委召开区各民主党派、无党派代表人士和各人民团体民主协商会。就第十三届区政协委员建议名单、常委候选人建议名单、区政协一次会议主席团成员建议人选名单、主席团常务主席建议人选名单、议秘书长建议人选名单5个建议人选名单（草案），听取各党派、各团体的意见建议，并签署联合建议书。胡杰华作关于政协委员、常委候选人情况及政协一次会主席团成员、常务主席、秘书长建议名单说明，并宣读联合建议书。

（姚德文）

区直机关工委工作

【概况】 中共北京市朝阳区委区直属机关工作委员会，是区委派出机构，主管区直属机关系统党的建设和思想政治工作，领导区直属机关纪律检查工作委员会，人员编制12人。设办公室、组织科、宣教科、监察科（群团办）。年内，区直机关工委所辖68个基层党组织，其中7个基层党委、5个机关党委、27个直属党总支、28个直属党支部（区委区政府研究室党支部正在筹备成立），有在岗党员6913人，离退休党员1188名。年内，区直机关系统新发展党员110人，转正131人，25个党组织完成换届，5个党组织进行补选。

地址：日坛北街33号

邮编：100020

电话：65094320

网址：http://jggw.chy.egov.cn

（谭小昆）

【廉政教育活动】 1月28日，在朝阳剧场组织区直机关系统正科实职干部700余人开展春节前廉政教育。区纪委常委、副书记高大中授课。

（谭小昆）

【述职评议考核会】 3月23日，召开2015年区直机关系统党委（组）书记抓党建工作述职评议考核会。机关系统各单位党组织负责人、基层党代表、述职单位的基层联系点代表90余人参加会议。区委常委、区委办主任、区直机关工委书记张维刚，区委组织部常务副部长唐行安，区委宣传部常务副部长、文明办主任毕重伟出席，区直机关工委常务副书记刘勇主持会议。机关系统6个党委书记、11个党组书记就2015年党建工作分别作述职发言，总结2015年党建工作的特色和亮点，查找问题，分析原因，提出年度工作措施，并接受党员代表现场提问和测评打分。

（谭小昆）

【“千名干部下基层”活动】 4月初，制发《关于2016年继续深化和夯实“千名干部下基层”活动的通知》，对接各街乡“党政群共商共治工程”。截至12月，各单位抽派2200余名机关干部，组成81个基层服务组，由处级领导带队，到240余个联系点开展调研帮扶活动，帮扶困难家庭95个，为联系点解决困难、问题176项。

（谭小昆）

【先进推荐表彰】 4月，开展北京市、朝阳区优秀共产党员、优秀党务工作者和先进基层党组织评选表彰工作。其中，市级优秀党员1名、党务工作者1名，区级优秀共产党员10名、优秀党务工作者10名、先进基层党组织10个。

（谭小昆）

【组织委员培训班】 5月27日，在区委党校举办2016年直属党组织组织委员培训班，机关系统80名组织委员参加培训。

（谭小昆）

【专题汇报】 5月30日，区直机关工委常务副书记刘勇在第五次区委党建工作例会上，围绕“五服务”（服务发展大局、服务“三区”建设、服务中心工作、服务基层组织、服务全体党员），强化“五种意识”（首善意识、机遇意识、责任意识、为民意识、阵地意识）、进一步加强机关基层党组织建设作专题汇报。

（谭小昆）

【党员发展对象培训班】 6月7日至9日，举办区直机关系统2016年度党员发展对象培训班。120余名发展对象参加培训，并进行备案。

（谭小昆）

【献爱心活动】 6月21日，举行“共产党员献爱心”捐款活动启动仪式。区直机关工委常务副书记邵水平主持活动并讲话。奥管委、区环卫中心、区安监局、区委宣传部、区金融办、电子城管委会、区行政服务中心等7家单位党组织向全区共产党员发出倡议，区四套班子领导捐款，675名党员干部参加活动。启动仪式当日收到捐款10.44万元。

（谭小昆）

【专题培训班】 7月13日，举办机关系统党组织负责人专题培训班。中国社会科学院马克思主义研究院发展研究部主任辛向阳，国家行政学院教授、博士生导师、科研部原主任许耀桐，解读习近平治国理政基本要义、《中国共产党廉洁自律准则》和《中国共产党纪律处分条例》等。机关系统80名党组织负责人参加培训。

（谭小昆）

【党费收缴】 7月，制发《关于在“两学一做”学习教育中开展党费收缴工作专项检查的工作方案》，在系统开展党费收缴专项检查。10月至12月，完成在职、退休党员的党费补缴工作，补缴党费7453352.12元。

（谭小昆）

【推荐表彰先进】 7月，组织机关系统各单位参加第十三届北京市思想政治工作优秀单位、优秀思想政治工作者申报工作。11个单位申报思想政治工作优秀单位，6人申报优秀思想政治工作者。经会议研究，向区委宣传部推荐区国税局为思想政治工作优秀单位，区食品药品监管局江华为优秀思想政治工作者。

（谭小昆）

【获评百姓宣讲优秀宣讲员】 8月10日，由7个单位8人组成机关系统宣讲团，参加区委宣传部组织的百姓宣讲汇讲活动，区食品药品监管局和环卫中心2人被评为区级优秀宣讲员。

（谭小昆）

【巡回宣讲】 9月2日，区直机关工委、区委政法委在区文化馆联合举办朝阳区勤廉榜样巡回宣讲。区10名“勤廉榜样”作先进事迹报告。机关各单位纪（工）委书记、纪检组组长、监察科及各单位党组织负责人和党员代表370余人参加活动。

（谭小昆）

【推荐先进】 9月，开展2015-2016年度“首都精神文明建设奖”推荐工作。向区文明办推荐区环卫中心第四清洁车辆场维修车间副主任杜凯为“首都精神文明建设奖”候选人。

（谭小昆）

【“机关党员献策朝阳”活动】 10月下旬，开展“机关党员献策朝阳”活动情况汇总工作。各单位围绕“两学一做”学习教育，聚焦朝阳区域发展中的思路性问题、瓶颈性问题、百姓关切的问题等，24个单位提出各类意见建议104条，从社会民生、组织建设、经济发展三个方面，梳理汇总51条报意见建议送区委研究室。

（谭小昆）

【公共租赁房屋申请】 11月，部署市公共租赁房屋申请工作。审核上报区直机关系统各单位上报申请人材料，机关系统865人申请，其中827人通过审核，并将相关材料上报至区住保办。

（谭小昆）

【人才租赁住房配租申请】 12月，区直机关工委对参加申请的人员资料进行统计审核上报。有594人申请 其中586人通过审核参与人才租赁住房配租摇号资格。

（谭小昆）

【走访慰问和困难帮扶】 12月，完成机关系统区委领导走访慰问推荐和困难党员帮扶。推荐3名优秀党员和2生活困难党员作为区委领导走访慰问对象，为机关系统困难党员申请困难党员帮扶资金52人次，其中2人获市级帮扶资金。

（谭小昆）

老干部工作

【概况】 中共北京市朝阳区委老干部局为区委直属的公务员法管理单位，隶属区委组织部领导，负责落实党的老干部政策，服务管理区离休和副处级以上退休干部。设有办公室、政治待遇科、生活待遇科、老干部活动中心4个科室，编制41人，实有38人。全区有离休干部511人，副处级以上退休干部1545人。年内，加强离退休干部思想政治建设和党组织建设，落实离退休干部政治待遇和生活待遇，引导离退休干部为党和人民事业增添正能量。举办读书班、学习班8期，报告会10场，3500人次参加学习。组织1658人次离退休干部体检，走访慰问离退休干部及去世离休干部配偶1400人次，完成市和区为离休干部办实事5件。年内，获评全国老干部工作先进集体。

地址：团结湖南里甲1号

邮编：100026

电话：85975641

网址：http://lgb.bjchy.gov.cn

（吴晓东）

【老干部工作会】 2月12日，召开区2016年老干部工作会。区委书记吴桂英，区委副书记、区长王灏，区人大常委会主任、区委副书记、政法委书记、老干部工作领导小组组长陈宏志，区政协主席谢莹，区委常委、常务副区长、老干部工作领导小组副组长甘靖中，区委常委、组织部部长、老干部工作领导小组副组长何明，区委常委、宣传部部长、区委办主任刘军胜出席会议。区委老干部工作领导小组成员，区原四套班子老领导，区党建研究会老干部分会成员，各单位离退休干部党支部书记、支委及离退休干部代表，各单位党委（党组）主要负责人300余名参加会议。王灏主持会议，陈宏志传达市老干部工作会主要精神，何明总结部署老干部工作，吴桂英通报2015年区经济社会发展情况和2016年工作思路，对2016年区老干部工作提出要求。

（吴晓东）

【老干部培训班】 年内，举办离退休干部党支部书记、局职离退休干部读书班8期，对80岁以下离退休干部党员普遍轮训，培训离退休干部2000余人次；坚持办好支部书记培训班，开展学习培训、经验交流和工作研讨。创新组织设置，在社区、队组、班级等新增各类党组织5个，使离退休干部党支部达89个、社区临时党支部达23个、特色党小组达13个。

（吴晓东）

【增添正能量活动】 年内，在全区离退休干部中组织开展以“展示阳光心态、体验美好生活、畅谈发展变化”为主要内容的为党和人民事业增添正能量活动。召开离退休干部为党和人民事业增添正能量报告会、推进会。组织30名老同志参加市老干部局“讲传统、看变化、化改革、助发展”主题活动启动仪式、市正能量活动推进会。继续扩大并发挥老党员先锋队、非公企业党建工作等平台的作用，引导老同志增添正能量。共建86支老党员先锋队。

（吴晓东）

【为老服务】 年内，在定点医院为全区离退休干部健康体检1658人次。在元旦、春节等重大节日、重要活动期间，组织慰问老红军、高龄、重病、特困等部分离退休党员干部168人次，发放解困帮扶慰问金、慰问品等经费25.6万元。

（吴晓东）

【为离休干部办实事】 年内，落实市为离休干部解决的4个实际问题，对解放战争时期参加革命工作离休干部的自付医疗费补助比例由50%提高到60%；对配偶无工作且有丧失劳动能力残疾子女的特殊困难离休干部的生活补助费标准，由每人每月300元提高到800元；升级现有离休干部急救呼叫器，增设一键通功能；对日常生活难以自理或照料困难的离休干部，支持老干部优先入住具有医疗保障能力的养老服务机构。朝阳区为离休干部解决1个实际问题，即区委区政府统筹资金，解决离休干部居家养老生活中的实际问题。

（吴晓东）

【文化养老】 年内，搭建文化养老平台，构建1所区老干部大学（党校），43个老干部大学（党校）分校，98家党校社区课堂的“1+43+93”三级离退休干部学习活动阵地网络。结合开展纪念中国共产党成立95周年和红军长征胜利80周年，连续5年举办区离退休干部文化节。

（吴晓东）

保密工作

【概况】 中共朝阳区委保密委员会办公室和区国家保密局是一个机构，两块牌子，既是区委保密委员会的办事机构，又是区政府管理保密工作的职能部门，由区委办公室管理。设综合科和检查技术科。

地址：日坛北街33号

邮编：100020

电话：65094302

邮箱：bmj@bjchy.gov.cn

（郎春颖）

【区委保密委员会全体会议】 5月4日，区委保密委员会召开全体会议，研究部署2016年保密工作，明确以责任制落实为主线，以两大联盟建设为支撑，加快保密工作转型升级，提升保密管理能力，构建区现代保密综合防范体系。

（郎春颖）

【“三大管理”培训】 5月24日至6月16日，对全区150家单位分15批完成保密“三大管理”培训。

（郎春颖）

【研发“手机失窃密隐患展示系统”】 8月，与北京交通大学国家保密学院合作研发“手机失窃密隐患展示系统”。主要包括短信信息，远程浏览、窃取文件资料等演示功能，该系统是区保密局与北京交通大学签订战略合作协议后首次实现的科研成果转化。

（郎春颖）

【保密宣讲】 10月10日至11月30日，开展以“如何做好信息化条件下的保密工作”为主题的保密宣讲。区保密宣讲团6名宣讲员到全区150家单位逐一开展宣讲活动，为约7000人解读当前保密工作形势、保密防护技术、领导干部保密责任制、保密管理知识等。

（郎春颖）

【微信服务号开通】 10月，开通保密工作微信服务号“密镜”，取意“以铜为镜，可以正衣冠；以古为镜，可以见兴替；以人为镜，可以明得失”，重点强调保密规矩和保密意识。服务号下设“密闻”“密服”“密技”三个版面，为全区提供时事和科技分析、法律法规和服务查询以及故事、案例等11种保密相关内容。

（郎春颖）

【制发精细化管理笔记本】 10月，制作精细化管理笔记本3000册发放各单位，把保密工作领导职责、工作职责、互联网计算机使用管理、手机使用保密守则、法律责任、保密工作百分量化自评等13项内容编入其中，为各单位日常管理、保密教育提供依据和参考。

（郎春颖）

【保密宣传】 年内，为全区各单位主要领导、主管领导及保密干部配发《红色往事——镌刻在党旗上的保密故事》503本，为各单位配发宣传挂图《涉密人员保密行为规范》《涉密会议、活动保密管理须知》400套，《党政机关工作人员保密须知》1200本。

（郎春颖）

党校工作

【概况】 中共北京市朝阳区委党校是区委直接领导，培养领导干部、理论宣传干部和国家公务员的学校，兼有区行政学院、区社会主义学院职能，三块牌子一支队伍，内设办公室、财务科、行政科、培训一科、培训二科、综合教研室、党建教研室、科研科、教学保障科、学员工作科10个科室。年内，落实全国、全市党校工作会议精神，把握党校职能定位，围绕干部教育培训总体要求，聚焦主业主课，以中国特色社会主义理论体系和党性修养为重点，以中共十八大精神和习近平系列重要讲话精神为主线，坚持从区域发展和学员任职岗位需求出发，设置具有针对性的培训课程，完成处级领导干部、中青年后备干部、国家公务员、军转干部、基层党员和积极分子等培训任务，完成中央党校在职研究生学历教育工作。

地址：静安庄一区四号

邮编：100028

电话：64651199

网址：chydangxiao@163.com

（杜晓丽）

【开学典礼】 3月7日，区委党校（行政学院、社会主义学院）举行2016年开学典礼。会议提出“五有”（有追求、有能力、有担当、有干劲、有规矩）干部要求，强调党员干部要树立看齐意识，坚持从严要求，增强担当意识，明确工作要求。区委常委、组织部部长、党校校长何明出席并讲话，区委党校党委书记、常务副校长董伟主持开学典礼，区委组织部副部长、区人力资源和社会保障局党委书记、局长牟燕东，区委统战部常务副部长胡杰华，区委组织部副部长高敬茹，区人力资源和社会保障局副局长刘胜，区委社会工委副书记郑珍平，区委农工委副书记王立新出席开学典礼，党校党委班子成员，区2016年第一期处级干部进修班、区2016年军转干部培训班学员，全区43个街、乡党（工）委副书记，区委组织部、区委统战部、区人力资源和社会保障局相关人员，党校全体教职工约200人参加开学典礼。

（杜晓丽）

【区领导授课】 3月31日，区委常委、宣传部部长刘军胜为2016年第一期处级干部进修班学员做以“坚持‘六讲六重’做好新时期群众工作”为题的专题授课。刘军胜从“讲历史，重危机”“讲责任，重大局”“讲学习，重方法”“讲感情，重换位”“讲作风，重能力”“讲奉献，重心态”6个方面讲解新形势下做好群众工作的重要性和工作方法。9月20日，刘军胜为区2016年新闻发言人培训班授课。10月28

日，区委副书记、政法委书记陈涛为区2016年政法系统第四期中青年干部培训班学员和政法系统干部作党课报告。

（杜晓丽）

【律师协会分校成立】 5月27日，区委党校批复中共北京市朝阳区律师协会委员会《关于成立中共北京市朝阳区委党校律师协会分校的请示》，同意成立中共北京市朝阳区委党校律师协会分校，分校隶属于中共北京市朝阳区律师协会委员会，接受中共北京市朝阳区委党校业务指导。

（杜晓丽）

【新任处级党政正职干部（浦东）培训班】 10月9日至14日，区2016年新任党政正职培训班在上海浦东新区区委党校举办，全区36名学员参加培训。培训内容为“上海市经济社会发展形势展望”“浦东合庆镇村民自治1+1+X模式”“探索市场监管‘四合一’模式（浦东市场监管局）”“浦东金桥镇碧云国际社区的管理经验和做法”等内容。浦东新区委党校常务副校长周奇在开班式致辞，浦东新区党校副校长毛力熊，朝阳区委组织部副部长刘静出席开班式。培训期间，区委常委、组织部部长、统战部部长、党校校长何明到浦东新区党校看望学员并与浦东党校座谈交流，考察部分现场教学基地，并参加结业式暨座谈会。

（杜晓丽）

【科研成果获奖】 12月15日，区委党校在市委党校、行政学院系统学习贯彻党的十八届六中全会精神理论研讨会暨科研颁奖会上，获2014—2015年度全市党校系统科研组织管理奖、基层科研管理工作者奖，《建国初期工商团体的重组与改造——武汉市个案研究》获科研成果一等奖，《金融机构市场退出机制的构建》获科研成果二等奖。

（杜晓丽）

【“学习贯彻党的十八届六中全会精神”专题研讨班】 12月26日至30日，区委党校配合区委组织部在顺义阳光丽城举办朝阳区第一期处级干部“学习贯彻党的十八届六中全会精神”专题研讨班。区委书记吴桂英作开班动员和《学习贯彻党的十八届六中全会精神》专题报告。区委副书记，CBD工委书记、管委会主任，党校校长甘靖中和区委常委、组织部部长何明出席结业式。培训内容包括专家解读《中国共产党党内监督条例》和《关于新形势下党内政治生活的若干准则》，分组集体自学《党的十八届六中全会文件学习辅导百问》《郭金龙书记在学习贯彻党的十八届六中全会精神专题研讨班的讲话提纲》《〈准则〉〈条例〉辅导读本》，分组研讨“贯彻落实党的十八届六中全会精神”“贯彻落实《关于新形势下党内政治生活的若干准则》和《中国共产党党内监督条例》要求”。各街、乡和委、办、局党组织书记115人参加研讨班。

（杜晓丽）

【审议通过区委加强改进党校工作《实施意见（审议稿）》】 12月30日，亖伟参加区委十二届常委会第三次会议，专题汇报《关于贯彻全国、全市党校工作会议精神有关情况》，并提请常委会审议代区委草拟的《中共北京市朝阳区委关于加强和改进新形势下党校工作的实施意见（审议稿）》，该意见内容包括坚持党校姓党，始终坚定正确的政治方向；坚持突出主业，切实加强党的理论教育和党性教育；坚持质量立校，深化教学科研咨政改革创新；坚持人才强校，加强师资和管理队伍建设；坚持从严治校，营造风清气正的校风学风；坚持党管党校，加强和改善对党校工作的领导六方面。会上，区委常委会审议通过《实施意见（审议稿）》。

（杜晓丽）

【主体班培训】 年内，举办主体班16期。其中，处级干部进修班4期、新任副处级干部培训班1期、中青年干部培训班1期、2016年军转干部培训班1期、正科级任职培训班4期、副科级任职培训班4期、青年干部政治理论读书班1期，培训学员763人。主体班教学突出党的理论教育和党性教育的主课主业地位，两类课程比重70%，综合运用专题授课、模拟演练、参观教学、异地培训、拓展训练、警示教育、主题班会、学员讲台、志愿服务和小组研讨等培训方式。

（杜晓丽）

【专题班培训】 年内，举办专题培训班25期。包括党政正职“学习贯彻五大发展理念”专题研讨班1期，处级干部党性教育专题培训班1期，文化创意产业高级经营管理培训班1期，处级女领导干部、妇联执委培训班1期，处级干部法治政府建设专题培训班1期，街乡经济管理专题培训班1期，区直机关系统2016年度党员发展对象培训班1期、区直机关系统党组织负责人培训班1期，“学习中国传统文化，提升干部政德修养”周末大讲堂1期，2016年新闻发言人培训班1期，“树立五大发展理念，推动京津冀协同发展”专题培训班1期，新任处级党政正职培训班1期，政法系统第四期优秀中青年干部培训班1期、新发展党员示范培训班1期，“加强情绪管理，有效疏导压力”专题培训班1期，国资委系统优秀中青年管理人员培训班1期，科级干部素质提升轮训班2期，处级干部“学习贯彻党的十八届六中全会精神”专题研讨班1期，外地（新疆和田、贵州贵阳、云南昆明等）培训班6期，培训学员2148人。专题班本着事业发展需要什么培训什么、干部缺什么补什么原则，围绕区委区政府中心工作，重点在依法行政、公共管理、领导力提升、政治经济热点、城市化精细管理、人文国学和党的基本理论知识等方面，开发新专题，满足各类培训专题多元化需求。

（杜晓丽）

【学历教育】 年内，完成2013级（45人）中央党校在职研究生培养和毕业答辩工作，及2014级（35人）和2015级（32人）在职研究生在校培养工作。

（杜晓丽）

【党校分校工作】 年内，各分校开展“学党章党规”“学系列讲话”主题教育活动。分校教师为奥运村、亚运村、左家庄、香河园、麦子店、大屯等分校及社区学院、朝阳交通大队、区民防局、温榆河管委会、卫生监督所、奥管委、民政局及中国银行北京分行等单位讲授“学习新党章 做合格党员”“习近平总书记系列重要讲话精神解读”“党的光荣历史”“‘四个全面’重要战略布局的深刻内涵”“中国共产党问责条例解读”及“坚持全面从严治党 严肃党内政治生活”“习近平总书记七一重要讲话精神解读”等25个专题，授课1068课时。

（杜晓丽）

【网上党校】 年内，围绕电化教学、网络建设与维护、网络课件更新、信息新网络系统升级换代等内容，推进信息化教育技术的研究和应用，提升党校信息化建设。研究开发微信公众平台，设置理论宣传、教育培训、党校风采等板块，向学员、老师推送理论研究、时政要闻、通知通告、党校动态等工作信息，为宣传和教学管理提供便捷的信息化手段。录制主体班课程295讲，编辑课程75讲。

（杜晓丽）

【科研成果】 年内，完成校级课题12项、区情研究专项课题6项。申报市党校系统、区党建研究会、区党史研究会等校外课题6项。完成与北京国际城市发展研究院合作课题“大数据背景下朝阳区社区治理创新研究”。报送《党建参考》文章13篇，期中1篇获区委书记吴桂英肯定性批示。在《朝阳信息》（调研与参阅）上发表决策咨询报告——《关于完善我区功能园区党建工作模式的几点思考》。全年编写科研成果汇编2部，分别为《社会治理创新：北京市朝阳区典型案例选编》和《北京市朝阳区基层社会治理探索与实践》。发表论文19篇，其中全国中文核心期刊2篇、985工程大学学报文章1篇、中央党校主办的期刊论文2篇、省市级党校及社会主义学院学报3篇、其他类11篇。

（杜晓丽）

党史工作

【概况】 中国共产党北京市朝阳区委员会党史工作办公室（以下简称：区委党史办）为参照公务员管理的区直属正处级事业单位。人员编制8名，其中主任、副主任各1名。年内，开展“两学一做”专题教育活动、党史宣传教育月活动、党史课题研究、党史资料征编等。出版《党史理论与实践研究（2015）》《红色记忆——纪念抗战胜利70周年征文集》。完成“朝阳党史网”升级改版工作，关联“朝阳党史”新浪官方微博、“朝阳党史”微信公众号。编发党史工作信息52条，“中国共产党历史网”采用4篇，《北京党史工作信息》采用12篇。3月29日，邓献云任党史办主任，刘伯韬任组织员。制发《党史书籍审稿费管理办法（试行）》《区委党史办科级领导干部党风廉政建设责任制考核办法（试行）》《区委党史办意识形态工作责任制实施细则》《区委党史办会议议事规则》。

地址：日坛北街33号

邮编：100020

电话：65099228

网址：http://chydsb.bjchy.gov.cn

（钱素君）

【庆祝建党95周年发展回顾展】 1月28日，召开朝阳区庆祝建党95周年专题展和宣传片工作协调会。区广电新闻中心、区档案局等部门参加会议。7月12日，在区政府办公楼主楼一层大厅、中关村科技园区朝阳园党群活动中心和区图书馆新馆等展出。展览分前言、党中央亲切关怀、革命薪火燃朝阳、农工并举百业兴、改革开放促发展、“三化四区”新格局、转型发展新跨越、“十三五”开启新征程、结语9部分。1万余人次观看展览。相关信息在“北京党史”微信、“前线学习手机报朝阳版”等媒体刊登，在朝阳党史网推出展览电子版。编印《光辉历程——纪念建党95周年朝阳区发展回顾展》画册。

（钱素君）

【党史资料征编】 2月，印发《红色记忆——纪念抗战胜利70周年征文集》。该《文集》共20万字，分“忆往昔峥嵘岁月”“穿越历史的烽烟”“北平有战事”三个专题。3月，向区属机关单位征集1953年至1978年区社会主义建设相关图片及资料，报送市委党史研究室。9月，完成《朝阳区党史大事记（2014—2015）》编纂校对工作。10月，组织开展《北京志·共产党志（1998—2012）》涉及“朝阳区委工作综述”资料搜集和文稿编纂。文稿涉及1998年到2012年间区委工作机构变化情况、区委重大决策部署和主要工作、全区党的基层组织和党员变化情况、历任区委书记任职情况等。12月，启动编纂《2016年朝阳区党史大事记》《中共北京市朝阳区第十一届委员会执政纪要》《北京市朝阳区2016年换届专辑》。

（钱素君）

【领导调研】 2月14日，区委常委、组织部部长何明带队到区委党史办调研。何明强调，要完成好“一展、一赛、一网”（一展：“光辉历程——庆祝建党95周年朝阳区发展回顾展”；一赛：朝阳区庆祝建党95周年“学党史·强党性·爱朝阳”党史知识竞赛；一网：“朝阳党史网”升级改版）等重点工作。3月1日，市委党史研究室副主任李明圣一行5人到区调研党史宣传教育月准备工作。听取区委党史办党史宣传月活动准备工作汇报，重点汇报开展“一展、一赛、一网”等重点工作的情况。7月14日，邓献云一行4人到关东店社区调研，听取关东店社区党委书记郑文献汇报，了解服务大厅、图书室、会议室等设施情况，及社区为民办实事工作进展情况，并向社区赠送《革命》《观领袖 品党史》《浴血荣光》等党史书籍20类50余册。7月26日，市委党史研究室副巡视员刘岳一行4人到区委党史办调研“党史宣传月”活动工作，并参观“光辉历程——庆祝建党95周年朝阳区发展回顾展”。

（钱素君）

【庆祝建党95周年党史知识竞赛】 2月24日，联合社工委召开街道系统“学党史·强党性·爱朝阳”——庆祝建党95周年党史知识竞赛工作专题协调会。区委社工委副书记郑珍平和党史办全体人员参加会议。会议确定知识竞赛的指导思想和职责分工，确定竞赛时间、参赛对象、竞赛方式及奖惩措施等内容。3月21日，召开第二次专题协调会，明确双方的工作职责、具体任务和完成时限。3月28日，召开知识竞赛部署会。市委党史研究室宣教处处长刘岳、区委党史办主要领导、区委社工委主管领导和全区24个街道工委副书记参加会议。郑珍平作动员部署。5月20日至26日，街道系统举办党史知识竞赛半决赛。呼家楼街道、左家庄街道、麦子店街道、东湖街道、双井街道、亚运村街道获参加决赛资格。6月23日，举办党史知识竞赛决赛。李明圣，区委常委、区委宣传部部长刘军胜，副区长黄晓伟出席比赛，街道党员代表500余人参比赛加。呼家楼街道获一等奖，东湖街道、双井街道获二等奖，亚运村街道、麦子店街道和左家庄街道获三等奖。北京电视台《北京新闻》等媒体予以宣传报道。

（钱素君）

【党史课题研究】 3月4日，召开朝阳区中共党史研究会2015年度课题成果评审会议。市委党校、中国人民大学、《前线》杂志社等5名党史专家分别讲评21个研究课题成果，并提出意见建议。根据课题评审结果，确定2015年度一等课题成果5个，二等课题成果10个，三等课题成果6个。4月25日，召开2015年度党史课题结项会议。总结2015年度党史课题研究工作，为课题负责单位和个人颁发荣誉证书。12月，出版发行《党史理论与实践研究（2015）》，印刷1000册。全书收录相关专家学者、在职干部、离退休干部等人员撰写文章20篇，涉及人物研究与抗战纪念、理论与实践探索研究、历程回顾研究、地方典型研究4个专题，31.2万字。3月4日，制发关于申报2016年党史研究课题的通知。4月底，收到申报课题25个。5月，确定立项课题24个。8月30日，召开朝阳区中共党史研究会2016年课题研究工作推进会。24个课题负责人和执笔人参加会议，汇报交流党史课题研究工作进展情况。10月，收到课题研究成果21个。

（钱素君）

【党史宣传教育】 4月14日，在小关街道办事处召开北京市党史宣传月活动推进会。全市16个区党史工作机构负责人及相关人员参加会议。市委党史研究室主任李良出席会议并讲话，李明圣主持会议。朝阳、房山、密云、昌平、西城4个区作典型发言。邓献云以《在“四个真”上下功夫，推动党史宣传工作不断迈上新台阶》为题作典型发言。4月18日，区委组织部、区委党史办联合制发《关于开展党史宣传教育月活动的通知》，要求全区各级党组织结合自身实际，积极开展党史学习宣传教育活动。活动期间，区委党史办赠送党史书籍和光盘35类1800余册。组建党史宣讲团，到企业、学校和社区开展党史宣讲活动3次，1000人次参加活动。6月28日，市委党史研究室、区委党史办、大业传媒奇妙公司在朝阳宾馆402会议室联合举办长征题材动漫片《寻找英雄——小淘气长征记》研讨会。中央、市部分党史、长征史专家，有关长征老红军后代，媒体代表，动漫行业代表及部分中小学师生约50人参加，李明圣主持会议，区委党史办配合开展会务服务保障工作。8月10日，中国共产党历史网“党史工作动态”栏目刊登朝阳区宣传党史的信息，介绍朝阳区党史宣传月活动成效、主要体会等情况。年内，开展“建党95周年暨红军长征胜利80周年”主题征文活动。收到征文300余篇，22篇在《朝阳党史》刊登。完成“公安朝阳分局组建初期的彭非”——彭非事迹文字材料，在《朝阳党史》（2016年第1期）刊登。组织播放《南口1937》《大火种》党史影片26场，2160人次观看。

（钱素君）

【党史业务培训】 9月19日至25日，邓献云参加由中央党史研究室举办的全国地市级党史部门负责人培训班并作典型发言。9月21日至23日，党史办相关人员参加市委党史研究室举办的“党史网宣员、宣讲员、信息员培训班”。9月27日至28日，在北京市阳光丽城温泉度假酒店召开2016年朝阳区党史工作培训暨长征纪念报告会。全区委办局、街乡和相关单位党史工作人员（联络员），及部分退休干部和党史专家顾问等160余人参加会议。传达上级党史工作会议精神，总结部署党史工作，分组讨论朝阳区党史工作“十三五”规划（征求意见稿），邀请专家作《中国共产党的九十年》学习宣传和纪念长征胜利80周年专题报告。市委党史研究室副巡视员范登生出席会议并讲话。10月17日至21日，区委党史办一行5人参加由市委党史研究室举办的北京市党史干部业务培训班。12月28日，魏自强参加市委党史研究室召开的中央党史研究室副主任冯俊到北京市调研座谈会，汇报朝阳区党史工作特色亮点工作等。

（钱素君）

【编辑出版期刊】 9月，制发第1期《朝阳党史》，包括领导关怀、“两学一做”学习教育、党史宣传月、党史课题研究成果选登、庆祝建党95周年暨长征胜利80周年征文选登、朝阳党史人物、朝阳故事等栏目。发放到全区各级领导、二级班子及企事业单位、社区等。11月，启动《朝阳党史》期刊2016年第2期编辑工作。12月，完成刊物校对审核。

（钱素君）

【工作交流】 11月11日，邓献云参加市委党史研究室组织的“北京党史工作座谈会”。11月18日，魏自强一行2人参加市委党史研究室举办的“新时期党史专题座谈会”。11月23日至26日，区委党史办副调研员刘培途参加市委党史研究室组织的到浙江考察学习交流活动。

（钱素君）

朝阳区
人民代表大会

2017
北京朝阳年鉴

综　述

【概况】 北京市朝阳区人民代表大会常务委员会（以下简称人大常委会）是朝阳区人民代表大会常设机构。年内召开人代会2次，常委会会议7次，主任会议7次，审议议题30项，作出决议、决定32项。任免国家机关工作人员186人次；接受4人辞去朝阳区副区长职务请求。召开区第十六届人大第一次会议，设立区第十六届人民代表大会各专门委员会，评选出朝阳区第十六届人大常务委员会主任、副主任，常务委员会委员，法制委员会主任委员、副主任委员、委员，财政经济委员会主任委员、副主任委员、委员，教育科技文化卫生体育委员会主任委员、副主任委员、委员，城市建设环境保护委员会主任委员、副主任委员、委员，农村委员会主任委员、副主任委员、委员，区长、副区长，区人民法院院长，区人民检察院检察长。年内，围绕“制度规范建设年”要求，重新修订《代表工作规则》《议案审查委员会职责》，重新制定《关于代表建议、批评和意见办理工作办法》。

地址：安立路0号

邮编：100107

电话：65094479

邮箱：rd4479@163.com

（徐华东）

【决定重大事项】 1月11日至15日，区第十五届人民代表大会第七次会议审议并通过《朝阳区第十五届人民代表大会第七次会议关于朝阳区人民政府工作报告的决议》《朝阳区国民经济和社会发展第十三个五年规划纲要的决议》《朝阳区第十五届人民代表大会第七次会议关于朝阳区2015年国民经济和社会发展计划执行情况与2016年国民经济社会发展计划的决议》《朝阳区第十五届人民代表大会第七次会议关于朝阳区2015年财政预算执行情况和2016年财政预算的决议》《朝阳区第十五届人民代表大会第七次会议关于朝阳区人民代表大会常务委员会工作报告的决议》《朝阳区第十五届人民代表大会第七次会议关于朝阳区人民法院工作报告的决议》和《朝阳区第十五届人民代表大会第七次会议关于朝阳区人民检察院工作报告的决议》。12月19日至23日，朝阳区第十六届人民代表大会第一次会议听取审议通过《朝阳区第十六届人民代表大会第一次会议关于朝阳区人民政府工作报告的决议》《朝阳区第十六届人民代表大会第一次会议关于朝阳区2016年国民经济和社会发展计划执行情况与2017年国民经济社会发展计划的决议》《朝阳区2016年财政预算执行情况和2017年财政预算的决议》《朝阳区第十六届人民代表大会第一次会议关于朝阳区第十五届人民代表大会常务委员会工作报告的决议》《朝阳区第十六届人民代表大会第一次会议关于朝阳区人民法院工作报告的决议》和《朝阳区第十六届人民代表大会第一次会议关于朝阳区人民检察院工作报告的决议》。

（徐华东）

【监督工作】 4月7日，召开第三十三次主任会议，听取区政府关于区十五届人大七次会议计划预算审查委员会对国民经济、社会发展计划审查意见研究处理方案汇报，听取区政府关于区十五届人大七次会议计划预算审查委员会对财政预算审查意见研究处理方案汇报，初审常委会第三十三次会议建议议题并决定有关事项。4月21日，区十五届人大常委会第三十三次会议审议通过朝阳区国家工作人员宪法宣誓实施办法（草案）。书面审议区检察院落实区人大常委会对《北京市朝阳区人民检察院关于查办和预防职务犯罪工作情况的报告》审议意见办理报告。6月8日，召开第三十四次主任会议，听取区政府关于社会服务工作情况汇报，初审常委会第三十四次会议建议议题并决定有关事项。6月30日，区十五届人大常委会第三十四次会议听取并审议区政府关于朝阳区食品药品监管情况报告。书面审议区法院落实区人大常委会对《朝阳区人民法院关于执行工作情况的报告》审议意见的办理报告。书面审议区政府关于落实区人大常委会对区政府《关于办理“落实法定责任，加强‘城市病’治理，全面提高城市管理执法水平”议案情况的报告》审议意见办理报告。7月28日，召开第三十五次主任会议，听取区政府关于2015年跨年度建议办理情况汇报，听取区政府关于农村地区功能疏解工作情况汇报。8月18日，区十五届人大常委会第三十五次会议听取并审议区政府关于继续办理“推进我区医疗卫生事业发展，提高人民健康生活水平”议案情况报告，关于继续办理“加快第一道绿化隔离地区城市化试点乡建设，推进农村城市化”议案情况的报告，关于开展法治宣传教育第七个五年规划制定情况的报告，关于朝阳区2016年国民经济、社会发展计划上半年执行情况的报告。审查和批准朝阳区2016年预算调整方案。听取并审议区政府关于2015年朝阳区预算执行和其他财政收支的审计工作报告，听取区政府关于朝阳区2015年财政决算草案的报告并审查和批准朝阳区2015年财政决算，听取并审议区政府关于朝阳区2016年财政预算上半年执行情况的报告。书面审议区政府落实区人大常委会对《朝阳区人民政府关于开展“六五”普法工作情况的报告》审议意见的办理报告。10月13日，召开第三十六次主任会议，听取区政府关于国家公共文化服务体系示范区后续建设情况汇报，初审常委会第三十六次会议建议议题并决定有关事项。10月27日，区十五届人大常委会第三十六次会议听取并审议区政府“关于加强朝阳区东部、东南部地区市政基础设施建设，提升区域发展环境”议案办理情况的报告。听取并审议区政府“关于加快污水综合治理，提升我区水环境质量”议案办理情况的报告，审议通过《北京市朝阳区人民代表大会常务委员会代表工作规则（修订草案）》。书面审议区政府落实区十五届人大七次会议计划预算审查委员会关于计划审查意见及区人大常委会关于计划上半年执行情况报告审议意见的报告。书面审议区政府落实区十五届人大七次会议计划预算审查委员会关于财政预算审查意见及区人大常委会关于财政决算、财政预算上半年执行情况报告审议意见的报告。书面审议区政府落实区人大常委会关于审计工作报告的审议意见和审计发现问题整改处理情况的报告。书面审议常委会第三十六次会议被任命人员就职报告。

（徐华东）

【学习考察】 5月9日至13日，区人大常委会主任陈宏志带队，副主任苑文新、朱春霞、胡良森、叶青和部分常委会委员一行27人到浙江省宁波市学习考察。考察围绕加强污水综合治理和改进人大工作两大主题，学习浙江宁波市及部分区县人大常委会在履行监督职能、落实重大事项决定权、服务保障代表履职及其自身建设等方面经验、做法。

（徐华东）

【市人大检查区落实居家养老服务条例情况】 6月30日，市人大常委会副主任、执法检查组组长刘伟带队检查朝阳区落实《北京市居家养老服务条例》总体情况。区人大常委会主任陈宏志、副主任苑文新，区政府副区长孙其军陪同检查。检查组实地察看左家庄街道银龄公社养老服务驿站和劲松街道清檬养老朝阳驿站，听取朝阳区政府关于贯彻落实居家养老服务条例工作情况的汇报并座谈。市人大执法检查组认为，朝阳区积极推进全国养老服务业综合改革试点区和北京市养老服务社会化示范区“两区”建设，从健全养老工作体制机制、完善三级养老服务体系、深化养老服务业综合改革三方面入手全面提升居家养老服务水平，工作思路清晰，居家养老模式创新亮点多。代表们对朝阳区的工作给予肯定。

（徐华东）

【代表工作】 11月24日，区十五届人大常委会第三十七次会议听取并初步审查区政府关于朝阳区2016年财政预算执行情况和2017年财政预算草案初步方案的报告。听取朝阳区选举委员会关于区、乡人大代表换届选举结果的报告。听取区人大常委会代表资格审查委员会关于朝阳区第十六届人民代表大会代表资格的审查报告。年内，梳理、分析分类215件建议，5件群众关注度高，有一定影响力，办理难度大的建议确定为主任、副主任重点督办建议，代表反复提出难以解决10件难点建议交由相关承办单位专题研究，转交市有关部门41件D类建议协调市代表做好转交工作，并将转交情况向区代表及时反馈，完成《区十五届人大代表建议情况分析报告》，对代表建议总体情况、特点、反复提出建议情况进行分析并提出工作建议。完成代表报名参加区人大常委会及闭会期间视察调研等活动工作，市代表97人次、区代表696人次报名23项自选议题，列席常委会会议以及参加调研、视察活动。邀请代表82人次参加政府工作报告征求意见会、区“十三五”规划征求意见会、检察院工作座谈会、法院案件审理等10项活动。市人大代表44人次应邀参加区人大常委会及各工作委员会组织察调研及执法检查活动。组织代表小组活动3次，代表40人次参加分组活动；完成市人代会期间朝阳代表团组织服务工作。完成市代表提出11件议案和188件建议审核把关、电子录入、网络提交等工作。完成《十五届区人大代表履职情况分析报告》。完成区人大常委会主任到街道调研区人大代表换届选举组织安排工作，分2批对13个街道开展换届选举和代表工作调研。完成区人大代表换届选举组织组工作。对新当选代表开展履职培训。完成区十六届人大一次会议议案建议组工作。

（徐华东）

【研究室工作】 年内，区人大常委会编发《人大信息》普刊、增刊、参阅信息51期，专报65期，业务通信1期，刊载信息1462条次。被《北京人大信息》各类刊物采用34条，信息工作继续保持全市十六区之首，市人大采用区的信息中，《市、区人大代表就科学调控人口规模提出建议》《朝阳区依法依规做好提名推荐候选人工作》等信息受到市领导关注。区委《朝阳信息》采用43条。《市民关于民生工作重点领域的问题反映》《朝阳区人大代表关于完善城市管理法规的建议》等5条信息被市委信息采编，1条信息被评为市优秀信息，4条信息被评为区优秀信息。2条信息获区委领导批示。

（徐华东）

重要会议

【概况】 年内，召开人代会2次，常委会7次。会议审议并批准区国民经济和社会发展第十三个五年规划纲要、区政府工作报告、区国民经济和社会发展计划执行情况与下一年国民经济社会发展计划报告、区财政预算执行情况和下一年财政预算报告、区人民代表大会常务委员会工作报告、区人民法院工作报告、区人民检察院工作报告等事项，通过相关人事任免事项等。

（徐华东）

【十五届人民代表大会七次会议】 1月11日至15日，召开朝阳区第十五届人民代表大会第七次会议。召开8次主席团会，5次全体会议。大会审议并通过《朝阳区第十五届人民代表大会第七次会议关于朝阳区人民政府工作报告的决议》《朝阳区国民经济和社会发展第十三个五年规划纲要的决议》《朝阳区第十五届人民代表大会第七次会议关于朝阳区2015年国民经济和社会发展计划执行情况与2016年国民经济社会发展计划的决议》《朝阳区第十五届人民代表大会第七次会议关于朝阳区2015年财政预算执行情况和2016年财政预算的决议》《朝阳区第十五届人民代表大会第七次会议关于朝阳区人民代表大会常务委员会工作报告的决议》《朝阳区第十五届人民代表大会第七次会议关于朝阳区人民法院工作报告的决议》和《朝阳区第十五届人民代表大会第七次会议关于朝阳区人民检察院工作报告的决议》。大会定向式开展人大代表询问活动。代表围绕经济发展、环境建设、民生改善等热点问题，提出意见建议。解答各类问题47个。会议确定“加快朝阳区东部、东南部地区市政基础设施建设”“加快污水治理，提升水环境质量”为大会议案，交区人民政府办理，由区人大常委会审议。区委书记吴桂英作讲话。会议接受佟克克辞去朝阳区第十五届人大常务委员会主任职务、张富生副主任职务的请求，补选陈宏志为朝阳区第十五届人大会常委会主任、胡良森为朝阳区第十五届人民代表大会常务委员会副主任，王灏为朝阳区区长，张玉鲲为朝阳区人民检察院检察长。

（徐华东）

【第三十一次常委会会议】 2月25日，区十五届人大常委会召开第三十一次会议。审议通过《朝阳区人大常委会2016年工作要点（草案）》。会议通过相关人事任免事项，决定接受梁洁辞去朝阳区副区长职务的请求，并报朝阳区第十五届人民代表大会备案。根据区人大常委会主任陈宏志提请，以表决器表决方式，决定免去张萌朝阳区人大常委会办公室副主任职务。以投票表决方式，决定任命方向华为区人大常委会办公室副主任。根据区法院院长李瑞翔的提请，以表决器表决的方式，决定免去王莹区人民法院温榆河人民法庭庭长职务、杨兵区人民法院民事审判第一庭副庭长职务、马曦区人民法院亚运村人民法庭副庭长职务和张军伟、付春兵区人民法院审判员职务。以投票表决的方式，决定任命周维琦为区人民法院酒仙桥人民法庭庭长、杨兵为区人民法院温榆河人民法庭庭长、刘黎为区人民法院奥运村人民法庭庭长。区人大常委会主任陈宏志颁发任命书，组织被任命人员开展宪法宣誓。区人大常委会农村工作委员会主任于志刚说明补选乡人大代表有关情况。会议通过《朝阳区人民代表大会常务委员会关于同意金盏乡补选乡第十六届人民代表大会代表的决定》，同意金盏乡补选乡第十六届人民代表大会代表1名。

（徐华东）

【第三十二常委会会议】 3月16日，区十五届人大常委会召开第三十二次会议。会议通过相关人事任免事项，根据陈涛、张维刚的请求，以表决器表决方式，决定接受陈涛、张维刚辞去副区长职务请求，报区第十五届人大备案。根据区政府区长王灏的提请，以投票表决方式，决定任命马继业为副区长，免去刘野区发展和改革委员会（以下简称发改委）主任职务、朱晟区商务委员会（以下简称商委）主任职务、刘丽平区监察局局长职务、赵年生区社会建设工作办公室主任职务、王爱录区政府民族宗教办公室主任职务。以投票表决方式，任命朱晟为区发改委主任、赵海东为区商委主任、田华为区监察局局长、宝月凤为区社会建设工作办公室主任、梅诗曙为区政府民族宗教办公室主任。根据区法院院长李瑞翔的提请，以投票表决方式，决定任命高晓光为区人民法院副院长、审判委员会委员、审判员。根据区检察院检察长张玉鲲的提请，以表决器表决方式，决定免去韩文山区人民检察院副检察长职务；以投票表决方式，决定任命孙伟为区人民检察院副检察长。区人大常委会主任陈宏志向被任命人员颁发任命书。会议组织被任命人员向宪法宣誓仪式。

（徐华东）

【第三十三次常委会会议】 4月21日，区十五届人大常委会召开第三十三次会议。审议通过《北京市朝阳区人大常委会关于2016年代表建议批评和意见办理工作的意见》。听取区政府承办区十五届人大七次会议代表建议、批评和意见工作方案的报告。听取区人民法院关于推进司法改革工作情况的报告。听取区人民检察院关于检察官办案责任制改革试点工作情况的报告。审议通过朝阳区国家工作人员宪法宣誓实施办法（草案）。关于许可对个别代表采取强制措施事项。书面审议区检察院落实区人大常委会对《北京市朝阳区人民检察院关于查办和预防职务犯罪工作情况的报告》审议意见办理报告。书面审议常委会第三十二次会议被任命人员就职报告。会议通过相关人事任免事项，根据区人民政府区长王灏的提请，以投票表决方式，决定任命李俊杰为朝阳区人民政府副区长。根据区人民法院院长李瑞翔的提请，以投票表决方式，决定任命李佳丽为区人民法院刑事审判第一庭副庭长、审判员，万兵为区人民法院刑事审判第二庭副庭长、审判员，矫辰为区人民法院民事审判第一庭副庭长、审判员，杨阳为区人民法院民事审判第二庭副庭长、审判员，李伊雯为区人民法院金融审判庭副庭长、审判员，吴克孟为区人民法院民事审判第五庭副庭长、审判员，于爽为区人民法院南磨房人民法庭副庭长，陈洁为区人民法院双桥人民法庭副庭长、审判员，吴薇为区人民法院酒仙桥人民法庭副庭长，雷恩强为区人民法院亚运村人民法庭副庭长，王阳为区人民法院奥运村人民法庭副庭长、审判员，李金雷为区人民法院执行第二庭副庭长、审判员，胡雅妮为区人民法院审判员。以表决器表决的方式，决定免去张逢春区人民法院王四营人民法庭副庭长职务，李铁、白万金区人民法院审判员职务。根据区人民检察院检察长张玉鲲提请，以表决器表决方式，决定免去方鹏区人民检察院副检察长、检察委员会委员、检察员职务，马飞、王甲、王璞、孙利国、庄福京、刘晨霞、闫彦、杨璐、郑思科、季成、郝利凡、郭元、黄福涛朝阳区人民检察院检察员职务。区人大常委会主任陈宏志向被任命人员颁发任命书。被任命人员向宪法宣誓。区十五届人民代表大会第七次会议选举产生并由市检察院检察长提请市人大常委会批准的区人民检察院检察长张玉鲲，任命副区长李俊杰和区人民法院李佳丽等13人向宪法宣誓。

（徐华东）

【第三十四次常委会会议】 6月30日，区十五届人大常委会召开第三十四次会议。听取并审议区政府关于朝阳区食品药品监管情况报告。决定区人大代表辞职事项，听取朝阳公安分局关于近年工作情况及发展改革思路报告。书面审议区法院落实区人大常委会对《朝阳区人民法院关于执行工作情况的报告》审议意见的办理报告；书面审议区政府关于落实区人大常委会对区政府《关于办理“落实法定责任，加强‘城市病’治理，全面提高城市管理执法水平”议案情况的报告》审议意见办理报告。会议通过相关人事任免事项，根据区人大常委会主任陈宏志提请，以表决器表决方式，决定免去李振玲区人大常委会办公室主任职务、张克成区人大常委会教科文卫工作委员会主任职务、张永贵区人大常委会城建环保工作委员会主任职务。以投票表决方式，决定任命郑晶为区人大常委会办公室主任、李洋为区人大常委会教科文卫工作委员会主任、邢平芳为区人大常委会城建环保工作委员会主任。根据区政府区长王灏的提请，以表决器表决方式，决定免去关伟区环境保护局局长职务。以投票表决方式，任命马龙为区环境保护局局长。根据区法院院长李瑞翔的提请，以投票表决方式，决定任命魏颖、刘欢、丁旭、李轶凡、崔光同、王杨、刘佳、范怡倩、田青、王凛、石丽君、李佳佳、孙璟钰、李晓华、孙国荣、崔树磊、朱阁、裘晖、赵仕、初淼、白星晖、杨晓娥、肖唯、赵鑫、王茜、杨帆、董璐、李巧霞、陈一铮、吴玲、陈蕾、马海涛、张帅宾、肖华林、李娜、斯晓荷、王乐、李军、裴小星、张永强、文怡昊、孙琪、付瑞洁、杨静、马婧、范骏、李潇潇、杜玉勇、张璐、张伟、侯世永、李森、乔迪、李林强、郑晨星、谷培培、寇天功、彭春为区人民法院审判员。区人大常委会主任陈宏志向被任命人员颁发任命书。被任命人员向宪法宣誓。区人大郑晶、李洋、邢平芳和区政府马龙，以及区人民法院魏颖等58人向宪法宣誓。

（徐华东）

【第三十五次常委会会议】 8月18日，区十五届人大常委会召开第三十五次会议。听取并审议区政府关于继续办理"推进我区医疗卫生事业发展，提高人民健康生活水平"议案情况报告，关于继续办理"加快第一道绿化隔离地区城市化试点乡建设，推进农村城市化"议案情况的报告，关于开展法治宣传教育第七个五年规划制定情况的报告，关于朝阳区2016年国民经济、社会发展计划上半年执行情况的报告。 审查和批准朝阳区2016年预算调整方案。听取并审议区政府关于2015年朝阳区预算执行和其他财政收支的审计工作报告，听取区政府关于朝阳区2015年财政决算草案的报告并审查和批准朝阳区2015年财政决算，听取并审议区政府关于朝阳区2016年财政预算上半年执行情况的报告。决定区、乡人大换届选举事项。书面审议区政府落实区人大常委会对《朝阳区人民政府关于开展"六五"普法工作情况的报告》审议意见的办理报告。书面审议常委会第三十四次会议被任命人员就职报告。会议根据副区长薛寒的请求，以表决器表决方式，决定接受薛寒辞去副区长职务请求，并报区人民代表大会备案。根据副区长孙其军受区长王灏委托作的提请任免议案，以表决器表决方式，决定免去马龙区政府法制办主任职务。以投票表决方式，决定任命田志刚为区政府法制办主任。根据区检察院检察长张玉鲲的提请，以表决器表决式，决定免去郑锴朝阳区人民检察院检察委员会委员、检察员职务，张黎、张宇朋、张蔷、林晶晶、韩昊区人民检察院检察员职务。以投票表决方式，决定任命石文墨、叶开凯、刘叶青、李雨聪、李振先、张恺、周丽、高文辉、董礼明、董倚铭、燕帅为区人民检察院检察员，区人大常委会主任陈宏志向被任命人员颁发任命书，被任命人员向宪法宣誓。

（徐华东）

【第三十六次常委会会议】 10月27日，区十五届人大常委会召开第三十六次会议。听取并审议区政府"关于加强朝阳区东部、东南部地区市政基础设施建设，提升区域发展环境"议案办理情况的报告。听取并审议区政府"关于加快污水综合治理，提升我区水环境质量"议案办理情况的报告，审议通过《北京市朝阳区人民代表大会常务委员会代表工作规则（修订草案）》。书面审议区政府关于落实区人大常委会对《关于办理"发挥功能疏解、产业疏解带动作用，科学有序调控人口规模"议案情况的报告》审议意见的办理报告。书面审议区政府关于落实区人大常委会对《朝阳区政府关于〈中华人民共和国土地管理法〉贯彻实施情况的报告》审议意见的办理报告。书面审议区政府继续办理"关于转方式、调结构，提升农村地区产业发展层级"议案情况报告审议意见的报告。书面审议常委会第三十五次会议被任命人员就职报告。会议根据区长王灏提请，以表决器表决方式，决定免去田华区监察局局长职务，田峡区审计局局长职务。以投票表决方式，决定任命刘新宇、牛国泉为副区长，田峡为区监察局局长。根据区法院院长李瑞翔提请，以表决器表决方式，决定免去雷翔区人民法院执行第二庭庭长职务，崔立斌区人民法院民事审判第二庭副庭长职务，阮健区人民法院民事审判第四庭副庭长职务，白小莉区人民法院南磨房人民法庭副庭长、审判员职务，崔长林、刘宝贵、张逢春朝阳区人民法院审判员职务。区人大常委会内务司法工作委员会主任侯湘君作《关于对区人民法院院长李瑞翔提请区人大常委会任命人员的说明》，以投票表决方式，决定任命王敏为区人民法院望京人民法庭庭长，崔立斌为区人民法院民事审判第四庭副庭长，阮健为区人民法院民事审判第二庭副庭长，付想兵、齐丽青、宋磊、孙高鹏、陈扬、闫伟伟、彭新桥、李泽帅、张开力、程立武、胡莉芬、张玉倩、赵靓、李静、李甲军、孙茜倩、黎伟伟、李瑶瑶、田强、刘金玲、张芳、白云龙、崔析宗、李文峰、胡振东、胡晓霞、沈飞、张晶、王有成、牟诚诚、李默菡为区人民法院审判员。根据李瑞翔的请求，以表决器表决方式，决定接受李瑞翔辞去朝阳区人民法院院长、审判委员会委员、审判员职务的请求，并报区人民代表大会备案。根据区人大常委会主任陈宏志提请，以投票表决方式，决定任命靳学军为区人民法院副院长、审判委员会委员、审判员；以表决器表决方式，决定任命靳学军为区人民法院代理院长。根据区检察院检察长张玉鲲的提请，以表决器表决的式，决定免去吴斌、韩文山区人民检察院检察委员会委员、检察员职务，叶春林区人民检察院检察委员会专职委员、检察员职务；王菲、刘伯建区人民检察院检察员职务。陈宏志向被任命人员颁发任命书，被任命人员向宪法宣誓。

（徐华东）

【第三十七次常委会会议】 11月24日，区十五届人大常委会召开第三十七次会议。听取并审议区政府关于办理朝阳区十五届人大七次会议代表建议、批评和意见工作情况的报告。听取并初步审查区政府关于朝阳区2016年财政预算执行情况和2017年财政预算草案初步方案的报告。听取朝阳区选举委员会关于区、乡人大代表换届选举结果的报告。听取区人大常委会代表资格审查委员会关于朝阳区第十六届人民代表大会代表资格的审查报告。决定朝阳区十六届人大一次会议有关事项。讨论区人大常委会工作报告。书面审议区政府落实区十五届人大七次会议计划预算审查委员会关于计划审查意见及区人大常委会关于计划上半年执行情况报告审议意见的报告；书面审议区政府落实区十五届人大七次会议计划预算审查委员会关于财政预算审查意见及区人大常委会关于财政决算、财政预算上半年执行情况报告审议意见的报告。书面审议区政府落实区人大常委会关于审计工作报告的审议意见和审计发现问题整改处理情况的报告。书面审议常委会第三十六次会议被任命人员就职报告。会议根据区检察院检察长张玉鲲的提请，以投票表决方式，决定任命秦岳为区人民检察院检察员、检察委员会委员，顾青为区人民检察院检察委员会委员。陈宏志向被任命人员颁发任命书，被任命人员向宪法宣誓。

（徐华东）

【十六届人民代表大会一次会议】 12月19日至23日，召开朝阳区第十六届人民代表大会第一次会议。会议召开6次主席团会，4次全体会议。听取审议通过《朝阳区第十六届人民代表大会第一次会议关于朝阳区人民政府工作报告的决议》《朝阳区第十六届人民代表大会第一次会议关于朝阳区2016年国民经济和社会发展计划执行情况与2017年国民经济社会发展计划的决议》《朝阳区2016年财政预算执行情况和2017年财政预算的决议》《朝阳区第十六届人民代表大会第一次会议关于朝阳区第十五届人民代表大会常务委员会工作报告的决议》《朝阳区第十六届人民代表大会第一次会议关于朝阳区人民法院工作报告的决议》和《朝阳区第十六届人民代表大会第一次会议关于朝阳区人民检察院工作报告的决议》。确定"加大东部'一廊'地区环境综合整治力度，提升城市管理水平"为本次大会议案。决定设立朝阳区第十六届人民代表大会各专门委员会会议通过相关人事任免事项。陈宏志当选为朝阳区第十六届人大常委会主任；朱春霞、常树奇、胡良森、牟燕东、叶青等5人当选为朝阳区第十六届人大常委会副主任；丁清光、于志刚、马金东、王左敏、王宁、王志华、王利如、王宝合、王春庆、王清友、韦平、田树林、付小贺、兰万秋、邢平芳、吕铮、任敬东、刘显威、刘勇、孙立、孙琦、孙博洋、李革非、李洋、张明森、陈岚、陈春玖、郑晶、郝云峰、侯湘君、徐福寿、殷宁、高峰、姬文革、黄鹰、曹信红、韩峰、褚昱、樊碧发等39人当选为朝阳区第十六届人大常委会委员；侯湘君当选为区法制委员会主任委员，殷宁、刘勇当选为区法制委员会副主任委员，王正志、王清友、吕铮、刘光超、闫红霞、孙艺军、何薇、张玉、胡筱琳、柳春霞、高建忠、姬文革等12人当选为区法制委员会委员；兰万秋当选为区财政经济委员会主任委员，任敬东、郝云峰当选为区财政经济委员会副主任委员，王洪亮、韦平、李建文、张向洪、陈丹、陈刚、陈丽、郇武淳、贺彩龙、夏桂兰、董会生、蒋先玲等12人当选为区财政经济委员会委员；李洋当选为区教育科技文化卫生体育委员会（以下简称教科文卫体委员会）主任委员，马金东、王宝合当选为区教科文卫体委员会副主任委员，王志华、于渊莘、马骏、毕东海、刘峰、肖维平、秦洪明、殷皓、常艺、雷红、魏永祥等12人当选为区教科文卫体委员会委员；邢平芳当选为区城市建设环境保护委员会主任委员，王春庆、徐福寿当选为区城市建设环境保护委员会副主任委员，于全、冯晓科、吉旭初、刘子华、邱建军、张奎、张永贵、高峰、曹国章、曹信红、韩峰、谭国忠等12人当选为区城市建设环境保护委员会委员；于志刚当选为区农村委员会（以下简称农委）主任委员，孙琦、王宁当选为区农委副主任委员，王利如、吉明月、齐飞、李士江、李登超、何文东、张剑玲、陈岚、贾哲、韩潮、魏强等12人当选为区农委委员；王灏当选为区长；马继业、孙其军、王志勉、牛国泉、李俊杰、杨建海、李国红、刘海涛等8人当选为副区长；靳学军当选为区人民法院院长；张玉鲲当选为区人民检察院检察长。

（徐华东）

议案办理和信访受理

【推进治理水环境议案办理】 4月5日，区人大常委会就"加快污水综合治理，提升我区水环境质量"议案办理和督办工作开展前期调研。区人大常委会主任陈宏志，副主任苑文新、胡良森，部分常委会委员及常委会相关委室参加调研，区政府副区长王志勉及相关部门陪同调研。调研组先后现场视察亮马河四环至五环段污水治理工程施工情况，听取区水务局、区环保局关于水环境治理工作情况的汇报，并就议案办理和督办工作沟通和交流。陈宏志主任强调:要尽快形成议案办理工作方案和督办工作方案；要突出体现水环境治理的综合性，部门责任分工明确、措施到位；要精心组织好各个工作环节，从共同破解区域发展难题的高度出发做好议案办理和督办工作；督办工作要进一步明确重点，特别是在推动体制机制改革方面加强研究、力争有所突破。

（徐华东）

【议案督办工作会】 4月25日，区人大常委会召开议案督办工作会，听取2项议案办理实施方案及督办方案汇报。区人大常委会主任陈宏志，副主任苑文新、胡良森，区政府副区长杨树旗，部分区人大代表以及区人大常委会有关委室、区政府议案办理有关部门负责人参加会议。代表们对议案督办和办理实施方案给予肯定，询问议案相关内容，并提出强化污水排放源头治理、解决道路微循环、加大与市级部门协调力度、加强基础设施建设和营造水环境治理宣传氛围等意见和建议。

（徐华东）

【调研食品药品安全建议办理情况】 5月17日，区人大常委会副主任朱春霞带队调研区食品药品安全建议办理情况。调研组成员现场查看了慧中北里第一社区服务站药品回收箱及使用登记情况，区食品药品监管局汇报承办的区人大代表建议办理情况。朱春霞副主任指出：要提高药品回收工作保障措施，提高工作覆盖范围，明确工作环节和责任主体；加大药品回收工作宣传力度，拓宽宣传媒介和受众群体范围；总结梳理建议办理的成功做法，巩固推广建议办理机制；发挥人民代表大会制度优势，推动社会治理统筹机制创新和人民代表意见建议落实。

（徐华东）

【督办"煤改电"建议办理】 5月25日，区人大常委会召开代表"煤改电"建议督办会。区人大常委会主任陈宏志、副主任朱春霞，区政府副区长杨树旗，部分提建议代表以及区人大相关委室、区政府有关部门负责人参加会议。陈宏志指出，"煤改电"是进一步优化首都能源结构，改善空气质量的重要举措，对建设和谐宜居之都具有重要意义。对代表提出的关系区域发展和人民群众切身利益的重点建议进行督办，是人大履行监督权的重要方式。下一步，一是要深入调研，摸清底数，有针对性地采取措施，加快推进"无煤化"工作。二是要把近期目标和长远规划相结合，有计划有步骤地分类实施，具备煤改电实施条件的，加紧实施，不具备实施条件的，研究采取其他措施加以推进。三是要结合非首都功能疏解、经济结构调整和发展方式转变，进一步统筹和融合相关工作，形成合力。四是政府各职能部门要各司其职，各尽其责，确保完成各项任务，建议办理过程中要加强与代表的沟通交流，让代表了解有关情况，并通过代表及时反馈给选民，使广大人民群众了解、支持“煤改电”等相关工作。

（徐华东）

【议案办理工作专题汇报会】 6月16日，区人大常委会召开议案办理工作专题汇报会。区人大常委会主任陈宏志、副主任苑文新、朱春霞，部分市、区、乡人大代表及区人大常委会机关全体干部参加。会议听取区市政道路规划及东南部地区基础设施建设情况汇报，代表围绕“十三五”期间道路建设、农村城市化建设，结合“关于加强朝阳区东部、东南部地区市政基础设施建设，提升区域发展环境”议案办理工作开展询问。

（徐华东）

【医疗卫生事业议案督办座谈会】 7月15日，区人大常委会召开医疗卫生事业议案督办座谈会。区人大常委会副主任朱春霞，部分区人大代表参加座谈。代表们听取区卫生计生委关于卫生事业议案办理工作情况的汇报，围绕朝阳区分级诊疗运行、民营医院管理、医养结合等方面开展座谈，并提出建议：一是加大对基层社区卫生服务中心投入力度，改善医疗环境，加强培训管理；二是争取政策支持，结合百姓实际需求，抓好突破点；三是扩大民营医院医保覆盖面，加强监管，有效维护百姓权益；四是完善人才引进、培养、管理、激励措施，进一步加强人才队伍建设。朱春霞副强调，发展卫生医疗事业惠及城乡百姓。下一步的工作，要结合贯彻市人大居家养老条例，区政府要加大统筹推进力度，各司其职，发挥合力，大力推进医养结合；加强统筹，发挥好医联体框架体系作用，以百姓需求为出发点，突出分级诊疗实效。

（徐华东）

【污水综合治理议案专题汇报会】 7月27日，区人大常委会召开污水综合治理议案专题汇报会。区人大常委会主任陈宏志，副主任苑文新、胡良森、朱春霞，部分市、区、乡人大代表及区人大常委会机关全体干部参加会议。会议听取区污水综合治理及议案办理情况的汇报，代表们围绕朝阳区水污染情况、污水综合治理现状提出意见和建议，区水务局局长现场答复。苑文新就议案办理和议案督办工作提出要求：议案办理工作要严格落实市、区“污水治理三年行动方案”，按期实现工作目标；议案督办工作要按照常委会的督办意见，抓好重点任务、环节、时段的督导和协调。同时，要高度关注工作动态，及时收集报送工作信息，服务代表知情知政。

（徐华东）

【视察污水综合治理议案办理情况】 8月25日，区人大城建环保委组织部分市、区人大代表视察污水综合治理议案办理情况。区人大常委会主任陈宏志、副主任苑文新，部分市、区人大代表及相关委室负责人参加视察，区政府副区长杨树旗及相关部门负责人陪同视察。杨树旗表示，要认真研究采纳代表们的意见和建议，确保议案办理工作取得实效。陈宏志强调：加强污水治理，提升水环境品质是现代化国际都市发展的客观要求，也是人民群众生产、生活的现实需要区政府高度重视议案办理工作，广大市、区人大代表积极建言献策，充分体现了人大、政府对朝阳发展的共识和尽责。议案办理要兼顾近期和长远，统筹考虑污水处理设施建设，重点区域和点位要加大投入。各部门要密切协同配合、形成合力，不断深化、细化监管措施，健全工作机制。议案督办工作要坚持保障和拓宽代表知情知政的新方式，进一步加强督办工作力度，促进议案办理工作目标的全面实现。

（徐华东）

【污水综合治理议案督办专题调研座谈会】 9月2日，区人大常委会召开污水综合治理议案督办专题调研座谈会。区人大常委会副主任、议案办理工作组副组长苑文新带队专题调研居民区、公建配套、餐饮服务等行业污水排放和处理设施的规划、建设、验收、许可、监管、执法等工作运行情况，全面了解工作中存在的问题，并与区水务局、区环保局、区住建委、区规划分局、区商务委、区法制办负责人进行座谈。苑文新强调：污水直排是造成区水系污染严重的主要原因，而污水分散处理设施处理能力有限特别是农村、城乡接合部地区小型污水处理设施缺乏导致污水直排的关键因素。政府各部门要增强议案办理工作的紧迫感，加强统筹、沟通和互动，形成各部门之间、政府和社会之间的工作合力，落实各时间节点的工作进度，确保议案办理取得实际效果。

（徐华东）

【视察基础设施建设议案办理情况】 9月28日，区人大常委会组织区人大代表视察东部、东南部基础设施建设议案办理情况。代表们视察广渠路二期、幺家店路建设进展情况，听取区市政市容委关于议案办理进展情况的汇报。代表们肯定议案办理工作取得的阶段性成果，并提出建议：一是协调推进市属基础设施建设规划的落实和进度；二是加大力度尽快弥补地区基础设施建设的历史欠账；三是完善监管措施，保障配套设施与主体工程同步建设、同步完工等意见和建议。

（徐华东）

【视察人口调控议案继续办理情况】 9月28日，区人大常委会组织市、区人大代表视察人口调控议案继续办理情况。区人大常委会副主任苑文新参加视察。代表们先后视察天雅大厦、国星银座、雅宝红城市场，分别听取区商务委、区发改委、朝外街道关于街道功能疏解总体情况、关于议案继续办理情况、关于雅宝路疏解工作开展情况的汇报。苑文新指出：面对严峻的人口调控形势和艰巨的任务，区政府要切实做好打持久战的思想准备，根据区人大常委会的审议意见和议案确定的18项任务，紧密结合议案的特点大胆创新，综合使用多种手段，完善相关政策措施，提高办理的质量和效率。对于有形市场清理，要立足首都功能新定位，坚持实事求是和有取有舍，疏解清理和改造提升有机结合，确保清理工作取得实际效果。

（徐华东）

代表活动

【调研区法院司法改革情况】 3月31日，区人大常委会调研区法院司法改革工作情况。区人大常委会主任陈宏志、副主任苑文新，区法院院长李瑞翔，部分区人大常委会委员、区人大内司工委委员和司法专业代表小组代表参加调研。委员和代表们视察区法院立案大厅，听取立案登记制改革情况介绍和区法院推进司法改革工作情况的汇报，肯定区法院的工作，就法官员额制、诉前调解、法官队伍建设、司法宣传工作等内容与法院进行交流并提出意见建议。

（徐华东）

【调研社会服务工作】 4月6日，区人大常委会主任陈宏志带队调研社会服务工作。副主任苑文新及常委会相关委室参加调研，区政府副区长黄晓伟及相关部门陪同调研。调研组到八里庄华贸中心社区和团结湖文化中心进行调研，实地视察社区服务站改革、社区组织参与社会服务、试点推进社区公共服务综合信息平台建设等工作情况，听取区社会办关于开展社区综合服务工作情况的汇报。陈宏志强调，社会服务工作是关乎区域经济社会持续发展的重要工作，人大监督和政府办理的本质是在党的统一领导下共同推进影响区域发展问题的解决，加强调查研究使广大代表知情知政，是保障人大代表依法履职的必要条件。要站在城市发展规律的高度，从朝阳发展实际的角度出发，在做好技术层面工作的基础上，转变观念、提升理念，积极谋求体制机制创新，以人民满意为工作标准，共同促进朝阳区社会服务工作水平的进一步提升。

（徐华东）

【调研食品药品安全监管情况】 4月22日，区人大常委会调研食品药品安全监管情况。区人大常委会主任陈宏志、副主任朱春霞，部分市、区人大代表参加调研。区政府副区长王志勉，区政府相关部门负责人陪同调研。代表们先后视察北京时尚人家网络科技有限公司和朝来万通农贸综合批发市场，了解网络订餐平台经营商户监管、农副产品集散地食品安全监管等情况，听取区政府食品药品安全监管情况的汇报，并围绕法律惩处措施、协同工作机制、监管能力保障、舆论宣传引导等问题提出了建议。陈宏志就做好此项工作提出建议：科学认识现有公共管理水平与城市功能定位需求之间的客观差距，以攻坚克难的态度聚集各方力量推动监管工作；进一步完善食品药品安全监管工作体系，发挥我区已有的网格化管理平台优势，促进功能整合；探索建立更广泛参与的社会监管平台，在提高专业监管队伍工作效能的基础上，积极整合社会资源，充分发挥企业和人民群众的社会监督力度。

（徐华东）

【调研公安朝阳分局工作情况】 5月30日，区人大常委会组织部分市、区人大代表调研公安朝阳分局近年工作情况及发展改革思路。区人大常委会主任陈宏志、公安朝阳分局局长高岩，以及部分市、区人大代表参加了调研。代表们视察公安朝阳分局指挥中心大厅，听取指挥中心110接处警等情况介绍。

（徐华东）

【视察医疗卫生事业发展情况】 5月31日，区人大常委会组织部分市、区人大代表视察医疗卫生事业发展情况。区人大常委会主任陈宏志，副主任朱春霞及24名市、区人大代表参加视察，区政府副区长孙其军及区卫生计生委部门负责人陪同视察。代表们先后视察高碑店社区卫生服务中心和双桥医院，听取相关介绍，了解朝阳区东南部医疗机构在分级诊疗运行、基层卫生服务能力等方面情况。陈宏志主任指出，医疗卫生事业不仅是关系百姓身体健康的大事，更是一项重要的民生工程，事关朝阳区科学发展、民生幸福。区人大常委会连续五年跟踪督办，区政府持续办理。在下一步工作中，要把医疗卫生事业议案办理纳入全区整体发展格局，明晰定位　明确目标；要抓好重点，推进基层卫生机构网络化、体系化，加大对医养结合、分级诊疗等工作的研究力度；要进一步整合医疗资源，发挥好医联体作用，提高基层医疗运行效率；加大投入，把人才和科技作为提高效率的关键，提高信息化水平；坚定“党委领导、齐抓共管”的工作格局，在明确政府主责的基础上，统筹好各方面力量，形成工作合力，持续推进朝阳区医疗事业发展。

（徐华东）

【市人大朝阳团分组活动】 5月，市人大朝阳团4个组的代表开展2次分组活动。市人代会期间，市人大朝阳团代表在小组讨论时确定全年的分组活动主题，形成分组活动计划。按照该计划，一组、三组的市人大代表围绕密云观光农业发展主题，视察北京鑫记伟业食品集团有限公司面制品工厂、温室大棚，并与企业负责人座谈。二组的市人大代表围绕朝阳农村产业发展，视察中农春雨生态示范园。区人大常委会主任陈宏志、副主任朱春霞全程参加市代表的分组活动。

（徐华东）

【调研文创实验区】 6月17日，区人大常委会开展文创实验区调研活动。区人大常委会主任陈宏志，区委常委、宣传部部长刘军胜，区人大常委会副主任朱春霞及部分区人大代表参加调研。区政府副区长孙其军及文创实验区管委会、高碑店乡负责人陪同调研。代表们先后视察爱上电视传媒（北京）有限公司、掌阅科技股份有限公司、华腾世纪总部公园、中信国安创客·北京中心，了解朝阳区文化创意产业运行发展情况，并召开座谈会。听取文创实验区工作推进情况及实验区“十三五”规划有关情况的汇报，代表们对文化产业创新实验区的建设给予肯定，同时建议：政府要积极搭建平台，为文创企业创造新的市场；发挥科技引领作用，让百姓享受到更多科技带来的便利；整合资源，合理规划，把高碑店地区从文创企业聚集地打造成高精尖文化产业基地。对实验区今后的发展，陈宏志指出，要整体把握文化创新产业对朝阳发展的重要意义，围绕城市功能定位，依托朝阳区实验区载体，整合各方面资源，推动内涵式发展；在实施路径上，着力解决朝阳区在发展中的瓶颈问题，发挥好人大的平台作用，在统筹上下功夫，落实到具体政策中，统筹社会力量，实现融合发展。

（徐华东）

【调研区发改委工作】 6月23日，区人大财经工委组织人大代表到区发改委调研。区人大常委会副主任苑文新及部分区人大代表参加。代表们听取关于“十三五”规划纲要落实情况、专项规划编制总体情况，以及人口调控与服务管理、产业发展与布局两个专项规划编制情况的汇报。苑文新指出：要注重研究规划落实中的具体问题，对人口调控、产业结构调整、非首都功能疏解面临的困难有正确的认识和充分的准备，确保规划纲要和各专项规划顺利实施；进一步转变政府职能，建设服务型政府，深入企业调研，了解掌握企业运行情况，帮助企业解决发展过程中遇到的实际困难，积极做好服务工作，为企业发展提供良好的外部环境。

（徐华东）

【农村地区功能疏解专题调研】 6月23日，区人大常委会调研农村地区功能疏解工作。区人大常委会副主任胡良森、区人大农村工委参加。调研听取了十八里店、南磨房、黑庄户、豆各庄等4个乡党委书记、人大主席关于功能疏解情况的专题汇报，并交流疏解过程中规划、资金、人口、产业发展等方面存在的问题。胡良森强调：要加大对吸附从业人口和配套服务人员多的功能、产业疏解工作力度，促进区域人口、资源、环境协调发展；要优化农村地区产业结构和空间布局，通过创新驱动发展，加快建设成熟项目和“高精尖”产业，有序推动农村产业升级和社会发展，提高群众生活质量；要充分发挥代表作用。认真做好代表换届选举工作，把好代表入口关，选举出政治素质良好、工作积极性较高、履职能力较强的代表。搭建代表履职平台，将党委意图通过代表转化成为人民群众的意识认同和行动自觉。

（徐华东）

【调研法治宣传教育规划制定情况】 7月6日，区人大常委会组织部分市、区人大代表调研朝阳区法治宣传教育第七个五年规划制定情况。区人大常委会副主任苑文新，部分内司工委委员、司法专业代表小组成员和市、区人大代表参加调研。代表们听取区司法局的专项汇报，并提出意见和建议：一是普法工作要贴近社会生活和群众需求，突出基层特点和分层分类；二是丰富普法形式，抓住重点热点事件；三是加强普法队伍建设、普法效果评估体系建设；四是加大执法力度，促进公民尊法学法守法，将严格执法与法治教育有机结合起来。苑文新就制定和落实“七五”普法规划，提出三点希望：一是要高站位，准确把握新时期法治宣传教育工作的新要求；二是注重创新，增强法治宣传教育的针对性和实效性；三是健全机制，认真落实齐抓共管的普法工作责任制。

（徐华东）

【调研农村地区功能疏解工作】 7月13日，区人大常委会组织区、乡人大代表调研农村地区功能疏解工作。区人大常委会副主任胡良森参加。代表们围绕区政府“关于农村地区功能疏解工作”议题办理情况，视察十八里店乡萧太后河综合整治项目和平房乡中兴再生回收市场整治项目，并听取区农委相关工作汇报。胡良森副主任强调，面对农村地区低级次产业大量存在，严重超出区域资源环境承载能力，人口、资源、环境矛盾突出的现实，做好农村地区功能疏解工作要立足首都发展大局，围绕区域功能定位，从聚合力、看长远、保稳定、促发展等方面着力，争取各方支持，维护农民合法权益、实现科学疏解非核心功能、保障经济稳定发展。

（徐华东）

【调研“一绿”试点乡建设情况】 7月15日，区人大常委会组织部分市、区、乡人大代表视察“一绿”试点乡建设情况。区人大常委会主任陈宏志、副主任胡良森参加视察，区政府区长助理荣慧及区政府办、区农委负责人陪同视察。代表们听取区农委关于“一绿”试点建设议案办理工作情况的汇报，围绕试点工作面临的资金、规划、审批、项目建设等问题提出建议：一是坚持问题导向，确保试点任务顺利完成；二是发挥三级人大代表作用。陈宏志指出，在下一步工作中，一要在“干”上下功夫，对工作中遇到的重点、难点问题，特别是资金、审批等关键点要定计划、定措施，确保任务完成不打折扣；二要在“督”上下功夫，区人大常委会督办议案要有路径、方法和成效，围绕制约“一绿”目标实现的体制、机制和政策节点，要进行细化和梳理，找出问题根源，深化督办工作，落实目标责任，共同推动问题的解决。

（徐华东）

【年中代表集中活动】 8月2日，市人大朝阳团开展年中代表集中活动。50余名市人大代表参加活动，全国人大代表吴碧霞、钱渊列席会议并参加分组讨论。市人大常委会主任杜德印、副市长程红，市人大第十三届常委会副主任刘晓晨，市人大常委会秘书长张清，区领导吴桂英、陈宏志、朱春霞参加活动。传达市委领导在市2016年上半年经济形势分析会的讲话精神，通报市人大常委会2016年上半年工作情况，书面通报朝阳区2016年上半年经济社会发展情况。

（徐华东）

【调研示范区后续建设情况】 9月，区人大常委会调研国家公共文化服务体系示范区后续建设情况。区人大常委会副主任朱春霞及部分区人大代表参加。代表们听取区文化委相关工作的汇报，并围绕文化事业与产业融合发展、文化惠民方向、国际文化交流等方面开展座谈，提出将传统文化与学校教育有机结合、加强文化输出和国际文化交流等建议。朱春霞指出，朝阳区自2013年创建国家公共文化服务体系示范区后，区政府投入高、力度大，区域公共文化事业发展距离百姓需求和国家文化发展要求还是有一定差距。下一步工作要结合好“十三五”规划发展，提高基层文化服务设施使用效率，扩大惠民覆盖面，提升服务水平；充分利用各种社会资源，在创新机制、畅通渠道方面下功夫，加大文化资源整合力度；理顺政府管理体制，在文化事业和产业融合方面取得突破，形成大文化格局；加大人才培育力度，制定有针对性的培养扶植政策，吸引优秀人才。

（徐华东）

【《北京市全民健身条例（修订）》调研座谈】 10月26日，市人大常委会主任杜德印出席在朝阳区召开《北京市全民健身条例（修订）》调研座谈会。听取朝阳、东城、西城、通州4个区全民健身工作开展情况汇报。市人大常委会秘书长张清，副秘书长、办公厅主任黄强等出席会议，区领导吴桂英、王灏、陈宏志、张维刚、朱春霞、苑文新、胡良森参加会议。区人大常委会副主任、区体育局、区体育协会负责人参加座谈。各区负责人就自身全民健身开展情况及目前存在问题发言，并就《条例》修订提出建议。杜德印讲话。

（徐华东）

专门委员会工作

【内务司法工作委员会工作】 年内，调研区政府关于开展法治宣传教育第七个五年规划制定情况、区检察院检察官办案责任制试点工作情况、区法院司法改革工作情况；探索市直管部门工作开展监督方式方法，调研公安朝阳分局近年工作情况及发展改革思路。加强对“一府两院”落实常委会审议意见工作监督，依法跟踪监督区检察院查办和预防职务犯罪工作、区法院执行工作、区政府“六五”普法工作情况。调查研究区政府贯彻执行法律法规情况，调研《北京市实施〈中华人民共和国村民委员会组织法〉的若干规定》《北京市村民委员会选举办法》贯彻实施情况，配合市人大常委会调研《北京市居家养老服务条例》贯彻实施情况。牵头成立由区人大常委会和区委政法委工作人员组成考察组，对提请区人大常委会任命李佳丽等13人进行任前考察，并向常委会提交任前考察报告。

（徐华东）

【财政经济工作委员会工作】 年内，组织财经委员和财经代表小组成员参加法定议题审议，安排与计划、预算、计划、调整监督相关议题11项，其中主任会书面审议议题2项，常委会书面审议议题1项、听取议题2项、听取审议和审查批准议题6项。会同城建工委和农村工委，组织8名代表参与“垃圾中转站升级改造项目”绩效评估调研。组织10名代表参与“十三五”专项规划编制情况调研。组织10名代表参与孙河沙子营环境整治项目事后绩效评价工作。组织12名代表视察人口调控议案后续办理工作。

（徐华东）

【城建环保工作委员会工作】 年内，重点开展“关于加强朝阳区东部、东南部地区市政基础设施建设，提升区域发展环境”和“关于加快污水综合治理，提升我区水环境质量”两项议案的督办工作，主任会审议议题“听取区政府关于社会服务工作情况汇报”的视察和调研，以及开展相关专项调研和代表建议督办工作。组织委员代表120余人视察调研12次。

（徐华东）

【教科文卫工作委员会工作】 年内，围绕工作重点全年组织调研、视察和座谈等活动10次，组织委员和代表参加活动178人次，上报信息及专报10篇。持续发挥专业代表小组优势，加强常委会议题前期调研工作，围绕食品药品安全监管、医疗卫生事业发展、国家公共文化服务体系示范区后续建设情况议题开展调研活动，听取区政府专项工作报告。调查研究分类督办51件代表建议，并全部落实。

（徐华东）

【农村工作委员会工作】 年内，完成“一绿”试点乡建设议案继续督办和农村地区功能疏解议题督办工作。协助完成常委会关于“水环境治理”和“东部、东南部基础设施建设”两项议案督办工作。落实16件涉农建议。协助常委会做好农村地区区、乡人大代表换届选举工作；组织新一届乡代表集中培训。

（徐华东）

朝阳区人民政府

2017 北京朝阳年鉴

综　　述

【概况】 2016年，对照供给侧结构性改革的重大要求，围绕北京市“四个中心”定位和建设国际一流和谐宜居之都的目标，坚持以“建设‘三区’、建成小康”为区域发展目标，加快构建“一廊两带三区”的功能布局，统筹推进“一廊”地区“五大提升工程”和城乡发展“六个一百”工程实施。主要经济社会指标基本达到年初计划。全年GDP完成5001.6亿元，同比增长6.5%。一般公共预算收入完成477.1亿元，同比增长6.5%。全社会固定资产投资完成1257.9亿元，同比增长1.5%。社会消费品零售总额超过2654.5亿元，同比增长5.6%左右。居民人均可支配收入达到59886元，同比增长8%。万元GDP能耗下降3.9%。城镇登记失业率控制在1%以内。

在规划统筹过程中加强任务落实。多规融合进程全面加快。围绕服务首都“四个中心”城市战略定位，结合朝阳阶段特征，制定空间优化布局与土地资源利用发展规划，统筹考虑土地利用、产业发展、人口调控和生态环境建设，推进多规融合，促进精明增长。“1+32+N”规划体系基本形成。以“十三五”规划纲要为统领，发布32个专项规划，编制金融业发展等多个专项行动计划。强化规划实施抓手，制定“一廊”地区“五大提升工程”和城乡发展“六个一百工程”实施方案，出台《朝阳区“十三五”规划纲要任务分工意见》，明确29项主要指标和发展目标，部署九大领域189项重点任务。各项规划任务有序落实。加强规划实施年度评估，跟踪分析规划纲要落实情况，将规划任务纳入绩效考评范围进行严格考核。“一廊”地区基础设施、环境建设、产业发展、社会治理、公共服务提升工程加快实施，广渠路、长安街延长线等主干道，以及通惠河、萧太后河等河流沿线逐步打造成最美景观通道。城乡发展“六个一百”工程有序推进，打造一批城市建设和改善民生的新亮点，完成五年任务量的25%。

在关键领域重点区域整治中实现功能疏解人口调控。统筹机制进一步强化。组织体系不断健全。在全市率先成立区级疏解非首都功能与人口调控工作领导小组，明确责任目标，将任务细化分解到部门、街乡。成立10个督导组实施专项督导考核。政策投入力度加大。出台《朝阳区疏解非首都功能五年工作方案》和《朝阳区人口综合调控改革试点工作方案》。修改完善功能疏解、人口调控专项支持政策，提高补贴标准，拨付专项资金11.2亿元。人口台账逐步完善。建立人口工作“三本账”，探索利用移动通信大数据开展人口监测工作，进一步摸清全区人口分布流动情况。增量管控更加严格。坚决落实北京市禁限目录，不予办理工商登记234项。重点领域疏减取得实效。疏解领域完成任务目标。雅宝路大型市场群腾退楼宇式市场5栋，全年共疏解商品交易市场66家，疏解一般性制造业115家，拆除仓储物流基地3家，清理再生资源回收场站19家，共腾退建筑面积112.1万平方米，调减相关人员3.7万人。人口调控成效明显。常住人口增长拐点初步显现，全区调控人口涉及33.1万人。区域整治力度不断加大。一道绿隔试点进展顺利。来广营等6个乡拆迁腾退完成总任务的90%以上，转工转居和人口调控任务全部完成，绿化建设完成总任务的70%，实现减人增绿。第二批5个试点乡方案已报市级部门审议。重点项目带动连片疏减。结合广渠路二期建设及周边整治、萧太后河环境治理等重点工程建设，累计拆迁腾退151.4万平方米，疏解人口2.5万人。管庄乡郭家场村等12个棚户区改造项目正在施工。有序推进永安里、酒仙桥等棚改项目征收工作，完成将台东八间房棚改项目拆迁腾退，疏解人口超过1.3万人。环境整治推动人口调减。通过20个市级重点村整治工作，减少流动人口9万余人。通过治理“拆墙打洞”、拆除出租大院、整治群租房和地下空间等措施，共清退居住人员6.8万人。通过规范清理“七小”行业、打击无证照经营等工作，调减从业人员1万人。

在加快转型升级中实现稳定增长。重点产业转型提质。商务服务业规模化发展。国际经贸枢纽作用进一步增强，第四届“京交会”区实现交易额1500亿元，同比增长24%。引进阿里巴巴音乐科技等总部企业13家，在总部企业支撑下，财政收入同比增长17.1%。金融业聚集发展。新引入中航基金等50家金融机构，国家金融与发展实验室落户区域，汽车金融公司等实体金融机构贡献进一步提升，带动金融业增加值同比增长7.2%。房地产业转型发展。在供地放缓情况下，加快向高附加值商务楼宇地产和存量住宅交易转型，写字楼和二手房销售额分别同比增长50.2%和47.5%。批发零售业提质发展。互联网消费成为增长新动力，网上零售额同比增长9.1%，乐视手机、乐视电子商务新增社会消费品零售额157.7亿元。支持绿色消费，新能源汽车销售同比增长1.7倍。重点区域发展提速。CBD功能区发展优势继续巩固。核心区累计开工8个项目，Z13 国寿项目、Z1b清华项目实现结构封顶。引进法国兴业银行总部、民信资本投资管理有限公司等重点产业项目，高端要素加快聚集。国家文化产业创新实验区建设取得突破。出台《北京市朝阳区文化创意产业发展指导目录》，推出文化贸易、文化消费等领域的“政策十五条”。北京齿轮厂一期改造成为文创产业园，万东医疗一期等文创园区改造加快推进。中关村朝阳园实现拓展。中国电科太极产业园、金汉王研发中心等项目实现竣工，新增产业空间17万平方米。高新技术产业在电子与信息行业快速增长带动下，实现总收入4400亿元，同比增长4.5%。奥运功能区北京奥林匹克塔五环标志正式落成，中国国学中心已完成内外装修，奥体文化商务园区2号地等项目已竣工。农村地区加快产业转型升级，重点推进常营乡东方和瑞体育文化项目、豆各庄乡金田影视基地等产业项目建设。经济实现稳定增长。在宏观经济下滑和营改增结构性减税、税制分成比例变化等客观因素影响下，围绕稳存量和引增量两个方面，全力确保经济实现稳定增长。加大企业服务力度。区四套班子成员对96家重点企业进行走访，协调解决企业反映的问题，稳定企业发展。全年拨付产业资金4.46亿元，其中为55家企业拨付上市奖励资金3100万元，安排中小企业发展专项资金1949万元，支持中小微企业开展技术研发、转型升级。委托第三方专业机构对区域内800多家中小企业进行培训。“高精尖”项目加快落地。引进亿利资源控股、苹果公司北京研发中心等25个项目，崔各庄乡大望京商务中心、将台乡北京国际文化硅谷等3个集体产业项目正有序推进，引导阿里巴巴等已落户重点企业尽快形成经济贡献。税收征管体制改革全面推进。落实北京市商务楼宇房产税从租计征和属地征收改革政策，集中清查174家异地缴纳房产税楼宇，重点做好CBD中心区规范企业经营试点工作。

在加强建设管理过程中实现城市环境提升。基础设施建设不断完善。结合“关于加强朝阳区东部、东南部地区市政基础设施建设，提升区域发展环境”的议案办理，加快重点设施建设。交通设施建设力度加大。全区路网密度达到4.1公里/平方公里。广渠路实现全线通车，东坝南二街东段全线进场施工，化工路和化二东侧路开展拆迁立项入户调查工作。东高路、白鹿司路等11条次支路和断堵头路已完工。安立路与北苑路交叉口等10项疏堵工程全部开工。地铁3号线一期，7号线东沿线开工建设。新增机动车停车位5011个。完成70个公租自行车点位建设。环卫设施建设同步推进。建筑垃圾资源化项目编制PPP实施方案，餐厨垃圾处理厂污水处理改造项目完成前期调研工作。生态环境持续改善。大气治理全面加强。累计投入资金5.4亿元，完成2.13万户煤改电，四环路内煤炭销售点全面取消，“煤改电”涉及的5个110千伏变电站项目进展顺利，四环路内基本实现无煤化。检查监测机动车尾气排放42.1万辆，淘汰高排放老旧机动车51245辆。428家燃气锅炉单位签订低氮燃烧技术改造协议。加强重点行业工业污染治理，削减挥发性有机物158吨。开展秋冬季扬尘污染治理专项行动，全面治理施工、道路、工业扬尘。全区PM2.5年均浓度为71微克/立方米，同比下降10.1%。水环境治理力度加大。结合“关于加快污水综合治理，提升水环境质量”的议案办理，制定实施《朝阳区水污染防治工作方案》。全面启动萧太后河系综合治理及滨水绿色文化休闲廊道建设，实施第三四阶段中小河道防洪治理工程，累计治理河道32公里。定福庄、高安屯等3座再生水厂投入试运行。绿化建设有序实施。城市绿化覆盖率达到47.5%。红领巾公园改造项目完成主体建设，24个小微公园项目完成建设。来广营等5个乡完成平原绿化1747.6亩。温榆河绿道项目完成工作量的60%。孙河湿地公园开展景观规划方案研究等前期工作，实现绿化300亩。城市精细化管理深入推进。全模式社会服务管理体系不断完善。深入推动“三网融合、二级闭环、一格统筹”社会管理体系建设，在全区43个街乡全面实施二级闭环试点工作，城管监督员进一步向网格下沉。“智慧朝阳”建设加快实施。制定《朝阳区关于开展智慧物业试点工作的实施方案》，采取“互联网+物业”的形式，搭建智慧物业公共服务管理平台，完成“363”信息系统框架结构搭建。城市环境卫生进一步提升。加大对户外广告、店外经营等难点问题治理力度，市容市貌不断改善。加大对次干路、背街小巷清扫力度，新工艺作业覆盖率达89%，道路洁净水平进一步提高。规范生活垃圾的收集，完成30个垃圾分类小区创建，厨余垃圾精准投放率和收集率明显提升。城市运行平稳有序。开展城乡接合部重点地区公共安全隐患问题综合整治，累计检查企业1.7万家，排查和消除安全隐患1300余起。建立区级食药专网，成立食品药品行业协会，深入开展校园周边等食品药品高风险区域专项整治，食品、药品抽检合格率达到99%左右。应急管理体系不断健全，建成区气象灾害预警中心和突发事件预警信息发布中心，形成统一指挥、信息畅通、协调有序、运转高效的应急管理格局。节能管理水平提高。安排节能专项资金4200余万元，支持49个重点项目，督促240家用能大户完成碳排放权履约工作，完成120家用能单位能源审计评审工作。

在扩大公共服务供给过程中实现民生改善。公共服务供给继续扩大。教育资源优质均衡发展。北京中学、北京二中朝阳学校项目进行结构施工，八十中南校区、陈经纶中学崇实分校开始招生，新增学位1440个。新建幼儿园4所，通过民办园开办普惠班等措施，提供普惠性学位1770个。医疗设施建设加快推进。垂杨柳医院改扩建主体工程加快实施，疾控中心二期完成建设，南磨房社区卫生服务中心完成新址建设。分级诊疗工作深入推进，建成区级家庭医生签约服务平台，开展数字化中医分级诊疗平台建设。养老服务体系不断完善。完成养老服务业综合改革试点任务。推进13家养老照料中心建设，基本实现街乡全覆盖。完善社区养老服务设施，单店养老产业示范基地加快前期手续办理，北京达美颐养中心启动建设，新建成养老驿站100个。公共文化服务更加多元。三间房地区文化中心建成开放，全区街乡文化中心、社区和行政村文化活动室实现全覆盖。开展“我是朝阳群众”主题创作等系列活动，全年组织基层文化活动3000余场。社会保障水平不断提升。群众居住水平持续提高。建成各类保障性住房16904套，超额完成年度任务，1821户分配入住。加大市场化租金补贴力度，为996户家庭发放市场化租房补贴535万余元。公共就业服务不断强化。开展“春风行动”等专项就业服务活动，为57万余人申报稳定岗位补贴。全区登记失业人员实现就业2万人。将台、南磨房等2个乡完成3700余人整建制转居。社会保障体系进一步完善。统筹城乡社保发展，提高建筑、餐饮等行业农民工参保比例，新型农村合作医疗农民参合率达到99.8%。社会救助体系建设提速，临时救助制度日益完善，引导社会力量参与救助，全年累计救助各类人员1.74万人。社会治理持续创新。社区服务水平不断提升。完成全国社区治理与服务创新实验区创建。深化“五化协同”社区治理模式，完成435个居民议事厅建设。新建成45个绿色智慧平安社区，完成100个社区三社一体化专业治理。社会动员能力进一步增强。着力提高社会组织培育、项目承接和项目运行管理能力，完成308个公共服务项目购买，引导社会力量积极参与社会治理。文明城区建设持续深化。以中央文明办全国文明城区专项督察为契机，着力实施社会风尚引领等七大工程，加大在交通、公共文明等领域引导力度，市民文明素质和社会文明程度持续提升。

在深化改革过程中激发发展活力。经济领域改革持续深入。服务业扩大开放综合试点工作有序推进，制定实施《朝阳区创建北京市服务业扩大开放综合试点示范区工作方案》，围绕六大重点领域，有序推进33项试点政策，20项已完成落实。稳步推进国企改革，修改完善《朝阳区全面深化区属国资国企改革指导意见》，CBD公司上市方案进一步完善，水务集团完成组建。积极落实“营改增”扩围政策，完成国地税8.2万户纳税人交接工作，落实“营改增”财政扶持政策，及时拨付营改增财政扶持资金2817万元。加快推进农村地区产权制度改革，完成豆各庄、常营等2个乡22个村产权制度改革。城市综合管理领域改革加快实施。城市规划建设管理水平稳步提升，制定《关于全面深化改革提升城市规划建设管理水平的实施意见》，围绕生态环境治理、基础设施建设等八大领域，明确36条改革措施，推进全区城市规划建设管理创新。社会治理体制改革不断推进，制定《关于深化朝阳区社会治理体制改革的实施意见》和《关于深化朝阳区社区管理体制改革的实施意见》等“1+8+X”系列文件，党政群共商共治工程实现进一步拓展深化。行政体制改革不断深化。完成区政府部门“9+X”权力清单编制，取消涉及3个部门的行政审批事项4项，非行政许可审批事项清理工作全面完成。工商登记全程电子化服务建设加快推进，依托工商登记网上服务系统，受理线上登记1498件。完成行政机关公务用车制度改革工作，启动国有企业、事业单位公务用车改革。

地址：日坛北街33号

邮编：100020

电话：65094221

（杨学良）

【绩效管理】 年内，完成市政府下达的绩效考评指标任务25项、上年度绩效整改任务9项，涉及承办单位40家。结合全区中心工作，进一步调整优化考评指标体系，确定区政府考评3个体系（政府部门、街道系统、农村系统）75项指标、细则，涉及牵头考评单位27家、被考评单位107家。

（杨学良）

【政务督察】 年内，办理市、区领导批示74件，其中市领导批示58件、区领导批示16件；督办市、区重大决策任务195项，其中市政府工作报告重点工作30项、市级重要民生实事7项、市级责任书（责任状）工作21项，区政府工作报告重点工作100项、区级重要民生实事30项、区级责任书（责任状）工作7项；督办政府常务会、区长办公会议定事项335项。基本完成党政机关公车改革；全面启动企事业单位车改，完成改革主体工作。

（杨学良）

【建议和提案办理】 年内，办理全国、市、区人大代表议案和建议、政协委员提案523件。

（杨学良）

【政务信息】 年内，编发各种信息刊物545期（普刊145期、朝阳动态154期、特刊213期、专刊33期），其中区领导批示122条；采用基层信息6186条。向市政府报送各类信息579期，被采用206条，其中中央和市领导批示12条。

（杨学良）

【文秘工作】 年内，制发公文592件，共接收各类公文5888件，处理中央、国务院、市委、市政府机要文件730件，收集整理档案2422件，按程序整理移交2002—2005年度入馆文件8081件。起草区政府工作报告、区政府领导讲话以及汇报材料等文稿近240篇，约110万字。

（杨学良）

【调查研究】 年内，开展“朝阳区人口调控机制研究”“朝阳区文化创新驱动战略研究”等9项调研课题研究，编制领导调研参阅7期、热点工作研究6期、《在路上》刊物2期。完成第四届区政府决策专家咨询委员会换届工作，组织专家参与党政群共商共治活动4次，开展课题研讨6次。经办区政府党组会9次，区政府党组领导专题研讨交流3次，组织起草《区政府党组“两学一做”学习教育工作方案》《中共北京市朝阳区政府党组2016年度民主生活会方案》等文件材料。

（杨学良）

【应急管理】 年内，接报、处置各级各类突发事件2099起，比上年减少258起。其中社会安全类1506起，占71.75%；事故灾难类534起，占25.44%；公共卫生类43起，占2.05%；自然灾害类16起，占0.76%。年内，通过“5·12”防灾减灾现场展示、宣教基地免费开放、网络媒体宣传等方式，及应急管理进机关、进社区、进农村、进学校、进企业、进部队等六进活动普及各类安全知识，开展各类应急演练6340余次，直接参与人数超过20万人。

（杨学良）

【外联服务】 年内，办理市政务服务管理办公室交办事项6件，办复率100%。与淅川县在京联合举办“弘扬移民精神、深化京淅协作”宣传月活动，这是南水北调中线工程通水以来北京、河南对口协作和区域合作中时间最长、投入人员最多、活动内容最全、规模最大的一次活动。编制中央、北京市驻朝阳区重点单位名录，根据重点单位名录建立服务台账，加大走访力度，积极协调解决走访单位问题和困难。

（杨学良）

主要工作和重大活动

【安全生产电视电话会】 1月6日，召开全区安全生产工作电视电话会议，部署贯彻落实全国安全生产电视电话会议精神。区委副书记、代区长王灏强调，要进一步强化红线意识和忧患意识，提前安排部署各项安全管控措施，防止重特大事故发生，确保岁末年初和元旦、春节期间区域安全稳定。副区长杨树旗参加会议。

（杨学良）

【区领导检查安全生产工作】 1月25日，王灏带领相关部门先后到鸟巢“欢乐冰雪季”滑雪场、大屯辖区平房大院、崔各庄奶西村中石化加油站及出租大院等地，检查人员密集场所安全管理、一氧化碳中毒预防工作、危险化学品安全和出租大院消防安全等安全生产管理情况。

（杨学良）

【领导调研】 3月26日，王灏调研区纪检监察工作，提出必须坚持一手抓改革发展，一手抓党风廉政建设，履行好纪检监察职能，为区域转型发展保驾护航。区委常委、纪委书记宋铁健陪同调研。7月13日，王灏带领区发改委、住建委、国资委等相关部门负责人，到CBD核心区清华大学项目和大望京2号地项目，现场察看国有企业参与建设的功能区和重点工程项目建设情况，调研区国资国企工作。王灏强调，国有企业要认清历史使命，贯彻学习国资国企改革的总体要求，紧紧围绕区域发展机遇，推动企业经营发展再上新台阶。区委常委、副区长马继业陪同调研。8月23日，王灏调研区"无煤化"工作，强调要高标准全力推进全区"无煤化"工作，改善空气质量，提升百姓生活品质。副区长王志勉陪同调研。9月13日，王灏调研广渠路二期沿线环境整治工作，要求全区各单位提高认识，高度重视广渠路沿线环境整治工作，加强统筹协调，把握时间节点、难点问题，倒排工期，着力提升广渠路通车后沿线环境面貌。副区长杨树旗陪同调研。11月4日，区委书记吴桂英、王灏到社区、企业和在建工地调研大气污染防治工作。吴桂英强调，要深入贯彻落实京津冀及周边地区大气污染防治协作小组第七次会议精神，落实好"无煤化"工作，加强对相关企业和工地的执法检查，齐心协力打好大气污染防治攻坚战。区领导张维刚、王志勉陪同调研。

（杨学良）

【防汛抗旱电视电话会】 5月26日，召开防汛抗旱工作电视电话会，落实全市防汛抗旱电视电话会精神，部署2016年防汛工作。王灏强调，各街乡、各单位要高度重视防汛工作，明确工作任务，抓好工作落实，确保全区安全度汛。区领导杨树旗、黄晓伟参加会议。

（杨学良）

【区长热线】 6月1日，王灏带领区教委、卫生计生委、市政市容委、住建委等20个相关部门负责人，到市非紧急救助服务中心接听"12345"市民热线电话，了解百姓诉求，解决群众难题，并要求有关部门尽快将问题分门别类，由责任单位认领，确保百姓需求早日解决。

（杨学良）

【国防动员委员会全体会议】 7月7日，召开2016年国防动员委员会全体会议。王灏强调，全区上下要认清工作形势，抓住国防动员领域调整改革和区域经济社会转型发展的契机，聚焦战斗力提升，运用法治思维，坚持军民融合，全面加强国防动员和后备力量建设，不断提高国防动员建设的质量和效益。区领导陈涛、史连雪、杨树旗出席会议。

（杨学良）

【市服务业扩大开放综合试点工作领导小组办公室第十一次会议】 8月3日，副市长程红带领北京市服务业扩大开放综合试点工作领导小组到朝阳区，举行北京市服务业扩大开放综合试点工作领导小组办公室第十一次会议，听取区服务业扩大开放综合试点示范区建设进展情况和下一步工作安排汇报，对全区工作开展中需要市级支持和突破的政策进行现场会商。市政府副秘书长徐志军，区领导吴桂英、王灏、马继业参加会议。

（杨学良）

【迎接中央环境保护督察组督察北京市工作动员部署会】 11月29日，市委、市政府召开中央环境保护督察组督察北京市工作动员会，部署迎接环保督察工作。会后，区召开动员部署会议。区委书记吴桂英强调，全区上下要严格落实责任，突出问题导向，筑牢工作基础，以扎实举措改善环境，以首善标准迎接督察，努力推动生态文明建设和环境保护工作再上新台阶。王灏主持会议，甘靖中、马继业、张维刚、刘新宇、苑文新、王志勉、杨树旗、孙其军、黄晓伟、张永新等出席会议。

（杨学良）

【应对空气重污染红色预警部署会】 12月15日，区召开应对空气重污染红色预警部署会，要求各成员单位按各自职责落实好各项工作。区领导王灏、王志勉出席会议。

（杨学良）

政府信息公开

【概况】 朝阳区政府信息公开办公室是朝阳区政府办公室内设机构，负责推进、指导、协调全区政府信息公开工作和区政府、区政府办的政府信息公开具体工作。年内，朝阳区政府各信息公开工作机构（以下简称"公开机构"）认真履行《条例》法定义务，在高质量完成常规工作任务基础上，重点从深化主动公开、规范依申请公开、强化监督保障、推进业务研究等方面开展工作。全年全区各公开机构（不包含垂直管理部门）通过政府信息公开专栏主动公开政府信息22984条，受理政府信息公开申请813件，因政府信息公开申请行政复议355件，提起行政诉讼187件。政府信息咨询、主动公开及申请受理、办理、答复工作顺利开展，各公开机构的组织管理、制度建设、渠道场所、教育培训等工作开展情况良好，全区政府信息公开工作有序运行。

地址：日坛北街33号

邮编：100020

电话：65090089

（杨学良）

【主动公开】 年内，全区主动公开政府信息22984条，全文电子化率为100%。其中，主动公开规范性文件352条，占制发规范性文件总数的比例为15.3%。重点领域公开政府信息2698条。其中，主动公开财政预算决算、"三公经费"和行政经费信息262条；主动公开保障性安居工程建设计划、项目开工和竣工情况，保障性住房的分配和退出等信息30条；主动公开食品安全标准，食品生产经营许可、专项检查整治等信息312条；主动公开环境核查审批、环境状况公报和重特大突发环境事件等信息164条；主动公开生产安全事故的政府举措、处置进展、风险预警、防范措施等信息221条；主动公开农用地转为建设用地批准、征收集体土地批准、征地公告、征地补偿安置公示、集体土地征收结案等信息7条；主动公开政府指导价、政府定价和收费标准调整的项目、价格、依据、执行时间和范围等信息数3条；主动公开本市企业信用信息系统中的警示信息和良好信息等信息12条；主动公开政府部门预算执行审计结果等信息30条；主动公开行政机关对与人民群众利益密切相关的公共企事业单位进行监督管理的信息261条；主动公开市人民政府决定主动公开的其他信息等信息1396条。

（杨学良）

【依申请公开】 年内，全区各公开机构共受理申请813件。从申请方式来看，当面申请552件，占比67.9%；以互联网申请86件，占比10.6%；以信函形式申请175件，占比21.5%。全区受理的813件申请中，已到答复期的785件全部按期答复，其余未到答复期的按照《条例》时限规定在2017年答复。其中，“同意公开”381件，占比48.5%；“申请信息不存在”213件，占比27.1%；“不同意公开”65件，占比8.3%；“不属于本行政机关公开”58件，占比7.4%；“属于已主动公开范围”37件，占比4.7%；“告知作出更改补充数”20件，占比2.6%；“同意部分公开”8件，占比1%；“告知通过其他途径办理”3件，占比0.4%。

（杨学良）

【行政复议】 年内，针对本区政府信息公开的行政复议申请355件。其中，维持行政机关具体行政行为的93件，被依法纠错数155件，其他情形数107件。

（杨学良）

【行政诉讼】 年内，针对本区政府信息公开的行政诉讼案187件。其中，维持行政机关具体行政行为或判决驳回原告诉讼请求的149件，被依法纠错数20件，其他情形数18件。

（杨学良）

【年度报告】 年内，按照《中华人民共和国政府信息公开条例》的规定，全区各公开工作机构于2017年3月底前，统一向社会公布本单位2016年度的政府信息公开工作年度报告。报告包括概述，主动公开政府信息情况，依申请公开政府信息情况，因政府信息公开申请行政复议、提起行政诉讼情况，2016年朝阳区政务公开工作要点落实情况，政府信息公开工作存在的不足及改进措施，并附图附表。

（杨学良）

【《公开指南》更新】 年内，更新编制《北京市朝阳区政府信息公开指南（2016版）》，在区域内的各级各类信息公开窗口免费向公众发放，同时，在政府信息公开专栏中同步更新。

（杨学良）

【公开渠道】 年内，在做好区级区档案馆、区图书馆、区行政服务大厅等3个查阅场所提供自助查询等服务基础上，进一步加强对全区各公开机构主动公开工作指导，深化主动公开意识，加大主动公开力度，进一步推动民生保障和公共服务等方面政府信息公开工作。

（杨学良）

电子政务建设

【概况】 朝阳区信息化工作办公室（简称区信息办）是全区信息化主管部门，负责指导、组织和实施辖区内信息化建设。年内，区信息化工作以“智慧朝阳”全面建设为抓手，全面提升全区信息化工作水平，进一步推进信息化与社会经济各领域的全面融合。开展以下七个方面工作：以核心功能定位为标准，推进信息产业的融合创新发展；完成各类信息化保障任务；推进“信息惠民”落地生根；提升城市管理和服务智能化水平；完成相关规划编制工作；提升信息网络安全管理水平。完成全国“两会”、G20杭州峰会、区“两会”等各项保障工作，配合完成近十起突发事件的处置。保障市、区级视频会议200余次。配合完成十余家单位的视频会议系统建设工作。年内，获评“2015年北京信息化年鉴优秀供稿单位”“2015年北京市软件正版化工作评比第二名”。

地址：日坛北街33号

邮编：100020

电话：65094288

（吕　洲）

【完成“十三五”时期信息产业发展规划编制】 6月，完成“十三五”时期信息产业发展规划编制工作。总结“十二五”期间软件和信息服务业发展态势，分析新时期面临机遇与挑战，明确软件和信息服务业发展原则和目标，从创业创新、产业融合、高精尖构建、产业生态和产业基础五方面制定“十三五”期间产业发展提升的主要任务，并提出相应保障措施。

（吕　洲）

【《朝阳区信息服务产业发展白皮书》】 6月，完成《朝阳区信息服务产业发展白皮书》编写。从国家、北京市及朝阳多层面分析信息服务业发展情况，重点分析朝阳区产业发展环境、产业结构、三要特征和产业转型提升中面临的问题，总结梳理相关政策，深入分析解读区产业重点区域和重点企业，并对未来产业发展趋势作出分析判断。

（吕　洲）

【国家工业电子商务区域试点】 年内，完成国家工业电子商务区域试点工作。成立工业电子商务创新发展联盟，首批联盟会员由40余家企业构成，囊括电子商务、制造业、金融业、信息平台和商务服务等多领域。

（吕　洲）

【信息服务业资金支持】 年内，完成2016年度信息服务业产业扶持项目资金安排工作，安排项目支持引导资金共计1577万元，支持19家重点企业，包括云计算、大数据、物联网、电子商务、基于互联网和移动互联网信息服务产业等产业项目，撬动20140万元的社会资本。

（吕　洲）

【信息服务业】 年内，全区信息传输、软件和信息技术服务业限额以上企业494家，平均从业人员97005人，资产总计2786.2亿元，增速155.7%，实现收入987.3亿元，增速23.9%，利润总额78.4亿元，增速19.1%。实现地区生产总值320.9亿元，增长13.2%，GDP增速在全区重点行业中排名首位。

（吕　洲）

【信息化基础设施建设】 年内，完成全区160万户的铜缆光纤化改造任务。编写《朝阳图像信息系统调研报告》，制定《朝阳图像建设运维工作计划》，统筹协调图像系统的规划、建设和运维工作。全年建点位共计恢复7957个次。朝阳图像总调中心提供日常巡检类服务1500余次，外场技术支持服务211次，外场勘察调研十余次。召开图像会议40次，图像点位在线率96%。

（吕　洲）

【无线wifi覆盖工作】 年内，推进“my-beijing”无线wifi覆盖工作。上报申请无线wifi覆盖177个场所，开通74个，累计开通AP331个，上网49693人次，用户访问朝阳区公众服务资源以及互联网公共资源、查询信息更加便捷。推进政民互动平台升级改造，调整平台功能，设计系统原型，建立全区统一的互动交流渠道，及时传达群众意见、解决实际困难。

（吕　洲）

【“智慧物业”试点】 年内，完成全区试点区域部分楼宇的3D采集和建模工作。启动“大数据处理中心”“智慧物业统一门户”“采集上报平台”“3D楼宇展示平台”“智慧物业APP”“朝阳智慧物业微信服务号”“物业统一物业工作平台”和“宏观大数据分析”等子系统的开发，实现“市民—物业—街乡”以及相关职能单位之间的联动与协作。

（吕　洲）

【完善政务服务体系】 年内，推动行政服务中心政务服务大厅信息化项目建设，整体二期工程顺利完成，业务综合管理平台正式上线运行；完成社会办社区公共服务综合信息平台整体开发，并在街道办事大厅正式运行；推进朝阳区“1+3”网格化体系建设工作和“三网融合”街乡信息化建设各项工作，完成图像系统对接、基础网络建设、综治信息化系统技术审批等工作；会同区卫生计生委实施朝阳区精神卫生综合试点工作，完成精神卫生门诊费用结算支付一站式服务平台建设；完成“绿色智慧平安社区”信息化考核指标；完成“朝阳群众”微博、微信、域名梳理申请工作；协调“智慧物业”对企业对居民相关服务模块应用及微信公众号的申请管理工作。

（吕　洲）

【人口大数据监测】 年内，制定《朝阳区“十三五”时期人口调控及服务管理规划》，研究三大通信运营商提供的相关数据及工作机制，每月向区发改委、区统计局提交全区整体人口数据监控数据。完成43个街乡、20个个性化监控区域的边界及基站信息提取。

（吕　洲）

【政务外网社区村全覆盖试点】 年内，对全区社区、村级网络节点政务专网接入情况进行调研。结果显示，全区有社区（村）554个，四级节点581个，通过自建光纤方式开通的专线有118家、运营商专线方式19家，其余444家需要完成四级网络开通。依据调研结果，区信息化办制定《朝阳区社区、村级网络建设建议书》，完成2—3个街乡的网络节点建设试点工作，为后续四级网络建设做好准备。

（吕　洲）

【软件正版化工作】 年内，完成国产办公软件的采购工作；对全区150余家机关以及事业单位的计算机台账和软件使用情况进行摸底排查；在全区范围内组织召开国产办公软件推广使用培训会和软件正版化工作培训会。在全市软件正版化评比中，朝阳区排名第二。

（吕　洲）

【调整区“十三五”信息化发展规划】 年内，区信息化办多次召开规划意见听取会，邀请区内相关委办局、企业代表、政协委员、人大代表、行业专家等对信息化“十三五”规划建言献策，修订完善《朝阳区“十三五”信息化发展规划》。对《规划》进行重大调整：突出大数据、云计算等信息化技术在人口调控、城市管理、民生服务、生态环境建设、交通治理等领域的重要作用，明确人口调控、非首都功能疏解、智慧物业、智慧交通、智慧环保、智慧水务、智慧景区等重点任务。完成“十三五”信息化工作重点任务梳理分解，制定主要任务和重点工程分解表，确定分年度工作目标和工作计划，梳理责任科室和责任单位，明确责任部门、倒排实施工期，确保规划落实。

（吕　洲）

【信息安全事件处置】 年内，全区未发生重大及较大信息安全事件。发生、处理安全“一般”级事件38件，其中上级单位发现通报28件，区内发现10件。其中漏洞隐患类事件占53%，在剩余47%的安全事件中，与网站相关的安全事件占比较大。区信息化办进一步加强网站的主动漏洞扫描分析追查工作，降低网站漏洞风险，扩展防篡改系统的部署范围，减低安全事件的发生。

（吕　洲）

【信息网络安全检查】 年内，采取三项措施，开展信息网络安全检查工作。开展电子政务网络与信息系统安全检查与隐患排查工作：通过现场座谈和实地检查机房的形式，重点检查各单位信息安全工作开展情况，包括安全管理制度落实情况、信息安全保护工作开展情况、门户网站整合与安全防护情况、信息技术服务外包管理情况、应急管理工作情况、系统安全漏洞排查及整改情况等。开展关键信息基础设施网络安全检查工作：编制《朝阳区关键信息基础设施网络安全检查工作方案》；编写安全检查工作简报；完成各单位信息登记和报送工作，采取自查和抽查的方式，要求发现问题的单位及时整改。开展安全教育培训工作，提高各部门的信息网络安全意识，有效防止信息安全事件的发生。

（吕　洲）

行政服务

【概况】 朝阳区行政服务中心（简称区行政服务中心）为区政府派出机构，机构级别正处级，行政编制11名。主要职责是作为全区行政服务窗口统筹协调、监督管理、服务指导的主管部门，负责全区行政服务窗口单位的标准化、规范化和信息化建设，负责为企业法人、社会组织办理行政许可事项、非行政许可事项、公共服务事项，负责在本部门职责范围内加强为驻区中央单位、市属单位、驻区部队和区域内企事业单位的服务和中心综合管理工作。年内，围绕简政放权、放管结合、优化服务改革，全面提升全区政务服务能力水平，推动全区政务服务工作进步，严抓党风廉政建设主体责任落实，全区政务服务质量和群众满意度显著提高。年内，被北京市人社保局、北京市总工会评为先进集体，获“首都劳动奖状”，中心党支部被区委评为先进基层党支部。

地址：霄云路霄云里1号

邮编：100026

电话：64685786

（白佳鸿）

【政务服务体系标准化试点工作】 3月9日，副区长王志勉主持召开政务服务体系标准化试点运行工作会并讲话。区行政服务中心部署试点工作，3家试点单位代表发言。“推进全区政务服务窗口标准化建设”是区政府2016年为民办实事项目之一。区行政服务中心按照“立足区情融合创新、试点带动整体推进、系统创新协同发展、因地制宜分类指导”的工作思路，有力有序组织推进落实。年内，经过开展标准化业务系列培训、标准化环境及设施改造、互评交流指导、“我是标准、标准是我”承诺等系列活动，政务服务体系标准化试点工作取得阶段性成效。统一“朝阳政务”LOGO、政务窗口名称。各试点单位环境及设施得到改善。窗口人员持证上岗、遵标守规、服务态度等方面提升。各试点单位逐步建立窗口负责人制度、人员离岗备案、培训制度、投诉制度、信息报送制度等，提升窗口规范化管理程度。

（郭靖楠）

【政务服务监督】 5月至11月，组建由19名监督员组成的特约员队伍，制定测评指标，建立工作台账，划分责任区域。修订窗口服务满意度绩效考评细则，变年度考评为季度考评，完善管理机制。联合区监察局，将服务绩效考核与全区窗口“为官不为、为官乱为”专项治理相结合，加大对重要节日节点的监督检查力度；进一步完善区行政服务大厅“服务之星和红旗窗口”评选细则，建立较为有序的组织体系和监督考评保障体系，促进考评结果运用。

（白佳鸿）

【学习交流】 6月22日，昆明市呈贡区政府常务副区长杨飞率调研团一行20余人，到区行政服务大厅、望京街道为民服务大厅，调研中心建设和引入政府绩效第三方评价等工作。

（郭靖楠）

【事项标准化梳理】 6月，启动全区许可及服务事项梳理工作。会同区编办面向30多家业务相关单位下发《事项调研表》《办事指南模板》《大厅信息调研表》等，全面征集事项信息。结合网上公开资料，简化、优化、细化事项办理流程，完成19家区属单位、9家垂管单位事项的325项行政许可和服务事项的初步梳理工作，形成各事项的办事指南及存在问题清单。完成对区发改委、区医保中心、区社保中心、区地税局、区国税局等5家单位的初次调研及回访，并对具体事项办事指南进行修改完善，与责任单位确认。

（郭靖楠）

【政务服务研修班】 11月13日至18日，会同区人力社保局在广州中山大学举办2016年北京市朝阳区政务服务能力提升及创新研修班。全区各窗口单位主管领导50余人参加培训。培训全程实施封闭管理，科学设置培训内容，实地进行教学互动。

（郭靖楠）

【全区政务服务信息化建设】 年内，全区政务服务信息化工作围绕推进“政务服务标准化”展开。组建信息采集系统，区级大厅内部信息采集系统已全面使用。建立网上服务大厅，逐步实现资料录入、网上预审、网上受理、进度查询、网上预约等功能，选定区食品药品监管局、区质监局、区卫生计生委、区商务委、工商朝阳分局及区安监局作为网上审批平台建设试点单位，通过试行不断完善平台功能和运行机制。推进试点单位信息化建设，为各街乡试点大厅提供信息采集系统、满意度评价系统、电子LED显示屏及配套软件设施等。截至12月底，已完成望京街道、三里屯街道、香河园街道、南磨房乡、三间房乡及区人力社保局业务办理大厅启动试用。升级区级大厅网络，增加行为管理、流量控制、日志审计、VPN远程控制等功能，加强大厅网络的可用性。

（郭靖楠）

【政务服务标准化建设】 年内，有序推进公共服务事项标准化梳理工作，夯实标准化建设基础。系统推进“五统一”试点工作，探索政务服务体系标准化建设路径。在全区7个政务服务大厅试点，推进统一政务标示、统一服务环境、统一业务流程、统一服务标准、统一考评标准的工作。目前试点工作已处于验收阶段，成效明显。畅通群众投诉渠道，突出一线办理实效，确保“有诉必理，有案必查，有责必究”，切实提高群众满意度。

（白佳鸿）

【智慧型政务服务平台建设】 年内，启动政务门户网站及网上大厅系统建设，选定五个驻厅部门窗口和三间房分中心为试点部门，开展网上办理全流程服务，增强用户体验，融合线上服务平台和线下实体大厅，打造高效便捷的O2O服务新模式。启动政务服务微信公众号建设，打造掌上移动政务微中心，增强政务服务触达率，实现政务信息发布、办事指南查询、在线互动、预约办事、在线排号等功能。建设区行政服务大厅实时运行感知系统、效能监察平台，将政务服务数据导入中心数据库，通过系统分析，提升管理效能。启动大厅网络硬件升级改造（二期）项目建设，增强网络管理、审计、日志等功能。主动研究与市统一行政审批信息系统对接。

（白佳鸿）

【政务服务队伍建设】 年内，持续深化基层党群组织建设，通过开展纪念建党95周年模范讲堂活动、组建“引导服务组”等方式，完善党群组织功能。优化基层党建工作理念，推进区党建创新项目“服务零距离、办事零障碍”。提升政务窗口管理团队综合素质。开展区政务服务专题研修班，组织全区政务窗口部分主管领导及窗口负责人参加，通过中山大学的专家授课及广州、佛山两地政务中心现场教学，学习新理念、新知识、新做法，提升政务服务窗口管理能力和水平。针对一线窗口人员开设标准化系列培训、英语系列培训、入厅培训等，提升窗口人员综合素质和精神面貌。

（白佳鸿）

【政务服务宣传】 年内，在《朝阳报》刊发《朝阳区政务服务标准化》《朝阳区政务服务信息化》专版，展示全区政务服务标准化、信息化工作成果。编纂《朝阳区行政服务要情参阅》，反映全国、市、区三级行政服务工作最新动向和发展形势，汇报行政服务工作最新进展、创新举措、取得实效等信息，为各级决策提供依据。创建面向全区行政服务工作人员的《零距离》简刊，为行政服务窗口工作人员建立精神家园。

（白佳鸿）

招商引资

【概况】 朝阳区投资促进局是区政府直属事业单位，机构规格正处级，负责全区投资促进和招商引资工作，搭建招商引资平台；承担区招商引资工作领导小组办公室日常工作；协调落实对驻区重点企业的各项服务制度；负责宣传推介区投资发展环境和招商引资政策，承担大型招商引资和投资促进活动的组织、协调工作；负责引进重点企业及产业化项目，并组织项目评估；负责完善全区投资促进网络体系和工作机制，统计、分析、评估和考核全区招商引资工作情况，协调促进重大项目落地，并全程跟踪重大项目；负责全区投资促进官方网站建设，统一发布招商信息；负责区“一站式”服务工作领导小组办公室日常工作，做好招商引资“绿色通道”管理、“全程代办”和“集中办公区”的组织协调工作。

地址：霄云路霄云里1号3层

邮编：100026

电话：84681251

网址：http://www.investchaoyang.gov.cn

（张　瑾）

【投资促进活动】 年内，先后组织参加科博会、投资北京洽谈会、中国国际投资贸易洽谈会、京港会等投资推介活动，参与高端商协会和跨国公司组织的年会、论坛等商务活动。通过活动对朝阳区开展主题推介，重点宣传城市发展规划、企业未来的发展机遇和发展空间，营销区投资环境。在第八届投资北京洽谈会上，2个签约项目达到总金额54亿元，占全市总签约金额的27.6%；在第十九届中国北京国际科技产业博览会上有2个项目亮相项目签约仪式，签约总金额7亿元。

（张　瑾）

【项目引进】 年内，引入民生金服控股有限公司、浦项（中国）投资公司迁税项目、中信云网有限公司等项目23个，注册资本约223亿元人民币。其中，内资企业20家，注册资本为165.86亿元人民币；外资企业3家，注册资本46510万美元、700万欧元。累计完成区级收入872.3万元。

（张　瑾）

【走访服务企业】 年内，走访中国神华集团、中石化、乐视网、中冶置业、美团网、华夏幸福、福中集团等527家企业。建立企业通信联系数据库，召开政策解读会，为企业降低运营成本、规范经营管理提供服务。帮助中国中信集团、恒大集团等多家企业解决选址、高管子女入学、经营资质许可、税务等实际问题，促进项目落户，增强企业可持续发展能力。

（张　瑾）

【楼宇信息搜集与分析】 年内，对区域内相关老旧厂区、腾退空间开展信息收集，走访未来时大厦、侨福芳草地、环球金融中心等区域内已完成招商的旧有写字楼，了解楼宇内企业情况及空置情况；走访嘉铭中心、世东国际大厦等新建写字楼，了解写字楼未来招租方向，宣传推介朝区相关产业政策。每季度搜集区内重点区域重点甲级写字楼租售行情等数据信息。定期对全区近500家甲级写字楼开展分析，研究市场走势、预测租售变化情况、相关业态变化情况，形成季度研究报告。

（张　瑾）

民族·宗教

【概况】 朝阳区民族宗教办公室是主管全区民族宗教事务的正处级政府职能部门，现有人员行政编制14人，其中主任1名、副主任2名。下设三个职能科室，分别为综合科、民族科、宗教科。年内，区内有汉、回、满、蒙、朝、藏等56个民族，少数民族人口近20万人（包括流动人口）。有民族工作重点街道、民族乡各1个，民族村11个；民族中、小学校7所；经批准的生产经营清真食品单位170余家。有道教、伊斯兰教、天主教、基督教等4个传统宗教，爱国宗教团体3个、庙管会1个；有伊斯兰教清真寺9座，另有1处在移建的南上坡清真寺（松榆里清真寺），基督教、天主教教堂各1座，道教东岳庙1座；依法批准的基督教聚会点6个、涉外宗教临时活动场所2处；宗教教职人员49人，宗教信徒约10万余人；外国信徒约5700余人。

地址：团结湖北五条8号

邮编：100026

电话：65094755

邮箱：mzb@bjchy.gov.cn

（宋　娜）

【南上坡清真寺异地移建开工奠基】 3月18日，南上坡清真寺异地移建工程在潘家园街道松榆北里（定名为松榆里清真寺）开工奠基。新建清真寺位于潘家园地区松榆北路与武圣东路交叉口西北角，占地面积2500平方米，建筑面积3939.51平方米，设有礼拜殿、男女水房、接待室、会议室、阿訇宿舍等主体建设，建成后可容纳1000人在此礼拜。区伊协秘书长杨广亮主持奠基仪式。区委统战部副部长、民宗办主任梅诗曙，潘家园街道办事处工委书记王毅、主任张贵林，区重点办科长吴元龙等相关领导及300余名穆斯林群众代表出席开工奠基仪式。

（宋　娜）

【领导调研】 4月14日，梅诗曙带队到南下坡清真寺调研，就宗教领域如何配合区委、区政府疏解北京非首都核心功能、推进京津冀协同发展展开座谈。在听取区伊协、南下坡清真寺的情况介绍后，梅诗曙强调，区宗教组织和宗教活动场所要积极配合区委、区政府疏解北京非首都核心功能、推进京津冀协同发展工作。要树立大局意识，坚决执行区委、区政府的各项决定，积极配合功能疏解工作；要着眼长远，不断完善自身建设，在增强自养能力的同时，认真为广大信教群众服务；要积极发挥示范引导作用，引导信教群众配合政府工作，积极为京津冀协同发展建言献策、贡献力量，展示广大穆斯林群众良好的精神风貌。4月19日，梅诗曙到东岳庙调研道教工作开展情况。东岳庙道教庙管会住持袁志鸿汇报加强庙管会自身建设、规范教职人员管理、完善各项规章制度、依法依规开展正常宗教活动、弘扬道教传统文化等方面工作。梅诗曙希望庙管会要不断深化和谐寺观教堂创建活动，以创建为抓手，以规范为主题，通过创建活动加强自身建设，规范宗教活动，提升社会形象，为促进社会和谐做出贡献。区民宗办副主任马舍尔巴、区文物管理所所长陈巴黎、区东岳庙民俗博物馆馆长曹彦生等参加调研。5月10日，区委常委、组织部部长、统战部部长何明在东岳庙庙管会会见区伊斯兰教协会、区基督教“三自”爱国会、区天主教爱国会、东岳庙庙管会四大宗教团体负责人及区伊斯兰教协会会长、常营清真寺首席阿訇丁清光，“三自”爱国会副主席兼秘书长刘宁花、东岳庙庙管会成员马建勋、天主教爱国会副主席兼秘书长张春喜等10名宗教界代表人士。区委统战部常务副部长胡杰华及梅诗曙、马舍尔巴参加座谈。何明强调要深入学习习近平讲话精神，结合朝阳实际，要充分认识到宗教界代表人士是我们依靠的重要力量；要准确把握区宗教工作面临的新形势；要凝聚各方力量做好区宗教工作。6月22日，副区长黄晓伟到民宗办考察调研民族宗教工作。区民宗办科级以上领导干部参加调研座谈。梅诗曙从区民族宗教工作总体情况、民族宗教工作当前面临的形势和任务、当前需要重点解决的几个具体问题与建议三个方面作汇报。黄晓伟要求要准定位、高站位、有为有位，要完善各宗教场所安检设施，提高宗教场所安防管理和应急保障能力；推进道教东岳庙生活区改造工作；妥善解决好王四营乡观音像和观音寺问题，完善区佛教场所建设；统筹推进南下坡清真寺周边功能疏解和升级改造问题。尤其要安排部署好开斋节工作，确保民族宗教领域安全稳定，为区经济社会发展做出贡献。

（宋　娜）

【和谐寺观教堂创建活动推进会】 4月27日，召开以“规范”为主题的和谐寺观教堂创建活动工作会议。区伊斯兰教协会、区基督教“三自”爱国会、区天主教爱国会、东岳庙庙管会等宗教团体负责人参加会议。会议总结上年区开展和谐寺观教堂创建活动成果，传达市宗教局局长池维生在全市开展创建活动动员部署会议上的讲话精神，安排部署2016年区创建工作实施方案。会议要求各宗教团体和宗教活动场所要按照市、区统一工作部署，结合本宗教团体实际，扎实推进创建工作，明确创建活动的目标任务，推动宗教活动场所管理更加规范有序；明确宗教团体和宗教活动场所职责分工，确保创建活动的有效深入开展；加强督导检查，严密组织实施；抓好整改落实，确保创建工作取得实效。同时，要以学习贯彻全国宗教工作会议精神为契机，以开展“规范”和谐寺观教堂创建活动为抓手，全面提升宗教活动场所规范化管理水平。

（宋　娜）

【涉外宗教临时活动场所年度审核】 5月，召开专项工作会，启动欧美英语基督教和韩国韩人基督教在中国国际青年交流中心设立的临时宗教活动场所年度审核工作。梅诗曙、中国国际青年交流中心及两处涉外宗教临时活动场所负责人参加会议。两处涉外宗教临时活动场所于2004年经市宗教局审批设立，欧美英语基督教信徒约有3000名，来自70多个国家；韩国韩人教会约有信徒800名，均为韩国人。两处涉外宗教临时活动场所人员构成主要包括大使、外交官员、来华投资者、跨国公司高级管理人员，医生、律师、大学教授及留学生等。梅诗曙对涉外宗教临时活动场所提出要传播好中国声音，用亲身经历宣传中国的宗教政策，用实际行动继续促进中国与世界的友好交流；要在遵守中国法律法规的基础上，不断加强和完善宗教活动场所的各项管理工作，自觉在法律法规和教义教规允许的范围内开展宗教活动，积极加强与属地的沟通与交流，发展社会公益事业，促进宗教与社会和谐；要把宗教活动安全管理纳入经常性管理工作，严格落实各项安全制度，确保场所安全、活动安全和人身安全。

（宋　娜）

【依法取缔基督教非法聚会点】 6月1日，区民宗办与公安朝阳分局国保支队对崔各庄乡奶西村村东、村西两处非法设立的基督教聚会点开展执法检查并依法取缔。区民宗办执法人员向聚会点相关人员宣传国家宗教法规和政策，解释设立宗教活动场所的条件和程序，对两处私设聚会点作出依法取缔决定，并建议信教群众到依法设立的宗教活动场所参加宗教活动，要求派出所和奶西村加强管控力度，做好后续监督管理工作。6月19日，区民宗办会同公安朝阳分局国保支队依法取缔大屯地区安慧东里天运写字楼内一处基督教非法聚会点。该聚会点负责人1名，信众54人，通过网络讲经等形式非法传教。区民宗办与公安执法人员对该聚会点的非法宗教活动取证，依法对该聚会点予以取缔，并向参与非法聚会人员宣传国家宗教政策，要求信众到依法批准的宗教活动场所参加宗教活动。8月25日、28日和9月2日，区民宗办会同公安朝阳分局国保支队和平房乡政府分别三次前往平房乡定福家园3号院3-10号基督教非法聚会点开展现场执法处置。该教会会员人数60人左右，日常在该场所参加聚会活动人数约40人。民宗办依法取缔该活动场所，责令非法传教人员停止活动。

（宋　娜）

【学习贯彻全国宗教工作会议精神座谈会】 6月2日，召开宗教界学习贯彻全国宗教工作会议精神座谈会。区基督教“三自”爱国会、区天主教爱国会、区伊斯兰教协会、道教东岳庙管委会等宗教团体的主席（会长）、秘书长及主要教职人员30余人，梅诗曙和区民宗办全体干部参加座谈会。会议组织学习全国宗教工作会议精神及习近平、李克强和俞正声等中央领导的重要讲话。针对如何学习贯彻全国宗教工作会议精神和以“规范”为主题开展和谐寺观教堂创建活动开展座谈。

（宋　娜）

【穆斯林传统节日庆祝活动】 7月6日，区内有7712名中外穆斯林（其中外宾320人，维吾尔族263人）分别在南下坡、常营等9所清真寺参加“开斋节”庆祝活动。区委常委、组织部部长、统战部部长何明，副区长黄晓伟，区委统战部常务副部长胡杰华，区民宗办主任梅诗曙等分别到南下坡、常营清真寺向穆斯林群众祝贺节日，并送去慰问金。各清真寺所在地街、乡领导分别到辖区清真寺向各地穆斯林群众祝贺节日。区属国保支队、安全局等有关单位抽调骨干力量，加强各寺安全保卫工作，确保节日活动顺利开展。9月12日，区内4477名中外穆斯林（其中外宾240人）分别在常营、八里庄等9所清真寺参加"古尔邦节"庆祝活动。何明、胡杰华、梅诗曙等到常营清真寺向穆斯林群众祝贺节日，并送去慰问金。区文化委向常营清真寺赠送图书1500余册，价值5万元。各清真寺所在地街、乡领导分别到辖区清真寺向各地穆斯林群众祝贺节日。12月1日至17日，区内穆斯林群众分别在9个清真寺举行聚会，区民宗办领导及相关人员与穆斯林群众共同庆祝"圣纪节"。

（宋　娜）

【天主教临时祈祷所修缮改造完工】 8月初，天主教平房堂修缮改造正式完工。该祈祷所修缮采用符合安全标准的新型建筑材料，重新进行整体结构和内、外部装饰改造，注意防寒保暖和用电安全。整体修缮经费59万余元，市宗教局和区民宗办给予15万元资金支持。

（宋　娜）

【宗教工作培训会】 9月21日至22日，组织召开区2016年宗教工作培训会，区基督教"三自"爱国会、天主教爱国会、伊斯兰教协会、东岳庙庙管会主要负责人和宗教教职人员，公安朝阳分局国保支队、区安全分局、区委统战部门有关领导及区民宗办全体机关干部近60人参加本次培训会。培训会邀请中国社会科学院世界宗教研究所所长卓新平研究员作"我国宗教坚持中国化方向"专题讲座。会上，各宗教团体主要负责人汇报开展创建和谐寺观教堂的情况，研究部署区宗教活动场所民主决策、卫生管理、财务公开等三项制度，区公安国保支队、区安全分局、统战部门结合自身工作发言。

（宋　娜）

【南下坡清真寺重建落成】 11月13日，区南下坡清真寺举行重建落成庆典仪式。何明、胡杰华、梅诗曙及宗教界中国伊协副会长杨志波、副会长刘克杰，中国伊斯兰经学院副院长马中平，市伊协副会长兼秘书长沙丽，各区伊协等部门领导出席活动，部分清真寺教职人员、社会各界人士和穆斯林群众约700余人参加典礼。南下坡清真寺2014年因礼拜大殿部分垮塌落架重建，总耗资3500万元。

（宋　娜）

【"两节"慰问少数民族贫困户活动】 12月5日至9日，梅诗曙、马舍尔巴分别带队，走访慰问全区50户少数民族贫困户，并送去慰问金。走访慰问过程中，广泛倾听民意，帮助贫困户重塑生活信心。

（宋　娜）

【天主教、基督教界庆祝圣诞节】 12月25日，全区约4000名信徒分别在基督教朝阳堂、天主教平房堂庆祝圣诞节。市人大副主任孙康林、副市长王宁、市委统战部常务副部长周开让、市委统战部副部长、市宗教局局长池维生等到基督教朝阳堂看望慰问宗教界代表人士，向信教群众表示节日祝贺，区委副书记、区长王灏，区委常委、统战部部长黄晓伟等区领导陪同慰问。节日期间，区委统战部、区民宗办、区公安分局、东风乡、平房乡、麦子店街道领导及有关部门多次到各宗教活动场所检查指导圣诞节安全保障工作，基督教朝阳教堂、平房天主教堂、基督教聚会点和中国国际青年交流中心涉外基督教聚会点宗教活动开展正常，秩序良好。

（宋　娜）

外事及港澳台工作

【概况】 朝阳区人民政府外事办公室（简称区外办），是负责朝阳区对外国际交往和涉外及港澳事务的区政府工作部门，又是区委外事工作领导小组的办事机构。内设综合科、因公出入境管理科、国际交流科、涉外管理科四个科室。年内，继续加大服务企业"走出去、引进来"推进力度。举办"一带一路"国家等多场APEC商务旅行卡推广活动，并为办卡需求量超过10张的企业提供主动上门办理服务。全年受理APEC商旅卡办理申请84家企业198张，办结141张，同比增长83%。受理外国人来华邀请确认函申请170批237人，同比增长70%。

地址：日坛北街33号
邮编：100020
电话：65099237
网址：http://wsb.bjchy.gov.cn

（李　祯）

【外国驻华使馆系列走访调研】 1月21日，区外办主任谭林坤率队拜访泰国驻华使馆投资促进委员会驻京办，了解投资信息及投资优惠政策等，为驻区企业蓝地集团等企业"走出去"助力。蓝地集团营销经理戴博义随同前往。泰国驻华使馆投资促进委员会公使衔参赞吴永泉会见区外办及蓝地集团一行。3月3日，谭林坤率队到墨西哥驻华使馆拜访，使馆政治事务办公室主管安娜·奥索里奥及经济、文教处官员参与会见。双方就做好属地服务保障工作、加强经贸和文教交流合作、深化朝阳与墨西哥友好城区关系等问题达成共识。3月4日，谭林坤率队到新加坡驻华使馆拜访，使馆政务参赞吴俊明、政务处、商务处及新加坡国际企业发展局官员参与会见。双方就做好属地服务保障工作、加强经贸和文教交流合作等问题达成共识。3月7日，谭林坤率队赴印尼驻华使馆拜访，使馆文化参赞孙浩参与会见。双方就深化朝阳与印尼友好关系、属地服务保障工作等问题达成共识。3月11日，谭林坤率队赴奥地利驻华使馆拜访，使馆文化参赞欧诺德（Arnold Obermayr）参与会见。双方就做好属地服务保障工作、加强经贸和文教交流合作、深化朝阳与奥地利友好城区关系等问题达成共识。3月14日，谭林坤率队到瑞士驻华使馆拜会大使戴尚贤和公使高晟安。双方就做好属地服务保障工作、加强经贸和文教交流、深化朝阳与瑞士友好城区关系等问题达成共识。3月16日，谭林坤率队到捷克驻华使馆拜访，使馆经济处副主任路凯石参与会见。双方探讨举办国际活动、友城交往等方面问题。3月23日，谭林坤率队到匈牙利驻华使馆拜会特命全权大使齐丽（Cecilia Szilas），双方就开展友好交往及 文化、教育、商务等多领域务实合作达成共识。3月24日，谭林坤率队到澳大利亚驻华使馆拜访，新闻处参赞林漠怡（Maree Ringland）参与会见。双方探讨举办国际活动、友城交往等方面问题。3月30日，谭林坤率队到老挝驻华使馆拜访，使馆办公室一等秘书、副馆长苏利塞·苏利敦（Soulisack Soulithone）参与会见。双方就加强经贸和文教交流合作、深化朝阳与老挝友好城区关系等问题达成共识。5月6日，谭林坤率队到波兰驻华使馆拜访，使馆政治处参赞易大明（Damian Irzyk）参与会见。5月11日，谭林坤率队到马来西亚驻华使馆拜访，使馆二秘朱怀正（Choo Hwai Jeng）参与会见。5月12日，谭林坤率队到丹麦驻华使馆拜访，使馆媒体公共外交参赞吕明欧及文化处、商务处官员参与会见。6月6日，谭林坤率队到印度驻华使馆拜访，使馆文化处及签证处参赞瓦娜佳·德卡特（Vanajia K. Thekkat）参与会见。6月8日，谭林坤率队赴新西兰驻华使馆拜访，使馆副馆长范达文（David Evans）、政务参赞何柏衍（Brian Hewson）参与会见。8月19日，谭林坤率队到白俄罗斯驻华使馆拜访，使馆商务高级参赞里昂（Leonid Batyanovsky）、三秘德米（Dmitry Emelyanov）参与会见。

（李　祯）

【规范外语标识】 1月，响应北京市民讲外语活动组委会提议，推荐区团结湖外语交流协会及一名长期从事双语标识规范工作的优秀干部，作为2015年双语服务突出单位和个人；将2015年外语标识收集审校成果反馈给各负责单位，为其今后整改提供标准和参考。3月，协助区社会办、麦子店街道翻译和规范门牌、名片等英文标识；与区信息办沟通，探索应用公众号平台普及规范双语标识新途径。7月，巡查市第一中西医结合医院、朝阳中医院等近20家医疗机构双语标识；协助中关村朝阳园翻译英文标识；审校朝外街道最新道路指示牌英语标识，并报市外办审核；完成区双语标识五年汇编手册编制。9月，联合区旅游委，面向区三星级及以下宾馆饭店和A级景区，开展双语标识巡查校核。11月，向全区各单位发放《公共场所双语标识英文译法及实施指南（合订本）》（2016年7月翻印版）和《美食译苑——中文菜单英文译法》。12月，根据市外办要求，协调呼家楼街道办事处规范呼家楼居民楼有关双语标识。

（李　祯）

【国际活动】 2月1日，外交部新闻司联合市政府外办邀请外国驻京记者及家属参加麦子店街道组织的“中外居民过大年”联谊活动。6月24日，由市外办与区政府联合举办的“老北京　新朝阳”驻华使节及外国友人京剧专场体验活动在北京朝阳京剧文化艺术中心举办。叙利亚、厄瓜多尔、斯里兰卡和赤道几内亚等国驻华大使、30余国的驻华使节及区优秀外籍教师150余人参加活动。活动以“老北京　新朝阳”为主题，展现区国际化特征、创新包容的发展经验和文化之都传统底蕴。10月15日至16日，由北京市民讲外语活动组委会、市外办、市委宣传部、首都文明办、市总工会、市残联、市妇联、区政府主办，市教委、市卫生计生委、市新闻出版广电局协办，北京2022年冬奥会和冬残奥会组织委员会支持，市外办国际交流中心、区外办承办的2016北京外语游园会主会场活动在朝阳公园举办。市委常委、常务副市长、市民讲外语活动组委会主任李士祥，市外办主任赵会民、区长王灏同市民共同游园。10月22日，由外交部部长王毅夫人钱韦发起的第八届“大爱无国界”国际义卖活动在国家体育场室外热身场举行。活动由外交部和中国扶贫基金会主办，市外办和区政府协办。本届义卖主题为“同心共筑便民桥”，所筹善款将通过中国扶贫基金会，为广西壮族自治区凌云县和田林县贫困地区修建便民桥。外交部部长王毅，外交部党委书记、副部长张业遂，外交部副部长郑泽光，部长助理李惠来、刘海星，外交部扶贫工作名誉大使乐爱妹及120多位驻华使馆、国际组织驻华机构代表及夫人出席开幕式。区委书记吴桂英出席活动，并上台为捐款企业颁发证书。区委常委张维刚、副区长孙其军出席活动。

（李　祯）

【海外团体参访】 2月3日，区侨办接待海外32家“华助中心”负责人50人参观望京SOHO、望京街道阜荣街社区。望京街道工委副书记徐继峰介绍侨务工作情况，政务中心主任金德寿介绍外籍人员管理、服务情况。

（姚德文）

【国际交流与合作】 2月5日，区“红半天”女子鼓乐团访问比利时布鲁塞尔市圣皮埃尔区，在圣区中心小学为全校师生及家长演出，400余人观看演出。2月6日，由中国驻比利时大使馆和布鲁塞尔市政府联合主办的2016年“欢乐春节”盛装巡游活动在比利时首都布鲁塞尔大广场拉开序幕，区外办、区文委和区文化馆组织选送“红半天”女子鼓乐团参加巡游及演出活动。2月7日，区“红半天”女子鼓乐团到比利时列日市参加文化节活动。3月16日，波兰欧亚教育商业基金会主席卡里克·格莱格里（Calik Gregory）一行2人到访朝阳区，希望与驻区北京中医药大学等高校就波兰语教学、医药专业交流及互派学生访问等项目探讨合作可能性。区外办主任谭林坤、北京中医药大学国际交流处副处长张丹英参加座谈。3月20日，瑞士卢加诺市公共关系处代表钟嘉宏（Alex Chung）等一行2人到访北京。区外办国际交流科及涉外管理科负责人与代表团探讨领导访问的公务安排，促进两地教育、文化等领域合作。4月29日，区外办、区教委相关科室负责人及朝阳实验小学代表到北京匈牙利文化中心调研，同匈牙利使馆文化参赞宋妮雅探讨开展教育、文化领域务实合作及双方建立“一校一馆”友好关系等事宜。5月25日至6月3日，区委组织部部长何明率团到区友城捷克布拉格市、奥地利萨尔斯堡市、维也纳市及瑞士卢加诺市进行友好访问。代表团分别拜会布拉格市一区区政府、萨尔茨堡市市政府、维也纳西美林区政府，代表团还与区劲松职高友好合作学校——布拉格酒店烹饪学校、捷克布拉格小城小学、奥地利维也纳赫塔·菲尔恩贝格商贸旅游职业高中（Hertha Firnberg School for Business and Tourism）、瑞士美国学校（TASIS）等开展校际交流。其中，北京市第八十中学与卢加诺永恒高中（Everest Academy）签署校级友好交流意向协议。5月25日，区友城韩国首尔江南区议会议长金明玉一行访问朝阳区，区人大常委会主任陈宏志会见访问团。5月31日，由京交会组委会办公室和区政府共同主办的“一带一路”服务贸易大会在北京国家会议中心召开。区外办邀请到奥地利萨尔茨堡市市长海因茨·沙登（Heinz Schaden）、萨尔茨堡州政府中国特使、前副州长瓦尔夫岗·艾瑟尔（Wolfgang Eisl）、马来西亚商务参赞拉兹达·拉扎克，及新加坡等多国驻华使馆官员出席活动。6月13日至22日，区长王灏率团访问英国、爱尔兰、印度。代表团与中国驻英国、爱尔兰、印度大使馆主要领导交流，为区与三国友好合作争取支持，王灏为印度使馆全体人员做讲座，介绍朝阳区发展情况；王灏出席2016年中欧企业家峰会并作主旨演讲，全面展示区经济社会发展成就，并与参会的英国前首相戈登、法国前总理拉法兰等外国前政要和多家知名中欧企业探讨经贸合作交流；拜访伦敦金融城、爱尔兰蒂珀雷里郡、印度古尔岗市领导，拓展区在三地友好交流渠道；拜访爱尔兰前总理埃亨，及伦敦太古地产总部、爱尔兰绿色能源集团固体垃圾处理公司、印度外交部、印度工商联合会等机构，探讨经贸、投资、能源等领域合作。7月11日至13日，瑞士卢加诺永恒中学校董事路易斯·卡多纳（Luis Cardona）一行到访朝阳区，谭林坤会见代表团。双方探讨朝阳区与瑞士卢加诺永恒集团，特别是永恒中学合作交流事宜，并沟通加强两地友好关系，拓展经贸合作渠道。代表团还与北京市八十中学就数字学校、中欧文化交流及互访、教师合作等方向开展对话和合作进行交流。8月1日，区外办外文电子刊物《朝阳时事通信（Chaoyang Newsletter）》创刊，该刊物汇总涉外重点单位涉外信息，面向国际友城、涉外机构发送。8月1日至12日，2016年度日本东京都港区老年书画作品展在区亚运村街道羊民工作室举办，众多书画爱好者参观展览。8月5日，市服务业扩大开放综合试点示范区在朝阳揭牌。市政府副秘书长徐志军、市商委主任闫立刚，区领导吴桂英、王灏等及北京市、朝阳区相关部门领导出席活动。匈牙利驻华使馆总领事贝洛·巴托里（Bela Bathori）及捷克、柬埔寨等多国驻华使馆商务官员出席活动。9月27日，由北京市政府和莫斯科市政府共同主办、朝阳区政府承办的北京—莫斯科城区友好合作圆桌论坛在区举行。来自市外办、东城区、朝阳区、海淀区、通州区、大兴区和莫斯科市中央区、绿城区、西南区、东北区、新莫斯科区及俄罗斯驻华使馆代表40余人参加论坛。10月9日至18日，吴桂英率团访问奥地利、瑞典、丹麦三国，推进区域国际化建设，巩固和开辟友城交往，学习安全生产、医养结合、社区建设工作经验，开展城市管理交流合作。10月18日，副区长孙其军出席保时捷大众颐堤港项目开业仪式。11月2日至11日，孙其军率代表团访问英国、荷兰和意大利。在三国与当地政府部门、文化机构、博物馆等交流文化创意产业发展，了解当地文创产业情况及文创产品和服务开发经验，对接合作意向，服务国家文化产业创新实验区顶层设计和建设。12月12日至20日，区外办副主任黄文娟率团访问老挝、柬埔寨、新加坡三国，执行友好城市交往、洽谈并推进城市环境管理、信息化建设、技术人员培训等合作项目，学习城市管理和信息化建设工作经验等。12月14日，波兰欧亚商业教育基金会主席亚努兹·格热戈日·卡利克（Janusz Grzegorz Calik）率代表团一行13人访问区金融办，并与区金融办、区外办及澳大利亚西太平洋北京分行、中信信托有限责任公司、中国农业发展银行北京市分行和德意志银行北京分行等多家金融机构座谈，探讨开展贸易和投资合作。

（李　祯）

【朝台基层社区组织交流】 2月15日至22日，区社区交流团一行20人回访与台湾高雄市基层组织结对子单位，举行基层组织工作经验交流和中华民族传统佳节春节前夕拜年之旅。6月6日至13日，社区交流考察团朝阳分团一行28人，在台湾参加“2016京台社区发展论坛”，学习和借鉴台湾社区建设的成功经验。6月22日，台湾地区基层社区里长参访团一行30余人到麦子店街道国际社区服务中心，了解为社区中外居民、企业和社会组织提供政务、文化交流、社会生活，及该中心所提供的外籍居民学汉语、学太极、中国历史文化等课程。参观798艺术区文创场馆。台盟市委常务副主委陈军参加相关活动，区委统战部副部长、区台办主任李波陪同。11月17日，国民党高雄市党部副主委黄玺文一行20人到国奥社区参观、交流。12月26日，基层社区卫生服务中心全科医师20名到台湾嘉义基督教医院进行为期两周专业管理培训和业务交流。

（姚德文）

【党宾国宾接待】 3月18日，非洲英语国家公共突发事件应急管理研修班一行30人到元大都公园公共安全馆参观交流。3月20日，美国芝加哥大学哈里斯公共政策学院学生代表一行20人到798管委会参观交流。3月21日，以奥地利维也纳市副市长雷内特·布劳娜（Renate Brauner）女士为团长的维也纳市代表团到区CBD管委会访问，市投促局副巡视员张彤，孙其军出席活动。北京握奇数据系统有限公司、乐视网、普华永道等20余家驻区企业与代表团互动交流。3月28日，美国会议员助手团一行20人，分别至市垂杨柳医院及北京工业大学附属中学小学部参观，了解北京基层医院的发展现状和前景及北京学校开展义务教育有关情况，就中美在医疗领域开展合作及基础教育的交流与合作等问题交换意见。4月13日，哈萨克斯坦首任总统图书馆代表团一行20人参观金台艺术馆阿拜纪念碑。5月26日，印度总统女儿沙米斯塔一行30人参观秀水市场。5月30日，新西兰梅西大学一行30人参观798艺术区。7月21日，马来西亚沙捞越州日光集团代表团一行约10人到798管委会参观及座谈，学习了解区798艺术园区建设及管理的成功经验。

（李　祯）

【外事调研】 3月18日，市外办国际交流中心主任张良松到区麦子店国际社区服务中心调研，与麦子店街道办事处就外籍人服务管理、国际化社区建设等课题开展座谈。4月8日，区外办和北京大学国际关系学院课题组一行5人至望京街道调研，与望京街道办事处副调研员金德寿及北京韩国人会副会长金成淑座谈。4月15日，区外办和北京大学国际关系学院课题组一行4人至三里屯街道调研，与三里屯街道办事处武装部部长李江林及三里屯外籍居民座谈。通过总结有关工作经验和问题，借鉴国际国内有益做法，探索、优化区国际化社区建设和外籍人服务管理。12月29日，顺义区外事侨务办公室党组书记、主任欧阳华洲和空港街道办事处工委书记柳亚辉等一行至麦子店街道社区服务中心和国际社区服务中心参观，与麦子店街道办事处主任李燕梅、区外办副主任黄文娟、麦子店街道办事处副主任刘丹就国际化社区建设和外籍人服务与管理等经验和做法开展座谈。

（李　祯）

【服务使馆及涉外机构】 3月，协调奥运村管理委员会安排蒙古国国家电视台摄制组到国家体育场和水立方采访拍摄；应沙特驻华使馆要求，协调区环卫中心，清理堆放在该使馆东北角围栏外的环卫工具；向市外办申报哥伦比亚驻华大使参加在三里屯街道举办的2016中拉文化交流年开幕式——走进社区文化交流及媒体发布活动。4月，协助市外办，协调韩国驻华使馆及国际医疗志愿者机构拟在区民工子弟学校开展公益活动。6月，协助施耐德电气有限公司，向公安分局出入境管理大队及区人力资源社会保障局咨询外籍员工签证及工作许可过期处罚政策；就印度驻华使馆在朝阳公园举办2016国际瑜伽日庆祝活动，为印度驻华使馆与朝阳公园沟通搭建平台，并主动提供向公安部门申报大型活动的政策咨询。8月，协调区市政市容委、区园林绿化局等部门现场踏勘，协助匈牙利驻华使馆修缮馆外因雨水侵蚀损坏路面，并处理大门改造期间涉及公共区域绿化等事宜。9月，按照市外办要求，协助了解美国唐纳德幼儿教育研究所信访事件；向市外办报告乌兹别克斯坦外交官亲属纠纷、凯迪迪爱通信技术有限公司日籍员工一氧化碳中毒事件；根据市外办领事保护处要求，核实左家庄地区京城大厦一名疑似精神病女性患者持刀砍伤一名牙买加籍女性游客事件。

（李　祯）

【悦动高屏社区大舞台】 4月9日至14日，举办以"北京朝阳'悦动高雄·悦动屏东'社区大舞台"为主题的文化交流活动。活动在台湾高雄市和屏东市两地进行，交流活动在第一届"悦动高雄"朝阳京味文化交流活动基础上，结合区域发展特点，发挥区传统文化与现代文化交融的资源优势，以基层社区、民间社团为落脚点，以文艺演出、图片展览、文化笔会、社区结对等形式为载体开展交流活动。演员、民间艺术家、社区文化工作者和后勤保障人员37人参加活动。区政协副主席张永新，区委统战部副部长、区台办主任李波，区文化委主任高春利，区文联秘书长金童参加活动。

（姚德文）

【外事人才培养】 4月16日，区外办与区旅游委联合举办2016年朝阳区宾馆饭店行业英语培训班。4月19日，由区外办与区卫生计生委联合举办的区卫生系统一线及窗口外事人才英语培训班正式开课，面向区涉外卫生医疗机构医师、护士等从业人员讲授医疗英语，分3个班次，每周授课1次，持续16周。5月24日，面向区机关及企事业单位干部开办高级口语班和中级口语班，培训为期12周。5月26日，面向区机关及企事业单位干部开办英语口译班，为期16周，中国翻译资格考试专家委员会副主任、中国驻纳米比亚前大使任小萍授课。

（李　祯）

【涉外应急及领事保护】 5月12日，区外办与区旅游委在蓝色港湾联合开展以"普及旅游应急知识 关爱游客生命安全"为主题的"防灾减灾日"宣传活动。现场发放《中国领事保护和协助指南》，帮助群众了解中国驻外使、领馆的领事保护和服务范围、目的地国家咨询查询方式、实用电话和安全常识，保障公民赴外安全。7月11日，由市外办主办、区外办和区教委协办的"领事保护进万家"活动在陈经纶中学报告厅举行，400余名师生参加活动。

（李　祯）

【区领导会见】 5月26日，韩国首尔江南区议长金明玉一行九人到区访问，王灏、孙其军会见代表团，双方探讨经贸、旅游推介和文化交流等方面内容。区政府办、区外办、团区委、区商务委主任和区民政局领导陪同会见。7月12日，朝阳区与老挝万象市占塔布里县签署两区友好合作备忘录。协议签署前，王灏会见万象市占塔布里县县委书记兼县长布隆·冯达拉桑（Boualone Vongdalasene）一行。孙其军以及区政府办、区发改委、区商务委、区外办、区财政局、区环卫中心领导陪同会见。双方一致同意建立长效交流机制，加强两地在经济、社会文化、旅游、城市发展和环境卫生等领域交流，扩大人员往来，拓展文化交流。8月17日，德国保时捷（中国）汽车销售有限公司总裁及首席执行官方智勇（Franz Jung）一行到区访问。王灏会见代表团，区政府办、区发改委、区商务委、区外办、区投促局、工商分局领导陪同会见。9月5日，印度哈里亚纳邦地方管理机构主任谢卡尔·维德亚迪（Shekhar Vidyarthi）率印度古尔岗市代表团到区访问，王灏会见代表团。区政府办、区金融办、区外办领导陪同会见。9月8日，比利时布鲁塞尔市圣皮埃尔区常务副区长塞尔日·德·帕图尔（Serge de Patoul）率圣皮埃尔区残疾人协会代表团一行访问区残联。区残联、区外办领导会见代表团。9月9日，副区长黄晓伟会见参加2016北京CBD商务节的比利时布鲁塞尔市圣皮埃尔区常务副区长塞尔日·德·帕图尔（Serge de Patoul）和副区长达米恩·凯泽（Damien de Keyser）。区文化委、团区委、区外办领导陪同会见。访问期间，代表团参加区"十三五"规划展开展暨2016北京CBD商务节开幕式、北京CBD圆桌会、北京CBD国际金融圆桌会议等活动。9月28日，孙其军会见出席北京—莫斯科城区友好合作圆桌论坛的莫斯科西南区副区长卡马耶夫·罗曼（Kamaev Roman）和莫斯科市国土管理部第一副主任斯特鲁然科·叶甫根尼（Struzhak Evgeniy）。10月14日，王灏会见太古地产零售业务董事江玑若一行，听取太古地产参与三里屯区域升级改造规划与建设规划方案。区政府办、区商务委、区市政市容委、区国资委、区外办、规划朝阳分局、三里屯街道、昆泰集团领导陪同会见。10月17日，王灏会见奥地利萨尔茨堡市市长海因茨·沙登（Heinz Schaden）一行，双方探讨继续加强政府、教育、文化等方面交流，沟通朝阳区学生赴奥地利莫扎特音乐大学短期培训等交流项目。孙其军陪同会见，区文化委、区教委、区外办领导列席。10月21日，吴桂英会见英国太古集团执行总裁施铭伦（Merlin Swire）一行，探讨太古集团在区发展战略、太古地产参与三里屯区域升级改造规划与建设情况。区委常委、区委办主任张维刚陪同会见，区商务委、区外办、三里屯街工委领导列席。10月25日，朝阳区与柬埔寨金边市七玛卡拉区签署合作备忘录，七玛卡拉区成为区第29个国际友好交流城区，将在人员、经贸、文化、教育及青少年、城市管理、公共医疗和环境卫生、旅游等方面开展交流与合作。协议签署前，王灏会见柬埔寨人民党金边市七玛卡拉区副主席、区长林索非一行。区政府办、区市政市容委、区外办、区信息办、区财政局、区环卫中心领导陪同会见。11月3日，吴桂英会见丹麦筑土工程设计咨询公司首席执行官马喆（Mads Møller）一行，双方交流城市规划理念、水环境改善和景观提升等方面。张维刚及区市政市容委、区外办、规划朝阳分局、区水务局、区园林绿化局领导陪同会见。

（李　祯）

【台湾地区乡里长参访国奥村社区】 6月27日，由台湾高雄市议员黄绍庭带队，高雄市苓雅区林园里、林泉里等30余名乡里长组成的参访团到奥运村街道国奥村社区参观社区民间奥运博物馆及社区文化活动场所。观看国奥村社区典型项目视频，实地与社区工作人员就两地社区管理和社会服务等领域座谈。

（姚德文）

【台湾地区青年参访】 6月30日，由国台办海峡两岸交流中心组织的台湾青年暑期北京研习营一行65人到朝阳规划艺术馆、北京莱锦文化创意产业园参观。听取相关情况介绍，观看3D影片《朝阳最美24小时》《国家文化产业创新试验区宣传片》，体验国内首创的数字沙盘。

（姚德文）

【武术文化交流在台举办】 8月4日至13日，应台湾中华全球洪门武术联盟总会、台湾武术协会的邀请，市台办和市体育局牵头，区台办和区体育局选派18名运动员，组成市体育文化交流团，参加“2016第三届台湾国际武术文化节”和“2016年金门杯全球华人武术大赛”，分获全球华人武术大赛团体第三名和团体第一名。

（姚德文）

【对台工作领导小组会议】 8月25日，召开区委对台工作领导小组（扩大）会议。吴桂英出席会议并讲话，何明传达中央、市委对台工作会议精神并部署对台工作，黄晓伟主持会议并就区委对台工作领导小组、区台胞权益保障协调小组调整情况作说明。区委对台工作领导小组成员、区台胞权益保障协调小组成员单位有关负责人参加会议。

（姚德文）

【京台视频连线交流新模式】 9月13日，劲松街道在北京市妇女儿童社会服务中心的多功能大厅举行“两岸升明月 共炫民族风”——‘悦动高屏’社区文化大舞台暨视频连线交流活动。活动模式是首次京台社区交流。

（姚德文）

【京台社区交流签协议】 9月26日，台湾高雄市苓雅区里长参访团到八里庄街道、团结湖街道参访，签署社区发展合作交流框架合作协议书。区台办主任李波陪同参观。

（姚德文）

【慰问特困归侨侨眷】 11月，区侨办与困难归侨侨眷所在街道负责侨务工作领导、侨务干部、社区党委书记和社区干部慰问特困归侨侨眷。慰问51人，其中困侨28人、侨眷23人，涉及13个街乡和3个驻区央属、市属单位（中科院、纺织控股，化工集团），发放特困经费146000元。

（姚德文）

【教学交流】 12月26日，区委教工委组织涉台教育基地参访团一行14人到中国台湾地区交流。实地走访台湾地区学校，座谈研讨教育教学项目。

（姚德文）

信访工作

【概况】 中共北京市朝阳区委、朝阳区人民政府信访办公室，挂北京市朝阳区社会矛盾调处中心牌子。内设综合办公室、来信受理科（北京市朝阳区人民政府人民建议征集办公室）、来访接待科、排查科、矛盾调处室（重大矛盾研究室）、联席会议办公室和督察督办科。年内，在北京市第十三次信访工作总结表彰大会上，区信访办、教工委、六里屯街道、南磨房乡政府获评北京市信访工作先进集体。

地址：日坛北街33号

邮编：100020

电话：65099121

网址：http://xfb.bjchy.gov.cn

（牛雨辰）

【区领导参加党政领导干部大接访活动】 3月9日，区委书记吴桂英，区委常委、宣传部部长刘军胜参加党政领导干部大接访活动。吴桂英在听取近期全区信访工作情况后，提出要以标本兼治、统筹推进的原则，既确保全国“两会”期间社会秩序稳定，又要综合平衡稳步推进从根本上化解重点矛盾。

（牛雨辰）

【信访工作培训会】 4月7日至8日，在蟹岛度假村会议中心召开2016年信访工作培训会。市信访办矛盾研究中心主任郑广淼讲授信访理论研究，市心理卫生协会理事长杨凤池教授讲授心理疏导，区法制办副主任邸刚就信访复查工作作说明。区信访办，各街道、地区办事处，职能部门调处分中心和部分委办局信访工作主管领导、信访办主任、信访干部等220人参加会议。

（牛雨辰）

【西藏自治区信访干部到区观摩学习】 6月22日，第三批西藏自治区到国家信访局跟班培训的15名信访干部，由国家信访局人事司周鸿昌带队，到区信访接待大厅观摩学习接访工作。区信访办来访接待科工作人员讲解和介绍区信访接待流程和信访工作。

（牛雨辰）

【群众来信办理工作培训会】 8月12日，组织召开群众来信办理工作培训会，区属100余家单位的近200名信访工作人员参加培训。市信访办来信办理处副处长王慧、网上信访办理处调研员关雅君分别就国家信访局对北京市2015年信访工作考核情况、依法分类处理信访诉求、信访事项简易办理程序等重点内容作详细讲解。区信访办调研员、副主任张振海传达市信访办接访工作会议精神，区信访办副主任刘晓玉总结上半年全区信访工作情况，安排部署积案化解、开通区级网上信访平台等下半年重点工作。

（牛雨辰）

【市领导督导网上信访积案化解】 9月20日，副市长王宁到区督导网上信访积案化解工作，市政府副秘书长于长辉、尹培彦陪同督导。王宁在听取汇报后，明确具体工作任务，要求市、区两级要进一步夯实责任、敢于碰硬、形成合力、重点突破，共同推动网上信访钉子案化解工作。

（牛雨辰）

【市信访办督导信访积案化解工作】 9月29日，市政府副秘书长、市信访联席办主任、市信访办主任于长辉带领市信访联席办督导组，到区督导信访积案集中攻坚和非正常上访治理工作。市信访联席办督导组听取区委常委、副区长马继业关于开展信访积案集中攻坚和非正常上访治理工作情况的汇报，并检查相关工作档案。于长辉对区信访工作及信访积案化解工作给予肯定，并指出朝阳区在信访积案集中攻坚化解方面有举措、有机制、有创新，初信初访解决及时，涉众型经济案件处置到位，成效显著。他强调，对下一步工作，朝阳区要推进落实，确保按进度完成信访积案“清仓见底"的任务。

（牛雨辰）

档案工作

【概况】 朝阳区档案局为区政府负责本区档案事业行政管理的主管部门，区档案馆负责本区档案和有关资料的收集、保管和开发利用等工作。区档案局与区档案馆合署办公，9月与区地方志编纂委员会办公室合并，为区政府直属的参照公务员法管理事业单位。内设办公室、档案业务科、法规科、收集科、保管科、利用科、整理科、信息化科、编研指导科、区志业务科10个科室。年内，完成馆藏档案数字化加工14526卷，93598件，2090988页，补录数据44232条。

地址：日坛北街33号

邮编：100020

电话：65094976

网址：http://dangan.bjchy.gov.cn

（王传会）

【区档案管理系统培训会】 3月29日至31日，在朝阳宾馆举办"2016年度朝阳区档案管理系统培训会"。150余家区属机关、企事业单位的180余名专职档案人员和网络管理人员参加培训。培训分三批进行，通过上机操作的培训方式，先由专业技术人员面授"朝阳区档案管理系统"使用方法；课后现场答疑，并协助各档案员后台设置和系统调试；会后共享培训课件，方便区属各立档单位档案员日常操作使用。

（王传会）

【全区档案人员岗位培训班】 4月5日至8日，在朝阳宾馆举办2016年全区档案人员岗位培训班。培训主要面向全区近一年内新上岗档案人员，60家区属机关、企事业单位的76名专（兼）职档案人员参加培训。市档案局区县处处长马忠魁为学员讲授档案与档案工作概述、科技文件和科技档案管理等课程，其他课程有档案法制与职业素养，公文管理，文书、照片等门类档案管理，档案资源开发与利用等。此次培训除面授课程外还安排网上培训内容，通过市档案工作者教育培训网进行相关岗位培训课程。完成面授、网上培训全部课程并通过考试的74名学员获区档案局颁发的档案专业知识培训证书。

（王传会）

【"档案馆日"活动】 6月6日至8日，举办区第八届"档案馆日"活动。活动以"档案与民生"为主题，组织馆舍开放、查阅体验、展览参观、现场宣传等活动。市档案局副局长马素萍、主管区长黄晓伟、市档案局区县处处长刘立出席启动仪式，并为区首批示范档案室颁发奖牌，为区档案馆首批"荣誉馆员"颁发证书，为首届"兰台杯·朝阳符号"城乡建设成就摄影征集大赛获奖者颁奖。启动仪式上，区档案馆举办"档案为您服务"朝阳区民生档案专题展览，300余名机关干部、企事业职工、社区居民等参加走进档案馆体验活动。活动期间接待参观群众800余人，发放宣传册3000余张。

（王传会）

【首届书画家笔会】 9月12日，区档案馆举办首届书画家笔会。笔会以志愿、公益形式，旨在献墨宝于民、献优秀文化作品于档案馆。区档案馆馆长王海军出席活动并讲话，区书画家协会主席沈莉、副主席刘楣洪、著名书画篆刻家王燕民、西城区书法家协会主席冷万里、副主席王立志等12位当代书画家参加笔会。《大道无极》《林间春有信，竹外水生风》《画含春秋意，书追魏晋风》《奋笔》《紫玉临风》等27幅作品被区档案馆永久收藏，王海军向书画家们颁发收藏证书。

（王传会）

【业务骨干培训班】 10月12日至14日，区档案局举办业务骨干培训班，全区近30名档案业务骨干参加培训。区档案局局长王海军作开班动员，中国人民大学教授王英玮、张宁，市档案局处长马忠魁、梅佳分别讲授"档案分类理论和实践""档案法制工作""电子文件管理前沿""档案编研与开发利用"等课程。

（王传会）

【区"十三五"时期档案事业发展规划发布】 11月4日，《北京市朝阳区"十三五"时期档案事业发展规划》经区政府同意，由区档案局和区发展改革委联合发布。《规划》提出构建区档案工作协同创新机制、档案资源优化丰富、档案服务能力明显提升、档案安全建设全面增强、档案信息化建设加快推进、档案馆建设取得新突破、依法行政水平显著加强等发展目标。《规划》作为全区"十三五"规划体系组成部分，明确区档案事业的指导思想、发展目标、主要任务、实施项目、保障措施，是2016年至2020年全区档案事业发展的指导性文件。

（王传会）

【档案法制专题培训】 11月16日，举行2016年全区主管档案工作领导干部和档案人员档案法制专题培训。全区各街、地区办事处、局处、公司、区委区政府各委办局主管档案工作领导、档案员200多人参加培训。国家档案局政策法规研究司司长王岚及市惠诚律师事务所资深政府法律顾问周勤华授课。培训以古今中外的大量史料和案例，从国家治理角度阐述档案工作的重要作用和信息技术对档案工作的重要影响，同时介绍我国档案法修订的有关进展情况。

（王传会）

【档案利用】 截至11月30日，接待利用者11947人次，其中公民个人利用占94.74%；为利用者调阅档案2616卷、981件，为利用者出具证明10043份，复制档案41175页，接待利用者电话咨询16000余人次。

（王传会）

【政府信息公开】 截至11月30日，接收区属89家单位移送的主动公开类政府信息，正式文本74份，公开信息目录89份，电子目录9891条。

（王传会）

【档案执法检查】 年内，区档案局开展2016年度档案行政执法检查暨档案室规范化管理检查，全区59家单位纳入检查范畴。此次检查首次把档案执法检查工作与区档案室规范化分类管理工作相结合，将检查得分作为"北京市区县机关档案工作市级优秀单位”测评和“朝阳区档案室规范化分类管理”类别认定重要依据。重点检查各立档单位档案工作保障、制度建设、基础业务和档案信息开发利用情况，对地区（乡）和街道所属行政村、社区档案的管理情况，及对《档案管理违法违纪行为处分规定》贯彻落实情况，对上一轮检查后反馈意见中要求整改落实的问题一并重点检查。检查后，向被检查单位统一下发档案执法检查书面反馈意见，指出检查中发现的问题并提出具体整改意见。除重点实地检查外，还对其中12家获原“北京市区县机关档案工作目标管理”北京市一级证书有效期满单位进行测评。

（王传会）

地方志工作

【概况】 朝阳区地方志编纂委员会办公室（以下简称区志办），是区政府主管朝阳区域地方志工作机构，为参照公务员管理的区直属事业单位。9月9日，区志办与区档案局机构合并。年内，坚持依法修志、依法治志、依法用志、依法管志、依法研志，坚持以《朝阳区地方志工作发展规划（2011—2020年）》引领推动全区地方志事业均衡发展，深化朝阳志鉴体系建设。修改、补充、完善《北京市朝阳区志（1996—2010）》初审稿。组织编纂完成《北京朝阳年鉴（2016）》。制发2015年度《朝阳大事记汇编（季刊）》电子书1000余册；修改2016年度《朝阳大事记汇编（季刊）》前3季度大事条目。发放《北京市年鉴编纂参考手册》（区县条目模版分册）。编发《朝阳方志》报8期、《朝阳兰台》报4期。在全市地方志工作大会上作以“规划引领 锐意创新 推进朝阳区地方志工作均衡发展”为题的经验总结并被选为大会书面经验交流材料。《北京朝阳年鉴（2014）》在第一次全国年鉴工作会议上获全国地方志优秀成果（年鉴类）县区级综合年鉴二等奖。在第二届北京市年鉴编校质量评比活动中，《北京朝阳年鉴（2015）》和《朝阳区统计年鉴（2015）》均获一等奖。区志办被市地方志办公室、北京年鉴社评为“2015年《北京年鉴》编纂工作先进集体”，被市地方志办公室评为“2015年北京市地方志资料年报工作先进集体”。

地址：日坛北街33号
邮编：100020
电话：65094347
网址：http://dangan.bjchy.gov.cn

（周　娟）

【年鉴业务培训】 3月，区志办对全区各年鉴承编单位新老主笔人开展分类业务培训。培训细化分解2016年度各单位年鉴供稿任务和要求，开展针对新主笔人的年鉴基础知识入门培训及针对老主笔人关于“如何写好条目”的提高培训。同时，表彰全区年鉴供稿工作先进单位138家。全区各单位年鉴主笔人160余人参加培训。11月4日，召开《朝阳大事记汇编》街、乡主笔人培训会。通过先进单位主笔人介绍经验做法、集中开展业务培训和座谈交流等形式，明确街、乡编纂大事记的工作定位，从体量、篇幅、报送时间等方面明确大事记条目撰写的具体要求。各街、乡大事记主笔人160余人参加培训。年内，继续加强对编辑人员的业务培训，先后组织编辑人员参加第十七次全国地州区县年鉴年会、全市年鉴业务全部专题培训，内容包括期刊版面交互式设计、编辑出版工作中的语言文字规范操作、编辑语文知识基本功培养、期刊编辑校对常见错误分析等。

（周　娟）

【《北京年鉴》供稿】 4月，完成向《北京年鉴（2016）》供稿任务。供稿全文9000余字，内容为2015年朝阳区概况，包括政治、经济、文化和社会等各方面的发展变化及北京商务中心区建设与发展情况。

（周　娟）

【二轮修志工作】 年内，区二轮修志工作进入形成志书复审稿阶段。开展七项工作：一是完成初审报告。认真研究和梳理初审评议会专家意见，撰写6500余字初审报告，并上报市志办。二是整理专家修改意见。梳理汇总10万字的修改意见，装订成册发各责任编辑。同时，对初审稿评议会全程录像、录音，并剪辑整理，刻录成光盘永久保存。三是制定初审稿修改阶段工作方案。重新划分为3个编辑小组。2月至3月，组织区志稿修改研讨会，详细记录修改意见。四是补充资料。联系区政府办、区文化委、区卫生计生委等10余家单位，补充资料6万余字。五是开展收集、初选随文图照工作。成立照片初选小组。收集照片12100张，初选230张。六是与中国地图出版社联系制作志书地图并形成样图。七是参加石景山等区志初审、复审评审工作。

（周　娟）

【年鉴互审】 年内，组织编辑人员完成2016年《北京海淀年鉴（初稿）》《北京房山年鉴（初稿）》《北京顺义年鉴（初稿）》部分稿件审读，共145万余字，从创新年鉴编纂、框架设计等方面提出意见并被采纳。

（周　娟）

【年鉴编纂发行】 年内，完成《北京朝阳年鉴（2015）》出版工作。向有关领导、区属单位及参与供稿的社会单位赠阅年鉴2000余册，制作《北京朝阳年鉴》电子书900套。年鉴的赠阅范围，基本实现全区各单位领导干部、相关部门、图书室、资料室、阅览室、档案室、学校、社区（村）及区人大代表、区政协委员全覆盖。

（周　娟）

【地方志宣传】 年内，区志办与区档案局机构合并后，将《朝阳方志》报改刊为《朝阳兰台》报。《朝阳兰台》报继续定位为业务报，每月一期，用全新的理念，全方位、多视角、广维度报道国家、市及全区档案和地方志相关工作。编发《朝阳方志》报8期、《朝阳兰台》报4期。向市、区有关部门报送工作信息40条，其中市地方志办公室主办的北京地情资料网采用10条，《区县修志动态》采用20余条，在《北京地方志》发表文章3篇，在《朝阳党史》和《中国档案报》发表文章各1篇。

（周　娟）

机关后勤服务与管理

【概况】 朝阳区机关后勤服务中心组建于2002年3月，是区政府所属正处级全额拨款事业单位。年内，有9个下属单位，其中幼儿园为差额拨款事业单位。完成2015年度31家单位决算信息公开及2016年度预算信息公开。完成代管的区委区政府28家单位2017年财政预算编制。重新核定2016年度公积金扣缴基数，完成公积金及住房补贴跨年清册编制。配合区财政局聘请的第三方事务所完成2013—2015年度票据审计工作。收发编号文件24708件、无编号文件40万余件、外发文件5335件，转发中央、市委市政府文件9209件。收发市机要局档案317件、机要件8425件；转发市委内刊8万余册。发放报纸杂志220余种、180万余份，收发各种信件15万余封。

地址：日坛北街33号

邮编：100020

电话：65099896

（王晓蕾）

【公车改革】 年内，机关后勤车改领导小组编制、修改完成《朝阳区党政机关公务用车管理使用暂行办法》，印发至全区各单位。推动公务用车管理使用规范化、痕迹化、制度化。设计开发并建成“朝阳区政府机关公务用车管理平台”。

（王晓蕾）

【后勤保障】 年内，完成会议服务3378次，服务67883人次，其中区级重要会议258次，区级重要接待199次，外出会议服务144次，外出礼仪服务51次。完成区机关联通4G信号覆盖、主楼生活冷热水加压泵和控制柜更新等重点维修改造项目34项，配电、空调、消防系统等维保工作16项。完成10部电梯的维修。组织防火实战演练两次，消防安全检查11次，检验2369具灭火器材。完成机关非机动车检查600余车次，张贴交通安全宣传标语、海报36张。

（王晓蕾）

政协朝阳区委员会

2017

北京朝阳年鉴

综 述

中国人民政治协商会议北京市朝阳区委员会（以下简称朝阳区政协）是朝阳区地方政协组织。主要职能是政治协商、民主监督、参政议政。区政协第十二届委员会设提案委员会、学习委员会、文史委员会、经济科技委员会、教文卫体委员会、城建环保委员会、社会法制与民族宗教委员会、港澳台侨委员会8个专门委员会。机关设办公室、研究室、专委会工作一室、专委会工作二室、专委会工作三室、专委会工作四室、专委会工作五室等7个处室。年内，召开常委会议、主席会议、秘书长工作会议21次，组织政协报告厅、委员读书班、恳谈协商、调查研究、视察考察、座谈研讨等各类履职活动137次，参与委员3000余人次。常委会制定年度工作计划，确立"聚集'三区'建设，建言创新发展"为年度专题议政建言活动，确定"五个一批"活动，即形成一批调研课题，组织一批调研活动，研究一批难点问题，形成一批调研报告，转化一批调研成果。围绕职业教育、医疗卫生事业发展、金融发展、协商推进委员提案办理等开展主席班子调研工作11次，走访委员和委员单位16家，召开专题议政会，提出意见建议。支持特约监督员对全区重点工作、重点行业，开展民主监督，民主评议。成立"区生态环境"监督咨询小组，对全区生态环境和水环境治理进行民主监督。围绕全区工作重点，确定8个协商议题，开展各种类型协商活动。举办学习班、培训班、报告会12次。召开政协工作会系列座谈会16次，征求政协委员各界人士意见280余人次，开展"两学一做"学习教育，加强机关建设。

地址：朝阳区安立路0号
邮编：100107
电话：65094484
网址：http://www.bjcyzx.gov.cn

（许　治）

重要会议

【概况】 年内，区政协召开常委会议、主席会议、秘书长工作会议等21次。

（许　治）

【常务委员会会议】 1月11日，召开十二届二十三次常委会，会议听取各小组讨论区政协工作报告情况汇报，审议大会选举办法（草案），审议通过补选区政协十二届委员会副主席候选人人选建议名单（草案）和总监票人、监票人人选建议名单（草案）。1月12日，召开十二届二十四次常委会议，会议听取各组讨论政府工作报告情况汇报；审议区政协十二届五次会议决议（草案）；听取区政协十二届五次会议期间提案审查情况报告；审议通过关于同意张树安辞去副主席职务的决定（草案）；审议大会选举办法（草案）；审议通过补选区政协十二届委员会副主席候选人人选建议名单（草案）；审议通过总监票人、副总监票人、监票人建议名单（草案）。1月13日，召开十二届二十五次常委会议，会议审议通过区政协常委会2016年工作要点（草案）；2016年区政协常委会将开展的工作。制定年度会议及活动时间表，通报区政协各专门委员会2016年工作计划（草案）。4月8日，召开十二届二十六次常委（扩大）会议，区政协副主席汪洋主持。部署区政协关于开展"聚焦'三区'建设，建言创新发展"主题活动方案，审议通过《政协北京市朝阳区委员会2016年协商工作计划（草案）》，区政协副秘书长，专委会主任、副主任，界别组长列席会议。7月7日，召开十二届二十七次常委（扩大）会议，围绕朝阳区文化创新实验区建设进行专题议政，通报常委外出学习考察情况。9月28日，召开十二届二十八次常委（扩大）会议，副区长李俊杰通报区政协十二届五次会议以来提案办理工作落实情况，区农委、区发改委负责人就办理区政协2015年度《关于促进朝阳区农村地区就业的建议案》和《关于朝阳区低级次产业转型升级问题的建议案》工作情况通报。审议《关于推进我区"一绿"试点乡产业结构转型升级的建议案》《关于加快我区棚户区改造和环境整治工作的建议案》及相关调研报告（草案）。11月29日，召开十二届二十九次常委会议，会议听取2016年区党风廉政建设情况通报；审议通过区政协十三届委员会委员人选的决定（草案）；审议通过区政协十三届委员会第一次会议相关文件：《关于召开区政协十三届委员会第一次会议的决定（草案）》，区政协十三届委员会第一次会议主席团成员、秘书长人选建议（草案），《区政协十二届常委会工作报告（草案）》，《区政协十二届常委会关于提案工作情况报告（草案）》《区政协十三届委员会第一次会议建议议程（草案）》和建议日程（草案）。12月21日，十三届一次常委会议召开。

（许　治）

【区政协十二届五次会议】 1月11日至13日，区政协在北京会议中心召开十二届五次会议，400余名委员出席。会议听取并审议区政协十二届区政协常委会工作报告、区政协十二届四次会议以来提案工作情况报告、列席区人大十五届七次会议听取并讨论区政府工作报告，表彰十二届四次会议以来优秀提案42件；选举张永新、王文远任十二届区政协副主席，通过区政协十二届五次会议决议。围绕经济发展、社会事业发展、城市管理与生态建设三个专题召开座谈会。区属各委办局、各街乡领导、各民主党派、工商联负责人，部分社区领导列席大会开闭幕式。

（许　治）

【党派联席会议】 4月14日，召开2016

年党派联席会议。区委副书记、代区长王灏到会通报区2016年重点工作；区各民主党派、工商联、知联会负责人介绍各自重点调研课题。

（许　治）

【区十二届政协工作总结会】 10月27日，政协北京市朝阳区十二届委员会召开总结大会，区领导吴桂英、王灏、谢莹、陈涛、甘靖中、何明、张维刚等出席会议。谢莹作“服务改革发展大局，扎实履行政协职能”总结报告，观看区十二届政协工作专题片，表彰30件“最具影响力提案及2016年度优秀提案”。十二届区政协委员，区各民主党派、工商联负责人参加会议。

（许　治）

【区政协十三届一次会议】 12月19日至21日，在北京会议中心召开十三届一次会议，400余名委员出席会议。会议听取并审议区政协主席谢莹代表十二届区政协常委会所做的常委会工作报告，听取并审议区政协副主席汪洋代表十二届区政协常委会所作的提案工作情况报告，列席区人大十六届一次会议开幕式，听取并讨论区长王灏所做政府工作报告；选举陈涛为区政协十三届委员会主席，选举杨树旗、张永新、王文远、连玉明、张兴凯、战春燕（女，满）为区政协十三届委员会副主席；选举王玉华（女）为区政协十三届委员会秘书长，选举于欣等80名委员为十三届区政协常务委员会委员；通过区政协十三届一次会议决议。

（许　治）

协商议政

【概况】 年内，发挥政协协商民主渠道和专门协商机构作用，搭建协商平台，创新协商形式，推进政协协商民主实践与创新。确定“聚焦‘三区’建设，建言创新发展”主题议政会，征集近120份党派团体和委员建言，主席会议《关于以创新推动“三区”建设》主旨报告，提出加快“三区”建设的系列建议。

（许　治）

【专题协商通报会】 6月27日，区政协教文卫体委员会在朝阳公园委员之家召开协商通报会。区文化委负责人通报关于“围绕文化强区战略，加快推进文化创新实验区建设”报告情况。委员们结合朝阳区实际提出意见建议。

（许　治）

【协商议政会】 7月13日，区政协主席谢莹及部分政协委员，到区发改委、区安监局就人口资源环境工作以及安全生产工作情况开展协商议政。区政协办公室、研究室、专委会工作四室、区环保局负责人参加会议。

（许　治）

【议政座谈会】 8月30日、9月2日，区政协围绕“聚焦三区建设，建言创新发展”召开社会事业发展专题议政座谈会、经济专题议政座谈会和城市管理与社会服务专题议政座谈会。委员作专题发言，并就“一绿”农村城市化试点、金融服务中小企业发展，以及商务服务、“互联网+”、高新技术产业发展等热点难点问题提出意见和建议。城建环保委员会、社会法制与民族宗教委员会、提案委员会、学习委员会等部分委员和各民主党派代表，区政府、区政协相关部门负责人参加会议。

（许　治）

【专题议政活动】 年内，开展“聚焦‘三区’建设，建言创新发展”议政活动。区政协主席谢莹以及部分区政协常委一行46人围绕主题到江苏省常州、江阴、常熟、无锡等市考察学习。学习了解4地在科技创新、文化创新、新农村建设和生态环境建设方面先进经验。征集近120份党派团体和委员建言，主席会议《关于以创新推动“三区”建设》主旨报告，提出加快“三区”建设的系列建议。

（许　治）

提案工作

【概况】 年内，编发《提案摘报》12期，使具有前瞻性和特殊意义的提案直接发挥决策参考作用。点评2015年优秀提案42件。各专委会积极参与提案工作，通过进行提案分析了解委员集中关注的难点和问题。在各专委会提案分析报告基础上，形成《2016年提案分析报告》。改版升级提案系统，提升系统服务水平。探索网络议政新方式，通过微信群向提案委员会全体委员征求意见建议，参与率达到82.4%。坚持提案办理月跟踪制度，按月跟踪提案办理进度，确保及时掌握提案办理情况，发现问题及时解决，提升办理协商效率。

（许　治）

【提案专题研讨】 4月7日，区政协召开关于社会治理中法律风险防范专题提案协商办理座谈会。会议专题研讨委员杨晓虹《关于街乡落实〈北京市新增产业的禁止和限制目录（2015年版）〉应注意问题的建议》提案。区政协专委会工作一室、区政府办、区社会办、区发改委、区农委、区商务委、工商朝阳分局、三里屯街道、朝外街道办事处负责人员参加座谈。4月21日，区政协在管庄地区办事处召开关于农村城市化过程中安居工程产权问题专题提案协商办理座谈会。会议专题研讨委员潘冬泉《关于加快办理朝阳区管庄乡农民新村房屋产权文本，落实保障性安居工程建设的建议》提案。区政协专委会工作一室、区政府办、区农委、区住建委、规划朝阳分局、国土朝阳分局、区发改委、管庄地区办事处负责人员参加座谈。

（许　治）

【督办重点提案】 7月14日，区政协主席谢莹一行督办李辛光委员提出的《关于在教育学区化事例中需要把握以核心价值观为主导的校园文化建设的建议》提案。副区长孙其军出席督办活动。区政府办、区教委、区政协提案处、文教处及相关提案委员参加督办活动。7月21日，区政协副主席王文远带队，对委员张小文提出的《关于在朝阳区设立创业投资引导基金支持创新企业的建议》的提案进行重点督办。到751艺术园区，视察极地国际创新中心的太火鸟、数据公园、加意新品三家创新创意企业。区政协经济界代表、区政府办、区科委、区发改委、区财政局、区人力社保局、区政协提案处、区政协经济处参加本次督办。8月11日，区政协副主席张永新、高向宇带队，对委员战春燕提出的《关于进一步加强我区河湖水质处理的建议》提案进行督办。对以亮马河为代表的中小河道防汛治污工作施工现场实地视察，到高安屯再生水厂，视察生物治水、污水处理、再生水循环使用等情况。区政府办、区水务局、区财政局、区环保局、区政协提案处、区政协城建处参加督办。8月17日，区政协副主席汪洋带队，对委员杨国虹提出的《关于朝阳区物业管理形态的研究和建议》提案进行督办。对奥运村街道南沙滩社区和谐小区实地视察，了解小区停车管理、环境维护、物业管理现状。区政府办、区社会办、区房管局、区农委、区政协提案处、区政协城建处参加督办。

（许　治）

【通报提案和建议案办理情况】 9月28日，在区政协十二届二十八次常委（扩大）会上，副区长李俊杰到会通报区政协十二届五次会议以来提案办理工作落实情况。区农委和区发改委负责人到会就办理区政协2015年度《关于促进朝阳区农村地区就业的建议案》和《关于朝阳区低级次产业转型升级问题的建议案》作情况通报。会议审议《关于推进我区“一绿”试点乡产业结构转型升级的建议案》《关于加快我区棚户区改造和环境整治工作的建议案》及相关调研报告（草案）。

（许　治）

调研与视察

【概况】 年内，推进朝阳区人民政协理论与实践研究，服务于朝阳区人民政协事业发展，确定围绕习近平总书记关于人民政协系列论述、发挥人民政协作为协商民主重要渠道和专门协商机构作用、政协协商与党委和政府工作的有效衔接、改进人民政协民主监督工作等方面，以及10年来人民政协理论的发展脉络及主要成果、政协履行职能的成功做法和有益尝试等课题进行理论与实践研究，确定理论研究会调研课题17项。

（许　治）

【区政协研究会暨实践研讨会】 2月29日，朝阳区人民政协理论与实践研究会在朝阳公园委员之家召开2015年会员大会暨人民政协协商民主与基层协商民主实践研讨会。邀请全国政协《理论研究》编委会执行主编原冬平作“懂政协、会协商、善议政”专题报告；听取辛燕琴作研究会理事会工作报告；审议通过《关于增补北京市朝阳区人民政协理论与实践研究会第一届理事会理事的决定（草案）》，吸纳北京工商大学、北京国际城市发展研究院等驻区大学和研究机构为会员单位，增补方德英、朱颖慧为研究会理事。区各民主党派、人民团体，驻区大专院校、科研院所负责人以及研究会会员、区政协机关干部120余人参加会议。

（许　治）

【视察社区居民自治与服务管理情况】 3月30日，区政协城建环保委员会、社会法制与民族宗教委员会组织部分委员到麦子店街道枣营北里社区视察社区居民自治与社区服务管理情况。区政协专委会工作四室、社会办、麦子店街道办事处负责人员，奥运村街道龙翔社区、呼家楼街道呼家楼北里社区、垡头街道双合家园社区负责人参加研讨。

（许　治）

【调研北京第一中西医结合医院】 4月12日，区政协主席谢莹，副主席汪洋、王玉华到北京市第一中西医结合医院调研。谢莹一行查看医院整体情况，区卫生计生委负责人介绍朝阳区中医资源整体发展情况，医院负责人介绍医院整体情况及发展面临的问题。区政协办公室、专委会工作二室，区卫生计生委负责人陪同调研。

（许　治）

【调研棚户区改造项目】 4月20日，区政协城建环保委员会到酒仙桥街道调研棚户区改造项目。区政协副主席张永新、高向宇参加调研。区住建委、朝阳开发公司、区征收办、区征收中心、酒仙桥街道办事处负责人分别介绍棚户区改造相关工作。委员们结合朝阳区实际提出意见建议。

（许　治）

【调研东川区扶贫开发情况】 5月3日至5日，区政协副主席汪洋、王文远率朝阳区帮扶考察团赴云南省昆明市东川区考察调研扶贫开发情况。考察团一行先后到东川区贫困乡村和农户家中慰问，到地质灾害治理现场、尾矿治理现场、扶贫搬迁建设现场视察，到地区特色产业基地、重点企业、职业学校、综合医院调研，并与地区教育、卫生、旅游、体育等部门代表座谈交流，了解东川区经济社会发展情况和区域发展、扶贫开发工作中的实际困难。昆明市委副书记刘智，昆明市政协主席熊瑞丽、常务副主席张建伟接待。

（许　治）

【调研职业教育发展情况】 5月11日，区政协主席谢莹，区政协副主席王文远、王玉华到北京市劲松职业高中（常营校区）调研。谢莹一行实地查看学校整体建设发展情况，区教委负责人介绍朝阳区职业教育整体发展情况，学校负责人介绍学校整体情况、办学成果、下一步工作思路以及当前发展面临的问题。区政协办公室、专委会工作二室，区教委负责人员陪同调研。

（许　治）

【调研绿色生态容量区块绿化情况】 5月11日，区政协城建环保委员会、社会法制与民族宗教委员会到望和公园、沙子营湿地公园调研朝阳区增加绿色生态容量区块绿化情况。区政协副主席张永新参加调研。区绿化局负责人通报朝阳区绿化工作情况。区政协委员们结合朝阳区实际提出意见建议。

（许　治）

【调研“一绿”试点乡建设情况】 5月13日，区政协经济科技委员会“朝阳区‘一绿’试点乡产业结构转型升级”课题组一行18人到来广营朝来科技园调研。王文远参加调研。区农委，来广营、南磨房、将台地区办事处负责人介绍朝阳区“一绿”试点乡建设发展情况。8月11日，区政协副主席王文远出席经科委在区政协机关召开2016年调研报告专题研讨会。听取《关于推进朝阳区“一绿”试点乡产业结构转型升级的调研报告》和《关于金融支持朝阳区中小企业发展的调研报告》的相关情况介绍并交流座谈。相关课题组组长、区发改委、区农委、区金融办有关负责人员参加座谈。

（许　治）

理论学习

【概况】 年内，以“聚焦三区建设，建言创新发展”为主题，精选委员关注的文化、形势等理论，邀请清华大学新闻与传播学院常务副院长、影视传播研究中心主任、博士研究生导师尹鸿，中国人民大学国际关系学院副院长、博士生导师金灿荣，国家级社会体育指导员、著名健康运动专家赵之心，分别就“当前中国的电影产业与电影文化”“国际热点与中国外交”和“运动养生之身体训练”做专题报告，为委员提供《直言》《必然》《把时间当朋友》3本热销图书阅读。重视办好委员报告厅，邀请区政协委员、中国传媒大学文化发展研究院院长范周教授以“学习两会精神，聚焦‘三区’建设”为题作专题报告。邀请全国政协人民政协理论与实践研究会原秘书长原冬平辅导十八届五中全会和政协协商。

（许　治）

专门委员会工作

【提案委员会】 年内，收到提案396件。其中，民主党派工商联提案25件，界别提案4件，专委会提案2件，委员提案365件；审查立案355件，涉及主要提案委员198人。提案委员会及时与承办单位沟通，通过微信群向全体委员征求意见，参与率82.4%。提案通过集中实地视察和座谈相结合方式办理，专题协商重点、难点提案，坚持提案月跟踪制度，提升办理协商效率。接待市政协提案委来到区调研，组织委员到南京、合肥学习交流。

（许　治）

【学习委员会】 年内，举办2期委员报告厅活动，邀请专家围绕学习“两会”精神，聚焦“三区”建设等作辅导报告。完善区委《关于进一步加强政协协商民主建设的实施意见（征求意见稿）》；围绕常委会“聚集‘三区’建设，建言创新发展”议政题目征求意见，形成调研报告1篇和委员建言10篇，参与委员80%以上。组织委员到八里庄、团结湖等社区，调研调整房屋布局、创新社区服务办理模式、突出服务居民和服务楼宇白领等工作。

（许　治）

【文史委员会】 年内，完成《朝阳文史》第十六辑出版发行工作。参与区文化委评估朝阳区民营博物馆运营及博物馆专项经费拨付情况，围绕教育、文化、卫生等热点问题，召开恳谈会，收集和反映社情民意，督促委员参加委员进社区工作。

（许　治）

【教文卫体委员会】 年内，组织委员就“聚集‘三区’建设，建立言创新发展”征集意见建议。围绕区医疗卫生事业发展，分级诊疗等医改重点内容开展调研。根据协商工作计划制定“关于围绕教育学区化整合中校园文化建设”专题协商方案，开展视察、座谈、考察等活动。

（许　治）

【城建环保委员会】 年内，围绕“聚集‘三区’建设，建言创新发展”，征集委员意见和建议；组织委员视察麦子店街道枣营北里社区居民生活与社区服务管理情况、酒仙桥棚户改造项目、区部分增加绿色生态容量区块、人防工程等，提出意见和建议；参加市政协城建环保委召开城市公共空间设施管理工作协商恳谈会，提出意见和建议。

（许　治）

【经济科技委员会】 年内，组织专题调研组，专题调研“关于推进朝阳区‘一绿’试点乡产业结构转型升级”“关于优化金融服务环境，促进区域经济发展”课题，形成调研成果；组织经济论坛，举办《关于进一步加强政协协商民主建设的实施意见》征求意见座谈会；走访委员单位中商惠民集团、世达企业集团、海口盛达公司、北京蓝地集团等，就如何更好参政议政进行沟通和交流。

（许　治）

【港澳台侨委员会】 年内，参加“关于推进朝阳区‘一绿’试点乡产业结构转型升级”和“关于优化金融服务环境，促进区域经济发展”两个专题调研工作；组织台胞台属、侨联界等界别委员，就《关于进一步加强政协民主协商民主建设的实施意见》征求意见；召开港澳台侨界工作座谈会，就各自部门工作基本情况、工作职能及工作思路沟通和交流；组织港澳台侨界委员元宵节联谊活动和中秋节联谊活动，参观港澳台侨界委员企业；走访相关企业，了解企业发展情况。

（许　治）

纪检监察

2017
北京朝阳年鉴

综　述

中共北京市朝阳区纪律检查委员会机关（以下简称区纪委）是主管本区党的纪律检查工作的专责机关；北京市朝阳区监察局（以下简称区监察局）是主管本区行政监察工作的区政府组成部门。北京市朝阳区预防腐败局（以下简称区预防腐败局）列入区政府工作部门序列，不计入政府机构个数。区纪委与区监察局、区预防腐败局合署办公。区纪委、区监察局、区预防腐败局在区委区政府和市纪委、市监察局、市预防腐败局的双重领导下开展工作。年内，区纪委、监察局牢固树立“四个意识”，严明党的纪律规矩，强化监督执纪问责，为推动全区经济社会发展提供坚强纪律保障。以落实“两个责任”为龙头，制定《关于推进领导干部落实党风廉政建设主体责任全程纪实办法》，组织召开全区党风廉政建设大会，推动“两个责任”向科队站所、社区（村）等基层末梢延伸。组织重点单位“一把手”向区纪委全委会述责述廉，对民意调查排名靠后的12家单位22名党委书记、纪委书纪实施双约谈，以严肃问责倒逼责任落实。强化正风肃纪，加大“四风”整治力度。从具体问题抓起，一个节点一个节点地抓，狠刹公款送礼、公款吃喝、公款旅游和铺张浪费等不正之风。年内，查处违反中央八项规定精神问题20起，并给予通报曝光，形成有效震慑。加大执纪力度，保持惩治腐败的高压态势。严格执行问题线索“五类”处置方式，认真实践“四种形态”，扩大谈话函询覆盖面，强化早发现早处置机制。畅通“信、访、网、电”四位一体信访举报渠道，探索建立信访举报五人小组排查机制、党委书记签字背书审结机制、信访举报工作建议书工作机制，全年受理信访举报942件次，立案169件，给予党政纪处分152人，其中处级干部22人。利用典型案例开展警示教育，分析案件发生原因，查找体制机制制度方面暴露出的问题，有针对性地完善制度。出台《关于加强和规范谈话函询处置问题线索工作的办法》，采取函询方式处置问题线索23件。全年实施廉政提醒谈话4224人次，其中处级干部424人次。组织全区122名纪（工）委书记、纪检组长和全体机关干部开展集中学习培训；选派街乡和区纪委机关33名纪检监察干部参加市级和区级教育培训。出台《“十不准”行为规范》，进一步加强作风建设，强化自身监督，严防“灯下黑”。

地址：日坛北街33号

邮编：100020

电话：65099369

网址：http://www.chyjw.gov.cn

（朱天龙）

重要会议

【“三严三实”专题民主生活会】 1月19日，召开“三严三实”专题民主生活会，区委常委、区纪委书记宋铁健主持会议。学习习近平在中央政治局民主生活会上的重要讲话精神，对照检查、深刻分析区纪委领导班子在践行“三严三实”方面、遵守党的政治纪律和政治规矩方面及落实党风廉政建设“两个责任”方面存在的问题。区纪委领导班子成员逐一开展批评和自我批评。

（刘　毅　王宇靖）

【区纪委十一届七次全会】 2月4日，召开朝阳区第十一届纪律检查委员会第七次全体会议暨全区党风廉政建设工作会议。学习贯彻中央纪委、市纪委全会精神，总结2015年全区党风廉政建设和反腐败工作，部署2016年任务。区委书记吴桂英、市纪委常委张才雄等出席会议。吴桂英对做好2016年党风廉政建设提出四点要求：一要尊崇党章，把纪律规矩挺在前面；二要保持定力和韧劲把作风建设一抓到底；三要以零容忍的态度和决心，保持惩治腐败高压态势；四要坚持群众导向，加强基层党风廉政建设。宋铁健代表区第十一届纪律检查委员会常务委员会向第七次全体会议作工作报告，总结2015年全区党风廉政建设和反腐败工作取得的成效，提出2016年工作思路：一是严格执行党规党纪，增强纪律约束力；二是夯实管党治党责任，增强工作向心力；三是紧盯“四风”新形式新动向，增强“纠风”持续力；四是加大执纪审查力度，增强惩腐震慑力；五是强化对权力运行的制约监督，增强治本“免疫力”；六是着力解决发生在群众身边的不正之风和腐败问题，增强基层治理力；七是深化基层基础工作，增强队伍战斗力。区四套班子领导、区二级班子党政正职、纪（工）委书记（纪检组长）及部分基层单位负责人400余人参加会议。

（孟　津）

【全程纪实暨谈话函询工作部署会】 9月21日，组织召开全程纪实暨谈话函询工作部署会，下发《朝阳区关于推进领导干部落实党风廉政建设主体责任全程纪实工作办法》和《全程纪实工作手册》。会上，解读区《关于加强和规范谈话函询处置问题线索工作的办法》，并就落实该办法提出要求。

（张耀军　沈　倩）

【在区十二次党代会上作书面报告】 12月6日，全区召开中共北京市朝阳区第十二次代表大会，区委常委、区纪委书记席成坡代表十一届区纪委作书面工作报告。报告全面总结区纪委五年工作，指出全区各级党组织和纪检监察组织凝心聚力，主动作为，管党治党取得重要进展，“四风”问题得到有效遏制，反腐败斗争压倒性态势正在形成，不能腐不想腐成效凸显，监督执纪水平不断提升，党风廉政建设和反腐败工作取得显著成效。分析未来五年的工作形势，提出“坚持全面从严治党，强化监督执纪问责，为建设‘三区’、建成小康提供坚强纪律保障”的五年奋斗目标，明确未来五年的工作任务：一是以严明党的纪律、维护政令畅通为重点，营造风清气正的政治新生态；二是以严格党内监督、强化问责追究为重点，推进管党治党迈上新台阶；三是以严惩腐败、准确运用“四种形态”为重点，实现纪律审查工作新突破；四是以严抓教育预防、扎紧制度笼子为重点，推动预防腐败工作取得新成效；五是以严管厚爱、强化忠诚干净担当为重点，树立纪检监察队伍新形象。

（孟　津）

党风政风监督

【概况】 年内，严明党的纪律，确保政令畅通。强化对抗战胜利70周年、北京世界田径锦标赛服务保障和大气污染治理等重大决策部署、重大项目、重要任务的执纪监督。紧盯职能部门和属地履责情况，对全区111处违法用地、违法建设进行督办，对整改不力的单位实施约谈，下发问题线索移送建议书、监察建议书。建立专项巡察机制，开展对区属国有企业的专项巡察。紧抓时间节点，加强监督检查。增聘特约监察员，研发“四风问题一键拍”，强化社会监督。在元旦、春节、端午、中秋、国庆等重大节假日，成立专项检查组，采取片区运作、系统循环、异地检查等方式，突击检查单位食堂、各大商场、高档消费场所等，严查公车私用、公款吃喝、滥发福利、借婚丧喜庆敛财等突出问题。

（朱天龙）

【落实党风廉政建设责任制】 2月2日，下发《关于落实区纪委十一届七次全会精神的通知》，对全区各单位提出6项具体任务，为各级各类第一责任人明确9项规定动作、26对责任关系，梳理责任清单6334份，签订责任书10888份。5月19日，结合2016年全区党风廉政建设和反腐败工作重点，下发《关于调整落实党风廉政建设责任制领导联系点的通知》。8月26日，以区反腐倡廉建设领导小组办公室名义下发《朝阳区关于推进领导干部落实党风廉政建设主体责任全程纪实工作办法（试行）》。9月19日，召开全程纪实工作部署会，明确纪实内容、细化任务分工，推动“两个责任”向基层延伸。8月至9月，组织辖区内1.4万余名干部群众参加党风廉政建设状况民意调查，并向148家单位逐一反馈。11月9日，组织3家处级单位“一把手”向区纪委全会述责述廉。11月25日，下发《关于开展2016年朝阳区党风廉政建设责任制检查考核工作的通知》，对全区112家单位落实党风廉政建设责任制情况开展检查，区领导带队重点抽查14家单位党委（党组）及其主要负责人和班子成员的主体责任落实情况。12月22日，市党风廉政建设责任制第五检查组对区2016年党风廉政建设责任制落实情况开展现场检查，朝阳区最终得分98.61分，在全市16个区中排第三名。

（张　骥）

【特约监察员管理】 7月14日，召开2016年特约监察员工作研讨会，区委副书记、区长王灏，区委常委、区纪委书记宋铁健及区人大、区政协、区委统战部等相关单位负责人参加会议。王灏对一年来特约监察员的工作成果给予肯定，并就特约监察员如何发挥监督作用、提高监督水平提出具体要求。特约监察员工作采取组长负责制，坚持问题导向，以“侵害群众利益不正之风和腐败问题”和深化“两为”两个专项治理工作和“四风”问题为监督重点开展明察暗访，协助区纪委发现问题，挖掘线索，督促整改。截至12月底，特约监察员向25家单位出具整改通知书28份，发现问题57个，均已落实整改。

（段春蕾）

【作风建设】 年内，深入开展整治和查处群众身边的不正之风和腐败问题，通过“听、看、问、查、访”相结合的方式，突出整治5个重点系统（领域），查处5类重点问题，从党员干部能力不足“不能为”、功力不足“不想为”、担当不足“不敢为”等方面查找，对发生在群众身边的小官贪腐等腐败问题展开排查，发现问题线索99个，立案61个，办结43件，查处43人。围绕重要节点，采取区纪委重点查、各系统工委普遍查、特约监察员随机访等方式，突出抓好对落实中央八项规定精神的监督检查，向全区近18万名党员干部发出廉政提醒短信，对88家单位开展监督检查，严肃查处隐身变异、改头换面的“四风”问题，查处违反中央八项规定精神问题20人，并给予通报曝光。利用政民互动平台、“96160”热线、区纪委网站、“四风问题一键拍”等渠道，收集群众反映，监督中央八项规定精神执行情况，全年接收举报信息393条，受理93条。

（张君）

【违法用地违法建设监管】 年内，督促拆除各类违法建设402.3万平方米。会同区拆违办、区农委等有关部门，制定下发《朝阳区违法用地违法建设责任追究办法》，召开15次专题调度会，开展3轮次现场检查，向基层纪委2次下发督办通知，全区通报2次，约谈乡领导13人，对未完成2015年度新增违法用地违法建设“零增长”目标任务的4个乡7名主要领导、主管领导予以行政问责。

（郝克敏）

【便民服务热线（平台）监管】 年内，针对部分单位群众热线出现办理不及时、回复不到位、群众不满意的问题，采取日常提醒、重点协调、季度通报的方式进行督办，将热线办理情况纳入区政府绩效考核及党风廉政建设责任制检查考核中。全年办理市政风行风热线信件2044件，优秀件29件，合格率100%，优秀件数在全市16个区中排名第一。

（段春蕾）

信访举报

【概况】 年内，畅通“信、访、网、电”四位一体信访举报渠道，探索建立信访举报五人小组排查机制、党委书记签字背书审结机制、信访举报工作建议书工作机制。全年受理信访举报942件次，核查27批153名干部信访举报情况。

（朱天龙）

【信访举报与行政投诉受理】 年内，受理群众信访举报942件次，同比下降24%。其中检举控告类842件次，业务范围外100件次。在检举控告类中，初信初访452件，重复举报390件次。受理行政投诉89件，同比上升48%。其中，市行政投诉中心转办56件，朝阳区受理33件。

（于全党）

【信访件交办直查】 年内，加大信访件交办结果和直查工作力度，交办基层初核信访件307件次，转办本委121件次，信访室直接核实24件次。交办和直查信访件均按市纪委要求办理，确保审结质量。

（于全党）

纪律审查和案件审理

【概况】 年内，制定《关于加强和改进朝阳区反腐败协调小组工作的意见》，加强与区公、检、法、审计等部门的协作配合。拓宽信访渠道，建立信访举报“五统一”制度。完善“专案组+协作片”工作机制，开展定期约谈，传导办案压力，基层办案数量大幅提升。推行“案件主审制”，加强积案清理，全区案件质量明显提升。

（朱天龙）

【制定加强纪委派驻机构建设意见】 年内，研究制定《关于加强朝阳区纪委派驻机构建设的实施意见》，并经区委常委会审议通过。该意见对派驻工作的领导体制、派驻范围、管理模式、机构设置等内容提出明确要求，通过“单独+综合”模式，将全区82家单位纳入派驻范围，实现全面覆盖、统一管理、强化监督。

（刘　毅　王宇靖）

【执纪审查与案件审理情况】 年内，全区纪检监察系统处置问题线索308件。其中，初步核实284件，函询23件，暂存2件；结案141件，立案169件，立案数。处分152人，同比增长8.6%。其中，处级干部23人，科级干部25人，一般党员107人，一般工作人员6人，给予党纪处分132人，给予政纪处分10人，给予党纪、政纪双重处分10人，给予党内警告、党内严重警告、行政警告、行政记过、行政记大过、行政降级、降低岗位等级等轻处分104人，给予撤销党内职务、留党察看、开除党籍、开除公职等重处分48人（含因严重违纪涉嫌违法被移送司法机关3人）。恢复党员权利10人，解除行政处分25人。

（张耀军　沈　倩　胡　镔）

预防腐败

【概况】 年内，出台《关于加强和规范谈话函询处置问题线索工作的办法》，采取函询方式处置问题线索16件。党的各级组织全年开展提醒谈话3673人次，其中处级干部386人次，咬耳扯袖、红脸出汗的氛围逐步形成。严格落实廉情会商机制，对照六大纪律开展分析，形成专题廉情分析报告。

（朱天龙）

【惩治和预防腐败体系工作任务督察】 5月、11月，按照《朝阳区建立健全惩治和预防腐败体系2013—2017年实施意见》工作任务分工，分别对36家任务牵头单位68项工作推进情况开展督察，各单位对照任务清单，逐一明确工作进展及形象进度。经统计汇总，各单位任务完成比例均在80%以上。

（石　杨）

【全区廉情分析】 年内，以市委巡视组反馈意见、责任制专项检查结果、检察院预防职务犯罪情况反馈、领导干部经济责任审计结果及信访举报、纪律审查等情况作为信息来源，以存量、增量、变量为主线，对照六大纪律和四种形态开展廉情分析预警，形成2015年度和2016年上半年廉情分析报告。

（石　杨）

法规制度建设

【概况】 年内，深入贯彻落实党的十八大，十八届三中、四中、五中、六中全会和习近平系列重要讲话精神，大力加强反腐倡廉制度建设，有针对性地制定19项反腐倡廉制度和规范性文件。同时，通过狠抓制度贯彻落实，提高制度执行力，确保全区党风廉政建设各项工作顺利推进。

（朱天龙）

【制度建设】 5月至6月，出台《朝阳区纪检监察系统执纪审查重要文书备案和统计材料报送工作制度（试行）》和《朝阳区纪检监察系统问题线索管理办法（试行）》，推进执纪审查规范化建设。7月6日，向全区纪检监察机关制发《朝阳区纪检监察信访举报件统一归口管理办法》《朝阳区纪检监察初信初访首办责任制》《朝阳区纪检监察信访举报转办件跟踪督察管理办法》，对全区信访举报件受理、转办、督办形成较为完备的信访举报工作制度。8月，起草并以区委办名义下发《关于加强和规范谈话函询处置问题线索工作的办法》，详细规定谈话函询工作内涵、原则、范围、程序和要求，推进谈话函询工作走向规范化。8月9日，以区委办名义下发《街道、地区（乡）纪工委（纪委）书记、副书记提名考察办法（试行）》《区纪委派驻纪检组组长、副组长提名考察办法（试行）》《区属国有企业纪委书记、副书记提名考察办法（试行）》，从工作经历、履职表现、专业素质、交流任职等角度，对拟任纪委书记、副书记任职条件提出明确要求，完善工作制度。

（朱天龙）

反腐倡廉宣传教育

【概况】 年内，加强教育引导，运用理论中心组学习、专家辅导、案例宣讲、理论征文等多种形式，组织党员干部认真学习党章和新修订的《中国共产党廉洁自律准则》《中国共产党纪律处分条例》。开展“学党纪知党规促廉洁”主题教育活动，举办廉政法规知识竞赛，对184名拟提拔和转任的处级领导干部进行廉政法规测试。定期组织党员干部旁听典型案件庭审，以身边发生的违纪违法案件为素材制作《败局》《蝇之患》等警示教育片，举办“一把手”讲党课等活动，全年近5万人次接受了警示教育。建立区纪委舆情监测、微信公众平台，在朝阳纪检监察网和《前线》杂志手机报朝阳版开设“清风朝阳”“两个责任”在线访谈、“四风”举报专栏，发布反腐动态、加强信息互动，引领新闻舆论导向。尤其在重要节假日，向党员干部发送廉政短信，着力打造“指尖上的纪委”。

（朱天龙）

【“清风朝阳”微信公众号上线】 1月18日，“清风朝阳”微信公众号上线。截至目前，区纪委有区纪检监察网、廉政朝阳官方微博、“清风朝阳”官方微信公众号、区反腐倡廉舆情监测平台、前线杂志手机报、“四风”问题一键拍（“四风”问题一键拍是朝阳区纪委与信息办共同研发的一款反腐APP，市民可通过该软件向朝阳区纪委点对点举报区各级党政机关、企事业单位、人民团体、国有控股企业等单位和部门的“四风”问题）“一网二微三平台”6个宣传监督阵地。

（李　聿　赵国强）

【警示宣传片】 3月至8月，拍摄《蝇之害——朝阳区发生在群众身边的腐败问题警示录》和《税蠹——朝阳区地税局第六税务所系列专案》警示片，并制作成光盘，面向全区各系统100余家机关、企事业单位和部分村（社区）发放，3万余人接受警示教育。

（宋瑞敏　陶涌伟）

【“勤廉榜样”事迹宣讲】 4月7日，在清华附小CBD校区举办“勤廉行·中国梦勤廉榜样巡回宣讲活动”启动仪式。从全区万余名党员干部中推选出的十名勤廉榜样与廉政教育志愿者组成宣讲团，在区各系统党员干部中分批次开展宣讲，树立崇德向善榜样。

（高　华　李　聿）

【“两学一做”学习教育】 4月26日，区委常委、区纪委书记宋铁健为全区部分青联委员、各系统团干部、社会组织青年代表、区纪委及团区委机关青年干部等140余人讲党课。5月5日，召开纪检监察系统宣传工作推进会，解读“学准则、知条例、促廉洁”专题教育活动。5月18日，召开机关“两学一做”学习教育动员部署会。组织开展专题学习，全年组织开展理论中心组学习14次。6月30日，召开庆祝建党95周年暨党课宣讲会，机关全体党员干部、老干部代表、借调人员90余人参加学习。7月1日，组织机关党员干部60余人参观爱国主义教育基地马骏烈士墓，向烈士墓敬献花篮，并重温入党誓词。

（朱天龙）

【“学知促”系列活动】 4月至12月，在全区党员干部中开展“学准则、知条例、促廉洁”主题教育活动。4月，下发《关于在全区开展“学准则知条例促廉洁”专题教育的通知》。5月，各级党组织主要负责同志带头学习《中国共产党廉洁自律准则》《中国共产党纪律处分条例》《习近平关于严明党的纪律和规矩论述摘编》等。6月，各级党委（党组）围绕教育主题，由本单位党政主要领导讲廉政纪律专题党课。7月，开展“廉政文艺作品征集评选”活动。8月，开展“纪律教育在身边”征文活动。4月至11

月，在全区各系统开展勤廉榜样巡回宣讲活动。12月，在全区开展“学知促”廉政文艺作品展览及巡展。

（赵国强　金　龙）

【任前廉政测试】 年内，开展5批新任转任处级党员领导干部任前廉政法规测试，273人参加测试。指导60余家基层单位开展新任科级干部任前廉政法规测试。

（王春艳　金　龙）

纪检监察队伍管理

【概况】 年内，持续加大干部培训力度，举办全区纪检干部“春季业务大培训”，选派优秀干部参加上级纪委举办的专题培训班。以干代训，抽调、借调18批115人次到区纪委参与专项巡察、监督检查、纪律审查等工作。健全基层纪检监察干部考核管理机制，组织76名区属单位纪（工）委书记、纪检组长分系统述职述廉，提拔交流基层纪委书记（纪检组长）39人。制定纪检干部“十不准”行为规范，严肃查处纪检监察干部违规违纪问题，着力打造过硬的纪检监察干部队伍。

（朱天龙）

【纪检监察干部培训】 3月28日至4月1日，举办全区2016年纪检监察干部业务培训班。培训全部由中央纪委领导和纪检监察学院专家授课，讲解《中国共产党廉洁自律准则》和《中国共产党纪律处分条例》，纪律审查工作程序和方法，信访举报件办理，正确运用监督执纪“四种形态”，严守政治纪律和政治规矩等内容，并组织学员围绕当前纪检监察工作中的重点难点问题和如何正确运用监督执纪“四种形态”开展专题研讨。全区各街乡纪（工）委书记、纪检组组长、纪检干部122人参加培训。

（刘　毅　王宇靖）

【区、乡两级纪委换届】 12月9日，中共北京市朝阳区第十二次代表大会举行大会选举，选举产生29名中共北京市朝阳区第十二届纪律检查委员会委员。同日下午，召开中共北京市朝阳区第十二届纪律检查委员会第一次全体会议。会议以无记名投票差额选举的方式，选举产生9名中共北京市朝阳区第十二届纪委常务委员会委员，席成坡为区纪委书记，田峡、高大中、于良佐为区纪委副书记，张颖辉、汪冬梅、王建华、燕海涛、李传永为纪委常委。选举结果报经十二届区委一次全会通过。在乡纪委换届中，配合区委组织部，严格按照工作程序，对乡纪委组成人员名额、人选资格审核把关，指导各乡选出结构优功能强的基层纪委领导班子，夯实基层党风廉政建设工作基础。

（刘　毅　王宇靖）

【区纪委党总支换届】 12月26日，党总支召开全体党员大会，举行党总支换届选举。区纪委副书记、党总支书记高大中主持会议并向大会做工作报告。大会采用无记名投票差额选举办法，选举田峡、张颖辉、汪冬梅、王建华、燕海涛、李传永、陈琳为新一届党总支委员，田峡代表新任委员表态发言。随后，新一届党总支委员会召开第一次总支委员会议，采取无记名投票等额选举办法，选举田峡为党总支书记，张颖辉为党总支副书记，并对委员进行分工。

（刘　毅　王宇靖）

【人事档案专项审核】 年内，开展干部档案专项审核工作，审核认定机关39名科级及以下干部人事档案中的“三龄两历一身份”等信息，规范档案信息6人6项，确保干部档案信息真实有效。

（刘　毅　王宇靖）

民主党派与工商联

民革朝阳区委

【概况】 中国国民党革命委员会北京市朝阳区委员会（以下简称民革朝阳区委）下设参政议政、祖国统一、社会服务、信息、青年、宣传、老龄、妇女、教科文卫体、中山书画10个专门工作委员会。有基层支部19个，党员941人。有全国人大常委1人，市人大代表1人，区人大代表3人（常委1人）；全国政协委员1人，市政协委员5人（常委1人），区政协委员25人（副主席1人、常委3人），区级特约工作人员9人。全年召开主委会议4次，全委会议4次，学习全国两会精神专题会、学习十八届六中全会精神座谈会、参政议政调研工作会、扶贫交流会、理论学习会、双向恳谈会等30余次。年内，民革朝阳区委以中共十八届历届全会重要思想为指导，学习民革中央、民革市委各项文件精神，围绕民革市委、中共朝阳区委区政府的中心工作，以思想组织建设、人才队伍建设为保障，做好参政议政、社会服务、民主监督、祖国统一等各项工作。到承德兴隆县六道河镇周家庄村开展捐赠新型太阳能路灯活动，在密云区古北口村举办“志愿中国，爱在社区”公益活动，组织“天使之眼”公益助学宁夏行等活动。信息专委会向民革市委提报信息114条，被采纳47条，民革朝阳区委获评“民革全国机关工作先进集体”称号。

地址：团结湖北五条8号楼
邮编：100026
电话：65094936

（秦　阳）

【慰问老党员】 2月，领导班子成员分别看望慰问朝阳民革党员中的抗战老兵、抗战将领遗属和党内知名人士。区委委托各支部代表区委慰问75岁以上的老党员，并送去慰问品。

（秦　阳）

【庆“三八”活动】 3月3日，妇女工作委员会在朝阳宾馆举办“庆三八爱女红”手工制作品鉴会。女党员们展示出剪纸、泥塑、青铜木根雕塑、十字绣等作品。

（秦　阳）

【“翰墨两岸情”书画展】 5月24日，由北京中山书画社、北京中山文化交流协会主办，由对外经贸大学、朝阳中山书画研究会、民革朝阳七支部及台湾金门书法学会承办，由民革市委、民革区委支持的“翰墨两岸情”纪念孙中山先生诞辰150周年海峡两岸书画展在对外经贸大学图书馆开幕。

（秦　阳）

【民革朝阳区第四次代表大会】 6月19日，中国国民党革命委员会北京市朝阳区第四次代表大会召开。全国政协常委、民革中央副主席、民革市委主委傅惠民，区委书记吴桂英，区政协主席谢莹，民革市委常务副主委于雪鹰，区委副书记陈涛，区委常委、组织部部长、统战部部长何明，市委统战部党派处副处长孙升平及民革区党员代表近百人出席大会。大会听取并审议民革朝阳区第三届委员会工作报告，回顾2011年至2015年的工作成绩和经验，规划2016年至2020年的工作。选举产生由19名委员组成的民革北京市朝阳区第四届委员会，张兴凯当选主任委员，王健、王向波、樊碧发、冯静、金晓萍当选副主任委员。

（秦　阳）

【纪念孙中山诞辰150周年系列活动】 10月18日至21日，值孙中山先生诞辰150周年之际，响应民革中央“观故居，走多党合作之路”活动号召，到江苏省参观学习，开展孙中山先生诞辰150周年纪念活动。

（秦　阳）

【“团结杯”羽毛球比赛】 10月30日，2016“团结杯”暨“潮流杯”羽毛球友谊赛在北京奥林匹克森林公园羽毛球馆举行。比赛由民革区委和团结报社团结网主办，来自民革中央、民革北京市委、民革天津市委、民革河北省委及北京九三学社部分组织等12支代表队参赛。民革中央副主席何丕洁、民革中央社会服务部部长边旭光、民革北京市委副主委、朝阳区委主委张兴凯、民革北京市委副主委褚玉梅、民革天津市委副主委王玉佩、民革河北省委会社会服务部部长李树国等观看比赛。

（秦　阳）

【年终总结大会】 11月26日，在蟹岛多功能厅会议室召开学习贯彻中共十八届六中全会精神暨区委年终总结大会。全国政协常委、民革中央副主席、民革市委主委傅惠民，全国人大常委、民革市委副主委、民革区委主委张兴凯，区委统战部常务副部长胡杰华，民革区委全体区委委员等参加会议。

（秦　阳）

【参政议政】 年内，民革朝阳区委向区政协提交党派提案4件并获评优秀提案，《关于地下储罐渗透对环境潜在影响的建议》获最具影响力入围提名提案。在区委统战部举办的专项调研报告评选中提交调研报告4篇，其中《配合北京市行政副中心建设、支持京津冀一体化发展开展朝阳区文化产业创新驱动及行业市场研究调研》获一等奖，《朝阳区流域水系综合治理情况调研及建议》《城中村改造中存在的消防安全问题调研及对策措施》获三等奖。

（秦　阳）

民盟朝阳区委

【概况】 中国民主同盟北京市朝阳区委员会（以下简称民盟朝阳区委）有基层组织37个，基层委员会3个（各辖3个支部），基层支部34个，盟员1693人。下设参政议政、文化、教育、经济、科技、社会法制、社会服务、青年、妇女、老龄10个专门工作委员会和统战理论研究会。有市人大代表3人，区人大代表4人（常委2人），全国政协委员3人（常委2人），市政协委员8人（常委4人），区政协委员27人（常委5人）；部级特邀监察员2人，市级特约工作人员3人，区级特约工作人员11人。年内，发展盟员76人，4个支部完成换届工作。召开代表大会1次，主委会6次，全委会4次，调研工作会议、妇工委参观、统战理论研究会议、基层组织工作会、专委会成立大会等30多次会议活动。年内，民盟朝阳区委被民盟市委评为优秀区级组织，11个基层组织被评为先进基层组织，80位盟员被评为先进个人；被区政协评为信息工作先进单位。

地址：团结湖北五条8号楼203室
邮编：100026
电话：65094938　65094058
邮箱：cymm@bjchy.gov.cn

（葛春艳）

【换届选举】 3月，第四届主委会召开会议，成立换届工作小组，制定《换届工作意见》等文件。4月6日，召开民主评议会暨换届工作动员会。4月15日，召开换届工作领导小组第一次会议。5月4日，召开基层组织负责人会议，宣布陈巴黎任民盟区委副调研员。6月7日，召开第五次代表大会代表培训会暨预备会。6月17日，第五次代表大会选举产生由21名委员组成的第五届委员会；五届一次全体会议选举产生第五届主委会，张鸿声当选为主任委员，阚存一等6人当选为副主任委员。

（葛春艳）

【第五届“文化之旅”启动】 10月起，启动第五届“文化之旅”主题活动，组织盟员参观中国紫檀博物馆、区文化馆，盟员们就政府如何引导、服务企业从事公共文化服务展开调研和讨论。

（葛春艳）

【基层组织暨专委会成立大会】 12月29日，召开基层组织工作会议暨专委会成立大会。民盟市委组织部部长严为出席会议并讲话，民盟区委主委张鸿声主持会议，民盟区委副主委阚存一等70余位盟员出席会议。会议通报第五届专委会及统战理论研究会名单、领导班子联系基层组织工作制度。文化、经济、青年等10个专委会和统战理论研究会正式成立。

（葛春艳）

【参政议政】 年内，完成14篇调研报告。在区委统战系统调研评比中，《有序疏解非首都功能，依托国家文化产业创新试验区打造朝阳区高精尖文化创意产业，更好服务首都经济社会发展》获评一类调研；《水环境整治问题及应对策略研究——朝阳区生活用水情况和污水治理调研》《在京津冀协同发展格局下对朝阳区经济社会发展分析的谏言建议》获评二类调研；《构建朝阳区高精尖产业体系的思考与建议》获评三类调研。向区政协“聚焦三区建设”专题活动报送《立足朝阳、展望北京，京津冀文化产业协同发展》等18篇议政建言，向区政协十二届五次会议提交《关于“十三五”时期推动朝阳区全域城市化发展的建议》《关于挖掘朝阳文化遗产资源，提升朝阳文化软实力的建议》《关于养老服务存在问题及对策的建议》3件党派提案，向区政协十三届一次会议提交《关于优化区域创新环境的建议》和《构建朝阳区高精尖产业体系的思考与建议》2件党派提案。

（葛春艳）

【社会服务】 年内，义务支部分别到潘家园敬老院、宋家庄画家村、北京戒毒所、顺义区仁和镇等地免费提供医疗服务。

（葛春艳）

民建朝阳区委

【概况】 中国民主建国会北京市朝阳区委员会（以下简称民建朝阳区委），按功能设立1个监督委员会，参政议政、组织、社会服务、宣传、信息、理论、三员、青年8个工作委员会，文化、法制、经济、体育、科技、教育、医药卫生、企业、妇女、老龄、环境资源11个专门委员会。有33个支部，会员1610人。有全国政协委员3人、市政协委员3人（常委1人）、区政协委员29人（常委4人）、全国人大代表1人、市人大代表5人、区人大代表13人（副主任1人，常委1人），区政府特约工作人员12人。年内，发展新会员24人，平均年龄38岁。其中，硕士以上文化程度10人，占42%；具有中、高级职称6人，占25%；企业高级管理人员及在单位任中高层以上职务17人，占71%。

地址：团结湖北五条 8 号208室、209室
邮编：100026
电话：65094054　65094934
邮箱：chaoyangminjian@126.com

（李佳君）

【社会服务】 春节前夕，八支部入户走访三里屯社区三户高龄老人和残疾人家庭，并为困难家庭送去新春大礼包。三八妇女节前夕，社会服务专委会走访北京SOS儿童村。3月，与兄弟党派到辽宁阜新蒙古族自治县红帽子乡学校开展为期两天的专家义诊。4月，七支部联合区社会组织联合会在团结湖三四条社区举行“社会服务基地”揭牌仪式，为该社区

100余名居民提供体检服务。6月，科教专委会主办以“传承美德、关爱健康”为主题的2016年“最美家庭”免费体检活动；联合一支部到王四营乡官庄小学开展“庆六一”慰问活动。7月，社会服务专委会及九支部组成“民建北京朝阳医疗专家团队”，到内蒙古锡林浩特阿巴嘎旗开展大型义诊、临床示教、知识讲座等系列活动。9月，二支部与丰台丽泽金融商会在中国木偶剧院联合举办第八届“欢庆教师节——慰问安华学校教师公益活动”。10月，五支部资深医生到门头沟区王平镇东马各庄村，与来自民建各区委的各科医疗专家和九三学社医疗专家对山区百姓展开义诊。四支部书法家姚景林和瑞兴信达（北京）科技有限公司向“长白山第一哨所”双目峰公安边检站捐赠净水设备。12月，社会服务委联合多支部在区内主要高校举办“29届世界艾滋病防治宣传活动”，并做好春华助学金第四期工作，为丰宁一中送达助学款项4万元。

（李佳君）

【区级组织换届】 3月22日，成立换届工作小组，在四届三十七次主委会上审议通过《民建朝阳区委关于2016年换届工作意见》《中国民主建国会北京市朝阳区第五届委员会委员候选人选推荐办法》《民建北京市朝阳区委员会第五次代表大会代表选举产生办法》。各基层支部召开支部大会选举产生114名选举代表。8月25日，召开第五次代表大会，听取并审议通过民建区第四届委员会工作报告，选举产生由19位委员组成的民建区第五届委员会，王志勉当选为主任委员，黄轶等5人当选为副主任委员，解卫为秘书长。

（李佳君）

【信息报送】 年内，各支部会员报送社情民意信息274条，被民建中央、市委、各级统战部、政协采用44篇次，被报纸杂志采用发表34篇次。11月，发布《关于加快推进信息报送工作的通知》，要求支部设立信息采编小组，并对信息的写作格式、上报途径、数量汇总作规范说明。2016年，民建区委信息总分在全市排名第三。在区政协评比活动中，连续三年获评信息先进集体。

（李佳君）

【联系专门机构及联系支部制度】 年内，第五届委员会对新一届班子成员和区委委员进行分工，做到每位班子成员负责区委3至4个专门机构，并互相提供协助支持；实行区委委员联系支部制度，每位班子成员分管5至6个支部，每位区委委员负责联系本支部外的2至3个支部，以利于班子成员和领导机构成员指导和参与责任支部的基层组织生活。

（李佳君）

【基层组织活动】 年内，一支部多次调研京津冀、走访环保会员企业；八支部组织易世达广场的“便民蔬菜市场”“春节团拜会——送饺子慰问困难群体”等活动。3月，七支部联合区社会组织联合会、区多智慧康复中心主办“关爱唐氏、携手同行”慈善会。4月，中直支部、六支部、国家林业局支部、中纺支部4个支部走进北京电影学院开展活动；青年工作委员会到江苏开展以“弘扬爱国精神，传承民建传统”为主题的“扬帆之旅”学习·实践活动。5月，二支部举办主题为“从幼有所教到老有所依”的企业参访研讨活动。7月，叶青大厦支部召开座谈会，组织会员集中学习、贯彻习总书记“七一”重要讲话精神；企业专委会与海淀区委金融专委会、西城区委投资专委会联合举办北京创新创业大赛加盟赛。9月，科技教育专业委员会、企业委员会共同举办推进养老服务专题研讨会；首经贸支部到顺义区赵全营小高丽营村，开展现代农业科技和农趣庄园发展调研活动；市属支部到浙江省温州市，与当地民建组织举行主题为“学习、实践、传承、发展”的座谈交流活动；中纺支部参观“金福艺农•番茄联合国”农业基地产业园。10月，文化宣传专委会组织部分在京委员参加2016年•北京国际文博会暨中国3D技术与创新产业博览会开幕式。11月，联合一支部举办关于我国当前经济形势的研讨会等。

（李佳君）

【思想建设】 年内，组织会员学习中共统一战线理论、会章会史，围绕“两会”精神、中共十八届六中全会精神、中共中央统战工作会议与《中国共产党统一战线工作条例（试行）》精神等主题，通过专题辅导讲座、座谈会、参观革命教育基地、新农村实地考察等多种形式，以支部、专委会为单位开展学习活动。12月，领导班子率领区委委员、支部主委和专委会主任到延安参观、学习。

（李佳君）

【参政议政】 年内，推行“参政议政联席会”制度和“双向联系人”制度，形成调研报告54篇。1月，在区政协全会上提交3篇党派提案，分别为《关于促进科技园区协同创新的几点建议》《关于将公共安全管理纳入朝阳区“十三五”规划的建议》《关于加强知识产权公共服务体系建设的建议》。7月，在区政协“聚焦‘三区’建设，建言创新发展”议政建言活动中，围绕“建设‘三区’、建成小康”目标，高水平建设和谐宜居模范区，卫生、养老等民生问题报送9篇建议。10月，在区委统战部民主党派专项调研评比活动中，民建区委报送的《关于在朝阳区率先开展环境健康风险评估的建议》获评二类课题，《以“互联网+”促进养老服务业供给侧改革——以北京居家养老为例》《工业旅游结合文化创意设计带动北京市“老字号”的发展调研与建议》获评三类课题。在区政协十二届委员会总结大会上，《关于完善区政府法律顾问制度、推进法治政府建设的建议》提案获第十二届朝阳区政协最具影响力提案，《关于加快推广商务楼宇统战新模式的建议》获第十二届朝阳区政协最具影响力入围提名提案，《关于朝阳区物业管理形态的研究和建议》获区政协2016年度优秀提案。

（李佳君）

民进朝阳区委

【概况】 中国民主促进会北京市朝阳区委员会（以下简称民进朝阳区委）有会员747人，支部28个。年内，新增会员22人，其中区内新发展会员11人（研究生以上学历1人，具有中级以上职称的4人）。一一九中支部与日坛中学支部合并。现有全国政协委员3人、市人大代表2人、市政协委员3人，其中，市政协常委1人、区人大代表5人，有人大常委1人、区政协委员19人，其中，政协常委4人，区政府特约工作人员8人。陈经纶中学支部、日坛中学支部、联大师范学院支部3个支部完成换届。

地址：团结湖北五条8号党派楼211室

邮编：100026

电话：65094935

（张　纯）

【老龄专委会活动】 4月19日，老龄委与清华大学"'全球老龄化问题'居家养老服务模式的优化"课题组联合举办座谈及参观活动。

（张　纯）

【民进朝阳区第五次代表大会】 7月3日，民进朝阳区第五次代表大会在朝阳宾馆召开。全国人大常委、民进中央常委、民进市委主委庞丽娟，区委书记吴桂英，区政协主席谢莹等出席大会。大会听取、审议并通过主委张耘代表民进区第四届委员会所作的工作报告。选举产生由18名委员组成的民进朝阳区第五届委员会，通过《中国民主促进会北京市朝阳区第五次代表大会决议》。大会期间召开民进区第五届委员会第一次全委会，选举出民进区委第五届领导班子。战春燕当选为主任委员，陈琦、于欣、刘敬疆、王利如当选为副主任委员，赵建萍为秘书长。

（张　纯）

【新会员培训】 8月20日，举办新会员培训。内容有民进会史及北京民进、朝阳民进发展史，及如何撰写调研报告及信息。参政议政专委会和青年专委会委员及新入会会员40人参加培训。

（张　纯）

【健康义诊】 8月31日，民进区委和市结核病胸部肿瘤研究所委员会外科党支部的专家们到团结湖一二条社区，开展"专家进社区，健康送到家"主题服务活动。民进区委4位专家为居民普及医学知识。

（张　纯）

【国学讲座】 9月23日，民进东方德才支部和社法支部牵头，联合民建、农工及无党派人士开展"爱在金秋　传承国学"跨党派联谊活动。邀请书画家和篆刻家作讲座，并与民主党派成员展开交流。

（张　纯）

【"鱼悦生活"作品展】 10月22日至24日，由黑庄户教育辅导中心承办，美术教师、朝阳民进会员陆宏雪为项目负责人的市传统文化"鱼悦生活"第二届学生作品展在北京青少年行知实践园举办。展出来自朝阳区、东城区、西城区等37家单位报送的绘画、陶艺、剪纸、蜡染等作品350余件。

（张　纯）

【教育专题讲座】 11月28日，青年专委会和参政议政专委会举办教育理念讲座。民进会员、区教研中心语文教研室主任、市特级语文教师、北京作家协会会员、北师大硕士研究生导师何郁作题为《一个教师的诗意生活》专题讲座。

（张　纯）

【参政议政】 年内，参政议政专委会上报民进市委、区委统战部、区政协调研报告16篇，其中1篇获评2016年朝阳民主党派专项课题报告三类课题、3篇为四类课题；向区政协提交党派提案2篇，其中1篇获评优秀提案；上报社情民意信息102篇，工作信息22篇。

（张　纯）

【捐资助学活动】 年内，向团结湖街道一二条社区12户困难家庭捐赠米、面、油等生活用品，价值2400元。10月26日，到延庆区四海中心小学开展"心手相牵　传承经典"民进区委助力四海小学爱心帮扶活动。区教研中心语文教研室主任、市特级语文教师何郁，区级英语骨干教师、安贞里学区英语教研大组长杨丽娟分别向学校师生讲公开课。民进区委向延庆四海中心小学捐赠棉被和床上用品100套，价值16140元。

（张　纯）

农工党朝阳区委

【概况】 中国农工民主党北京市朝阳区委员会（以下简称农工党朝阳区委）有23个支部，党员912名，主要由医药卫生、人口资源和生态环境领域中高级知识分子组成。第四届委员会有委员19名。有参政议政、社会服务、信息宣传、青年、老龄5个工作委员会。党员中有享受政府特殊津贴2人，全国政协委员2人，市政协委员5人，区人大代表7人（常委1人），区政协委员15人（常委5人），市级特邀监督员3人，区级特邀监督员10人，农工党中央委员2人，农工党市委委员5人（副主任委员1人，常委2人）。年内，开展坚持和发展中国特色社会主义学习实践活动；结合朝阳医药卫生事业改革发展大局，关注民生、履行职能、参政议政、服务社会，促进人口资源环境协调发展。向各级相关组织上报各类信息178条，其中社情民意类信息106条，获评2015年度朝阳区政协信息工作先进单位、2014—2015年度市级农工党先进集体。

地址：团结湖北五条8号楼

邮编：100026

电话：65094937

邮箱：chyngd@163.com

（张胜男）

【跨党派跨支部联合活动】 3月22日，医卫一支部、团结湖支部与民建大兴工委亦庄支部、第四支部在北京经济技术开发区联合开展支部活动。两党派30余人到民建会员企业"北京汇龙森国际企业孵化（北京）有限公司"考察调研。5月7日，和平里支部、医卫二支部、工程支部和金融法律支部20余位党员，到怀柔渤海镇老栗树聚源德种植专业合作社"明清栗园"开展以"关注三农，民生调研"为主题的调研活动。

（张胜男）

【助推京津冀协同发展系列活动】 6月8日，农工党朝阳区委与农工党北京市委、农工党河北省委、农工党衡水市委主办的坚持和发展中国特色社会主义学习实践活动暨2016（第九届）中国环境与健康宣传周活动在衡水市武强县马头村举办。本届活动主题为"海洋环境与健康"，来自北京各大医院中医科、眼科、西医内科、骨科的7名农工党医学专家及来自衡水市的医疗专家为群众义诊。北京东方书画研究会的书画家们开展书画展演活动。此次活动义诊400余人，完成书画作品50余幅，捐赠常用药品和仪器设备近2万元。7月22日，区委带领党内7名医学专家到承德市滦平县医院举办大型主题义诊活动，200人次当地居民参加义诊。

（张胜男）

【换届工作】 6月23日，召开第四次代表大会。大会选举产生由19名委员组成的第四届委员会，马立霜当选为主任委员，鲁建玲、王左敏、李红、李卫刚、叶昊当选为副主任委员，管文东为秘书长。72名代表参加大会。

（张胜男）

【义诊活动】 6月25日，组织党内6名医学专家到密云县大城子镇卫生院开展义诊活动。2名中医专家、2名西医内科专家、2名眼科专家参加义诊，为200多名村民看病咨询。专家们还到大城子镇养老院为20多位老人进行健康咨询。7月30日，"八一"建军节前夕，联合农工党市委、农工党密云支部到密云区北庄镇58046部队，开展"送健康送文化"活动。来自区委的7位医学专家为近100人次官兵进行义诊。朝阳区委统战部、密云区民政局、文联、北庄镇政府及部队相关人员近30人参加活动。9月1日，在大兴区少数民族村礼贤二村举办"2016年帮扶少数民族村义诊活动"，选派包括中医科、内科、眼科、骨科在内的10名专家，为200多人次村民义诊。

（张胜男）

【公益活动】 9月29日，联合中国妇女发展基金会、农工党市委、北京和睦家康复医院和首都医科大学附属北京安贞医院举办"健康中国梦，爱'心'在行动"——中国安"心"妈妈健康公益项目启动会。来自北京、天津、河北等地各大医院心脏和精神心理健康领域近30位专家和骨干医生及国内知名健康媒体出席会议。11月24日、25日，联合农工党市委、中国妇幼保健协会、市卫生计生委、区卫生计生委和首都儿科研究所举办"第二十八届国际科学与和平周暨危重新生儿救治"公益活动。活动邀请国内近20位儿科等相关领域知名专家、学者，围绕出生缺陷相关疾病的发生与远期生活质量分析、儿童营养保障等研究热点等医学领域重要课题展开研讨。来自所属支部近50名农工党员参加活动。

（张胜男）

【参政议政】 9月底，完成5篇调研报告。在区委统战部调研报告评比中，《朝阳区基层医疗卫生发展现状及建议》获一等奖，《加强儿童医联体建设 打造平安健康朝阳》获二等奖，另有2篇获三等奖。10月27日，在区政协十二届委员会总结大会上，《关于加快推进朝阳区东北部地区综合医疗机构建设的建议》获评第十二届朝阳区政协最具影响力提案。12月19日，在区政协十三届一次会议上，提交《关于进一步加强朝阳区基层医疗卫生发展工作的建议》《关于加强朝阳区新能源汽车公用充电设施建设的建议》2件党派提案。年内，上交4篇理论文章，其中《大力促进政协协商与政党协商有效衔接，推动社会主义协商民主迈向更高的层次》被区人民政协理论与实践研究会评为2016年度优秀论文，并收录于市政协理论文集。向区政协、区委统战部"聚焦'三区'建设，建言创新发展"议政会提交《充分发挥儿童医联体优势造福朝阳百姓》等3篇调研报告，被编入材料汇编。

（张胜男）

致公党朝阳区委

地址：团结湖北五条8号
邮编：100026
电话：65094933
邮箱：zgdcyqw@126.com

（李　旭）

【概况】 中国致公党北京市朝阳区委员会（以下简称致公党朝阳区委）有党员550人，17个支部。全年新发展党员24人。党员中有全国政协委员2人，市人大代表1人、市政协委员1人，区人大常委1人、区政协委员14人（其中常委4人），致公党中央委员2人（其中常委1人），致公党市委委员8人（其中常委2人），国土资源部特约监察专员1人、市级特约工作人员6人、区级特约工作人员8人。年内，获评致公党市委社会服务先进集体。《优化城市群布局 建立城市间安全距离》等4篇社情民意信息获评致公党市委优秀社情民意信息，《京津冀地区大气污染联防联控协同机制研究》等3篇调研报告获评致公党市委参政议政优秀调研成果，《关于朝阳区构建高精尖经济结构发展环境与对策机制的研究》等2篇调研报告获评区委统战部二类调研课题，《关于优化朝阳区海外留学归国人员创业扶持政策的建议》获评区委统战部三类调研课题。

【四届十次全委（扩大）会】 4月10日，致公党朝阳区委召开四届十次全委（扩大）会。会议审议通过2016年区委换届工作有关文件。主委高向宇代表区委领导班子述职，区委领导班子成员作个人述职。区委委员和各支部主委对区委领导班子及成员进行民主评议。高向宇代表区委对2016年致公党朝阳区委换届工作作动员部署。

（李　旭）

【第五次代表大会】 6月18日，致公党朝阳区委召开第五次代表大会。致公党市委主委李昭玲，区委书记吴桂英，区政协主席谢莹，市委统战部副巡视员贺淑晶，致公党市委专职副主委谢朝华，区委副书记陈涛，区委常委、组织部部长、统战部部长何明出席大会。开幕式上，李昭玲代表致公党市委致贺词。第四届委员会主委高向宇作工作报告。与会代表对致公党区委五年来的工作给予肯定，并提出意见建议。大会选举产生由19名委员组成的第五届委员会。在第五届委员会第一次全体会议上，选举产生新一届领导班子，高吉喜当选为主委，田新民等5人当选为副主委，田丽华为秘书长。市委统战部，致公党市委组织处，区委办、统战部等有关领导干部及区各民主党派、区工商联、侨联相关负责人等参加会议。

（李　旭）

【五届二次全委（扩大）会】 7月2日，致公党朝阳区委召开五届二次全委（扩大）会。区委统战部常务副部长胡杰华，致公党区委班子成员、区委委员及各支部负责人参加会议。区委班子成员就分管工作提出2016年至2020年规划和2016年下半年工作计划，参会人员提出意见和建议。会议还就区委委员的分工征求意见。高吉喜做总结发言。

（李　旭）

【供给侧改革专题报告会】 7月7日，致公党朝阳区委联合中共北京工业大学党委统战部在北京工业大学举办报告会。天津市政府原副秘书长、天津市政协常委、南开大学教授陈宗胜作《当前经济形势分析与供给侧改革思路和措施》专题报告。中共北京工业大学党委统战部部长白志强出席会议，致公党党员和北工大师生30余人参加报告会。致公党区委副主委、北京工业大学循环经济研究院教授李云燕主持会议。

（李　旭）

【干部培训】 11月19日，致公党朝阳区委举办2016年区委干部培训班。各支部委员及区委部分专委会委员40余人参加培训。九三学社市委原常务副主委王琳作《民主党派基层组织建设》讲座；市侨联副主席陶庆华作《新时期留学人员工作创新发展》讲座；区政协办公室副主任韩保卫作《如何做好反映社情民意信息工作》讲座。

（李　旭）

【重走长征路教育培训】 11月26日至28日，致公党朝阳区委组织20余名区委委员和支部委员到贵州开展“重走长征路红色传承”教育培训。参观遵义会议会址及陈列馆、浙大西迁陈列馆和四渡赤水纪念馆，开展纪念红军长征胜利80周年红色教育活动。到遵义师院附中开展结对活动，与学校有关人员座谈。到贵阳花溪区久安乡开展扶贫点现场交流。本次培训由致公党区委专职副主委刘伟带队，副主委李海峰、李云燕参加活动。

（李　旭）

九三学社朝阳区委

【概况】 九三学社北京市朝阳区委员会（简称九三学社朝阳区委）下设组织部，宣传部，参政议政第一、第二委员会，社会服务委员会，青年工作委员会，老龄工作委员会，妇女工作委员会，办公室9个工作机构。截至年底，有支社25个；社员1164人，平均年龄57岁，60岁以上社员比例为37.5%，女社员占49.1%，具有高级职称社员占70.2%，硕士以上学历社员占42%，科技界39%、高教界28%、医药卫生界16%、其他17%。有全国人大常委1人，全国政协委员2人，市人大代表1人，市政协委员3人，朝阳区人大代表6人（常委1人），朝阳区政协委员19人（常委5人），大兴区政协委员1人，朝阳区青联委员6人，朝阳区政府特约工作人员12人，九三学社中央委员6人，九三学社市委委员12人（副主任委员1人、常委1人），九三学社市委监督委员会委员2人（副主任1人）。年内，发展社员41人，平均年龄40.2岁，组织发展率为3.6%，连续四年组织发展人数保持在40人以上。在九三学社市委成立65周年表彰中，九三学社区委及所属北京工业大学支社、对外经贸大学支社、轻工支社、中国化工信息中心支社、朝阳医药卫生支社、朝阳综合支社获评先进集体，46人获评优秀干部，80人获评优秀社员，1人被九三学社中央评为先进组织工作干部。

地址：团结湖北五条8号205、229
邮编：100026
电话：65094932 65094059
邮箱：jiusanchaoyang@sina.com

（刘　军）

【第五次代表大会】 6月21日，九三学社北京市朝阳区第五次代表大会召开。代表们听取并审议通过第四届委员会工作报告，选举产生由19名委员组成的第五届委员会。在五届一次全体会议上，选举产生第五届主委会，张明森当选为主任委员，王强、苏俊武、刘英杰、杨杰、柳学信、霍超当选为副主任委员，刘军为秘书长。

（刘　军）

【参加青年活动设计大赛】 12月2日，社区委青委会组队参加社市委青年活动设计大赛暨青委会年会，申报青年社员培训活动方案。社区委青委会主任张瑞当选社市委青委会副主任，并被授予“青年活动组织工作贡献奖”。赵敬等3人被社市委青委会评为“青年工作积极分子”。

（刘　军）

【参加区“两会”】 12月，在区人大十六届一次会议上，6名社员当选为区人大代表，张明森当选为区人大常委；19名社员担任区政协委员，其中王强等5人当选为区政协常委。另有2人分别担任新一届东城区政协委员、大兴区政协委员。

（刘　军）

【参政议政】 年内，完成4篇党派调研报告，《关于打造朝阳区医养结合“专业品牌”的若干建议》获评二类课题，《朝阳区水资源与环境状况调查报告》获评三类课题，《加强政策规划引导，促进朝阳区动漫游戏产业国际化发展》《关于朝阳区供给侧结构性改革的建议》获评四类课题。在区政协十二届五次会议上，提交3篇党派提案，区政协委员提交个人提案28篇。在区政协十三届一次会议上，提交2件党派提案。区政协委员提交个人提案26篇。向区委统战部、社市委、区政协提交信息129篇。

（刘　军）

【社会服务】 年内，会同北京奥运博物馆、冠军基金组织“奥运说”科普团。社员结合自身专业知识，到基层社区、学校开展奥运文化、健康知识科普宣讲工作。7月31日，“奥运说”科普团启动仪式在北京奥运博物馆序厅举行。8月5日、10月25日，科普团分别到呼家楼街道东大桥社区、团结湖中心小学开展两次讲座。11月26日，社区委社会服务部委员会副主任、市垂杨柳医院生殖医学中心副主任刘阳在中国科技馆做主题为“生命的力量”医学科普讲座。组织中日友好医院、安贞医院、朝阳医院的专家社员为中国科技馆“人与健康”展区布展方案提供专家咨询。在社中央十三届五中全会召开期间，中日友好医院支社、安贞医院支社社员承担大会应急医疗保障工作。

（刘　军）

台盟朝阳区工委

【概况】 台湾民主自治同盟北京市委员会朝阳区工作委员会（以下简称台盟朝阳区工委）有委员7人，其中主任1人、副主任3人；有经济科技、文教医卫、离退休3个支部，盟员78人。年内，发展盟员2人，转入1人，转出1人，去世3人。有市人大代表2人，市政协委员1人，区人大常委1人，区政协委员5人（常委2人），区政府特约人员4人。举行工委四届民主评议，召开第五次盟员大会，产生新一届工委领导机构。开展参政议政、学习培训、对台和社会服务工作。

地址：团结湖北五条8号楼
邮编：100026
电话：65094943
邮箱：tmcygw@126.com

（徐婉利）

【社会服务】 1月，开展“温暖一家亲”春节慰问老盟员活动；联手在京台商慰问黑庄户地区13户贫困家庭；开展“助梦起航爱心捐助”捐款活动。4月，组织离退休支部盟员参观京津冀一体化农业科技展览。5月，在“朝阳将台·昆明东川扶贫合作暨招商引资推介会”上，携手台资企业立刚体育用品有限公司向昆明东川贫困家庭学生捐赠100套服装（近6万元）。9月，组织老盟员到亦庄参观养老院，体验社会养老工作。

（徐婉利）

【工作总结会】 1月，召开2015年工作总结会暨新春联谊。台盟市委秘书长彭京玉、区委统战部常务副部长胡杰华出席会议。会议总结2015年工作，表彰参政议政和盟务优秀工作者，38人次获奖，其中12人获参政议政先进个人，8人获信息先进个人，11人获信息报送积极分子，7人获征文投稿积极分子。主任高峰传达市、区“两会”精神，通报台盟市委和区工委在“两会”上提交的党派提案、界别提案、大会发言，人大代表建议案和政协委员提案。

（徐婉利）

【主委和全委（扩大）会议】 3月，召开第四届第十九次全委扩大会。区工委委员、各支部负责人参加会议，盟市委组织部和监委会委员出席会议。会议讨论2016年工作要点，讨论并通过区工委换届工作方案，通报本年度工委与盟市委联合开展调研课题具体安排。4月，召开第四届二十次主委会。会议通报第四届工委评议工作准备情况、第四届民主评议和新一届领导机构人选民主推荐会议议程、第四届工委民主评议工作说明。通过新一届领导机构人选民主推荐办法。7月，召开五届一次全委扩大会。会议对第五届领导机构成员进行分工，研究下半年工作。12月，召开五届二次工委扩大会议。会议通报盟市委2017年换届相关情况，介绍区政协委员推荐情况。讨论通过两名入盟人员推荐名单，讨论拟提交区政协十三届一次全会的党派提案。

（徐婉利）

【学习培训】 3月，组织盟员观看纪念台湾光复70周年“台湾人民爱国主义礼赞”图片展。8月，举办暑期学习班，邀请市委党校教授作《以供给侧结构性改革引领新常态》报告。参观霸州胜芳古镇和中国自行车博物馆。10月，组织骨干盟员到浙江学习培训，参观台湾义勇队诞生地和纪念馆、连横纪念馆、鲁迅纪念馆。与台盟浙江省委开展工作交流。

（徐婉利）

【参政议政】 3月至9月，完成《关于运用互联网提升朝阳区食品安全追溯水平的建议》等4篇调研报告。5月，召开2016年调研工作会，讨论本年度调研选题和初步设想，确定3个调研课题和调研组成员，推举调研课题负责人和执笔人。8月，组织召开台盟广州市委到区调研座谈会。台盟广州市委调研组就《关于文艺组织、社团发展与创新的建议》进行调研。年内，围绕区政协、区委统战部“聚焦三区建设，建言创新发展”议政建言，提交3篇议政论文。在市区两级人大、政协会议上提交建议案、提案13件。报送台盟市委、区政协和区统战部信息35篇。参加区政协“协商民主”理论研究活动，提交《发挥党外知识分子优势，打造朝阳统战工作新亮点的一点思考》等2篇理论文章。获评2015年区政协信息工作先进单位。

（徐婉利）

【换届工作】 4月16日，召开盟区委第四届民主评议会和新一届工委委员候选人推荐会。盟市委常务副主委陈军，秘书长彭京玉，区委统战部党派科和台盟市委组织处相关人员出席会议。工委委员，各支部负责人及盟员21人参加会议。高峰代表第四届工委领导班子述职，工委委员分别作个人述职，与会盟员现场测评。会议推荐新一届委员候选人名单。6月11日，召开第五次盟员大会。市政协副主席、盟市委主委蔡国雄，区委书记吴桂英，市委统战部副巡视员贺淑晶，区政协主席谢莹，盟市委常务副主委陈军，区委副书记陈涛，区委常委、组织部部长、统战部部长何明，盟市委副主委王舟出席大会。九三学社区委代表区各民主党派、工商联致辞。会议听取高峰代表台盟区第四届工作委员会所作的工作报告。陈军对台盟区第五届工作委员会领导机构的组成作说明并宣布第五届工委领导机构任命，高峰为第五届工作委员会主任，黄征等3人为副主任，谢伊华等3人为委员。第五届工委领导班子成员平均年龄为48岁。黄征代表新一届领导机构发言。蔡国雄和吴桂英分别发表讲话。

（徐婉利）

【对台交流】 6月21日至22日，由盟市委主办，台盟区工委、区政协、区台办协办的“2016京台社区手拉手交流活动”正式开展。21日，在北京亚奥国际酒店举行开幕式。市政协副主席、盟市委主委蔡国雄，区政协副主席王文远，区台办主任李波，高峰等出席开幕式，麦子店街道等4个街乡负责人，台湾29名乡里长及台盟盟员代表参加开幕式。京台两地的街乡负责人就各自社区治理经验互动交流。22日，台湾乡里长一行参观考察麦子店国际社区服务中心、枣营北里麦子店街道社区服务中心、将台乡、798艺术区等。7月，台湾台南一中校长张添唐、台湾联合文学总经理李文吉及足球队一行到区参加由台盟中央主办的“第二届海峡两岸校园足球邀请赛”。台盟中央常务副主席黄志贤出席活动并讲话，高峰致辞。工委、活动主办方人员及台湾媒体记者等近50人参加活动。

（徐婉利）

朝阳区工商业联合会

【概况】 朝阳区工商业联合会（以下简称区工商联）是中国共产党领导下的具有统战性、经济性及民间性的人民团体和民间商会。中共朝阳区委非公经济工作委员会（以下简称区委非公经济工委）与朝阳区工商联合署办公。机关内设办公室、组织科、宣传科、会员科。编制17人，实有16人。年内，区工商联下辖2个基层分（商）会，34个团体会员，累计会员1818家（个）。区工商联获评全国“五好”县级工商联。

地址：团结湖北五条8号楼
邮编：100026
电话：65094397
网址：http://cygsl.bjchy.gov.cn

（许　铭）

【课题调研】 1月11日，区委非公经济工委召开2015年度调研课题结项会暨2016年度课题调研工作研讨会。课题研究指导专家和2015年课题申报单位负责人参加会议。会议总结2015年度课题研究情况，对2016年课题研究方向提出建议，并简要介绍《非公组织党建工作实践与探索》编撰情况及主要内容。各参会单位介绍2015年开展课题研究工作的体会并对2016年课题研究工作提出意见建议和工作设想。课题指导专家对如何进一步深化研究工作提出建议。结题12项，包括《叶青大厦党委开展企业文化建设活动的做法和启示》《汉能控股集团党委开展网络党建的实践与思考》《建立健全“三个服务”工作制度，推动服务型党组织建设常态化调研报告》等。

（许　铭）

【工商联年会】 1月18日，召开2016年朝阳区工商联（商会）年会暨宏观经济形势报告会。会议揭晓2015年度“朝阳区百强民营企业”“朝阳区工商联光彩公益之星”“朝阳区工商联守法诚信承诺示范单位”榜单，并作《互联网创新之路》主题报告。市工商联副主席郑勇男、经济处处长朱强、光彩办副主任王蓬，副区长王志勉、区工商联领导班子及来自区工商联会员企业、友好商会等500余名代表参加年会。

（许　铭）

【“非公企业党建看朝阳”专栏开设】 2月26日，区委非公经济工委与中宣部党建网联合开设的“非公企业党建看朝阳”专栏在中宣部党建网上线（http://dangjian.com/specials/fg）。该专栏设有最新消息、企业党建、企业文化、品牌创建、党建思考、党员风采、党建之友、图片、视频等9个栏目。

（许　铭）

【领导调研】 3月9日，区委非公经济工委书记、区工商联党组书记王素荣，区工商联副主席戴昌军到北京京奥港集团调研指导集团党建工作。3月10日，市委常委、市委组织部部长姜志刚到叶青大厦、洛娃集团调研党建工作。3月23日至24日，王素荣、戴昌军、区工商联副主席兼秘书长杜玉莲一同走访会员企业金诚同达律师事务所、新入会企业北京龙程德通资产管理有限公司和凌云高科控股集团有限公司。3月25日，区委常委、武装部政委史连雪到北京京朝出租汽车有限公司调研民兵预备役建设情况。5月4日，副区长王志勉，区工商分局、区食品药品监管局、区环保局业务主管领导到区工商联副主席单位、达美投资集团管理中心召开现场办公会，“一对一”帮助企业解决实际困难，听取服务需求，王素荣陪同调研。6月2日，市委统战部副部长、市工商联党组书记郑默杰，市工商联副主席佘运高，市委统战部工商经济处处长曹杰，市工商联会员处处长张高峰，市工商联办公室副主任安有文到区会员企业“志起未来”调研座谈，王素荣陪同调研。7月28日，市工商联副主席郑勇男，王素荣到北京可视化节能科技有限公司考察调研。8月11日，王素荣带领区工商联会员服务科干部一行5人，到北京奇力汇众文化传播有限公司、北京胜鸿都汽车销售服务有限公司考察调研。8月24日，王素荣、杜玉莲带领工商联会员服务科一行6人到北京汽车配件业商会、怡然阳光国际广告传媒（北京）有限公司调研并考察新会员。9月30日，王素荣、杜玉莲带领区工商联党支部到大业传媒集团、六里屯党建活动中心、仁和立科技孵化器（北京）有限公司参观学习。

（许　铭）

【党组织书记述职评议考核大会】 3月31日，召开非公经济组织党组织书记述职评议考核大会。区非公经济组织和社会组织党建工作联席会议成员单位负责人、区委非公经济工委直属基层党组织书记、非公企业和社会组织负责人代表、基层党员代表、群众代表200余人参加会议。述职评议考核工作采取“一述、一问、一答、一评”方式，由非公经济组织党组织书记结合实际，分别从抓党建工作的总体思路、创新亮点、问题困惑、今后打算等方面依次述职。与会代表紧贴当前非公党建热点、难点问题，围绕党员管理、党组织在企业中发挥作用、党组织书记应具备的基本素质、企业主对非公企业党建的认识、非公经济人士理想信念教育等方面对述职人员现场提问。区委非公经济工委领导点评述职情况，并由与会代表填写考核测评表。

（许　铭）

【区非公经济代表人士座谈交流会】 4月12日，区委统战部、区委非公经济工委、区工商联、民建区委共同举办区非公经济代表人士“坚定信心、凝聚共识、展望未来、创新发展”主题座谈交流会。市工商联副主席余运高，市工商联会员处长张高峰，市委统战部工商经济处副处长张晨霖，区人大常委会副主任、区工商联主席、区商会会长叶青，区委统战部、民建区委、区委非公经济工委、区工商联的驻会领导，区政府等8个职能部门负责人和来自民建、工商联的非公经济优秀代表人士50余人参加座谈会。

（许　铭）

【会员企业赴昆明调研】 4月17日，区委统战部副部长、区委非公经济工委书记、区工商联党组书记王素荣带领区企业家团队到昆明市，与禄劝、东川、寻甸三县洽谈合作。通过交流、参观考察，朝阳企业家把先进理念和合作意向带到贫困地区，为昆明在贫困地区招商引资、科技帮扶和人才培训等方面提供智力支持，为禄劝、东川和寻甸三县实现新发展带来契机。

（许　铭）

【政策解读会】 4月22日，由区工商联（商会）主办、区企业联合会协办的“营改增”税收政策解读会举行。区国税局副局长姜庆军、货物和劳务税科科长薄晓玲等就“营改增”有关税收政策和疑难问题作辅导解答。300余名民营企业家参加会议。7月14日，区工商联、区商会、区企联会联合举办区工商联现代服务业政策解读会。区委统战部副部长石延刚，区政协经济处处长李海作、副处长关刚振，戴昌军、杜玉莲出席会议。区商务委员会副主任关德鹏为150余名会员企业、党组织负责人作政策解读。9月27日，市工商联联合区工商联举办民营企业建立现代企业制度政策解读会。王素荣参加会议，杜玉莲带领全体机关干部并组织会员企业200余名企业代表参加会议。市工商联副主席郑勇男出席会议并讲话。

（许　铭）

【执委会】 4月26日，区工商联召开第十届执委会十一次主席（会长）会议暨执委会第八次会议。市工商联会员处处长张高峰，区委常委、区委组织部部长、统战部部长何明，区人大常委会副主任、区工商联主席、区商会会长叶青，区委统战部副部长石延刚，王素荣、戴昌军、杜玉莲等出席会议，工商联108名执委会委员参加会议。区委组织部领导宣读区委关于工商联领导班子人事任免的决定，组织与会人员对区工商联常务副主席、区商会常务副会长提名人选进行表决，审议2016年区工商联工作要点和关于开展非公有制经济人士理想信念教育实践活动实施方案。区发改委主任朱晟作《朝阳区十三五规划政策解读》专题讲座。11月30日，区工商联在蓝调庄园温泉会议中心召开第十届执委会八次常委会和九次执委会议。市工商联党组成员、副主席郑勇男，区委统战部常务副部长胡杰华出席会议。会议审议区工商联第十届执行委员会八次常委会关于调整领导班子成员的决议、区工商联（商会）关于召开第十一次代表大会的决议（草案）和区工商联（商会）第十一次代表大会代表名额和产生办法（草案），传达市委办公厅转发《市委统战部关于市、区工商联（商会）换届工作的意见》主要精神。

（许　铭）

【理想信念教育培训班】 5月20日至23日，区非公经济组织理想信念教育培训班在延安市委党校举办。区人大常委会副主任、区工商联主席、区商会会长、北京叶氏企业集团有限公司董事长叶青，市工商联宣教处处长胡哈仑，延安市委党校副校长王延兴，以及王素荣、戴昌军参加活动。区委非公经济工委直属基层党组织负责人、区工商联执常委企业出资人、工委、工商联机关干部50余人参加培训。培训内容包括专题教学“延安精神及其时代价值”，情景教学“延安保育院”（延安精神与红色摇篮），现场教学“弘扬抗大精神，坚定正确的政治方向”，名篇诵读《为人民服务》，开展社会主义新农村建设座谈研究等。

（许　铭）

【课题调研】 6月14日，区委非公经济工委召开2016年度党建调研课题立项会。王素荣、戴昌军出席会议。党建指导专家、课题申报单位课题负责人及执笔人、工委工作人员40余人参加会议。《打造精准服务党建品牌的实践与思考》《“汉能大讲堂”学做结合知行合一的实践与思考》《以红色信仰为引领　助力非公企业建立亲清政商关系》等28个课题立项。

（许　铭）

【“会员企业接待日”活动】 6月16日，区工商联举行首期“会员企业接待日”活动。王素荣、戴昌军出席会议。北京东方龙门国际影视演艺经纪有限公司、北京永拓国际控股集团有限公司等12家企业董事长或法人参加会议。杜玉莲主持会议。北京潮星控股集团有限公司、碧海舟（北京）石油化工设备有限公司、日科创想互动传媒技术（北京）有限公司等企业法人或实际控制人分别介绍各自企业发展情况和需求，并对工商联工作提出意见。

（许　铭）

【廉政主题报告会】 6月17日，区委非公经济工委、区工商联举办“廉政进民企，亲清增友谊”主题报告会，区纪委副书记高大中作廉政教育专题报告。区工商联执常委企业负责人、工委基层党组织负责人及机关全体党员干部200余人参加会议。

（许　铭）

【异地扶贫调研】 6月19日至22日，由全国工商联主办、市工商联组织的赴贵州省织金县实地考察对接精准扶贫项目活动开展。市委统战部副部长、市工商联党组书记、常务副主席郑默杰及王素荣等参加活动。区工商联组织6家民营企业家代表与织金县相关领域达成6个合作意向，正式签约2个合作协议，投资额近19亿元，在此次北京、上海、天津、贵州四地民营企业中签约比例最高、投资额最大。

（许　铭）

【非公企业党建•文化展示活动】 6月29日，在蓝调庄园举办以“党建引领发展，创新开拓未来”为主题的区非公经济组织纪念建党95周年暨非公企业党建•文化展示活动。市委社工委副书记陈建领，市工商联副主席余运高，区委宣传部常务副部长毕重伟，区委统战部副部长胡杰华，CBD功能区工委书记张志国以及王素荣、戴昌军、杜玉莲等参加活动。区委非公经济工委直属基层党组织书记、党务工作者代表，区工商联会员企业负责人代表400余人参加活动。活动主要分为三大部分，分别是“红色记忆　勿忘党魂”“凝聚共识　携手同行”“助力朝阳　共创辉煌”。

（许　铭）

【“七一”慰问座谈会】 7月4日，区委非公经济工委召开“七一”慰问座谈会。王素荣、戴昌军出席活动，区非公党建工作优秀党组织负责人、优秀党务工作者、优秀共产党员代表等20余人参加座谈会。

（许　铭）

【青年企业家代表座谈会】 7月21日，区工商联举办青年企业家代表座谈会。王素荣、戴昌军出席会议。座谈会回顾区工商联过去五年工作情况，青年企业家代表对区工商联（商会）2016年至2020年工作提出建议，结合企业发展现状和自身成长经历，就如何开展理想信念教育、履行社会责任、实现创新创业、发挥表率作用，对筹备成立区青年企业家商会成立的态度，对区青年企业家商会未来发展的规划建议谈体会。

（许　铭）

【女企业家代表座谈会】 7月27日，区工商联举办女企业家会员代表座谈会。区委统战部副部长、区委非公经济工委书记、区工商联党组书记、常务副主席王素荣，区委非公经济工委副书记、区工商联副主席戴昌军与会员企业中的12位女企业家代表参加座谈。戴昌军主持会议。区女企业家代表们对区工商联工作给予评价，并讲述创业历程和企业情况，提出在企业发展过程中亟待解决的难题。大家还就如何提高工商联服务会员企业质量，特别是如何针对女性企业家特点提供精准服务建言献策。

（许　铭）

【商会会长座谈会】 8月3日，区工商联组织召开区工商联（商会）领导班子暨直属商会会长座谈会。王素荣主持会议，市工商联副主席郑勇男，市工商联会员处副处长李萍出席会议，区商会28名副会长以上企业家参加会议。会上，与会人员就民营企业当前发展中的困难，政府相关职能部门如何为民营企业发展营造良好环境，民营企业在助推京津冀协同发展、转型升级等方面如何发挥积极作用，及如何解决中小微企业融资难、人才引进难等问题发表意见。为工商联如何发挥桥梁、纽带、助手作用，在服务企业中处理好"亲""清"新型政商关系等提出意见建议。

（许　铭）

【主题沙龙活动】 10月28日至29日，区工商联举办2016朝阳区民营企业家主题沙龙——企业创新季之转型升级篇•论坛活动。区委统战部常务副部长胡杰华、市工商联办公室副主任王延安出席活动，130余家企业代表参加活动。王素荣在活动开幕式上致辞。本次沙龙活动以"跨界资源整合，引领创新升级"为导向，结合区域性产业发展方向，聚焦新兴产业和创新型企业，推动区非公经济内生动力，提升新增长点，为广大会员企业谋篇布局，创造有利于企业发展的健康环境，打造具有共享体验的创新平台做出探索和创新。在活动启动后的"企业创新季巅峰论坛"上，北京志起未来咨询集团创始人、董事长李志起作《困境下的逆袭：传统企业的创新突破应该怎么做》主题演讲，好贷网创始人李明顺作《如何利用互联网手段促进企业转型升级》主题演讲。蓝地集团创始人肖文玖、中商惠民电子商务有限公司创始人张一春、北京蓝调庄园文化发展有限公司创始人李玉立、红演圈（北京）网络科技有限公司创始人鲍啸峰等组建的特别嘉宾团分别演讲，分享自己在创业创新及企业转型升级过程中的困难和经验。活动还设置企业产品展示环节，首农电商、东方博艾、哲思眼镜等会员企业在现场设立展位，开展义诊、试饮等体验消费。同时组织清晨爬山、太极养生讲座等活动。

（许　铭）

【全国"五好"县级工商联迎检】 11月16日，受全国工商联委托，以贵州省工商联党组成员、副主席丁宪光为组长，贵州省黔南州委统战部副部长、贵州工商联党组书记、常务副主席伍晓红，贵州省工商联会员部副部长徐锡文为成员的检查组到区工商联开展全国"五好"县级工商联建设工作检查。市工商联党组成员、副主席赵秀德，市工商联会员处处长张高峰及叶青、王素荣、杜玉莲，区委非公经济工委副书记马序松，区工商联副主席、北京陶瓷商会会长陈进林参加迎检工作。

（许　铭）

【区工商联第十一次代表大会】 12月26日，召开区工商业联合会（商会）第十一次代表大会。市工商联党组成员、副主席郑勇男，区委书记吴桂英，区委副书记、区长王灏，区人大常委会主任陈宏志，区政协主席陈涛，区委常委、组织部部长何明，区委常委、区委统战部部长、区直机关工委书记黄晓伟，市委统战部、市工商联有关处室负责同志，区各委办局，工商联36家特邀顾问单位，各民主党派和人民团体出席大会开幕式。区工商联会员代表和各界来宾260余人参加大会。郑勇男代表市工商联向大会召开表示祝贺，并对区工商联和非公有制经济2011年至2015年所取得的成绩给予肯定，希望区工商联在区委、区政府领导下，紧紧抓住全面深化改革契机，牢牢把握"两个健康"工作主题，贯彻落实好习近平系列重要讲话精神和中央统战工作会议精神、《中国共产党统一战线工作条例》，围绕供给侧结构性改革，创新"亲""清"政商关系工作机制，引导非公经济人士坚定信心，适应新常态，不断拓展非公有制经济发展空间。吴桂英向大会召开表示祝贺，并对区工商联和全区非公有制经济人士提出三点希望：一是坚定正确方向，在凝心聚力上有新贡献；二是发挥特色优势，在服务经济社会发展上有新突破；三是深化进取创新，在提高履职水平上有新作为。围绕促进"两个健康"中心任务，为朝阳转型发展服好务，努力开创工商联工作新局面。会议审议通过由区工商联主席叶青代表第十届执委会所作《牢记使命坚定信心　开拓进取　为服务朝阳建设"三区"建成小康谱写新篇章》的工作报告。报告总结区工商联五年来的工作成果和经验，明确今后工作的指导思想和总体目标，提出切实可行的工作思路。大会选举产生由90名委员组成的区工商联第十一届执行委员会。在大会期间召开的第十一届执行委员会第一次全体会议上，选举产生28名区工商联常务委员及区工商联新一届领导班子，同时表决产生区商会领导班子。闭幕式上，会议审议通过《朝阳区工商业联合会第十一次会员代表大会会议决议》。

（许　铭）

团 体

2017
北京朝阳年鉴

朝阳区总工会

【概况】 朝阳区总工会是朝阳区工会组织的领导机关。内设办公室、财务部、组织部、代收管理部（经审办）、宣传教育部、经济技术部、权益保障部、职工服务（帮扶）中心、职工服务中心（工人文化宫）和服务业工会、高新技术产业工会。年内，全区有建会单位5.6万家，会员62万人。举办65场职工沟通会，在区44个服务站推进为户外劳动者服务。开展观影、读书、体检等会员服务300批次，受益职工60万人次。承办“绿色北京、相约朝阳”首都职工春季健步走活动，为区160个单位5万名“急难险重”一线职工送清凉，为区125个单位4万名会员送15种重大疾病和意外伤害保障。成立首都职工志愿服务朝阳总队，下设48支服务大队、1000余支特色服务小队、1226个服务站点，开展活动580余次。与区委农工委、区委教工委、区人力社保局联合启动农转工技能素质提升工程，培训农转工、农民工2.3万名，其中23%实现再就业。与区卫生计生委、区安监局联合举办公益大讲堂93场、技能大赛96场，培训职工13万人。依托区律师协会，动员全区823个律师事务所、1.2万名律师积极投身法治朝阳建设，全年集体合同覆盖率90%，职代会和厂务公开建制率97%，成功调解案件608件，履行金额2800万元。在中华全国总工会召开第十六届执行委员会第四次全体会议上，区总工会党组书记、主席王文军增补为全总十六届执委会委员。区总工会在2015年北京市工会系统考评中获第一名，获评2016年度全国安康杯竞赛组织工作优秀单位。

地址：日坛北街33号

邮编：100020

电话：65094620

网址：http://www.cyzgh.org

（于　洋）

【基层工会主席年度述职会】 1月6日至7日，召开全区基层工会主席培训班。48个街道、地区和产业工会主席，区总工会机关全体干部参加培训学习。解读中央党的群团工作会议精神、《北京市实施〈工会法〉办法》，学习区委十一届十一次全会报告、“十三五”规划建议及说明、区委书记吴桂英在区委群团工作会议上的讲话及区委《关于加强和改进群团工作的意见》。区总工会党组书记、主席王文军作题为《认清形势、牢记使命，深入贯彻落实党风廉政建设主体责任》专题党课报告，参会人员就培训内容，探讨2016年重点工作。各基层工会主席作2015年工作述职。

（于　洋）

【演出慰问职工活动】 1月8日，在华侨城大剧院举办2016年元旦、春节“两节”送温暖系列活动暨区总工会送演出慰问职工活动。活动分为3场，分别为综艺专场、相声专场及舞台剧专场，朝阳环卫、医疗系统、地税、机关、企业等一线职工4500人观看演出。该演出拉开区总工会2016年“两节”会员服务活动序幕。

（于　洋）

【劳模春节慰问金发放】 1月，采取银行划拨方式将区级春节慰问金76.68万元、市级春节慰问金59.9万元，划拨到区在册全国劳模、市级劳模个人京卡互助卡账户中，发放慰问金136.58万元。

（于　洋）

【“两节送温暖”活动】 1月，全面启动2016年度“两节送温暖”活动。市区及基层工会投入近千万元资金，对全区在册困难职工、一线单位、大病职工、困难劳模、结对帮扶人员走访慰问，发放“爱心包”“温暖包”及慰问金等物资。对在档困难职工、困难劳模、大病职工及结对帮扶人员做到走访慰问不漏一户、帮扶救助不留死角。到公安朝阳分局、区城市管理综合行政执法检查局、京客隆配送中心等一线单位，慰问节日期间坚守岗位职工。同时，为全区职工会员送上多场综艺、相声、舞台剧演出。

（于　洋）

【农民工工资支付情况专项检查】 1月，根据《朝阳区关于开展2016年春节前农民工工资支付情况专项检查工作方案》，在全区工会系统开展2016年春节前农民工工资支付情况专项检查活动。成立专项检查工作领导小组，配合区人力社保局召开专题会议，重点对全区建会企业进行摸底排查。为300余人次农民工提供涉及工资问题法律咨询。处理法律援助的劳动争议案件8宗，涉及金额30余万元，为80余名农民工追缴欠薪100余万元。

（于　洋）

【第一批剔除工作启动】 1月，启动2016年工会经费税务代收费源登记库第一批剔除工作。主要针对停止注销单位、个体工商户、空壳单位、个体工商户转非个体工商户单位，符合剔除条件单位8504户，需上报市总工会剔除建会单位70户。

（于　洋）

【区总工会十三届十二次全体会】 2月4日，召开十三届十二次全体会，审议通过《区总工会2015年工作总结》和《区总工会2015年经费收支决算和2016年经费收支预算情况报告》，听取各主管主席关于2016年重点工作和“十三五”规划汇报。围绕全区工会工作2016年重点和“十三五”规划进行分组讨论。区总工会常务副主席姬文革主持会议。

（于　洋）

【区领导慰问一线劳模】 2月5日，区委书记吴桂英慰问环卫劳模张东梅，区委常委、宣传部部长、区委办主任刘军胜，区总工会党组书记、主席王文军陪同慰问。

（于　洋）

【关爱女性主题活动】 3月7日，在全区工会系统开展以“关爱女性、提升品质、建功朝阳”为主题的庆祝活动。活动以“送保障、送知识、送健康”为主要内容，指导全区各级工会组织为女职工会员提供全方位、多层次、重实效的服务。

（于　洋）

【劳模推荐】 3月18日，完成劳模评选表彰和服务工作。成立由区委各主管工委及相关部门组成的推荐表彰委员会，制定工作计划和名额分配方案；推选全国五一劳动奖状1个、五一劳动奖章3名、工人先锋号3个；首都劳模奖状8个、劳动奖章36名、工人先锋号15个。

（于　洋）

【职工健步走活动】 3月30日，由市总工会、市体育局、区委、区政府共同主办的北京市“健步121、绿色好生活”职工健步走活动在奥林匹克森林公园举行。市人大常委会副主任、党组副书记、市总工会主席牛有成，市总工会党组书记、副主席曾繁新，区领导吴桂英、王灏、陈涛、张维刚、黄晓伟、王文军等领导出席启动仪式并参加健步走活动。区街乡、行业、委办局劳模代表、干部职工和其他区、系统职工3000余人参加活动。

（于　洋）

【年度工会工作会议】 3月30日，在望京昆泰酒店召开区2016年度工会工作会议。听取区总工会工作报告和《关于贯彻落实区委加强和改进群团工作意见的实施意见》说明，制发《关于贯彻区委〈关于加强和改进党的群团工作的意见〉的实施意见》。市总工会党组书记、副主席曾繁新，区委副书记、政法委书记陈涛参加会议并讲话。区人大常委会副主任苑文新、区政府副区长黄晓伟、区政协副主席张永新出席会议。区委区政府各委办局、各街乡主管领导，工会主席、副主席、干事350人参加会议。

（于　洋）

【农转工技能素质提升工程】 4月19日，联合区委农工委、区委教工委、区人力社保局联合制发《关于开展朝阳区农转工技能素质提升工程的实施方案》。在19个地区办事处，以推进农村城市化、农民市民化为主要内容，推出农民工培训品牌，覆盖10万名农民工。

（于　洋）

【“志愿相约、爱在朝阳”单身会员联谊会】 4月22日，在蓝调庄园婚礼中心举行“志愿相约、爱在朝阳”单身会员联谊会。区机关各委办局200余名单身会员参加联谊会，区总工会副主席黄文娟出席活动并致词。

（于　洋）

【区属企业工会座谈会】 5月6日，召开区属企业工会座谈会。区总工会党组书记、主席王文军，区国资委书记刘勇，区服务业工会主席宋慧青，区总工会机关相关人员及区服务业工会各企业20名工会主席参加会议。京客隆集团、昆泰集团、蓝岛大厦、朝开公司、望京综合开发公司等各工会主席围绕2015年企业工会亮点工作、2016年重点工作作汇报，对培训、维权、活动等方面提出建议。

（于　洋）

【领导调研】 5月31日，市人大常委会副主任、市总工会主席牛有成到双井街道和南磨房乡调研区工会工作。市总工会党组书记、副主席曾繁新，副主席张青山参加调研。陈涛、黄晓伟、王文军陪同调研。牛有成强调，工会工作必须明确需求导向、效果导向、问题导向。工会工作是社会治理能力和治理体系现代化的重要标志，要注重工会组织的全覆盖，提升工会组织的服务能力；要从维护职工合法权益、完善职工服务体系、为职工创造发展平台、搭建传承体系等方面入手，围绕职工需求和未来发展提供服务；要注重提升工会工作的方式方法，从围绕中心、服务大局等大处着眼，凝聚人心，从服务职工的小处着手，用真情实感为职工提供精准、精细服务。8月16日，曾繁新一行到区奥林匹克森林公园，专题调研“劳模主题公园”建设工作。市总工会领导对区总工会前期踩点考察结果给予肯定，并对劳模主题公园设计方案提出建议。

（于　洋）

【区基层工会主席培训班】 6月21日至24日，联合市工会干部学院举办区基层工会主席培训班。围绕工会经费收缴和使用、税务代收工作、工会组建和职工入会工作实务，构建和谐劳动关系等方面，全区各街道、地区、功能区总工会和产业工会主席、副主席及社工干部参加培训。7月26日至27日，区基层工会主席培训班在朝阳区委党校开班。区街道、地区、功能区总工会和产业工会主席、副主席近80人参加培训，区总工会常务副主席姬文革、区总工会副主席黄文娟出席培训班。培训内容为朝阳“十三五”区情介绍、大数据理论研究、指导工作的践经验等。

（于　洋）

【职工技能竞赛】 8月17日，由区总工会主办、区环境卫生服务中心承办的“2016年朝阳区职工技能竞赛”结束。比赛项目设计与环卫工作实际紧密结合，来自环卫作业一线近150名职工选手参加作业车辆曲线行驶、轮胎拆装、更换扫刷、三轮电动车百米废弃物捡拾及消防灭火接力等比赛项目，评出各比赛项目一、二、三等奖。

（于　洋）

【职工体质测试项目】 11月，启动2016年区职工体质测试项目。为47个基层单位1047名职工会员开展体质测试。职工可通过体质测试获得个性化的运动处方和营养膳食处方，把握合理膳食、科学锻炼的方法，提高身体素质。

（于　洋）

【区文化创意产业工会组建】 12月27日，经区机构编制委员会研究批复，同意组建朝阳区文化创意产业工会，设在区总工会，核定行政编制2个，其中工会主席1名、副主席（正科级）1名；同意将朝阳区制造业工会更名为朝阳区高新技术产业工会；金融产业工会、律师行业工会按照工会有关章程和上级有关要求承担各自行业工会工作。调整后，区总工会行政编制32个，其中总工会主席1名、副主席3名；服务业工会、高新技术产业工会、文化创意产业工会主席、副主席各1名。

（于　洋）

【百个服务项目】 年内，推出百个服务项目。百个服务项目涉及商超购物、就业帮扶、困难帮扶、家庭婚恋、互助保障、法律援助、休闲娱乐、餐饮健康、体育健身、医疗体检、职业培训、文化教育、心理咨询、亲子游艺、休养旅游等15大类服务100个项目。区总工会扩大职工住院医疗、重大疾病、意外伤害互助保障参保面，各项投保12万人次，总金额734万元。开展线上、线下活动26次，送上门演出9场，全区各级工会开展服务活动300批次，服务会员百万人次。两节送温暖、慰问一线企业、爱心卡、医疗救助、抚慰救助等帮扶工作投入资金220万元。举办职工专场招聘会，进行分类就业指导，1582人达成就业意向。为全区160个单位4万名“急难险重”一线职工送清凉，为全区126个机关事业单位近4万名会员送保障、送健康、送瑜伽和太极培训。新申报建立母婴关爱室39家，与区妇联、团区委共同主办“匠人匠心”中国传统文化与设计系列活动、朝阳群众杯摄影大赛、单身青年联谊、关爱环卫女工系列服务、迎“三八”系列活动，关心职工家庭幸福，推出“一统五联”的朝阳特色服务品牌。

（于　洋）

共青团朝阳区委

【概况】 共青团北京市朝阳区委员会（以下简称团区委），内设办公室、全媒体宣传部、基层组织部、人才统战部，下辖青少年指导服务中心（事业单位）。年内，全年新建两新团组织217个，其中非公企业202家、社会组织15家。1人获全国优秀共青团干部，1人获北京五四青年奖章，2个团委获2016年市五四红旗团委，3个团支部获市五四红旗团支部，6个集体获市青年文明号，3人获市优秀共青团干部，1人获市优秀共青团员。完善社区青年汇建设，形成旗舰店15家、重点地区店17家、普通店59家91家社区青年汇的布局体系；组织活动3061次，服务青年61000人次。全区建立青年就业创业见习基地58家，岗位1118个，组织未就业青年4968人次参与见习实践，签订就业合同839人，留任率35.5%。组织参与就业创业培训20余场，服务青年1700余人次。开展共青团与人大代表、政协委员面对面品牌活动，组织"青少年星光自护教育"培训260场。开展家庭生活困难青少年精准帮扶工作975次，投入资金140万元。举办2016年"阳光温暖回家路"——朝阳区送贫困大学生回家过年报销火车票领款工作会。为11所驻区高校424名贫困大学生发放善款95612.75元。全区有区属团员4.5万人，二级团组织126个，其中街道系统24个，农村系统19个，青工系统55个，非公经济团组织28个。

地址：日坛北街33号
邮编：100020
电话：65094369
邮箱：cytqwxcb@163.com

（李玥嶓）

【"阳光伙伴"应急志愿者培训】 1月8日，朝阳区青年志愿者协会开展以"学习应急抢险知识提高自救互救能力"为主题的"阳光伙伴"应急志愿培训。7家组织的25名骨干志愿者参加培训。活动分为三个部分，分别是"城市突发灾害避险""地震消防常识""医疗急救"。

（李玥嶓）

【法治宣传教育活动启动】 1月底，朝阳团区委以各街道、地区青年汇为活动平台启动为期两个月的寒假"青春自护·平安春节"青少年法治宣传自护教育活动。前期开展需求调查，各街乡、地区青年汇报送计划课程114节，课程内容涉及冬季采暖安全、预防拥挤踩踏及逃生策略、火场逃生模拟训练、烧烫伤的预防及应急处理、意外创伤的紧急救护、青少年心理健康、禁毒知识培训等13类安全和法治知识。

（李玥嶓）

【"阳光对接日"活动】 2月29日，朝阳区青年志愿者协会举办2016年度"阳光对接日"活动，10家"阳光伙伴"公益组织、7家街乡及青工单位参加活动。活动以交流会形式开展。各街乡团（工）委及青工单位团委负责人分别介绍情况及公益项目需求。"阳光伙伴"公益组织负责人介绍志愿服务特点，并和与会单位商讨合作事宜，双方围绕关爱服务、文化教育、社区服务、绿色环保等方面志愿服务项目探讨交流，初步达成合作意向。

（李玥嶓）

【女大学生招聘双选会】 3月15日，团区委联合区妇联、区人力资源公共服务中心共同举办"春风行动——女大学生招聘双选会"。朝阳区青年就业创业见习基地、朝阳区青联委员企业等50余家企业报名参加，经资格审核并筛选最终有35家企业参加招聘，招聘岗位647个。200余名女大学生参加招聘会，91人与企业达成初步就业意向。

（李玥嶓）

【"志愿同行亲水朝阳"主题志愿服务活动】 3月26日，在朝阳公园举办由区委宣传部、区文明办、区水务局、区教委、团区委联合组织开展的"志愿同行亲水朝阳"主题志愿服务活动。北京化工大学、北京中医药大学、北京联合大学、玖远集团、"阳光伙伴"公益组织联盟的青年志愿者130余人参加活动。

（李玥嶓）

【青年创新创业工作座谈会】 4月28日，在规划艺术馆举办"创青春创未来"2016年朝阳区青年创新创业工作座谈会。区商务委副主任关德鹏，区科委副主任戚道铎，区投资促进局副局长部杰，区人力社保局大、中专毕业生服务中心主任李璐，工商朝阳分局工商登记注册科科长郑彦霞，团区委书记孔钢城、副书记刘苗苗出席会议。区青联、区内孵化器、高校团委、区创业青年团队的代表和社会报名青年200余人参加座谈会。刘苗苗介绍区内青年就业创业工作情况。为3家新增的青年就业创业见习基地授牌，发布"青春苗圃"计划。该计划旨在为有创业意向朝阳区青年提供基础创业培训，开展青年训练营、模拟实战创业项目、投融资项目路演，分享优秀创业者的成功经验等，为青年创业者提供更广泛的创业服务，引导青年群体为朝阳区经济发展提质增效贡献力量。

（李玥嶓）

【"区校共建"交流座谈会】 5月27日，召开2016年上半年"区校共建"交流座谈会。区内外14所高校团委书记、就业创业志愿服务负责人及区部分委办局相关负责人40余人参加会议。与会人员分别就大学生就业创业工作、高校学生挂职工作、发展青联委员政策、公益志愿工作、委办局青联委员单位合作项目5个方面进行交流。 12月14日，在北京中医药大学组织召开2016年下半年"区校共建"交流座谈会。北京中医药大学党委副书记、校长翟双庆，团市委大学中专工作部部长张秀峰，朝阳团区委副书记刘苗苗、孙博洋出席会议。刘苗苗传达朝阳区第十二次党代会工作报告相关精神，并表示希望各高校认真领会，将高校共青团工作与区"十三五"时期发展相结合。团市委大学中专工作部部长张秀峰提要求。

（李玥嶓）

【预防青少年违法犯罪暨未成年人保护工作会】 5月31日，召开2016年度预防青少年违法犯罪与未成年人保护工作会。区委常委、副区长黄晓伟，团市委权益部部长蒋华茂，团区委书记孔钢城，区教育工会主席陈先豹出席会议。区预青组、未委会成员单位、相关街乡团（工）委负责人、社工事务所项目督导，区青联委员代表参加会议。刘苗苗主持会议。孔钢城作朝阳区预防青少年违法犯罪和未成年人保护工作报告，部署下一阶段重点工作。黄晓伟在会上讲话。

（李玥嶓）

【禁毒教育培训活动】 6月21日、23日，开展以“珍爱生命，远离毒品”为主题的街乡、青工、非公团干部的禁毒教育培训活动。邀请北京市青少年法律与心理咨询服务中心主任许建农、北京警察学院侦查系副主任蒋丽华为青年干部授课。团区委、各街乡、青工、非公单位的团干部200余人参加培训活动。

（李玥嶓）

【“朝YOUNG创客”暨青年创业政策大讲堂活动】 6月23日，联合区国税局开展“朝YOUNG创客”第三期暨青年创业政策大讲堂活动，邀请区国税局货物和劳务税科和所得税科人员为创业青年解读增值税和企业所得税优惠政策。50余名创业青年参加活动。

（李玥嶓）

【青年创业课堂活动】 7月17日至8月7日，团区委联合北京中传品木文化发展有限公司在劲松街道中远通达（北京）商务中心共同开展青年创业课堂系列活动，40余名创业青年参加。邀请三点一刻联合创始人王孝伟、创客总部/创客共赢积极合伙人李建军、“法律讲堂”主讲人李鸿鹏等8名知名讲师，分别从推广公司品牌、寻找投资人、了解创业法律、整合资源及对接孵化器等方面展开分享并答疑解惑，1支创业团队获投资支持。

（李玥嶓）

【“寻找匠心精神”主题分享活动】 7月25日，联合Global Youth Leadership（GYL）在北京联合大学共同开展朝YOUNG创客暨GYL之夜——“寻找匠心精神”主题分享活动，朝阳区青联委员、区创业青年代表、GYL研习营营员等100余名青年参与。邀请著名财经评论人吴伯凡、前三菱商事（中国）董事长武田胜年、合兴集团行政总裁洪明基等8位国内外知名嘉宾，围绕“匠心精神”主题进行分享。

（李玥嶓）

【社区里的冬奥会启动仪式】 7月30日，联合区体育局开展“申冬奥成功一周年暨社区里的冬奥会启动仪式”。国家体育总局冬季运动管理中心冰球部部长王春露、北京冬奥组委新闻宣传部副部长徐济成、团市委副书记王洪涛、朝阳副区长兼北京奥林匹克公园管委会主任黄晓伟、朝阳区体育局局长马海鹰、北京奥林匹克公园管委会党委副书记龙彩凤、朝阳团区委书记孔钢城、副书记刘苗苗、中国首枚花样滑冰冬奥会奖牌获得者陈露以及市冰壶运动协会、市冰球运动协会相关领导出席活动。

（李玥嶓）

【共青团北京市朝阳区第十一届八次全委会】 8月5日，在区卫生计生委召开共青团北京市朝阳区第十一届委员会八次会议、共青团北京市朝阳区第十二次代表大会筹备工作部署会。朝阳区青工、非公、街乡团干部130余人参加会议，刘苗苗主持会议，团区委书记孔钢城出席会议。

（李玥嶓）

【帮扶工作部署会】 9月9日，召开朝阳共青团助力生活困难家庭青少年精准帮扶工作部署会。制发团区委、区民政局联合印发的《关于朝阳共青团助力生活困难家庭青少年精准帮扶工作的实施意见》。团区委书记孔钢城部署工作，区民政局副局长李晓梅、团市委权益部部长蒋华茂等讲话。团区委机关干部以驻点干部身份分别对接2至3个街乡，定期下沉，实地指导开展精准帮扶工作。

（李玥嶓）

【首届“朝阳群众”杯青年摄影大赛】 9月24日，开展新青年城市体验营之探秘朝阳——首届“朝阳群众”杯青年摄影大赛外拍活动。92家社区青年汇分批走进东岳庙、将府公园、古塔公园、奥林匹克森林公园（南园）、北京中华民族博物院、鸟巢CAIA北京会展中心、中国科技馆等开展拍摄活动，700余名青年参加活动。

（李玥嶓）

【“青令营”活动】 9月27日至28日，在北京国际青年营顺鑫营地组织开展2016年朝阳区青年就业创业见习基地项目“青令营”活动。区人社局、区财政局有关领导，团区委书记班子出席开营仪式。朝阳区青年就业创业见习基地主管领导、优秀项目负责人及优秀见习100余人参加活动。

（李玥嶓）

【共青团北京市朝阳区第十二次代表大会】 11月8日至10日，在北京会议中心举行共青团北京市朝阳区第十二次代表大会。王洪涛、林宇等团市委领导，吴桂英、王灏、陈涛、何明、张维刚、朱春霞、张永新等区领导，区总工会主席王文军等出席11月9日的开幕式。开幕式上，团区委书记孔钢城作《固本强基改革创新——为朝阳“建设‘三区’、建成小康”凝聚青春力量》工作报告。选举孔钢城、刘苗苗、孙博洋等委员41名，候补委员18名。共青团北京市朝阳区第十二届委员会第一次全体会议选举常委13名，孔钢城当选为书记，刘苗苗、孙博洋、郭伶俐、马恒当选为副书记，其中郭伶俐、马恒为兼职副书记。

（李玥嶓）

【“世界艾滋病日”宣传活动】 11月26日，开展“愿世界没有艾，让世界充满爱”为主题的系列防艾、关艾活动。在奥林匹克公园“蓝立方”志愿服务岗亭通过现场知识宣传、有奖答题、送祝福等形式宣传防艾防治。组织区16所高校开展防艾宣传活动。

（李玥嶓）

【青少年社会工作协会成立】 12月13日，北京市朝阳区青少年社会工作协会成立并召开协会成立暨第一次会员大会。北京团市委社区部部长林宇、北京青少年社会工作协会秘书长钱蓉晖、朝阳团区委书记孔钢城、区社会办副主任李永纲、区民政局社团办主任裴兴晔计以及77名协会会员、会员单位参加会议。刘苗苗主持会议。会议通过协会章程，选举产生北京厚德社会工作事务所等三家社工机构为协会会理事单位，孔钢城等17人为协会理事。召开协会一届理事会、监事会，选举孔钢城为会长、刘苗苗等为常务理事、曲平等5人为副会长、马恒为秘书长、王洪秦为监事长。

（李玥嶓）

【“共青团与人大代表、政协委员面对面”活动】 12月14日，在安贞洪泰创新空间举办朝阳区2017年“共青团与人大代表、政协委员面对面”活动。团区委副书记刘苗苗、孙博洋，区政协委员代表，洪泰创新空间创始人以及朝阳区青年创业导师、投资人和12名优秀青年电商创业代表参加活动。活动以观摩创业课堂、面对面交流座谈形式，围绕“城乡青年电商创业人才培养”主题展开。2017年活动在43各街乡开展并完成，征集44份“青年电商创业”相关主题调研报告。

（李玥嶓）

朝阳区妇女联合会

【概况】 朝阳区妇女联合会是中共朝阳区委领导下、北京市妇联指导下的群众组织，是党和政府联系妇女群众的桥梁和纽带。年内，深入贯彻落实党的十八届四中、五中、六中全会、中共中央《关于加强和改进党的群团工作的意见》及朝阳区第十三次妇女代表大会会议精神，围绕区委、区政府工作大局，实施妇女创业行动、妇女维权行动、家庭文明建设行动、妇女关爱行动，切实履行组织妇女、引导妇女、服务妇女和维护妇女合法权益职责，团结动员广大妇女。区妇联机关现设5个部室1个中心，即办公室、组联部、事业发展部、维权部、妇女儿童工作委员会办公室（内设科室）、朝阳区妇女发展服务中心。年内，成立区妇女儿童公益慈善促进会。

地址：日坛北街33号

邮编：100020

电话：65099407

网址：http://www.cyw.com.cn

（常　君）

【创业就业】 3月初，联合团区委和区人力资源公共服务中心举办“2016春风行动——女大学生专场招聘会”。活动现场设专人为求职者提供涵盖求职登记、岗位推荐、职业指导、法律咨询、创业培训等一站式服务，200余人参加招聘会，91人达成初步就业意向。与人力资源公共服务中心联合中华女子学院举办女大学生秋季综合双选会，现场提供近500个就业岗位，700余名学生参加，意向复试人数602人。组织安排康爱公益等社会组织10余名妇女参加“北京市妇女电商培训班”。利用微平台服务妇女，通过“朝阳女性”微信公众号、朝阳妇联微博等新媒体积极开展创业就业政策宣传。与昆明市妇联女企业家代表团、河南淅川县妇联等单位共同探讨妇女创业就业重点问题。

（常　君）

【《反家庭暴力法》专题讲座活动】 3月，“三八”妇女节期间，区妇联、区司法局联合举办朝阳区“三八”妇女维权活动启动暨《中华人民共和国反家庭暴力法》专题讲座活动。中华女子学院教授作反家暴法相关知识专题授课，公安朝阳分局、区法院、区检察院、区司法局、区女律师联合会及街乡妇联、司法所等150人参加活动。各级妇联组织和司法所以社区（村）妇女之家、姐妹驿站为阵地，利用广播、电视、报纸等舆论媒介开展妇女维权和反家暴宣传，开展现场发放反家暴宣传材料、现场法律咨询、反家暴专题讲座、法律知识竞赛等活动。

（常　君）

【慰问帮教活动】 3月，“三八”妇女节期间，联合区司法局到市女子监狱开展朝阳籍女性服刑人员慰问帮教活动。区妇联、区司法局主要领导带领相关人员参加慰问帮教，并为每位朝阳籍女性服刑人员送去生活用品。

（常　君）

【“剧行朝阳”活动】 3月，“三八”妇女节期间，启动“剧行朝阳”活动。联合区文化委，委托专业创作团队编制《寻找最美家庭》舞台剧，于2017年“三八”妇女节期间向大众推出。通过群众喜闻乐见的戏剧表演方式，宣传女性“四自”精神（自尊、自信、自立、自强），传递家庭美德正能量。

（常　君）

【慰问活动】 3月，开展以“营造温暖之家，共享美好生活”为主题的2016年“两节”扶贫慰问送温暖工作。为1350户单亲困难母亲送去救助金543000元，为1991户女性低收入家庭送去救助金796400元。为12名老妇救会主任发放1.2万元慰问金和慰问品。为125名“两癌”特困女性发放慰问金10万元，委托康爱公益、区巧娘协会为组员开展2期兴趣小组，为“两癌”患病妇女提供丝绫堆绣和手工皂技能培训。

（常　君）

【妇女儿童公益服务活动品牌】 4月，成立区妇女儿童公益慈善促进会，推出“爱•照角落”“善•行朝阳”两大行动，重点实施“橙美公益——环卫女工关爱项目”和困境儿童关爱项目。“橙美公益”项目争取到中国妇女发展基金会、市妇女儿童发展基金会支持，为100名特困女工发放母亲邮包，为2400名女工制作爱心马甲，为1500名女工捐赠防雾霾口罩和保暖手套；争取到爱心企业赞助，为环卫女工子女在木偶剧院进行专场演出；争取社会组织支持，为女工举办家庭教育、健康教育、京剧鉴赏专题讲座3场。困境儿童关爱项目发动促进会会员单位，走进儿童福利院、星星雨教育研究所探望孤残儿童和自闭症儿童。委托社会组织开展“志愿家庭彩虹朝阳”志愿家庭关爱困境儿童活动，帮助21个志愿家庭和困境儿童结对子。

（常　君）

【村妇代会改建妇联】 4月至8月，在第十届村委会换届选举村中，开展妇代会改建妇联工作。全区有12个乡、71个村妇代会改建成为村妇联，选举产生477名妇联执委，其中妇联主席71名，专兼职副主席123名，完成区“十三五”妇女发展规划指标要求。

（常　君）

【第五届家庭文化节】 5月17日，开展以“寻找家庭根脉 传承中华风尚”为主题的第五届家庭文化节活动。通过在全区开展“绘制我家根脉图”、“我家最美”家风故事汇、“最美时刻随手拍”摄影作品征集、“清风满家”家庭助廉家训格言征集等一系列活动，把健康向上的生活理念融入广大妇女和家庭的日常生活，形成全社会传承家庭美德、树立良好家风的和谐氛围。表彰2016年区级最美家庭和“绘制我家根脉图”优秀作品，采访最美家庭代表，分享他们家庭感人故事与家风家训。

（常　君）

【家庭教育系列活动】 5月28日，与贝迪堡国际儿童早期发展中心合作，通过微信报名和电话报名方式，招募36个家庭参加区第十二届健康宝宝大赛。开展示范儿童之家活动，扶持10个儿童之家链接社会资源，开展隔代教育、亲子共学、经典诵读、四点半课堂等各具特色的家庭教育活动。开展亲子安全宣传教育活动。委托北京蝾吻安全技术防范中心走进社区（村），围绕“居家安全、交通安全、户外安全”等内容，讲解安全知识，开展安全实践活动。

（常　君）

【家庭助廉知识竞赛】 5月，举办“树廉洁新风，做最美家庭”家庭助廉教育知识竞赛活动。在举办全区范围预赛基础上，选出16支队伍参加决赛。开展“清风满家”家庭助廉家训格言系列活动，向全区广大家庭特别是党员干部家庭广泛征集家训格言基础，邀请区知名书法家和党员领导干部代表以家训格言为内容开展书法笔会活动，并将作品在机关系统集中展示。

（常　君）

【“绘制我家根脉图”活动】 5月，区妇联与北京新闻文化研究所合作，在呼家楼中心小学4个校区2600余名学生中开展“绘制我家根脉图”活动。活动以寒假作业的方式进行，收到作品上千份。上交的作品形式多样、创意无限，体现学生和家长共同智慧。邀请专家评选作品，选出优秀作品300余份，在区第五届家庭文化节上集中展示。

（常　君）

【“妇女之家”“姐妹驿站”建设】 7月，继续开展区级示范妇女之家、姐妹驿站及优秀活动项目创评，全区共有43个街乡的40个妇女之家、8个姐妹驿站及33个优秀项目参加创评。经过初审、现场创评和档案检查，评选出区级示范妇女之家33个、姐妹驿站5个，优秀活动项目26个。

（常　君）

【妇联组织覆盖扩大】 9月，在中复电讯集团成立区首家非公企业妇联组织。这是继商务楼宇叶青大厦成立全市首个区域化妇联组织——叶青大厦妇联后，首个区级非公企业妇联组织。

（常　君）

【区妇联换届】 10月25日至26日，举办区第十三次妇女代表大会。全区各界325名妇女代表参加会议。大会总结过去五年妇女事业和妇女工作，规划部署2016年至2020年妇女发展目标和妇女工作。选举产生区妇联第十三届执行委员会，执委会主席1名、专职副主席2名、兼职副主席4名、常务委员13名。会议审议通过《朝阳区妇女代表大会代表联系制度》《朝阳区妇联执委工作制度》《朝阳区妇联常委工作制度》，建立妇女代表、执委、常委常态化联系妇女群众工作机制。

（常　君）

【女性素质提升工程启动】 年内，与北京众合社会工作事务所合作，通过菜单式预约服务，为妇女群众提供个性化的培训。在区直机关系统妇委会、阳光中途之家、街乡妇联、社区妇女之家开展培训活动，内容包括国学讲堂、身心健康、家庭教育、形象塑造等方面。还为非公经济领域女性举办插花活动，为巾帼亲情服务队举办专题培训班。全年项目开展培训活动25次，受益妇女达到1714人。

（常　君）

【“双学双比”示范基地工作推进】 年内，继续开展“双学双比”活动，向北京凤亭香茗食品经营部等5个双学双比示范基地及企业、社会组织下拨京郊妇女发展项目经费和首都巾帼现代农业科技示范基地项目经费80万元，常态化监督检查项目资金使用情况，发挥“双学双比”基地在引领行业发展、带动周边女性创业就业上的作用。为创业妇女申请“母亲创业循环金”项目，寻找在区域内符合条件的创业女性，为有故事的创业女性提供1年期15万元无息贷款。召开“首都巾帼科技汇座谈会”，为女性创业者搭建互帮、互学、共同提升的交流平台。成功推荐北京蓝调庄园文化发展有限公司成为首都巾帼现代农业科技示范基地。

（常　君）

【“最美家庭”系列活动】 年内，继续深化家庭建设工作，联合区委宣传部、区文明办实施寻找“最美家庭”主题活动和“最美家庭”百千万工程。组织区内妇联组织以妇女之家、姐妹驿站为主阵地，依托区妇联官方网站、《朝阳报》、朝阳有线及微博微信等新媒体为宣传平台，深化寻找“最美家庭”活动，寻找在传承中华民族家庭美德方面表现突出、事迹感人、群众认可的10类“最美家庭”。经综合评议，推选区级“最美家庭”100户、“最美家庭”提名45户、首都“最美家庭”15户。开展“我家最美——家风故事汇”“最美时刻随手拍”摄影展示、“清风满家”家庭助廉家训格言征集活动。

（常　君）

【家暴庇护工作】 年内，与民政局救助站合作完善建立反家庭暴力庇护中心，为因遭受家庭暴力无家可归的妇女儿童提供临时生活和安全保障，并辅以法律援助、心理辅导等。与女律师联合会共同建立“爱心工作室”和“巾帼在行动”妇女维权宣讲团，开展接待、咨询、宣传工作，为受暴妇女提供专业法律帮助和咨询服务。2月，与民政局救助站、源众家庭与社区发展服务中心联合解决1起家暴庇护事件。

（常　君）

【法律咨询信访接待】 年内，发挥妇联信访热线、“12338”热线和女律师爱心工作室作用。接待来信来访来电267件，妥善解决市妇联交办各类信访件。

（常　君）

【巧娘品牌】 年内，巧娘公益讲师团走进基层，举办妇女手工艺技能培训班981期。举办“匠人匠心”巧娘手工艺品展览活动2次，主题论坛活动1次，设计制作巧娘协会标识、宣传折页和手提袋，宣传展示朝阳巧娘形象。完成巧娘协会换届工作。

（常　君）

【“十三五”妇女儿童发展规划编制】 年内，依据《中国妇女儿童发展纲要（2011—2020年）》《北京市“十三五”时期妇女儿童发展规划》《朝阳区“十三五”国民经济和社会发展纲要》，结合我区妇女儿童工作实际情况，编制完成区“十三五”时期妇女儿童发展规划，并经区长办公会审议通过，以区政府名义发布。召开发布暨培训会，介绍区“十三五”妇女儿童规划特点、体例内容、拟实施重点项目和下一步工作安排，传达全国第六次妇女儿童工作会精神。邀请全国妇联妇女研究所研究员、国际妇女研究室主任丁娟、市卫生计生委老年与妇幼健康处处长郗淑艳及中国工艺美术大师黄小群，开展男女平等基本国策、妇幼卫生工作、妇女与传统文化等方面专题授课。

（常　君）

朝阳区青年联合会

【概况】 北京市朝阳区青年联合会（以下简称区青联）是区委领导下的人民团体，是以中国共产主义青年团为核心力量的各青年团体的联合组织，是全区各族各界青年广泛的爱国统一战线组织。区青联内设秘书处作为日常办公机构，按照委员代表性及其职业，划分社团劳模、科教卫、经济、金融、现代服务、公共管理、政法、文化体育、新闻传媒、港澳台侨民族宗教10个界别，其中经济界别下设经济1组和经济2组。年内，有委员432名，其中主席团成员16人、常委52人。“青年之友”联谊会是区青联的外围组织，会员主要由超龄、卸职的青联委员组成，除在青联组织中不具有选举权和被选举权外，会员与其他青联委员一样，同样参加青联组织的各项活动，共同为朝阳区发展贡献力量。“青年之友”联谊会现设会长1人，副会长7人，秘书长1人，有会员158人。

地址：朝阳区日坛北街33号

邮编：100020

电话：65099919　65099178

邮箱：cyqinglian2013@163.com

（李　扬　陈　烨）

【区青联常委会】 1月19日，召开区青联五届七次常委会。会议审议通过《关于成立朝阳区青联“青春助学助困基金”和“青春创业种子基金”的建议》《关于建立健全北京市朝阳区青年联合会秘书长联席会会议制度的建议》《关于制定下发〈朝阳区青年联合会委员管理细则〉和〈朝阳区青年联合会委员履职手册〉的建议》《关于增补朝阳区青联委员的建议》。9月29日，召开区青联五届八次常委会。区青联主席孔钢城，区青年之友、区委宣传部常务副部长毕重伟及区青联副主席、常委、新增补委员出席会议。会议审议通过《关于调整区青联“青年之友”联谊会秘书长的建议》《关于2016年青联委员注册及清退工作的建议》《关于增补朝阳区青联委员的建议》《关于增补区青联常委、副主席的建议》《关于北京市青年联合会第十一届委员会委员候选人提名名单的建议》。

（李　扬　陈　烨）

【区青联全委会】 1月19日，召开区青联第五届委员会第三次全体（扩大）会议。区政府副区长黄晓伟、市青联秘书长郑品石出席会议。区青联委员、“青年之友”联谊会会员代表和区相关单位、人民团体代表参加会议。区青联主席孔钢城代表区青联做工作报告，回顾朝阳青联2015年工作，部署2016年任务。

（李　扬　陈　烨）

【外事工作】 2月24日至27日，韩国首尔市江南区青少年交流团到朝阳区进行为期4天的交流访问。双方围绕两国经济、科技、文化以及教育事业等共同关心的问题展开交流。访问团韩国世宗高中师生一行赴陈经纶中学进行联谊，中韩两国青少年共同开展具有地域特色的节目演出、民宿体验等活动。8月1日至5日“中日青少年交流访问团”一行成功赴日本大田区交流。交流团由求实中学9名学生和1名带队老师组成，团长为团区委办公室主任王凝宁。11月26日至30日“中韩青少年交流访问团”一行成功赴韩国江南区交流。12月23日至27日开展2016年“携手共成长”朝阳区京港青少年交流活动。来自香港的40名青少年在朝阳区青联秘书处的陪同下，分别赴清华大学、中国传媒大学、中央美院展开学习交流，为期五天。

（李　扬　陈　烨）

【秘书长联席会】 2月26日，召开区青联一季度秘书长联席会议。会议通报青联委员注册情况，审议2016年重点工作计划、“助学助困”基金启动方案，商讨河北省精准对口扶贫工作、体育文化活动意向。5月6日，召开“廉政文化绿色出行”定向越野活动筹备会暨区青联二季度秘书长联席会议。会议通报1月至4月青联工作情况，审议“朝阳青联助学助困基金”管理委员会及监督委员会建议名单，商讨关于“廉政文化绿色出行”定向越野活动筹备工作相关事宜。12月2日，召开下半年秘书长联席会，会议对下半年工作作总结汇报，重点部署年底考核相关工作并征求全会形式方案，孔钢城重点通报关于全国青联、市青联相关文件要求。

（李　扬　陈　烨）

【温暖工程】 3月4日，区青联“青春助学助困基金”募集善款105800元，254名委员捐款。5月27日，召开“青春助学助困基金”第一次工作会。市青基会基金项目负责人李春风，“青春助学助困基金”管理委员会、监督委员会成员们出席工作会，会议由区青联常务副主席刘苗苗主持。会议总结区青联“青春助学基金”前期筹备情况，审议第一批“青春助学帮扶计划”拟资助学生名单。通过座谈交流对今后基金的管理使用提出建设性意见。8月24日至25日，联合区教委开展“青春助学帮扶”入户活动，区青联11个界别的委员分别入户走访17位区内低保家庭贫困青少年。

（李　扬　陈　烨）

【界别活动】 3月14日，孔钢城一行到区青联副主席、中海海员对外技术服务有限公司副总经理董晓雷所在企业走访座谈。观看企业宣传片，了解企业发展历程、实际现状、未来规划，对整合青联资源、促进委员所在企业合作展开深入探讨，还就青联组织建设、机制建设、特色活动、品牌项目等重点工作交流意见。3月20日，与中国生物多样性保护与绿色发展基金会、“古村之友”全国古村落志愿者网络共同举办“中国古村之友会成立仪式暨青青草·中国乡村陪伴计划启动”仪式，孔钢城宣读公益活动倡议书。活动着力打造“青”字品牌公益活动，区青联携手中国生物多样性保护与绿色发展基金会共同发起“青青草——中国乡村陪伴计划”倡议。

（李　扬　陈　烨）

【健身工程】 5月21日，区纪委、区青联共同举办朝阳青年第四届行走“廉之路”主题教育活动暨朝阳青联“廉政文化，绿色出行”定向越野活动。区预防腐败局局长于良佐，区青联主席孔钢城出席活动，北京电视台主持人、青联委员徐春妮担任开幕式主持，130名青联委员和“青联之友”联谊会会员参加活动。6月4日，公益舞蹈形体课程在东风地区社区活动中心开课，活动与东风地区星火青年汇共同举办，课程吸引20位热爱舞蹈的青年人士参加。6月26日，举办“绿茵挺英姿·青春共飞扬”足球队成立15周年友谊赛活动。区青联主席孔钢城、副主席马海鹰、“青年之友”联谊会会长金明出席活动。7月2日，举办“青春朝阳精彩羽共”羽毛球队百次纪念活动，区青联主席孔钢城、区青联原主席郑宇、王洪涛，区青联委员及青年之友出席，活动由区青联常委、北京电视台主持人金巍主持。7月31日，举办公益太极课程第一期结业暨第二期开课仪式，中海外艺术馆馆长朱莉出席仪式。

（李　扬　陈　烨）

【青年就业创业】 12月14日，在安贞洪泰创新空间举办朝阳区2017年“共青团与人大代表、政协委员面对面”活动。区政协委员代表，洪泰创新空间创始人及区青年创业导师、投资人和12位优秀青年电商创业代表参加活动。活动以观摩创业课堂、面对面交流座谈形式，围绕“城乡青年电商创业人才培养”主题展开。2017年“人大代表、政协委员面对面活动”在区43个街乡陆续举办完成，征集44份关于“青年电商创业”相关主题调研报告，青年参与度高。

（李　扬　陈　烨）

朝阳区归国华侨联合会

【概况】 北京市朝阳区归国华侨联合会（以下简称区侨联）是区委领导的由生活、工作在朝阳区的归侨侨眷组成的人民团体，是党和政府联系广大归侨侨眷和海外侨胞的桥梁和纽带。年内，下设4个专委会，有43个基层侨联组织。举办春季植树活动、区属老归侨学习活动、“我们的节日 · 端午节系列文化活动”、第十六届海外侨界高层次人才为国服务团走进朝阳、“时令生活 · 美时美食”文化体验活动等。市侨联港澳及海外侨联国庆访问团，无锡市、扬州市侨联系统干部培训班，“2016港澳及海外侨领国情研修班”调研朝阳区新侨创新创业、街道和社区侨建以及侨（港）资企业建设情况及莱锦文化创意产业园情况。

地址：团结湖北五条8号
邮编：100026
电话：65094371
邮箱：chyqlyx@163.com

（杨粤宁）

【创业朝阳 · 2016北京CBD海归创业分享暨新年联谊活动】 1月16日，由区归国留学人员联合会联合海外名校校友会举办的“创业朝阳 · 2016北京CBD海归创业分享暨新年联谊活动”在区规划艺术馆举办。市侨联、市华商会、区委统战部、区侨联领导及海归代表等近500人参加活动。优客工场、滴滴出行、住百家创始人和负责人分别对共享经济话题作主题发言，通过“共享经济，改变生活”圆桌讨论环节，分享各自行业的“共享经济”优势及创业过程中的困难，部分留学生创业者分享自己的融资经历、管理经验及创业故事。

（杨粤宁）

【区侨资企业调研市文创产业】 1月25日，组织驻区部分侨资企业到北京文化创意展示中心和文化创新工厂调研。市文资办负责人介绍市文创产业发展的现状及其前景、中心服务文创企业和运行情况、市推动中国文化“走出去”的相关情况。与会人员就市文化创意企业发展中遇到的问题探讨交流。

（杨粤宁）

【领导调研】 2月26日，中国侨联经济科技部部长赵红英到“侨海创业社区”——优客工场（阳光100旗舰店）调研，了解侨界入驻企业的情况和创新创业生态社群建设。6月24日，中国侨联主席林军一行到区调研新侨创新创业情况，市委统战部副部长、市侨联党组书记赵宏生，市侨联主席荣洋，区委常委、组织部部长、统战部部长何明等陪同调研。考察团先后调研优客工场和国创产业园，与入驻企业代表座谈交流，详细了解入驻企业情况和创新创业成果。9月8日，中国侨联副主席、中央国家机关侨联主席邵旭军一行到区调研新侨创新创业及侨资企业情况。调研团到“朝阳侨海创业社区”——优客工场，听取优客工场创始人、区侨联青年委员毛大庆介绍联合办公社群建设理念、企业服务功能和发展现状，并参观优客工场商学院、联合门诊、无人超市、思清音乐、黑土麦田公益、泛优咨询等入驻企业和项目。调研团还到北京侨福芳草地考察，听取企业及侨界人士生产生活情况的介绍。

（杨粤宁）

【调研区域化侨建工作】 3月24日，区侨联党组书记、主席曾旭带队到中科院遥感地球所奥运园区，调研区域化侨建工作。与中科院京区党委统战部部长欧云，中科院遥感地球所副所长、中央国家机关侨联副主席、中科院侨联常务副主席顾行发、中科院侨联委员、归侨侨眷代表等领导和专家座谈交流。

（杨粤宁）

【区侨联六届八次常委（扩大）会】 4月7日，召开六届八次常委（扩大）会暨2016年第三次党组（扩大）会。会议讨论通过《关于朝阳区侨联2016年换届工作的意见》和《关于朝阳区基层侨联工作经费使用管理的指导意见》，对《朝阳区侨联第六届委员会工作报告》撰写工作征求意见，布置民主评议工作、提案议案统计工作。

（杨粤宁）

【海归创客交流活动】 4月13日至15日，与山西省晋城市侨联海归创客交流活动在区侨联举行。区侨联与山西省晋城市侨联签订海归创客创新创业互帮合作协议，确定两地侨联在信息互通、人才交流、产业合作等方面联合开展内引外联工作，共同推动侨联工作发展。

（杨粤宁）

【区侨联第六届十六次全委会】 6月16日，区侨联召开第六届十六次全委会。会议讨论通过《朝阳区侨联第七次归侨侨眷代表大会日程》《朝阳区侨联第七次归侨侨眷代表大会预备会议议程》《朝阳区侨联第七次归侨侨眷代表大会代表名单》《朝阳区侨联第六届委员会工作报告》《关于聘请朝阳区侨联第七届委员会顾问、青年委员、特聘专家建议名单（草案）》等。

（杨粤宁）

【区第七次归侨侨眷代表大会】 7月6日，北京市朝阳区第七次归侨侨眷代表大会召开，选举产生由31人组成的区侨联第七届委员会。在七届一次全委会议上，选举产生区侨联第七届委员会主席、副主席和常务委员会委员，曾旭当选为新一届区侨联主席。区侨联第七届委员会31名委员中，有归侨7人、侨眷24人。其中，中央、市属和区属单位19人，区域单位12人。职业分布为教育界（大专院校等）5人、卫生界1人、文化界5人、司法界2人、科技界1人、国有企业3人、新经济组织6人、政府部门8人。委员中民主党派和无党派人士17人，委员本人或亲属侨居国（原侨居国）分布在美国、加拿大、日本、英国等12个国家。

（杨粤宁）

【罗马尼亚锡比乌孔子大学交流团】 7月19日，罗马尼亚锡比乌孔子大学孔子学院理事长康斯坦丁·奥普雷安、学院院长宋少峰、胡内多阿拉省图书馆馆长扬塞巴斯蒂安·巴拉等一行到区图书馆考察交流。图书馆与锡比乌孔子学院合作，设立汉语角，提供汉语读物等，并开设汉语及中国文化课。罗方希望跟中国图书馆合作，通过直接沟通和互访交流，帮助市民更好地了解中国文化与文明，在罗马尼亚推广中华文明价值观。代表团还参观了区文化馆。

（杨粤宁）

【“亲情中华·友好朝阳（北京）”夏令营】 7月21日至8月1日，由中国侨联主办、市侨联和区侨联承办的“亲情中华·友好朝阳（北京）”夏令营开营，来自美国、葡萄牙等国家的30余名华裔青少年参加活动。夏令营为营员们安排系统的汉语培训和国学体验课程、探访最具北京特色的名胜古迹，并与朝阳区和怀柔区中学生友好交流。结合“中华文化+奥运”活动主题，参观奥运场馆，体验冬奥运动项目——冰壶。

（杨粤宁）

【区侨联2016书画摄影学习班】 9月19日，由区侨联、望京街道工委主办，区诗书画协会、摄影协会、望京街道侨联承办的“朝阳区侨联2016书画、摄影学习班”在望京为民服务中心开班。学习班为期半年，其中书画班分10节课程，涵盖书法渊源、楷书、行书、魏楷张猛龙碑等书法知识讲解，有学员27名；摄影班分6节理论课程和4节实践课程，有学员24名。

（杨粤宁）

【与中国手工艺联盟签订战略合作协议】 11月4日，“美，让世界看见——中国手工艺联盟签约仪式”在依文城堡举行，来自知名机构和企业的100余位领导和嘉宾出席仪式。区侨联与中国手工艺联盟签订战略合作协议。区侨联发挥自身及区域资源优势，支持中国手工艺联盟项目传播、推广及少数民族地区文化挖掘与保护工作。中国手工艺联盟将设立朝阳分部，服务区域联盟企业。

（杨粤宁）

【与欧盟中国城市发展委员会签订战略合作协议】 11月4日，区侨联与欧盟中国城市发展委员会签订战略合作协议。双方共同推进包括联合国教科文组织——中国科创教育、欧盟中国“一带一路”艺术交流等项目在内的多个项目落地区域与国内相关省市。

（杨粤宁）

【“法治中国·你我同行”活动】 12月5日，“法治中国·你我同行”——“12·4”国家宪法日走进望京留创园活动在北京（望京）留学人员创业园举行。活动由中国侨联、中国侨联法顾委主办，市侨联、区侨联承办，北京（望京）留学人员创业园协办。区侨联党组书记、主席曾旭宣读《北京市朝阳区侨联关于成立法律顾问委员会委员的决定》，并向区侨联法律顾问委员会11名委员颁发聘书。

（杨粤宁）

朝阳区科学技术协会

【概况】 北京市朝阳区科学技术协会（以下简称区科协）是朝阳区科学技术工作者的群众组织，是区委领导下的人民团体，是党和政府联系科学技术工作者的桥梁和纽带，是推动科学技术事业发展的重要力量，接受北京市科学技术协会的业务指导，是区政协的参加单位。年内，区科协下属12个区属学会、2个协会和44个街、乡科学技术协会及接受区科学技术协会业务指导的企业事业单位基层组织，新成立2个企业院士专家工作站。举办科技企业与中科院所科技交流会、编辑《朝阳科技参考》。主办科普之夏、科技周、青年科技创新汇等系列活动。开展“科教进社区”“三下乡”“走进科技殿堂，共享文明生活”等品牌科普活动。举办区第十二届青少年机器人大赛、区第九届青少年微型机床创意大赛和区首届中小学师生野生动植物摄影作品征集评选活动，组织中小学生参加全国和北京市各类赛事。推进企业组建科协和院士工作站工作，开展青年工程师俱乐部系列主题活动。年内，朝阳区被命名为“2016—2020年度全国科普示范区”。 区科协获中科协颁发的全国科普日优秀组织奖。11个社区获评北京市优秀科普社区、2个科普安全教育馆获评优秀基层科普场馆，12人获评优秀社区科普宣传员。朝阳区家庭代表队在第十三届北京百万家庭数字生活技能大赛E家英雄会家庭赛总决赛上获得二等奖。

地址：日坛北街33号
邮编：100020
电话：65099961
邮箱：cyqkxjsxh@126.ccm

（刘　婷）

【“三下乡”活动】 1月20日，与区委宣传部、区文明办、区农委等10家单位在崔各庄文化服务中心举办文化、卫生、科技“三下乡”集中示范活动。区科协现场设台为村民们提供咨询服务，发放科普宣传手册、图书，宣传科学知识、科技动态和与百姓生活密切相关的科学常识。

（刘　婷）

【区第12届青少年机器人大赛】 1月24日，由区科协和区教委主办的朝阳区第12届青少年机器人大赛在华侨城黄岗中学举行。39所学校和校外青少年科技教育机构的500余名学生参加竞赛。大赛分为小学组、初中组和高中组3个组别，6个比赛项目，即机器人综合技能比赛、机器人足球比赛、FLL机器人工程挑战赛、VEX机器人工程挑战赛和ASC机器人能力挑战赛。陈经纶中学分校、和平街第一中学和芳草地国际学校远洋小学等13所学校分别获得5个项目、3个组别的18个冠军。

（刘　婷）

【第36届北京青少年科技创新大赛获奖】 3月25日至27日，第36届北京青少年科技创新大赛在怀柔中国科学院大学举办。朝阳区选手在大赛中获科技创新成果一等奖11项，二等奖14项，专项奖13项，2名教师获评十佳科技辅导员。

（刘 婷）

【第16届北京青少年机器人竞赛获奖】 3月27日，第16届北京青少年机器人竞赛在中国科学院大学雁栖湖校区举行。朝阳区学生参赛队参加机器人综合技能比赛、机器人创意比赛、机器人足球比赛、FLL机器人工程挑战赛、VEX机器人工程挑战赛、ASC机器人能力挑战赛等6项竞赛项目，获一等奖8个、二等奖6个、三等奖4个，“十佳教练员”1名。

（刘 婷）

【企业双创交流会】 5月18日，区科协在中国科学院遥感与数字地球研究所举办“朝阳区环境、大气、水土污染治理企业双创专场交流会”。中科院遥感与数字地球研究所、大气物理研究所、微生物研究所部分专家与区中科宇图、清水生态环境、海湾环境等科技企业，就环境、大气、水土污染治理方面的技术问题、院企合作前景、科技成果转化等作沟通对接。

（刘 婷）

【2016年朝阳区科技周】 5月19日至20日，由区科协主办的2016年朝阳区科技周活动在北京青少年行知实践园举办。组织北京航空航天模型博物馆、北京排水科普馆和北京佐特陶瓷技术中心等5家科普机构，开展科学实验与实验制作、飞行模拟舱驾驶体验以及3D打印和陶艺制作体验等多种科普活动。

（刘 婷）

【第十六届红领巾科普游园会】 5月28日至29日，区科协与区教委、区园林绿化局、六里屯街道办事处在红领巾公园举办“第十六届红领巾科普游园会暨2016六一科普玩具欢乐汇”活动。活动以“又学习又玩耍”为主题，设舞台展示区和“学校特色展示区”“主题活动区”“玩具交换区”“科普互动区”四大活动区两大板块，通过讲解、展示、互动、体验、制作、比赛等形式，吸引青少年和家长参与3D打印、徽章制作、人形机器人舞蹈、机器人互动交谈、机器人控球对抗等活动。

（刘 婷）

【社区科普益民活动】 5月至6月，区科协在区10个社区举办以“和谐宜居 美好家园”为主题，以社区居民、青少年、科技爱好者为受众的社区科普活动。活动围绕绿色低碳、科学生活、安全健康、应急避险等主题开展，普及尊重自然、绿色低碳、科学生活、安全健康、应急避险等知识和观念，提升居民科学素养。受益群众1万余人次。

（刘 婷）

【科技创新技能挑战活动】 7月12日，区科协与十八里店学区举办手拉手科技创新技能挑战暨创客大挑战活动。来自十八里店学区的8所学校和1所手拉手学校的师生参与活动。活动包括螺旋魔塔搭建、开放软件编程挑战、利用空气动力学制作悬浮小球、利用废旧材料制作气火箭等体验项目。

（刘 婷）

【第31届全国青少年科技创新大赛】 8月18日，朝阳区在第31届全国青少年科技创新大赛上获一等奖2项，获奖者为北京八十中学的袁若为、张杰瑛；科技辅导员创新项目一等奖3项，获奖者为区青少年活动中心的刘宏宇、苗秀杰和北京八十中学的赵胜楠；二等奖1项，获奖者为北京市朝阳区第二实验小学李迎美。

（刘 婷）

【2016年科普之夏】 8月19日，由区科协举办“2016年朝阳区科普之夏”系列活动启动，各街乡围绕“科技改变生活 提升科学素质”主题，开展专家讲座、互动体验和科普参观等科普宣传活动。

（刘 婷）

【2016年青年科技创新汇】 9月23日至25日，区科协、中国生产力促进中心协会等9家单位，在798艺术区举办2016年青年科技创新汇活动。活动以“起飞梦想”为主题，设置“工业设计及创新创意”“先进制造”“信息技术服务”“中国好技术”“高校创新创业”5个展区，展示来自高校、企业的59项科技创新产品。同时举办创新项目路演、机器人服务专委会成立新闻发布会、第九届创业中国年度人物主题报告会颁奖典礼、第十一届中国中小企业家年会新闻发布会。

（刘 婷）

【中小学师生野生动植物摄影作品征集评选活动】 9月1日至10月12日，区科协、区教委共同主办首届朝阳区中小学师生野生动植物摄影作品征集评选活动。活动收集作品355件，评选出一等奖35名、二等奖49名、三等奖70名。

（刘 婷）

【科普进校园活动】 10月14日，区科协、市科普发展中心在东坝地区北师大奥林匹克花园实验小学开展“科技引领生活”科普进校园活动，1300名师生参加活动。通过现场操作、互动体验等形式，师生与科技零距离接触。

（刘 婷）

【院士专家主题沙龙】 10月28日，区科协在望京摩托罗拉大厦举办朝阳区院士专家服务中心“新材料·新发展”主题沙龙活动。沙龙邀请中国科学院院士曹春晓，介绍新型材料在轨道交通、航空航天等领域中的应用前景及发展方向。来自40余家企业的近60名代表参加活动。

（刘 婷）

【美中教育科技月】 10月，区科协与麦子店街道共同主办“美中教育科技月”系列活动。活动包括“身边的物理”“身边的化学”“身边的生物”、参观科技馆等，吸引万余民社区公众参与。

（刘 婷）

【区第九届青少年微型机床创意大赛】 11月27日，区科协主办的“实践·创新·成长”朝阳区第九届青少年微型机床创意大赛在垂杨柳教育辅助中心举行。来自全区66支学校代表队的200余名中小学生参加比赛。7支学校代表队获一等奖，10支学校代表队获二等奖，14支学校代表队获三等奖。

（刘 婷）

【院士专家进校园活动】 12月，区科协院士专家服务中心举办“院士专家进校园”系列活动。中国工程院院士、中国运载火箭技术研究运载运载火箭系列总设计师龙乐豪，中国科学院自动化研究所研究员、博士生导师赵晓光等院士专家走进和平街一中、华侨城黄冈中学等学校，为中学生作科普报告。

（刘 婷）

【院士专家进企业活动】 12月，区科协院士专家服务中心举办“院士专家进企业”活动。中国科学院自动化研究所研究员、博士生导师赵晓光，到北京康力优蓝机器人科技有限公司，就智能机器人应用现状及发展前景展开研讨交流，促进产学研结合。

（刘 婷）

【第35届朝阳区学生科技节】 12月24日，由区科协、区教委、区科委和区体育局联合主办的第35届朝阳区学生科技节在北京工业大学附属中学举行。科技节以“新技术 · 新体验”为主题，分设机器人探秘、航天追梦、机器鱼特工队、无人机战场、VR体验、智能家居体验6大主题互动体验区。全区有近5000名学生参加活动。

（刘　婷）

【引进“企业科技信息服务”项目】 年内，区科协引进中国科学技术协会和国家知识产权局合作的专利资源库“企业科技信息服务”项目，为全区150家科技企业安装资源库，并开展培训。

（刘　婷）

【科教进社区】 年内，区科协组织科教进社区活动。29个资源单位与39个街乡的200个社区结对子，开展200场活动，通过科普讲座、参观、体验等方式，为社区居民宣传安全应急、环保节能、养生保健等科普知识。

（刘　婷）

【主题科普活动】 年内，开展“走进科技殿堂、共享文明生活”主题科普活动。组织43个街乡、科技企业职员、区农工党委员、区侨联委员、公务员、中小学生等3000余人走进中国科技馆、中国电影博物馆、中国铁道博物馆和航空航天模型博物馆等科普教育基地参观体验。

（刘　婷）

【科普基地建设】 年内，区科协投资建设深海文化科技示范展厅（黑庄户）项目，建成建国路现代数字科普橱窗、三里屯街道科普体验中心、建外街道青少年虚拟现实体验厅3个基层科普基地。

（刘　婷）

朝阳区残疾人联合会

【概况】 朝阳区残疾人联合会（以下简称区残联），是经区委区政府批准成立的残疾人自身代表组织、社会福利团体和事业管理机构融为一体的残疾人事业团体，代表残疾人共同利益，维护残疾人合法权益；开展各项业务和活动，直接为残疾人服务；承担政府委托的部分行政职能，发展和管理残疾人事业。内设康复部、教就部、组联部、宣文部、办公室、财务室6个科室，下辖区残疾人综合活动中心、区残疾人劳动就业服务所、区就业保障金征缴审核中心3个事业单位。辖区43个街道办事处、地区办事处（乡政府）均设立残联，390个社区（村）成立残疾人协会，形成三级组织工作网络。年内，完成专项调查工作，举办“爱眼日”“爱耳日”和预防脊柱裂和脑积水疾病宣传活动，组织残疾人免费体检，完成残疾人证办理、按比例安置残疾人就业审核等工作。举办《春雨》报创刊100期读者座谈会。第十五届残奥会上获金牌、银牌各3枚。区政府残疾人工作委员会被国务院残疾人工作委员会评为全国残疾人工作先进单位，崔影获评全国残疾人工作先进个人。

地址：建国路29号高碑店兴隆家园5号楼102室
邮编：100123
电话：84552317
网址：http://www.cycl.org.cn

（李　珍）

【自闭症患者调研】 1月14日，全国政协常委、副秘书长、九三学社中央常务副主席邵鸿率九三学社中央调研组和市政协、九三学社、市委、市残联相关领导20余人，到区星星雨教育研究所调研课题“自闭症患者特殊教育与社会环境”。

（李　珍）

【“爱耳日”宣传教育活动】 3月1日，联合澳美听力语言康复中心和中澳听力语言康复培训中心100余名听力残疾儿童、家长及老师在残疾人职业康复中心举办第十七次全国爱耳日宣传教育活动。康复专家现场讲解儿童听力健康知识及保护听力相关知识。

（李　珍）

【志愿服务中心成果展暨项目对接仪式】 3月8日，举办“阳光路上——朝阳区残联志愿服务中心成果展暨项目对接仪式”主题活动。10家社会助残单位和14家受助单位成功结对，残疾人温馨家园、残疾人社会组织、基层街乡残联和残疾人专门协会四大类志愿服务项目被全部认领，服务内容涉及居家服务、便利出行、心理支持、文化共享、日常陪伴等。

（李　珍）

【残疾人棋牌比赛】 3月22日，区残疾人棋牌队在第八届北京市体育大会暨第三十届北京市残疾人棋牌比赛中，获男子肢体象棋亚军、第八名，女子肢体象棋冠、亚军，桥牌对式赛亚军，男子盲人象棋亚军、第四名，男子聋人象棋第三名。区残联获体育道德风尚奖。

（李　珍）

【“庭院式”法律服务首场活动】 3月22日，在左家庄街道举办2016年“庭院式”法律服务首场活动，80余名残疾人参加活动。

（李　珍）

【职康站管理人员培训班】 3月30日，举办职康站管理人员培训班。全区65家职康站100余名管理人员参加业务培训。培训新版精神残疾人、成年智力残疾人职业康复训练档案在实际工作中应用。

（李　珍）

【特奥家庭进北大】 4月17日，区智力残疾人及亲友协会、天睿智障人士康复服务中心与北京大学光华管理学院青年志愿者协会、望京阳光小天使俱乐部联合举办“心手相牵 同赏燕园春色 天使陪伴 共度美好时光”特奥家庭进北大活动。23个智力残疾人家庭、北京大学光华管理学院志愿者、望京阳光小天使俱乐部及媒体记者135人参加活动。

（李　珍）

【康复协调员业务培训】 4月18日至29日，举办残疾人社区康复协调员业务培训班。43个街道（地区）残联600余名残联理事长、康复专干、社区工作者、康复协调员围绕残疾人社区康复工作要点、残疾人辅助器具服务工作及儿童康复政策等内容作系统培训。

（李　珍）

【“梦工坊 · 城市书房”落成】 4月21日，由区文化委、区残联、区图书馆和北京梦工坊咖啡有限公司建造的“梦工坊 · 城市书房”咖啡•书吧•茶艺体验店在区残疾人综合活动中心正式落成。

（李　珍）

【彭丽媛看望孤残儿童】 5月15日，在第26个全国助残日，慈善大使彭丽媛到北京东方博爱儿童福利院看望孤残儿童，慰问工作人员。彭丽媛到孤残儿童寝室、康复训练室、教室，详细了解孤残儿童生活、学习、康复情况，参观孤残儿童绘画作品展示。彭丽媛肯定儿童福利院老师们的奉献、博爱精神，鼓励他们继续用心、用情、用爱工作。中国残联主席张海迪、理事长鲁勇，民政部副部长高晓兵，北京市副市长王宁等参加活动。

（李　珍）

【社会保障资金统发平台启用】 6月，残疾人社会保障资金统发与监管信息平台投入使用。平台把残疾人生活补助、助残券、残疾人护理补贴三项补贴进行信息化管理，并与民政部门低保数据对接。

（李　珍）

【书画作品拍卖会】 8月24日，残疾人书画家作品专场慈善拍卖会在区图书馆举行。参加拍卖的书画作品100幅，拍卖作品46幅，拍卖金额3万余元。

（李　珍）

【残奥会获奖】 9月7日至18日，在第十五届夏季残奥会上，区残疾人运动员获金牌、银牌各3枚。袁艳萍（视力残疾人）获女子盲人柔道70公斤以上级冠军；茅经典（肢体残疾人）获乒乓球女子TT8级单打冠军；谢青（视力残疾人）获女子S11级100米自由泳冠军、S11级400米自由泳亚军、SM11级200米混合泳亚军、S11级50米自由泳第七；陈明宇（视力残疾人）获男子田径T11-13级4×100米接力亚军、F12级跳远第4名、T12级100米第5名；张琦（肢体残疾人）获女子硬地滚球BC1-2级混合团体第5名、C1级混合个人第十名。9月27日，区委书记吴桂英接见残奥会运动员、教练员代表。

（李　珍）

【“云朵家园”研讨会】 9月22日，区残联副理事长刘显威出席中国肢残人协会在沈阳市召开的脊柱裂者及脑积水者“云朵家园”研讨会。朝阳区与沈阳市苏家屯区结成友好“云朵家园”，围绕脊柱裂者和脑积水者的医疗服务、生活辅助、就业促进、心理辅导、休闲活动等方面交流。

（李　珍）

【未来科技体验活动】 10月12日至13日，组织区内文化体育骨干队伍、残疾人专门协会残疾人委员代表等近300人到北京国际会展中心参加未来科技体验活动。

（李　珍）

【职业技能大赛获奖】 11月，区代表队在市第八届残疾人职业技能竞赛中获总分第二名，其中剪纸、计算机维修、保健按摩、广告设计、计算机操作5个项目获第一名。

（李　珍）

【获得荣誉】 11月24日，在第五次市残疾人自强模范暨扶残助残先进集体和先进个人评选表彰中，区武艾云、王甦菁获“北京市残疾人自强模范”称号；北京七星华电科技集团有限责任公司、北京爱尔英智眼科医院、首汽集团五分公司助残车队获“北京市扶残助残先进集体”称号；薛利坤、王小宁、杨世茹、王培杰获“北京市扶残助残先进个人”称号；许建林、杨宏燕、何新燕获“北京市优秀残疾人工作者”称号；大屯街道温馨家园、朝阳区和平街街道温馨家园获“北京市残疾人之家”称号。

（李　珍）

【区残联六届主席团四次会议】 12月14日，召开区残联第六届主席团第四次全体会议。会议审议通过区残联第六届主席团副主席、委员调整名单；听取区残联理事长赵玲代表区残联第六届执行理事会所作的《深化融合 平等共享 为加快实现残疾人小康目标而努力奋斗》工作报告。区残联主席团委员130余人参加会议。区委常委、副区长孙其军出席会议并讲话。

（李　珍）

【康复服务】 年内，为145名残疾人实施白内障复明手术；审核发放贫困残疾人康复训练卡749张；为1名残疾人实施股骨头置换手术救助；为495名残疾人评估适配，评估辅具769件；审核321名精神残疾人入住康复机构；审核71名智力残疾人入住福利机构；为12名听力残疾儿童办理人工耳蜗植入补贴；为295名不满16周岁残疾儿童少年审批办理机构康复训练补助手续。为71名符合条件的智力和孤独症儿童申请国家智力儿童彩票公益金，救助金额852000元。持证精神残疾人享受免费服药政策11356人次；在12个街道和地区开展精神残疾人日间照料工作，购买4名专业社工指导617名精神残疾人参加居家与社区康复项目。

（李　珍）

【“两个之家”成立】 年内，在原有脊髓损伤者“中途之家”和脊柱裂者、脑积水者“云朵家园”基础上，在区残疾人职业康复中心新建区级“两个之家”。全年开展3期残疾人生活体验康复训练系列活动，每期时长1个月。

（李　珍）

【残疾人基本状况和需求专项调查】 年内，调查和动态更新全区614个社区（村）的49564名残疾人信息，入户调查率97.08%。

（李　珍）

【残疾人证卡办理】 年内，全区有残疾人50620人，发放一卡通48183张。办理残疾证事项6000余件，入户鉴定62人次。

（李　珍）

【残疾人维权信访】 年内，信访法援室接待残疾人来访1458人次，接听解答处置残疾人来电1051人次，回复、处理残疾人网上信访56件，纸质信件1件。受理残疾人法律救助案件18件，举办“庭院式”法律服务讲座45场。

（李　珍）

【专门协会活动】 年内，专门协会组织活动91次。其中，召开主题会议20次，组织需求调查座谈会10次，素质教育活动10次，文体及社会融合活动35次，参加市残联专门协会活动8次。在爱耳日、助残日、精神卫生日、国际残疾人日等残疾人节日期间开展演讲、座谈会8次。

（李　珍）

【无障碍改造】 年内，完成1680户重度残疾人家庭及80岁以上残疾人家庭无障碍改造工作。组织开展43次“无障碍体验活动”，参加无障碍环境检查12次。建成“障碍体验拓展区”。

（李　珍）

【志愿服务】 年内，区、街（乡）两级招募助残志愿者6255人，注册1900余人，其中残疾人志愿者200余人。建立43支街乡残联助残志愿服务分队，57个温馨家园建立助残志愿服务联络站。新整合社会爱心单位23家，对接受助单位17家，实施助残志愿服务项目18个，受助残疾人2700人次。

（李　珍）

【走访慰问】 年内，走访慰问残疾人、基层残疾人工作者25687人，基层单位148家，发放慰问金、慰问品折款1124.84万元。

（李　珍）

【残疾人教育培训】 年内，为40名有学习能力的残疾学生“送教上门”，为9家机构55名残疾儿童申请中国残疾人事业专项彩票公益金。116名学生享受助学补助政策，20名学生享受中、高等院校新生奖励。8名残疾人考入普通高等院校，3名残疾人考入特教学院，补贴资金500982元。

（李　珍）

【残疾人就业】 年内，安置残疾人就业379人。其中按比例安置171人，集中安置12人，公益性岗位就业6人，自主创业和个体就业82人，辅助性就业19人，其他形式就业89人。引进捕梦网、茶叶组装、有机皂制作项目。为62家职康站900余名精神、智力残疾人下拨职康站运转及个人劳动补贴6276485元。扶持残疾人自主创业1人，发放扶持资金4万元。

（李　珍）

【残疾人就业保障金审核】 年内，审核单位2550家，录入残疾人员工6683人。补审2015年残保金单位4993家，核定残疾人就业职工936人。

（李　珍）

【社会保障】 年内，5761人享受市残疾人生活补助，补贴资金2702.33万元；8481人享受市残疾人居家养老（助残）服务，补贴资金1000.6万元；18312人享受市残疾人护理补贴，补贴资金3404.83万元。

（李　珍）

【政府购买助残服务】 年内，总投入1115万元购买定向项目、申请购买项目、助残社区微创投项目三类助残服务，开展活动提供服务1600余次，受益残疾人1.5万人次。

（李　珍）

【学习交流】 年内，与毛里求斯社会服务理事会代表团、比利时布鲁塞尔市圣皮埃尔区残疾人协会代表团、吉林省吉林市残联、河北省张家口市残联、云南省昆明市残联、四川省成都市残联、湖南省长沙市残联、浙江省杭州市残联开展学习交流。

（李　珍）

【理论研究】 年内，形成《残疾人精细化就业服务技术与方法》《购买助残服务项目材料汇编》《探索建立五位一体的残疾人综合服务保障体系——朝阳区残疾人基本服务状况和需求分析报告》《关于朝阳区加快残疾人小康进程的研究》；创办《走出自闭》季刊，全年出版4期；理论著作《残疾儿童康复现状与需求调查分析——以北京市朝阳区为例》发表于《残疾人研究》核心期刊，《北京市朝阳区残疾人精细化就业服务的战略思考》《残疾人支持性就业服务研究》在《中国残疾人》杂志发表。

（李　珍）

朝阳区红十字会

【概况】 朝阳区红十字会是区政府直接领导联系的社会救助团体。设办公室和业务科，有工作人员10名。有43个街道、地区（乡）红十字会，2个红十字工作委员会，5支专业红十字志愿服务队，红十字志愿者1.6万余人。年内，获2016年度中国红十字会总会报刊宣传先进集体一等奖、北京市“无偿献血”先进集体称号，对口支援河南淅川“思源”帮扶项目获评北京市红十字系统2016年度“最具影响力十件大事”。

地址：团结湖北五条8号楼

邮编：100026

电话：65094673

网址：http://www.bjchyhh.cn

（孙宏娟）

【募捐活动】 年内，与浙商银行北京朝阳支行开展定向募捐合作，在浙商银行设立募捐箱，每月救助1户困难家庭。小红门、十八里店、奥运村、香河园、平房等街乡根据地区特点，采取与社会组织、企业文化建设相结合，建立筹资渠道长效机制，募捐款总额位居全区前列；劲松、潘家园、大屯、常营、王四营、豆各庄、孙河、东风、金盏等街乡募集善款同比提高。全区接收社会各界募捐款560.12万元，其中博爱捐款295.36万元，救灾及专项捐款223.53万元，市红会拨款40.60万元。

（孙宏娟）

【救助活动】 年内，发放救助款441.3万元，惠及全区困难家庭953户，救助少儿大病患者31例，救助款使用比例78.8 %。其中，博爱基层救助166.52万元、博爱助困45.12万元、博爱助急174.62万元、少儿大病救助13.40万元、非典后遗症患者救助19.80万元。对团结湖、八里庄等街道因突发火灾受困家庭，启动突发事件救助程序，送去家庭应急生活箱和救济金。与区司法局联合实施“阳光救助工程”，救助生活困难的刑释解教和社区矫正家庭121户。与区政法委联合实施“朝阳区政法系统特困干警救助项目”，慰问在勇斗歹徒保护群众安全中受伤困难民警。全力配合“12·26”工人体育馆撞车伤人案资金阶段性给付工作。全年发放突发事件救助金174.62万元，救助17人。

（孙宏娟）

【宣传活动】 年内，继续宣传“十分重要”（应急救护培训、人道救助等）宣传理念，利用“十分重要”系列活动有效传播展示红十字文化。以何美龙、应急救护教育培训志愿者等优秀红十字志愿者为原型，拍摄《妈妈是个志愿者》《生命的讲台》《菁菁的转变》《美丽的纠结2》等4部系列微电影。升级改版区红会官方网站，完成官网与微信的互联。设计制作红十字展板、画册、宣传画、微电影U盘等形式宣传品2万余份。以“5·8”世界红十字日、世界急救日为契机，出版《朝阳报》专版2期，组织开展各类主题宣传活动50余次。在南片、北片、中片，组织5场“弘扬人道力量，引领时代新风尚”首都红十字志愿者宣讲活动，劲松、奥运村、亚运村、大屯、平房、来广营等街乡近2000名居民群众和学生参与活动。

（孙宏娟）

【志愿服务】 年内，以学习宣传司堃范、叶如陵、何美龙等志愿服务典型为重点，以“朝阳区应急救护讲师团”“红十字蓝天救援朝阳分队”专业志愿者队伍为主体，开展困难帮扶、健康咨询、急救培训、心理咨询、捐献造血干细胞等体现“人道、博爱、奉献”红十字精神的志愿服务活动。街乡红十字会志愿者通过结对帮扶、定期扶助形式，为社区内患大病、生活贫困、生活不能自理的老年人，开展清扫、聊天、急救和健康知识宣传等志愿服务。以社区居民及高校学生为重点，开展无偿献血宣传和造血干细胞血样采集活动。34个街乡、4所高校开展造血干细胞知识讲座38场，受众2500

余人，完成造血干细胞血样采集任务268例，完成市红会任务指标134%，采集人数及宣传力度均居全市前列。全区有9名捐献造血干细胞志愿者实现成功移植捐献，占全市捐献人数的1/5。

（孙宏娟）

【应急救护教育培训】 年内，依托应急救护教育讲师团，在全区开展红十字应急救护教育“进社区、进农村、进学校、进企业、进机关”活动，普及避险逃生知识。应急救护教育培训530场，应急救护教育取证培训30629人，普及培训16.1万人，培训人数位居全市首位。举办专业城市应急辅助队培训班，培养专业救援骨干50人，开展现场救援演练。为体现红十字“救”在身边，在社区和人员密集的公共场所，建立居民身边的急救驿站，在安贞街道成立首支基层应急救援队伍，把专业应急知识送到百姓身边。新建成市级“红十字应急救护服务站”1个，区级9个，朝阳公园建立“红十字应急救护亭”3个。

（孙宏娟）

【红十字青少年培养】 年内，依托“校园总动员”——应急救护知识进校园系列活动，将日常急救常识和红十字知识融入游戏，让学生在快乐的游戏活动中掌握急救常识和技能。推进红十字“人道、博爱、奉献”精神进入德育课堂，举办主题为“探索和发现”红十字青少年夏令营活动，对劲松一中等3所中学30余名青少年开展能力拓展、应急救助知识培训和探索人道法学习。面向中小学生，举办假期总动员——“青少年应急避险安全防护课堂”280场，1万余名学生和家长受益。为学龄前儿童，设计制作“宝贝安全大本营进幼儿园”系列活动，集儿歌、动画与日常急救知识于一体，让孩子们在游戏中掌握应急救护常识。红十字会学校工作委员会组织19所学校12200名学生参加全国红十字防灾避险知识竞赛，16所学校分别获最佳组织一、二、三等奖。

（孙宏娟）

【交流合作】 年内，接待云南昆明市红十字会到区参观。考察对口援建湖北十堰市备灾库项目、四川什邡马井学校助学项目。与“南水北调”水源地河南省南阳市淅川县红十字会开展“思源”项目援建交流活动，为淅川县贫困家庭捐助棉衣、毛衣、儿童服装、鞋、帽等救助物资6175件，折合人民币约10万元。组织资深培训老师到淅川县红会开展对口帮扶，对1000余名红十字志愿者进行应急救护知识普及培训，复训2015年到朝阳培训志愿者和各乡卫生院院长。“思源”帮扶项目获评市红十字系统2016年度“最具影响力十件大事”。

（孙宏娟）

【关爱生命与健康温暖工程】 年内，继续推进“关爱生命与健康温暖工程”项目，区红会与43个街乡红会上下互动，整合资源，关爱困难群体。小红门、东坝乡为辖区失独家庭提供家政服务，在物质帮扶同时给予精神慰藉。垡头街道采取节日送温馨、平日送温情形式，帮扶失独家庭。将台地区红会为35名失独老人做健康体检。团结湖街道红会组织辖区社会单位志愿者40余人到北京国家地震救援训练基地，开展应急救护教育培训及避险逃生演练。街乡红十字会通过博爱助老、助困、助医、助残及应急安全培训、健康知识普及、志愿服务等形式为社区群众服务。

（孙宏娟）

朝阳区文联

【概况】 北京市朝阳区文学艺术界联合会（以下简称朝阳区文联）为区级群众团体机构，有9个协会和1个艺术团，即区书法家协会、区美术家协会、区民间文艺家协会、区舞蹈家协会、区文学创作协会、区摄影家协会、区音乐家协会、区油画家协会、区曲艺家协会和朝阳艺术团。有行政编制6名，其中处级领导职数1正1副。负责所属文艺家协会的联络、协调、服务和管理工作；负责组织、开展地区文学艺术活动。截至年底，九个协会及朝阳艺术团有会员、团员6700余名。直属单位有朝阳书画院，有行政编制4个，院长1名，级别正科。年内，开展党风廉政和“两学一做”学习教育活动。弘扬社会主义核心价值观，开展纪念建党95周年和长征胜利80周年“三展五赛”文艺品牌活动，“三展”即书法、美术、摄影三大展览，“五赛”即“镜头中的朝阳”主题摄影比赛、“旋舞朝阳”群众民族舞比赛和“旋舞朝阳”群众交谊舞比赛、“翰墨朝阳”全国书法大赛、“乐动朝阳”京津冀合唱大赛等五大艺术赛事。在北京民俗博物馆举办首次中国匾额文化保护与传承活动。在呼家楼街道金台里社区成立全国首家社区流动美术馆。开展对内对外文化交流活动。加强基层文联组织建设。组织文艺家开展送演出、送书画等文艺志愿活动，通过开展文艺进基层、艺术家进社区、街乡曲艺专场、“两节”文艺慰问、“八一”双拥文艺慰问等活动，为社区群众、部队官兵送文艺、送欢乐、送温暖。朝阳艺术团完成慰问基层、三下乡、星火工程、双拥慰问等系列宣传活动和重大演出任务。

地址：东大桥路8号尚都国际中心303房间
邮编：100020
电话：58701210　58701235
邮箱：chaoyangquwenlian@163.com

（刘向菲）

【双拥慰问演出活动】 1月至2月，“两节”期间，与区双拥办共同开展区双拥慰问活动，活动分为三个专场，百余名艺术家参与文艺慰问。同时，还开展为战士们“拍靓照”活动，现场为战士们拍照并冲印照片予以赠送。

（刘向菲）

【纪念建党95周年和长征胜利80周年系列活动】 年内，与区摄影家协会、区美术家协会、区油画家协会、区书法家协会，在北京798艺术中心举办第二届“书法、美术、摄影”主题系列活动，展出展品380件，参观人数12万余人次。

（刘向菲）

【“镜头中的朝阳”摄影品牌】 年内，举办第七届“镜头中的朝阳”摄影比赛，该赛作为区文联的品牌活动，在国内有着较大影响。本届比赛面向更多的基层群众，以“爱在朝阳”为主题，以“爱朝阳、拍朝阳、赞朝阳”为表现形式，充分展现区域发展变化和群众安居乐业的和谐氛围。

（刘向菲）

【“旋舞朝阳”舞蹈品牌】 年内，举办区第九届“旋舞朝阳”群众交谊舞展赛，43支舞蹈队、近2200名舞者参加比赛。来自石景山区、密云区、房山区等兄弟区代表队在比赛间隙进行精彩表演。举办迎国庆“我的梦中国梦·朝阳区第九届‘旋舞朝阳’群众交谊舞展演”，近5000名来自区43个街乡及河北省、北京兄弟区舞蹈爱好者同场共舞，共同庆祝共和国67周年华诞，著名女高音歌唱家李谷一为朝阳群众献唱。“旋舞朝阳”群众舞蹈比赛分为民族舞比赛和群众交谊舞比赛，全区各街乡76个团队、2500名舞蹈爱好者参加民族舞比赛，选拔出的优秀品牌队伍参加北京市和华北五省大赛，提高民族舞水平。

（刘向菲）

【“翰墨朝阳”书法品牌】 年内，举办第二届“中国梦·翰墨朝阳”全国书法大赛，收到全国30个省份和香港、台湾地区，及8个其他国家的参赛者作品3000余件，经评审委员会初评和终评两个环节，评选出获奖作品113件，活动来稿数量和质量较第一届有大幅提高，除获奖作品，评审委员会增设入选作品200件。在798举办获奖作品展览。

（刘向菲）

【“朝阳艺象”美术品牌】 年内，在798举办纪念抗战胜利70周年“我的梦中国梦·朝阳艺象”美术作品展。参展作品以中国画、油画、雕塑作品为主，共征集、收录各类美术作品108件，展览中包括贾浩义、张立辰、陈平、卢禹舜、纪清远等45名著名国画家和靳之林、范迪安、白羽平、马琳、田凤银等44名油画家，及朱乐耕、王少军、李象群、蔡志松等13名国际级著名雕塑家的优秀作品，观众群众达万余人次。

（刘向菲）

【“乐动朝阳”合唱品牌】 年内，为纪念红军长征胜利80周年，开展首届“乐动朝阳”京津冀合唱大赛活动。分为初赛、决赛和展演等三个部分。北京初赛区在朝阳剧场开赛，来自各街乡、社区以及社会单位的34支群众合唱队参加北京赛区比赛。初赛评出的20支优秀合唱团队与河北、天津赛区晋级的10支合唱队在中国音乐学院展开决赛。决赛评选出金奖、银奖、铜奖、优秀合唱奖、最佳风采奖、新创作品奖、优秀合唱编排奖、优秀组织工作奖、优秀指挥奖、优秀伴奏奖等奖项。

（刘向菲）

【首次中国匾额文化保护传承活动】 年内，在北京民俗博物馆举办首次中国匾额文化保护与传承活动。活动包括开幕式、主旨演讲、交流研讨三部分，编辑出版《中国匾额保护与文化传承》论文集，整理收录国内著名匾额文化研究专家及著名收藏家论文50余篇。来自故宫博物院、孔庙国子监博物馆、颐和园公园、北海公园等匾额聚集地的代表，以及来自上海、天津、重庆、黑龙江、吉林、辽宁、宁夏、河南、河北、山东、山西、湖南、湖北、广东、广西、江苏、江西、安徽、四川、浙江、福建等22个省市区的匾额聚集地、民间匾额博物馆负责人和匾额收藏家76人参加活动。

（刘向菲）

【全国首家流动美术馆成立】 年内，在呼家楼街道金台里社区成立全国首家社区流动美术馆，展出90幅美术作品（室内57幅、室外33幅）。这是整合区域文化资源、进一步推动艺术惠民的新举措，受到社会各界的广泛关注和社区居民的普遍欢迎。

（刘向菲）

【对台交流】 年内，组织艺术家交流团到台湾高雄、屏东开展“悦动高雄·悦动屏东”社区大舞台文化交流活动。包括开幕式、文艺演出、传统艺术交流和朝阳主题摄影展等4个部分，举办3台文艺演出、3次艺术交流和2场摄影图片展，台湾同胞直接参与人数达1万余人。

（刘向菲）

【对外交流】 年内，与天津宝坻区文联开展书法、美术展览活动，促进两地文化交流。河北省邯郸市文联到区学习考察，与邯郸市文联建立联系，达成互促协议。协助河南省淅川县南水北调宣传月活动，帮助淅川县策划图片展览，协助淅川县摄影家协会协到区举办南水北调系列宣传摄影展览活动。组织9个协会艺术家到昆明、贵阳开展文化交流活动并与当地艺术家开展书画笔会。

（刘向菲）

【服务基层】 年内，加强基层文联组织建设。在组建街乡文联过程中，与街乡对接，根据实际情况，提供有针对性的指导和服务。为八里庄街道推荐歌唱家吴霜、摄影师于云天、青年书法家程度担任名誉主席；向团结湖街道推荐煤矿文工团原团长瞿弦和与摄影家陈功担任名誉主席；向东湖街道推荐相声表演艺术家李金斗担任街道文联主席；为安贞街道文联推荐国家一级演员、梅花大鼓表演艺术家杨菲担任主席；为垡头街道推荐歌唱家戴玉强担任街道文联主席。为推动群众文化活动健康有序开展，区文联在组织专家下基层，为街乡群众进行舞蹈培训辅导活动，在充分调查了解情况的基础上，整合资源，为43个街乡统一配发无声广场舞音响系统，减少小区扰民现象。

（刘向菲）

【协会活动】 年内，组织9个文艺家协会理事召开文艺工作会，各文艺家协会分别召开理事会，结合协会实际，对“十三五”期间区文艺发展献计献策，会议进一步统一思想、明确目标。

（刘向菲）

【获奖情况】 年内，加大文艺人才的挖掘和培养，为文艺工作者搭建发展平台。区油画家协会主席田凤银的《长城》油画作品被中宣部宣教局选定为2016年公益广告。区书法家协会获“2016年万名书法家送万福进万家”公益活动先进集体。区摄影家协会在“首善之都”群众摄影文化活动中获优秀组织奖。在首届北京“百姓摄影家”评选活动中，区摄影家协会会员宋文林被评为新晋“百姓摄影家”。区美术家协会副秘书长、油画家协会秘书长平川的美术作品入选2016年首届“北京青年美术双年展”。“舞动北京”群众舞蹈大赛暨北京市第三届老年舞蹈大赛，区14支队伍分别获奖，亚运村街道高娃舞蹈团表演的《踏雪翻歌》获创作一等奖（第一名）、表演一等奖（第一名）和服饰奖（第一名）；大屯街道千红舞蹈协会的《思念》获创作二等奖（第一名）和表演二等奖（第一名）；香河园街道文化服务中心暖色光舞蹈队《女人花》获创作二等奖和表演二等奖，《采薇》获表演优秀奖；麦子店地区舞蹈队的《我们是志愿者》获创作三等奖和表演三等奖；东坝地区舞蹈队表演的《月亮》获创作三等奖和表演优秀奖；机场街道舞蹈队的《雪花》获表演三等奖和创作三等奖；六里屯街道舞蹈队表演的《吉祥酒盅》获表演优秀奖和创作优秀奖；潘家园街道舞蹈队的《幸福大院》获表演三等奖；奥运村红立方舞蹈队表演的《阿乌勒情韵》获表演三等奖，绿色家园舞蹈队的《秧歌咚咚锵》获表演优秀奖；东风地区舞韵舞蹈队的《脊梁》获表演二等奖和创作特别奖；来广营地区舞蹈团的《一双千层底》获创作特别奖，《常回家看看》获创作三等奖；区舞蹈家协会和东坝奥林匹克花园社区获优秀组织奖。在第八届华北五省市舞蹈大赛中，亚运村街道高娃舞蹈团获华北五省市第八届中老年业余民族舞比赛表演、创作双金奖。

（刘向菲）

【朝阳艺术团演出活动】 年内，围绕区重大任务和活动，组织开展高质量、高水平演出，服务区域发展。完成区双拥慰问2场演出活动，"旋舞朝阳"群众交谊舞展演活动、"悦动高雄 悦动屏东"文化交流活动3场文艺演出等。根据区委宣传部及文化委具体工作部署，完成慰问基层、三下乡、星火工程等273场演出任务。

（刘向菲）

朝阳区慈善协会

【概况】 北京市朝阳区慈善协会是非营利社会团体。其主要任务是在区委、区政府的领导支持下，广泛动员社会力量，多方筹措慈善资金，积极实施助医、助学、助老、助残、助困等慈善救助活动，在重大自然灾害、突发公共事件发生时实施紧急救助。年内，募集善款1488.64万元，使用善款822.6万元，实施救助项目267个，惠及困难家庭11023户。开展"我爱我家"慈善关爱系列活动、两节送温暖活动、烈士家属慰问活动等。

地址：朝阳公园南路19号

邮编：100125

电话：65920669

邮箱：cycs@bjchy.gov.cn

（支清羽）

【困难党员帮扶项目】 1月11日，区委组织部联合区慈善协会发放2016年度第一批生活困难党员帮扶资金，向全区1336名困难党员发放帮扶专项资金，使用善款169.2万元，其中84.6万元来源于区管党费。6月28日，区委组织部联合区慈善协会发放2016年度第二批生活困难党员帮扶资金，向全区1723名困难党员发放帮扶专项资金，使用善款216.2万元，其中108.1万元来源于区管党费。

（支清羽）

【慈善医疗救助基金项目】 1月19日，开展"北京市慈善医疗救助基金"项目。按每人1万至5万元不等的标准，11户重大疾病致困家庭得到救助，使用市慈善协会拨付善款40.5万元。

（支清羽）

【爱心成就未来活动】 1月19日，区慈善协会实施"爱心成就未来——逐梦行动"助学项目。66户低保、低收入的普通高中在读学生获得每人2000元的助学帮扶资金，使用善款13.2万元。

（支清羽）

【慈善助学公益讲堂】 1月22日，开展"2016年两节送温暖——慈善助学公益讲堂"活动。环度生涯规划研究所捐赠价值3600元的环度教育学员卡100张，捐赠公允价值36万元。帮助34户困难家庭学生规划职业生涯，使用公允价值12.24万元。

（支清羽）

【医疗救助项目】 4月21日，会同区总工会联合启动"2015年医疗救助"助医项目。为19名在册困难职工家庭2015年自付医药费（自付二加自费）部分给予医疗救助，使用专项救助资金99780元。

（支清羽）

【医疗卡项目】 5月11日，为60岁以上（含60岁）符合政策的低保老人提供医药救助。289名老人的常见病得到及时治疗，使用"共产党员献爱心"专项救助金109227.53元。

（支清羽）

【共产党员献爱心活动】 6月21日，区"共产党员献爱心"捐献活动在区直机关大院正式启动。启动仪式上有675名共产党员参与捐赠活动，收到捐赠善款104400元。

（支清羽）

【"送大学生回家过年"项目】 6月，联合团区委启动"共产党员献爱心"善款开展"阳光温暖回家路"送大学生回家过年项目。为区内11所大学424名在校贫困大学生报销往返车票，使用善款95612.75元。

（支清羽）

【朝阳公益周募捐活动】 9月5日至9日，开展2016年"'携手慈善 凝聚爱心'——'中华慈善日 朝阳公益周'"活动。此次活动为"多点同时"募捐活动，发动各分会、社会募捐箱等平台同时开展善款募捐，39家分会募得善款228468.79元。

（支清羽）

【金秋助学项目】 9月14日，联合区总工会开展"2016年金秋助学"救助项目，为符合条件的32名学生提供救助资金19900元。

（支清羽）

【助学筑梦项目】 10月19日，实施"助学筑梦"助学项目，向团结湖街道三四条社区4名贫困学生家庭发放专项助学资金4600元。

（支清羽）

【爱心伴成长慈善关爱项目】 10月19日，为弘扬区原蟹岛集团员工苏士龙的见义勇为精神，区慈善协会与北京蟹岛绿色生态农庄有限公司、北京市朝阳区红黄蓝东坝幼儿园对苏士龙之女开展"爱心伴成长"慈善关爱项目（第二年），使用慈善助学善款27600元。

（支清羽）

【重阳节慰问活动】 10月24日，开展"九九敬老情 暖暖慈善爱"慈善助老慰问活动。为1005名低保、低收入的贫困家庭老人每人配备一条毯子；为协会"携手夕阳 关爱失能老人"项目所惠及的60名失能老人每人配备一条毯子和一套被罩。

（支清羽）

【慈善项目推介会】 11月28日，召开"聚爱朝阳 点燃希望"2016年朝阳区慈善协会项目推介会，13家企业及6家单位代表参加推介会。会上推介"温暖安康"重大疾病慰问项目、"慈善医疗卡"项目、慈善助力"双丝带行动"项目、"绚彩六一总动员"国际六一儿童节关爱项目、"追梦远航"高级中等学校教育资助项目、"阳光温暖回家路"接送困难大学生回家过年项目、"茁壮俱乐部"小学生特长发展项目、"携手励志组合"困难学生补习互助项目、"携手夕阳 关爱失能老人"项目、"彩虹重阳 慈善助老"项目、"及人之老"

关爱老年志愿者项目、“天使的微笑”孤残儿童日常生活关爱项目、情系“康复希望”残障人士康复项目、“巧工匠”残障人士支持性就业项目、“香飘千万家——公益助残就业服务”项目、“IT龙+公益凤”——残障人就业创业模式实践探索与公益平台建设项目、“心灵家园”关爱失独困难家庭项目、“感恩母慈父爱　慈善助力孝心”项目、“情援木棉　慈爱陪伴”烈士遗孤救助项目等19个项目。

（支清羽）

法 治

2017

北京朝阳年鉴

政法委工作

【概况】 中共北京市朝阳区委政法委员会（以下简称区委政法委）是区委领导和管理政法工作的职能部门。年内，区委政法委贯彻中央、市委、区委决策部署，围绕“朝阳稳、首都稳、全国稳”工作目标，学习贯彻党的十八届六中全会和习近平总书记系列重要讲话精神，牢固树立“五大发展理念”，紧紧围绕首都“四个中心”城市战略定位、国际一流和谐宜居之都建设、京津冀协同发展战略，锐意进取、真抓实干、攻坚克难，推进各项工作，完成全年目标任务，确保全区社会大局持续稳定。3月11日，陈涛任区委副书记、政法委书记，免去陈宏志区委副书记、政法委书记职务。12月13日，张维刚任区委常委、政法委书记、区委办主任，免去陈涛区委副书记、政法委书记职务。

地址：日坛北街33号

邮编：100020

电话：65099200

网址：http://zfw.bjchy.gov.cn

（赵　江）

【区委政法工作会】 2月23日，在朝阳宾馆召开区委2016年度政法工作电视电话会。区领导，区二级班子党政正职领导，各街乡主要领导、主管领导，派出所所长，司法所所长，各社区（村）书记、主任等参加会议。区长王灏主持会议。区委副书记、区人大常委会主任、区委政法委书记陈宏志传达习近平总书记重要指示及中央政法工作会议、市委政法工作会议精神，作区委政法工作报告，明确2016年政法工作思路和重点工作。区委书记吴桂英提出要求：高度重视，进一步增强做好安全稳定工作的责任感和紧迫感；突出重点，提升维护安全稳定的能力和水平；全力以赴，保障全国“两会”召开。

（赵　江）

【政法系统书记述职】 2月26日，区委政法委在朝阳宾馆召开政法系统党委（组）书记抓基层党建工作述职评议考核会。区委政法委常务副书记、维稳办主任赵红伟，副书记、综治办主任倪东新，专职副书记邢伟，纪委书记张永生，政治部主任王子明，政法系统各单位党委（组）书记，基层党建工作主管领导、机关党组织负责人、相关科室负责人，市区党代表、人大代表、政协委员、基层干部代表参加会议。赵红伟主持会议。各单位党委（组）书记作述职报告，回答与会代表问题，与会领导点评各单位述职情况。与会领导、代表考核测评各单位党委（组）书记述职情况。陈宏志点评并提要求。

（王　洋）

【区政法委员会成员调整】 3月17日，陈涛在区机关602会议室主持召开2016年区委政法委第四次书记主任办公会。通过区委政法委员会成员调整报告。陈涛任区委政法委员会书记，高岩、杨树旗、赵红伟、倪东新、李炳宽、邢伟任区委政法委员会副书记，李瑞翔、张玉鲲、侯湘君、潘鑫、于久翔、顾洪涛、马龙、宋少伟、邢平芳、刘炳起、王远捷、张岩、赵玲、陈义成、高永路、张攀峰、张永生、王子明任区委政法委员会委员。

（赵　江）

【反恐防恐维稳工作部署】 8月4日，召开全区反恐防恐工作专题会，分析反恐防恐维稳工作形势，部署反恐防恐维稳工作。区反恐怖工作领导小组组长、区委副书记、政法委书记陈涛，区反恐怖工作领导小组副组长、办公室主任，区委常委、公安分局党委书记、局长高岩，区反恐怖工作领导小组办公室常务副主任、公安朝阳分局副局长赵鲁燕，区反恐怖工作领导小组办公室副主任、区委统战部副部长、民宗办主任梅诗曙，区反恐怖工作领导小组成员单位主管领导，各街乡、派出所主管领导参加会议。陈涛要求，要认识当前面临的严峻复杂形势和艰巨任务，认识各种问题，继续强化反恐工作“万无一失”的工作标准和“一失万无”的忧患意识，抓好落实。要强化责任意识、情报意识，强化基础工作摸排，强化督导检查，强化应急处置工作，提升反恐防恐应急处突能力。

（赵　江）

【中青年干部培训】 10月25日至11月4日，区委政法委举办区政法系统第四期优秀中青年干部培训班。公安分局、检察院、法院、司法局、民政局、安全分局、残联、交通支队、消防支队等单位35名优秀中青年干部参加培训。培训分为区委党校集中培训和昆明市委党校异地教学两部分。10月25日至28日，在区委党校集中培训期间，中央党校、国家行政学院、市社科院、中国政法大学专家、教授作政法理论、党性党风、国内形势分析培训。10月31日至11月4日，在昆明异地教学期间，以专题教学、现场教学等形式开展革命传统和理想信念教育。其间，赵红伟与学员座谈交流。

（王　洋）

【十八届六中全会精神宣讲报告】 12月13日，在朝阳宾馆多功能厅举办“朝阳区委学习贯彻党的十八届六中全会精神宣讲团”政法系统报告会。区委政法委和系统各单位班子成员，政法委机关干部，系统各单位基层党组织负责人、组工干部270余人参加会议。区委宣讲团成员、区委政法委专职副书记刘红作专题辅导报告，区委政法委政治部主任王子明主持会议。

（王　洋）

社会治安综合治理

【概况】 朝阳区社会治安综合治理委员会办公室（以下简称区综治办），是区综合治理委员会的常设办事机构，与区委政法委合署办公。年内，综合治理工作在区委、区政府领导和首都综治办指导下，结合"两学一做"学习教育活动，以群众最关心的问题为重点，抓住深化平安建设这一工作主线，坚持"源头治理、系统治理、综合治理、依法治理"工作理念，以"精细化、本地化、集约化、科技化、项目化、成果化"为着力点，建立健全综治工作组织领导体系，找准工作薄弱环节，创新工作方式方法，狠抓工作重点难点，加大工作推进力度，打牢基层基础，固化长效机制，推进综治各项重点工作落实。

地址：日坛北街33号

邮编：100020

电话：65099200

网址：http://zfw.bjchy.gov.cn

（宛　煜）

【基层平安创建】 年内，持续推进384个社区警务工作室规范化建设。开展人口管理、安全防范、服务群众等工作；开展平安街道（乡镇）、平安社区（村）、平安校园、平安医院、平安家庭等基层平安创建活动，总结推广零发案社区、平安交通社区建设工作经验，推进基层平安创建活动；着力推进96个行政村村庄社区化管理常态化建设，实现违法建设、流动人口规模控制，可防性案件、安全生产案件明显下降工作目标。

（宛　煜）

【重点民生实事工程建设】 年内，落实区政府为民办实事项目——"平安示范小区"创建和防爬刺工作。完成全区20个老旧小区"平安示范小区"创建工作，在15个入室盗窃案高发社区安装防爬刺，在垡头、安贞等10个街道老旧小区重点部位安装或更换高清探头。监控探头安装943个、更换60个，设置栅栏3037延米、车辆出入控制抬杆25个、治安岗亭29个，安装防爬刺21413延长米。12月底前完成建设任务并通过验收。

（宛　煜）

【基层综治中心规范化建设】 年内，推进建外街道、将台乡、平房乡3个街乡和亚运村街道华严北里西社区、潘家园街道松榆西里社区、黑庄户乡郎辛庄村、金盏乡东村4个试点社区、村综治中心规范化试点工作。完善通信系统、显示系统、信息处理系统，综治视联网应用系统。8月26日，在全市基层综治中心规范化建设试点工作部署会上推广将台乡综治中心规范化建设经验。

（宛　煜）

【立体化防控体系】 年内，召开区委常委会和区长办公会专题研究立体化防控体系，制发《关于加强朝阳区立体化社会治安防控体系建设的实施意见》和《朝阳区立体化社会治安防控体系建设重点任务分工方案》。按照构建"五张网络"［社区（村）、社会面、互联网及单位内部和重点行业、重点人群防控网］、打造"五个支撑"（平台、队伍、情报、科技、法治支撑）、健全"五项机制"（形势分析和风险预警、实战指挥和应急处置、整体联动和区域协作、项目推进和多元保障、督促检查和综合考核机制）的总体思路，推进建外街道、双井街道和平房乡综合性试点工作，探索立体化治安防控体系建设的新机制、新模式，取得阶段性成果。

（宛　煜）

【反恐防恐】 年内，依托十八里店、潘家园等4个直属工作点及人力情报与信息化平台，核查预警关注群体，对涉恐线索开展核查，及时侦破涉恐案件，查处犯罪嫌疑人。围绕东二环、东三环、长安街沿线，及使馆区、重点地标建筑、繁华商圈，部署20辆武装巡逻车、83辆巡逻车、2个摩托车武装巡逻组、22个携犬巡逻组，启动47个视频巡控平台，坚守87个轨道交通勤务岗位，加强巡逻震慑和防范控制，核查录入可疑人员和可疑物品信息，妥善处置敏感案件。组织社区民警沉入社区，会同街乡维稳力量第一时间落实预警、防范、查控和打击措施，实现"零滋扰"。加强对非法涉访人员教育引导和现场秩序维护，妥善处置非法群体访。推动寄递物流企业落实实名登记、收寄验视、过机安检"三个100%"制度为重点，开展危爆物品寄递物流清理整顿专项行动，消除一批公共安全隐患，全年未发生影响全区稳定的案（事）件。

（宛　煜）

【治安重点地区集中整治】 年内，开展6个市级、10个区级、27个街乡级三级挂账重点地区整治工作。固化完善工作会商、联合执法、重点帮扶、督察检查等一系列工作机制，落实各项工作。截至10月，6个市级挂账地区中，六里屯街道、东坝乡、三间房乡达标，劲松街道、平房乡、十八里店乡未达标。

（宛　煜）

【城乡接合部地区综合整治】 年内，开展30个市、区两级挂账城乡接合部重点地区综合整治工作。把城乡接合部重点地区综合整治工作作为"一把手工程"，聚焦"五违一乱"（违法建设、违法犯罪、违法生产、违法经营、违法出租和环境脏乱）和六大安全隐患（建筑结构、火灾消防、社会治安、生产经营、食品药品、环境卫生），开展"秋风行动"集中专项摸排打击工作。在市财政投入2000万元基础上，区财政增加4000万元，市、区挂账村平均投入200万元，乡、村两级通过直接投资或项目化形式加大经费保障力度。9月13日，区委副书记、政法委书记陈涛在全市综合整治工作总指挥部会议上作《聚焦重点精准发力，以重点村整治为载体破解城乡接合部发展难题》工作经验汇报。10月13日，市委书记郭金龙、市长王安顺带队实地调研萧太后河及城乡接合部整治工作并给予肯定。截至11月底，拆除违法建设56.02万平方米，完成总任务量70.9%；减少流动人口13万余人，下降38.7%，超额完成任务29%；整改安全隐患3.2万余处。

（宛　煜）

【东坝地区挂牌整治】 年内，推进东坝地区挂牌整治工作，通过实施"八项硬件工程"（一是完善城市管理监控系统，提升地区智能化监控水平；二是增设三类警务工作站，增强治安巡逻、值守、防控能力；三是加装防爬刺防盗设施，提高高发案社区物防水平；四是推进"平安示范小区"创建，提高老旧小区社会治安防范能力；五是设立太阳能警灯警示牌，加大社会治安防控震慑力度；六是充实流管站，加强新建社区流动人口和出租房屋管理；七是制作地区报警举报热线冰箱贴，提高群众报警举报热线知晓率；八是制作社区民警宣传提示牌，提高群众自防意识和见警率），加强"七支社会管理专业队伍"（乡治安巡防大队、专项打击队、城市秩序联合执法队、交通秩序执法队、环境整治执法队、地区物业联盟群防群治队伍、治安志愿者队伍）建设，建立健全"四项工作机制"（社会管理综合治理联动、专项打击和综合执法并行，社会治安专项问题会商、调度、社会治安问题挂牌和考核评价机制）等有力措施，确保实现整治目标。2015年9月1日至2016年8月31日挂账整治期间，东坝地区未发生重大及以上刑事案件、群体性事件和安全事故；发生可防性案件136起，同比下降33.98%；治安案件1349起，同比下降27.97%；刑事案件540起，同比下降43.16%；接城管热线举报3073件，同比下降27.27%。10月27日，东坝乡整治工作通过市联合验收组检查验收。

（宛　煜）

【群防群治】 年内，坚持"社会协同、公众参与"原则，突出"朝阳群众"特色品牌，最大限度动员在区内工作、生活、居住的有正义感的守法公民，参与综治及平安建设。推进群防群治工作规模化发展、规范化管理、一体化运行和多元化保障，完善实名登记、星级管理、公益反哺等工作机制；采取政府购买服务，发挥社会组织作用，以群众需求为导向、以居民参与为主体、以邻里互助为核心、以营造熟人社会为主要目的，在亚运村街道安翔里社区开展"点亮小橘灯、温暖社区行"平安自治项目试点基础上，在亚运村、三里屯、六里屯街道各确定一个社区开展试点工作。全区群防群治力量达18.5万人，其中治安志愿者13万余人。

（宛　煜）

【群众安全感】 年内，针对影响群众安全感的治安突出问题，发挥公安机关打击违法犯罪主力军和"第一推动"作用，部署开展春夏平安行动和年底打击破案冲刺专项行动。侦破"3·12"杀人碎尸案、"6·10"公交车放火案等8类危害严重案件776起，侦破16起命案；破获侵财案件7837起，打掉高危人群犯罪团伙27个；破获涉众型经济案件186起，同比上升24%，追缴经济损失51.9亿元；全区黄赌警情同比下降9.2%。部署推进禁毒会战，围绕2676名在册吸毒人员、199家各类娱乐场所，拓宽情报线索渠道，破获毒品案件162起，拘留以上处理涉毒人员177人，缴获毒品11.6公斤。定期召开全区提升群众安全感工作推进大会，开展"平安北京"主题宣传月活动，完善季度调查、三级会商、重点帮扶、专项督办、常态宣传、入户走访、奖惩激励等工作机制。在全市2016年前三季度群众安全感调查中，全区群众安全感指数分别为95%、89%、93.2%，平均分为92.4%，比上年同期提升1.03个百分点。

（宛　煜）

【综治信息化综合平台】 年内，朝阳区是全市综治信息化建设4个试点区县之一。制定《2016年朝阳区社会治安综合治理信息化建设工作方案》，围绕"一个中心、二级闭环、三级平台、四类服务、五大特色"总体架构［一个中心：朝阳区综治数据中心；二级闭环：区和街乡两级闭环处置流程；三级平台：区、街乡、社区（村）三级信息工作平台；四类服务：服务领导决策、服务基层应用、服务业务开展、服务工作协同；五大特色：社会面精细化防控、治安重点地区整治、提升群众安全感、"朝阳群众"和街乡个性化发展五大特色工作模块］搭建区、街乡、社区（村）三级综治信息化工作平台，推动综治信息平台数据信息整合共享，选取双井、团结湖、八里庄、亚运村、建外、三里屯、平房、十八里店、将台等9个街乡及所属94个社区（村）作为试点。4月21日，召开全市综治信息化建设推进会，推广区综治信息化建设工作经验。

（宛　煜）

【铁路护路联防】 年内，区铁路总长度96公里，主要铁路干线有京哈线、京包线、丰双线、京秦线、东星联络线、百东联络线、京承线、百星线、京津城际高速，涉及17个街乡。铁路沿线有桥梁36座，涵洞33个，道口20个。年内，开展铁路沿线安全隐患整治工作，对丰双铁路沿线安全隐患、京津高铁桥下非法建筑、私堆乱放及行人破坏护网、违规穿行铁路等突出问题开展专项整治，集中消除一批安全隐患；借助区、街乡两级网站、报纸等媒体、微信公众号、社区便民信息显示屏等手段开展护路宣传教育工作。全年区铁路护路工作未发生责任事故和问题。

（宛　煜）

【非法集资专项整治】 年内，针对全区非法集资案件呈现出案发数量大、涉案金额大、涉案人数多、人员分布广的特点，区委、区政府高度重视防范和处置非法集资工作，构建领导挂帅、部门协同、上下联动的组织体系，普查在区注册企业48000余家，委托中介机构重点排查18个重点写字楼群涉及5000家企业，约谈陨石地带、德丰利达等高风险企业，加强对小额贷款公司、融资性担保公司、交易场所监管，采取主题宣传、警示巡展、新媒体推送等形式开展防范非法集资宣传活动，坚持目标责任制，将防范和处置非法集资工作纳入综治考核评价内容。1月至10月，全区侦破非法集资案件101起，同比增长129%，占全市73.5%；抓获犯罪嫌疑人345人，追缴经济损失28.11亿元。

（宛　煜）

【矛盾纠纷多元化解】 年内，制发《朝阳区关于完善矛盾纠纷多元调解机制的意见》。明确社会矛盾多元调解专项组各成员单位职责，健全组织领导体系，理顺领导和管理体制，确保区级多元调解工作平台有效运行；健全多元调解信息预警、沟通和会商机制，对可能引发群体性事件或造成恶劣影响的重大矛盾纠纷及复杂疑难案件，开展化解和稳控工作。加强各项保障机制，根据调解纠纷的难易程度、文书规范程度分4个档次，发放调解案件补贴费用40万元；优化社区、村人民调解委员会人员结构，组织全区500余名新任人民调解员参加脱产业务培训。截至10月底，全区基层调解组织调处矛盾纠纷21353件，调解成功18449件，成功率96.4%。

（宛　煜）

维护稳定

【概况】 朝阳区维护稳定工作领导小组办公室（以下简称区维稳办）是区维护稳定工作领导小组的常设办事机构。年内，区维护稳定工作在市委政法委（维稳办）、区委区政府的坚强领导下，面对复杂严峻的维稳形势和艰巨繁重的工作任务，区维稳办全面贯彻落实党的十八届五中、六中全会精神，牢固树立“朝阳稳、首都稳”的政治意识，创新群体性事件处置机制，坚持下先手棋、打主动仗，围绕“涉南海问题”和“G20杭州峰会”两大中心工作，加强和改进维护社会稳定工作，防控社会稳定风险，完成全国“两会”、国庆、国际人权日、北京电视台跨年楼宇灯光秀安保维稳任务。

地址：日坛北街33号

邮编：100020

电话：65099200

网址：http://zfw.bjchy.gov.cn

（李渊峰）

【签订维护稳定责任书】 3月，以区委书记吴桂英、区长王灏名义分别与43个街乡和55个区维护稳定工作领导小组成员单位，签订《2016年朝阳区维护稳定工作责任书》196份。

（李渊峰）

【涉南海问题维稳】 7月11日，区召开涉南海问题维稳工作专题会议，区委副书记、政法委书记陈涛传达贯彻中央、市委涉南海问题维稳工作专题会议精神，区属单位及43个街乡主要领导参加会议，部署区涉南海维稳工作方案。7月12日，针对“南海仲裁案”可能引发的现实风险隐患，区成立现场总指挥部及社会面防控、情报信息、现场处置、宣传教育、后勤保障等5个专项工作组。陈涛担任总指挥，高岩任常务副总指挥，刘军胜，副区长杨树旗，区委政法委常务副书记、维稳办主任赵红伟，公安朝阳分局副局长赵鲁燕任副总指挥。陈涛、高岩、杨树旗多次带队实地督导巡查美国、菲律宾、日本、越南驻华使馆，以及外交部、联合国开发署周边力量配置、人员到岗到位情况。围绕4个重点区域细化工作方案，安装1200米硬质隔离。劝离媒体21家34人，劝离举牌抗议人员3批6人。7月12日至14日，全区启动一级超常社会面防控等级，每日部署警力1683人，投入群防群治力量12.5万余人。7月15日至16日，启动二级加强社会面防控等级，对798艺术园区、朝阳公园、欢乐谷、奥运中心区、新光天地、蓝色港湾、太古里等人流密集场所，燕莎、蓝岛、赛特、秀水、朝阳大悦城等繁华场所，以及CBD核心区、中央电视台、大型公交场站和地铁站口周边等2773个重点点位开展防控工作。启动战时保障机制，出动两辆120救护车在防控沿线巡查。完成涉南海问题维稳任务。

（李渊峰）

【G20杭州峰会期间维稳】 8月22日至9月6日，区制定G20杭州峰会维稳工作方案，成立由陈涛任组长，高岩、杨树旗、赵红伟任副组长的区G20杭州峰会维稳工作领导小组。启动战时会商机制，摸排和研判可能影响首都稳定和涉及G20杭州峰会的各类不稳定因素。制定并组织实施全区反恐防恐工作方案和处置涉恐突发事件预案。加强对全区重要目标、重点要害部位、繁华商区、交通枢纽等重点区域的基础性防范工作，管控易燃易爆、剧毒等危险物品，强化对涉恐重点群体、进入区涉恐重点地区人员、进入区车辆及物品的排查管控。加大反恐专门力量和应急处突力量的配置，强化每个街乡50人实名制维稳应急处突力量建设。9月3日至5日，全区启动社会面一级超常防控等级，提高街面见警率。完善区域防控、等级布控、网格巡控模式，充分发挥城管等一线执法部门街面巡查优势，及时发现、报告、协助处置突发事件。坚持专群结合，发挥公安主力军作用，组织动员治安志愿者等力量，着重加强对重点地区、敏感部位的阵地控制。对供水、供电、供气、供热、供油等重点要害单位和广电通信等关键设施反复检查巡逻，落实专人24小时看护措施。重点检查易燃易爆、剧毒、放射性、传染性等危险物品及相关行业，严格管理措施。强化重点人稳控和劝返工作，防止区重点人在G20杭州峰会期间到杭州非法上访、聚集、滋事。强化矛盾纠纷排查化解工作，对排查出的问题，建立风险评估机制，区别不同情况，实施分类化解。

（李渊峰）

【十八届六中全会维稳】 10月21日至28日，中共十八届六中全会在北京召开。区维稳办结合区情特点，特制维稳工作方案，实现“五个坚决防止”（坚决防止发生重大暴力恐怖事件和个人极端暴力事件、坚决防止发生危害国家安全和社会稳定的重大政治事件、坚决防止发生严重影响社会稳定的重大刑事犯罪案件，坚决防止发生重大群体性事件，坚决防止发生重大公共安全事件）工作目标。成立“十八届六中全会”维稳工作领导小组，陈涛为组长，高岩、树旗、赵红伟任副组长，组织协调各部门、各街乡全力做好各项安保维稳工作。成立情报信息、重点人稳控、社会面防控、反恐应急、信访接待等5个专项工作组。启动情报会商和“零”报告机制。完成中共十八届六中全会维稳任务。

（李渊峰）

【中央维稳办考察调研】 11月25日，中央维稳办副主任于复苓等一行到区考察调研维稳信息化建设情况。听取区维稳信息化建设工作情况汇报；观看科学维稳体系宣传片；观摩区群体性涉稳事件应急处置演练并召开座谈会。于复苓等中央维稳办领导了解区涉稳情报报送流程、维稳风险态势图及科学维稳体系运行机制。于复苓认为朝阳区在维稳工作信息化建设方面做了大量着实有效的工作，在贯彻落实中央关于推进维稳工作规范化建设方面，走在全国前列。朝阳科学维稳体系实现涉稳情报信息、事件处置、督察考核的规范化处置流程，提高维稳工作效率。应急演练有创新、有突破，在全国具有很好的示范作用和推广价值。陈涛表示要继续努力，进一步完善升级科学维稳体系，推动区维稳工作信息化建设，确保达到中央要求。要脚踏实地，持续深化维稳工作体制机制，全面提升维稳工作能力，不断开创区维稳工作新局面。要精益求精，全面精雕细琢应急处置演练细节，切实增强应急演练的实用性和有效性。

（李渊峰）

【疏解非首都功能社会稳定风险评估】 年内，区委区政府落实市委《关于加强疏解北京非首都功能重大决策社会稳定风险评估工作文件》精神，把健全社会稳定风险评估机制与疏解北京非首都功能各项任务，纳入全区整体工作布局。落实属地责任、主体责任，把涉及非首都功能疏解的社会稳定风险评估工作各单位作为“一把手”工程。建立重大决策社会稳定风险评估联席工作会，区维稳办、区国资委、区教工委、区发改委、区住建委、区市政市容委、区房管局、区卫生局、区民防局、区规划分局、区国土分局、区水务局等单位和属地43个街乡，按照《朝阳区重大决策社会稳定风险评估实施细则》规定评估范围和重点评估领域，结合年度工作安排，开展社会稳定风险评估工作。特别是以交通一体化、生态环境保护、产业升级转移3个重点领域及人口调控、优先重点疏解的4类非首都功能相关的重大政策和重大项目为工作重点，全区梳理42项涉及非首都功能疏解需要开展社会稳定风险评估的项目，建立相关台账，实时跟踪动态，更新进展情况。统筹指导和综合协调，专题就涉及“疏解非首都功能的社会稳定风险评估工作”开展培训；将疏解非首都功能中维稳工作作为领导干部工作目标管理责任制考核和政府绩效考核重要内容，列入区综治、维稳、信访和政府决策绩效考核体系。

（李渊峰）

流动人口和出租房屋管理

【概况】 朝阳区流动人口和出租房屋管理委员会办公室（以下简称区流管办），与区综治办合署办公。年内，区流管系统贯彻党的十八大、十八届五中、六中全会及中央、市委政法工作会议、区委十一届十一次全体（扩大）会议精神，以加强流动人口服务管理、提高流动人口规模调控能力为目标，以夯实基层基础、加强出租房屋规范化管理为主线，以强化流动人口组织化建设、加强流动人口服务保障和出租房屋安全为抓手，健全、创新各项管理工作机制，提升流动人口和出租房屋管理水平。年内，区长办公会审议通过《朝阳区关于落实居住证制度的实施意见》。全区减少流动人口262490人，其中街道66085人、农村196405人。区流管办完成43个街乡105场约1.2万人次培训。

地址：日坛北街33号
邮编：100020
电话：65099200
网址：http://zfw.bjchy.gov.cn

（倪　辉）

【全国“两会”期间流动人口管理】 2月29日至3月15日，出动流动人口管理员35579人次，检查流动人口467113人次，排查发现并报告流动人口中可疑情况55人；检查出租房屋180109户，排查发现并整改出租房屋隐患1864处。区流动人口和出租房屋的总体安全稳定。

（倪　辉）

【昆明市人大常委会领导考察】 3月22日，昆明市人大常委会党组副书记、副主任金志伟一行到区调研流动人口和出租房屋管理情况。在双井街道听取区流管办介绍流管工作经验，副区长杨树旗、区人大常委会副主任苑文新陪同调研。

（倪　辉）

【《孙河“1·24”火灾警示录》拍摄】 4月24日，区流管办牵头，组织协调区广播电视新闻中心、朝阳消防支队和公安朝阳分局等单位完成《孙河“1·24”火灾警示录》教育宣传片拍摄工作，并于“5·12”减灾防灾宣传日前下发各街乡基层流管站。

（倪　辉）

【流管员业务骨干培训】 7月8日，区流管办在朝阳宾馆多功能厅召开流管员业务骨干培训会。培训内容为如何加强流动人口和出租房屋管理、发现及管控关注群体、树立规则意识和法治观念、强化反恐防控意识等。43个街乡160余名流管员业务骨干参加培训。

（倪　辉）

【G20杭州峰会期间流管】 9月3日至5日，杭州G20杭州峰会期间，全区流管系统出动管理员6110人次，检查流动人口97091人，检查出租房屋31194户，发现并整改出租房屋隐患217处，治理违法群租房6户，完成峰会期间全区流动人口和出租房屋管理工作。

（倪　辉）

法治政府建设

【概况】 朝阳区人民政府法制办公室（以下简称区法制办）是区政府负责法制工作事务的工作部门，对区政府法制工作负有统筹规划、指导、协调、组织和监督职责。年内，受理行政复议申请744件，同比上升62.5%；审结700件（含上年结转56件），纠错率28.3%。行政复议申请主要涉及政府信息公开、行政不作为、房屋拆迁许可、工商食药投诉举报、养老保险待遇核准、公安和交通行政处罚、物业纠纷等。信访复查接待群众来电来访89批次322人，受理信访复查案件79件，同比上升32%，纠错率77%。以区政府为被告和被复议的案件557件，同比下降54%，其中行政诉讼480件（一审238件，二审242件）、被复议77件。案件类型主要涉及不服信息公开告知、不服房屋征收及征收补偿决定、不服核发集体土地建设用地使用证等。审核各单位报送和区领导批示的重大决策事项89件。年内，区法制办获评北京市政府法制工作先进集体，3人获评北京市政府法制工作先进个人。

地址：日坛北街33号
邮编：100020
电话：65094421
网址：http://fzb.bjchy.gov.cn

（苏辰阳）

【行政执法协调工作联席会】 4月26日，召开行政执法协调工作联席会。9个行政执法“零处罚”部门和8个行政处罚工作力度下降较大部门负责人参加会议。会议调研行政处罚工作力度幅度下降较大的原因，分析零处罚部门多年无处罚案卷原因，为进一步开展行政执法工作，力争实现行政处罚案件零突破提供指导意见。

（苏辰阳）

【《北京市行政处罚案卷标准和评查评分细则》培训会】 5月26日，组织开展《北京市行政处罚案卷标准和评查评分细则》培训会。北京市政府法制办监督处王伟作专题授课，逐条说明处罚案卷新标准，重点提示新老标准变化较大的部分，现场答疑各部门的提问。全区41个行政执法部门的法制科室负责人及业务骨干、实施行政处罚职权的科队站所负责人及法制员230余人参加培训。

（苏辰阳）

【区政府常务会会前学法】 5月30日，区政府开展常务会会前学法活动，市人民政府法制办公室党组成员、副主任王荣梅就《北京市生产安全事故隐患排查治理办法》作专题辅导授课，讲解立法背景、立法思路和重点问题、主要内容及贯彻执行的要求等5方面内容。8月8日，市环保局局长陈添作《聚焦环境保护，推动绿色发展》区政府常务会会前学法专题授课。区政府领导及各街、乡、委办局行政正职240余人次参加2次授课。

（苏辰阳）

【处级干部法治政府建设专题培训班】 6月1日至3日，区法制办、区委组织部在区委党校联合举办2016年朝阳区处级干部法治政府建设专题培训班。国务院法制办公室行政复议司副司长田昕、国务院法制办法制研究中心副主任李富成、市法制办副巡视员张国强、市纪委法规室主任杨建和及中国政法大学法治政府研究院院长王敬波分别就《法治政府建设实施纲要（2015—2020年）》、推进行政决策科学化、民主化、法治化，行政执法工作，结合“两为”整治工作学习贯彻《中国共产党廉洁自律准则》和《中国共产党纪律处分条例》及政府信息公开理论与实践等内容专题授课。各街乡、行政执法单位相关领导及行政执法单位法制科科长150余人参加培训。

（苏辰阳）

【行政执法人员培训】 6月13日至17日，区法制办和区人力社保局在朝阳社区学院联合举办“2016年第一期朝阳区行政执法人员培训班”，区属行政执法机构及承担行政执法职能有关事业单位的行政执法人员160余人参加培训。10月24日至28日，举办“2016年第二期朝阳区行政执法人员培训班”，160余人参加培训。两期培训班系统讲授法律法规常识和行政执法业务知识，强化严格依法办事意识，提升执法能力。

（苏辰阳）

【区“十三五”时期法治政府建设规划编制】 6月，区法制办编制《朝阳区“十三五”时期法治政府建设规划》，经区政府2016年第四次常务会议审议通过。规划共分四章。第一章是规划背景，总结区在“十二五”期间依法行政工作取得的成绩，分析“十三五”期间法治政府建设面临的新形势；第二章是规划总则和目标，在认清发展形势、分析关键问题的基础上，提出“十三五”时期法治政府建设规划的指导思想、基本原则、基本目标；第三章是主要任务，从依法全面履行政府职能、健全行政决策机制、深化行政执法体制改革、加强和规范行政执法、强化对行政权力的制约和监督五个部分阐述；第四章为保障措施，从六个方面阐述综合发挥各方作用，推动规划全面实施。

（苏辰阳）

【行政许可案卷评查】 8月15日至19日，区法制办开展全区2016年行政许可案卷评查工作。评查27个单位54本许可案卷。主要评查许可案卷申请、受理、审查、决定、送达等程序合法性方面。本次评查合格率为94.44%，其中优秀卷33本，占61.11%；合格卷18本，占33.33%；不合格卷3本，占5.56%。有27个部门实施行政许可行为，占有行政许可职权的执法部门的87.1%；区园林绿化局、区档案局、区民宗办、区地税局等4个依法具有行政许可职能的部门本年度没有形成行政许可案卷，占比12.9%。

（苏辰阳）

【法治与社会治理研究中心成立】 9月21日，由中国人民大学法学院、区法制办联合主办的中国人民大学法治与社会治理研究中心成立仪式暨首届“法治与社会治理高端论坛”在中国人民大学举行。中国人民大学法学院院长韩大元、朝阳区政府副区长王志勉分别致辞。中国人民大学法学院和区法制办专家学者探讨社区治理现代化的一般法理、社区治理的制度与实践、北京市社区治理的疑难与法律对策等议题。

（苏辰阳）

【依法行政工作培训会】 10月27日至28日，组织开展依法行政工作培训会。市政府法制办综合处副处长吴苗林，执法监督处处长史凯，区政府复议委员会委员、律师吕立秋，人民日报副主编白龙，分别讲授重大决策及行政执法相关问题、公私合作制实务中的法律问题及网络舆情与媒体应对等内容。区法制办分析解读新形势下依法行政工作的新重点、新任务、新要求。各街、乡依法行政领导小组办公室主任和区政府各行政执法单位法制工作主管领导及法制科科长150余人参加培训。

（苏辰阳）

【法治政府协同创新框架协议签订】 11月28日，区政府与中国政法大学战略合作暨法治政府协同创新框架协议签约仪式在区举行。区长王灏、中国政法大学副校长马怀德分别代表双方签约。双方将在法治理论研究、公务员培训、挂职锻炼、实践基地建设、法律咨询、法律宣传等领域开展交流合作，共同致力于“法治朝阳”建设，助推区整体依法行政能力和水平提升。

（苏辰阳）

【华森置业公司诉区政府确认违法及行政赔偿案】 12月15日，北京市第四中级人民法院公开开庭审理，原告北京华森置业有限公司诉朝阳区政府确认违法及行政赔偿两案。区长王灏出庭应诉，区部分行政执法单位及街、乡主要领导参加庭审旁听。区八里庄街道办事处作为第三人参加庭审。

（苏辰阳）

公　安

【概况】 年内，北京市公安局朝阳分局（以下简称公安朝阳分局）完成全国“两会”、十八届六中全会、2017年高峰论坛、党的十九大等维稳安保任务。新一届分局党委成立以来，推进禁毒会战、破案会战、“高峰·2017平安行动”、视频会战等专项打击行动。树立警力“走出派出所、融入社区、固化街头”理念，探索实践就近处警工作模式，依托3个“一分钟处置点”、39个巡逻警务站、384个社区警务室。实行“社区间大联动”与“网格间小联动”相结合的联防联动模式，投入资金20万元，宣传防火、防盗、防电信诈骗等知识，发放宣传材料50余万份、悬挂横幅3412条、展板5835块，召开群众宣传会180次，张贴警情通报12905份。新建重点地区视频点位840个，图像系统日均点位完好率提高至90%。对高发案社区（村）和市级挂账重点村集中开展清理整治，检查出租房屋2.8万户9.8万间、各类场所4064处，处理拘留以上违法犯罪嫌疑人183人。推进居住证卡办理工作，办理居住证17.84万个、办理居住登记卡18.21万张。完成485项1975场次大型活动安保任务。查处违规养犬行为1654起。将484名新警、军转干部，299名市局前置警力充实至一线派出所和重点业务部门。70个集体1845名个人立功受奖，徐占胜、程金荣社区警务室被命名为“杰出民警工作室”，段星被授予“北京榜样•最美警察”荣誉称号，张欣、贾立军分别获“全国五一劳动奖章”和“首都劳动奖章”。

地址：道家园1号

邮编：100025

电话：85953400

邮箱：chaoyangfenju@sina.com

（王　晖）

【特大运输毒品案破获】 1月8日，破获特大运输毒品案。在丰台区木樨园长途汽车站内，将从广东广州乘坐大巴运输毒品至京的犯罪嫌疑人兰德里（TOKPA massoueu landry）（男，1981年11月出生，科特迪瓦人）抓获，当场从其身上起获冰毒净重1464.8克，海洛因净重55.4克。经审查，该犯罪嫌疑人对其运输毒品的犯罪事实供认不讳。

（韩翠英）

【“亿美软通”公司被非法入侵计算机案破获】 5月30日至6月2日，破获北京亿美软通科技有限公司被非法入侵计算机信息系统案。分别抓获涉案人员王某（男，1985年9月出生，山东省济南市章丘市人）、史某某（男，1998年9月出生，山东省烟台市龙口市人）及郭某某（男，1996年10月出生，山东省菏泽市牡丹区人）等3名犯罪嫌疑人。经审查，嫌疑人对其购买公司支付漏洞，抓取支付链接，修改支付数额，从而非法获取大额话费的犯罪事实供认不讳，初步核实涉案金额48万余元。

（邱　怡）

【换届选举安全防护】 6月17日至19日、11月15日，区各街乡统一开展2016年第十届村委会换届选举和区乡人大代表换届选举集中投票活动。公安分局出动警力1389人，发动社会力量9.3万人，共同维护活动秩序，未发生滋事闹事、影响选举投票安全的（案）事件。

（张　月）

【身份证异地受理】 7月1日，各户籍派出所开展居民身份证异地挂失申报和丢失招领工作。8月8日起，启动京津冀地区在京办理居民身份证异地受理试运行工作。9月20日起，除内蒙古、广西、新疆、西藏等少数民族地区外，全面启动身份证异地受理工作。

（冯彦超）

【打掉盗销手机犯罪团伙】 9月6日，朝阳分局打掉一盗销手机的犯罪团伙。抓获收赃嫌疑人张某某（男，1976年10月出生，河南省伊川县人）和销赃嫌疑人西尔艾力•某（男，1988年4月出生，新疆维吾尔自治区泽普县人）等4人，起获涉案手机220余部，到案人员对违法收售手机的犯罪事实供认不讳。

（隋新宇）

【45小时速破“9·17”绑架案】 9月19日19时，破获“9·17”三里屯地区绑架案，此案是近几年索要赎金金额最大的一起绑架案，且涉及未成年少女，社会影响巨大。办案民警用45小时跨省抓获犯罪嫌疑人皇甫某鹿（男，1980年12月，山西省运城市人）和皇甫某帆（女，2000年8月出生，山西省运城市人），二人系父女关系，安全解救出被绑架至山西运城的17岁少女沈某某。经审查，2人对实施绑架和索要巨额赎金300万元的犯罪事实供认不讳。

（隋新宇）

【“美团网”被诈骗案破获】 9月，破获“美团网”被诈骗案，分别于12日、27日抓获涉案人员黄某源（男，1990年12月出生，福建省漳州市人）、卢某宏（男，1991年6月出生，福建省漳州市人）、卢某杰（男，1991年8月出生，福建省漳州市人）等3名犯罪嫌疑人。经审查，3人对利用“美团网”下单后，24小时无条件退款的规则漏洞，与商家勾结，恶意虚假下单，非法获利的犯罪事实供认不讳。初步核实涉案金额367万余元。

（邱　怡）

【歌舞娱乐场所专项整治行动】 11月4日起至年底，开展为期2个月的歌舞娱乐场所清理整治专项行动。其间，检查歌舞娱乐场所1200余家，发现问题44家，其中停业整顿3家、责令限期整改41家、查处黑歌厅1家。在歌舞娱乐场所内抓获违法嫌疑人108名，其中行政拘留33人，刑事拘留65人。

（郭咲琳）

【各项安保任务完成】 年内，通过强化各项安全警戒措施，强化感官安检、拦截查控和疏导控制，采取“实名制岗段长”勤务模式，落实岗位责任，完成全国“两会”期间、G20杭州峰会期间、十八届六中全会期间等重大安保任务，投入警力4.79万人次，确保专项警卫和日常警卫勤务“零差错”。强化现场安检和秩序维护，投入警力3.01万人次，安全检查580次，消除安全隐患51件，确保485项1975场次大型活动安全有序零事故。确保939场次商场促销、企业庆典等无须许可活动的安全，无群死群伤等重大治安灾害事故发生。

（于更浩）

【刑事案件攻坚】 年内，将命案侦破机制导入到打击8类暴力犯罪（即故意杀人、故意伤害致人重伤或者死亡、强奸、抢劫、放火、爆炸、绑架、劫持）工作，固化完善快速反应、一案一议、多警联动、专案驻勤等机制，破获8类案件784起，破案率73.6%，继续保持命案100%侦破的强劲势头。破获涉外刑事案件38起，查获“三非”人员1197人。

（于更浩）

【打击黄赌违法犯罪】 年内，细化完善《查处涉黄涉赌违法线索工作机制》，组织派出所开展针对性和区域性打击整治，组织阶段性集中打击行动。打掉黄赌等团伙（窝点）335个，抓获违法犯罪人员2303人，拘留以上处理2299人。

（张　雪）

【打击盗销自行车行动】 年内，组织22个警情高发派出所组建打击盗销自行车小分队，打掉盗销自行车违法犯罪团伙（窝点）102个，抓获处理涉案嫌疑人673人，收缴被盗自行车831辆。

（陈　静）

【开锁业治安管理】 年内，继续保持全部采集开锁技工指掌纹及DNA信息、及时更新正规开锁公司信息公示宣传、网上监测封堵虚假信息等基础工作，备案登记符合备案条件的全部78家开锁单位212名开锁技工。同时，强化开锁从业单位和开锁技工治安管理知识教育培训，落实验证登记和可疑情况报告管理制度。重点发现和检查未纳入名录制管理的开锁企业，对无照经营、超范围经营企业，落实联合执法和函告取缔机制。在社区查处散布“110联动开锁”虚假信息小广告行为。

（郭咲琳）

【养犬管理】 年内，组织工商、城管、疫控等部门及辖区各街乡、派出所开展养犬年检和规范文明养犬宣传，发放各类宣传材料4万份，印制悬挂条幅900幅。设立年检免疫一站式服务站点324个，在固化完善一站式服务、上门办理、延长办公时间、奖励绝育犬等便民利民服务措施基础上，免费为养犬人办理“宠物饲养责任保险”。

（陈云芳）

【反恐防恐措施落实】 年内，对辖区地标性建筑、党政机关、广播电台、电视台、供水、供电、供气、供热、供油、通信等基础设施、加油气站、写字楼、商场超市、科研机构、文博单位、中小学幼儿园、医院开展全面摸排，建立“三级管控”机制。贯彻《中华人民共和国反恐怖主义法》、落实“六住”（盯住人、把住口、管住房、看住物、守住点、控制面）措施，全部配齐防爆毯、防爆围栏、警戒带、防刺服、安全头盔等必要防范装备。全部安装或加固防冲撞护栏和防冲撞隔离墩，成立内部应急处置小组，落实“网格化”防控机制。落实“寄递物品一律门外收取”机制。

（聂建平）

【涉医案（事）件处置机制】 年内，开展“深化打击整治涉医类诈骗扰序类违法犯罪专项行动”，在辖区40所二级以上医院启动“挂号、就医高峰勤务”。加强医院内部反恐防恐和“人防、物防、技防”措施。落实《涉医案（事）件三级响应处置机制》，明确派出所属地责任和治安、刑侦、巡警分级响应职责，化解医疗纠纷139件。全年未发生因医患纠纷引起的重大群体性事件。

（聂建平）

【可防性案件管控】 年内，组织社区民警在居民上下班出入高峰、双休日、节假日等重点时段，深入高发案地区开展宣传。悬挂设置横幅3412条、展板5835块，召开宣传会180次，张贴警情通报12905份，发放宣传海报10万张、宣传材料40万份。通过警情分析，确定24个高发案派出所46个重点小区（村），每日凌晨1时至5时，安排2名民警带领2名保安、1部巡逻车开展巡逻和盘查核录，社区可防性案件同比涨幅回落15.7个百分点。入室盗窃案件同比涨幅回落18.4个百分点。

（张　月）

【推进居住证卡办理】 年内，组织指导46个户籍派出所开展居住证业务办公场所设置、网络环境调试、工作人员配置，居住证卡办理流程业务培训，专职警力“分组包片”，办理居住证（卡）36.05万个（张），其中办理居住证17.84万个、办理居住登记卡18.21万张，办理量居全市首位。

（刘金岩）

【派出所出入境证件受理点运行情况】年内，太阳宫、麦子店、东风、平房、南磨房、将台、三间房、奥运村、大屯、来广营、花家地、酒仙桥等12个派出所出入境证件受理点稳定运行，为市民提供就近办理护照、往来港澳通行证及往来台湾通行证首次申请和旧证换发业务，接待群众34万人，受理出入境证件17.1万件，占分局总受理量的34.27%，有效分流分局出入境大厅接待量。

（沈依依）

【公安朝阳分局派出所】

	名称	地址	电话
1.	朝外大街派出所	三丰里甲 11 号	85612407
2.	建外派出所	光华里甲 2 号	65912227
3.	三里屯派出所	三里屯南 41 楼	64166786
4.	呼家楼派出所	呼家楼北街 16 号	65021574
5.	安贞派出所	安贞西里三区 7 楼	64419129
6.	香河园派出所	西坝河南里 26 号楼	64619262
7.	和平街派出所	樱花园东街 3 号	64422553
8.	新源里派出所	新源里 17 号	64674086
9.	小关派出所	小关东街 5 号	64917134
10.	太阳宫派出所	西坝河北里 8 号楼	64212857
11.	麦子店派出所	枣营北里 1 楼	65857190

	名称	地址	电话
12.	团结湖派出所	团结湖路 19 楼	85989405
13.	六里屯派出所	晨光家园 218 号楼西侧	85817657
14.	双井派出所	垂杨柳中街 2 号	67716244
15.	劲松派出所	大郊亭南街 9 号院 1 号楼	67727306
16.	潘家园派出所	华威西里 29 楼	67785877
17.	亚运村户籍派出所	安苑北里甲 8 号	64912193
18.	大屯派出所	大屯 220 号 6 号楼	64949248
19.	奥运村派出所	扶林路甲 9 号	84913594
20.	来广营派出所	来广营乡朝来农艺园院内	84912451
21.	花家地派出所	花家地北里 8 号楼	84716376
22.	将台派出所	将台乡将府家园北侧	64362030
23.	首都机场派出所	首都机场燕翔东里 12 号	64561626
24.	孙河派出所	孙河乡康营村	64384625
25.	东湖派出所	望京花园 130 楼	64713294
26.	南皋派出所	崔各庄乡南皋路	84566382
27.	八里庄派出所	十里堡西里 218 号	65561089
28.	高碑店派出所	高碑店乡高碑店村	85754153
29.	平房派出所	黄杉木店 180 号	85574138
30.	东风派出所	东风乡辛庄村甲 28 号	85849101
31.	酒仙桥派出所	酒仙桥路 30 号	64371415
32.	东坝派出所	红松园北里甲 8 号	65495368
33.	金盏派出所	金盏大街（金盏乡政府后）	84333271
34.	南磨房派出所	平乐园小区 105 楼	67312979
35.	王四营派出所	王四营村 3 号	67364358
36.	垡头派出所	垡头北里 12 楼	67381152
37.	十八里店派出所	十八里店乡十八里店村 20 号	67471965
38.	小红门派出所	小红门龙爪树南里	87690144
39.	豆各庄派出所	西马各庄村	85308831
40.	黑庄户派出所	黑庄户乡商业大街甲 1 号	85382586
41.	管庄派出所	管庄乡双会桥西甲 5 号	65761888
42.	常营派出所	幺家店路甲 1 号	65481123
43.	三间房派出所	建国路甲 6 号	65420101
44.	崔各庄派出所	崔各庄乡马泉营村	64320110
45.	南湖派出所	南湖中园 238 楼	64703003
46.	小武基派出所	十八里店乡西直河村王村路甲 1 号	87335927
47.	奥林匹克公园派出所	安慧北里雅园 1 楼	64910162

（王　晖）

交通管理

【概况】 北京市公安局公安交通管理局朝阳交通支队，内设机构7个，下属呼家楼大队、高速路大队、东外大队、亚运村大队、劲松大队、双桥大队、机场大队7个单位。年内，加强指挥调度和路面指挥保障，接警744734起，回访7.3万起，群众满意率99%。利用电视监控系统直接发现问题27195起，其中交通事故22787起、车辆故障3792起、交通拥堵191起、其他425起。开展夜查“酒后”专项行动150次，查获酒后驾车违法行为1822起，同比增长25%；行政拘留513人，其中醉酒拘留26人、涉牌拘留135人、非司机拘留308人、其他拘留44人。全年现场总执法量50万起，罚款总额4772万元；非现场执法总量303万起，非现场执法罚款总额4亿元。现场处罚闯红灯违法行为5021起，同比增长1403%；处罚“涉牌”违法12410起，同比增长174%；扣留非法“摩的”、两轮摩托车5931辆，同比增长35%；处罚货车违法行为151027起，同比增长33%。管界发生交通事故73801次，同比增长2%，其中伤12410人，亡173人，伤亡人数分别下降5%和5.1%，死亡人数比控制指标减少12人。在事故总数中，快速处理8524起，占99.5%；一般程序处理280起，占0.5%。制定设施改造和道路优化方案142个，安装路口信号灯3处，安装机非护栏1500米，中心护栏4218米，便道护栏1247米；安装各类交通标志212套；施划车位2522个；施划、复划道路标线32780米；打桩1162根；检查保修交通设施274次。全年办理驾驶证换证39751个、驾驶人审验8253人、核发临时号牌111456面、异地代检手续5496份、核发检验合格标志24146个、换办进京证208548张。

地址：百子湾西里303号
邮编：100124
电话：68399501

（岳　玥）

【交通安全示范社区（村）创建】 10月中旬，在全区实施“畅行街区，共治共享”——创建交通安全示范社区（村）工作。实施错时停车19处，开辟错时停车泊位3411个，在老旧社区新增停车泊位5119个，新增路侧停车泊位2145个，清理黑停车场23处，清除非法车位705个。召开各层级动员部署会134次，征集研究群众意见2462条，发动4.5万余人参与创建工作。成立创建工作组43个，志愿服务队43支，开展宣传活动354次，张贴宣传海报6680余张，发放宣传材料6.5万余份，利用社区（村）显示屏、宣传橱窗等展示宣传语720余条。第一阶段已推出“交通安全示范社区（村）”42个，另有1个社区（村）正在整改。

（岳　玥）

【“10·25”肇事逃逸案侦破】 10月25日17时30分许，在京通快速辅路西向东888创意园门前发生自行车逃逸亡人事故。民警调取案发现场及肇事人逃逸方向沿途录像信息，经逐一筛查比对，确定嫌疑人所住小区，并根据电梯监控逐户排查，锁定目标后24小时蹲守。12月6日早7时，嫌疑人被抓获。

（岳　玥）

【特勤警卫任务完成】 年内，完成全国及市“两会”、“两大”安保、十八届五中全会、中央首长出访、多国元首访华等各项交通特勤警卫任务2282次，出动警力39435人次，同比下降22.7%，其中一级勤务163次、二级勤务449次、三级勤务1670次。

（岳　玥）

【规范净化道路环境】 年内，协调区政府出资成立支队辅警执勤大队，借助6支联合打击小分队在管界辖区内持续打击“摩的”违法行为，围绕“20+5”条停车严管街加大查处违法停车力度。道路施工行政许可审批400件，发现整改问题68件，组织施工单位召开安全教育会15次，现场踏勘调整交通导改方案326次，处置“跑冒滴漏”事件77个。

（岳　玥）

【交通安全监管宣传】 年内，加强执法力度，责令限期改正有违法超标和发生严重违法单位5649家次，禁止1609家次单位机动车上路行驶。排查交通安全隐患地点16处，100%治理完成。组织创建交通安全示范社区（村）、“留学中国　平安交通”留学生交通安全宣传、交通安全监管综合平台、全国交通安全日、“珍爱生命　带上安全”等活动。组织召开区级交通管理群众座谈会9次。组织开展各类交通安全宣教和培训活动1650场次，印发宣传材料90万余份，摆放宣传展板15000余块，悬挂各类横幅20000余条，累计教育群众120万余人次。在广播、电视、报刊等媒体刊播稿件1000余篇。

（岳　玥）

【强化疏堵治堵机制】 年内，注重警情分析研判，及时把握节假日警情特点，发挥自主警务功能。继续加强高峰时段勤务工作，利用电视监控等科技手段，突出疏堵、治堵工作措施。针对管界飙车及涉嫌危险驾驶的违法行为，制定预防、处置及相关警情工作规范，明确处置原则、流程和责任分工。重新梳理完善重大、敏感“122”警情上报工作规范。年内，事故警情处警合格率96.8%，同比增长0.2%。

（岳　玥）

【交通执法监督】 年内，开展执法监督检查活动122次，考核兑现执法不规范问题368个。接待群众行政复议516起，正式立案26起；行政诉讼案件出庭应诉8次；审理行政拘留案卷451宗；审理危险驾驶刑事案卷362宗；接待群众复核68人次，复核立案10宗；办理国家赔偿案件31宗；审理案件监管案卷3400余宗。

（岳　玥）

【干警队伍建设】 年内，加大培训教育力度，分35批组织干警参加培训教育活动900余人次。1个集体立三等功，2名民警立个人二等功，88名民警立个人三等功，263名民警获局嘉奖，169名民警获评优秀公务员。为群众做好事125件，收到感谢信32封、锦旗26面。

（岳　玥）

检　察

【概况】 年内，朝阳区人民检察院（简称区检察院）以落实员额制为基础，对检察官建立单独职务序列，实行分类管理。首批入额人员中，检察官任职年限平均为13年，平均年龄39岁；剩余员额44名，为年轻干警留出发展空间。年底，有司法辅助人员172人，司法行政人员28人，员额和司法辅助人员占比分别达到34.44%、51.96%，检力资源向一线执法办案倾斜。落实检察官办案责任制，制定《权限清单》《履职清单》《追责清单》，明确检察长、检委会的办案权限188项，授权员额检察官权限240项，占办案权限总数的56%。年内，受理审查逮捕案件2685件3365人，受理审查起诉案件2989件3633人。审查逮捕非吸案件232件404人，审查起诉非吸案件147件351人。获全国检察宣传先进单位、全国检察委员会规范化建设示范单位、北京市“三八”红旗集体等市级以上集体荣誉6项，获北京市“三八”红旗奖章、北京市政法系统“群众心目中的好党员”等个人荣誉8项。

地址：道家园17号

邮编：100025

电话：59553208

网址：http://www.bjjc.gov.cn

（李　阳）

【孙河火灾事件调查】 1月24日，孙河乡前苇沟村村民自建房火灾事故造成8死5伤。1月30日，对该事故开展调查。

（李　阳）

【制定司法救济制度工作办法】 1月25日，出台《北京市朝阳区人民检察院贯彻落实国家司法救助制度工作办法（试行）》，在制度层面确保国家司法救助制度落实。

（李　阳）

【高检领导调研】 2月23日，最高检警务部副部长张玉亮及市检察院领导到朝阳院调研法警工作。张玉亮就司法警察发展面临的办案安全难题、技能培训大纲统一修订、聘任制司法警察管理等方面听取意见，并做出相关指示。

（李　阳）

【徐某涉嫌受贿、徇私舞弊不征、少征税款案】 3月5日，区检察院以被告人徐某涉嫌受贿罪、徇私舞弊不征罪、少征税款罪提起公诉。起诉书指控：被告人徐某于2015年1月至8月间，利用其担任区地方税务局某税务所审核员的职务便利，伙同该单位协税员肖某（另案处理），接受请托人孙某（另案处理）、田某（另案处理）请托，在办理区南湖中园等房屋交易纳税过程中，明知纳税人以伪造的房屋赠予公证书、伪造的商品房预售合同等虚假材料申报纳税而不审批，通过将二手房交易虚构为无偿赠予或一手房交易的手段不缴、少缴应缴税款，造成国家税收损失人民币11546632.67元。被告人徐某于2015年1月至8月间，利用其担任区地方税务局第六税务所工作人员职务便利，在办理上述房屋交易缴税过程中，为请托人孙某、田某不缴、少缴国家应缴税款提供帮助，并先后多次收受孙某给予的人民币797000元，收受田某给予的人民币18万元。12月29日，区法院作出判决，认定徐某犯徇私舞弊不征、少征税款罪，判处有期徒刑5年；犯受贿罪，判处有期徒刑4年，罚金人民币20万元，决定执行有期徒刑7年，罚金人民币20万元。

（李　阳）

【反贪局对外开展廉政讲座】 3月29日，朝阳检察院反贪局局长吴斌为招商公路公司作《国有企业职务犯罪的惩治与预防》廉政警示教育专题讲座。

（李　阳）

【微信公众号获成果】 3月30日，微信公众号“朝阳检察”进入北京政务微信50强排行榜榜单，成为北京检察系统中唯一打入榜单的公众号。

（李　阳）

【“互联网+检务”办公室成立】 4月20日，成立全市检察机关首个“互联网+检务”办公室，并举行“互联网+检务”办公室成立暨首批核心团队聘任仪式。

（李　阳）

【报告司改试点工作】 4月21日，区检察院检察长张玉鲲就检察官办案责任制改革试点工作向区第十五届人民代表大会常务委员会第三十三次会议作报告，并接受委员、代表提问。

（李　阳）

【信访宣传日活动】 5月11日，与亚运村街道办事处共同开展以“信访法治在路上网上信访更阳光”为主题的信访宣传日活动。

（李　阳）

【制定公益诉讼相关工作办法】 5月18日，制发《公益诉讼案件线索双向移转办法》。明确移送线索的具体范围、具体程序，建立公益诉讼线索联席会制度。

（李　阳）

【与中石化开展预防工作专项合作】 5月23日，与中石化集团及其下属单位开展绿色供应商资源库维护专项合作，形成“检企携手共筑廉洁诚信体系”预防工作模式。

（李　阳）

【民事审判监督案件获奖】 5月30日，民事审判监督案件“北京巨安金润房地产开发有限公司与北京市国贸成工程公司建设工程施工合同纠纷再审检察建议案”被高检院评为全国民事检察优秀案件。

（李　阳）

【与中国人民大学召开研讨会】 6月12日，与中国人民大学法学院联合召开职务犯罪认罪认罚从宽处理机制相关问题研讨会。探讨职务犯罪认罪认罚从宽处理适用的范围、主体、阶段，从宽的内容及方式，辩护律师如何参与等。

（李　阳）

【与区监察局座谈】 5月13日，与区监察局就公益诉讼试点工作开展座谈。双方研讨公益诉讼的背景、重点领域、开展方式、工作重点等方面，一致同意在坦诚互信基础上加强沟通、协调，共同开展好全区公益诉讼改革试点工作。

（李　阳）

【制定司法改革工作纪律暂行办法】 6月16日，制发《北京市朝阳区人民检察院关于加强司法改革工作纪律暂行办法》。从适用主体、具体工作纪律要求、处理方式等方面内容严肃司法体制改革过程中的检察纪律，规范检察人员行为，从制度层面保障司法改革。

（李　阳）

【首批员额检察官宪法宣誓】 7月26日，首批116名计入员额检察官举行首批入额检察员宪法宣誓活动。

（李　阳）

【调查报告获区委认可】 8月16日，《关于查办我区房屋交易纳税领域相关职务犯罪情况的调查报告》获区委书记吴桂英、区委常委、常务副区长甘靖中等区委主要领导批示。

（李　阳）

【制定检察官两项清单】 8月16日，制定《北京市朝阳区人民检察院检察官权限清单（试行）》《北京市朝阳区人民检察院检察官履职清单（试行）》，划分检察机关内部各层级的司法办案权限，突出检察官办案主体地位，完善检察机关司法办案责任体系，为落实检察机关司法责任制改革打下基础。

（李　阳）

【实地调研】 9月18日，检察院检察长张玉鲲就金融检察工作到区金融局调研，介绍检察院金融检察改革情况，并与主管副区长李俊杰、区金融办主任赵捷及区金融办部分人员就区如何打击和预防金融犯罪等问题座谈。10月24日至25日，副检察长吴春妹带领金融犯罪检察部干警赴杭州学习调研金融犯罪防范和打击工作，先后走访“蚂蚁金服”金融集团公司、浙江省经侦总队、杭州市人民检察院，了解互联网金融模式、风控体系，分享办案经验。

（李　阳）

【参加金融检察专业委员会研讨会并获奖】 9月23日，副检察长吴春妹及干警应邀参加第六届金融检察专业委员会“互联网金融风险防治与金融检察”专题研讨会，并做主题发言。干警撰写的《金融消费者个人信息的刑法保护若干问题研究》一文获二等奖。

（李　阳）

【职务犯罪报告获奖】 10月8日，在第二届全国检察机关惩治和预防职务犯罪年度报告评比活动中，《北京市朝阳区人民检察院2014年度职务犯罪侦查与预防年度报告》获评全国地市、县级院十佳年度报告。

（李　阳）

【市院领导调研】 10月19日，市检察院副检察长黄宝跃到朝阳院，调研贯彻落实高检院对试点地区提起公益诉讼的最新部署要求情况和公益诉讼工作开展情况。

（李　阳）

【《金融检察白皮书》获区领导批示】 10月27日，《金融检察白皮书》获区委书记吴桂英、区长王灏等区领导批示。该报告主要调查分析辖区2013至2016年6月间金融犯罪的发生情况、特点规律、形成根源，并通过实践研究尝试给出相应对策建议。

（李　阳）

【与司法局、律师协会座谈】 11月3日，为贯彻落实《北京市关于依法保障律师执业权利实施细则》，检察院联合司法局、律师协会召开依法保障律师执业权利座谈会。检察院副检察长吴春妹、司法局副局长曹宏、区律协会长王清友及相关委员会主任等出席座谈会。

（李　阳）

【向区委汇报司法体制改革工作】 11月14日，检察长张玉鲲就司法体制改革工作推进和落实情况向区委常委会汇报。区委书记吴桂英肯定朝阳院改革工作，并对检察院院下一步改革工作提出要求。

（李　阳）

【完成一起异地抓逃】 11月29日，检察院反贪局经市院协调，在山东济南公安局大力配合下，运用技侦手段，完成一起异地抓逃。

（李　阳）

【“检察开放日”座谈会】 12月15日，区检察院以“加强侦查监督、维护司法公正”为主题，举办2016年“检察开放日”座谈会活动。区部分人大代表、政协委员和公安朝阳分局、区人社局、烟草局及食药品监局等行政机关负责人参加活动。

（李　阳）

审　判

【概况】 年内，朝阳区法院收案101266件，增幅5.2％；结案102661件，增幅33.9％，结案率77.7％。获全国法院先进集体、北京市模范法院等区级以上集体荣誉23项。

地址：朝阳公园南路甲2号

邮编：100026

电话：65021021

邮箱：bjcyqfy_mygt@chinacourt.org

（陈静竺）

【金融审判庭成立】 1月，针对近年来金融类案件大幅增长且新类型疑难复杂案件不断涌现的状况，在对案件类型、人员情况及办公场所全面考量和合理配置基础上，区法院将部分案件和人员从民二庭剥离出来，正式成立金融审判庭。金融审判庭成立初始有人员22人，审理案件范围包括借款合同纠纷、储蓄存款合同纠纷、银行卡纠纷、委托理财合同纠纷、证券纠纷、期货纠纷、信托纠纷，及与借款、理财有关的保证合同纠纷、抵押合同纠纷、质押合同纠纷、追偿权纠纷、申请支付令、担保物权实现程序等。

（陈静竺）

【北京和颐酒店女子遇袭案】 4月3日，网上一段“朝阳798和颐酒店一女子被强行拖拽”的视频引发社会广泛关注。4月8日，公安朝阳分局将视频中的涉案嫌疑人李某抓获，并通过媒体向社会公布相关信息。11月4日，该案一审宣判，区法院认为：被告人李某为牟取私利，介绍他人卖淫，其行为触犯刑法，构成介绍卖淫罪，依法应予惩处。根据被告人李某犯罪事实、犯罪性质、情节及对于社会的危害程度，该院依照《中华人民共和国刑法》判决被告人李某犯介绍卖淫罪，判处有期徒刑2年，罚金人民币5000元；在案之三星牌移动电话机一部，予以没收。判决后被告人提起上诉，二审法院维持原判，该案生效。

（陈静竺）

【律师服务工作站成立】 6月23日，朝阳律协律师志愿服务工作站在区法院正式挂牌成立。区法院联合区司法局、区律协共同打造“一站式”诉讼服务平台，为群众提供无偿、专业的法律服务。年内，该工作站为6327人次提供法律服务，平均每个工作日接待超过50人次，群众满意度100%。

（陈静竺）

【星河湾豪车跟踪绑架案】 8月12日，区法院公开审理星河湾豪车跟踪绑架。公诉机关指控称：被告人姜某、张某于2015年10月，确定在星河湾小区居住的被害人高女士为绑架对象，将GPS跟踪器安装在其驾驶的宾利牌汽车上，在跟踪途中被当场查获。公诉机关认为，姜某、张某为勒索财物绑架他人，其行为应当以绑架罪追究刑事责任。8月22日，该案一审宣判，区法院认为，姜某、张某目无国法，以勒索钱财为目的，预谋绑架并为实施绑架犯罪准备工具、制造条件，二被告人的行为已构成绑架罪，属犯罪预备，依法应予惩处。鉴于二被告人系犯罪预备，有认罪、悔罪表现，该院对二被告人均予以减轻处罚。根据二被告人犯罪事实、性质、情节及对社会的危害程度，法院一审以绑架罪，判处姜某有期徒刑5年6个月，并处罚金1万元，判处张某有期徒刑5年，并处罚金1万元。判决后被告人均未上诉，该案生效。

（陈静竺）

【首场“向执行难全面宣战”网络直播】 10月18日，最高人民法院联合腾讯网，正式开启“向执行难全面宣战”大型网络互动直播活动。区法院承办的浙江朗诗德公司申请强制执行北京宏绣名仕公司一案被选定为此次活动的首例直播案件，357万名网民观看此次直播。最高法院多位领导、部分全国和市人大代表及政协委员分别在最高法院活动现场和市高院执行指挥中心全程观看案件执行过程。2016年1月，该院作出判决，判令北京宏绣名仕公司退还浙江朗诗德公司会员费220万元并支付利息。判决生效后，北京宏绣名仕公司始终未履行判决，浙江朗诗德公司申请该院强制执行。活动当天，在东城区人民法院法警大队配合下，查控被执行人相关财产，对长期拒不履行判决的公司负责人处以拘留15日处罚，并依法将该公司纳入失信被执行人名单，同时采取"活封"手段维持其正常经营，保障其偿债能力。

（陈静竺）

【推进多元化纠纷解决机制】 10月，区法院启动立案阶段多元调解工作，探索创建具有朝阳特色的多元化纠纷解决机制。与区司法局等相关单位合作，共同构建人民调解员、律师等社会力量参与的纠纷化解平台，遴选出114名人民调解员及120名律师，分别派驻各审判庭驻庭人民调解室，专门负责立案阶段调解工作。与北京地区28家行业性、专业性调解组织建立联动调解机制，将部分类型化案件委托给相应行业性、专业性调解组织调解，进一步分流案件。要求机动车交通事故责任纠纷、物业供暖类纠纷、婚姻家庭、继承纠纷、诉讼标的额在10万元以下的买卖合同纠纷和民间借贷纠纷等6类案件必须进入多元纠纷调解前置程序，租赁合同纠纷、承揽合同纠纷、服务合同纠纷、医疗纠纷、知产纠纷等12类案件引导进入委托调解程序。年内，导出案件10376件，导出率41%，调解成功577件。

（陈静竺）

【全市首例拒执自诉案】 12月19日，公开宣判自诉人罗某诉被告人龙某拒不执行判决、裁定一案。该案是自拒不执行判决、裁定罪自诉机制确立以来，全市法院审结的首例拒不执行判决、裁定自诉案件。中央电视台、北京电视台、北京交通广播《人民法院报》《法制晚报》《北京晚报》等数十家媒体报道该案。经审理查明，该院于2006年8月作出民事判决书，判令被告人龙某与沈某连带赔偿自诉人罗某医疗费、残疾赔偿金、精神损害赔偿金等损失共计人民币19万余元。判决生效后于2007年进入执行程序。在之后近十年的时间里，被告人龙某既未按通知申报财产，也未履行生效判决确定的义务，其间曾多次赴澳门赌博，且被法院采取司法拘留后仍拒不执行判决。自诉人以拒不执行判决、裁定罪向该院提起刑事自诉，该院于2016年12月14日公开审理本案并于开庭当日决定逮捕被告人。该院认为，被告人龙某负有执行义务，有能力执行而拒不执行人民法院生效判决，情节严重，其行为已构成拒不执行判决罪。综合本案的事实及情节，该院最终判处被告人龙某有期徒刑6个月。

（陈静竺）

【刑事审判】 年内，受理刑事案件2572件，结案2631件。依法审理危害公共安全和社会管理秩序犯罪，判处5年以上有期徒刑犯罪分子239人。妥善审结星河湾绑架案、北京和颐酒店女子遇袭案等案件。依法审结涉毒案件196件。针对涉众型经济犯罪快速增长态势，组织专门力量集中审理非法集资、金融诈骗、电信诈骗等案件，加大财产刑适用和赃款赃物追缴力度，妥善办理包括涉案金额55亿元的华融普银案等一批重大典型案件。参与反腐败斗争，审结职务犯罪案件31件35人。对主观恶性不深、社会危害较轻的犯罪，发挥刑罚教育感化功能，对675名被告人判处缓刑或免予刑事处罚。

（陈静竺）

【民商事审判】 年内，受理民事案件51304件，结案51161件；受理商事案件18251件，结案19571件。受理知识产权案件3277件，结案3014件。推进社会诚信体系建设，加强合同类案件审理，审结此类案件49436件，制裁违约欺诈行为，保护守约方权益，促进发展环境优化。强化重点工作、重大工程建设司法保障，针对京津冀协同发展和非首都功能疏解等对法院工作提出的新要求，加强司法应对，处理解除商铺租赁、拆迁腾退等相关案件351件。设立金融审判庭，审结委托理财、融资、票据类案件10723件，促进金融市场健康发展；加强与区金融办等部门沟通，结合案件中发现的问题，发布《金融机构商事诉讼白皮书》，为区域内金融机构完善管理、防范风险提供司法支持。发挥司法保护知识产权主导作用，妥善审理倪学礼诉《满仓进城》抄袭案等具有较大影响力的知识产权案件。

（陈静竺）

【行政审判】 年内，区法院受理行政案件974件，结案812件。加强对行政行为的司法审查，对违反法律规定、法定程序或者证据不足的行政行为，依法予以撤销。协调解决行政纠纷108件，纠正行政机关执法问题，维护行政相对人合法权益。推进行政机关负责人出庭应诉制度，年内，市、区级行政机关负责人出庭应诉11人次；梳理分析依法行政方面存在的问题，向政府部门通报行政案件司法审查情况，《行政案件司法审判年度报告》受到区主要领导的批示肯定；加强与政府相关部门沟通交流，与区政府法制办召开行政法律工作联席会议15次，举办法制培训、组织行政人员旁听11次。

（陈静竺）

【执行案件】 年内，区法院受理执行案件24218件，结案24804件。加大财产查询力度，通过网络查控系统查询被执行人银行存款、有价证券、不动产等财产信息8万余条；加大执行威慑力度，依法对1423名拒不执行判决、裁定人员采取罚款、拘留、限制出境等强制措施，维护法律尊严和司法权威；加强联合信用惩戒，发布失信被执行人信息17166次，联合有关部门限制失信被执行人融资信贷、招标投标、行政审批等内容。

（陈静竺）

【信访和审判监督】 年内，区法院接待群众来访909人次，来信180件次；审查各类申诉案件168件，其中驳回申诉126件，提起再审6件，撤诉20件，终结16件；受理当事人申请、检察院抗诉、上级法院指令等各类再审案件41件，审结34件，其中改判20件、裁驳2件、撤诉3件、调解8件、终结1件。

（陈静竺）

【队伍建设】 年内，13名党员和6个党支部获评北京市优秀共产党员、市政法系统五好党支部。推进法官员额制改革，完成243名法官入额工作。制定入额法官结案指标，坚持"入额必办案"。招录41名法官助理、16名聘用制书记员、89名聘用制审判辅助人员，充实一线办案力量。建立院、门、庭三级培训体系。制定《审判业务专家型人才培养和管理办法》《司法业务标兵型人才培养办法》，确定首批27名专家型人才培养对象。1名干警获评市政法系统优秀人才，1名干警作为青年骨干人才得到市委政法委资助，2名干警获评北京法院审判业务专家，8名干警获评北京市法院审判业务标兵。加强先进典型培养，民二庭获评全国工人先锋号，双桥法庭获评全国法院先进集体，3名干警分别获首都劳动奖章、北京市青年五四奖章、北京市“三八”红旗奖章。

（陈静竺）

【推进体制改革】 年内，同步推进思想政治工作与员额法官遴选工作，严格选任标准与明确权力责任一体开展，遴选出员额法官243名，占法官总数的71%。推进审判委员会运行机制改革，设立法官专业委员会，构建以法官案件质量自律委员会为核心的三级案件评查体系，进一步实现法官自我管理、自我约束。推进院庭长办案，全年院庭长结案26371件，占全院结案数的25.7%。

（陈静竺）

【“一统四联”党建服务机制】 年内，区法院提出“一统四联”区域化党建服务机制，进一步优化党建工作格局，加强区域内党建资源和社会资源集约利用，为辖区群众提供更加多元、精细、高效的服务。“一统”即院党组统筹，从宏观战略层面统筹谋划党建工作大格局，推进辖区内沟通协调和资源共享；“四联”即支部联建、资源联合、服务联动、争创联评，通过横向联合和纵向延伸，搭建起支部共建共促组织体系、协调解决问题工作体系、聚合各方优势服务体系、回应群众需求评价体系。“一统四联”党建服务机制获评第四届朝阳区基层党建创新项目。

（陈静竺）

司法行政

【概况】 朝阳区司法局内设科室11个，并派驻纪检组、监察科。下设科级事业单位3个，即朝阳区法律援助中心、朝阳区阳光中途之家和北京市正阳公证处。年内，全区有862家律师事务所，执业律师12770名；办理行政许可初审事务4678件，其中许可类968件、备案类3710件、接待咨询（含电话咨询）6万人次。区司法局受理行政投诉100件，发出投诉答复90份、调查函166份、协助调查函157份、与当事人开展调查谈话210余人次。开展行政执法检查505次，作出行政处罚12件，作出不予行政处罚决定1件；办理行政复议答复案件19件，承办行政诉讼案件12件。年内，推进司法行政改革发展，被评为首都文明单位。区法律援助中心获评北京市法律援助模范集体、北京市三八红旗集体。小关街道司法所所长及两名律师获评北京市法律援助模范个人。区律师协会党委获评区先进基层党组织。全系统4名同志分别获评区优秀党务工作者和优秀共产党员。

地址：六里屯西里5号
邮编：100026
电话：65025495
邮箱：sfjbgs@bjchy.gov.cn

（吴若南）

【美国特拉华大学师生到访】 1月13日，美国特拉华大学师生考察团一行18人到阳光中途之家参观。双方探讨社区服刑人员的培训内容与方式，中美中途之家机构差异等问题。区司法局副局长刘勇陪同考察。

（范　晨）

【宪法宣誓】 1月15日，区第十五届人民代表大会第七次会议贯彻《全国人民代表大会常务委员会关于实行宪法宣誓制度的决定》和《北京市国家工作人员宪法宣誓组织办法》，组织依法补选的区第十五届人大常委会主任、副主任1名，区长公开进行宪法宣誓。这是区首次组织区人民代表大会选举产生的国家工作人员公开进行宪法宣誓。

（冯　瑞）

【“送法下乡”活动】 1月20日，在崔各庄乡文化中心举办2016年“三下乡”活动。区依法治区领导小组办公室主任、区司法局党组书记、局长王远捷参加活动，并向群众代表赠送法律书籍。发放法律宣传材料及普法宣传物品10种2000余份，组织律师提供现场咨询服务，并开展“春风化雨　法润朝阳——朝阳普法30年成果展”巡回展览。

（冯　瑞）

【反家庭暴力法宣传月活动】 2月29日，会同区妇联开展反家庭暴力法宣传月活动。利用《朝阳报》“六五”普法专栏、朝阳有线“与法同行”栏目、“朝阳普法”微信、法治文化公园、妇女之家、姐妹驿站等宣传阵地，开展反家暴普法宣传活动。

（冯　瑞）

【基层党建工作考核会首次召开】 3月11日，律协党委召开首次基层党建工作述职评议考核会，区委政法委政治部主任王子明、区委组织部组织科科长李彦斌参加会议，9名基层党组织书记现场述职。

（刘素红）

【“3·15”法治宣传】 3月15日至25日，开展“新消费　我做主”——“3·15”法治宣传教育活动。各街乡（地区）、各部门采取讲座、法律咨询、横幅、电子显示屏、设立宣传点等形式，开展各类法治宣传活动百余场次，为群众解答法律咨询千余人次，举办法律知识讲座近50场，发放宣传资料和宣传物品3万余份。

（冯　瑞）

【“行政执法工作规范化建设年”启动】 3月18日，举行“行政执法工作规范化建设年”启动仪式。市司法局法制处副处长陈松岩、区政府法制办副主任邸刚及区法院行政庭负责人出席启动仪式。区司法局领导班子成员、各科室负责人、法制员和各基层司法所所长参加会议。王远捷主持会议。刘勇通报2015年全局依法行政工作情况，部署2016年法制工作要点暨“行政执法工作规范化建设年工作方案”。

（黄　晋）

【“三八”妇女维权活动】 3月24日，会同区妇联在“三八”妇女维权活动启动仪式上，通报区首例庇护受家暴妇女案件，介绍全区开展反家暴维权宣传工作情况。中华女子学院党委书记、副院长李明舜教授专题授课。

（冯　瑞）

【市法治文化街开街】 4月20日，区依法治区领导小组办公室、区司法局联合高碑店乡半壁店村西店社区举办市首条法治文化街开街仪式。

（冯　瑞）

【初任调解员培训班】 4月23日至24日，举办初任调解员培训班。250余人参加培训。9月6日至7日，举办第二期初任调解员培训班，300余人参加培训。

（孙　超）

【政务信息及调研工作培训班】 4月27日至28日，举办系统政务信息及调研工作培训班。市司法局办公室曾庆松、区委办信息科副科长张玉、区委区政府研究室班子成员、区委改革办副主任叶建宁、《法制日报》北京站副站长黄洁分别讲解政务信息、党委信息、调研及外宣工作，并就新修订的信息和新闻宣传工作考核办法征求意见。局机关各科室、下属事业单位信息员，各街乡司法所所长、信息员100余人参加培训。

（严　妍）

【首创朝阳新律师授袍制度】 5月6日，区律师协会举行新律师授袍仪式。王远捷，区律协党委副书记、会长王清友以及执业三十年以上的律师等出席授袍仪式。7名老律师向200余名取得执业资格的新律师授予律师袍及徽章。

（陈宝鹏）

【第六届司法行政开放日】 5月27日，"司法行政在身边"——第六届司法行政开放日活动在小关街道普法广场举办。在主展区展出"近3—5年工作职能、成果展示"及"普法30年成果展"展板。设立法援中心、中途之家、正阳公证处、人民调解员协会、律师协会独立宣传展位，并设置咨询台，由律师、公证员和专家调解员现场解答群众咨询20余人次。现场发放办事指南、便民手册等宣传资料2000余份。

（李春丽）

【第二届朝阳青年律师发展论坛】 5月20日，举办"朝阳下成长"——第二届朝阳青年律师发展论坛。最高人民法院司法改革领导小组办公室规划处处长、高级法官何帆，王远捷，区团委副书记刘苗苗，市律师协会会长高子程，区律师协会会长王清友等参加论坛。

（车　莹）

【法律援助工作业务培训会】 6月16日，区法援中心召开法律援助工作业务培训会。区司法局副局长曹宏主持会议，43个街乡法律援助工作站站长及工作人员参加会议。北京市司法局法援处副处长任彦超以《全面贯彻落实两办意见 推进首都法律援助事业创新发展》为主题，讲解当前法律援助形势、发展现状和下一步工作要求等。

（徐　菲）

【新任司法所长培训班】 6月20至21日，在顺义区阳光丽城举办新任司法所长培训班，21位新任所长参加培训。培训安排机关相关科室负责人讲解各项职能工作业务知识；新、老所长分享各自工作经验和感受；组织参观学习部分AAA司法所。

（刘雪涛）

【朝阳律协新官网改版上线】 6月24日，区律师协会新版官方网站正式改版上线。将建成集门户网站、会员系统、法律人社群、协会OA办公系统、公共法律服务平台五大系统功能于一身的律师行业综合管理信息系统。

（陈宝鹏）

【公益法律服务】 6月起，朝阳律协挑选约80名律师，在朝阳法院设立律师志愿服务工作站，每天委派两名律师在朝阳法院立案庭值班，接待当事人咨询，解答法律问题。

（陈宝鹏）

【朝阳律协党校成立】 6月25日，举行区律师协会党委党建工作会议暨区委党校律师协会分校成立仪式。王远捷主持会议，市司法局副局长王群，区委副书记、政法委书记陈涛，区委党校党委书记、常务副校长董伟，区司法局副局长、区律师协会党委专职副书记曹宏及全体党委成员出席会议，各党委、党总支、党支部书记和受表彰代表200余人参加会议。会议回顾8年来朝阳律协党委工作历程，王远捷介绍一年来区律师协会党委工作情况，王群、陈涛为区委党校律师协会分校揭牌。

（刘素红）

【党建研修班】 7月11日至15日，区委党校律师协会分校在大别山干部学院举办"走进革命老区，追忆峥嵘岁月"区委党校律师协会分校党建研修班。全体学员先后到箭厂河乡革命旧址群、鄂豫皖苏区首府烈士纪念馆、光山县刘邓大军王大湾会议旧址等地参观学习。

（刘素红）

【"送法进军营"活动】 7月20日，区法律援助中心组织法律援助志愿律师到二炮某部队开展"送法进军营"活动。宣传涉及军人切身利益的法律常识、推进军人军属法律援助工作。法律援助志愿律师为部队基层官兵开展法律援助讲座和现场咨询，中心向部队官兵赠送法律书籍及法律援助宣传资料。

（徐　菲）

【法律援助工作站（试点）启动】 7月21日，区法律援助中心举行区法律援助中心律师事务所工作站（试点）启动仪式。曹宏给各律所工作站授牌，中心主任张艳介绍律师事务所工作站法律援助工作并提出要求。区法律援助中心与各律师事务所工作站签订《朝阳区法律援助中心律师事务所工作站责任书》。

（徐　菲）

【基层法律服务工作座谈会】 7月22日，在朝阳宾馆召开基层法律服务工作座谈会。全区八个法律服务所主任及其所在街乡司法所长参加会议。各所主任汇报近两年工作情况，基层科通报近两年基层法律服务工作处罚、处理情况并传达局"行政执法工作规范化建设年"工作精神及安排；各司法所长及法律服务所主任就当前法律服务工作面临的问题和今后发展展开交流。

（刘雪涛）

【土地拆迁纠纷培训班】 8月26日，区司法局、区人民调解员协会举办土地拆迁纠纷培训班。全区100余名调解员参加培训，法学讲师授课。

（孙　超）

【纪念《公证法》颁布周年活动】 8月26日，开展纪念公证法颁布十一周年咨询活动。发放《中华人民共和国公证法》等宣传材料200余份，接待咨询100多人次。

（刘素红）

【AAA司法所长培训班】 10月18日至19日，举办AAA司法所长培训班。19位AAA司法所长参加培训。市司法局基层处、矫正联络处负责人讲解相关业务工作；组织座谈交流会，各司法所长分享培训感受和工作打算；实地参观西城区西长安街司法所。

（孙　超）

【区首家民办非企业法律援助机构成立】 10月，区广言法律援助与发展促进中心在民政局登记注册，获得批文和营业执照。该中心是区内第一家区民办非企业法律援助机构。

（徐　菲）

【律所主任培训班】 10月14日至15日、11月18日至19日，举办2期律师事务所主任培训班。解读《律师事务所管理办法》《朝阳区关于贯彻落实〈北京市关于依法保障律师执业权利实施细则〉的办法》等文件。司法部律师公证工作指导司司长周院生、中共中央党校政法部主任卓泽渊、中共中央党校经济学部主任韩保江教授授课。300余家律师事务所主任、负责人参加培训。

（陈宝鹏）

【侵权责任法专题培训班】 10月21日，区司法局、区人民调解协会举办侵权责任法专题培训班。268人参加培训。北京政法职业学院许晓峰副教授讲解《中华人民共和国侵权责任法》相关条款和现实案例。11月28日，举办第二期“侵权责任法专题培训班”，300余人参加培训。

（孙　超）

【第二届朝阳律师论坛】 10月29日至30日，区律师协会和法制日报联合主办第二届朝阳律师论坛。司法部律师公证工作指导司副司长丘征、市司法局副局长王群、中国全国律师协会会长王俊峰、王远捷、曹宏等参加论坛。论坛围绕“新”的主题立意。直面新形式、碰撞新思想，汲取新智慧，开展新合作，共话新发展。

（陈宝鹏）

【国家宪法日法治宣传】 11月下旬至12月中旬，在全区组织开展一系列法治宣传教育活动，发放各种宣传材料50余万份，解答群众咨询2万余人次。

（冯　瑞）

【基层法治文艺演出】 12月5日，区依法治区领导小组办公室、区委宣传部、区司法局、区文委、区防范和处理邪教问题办公室联合举办“朝阳区基层法治文艺演出暨民主法治示范村等颁奖大会”。区委政法委专职副书记刘红，区委宣传部副部长、区文明办主任张爽等出席大会。各街乡（地区）司法所长、助理员，普法志愿者及基层群众代表300余人参加活动。现场观看由平房法律小剧场演出的话剧《逐心》；与会领导为获得市“六五”普法先进集体、先进个人代表颁奖，并为获得第六批“北京市民主法治示范村”的行政村授牌。演出结束后，群众参观“朝阳区‘七五’普法规划”宣传展板，参与现场法律宣传、法律服务、法律咨询、普法剪纸等活动。区司法局还为垡头地区文化中心图书室赠送法律类书籍。

（冯　瑞）

【特邀人民调解员培训班】 12月10日，联合区法院、区律师协会举办特邀人民调解员培训班，200余人参加培训。

（孙　超）

【法律服务】 年内，推动法律服务向基层延伸，115家律所与539个社区（村）签订法律服务协议，全区43个街乡完成公益法律服务进社区（村）签约工作，实现法律服务全覆盖。年内，全区各村居法律顾问解答法律咨询14539人次，举办法制讲座747场次，代写法律服务文书1131份，参与调解纠纷1023件，发放法律宣传资料228961份，培训调解员1217人次，提供法律援助137件，帮助村民完善村规211件，为村民提供法律意见和建议986条。

（王子辉　牛　旭　刘素红）

【法律援助】 年内，坚持服务弱势群体，进一步拓宽律师参与公益事业途径，试点建立达实等4家律所法律援助工作站，成立广言、衡石两家在民政局登记注册的民办非企业法律援助机构。制定《朝阳区老年人法律援助工作办法》，组织开展农民工、军人军属等法律援助服务月专项活动，优化涉军法律援助服务方式。与市第二监狱签订《法律援助合作协议书》，实现“送法进监区”活动常态化。建立案件质量同行评估制度，全年受理法律援助案件1284件，其中民事案件947件，刑事案件337件，接待群众来访来电咨询3.6万人次。

（张　艳）

【公证工作】 年内，办理国内民事证12656件、国内经济证465件、涉外民事证11585件、涉外经济证246件，累计25017件，同比增长7%。

（刘素红）

【普法工作】 年内，完成“七五”普法规划编制工作。组织开展“加强平安朝阳建设，提升群众安全感”、人大换届选举等主题法治宣传活动。培训处级领导干部、处级后备干部及中青年干部555人次，举办法治政府建设专题培训班，培训干部150余人次。开展基层民主法治创建活动，十八里店乡横街子村等5个村获评市第六批民主法治示范村。全区开展“律师以案释法”“普法大讲堂”活动548场。参加市法治动漫微电影作品征集展映活动和“北京市第三届青少年法治文艺大赛”，多件作品获奖。指导各街乡建设法治广场、法治公园等。

（张　静）

【人民调解】 年内，全区各级各类调解组织调处纠纷26543件，调解成功25798件，成功率为97.2%；涉及当事人5.6万人，涉及金额2926.9万元。防止矛盾纠纷激化34件，涉及244人。其中，防止自杀性事件6件，涉及11人；防止民事纠纷转刑事案件2件，涉及4人；防止群体性上访事件26件，涉及229人。继续购买市民政局“组织专业调解力量参与化解民政局信访案件”和区“品牌工作室创建、创新社会矛盾多渠道化解”2个服务项目，并通过中期评审。培育7个品牌调解室及1个市级孵化项目“高碑店文化产业园调解工作室”。依托“朝阳区机动车消费纠纷调解委员会”等专业性调解组织，化解劳动、物业、消费、交通等领域矛盾纠纷。

（刘　忠）

【矫正帮教】 年内，创新特殊人群管理，提高教育管控水平，加强专案重点人管控，做好安保维稳。推动社区矫正发展，社区矫正宣告试点工作经验在全市推广。全面启用电子监管中心，实现基础数据全面电子化。推进社区服务工作和社区评议工作，建立社区服务项目。完善帮扶工作机制，推进落实两类人员民生保障。发挥阳光中途之家“加油站”作用，与康爱之家公益服务事务所合作建立“社区矫正•康爱公益教育基地”。

（田　杨）

【律师事务所】

所名	地址	电话
1. 北京大成律师事务所	东大桥路9号侨福芳草地大厦7层	58137799
2. 北京市金杜律师事务所	东三环中路7号北京财富中心写字楼A座40层	58785588
3. 北京市中伦律师事务所	建国门外大街甲6号SK大厦36、37层	59572288
4. 北京金诚同达律师事务所	建国门外大街1号国贸大厦10层	57068585
5. 北京市万商天勤律师事务所	东四环中路39号华业国际中心A座三层	82255588
6. 北京市广盛律师事务所	东三环北路甲2号京信大厦15层	56579522
7. 北京市中伦文德律师事务所	西坝河南路1号金泰大厦19层	64402232

8. 北京市中银律师事务所	东三环中路39号建外soho东区A座31层	58698899
9. 北京市长安律师事务所	甜水园街6号北京出入境检验检疫大厦14层	58619715
10. 北京市兰台律师事务所	曙光西里甲1号B-2903	52287799
11. 北京市北斗鼎铭律师事务所	望京西园221号博泰大厦十层	64789988
12. 北京市京都律师事务所	景华南街5号远洋光华国际大厦C座23层	57096000
13. 国浩律师（北京）事务所	东三环北路38号泰康金融大厦9层	65890699
14. 北京市环中律师事务所	安立路68号阳光广场B2座29层2901	64896300
15. 北京华伦律师事务所	西坝河西里16号明宫宾馆2层	64281910
16. 北京市浩天信和律师事务所	东三环中路5号财富金融中心12层	65028888
17. 北京市高朋律师事务所	东三环北路2号南银大厦2801室	59241188
18. 北京市潮阳律师事务所	团结湖东里12号	85972612
19. 北京市三信律师事务所	东大桥路八号尚都国际中心A座908	58700716
20. 北京市亿达律师事务所	东大桥路甲8号华远尚都国际中心15层	51286368
21. 北京天达共和律师事务所	东三环北路8号4号楼18.20层	65906639
22. 北京市中创律师事务所	朝外大街吉庆里小区蓝筹名座A座二区16层	65528815
23. 北京市中淇律师事务所	朝外小庄6号中国第一商城A座1208	85765563
24. 北京市华舟律师事务所	北京市朝阳区朝外大街16号中国人寿大厦办公楼12层[1203B-1204A]单元	65006510
25. 北京市安理律师事务所	东三环北路38号北京国际中心3号楼9层	85879199
26. 北京市岳成律师事务所	东三环北路丙2号天元港中心A座7层	84417799
27. 北京市金栋律师事务所	六里屯西里甲七号楼	65007027
28. 北京庞标律师事务所	北苑路170号5号楼6层602	56146504
29. 北京市律理律师事务所	亚运村天创世缘B2-805	64803822
30. 北京市奕明律师事务所	望京西路48号金隅国际C座1105室	64787188
31. 北京市盈科律师事务所	建国门外大街1号国贸大厦三期26层2620、2621、2622室	59626699
32. 北京高文律师事务所	东大桥路9号侨福芳草地大厦C座9层	84512800
33. 北京乾成律师事务所	麦子店西街鹏润大厦A座1105	51088166
34. 北京市铭泰律师事务所	京广商务楼512	65978188
35. 北京市康达律师事务所	幸福二村40号楼40-3四层-五层	50867666
36. 北京市隆安律师事务所	建外大街21号北京国际俱乐部188室	65325588
37. 北京市集佳律师事务所	建国门外大街22号赛特广场七层	85115588
38. 北京道信律师事务所	东三环北路甲2号京信大厦1502	84492866
39. 北京市嘉润律师事务所	建外大街22号赛特大厦601室	65142061
40. 北京德和衡律师事务所	永安东里16号CBD国际大厦16层08A单元	85219222

（田　杨）

【法律服务所】

名称	地址	电话
1. 左家庄街道法律服务所	新源里左家庄街道办事处院内	64648385
2. 八里庄街道法律服务所	八里庄西里73号楼1层108室	85867591
3. 双井街道法律服务所	广渠门外广和路3号楼	87759549
4. 酒仙桥街道法律服务所	酒仙桥街道社区服务中心	64321938
5. 劲松街道法律服务所	劲松一区115楼317号	87735231
6. 小关街道法律服务所	北四环东路108号院13号楼	84856678
7. 大屯街道法律服务所	慧忠里108楼328室1号	64974871
8. 孙河乡法律服务所	孙河乡政府院内	84839015
9. 北京市正阳公证处	水碓子东路23号	85961236

（田　杨）

武　装

2017 北京朝阳年鉴

人民武装

【概况】 中国人民解放军北京市朝阳区人民武装部（以下简称区武装部），负责朝阳区军事工作，受北京卫戍区和中共朝阳区委、区政府双重领导，既是区委军事部，又是区政府兵役机关，部内设军事、政工、后勤3个科。年内，坚决落实军委、陆军和卫戍区决策部署，按照“举旗铸魂、聚集打赢、依法治理、强基固本、创新推动、坚强核心”抓建思路，坚持政治建军、改革强军、依法治军，贯穿全年开展“改革强军”主题教育和“两学一做”学习教育实践活动，落实党管武装制度，巩固国防动员体系建设，提升正规化建设水平。被北京卫戍区评为“安全稳定达标单位”“信息化工作先进单位”。

地址：朝阳区亮马桥路34号

邮编：100125

电话：53201300　53201330

（赵云华　赵　云）

【思想政治建设】 5月，组织召开践行“三严三实”专题民主生活会，对照“6个方面”报告个人事项及受郭徐流毒影响的套路做法，撰写个人对照检查材料。10月，部党委制定《全面彻底肃清郭徐流毒影响实施方案》，推进整风整改和肃清整顿。年内，观看专家视频精讲，开展讨论辨析，组织参观见学、集体过党日、戴党徽、开展承诺践诺等活动。集中学习教育、参观见学58次。

（赵云华　赵　云）

【区人大解放军代表选举】 9月6日至11月15日，组织驻区解放军部队38个选举单位，开展宣传、选民登记、提名推荐代表候选人、选举工作，设3个选区，5名代表当选为区人大代表。

（赵云华　赵　云）

【民兵整组】 年内，按照“健全制度机制、盘活潜在资源、打牢组织基础”思路，推进应急、支援、储备“三种队伍”编组，在坚持以行政单位和国有大中型企业为主体进行编组的前提下，逐步把基干民兵编组向多种经济实体和辖区高等院校拓展，试点在北京联合大学、北京经济管理职业学院、北京电子科技职业学院等5所高校新编应急力量200人，在京朝出租车公司建立规范、常态化的民兵信息员队伍。全区民兵队伍专业对口率为76%，退伍军人比例为83%，民兵高中以上文化程度占比89%，高科技人才占比20%。

（赵云华　赵　云）

【军事训练】 年内，按照具体化、系统化、实案化要求修订完善12类备战预案，实现军地方案无缝对接。落实战备值班，组织基层战备教育，部署战备值班分队。1月，6名官兵参加卫戍区冬季适应性训练。5月至6月，先后2次组织489名专武干部、民兵骨干及应急分队进行实弹射击训练。上半年，先后2次组织新任职专武干部参加卫戍区举办的集中培训。11月，完成现役军官军事素质认证考核。

（赵云华　赵　云）

【战备工作】 年内，按照卫戍区“八个精细”“五个快速”“三个优化”要求，开展战备综合整治，修订完善作战、动员、维稳等战备方案预案12种，新建改建5类战备库室，购置战备物资器材2000余件（套）。将政务网引入作战室、值班室，完善实时监测社情动态和气象天候、水文环境，情报共享、预案对接、演练同步等功能。组织官兵职工学习战备方案，开展应急训练演练和值班技能培训。

（赵云华　赵　云）

【民兵应急分队建设】 年内，在加强八里庄、奥运村、亚运村、大屯街道、高碑店、平房乡民兵应急分队基础上，完成市、区两级赋予的民兵应急分队编组任务，配备民兵指挥通信器材、运输、炊事车辆、冲锋舟等应急装备。调研民兵应急分队的兵力编成、指挥机构、任务区分、应急装备、使用权限等问题。

（赵云华　赵　云）

【防汛工作】 年内，调整民兵和驻区部队防汛指挥部领导成员，完善防汛方案，召开驻区部队和民兵防汛工作任务部署会，组织防汛演练。区防汛抢险队由7500人组成编为3个梯队和1个预备队。7月28日，组织驻区部队和民兵在坝河开展防汛实地演练，提高驻区部队和民兵应对洪灾能力。

（赵云华　赵　云）

【武器装备管理】 年内，加强基础设施建设，检修加固训练基地仓库电网、监控系统和铁丝网，擦拭保养驼房营炮库存放的高炮、高机，更新仓库部分消防器材。加强库管人员教育管理，坚持每周政治学习和业务学习制度，提高库管人员政治与业务素质。武器装备管理连续47年无事故。

（赵云华　赵　云）

【征兵工作】 年内，按照“以高校为主体、大学生为重点”的征集思路，成立以区长王灏为组长的区征兵工作领导小组。先后2次组织驻区高校座谈，分析形势、研究对策。部领导每周分赴街乡和高校开展调研，现场解决困难。协调高校和驻地派出所建立“部警校”协调机制，动态跟踪大学生和社会适龄青年应征报名、身体检查、政治考核情况。开展征兵宣传活动，制作宣传挂图300套、宣传折页6万份下发各街乡、高校，联合市武警特警学院、武警军乐团在蓝岛大厦开展征兵宣传高潮日活动。利用“朝阳征兵”微信平台、QQ群等现代社交手段发布征兵信息。年内，完成市赋予的新兵征集任务，大学生新兵比例达到93.6%，同比增长1.5%，位居全国前列。

（赵云华　赵　云）

【安全保障】 年内，在全国“两会”、六中全会等重要时期，先后4次、历时33天，组织民兵负责全区252个地铁口、53座桥梁涵洞和1处进京道路卡口等敏感区域治安及应急备勤任务。发现并处置可疑情况40余起，制止打架斗殴15起，协助救助酗酒人员5起。

（赵云华　赵　云）

【正规化建设试点】 年内，形成“十个正规”建设方案、10类71项工作性规范。以检查督导、分析讲评、整改落实三个环节为主要工作方式，完善“三室一库”、战备车辆等战备基础设施；升级新建“涉密电子信息集中管控系统”，安装消防安全控制系统、“三铁一柜”、指纹系统等硬件设施；优化文件资料打印、登记存档，规范人员、车辆日常管理。联合南京陆指开发“互联网+基层武装工作”APP，实现教育精准管理；联合中国移动研发民兵执勤指控系统，实现执勤过程适时监控。

（赵云华　赵　云）

【国防教育】 年内，开展国防教育"进机关、进社区、进学校"活动。8月3日，组织全区200余名处级以上领导干部在武警一师开展"军事日"活动，配合双拥办举办区纪念红军长征胜利80周年暨争创新一轮全国双拥模范城文艺会演，联合麦子店、六里屯举办"传承红色基因、共建筑固国防"国防教育日集中宣传活动。11月，协调武警80名官兵在萧太后河与市四套班子领导开展生态文明建设活动。先后与金台里社区研究制定国防教育进社区实施方案，更新完善朝阳路"国防教育一条街"宣传内容，会同武警消防支队三次走进白家庄小学、枣营中学，开展宣讲党史军史、参加学校"纪念红军长征胜利80周年"活动、课外军训等一系列国防教育实践活动。

（赵云华　赵　云）

【民兵政治教育】 年内，下发民兵政治教育教材和民兵之歌，结合民兵组织调整和集中训练，安排落实政治教育内容。开展学刊、用刊活动，进行职能任务、形势政策、爱国主义、遵纪守法及相信科学、破除迷信等教育，全区订阅报刊830份，覆盖街乡党（工）委书记、大专院校主管领导、所有专武干部和民兵连，在各种报纸、杂志、电台、电视台刊稿15篇。

（赵云华　赵　云）

【后勤保障】 年内，协调区政府处理移交驼房营仓库及黑庄户加油站。兵役征集期间，请领被装，发放行李箱，协调运输车。购买民兵服装，下拨民兵执勤经费，选拔和签订新的物业公司保障基地，完成基地资产二维码管理，每季组织驾驶员业务培训、讲评工作，提高服务保障质量。

（赵云华　赵　云）

人民防空

【概况】 朝阳区民防局（简称区民防局）机关内设6个科室，包括办公室、监察科、工程建设科、工程管理科、法制宣传科和指挥通信科，下属3个纳入机关工资规范管理事业单位，即人防工程管理所、人防工程综合服务中心和防空防灾通信指挥中心。年内，落实全国第七次人民防空会议精神和市、区工作部署，开展以人防工程清理整治、"两学一做"专题教育等为重点的各项工作。9月，区民防局被市国防动员委员会评为人民防空先进集体。

地址：甜水园东街7号院

邮编：100026

电话：65851275

网址：mfj306@126.com

（邱云波）

【领导检查调研】 1月25日，市民防局副局长李春亭、副巡视员庄长涛带领政策法规处、执法监察处相关人员到区民防局调研人防行政诉讼和行政处罚自由裁量权情况。4月1日，市民防局副局长郭援带领由工程管理处、政策法规处、行政审批处和中国政法大学专家组成的调研组，到区民防局调研人防工程连接通道建设和用于居民仓库的人防工程利用情况，对连接通道建设和区人防工程公益化利用情况给予肯定。6月3日，区政协副主席张永新与部分政协委员调研区人防工程建设管理情况，对人防工程清理整治取得的成果和公益化利用项目给予肯定，要求民防局进一步建立健全人防工程管理机制，在确保人防工程战备功能的前提下，加大公益服务创新力度，发挥人防工程平时便民功能。10月21日，区"疏减稳"第十工作组组长李铎奎带队到区民防局督导人防工程清理整治和人口调控工作，督导组检查区民防局相关工作档案并组织开展考核评分，李铎奎要求民防工作要结合区域发展优势，突出朝阳特色，将区委、区政府有关指示和"疏减稳"工作组部署落实好，发挥综合执法效能，消除各类隐患，提高科学管理水平，为区域发展做出积极贡献。

（邱云波）

【防空防灾应急演练】 5月23日至27日，参加市民防局组织的跨区域通信支援演练，完成演练科目。8月8日至12日，在平谷区金海湖景区，完成指挥通信、特种救援队跨区拉动训练工作。9月17日，组织并完成本市每年组织防空警报试鸣后第1次在全区范围内试鸣防空警报工作，五环外30台警报器、14个街乡参加试鸣。

（邱云波）

【人防工程清理整治】 年内，民防局采取分类治理、社会参与、聘请律师团队、联合执法等形式和"联、动、清、封、购、诉"6步工作法，推进人防工程综合整治，完成284处人防工程整治任务，清退人员2万名，拆除小房间1.7万间，拆除隔断10万平方米。

（邱云波）

【人防工程安全管理】 年内，围绕"两节""两会"等重点时期和安全出口、疏散通道等重要环节，开展专项安全检查和执法行动，累计检查人防工程4528处次，发现安全隐患1439处，现场改正361处，责令限期改正1078处，下发责令整改通知书547份，实际收缴罚金5万元。安装插卡式电表333块，恢复112处远程监控系统，强化对人防工程的安全管理。

（邱云波）

【人防工程公益服务】 年内，审批人防汽车库工程38处，新增停车位7288个。启动建外、常营、安贞、平房、酒仙桥5个街乡5处人员应急疏散场所建设。引进自助式仓储服务，建设以社区仓储为主题的利用人防工程服务社区的"美家美库"项目。启动建设社区服务特供站"幸福彩虹"2处。

（邱云波）

【制发人民防空改革发展实施方案】 年内，按照市民防局统一要求，报区委、区政府和区人民武装部同意，成立区《人民防空改革发展实施方案》起草工作领导小组。在学习上级精神、组织研究讨论、撰写初稿基础上，征求区33个委办局及10个街道（地区）办事处意见，收到回函23份、意见15条，采纳意见13条，修改完善《实施方案》。《实施方案》分总体要求、城市和重要经济目标综合防护、人民防空信息化建设、人民防空发展方式优化、人防工程建设和管理、人民防空体系建设及保障措施7个部分，包含19项具体内容。9月1日，《实施方案》以区委、区政府和区人民武装部名义印发全区。

（邱云波）

【人防工程竣工备案办理】 年内，办理竣工验收备案人防工程50处，其中平时用途为汽车库工程的26处，能提供车位6285个。

（邱云波）

【人防工程维护维修】 年内，整治破坏和降低人防工程防护效能的责任单位，修补后开洞工程10处，追回丢失门槛60樘。完成136处公用人防工程战时设备设施维护维修和73处工程防水堵漏任务。

（邱云波）

【民防宣传教育】 年内，利用"3·1"国际民防日，联合区教委、三里屯街道和朝阳实验小学开展"小手拉大手，安全进校园"主题宣传活动，北京电视台、朝阳有线和人民网等多家媒体报道活动情况。分别在柏阳学校、兴隆家园小学和人大附中朝阳实验学校开展公共安全知识培训活动，为300名学生讲授防空警报信号、避难场所、包扎等应急避险知识。开展"5·12"防灾减灾日主题宣传周活动，联合区教委开展4场公共安全知识"进学校"活动；在人大附中朝阳学校开展以"减少灾害风险，建设安全校园"为主题的校园安全知识与技能运动会，将"体育竞技"与"防灾知识技能"相结合。推进防灾减灾宣传教育"进农村""进社区"工作，分别在平房地区、高碑店地区开展宣传活动，组织"平安讲师团"在垡头、双井等街道办事处和泛海国际、盛典罗郎服务公司为社区居民、工地工人、公司职员开展防灾减灾专题讲座。向《北京民防》《华北人防》和《中国人民防空》等杂志投稿，被采纳信息45条，推送文章30篇。

（邱云波）

【依法行政】 年内，审阅行政处罚案卷4件，行政许可案卷254件，参加市民防局和区法制办案卷评查，均获优秀成绩。为街道（地区）办事处及相关单位办理人防工程检查证234份。受理行政许可553件，其中给予许可152件，延期许可358件，不予许可43件。

（邱云波）

消　　防

【概况】 朝阳区公安消防支队隶属于北京市公安消防总队，为现役部队副师职编制。支队机关设司令部、政治处、后勤处和防火监督处；有师级军官2人、团级军官33人。下辖红庙、酒仙桥、垡头、左家庄、亚运村、东坝、楼梓庄、建国门、四惠、华威、搜救犬、奥运村、奥林匹克公园、望京、朝阳门、光华路、十八里店、黄港、青年路、呼家楼、望京东、豆各庄22个消防中队。年内，接警出动12435队次，出动消防车24957车次，149216人次，其中火警5319队次，抢险救援和社会救助4178队次。全年执行勤务362次，出动车辆2174次，13045人次。1人获评公安消防部队优秀党务工作者，1个集体、9人获评市公安消防总队先进党支部和优秀共产党员。

地址：北豆各庄甲1号

邮编：100023

电话：85851534

（梁颖楠）

【火灾事故处置】 1月24日2时57分，区孙河乡前苇沟542号村居民自建房发生火灾，市"119"指挥中心先后调派总队、朝阳支队两级全勤指挥部和楼梓庄中队等6个中队、25部消防车、158名官兵赶赴现场处置。火灾于4时44分被扑灭。火灾过火面积约150平方米，造成8人死亡、5人受伤。

（荆天毅）

【火灾扑救】 12月3日3时54分，区农光南路18号楼710室发火灾，市"119"指挥中心先后调派总队、支队两级全勤指挥部和华威中队等5个中队、26部消防车、130名官兵赶赴现场处置。5时38分明火熄灭，过火面积80平方米，疏散群众44人，无人员伤亡被困。

（荆天毅）

【爆炸事故处置】 12月23日12时01分，区常营万象新天小区门口发生燃气管道泄漏，12时23分发生泄漏爆燃，市"119"指挥中心先后调派总队、朝阳支队两级全勤指挥部和特勤支队、东坝中队、四惠中队、青年路中队、天竺供水中队、高米店中队共计23部消防车，138名官兵赶赴现场进行处置。13时56分成功关阀，火势熄灭。疏散群众15000余人，无人员伤亡被困。

（荆天毅）

【消防队站建设】 年内，天坛家具厂、太阳宫、驹子房3个消防站顺利开工建设；将训练基地、战勤保障大队列入区2017年基本建设计划；四惠等7个老旧消防中队装修改造工程完成立项。

（李焕磊）

【消防隐患综合治理】 年内，推进"冬春季火灾防控""春夏平安行动"，强化出租房屋、仓储物流、低端市场等薄弱环节"大整治"，累计检查单位4.37万家，整改隐患10.3万处，查封、三停627家，罚款1094.4万元，拘留201人，提请政府挂账重大隐患单位28家、隐患集中区域25处；制定《农村重点区域消防整治刚性标准》，推动拆违472处、390万平方米，疏解商品交易市场、废品回收企业、一般制造企业203家，出租大院、地下室741处，清理群租房1224户。

（顾兆平）

【消防宣传培训】 年内，建成消防教育基地38个，设置宣传栏1900余块，向10.54万名"朝阳消防"微信关注人发送安全提示1300余条；组织政府部门、行业单位开展3轮集中培训和161次区域培训；评选387名社区宣传大使，成立"消防义务宣传队"3100余支，发放宣传材料、楼门夜光提示35万份，悬挂硬质横幅3300余条；组织媒体对"派出所首张罚单"、百环家园群租房整治等跟踪报道；制作"帮您找家庭隐患"、居民楼火灾防范、"1·24"火灾警示等专题节目，在《消防周刊》刊发《政府主导全民参与严查火患治"顽疾"》专版文章。

（肇　宇）

【行政审批】 年内，受理消防行政办事事项17867项；消防行政许可事项3816项，其中建设工程消防设计审核2143

项，建设工程消防验收1673项，公众聚集场所投入使用、营业前消防安全检查913项；消防备案事项266项，其中建设工程消防设计备案127项，建设工程竣工消防验收备案139项，施工质量诚信平台12872项。

（庞　璐）

改 革

2017

北京朝阳年鉴

综　述

朝阳区发展和改革委员会（以下简称区发改委）是负责朝阳区国民经济和社会发展统筹协调、经济体制改革综合协调的区政府工作部门。坚持以“十三五”规划为统领，一手抓疏功能、减人口、促提升，一手抓稳增长、调结构、促改革。注重规划统筹，构建“1+32+N”的规划体系，以“十三五”规划纲要为统领，发布32个专项规划，编制金融业发展等多个专项行动计划。统筹推进“十三五”规划、“一廊”地区“五大提升工程”和城乡发展“六个一百”工程实施。制定印发《朝阳区“十三五”规划纲要任务分工意见》，分解主要指标和重点任务，明确各阶段进度安排及完成时间节点。截至12月31日，按照街乡实际工作点位逐个进行“剔重”统计，全区调控人口33.6万人，完成市级下达指标任务。强化投资统筹，推动重大项目建设。编制2016年区基本建设专项投资计划，根据进度需求安排68个项目基本建设资金22亿元；梳理年度社会固定资产投资项目225个，支撑全年投资任务落实；筛选确定40个项目纳入市重点建设项目，42个项目纳入市重点前期范围，争取市级支持协调加快推进；梳理“十三五”期间计划建设重点项目约300个，建立项目储备库；围绕服务保障房建设，研究梳理区保障房周边76条道路，协调纳入市级保障房配套市政基础设施三年行动计划。注重产业引导，构建“高精尖”经济结构。全年拨付产业资金4.46亿元，支持重点产业发展。牵头推动新升级百个“高精尖”产业项目，引进亿利资源控股、苹果公司北京研发中心等25个项目。组织完成2015年度节能目标责任评价考核，将“十三五”节能指标分解落实到各行业主管部门和重点用能单位，对193家重点用能单位开展能源审计，安排2016年节能专项资金4248.81万元。深化重点领域改革，激发发展活力。统筹制定《朝阳区推进供给侧结构性改革实施意见》，提出朝阳区落实供给侧改革的工作思路和措施任务。牵头制定《朝阳区关于全面深化改革提升城市规划建设管理水平的实施意见》，围绕生态环境治理、基础设施建设等八大领域，明确36条改革措施，推进全区城市规划建设管理创新。坚持民生导向，扎实做好民生保障工作。加快推进“煤改电”外电源工程建设，2016年煤改电目标任务已基本完成。制定《朝阳区第二批老旧小区电网配电设施改造工程2016年度实施方案》，推进老旧小区电力设施改造工作。

（王艺璐）

综合改革

【概况】 年内，组织开展2016年多项综合改革专项工作。明确目标细化责任，综合施策严格考核，通过持续深化企业服务，促进新项目落地，主动实施商务楼宇服务等举措。

（王艺璐）

【招投标监督管理办法实施】 1月1日，《北京市朝阳区政府投资建设项目招标投标监督管理办法》正式实施。该办法从总则、监督管理职责和方式、监督管理内容和要求、责任追究、附则等方面对全区履行基本建设程序的政府投资建设项目管理进行规范。

（王艺璐）

【区疏解非首都功能工作方案实施】 2月23日，印发实施《朝阳区疏解非首都功能工作方案（2016—2020）年》。明确中长期的总体思路、工作原则、分阶段量化目标、保障措施，确定疏解的主要任务和各部门职责分工。

（郑　杰）

【工程实施方案】 6月3日，针对“一廊”地区“五大提升工程”及城乡发展“六个一百”工程分别制定的实施方案正式发布。明确各部门任务分工、工作组织体系、年度工作计划与重点及具体项目清单。2016年建设类项目有96个，其中，办理前期手续9个，拟开工建设87个，预计竣工57个。招商引资项目29个，民生改善任务27项。

（王冠迪）

【提升城市管理水平实施意见印发】 8月23日，印发《朝阳区关于全面深化改革提升城市规划建设管理水平的实施意见》（以下简称《意见》）。《意见》就当前和今后一段时期区规划建设管理工作，围绕强化综合统筹管控有效的城乡规划体系、提升朝阳特色的国际都市品质、建设绿色覆盖水景共融的城市生态环境、打造高效联通安全保障的城市基础设施、实施综合一体共管共治的城市治理创新、构建数字智能精细安全的城市管理网络、营造文化示范文明和谐的城市宜居生活、破解城市发展突出问题等八个方面，提出36条具体措施，78项支撑任务。

（王冠迪）

【“十三五”产业发展规划发布】 年内，《朝阳区“十三五”时期产业发展规划》正式发布实施。《规划》明确“十三五”时期区产业发展的总体思路、发展目标、主要任务、空间布局、重点要求和保障措施，是指导全区未来五年产业发展的行动指南。

（张中来）

【产业政策落实】 年内，在上、下半年各安排1批产业引导资金，包括服务业专项资金、金融产业专项资金、文化创意产业专项资金、高新技术产业专项资金、信息服务业专项资金和中小企业发展引导资金等7个专项资金，累计安排资金3亿元，支持项目（企业）358个。

（张中来）

【市级和区级疏解任务完成】 年内，成立区疏功能减人口工作领导小组，牵头制定五年工作方案和年度工作计划。设立疏功能减人口专项资金，累计拨付资金11.27亿元。初步建立户籍、常住外来、流动人口“三本账”。组织筹建10个“疏减稳”专项督导组，对部门、街乡进行工作巡视和集中督导。将环境整治、功能疏解、人口调控有机结合，推进“一绿、一路、一园、一河”等重点项目，探索实践连片疏解新模式。疏解商品交易市场66家，完成计划的124.5%（其中市级任务11家，100%完成任务），腾退建筑面积62.14万平方米，调减从业人员31399人，其中农村地区疏解45家，街道地区疏解21家。115家一般性制造业停产，完成任务的135.3%（其中市级任务45家，100%完成任务），腾退建筑面积40.48万平方米，调减从业人员3922人。拆除再生资源回收场站19个，完成任务的126.7%，腾退建筑面积1.62万平方米，调减从业人员1611人。拆除3家仓储物流企业，100%完成任务，腾退建筑面积7.84万平方米，调减从业人员420人。全区累计腾退建筑面积112.1万平方米，疏解从业人员3.7万人。

（郑　杰）

专项改革

【概况】 年内，组织开展医疗卫生体制改革、公务用车制度改革等专项改革工作，取得阶段性成果，为下一部深化改革做好基础工作。

（王艺璐）

【医药卫生体制改革】 年内，加快推进区深化医药卫生体制改革各专项工作，统筹协调工作中的重大问题，贯彻落实《北京市城市公立医院综合改革实施方案》，持续开展医联体建设工作，完善家庭医生签约服务，研究推进北京市第一中西医结合医院整合为一家三级甲等医院，完成2016年医改评估工作。

（王怀靖）

【公务用车制度改革】 年内，完成区党政机关公务用车制度改革主体工作。全区节支率为7.22%，取消车辆1106辆，留车比率为63.6%，保留司勤人员188人。启动区事业单位公务用车制度改革工作，出台并实施《北京市朝阳区事业单位公务用车制度改革工作实施意见》，实现各参改事业单位节支率均在4%以上，取消车辆825辆，留车比例为76.7%，无保留实物工作用车保障的岗位。

（王怀靖）

【价格监督】 年内，根据新版《北京市定价目录》标准，梳理区7个行业8项具体定价事项。对价格监管重点领域、重点行业，开展停车、旅游、药品、商品房和房产中介等专项检查。检查巡查1230家单位，处罚111家，经济制裁总额497.50万元。通过来电、来信、来访、12358热线、信访等渠道接到价格举报、投诉3260件，办结1304件，比上年增加56.92%。

（王艺璐）

城乡规划与建设

2017
北京朝阳年鉴

城乡规划

【概况】 北京市规划委员会朝阳分局隶属于北京市规划和国土资源管理委员会（首都规划建设委员会办公室），为17个派出机构之一。内设办公室、纪检监察科、综合业务科、规划科、建设用地管理科、建设工程管理科、市政交通工程管理科、朝阳区规划监察执法队和朝阳区规划设计服务中心。负责组织实施本行政区域内规划编制、规划审批和规划监督工作。有公务员35名、事业编18名、工勤人员3名。年内，加快落实首都城市战略，努力践行规划管理转型，谋划朝阳发展、统筹城乡规划实施，服务非首都功能疏解，推进公共服务设施建设、市政交通基础设施规划建设、规划监督执法等重点工作，服务朝阳区城乡规划建设。

地址：农展馆南路5号

邮编：100125

电话：58670333

网址：http://chy.bjghw.gov.cn

（付　俊）

【规划研究】 年内，相继与市规划委详规、用地、规院等部门合作开展“两规合一”编制、存量更新机制等研究，为政策创新提供试点；与区发改委、区农委、区水务局等单位联合完成疏解用地、集体产业、农租房、河湖水系等梳理，为摸清解决问题底数；与奥运、电子城、温榆河等管委会共同组织奥体大数据分析、站点一体化方案设计、孙河湿地公园方案征集等工作。系统对接中央要求，提出了践行精明增长、塑造魅力城市等六大空间发展战略，撰写《关于全面深化改革提升城市规划建设管理水平的实施意见》《朝阳区空间布局优化和土地利用专项规划》等报告。

（付　俊）

【规划编制】 年内，完成逐乡“两图、两表”（现状图、规划图，任务表、资源表）编制，推动朝阳一绿二批5个试点乡（平房、三间房、东风、东坝、管庄乡）方案编制。完成2000宗国有用地现场踏勘，梳理形成全市首个市属国企用地底数。朝阳区被确定为国有用地存量改造全市试点单位。评估道路、绿化、公共服务设施等，确立全区“十三五”规划“六个一百”（新建及改扩建百条三次干路、支路和断堵头路，建设提升百条环境优美大街，新建和改造百个大中小微型公园，新升级百个“高精尖”功能性产业项目，打造百个绿色智慧平安社区，创建百个基层文化品牌，促进城乡均衡发展）工程。

（付　俊）

【非首都功能疏解方案编制】 年内，在“城市廊道”内，开展存量改造试点，编制城市、政府、企业三方共赢方案，引导社会力量共担疏解任务。在“绿隔”待城市化地区，完成逐乡规划实施单元方案编制，从“蓝图”绘制者转为“路线图”设计人。在“功能区”实施中，提出乡域产业地块的全区统筹，促进用地集约、产业集群。突出“一路”“一河”“一园”三个重点项目，完成“广渠路”14公里沿线500米范围核查，协调编制王四营、三间房、管庄等沿线项目实施方案和城市设计；配合推进“萧太后河”12公里流域滨水绿廊建设；组织开展孙河“湿地公园”13平方公里园林设计和5个村棚改。通过项目实施，推进区域低级次产业退出，实现集中连片疏解。

（付　俊）

【公共服务设施建设】 年内，全区棚改47项，涉及用地32平方公里，居（农）民5万户，拟拆除规模1300万平方米。年内，确认50%项目规划指标，完成用地245公顷、建筑规模640万平方米棚改方案编制。推进保障性住房建设，45个项目中，44个获规划复函。批复文、教、体、卫、养老项目26万平方米。

（付　俊）

【市政交通基础设施规划建设】 年内，参与朝阳道路建设计划和缓解交通拥堵方案编制，启动区域停车专项规划修编工作；配合开展地铁3、12、28号线规划研究，落实轨道建设任务；协助推进京沈客专、京唐城际铁路前期工作；完成北小河等19条、51公里黑臭水体治理任务手续；协助完成农村煤改电任务，落实清洁能源选址工作；配合完成自备井置换工程和79公里供水管线消隐改造手续；推进朝阳建筑废弃物资源化利用中心项目落地。

（付　俊）

【规划监督执法】 年内，全年办理建设工程规划验收127件，建筑规模448.2万平方米；规划验线21件，建筑规模64万平方米。验收保障房项目、农民回迁安置房项目以及自住型商品房项目33件，160.7万平方米；验收市区重点工程7件，41.3万平方米；验收中央单位及部队项目2件，2.8万平方米。全年办理行政处罚5起次，罚款金额8633.9万元；配合区查违办开展卫星查违工作3次，核查疑似图斑33处，确认无证违法建设18处。全年接群众来信、来访及电话举报198起次；下发《责令停工通知书》62起次；依职责向区城管、乡政府等部门移送违法建设案件126起次；配合城管部门对64处已进入城管执法程序的违法建设出具书面认定，认定面积约10.5万平方米。

（付　俊）

【建设项目规划受理】 年内，受理区建设项目1092件，与上年同期持平。其中建设工程205件；市政工程511件；规划监督205件；公共服务157件；乡村工程14件。

（付　俊）

【建设项目规划许可】 年内，办结区建设项目1081件，同比下降5%。其中，包括选址及规划条件62件，同比下降14%；建设用地规划许可证（建筑工程）27件，同比下降13%；建设工程规划许可证（建筑工程）111件，同比下降29%；市政选址及条件213件，同比下降14.8%；市政工程类的建设工程规划许可证227件，同比下降16% 规划监督209件，同比增加17%；核发其他案卷232件，同比增加50%。年内，核发选址及条件类项目用地规模421.42公顷，同比增加8%；许可建设用地规模106.8公顷，同比下降65%；许可建筑工程面积471.57万平方米，同比下降44%；许可市政各类管线总长度22.92万延长米，与上年同期持平。

（付　俊）

国土资源管理

【概况】 年内，北京市国土资源局朝阳分局推行“54644”工作思路，即坚持五大发展理念（创新、协调、绿色、开放、共享）、推进四个管理理念和方法（人本管理、精细化管理、扁平化管理和闭环管理）、深化六种工作意识（法治意识、联动意识、请示汇报意识、集体荣誉意识和科技创新意识）、坚持四个主要工作抓手（两个责任落实，抓作风建设；依法及时履职到位；加强基层基础工作；督察督办把工作落实）、争取四个方面取得新突破（在耕地、基本农田布局优化，土地储备资金回笼和运作模式创新，以不动产登记为重点的对外服务质量和效率提升，打击违法占地的手段和效果）工作理念，完成全年工作。朝阳区被国土资源部授予“全国国土资源节约集约模范县（市）”荣誉称号。3月，朝阳区农村村庄地籍调查试点工作通过北京市农村土地确权颁证领导小组办公室验收。11月，全区签订区乡级耕地保护责任书14份，乡村级责任书78份。完成“土地增值收益测算及分配研究”“朝阳区无主土地分析报告”“不动产统一登记服务资源拓展与廉政风险防控——以朝阳区不动产登记事务中心为例展开”调研课题。北京市土地整理储备中心商务区分中心获北京市人力资源和社会保障局、北京市规划和国土资源管理委员会“北京市2013—2015年度国土资源管理先进集体”荣誉称号。

地址：奥林匹克森林公园北园

邮编：100107

电话：88982879

网址：http//cy.bjgtj.gov.cn

（李 娜）

【土地资源构成】 年内，朝阳区位于北京市区的东部和东北部，介于北纬39°48'—40°09'、东经116°21'—116°42'之间。东与通州区毗邻，西与海淀、西城、东城三区毗邻，南与丰台、大兴两区毗邻，北与顺义、昌平两区毗邻。全区土地面积454.7812平方公里（含朝阳区管辖首都机场街道，面积为470.8平方公里），占北京市土地总面积的2.87%。矿产资源主要为地热。

（李 娜）

2015年度北京市朝阳区土地利用现状汇总一览表

表 1　　单位：公顷

类型	面积
总计	45478.12
耕地	2536.66
园地	660.93
林地	3444.55
草地	12.1
城镇村及工矿用地	34114.01
交通运输用地	2236.58
水域及水利设施用地	2096.24
其他土地	377.05

各类型土地面积具体数量和占比图

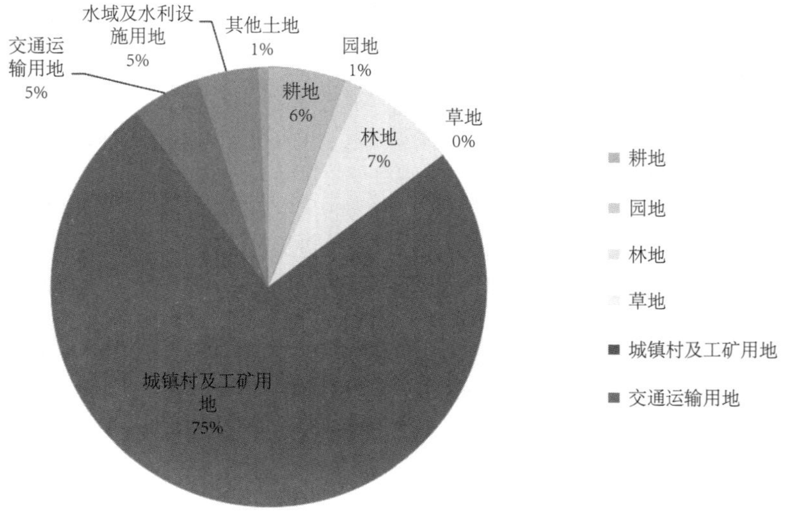

【土地复垦及综合整治】 11月，金盏乡长店村土地复垦项目通过验收，取得区政府批复，新增耕地16.9769公顷。重新启动土地综合整治项目，推进整改工作，为朝阳区发展提供后备耕地占补平衡资源。全年落实耕地占补平衡补充耕地5.6852公顷。

（李 娜）

【土地利用总体规划】 年内，制发《朝阳区土地利用总体规划调整完善工作方案》，修改完善《朝阳区土地利用总体规划中期评估》。全年完成规划动态维护项目5件，涉及总面积20.55公顷，规划动态维护面积8.38公顷。其中，公益性项目4个，用地面积约12.95公顷，调整面积为1.47公顷；经营性项目1个，用地面积约7.6公顷，调整面积为6.91公顷。

（李 娜）

【建设项目用地预审】 年内，办结建设项目用地预审81件，与上年基本持平；涉及土地1115.96公顷，比上年增长31.94%，其中建设用地880.37公顷、农用地235.51公顷、未利用地0.08公顷。

（李 娜）

【征地及农用地转用项目用地管理】 年内，受理建设项目征地结案申请13件，用地200.7461公顷。完成集体土地征收2件，用地32.728公顷，其中农用地22.857公顷、建设用地9.871公顷。

（李 娜）

【土地供应计划及实施】 年内，市国土局（市规划国土委）出让涉及朝阳区土地12宗40.05公顷，出让总价104.74亿元。其中现状项目办理出让7宗8.07公顷；新建项目办理出让5宗31.98公顷。年内划拨土地供应11宗45.19公顷，其中市国土局（市规划国土委）供应1宗1.62公顷；国土朝阳分局供应10宗43.57公顷。

（李 娜）

【保障性住房用地供应】 年内，保障性安居工程用地计划供应33公顷，实际完成56.06公顷，完成比例为169.88%，提前超额完成2016年保障性安居工程供地计划任务。其中，公租房3公顷，已供3.33公顷；棚户区2公顷，已供19.8公顷；定向安置房28公顷，已供32.93公顷。

（李 娜）

【土地市场交易】 年内，公开供应一般经营性用地4宗，分别为朝阳区北土城中路北侧OS-06A、OS-10B地块B4综合性商业金融服务业用地（奥南06A、10B地块），朝阳区将台乡驼房营村1016-34、1016-36、1016-40、1016-41地块F2公建混合住宅用地、A33基础教育用地、R2二类居住用地、U12供电用地（亮马K地块），朝阳区崔各庄乡来广营北路29-324等地块二类居住及住宅混合公建用地（首农奶子房牛场企业利用自有地45万55项目），朝阳区东风乡豆各庄村0311-610等地块（东风乡农民安置房项目）二类居住及基础教育用地（东风商城农民定向安置房项目）。总供地体量46.27公顷，建设用地33.74公顷，建筑规模97.08万平方米，经营性建筑规模69.7万平方米。其中，土地储备朝阳分中心为主体的项目供应1宗，供地体量6.1公顷。CBD核心区已完成Z16地块的供应工作。

（李 娜）

【土地储备开发】 年内，土地储备工作返还一级开发成本约67亿元（含企业带资实施项目亮马K地块成本约44亿元），偿还到期银行贷款及利息约215.03亿元，年底债务余额517.73亿元（含162.38亿元政府债券），比上年年底债务余额下降约27%。重点推进东坝、金盏、豆各庄、电子城等项目的征地拆迁工作，全年完成37户住宅（2.56万平方米）、132家非住宅（81.15万平方米）及4家国有单位（2.86万平方米）搬迁腾退工作。CBD核心区已全面完成二期项目的拆迁和供地工作，正在全力推进土地前期开发工作，服务中国尊、中投、中期、正大、三星等市重点项目。

（李 娜）

【土地权属审查】 年内，办理土地权属审查81宗，其中国有建设用地土地权属审查66宗158.55公顷，集体土地权属审查15宗91公顷。

（李 娜）

【不动产登记】 年内，办理不动产登记业务约46万件，比上年增长91%；完成登簿389022件，占全市登记总量29.02%；办理档案查询70834次；发放不动产权证书126528本、不动产权证明82764份。

（李 娜）

【不动产登记事务中心机构设置】 年内，朝阳区不动产登记事务中心（以下简称 登记中心）设置16个科室，分别为办公室、纪检监察科、法制科、权属一科、权属二科、登记一科、登记二科、登记三科、登记四科、登记五科、登记六科、综合一科、综合二科、信息科、查询科、档案科，搭建起1正4副中心领导班子。

（李 娜）

【不动产登记服务措施】 年内，以“空余预约与提前排队相结合，提前排队优先”为基本设计理念，升级不动产登记预约系统。实现现场实名取号。打击倒号行为，全年抓捕号贩子63人。选取朝阳区鸿懋商务大厦作为办公新址，提供更多办事空间资源。开展不动产登记历史数据整合工作。

（李 娜）

【土地执法监察】 年内，立案查处违法用地案件101宗，其中下达行政处罚决定77宗，涉及土地面积127.35公顷，没收违法建筑物面积7.53万平方米，罚款金额为3273.87万元。通过2015年度土地卫片执法检查工作市级部门验收，违法占用耕地面积占新增建设用地占用耕地总面积比例（问责比例）3.57%；依法履职到位118宗，履职到位率100%；整改到位率82.9%。在全市14个区县中问责比例排名第8位。开展国土资源违法综合管理系统（二期）建设。系统（二期）新增建设126个视频监控点位，使监测覆盖率从42.7%上升至95%以上，完成新增的全部摄像头安装工作。系统（二期）同步完成与市规划国土委国土资源执法监察远程视频监控系统对接 并尝试将视频监控信号连通至各国土所。

（李 娜）

【土地出让批后监督管理】 年内，完成外业巡查任务568宗地，行驶里程16505公里。前期调查例行土地督察中发现的33宗闲置土地项目，3宗取得开工证并开始建设，剩余30宗项目完成前期的闲置土地调查。

（李 娜）

【矿产资源管理】 年内，完成建设项目压覆重要矿产资源核查1件，办理地源热泵系统备案2件，完成1家探矿权项目年检。抽检8家地质勘查单位的地质勘查资质。年检32家有采矿权许可证的地热开发利用单位，对4家管理不力的单位提出批评并限期整改。

（李 娜）

【地质灾害预防】 年内，组织制作区地质灾害分布图和矿产资源分布图。督促用地单位做好建设项目用地地质灾害危险性评估工作。结合“地球日”“防灾减灾日”到街（乡）、学校进行宣传教育，发放宣传材料2000余份。

（李 娜）

建设工程

【概况】 年内，完成全社会固定资产投资1257.9亿元、同比增长1.5%；完成基础设施投资391.3亿元、同比增长14.8%，占城镇固定资产投资73.9%；完成房地产开发投资666.4亿元、同比下降3.3%，其中住宅投资311.6亿元、同比下降1.4%；办公楼投资121.6亿元、同比增长16%；商业营业用房投资97.7亿元、同比增长32.7%。房地产业实现增加值505.0亿元、同比增长7.1%，占全区GDP的10.1%；建筑业实现增加值118.3亿元、同比增长5.2%，占全区GDP的2.4%；具有资质等级的总承包和专业承包建筑业企业完成总产值1155.1亿元、同比增长7.6%；房屋施工面积2034.4万平方米、同比下降2.5%，其中政策性住房376.8万平方米；房屋竣工面积277.6万平方米，同比下降11.5%，其中政策性住房64.0万平方米；商品房销售面积162.4万平方米、同比下降13.6%，其中住宅销售面积96.6万平方米、同比下降28.8%；商品房销售额696.4亿元、同比增长13.0%，其中住宅销售额486.8亿元、同比增长4.1%。

地点：呼家楼向军北里23号

邮编：100020

电话：65001728

网址：http://jianwei.bjchy.gov.cn

（高雅琪）

【保障性住房建设】 年初，市下达给朝阳区的保障性住房建设任务为建设筹集各类保障性住房（含自住型商品房）7900套，其中棚户区改造定向安置住房7000套；基本建成保障性住房5200套，其中公共租赁住房2200套。12月31日，区新开工建设各类保障性住房8749套、98.3万平方米，其中棚改安置房7232套、限价房1280套、自住型商品房237套，完成全年任务110.7%；基本建成各类保障性住房20805套、188.6万平方米，其中公租房（含廉租房）9569套、限价房348套、经适房1772套、定向安置房7075套、自住型商品房2041套，完成全年任务400%。超额完成2016年保障性住房建设筹集任务。

（刘　杨　高雅琪）

【质量安全工作大会】 3月31日，在朝阳宾馆召开朝阳区建设工程安全生产工作会议。全区处于结构封顶进入装修阶段工地建设单位、施工单位、监理单位负责人200余人参加会议。区安监局副局长周琼通报2016年第一季度建筑安全生产形势，讲解事故情况并分析原因，提要求。区住建委副主任陆闻宇部署安全隐患排查、安全教育、危大工程管理等工作。区住建委主任刘海涛讲话并提要求。

（高雅琪）

【行业教育培训】 5月，会同区建筑业联合会举办2016年朝阳区施工项目劳务及用工规范管理从业人员执业注册培训班，专题培训辖区施工企业劳动力管理人员441名。5月30日至31日，举办区建设工程安全生产全员培训班3期980人参加，22025人获一线工人上岗证。

（温景贤　高雅琪）

【工程建设】 年内，全区开复工施工工程793项、同比增加3.26%，建筑面积3224.7万平方米、同比减少9.2%，道路管线长238.2千米。其中房建工程648项、2986.18万平方米，拆除工程8项、3.06万平方米，市政工程73项、26.47万平方米、道路管线225.72千米，地铁工程10项、15.36万平方米、施工线路11.77千米，老旧小区综合改造工程22项、101.78万平方米。截至年底，竣工工程352项、970.91万平方米，道路管线119.05千米，其中房建工程289项、853.77万平方米，拆除工程8项、2.53万平方米，市政工程35项、22.01万平方米、道路管线109.48千米，地铁工程8项、12.46万平方米、施工线路9.57千米，老旧小区改造工程12项、80.14万平方米。

（许光斌　高雅琪）

【危旧房屋改造】 年内，酒仙桥、方诚苑、垂杨柳、茶家坟、豆各庄二号院、甜水园二期、定福庄西街等7个危旧房改造项目纳入区2016年棚户区改造项目。酒仙桥项目完成征收方案的编制工作；电子球场回迁楼建设工程施工至地上7层。酒仙桥项目完成征收方案第一次征询居民意见工作，电子球场回迁楼建设工程结构封顶。方诚苑、垂杨柳、茶家坟、豆各庄二号院、甜水园二期、定福庄西街等6个项目在完善方案和办理前期手续。

（徐德俊　高雅琪）

【棚户区改造和环境整治】 年内，市明确区征收（拆迁、改造）任务指标6000户。经区政府研究并报市重大办联席会审定，区48个项目（2015年剩余42个项目结转，另外新增5个棚改项目和1个抗震加固项目）列入2016年棚户区改造和环境整治工作计划，占地3152.68 公顷，涉及居（农）民50116户。其中十八里店白墙子等9个项目纳入实施计划，启动征收（拆迁、改造）工作；化石营旧城区改建等39个项目列入储备计划，现完善方案，办理前期手续。截至年底，全区完成征收（拆迁）6918户。其中，征收、拆迁3027户（十八里店白墙子137户，中铁十六局皮村939户，将台东八间房1020户、将台驼房营一队JT-629项目570户、南磨房东郊市场202户、小红门国有单位及宿舍159户），老旧小区抗震加固项目3891户。

（徐德俊　高雅琪）

2016年朝阳区棚户区改造和环境整治项目一览表

表2

序号	项目名称	项目性质	涉及居民总户数
一、2016年实施项目（10个）			
1	永安里旧城区改建	新增棚户区	942
2	十八里店白墙子	新增棚户区	964

续表 2

序号	项目名称	项目性质	涉及居民总户数
3	南磨房东郊市场	新增棚户区	0
4	将台乡东八间房村	新增棚户区	1590
5	崔各庄乡奶西村	新增棚户区	1190
6	中铁十六局朝阳皮村北巷 2 号棚改项目	新增棚户区	1225
7	驼房营一队 JT-629 地块	新增棚户区	557
8	小红门国有单位及宿舍	新增棚户区	4799
9	管庄乡郭家场村	新增棚户区	200
10	抗震加固项目	新增棚户区	0
二、2016 年储备项目（38 个）			
1	酒仙桥旧城区改建	危改	7041
2	化石营旧城区改建	新增棚户区	800
3	广渠路苏家沟程家住宅	新增棚户区	9
4	王四营乡广渠路	新增棚户区	200
5	中直安慧职工住宅（小关北里 43 号）工程	新增棚户区	147
6	亮马 J 地块公益用地棚改	新增棚户区	150
7	太阳宫乡太阳宫村	新增棚户区	369
8	管庄乡小寺村	新增棚户区	390
9	管庄乡重兴寺村	新增棚户区	30
10	豆各庄二号院危旧房	危改	151
11	北京朝阳区崔各庄乡草场地 155 号院宿舍危楼	新增棚户区	27
12	方诚苑	危改	150
13	定福庄西街改造	新增棚户区	122
14	茶家坟房改带危改	危改	300
15	垂杨柳危改	危改	6158
16	甜水园二期房改带危改	危改	751
17	中建一局五公司东坝生活区棚户区改造	新增棚户区	880
18	光华里项目	新增棚户区	2098
19	小庄项目	新增棚户区	800
20	呼家楼项目	新增棚户区	3183
21	十八里店乡饮马井	新增棚户区	950
22	黑庄户乡郎辛庄	新增棚户区	0
23	平房乡黄杉木店	新增棚户区	1567
24	南磨房乡广渠路	新增棚户区	211
25	大郊亭 3 号院	新增棚户区	72
26	十八里店乡小武基村	新增棚户区	2232
27	金盏乡马各庄、沙窝、雷庄	新增棚户区	2002
28	东风乡六里屯村	新增棚户区	1312
29	黑庄户乡定东定西	新增棚户区	1226
30	黑庄户乡黑庄户村	新增棚户区	1218

续表 2

序号	项目名称	项目性质	涉及居民总户数
31	南磨房南里地区	城中村边角地	3
32	南武圣庙	城中村边角地	3
33	大黄庄前街	城中村边角地	15
34	大黄庄小学西侧平房	城中村边角地	1
35	芳草地西街 38 号	城中村边角地	37
36	孙河前苇沟组团项目	新增棚户区	4500
37	二外附中西侧朝阳副食品公司宿舍	新增棚户区	52
38	坝北地区	新增棚户区	292

【轨道交通建设拆迁】 年内，区承担4条新开线路地铁前期进场协调工作。分别为地铁3号线、7号线东延、12号线、17号线。经市规土委线路规划方案调整后，3号线和12号线车辆段合并布置，4条线路在区里长为77.7公里，设车站42座，占年度全市新开工线路总里程58.2%。区承担京沈铁路客运专线的拆迁协调工作，该线朝阳区段全长26.5公里，设置有星火站、动车运用所及望京隧道特大工程。沿线各乡的拆迁完成过半。启动星火站征收工作，完成拨付首笔征收启动款3亿元。完成望京隧道盾构机始发工作。

（王　晶　高雅琪）

【房地产开发管理】 年内，继续启动北京市房地产开发项目监管平台和北京市新建商品住宅小区建设方案管理信息系统，全程动态监管房地产项目开发情况。召开专题会、座谈会，推进协调及跟踪服务房地产开发项目，实施存在问题开发项目和正在办理手续开发项目专项协调跟踪制度，促使项目尽早落地开工建设，推动经济平稳较快增长和房地产市场健康发展。全年审核新建居住小区14个、建筑面积458.75万平方米（含住宅建筑面积285.93万平方米、配套面积30.51万平方米），并在网上公示。全年审核房地产开发项目手册23项，现场实地检查项目23个；办理开发项目产权初始登记前配套落实工作20项。

（张　煜　高雅琪）

【房地产开发配套设施收缴】 年内，收缴各类配套设施62项，面积8.72万平方米。其中，教育配套设施13项，6.07万平方米（幼儿园11所、3.18万平方米，九年一贯制学校2所、2.89万平方米）；卫生配套设施8项，0.11万平方米；其他社区服务配套设施41项，2.57万平方米（文化设施11项、0.80万平方米，养老设施5项、0.47万平方米，社区办公设施12项、1.05万平方米，综合服务设施3项、0.11万平方米，警务配套设施3项、0.05万平方米，垃圾楼公厕等7项、0.09万平方米）。与相关部门托管配套设施43项、7.00万平方米（含教育配套设施12项、5.40万平方米，卫生配套设施8项、0.11万平方米，其他配套设施23项、1.49万平方米）。

（郝一方　高雅琪）

【房地产开发企业资质管理】 年内，办理各项资质审批236件，其中新设立38件、暂定延期35件、变更25件、重新核定138件。截至年底，区有开发企业435家，（含内资企业391家、外资企业44家），其中一级18家、二级30家、三级30家、四级239家、暂定118家。

（张　煜　高雅琪）

【区域劳务联动监管体系落实】 年内，落实"一项纲领（制定《朝阳区施工项目劳务管理及劳动用工规范工作方案》）、两个体系（六部门三级纵向联动监管体系、十部门横向联动应急体系）、三色预警（对全区各施工项目进行绿、黄、红三色隐患预警分级）、四方责任（建设单位、施工总承包单位、分包单位、农民工四方）、五级备案（实行班组—分包—总包—办事处—住房城乡建设委五级标准化内业资料编、报、备机制）"工作机制。会同区人力社保局、43个街道（地区）办事处、各省（直辖市）驻京建管处、各建筑集团总公司落实区域劳务用工联动监管体系运行工作。召开联动监管单位、各层级参建企业管理人员参加培训部署会3次400余人。

（苏志成　高雅琪）

【劳务用工监管】 年内，会同区人力社保局、各街道（地区）办事处实现动态联动监管区施工项目劳务及劳动用工规范管理情况。监管工地劳务巡查328次，组织各建筑集团总公司、各省（直辖市）驻京建管处开展联合检查各1次；协调解决工程合同（工程款、劳务费）纠纷10起；配合区人力社保局劳动监察大队调处解决农民工工资纠纷12起。

（苏志成　高雅琪）

【工程质量监管】 年内，严禁工地使用国家明令禁止的淘汰建材产品，并报验进场材料，未经监理验收签认不得使用。对实验室转来的7天和28天混凝土不合格试块报告及市监督总站下发的区县所属工程不合格数据流转单，在差别化监督及督促参建单位整改基础上，做到立账销账、专人负责，到现场回弹抽测，如不达标立即钻芯取样送检。抽样区内在施工程的各类建筑材料共482次，并送第三方实验室进行检测。采用政府购买服务方式检测在建工地所用建筑材料，在施工单位进厂检验、材料复验基础上再次控制建筑材料质量。在工程结构验收前，登录建设工程质量监管信息系统，查询该工程所有不合格试验记录，要求参建单位在验收前处理完毕，杜绝将结构质量缺陷带入装修阶段。对新开工项目监督告知，监督前告知各参建单位，宣传贯彻相关质量管理规定及一些注意事项制定发《关于加强朝阳区建设工程检验批质量管理的通知》，要求检验批验收专业质量检查员和专业监理工程师按照规范和图纸进行验收，做到："谁验收，谁签字，谁负责"。根据区高层建筑集中、保障房成片开发、工程量大特点，定期组织对重点工程和民生工程进行联合执法检查。重点治理钢筋工程、混凝土工程、渗漏、裂缝、墙面发霉长毛、门窗质量、串烟串味、回填土下沉等8个方面的常见问题。根据

《北京市工程质量终身责任承诺制实施办法》要求，要求五方责任主体和钢筋、混凝土、预拌混凝土供应单位签订责任书，新开工的项目做到100%签订，竣工项目做到100%设置永久性公示牌。实施动态管理区建设工程项目参建单位质量，制发《朝阳区建筑工程项目违法违规行为记分标准》，记分周期1年。继续执行《住宅工程分户验收管理规定》《朝阳区住宅工程质量保修管理办法》。落实住建部《工程质量治理两年行动方案》规定，根据《"北京市工程质量专项治理两年行动"转包违法分包等违法行为专项治理方案》要求，指导和督促辖区内在建项目的建设单位、施工单位开展自查自纠工作。全年监督房建工程2063项、2478万平方米，市政工程71项、3.5亿元。截至年底，在监房建工程1834项、1946万平方米，在监市政工程461项、20亿元；房建工程竣工229项、532万平方米，市政工程竣工4项、0.5亿元，在监工程未发现重大质量安全隐患。全年办理质量监督注册房建工程596项、688万平方米，质量监督注册市政工程71项、3.5亿元。行政处罚质量违法行为92起、罚款139万元、执行质量动态管理记分716分（涉及企业331家、333分，项目负责人329分，企业负责人5分，总监理工程师39分，监理工程师10分）；实施简易行政处罚126起、罚款12.6万元、执行安全生产动态管理记分181分。动态管理记分897分。

（刘　祎　冰　湖　高雅琪）

【优质工程评选】 年内，申报创"朝阳杯"工程项目24项、222.4万平方米；检查工程21项、188.15万平方米，4项工程跨转2017年度。获年度建筑结构"朝阳杯"工程20项，其中金奖18项、银奖2项。区质量监督站监督工程获本年度全市建筑结构"长城杯"工程51项，其中金奖23项、银奖28项，建筑竣工"长城杯"工程10项，其中金奖6项、银奖4项。

（温景贤　刘　祎　高雅琪）

2016年度"朝阳杯"工程获奖一览表
建筑结构"朝阳杯"金奖工程（18项）

表3

序号	工程名称	建设单位	施工单位	监理单位
1	酒仙桥房改带危改土地一级开发项目-C-12-2#地块项目1#2#3#住宅楼	北京电控阳光房地产开发有限公司	北京市朝阳田华建筑集团公司（第五分公司）	北京六正建设监理有限公司
2	酒仙桥房改带危改土地一级开发项目-C-12-2#地块项目4#5#6#公建及车库	北京电控阳光房地产开发有限公司	北京市朝阳田华建筑集团公司（第五分公司）	北京六正建设监理有限公司
3	CBD核心区Z13地块商业金融项目	国寿远通置业有限公司	中建一局集团建设发展有限公司	北京双圆工程咨询监理有限公司
4	朝阳区高碑店乡北花园定向安置房项目B-2#住宅楼等4项2# 4#楼	北京国隆置业有限公司	北京建工路桥工程建设有限责任公司	北京国建工程监理公司
5	朝阳区高碑店乡北花园定向安置房项目B-2#住宅楼等4项3# 6#楼	北京国隆置业有限公司	北京建工路桥工程建设有限责任公司	北京国建工程监理公司
6	小红门乡新村二期D区农民回迁房及配套设施项目1# 6# 9# 10#	北京小红门房地产开发有限责任公司	北京市朝阳田华建筑集团公司第一分公司	北京旭日明建设工程监理有限公司
7	小红门乡新村二期D区农民回迁房及配套设施项目2# 4# 7# 11#	北京小红门房地产开发有限责任公司	北京市朝阳田华建筑集团公司第一分公司	北京旭日明建设工程监理有限公司
8	小红门乡新村二期D区农民回迁房及配套设施项目12# 13# 14#	北京小红门房地产开发有限责任公司	北京市朝阳田华建筑集团公司第一分公司	北京旭日明建设工程监理有限公司
9	小红门乡新村二期D区农民回迁房及配套设施项目15# 16#	北京小红门房地产开发有限责任公司	北京市朝阳田华建筑集团公司第一分公司	北京旭日明建设工程监理有限公司
10	将台乡农民回迁安置房项目11#、12#、14#15#住宅楼及3#车库东段	北京星泰建恒房地产开发有限公司	北京市朝阳田华建筑集团公司第四分公司	达华工程管理（集团）有限公司
11	将台乡农民回迁安置房项目9#、10#、13#住宅楼及3#车库西段	北京星泰建恒房地产开发有限公司	北京市朝阳田华建筑集团公司第五分公司	达华工程管理（集团）有限公司
12	将台乡农民回迁安置房项目5#、6#、7#、8#住宅楼及2#车库	北京星泰建恒房地产开发有限公司	北京市朝阳田华建筑集团公司第六分公司	中航工程监理（北京）有限公司
13	将台乡农民回迁安置房项目1#、2#、3#、4#住宅楼及1#车库	北京星泰建恒房地产开发有限公司	北京市朝阳田华建筑集团公司第九分公司	中航工程监理（北京）有限公司
14	11#幼儿园等11项（朝阳区东坝南区1106-692、634、693地块二类居住、基础教育用地项目）	北京锦泰房地产开发有限公司	北京市朝阳田华建筑集团公司	北京建工京精大房工程建设监理公司

续表 3

序号	工程名称	建设单位	施工单位	监理单位
15	1# 绿隔产业用房等 5 项	北京世纪常赢投资管理有限公司	北京市朝阳田华建筑集团公司	北京百事达工程管理有限公司
16	北京市 CBD 核心区 Z2b 地块商业项目	北京三星置业有限公司	中建一局集团发展有限公司	北京帕克国际工程咨询有限公司
17	姚家园新村 E 地块配套中学项目	北京聚鑫城房地产开发有限公司	北京住总集团有限责任公司	北京水利水电工程咨询有限公司
18	朝阳区小红门乡肖村公共租赁住房（配建商品房）项目	北京首开住总安泰置业有限公司	北京住总集团有限责任公司	北京方亭工程监理有限公司

建筑结构“朝阳杯”银奖工程（2项）

表 4

序号	工程名称	建设单位	施工单位	监理单位
1	广华新城居住区 621 地块职工安置住房项目 4-3# 楼、4-4# 楼、4-5# 楼及地下车库工程	中国石化集团团北京燕山石油化工有限公司	北京燕化天钲建筑工程有限责任公司	中石化中原监理有限公司
2	1# 住宅楼及 4#5# 配套商业［朝阳区东坝南区 1105-667 地块二类居住用地（限价商品住房）项目］1# 住宅楼	北京首开天成房地产开发有限公司	北京市朝阳田华建筑集团公司	北京金海城工程建设监理公司

【施工安全监管】 年内，继续实施《朝阳区建设工程施工安全监督管理工作规定》；1427家参建单位参加安全教育、安全生产月活动。建设工程悬挂宣传横幅1489条，张贴各种宣传画2779张，发放宣传材料16914份，设置宣传专栏办报854个。30987人次参加“农民工夜校”安全生产知识培训；开展防汛、防火等各类应急演练，制定施工方案667件，应急预案738件，10195人次参加应急演练456次。配合市、区相关部门开展深基础、危险性较大分部分项工程、施工现场扬尘治理、建筑垃圾运输、预防煤气中毒、禁止燃放烟花爆竹等专项检查。全年办理建筑起重机械设备登记编号备案147台，其中塔式起重机97台、施工升降机33台、物料升降机17台；使用登记备案462台，其中塔式升降机245台、施工升降机181台、物料升降机36台；检查施工工地3700个次，责令停工整改93个次，限期整改2563个次，行政处罚615起、罚款188.96万元，其中简易处罚511起、罚款51.1万元，立案处罚104起、罚款137.86万元；发生建筑施工安全生产亡人事故6起、死亡6人，未发生较大突发事件和施工安全生产事故。

（许光斌　高雅琪）

【公益广告宣传】 年内，完成各在施工程刊载“图说我们的价值观”公益广告宣传工作。协调组织104个在施工地刊载“核心价值观”和“讲文明树新风”公益广告，制作21956.99平方米，其中中央文明委规定的公益围挡面积为15784.19平方米。落实“五个100%”（工地沙土100%覆盖、工地路面100%硬化、出工地车辆100%冲洗车轮、拆除房屋的工地100%洒水压尘、暂时不开发的空地100%绿化）降尘措施。

（许光斌　高雅琪）

【施工工地远程视频监控系统建设】 年内，推进区符合安装施工工地视频监控系统工作。2013年至2017年，506个建设项目安装视频设备，使用监控视频项目126项，达到所有新开工的在施建筑面积5000平方米以上的项目全覆盖。

（许光斌　高雅琪）

【施工许可监管】 年内，核发建设项目施工许可证243项，建筑面积568.48万平方米、同比增加23.8%；市政道路管线9.56千米、同比增加21.3%，投资94.3亿元、同比减少37.78%。其中，新建38项、建筑面积186.09万平方米、合同金额61.59亿元，装饰装修192项、建筑面积382.39万平方米、合同金额31.67亿元，市政工程13项、道路管线9.56千米、合同金额1.04亿元。查处违法施工案件36起，罚款244.93万元。

（钱　鹏　高雅琪）

【招标投标与商品房预售资金监管】 年内，办理招标投标及直接发包工程438项，建筑面积1151.09万平方米、同比减少41.34%，市政道路管线16.6千米，投资合同金额418.68亿元、同比增加1.7%。其中，施工工程294项、672.97万平方米、241.68亿元，监理工程144项、478.12万平方米、177.00亿元。

（钱　鹏　高雅琪）

【建筑节能与建材管理】 年内，继续实施建材备案工作，建材采购备案工程总数85项；完成建筑节能、建材使用日常管理和预拌商品混凝土搅拌站治理整合工作。全年收缴28个建设项目新型墙体材料专项基金1247.21万元、29个建设项目散装水泥专项资金79.16万元，返退34个建设项目新型墙体材料专项基金1623.88万元、26个建设项目散装水泥专项资金93.64万元；办理建筑节能设计审查备案146个单体，建筑节能竣工验收备案113项339个单体。

（李翊楣　高雅琪）

【老旧小区综合整治】 年内，继续完成“十二五”期间老旧小区综合整治项目结转工作。区拟对双面板墙加固楼房及圈梁构造柱式加固难以实施楼房，采取落架式加固的方式解危。与各产权单位联系，开展入户调查，将对符合实施条件，居民全部同意的楼栋进行落地重建试点工作。“由点到面”全面展开。推进老旧小区加装电梯试点工作。北京筑福建筑事务有限责任公司（以下简称北京筑福公司）在磨房南里小区调研入户调查等工作，在该小区30号楼一单元居民同意，委托北京筑福公司作为实施责任主体。区于11月3日向北京筑福公司下发《项目确认函》。与产权单位（北京工业大学）密切配合，帮助实施责任主体单位共同开展工作，在磨房南里小区完成4部电梯的加装试点工作。完成2014年朝阳区老旧小区节能改造项目和公共区域整治工程的财政评审工作，并按照结算金额将涉及尾款拨付到参建单位。其余年度工程评审工作申报进入评审阶段，待评审工作完成后，进行资金的结算工作。

（李路军　高雅琪）

【房屋私自拆改执法检查】 年内，实施信息共享、执法联动工作机制。按提高城市精细化管理水平，建设宜居环境为目标，重点聚焦“两区、两环、四线、多点”，确定“政府主导、部门联动、属地牵头”工作模式。参与办事处“住改商”现场专项整治工作。通过使用整治“住改商”违法违规行为《通知书》范本，整治工作统一标注、统一模式，截至12月底完成1586户“住改商”住户违法违规行为整改。全年受理房屋私自拆改信访事项950起，调查处置950起，其中结案456起，整改过程中361起。化解群体性矛盾4项。

（段玉霞　高雅琪）

【信访与信息公开事项】 年内，接待处理群众信访事项4483件次，其中纸质书面投诉信636件（市住房城乡建设委转信65、区转信26件、直投信545件）；依托网上办公系统接收3938件（含信访系统314件，其中市长信箱130件、国家局转信8件；政民互动3624件）；全年办复4390件、办复率97.93%，其余93件处于办理阶段。接待集体访105批次、1260人，重复访43批次、516人，主要涉及危改拆迁补偿、保障房建设、房屋质量、施工扰民，工程款纠纷、老旧小区综合整治等问题；全年信访工作总体形势平稳，初信化解率98%，重信重访化解率95%，未发生越级访、大规模集体上访等突发性事件。全年信息公开161项，其中主动公开70项、依申请公开91项。

（刘子明　高雅琪）

【行政诉讼和复议】 年内，办理行政诉讼案件5件，1件胜诉、3件正在诉讼中、1件驳回申请人起诉；行政复议案件5件，其中1件不予受理、1件复议终止、2件要求区住建委履职、1件正在办理中。

（刘晓亭　高雅琪）

【获奖建筑业企业和人员】 年内，建设行业诚信企业评定实施方法，经企业自愿申报，市、区相关部门两级推荐和评审，区北京奥杰装饰装修有限公司、北京英达利城建有限公司、北京鼎华建筑工程有限公司、江苏省苏中建设集团股份有限公司、北京中建华昊装饰工程有限公司、江苏省国立建设发展有限公司、北京蓝天建设有限公司、北京中铁隧建筑有限公司、北京腾达市政工程有限公司、北京捷通机房设备工程有限公司、北京海湾威尔电子工程有限公司、北京洛德文博装饰工程有限公司、北京百键开发建设有限公司、北京岩土工程勘察院、北京戎信建筑装饰工程有限公司、北京中建瑞斯防水施工中心、北京华能昌泰保温防水工程有限公司、北京中建华腾装饰工程有限公司、北京中唐建筑装饰工程有限公司、北京天图设计工程有限公司、中机建工有限公司等21家企业被评为2016年度“北京市建设行业诚信企业”。其中北京鼎华建筑工程有限公司、江苏省苏中建设集团股份有限公司、北京中建华昊装饰工程有限公司等3家企业被评为诚信3A企业。北京市朝阳田华建筑集团公司许军、青建集团股份有限公司北京建设分公司赵志峰被评为北京市优秀建造师；青建集团股份有限公司北京建设分公司李纯被评为北京市优秀项目经理。

（高玉梅　高雅琪）

【监理人员分级管理】 年内，开展建设工程监理人员分级管理培训考评工作。业务培训监理人员，获相应等级胸卡，经所在企业任命或委托，持胸卡人可担任区内各类项目总监理工程师、非强制性监理项目总监、总监代表及各类项目专业监理工程师或监理员。区监理协会举办培训班8期，130余家监理公司的6777人参加培训，5960人获相应等级资格证书和胸卡。

（温景贤　高雅琪）

【建筑业企业资质及人员管理】 年内，受理新设立建筑业企业资质简单换证267家、变更511家、转出10家、转入4家、增项15家、升级10家、新设立7家、重组分立1家；截至年底，纳入区管理的建筑业企业724家，其中特级2家、一级91家、二级392家、三级151家、不分等级88家，涵盖建筑工程施工总承包等29个施工专业（见表2）。同时，完成二级建造师执业资格初始注册565人、变更注册1192人、注销492人，延续注册605人、增项23人、遗失补办9人、重新注册356人，办理企业负责人、项目负责人和专职安全员《安全生产考核证书》续期2046人。

（李翊桐　高雅琪）

2016年朝阳区建筑业企业一览表

表 5 单位：家

序列	专业类别	特级	一级	二级	三级	不分	合计
施工总承包	建筑工程	1	15	21	20	0	57
	公路工程	1	1	0	0	0	2
	水利水电工程	0	1	1	0	0	2
	电力工程	0	1	1	2	0	4
	矿山工程	0	2	0	0	0	2
	化工石油工程	0	0	1	0	0	1
	市政公用工程	0	6	11	8	0	25
	机电工程	0	1	6	0	0	7
小计	涵盖 8 个专业	2	27	41	30	0	100
专业承包	地基与基础工程	0	2	4	3	0	9
	建筑装修装饰工程	0	28	255	0	0	283
	建筑幕墙工程	0	1	9	0	0	10
	预拌混凝土	0	0	0	0	26	26
	古建筑工程	0	0	1	1	0	2
	钢结构工程	0	1	4	7	0	12
	模板脚手架	0	0	0	0	8	8
	消防设施工程	0	4	13	0	0	17
	防水防腐保温工程	0	2	20	0	0	22
	起重设备安装工程	0	1	0	1	0	2
	建筑机电安装工程	0	7	5	45	0	57
	电子与智能化工程	0	11	31	0	0	42
	环保工程	0	0	3	18	0	21
	隧道工程	0	1	0	0	0	1
	公路交通（公路安全设施）	0	3	0	0	0	3
	铁路电务工程	0	1	0	0	0	1
	民航空管及机场弱电系统工程	0	2	1	0	0	3
	输变电工程	0	0	0	23	0	23
	城市及道路照明工程	0	0	5	23	0	28
	特种专业工程	0	0	0	0	31	31
小计	涵盖 20 个专业	0	64	351	121	65	601
施工劳务企业		0	0	0	0	23	23
合计	涵盖 29 个专业	2	91	392	151	88	724

说明：2015 年 1 月 1 日起，全国执行新的《建筑业企业资质标准》（建市〔2014〕159 号）。按照市住建委下发的《关于换发新版建筑业企业资质证书有关事项的通知》（京建发〔2015〕346 号）要求，区正在开展建筑业企业资质证书换证工作

2016年朝阳区建设工程竣工一览表

（一）商品住房

表6

单位：万平方米、万元

序号	工程名称	工程地址	建筑面积	工程总投资	开工日期	竣工日期	建设单位	设计单位	施工单位	监理单位
1	原星牌建材制品厂5项工程	朝阳区高井	16.26	27612.84	2014.5.10	2016.1.20	北京金隅嘉业房地产开发有限公司	华通设计顾问工程有限公司	华北铁建建设有限公司、北京蓝天建设有限公司、北京韩建集团有限公司	北京建拓工程管理有限公司
2	单店住宅二期10项工程	朝阳区东坝乡	3.37	7642.1	2011.3.10	2016.3.29	北京首开天成房地产开发有限公司	凯里森建筑设计（北京）有限公司	中建一局华江建设有限公司	北京北辰工程建设监理有限公司
3	中国核工业集团公司8项工程	朝阳区百子湾路8号、10号	2.8	10683.08	2012.12.20	2016.4.18	中国核工业集团公司	中国核电工程有限公司	北京城乡建设集团有限责任公司	核四达建设监理有限公司
4	瑞湾家园11项工程	朝阳区来广营乡清河营村	4.1	12969.2	2014.11.28	2016.5.12	北京正德兴合房地产开发有限公司	华通设计顾问工程有限公司	中国建筑第八工程局有限公司	建研凯勃建设工程咨询有限公司
5	润景茗苑10项工程	朝阳区来广营乡清河营村	11.51	15655.24	2009.6.1	2016.6.12	北京春光置地房地产开发有限公司	北京维拓时代建筑设计股份有限公司、北京墨臣工程咨询有限公司	北京城建亚泰建设集团有限公司、中铁建设集团有限公司、北京大龙建设集团有限公司	建通工程建设监理有限公司
6	耀辉国际城等2项工程	朝阳区西大望路	13.72	26405	2016.1.20	2016.6.20	北京耀辉置业有限公司	华东建筑设计研究院有限公司	中国建筑一局（集团）有限公司	北京赛瑞斯国际工程咨询有限公司
7	东风家园9项工程	朝阳区东风乡	17.6	24417.63	2010.10.12	2016.7.4	北京星火房地产开发有限责任公司	北京中天元工程设计有限责任公司	中国建筑一局（集团）有限公司、北京城建建设工程有限公司	北京建院金厦工程管理有限公司
8	财富公馆D82号住宅楼工程	朝阳区孙河乡	0.59	3000	2009.7.16	2016.7.20	北京财富花园房地产开发有限公司	北京市建筑设计研究院有限公司	北京建工集团有限责任公司	北京光华建设监理有限公司
9	红松园15项工程	朝阳区东坝中路红松园18号	14.11	33116.91	2013.9.30	2016.10.21	北京市利锦荣房地产开发有限公司	北京市建筑设计研究院有限公司	正太集团有限公司	北京中协成建设监理有限责任公司
10	水岸庄园99项工程	朝阳区来广营乡	4.53	6550.16	2011.6.22	2016.11.4	北京润泽主苑房地产开发有限公司	华通设计顾问工程有限公司	北京京华嘉典建筑工程有限公司	广州广保建设监理有限公司
11	柏阳景园15项工程	朝阳区王四营乡道口村	5.82	16596.73	2012.6.27	2016.11.8	北京柏基置业有限公司、北京市朝阳王四营农工商总公司	北京凯帝克建筑设计有限公司	中国中铁航空港建设集团有限公司	北京北辰工程建设监理有限公司

续表 6

序号	工程名称	工程地址	建筑面积	工程总投资	开工日期	竣工日期	建设单位	设计单位	施工单位	监理单位
12	臻园 18 项工程	朝阳区来广营乡	13.81	49310.72	2013.8.8	2016.11.9	北京广盈房地产开发有限公司	中国电建集团北京勘测设计研究院有限公司	中建三局集团有限公司	北京太平洋建筑工程监理有限公司
13	泛海世家 4 项工程	朝阳区东风乡辛庄村	5.59	8339.04	2014.12.22	2016.11.21	北京泛海东风置业有限公司	北京中天元工程设计有限责任公司	中国建筑一局（集团）有限公司总承包	北京赛瑞斯国际工程咨询有限公司
14	北京壹号院 7 项工程	朝阳区农展馆北路 8 号	6.26	92484.54	2014.5.8	2016.11.22	北京融创恒裕地产有限公司	中外建工程设计与顾问有限公司	中国建筑第二工程局有限公司	北京帕克国际工程咨询股份有限公司
15	万和四季家园 7 项工程	朝阳区来广营乡	5.48	28790.06	2014.8.15	2016.11.22	远洋地产有限公司	悉地（北京）国际建筑设计顾问有限公司	北京建工博海建设有限公司	北京方圆工程监理有限公司
16	首开琅樾 28 项工程	朝阳区孙河乡	10.46	35843.25	2014.7.1	2016.11.23	北京首都开发股份有限公司	联安国际建筑设计有限公司	北京金港建设股份有限公司	北京北辰工程建设监理有限公司
17	东坝南区 2 项工程	朝阳区东坝乡	1.29	4262.9	2015.11.23	2016.12.1	北京锦泰房地产开发有限公司	北京维拓时代建筑设计股份有限公司	中建二局第三建筑工程有限公司	北京建工京精大房工程建设监理公司
18	丽湾家园 3 项工程	朝阳区东坝南区	6.69	14429.96	2014.10.27	2016.12.12	北京朗泰房地产开发有限公司	中国建筑设计院有限公司	江苏南通二建集团有限公司、广州富利建筑安装工程有限公司	北京东方华太建设监理有限公司
19	远洋璟湖园 19 项工程	朝阳区孙河乡	6.27	18195.18	2012.9.18	2016.12.12	北京东隆房地产开发有限公司	北京维拓时代建筑设计股份有限公司	远洋国际建设有限公司	北京赛瑞斯国际工程咨询有限公司
20	1 号住宅楼等 2 项工程	朝阳区洼里 5 号	6.29	21528.44	2011.9.22	2016.12.16	北京运达通汇文化产业有限公司	北京东方筑中建设规划设计有限公司	中铁建设集团有限公司	中航工程监理（北京）有限公司

（二）办公用房

表 7　　单位：万平方米、万元

序号	工程名称	工程地址	建筑面积	工程总投资	开工日期	竣工日期	建设单位	设计单位	施工单位	监理单位
1	3# 办公楼等 2 项工程	朝阳区干杨树甲十六西院	3.42	10788.5	2013.4.18	2016.3.3	国家机关事务管理局房地产管理司	北京城市开发设计研究院有限公司	北京首华建设经营有限公司	北京时创工程项目管理有限责任公司
2	B-1 办公楼等 7 项工程	朝阳区管庄路	7.13	11919.29	2013.11.18	2016.3.24	北京信远置业有限公司	北京中天元工程设计有限责任公司	华北建设集团有限公司	北京思创建设监理有限责任公司
3	办公商业楼工程	朝阳区朝阳门外大街和关东店北街交叉口西北角	2.17	20352	2012.10.30	2016.4.1	北京昆泰房地产开发集团有限公司	北京市建筑设计研究院有限公司	中建一局集团第三建筑有限公司	北京双圆工程咨询监理有限公司

续表 7

序号	工程名称	工程地址	建筑面积	工程总投资	开工日期	竣工日期	建设单位	设计单位	施工单位	监理单位
4	1# 商务办公楼等 8 项工程	朝阳区土城北路	14.82	41665.37	2011.5.26	2016.4.14	北京奥城五合置业有限公司	中国中建设计集团有限公司	中建国际建设有限公司	建研凯勃建设工程咨询有限公司
5	中国皮革和制鞋工业研究院工程	朝阳区将台西路 18 号	0.07	253.85	2015.3.25	2016.4.18	中国皮革和制鞋工业研究院	中国中轻国际工程有限公司	河北中瑞建设集团有限公司	北京中轻国际工程项目管理有限公司
6	商务办公楼等 2 项工程	朝阳区华严北里 46 号	1.76	5492.06	2010.8.20	2016.6.13	北京市凌云宇阳房地产开发有限公司	大地建筑事务所（国际）	北京住总第二开发建设有限公司	北京华建恒工程建设监理有限公司
7	华都中心 6 项工程	朝阳区新源南路 8 号	22	113705.52	2013.8.21	2016.8.5	北京华都饭店有限责任公司	中国建筑设计院有限公司	中国建筑第八工程局有限公司	北京双圆工程咨询监理有限公司
8	商务办公楼等 2 项工程	朝阳区土城北路	0.1	53524.84	2014.8.5	2016.9.23	北京奥南时代置业有限公司	北京中建设计集团有限公司	中国建筑股份有限公司	北京双圆工程咨询监理有限公司
9	大望京村 2 号地 5 项工程	朝阳区崔各庄乡大望京村	9.18	22380.42	2014.3.20	2016.10.18	北京乾景房地产开发有限公司	中国建筑技术集团有限公司	中国建筑一局（集团）有限公司	北京帕克国际工程咨询股份有限公司
10	大望京村 1 号地 3 项工程	朝阳区崔各庄乡大望京村	2.94	15864.7	2015.8.13	2016.11.22	北京远豪置业有限公司	北京市建筑设计研究院有限公司	北京建二集团有限责任公司	北京中景恒基工程管理有限公司

（三）商用房屋

表 8　　单位：万平方米、万元

序号	工程名称	工程地址	建筑面积	工程总投资	开工日期	竣工日期	建设单位	设计单位	施工单位	监理单位
1	豆各庄商品交易中心 8 项工程	朝阳区豆各庄乡东马各庄村	1.80	8223.15	2014.3.15	2016.6.12	北京宇达房地产开发有限公司	北京维拓时代建筑设计股份有限公司	北京城建五建设集团有限公司	江苏鑫缘项目管理有限公司
2	平房乡垂钓休闲园工程	朝阳区平房乡	3.05	7460.26	2014.8.29	2016.6.28	北京湖蝶林酒店管理有限公司	北京新纪元垦泰盛建筑工程设计有限公司	黑龙江农垦泰盛建筑工程有限公司	北京京航联工程建设监理有限责任公司
3	东风南路 5 项工程	朝阳区东风南路	3.92	14741.43	2014.6.18	2016.8.1	北京天利德机电设备有限公司	北京中天元工程设计有限责任公司	中国建筑一局（集团）有限公司	北京双圆工程咨询监理有限公司
4	电子城 IT 产业园 2 项工程	朝阳区酒仙桥	5.64	14313.95	2015.10.9	2016.11.23	北京电子城有限责任公司	北京市工业设计研究院	北京城建建设工程有限公司	中咨工程建设监理公司

（四）配套用房

表 9　　单位：万平方米、万元

序号	工程名称	工程地址	建筑面积	工程总投资	开工日期	竣工日期	建设单位	设计单位	施工单位	监理单位
1	文体活动用房工程	朝阳区高碑店	0.02	75.03	2012.5.20	2016.1.5	北京城市开发集团有限责任公司	北京城建设计研究总院有限责任公司	泛华建设集团有限公司	无监理
2	文体综合楼工程	朝阳区来广营 B07 地块	2.33	2567.40	2012.5.29	2016.1.7	北京润泽庄苑房地产开发有限公司	华通设计顾问工程有限公司	北京市朝阳三建第五建筑工程公司	北京中联环建设工程管理有限公
3	亚运新新公园 1 项工程	朝阳区辛店村	0.19	190	2008.4.2	2016.1.13	北京市朝阳区园林绿化局	北京尚驰环球建筑设计有限公司、北京中建恒基工程设计有限公司	中建一局集团第五建筑有限公司	北京建院金厦工程管理有限公司
4	翠成馨园 1 项工程	朝阳区垡头	2.04	4394.07	2012.4.30	2016.1.26	北京住总房地产开发有限责任公司	北京市住宅建筑设计研究院有限公司	北京住总第一开发建设有限公司	北京旭日明建设工程监理有限公司
5	朝阳区第二社会福利中心工程	朝阳区西大望路	2.08	11130	2013.9.17	2016.1.26	北京市朝阳区民政局	北京建筑设计研究院有限公司	北京城建集团有限责任公司	北京方正建设工程管理有限公司
6	综合体育馆工程	朝阳区慧新东街 10 号	1.72	14343.04	2012.11.24	2016.1.28	对外经济贸易大学	大地建筑事务所（国际）	中城建第五工程局有限公司	北京华厦工程项目管理有限责任公司
7	电子城西区 19 项工程	朝阳区来广营电子城西区	13.32	39139	2013.10.20	2016.2.1	北京市朝阳来广营农工商实业总公司	北京建筑设计研究院有限公司	北京市朝阳田华建筑集团公司、北京百键开发建设有限公司	北京华厦工程项目管理有限责任公司
8	库房综合楼等 2 项工程	朝阳区小红门路 11 号	3	22476.1	2013.7.8	2016.5.18	中国银行股份有限公司北京市分行	中科院建筑设计研究院有限公司	北京住总集团有限责任公司	北京华清技科工程管理有限公司
9	2 项配套公建工程	朝阳区东坝乡	0.43	2099.31	2009.5.15	2016.5.20	北京首开天成房地产开发有限公司	凯里森建筑设计（北京）有限公司、北京市建筑设计研究院	北京金港建设股份有限公司	北京金海城工程建设监理公司、中航工程监理（北京）有限公司
10	生物成像研究中心 2 项工程	朝阳区大屯路 15 号	2.81	11887.62	2013.7.25	2016.6.7	中国科学院生物物理研究所	中外建工程设计与顾问有限公司	河北建设集团有限公司	北京中科国金工程管理咨询有限公司
11	奥林匹克公园瞭望塔工程	朝阳区奥林匹克公园中心区	1.87	55098.24	2011.1.20	2016.7.11	北京世奥森林公园开发经营有限公司	中国建筑设计院有限公司	北京建工集团有限责任公司	北京华城建设监理有限责任公司
12	原星牌建材制品厂 9 项工程	朝阳区高井	2.84	5942.32	2014.5.10	2016.7.27	北京金隅嘉业房地产开发有限公司	华通设计顾问工程有限公司	保定建业集团有限公司、北京韩建集团有限公司	北京建拓工程管理有限公司

续表 9

序号	工程名称	工程地址	建筑面积	工程总投资	开工日期	竣工日期	建设单位	设计单位	施工单位	监理单位
13	社区综合服务中心工程	朝阳区团结湖中路北一条 6 号	0.59	2506.12	2013.7.12	2016.8.22	北京市朝阳区人民政府团结湖街道办事处	互联盟建筑设计（北京）有限公司	北京鼎华建筑工程有限公司	北京新森智业工程咨询有限公司
14	园林绿化配套用房工程	朝阳区东四环路	0.1	154	2015.5.12	2016.9.1	北京市朝阳区园林绿化局	北京中天元工程设计有限责任公司	河北太行建筑安装工程有限公司	无监理
15	法国国际学校等 3 项工程	朝阳区来广营东路	2.06	12249.78	2015.4.14	2016.9.7	北京市东郊农工商联合公司	大地建筑事务所（国际）	北京建筑设计院有限公司	北京四方工程建设监理有限责任公司
16	东风家园 5 项工程	朝阳区东风乡	2.35	4159.84	2014.7.28	2016.9.26	北京星火房地产开发有限责任公司	北京中天元工程设计有限责任公司	中国建筑一局（集团）有限公司、北京市朝阳田华建筑集团公司	北京建院金厦工程管理有限公司
17	招商上苑 2 项工程	朝阳区东八里庄	0.05	180.96	2011.12.1	2016.10.17	招商局地产（北京）有限公司	北京市建筑设计研究院有限公司	中建三局集团有限公司	北京帕克国际工程咨询股份有限公司
18	1# 科研办公楼等 2 项工程	朝阳区中关村科技园区电子城西区 A10-2 地块	2.93	8792.71	2014.3.12	2016.10.19	北京东方国信科技股份有限公司	中国中轻国际工程有限公司	北京市北协建设工程公司	研凯勃建设工程咨询有限公司
19	百子湾路 3 项工程	朝阳区百子湾路 14 号	1.24	4401.47	2015.1.13	2016.10.20	北京建工置地有限责任公司	京市建筑工程设计有限责任公司	北京建工四建工程建设有限公司	北京双圆工程咨询监理有限公司
20	京东方 B38 研发中心工程	朝阳区酒仙桥 10 号	1.49	6527.56	2015.1.19	2016.10.20	京东方科技集团股份有限公司	北京东方华脉工程设计有限公司	中建一局集团第五建筑有限公司	北京吉地四方建设工程顾问有限公司
21	潘家园社区教育中心工程	朝阳区华威北里	2.04	5973.4	2013.4.28	2016.11.2	北京市朝阳区教育国有资产管理中心	中国建筑技术集团有限公司	北京城建亚泰建设集团有限公司	北京中外建工程管理有限公司
22	看台及体育服务用房工程	朝阳区来广营水岸南街 1 号院	0.52	1958.94	2015.8.19	2016.11.16	北京市对外贸易学校	北京市建筑设计研究院有限公司	北京市朝阳田华建筑集团公司	北京方程建设监理有限公司
23	3 项配套公建工程	朝阳区农展馆北路 8 号	3.83	13578.80	2014.6.15	2016.11.22	北京融创恒裕地产有限公司	中外建工程设计与顾问有限公司	中国建筑第二工程局有限公司	北京帕克国际工程咨询股份有限公
24	中国传媒大学工程	朝阳区定福庄东街 1 号	6.31	27.69	2013.11.20	2016.11.23	中国传媒大学	中广电广播电影电视设计研究院	北京城建二建设工程有限公司	北京中广电工程建设监理有限责任公司
25	东湖湾名苑 507 会所工程	朝阳区望京北小河北	0.25	937.3	2006.2.15	2016.12.2	北京市东湖房地产有限公司	马建国际建筑设计顾问有限公司	北京城建二建筑工程有限公司	北京太平洋建筑工程监理有限公司
26	恒大御景湾 4 项工程	朝阳区豆各庄乡黄厂村	0.45	892.05	2014.8.28	2016.12.5	恒大地产集团北京有限公司	北京市建筑设计研究院有限公司	江苏省苏中建设集团股份有限公司	北京华兴建设监理咨询有限公司

（五）经济适用房

表 10

单位：万平方米、万元

序号	工程名称	工程地址	建筑面积	工程总投资	开工日期	竣工日期	建设单位	设计单位	施工单位	监理单位
1	华翰福园 9 项工程	朝阳区东坝乡		25396.15	2010.12.1	2016.7.5	华瀚投资集团有限公司	北京冠亚伟业民用建筑设计有限公司	北京市朝阳田华建筑集团公司	北京旭日明建设工程监理有限公司
2	林奥嘉园 4 项工程	朝阳区奥运村 5 号地	20.57	59467.45	2013.9.1	2016.12.16	北京运达通汇文化产业有限公司	北京东方筑中建设规划设计有限公司	中铁建设集团有限公司	中航工程监理（北京）有限公司

（六）自住型商品房

表 11

单位：万平方米、万元

序号	工程名称	工程地址	建筑面积	工程总投资	开工日期	竣工日期	建设单位	设计单位	施工单位	监理单位
1	东坝自住型商品房 9 项工程	朝阳区东坝	29.43	50781.97	2014.5.10	2016.9.2	北京金隅嘉业房地产开发有限公司	华通设计顾问工程有限公司、北京天鸿圆方建筑设计有限责任公司、北京中天建中工程设计有限责任公司	北京城建十建设工程有限公司、华北铁建建设有限公司、北京韩建集团有限公司	北京建拓工程管理有限公司
2	百子湾自住型商品房 4 项工程	朝阳区百子湾路 14 号	4.68	14918.15	2014.10.15	2016.10.24	北京建工置地有限责任公司	北京市建筑工程设计有限责任公司	京建工四建工程建设有限公司	北京双圆工程咨询监理有限公司
3	恒大御景湾 41 项工程	朝阳区豆各庄乡黄厂村	44.14	104549.09	2014.8.28	2016.12.19	恒大地产集团北京有限公司	北京市建筑设计研究院有限公司	江苏省苏中建设集团股份有限公司	北京华兴建设监理咨询有限公司

（七）装饰装修工程

表 12

单位：万平方米、万元

序号	工程名称	工程地址	建筑面积	工程总投资	开工日期	竣工日期	建设单位	设计单位	施工单位	监理单位
1	东道品牌创意集团装修工程	朝阳区和平里西街 3 号	0.43	353.12	2015.8.20	2016.1.4	北京东道形象设计制作有限责任公司	北京东道形象设计制作有限责任公司	中天开元（北京）建筑装饰工程有限公司	北京蔷薇工程监理有限责任公司
2	双井宿舍楼装修工程	朝阳区广渠门外大街 18 号	3.75	8258.62	2014.4.18	2016.1.5	中国国际贸易中心有限公司	中冶京诚工程技术有限公司	北京金港建设股份有限公司	北京兴电国际工程管理有限公司
3	实训基地装修工程	朝阳区惠新东街 5 号	0.13	191.92	2015.5.18	2016.1.11	北京劳动保障职业学院	北京新纪元建筑工程设计有限公司	北京丽贝亚建筑装饰工程有限公司	北京帕克国际工程咨询股份有限公司
4	中国银行双井支行装修工程	朝阳区东三环中路 16 号	0.06	120.19	2015.9.20	2016.1.27	中国银行股份有限公司北京崇文支行	北京中联环建文建建筑设计限公司	北京市建筑工程装饰集团有限公司	无监理

续表 12

序号	工程名称	工程地址	建筑面积	工程总投资	开工日期	竣工日期	建设单位	设计单位	施工单位	监理单位
5	口腔门诊部内装修工程	朝阳区东三环北路6号楼3层	0.19	197.7	2015.11.24	2016.1.29	北京奥克斯口腔门诊部有限公司	北京清尚建筑设计研究院有限公司	中太建设集团股份有限公司	无监理
6	赛诺菲（中国）投资有限公司装修工程	朝阳区建国路108号海航实业大厦3层	0.23	372.48	2015.12.9	2016.2.15	赛诺菲（中国）投资有限公司	穆氏建筑设计（上海）有限公司	穆氏建筑设计（上海）有限公司	无监理
7	第五社会福利院装修工程	朝阳区北四环中路华严北里甲8号	1.66	1085.62	2015.12.16	2016.3.1	北京市第五社会福利院	北京市京民建建筑设计所	北京住总集团有限责任公司	北京中外建工程管理有限公司
8	办公室内工程	朝阳区建国门外大街2号院2号楼1803室	0.05	69	2015.12.26	2016.3.4	艾里逊变速箱（上海）有限公司北京分公司	北京炎黄联合国际工程设计有限公司	北京亚瑞建筑工程设计有限公司	无监理
9	电子城IT产业园室内装修工程	朝阳区酒仙桥北路甲10号院304楼C座301	0.89	401.67	2015.2.12	2016.3.7	北京欣悦程信息咨询有限公司	深圳市中深建装饰设计有限公司	上海欧龙建筑装潢设计工程有限公司	北京星舟工程管理有限公司
10	办公室装修工程	朝阳区望京经济技术开发区研发创新基地B12地块东北角	4.71	10199.25	2015.9.7	2016.3.10	默沙东研发（中国）有限公司	北京中奥建工程设计有限公司	北京金碧合力建筑设计工程有限公司	北京高屋工程咨询监理有限公司
11	阿里巴巴望京项目装修工程	朝阳区阜通东大街（保利万和影院往北100米）大望京3号地	3.52	4757.94	2015.5.21	2016.3.11	淘宝（中国）软件有限公司	深圳市深装总装饰工程工业有限公司	深圳广田装饰集团股份有限公司	北京伟泽工程项目管理有限公司
12	北京佳程广场改造工程	朝阳区东三环北路霞光路18号	0.59	1329.68	2015.5.21	2016.3.15	香港佳程广场有限公司	北京市建筑工程设计有限责任公司	北京弘高建筑装饰设计工程有限公司	北京双圆工程咨询监理有限公司
13	北京SKP店铺内装修工程	朝阳区建国路87号1层D1020 Burberry	0.01	388.08	2016.1.28	2016.3.24	博柏利（上海）贸易有限公司	北京中奥建工程设计有限公司	北京志信博艺建筑装饰有限公司	无监理
14	爱慕大厦内装修工程	朝阳区利泽中园218号楼C座9、10层	0.16	197.5	2015.7.17	2016.4.1	北京爱慕内衣有限公司	北京中奥建工程设计有限公司	北京铭都世纪装饰工程有限责任公司	无监理
15	办公室装修工程	朝阳区东三环中路5号楼	0.18	152	2015.11.10	2016.4.5	洛阳栾川钼业集团股份有限公司	穆氏建筑设计（上海）有限公司、北京博晟装饰设计工程有限公司	穆氏建筑设计（上海）有限公司	无监理
16	办公室内装修工程	朝阳区东三环中路	0.18	146	2015.11.10	2016.4.5	中法人寿保险有限责任公司	穆氏建筑设计（上海）有限公司、北京博晟装饰设计工程有限公司	穆氏建筑设计（上海）有限公司	无监理

续表 12

序号	工程名称	工程地址	建筑面积	工程总投资	开工日期	竣工日期	建设单位	设计单位	施工单位	监理单位
17	恒丰银行燕莎支行装修工程	朝阳区东三环北路6号	0.1	139.52	2015.12.25	2016.4.6	恒丰银行股份有限公司北京分行	北京弘高建筑装饰工程设计有限公司	北京侨信装饰工程有限公司	无监理
18	内装修工程	朝阳区酒仙桥东路9号院2号楼5层502、6层602	0.44	473	2015.1.26	2016.4.7	北京宇信易诚科技有限公司	北京亚瑞工程设计有限公司	北京亚瑞建筑工程设计有限公司	无监理
19	办公室内装修工程	朝阳区东三环中路5号楼（财富金融中心）实际楼层47层第04、05、06单元	0.15	166	2015.11.23	2016.4.7	中融国际信托有限公司	北京中奥建工程设计有限公司	北京斯尔福装饰工程有限责任公司	无监理
20	办公室内装修工程	朝阳区光华路9号soho二期C座920-921	0.06	157.88	2015.9.17	2016.4.11	奇亓义弈（北京）网络科技有限公司	北京中和城建建筑工程设计有限公司	北京双富丽建筑工程有限公司	无监理
21	办公室内装修工程	朝阳区东三环中路5号财富金融中心写字楼39层	1.97	147	2015.10.28	2016.4.14	北京香江兴利房地产开发有限公司	北京保利达工程设计有限责任公司	北京筑博装饰工程有限公司	无监理
22	局部装修工程	朝阳区北苑路28号院1号楼	1.75	4871.69	2015.8.7	2016.4.25	北京金百联创资产管理有限公司	中国建筑设计院有限公司	河北建设集团天辰建筑工程有限公司	建研凯勃建设工程咨询有限公司
23	三里屯太古里南区装修工程	朝阳区三里屯路19号院南区6号楼16、18、23、25、27店铺	0.08	103.87	2016.4.7	23016.5.13	北京三里屯南区物业管理有限公司	北京中奥建工程设计有限公司	北京中建华威机电设备安装工程有限公司	无监理
24	三里屯太古里南区装修工程	朝阳区三里屯路19号院6号楼三层2号、3号店铺	0.04	39.37	2016.4.7	2016.5.13	北京三里屯南区物业管理有限公司	北京中奥建工程设计有限公司	北京中建华威机电设备安装工程有限公司	无监理
25	儿研所改扩建工程	朝阳区雅宝路2号	0.3	503.29	2015.6.15	2016.5.19	首都儿科研究所附属儿童医院	北京多方建筑勘察设计有限公司	北京昊海建设有限公司	北京中景恒基工程管理有限公司
26	办公室装修工程	朝阳区将台路5号院16号楼	2.25	2949.28	2015.10.21	2016.5.23	贝塔通科技（北京）有限公司	北京建院装饰工程有限公司	京丽贝亚建筑装饰工程有限公司	京蔷薇工程监理有限责任公司
27	北京新光天地室内装修工程	朝阳区建国路87号1层CHANEL店	0.06	1222.3	2015.7.31	2016.6.6	香奈儿（中国）贸易有限公司	北京中奥建工程设计有限公司	北京天文弘建筑装饰集团有限公司	无监理
28	施耐德北京展厅内装修工程	朝阳区望京东路6号	0.1	183.99	2015.12.16	2016.6.16	施耐德电气（中国）有限公司	北京中奥建工程设计有限公司	北京东方立人装饰工程有限责任公司	无监理

续表 12

序号	工程名称	工程地址	建筑面积	工程总投资	开工日期	竣工日期	建设单位	设计单位	施工单位	监理单位
29	办公室装修工程	朝阳区建国门外大街甲6号1幢爱思开大厦（SK大厦）第35层7、8室	0.08	128	2016.4.21	2016.6.16	中金佳成投资管理有限公司	北京中奥建工程设计有限公司	北京思意特装饰装潢有限公司	无监理
30	华贸耀莱新天地装修工程	朝阳区建国路89号院18号楼	0.19	180	2016.1.28	2016.6.17	北京耀莱腾龙国际影城管理有限公司	中外建工程设计与顾问有限公司	北京光中装饰工程有限公司	无监理
31	办公室内装修工程	朝阳区百子湾路18号	0.15	335.35	2016.4.8	2016.6.23	北京博瑞祥悦汽车销售服务有限公司	北京东方华脉工程设计有限公司	中地长泰建设有限公司	北京建扶工程建设监理有限责任公司
32	宫霄大厦装修工程	朝阳区关东店28号	1.71	3675.37	2015.7.17	2016.6.29	北京市朝阳区供销合作社	北京龙安华诚建筑设计有限公司	北京诚通新新建设有限公司	北京康迪建设监理咨询有限公司
33	办公室内装修工程	朝阳区建国门外大街乙12号9层07—09单元	0.06	98	2016.4.6	2016.7.11	天俞（北京）投资基金管理有限公司	北京清大原点建筑设计有限公司	北京中建华腾装饰工程有限公司	北京双圆工程咨询监理有限公司
34	办公室装修工程	朝阳区建国路118号	0.12	166.13	2016.2.11	2016.7.19	雷杰思服务（北京）有限公司	北京建磊国际装饰工程股份有限公司、北京清大原点建筑设计有限公司	北京建磊国际装饰工程股份有限公司	无监理
35	先锋国际大厦室内装修工程	朝阳区霄云路28号院2号楼	0.24	270.49	2014.7.10	2016.7.22	北京霄云华园置业有限公司	神州长城装饰工程有限公司	中艺建筑装饰有限公司	无监理
36	剧院等2项外立面装修工程	朝阳区安慧里三区10号楼	0.21	193.71	2016.4.7	2016.7.22	北京北辰实业集团有限责任公司	北京炎黄联合国际工程设计有限公司	建峰建设集团股份有限公司	北京双圆工程咨询监理有限公司
37	北控水务大厦装修工程	朝阳区崔各庄大望京	0.89	1272.03	2016.4.20	2016.8.2	北控水务（中国）投资有限公司	北京新纪元建筑工程设计有限公司	神州长城国际工程有限公司	北京和平诚信工程建设监理有限公司
38	道富银行北京分行装修工程	朝阳区东三环中路1号1幢第15层	0.05	160	2016.5.4	2016.8.18	美国道富银行有限公司北京分行	北京清大原点建筑设计有限公司	穆氏建筑设计（上海）有限公司	无监理
39	富力万丽酒店中餐厅装修工程	朝阳区东三环中路61号地上第4层	0.13	191.96	2016.2.25	2016.8.18	北京富力城房地产开发有限公司北京富力万丽酒店	北京中奥建工程设计有限公司	浙江世贸装饰股份有限公司	无监理
40	办公室装修工程	朝阳区广顺南大街文化交流中心第5层	0.94	1408.36	2016.3.14	2016.8.19	惠普科技（北京）有限公司	北京金碧合力建筑设计工程有限公司	北京金碧合力建筑设计工程有限公司	北京银建建设工程管理有限公司

续表 12

序号	工程名称	工程地址	建筑面积	工程总投资	开工日期	竣工日期	建设单位	设计单位	施工单位	监理单位
41	办公室装修工程	朝阳区酒仙桥路 4 号	1.39	1400	2016.4.18	2016.8.19	大众汽车（中国）销售有限公司	北方时代建筑勘察设计研究院有限公司	北京建磊国际装饰工程股份有限公司	京和平诚信工程建设监理有限公司
42	办公室内装修工程	朝阳区慈云寺北里 210 号远洋国际中心 21、22 层	0.19	150	2015.5.15	2016.8.23	灵韬致胜（北京）科技发展有限公司	北京中建乐孚装饰工程有限公司	北京中建乐孚装饰工程有限责任公司	无监理
43	北京银行东坝支行装修工程	朝阳区朝新嘉园东里 7 区 4 号楼	0.08	188	2016.3.31	2016.8.23	北京银行股份有限公司常营支行	北京新纪元建筑工程设计有限公司	北京华融经纬装饰工程有限公司	无监理
44	首都图书馆装修工程	朝阳区东三环南路 88 号	3.63	3232.89	2015.12.16	2016.8.25	首都图书馆	中国建筑科学研究院	京城建亚泰建设集团有限公司	北京中景恒基工程管理有限公司
45	办公室内装修工程	东三环中路 5 号（财富金融中心）44 层第 3—6 单元	0.19	195.7	2016.4.7	2016.8.25	淡马锡投资咨询（北京）有限公司	北京东方科旅建筑勘察设计有限公司	北京一工建筑装饰工程有限公司	无监理
46	办公楼装修工程	朝阳区望京街 8 号院 3 号楼 11 层	0.15	399.92	2016.5.11	2016.8.26	梅赛德斯-奔驰汽车金融有限公司	北京保利达工程设计有限责任公司	北京金丰环球建筑装饰有限公司	建研凯勃建设工程咨询有限公司
47	假肢矫形技术中心工程	朝阳区姚家园南路 1 号院 4 号楼	0.35	240.63	2016.2.4	2016.8.26	北京市假肢矫形技术中心	北京市京民建建筑设计所	北京北恒建筑装饰工程有限公司	中国建筑技术集团有限公司
48	达美中心 4 项装修	朝阳区青年路 7 号院 1 号楼第 20—30 层	1.7	3840.82	2016.2.29	2016.9.2	北京柏豪置业有限公司	北京港源建筑装饰设计研究院有限公司、中国中安消防安全工程有限公司	北京柏豪建筑装饰工程有限公司	北京双圆工程咨询监理有限公司
49	游泳馆抗震加固改造工程	朝阳区平乐园 100 号	0.33	1456.65	2015.8.13	2016.9.6	北京工业大学	林产工业规划设计院	北京中标建设工程有限公司	北京光华建设监理有限公司
50	文化交流中心内装修工程	朝阳区广顺南大街文化交流中心第 6、7 层	1.32	2450.09	2016.3.23	2016.9.7	紫光华山科技有限公司	北京中奥建工程设计有限公司	浙江宝业建设集团有限公司	京兴国际工程管理有限公司
51	办公室装修工程	朝阳区新源南路 8 号第 23 层	0.16	163.3	2016.6.6	2016.9.12	珠海横琴新区长实资本管理有限公司	青岛腾远设计事务所有限公司	北京中建乐孚装饰工程有限责任公司	北京中景恒基工程管理有限公司
52	凯德 MALL 外立面装修工程	朝阳区广顺北大街 33 号院 213、215 号楼	0.85	1793.22	2015.9.18	2016.9.12	北京凯德嘉茂望京房地产经营管理有限公司	北京弘高建筑装饰设计工程有限公司、中国中元国际工程有限公司	京弘高建筑装饰设计工程有限公司	京中协成建设监理有限责任公司

续表 12

序号	工程名称	工程地址	建筑面积	工程总投资	开工日期	竣工日期	建设单位	设计单位	施二单位	监理单位
53	启皓中心装修工程	朝阳区新源南路8号启皓中心(华都中心)办公楼西塔第16层9—14单元	0.15	145.8	2016.5.26	2016.9.19	贝塔斯曼管理（上海）有限公司北京分公司	北京东方科旅建筑勘察设计有限公司	京一工建筑装饰工程有限公司	无监理
54	三里屯太古里装修工程	朝阳区三里屯路11号院4号楼4层	0.09	190	2016.4.22	2016.9.23	上海史贝斯健身管理有限公司	北京侨信装饰工程有限公司	北京侨信装饰工程有限公司	无监理
55	电子城IT产业园工程	朝阳区酒仙桥路	2.82	6405.42	2016.7.1	2016.9.27	北京电子城有限责任公司	北京构易建筑设计有限公司	斯特龙装饰股份有限公司	中咨工程建设监理公司
56	实验室改造工程	朝阳区高碑店乡高碑店村1355号	0.27	545.71	2016.1.12	2016.9.27	北京市朝阳区食品药品监督管理局	中国建筑科学研究院	东兆华美建筑装饰有限公司	北京国建工程监理公司
57	美团网装修工程	朝阳区望京东路4号院恒电大厦B、C座办公楼	4.17	2288.32	2016.3.17	2016.9.29	北京三快在线科技有限公司	北京中奥建工程设计有限公司、北京金丰环球建筑装饰有限公司	北京金丰环球建筑装饰有限公司	达华工程管理（集团）有限公司
58	办公室精装修工程	朝阳区望京街8号利星行B座15层	0.1	199.84	2016.7.21	2016.10.11	戴姆勒智行（中国）租赁有限公司	北京中奥建工程设计有限公司、北京金丰环球建筑装饰有限公司	北京金丰环球建筑装饰有限公司	建研凯勃建设工程咨询有限公司
59	办公楼装修工程	朝阳区望京街8号院C座10、12层	0.39	850.33	2016.7.5	2016.10.25	梅赛德斯-奔驰汽车金融有限公司	北京保利达工程设计有限责任公司	北京金丰环球建筑装饰有限公司	建研凯勃建设工程咨询有限公司
60	北京盈科中心装修工程	朝阳区工体北路甲2号	7	4816.58	2015.10.12	2016.10.25	北京京威房地产开发有限公司	北京龙安华诚建筑设计有限公司	江苏省建筑工程集团有限公司	上海一测建设咨询有限公司
61	配套服务用房内装修工程	朝阳区东三环北路甲2号	0.18	190.81	2016.5.13	2016.10.28	北京京信大厦	北京建工建筑设计研究院	北京修一装饰工程有限公司	北京英诺威建设工程管理有限公司
62	办公室内装修工程	朝阳区新源南路8号华都中心办公楼西塔第19层	0.17	191.82	2016.6.21	2016.10.28	波士顿咨询（上海）有限公司	北京东方科旅建筑勘察设计有限公司	北京一工建筑装饰工程有限公司	无监理
63	文化交流中心装修工程	朝阳区广顺南大街A座B1、2—4层	1.84	2108.92	2016.4.22	2016.10.28	慧与(中国)有限公司	北京中奥建工程设计有限公司	北京魏智仁建筑装饰工程有限公司	北京东方华太建设监理有限公司
64	泛利大厦公共区域内装修工程	朝阳区朝外大街22号3、14层	0.07	431.03	2016.7.15	2016.11.3	北京泛利房地产开发有限公司	中国中轻国际工程有限公司	中建一局集团装饰工程有限公司	北京帕克国际工程咨询股份有限公司
65	三里屯太古里北区装修工程	朝阳区三里屯路11号院4号楼N4-40单元	0.15	399.67	2016.4.18	2016.11.4	北京三里屯北区物业管理有限公司	北京炎黄联合国际工程设计有限公司	北京亚瑞建筑工程设计有限公司	无监理

续表 12

序号	工程名称	工程地址	建筑面积	工程总投资	开工日期	竣工日期	建设单位	设计单位	施工单位	监理单位
66	垡头店内装修工程	朝阳区垡头西里 11、17 号	0.22	1149.89	2015.2.28	2016.11.7	北京京客隆商业集团股份有限公司	北京龙安华诚建筑设计有限公司	中煤建设集团工程有限公司	北京大正建设监理有限公司
67	办公室内装修工程	朝阳区建国路 89 号院 13 号	0.06	68	2016.7.18	2016.11.10	福满木春（北京）国际科贸有限公司	中国中建设计集团有限公司	北京迪克工程公司	无监理
68	办公室内装修工程	朝阳区新源南路 8 号华都中心（启皓中心）办公楼西塔 6 层 1—2、9—16 单元	0.16	188	2016.7.12	2016.11.18	三菱商事（中国）商业有限公司	北京乐孚装饰工程有限公司	北京乐孚装饰工程有限公司	无监理
69	内装修工程	朝阳区广顺南大街 8 号院利星行中心 A 座 4—6 层	0.66	459.12	2016.9.9	2016.11.23	北京粉笔未来科技有限公司	北京中奥建工程设计有限公司、鸿睿嘉讯（北京）建筑装饰工程有限公司	鸿睿嘉讯（北京）建筑装饰工程有限公司	无监理
70	三里屯太古里装修工程	朝阳区三里屯太古里北 N8 楼区	0.19	1939.8	2016.8.12	2016.12.5	北京三里屯北区物业管理有限公司	华诚博远（北京）建筑规划设计有限公司	北京亚瑞建筑工程设计有限公司	无监理
71	唐山银行办公室内装修工程	朝阳区三环中路 5 号楼第 57 层	0.17	169.95	2016.4.18	2016.12.12	唐山银行股份有限公司	北京新纪元建筑工程设计有限公司	北京金港建设股份有限公司	无监理

（八）市政工程

表 13　　　　单位：万平方米、万元

序号	工程名称	工程地址	长度（千米）	工程总投资	开工日期	竣工日期	建设单位	设计单位	施工单位	监理单位
1	电子城西区二号道路市政工程	朝阳区来广营乡	0.8	851.45	2012.12.15	2016.1.6	北京太阳宫房地产开发有限公司	北京市龙泰工程设计咨询有限公司	北京住总集团有限责任公司	北京正宏监理咨询有限公司
2	电子城西区六号道路市政工程	朝阳区电子城西区 6 号路	0.2	374.49	2010.4.1	2016.1.6	北京太阳宫房地产开发有限公司	北京市龙泰工程设计咨询有限公司	北京东方华辉市政工程集团有限公司	北京正宏监理咨询有限公司
3	电子城西区三号道路市政工程	朝阳区电子城西区 1 号路到朝阳区铁路环内侧路	0.23	251.42	2012.6.15	2016.1.12	北京中关村电子城建设有限公司	北京市龙泰工程设计咨询有限公司	北京市宏达建设工程有限责任公司	北京中外建工程管理有限公司
4	电子城西区一号道路市政工程	朝阳区电子城西区 1 号路到朝阳区铁路环内侧路	0.9	1238.92	2010.5.15	2016.1.12	北京中关村电子城建设有限公司	北京市龙泰设计咨询开发公司	北京住总集团有限责任公司	北京正宏监理咨询有限公司

续表 13

序号	工程名称	工程地址	长度（千米）	工程总投资	开工日期	竣工日期	建设单位	设计单位	施工单位	监理单位
5	五环北辅路管线工程	朝阳区来广营乡五环北辅路	0.7	286.06	2012.3.15	2016.1.12	北京中关村电子城建设有限公司	北京市龙泰工程设计咨询有限公司	北京市宏达建设工程有限责任公司	北京国金管理咨询有限公司
6	太阳宫新区D区市政工程	太阳宫乡规划四号路及北一街	0.23	684.37	2012.4.7	2016.1.13	北京太阳宫房地产开发有限公司	北京中联环工程股份有限公司	中外建华诚城市建设有限公司	北京华建项目管理有限公司
7	太阳宫新区D区市政工程	太阳宫北一街、四号路	0.84	3978.08	2015.1.13	2016.1.13	北京太阳宫房地产开发有限公司	北京华电兴成工程设计有限责任公司	中外建华诚城市建设有限公司	北京安泰华维电力工程监理有限公司
8	太阳宫大街10KV电力线路工程	朝阳区曙光路经麦子店西路、首都机场路到曙光一号路	1.1	787.38	2014.10.10	2016.1.18	北京太阳宫房地产开发有限公司	北京城建设计发展集团股份有限公司	北京场道市政工程集团有限公司	北京方达工程管理有限公司
9	东坝大街市政工程	朝阳区金盏乡	2.78	15876.84	2009.11.23	2016.1.18	北京市朝阳金盏金融服务园区管理委员会	北京市市政工程设计研究总院有限公司	北京市城建道桥建设集团有限公司	建研凯勃建设工程咨询有限公司
10	青年路热力外线工程	朝阳区平房乡青年路经青年木材厂北路、姚家园西路到朝阳区姚家园路	0.7	865.02	2015.3.20	2016.4.15	北京新安能置业有限公司	北京特泽热力工程有限责任公司	北京城乡建设集团有限责任公司	北京双圆工程咨询监理有限公司
11	姚家园西路供水管线工程	朝阳区青年路木材厂北路经朝阳区华纺西路到朝阳区姚家园路	0.7	159.63	2015.3.9	2016.4.29	北京新安能置业有限公司	北京自来水设计公司	北京城乡建设集团有限责任公司	北京双圆工程咨询监理有限公司
12	姚家园西路再生水管线工程	朝阳区青年路木材厂北路经朝阳区华纺西路到朝阳区姚家园路	0.3	35.13	2015.10.9	2016.4.29	北京新安能置业有限公司	泛华建设集团有限公司	北京城乡建设集团有限责任公司	北京双圆工程咨询监理有限公司
13	姚家园西路天然气管线工程	朝阳区姚家园西路、青年路木材厂北路	0.6	54.36	2015.5.11	2016.4.29	北京新安能置业有限公司	北京市公用工程设计监理有限公司	北京城乡建设集团有限责任公司	北京双圆工程咨询监理有限公司
14	姚家园西路市政工程	朝阳区青年路木材厂北路经朝阳区华纺西路到朝阳区姚家园路	0.46	2182.35	2015.1.24	2016.5.16	北京新安能置业有限公司	北京中环世纪工程设计有限公司、泛华建设集团有限公司	北京城乡建设集团有限责任公司	北京双圆工程咨询监理有限公司

续表 13

序号	工程名称	工程地址	长度（千米）	工程总投资	开工日期	竣工日期	建设单位	设计单位	施工单位	监理单位
15	酒仙桥路热力管线工程	朝阳区酒仙桥路经将台路到机场南侧一路	0.23	610.32	2014.10.10	2016.6.22	北京正东电子动力集团有限公司	中国航空规划设计研究总院有限公司	中恒建设集团有限公司	北京四方工程建设监理有限责任公司
16	再生水管线工程	朝阳区松榆南路经南新园东路到西燕东街	0.45	149.36	2015.4.1	2016.7.25	北京大洋房地产开发有限公司	北京自来水设计公司	北京市通盛达市政公用工程有限公司	无监理
17	东郊农场保障房供电管线工程	朝阳区香江北路经望京北扩路到望京北扩路	0.1	379.48	2015.7.3	2016.8.12	北京东方瑞平房地产开发有限公司	北京万弘佳景电力工程设计有限公司	北京天润鸿业电气安装工程有限公司	北京吉盛安电力工程咨询有限公司
18	东坝中路排水工程	朝阳区东坝南三街到朝阳区坝河	1.77	8652.79	2011.6.20	2016.8.22	北京丽富房地产开发有限公司	泛华建设集团有限公司	北辰正方建设集团有限公司	北京东方华太建设监理有限公司
19	人行天桥工程	朝阳区金盏乡长店北路	0.2	8652.79	2013.11.15	2016.10.26	北京市绿化隔离地区基础设施开发建设有限公司	长春市市政工程设计研究院	北京城乡建设集团有限责任公司	北京致远工程建设监理有限责任公司
20	酒仙桥路地下通道工程	朝阳区酒仙桥路	0.2	2318.28	2014.11.13	2016.11.24	北京电子城有限责任公司	北京市政专业设计院股份公司	北京政华建业建设投资有限公司	北京京龙工程项目管理公司

宝嘉恒基础设施投资有限公司

【概况】 北京宝嘉恒基础设施投资有限公司隶属于朝阳区国资委，企业性质为国有一人有限公司，注册资金119966万元。公司设6部一室，包括前期计划部、拆迁部、工程部、财务部、审计部、开发经营部、办公室。在职职工51人，其中正处级干部3人，副处级干部3人，中层干部10人，职工35人。宝嘉恒公司作为朝阳区基础设施建设核心企业，主要负责朝阳区域内主次干路的拆迁建设任务，同时，利用企业道路建设的优势和朝阳区加大功能区建设发展趋势，对道路两侧的土地资源进行开发及建设。年内，完成广渠路二期、东坝南二街东段等4条主干路的道路拆迁工作。完成白鹿司路、东高路、定福庄西路北段等7条道路施工工作。完成管庄西路、郭家庄路等6条道路规划方案。完成孙河组团等20条道路可研方案。完成孙河组团、电子城北扩区规划三路等6条道路可研批复。完成向区市政市容委移交43条道路管理养护。全年净利润3518万元，同比增长56%；上缴税金2080万元。2016年，被朝阳区委员会授予“先进基层党组织”称号。

地址：小亮马桥东方东路6号

邮编：100027

电话：84551546

网址：http://www.bjh.com.cn

（郝　晶）

【续拆主干路】 年内，完成广渠路二期、东坝南二街东段、辛店村路、龙爪树路南段4条主干路的道路拆迁工作。完成化工路的拆迁入户调查、评估工作。完成化二东侧路集体土地上住宅、非住宅及23户公房住户拆迁工作。

（郝　晶）

【续建次干路】 年内，实现白鹿司路、东高路、定福庄西路北段及高安屯六号路、高安屯七号路、高安屯八号路6条道路完工通车。完成广顺北大街二期雨水泵站施工。

（郝　晶）

【新建道路】 年内，实现煤炭机械厂西路、青年木材厂北路、第一棉纺厂一街、朝科开发区一号路、平房新村北街5条道路完工通车。

（郝　晶））

【前期研究道路】 年内，取得管庄西路、郭家庄路、陈家营东路、高杨树西路、高杨树中街以及钢窗厂南街6条道路规划方案。完成孙河组团、电子城北扩区规划三路以及来广营东路等20条道路可研方案编制。取得孙河组团一号路、孙河北路、孙河西路、温西路、电子城北扩区规划三路以及来广营东路6条道路可研批复。

（郝　晶）

【道路移交】 年内，向区市政市容委完成熏皮厂路、工体西路等43条道路管理养护移交工作。

（郝　晶）

昆泰房地产开发集团有限公司

【概况】 北京昆泰房地产开发集团有限公司成立于1992年，注册资金3亿元，是由朝阳区国资委监管的国有独资公司。

集团有直接或间接控股企业为13家，参股公司1家，集团分公司2家，控股公司分公司4家。开发项目和所属物业超过20个，资产总额超过100亿元。开发建成昆泰嘉瑞中心、昆泰国际中心、昆泰大厦、昆泰商城、丰联广场、泛利大厦、联合大厦、三亚昆泰酒店、青城山昆泰山庄等近百万平方米的大型公建项目，拥有昆泰酒店、昆泰嘉华酒店和昆泰嘉禾酒店3家自营高端酒店，雅秀购物中心、静安庄综合市场、昆泰慈云市场等多家专业化市场和商业设施，发展成为横跨房地产开发建设、酒店管理、商业运营管理等多领域的综合性企业。全年收入10.91亿元，同比增长50.7 %，利润1.156亿元，同比增长0.40%；上缴税金1.26亿元。

地址：朝外大街10号昆泰大厦

邮编：100020

电话：65995801

网址：http://www.bjkuntaigroup.com

（朱文卿）

【会议承办】 3月3日至14日，昆泰集团昆泰酒店完成全国政协十二届四次会议接待任务，接待5个界别、10个小组319名政协委员；10月10日至14日，北京昆泰嘉华酒店完成柬埔寨王国副首相兼国防大臣迪班将军及随行30余人接待任务。

（朱文卿）

【关东店综合楼项目】 3月15日，昆泰集团关东店综合楼项目按时完成规划验收，取得行政许可文件；4月7日提前取得竣工备案验收表；4月30日正式完成与中国电气进出口有限公司交接验收手续。

（朱文卿）

【安全生产演练】 5月下旬，昆泰集团慈云市场组织消防演习。模拟市场发生火情后，管理人员和租户按火灾应急协作机制进行报警、扑救和疏散；6月8日，由区委常委、常务副区长甘靖中带队，区国资委、区商务委、区安监局、区社会办、区质监局、区食品药品监督管理局、朝阳公安消防支队、公安朝阳分局、区城管执法局、左家庄街道办事处等联合工作组检查安全情况；8月11日，昆泰慈云市场开展电梯困人事故处理的安全演练。

（朱文卿）

【献爱心活动】 6月20日至24日，昆泰集团党委组织开展献爱心捐款活动。796人参加捐款活动，收到善款15984元。

（朱文卿）

【湖光壹号项目】 9月11日，湖光壹号项目正式取得销售许可证，项目进入销售阶段。该项目由昆泰集团负责开发建设，是北京市第一例一次性招标出让的棚户区改造项目。

（朱文卿）

【昆泰嘉瑞中心项目】 11月2日，昆泰嘉瑞中心项目1号公寓楼和2号写字楼经北京市工程质量管理协会评审，获北京市建筑（结构）长城杯金质奖。11月18日正式启动与阿里巴巴集团1号写字楼验收移交工作。

（朱文卿）

华阳经济开发公司

【概况】 北京华阳经济开发公司是区政府投资的国有企业，主要职能为扶持区集体经济发展和新技术开发，会同其他省市的兄弟公司开展经济联合、对外根据国务院和市有关部门的规定开展活动。有2家下属企业，分别是华阳安派能源科技（北京）有限公司和北京市朝阳华阳饭店服务公司。有北京京广中心有限公司和北京华阳房地产发展有限责任公司2家参股企业。公司有职工15人，公司下设办公室、经营部、财务部三个职能部门。设党总支，有党员12人。全年净利润377.27万元，同比增长负7.1 %；上缴税金259.56 万元。

地址：呼家楼京广商务楼3号楼B座

邮编：100020

电话：65978762

网址：http://www.tianyancha.com

（杨　静）

【领导调研】 6月29日，区委常委马继业副区长及区国资委领导到公司调研，听取公司近几年发展状况及企业在经营中存在问题汇报。

（杨　静）

【取得能源审计中介机构资格】 年内，华阳公司下属企业华阳安派能源公司取得2016年朝阳区能源审计中介机构资格。5名员工获能源审计师和能源管理师证书。

（杨　静）

【华阳饭服逐步转型】 年内，华阳公司下属企业华阳饭店服务公司分别在海淀区、丰台区备案登记，与丰台地税局签订物业管理合同。饭店服务公司尝试开拓新业务领域，与北京华众星联文化传媒投资有限公司签订合作协议，探索企业向文化产业模式转型。

（杨　静）

朝阳城市建设综合开发公司

【概况】 北京市朝阳城市建设综合开发公司是朝阳区属国有房地产开发企业，设11个职能部门及6个项目部。有在职员工57人，其中在岗职工46人；专业技术人员32人，其中具有中高级职称专业技术人员19人。年内，资产总额121亿元，净资产5.57亿元，完成经营收入1.92亿元，实现利润总额3442.9万元，上缴税金2957万元。公司旗下有东坝基础设施开发建设有限公司、北京电控阳光房地产开发有限公司、北京永辉鸿景房地产开发有限公司。承担朝阳区东坝、七棵树、酒仙桥、奶西村等重要项目建设工作。公司档案室获"北京市朝阳区档案规范化管理示范档案室"荣誉称号。

地址：东三环北路辛2号迪阳大厦15层

邮编：100027

电话：84536699

传真：84537751

网址：http://hkjum776375.51sole.com

（耿　宁）

【物业管理】 3月，完成所属六里屯、南小营小区两个锅炉房设施改造，实现与市政热网并网。年内实施物业维修工程5项，投入92万元；办理完成64户城镇居民房改售房工作，收房款33万元。

（耿　宁）

【项目收购】 8月，朝开公司通过股权收购方式取得北京永辉鸿景房地产开发有限公司95%股权，作为实施主体正式操盘崔各庄乡奶西村城乡接合部环境整治项目。

（耿　宁）

【奶西村棚户区改造】 11月1日，举行崔各庄乡奶西村棚户区改造项目启动仪式。该项目是朝阳区第一例集体土地棚户区改造项目，总用地面积约217.87公顷，涉及宅基地约51.90公顷，建筑规模约80万平方米（含自建房）；非住宅用地约93.77公顷，集体企业建筑规模约76万平方米，涉及户籍人口1109户，2722人，搬迁企业146家，项目总投资费用约153亿。12月1日，崔各庄乡奶西村棚户区改造项目启动预签协议工作。12月21日，崔各庄乡奶西村棚户区改造项目正式启动住宅拆除工作。

（耿　宁）

【安全管理】 年内，组织开展安全培训5次、安全演练活动1次、安全生产综合检查15次，发现各类安全隐患360余项，下发整改通知76份，整改率98%。

（耿　宁）

朝阳区建筑工程公司

【概况】 朝阳区建筑工程公司是朝阳区直属国有建筑企业，注册资金7000万元。公司具有房屋建筑工程施工总承包贰级、房地产开发肆级、装饰贰级、市政叁级资质。经营范围包括房地产开发、工业与民用建筑、机械施工、装修装饰、市政公用、物业管理。公司在岗职工146人，待岗人员16人，内退人员26人，返聘人员12人。工程技术人员53人。在职专业技术人员78人，其中高级职称6人、中级职称16人、初级职称56人。年内，企业资产总额33611.73万元，企业净资产3273.97万元。营业收入15562.82万元，其他业务收入184.32万元，累计亏损1241.55万元。实现纳税额556.34万元，管理费用支出2184.39万元。建筑主业完成工程产值约1.055亿元，开发公司企业资产总额6780.44万元，负债总额11449.69万元，所有者权益-4669.25万元，纳税总额128.78万元。三产经营部实现房屋租赁收入约184.32万元，平谷物业管理收入约14.68万元，平谷物业租赁收入17.13万元，水电费收支保持平衡。

地址：花家地金兴路6号楼

邮编：100102

电话：64744601

网址：www.bjcj.com.cn

（朱美英）

【领导调研】 10月11日，区委常委、副区长马继业到朝建公司调研指导。区国资委党委书记刘勇、副主任高孟龙、副主任张浩楠、办公室主任秦敬涛随同调研。听取朝建公司领导班子关于公司概况、主要项目进展、企业面临问题以及党委工作等情况的汇报。

（朱美英）

【慰问职工】 年内，慰问职工195人次，金额6.68万元。3月8日，为60名女工发放慰问金及慰问品，金额1.1万元；住院保险201人，费用11256元。为8名职工办理“住院保险”赔付，金额13827.25元。

（朱美英）

【安全教育与专项检查】 年内，对基层项目部开展“安全生产月”及季节性安全施工活动。定期和不定期对所有在施、待施、停工现场进行安全检查，隐患整改率100%。

（朱美英）

【经营核算】 年内，与相关建设公司签订建设工程施工合同51份，合同总额约为9430万元。

（朱美英）

【业务培训】 年内，开展安全员继续教育，注册造价师继续教育，新员工入职培训、安全员上岗培训、质检员培训、造价员培训、工长上岗证，二级建造师培训。培训159人次。

（朱美英）

【法律维权】 年内，审核各类经济合同25份，书写法律文书50余份。

（朱美英）

【房地产开发】 年内，开发公司企业资产总额6780.44万元，负债总额11449.69万元，所有者权益-4669.25万元，纳税总额128.78万元。

（朱美英）

【物业管理收入】 年内，平谷物业管理收入约14.68万元，平谷物业租赁收入17.13万元，水电费收支保持平衡。

（朱美英）

田华建筑集团公司

【概况】 田华建筑集团公司是国家壹级资质建筑施工企业，履行对朝阳区农口建筑业管理、服务的协调职能。内设工程技术部、质量标准化办公室、安全部、经营部、财务部、培训部、宣传部、行政人事办公室、总务部、党办，在职人员73人。年内，完成产值30亿元，实现开复工面积394万平方米。新开工程8项46万平方米，全年竣工面积为22万平方米。制定集团《增值税实施管理办法》《田华集团关于进一步完善招投标及施工合同手续的实施办法》《电子化招投标房建投标工作手册》。获北京市“长城杯”奖10项、12项工程获评“北京绿色安全工地”、5项QC成果获北京市工程建设质量管理小组优秀奖。

地址：金台里乙25号楼

邮编：100026

电话：85994451

网址：http://www.b2b168.com

（吴　国）

【安全生产月活动】 6月7日，召开安全生产月启动仪式。部署安全、劳务联合检查工作，发放安全生产宣传品。组织安全生产标准化培训讲座，学习宣传安全生产法律、法规，开展应急演练。开展联合检查，排查安全隐患，检查在建工程13个，面积约150平方米。

（吴　国）

【安全生产许可证延期】 11月17日，受北京市住建委委托的第三方机构对集团开展安全生产标准化企业考评现场复核。按照安全生产管理、安全技术管理、设备和设施管理、企业市场行为、施工现场安全管理等检查集团相关制度及检查整改情况。考核田华七公司首开和龙湖学校的两个在施工程，从安全管理、生活区管理、绿色施工、脚手架、模板、安全防护、临时用电、起重机、机械安全、消防保卫10个方面考核施工现场和安全工作，考核为“优良”，确保集团安全生产许可证延期。

（吴　国）

【质量年活动】 年内，制定《项目管理办法》和《工程质量管理工作实施方案》，成立“项目管理督察小组”，服务、指导、监督、检查各分公司项目管理工作。举办“保障房质量管理工作专题”“北京市建设工程质量条例”培训。组织“将台工程观摩”。检查保障房项目，涉及集团下属10个分公司和20个在施项目，建筑面积211万平方米，其中保障性住房160余万平方米。

（吴　国）

【“质量年”活动成效】 年内，12项工程申报结构长城杯和市级文明工地，12项工程申报结构朝阳杯，总申报建筑面积达128万平方米；申报竣工长城杯4项，31万平方米。10项工程通过结构长城杯专家现场的抽查评审，10项工程通过结构朝阳杯的专家检查，2项工程通过竣工长城杯专家组现场检查。5项工程获北京市优秀QC小组：分别为田华五公司周庄三期农民回迁房项目小组；田华五公司房山区窦店田家园项目小组（2个）；田华四公司泛海项目小组；田华四公司第十一项目部小组。

（吴　国）

【质量标准化审核】 年内，开展集团质量标准化内审，覆盖面积近300万平方米。传达集团质量年的相关精神，要求做到7个到位（组织机构到位、管理人员到位、职责到位、制度到位、文件到位、记录到位、应急准备和相应的设施到位）。方圆认证集团审核通过集团各部室及小红门新村二期F区项目。

（吴　国）

房屋管理

【概况】　朝阳区房屋管理局挂北京市朝阳区人民政府住房保障、改革办公室和北京市朝阳区人民政府征收办公室两块牌子。贯彻执行国家及北京市有关房屋管理、住房保障、住房制度改革、房屋征收的法律法规和政策，负责全区房屋市场管理工作，承担全区房地产经纪活动监督管理的责任等。内设14个行政科室，3个工资规范管理单位，10个全额拨款事业单位，9个差额拨款事业单位，4个自收自支事业单位及1个企业单位。年内，区房管局以市区重点工作为核心，统筹协调，做好民生服务保障工作。推动城市建设发展，永安里旧城区改建项目预签约率达到86.2%，已达协议生效比例；亮马J地块、小关北里公交场站、金桐西路、中直安惠职工住宅、京沈客专星火枢纽站等项目纳入征收。推进酒仙桥旧城区改建项目他保障性住房配租配售工作，完成限价房项目8个、经适房项目选房2个，惠及家庭6600余户；分配公租房5000余套（含市投项目），实现市场租房补贴全市范围发放。完成普通地下室清理整治7000人的疏解任务指标、公房散租住人人防工程的清理整治任务。整治“群租房”违法行为。排查和化解地下空间安全隐患、小区物业矛盾纠纷。民生实事中，推进“共商共治”工作，完成潘家园、八里庄街道41幢楼房屋面瓦平改坡更新工程，信报箱更新补建、直管公房抗震加固、城镇房屋防汛、公房供暖等工作。制发《朝阳区人才租赁住房管理暂行办法》。

地址：三里屯南56号

邮编：100027

电话：64186161

网址：http://fgj.bjchy.gov.cn

邮箱：fgj64186060@126.com

（赵广辉）

【房产实测绘审核】　3月1日起，原由市住建委承担的房产实测绘成果审核（含变更审核）及相应的实预测数据对应审核工作下放至各区房管局。年内，受理全区房产测绘成果审核业务141件，楼栋538个，建筑面积724万平方米。

（赵广辉　董　薇）

【房屋征收审核管理】　3月2日，亮马J地块项目、小关北里公交场站工程经区政府确认纳入征收；4月28日，金桐西路项目经区政府确认纳入征收；8月26日，中直安惠职工住宅项目经区政府确认纳入征收；11月7日，京沈客专星火站枢纽站项目经区政府确认纳入征收；5月18日，永安里旧城区改建项目举行听证会，10月26日，预签补偿协议工作正式启动，年内，签约812户，签约比例86.2%，达到协议生效比例。

（赵广辉　侯立明）

【房屋供暖】　3月15日，完成2015—2016年采暖季供暖工作历时130天。冬供燃气消耗3224.27万立方米，燃气费8383.11万元，总耗水量9.55万吨，水费77.81万元，总耗电量1160.64万千瓦小时，电费893.69万元，总耗能（水电气）共计9354.61万元；完成供暖抢险任务2次，分别为朝阳区胜古北里及朝阳区吕营嘉园，出动抢险人员22人次，夏季防汛应急抢险队自5月1日至9月15日备勤8次，进行过一次防汛演习。

（赵广辉　高满顺）

【存量房屋交易管理】　5月27日，区房屋交易管理事务中心正式组建。6月1日，全市开始推行存量房房源核验，截至12月31日，交易中心完成52576件房源核验申请。12月15日，全市推行存量房交易资金监管，截至12月31日，区资金监管业务共办理2236笔，涉及资金约30.55亿人民币。

（赵广辉　董　薇）

【城镇房屋防汛】　6月1日至9月15日，出动在岗人数10380人次，雨后检查平房7100间次、楼房9510幢次，房屋漏雨156幢（间），抢修补苫59处，抢修疏通排查16处29间，报修635处。

（赵广辉　佟　岩）

【机关事业单位职工住房补贴工作】　6月2日，召开朝阳区住房补贴工作培训会。布置2016年度朝阳区机关事业单位职工住房补贴统计及资金发放工作。培训住房补贴相关政策，涉及全区115家一级财政预算单位，住房补贴发放由每年统计1次转变为每季度或每月统计1次。

（赵广辉　阴世红）

【保障性住房配租配售】　年内，全区取得公共租赁住房资格备案2768户，组织2批次保障性住房摇号及配租配售，配租配售11371户。其中，配售经济适用住房2775户，配售限价商品住房3867户，配租公共租赁住房4729户。

（赵广辉　杨莉莉）

【市场化租房补贴发放】　年内，在全市范围率先实现市场租房补贴发放工作。发放补贴6878户次，发放金额984.49万元。

（赵广辉　杨莉莉）

【分钟寺征收项目补偿决定】　年内，分钟寺桥西北侧地区回迁安置房项目涉及被征收户964户。2014年10月30日，区政府下达征收补偿决定（朝政房征字〔2014〕3号），规定签约期限为2014年11月5日至12月31日，后延续至2015年2月15日。签约期结束后，启动该项目的征收补偿决定。截至2016年年底，共进行征收补偿决定谈话53户，出具补偿决定22户，出具催告书18份，该项目滞留343户，涉及建筑面积22573.24平方米。该项目个别被征收人将补偿决定起诉至北京市第四中级人民法院及北京市高级人民法院，各级法院均判决维持区政府作出的补偿决定。

（赵广辉　纪　冰）

【政府信息公开】　年内，政府信息主动公开461条，全文电子化率100%。主要涉及房屋征收、保障性住房摇号、选房、执法结果公示等。政府信息依申请公开接待申请人千余人次，受理并答复政府信息公开申请664条，主要涉及物业管理、住宅专项维修资金审批、房屋拆迁、征收、直管公房管理等。

（赵广辉　徐　辉）

【信访维稳】　年内，接待群众来访1702

批次2965人次。办理信件768件。

（赵广辉　李肖红）

【房地产经纪机构监管】 年内，巡查经纪机构1500家，公示信用不良机构347家，公示被注销机构备案33家，取消网签资格15家，受理经纪机构投诉1872件，挽回经济损失486万元。

（赵广辉　高　博）

【朝阳品牌物业建设】 年内，全区开展朝阳“品牌物业”建设工作。制发朝阳区“品牌物业”AAAAA级项目评价标准及《朝阳区物业管理住宅基础服务标准（试行）》，完成区80余个物业项目的业主满意度调查工作。

（赵广辉　蔡　铭）

【住宅专项维修资金审核】 年内，审核住宅专项维修资金使用项目919件，涉及总建筑面积1293.38万平方米，解决10.4万余户业主居住小区共用设施设备维修问题。

（赵广辉　蔡　铭）

【物业管理行业监管】 年内，新增及变更备案256个项目进行物业服务合同；完成物业服务企业资质新增资质审核36家，资质升级审核14家，变更审核49家；接待并处理信访投诉5259件；对353个物业项目开展了服务检查。

（赵广辉　蔡　铭）

【信报箱更新补建】 年内，完成左家庄、东湖、六里屯、亚运村等7个街道3万余户信报箱更新补建工作。

（赵广辉　蔡　铭）

【新成立业主大会及业委会】 年内，成立业主大会211个、业主委员会211个。

（赵广辉　蔡　铭）

【城镇房屋安全检查】 年内，出动查房小组1411个4233名工作人员，检查城镇房屋及设备的安全，实查房屋14816.16万平方米，其中完好88.09%、基本完好11.09%、一般破损0.7%、严重破损0.09%。实查电梯21322部，其中完好91.39%、一般6.42%、较差2.19%。实查二次供水设备10072台，其中完好93.78%，一般5.22%、较差0.99%。实查避雷设备38250个，其中完好97.25%、一般2.21%、较差0.54%。排查出城镇房屋严重积水区域100处。

（赵广辉　佟　岩）

【普通地下室安全管理】 年内，检查普通地下室5451处，出动人15451人次，督促产权单位（管理单位）限期整改912件，隐患现场整改676件。约谈拒不改正的产权单位（管理单位）59家，处罚4起，罚金5.1万元。开展普通地下室人口调控，清理普通地下室 326处，清空房间12312间，清理面积 211453.6平方米，清退居住人员17294人，完成人口调控任务。

（赵广辉　佟　岩）

【危险房屋监管】 年内，与属地办事处联合印发《危房解危告知书》39份、《督促鉴定通知书》24份，涉及房屋67处。其中，9处危房解危，解危面积 4.7万平方米。

（赵广辉　佟　岩）

【非居住房屋租赁合同备案】 年内，办理非居住房屋租赁合同备案174件。

（赵广辉　佟　岩）

【行政复议诉讼】 年内，收办行政复议、诉讼案件共128件（局内各业务科室案件90件、各基层单位案件38件），其中行政复议案件20件、诉讼案件108件（行政诉讼案件70件、民事诉讼案件38件）。

（赵广辉　魏　嘉）

【职工住房补贴统计】 年内，完成区机关事业单位职工住房补贴统计工作。需资金70927.5045万元，涉及职工38171人。

（赵广辉　阴世红）

【专项维修资金审核】 年内，已售公房专项维修基金审核1283.2735万元，涉及36家单位；已售公房提取房改售房款审核2105.7118万元，涉及3家单位。

（赵广辉　阴世红）

【房改售房】 年内，核准受理房改单位217家，办理房改售房4768套33.25万平方米。

（赵广辉　阴世红）

【存量房网签管理】 年内，完成全区自行成交存量房网签4480笔，注销网签信息4296笔，购房资格核验5950笔。

（赵广辉　董　薇）

【直管公房房屋及设备修缮】 年内，完成18幢31024.84平方米楼房防水，13幢82745.4平方米上下水更新，34幢1543.99平方米楼房屋面补漏，97处厨房、厕所及地下室渗漏维修。完成房屋、设备养护维修63443户次。完成高层电梯更新25部，改造3部。水泵大修6处，楼内高压上水管大修2处，更换泵房控制柜8处。

（赵广辉　崔芳静）

【平改坡楼房屋面瓦更新工程】 年内，完成潘家园、八里庄、朝外、团结湖、六里屯、左家庄、亚运村、香河园、首都机场9个街道涉及产权不清或产权单位破产倒闭无力履行维修责任41幢平改坡楼房屋面瓦更新工程。

（赵广辉　崔芳静）

【直管公房管理】 年内，直管公房租金收缴率94.13%，实现房屋管理电子化、系统化管理；建立地下空间清理整治台账，推进国有资产出租规范整改，达成整改意向53处，整改完毕13处；收取永安里旧城区改建征收项目房改售房618件，完成售房581件，办理变更承租人71件；制定基层单位职工住房补贴工作实施方案。

（赵广辉　张　烨）

【房屋行政执法】 年内，完成房屋行政执法检查1165次，出动3502人次，下发责令改正通知书29份，立案167起，处罚136起，结案14起。查办的案件无行政复议、行政诉讼。

（赵广辉　王璐瑛）

【房屋测绘】 年内，完成商品房实测项目31个179万平方米。完成商品房预测项目19个166万平方米；完成大产权实测项目17个87万平方米。

（赵广辉　郑卫强）

【房屋鉴定】 年内，完成安全鉴定421项，其中社会公益类项目23项，突发事故类应急鉴定5项，总鉴定建筑面积186万平方米。

（赵广辉　高磊川）

【档案管理】 年内，完成档案专项核查工作，审核人事档案198本；接收文书档案1055件，接待文书档案查询107人次；接收人事档案1681份，接待人事档案查询1167 件次；提供211张照片支持制作“纪念中国共产党成立95周年”系列展板。

（赵广辉）

公 用 事 业

供 电

【概况】 国网北京市电力公司朝阳供电公司是国网北京市电力公司的直属供电企业，担负朝阳区工农业生产、政府部门、各大商户及居民生活供用电任务，供电区域470.8平方公里。负责辖区内110千伏及以下电网建设、调度、运行、10千伏及以下电网检修维护、应急抢修和营销服务工作，担负北京市内约占2/3星级饭店、外交驻华使馆区、奥运中心区、中央商务区、大型商业区、工业、农业、涉外企业及居民生活等电力供应，保证地区安全可靠供电和政治供电任务。公司设置11个职能部门、3个业务支撑与实施机构，下设33个班组、6个供电营业所、4个农村供电所。有长期员工442人，研究生及以上学历61人，本科学历194人；高级职称45人，中级职称99人；技师及以上职业资格298人，高级工86人，中级工17人。售电量169.81亿千瓦小时，同比增长6.03%，城网供电可靠率99.9810%，农网供电可靠率99.9716%，电压合格率100%;最大负荷376.8万千瓦。管辖10千伏开闭站246座，小区配电室1802座，箱式变电站795座，配电变压器4983台。10千伏架空线路304条，线路总长度1869千米。10千伏电缆3885条，总长6461千米。实现全年安全生产无事故目标，安全生产长周期2865天。公司获中国电力安全生产标准化一级电网企业、朝阳区群众性精神文明创建工作规范化建设文明单位、北京市质量管理小组活动优秀企业等荣誉称号。张宁获北京公司劳动模范。王小宁获年度“国企楷模·北京榜样”优秀人物、北京市十佳企业志愿者等荣誉。东区供电所、建设部项目组、营销部客户服务二室获国网公司先进班组；“博古QC”小组获全国QC成果发布会一等奖。国网公司“青年创新创意大赛”铜奖、团中央“中国青年志愿服务项目大赛”全国金奖。

地址：百子湾西里300号
邮编：100124
电话：63232270
邮箱：bjcygdbgs@126.com

（欧阳昕倩）

【电网规划】 年内，与区政府对接，紧密围绕“十三五”地区产业结构变化，编写《朝阳区产业疏解调整对电网规划的影响分析》研究报告。把握“煤改电”契机，配套5座变电站纳入主网规划并完成全部前期手续，落实东南部电网供电能力提升。促请政府将相关审批纳入绿色通道，实现变电站建设“零前期”；全年完成213项主配网前期手续与立项核准。推进“七结合”（“网格化”配电网规划与电网隐患排查相结合；与现状电网改造相结合，与重要用户和中、高考保电，供暖、防汛等特定用户外电源整治相结合；志老旧小区改造相结合；与临时代永久用电小区改造相结合；与业扩报装工程所涉及的配电网改造和建设紧密结合）配网诊断分析，推动生产、营销、基建的资源整合与专业协同，形成51项新的工程改造方案，达到227项结合点，支撑建设坚强配网能力。

（欧阳昕倩）

【电网建设】 年内，续建基建工程16项。金石110千伏、高安屯送出等输变电工程竣工投产；完成西咸药支迁改、阳福线下环境治理等重点任务；郎辛庄、大羊坊、东郊农场等8项110千伏输变电工程按期开工。方家村110千伏变电站获国网公司创优示范工程；金盏110千伏变电站代表北京公司迎接国网公司创优检查，获好评。统筹施工力量与停电计划，完成95条10千伏线路标准化改造工程，462条电缆线路改造工程，安装各类自动化终端1238套。配网自动化覆盖率由年初16%提高到62%，四环内实现100%覆盖，并全部接入主站。升级81个“煤改电”涉及社区、农村配电网，低压配网健康安全运行。

（欧阳昕倩）

【安全生产】 年内，完善安全积分和负面清单制度，做好施工企业、人员安全双准入管理。开展“三查三强化”与“百日安全专项行动”等工作，分层级检查现场539次。滚动开展电网薄弱环节分析，全年完成82项高风险检修工作。创新探索0.4千伏调度管理模式，将方式单、联络票贯穿全部业务流程，实现配网设备调度范围全覆盖。采用状态检测、差异化运维等措施，抓故障管控，配网故障率同比下降54%。开展高压客户隐患综合整治工作，全年高户引起的永久故障同比降低37%。提升地区供电质量，实现台区采集覆盖率100%；整治异常台区410台。开展电网运行环境隐患综合治理，主动与区发改委、区安监局、相关街乡对接，古塔公园等输电线下隐患得到有效管控。

（欧阳昕倩）

【重大活动供电与应急保障】 年内，分析梳理3个专业47条政治供电保障经验，完成全国“两会”、全球能源互联网大会等重大活动供电保障任务。完成政治供电任务54项，其中特级保障任务1项，一级保障任务25项，二级保障任务6项，三级保障任务22项；保障天数171天，4104小时；出动保障人员4022人次、702车次，实现零闪动、零差错、零投诉的目标。

（欧阳昕倩）

【运维检修】 年内，在输电通道运维方面，新增环境隐患111条，录入输电平台存档，制止大型机械作业22处，治理环境隐患39处。结合春检、秋检工作，在配电专业方面，开闭站4732站次，配电室7322站次，箱变1355站次，完成5114站次站室夜巡夜测工作。完成29座开闭站58段母线清扫试验、保护传动工作，排查发现并处理缺陷40项。完成1165站次10180件超声波、地电波检测工作，执行操作任务4211个，操作步骤44872步，执行第一种工作票311张。在电缆专业方面，开展电缆OWTS试验156路次，刀闸室负荷开关超声波、地电波试验2080面次，发现电缆和负荷开关隐患11次，及时处理；发现外力施工工地隐患42起，采取相关安全措施；全年电缆路径装加反外力标示牌203块、电缆地贴2215块、警示立柱130个；补装刀闸室模拟图板28块、墙牌56块；处理电缆线路缺陷142起，其中危机缺陷15起，一般缺陷127起；处理电缆通道缺陷215起，其中井盖丢失38起，管内积水116起；与路政部门协同配合，按计划治理病害电力井盖321个。在线路专业方面，处缺438项，组织开展去树49800余处，清除鸟窝1800

余处，通过带电作业处缺269处。开展延伸巡视，梳理统计用户内部存在缺陷隐患41余处，路灯内部存在缺陷隐患6处，及时告知用户，避免停电风险。全年治理异常台区410台（重过载198台，低电压156台，三相不平衡56台）。制定9项措施，严控配网故障发生率，运检、调度及营销人员通力协作、强化目标管理，配网故障大幅下降，完成北京公司年初下达故障率下降30%、年化故障率3.12目标任务。煤改电线路改造94条，其中新发线路18条，涉及煤改电接入台区555台，其中新发台区277台。组织开展架空线路高低压营配运维抢修一体化建设工作。制定《朝阳供电公司架空线路高低压营配运维抢修一体化建设实施计划》，确定公司建立12个配电运行抢修班组，工区与班组实现同质化管理。

（欧阳昕倩）

【配电网建设改造】 年内，结合朝阳区重点区域功能定位和远景目标，分析和评估现状电网存在问题，按照“网格化”配网规划原则，优化配网结构，改造和更换配网重过载变压器、老旧线路，加强施工工艺管理，应用免维护、少维护先进设备，提升互倒互带能力、配网装备和设备健康水平。3次组织各运维单位集中对煤改电、配电自动化建设和政治供电可靠性提升等开展配电网建设改造方案编制，梳理方案486项。全年完成110条架空线路的标准化改造工程，实现“多分段、多联络”，网架结构优化的目标；完成324座配电站室482条电缆线路的自动化改造工作，实现朝阳地区四环内地区10千伏配电线路自动化100%全覆盖，朝阳全区自动化覆盖率62%的目标；完成650台支线柱上断路器的加装工作，缩小配网故障影响的范围；完成420台柱上高损变更换工作，为线损的降低提供了有力保障；完成45对电缆线路网架结构优化及用户外电源改造工程，实现110千伏变电站全停不损失用户负荷；完成5项度夏工程，确保度夏期间不发生线路重过载情况发生。

（欧阳昕倩）

【营销服务】 年内，坚持“多倾听、勇担当”，狠抓服务质量管控，分级启动“投诉预警”。面向大型写字楼群、媒体、酒店、使馆等高端优质客户，创新开展全流程3D立体服务。承接北京公司“互联网+电力营销”高压客户平台建设工作，大客户APP绑定客户5233户，覆盖率68.7%。重点监控欠费用户，回收率实现100%。坚持“营销服务客户，各专业服务营销”工作理念。推进“五新”（贴心、专心、安心、舒心、爱心）服务，建立需求送电项目计划总账，推出“5+2”（5个工作日，2个周计划工作标准）限时标准，提高接电效率。完成34.51万户的掌上电力及微信推广工作。开展用电客户信息采集建设工程，安装智能表3.8万具，配电台区光纤对接改造2606个，采集抄通率99.51%。推进充换电网络建设，建成4座充电站、625台公共充电桩。

（欧阳昕倩）

【“煤改电”工程】 年内，开展朝阳地区“煤改电”工程建设，涉及9个乡24个村18个街道64个社区及40处国有宿舍，2.13万户居民改造任务。与区委、区政府相关部门合作，并借助朝阳区无煤化办公室实现“无缝化”对接。在确村确户、立项核准，施工占地协调、政策宣传及电费补贴等方面依托政府力量，推进各项工作。推行“一天反馈，三天行函，七天解决”协作洽商机制，遇到重大问题，当日联合相关委办局及乡镇、街道“煤改电”负责人到施工现场“面对面”协调。完成改造任务。

（欧阳昕倩）

【经营管理】 年内，常态化推进各项管理工作，做到日常工作动态纠偏。“周调研”119次，收集问题400个，并予以解决或答复。“每周一查”工作157次，将“经常抓、长期抓”的要求落到实处。坚持信息畅通与工作协同，推行线下“面对面”沟通交流与线上微信群信息直达，“协同讲堂”开展45期，中层干部开展“面对面”协同544次，建立重点工作微信群30余个。强化依法治企，完成3项自主审计，涉及工程项目291项，促进公司管理规范化。推进“三集五大”（人力资源、财务、物资集约化管理；大规划、大建设、大运行、大检修、大营销体系）体系建设，成立配电运营指挥中心，启动分析评价师评价工作，初步建成集约统筹的指挥中枢。全年完成固定资产投资项目414项，涉及资金18.5亿元。完成年度转资任务261项，涉及12.99亿元，工程项目与金额完成率实现“双100%”。成立技术委员会，建立技术管理体系，搭建技术专家人才培养平台和科技成果孵化平台。开展课题研究，李彦龙获“全国电力行业技术能手”称号；依托“专业小组”和“综合小组”开展培养活动，立项课题30项。

（欧阳昕倩）

【防汛】 年内，开展雨前、雨中、雨后隐患排查，应急期间，排查站室697座，排查架空线路172路。保障期间，汛期检查及问询服务51户防汛重要用户，未发生因电力设施故障造成的防汛重要用户停电的情况，协助下凹立交用户开展雨前、雨中、雨后隐患排查工作，保证地区安全稳定用电。7月20日暴雨期间，处理降雨损坏的低压线路，雨后排查1240座配电站室，去除防汛隐患。朝阳公司迎峰度夏期间电网运行平稳，配网故障较去年同期降低60%，保证居民正常用电。

（欧阳昕倩）

供　水

【概况】 区水务局负责监督、指导本区供水工作，负责制定城乡供水规划和计划并组织实施，指导本区农民饮水设施的安全运行。年内，推进区域自备井置换，完成40家居民小区及单位自备井置换，改善约7.69万人用水水质。加强水质日常监管，督促专业公司做好全区237眼在用农村生活自备井消毒设备的日常运行维护。完成全区17个乡55个村级供水站水质抽样检测工作。加强农村地区供水基础设施改造，完成85套农村生活饮用水消毒设备供货安装工程。全力保障全国“两会”、党的十八届六中全会、国庆67周年及G20杭州峰会等重大活动期间和夏季供水高峰等时期供水安全。处置各类供水应急事件119件，全区未发生较大及以上供水安全事件。

地址：团结湖北路1号

邮编：100026

电话：85978122

（马宇轩）

【供水联席会议】 4月8日，区水务局副局长彭庆彬主持召开第一次供水联席会议，主要研究区管道路建设与自来水管线随路工程事宜。区水务局、区市政市容委、市规划委朝阳分局、市国土朝阳分局、市自来水集团等单位领导参加会议。会议议定区市政市容委把市、区管道路修建年度和5年计划通报给市自来水集团，市自来水集团做好随路配套供水管线建设工作。

（马宇轩）

【中央环境保护督察组检查供水站】 12月10日，中央环境保护督察组到朝阳区堡头东里社区供水站开展检查，区水务局副局长彭庆彬、水资源科科长朱亚雷、东南郊所副所长张茂军及垡头街道负责人陪同检查。督察组深入东里社区供水站，听取彭庆彬对供水运行情况以及自备井置换等方面的工作汇报，并询问东里社区自备井的供水安全情况，检查自备井改造、管网铺设、水质、水量情况以及供水设施现场。

（马宇轩）

园林绿化

【概况】 朝阳区园林绿化局是对全区城乡绿化美化施行统一建设管理的职能部门，隶属朝阳区人民政府，职能业务归市园林绿化局和市公园管理中心领导及监督指导。内设机关科室12个，下设基层单位18个，职工795人。森林资源年度动态监测结果:林地面积11050.15公顷，比上年增加116.81公顷；林木面积11449.81公顷，比上年增加100.11公顷；森林面积9724.40公顷，比上年增加182.03公顷；林木绿化率25.16%，比上年增加0.22%；森林覆盖率21.37%，比上年增加0.40%。城市绿地年度动态监测结果:绿地总面积30724.00公顷，比上年增加211.23公顷；园林绿地面积14646.13公顷，比上年增加148.78公顷；绿地率47.67%，比上年增加0.16%；含水面绿化覆盖率47.66%，比上年增加0.16%。全区计划新增改造绿地300公顷，实际完成新增改造绿化面积289.7公顷、占总任务的96.6%，因京沈铁路建设部分平原造林任务未如期实施。完成重点道路改造20公顷，除广渠路外还实施机场二通道、樱花东街、广顺北大街、育慧南路等区域内24条重点路段绿化改造工程。完成秀木广场绿地、宜家门前绿地、潘家园小绿地等25处小微绿地改造建设，提高辖区内公园绿地500米服务半径覆盖率；完成老旧小区改造10处、实现屋顶绿化2公顷、垂直绿化4.2公里；完成温榆河朝阳段市级绿道建设105公顷。加大公园精细化管理力度，研究制定全区公园分类定级管理方案、细化并统一评分标准，推进"公园风景区三级管理工作平台"建设，强化对行业公园监督考核力度；围绕"一制度六台账"(一制度六台账指：公园管理制度，公园年度台账，公园运营基础台账，公园绿化养护台账，公园管理台账，公园检查整改台账，公园游客投诉处理台账)要求，严格检查、规范管理，提高公园整体服务质量，精细化管理。研究制定《进一步加强和完善绿地认建认养、合作建设绿地管理工作的意见》，成立认建认养绿地规范管理工作领导小组，负责认建认养绿地管理。加强森林资源保护管理工作，强化占用林地和林木采伐批后监督管理，完善古树名木保护管理责任制度；成立森林资源连续清查领导小组，完成朝阳区森林资源清查工作，全区113块样地清查结果已上报国家林业局。坚持定期检查各基层单位、认建认养单位的安全生产经营，层层签订安全责任书，推动落实生产经营单位主体责任；开展"夏季消防安全隐患大排查""安全生产大检查"等专项工作，发现并整改安全隐患77处，其中重大安全隐患6处。严格林木和城市树木依法审批，确保审批项目的规范化和合理化，截至年底，全区审批林木和城市树木伐移项目265件，总株数11.63万株；执行占用林地审核及备案工作，审核临时占用林地项目8件，面积1.71公顷、林木1.10万株。

地址：道家园甲16号

邮编：100025

电话：65042115

网址：http://www.chylhj.gov.cn

（刘双贵）

【绿化美化工作新闻发布会】 1月13日，区政府在望京昆泰酒店召开新闻发布会，区园林绿化局就2015年朝阳区园林绿化工作完成情况和2016年全区绿化美化工作整体思路及具体绿化重点工程向社会进行公布。公布内容有：2016年环境优美大街建设提升、老旧小区绿化改造、提升改造区级小公园、温榆河朝阳段市级绿道建设、公园管理、森林资源建设、环境保障、指导社会绿化建设等重点工作进行情况。来自新华社、中新社、《北京日报》《新京报》等多家市级传统媒体记者参加发布会，并通过微信、微博等推送发布会相关信息。

（周婷婷）

【法制建设】 1月21日，召开行政处罚、行政许可案卷制作培训工作会，邀请区法制办督导科科长丁红进行授课。局森林公安处、资源管理科、林业站行政执法人员共23人参加培训。3月15日，举办"3·15"法制宣传讲座，邀请清华大学公共安全中心顾问、北京交通大学张柱庭教授，讲授《中华人民共和国安全生产法》及相关法律知识。局领导班子成员、机关各科室副科级以上人员和基层单位班子成员92人参加讲座。6月12日，举办朝阳区园林绿化行业安全生产知识培训班，主要培训内容《北京市生产安全事故隐患排查治理办法》释义，聘请市安全生产监督管理局协调处主任薛瑞丰进行授课。局属单位及郊野公园、行业公园、认建认养单位主管领导和安全员70余人参加培训。

（李江红）

【春分朝阳民俗文化节】 3月20日至21日，日坛公园和朝外街道文化服务中心主办的第十届"春分·朝阳"民俗文化节在公园举行。活动延续往届常规环节的基础上，在"互联网+"的大背景下，增加微信墙互动、"互联网+智慧社区"现场展示互动环节。组织30余个非遗项目组成非遗展示体验区，非遗传承人亲临现场互动展示绝活儿，为游客奉上"非遗体验课"。邀请国家级"非遗"聚元号弓箭传人现场展示讲解，并指导开展射箭比赛；邀请游人亲历竖鸡蛋、粘三角、抓羊拐等体育项目。同时将主舞台作为各体育项目的扩展区域，开展"十五柱球"团队比赛。

（杨　辉）

【重大义务植树活动】 3月26日，在中共中央政治局委员、北京市委书记郭金龙的陪同下，中共中央政治局委员、中央军委副主席范长龙，中共中央政治局委员、中央军委副主席许其亮，中央军委委员张阳、赵克石、张又侠、吴胜利、马晓天、魏凤和，以及中央军委和驻京部队的百名将军，到朝阳区孙河乡沙子营村植树地块参加义务植树劳动，栽下白皮松、法桐、银杏、元宝枫、国槐、西府海棠等苗木1500余株。4月6

日，在北京市政协主席吉林，副主席王永庆、闫仲秋、李长友的陪同下，全国政协副主席张庆黎、李海峰、陈元、王正伟、马飚、刘晓峰和全国政协机关工作人员400余人，到朝阳区将台乡将府郊野公园植树地块参加义务植树劳动，栽下油松、国槐、垂柳、西府海棠等树木30余种、2000余株。

（王　惠）

【全民义务植树日】 4月2日，是首都第32个全民义务植树日，朝阳区在崔各庄乡设立义务植树基地，接待社会单位和市民个人参加义务植树劳动。区绿化委员会办公室、区园林绿化局以红领巾公园为主会场，举办主题“弘扬生态文明、共建绿色朝阳”大型义务植树宣传活动，宣传推广生态文明建设和绿色发展理念。庆丰公园、元大都公园、大望京公园等8个宣传分会场也结合区域特点分别组织形式多样、各具特色的植树日宣传活动。43个街道、地区办事处以社区、村为单位，深入百姓身边宣传义务植树活动。免费发放宣传品及苗木，组织广大居民在社区周边亲身体会种植的乐趣和意义；发动居民清理绿地卫生，引导居民从身边小事做起践行“爱绿、护绿、养绿、播绿”的“绿色”社会新风尚。据统计，全民义务植树日当天，全区有28万余人参加植树活动，植树4.7万株，清扫绿地460万平方米，发放苗木4300株，养护树木130万株，设宣传咨询站210个，悬挂横幅标语142幅，发放宣传材料10.5万份。

（王　惠）

【清明踏青节】 4月4日，“第四届北京二闸清明踏青节”在庆丰公园大通帆涌景区举办。活动在原有传统项目诗词朗诵、书画笔会、击鼓传柳、清明习俗展和运河文化展基础上，新增南北舞狮同台竞技、跑旱船、清明寒食展等项目；与朝阳区体育产业管理中心合作首次引进“三民体育系列传统游戏互动体验”项目。活动期间，接待游客3700人次。

（陈　希）

【第十九届海棠花节开幕】 4月5日，区园林绿化局和亚运村街道办事处主办的第十九届海棠花节在元大都城垣遗址公园拉开序幕，公园和辅仁常青文化公司合作，在三号景区石碑旁举办海棠诗书画展览，供游人欣赏；公园向前来赏花的市民们宣传低碳环保，绿地认建认养、海棠花品种多样性等知识，并在北美海棠品种种植区设置海棠文化科普长廊。当天接待游客4万人次。

（赵　洋）

【区绿化委员会全体会议】 4月6日，区绿化委员会全体会议在区园林绿化局一楼东会议室召开。会议总结2015年全区绿化美化工作，研究部署2016年工作任务。区委副书记、区长王灏，副区长杨树旗出席会议，国家农业部、武警北京总队、区委组织部、区委宣传部等40家绿委成员单位代表和43个街乡的主要领导参加会议。

（王　惠）

【科普游园会】 5月28日至29日，“第十六届红领巾科普游园会暨2016年‘六一’科普玩具欢乐汇”活动在红领巾公园举办。活动由区教育委员会、区科学技术协会、六里屯街道办事处主办，区学生活动管理中心、红领巾公园承办。活动分“学校特色展示区”“主题活动区”“玩具交换区”“科普互动区”四大活动区。现场有球形机器人体验——太空保龄球、机器人对抗赛、无人机航拍体验、机器人教育常客、趣味物理、多米诺骨牌、花式篮球等项活动内容，通过讲解、展示、互动、体验、制作、比赛等形式，让小朋友们自己动手体验科学快乐。

（牟毅卉）

【新增改造25个小微型公园】 年内，新增改造25个小微型公园，总面积26.67万平方米。包括昆泰酒店周边绿地、机场二通道绿地、秀木广场、通惠河北路休闲公园、丽泽公园、东土城路口小公园、文学馆路西侧小公园、文学馆路东侧小公园、新悦公园、望京西园一区小公园、水碓子小公园、广顺南大街地铁口小公园、观悦公园、紫薇公园、惠新西街南口地铁口小公园、小关三角地小公园、大屯小营北路代征绿地小公园、管庄北二里代征绿地小公园、大屯文化广场、司辛庄绿地、家乐福北侧片林、德云文化广场、潘家园小公园以及家乐福门前代征绿地。

（王　惠）

【老旧小区改造】 年内，实施10个老旧小区绿化改造项目，改造面积5.34万平方米。其中，六里屯街道道家园小区绿化改造面积1.33万平方米、酒仙桥街道驼房营西里绿化改造面积4800平方米、东湖街道南湖中园社区绿化改造面积5700平方米、劲松街道农光里中社区1.12万平方米、安贞街道安华西里新一区绿化改造面积4500平方米、大屯街道北苑路172号院绿化改造面积5564平方米、八里庄街道合成小区绿化改造面积1600平方米、建外街道灵通观社区改造面积2019平方米、望京街道花家地西里三区绿化改造面积330平方米、机场街道北平里小区绿化改造面积4310平方米。

（王　惠）

【广渠路二期道路绿化工程】 年内，完成广渠路二期道路绿化工程，西起东四环，东至朝阳区界，绿化面积26.53公顷。其中，四环至五环段（不含桥区）绿化面积3.47公顷，栽植乔木1524株、灌木5.58万株、绿篱色带19.74万株、草坪0.49万平方米、花卉5.9万株；五环至区界段（不含桥区）绿化面积3.39公顷，栽植乔木2774株、灌木1.05万株、绿篱色带31.44万株、草坪地被1.35万平方米、花卉50.5万株；五环桥区绿化面积19.67公顷，栽植乔木2473株，灌木8.85万株，绿篱色带20.47万株，草坪地被17.60万平方米，花卉12.35万株。

（王　惠）

【市级温榆河绿道（朝阳段）工程】 年内，完成北京市温榆河绿道（朝阳段）工程。位于金盏乡、孙河乡辖区内，北起京密路，东至温榆河与坝河交汇处的坝河口桥，为带状绿色空间。市级温榆河绿道（朝阳段）线路长度28公里。其中，绿化工程栽植常绿乔木47株、落叶乔木313株、落叶灌木4.4万株、常绿灌木1189.8平方米；庭院工程完成3米宽绿道1.87万延长米、2.4米宽园路8281延长米、1.2米宽园路2229延长米、广场铺装1435平方米；安装坐凳127.5米、躺椅7个。

（王　惠）

【屋顶绿化】 年内，朝阳区完成屋顶绿化建设12处，总面积2万平方米，包括朝阳区王四营中心小学、朝阳区双桥第二小学、北京市第八十中学睿德分校、朝阳区第二实验小学建东苑校区、北京市第十七中学赛洛城校区、景山学校朝阳分校、劲松职业高中常营校区、北京市新教育实验学校、北京工业大学附属中学双合校区共9所学校的屋顶绿化工程以及区园林绿化局、区国家税务局、北京维拓时代建筑设计有限公司3家单位办公楼的屋顶绿化工程。

（王　惠）

【垂直绿化】 年内，朝阳区完成垂直绿化4.2公里。以首都生态文明宣传教育基地和参与创建社区为重点推广对象，结合市花月季进社区、进公园活动推广攀援月季种植，发放攀缘月季2万余株。引导社区、公园等合理利用围墙、栅栏等位置实施垂直绿化，提升城市空间环境的立体绿化效果。

（王　惠）

【绿化资源管理】 年内，审批林木和城市树木伐移项目265件，总株数116336株。包括林木采伐许可69件，采伐株数3390株，蓄积2529.56立方米；林木移植许可73件，移植株数111889株；城市树木伐移审批82件，砍伐182株，移植672株。汛期开展危险树、枯死树排查清理，批准危险树砍伐申请41件，砍伐危死树203株。审核临时占用林地项目8件，面积1.71公顷、地上林木11067株，市局审批项目占用林地项目4件，面积2.4公顷。区园林绿化局备案的占用林地项目2件，面积34公顷。全区现有古树名木673株，分布在38个街乡、110个单位、126处，其中：一级古树57株、二级古树527株、纪念树89株。有13个树种，主要树种桧柏329株、侧柏118株、国槐84株、白皮松75株、油松40株，另外还有海棠、楸树、银杏、构树、桑树、枣树、七叶树、华山松27株。

（刘亚欣）

【森林资源清查】 年内，根据《国家林业局办公室关于做好第九次全国森林资源清查2016年清查准备通知》（办资字〔2015〕90号）等文件要求，成立森林资源连续清查领导小组，制定工作方案、技术方案及操作技术细则，开展技术培训和技术指导。同时，建立清查队伍，组成一个调查工组、一个区级质量检查小组。完成样地118块外业调查及内业汇总工作，并上报国家林业局。

（刘亚欣）

【资源保护】 年内，区森林公安处接举报212起，行政立案16起，行政罚款256.49万元，补种树木9086株，没收象牙制品5件；办理刑事案件9起（4起后期转为行政案件），刑事拘留8人，取保候审5人，批捕4人，通缉逮捕1人，以上刑事案件均为非法出售、运输、收购珍贵濒危野生动物或野生动物制品案；立即出警率、各类案件法定时限立案率及办结率、发现火灾隐患限期消除率100%；组织开展打击非法猎捕、贩卖野生鸟类犯罪等专项行动3次。行动期间，累计出动人员965人次，其中森林公安民警492人次，其他执法人员473人次；出动车辆277台次；清理野生动物加工经营场所3处，检查野生动物活动区域20处；收缴野生动物977只，其中国家一级野生动物1只、国家二级野生动物9只；收缴野生动物制品16件，没收作案工具62件。针对违法占路经营野生动物、市民举报频繁及候鸟迁徙期捕鸟严重等情况，组织突击执法检查6次，出动执法人员221人次、车辆42台次，解救野生鸟类300余只，其中国家一级保护动物1只、国家二级保护动物7只。开展"爱鸟周"及"全民禁毒宣传月"等宣传活动，发放相关法规手册、粘贴画等宣传资料1万余份；对十里河天娇文化城、潘家园市场、北京华声天桥民俗文化市场、雅园国际古玩城、小武基花鸟鱼虫市场等开展多次集中宣传，发放宣传材料1000余份；坚持每日按时汇总5个监测站的野禽监测数据，全年监测发现雁鸭类6000余只、小鸟类5.5万余只，未发现禽流感病例；救助野生动物1200余只；落实防火责任制，新增宣传牌、禁放牌692块；购置发放防火物资，包括：组合工具25套；马甲1200件；2号工具500把；扑火服50件；灭火弹630个；重点火险区严格实行挂双牌管理，签订森林防火责任书22份，清理林地可燃物15万余亩，并清除200余条农田林网中的杂草，重点防火期全区专职护林员、巡查队人员全部上岗，加大监督检查力度，每周巡查不少于3天。年度森林防火期内全区未发生森林火警、火灾。

（英　峋）

【林木有害生物防治】 年内，全区以防治美国白蛾、春尺蠖、国槐尺蠖、蚜虫等林木有害生物为主，普遍防治6次，防治面积14万亩（9333公顷），未出现重大林木有害生物灾情和疫情及树木花草被有害生物严重危害的扰民事件。专项投入资金250万元，其中区财政投入资金130万元，市投入资金120万元，购置杀虫灯60台，各类诱芯750个，发放和使用防控各种药剂25吨。建立44支应急防治专业队伍，防治人员1100人。全年举办各类集中培训5次；对8个街乡、奥运中心区等重点单位开展专题培训，累计培训200人次。区林业站利用植树日、科普宣传月发放各类宣传材料3.6万份，做到重点地区、重点单位宣传材料进村、进社区、进小区、进户。全区有国家级中心测报点1个、市级监测测报站1个、市级监测测报点55个、区级监测测报点14个、区级巡查员50名，做到合理分布，监测及时到位。

（刘传敏）

【绿化美化创建】 年内，花园式社区单位创建工作继续进行，园林绿化局在创建工作过程中，给予各创建单位指导。结合市花月季进社区项目，在参与创建的街道、社区踏查选点、逐点定位设计，为社区增添月季景观20余处，补助月季4万株。将每月最后一周的周四定为"每月一讲"的定期交流时间，除了经验交流，还提供内容丰富的创建指导，包括义务植树登记卡、月季栽植养护技巧、阳台花卉种植、屋顶绿化推广、老旧小区改造设计、月季栽植设计和宣传片制作讲座等。围绕义务植树中心工作，推出3项亲民、乐民、为民举措，免费送出乡土苗木3000株进社区，让社区居民亲身体会种植的乐趣；组织阳台花卉种植讲座进社区，聘请花卉种植专家深入社区为居民讲解花卉种植相关知识，安排讲座9次，并为居民送阳台花卉种子8万粒、草炭土60万升、花盆6000个；开展"阳台美"评选活动，以社区为单位补助一些花卉、绿植作为活动奖品，鼓励社区居民植绿爱绿。11月，创建工作全部通过首绿委验收。

（王　惠　冀晓娜）

【辖区公园】

	名称	地址	电话
1.	日坛公园	日坛北路6号	85613249
2.	团结湖公园	团结湖南里16号	85962151
3.	红领巾公园	后八里庄5号	85824746
4.	元大都城垣遗址公园	安外小关街甲38号	84648252

	名称	地址	电话
5.	北小河公园	师家坟村 156 号	64708518
6.	四得公园	将台西路 9 号	64384057
7.	庆丰公园	厂坡村甲 2 号	67780738
8.	大望京公园	崔各庄乡大望京东路甲 6 号	84762518
9.	望和公园	北四环东路 77 号	84765181
10.	奥林匹克森林公园	科荟路 33 号	64529012
11.	朝阳公园	朝阳公园南路 1 号	65953490
12.	中华民族园	民族园路 1 号	62063786
13.	丽都公园	芳园西路 6 号	57118872
14.	金盏郁金香花园	东苇路金盏郁金香花园	51781881
15.	朝来农艺园	来广营乡新生大队西侧	84913534
16.	太阳宫公园	太阳宫中路 6 号	52032753
17.	北焦公园	化工路东口 1 号	67374074
18.	南湖公园	阜通西大街 20 号	64733376
19.	东一处公园	双桥东路东一时区	65730048
20.	望湖公园	望京北路 51 号	64785880
21.	八里桥公园	管庄乡八里桥村	65716210
22.	立水桥公园	立水桥安立路两侧	84848620
23.	兴隆公园	高啤店兴隆庄甲 8 号	85759918
24.	镇海寺郊野公园	小红门乡牌坊村	87604036
25.	鸿博郊野公园	小红门乡小红门村里	87604036
26.	老君堂郊野公园	十八里店地区老君堂村	67474556
27.	海棠郊野公园	十八里店地区老君堂村	67474556
28.	古塔郊野公园	王四营乡观音堂	87390858
29.	白鹿郊野公园	王四营乡道口村	87390858
30.	将府公园	将台乡东八间房	64356756
31.	东坝郊野公园	东坝乡驹子房村东	65492932
32.	常营公园	常营乡幺家店路北侧	65481589
33.	东风公园	东风乡将台洼村	85810699
34.	太阳宫体育休闲公园	太阳宫西路 1 号	64323577
35.	朝来森林公园	来广营乡新北路 999 号	84913598
36.	京城槐园	平房乡北小河路东	85574375
37.	京城梨园	平房乡姚家园路与东五环路交汇处东	85574375
38.	杜仲郊野公园	三间房乡金卫路甲 1 号	85367196
39.	金田郊野公园	豆各庄乡于家围北村 478 号	85367983
40.	京城体育场郊野公园	朝阳体育中心东西两侧	85574375
41.	京城森林公园	黄杉木店路东西两侧	85574375
42.	百花公园	高碑店乡北花园村	65765898
43.	黄草湾郊野公园	辛店路	64922882
44.	勇士营郊野公园	来广营乡朝来绿色家园东（北苑东路东侧）	84911106

名称	地址	电话
45. 清河营郊野公园	来广营乡清河营润泽庄园东侧	84911106

朝园弘园林绿化有限责任公司

【概况】 朝园弘园林绿化有限责任公司隶属区园林绿化局，全民所有制企业单位，国家城市园林绿化一级资质企业。公司内设财务部、工程部、合预部、设计部、综合部5个部门，承揽园林绿化、园林机械、花卉苗木、环保技术开发等4项业务。截至年底，公司在职职工33人，其中管理人员10人、专业技术人员12人、工勤人员11人。年内，完成经济指标9.53亿元，同比增加6.54亿元。主营业务成本9.28亿元。完成215项投标，其中：自主投标且中标40项；为同行及基层服务准备175项工程投标资料。中标金额5.84亿余元。年内，公司工程部接管工程资料工作29项，其中自建工程2项分别是京榆旧线工程、温榆河绿道工程。坚持安全工作例会制和定期安全检查制，组织消防安全培训，并进行实地灭火演习。全年未发生任何安全事故。年内，对弘善家园绿地工程、太阳宫一号休闲广场、小微绿地二期、奥林匹克中心区瞭望塔周边景观工程等进行2015年优质工程申报。其中弘善家园绿地工程被评为精品工程，瞭望塔周边景观工程被评为优质工程。

地址：朝阳北路147号

邮编：100025

电话：85841464

（岳 棋）

【自建工程】 8月12日至12月31日，完成温榆河绿道工程，位于温榆河沿线，起点京密路，终点坝河口桥，建设长度2.8万延长米，工程面积158.41公顷，其中绿地面积151.01公顷、铺装面积7.35公顷、建筑占地面积0.05公顷，施工包括绿化工程、庭院工程、建筑工程，渣土外运365立方米，破碎22.5立方米；整理绿化用地5.63万平方米，栽植常绿乔木67株、落叶乔木313株、小乔木及灌木3.76万株、花卉7934.4平方米、草籽12.59万平方米，完成3米行车路905.5延长米、3米园路15573.8延长米、2.4米园路7441.3延长米、1.2米青石板园路665延长米、1.2米步道262延长米，安装挡车柱17组。年内，完成京榆旧线绿化景观提升工程，该工程一标段绿化面积5.20万平方米，堆筑土山丘8734.85立方米；整理绿化用地4.09万平方米，土壤改良5342.9平方米，栽植常绿乔木116株、落叶乔木1080株、灌木2651株、绿篱8734.12平方米，花卉2375.56平方米，铺设冷季型草坪2.63万平方米，移植现状大叶黄杨11.17万平方米，场内场外移植苗木72株；铺设滴灌管2.12万米，PE管1.08万米，过路钢管1793米，安装喷头106个，快速取水阀314个，泄水阀40个，砌筑井33座；安装铁艺栏杆169米；破碎路面62.4立方米，拆除挡墙135.84立方米。

（岳 棋）

日坛公园

【概况】 日坛公园隶属区园林绿化局，全民所有制差额拨款事业单位，位于朝阳门外使馆区。全园占地面积20.62万平方米，绿化面积17.11万平方米，水面面积4700平方米。绿化覆盖率83%。现有树木1.136万株，乔木5110株(其中古树44株)、灌木6250株、月季950株、攀缘植物5000株，竹子2000株、绿篱6000延长米、宿根花卉8000平方米，草坪7.45万平方米。公园管理处内设合预部、财务部、政工部、行政部、人事部、后勤部、园务部、工程部、文保部、安保部、外协部11个部门；下设服务班、游乐班、司机班、绿化卫生班、维修班、羲和雅居6个班组。截至年底，公园在职职工56人；管理岗21人，专业技术岗8人，工勤岗27人。年内，公园绿化改造栽植17.21万株时令花卉，栽植常绿乔木5株，常绿灌木4160株，落叶乔木107株，落叶灌木2816株，藤本35株，玉簪1.68万株，竹类1.22万株，地被1.22万平方米，花卉783.83平方米。建设园内健康步道改造工程，其中景观绿化养护面积2.4万平方米，增建绿化喷雾系统1.5公里，升级改造铺装路面1.05万平方米，长1530延长米。在爱国主义教育基地东侧新建兼政园875平方米。协同区体育局进行坛遗东北侧健身园康体器械更新50套。年内，举办日坛公园第十届“春分·朝阳”民俗文化节、“9·30”烈士纪念日等公园特色活动，并在各媒体和网络媒体广泛宣传。全年接待游客379.7万人次。

地址：日坛北路6号

邮编：100020

电话：85619984

邮箱：ritan3249@163.com

（张媛丽）

【义务植树日宣传】 4月2日，举办“推进生态文明建设实现人与自然和谐”主题植树日宣传活动。活动现场悬挂宣传横幅，在公园北门设立绿化宣传资讯站，向游客宣传义务植树、绿地认建认养树木等知识。现场发放宣传材料500份，环保布袋350个。

（续 丹）

【花卉补植】 7月3日，在南门立体花钵和环路花钵、环路假山、山石造景和曲池胜春园主要景观区补植花卉。补植花卉包括凤仙、金鸡菊、夏堇、矮牵牛、百日草、海棠、金光菊、金叶薯、串红等花卉品种7680盆。

（李 颖）

【人造雾降温系统安装工程】 8月31日至9月25日，进行步道外绿化改造工程，面积2.4万平方米。增设12套喷雾降温系统机组，立喷雾降温专用杆，达到控湿、除尘、降温、气味控制等功能，改善公园环境。

（杨 辉）

【春分民俗文化节】 3月20日至21日，日坛公园和朝外街道文化服务中心主办的第十届“春分·朝阳”民俗文化节在公园举行。活动延续往届常规环节的基础上，在“互联网+”的大背景下，增加微信墙互动、“互联网-智慧社区”现场展示互动环节。组织30余个非遗项目组成非遗展示体验区，非遗传承人亲临现场互动展示绝活儿，为游客奉上“非遗体验课”。邀请国家级“非遗”聚元号弓箭传人现场展示讲解，并指导开展射箭比赛；邀请游人亲历竖鸡蛋、粘三角、“抓羊拐”等体育项目。同时将主舞台作为各体育项目的扩展区域，开展“十五柱球”团队比赛。

（杨 辉）

【公祭马骏烈士】 3月31日，芳草地国际学校民族校区全体师生240人在日坛公园马骏烈士墓前，开展“弘扬革命先烈做芳草好少年”主题爱国主义教育活动，这是芳草地国际学校民族校区开展向回族英雄马骏烈士学习传统教育活动的第33个年头。3月底至4月初，公园接待首都经济贸易大学、中小学及社会团体等单位600人次前来祭奠民族英雄马骏烈士。

（杨　辉）

团结湖公园

【概况】 团结湖公园隶属区园林绿化局，全民所有制差额拨款事业单位。地处东三环北路，毗邻CBD中央商务区，公园占地面积12.3万平方米，其中绿地面积4.2万平方米、水面面积5.4万平方米、道路面积0.8万平方米、建筑占地面积0.4万平方米、铺装面积1.5万平方米，绿化覆盖率80%。实有树木2.3万株，其中乔木2214株、灌木1.94万株、其他1456株。截至年底，在岗职工45人，其中管理岗19人、专业技术岗7人、工勤岗19人。公园管理处设财务办公室、劳资办公室、园务办公室、行政办公室，下设司机班、后勤班、票务班、园务班、游船班、工程班。年内，团结湖公园补栽苔草4000平方米，补种撒播草籽10000平方米。补植绿篱2000株。5月份，分栽苔草600平方米。庆祝公园30周年园庆活动，管理处在东门、西门、广场摆设主题花坛，维修完善破损基础设施，清理报废游船30条，购买新船10条，翻修流水照壁池底，更换维修灯具、暖气管线、园路广场。制定《团结湖公园内部安全保卫管理规范》《团结湖公园反恐应急方案》安全规章制度，签订各班组、各岗位、驻园单位安全责任书45份。更换游艺安全警示、提示标牌12块，更换灭火器93个。年内，外围绿地养护面积27万平方米。全年举办各类文化活动9次。年内，公园接待游客500万人次。

地址：团结湖南里16号

邮编：100026

电话：85973603

（李洪静）

【义务植树宣传活动】 4月2日上午，区绿化一队和团结湖公园一起在公园西门小广场开展义务植树宣传活动。现场通过展板及宣传册，凉扇等宣传品对义务植树小常识、北京地区常见树种进行宣传，并现场解答游客有关义务植树和认建认养等方面的提问。现场发放环保袋，宣传扇、册等各600余份。

（张晓宇）

【节水宣传活动】 5月18日，团结湖公园在东门广场举办“建设海绵城市，找回碧水蓝天”节水宣传活动。现场向游人发放各类节水宣传资料和图片200余份。

（周国玉、王娟）

【团结湖公园开园30周年庆典】 9月29日，“最美团结湖”艺术节闭幕式暨团结湖公园开园30周年庆典在团结湖公园湖心岛广场举办。该艺术节历时4个月，组织艺术赏析、艺术培训、艺术大赛等各类活动30余项，参与群众演员有5000余人。同时，第十届赏菊观鱼游园活动在公园举办。通过50余张老照片回顾公园30年来的建设发展历程，呼吁大家文明游园、爱园护园。

（张晓宇）

红领巾公园

【概况】 红领巾公园隶属区园林绿化局，全民所有制差额拨款事业单位。公园位于东四环与朝阳北路交汇处东北角，总面积41.99公顷。现有乔木3061株、灌木5.92万株、月季2003株、竹子345平方米，绿篱色块6.49万株，宿根花卉8.73万株，草坪面积11.14万平方米。绿化覆盖率66%。公园管理处设财务部、行政部、政工部、园务部、合约部、工程部、外联部、后勤部、安保部，下设司机班、电工班、门卫班、绿化班、巡察班、游乐班、舞场班、商卖班、游船班。截至年底，公园在岗职工59人，其中管理岗22人、专业技术岗10人、工勤岗27人。年内，公园举办第十六届红领巾科普游园活动，协助相关部门举办“师爱无尘•做幸福教师”——第32个教师节公益庆祝活动等各类文化活动27项。全年接待游客576万人次。

地址：朝阳北路145号

邮编：100025

电话：85839070

（陈禹霖）

【绿化工程】 4月1日至28日，完成孙河乡康营南路道路两侧绿化工程，位于乡康营南路道路两侧，全长1751米，工程投资91.7万元，植落叶乔木567株。

（李印超）

【义务植树宣传】 4月2日，区园林绿化局在红领巾公园银杏广场开展义务植树宣传活动，活动突出“弘扬生态文明 · 共建绿色家园”主题，加大宣传生态文明力度，利用大屏幕滚动播放宣传片、拉横幅、竖立展板、免费发放宣传材料及环保袋等各种方式，进行义务植树、屋顶绿化、湿地和野生动植物保护、森林法等知识宣传。现场发放宣传册1万册、生态环保书籍900本、购物袋2900个，接待游客900余人次。

（牟毅卉）

【节日环境布置】 4月中旬，在园内新栽和更换园内花池5处。主要有串红、凤仙、海棠等花材，点缀龙血树、三角梅等，并采用毛地黄、金鱼草、康乃馨等花卉增添新鲜感。9月中旬，更换园内花池，用花凤仙、串红等花材，栽花11.80万盆。

（邱纪舒）

【科普游园会】 5月28日至29日，“第十六届红领巾科普游园会暨2016年‘六一’科普玩具欢乐汇”活动在红领巾公园举办。活动由区教育委员会、区科学技术协会、六里屯街道办事处主办，区学生活动管理中心、红领巾公园承办。活动分“学校特色展示区”“主题活动区”“玩具交换区”“科普互动区”四大活动区。现场有球形机器人体验——太空保龄球、机器人对抗赛、无人机航拍体验、机器人教育常客、趣味物理、多米诺骨牌、花式篮球等项活动内容，通过讲解、展示、互动、体验、制作、比赛等形式，让小朋友们自己动手体验科学快乐。

（牟毅卉）

【教师节庆祝活动】 9月10日至11日，由市委教育工作委员会、市教育委员会、市教育工会主办，北京教育音像报刊总社、北京教育新闻中心、区教育委员会承办，朝阳区红领巾公园、腾讯网教育频道协办的第32个教师节公益庆祝活动在红领巾公园举办。万平、王苹、郑丹娜、张洋4位“幸福教师”来到活动现场参加名师沙龙，与新教师共话职业幸福。同时现场还有名师咨询、现代教育大讲堂、非遗体验、名医坐诊、亲子游戏等精彩板块。

（牟毅卉）

元大都城垣遗址公园

【概况】 元大都城垣遗址公园朝阳段位于中轴路东西两侧及中华民族园南侧，隶属区园林绿化局，全民所有制差额拨款事业单位。截至年底，公园在岗职工73人，其中管理岗21人、专业技术岗5人、工勤岗47人；退休人员175人；离休干部1人。全年支出6525.03万元，经济收入7049.51万元，固定资产总值1．57亿元。截至年底，公园占地面积67.01万平方米，其中绿化面积43.65万平方米、水面积6.49万平方米、建筑面积6.03万平方米、铺装面积10.84万平方米（含园路）。现有树木20.72万株，其中乔木1.43万株，灌木15.98万株，月季与攀缘植物3.30万株。竹子1.07万株，绿篱色块35.65万株，宿根花卉14.53万株，草坪37.27平方米。公园绿化覆盖率82%。公园外接养护绿地61.31万平方米，其中华汇紫薇公园绿地面积4.72万平方米，道路绿地56.59万平方米。特级绿地12处、33.43万平方米，一级绿地12处、16.18万平方米，二级绿地2处、11.69万平方米。年内，公园针对园内土地裸露问题，在公园非游人活动区域，播撒宿根花籽3000平方米，栽植地锦3.2万株，补植马蔺、玉簪类、萱草等宿根植物。春季进行辖区绿地苗木补植，补植常绿灌木1000株，落叶灌木8000株，色带200平方米，宿根花卉3600平方米，冷季型草1500平方米。加大精细化管理力度，重新修订《值班工作制度》《值班工作预案》《值班工作职责》《值班保密工作要求》《值班突发事件应急预案》《车辆管理使用制度》《元大都城垣遗址公园公章使用管理制度》《元大都城垣遗址公园公章使用审批单》《元大都城垣遗址公园“政民互动”制度》《元大都公园游客中心制度》等。4月初，第十九届“海棠花溪安定生辉”海棠花节启动。在花节期间宣传绿地认建认养、海棠花品种知识，倡导“节俭生活”“低碳北京”环保可持续发展理念，增设海棠花溪景点介绍宣传栏，便于游人进行海棠识别与观赏，提升游园品味。北京电视台、朝阳有线、朝阳报等3家媒体进行宣传报道。年内，围绕“预防为主、安全第一、综合治理”方针，加强保安队伍管理，制定严格管理措施，严格落实各种预案，确保重大任务、活动和节假日期间未发生安全事故。公园按照《2016年新版4A标准草案》进行国家4A级旅游景区复检工作，并顺利通过复检。年接待游客459万人次。

地址：惠新东街

邮编：100029

电话：84648252

（赵　洋）

【海棠花节】 4月5日，区园林绿化局和亚运村街道办事处主办的第十九届海棠花节在元大都城垣遗址公园拉开序幕。公园和辅仁常青文化公司合作，在三号景区石碑旁举办海棠诗书画展览，供游人欣赏；公园向前来赏花的市民们宣传低碳环保，绿地认建认养、海棠花品种多样性等知识，并在北美海棠品种种植区设置海棠文化科普长廊。当天接待游客4万人次。

（赵　洋）

【立体花坛布置】 9月6日至21日，完成公园立体花坛布置。工程投资49万元，立体花坛位于民族大道南侧，北中轴路两侧，元大都城垣遗址公园四海宾朋景区东侧和海棠花溪景区西侧的城台上。立体花墙正面高6米，上长18米，下长20米，呈梯形状。花墙主题“和平盛世”，西侧花墙以海棠花瓣和多彩飘带为主题，表现在祖国和平环境的拥抱下百姓生活多姿多彩，繁花似锦。东侧花墙以天坛和城门为主题，表现祖国在改革开放以来，经济发展迅速，国力强盛，百姓安居乐业。花坛摆花使用海棠8228盆、孔雀草7778盆、金叶反曲景天1.40万盆、凤仙1035盆、地栽黄孔雀草1.26万盆、橙孔雀草8800盆、喷灌安装PE管线2008米、十字雾化器100个、微喷80个、滴箭3400个、阀门18个、过滤器2套。

（温晓峰）

四得公园

【概况】 四得公园地处将台地区，四环路四元桥东南角。东临机场路辅线，西靠机场高速路，南接坝河，北邻将台西路（原赵酒路）。隶属区园林绿化局，全民所有制差额拨款事业单位，占地面积16.13公顷，其中绿地面积11.9公顷、水面面积0.57公顷、铺装面积1.77公顷，其他面积1.89公顷。绿化覆盖率75%。有乔木3511株、灌木2.4万株、宿根花卉1019平方米、绿篱2070平方米、竹子250平方米、草坪10.5万平方米。截至年底，公园在岗职工31人，其中管理岗23人，工勤岗8人。内设财务部、行政部、园务部、养护部、工程部、安保部、文化活动部、体育中心、游客服务中心部门。年内，加大园林绿化管理力度。实施两个门区主体景观及环路两侧辅助景观改造，在南门景区堆积微地形，移植多彩树种，栽种耐阴地被、增添花卉，提升景观效果。在东门景区调整过大、过密乔木，调配植被层次梯次，使植被与小品和谐统一。环路增植银白槭、七叶树、金叶白蜡、暴玛丁香等新品种，对成片玉簪分块移栽。整合月季、景天、萱草等宿根花卉，增添一串红、牵牛等，补植苔草和冷季性草皮。加强美国白蛾等危险有害生物防控，公园无大面积病虫害发生。加强门前三包环境的综合治理，对区网格办意见及时处理迅速反馈，结案率100%。加强安全基础设施建设和维修，更换喷头、快取180个，维修断裂管道80米。维修游乐场及园区透水砖路面700平方米，做到路面无积水。做好防汛准备，维修东门水池墙体及清除淤泥；改主路两侧排水位置，清除雨水井杂物，确保雨水顺畅排除。全年接待游客187万人次。

地址：将台西路四得公园管理处

邮编：100016

电话：64384057

（关春明）

【双拥共建联谊会活动】 7月27日，四得公园和丽都社区、水岸家园社区、北京武警总队在公园共同举办“军民鱼水情谊深双拥共谱和谐曲”双拥共建联谊会活动。演出由武警部队带来的舞狮表演开场，器乐联奏演出《人民军队忠于党》乐曲，京剧唱段、豫剧联唱、舞蹈、诗朗诵等节目，最后武警部队战士们展示擒拿格斗术。活动现场有300余游客观看表演。

（关春明）

【游客满意率调查】 7月28日，公园管理处在东门进行下半年游客满意率调查。发出50份调查表，收回50份调查表。据统计，公园下半年游客满意率98.1%。

（关春明）

北小河公园

【概况】 北小河公园地处东湖地区，东至望京西路，西至京承高速路，南至北小河，北至利泽西街。隶属区园林绿化局，全民所有制差额拨款事业单位。公园占地面积24.8万平方米，其中陆地面积24.1万平方米，水面积0.7万平方米，现有植物50种，乔木4303株，灌木1.15万株，竹子2005平方米，绿篱色块260平方米，宿根花卉1.3万平方米，草坪面积6.7万平方米，绿化覆盖率80%。公园管理处内设办公室、财务室、综合保障部、生产组、合约部、工程养护组6个管理部门

（公园新建综合保障部）。截至年底，公园在岗职工29人，其中管理岗职工18人、专业技术岗4人、工勤岗3人、编外合同制职工4人。年内，园区内更换喷泉广场木栈道200余平方米，维修中心湖岸50延长米，更换园内水井盖15套，更换应急牌示57块，栽植草坪2000余平方米，撒播苔草草籽150平方米，栽植玉带草100平方米，新栽植沙地柏1500株，节日期间栽植大花月季1500株，牵牛、小菊、丽格海棠、一串红等2.25万株。全年开展安全消防知识培训2次，安全生产答题问卷1次。安全大检查16次，召开安全会议12次。出版内部刊物4期，上报信息78条。举办义务植树宣传活动，开展游客满意度调查4次，游客服务质量调查活动1次，发放调查问卷1200份。北小河公园联合东湖街道办事处举办第二届“全龄层全服务WEI东湖社区服务平台项目推介活动”“减少灾难风险建设平安家园”东湖街道防灾减灾应急演练活动及“远离烟草健康东湖”健步走等文化活动3次。公园承担社会养护道路面积88.02公顷，含70条（块）道路、边角地或绿地。完成区级小公园绿化美化项目（小微绿地）望京小公园绿化工程，望京中环路二段、三段、望京新干道绿化工程。完成2016花卉常态化及重大节日摆花项目京承高速施工，改善群众周边环境美化项目（二期）以及改善群众周边环境美化项目（三期）。完成望京区域绿化项目（六条道路）在建工程。6项工程合计投资2093.62万元，工程面积6.28万平方米。另外，代办项目2项，含东湖湾南侧、西侧换土工程以及绿化工程，工程投资29.7万元，绿化面积4564平方米。全年接待游客97万人次。

地址：师家坟村156号

邮编：100102

电话：64708518

（北小河公园）

【义务植树宣传】 4月2日，北小河公园在东大门开展“弘扬生态文明共建绿色家园”首都义务植树日宣传活动。现场发放义务植树宣传资料300余份及“绿色生活美丽家园”环保袋260个。

（张　婷）

【环境布置工程】 4月10日至8月28日，完成环境布置工程，位于东湖至望京地区，栽植乔灌木828株、色带1487.4平方米、花卉341.3平方米，铺草坪6129.7平方米，绿化面积7927.16平方米，工程投资495.17万元。4月15日至6月29日，完成环境布置工程，位于湖光中街—望京西路、湖光中街—南湖南路、宏昌路—望京街三条路边角地，绿化面积2731.92平方米，栽植乔灌335株、色带643.9平方米、竹类10平方米，铺草坪1658.1平方米，工程投资144.92万元。

（安　琪）

【花卉常态化工程】 5月10日至19日，2016花卉常态化工程竣工。位于京承高速（北四环—北五环）道路两侧，绿化面积3888平方米。栽植时令花卉2万余株，有一串红、风仙、鸡冠花、海棠、孔雀草等10个花卉品种。工程投资59.5万元。

（安　琪）

【绿化工程】 9月27日至11月20日，完成望京区域绿化工程，工程包括南湖南路、花家地街、南湖中园二条、宏泰西街北侧、广泽路、阜安西路6条道路。栽植乔灌木2473株、色带9079.8平方米，铺草坪2145.9平方米，绿化面积2.07万平方米，工程投资587.86万元。

（安　琪）

【节日环境布置】 五一前夕，公园管理处在东门区、园路两侧、喷泉广场等区域进行花卉布置，栽植一串红、南非万寿菊、四季海棠、三色堇等时令花卉4万余株、大花月季1500余株。国庆节前夕，在公园东门门区、儿童活动区、北门沿路进行花卉栽植，栽植牵牛、一串红、小菊、丽格海棠2.25万株，栽植面积500余平方米，投资8.96万元。春节期间，投资8000千元，在公园东门区域、公园管理处悬挂大红灯笼200余个。

（王　新）

庆丰公园

【概况】 庆丰公园位于东三环中路，通惠河北路南侧。隶属区园林绿化局，全民所有制差额拨款事业单位。公园面积20.21万平方米，其中陆地面积20.01万平方米，水面积0.2万平方米。园林绿地19.64万平方米，树木35.01万株，其中乔木3.23万株，灌木29.65万株，竹子2.13万株；花卉15.12万株；冷季型草坪11.38万平方米。截至年底，在岗职工25人，其中管理岗12人、专业技术岗9人、工勤岗4人；退休人员5人。公园管理处设办公室、园务部、后勤部、工程养护部、安全部、财务部。全年经济收入2297.74万元，比上年增加320.74万元，增加14%。年内，完成双井街道办事处广渠门外大街6号院庭院工程项目，工程投资34万元，面积1100平方米，栽植乔木30株，灌木200株，地被花卉830平方米。园内绿化植物病虫害防治6次，组织绿化养护检查12次。聘请原区绿化一队园林技师刘万芳每周五进行实地修剪培训。全年更换草坪1.2万平方米，更换沿河垂柳50株，修剪各种大树500余株，伐除大树4株；清理整改荒地2800平方米，种植各类彩叶树400余株。增加水系植物色彩，摆放荷花、睡莲、梭鱼草、水葱等水生植物10余种近600盆。重要节日期间，种植时令花卉3次18万株。配合第四届二闸清明踏青节活动，栽植牵牛花、角堇、小菊2.15万株。接受政民互动投诉39件，电话及现场接待投诉36条，回复率和解决率100%。处理绿地养护网格案件31件。全年发放调查表100份，游客满意率98.11%。全年园内接待各项活动20余家，影视、广告剧组27个，经济创收15万元。上报信息80条，建立庆丰公园微信公众平台，与“掌上双井”微平台合作发布信息38条。举办“第四届北京二闸清明踏青节”，首次引进“三民体育系列传统游戏互动体验”项目。翻建管理处安全隐患管理用房500平方米。改造园内水源1处，改造园内照明线缆800余延长米，翻新东西园两座卫生间200平方米并移交区环卫中心。完成观景平台防水铺装123平方米、园路及外围地面修复30处700平方米、围栏修复282米、更换木制桥面面板60平方米、翻新东园9个木龙头。年内开展安全知识讲座6次，安全检查8次，累计排查隐患42项，整改率99.5%。应急抢险7次，抢险人员150人次，清理倒伏、倾斜安全隐患树木600余株。年接待游客35万人次。

地址：厂坡村甲2号

邮编：100022

电话：67785955

（刘　岚）

【清明踏青节】 4月4日，“第四届北京二闸清明踏青节”在庆丰公园大通帆涌景区举办。活动在原有传统的诗词朗诵、书画笔会、击鼓传柳、清明习俗展、运河文化展等项目的同时，新增南北舞狮同台竞技、跑旱船、清明寒食展等表演与展示项目，引进眉州小吃和稻香村糕点现场售卖。与朝阳区体育产业管理中心合作，首次引进“三民体育系列传统游戏互动体验”项目。活动期间，接待游客

3700人次。

（陈　希）

【绿化工程】 8月1日至9月15日，完成庆丰公园广渠门外大街6号院庭院工程。位于双井街地区广渠门外大街6号院内，绿化面积1100平方米，投资34万元。栽植乔木30株，灌木200株，地被花卉830平方米。

（于海强）

【花卉布置】 年内，庆丰公园重要节日布置花卉23万株。其中第四届"二闸清明踏青节"栽植牵牛花1.55万株，角堇450株，小菊6500株；五一节栽植孔雀草6000株，四季秋海棠8000株，鼠尾草8000株，凤仙花1.1万株，鸡冠花1.1万株，鼠尾草8800株，一串红5300株，矮牵牛9000株；国庆节栽植三色堇、鼠尾草、火炬鸡冠花、孔雀草、四季秋海棠、黄帝菊、凤仙花14万株。

（于海强）

大望京公园

【概况】 大望京公园位于崔各庄乡辖区内，北靠北小河，东南临京顺路，东北至五环路，西接望京外环路。隶属区园林绿化局，全民所有制差额拨款事业单位。公园下设工程部、生产部、养护部、财务部、综合部、安保部6个部门。截至年底，全园在岗职工31人，其中管理岗18人、专业技术岗6人、工勤岗7人。全园占地面积33.04万平方米，其中绿地面积25.98万平方米、铺装面积4.58万平方米、水面面积2.34万平方米、管理用房面积1258平方米、景观建筑面积128平方米。现有树木8.45万株，其中乔木1.01万株、灌木7.44万株、月季7458株、攀缘150株、竹子6.03万株、色带4070平方米、宿根花卉67.64万株，草坪面积22.91万平方米。年内，铺草1500余平方米，补植草坪3000余平方米，播花籽7000平方米，补植鸢尾1600盆、沙地柏1500株、月季41盆、女贞240株、荷花180盆、马莲2500盆、玉簪700盆、金娃娃萱草400盆、狼尾草20盆。五一、国庆节日期间，公园在园区内栽植花卉，牵牛、孔雀草、串红、红叶红海棠等花卉3.89万株。加强安全管理工作，全年进行安全检查25次，纠正问题10处，开展安全培训7次。全年承接绿化工程11项，绿化面积18.65万平方米。其中，绿化工程1项，榆悦湾公园万亩造林工程，绿化面积6万平方米，种植乔木3306株、灌木1630株、色带1.55万株、花卉2.77万株、草坪地被4.99万平方米，工程造价1300万元。改造绿化工程10项，春华路重点道路绿化改造（清苑路—北苑路）工程、148公顷重点道路绿化改造工程、红军营东路节水绿化改造工程、昆泰酒店绿化改造工程、南湖中园一区绿化改造工程、北苑路172号院绿化改造工程、安华西里新一区绿化改造工程、驼房营西里绿化改造工程、花家地西里三区绿化改造工程、北平里小区绿化改造工程。绿化改造面积12.65万平方米，种植乔木2898株、灌木7647株、色带色块93347株、花卉105736株、地被3135平方米，工程造价1816.2万元。园外绿化养护21项，绿化养护面积55万平方米，有北纬10度（十友园）、春华路、红军营东路、红军营南路、京顺路、来广营北路、望京SOHO、望京SOHO和趣园、远洋万和城、竹藤园、北小河北岸绿化带、北苑二号路、北苑四号路、城铁15号线（大望京）、东滨河路、京平孙河段、来广营华茂绿线、来广营西路、人大提案（草场地）、五环路（草场地）绿地、五环绿化带、五元桥区、远洋万和城中心路、远洋万和公馆示范区、京平高速沿线81地块、五环路（七棵树）、五环路（组字），其中乔木1.63万株、灌木6.17万株、竹子2219株、绿篱色块3.66万平方米、花卉1.94万平方米，草坪面积20.22万平方米。全年接待游客21万人次。

地址：望京东路甲6号

邮编：100102

电话：84762518

（傅良漪）

【义务植树宣传】 4月2日，大望京公园联合区绿化二队、望京街道办事处在公园东门开展首都全民义务植树日宣传活动，宣传主题"积极参与义务植树努力建设美丽北京"。现场向游客发放宣传图册、倡议书等宣传资料500份、环保袋等宣传品600份。

（郭　莹）

【绿化工程】 10月17日至31日，完成南湖中园一区绿化改造工程，位于望京地区，绿化面积5700平方米，投资46.7万元，栽植灌木337株、色带色块7425株、花卉1.79万株、地被2442平方米，园路铺装112平方米，廊架粉刷翻新1座，花架翻新维修1立方米，增加乒乓球护网1个。10月17日至31日，完成北苑路172号院绿化改造工程，位于大屯地区，绿化面积5600平方米，投资38.4万元，栽植乔木41株、灌木803株、色带（块）6299株、花卉8510株、地被3478平方米。10月17日至31日，完成安华西里新一区绿化改造工程，位于安贞地区，绿化面积4500平方米，投资29.4万元，栽植乔木20株、灌木151株、花卉392株。10月17日至31日，完成驼房营西里绿化改造工程，位于酒仙桥地区，绿化面积4800平方米，工程投资55.7万元，移植乔木14株、灌木219株，栽植乔木57株、灌木516株、色带4828株、花卉2.39万株、地被1131平方米。10月17日至31日，完成花家地西里三区绿化改造工程，位于东湖地区，绿化面积300平方米，投资3.6万元，栽植乔木9株、灌木8株、色带624株、花卉289株、地被284平方米。10月17日至31日，完成北平里小区绿化改造工程，位于顺义首都机场北侧，绿化面积4300平方米，投资37.3万元，栽植乔木24株、灌木308株、色带613株、花卉1.96万株、地被800平方米，修整座椅3个，新增成品座椅3个。9月27日至10月31日，完成红军营东路节水绿化改造工程，绿化面积3.64万平方米，投资33.1万元。9月27日至10月31日，完成春华路重点道路绿化改造（清苑路-北苑路）工程，绿化面积1.03万平方米，投资148万元，移除灌木295株、色带98平方米，栽植乔木168株、灌木308株、色带（块）2.78万平方米、花卉1.30万株。9月27日至10月31日，完成148公顷重点道路绿化改造工程，位于来广营乡北苑地区，绿化面积6900平方米，投资413万元，栽植乔木1533株、灌木4707株、色带（块）4.57万株、花卉1.9万株。年内，完成榆悦湾公园平原造林工程，位于孙河乡京密路东侧，绿化面积6万平方米，投资1300万元，栽植乔木3306株、灌木1630株、色带1.55万株、花卉2.77万株、草坪地被4.99万平方米，园路铺装3168平方米，安装垃圾箱10套。

（刘　杨）

【花卉布置】 年内，大望京公园进行"五一""十一"花卉布置，栽植花卉3.89万株，有牵牛、孔雀草、串红、红叶红海棠等花卉。

（郭　莹）

望和公园

【概况】 望和公园管理处隶属区园林

绿化局，系全民所有制差额拨款事业单位。公园位于望京地区西南部，由南、北两大园区构成，总占地面积38.6公顷。望和南园地处北四环与京承高速相交的望和桥东北角，占地面积22.5公顷，其中绿地面积18.54公顷、园路及铺装面积3.95公顷。望和北园西侧紧邻京承高速路，北侧和北小河公园隔河相望，东侧为南湖社区，南侧为城铁15号线，园区占地面积16.1公顷，其中绿地面积11.47公顷、园路及铺装3.65公顷、湖面0.98公顷。园区内栽植油松、华山松、白皮松等常绿乔木2413株，栽植白蜡、银杏、栾树等落叶乔木1.41万株，栽植大叶黄杨、沙地柏等常绿灌木19万株，栽植丁香、迎春等落叶灌木1.1万株、水生植物8.07万株、竹子7010株，栽植黑心菊、玉簪等花卉地被5.49公顷，铺草坪22.63公顷。公园设财务部，行政办公室，养护部，工程部，后勤部，政工部，安全部。截至年底，在岗职工26人，其中管理岗13人、专技岗8人、工勤岗3人、编外职工2人。7月19日至22日，北京城区降水量274毫米，超过4年前的“7·21”，导致望和公园下沉广场积水1万立方米，公园变电设备、监控系统、电路系统等安全因素造成影响。公园启动防汛应急抢险预案，组织应急队员50人，架设临时排水设备10余台，进行紧急排水6000立方米。通过抢险队10个小时排水抢险作业，公园下沉广场排除积水。8月3日至10月24日，公园实施南园下沉广场排水沟升级及改造工程，并完成园内排水改扩建工程。10月20日至11月15日，完成公园南园一号门广场景观照明改造工程。年内，公园开展“首都义务植树日宣传活动”，并组织《童心助力种植希望》幼儿种植课，望京实验学校学生进行“公园是你触摸大自然的课堂”花灌木栽植活动，“企业文化的绿色成长轨迹”望京网全体职工到望和公园北园南门内绿地植树等15项活动。年内，公园接待游客50万人次。

地址：北四环东路77号

邮编：100102

电话：84765181

（望和公园）

绿化一队

【概况】 区绿化一队位于团结湖路15号，隶属区园林绿化局，全民所有制差额拨款事业单位。主要职能管理园林绿地、美化城市环境。内设财务组、办公室、工会、劳资、预决算组、生产组、工程组、材料组8个管理部门，下设21个生产班组、1个孙河苗木基地，下属1个三产企业——北京绿林停车场。截至年底，在岗职工101人，其中管理岗25人，专业技术岗22人，工勤岗54人；离休干部1人，退休职工167人。年内，道路绿地养护面积386.02万平方米，其中特级绿地53条275.14万平方米，一级绿地109条72.85万平方米，二级绿地55条26.03万平方米，三级绿地1条11.99万平方米。养护绿地内有树木97.19万株，其中乔木10.28万株、灌木39.06万株、竹子37.96万株、月季41.41万株/4.33万平方米、攀缘植物6.45万株/1.05万平方米、绿篱色块440.12万株/19.45万平方米、宿根花卉518.31/15.01万株、草坪110.09万平方米。养护范围西起东二环，东至温榆河，南起三环分钟寺桥，北至北五环。加大养护班组日常检查力度，进行定期检查和不定期抽查，全年养护检查12次。年内，改造工程面积12万平方米、新工面积19万平方米。区绿化一队施工的弘善公园被北京市企业协会评为精品公园。开展消防防火及道路安全知识培训3次，各类大检查19次。全年未发生安全责任事故。

地址：团结湖路15号。

邮编：100026

电话：8596，7276

邮箱：lhydbgs@163.com

（张　静）

【绿化工程】 1月20日至5月30日，完成广渠路二期绿化景观提升工程，工程西起东四环大郊亭桥，东至通州运河大街，全长11.95公里，横跨朝阳区和通州区，全线道路红线内绿地面积34.19公顷，种植常乔461株、落乔2331株、常灌6.60万株、落灌7.51万株、色带20万株、月季6.08万株、宿根花卉10.52万株，草坪5.79万平方米，投资4000万元。6月28日至9月20日，完成2016通道绿化一期工程，位于朝阳区机场二通道，西接平房桥，东至石各庄桥，全长2公里，绿地面积12.06公顷，步道外栽植常绿乔木200株、落叶乔木400株、灌木2000株、宿根花卉5万株、草坪及地被3万平方米；隔离带及护坡栽植常绿乔木2株、落叶乔木27株、沙地柏45.50万株、宿根类75.16万株，工程投资1565万元。9月27日至10月31日，完成南三里屯路（工体北路—白家庄路）绿化改造工程，位于朝阳区南三里屯路（工体北路—白家庄路）步道外，整理绿地面积1700平方米，栽植灌木70株，栽植品种月季500株、宿根花卉1.38万株、早园竹2700株、草坪950平方米，工程投资87万元。10月9日至11月20日，完成潘家园路东段绿化改造工程，位于潘家园旧货市场北侧，工程将原有破旧栏杆全部拆除，更换309延长米新栏杆；新建5个控制阀门井，增加喷灌喷头98个；整理绿化用地2300平方米，栽植灌木128、沙地柏2220株、绿篱色块5350株、法兰西玉簪8000株、丹麦草1412平方米，工程投资85万元。

（李　伟　刘　跃）

【花卉布置】 4月20日至10月2日，完成2016年花卉常态化项目。在朝外大街、建国路、老迎宾线、东二环路、东三环路、东四环路等11条道路进行常态化花卉布置。栽摆串红、三色堇、牵牛、天冬草、常春藤、铁树、毛地黄、海棠、小菊、鸡冠、串红等时令花卉69.45万株，工程投资391.43万元。

（刘　跃）

绿化二队

【概况】 区绿化二队隶属区园林绿化局，全民所有制差额拨款事业单位，队部位于朝阳区柳芳北里小区。主要职能是管理园林绿地，美化城市环境，城市园林绿地建设，城市园林绿地管理与规划。截至年底，在岗职工101人，其中管理岗15人、专业技术岗15人、工勤岗71人，编外合同工6人，退休人员72人。固定资产总值2292.59万元。养护绿地范围东至驼房营，西至八达岭高速路，南至四惠桥，北至昌平交界。全队养护道路绿地258条/块，有园林绿地412.48公顷，其中公共绿地26处（新增北苑公园）。有乔木18.1万株，灌木67.6万株，绿篱色块790.7万株，竹子23万株，垂直绿化12.2万株，月季6094.4万株，草坪140.3万平方米。年内，区园林绿化局第三方检查方法的正式实施，养护工作重点扩大到台账、图斑及养护绿地的各个角落。微信平台建立后，通过各种小视频、照片、语音及文字消息等手段有效提高养护沟通的时效性，养护部被局第三方检查所拍照的问题照片同比百分比降低11%，网格案件数量同比百分比下降55%。完成辖区内安立路、东直门楔形绿地、东四环路、坝河绿地、北辰西路、广顺大街、三环路、十五区东路、涌溪公园、太阳宫南街、党校路、北四环路、小营北路、和平里西街等重点道路苗木补植工作。年内，区绿化二队养护部组织养护和安全工作例会13次，定期、规定路线检查21次，随机抽查12次，人员到位情况专项检查5次，重点地区落叶清理、浇水情况专项检查8次，班点安全检查10次。通过微信平台下发市、区各级重要通知54条；布置养护任务80余项；上传巡查问题照片1500张，收到养护单位反馈照片1000余张，局第三方检查问题照片3600余张，全部及时反馈并整改。年内，队养护部开展专业知识培训6次。年内，完成环望京健康步道、平原造林、中轴路改造、安华园、中央军委及共和国部长义务植树活动、家乐福门前代征绿地、2016环线一期（三环路）、花卉常态等政府项目，北四环、高原街景观提升、左家庄办事处夏园、小关办事处206和207楼小区、2016美丽家园等办事处绿化改造项目，首开地产缇香郡、中冶大厦绿化改造、华远西红门售楼处等开发商项目40余个工程，施工面积40万余平方米。在建工程有望和桥区改造、奥林匹克中心区湖景西路提升、2016年区级小公园一期、二期项目建设、2016年区级重点道路改造等政府项目，惠新南里5号院、惠新南里一居，惠新东街等办事处绿化改造项目10余个工程。栽植常绿乔木4284株，落叶乔木2.20万株，落叶灌木6.36万株，常绿灌木158株，色带绿篱9.67万株，栽种时令花卉32.47万株，冷季型草坪3047平方米，水生植物8721株；喷灌工程3990米，安装水阀20套，阀门井4座，阀门6个，快取74个；土建工程铺设天然配砂路1.5万延长米，路牙1384延长米，花池挡墙113延长米等工程；2016年花卉常态化及重大节日摆花161.08万株。落实各项安全生产制度，全年进行安全检查18次，安全培训8次，安全教育15次，与各部（班）、外包方、用工单位和租赁单位分别签订各种安全责任书。年内，队巡查部专业联合执法28次，电力、热力、水务工程恢复绿地32处，现场勘查126次，有效申报审批手续受理12件，金额304.56万元。年内，上报各类信息63条，展板2期，出版队刊2期。完成北京兴源体系认证中心ISO9001国际质量体系、ISO14001环境体系及OMS职业健康安全体系认证外审。

地址：柳芳北里3号楼西侧
邮编：100027
电话：84489393/ 84515379

（刘晓兰）

【绿化工程】 2015年12月7日开工，2016年5月15日竣工，完成区2015年平原造林二期工程（2标段）施工工程，位于孙河乡榆悦湾公园中心地块，属孙河乡人民政府建设，投资511.34万元，施工面积9.57万平方米，其中绿化面积7.72万平方米，栽植常绿乔木830株、落叶乔木3843株、落叶灌木6649株，野生地被播种2.20万平方米；喷灌安装管材1420米，快取35个；土建铺设碎石园路3396平方米。2015年12月7日开工，2016年5月15日竣工，完成区2015年平原造林（榆悦湾公园）工程，工程面积8.28万平方米，属孙河乡人民政府建设，投资1680.13万元。3月23日至25日，完成共和国部长义务植树活动场地准备项目工程，投资717万元，属通州区园林绿化局建设，位于通州区文化旅游局京哈高速北侧，绿化工程、庭院工程及喷灌工程面积3.53万平方米，栽植常绿乔木193株、落叶乔木1566株、落叶灌木87株，栽植野牛草3.53万平方米；喷灌安装PE管材DE32的41米，PE管材DE100的1405米，快取39个；铺天然级配沙石路1898.1米、路牙铺设1384延长米。9月21日至10月30日，完成2016区级小公园工程，包括东土城路口小公园、文学馆东侧小公园、文学馆西侧小公园、秀木广场5条道路，投资539.09万元，属区园林绿化局建设，绿化面积6499平方米，栽植常绿乔木18株、落叶乔木124株、落叶灌木1435株、色带绿篱5223株、常绿灌木5株。9月27日至10月31日，完成2016区级重点道路绿化项目工程，包括北辰西路、温榆河大道甩项剩余白地、樱花东街、育慧南路4项工程，投资846.43万元，栽植落叶乔木857株、色带绿篱5.42万株、常绿灌木136株、竹子1076株、常绿乔木339株、落叶灌木136株。9月27日至10月31日，完成2016望京区域绿化项目望花路施工，投资30.64万元，属区园林绿化局建设，绿化面积1612.6平方米，栽植落叶灌木250株、色带绿篱2.71万株；喷灌安装管道743米、25取水阀20套、门井4座、门6个。12月1日至31日，完成家乐福门前代征绿地建设项目工程，投资198.9万元，属区园林绿化局建设，绿化面积9700平方米，栽植常绿乔木21株、落叶乔木176株、常绿灌木17株、落叶灌木3190株、花卉地被4.23万株、冷季型草坪3047平方米；土建工程铺装850平方米；浇灌工程375延长米。

（任　爽）

【花卉布置】 5月10日至19日，完成2016花卉常态化及重大节日摆花项目，包括东四环、北三环、东三环、民族大道、农展桥、北辰东路、北辰西路、北苑公园、安定路、安立路、新东路、樱花西街12条道路，属区园林绿化局建设。摆花161.08万株，投资627.25万元。

（任　爽）

绿化三队

【概况】 区绿化三队隶属区园林绿化局，全民所有制全额拨款事业单位。位于东四环姚家园路口北侧。主要负责区域内农村道路绿化建设及养护管理。截至年底，在岗职工36人，其中管理岗11人、专业技术岗7人、工勤岗18人，退休人员12人。全年经济创收3325.83万元，同比减少23.56%。固定资产总值603.23万元。道路绿地养护144条201.36万平方米。年内，加大养护管理精细化力度，结合第三方监督方法改变固有管理模式。养护道路招投标8个标段8家单位中标，合计金额1594.69万元。建立《区绿化三队专业绿地养护质量检查内容和扣分细则》《年度考评成绩非检查因素评分依据》《区绿化三队生产养护检查考核及奖惩办法》及《养护班组职责及管理办法》，全年养护检查10次。年内进行春季补植，对人为破坏严重的绿地加装栏杆2000余延长米，投资40万余元。开展法制宣传教育和“安全生产月”学习活动，年内进行消防知识培训3次，增强职工安全防范意识。完成酒仙桥路、广顺北大街路重点道路改造及丽泽公园建设；完成星火西路和驼房营路绿化恢复工程，绿化面积3000平方米；完成平原造林24.67万平方米绿地；完成3块苗圃地8.33万平方米的后期养护。全年报送区园林绿化局信息72条。

地址：东风乡将台洼口1号
邮编：100016
电话：84301230

（彭桂英）

【绿化工程】 9月21日至10月30日，完成丽泽公园绿化改造工程，位于东坝大街东北师范大学附属中学朝阳学校外侧，改造面积0.64公顷，工程造价258.7万元，栽植乔木122株、灌木154株、色带724.8平方米，铺草坪3500平方米。9月27日至10月31日，完成酒仙桥路（坝河—芳园西路）绿化工程，改造面积0.41万平方米，工程造价55.2万元，栽植乔木125株、色带551平方米、花卉115.5平方米，铺草坪1118平方米。9月27日至10月31日，完成广顺北大街绿化改造工程，位于广顺桥—来广营路口，改造面积0.47万平方米，完成0.42万平方米，工程造价119.7万元，栽植乔木333株、色带937平方米，铺草坪2200平方米。

（刘　超）

大黄庄苗圃

【概况】 大黄庄苗圃位于东五环大黄庄桥东与平房路路口往北交汇处。隶属区园林绿化局，全民所有制自收自支事业单位。主要负责道路养护管理、园林绿化设计及施工，绿化苗木、花卉生产与销售。单位内设行政办公室、财务室、资产安全办公室、养护组、工程组、业务组6个管理部门，下设11个班（组）和2个苗木基地。人员编制114人。截至年底，在职职工总数82人，其中管理岗9人、专业技术岗10人、工勤岗52人、编外人员11人，退休职工132人。全年经济收入11199万元，固定资产总值3521万元。道路绿地养护面积458万平方米，其中特级道路绿地8条、一级道路绿地16条、二级道路绿地21条。养护绿地现有乔木6.63万株，灌木12.62万株，沙地柏158.63万株，绿篱472.74万株，攀缘植物59.2万株，竹子5.23万株，宿根花卉101.95万株，地被6.01万平方米，草坪61.21万平方米。苗圃现有土地面积52.33万平方米，其中生产用地面积22万平方米，圃地育苗面积17.6万平方米，现种植国槐、白蜡、元宝枫等常规品种及银红槭、美国红枫、北美海棠等新优品种；花木基地面积2.87万平方米，育苗面积8000平方米，栽植金娃娃、玉簪等宿根花卉；非生产用地面积29.33万平方米；办公用地面积1万平方米。同时，租用通州永乐店土地27万平方米，其中育苗地面积23万平方米。年内，完成东阳公园、东高路、司辛庄、温榆河绿道、定福庄西路、白家楼环境整治、朝阳北路改造7项绿化工程，栽植常绿乔木1740株、落叶乔木5115株、常绿灌木2.3万株、落叶灌木4.5万株、色带绿篱3.8万株、竹类489株、花卉22.4万盆、铺草坪7万余平方米，绿化面积34.5万平方米。

地址：大黄庄35号
邮编：100024
电话：65711286
网址：http:t.home.news.cn/bgs6571

（王爱华）

【绿化工程】 2015年12月7日至2016年5月15日，完成东阳公园绿化工程，工程属朝阳区2015年平原万亩造林施工项目，位于朝阳北路与东高路交叉处东北角，有2块绿地，规划面积8.67万平方米，种植常绿乔木858株、落叶乔木2825株、亚乔木687株、花灌木3026株、常绿灌木17293株、地被及色带2.18万平方米、草坪5.31万平方米、攀缘植物114株。3月10日至7月7日，完成东高路（朝阳北路-东坝南二街）道路绿化工程，工程面积4.91万平方米，栽植常绿乔木227株、落叶乔木252株、落叶灌木1798株、色带1.73万株。3月24日至5月1日，完成司辛庄村街边公园绿化工程，位于管庄乡司辛庄村，绿化面积5240平方米，栽植常绿乔木51株、落叶乔木191株、常绿灌木20株、落叶灌木183株、色带及绿篱苗木5803株、竹类489株、各类花卉1.12万株，铺草坪2770平方米。9月27日至10月31日，完成朝阳北路道路绿化工程，面积2.5万余平方米，栽植常绿乔木112株、落叶乔木927株、常绿灌木25株、落叶灌木及色带苗木1.23万株。8月12日至12月31日，完成温榆河绿道（朝阳段）建设工程，位于温榆河南岸，机场二高速至坝河口桥段，施工地块长8400余米，栽植落叶灌木2.72万株、常绿灌木5163株。年内，完成定福庄西路（朝阳路-幺家店路）道路绿化工程，绿化面积8566.34平方米，栽植常绿乔木378株、落叶乔木117株、常绿灌木25株、落叶灌木543株、色带及绿篱1.04万株、各类花卉1.62万株，铺草坪5873平方米。年内，完成六位一体道路升级改造工程，位于高碑店地区兴隆中街，工程砌挡墙243米、围栏268米，栽植大叶黄杨6100株、木槿16株、珍珠梅37株、天目琼花22株、大叶黄杨球5株、品种月季420株。

（张　骁）

【苗木移植】 9月，完成朝阳路BRT2电车占地苗木移植工程。移植工程范围由大黄庄桥至杨闸环岛，全线移植乔木577株、灌木596株、色带6625平方米/23.85万株、宿根花卉639平方米/2.3万株、攀缘植物2.16万株。

（张　骁）

【花卉布置】 年内，完成京通路花卉常态化两茬花卉栽植工程，栽植花卉5.42万盆。

（徐　谦）

北花园苗圃

【概况】 北花园苗圃位于朝阳区高碑店乡北花园村南。隶属区园林绿化局，全民所有制自收自支事业单位。苗圃占地面积22.40万平方米，负责区域内街乡道路养护管理，园林绿化设计及承揽绿化工程，道路绿地巡查，绿化苗木及花卉培育。苗圃内设办公室、财务部、后勤部、生产部、养护部、巡查部、工程部。截至年底，在职职工30人，其中管理人员10人，专业技术人员2人，工勤人员7人，编外人员11人，退休人员8人。年内，养护道路绿地面积136万平方米，其中特级道路绿地10条55.37万平方米，一级道路绿地27条47.83万平方米，二级道路绿地20条22.16万平方米，三级道路绿地1条10.66万平方米。养护绿地现有乔木5万余株，灌木17.4万余株，绿篱3万平方米，地被类植物32.3万平方米，草坪13万平方米。补植乔木250株、灌木753株、绿篱色块727平方米、宿根花卉8.36万墩、月季8500盆、草坪7000平方米。年内引进优良品种6个2642株，主要树种有油松、紫叶矮樱、国槐、白蜡、栾树、银杏等；出圃苗木2366株，其中常绿乔木312株、常绿灌木80株、落叶乔木370棵、落叶灌木1604株。苗圃严格执行区园林绿化局《关于养护资金管理的规定》，完成苗圃养护路段招投标管理工作。接收处理网格件1000余条，社会单位及个人反映问题200件，均按要求处理答复。年内，完成绿化改造工程、新施工绿化工程6项，总面积19.9万平方米。分别是京沈绿地占地恢复工程、垡头西路绿地恢复工程、白鹿司路（京沈高速公路北侧辅路—茶家东路）道路工程、绿化工程、广渠路（东四环—通州区怡乐西路）绿化工程，新悦公园绿化改造绿化工程。坚持“安全第一、预防为主、综合治理”方针，安全检查采取自查和安全大检查相结合的方法，有效控制各类安全事故发生，全年进行安全检查15次，实地安全演习1次，全年无安全责任事故发生。

地址：北花园村南
邮编：100121
电话：87739429

（伏乃红）

【绿化工程】 9月7日至12月31日，完成广渠路（东四环至通州区怡乐西路）二期绿化工程，绿化面积10.7万平方米，种植常绿乔木856株、落叶乔木3791株、常绿灌木8300株、落叶灌木8384株、绿篱色带37.66万株、藤本植物5.73万株、花卉16.41万株、地被10.78万株，铺草坪5.43万平方米。3月10日至6月18日，完成京沈绿地占地恢复工程，位于京沈辅路南侧，厚俸桥至五方桥西，绿化面积4.57万平方米，种植常绿乔木390株、落叶乔木1021株、落叶灌木1125株、绿篱色带2700株、花卉6.19万株，铺草坪8.1万平方米。3月24日至5月22日，完成垡头西路绿地恢复工程，位于化工路以南欢乐谷以北，绿化面积6500平方米，种植常绿乔木6株、落叶乔木84株、落叶灌木194株、绿篱色带3.27万株、花卉2.96万株、地被6300株，铺草坪3572平方米。10月26日至12月24日，完成白鹿司路道路绿化工程，位于京沈高速公路北侧辅路茶家东路，工程投资399.64万元，绿化面积1.27万平方米，种植常绿乔木119株、落叶乔木602株、落叶灌木952株、绿篱色带22739株、花卉4244株、地被5770株。9月21日至10月30日，完成新悦公园绿化改造工程，位于远洋一方小区以南，投资351.70万元，绿化面积1.19万平方米，种植常绿乔木144株、落叶乔木130株、落叶灌木715株、绿篱色带4.01万株、花卉9.63万株、地被8008株，铺草坪4486平方米。6月1日至7月10日，完成孛罗营绿化补植工程，位于京沈辅路新东郊商城东侧，绿化面积0.25万平方米，种植常绿乔木162株、落叶乔木155株、绿篱色带4万余株、花卉2472株。

（潘浩渺）

林业工作站

【概况】 区林业工作站位于平房乡姚家园村，隶属区园林绿化局，属全额拨款事业单位，核定人员编制17人。占地面积0.73公顷，固定资产总值279万元。截至年底，单位职工人数17人，其中管理人员8人，高级工程师3人，工程师4人，初级技术人员2人。单位设办公室、业务室、财务室3个部门。主要负责区域林木有害生物防治、预测预报、检疫工作；依法开展林木种苗生产、经营监督管理工作；拟定区域果树、林木种苗产业发展规划以及相关管理规范和技术标准，并组织实施；负责组织指导果树、林木种苗新品种和新技术引进、试验、推广、技术培训等工作；负责林果及蜂产品质量监督管理、跟踪检查标准实施与技术指导服务工作；开展林木种苗与食品安全方面的法律法规、林业果树技术、林木有害生物防治与检疫技术培训，并指导街(乡)林业工作。负责全区枯死树鉴定工作。年内，召开全区防控会3次，下发区防控指挥部办公室文件18期1080份，并深入街乡开展专题培训。购置各类诱芯750个、杀虫灯60台和测报工具充实到全区各个测报点。加大检查指导力度，到2家重点木材市场300余家木材经销商进行检查，未发现苹果蠹蛾、红脂大小蠹等林业有害生物，确保造林苗木质量。规范"植物检疫证书""产地检疫合格证"签发工作，全年开具"产地检疫证书"120批次，产地检疫苗木8000株，检疫面积200公顷，开具"检物检疫证书"2200批次，"木材运输证"2100批次。四率指标完成情况是成灾率0、无公害防治率100%、测报准确率98%、种苗产地检疫率100%。全区未发生美国白蛾灾害。年内，果树面积333.3公顷，年总产量120万公斤，产值1300万元。全区重点果园推广果实套袋50万个，推广有机肥266.67公顷，推广果树现代新技术种植累计33.33公顷，推广苹果、樱桃、桃等名优品种18个。贯彻实施《中华人民共和国食品安全法》，加强林果生产领域食品安全监管工作，强化食品生产经营者自律意识，对重点果园跟踪检查指导，推广标准化管理，使用生物农药，指导监督林果产品生产企业建立食用林果产品生产记录制度。全年抽检基地6个、样品45批次，合格率100%，未发现农药超标现象。截至年底，全区有苗圃37个，办理林木种子生产经营延续6家，向苗木生产企业免费提供标签，种苗标签使用率98%，做到种子、苗木自检，实现销售经营种子、苗木附有标签。年内，有序疏理行政职责80项，涉及有害生物防治、植物检疫、木材运输、种苗管理、食品安全监管等项内容，利用义务植树日、北京市科普宣传月等形式加大宣传力度，发放宣传材料1.8万余份；组织单位技术骨干深入到崔各庄乡、东坝木材市场、重点果园开展业务培训和现场指导，并组织19个乡业务骨干参加市林业工作总站组织的网络在线业务培训，提高基层队伍防控业务水平。

地址：姚家园村84号
邮编：100025
电话：51193981

（刘传敏）

【林木有害生物防控】 年内，全区以防治美国白蛾、春尺蠖、国槐尺蠖、蚜虫等林木有害生物为主，全年普遍防治6次，防治面积9333公顷。未出现重大灾情和疫情及树木花草被有害生物吃光、吃花现象，未出现林木有害生物严重扰民事件。专项投入资金250万元，其中区财政投入资金130万元，市投入资金120万元，购置杀虫灯60台、各类诱芯750个，发放和使用防控各种药剂25吨。建立44支应急防治专业队伍，防治人员1100人。全年主要对美国白蛾、红脂大小蠹、国槐尺蠖、春尺蠖、槐尺蠖、舞毒蛾、地中海食蝇、橘小食蝇、瓜实蝇、苹果蠹蛾等主要病虫进行监测。通过测报，制定出防治适期。全年举办各类集中培训5次，对8个街乡、奥运中心区等重点单位开展专题培训，累计培训200人次。区林业工作站利用植树日和科普宣传月形式发放各类宣传材料3.6万份。全区有国家级中心测报点1个，市级监测测报站1个，市级监测测报点55个，区级监测测报点14个，区级巡查员50名人。

（刘传敏）

园林绿化综合服务中心

【概况】 区园林绿化综合服务中心隶属区园林绿化局，是行政支持类差额拨款事业单位。主要职责协助局机关有关科室开展伐移树木审批前后的相关服务，监督检查绿地控制线范围内建设情况，收缴绿化经费及统计。

地址：朝阳北路147号院1号楼
邮编：100025
电话：85974268
邮箱：498217265@qq.com

（王　君）

【主要工作】 年内，与10家社会单位签署《代征绿地移交协议》，涉及代征绿地面积14.36万平方米；接收中关村科技园区电子城西区二期（A11、C2、C4、D2地块）、双桥嘉园、富华产业园、金茂府、常楹公元5个项目的代征绿地面积

7.12万平方米；对全区363块2239.66万平方米的代征绿地数据库动态情况更新4次；配合局资源科完成树木移伐勘察现场131次；接收树木砍伐批后监督件131件（市园林绿化局审批65件、区园林绿化局审批66件），涉及伐移区域，其中农口24件、城区107件，城区批准伐移类型，其中涉及危险树40件、市政建设65件、树木更新2件。其中，实施移伐并实施监督86件，待监督执行45件；配合局规划发展科实施绿地率审核62件；办理回复投诉件42件，办结率100%；举办质量监督业务培训班3次，对朝阳区小红门污水处理场、奥园栽植花卉等10个工程实施质量监督；全年出动监督执法人员386人次，车辆128台次，实施日常绿化监督及各类监督检查活动。

（王　君）

郊野公园管理中心

【概况】 区郊野公园管理中心隶属区园林绿化局，属行政全额拨款事业单位。在职人员3人。主要职责负责组织落实郊野公园行业标准，制定朝阳区郊野公园管理办法和措施；负责对朝阳区郊野公园的景观保护、绿化养护等管理服务工作进行业务指导、监督和考核；负责郊野公园专项补助资金的管理使用工作。年内，检查考核全区郊野公园工作2次；并选取东坝郊野公园、白鹿公园、朝来森林公园、清河营公园、勇士营公园等5家公园开展国家AAA级旅游景区创建工作，同时在全区郊野公园中按照国家AAA级旅游景区标准进行管理。组织各乡郊野公园34人参加绿化工培训，并取得证书，其中初级工21人，中级工8人。组织各乡郊野公园管理层73人和一线职工104人进行为期两天的培训。通过培训，全区各郊野公园干部职工整体业务素质得到提高。截至年底，全区有郊野公园23家。

地址：道家园甲16号

邮编：100025

电话：65041149

（付雨婷）

【培训工作】 年内，组织各乡郊野公园34人参加绿化工培训，并取得证书，其中初级工21人、中级工8人。组织各乡郊野公园管理层73人和一线职工104人进行为期两天的培训。

（付雨婷）

奥林匹克森林公园

【概况】 奥林匹克森林公园位于北京城中轴线北端，南起科荟路，北临清河，东至安立路，西至林萃路。公园占地约680公顷，以北五环为界，分为南、北两园。南园约380公顷，北园约300公顷，横跨北五环路的生态廊道将南北两园连为一体。公园水面面积67.7公顷，绿化面积478公顷。有乔灌木59.61万余株，植物品种278种，绿化覆盖率95.61%。是北京市区最大的城市公园，属北京世奥森林公园开发经营有限公司管理。北京世奥森林公园开发经营有限公司隶属区国资委，为国有独资企业。设有党委办公室、总经理办公室、工会办公室、纪委办公室、计划财务部、人力资源部、综合管理部、资产管理部、法务审计部、市政工程部、园林工程部、公园管理部、文化旅游部、安全办公室14个机关部室，以及北保洁公司、南保洁公司、保安公司、经营公司、体育园管理中心、工程维修中心、廉洁奥运主题文化园、北京奥林匹克塔共8家基层单位。截至年底，全园职工2524人。其中在岗1259人，退休944人，其他不在岗321人。全年接待游客1227.599万人次。

地址:北五环仰山桥西

邮编：100107

电话：64529010

网址：www.bjofp.com.cn

（陈迎双）

【“走向2022 让北京走起来”徒步大会启动】 1月9日，由区人民政府、市徒步运动协会联合主办的“走向2022让北京走起来”2016北京市新年徒步大会暨朝阳区国际长走大会启动仪式在奥林匹克森林公园南广场举行。市徒步运动协会原名誉会长赵家骐，市徒步运动协会会长史绍洁，中共北京市社会工作委员会书记宋贵伦，市知识产权局巡视员王淑贤，共青团北京市委员会书记常宇，北京奥运城市发展促进中心副主任赵卫，共青团北京市委员会副书记郭文杰，区委书记吴桂英，代区长王灏，区委常委、组织部部长何明，区委常委、宣传部部长刘军胜，副区长黄晓伟，区体育局局长马海鹰等领导，奥运冠军王丽萍、徒步达人雷殿生、健身专家赵之心参加活动。

（陈迎双）

【领导视察】 2月26日，副市长陈刚，视察北京奥林匹克塔1号塔塔冠加装奥运五环标志及故宫精品文物展厅安防系统安装工程。副区长黄晓伟、世奥公司总经理田锦秱陪同视察。4月11日，副市长张建东、北京冬奥组委秘书长韩子荣，视察北京奥林匹克塔1号塔塔冠加装奥运五环标志施工情况，区委书记吴桂英、副区长黄晓伟陪同视察。6月24日，全国政协原主席贾庆林到北京奥林匹克塔视察，区委书记吴桂英、区长王灏、北京奥林匹克公园管委会常务副主任田巨清、世奥公司总经理田锦秱陪同视察。

（陈迎双）

【第五届奥森公园——春花节】 3月18日至5月3日，奥林匹克森林公园“第五届奥森花卉观赏季——春花节”活动免费向游客开放，春花节期间接待游客332.2万人次。

（陈迎双）

【跑步节启动】 3月21日，“特步321跑步节启动仪式暨奥林匹克森林公园特步跑道开工仪式”在奥林匹克森林公园举行。中国田径协会副主席、国家体育总局田径运动管理中心副主任王大卫，特步集团董事局主席丁水波，特步公司代言人谢霆锋、NANA、杜天皓、Friday、谢震业、陈定等文体明星与来自各界的500余位特跑族跑友共同出席仪式。

（陈迎双）

【职工健步走活动】 3月30日，由市总工会、市体育局、区委、区政府共同主办的“健步121、绿色好生活”职工健步走活动在奥林匹克森林公园举办。市人大常委会副主任牛有成、市总工会党组书记曾繁新，区委书记吴桂英、区长王灏等领导出席启动仪式并参加健步走活动。各系统职工3000余人参加活动。

（陈迎双）

【南水北调展览馆开馆】 5月17日，朝阳·淅川“弘扬移民精神深化京淅协作”宣传月活动闭幕式暨朝阳淅川友谊月季园、南水北调展览馆开馆仪式在生态展示温室举行，标志着南水北调中线工程水源地和受水区对口协作进入新阶段。

（陈迎双）

【奥运五环标志落成仪式】 6月12日，北京奥林匹克塔命名暨奥运五环标志落成仪式在北京奥林匹克塔西入口广场举行。中共中央政治局委员、北京市委书记、北京冬奥组委主席郭金龙，国际奥委会主席托马斯·巴赫，国家体育总局局长、中国奥委会主席、北京冬奥组委执行主席刘鹏，市委副书记、市长、北京冬奥组委执行主席王安顺以及中央有关部门、北京市和北京冬奥组委领导张工、张建东、于再清，市政府秘书长李伟等出席仪式。仪式上，王安顺、巴赫先后致辞。郭金龙、巴赫、刘鹏共同按下按钮，奥林匹克塔西门上方奥运五环标志正式亮相，1号塔塔顶奥运五环标志缓缓开始旋转。仪式结束后，巴赫向郭金龙、刘鹏分别赠送顾拜旦头像雕塑和奥运天际雕塑。

（陈迎双）

【第五届奥森公园——百亩葵花展】 6月30日至7月28日，举办"第五届奥林匹克森林公园——百亩葵花展"。本届葵花展，公园引进种植24个观赏向日葵品种，是北京城区内种植规模最大、品种最全的向日葵观赏区。包括大面积种植的"油葵"和"欢乐小炮竹""帕蒂小葵""黑天鹅""三阳开泰""桃之春""好运多""绿天使""醉云长""满天星""柠檬碧翠"等23个精选的稀有向日葵品种。葵花展期间吸引游客123.493万人次入园观赏。

（陈迎双）

【领导考察】 8月22日，河南省代表团到北京奥林匹克塔考察。中共中央政治局委员、北京市委书记郭金龙，河南省委书记、省人大常委会主任谢伏瞻，北京市委副书记、市长王安顺，河南省委副书记、省长陈润儿，市人大常委会主任杜德印，北京市秘书长、副市长张工，北京市副市长张建东等领导150余人参加。

（陈迎双）

【文化产业创新实验区高端峰会】 9月6日，2016国家文化产业创新实验区高端峰会论坛在北京奥林匹克塔举行，市委常委、宣传部部长李伟、中国传媒大学党委书记陈文申，区委书记吴桂英等嘉宾致辞。

（陈迎双）

【2016中国网球公开赛】 9月25日至10月9日，2016中国网球公开赛在国家网球中心举行。来自47个国家和地区的281名球员参赛，举办305场比赛，入场观众24万余人。

（陈迎双）

【第五届花卉观赏季——秋日花展】 9月26日至10月30日，奥林匹克森林公园"第五届花卉观赏季——秋日花展"在花田野趣景区免费向游人开放，本届秋日花展以西侧波斯菊为主展区，东侧展区为百日草观赏区，展出波斯菊、百日草及各色秋菊，形成百亩花海。花展吸引游客111.82万人次入园赏花。

（陈迎双）

【国际奥委会专家考察】 10月10日，国际奥委会协调委员会专家团队对北京奥林匹克塔实地考察。副市长张建东，国家体育总局党组副书记、副局长杨树安，北京冬奥组委秘书长韩子荣，北京冬奥组委秘书行政部部长郭怀刚，北京冬奥组委体育部部长佟立新，北京冬奥组委规划建设和可持续发展部部长刘玉民，副区长黄晓伟等领导参加考察。

（陈迎双）

【参观接待】 11月19日，"第二届两岸媒体人北京峰会"台湾媒体参访团到北京奥林匹克塔参观访问，世奥公司总经理任锦和陪同。

（陈迎双）

朝阳公园

【概况】 朝阳公园是一处以园林绿化为主的综合性、多功能的大型文化、休闲、体育、娱乐公园，是国家AAAA级旅游景区、北京市重点公园和精品公园，是北京市四环以内最大的城市公园。朝阳公园位于朝阳区中部，北至亮马桥路，西至朝阳公园路，东至东四环路，南至朝阳公园南路，规划总面积为288.7公顷，其中水面面积68.2公顷，陆地面积为220.5公顷，绿化覆盖率87%。其中建筑占地面积为10.4公顷，道路广场铺装面积为21公顷，绿化面积为145公顷，其他占地面积44.1公顷。公司设置12个部室，8个基层部门。全园职工1958人，其中在岗职工690人，退休职工1195人，内退职工73人。全年接待游客1009万人次。

地址：朝阳公园南路1号

邮编：100125

电话：65940972

网址：www.sun-park.com

（孔　雁）

【第十三届国际风情节】 2月8日至13日，由朝阳公园主、承办，北京金艺舟国际文化传播有限公司协办的"第十三届北京朝阳国际风情节"在公园举行，活动主题为"风情世界悦动新春"，来自罗马尼亚、荷兰、英国、委内瑞拉、智利、美国等8个国家和地区的艺术家们为游客展示一系列歌舞、音乐等文艺表演。罗马尼亚民间舞、非洲部落舞、委内瑞拉流行乐队、智利小丑Tuga和美国创新小丑代表Rollo纷纷献艺，倍受游客欢迎。来自墨西哥、西班牙、美国、泰国、土耳其的国际特色美食，国内民族小吃、风味小吃以及民俗风情集市，让市民在节日期间大饱口福。风情节期间接待游客41.5万人，综合收入340万元。

（孔　雁）

【游园活动】 3月22日，区水务局主办"世界水日"宣传活动在朝阳公园南门外广场举行，区水务局职工50余人参加活动，共发放节水倡议书和宣传画10余类。3月26日，朝阳区委宣传部、文明办、水务局、教委、团区委联合主办的朝阳区"志愿同行亲水朝阳"主题志愿服务活动在公园融合广场举行。活动旨在通过宣传展示、互动体验唤起公众的节水护水意识，加强水资源保护，共建生态文明的浓厚社会氛围。首都文明办副主任韩龙彬、市水务局副局长张萍、区委常委、宣传部长刘军胜、副区长黄晓伟等领导出席启动仪式。4月2日，优购网联合时尚集团主办，上海尚之广告有限公司承办的"时尚里约跑"活动在公园万人广场举行。活动倡导全民健康积极的生活方式，传递快乐时尚的生活理念。优购网副总裁李承、时尚集团总裁苏芒、国内明星佟大为、许魏洲等领衔开跑，来自全国各界的500多位运动爱好者一起奔跑4.5公里。5月26日，由朝阳公园和朝阳区摄影协会联合举办的"这边风景独好——看朝阳公园三十年的变迁"暨第六届"五月朝阳"摄影展在公园礼花广场拉开帷幕。副区长黄晓伟、区国资委党委书记刘勇出席开幕式。影展吸引众多摄影爱好者和公司广大干部职工普遍关注和热情参与，征集作品2200余幅，作品得到摄影专业人士及评委们的一致认可。这些作品充分体现综合性、多功能、现代多样化的绿色生态人文景观，展现公园32年来所取得的可喜成绩和发生的巨大变化，讴歌坚持"加快发展、科学发展、又快又好发展"的时代主旋律，让参观者从中深切感受到游园文化、生态文化和公园形象文化的浓郁气息和时代风貌。5月28日，北京市体育总会秘书处主办的"第九届公园半程马拉松北京公开赛"活动在公园举行，500名马拉松爱好者环绕北部园区进行21公里公益跑步。5月28日，惠普公司主办，北京麦肯嘉文商务咨询有限公司承办惠普家庭日活动在公园融合广场举行。活动内容包括惠普内部员工及家属3公里健康长走、互动游戏、才艺展示等。惠普公司近450名员工及家属参与活动。6月1日，由北京市反拐联席会议办公室、北京市公安局刑侦总队、朝阳分局承办，北京市民政局、北京市公安局治安总队、中央电视台《等着我》栏目组、中国社会福利基金会缘梦基金协办的“关爱儿童，反对拐卖”为主题的反对拐卖儿童宣传活动在朝阳公园礼花广场举行。宣传《中国反对拐卖人口行动计划（2013—2020年）》，介绍国内反拐工作概况和防拐常识，增强社会各界尤其是儿童的防范拐卖犯罪意识，动员全社会积极参与反拐工作，共同减少拐卖儿童犯罪，构建和谐社会。民政部社会事务司、共青团中央权益部、国务院妇儿工委办公室、全国妇联权益部等国务院反拐部际联席会议成员单位，共青团北京市团委、北京妇儿工委办公室、北京市妇联、阿里公益等单位出席活动。国务院反拐部际联席会议办公室主任、公安部刑事侦查局局长杨东授予赵薇、郁钧剑、刘媛媛、沙溢等演艺人员为中国反拐义务宣传员。6月11日，由广州高晋市场推广有限公司主办的炫彩夜跑活动在公园沙滩排球主赛场周边广场和园内健步道举行。当晚，主办方邀请乐队活力献曲，5000余名跑步爱好者参加全程4.5公里的ILLUMI RUN荧光炫彩夜跑。7月16日至8月21日，由北京希肯琵雅国际文化发展有限公司、北京一线文化传播有限公司共同主办的“朝阳公园暑期亲子动物夏令营·世界风情大马戏”活动在公园万人广场举行。此次世界风情大马戏演出队伍规模庞大，中外演员达40人以上，邀请国际表演团队，蒙特卡洛国际马戏节金小丑奖、中国吴桥国际马戏节金狮奖、美国国际杂技比赛大奖获得者等来自中国、俄罗斯、乌克兰、哈萨克斯坦、白俄罗斯的国际马戏、舞蹈家、杂技界明星以及动物明星们轮番上演精彩拿手绝活。7月29日至31日，北京朝阳社区学院主办的“2016北京市朝阳区社区足球嘉年华”活动在公园红砖广场举行。活动主要针对朝阳区中小学生，以丰富学生暑假生活、提升校园足球普及性与趣味性为目的，通过专业教练指导的足球互动游戏形式，让更多的孩子接触足球、喜爱足球。8月13日，由上海热波文化传播有限公司主办的“统一冰红茶热波电跑”夜间5公里跑步、步行体验活动北京站在公园沙滩排球主赛场周边广场和园内健步道开启，活动将音乐和跑步相互结合，以全新的形式吸引不同喜好的受众关注和参与，推动全民健身及市民文化的发展。当晚，在活动方设计的荧河跑道上，音乐飞扬、灯光闪烁，5000余名跑步爱好者参加全程5公里的夜跑活动。8月20日，由北京鑫合科技有限公司主办的“第一届XIA范儿轰趴盛典”活动在朝阳公园喷泉广场举行。工作人员为应邀参加活动的客人介绍推广企业自产的小龙虾，献上歌舞表演，并请观众现场品尝小龙虾。9月3日，由戴姆勒公司主办，北京盈朗文化艺术有限公司承办的戴姆勒家庭日活动在朝阳公园万人广场和沙滩主题乐园沙区隆重举行。活动内容包括：戴姆勒内部员工自助午餐，乐队现场表演，充气城堡游玩，投篮机、飞镖机、桌上足球等游艺设备游玩，DIY草帽及DIY T恤，360体感游戏机和棋牌室等。戴姆勒公司近5000名员工及家属参与活动。8月27日，由天津番茄理想体育文化传播有限公司主办的“鹿晗运动季荧光跑”活动在朝阳公园08广场和园内健步道举行。当晚，主办方邀请鹿晗的伴舞团队为大家献舞，500余名跑步爱好者参加全程4.5公里的荧光夜跑。10月9日至11日，由市民政局、市老龄办、首都文明办、市社会办、朝阳区委、朝阳区政府联合主办的2016北京市第四届老年节暨“敬老月”主题活动开幕式在公园喷泉广场举办。北京市副市长王宁、朝阳区区长王灏以及市民政局、老龄办、朝阳区委、区政府相关部门负责人等参加开幕式。本届老年节以“重阳敬老献深情”为主题，对居家养老“四进”服务单位及双拥共建结对子单位进行授旗、授牌，为“孝道传承之家”代表家庭颁发慰问品。10月22日，由北京市体育总会秘书处主办的2016年第十五届北京市公园半程马拉松比赛在公园红砖地广场及长走路线举行。活动以“奔向2022冬奥会”为主题，用全民健身的实际行动迎接冬奥会，预计到2022年冬奥会开幕将举办近100场公园半程马拉松比赛。活动当日800余人参加比赛，北京电视台进行实况转播，针对此项赛事对朝阳公园健走道进行重点宣传和推广。11月6日，“2016VANKEMALL FUN RUN北万商管&品牌合伙人一起趣跑”活动在公园红砖广场和园内健走道举行。本次跑步路线全长6公里，2016年北京国际铁人三项赛冠军运动员孙世怡、尔江领跑，1000余人参赛，旨在以运动为媒，加强大家对身体健康的重视，丰富工作外的娱乐互动体验，传递爱与温暖，收获感动与友谊。

（孔　雁）

【《CAVALIA·舞马》活动】 2月23日，中国舞台演出界第一次以版权购买形式引进的世界级水准的剧场作品《CAVALIA·舞马》在京举行签约仪式。这部已经在全世界70个城市演出过的、全球观众600万人次的大型舞台秀，由圆核经典文化传媒集团以版权购买方式引进中国市场，这是中国文化企业第一次完整购买海外知名大型舞台演艺项目的全球版权，并同时拥有加拿大CAVALIA原班演出团队，也是中国内地文化产业中版权交易额最大的一次演出项目引进。此次合作得到加拿大政府的大力支持。4月28日至7月26日，由圆核经典文化传媒（北京）有限公司主办，北京京演文化传媒有限责任公司承办的《CAVALIA·舞马》亮相朝阳公园CAVALIA城堡，演出团队是加拿大CAVALIA(卡瓦利亚）公司，演员人数109人，演出共54场，每场1000余人。演出内容有序幕、翻天覆地、马背炫技、自由之声等16个节目。

（孔　雁）

【书市活动】 4月15日至25日，由北京市新华书店连锁有限责任公司主办的“2016北京书市”在朝阳公园举办，书市以“书香溢京城全民享阅读”主题，汇聚百余家国内大型出版文化企业，集中5大展区展销40余万种古今中外正版优秀出版物，广邀各界名人举办签售、讲座等百余场文化活动，倾力打造规模盛大的“书文化畅享乐园”，构建彰显北京市民独特人文魅力的文化新景观。在书市上，市民畅游书海、踏青“淘”书，以书会友、与名家互动交流，还可通过登陆书市“微站”，感受“掌上书市”的阅读新体验。此外，书市启动线上线下3大展场，在公园书市的基础上，特别新增“网络书市”和“书城书市”，三大展场全方位满足各类读者的购书需求。为响应李克强总理“倡导全民阅读，进一步普及科学知识，提升国民素质和社会文明程度”的号召，书市引起社会各界的广泛关注，展位总数达500个，比去年增加10%。

（孔　雁）

【第十八届北京希望马拉松】 9月10日，中国医学科学院肿瘤医院主办的

2016第十八届“北京希望马拉松——为癌症患者及癌症防治研究募捐义跑”活动在朝阳公园万人广场举行。活动旨在为癌症患者及癌症防治研究募捐，所得款项主要用于帮助贫困患者和支持中国癌症防治研究事业。北京希望马拉松组委会主任、中国医学科学院肿瘤医院院长赫捷、加拿大驻华大使赵朴分别致辞。10余家企业、团体、院校作为代表奉献出自己的一份爱心。演员邓超应邀担任公益形象大使并出席活动，随后，由大中院校学生、国际友人、医务工作者、癌症患者和普通市民在内的4800余人参加义跑。本次义跑与重庆市肿瘤医院、湖南省肿瘤医院、河北医科大学第四医院合作，为此项公益活动注入新的活力。

（孔　雁）

【公园等级评定】 9月26日，市园林绿化局副局长高大伟携专家组一行10人到园进行公园等级类别评定检查工作。专家组对公园整体环境、设施建设水平等基本情况进行检查，田锦和总经理详细汇报公园建设情况。管剑副总经理从公园基本情况、运营管理情况、创新服务管理三个方面进行汇报。

（孔　雁）

【2016浪琴表国际马联障碍赛】 10月4日至7日，浪琴表国际马联（FEI）场地障碍世界杯——中国联赛总决赛在公园马术场地举办。比赛全新升级为国际马联CSI三星级赛事，延续往届惯例分为希望之星赛、青少年及马主赛、俱乐部个人及团体赛、世界杯赛等多个级别，并细化障碍高度划分，赛程更丰富、全面，赛事品质进一步提高，来自世界各地的知名选手以及国内顶尖骑手参加比赛。

（孔　雁）

【北京外语游园会】 10月15日至16日，“2016年北京外语游园会”主会场在公园礼花广场和喷泉广场举办。市委常委、常务副市长、市民讲外语活动组委会主任李士祥与活动各主办、协办单位领导及市民讲外语活动组委会专家顾问团中外专家代表、部分外国驻华使馆官员来到现场，与广大市民共同游园。外语游园会以“学外语促交往迎冬奥”为主题，设置中心展演区、文化展示区、互动体验区、趣味游戏区、“营造国际语言环境建设国际交往中心”图片展区、外语咨询服务区6个活动区，还设立19项游园活动，引入“世界太大领保护航——市民走出去大讲堂”、“中医药——献给世界的礼物”、“北京传统文化双语展示”互动体验等全新活动项目，邀请天津市与河北省的200名市民共同游园。

（孔　雁）

【旅游景区质量等级复核检查】 10月21日，旅游景区质量复核检查专家组一行5人，对公园进行旅游景区质量等级复核现场检查工作。专家组首先进行实地检查，听取公园基本情况、旅游交通、游览服务、综合服务、特色文化、信息化、旅游安全、综合管理、资源和环境保护八个方面的汇报，随后专家组抽查文字资料，提出营造公园文化氛围、加强电子商务建设等整改意见。所查项目全部通过景区质量等级复核检查。

（孔　雁）

【荣誉获得】 12月，朝阳公园被北京市体育局评为北京市体育产业示范单位。

（孔　雁）

中华民族园

【概况】 北京中华民族园（北京中华民族博物院），是博物馆与公园相结合的旅游景区。上级主管单位为北京市民政局社团办；行业管理隶属于朝阳区园林绿化局，北京市文物局，朝阳区旅游委。属自收自支、独立核算、自负盈亏的民办事业单位。内设12个部门，职工323人。园区是北京市30家“中小学校外实践活动课程”资源单位之一，根据学校、学生需求，开展系列民族团结、民族文化实践活动，重点开发十种民族体育运动体验课程。与北京市民委、北京市民族联谊会的合作，开展民族文化推广、保护工作。按计划开展园区基础设施维修养护工作，对部分民族建筑、服务设施进行修缮养护。完成南园主展厅监控系统全覆盖工作。年内，有青海贵南藏族队，四川阿坝羌族队，云南德宏傣族队，贵州松桃苗族队，青海互助土族队、贵州水城布依族、苗族、彝族队、云南丽江纳西族队，内蒙古赤峰蒙古族队，云南大理白族队，湖南湘西土家族队，十支少数民族队伍在园内开展文化交流演出活动。举办傣族泼水节，苗族四月八节，羌族瓦尔俄足节，土族安召纳顿节，白族中秋节，藏族雪域风情节等民族节庆活动。年内，接待游客17.16万人次，其中免票2.9万人次。门票收入852.8万元，总收入997.1万元。游客量同比增长9.7%，门票收入增长12.5%，总收入增长5.2%。

地址：民族园路1号

邮编：100029

电话：62063646　62063647

网站：http://www.emuseum.org.cn

邮箱：emuseum@sina.com

（汪　昆）

【“三八”妇女节活动】 3月8日，由亚运村街道总工会、亚运村街道团工委、亚运村街道妇联社区活动中心，中华民族博物院、环球电广国际广告（北京）有限公司共同主办的“相约三八拥抱春天”第四届亚运村街道女职工游园活动在本院傣族曼飞龙广场举行。活动内容主要有歌舞演出、趣味游戏、民族集体舞等。亚运村街道的300余名女职工参加活动。

（汪　昆）

【达斡尔民间歌舞艺术展演】 4月24日，在京的达斡尔族同胞百余人在本院举行“首届全国达斡尔族民间歌舞艺术展演活动”。

（汪　昆）

【中国书画名家精品展】 4月29日，由北京民族文化遗产保护基金会、中华民族博物院、中国人民大学继续教育学院共同主办的“中国书画名家精品展”在本院满族分馆的皇堂子举行开幕仪式。画展展出20余位书画大家的40多幅作品，均由中国人民大学捐赠给北京民族文化遗产保护基金会与北京中华民族博物院。

（汪　昆）

【“五一”假期特别活动】 4月30日至5月2日，“五一”劳动节期间，开展系列特色活动。包括：“民族歌舞大联欢”“欢乐傣乡傣族泼水节”“多彩民族中国少数民族服装服饰展演”“民族集体舞大家跳”等活动。接待游客5000余人。

（汪　昆）

【节日摆花】 “五一”节日摆花7500盆，门区广场和园内主要景区摆放花坛3个。品种主要有：串红、万寿菊、勋章菊、鸭脚木、五色梅、铁树、棕榈等。国庆节日摆花7500盆，门区广场和园内主要景区摆放花坛3个。品种主要有：串红、黄小菊、孔雀草、吊兰、美人蕉、蕉藕、鸭脚木、五色梅、铁树、棕榈等。

（汪　昆）

【民族团结教育成果展示】 5月7日，由北京市民族教育学会主办，中华民族博物院承办，中国民族报社、中央民族大学党委统战部、北京市民族联谊会、北京市民族文化交流中心协办的“中华民族一家亲同心共筑中国梦”北京市学校民族团结教育成果展示主题活动在园内举行。活动内容包括“民族团结教育丛书”赠书仪式和“民族团结教育实践基地”揭牌仪式、文艺节目会演、展示“民族团结教育示范学校成果展”展板100块，展示近40个不同特点的项目，包括：民族工艺、手工制作、书法篆刻、非遗等。北京市35所学校2000余人参加活动。新华社、《人民日报》、中央电视台、中央人民广播电台、《中国教育报》《中国妇女报》《工人日报》《中国民族报》《中国民族杂志》《民族画报》、北京电视台、《北京日报》《北京晚报》《北京青年报》《法制晚报》、中国网、新浪网、搜狐网等媒体采访报道。

（汪　昆）

【苗族四月八节】 5月14日，由北京四月八节组委会主办，中央民族大学研究所、中华民族博物院、北京贵州企业商会、CCTV老故事频道《传承》栏目、天下贵州人活动组委会等单位联合协办的“喜庆苗族四月八民族团结大联欢”主题活动在中华民族博物院举行。在京的苗族、布依族、侗族、瑶族、壮族、彝族、土家族、仡佬族等少数民族代表400多人，身着节日盛装欢聚一堂共庆“四月八节”。活动主要内容有“美丽乡愁——传统村落与非物质文化遗产保护与发展”民族文化论坛、苗族长桌宴、民族歌舞文艺会演等。

（汪　昆）

【羌族艺术团文化交流演出】 5月18日至20日，来自四川茂县的羌族“尔玛艺术团”一行30余人到中华民族博物院开展文化交流演出活动，同时庆祝“5·18”国际博物馆日。艺术团每天演出两场，节目有羌族歌舞演出，羌族服饰展演，羌笛、口弦吹奏等原生态节目。

（汪　昆）

【新版《中国各民族示意图》印刷出版】 5月，由北京中华民族博物院设计制作的新版《中国各民族示意图》印刷出版。新版示意图比旧版增加民族知识介绍内容，地图上使用的各民族形象为北京中华民族博物院王平院长手绘的56个民族娃娃形象。

（汪　昆）

【端午节活动】 6月20日至22日，中华民族博物院主办的“端午节暨羌族瓦尔俄足节”活动在羌族分馆举行。主要内容有挂艾蒿、香蒲，羌族歌舞演出，包粽子，羌族传统竞技“推杆”，学跳“萨郎舞”等。千余名游客参加活动。

（汪　昆）

【公园活动】 6月27日，亚运村街道在园内举办“我是党员我来做主”主题党日活动，纪念建党95周年。通过交流党章学习心得、绣党旗等活动为党的95岁生日献礼。7月15日，中合中小企业融资担保股份有限公司在院内举行“其心挑战4周年共赢中合”主题活动。公司员工百余人开展民族知识答题竞赛活动。8月3日，搜狗公司在园内举办“搜狗搜索成立12周年庆典活动”，活动由游园、游戏、颁奖、晚宴等内容组成，搜狗员工700余人参加活动。

（汪　昆）

【荣誉情况】 6月，民族院在全区群众性精神文明创建工作规范化建设活动中，被区精神文明建设委员会授予“文明风景旅游区”称号。

（汪　昆）

【土族安昭纳顿节】 8月1日至31日，中华民族博物院主办的土族“安召纳顿节”主题节庆活动在土族分馆举行。活动内容有祭祀祈福、土族原生态歌舞表演、土族婚俗表演、土族轮子秋表演、土族传统游戏“运土豆”、学跳土族安召舞等。其间接待游客1.1万人次。

（汪　昆）

【“金秋乐”民俗庆中秋活动】 9月1日至31日，中华民族博物院主办的“金秋乐暨中秋节民俗节庆活动”在白族分馆举行。活动内容有白族、纳西族、土家族的原生态歌舞表演、白族婚俗表演、制作白族“团圆饼”、学跳民族集体舞等。接待游客1.5万人次。

（汪　昆）

【第25届世界家禽大会招待晚宴】 9月8日，中华民族博物院在傣族曼飞龙广场举办晚宴，招待来自世界各地参加“第25届世界家禽大会”的代表402人。院内少数民族演员进行迎宾仪式并为晚宴献上原生态歌舞演出。宴会上，WPSA（世界家禽学会）和CAAV（中国畜牧兽医学会）有关官员联合致辞。

（汪　昆）

【国庆黄金周特别活动】 10月1日至7日，“十一”黄金周期间，院内开展系列特色活动，包括“民族歌舞大联欢”“藏族雪域高原风情节”“各民族婚俗表演”“中国少数民族服饰展演等活动”。累计接待游客约2万人次。

（汪　昆）

【出版《民族知识绘本》】 11月，由中华民族博物院与北京市教育科学研究院共同编纂的《中华民族博物院民族知识绘本》出版，此书根据中华民族博物院的陈列展览和演出活动资源，设计成文化、建筑、服饰、节日、习俗、歌舞、器乐、手工艺、饮食、体育、展览十一个篇目，包涵知识问答116题。为中小学生在民族园开展课外学习提供辅助教材。

（汪　昆）

【出版《中华民族博物院建筑素描集》】 11月，由原首都规划委员会主任赵知敬手绘，民族院编辑的《中华民族园建筑素描集》出版。其中收录赵知敬的120幅建筑素描画，这些是他在退休后，于2012—2015年间，在中华民族博物院内写生绘画而成，涵盖中华民族博物院56个民族的所有特色建筑。本书文字部分由中华民族博物院编辑，以56个民族为单元，介绍各民族的概况、文化习俗和传统建筑，图文并茂，集艺术性与知识性与一体。

（汪　昆）

【中泰文化交流展】 12月17日至26日，由曼谷中国文化中心、中央美术学院、北京民族文化遗产保护基金会共同主办，中央美术学院协同创新办公室、中华民族博物院承办的主题为“文化遗产与当代视象”的中泰文化交流展在曼谷中国文化中心举行。展览由中央美术学院院长范迪安策展，主要展示了西藏、内蒙古、新疆、云贵川等丝绸之路重要结点地区，藏族、蒙古族、维吾尔族、苗族的特色文化遗产与以此为题材的绘画作品，同时辅以蒙古族马头琴与蒙古族长调技艺展示。泰国前副总理扎都隆·猜盛、中国驻泰国大使馆大使夫人初庆玲、中国驻泰国大使馆文化参赞陈疆等出席开幕仪式。

（汪　昆）

【园林养护】 年内，园内绿地面积17.26平方米，绿化覆盖率61.2%。有乔木16690株、灌木161850株、月季类930株、攀缘类5926株、竹子182500株。种植水生植物9种128盆，宿根花卉4万株，一、二年生草花2.2万株，绿篱3000株340平方米，草坪2万平方米。庄稼地2800平方米，种植农作物80种1.9万株。园内病虫害以白粉病、腐烂病等菌类感染比较明显，采取及时去除病死树、病死枝和打药等方法。全园范围打药3次，埋药1

次。局部范围用药60次，包括做粘虫胶树环2次。主要使用的农药有菊酯类、苯溴铵、多菌灵、石硫合剂、树乐树禾、粘虫胶等。年内，移栽植物160株，其中乔木14株、灌木146株；伐除病死树120株，其中乔木27株、灌木93株。

（汪　昆）

【景区建设】 年内，翻建、维修园内景观建筑、基础设施等主要工程14项，由中华民族博物院工程部管理，中华民族博物院工程施工队施工，总造价277万元，维修面积8080平方米。主要项目有：朝鲜族书房翻建，毛南族木桥翻建，图腾柱维修，哈尼族民居大修，傣族民居大修，台湾景区屋面防水重做，门巴族民居维修、油饰，白族本主庙大修、彩绘，白族门楼大修，新疆景区屋面防水重做、达斡尔族民居屋顶换草，朝鲜族民居、药房屋顶换草，傣族景区竹栅栏翻修，佤族吊桥维修等。

（汪　昆）

【观赏动物饲养】 年内，园内养殖山羊32只、绵羊7只、鸭子26只、鹅3只，供游人观赏。鸭圈、羊圈每日消毒，所有养殖动物由防疫中心定期注射疫苗。

（汪　昆）

邮政通信

【概况】 中国邮政集团公司北京市朝阳区分公司（以下简称朝阳区分公司）隶属于中国邮政集团公司北京市区分公司（简称市分公司），承担朝阳地区的普通邮政业务的经营、服务及相关设施、网络规划、建设、运行管理工作任务及邮政金融、邮政速递物流代理业务。内设综合办公室、工会、监察室、党建工作部、人力资源部、财务部、市场部和监督检查与安全保障部等。下设商函局、邮票公司、发投分局、电商分销局、代理金融局和包裹业务局6个专业局（公司）。下辖13个邮政支局、125个营业网点，其中金融网点50个，18个投递网点；3个主题邮局：中国邮政体育文化主题邮局、美猴王主题邮局、奥林匹克塔主题邮局。有邮运机动车145辆，普邮道段526条。公司从业人员2672人。主要经营函件、包裹、特快专递，报刊，集邮，邮送广告，邮政电子商务，邮政储蓄，代理保险；邮政汇款、代销基金、债券、代收（水、电、燃气）、代发（养老金、工资）等业务。年内，区分公司业务收入5.12亿元，完成预算98.39%，同比增长1.5%。利润1093万元，完成预算121.47%，同比增加3527万元。劳产率19.11万元，完成年计划100.8%，同比增长9.03%。在企业发展的同时，员工收入与企业发展同步增长，一线员工收入同比增幅5.6%。米伟获北京市“三八红旗手”和“首都劳动奖章”；垡头支局党支部获“市国资委系统先进基层党支部”。朝阳区分公司党委书记、总经理李宏艳当选北京市朝阳区第十六届人民代表大会代表。

地址：金台北街6号
邮编：100026
电话：65006003
邮箱：dq-post@126.com

（张馨语）

【崔各庄拆迁款项目开发】 2月5日，朝阳区分公司崔各庄支行成功为崔各庄乡2个自然村居民开立账户503户，一次性发放农转非安置款5205万元。

（张馨语）

【生肖猴票登上央视舞台】 2月20日，美猴王邮局代表中国邮政登上中央电视台《我有传家宝》节目。节目中邮政员工以持宝人身份登场，介绍生肖邮票，朝阳区分公司总经理李宏彦持第一轮整版生肖猴票亮相，李宏彦介绍生肖猴票发行的背景及社会影响，并邀请嘉宾、观众等书写家书。

（张馨语）

【全国“两会”邮政通信服务】 3月，在全国“两会”期间，朝阳区分公司下辖北苑、亚运村、三源里、望京、农光里5个支局进驻北京会议中心、北京亚奥国际酒店、亚洲大酒店、昆泰酒店、河南大厦及广西大厦，提供邮政服务工作。成立全国“两会”服务专队，为7个会议驻地投递各类报刊35余万份，邮件5287件。

（张馨语）

【爱心捐赠活动】 4月22日，在中国邮政体育邮局举办由中国下一代教育基金会洪元硕校园足球园丁奖公益项目联合中国邮政体育邮局、北京国安足球俱乐部、乐园体育、北京球迷协会、海涛旅游等单位发起的“创书香环境 倡全民阅读”捐书助学爱心公益活动。从当日起，中国邮政体育邮局设立“捐书助学受捐窗口”，在每个周末国安主场比赛日进行收书，并将收到的捐赠书籍登记造册后定期送到校园，中国邮政体育邮局向捐赠者回赠“捐书助学公益活动”邮政专题明信片。

（张馨语）

【战略合作协议签署】 4月26日，由北京发行集团主办的北新云网战略合作签约仪式暨北新网上线启动仪式举行。中国邮政集团公司北京市分公司总经理王小东、市分公司市场部、朝阳区分公司等单位相关领导参加活动。王小东代表邮政企业与北京发行集团签订多项战略发展深度合作协议。

（张馨语）

【营业服务质量现场会】 4月29日，市分公司市场部组织各区县局业务代表到双井局，召开加强邮政营业管理和业务处理工作现场会。双井局营业员通过情景再现、PPT演示、现场解说等形式，演示邮件收寄验视、加盖邮件验视戳记、邮件全名址信息书写和录入、邮政日戳的使用、信筒（箱）的开取、定置定位管理、窗投邮件管理、业务管理簿册的填写和检查等环节工作。

（张馨语）

【第四届京交会服务】 5月28日至6月1日，第四届中国（北京）国际服务贸易交易会在北京国家会议中心开幕，朝阳区分公司亚运村支局在会场设立2个临时邮局，提供邮政寄递、邮政产品展售等专属邮政服务。

（张馨语）

【推广会宣讲】 6月28日，朝阳区分公司召开“2016河南、陕西邮政代理金融发展经验宣讲推广会”。李宏彦介绍北京市分公司一行到河南、陕西邮政先进经验，对比朝阳区分公司实际，制定创新发展实施方案。

（张馨语）

【奥林匹克塔主题邮局开业】 8月5日，朝阳区分公司建设的奥林匹克塔主题邮局正式开业。在开业仪式上，中国邮政集团公司副总经理李丕征和中华全国集邮联合会常务副会长徐建洲，北京市分公司总经理王小东和北京世奥森林公园开发经营有限公司党委书记穆德林共同为北京奥林匹克塔主题邮局揭幕。奥林匹克塔主题邮局位于奥林匹克森林公园内的奥林匹克塔顶层，高264.8米，是北京市最高的主题邮局，营业面积100平方米，邮政编码为100101，内有北京奥林匹克塔邮局日戳。服务包括制作奥林匹克主题类专题个性化邮票、邮折，出售各种集邮品、邮政礼仪产品及拓展产品等。与北京市国资委、北京市旅游委、北京市集邮协会等部门合作举办各种奥林匹克主题文化交流活动。

（张馨语）

【北发集团快递包裹项目开发】 8月底至12月31日，为北发集团试寄快递包裹，寄送快递包裹3.96万件，实现收入26.39万元，项目综合利润32.88%。

（张馨语）

【《玄奘》特种邮票签售】 9月4日，美猴王生肖文化主题邮局首发《玄奘》特种邮票。在首发仪式上，中国邮政集团公司北京市分公司领导与86版《西游记》孙悟空扮演者六小龄童共同为《玄奘》特种邮票揭幕，并签售。

（张馨语）

【北京马拉松赛事服务】 9月17日，体育邮局在2016北京马拉松赛设立临时邮局，现场为广大跑友们加盖比赛日纪念邮戳，并提供邮寄服务。销售北京马拉松特许产品实现收入近10万元。

（张馨语）

【集邮文化创意中心成立】 9月20日，位于朝阳区集邮公司的朝阳集邮文化创意中心正式成立。该中心以为集邮爱好者提供更优质服务、心仪的产品为宗旨，通过策划开展集邮主题系列活动，建立连接邮政企业与集邮爱好者纽带，使更多的用户了解集邮收藏、感受集藏乐趣，传承集邮文化。聘请中国收藏家协会耿守忠先生、中国集邮报主任记者王宏伟及资深邮票鉴定家舒耀璋担任顾问，由朝阳集邮公司经理助理王立负责创意中心的经营和管理工作。

（张馨语）

【“双11”快递量剧增】 11月11日至11月29日，朝阳区分公司共进口、投递“双11”快递包裹510790件，同比增幅158%，为全市快递包裹进口第一大局，占城区分公司进口量1/3。11月11日至29日，当日妥投率90.66%，3日妥投率99.14%。环比10月，当日妥投率84.94%，3日妥投率98.81%，分别提升5.72个百分点及0.33个百分点。

（张馨语）

【孟加拉国邮政代表团视察参观】 11月24日，孟加拉国邮政代表团一行7人视察参观朝阳区分公司水碓子支局。参观位于水碓子支局美猴王生肖文化主题邮局、朝阳区分公司电子商务运营中心暨邮乐购实体店及支局营业、集邮台和投递部。了解主题邮局的运营模式和产品构成，营业台席的功能设置，集邮台席销售产品的种类，并体验邮乐网的网上购物功能及投递工作分拣过戳环节。

（张馨语）

【“首席岗位明星”评选】 年内，评选出投递、营销2大工种“首席岗位明星”3名，“岗位明星”20名。

（张馨语）

【邮政业务与互联网营销】 年内，体育邮局与“体育之窗”签署战略合作协议，以市场需求为出发点，通过结合赛事活动搭建合作服务平台，开展邮政业务与互联网营销。依托上海绿地申花足球俱乐部资源及中国邮政自身资源，双方合作出品2016赛季上海绿地申花足球队周边邮政系列衍生品——《2016上海绿地申花全新绽放》开赛纪念系列邮品、上海绿地申花足球队球员纪念版邮品等。

（张馨语）

【体育专项市场开发】 年内，整合资源优势，开发体育赛事个性化衍生品。通过与第三方合作，取得中超俱乐部赛事衍生品开发权。开发球员纪念封、球员邮资明信片等常规邮品，并拓展开发球星卡、开赛及重要时刻纪念邮折、全年海报纪念章册、专属徽章等外围产品。结合地域和球队特色开发个性化专属产品。以上海绿地申花俱乐部为试点，开发3大类、15款产品，每套产品打印上独立编号，且限量发行2016套，并在申花主场比赛当天体育邮局现场提供销售及盖戳服务。扩大合作范围和规模，开发足球产业。综合球迷购买力、俱乐部规模、赛事成绩等相关因素调整产品，与天津、延吉等近10个外省市俱乐部开展合作，与中超公司接洽，开发中超赛事官方纪念品。

（张馨语）

【商普分投试点】 年内，按照“试点先行，逐步推广”原则，首批选择呼家楼支局和CBD支局作为商普分投试点单位。调整优化作业组织和生产流程，挖掘潜力、科学调配使用人员、改善投递工具、创建新商普分投组网模式，推进揽投一体化，实现为企业增效创收，推进投递网由服务型向经营型转化。

（张馨语）

城乡管理

2017
北京朝阳年鉴

市政管理

【概况】 朝阳区市政市容管理委员会（以下简称区市政市容委）是负责区城乡环境建设统筹协调、城市综合管理协调和交通基础设施、环卫基础设施、公用事业、市容环境卫生监督管理及统筹协调辖区交通秩序管理的区政府工作部门。业务关系受市城市管理委员会、市交通委监督指导。加挂区城乡环境建设委员会办公室、区交通委、区人民政府供暖办公室和区国防动员委员会交通战备办公室牌子。内设机构12科2室，即办公室（区矛盾调处分中心）、环境管理科、市政基础设施科、公用事业管理科（区人民政府供暖办公室）、行政审批科、环境卫生科、环卫设施科、环境整治科、财务审计科、组宣科、交通管理科（区国防动员委员会办公室）、综合协调科、监察科、燃气管理办公室。下设5个事业单位，其中纳入工资规范管理事业单位2个（区市政基础设施协调中心、区垃圾粪便渣土消纳管理站）、全额拨款事业单位2个（区个体出租汽车管理站、区交通运行协调指挥中心）、差额拨款事业单位1个（区道路养护中心）。年内，区市政市容委紧紧抓住北京城市副中心建设契机，结合区域功能定位，对接市、区重点任务，聚焦“一廊两带三区”，全面推动环境建设和城市管理各项工作，以“三区四环三道八线”为核心，重点实施广渠路、长安街及其延长线、双井东南部、朝阳东大门等环境提升工程；开展环境整治工作，强化长效机制建设；推进道路建设，实施疏堵工程，缓解停车供需矛盾，倡导绿色出行；加大拆违控违力度，全力遏制新增违法建设；全面推进环境卫生和垃圾处理，加强燃气监管，完成2015—2016年度供暖保障任务，城市运行保持平稳有序。

地址：松榆东里甲38号

邮编：100021

电话：67325578

邮箱：gw302@163.com

（常　涛）

【春节期间环境保障及布置】 1月，区环境办制定《朝阳区2016年春节环境保障工作方案》《朝阳区2016年春节期间城市环境布置工作实施方案》《朝阳区2016年春节环境保障及环境布置检查工作方案》。根据工作方案要求，全区布置主要大街118条、旅游景区15个、商业区28个、文化场所19个、居住小区700余个，悬挂灯笼4.74万个，中国结400余个，布置景观节点120余处，营造喜庆热烈的节日氛围。

（龚　攀）

【采暖季供暖】 3月15日，完成2015—2016年度供暖季供暖保障工作。历时122天，完成约2亿平方米（约占全市供暖总面积的35%）居民住宅供热保障工作。经统计，2015—2016年采暖季期间，累计处理居民来电咨询投诉21165个、来信35件、政民互动410个、接待上访8次；处理供暖应急突发事件16起。

（张　剑）

【“十三五”交通规划编制完成】 3月，区交通委结合区情，联合清华大学编制《北京市朝阳区“十三五”区域交通规划》，重点从轨道交通、地面公交、路网分析、步行及自行车系统分析等几方面对全区交通作专项规划，并将相关研究成果报送市级主管部门，获较高评价。

（朱星岩）

【全国“两会”环境保障】 3月，成立区服务2016年全国“两会”环境保障工作领导小组，区长王灏任组长。制定《朝阳区2016年全国“两会”环境保障工作方案》，确定核心、重点、全面三级保障范围。按照工作方案要求，对北京会议中心、河南大厦、广西大厦、昆泰酒店等代表驻地及长安街延长线、大屯路、北辰路等核心区域开展环境保障工作。“两会”期间，出动保洁人员101260人次，车辆23750车次；清运生活垃圾5万余吨、非法张贴小广告15万余张、白色污染26万余处；清理河湖漂浮物300立方米、垃圾渣土300立方米，拆除沿河篱笆1800平方米；开展各类检查及自查800余次，完成“两会”环境保障任务。

（龚　攀）

【环境建设工作会】 4月18日，区环境办组织区社会办、区农委、区绿化局等成员单位及43个街乡召开环境建设工作例会。会上，通报城管执法情况、环境监督情况、背街小巷考评情况及建筑垃圾考评情况，部署2016年重点环境建设工作、架空线入地整治、户外广告和牌匾标识治理、燃气管线占压隐患治理等相关工作，同时，培训解读全区环境建设管理考核评价办法、市级挂账脏乱点整治工作。

（龚　攀）

【中央领导植树环境保障】 4月，区环境办联合区城管执法局、区绿化局、区环卫中心等相关单位开展中央领导植树保障活动。出动保洁人员2000余人，执法人员1000余人次，作业车辆350车次，清理垃圾36.5吨，清除小广告400余处；粉饰围墙10000平方米，修补围墙700平方米，制作广告围挡350延米，铺设遮挡网1200平方米，规范门前三包商户90余户，拆除违规设置广告牌15块，清理违章车辆300余辆，完成中央领导植树环境保障工作。

（龚　攀）

【洲际月季大会及旅游发展大会环境保障】 5月，完成首届旅游发展大会及洲际月季大会环境保障任务，全区累计出动15000人次，检查商户及企业700余家、工地40余项次，发现处理各类问题400余个；清理垃圾渣土725吨；规范机动车乱停放500余台次；排查违规牌匾、电子显示屏问题50余处；查处无照游商、店外经营等各类违规经营行为400余起。

（龚　攀）

【九大专项环境整治】 5月，开展建筑垃圾运输消纳乱象整治、沿街建筑开墙打洞整治、户外广告及牌匾标识整治、架空线整治、街面秩序整治、停车秩序整治、门前三包整治、背街小巷整治、城市公共空间设施整治九项专项整治行动，提升环境水平。针对各个专项行动制定工作方案，建立无照经营、非法小广告、市容环境卫生秩序等工作台账，处置各类违规违法问题5411笔，张贴违法停车告知单4608张，扣罚摩的43辆。

（龚　攀）

【亚投行理事会环境保障】 6月，开展亚投行2016年首届理事会年会环境保障。累计出动职工300余人次，车辆150余车次，清理白色污染1000余处，小广告200余处，清理遗撒尘土约3吨；加大重要区域环境整治工作力度，围绕重点点位及其周边地区积极开展专项执法，打击各类违法行为。加大立案处罚力度，出动执法人员523人次，检查重点点位132个、开展联合执法24次、规范门前三包单位185家、取缔无照经营26起、处罚非法小广告5起、没收清除非法小广告3733张，完成亚投行理事会年会环境保障工作。

（龚　攀）

【二维码试点建设】 7月，根据市城管委统一工作部署，区率先在城六区完成建外大街、金桐东路、金桐西路三条道路二维码试点建设工作，对320件设施安装二维码铭牌。

（马艳杰）

【架空线入地整治】 8月4日，在《法制晚报》刊登《北京市朝阳区市政市容管理委员会关于开展架空线缆入地整治工作的通告》，从8月25日起，集中组织对金台路等40条道路上空架空线缆（通信线缆）的入地整治。

（马艳杰）

【文明城区专项督察环境保障】 9月至10月，为做好文明城区专项督察环境保障工作，开展检查8次，出动人员160余人次，发现环境问题361个，下发整改通知176份，发现问题全部整改完毕。完成督导组下发的154个问题的环境整治工作。

（龚　攀）

【国庆环境保障】 10月，通过景观布置、卫生作业、安全保障等工作完成国庆环境保障工作。全区按照重大节日标准开启东三环、东长安街、北辰东路等景观照明，设置绿化景观347处、3.3万平方米，悬挂国旗2.6万面。出动作业人员5.3万人次、环卫车辆9000余车次，清除10万余张各种非法宣传品；检查蓝色港湾、朝阳公园、欢乐谷等重点场所周边停车场，保障173个公共自行车服务站点运力，租还次数超过15万次。巡查615处供热、燃气重点点位，确保环境干净整洁有序和城市平稳运行。

（龚　攀）

【姚家园、安贞示范区项目竣工】 12月，姚家园、安贞示范区项目竣工。姚家园示范区通过打通断堵头路，对自行车道进行彩铺，在路口处增加阻车桩，完善交通护栏，达到畅通道路慢性系统。安贞示范区通过设计改造小区交通微循环路线，引进电子停车收费系统，有效改善区域交通拥堵及乱停车问题。

（马卫国）

【国家环保部环保督察组检查】 12月，国家环保部环保督察组到区检查，按照市、区工作部署，成立5个环境专项检查工作组巡查检查全区环境，发现并解决问题207处，完成65个涉及本单位的案件办理工作。

（高金锁）

【市政热线办理】 年内，区市政热线“67301616”受理信件17914件，办结信件17733件，办结率98.98%。其中涉及市政市容委相关事务类信件17782件，占总数的99.27%，以停车场管理（22.60%）、供暖相关62.25%）、市政设施（2.26%）、环境卫生（1.01%）问题为主。

（尹　波）

【信访接待办理】 年内，受理各类信访件159件，办结73件；接待来访141批389人次，主要涉及拆迁、供暖、环卫基础设施使用、停车备案等问题，初信初访化解率明显提升。

（刘学敏）

【两级人大建议政协提案办结】 年内，承办市、区两级提案建议117件，承办量超过全区的22%，全部按时办复。

（刘学敏）

【新增公共自行车服务站点及车辆】 年内，新增公共自行车服务站点70个，新增公租自行车2000辆。新增站点围绕6号线、7号线、10号线南段、14号线和15号线及新开通地铁线路站点周边居民区、学校、商场、公交站点附近规划。

（朱星岩　李铭轩）

【老旧小区公共区域专项整治】 年内，完成61个2015年老旧小区公共区域整治专项工作任务的施工改造工程，其中计划补建绿化约23.86万平方米，完善小区道路约59.91万平方米，配套公厕约39平方米，补建信报箱约2.4万户，配建无障碍设施坡道约1242平方米、扶手约996米，完善小区照明543处，架空线入地改造52.65公里。

（陈　岩）

【推进燃气管道占压隐患整治工作】 年内，燃气管道占压隐患整治为2015—2017年市政府重点任务，涉及区燃气管道占压隐患248处，其中重大隐患109处、较大隐患125处、一般隐患14处，分布在37个街乡。全年挂账隐患剩余191处，区市政市容委组织协调市燃气集团和相关街乡，梳理剩余挂账任务，并联合区安监局，多次部署整治工作、协调隐患整治过程中出现的相关问题；组织有关街乡上报油气管线占压整治倒排时间表及整治难点情况说明，及时处理新增油气管线隐患占压问题；分别召开燃气各分公司协调会，逐一点位落实治理方案。全年完成治理135处。

（陈　瑶）

【“送气下乡”工程】 年内，区市政市容委“送气下乡”工程涉及14个乡、81个村、19个社区、1.8万户农村住户。为保证“送气下乡”供应保障安全，与乡政府、供气企业签订“安全保障供应协议”，要求供气企业与用户签订“用户安全供气协议”。全年全区总供应量约12.5万瓶（15公斤/瓶），使区内符合标准的农村住户都享受到政府平价气。

（陈　瑶）

【采暖季供暖保障】 年内，组织召开全区供暖保障工作动员部署大会，排查解决供热矛盾55个，包括阳光100小区因物业私拆供热设施、景西公寓收费困难及供暖设施老化等重点难点问题。全区实现100%按时点火。落实应急抢险机制，成立6支应急抢险队伍，保障供暖突发事件及时妥善处置，如团结湖城建宿舍连续跑水应急抢修及燃气供应矛盾问题；对7家特困企业开展应急救助，强化供暖三级联动协调机制，确保全区供暖稳定。

（张　剑）

【推进长安街及其延长线与广渠路沿线环境提升】 年内，分别制定长安街及其延长线、广渠路沿线环境景观提升工作方案，在区级层面加强组织领导、组建工作机构，设立办公室、政策研究组、拆除腾退组、环境整治建设组、秩序管控组、综合保障组“一办五组”，统筹推进各项具体工作。同时，结合环境秩序综合治理等九项行动，先期开展街面环境整治，启动拆迁腾退，绿化美化等工作。年内完成2条道路沿线拆迁5处、约34万平方米，绿化美化约30万平方米。

（龚　攀）

【深化百条环境优美大街环境建设】 年内，制定《朝阳区百条环境优美大街建设提升工作实施意见》，建立环境优美大街建设提升工作台账（185条），全年启动34条道路环境提升工程，其中10条列入第一批环境建设计划，24条列入第二批环境建设计划。朝阳路、朝阳北路与将台东路建设任务已全部完成，其中路面硬化铺装17万平方米，新建围墙1.8万米，新建护栏1.2万米，围墙粉饰9.7万平方米，楼体粉饰71万平方米，新建牌匾、立面4.5平方米，拆除老旧违规牌匾2.3万平方米，绿化补植2.6万平方米，围栏粉饰2.4万平方米。其他29条道路为跨年度实施，目前完成设计方案与立项批复。

（龚　攀）

【落实为群众办实事项目】 年内，10条街巷胡同完工；8个校园周边、15个老旧小区、4个平房区均进入施工阶段。

（龚　攀）

【挂账乱点整治】 年内，制定《朝阳区关于加强市级环境脏乱点专项整治的工作意见》，完成挂账乱点整治问题1285个，结案率100%。

（龚　攀）

【环境拉练检查】 年内，将日常检查与周拉练检查相结合，开展11次拉练检查，发现问题340处，全部整改完毕。

（龚　攀）

【固废处理】 年内，生活垃圾清运量为205.93万吨，同比增幅为20.85%（其中建成区增幅为9.01%、农村地区增幅为30.69%）。全年办理建筑垃圾消纳265件，出证265张；建筑垃圾准运265件，出证1412张。完成50座新建改建工作，并于11月底全部投入使用。

（穆春兰）

【垃圾分类】 年内，创建30个垃圾分类达标小区，垃圾分类覆盖率83.4%。厨余垃圾分出量由年初700吨/月提升至1000吨/月，增长率为30%。在市检查考核中，由2015年度平均成绩69.5分提高到2016年度平均成绩70.1分，综合排名第四位。

（穆春兰）

【非正规填埋场治理】 年内，完成崔各庄乡奶东村、南磨房乡马家湾非正规填埋场治理工作；区循环经济产业园东侧、清河营非正规填埋场治理工作完成80%的整治任务。

（穆春兰）

【拆除违法建设】 年内，拆除违建416万平方米，在市级拆违任务翻倍情况下，超额完成全年拆违任务。

（郑　达）

城管执法监察

【概况】 朝阳区城市管理综合行政执法监察局（以下简称区城管执法监察局）是负责区城市管理行政执法与监察的区政府执法机构。区城管执法监察局内设党委办公室、行政办公室、督察协调科、人事科、法制科、宣传科、装备科、财务科、群团办、拆违督导办公室10个科室，编制指挥中心、督察一至六队、执法一至三队等10个直属机构，每个街乡有1个执法队，奥林匹克公园有4个执法队。城管执法队行政关系隶属所在地街道办事处、乡政府（地区办事处）、奥林匹克公园管委会，对外以区城管执法监察局名义行使执法权。区城管执法监察局机关及直属队负责本系统城管执法工作的法制指导指挥调度、统筹协调和督促检查，负责全区范围内重大案件、跨区域案件、专业性较强案件的执法工作。年内围绕区委、区政府及市城管执法局重点工作，明确综合执法、综合监管、综合协调自身职能定位，调整班子成员分工与科室、督察队职能，开展露天烧烤、非法大排档“清夏行动”等9项整治，构建违法建设“三级督办”程序和“两级会商”（一级会商分类研判，与属地街乡初步达成沟通意见，将案件派发执法队及涉及管片督察队，协助执法队完成查处工作，法制科对违法建设查处工作予以全程业务指导。对于重大或疑难案件提交局级会商委员会进行二级会商，按照二级会商研判结果，对查处、拆除难度大的案件派发执法二队督办，指导执法队继续开展查处工作，完善法律文书，最终拆除或报区政府强制拆除违法建设）机制，完成十八届六中全会环境保障、中央环保督察交办件办理等工作任务，获评首都环境建设样板单位、2016年度朝阳区先进基层党组织。全年行政处罚各类违法行为13.6万余起；罚款930万元，同比增长45%；接96310举报量同比下降5.8%，是自2012年以来首次出现同比下降。

地址：西大望路36号
邮编：100022
电话：87718506-301
邮箱：daduibangongshi@126.com

（李雪峰）

【京津城际铁路桥下非法市场整治】 1月28日至2月1日，区城管执法监察局牵头对京津城际铁路高架桥下非法市场开展为期5天的联合执法行动。腾退拆除京津城际铁路高架桥113—132间柱之间的92间钢架结构彩钢板房屋，总建筑面积3436.19平方米，关停经营商户50家。

（李雪峰）

【“清夏行动”】 6月，牵头组织为期5个月的全区露天烧烤、非法大排档专项整治“清夏行动”。整治区100条重点大街、119个重点挂账摊位，每天16—23时为重点整治时间。

（李雪峰）

【广渠路环境整治专项工作】 7月26日至9月30日，保持广渠路沿线巡查执法频次，及时查处无照经营、门前三包、黑摩的、非法小广告等违法行为，出动执法人员330余人次、执法车辆90余车次，取缔无照经营75起，暂扣各类经营工具80件，规范门前三包单位28家，劝离黑摩的15辆，查处非法散发小广告25起，督办及拆除违规广告牌匾、条幅95处，没收非法小广告1500余张，立案处罚24起，罚款20900元。

（李雪峰）

【建立违法建设督办两级会商机制】 10月9日，制发《朝阳区城市管理综合行政执法监察局违法建设督办流程（试行）》，建立违法建设督办两级会商机制。

（李雪峰）

【城管纪录片制作】 10月，与共青团中央共同策划编辑专题《青春25小时之城管来了》纪录片，在共青团中央微信公号推出后，阅读量达4.2万余次。

（李雪峰）

【建筑垃圾运输联合检查】 11月15日和12月1日晚，分别在杨闸环岛和朝阳体育中心南门设卡，联合管庄执法队、平房执法队、双桥交通队、朝阳公安分局等部门，检查过往渣土运输车辆。两次联合执法出动执法人员60人，检查规范渣土车21辆，暂扣8辆。

（李雪峰）

【“五大类”活动环境秩序保障】 年内，完成重要会议、赛事、领导视察、展会、演唱会5大类重要活动环境秩序保障。保障全国“两会”、京交会等重要会议11次，保障重要领导视察28次，保障中超联赛、足协杯等足球赛16次，保障婚博会、珠宝展等重要展会104次，保障演唱会12次。

（李雪峰）

【街面环境秩序整治】 年内，执行分级分类科学管理，聚焦“三区、四环、三道、八线”（“三区”即CBD区域、电子城区域、冬奥会及兼顾市民生活和通州副中心相连接区域；“四环”即东南二、三、四、五环；“三道”即铁道、河道、轨道；“八线”即长安街延长线、京通快速、通惠河北路、广渠路、京沈高速、京津高速、京沪高速、姚家园路），出动执法人员40万余人次、执法车辆12万余车次，查处无照经营5万余起，露天烧烤、焚烧1万余起，非法小广告2000起，非法停车场、停车收费、黑摩的千余起，规范门前三包及店外经营1.2万余起；累计罚款930万元，同比增长48.9%。

（李雪峰）

【施工工地管理】 年内，围绕全区“两区、两环、四线、多点”（“两区”即CBD、奥林匹克公园；“两环”即三环、四环；“四线”即朝阳路、朝阳北路、京哈铁路、京津城际沿线；“多点”即以群众身边环境为重点）开展联合夜查执法52次，移送工地及渣土运输类行政处罚信息49次，检查规范施工工地1.2万余个次，渣土车辆5400台次，暂扣106辆，立案处罚253起，罚款184.3万元。

（李雪峰）

【违法建设拆除】 年内，制定并下发《违法建设督办、考评办法》和《违法建设督办流程（试行）》，全区城管执法系统拆除及配合拆除各类违法建设4731处，总面积150.17万余平方米。

（李雪峰）

【城管执法体制改革】 年内，组织相关科室负责人研讨《朝阳区关于全面深化改革提升城市规划建设管理水平的实施意见》，组织全体城管执法干部学习市委十一届十次全会和区委十一届十二次全会精神；以“做强督察队、做精专业队”为思路，制发《部分机关科室、直属机构及人员调整工作方案》。

（李雪峰）

【法制教育培训】 年内，开展“城管进法庭”活动、“送教下队”活动和现场执法考核活动，组织全区城管系统956人开展层级培训3期、考试1期，组织法制骨干205人参加2016年度法制培训工作会1期。

（李雪峰）

【法制监督考核】 年内，制发《关于进一步规范违法建设查处工作的通知》等指导性文件3件、参考卷8卷，编纂《城管执法典型案例选编》，立案36863起、结案36843起，评查案卷555卷。

（李雪峰）

【群众诉求办理】 年内，调整热线举报黄、橙、红三级预警机制指标设置，将媒体曝光、信访处置、重点工作等纳入预警范围，受理群众举报13.7万余件，其中属于城管职责的“96310”城管热线9万余件，同比下降6.8%，热线回访满意度为98.7%，同比上升4.1%。收到人大、政协代表建议21件，全部办理完毕。

（李雪峰）

【执法宣传】 年内，与北京电视台、《北京晚报》《朝阳报》等新闻媒体合作，在局对外网站、“朝阳城事”公众号发布法律法规权威信息、法治工作动态和城管系统各项工作情况。被各类媒体刊登、播报的城管宣传报道1715条，编撰《城管环保督察》等刊物150期、《朝阳报》城管专版12期，拟制发放各类告知书、公开信等4万余份。

（李雪峰）

【策划城管执法直播节目】 年内，与北京电视台新媒体“北京时间”共同策划城管执法直播节目，刷新“北京时间”同时在线观看记录，累计浏览量达20余万人次。

（李雪峰）

数字化城市管理

【概况】 朝阳区城市管理监督指挥中心是负责城市服务管理监督与评价工作的区政府行政机构，监督中心行政执法专项编制77名。年内，系统平台上报案件1033478件，解决率89.72%，受理市级案件574件，及时核实率100%，结案率100%；“81890”公共信息平台为民服务系统受理各类诉求285241件，同比下降5.09%。其中，咨询132242件，工商类咨询最多，占比70.44%；举报投诉152999件，办结率96.46%、满意率62.79%

地址：日坛北街33号

邮编：100020

电话：65094697

邮箱：cyjdzx2012@126.com

（朱　婧）

【二级闭环系统建设试点工作调研】 2月24日，监督中心领导到双井街道调研二级闭环系统建设试点工作推进情况。二级闭环系统是在街乡层面建立并独立运行的自我发现问题、自我解决问题的二级闭环管理系统，该建设工作已列入2016年政府工作计划。二级闭环系统建设工作旨在提高街乡、社区（行政村）自我发现问题、解决问题能力，建立社区、街乡自我发现、自我处理“小循环”机制。通过平台主要解决重点、难点和热点问题，为辖区居民提供服务。同时为下一步在全区推开打好基础。

（朱　婧）

【微信公众号开通】 3月1日，区政府热线微信公众号正式开通，为市民提供自助咨询服务、在线投诉和实时处理情况查询功能、推送信息和政务公开等内容。年内，区政府热线微信公众号关注量7697个。在线咨询问题25046件，办结率97.3%；在线投诉3937件，已办结3533件，办结率90.57%；推送综合信息46期335条。

（朱　婧）

【苏州市吴中区领导调研】 4月28日，苏州市吴中区委书记金洁带队到区监督中心调研网格化社会服务管理，中心副主任王冬岩介绍区全模式系统的主要功能及运行流程、监督标准、机构设置及人员编制等，双方就网格化社会服务管理的问题及重点交换看法。

（朱　婧）

【二级闭环系统建设工作会】 7月28日，监督中心召开二级闭环系统建设工作会。副主任安国平主持会议，区社会办、区农委相关领导及部分街乡负责人参加会议。二级闭环系统建设是2016年重点工作，全区43个街乡分2批推进。第一批21个街乡二级闭环系统建设已开始监督，第二批22个街乡二级闭环系统建设工作方案、监督标准正在制定，年底前在全区实施。年内，派驻429名监督员作为骨干下沉到街乡，上报案件302112件，结案率85.45%。

（朱　婧）

【廉政微电影拍摄完成】 9月，根据区纪委《“纪律教育在身边”廉政文艺作品征集的通知》要求，监督中心拍摄廉政微电影《走在阳光下》，此片讲述一名普通监督员在日常工作中廉洁自律、坚守底线的故事。

（朱　婧）

【北京CBD商务节环境保障】 9月，完成2016北京CBD商务节环境保障工作。期间，重点区域周边发现问题81件，解决78件，结案率96.3%。排名前三类问题分别为道路保洁、绿地保洁、积存垃圾渣土。

（朱　婧）

【网格化环境监管】 11月，为落实《北京市人民政府关于进一步健全大气污染防治体制机制推动空气质量持续改善的意见》及《北京市实施网格化环境监管工作意见（试行）的通知》精神，监督中心积极推进环境监管网格化工作，对接区环保局，将影响环境的重点问题如无煤化工作、水污染问题、工地扬尘、露天烧烤等纳入监督范围，重新梳理和完善环保网格化监督内容与标准，共10大类30小类。建立周报制度，及时将环保类案件监督处置的整体情况，向相关部门通报，督促及时整改。年内，环保类案件立案164933件，结案142194件，结案率86.21%。

（朱　婧）

【智慧环卫体系】 12月，监督中心协助区环卫服务中心开展“智慧环卫”工作，目的在于建立环卫中心作业监督、管理、评价工作的精细化、智能化的双金字塔监督体系，逐步形成公众监督、社会主体参与、专业部门作业于一体的规范化、科学化、社会化模式。

（朱　婧）

【专项监督】 年内，按照《朝阳区2016年户外电子显示屏整治工作方案》要求，将全区范围违规设置户外电子显示屏列入重点监督范围，特别是对市、区重点整治的百条重点大街，列入2016年专项监督任务，监督上报户外电子显示屏12232块。

（朱　婧）

【新增建筑监督】 年内，全区未出示规划手续或区政府建设项目联审会纪要、区相关职能也无建议保留的新增建筑1809处，面积234546平方米。其中，城区353处，7801平方米；农村1456处，226745平方米。发警告1509件，发函督办1063件。

（朱　婧）

【微循环工作】 年内，全面推进、区网格化城市管理微循环工作，监督中心与市排水集团、市自来水集团等4家市属公服企业对接并开展一系列工作。经多次会商，市排水集团正式纳入微循环系统，实现区排水系统相关案件内部派遣、处理、回复微循环，派遣区排水集团案件226个，结案率100%。

（朱　婧）

交通运输管理

【概况】 朝阳区市政市容管理委员会加挂区交通委牌子。年内，通过实施缓解交通拥堵综合措施，开工建设次支路，畅通微循环10条，实施常规疏堵工程10处，完成广渠路二期建设；新建设停车位5000余个，落实错时停车位400余个，打造2处交通管理示范区；全力推进路侧停车改革工作；建设2个停车示范小区；完成30公里自行车道综合整理；配合开展望京西交通枢纽建设；完成全市停车普查；加大执法力度整顿停车秩序；完成公共自行车二期建设。市交通委员会运输管理局朝阳管理处是市交通委运输管理局的派出机构，承担朝阳区及首都机场地区、亦庄开发区交通运输行业管理和通航水域安全监管工作。辖区内业务种类占城六区总量的32%。

地址：松榆东里甲38号
邮编：100021
电话：67325578
邮箱：gw302@163.com

（张斌源　张雁军）

【区缓堵方案印发】 1月6日，经区政府同意，区交通委印发《朝阳区缓解交通拥堵第十三阶段（2016年）工作方案》，明确2016年区缓堵工作各项重点任务，明确牵头单位和工作时限，统筹推动全区交通缓堵工作开展。

（张斌源　祖　钢）

【春节前交通运行秩序专项检查】 1月6日至2月1日，区交通委检查全区路侧停车安全规范服务和大型商圈周边交通运行情况。检查朝外、劲松、潘家园、三里屯、望京等10个街道办事处辖区、10家停车企业，发放整改通知书15份，要求企业限期整改。

（张明君）

【全国“两会”期间交通运行保障】 3月3日至16日，区交通委开展全国“两会”交通运行保障工作。重点巡查全区人员密集区域和重要商业中心、场馆等周边道路和北京会议中心、北京亚奥国际酒店、长安街延长线、京承高速等两会代表驻地、会场、沿途路线等区域，查扣黑车黑摩的85辆，规范机动车乱停放363处。

（祖　钢）

【静态交通秩序整治工作方案印发】 3月16日，《2016年朝阳区静态交通秩序整治工作方案》经区长办公会审议通过，确定印发。方案重点加大停车执法力度，打击重点区域违法行为；整治自行车道、步道环境，为绿色出行创造条件；排查整治交通标志设施，优化交通出行环境。

（李树茂）

【东坝南二街（中段）正式通车】 3月，2015年主干路建设工程之一的东坝南二街（中段）正式通车。该道路西起东五环、东至东坝中路，全长约1.6公里，宽45米，被列为市级民生工程。

（陈　放）

【重大运输保障】 3月，全国“两会”期间组织辖区出租行业14家企业280辆车组建的“两会”保障车队，完成保障任务82车次，运送代表86人次。国际长跑节、国际田联世界田径挑战赛、中国网球公开赛期间，值守巡查国家体育场及奥体中心区域地面公交运营情况，确保运力充足。G20杭州峰会期间，处领导靠前指挥，细化目标，加强对机场、交通枢纽、省际客运站、货运场站等重点地区的安全检查和运力监控，切实做好运输行业风险稳定评估工作。按照“全国一盘棋，全力保杭州”工作原则重点，做好对进出浙江省的客运、货运企业车辆及人员的重点管控和安全防范工作，严格落实旅客乘车实名制相关规定，严格检查旅客及其行李物品，把可能影响浙江稳定和峰会安全的问题隐患控制在远端、查堵在本地。首都机场出现数次降雨降雪天气，朝阳处及时启动三级应急保障方案，发布圈车信息，引导附近空驶车辆到机场运营，全年采取圈车保障措施56次，发布运力需求信息582次，采取调车保障措施1次，调集保点出租车254辆次、运送旅客432人次，完成首都机场地区公共交通运力保障任务。

（张雁军）

【区“十三五”交通规划编制完成】 3月，区交通委结合区情，联合清华大学编制《北京市朝阳区“十三五”区域交通规划》，重点从轨道交通、地面公交、路网分析、步行及自行车系统分析等几个方面专项规划区交通系统，并将相关研究成果报送市级主管部门，获较高评价。

（朱星岩）

【丽都酒店周边道路乱收费专项整治】 4月7日，区交通委联合相关执法部门，针对《北京日报》“丽都酒店周边道路路侧停车有‘黑收费’现象”报道内容，将丽都酒店周边道路3名涉嫌路侧停车“黑收费”人员送至将台乡派出所配合调查询问。同时，将台乡安排交通协管员拆除此处私设停车收费指示牌。

（祖　钢）

【垡头地区新增13处公共自行车服务站点】 4月11日，区交通委继续完成公共自行车二期建设，在垡头地区新增13处公共自行车服务站点，具体分布在地铁7号线垡头站、翠城各社区周边；同时，增设1处固定办卡点，并于节假日期间在各社区提供流动办卡服务。

（朱星岩　李铭轩）

【百子湾现代城周边道路塌陷事故】 5月3日，百子湾现代城中间南北向道路，十字路口环岛往南50米道路塌陷，塌陷面积1平方米。区道路养护中心第一时间赶赴现场，对塌陷区域采取安全隔离措施，通知管线权属单位到现场整改，养护中心对塌陷部位进行恢复。至18时全部抢修完毕，道路恢复通行。

（陈　放）

【双随机检查】 5月9日，开展双随机行业监管检查，发现货运企业北京国泰嘉华商贸有限公司存在重大安全隐患，责令该公司限期改正。5月19日，对该企业复查时发现其仍未改正，依据《北京市道路运输条例》，行业科室依法按程序吊销其道路运输经营许可证，成为年度双随机执法检查典型案例。

（张雁军）

【高考期间交通保障】 6月7日至8日，区交通委制定专项工作方案，联合朝阳交通支队、区道路养护中心等单位增派人员加强高考考点周边道路交通秩序执法力度，确保考点周边道路通行顺畅；开展环境秩序巡查工作，确保考点周边无黑车拉活，无无照游商。

（祖　钢）

【市级督察缓堵工作完成】 6月30日，市政府督察室联合市交通委、市交管局、市城管执法局等部门现场督察考核区缓堵工作完成情况，对区缓堵工作推进情况表示满意，要求区政府加大力度推进缓堵工作，保证年底前完成各项缓堵工作任务。

（祖　钢）

【安全生产宣传教育】 6月，开展安全生产月活动，普及安全知识、提高公众安全意识。6月16日，分别在朝阳公园南门、亦庄开发区和四惠客运站举办“筑牢安全基础，促进协同发展”主题宣传咨询活动，发放宣传材料1000余份。6月23日，组织辖区89家运输企业召开新《道路运输车辆技术管理规定》和《北京市生产安全事故隐患排查治理办法》培训大会，筑牢辖区企业安全生产思想教育基础。

（张雁军）

【首个“橙色预警”交通运行保障】 7月20日，针对暴雨橙色预警，区交通委继续加强备勤值守和抢险准备工作，启动道路积水应急保障预案，自凌晨5时起，出动抢险车16辆、水泵15台、大型发电机组3部、抢险及封路指挥人员230人、备勤人员200人，在来广营北路京承桥下、沙子营桥、七棵树路、垡头街、垂杨柳中街、酒仙桥北路、鲁店北路7处重点点位现场值守，对石门村路、酒仙桥北路2处积水点进行抽排水作业，及时处理双井桥西南角三环辅路两处路面塌陷、西大望路与松榆南路交叉口路面塌陷等3起应急事故，实施断路保安全8处，确保全区道路通行安全。

（周永旺）

【公交场站充电桩建设完成】 8月，区交通委配合公交集团完成29处公交场站充电桩建设工作。

（马云飞）

【儿研所公交开通运营】 9月9日，儿研所公交专线正式开通运营，为儿研所就医市民提供绿色出行新选择。同时，儿研所专线在一定程度上可缓解该区域由黑摩的违章乱行带来的交通隐患，为沿线乘客提供安全便捷的“最后一公里”出行服务。

（马云飞）

【广渠路二期主路正式通车】 9月30日，广渠路二期主路实现全线通车。该道路西起东四环大郊亭桥，东至通州区怡乐西路，是连接首都中心城区与城市副中心的重要廊道，也是继京通快速路后，东南部地区最为重要的东西向联络快速通道，道路全长11.96公里，在区范围内9.76公里。

（陈　放）

【集中开展9月“最堵月”停车专项治理】 9月，区交通委应对9月“最堵月”，集中开展专项行动，集中整治草房地铁站、望京宜家周边等20余处交通堵点、乱点，严厉查处交通违法行为，维护良好交通秩序。

（祖　钢　李铭轩）

【出租汽车三元催化器更换工作完成】 11月14日，区个体出租管理站依据市交通运输局统一安排，组织70辆出租汽车更换三元催化器。单位工作人员制定工作方案，事前通过例会教育和逐个电话通知等方式，将相关要求传达到每位司机，并到现场组织车辆三元催化器更换，在规定时间内完成单位车辆更换。

（熊应辉）

【三里屯停车诱导系统建设完成】 11月，区交通委完成三里屯地区智能停车诱导系统建设工作，通过自动采集、实时更新、大数据分析和APP实施发布等技术创新改善过去停车诱导系统数据不准确、更新不及时和无法与导航等系统对接等问题。项目安装二级诱导屏10处，三级诱导屏13处，覆盖全部三里屯街区12个停车场3650个停车位。系统建成后，根据后台监测与采集到的数据，地区车场使用率有所提升，工体北路通行效率大幅提升。

（朱星岩）

【24条公交线路优化调整】 12月，区交通委配合广渠路开通，配合公交集团公司调整312路、666路等公交线路。全年调整优化公交线路24条。

（马云飞）

【新增7条公交线路】 年内，区内开通新增快速直达122、123路、专8、专39、夜27路、老君堂、儿研所专线7条公交专线。

（马云飞）

【前期项目储备库工作启动】 年内，区交通委在城六区中率先启动前期项目储备库工作，制定《关于加快朝阳区道路建设相关工作意见》，经第三十一次区长办公会审议通过，梳理全区未按规划实现道路，按照“一廊两带三区”功能定位，选取试点道路开展前期研究工作，全面加速道路建设前期工作。

（陈 放）

【区道路交通防汛专项指挥部成立】 年内，根据市交通委及区防汛办要求，区交通委成立由区水务局、气象局、交通支队、社会办、农委、43个街道地区办事处等单位组成的城区道路交通防汛专项指挥部，制定专项防汛预案，储备各类物资并开展抢险演练，随时应对汛期紧急情况，已完成道路塌陷等应急抢险任务。自4月起，中心备勤34次，指挥、备勤、抢险人员3432人次，巡查车106车次，抢险车96车次，水泵114台次。

（陈 放）

【停车资源数据普查前期调研完成】 年内，区交通委配合市交通委开展停车普查数据调查工作。经调研统计，登记车辆98.9万辆，停车位83万个，停车缺口16万个。

（刘泽宇）

【5条占道停车示范路段考核检查】 年内，区交通委选取和平西街、东大桥路、潘家园路等5条路段作为占道停车规范服务示范路段，从依法经营、硬件设施、按规收费、有序停车、文明服务等方面细化考核内容。

（祖 纲）

【区道路养护工作完成】 年内，全区完成道路养护工作，大修道路7条，面积26.97万平方米；中小修道路121条，面积23.36万平方米。

（陈 放）

【11条道路路灯建设完成】 年内，区交通委协助市级单位完成全市11条道路路灯建设。

（陈 放）

【占掘路行政许可监管】 年内，区交通委加大占掘路行政许可监管力度，全年受理109件占掘路行政许可申请，审批通过75件。

（王军民 吴海平）

【两级人大建议政协提案办结】 年内，区交通委办理市、区两级人大建议、政协提案91件，处理群众来信、区长信箱、政民互动等3100余件。

（陈 洋 吴海平）

【省际客运进出站管理】 年内，整治“客运站车辆例检存在走过场、车辆报班手续不全、车辆出站乘客不系安全带”3类问题，督促企业落实出站管理工作要求。辖区客运站先后3次成功截获旅客携带汽油、汽罐等重大危险品出站。

（张雁军）

【“两客一危”GPS联网监控】 年内，制定GPS入网情况专项整治工作方案，通过市重点营运车辆联网联控系统，筛查未入网车辆，约谈未入网车辆企业，督促企业及时整改。全年开具责令限期整改8次，约谈4户次，停办省际包车业务申请16台次，发放GPS警告通知书26份，行业内部通报3次，车辆入网率由年初98%增长至100%，车辆上线率由年初约85%增长至98%，长期未上网车辆下降约13%。

（张雁军）

【机动车维修行业安全隐患排查】 年内，梳理维修行业存在的安全问题，制定安全隐患排查治理方案，建立《日常监管检查隐患台账》，完善《企业烤漆房管理台账》。采取电话提醒和入户检查相结合方式，督促企业及时完成烤漆房综合评价。同时全面摸排在区城乡接合部重点地区13个乡16个村经营的维修企业，对其中56户建立《市区两级挂账重点地区维修企业安全生产隐患台账》。同时对辖区许可证到期企业及时采取注销措施，全年注销112户，注销量居全市首位。

（张雁军）

【执法责任制季度考核】 年内，专项制定《朝阳管理处2015年执法责任制季度考核工作方案》，确定10个工作流程，制订13个附件文档，规范和固化工作。

（张雁军）

【执法工作】 年内，出动执法人员2319人次，完成入户检查1052户次，采取限期改正措施39件，约谈企业15户，移送处罚33件，办理旅游企业注销5件、货车注销1298件、维修户注销112件、从业人员注销4794件，办理吊销3户。

（张雁军）

【行业安全管理】 年内，依法注销旅游企业5户，其中大众旅游公司的人、车长期处于失联状态，朝阳处多次报请运输局旅游处、法制处协调解决。决定对该企业采取行政注销措施。此次注销为全市旅游行业首例对企业实施带车注销，通过落实注销管理工作，辖区旅游客运行业集约化程度大幅度提升，对行业规范经营管理和健康发展起到促进作用。

（张雁军）

【行业资质管理】 年内，检查维修行业经营许可资质，对超过期限经营的企业，按照政策法规及时办理注销。货运行业严把增车现场勘验力度，赴现场核实20车以上货运经营者增车申请264户次，经审核把关，96户次未获批准，占总申请的36.4%。亦庄开发区全年审批货运经营许可35户，较2015年115户下降328%，联合区工商部门清理13家在亦庄注册、但已无经营行为的企业。

（张雁军）

【出租汽车行业安全维稳】 年内，结合国务院和七部委改革新政出台和市改革征求意见稿发布，朝阳处制定行业改革过渡期安全维稳工作方案，梳理重点企业，开展不稳定因素摸排。入户开展安全维稳专项检查115户次。通过座谈了解企业运营情况和驾驶员思想动态，收集企业意见建议，做好正面宣传引导，同时加强企业安全维稳主体责任落实的督察、检查，并与区交通委、朝阳公安分局建立协调联动机制，重点监控辖区个体出租汽车安全运营情况，确保行业稳定、可控。

（张雁军）

【大企业运政受理“绿色通道”开通】 年内，针对大企业集中办理事项复杂、占用窗口时间长的特点，通过前期调研论证，按照提前预约、专人办理、尽速办结工作原则，对符合行业要求，办事频繁且有一定规模的企业开通绿色通道，提高行政审批效率。全年，办理绿色通道3235件次。

（张雁军）

环保管理

【概况】 朝阳区环境保护局（以下简称区环保局）是区人民政府环境保护行政主管部门，依法对区环境保护工作实施统一监督管理，业务工作接受市环境保护局指导。区环保局内设9个机关科室，1个参照公务员法管理单位，2个纳入机关工资规范管理单位，全额拨款事业单位1个，内设机构1个；编制177人，实有153人。年内，区环保局成立水污染防治办公室，编制3人；成立生态与环境保护信息中心，编制10人。2016年，区环保局围绕“无煤化”、清洁空气行动计划与水污染防治工作等重点任务，改善区域环境质量，推进生态文明建设，强化执法效能、创新管理模式、提升监管水平。年内，完成四环路内“无煤化”、燃气锅炉低氮技术改造、老旧机动车淘汰及各项污染物总量减排任务指标，空气质量持续改善，完成全年PM2.5下降5%的任务。加强水污染防治力度，严格执行新增主要水污染物排放建设项目不予审批政策，强化区域内水质监测与排污企业监管，全年区域水体水质考核断面达标率显著提升。

地址：农展南路5号

邮编：100125

电话：65947126

邮箱：huanbao@bjchy.gov.cn

（赵海涛）

【环保标发放】 1月1日，市环境保护局下放环保标志发放权，各区县机动车排放管理站负责本辖区检测场及4S店环保标志申领、发放、审核和回收工作，日常监管环保标志送达情况。

（赵海涛）

【无燃煤锅炉】 1月19日，根据北京市压减燃煤工作领导小组办公室下发的《关于做好2015年压减燃煤目标完成情况考核工作的通知》要求，市压煤办委托北京节能环保中心对朝阳区2015年压减燃煤项目进行现场核查，朝阳区7家单位的25台、87蒸吨燃煤锅炉全部完成拆除工作，实现全区无燃煤锅炉目标。

（赵海涛）

【大气污染执法年】 4月5日，区开展“大气污染执法年”工作。区大气办制发《朝阳区“大气污染执法年”行动工作方案》，实化各项工作措施，细化各部门、各街乡工作职责。加强执法力度，开展“治散煤”专项整治行动、“净四气”大气污染专项执法行动、“降三尘”大气污染防治行动。

（赵海涛）

【无煤化会议】 5月15日，召开区委常委会、区长办公会，研究2016年城市地区“无煤化”工作情况，区环保局、区发改委、区社会办、区农委、区财政局等单位参加会议。环保局汇报城市地区2016年四环路内无煤化工作。

（赵海涛）

【市领导调研】 5月31日，市委书记郭金龙带队调研区清河第二再生水厂、崔各庄乡马泉营村、平房乡亮马厂村。区政府、市排水集团、北京燃气集团、市电力公司主要领导随行并作工作汇报。

（赵海涛）

【世界环境日活动】 6月3日，望和公园举行“践行绿色发展，为美丽朝阳加油”主题宣传活动，活动现场设立“环保加油站”“低碳我先行”“环保卫士”“环保咨询台”等，通过多种形式，向群众宣传绿色发展理念、绿色生活知识、减煤压煤等。其间，组织开展“环保科普大讲堂”“环境保护随手拍”有奖征集等活动。

（赵海涛）

【领导调研】 6月7日，区委书记吴桂英、区长王灏专题调研水环境治理工作，区领导陈涛、张维刚、杨树旗，水务、环保等12个部门及相关街乡主要负责人陪同调研。

（赵海涛）

【专项行动】 7月1日至15日，开展建筑垃圾运输车和施工机械排放专项执法检查行动，完成摸底排查任务，建立辖区内48家在施工地、44台施工机械及20家建筑垃圾运输单位（177辆建筑垃圾车辆）台账，100%签订《环保达标承诺书》。

（赵海涛）

【放射源监管】 8月12日，市环保局、区环保局和区公安分局联合现场监督北京柯莱斯皮合成革有限公司放射源送贮工作。该单位是区放射源重点监管单位之一，是全区唯一一家在线使用放射源的单位。

（赵海涛）

【成立水污染综合治理领导小组】 8月，成立水污染综合治理领导小组，区委副书记、区长王灏任组长，主管环保和水务的副区长任副组长，成员有区委宣传部、区发展改革委、区环保局、区水务局等职能部门及各街乡主要领导。

（赵海涛）

【处置辐射事故应急演练】 10月27日至28日，区环保局举行“2016年朝阳区处置辐射事故应急综合演练”，市环保局辐射处、放废中心、辐射中心领导观摩指导。

（赵海涛）

【专项执法检查】 11月1日，区环保局联合运管局朝阳管理处、交通执法队、车管所朝阳分所，对全区检测检验机构及周边维修企业开展专项执法检查。

（赵海涛）

【散煤随机检查】 11月8日，副区长王志勉带领区环保局、区社会办、区农委、区城管执法局等相关部门负责人，随机检查全区城乡接合部地区散煤使用及销售情况，减少散煤燃烧造成的环境污染。

（赵海涛）

【部署环保督察】 11月27日，副区长王志勉主持召开农村地区迎接中央环保督察组工作动员部署会。区环保局、区农委、区监察局主要领导和各乡政府党政正职领导参加会议。会后，王志勉带队，到来广营乡等地区实地检查中央环保督察组督察环境保障工作落实情况。区环保局、属地乡政府党政领导陪同督察。

（赵海涛）

【环保督察朝阳行动】 11月29日，召开全区迎接中央环境保护督察工作动员部署会。会议要求各相关单位发动基层、主动作为、建立长效机制，对环境保护工作责任落实、任务完成、应急执行、监督执法和立行立改等情况开展自查，推进全区环境保护工作。

（赵海涛）

【中央环保督察组到区调研督察】 12月6日，中央环保督察组马駇组长等到区调研考察环境保护工作。曹立平、武绍贵等中央环保督察组领导，陈添、金树东、郑江等市级机关和市属单位领导，吴桂英、王灏、王志勉等区领导陪同调研考察活动。12月12日，中央环保督察组一行3人到区督察，相继同区水务局、区环卫中心、区市政市容委主要领导及市环卫集团固废物流公司负责人谈话，涉及水体治理、垃圾转运处置能力建设及环保监管情况等多个方面。

（赵海涛）

市容环卫

【概况】 朝阳区环境卫生服务中心（以下简称区环卫中心）是朝阳区环境卫生专业作业服务队伍，区属全额拨款正处级事业单位。负责全区环境卫生服务性、技术性和事务性工作，担负全区主要干路清扫保洁、喷雾降尘、垃圾清运、粪便抽运及无害化处理、公厕管理与保洁等环卫作业生产工作。内设12个科室，下设9个基层作业单位，职工8743人。全年，清扫道路总面积3374万平方米，机械作业面积1289万平方米，人工作业面积2085万平方米，保洁过街天桥156座，地下通道54座，保洁清掏果皮箱10068个。管理密闭式清洁站247座，清运生活垃圾224.62万吨。管理公共卫生间952座，清运粪便33.8万吨。

地址：香河园中里
邮编：100028
电话：64628653
邮箱：hwzxbgs@bjchy.gov.cn

（宋　音）

【节前联合检查】 2月3日至5日，区环卫中心20余人组成联合检查组，到环卫一线各处重点部位开展春节节前业务、安全专项检查。对辖区范围内主要道路、公共卫生间、垃圾中转站等环卫专项作业情况，各单位停车场、内部加油站、修理车间、粪便消纳站、环卫工作站（职工休息点）等重点部位环卫设施运行情况开展节前综合大检查。

（宋　音）

【春节期间环境保障】 2月6日至13日，启动春节环境卫生保障工作方案和应急预案，增加作业人员，出动作业职工38600余人次，作业车辆11600余车次，检查人员1300人次，及时清理烟花爆竹残屑205吨，完成春节期间环境保障任务。

（宋　音）

【植树活动保障】 3月25日至26日，中央领导到区参加首都义务植树活动。中心研究布置环境保障工作，出动职工300余人次、扫尘车2部、挤压车1部、多功能洗地车10部、水车20部、移动厕所车2部，摆放单体公厕6个，清理白色污染1000余处、小广告200余处，清理遗撒尘土约3吨，完成环境保障任务。

（宋　音）

【全国“两会”环境保障】 3月，全国“两会”期间出动职工82500余人次，作业车辆21265余车次，检查830人次，清理生活垃圾49923吨、非法张贴小广告15.8万余张、白色污染26万余处，清运粪便26019吨，完成各项环境保障任务。

（宋　音）

【监督服务电话开通】 9月14日，区环卫中心在蓝岛大厦东区广场举行“时传祥青年班”授旗暨监督服务电话启动仪式，开设朝阳环卫服务中心监督服务电话“89012580”，整合各部门资源，成立专门团队，构建投诉考核排名体系，实行“一个号码管服务，24小时接听不间断”，打造便捷高效的服务平台，为百姓排忧解难。区市政市容委副主任苑拓、东城区环卫中心党委书记李庆君、东城区劳模代表、环卫中心党委书记兼主任陈万明等领导出席活动，300余人参加活动。

（宋　音）

【国庆节环境保障】 “十一”期间，开展环境保障，出动37303人次、7712车次，使用中水19810吨，清理路面遗撒及垃圾240余吨，清理小广告97000余张。

（宋　音）

【扫雪铲冰工作】 11月20日，中心结合首场降雪天气预报及时启动相关扫雪铲冰工作预案，全员备勤值守，提前准备浓度17%的融雪液2000吨，水溶融雪剂693吨，干撒融雪剂125吨，手抛融雪剂105吨，迪马除雪车15部，水车58部，于20日21点到达各融雪点位待命备勤。干路作业在21日凌晨3点全部到岗投入作业，早7点前完成道路积雪第一遍清除，完成打堆落叶，确保周一早高峰车行道路面不结冰，便道不打滑，环境整洁有序，市民出行畅通无阻。截至21日早7点，中心出动人员5528人次，出动多功能除雪车15部33车次，抛洒干撒型融雪剂198吨；出动水车20部33车次，喷洒融雪液660吨；人工抛洒融雪剂28吨。

（宋　音）

循环经济产业园

【概况】 北京市朝阳循环经济产业园管理中心，为区政府直属正处级全额拨款事业单位，业务归口区市政市容委管理。主要承担区固体废弃物无害化处理和垃圾处理循环利用项目规划、建设和管理工作。核定全额拨款事业编制44名，内设机构9个。园区内建有高安屯卫生填埋场、生活垃圾焚烧发电厂、餐厨垃圾处理厂、医疗垃圾处理厂、电动汽车充换电站、朝阳生活垃圾综合处理厂焚烧中心、生物处理中心试验项目、废旧物资回收中心。园区垃圾年消纳136.11万吨，其中填埋场填埋残渣28.9万吨、高安屯生活垃圾焚烧发电厂年处理生活垃圾72.88万吨。朝阳生活垃圾综合处理厂焚烧中心自7月29日开始试运行，年内处理生活炉垃圾31.76万吨，上网电量12147.83万度。北京朝阳餐厨废弃物处理厂年处理餐厨垃圾2.57万吨。高安屯卫生填埋场年处理渗沥液3.23万吨，填埋气收集处理178.37万立方米。高安屯生活垃圾焚烧发电厂年上网发电25577万千瓦小时。年内，园区完成对外接待任务366批次，16016人次。获首都劳动奖状，获评首都环境建设样板单位、2016年度全国“安康杯”竞赛安全文化宣传工作先进单位、北京市科普教育基地（2016—2018年）、朝阳区中小学社会大课堂教育基地，被区委授予先进基层党组织称号，焚烧中心项目获北京市2015年度市政公用、公路结构长城杯工程金质奖。

地址：金盏乡高安屯村

邮编：100024

电话：65417429

网址：http://bcceip.bjchy.gov.cn

邮箱：ljcl7429@sina.com

（李佐娟）

【各省市考察交流】 1月14日，广东省深圳市国资委副主任胡国斌一行5人到朝阳循环经济产业园调研生活垃圾综合处理厂焚烧中心项目建设情况。4月5日，岳阳市静脉产业园管理中心主任胡继权一行5人到循环经济产业园参观学习。6月1日，广州市城市管理委员会副书记副主任李世通一行8人到朝阳循环经济产业园调研参观。10月18日，昆明市政府办公厅副主任罗峻一行40余人到循环经济产业园参观调研，重点了解区城市管理过程中垃圾处理链条的处理处置方法和手段。

（李佐娟）

【国际业务交流】 3月22日，瑞典驻华大使馆科技参赞到朝阳循环经济产业园参观考察，市市政市容委和市外办领导陪同考察。6月1日，印度尼西亚首都雅加达省政府代表团到朝阳循环经济产业园参观访问，市市政市容委对外交流处处长王莉萍、副处长张晓红、环卫处副处长冯昆、固废处刘喜、中心副主任田赫陪同参观。7月14日，国家审计署组织老挝司处级审计官员研修班20名学员及审计署国际司10名审计干部到朝阳循环经济产业园参观考察。10月18日，由国际工联政策和经济政策主任艾莉森·泰特女士等工会能源和产业问题专家组成的国际工联6人代表团，受中华全国总工会邀请，到朝阳循环经济产业园参观交流。此次是国际工联首次来华对环保企业，就经济转型和创造绿色就业过程中的工会作用开展专题交流。

（李佐娟）

【领导调研】 5月19日，环保部环评司副司长刘薇一行到朝阳循环经济产业园调研垃圾焚烧发电项目环境管理工作。市环保局、市市政市容委、市规划委、区环保局、区市政管委、通州环保局部分领导参加调研。7月6日，市委老干部局副局长宋永健带队组织70余名退休干部到朝阳循环经济产业园参观。7月20日，区长王灏到朝阳循环经济产业园调研重点项目建设情况。参观园区科普展厅，察看填埋山现状，实地调研焚烧中心项目，听取园区管理中心主任皮猛关于园区的总体情况汇报，重点关注焚烧中心项目和建筑废弃物资源化利用项目建设情况。9月23日，区总工会主席王文军、副主席司晓强和帮扶中心主任孟峰到园区座谈。

（李佐娟）

【生物处理中心试验项目建成】 12月，生物处理中心试验项目建成，进入系统调试。该项目位于朝阳循环经济产业园区内，占地面积436.38平方米，设计生活垃圾处理规模为5吨/天，总投资643.1万元，全部建设投资由区基本建设资金安排解决。该项目建成标志区在厨余垃圾处理方面取得实质性突破进展，为今后成功建设厨余垃圾处理设施，提供可行性案例及宝贵经验。

（李佐娟）

【焚烧中心项目投入试运行】 年内，焚烧中心项目投入试运行。项目总投资111791万元，设计日处理能力1800吨/天，项目于2014年7月开工建设，历时2年，于2016年7月竣工，2016年5月19日开始向1号炉投放生活垃圾，成功实现1号炉投烧垃圾，焚烧中心正式进入带负荷运行状态。

（李佐娟）

【建筑垃圾资源化建设项目建设】 年内，建筑垃圾资源化建设项目前期准备工作已完成。该项目位于朝阳循环经济产业园西北侧，项目总用地面积214021.253平方米，设计年处理规模123万吨，其中建筑垃圾约100万吨，焚烧发电厂炉渣约23万吨。总投资24791.45万元（不含征地拆迁费），其中市政府资金安排30%，其余资金由区政府资金安排解决。工艺选择厂内固定式+厂外移动式处理设施的组合工艺，建设内容包括建筑废弃物处理系统、焚烧炉渣处理系统、资源化产品生产系统及配套设施。

（李佐娟）

【对外开放接待】 年内，园区接待社会各界人士参观366批次，16016人次，其中政府部门参观52批次，2111人次；企业参观40批次，1719人次；同行参观21批次，1007人次；居民参观18批次，900人次；外宾18批次，864人次；学生参观119批次，5800人次；媒体参观33批次，315人次；垃圾文明一日游活动参观65批次，3300人次。媒体群体占参观群体总人数的2%，同比增长55%，外宾参观人数涨幅明显，同比增长215%。

（李佐娟）

【异味防控与环境监测】 年内，园区环境监增加清洁焚烧中心和填埋场检测项目及园区外排污水和总排水水质监测项目，监测力度加强。建立异味举报制度，每日派专人对重点部位开展异味巡查，做到早发现早治理；填埋场对全场易产生异味区域采取整体密闭管理措施，并科学导排填埋气进行资源化利用处理。焚烧发电厂增加渣池负压吸风系统，中控室和垃圾吊控制室进行封堵和吊顶，异味控制效果显著；增派人力物力，着重加强清洁焚烧中心垃圾进场路、卸料平台及附属设施周边除臭工作。园区空气质量、二噁英监测等均达标。

（李佐娟）

【信息化工作】 年内，完成政务网内外网机房升级改造、保密机房硬件设备安装、强化中心监控室应急管控能力等基础工作，及时报备并处理各类事件186件。运用“互联网＋”能力逐渐增强，完成自建站升级工作，园区网站发布各类数据、新闻、图片、视频信息等118篇，同比增长19%；园区微信公众平台发布各类信息128条，受社会各界人士关注达517人，同比增长108.6%。

（李佐娟）

【科技项目】 年内，科技领域开设6项课题研究，完成3项，课题研究成果转化率达50%。其中“垃圾处理与环保普及”课题研究成果通过科普展厅内部设备进行转换；“垃圾处理与环保实验室建设”课题完成施工建设和设备采购，具备开放条件；“厨余垃圾高效生物水解厌氧消化组合处理技术研究”课题通过区科委审核。受住房和城乡建设部委托，承接《建筑废物资源化利用技术指南》主编工作，完成报审稿，并与北京电子科技职业学院达成战略合作关系，在科研及产学研方面达成3项合作，在人才培养方面达成4项合作。打造全市首家开放式环保实践课堂，受益范围覆盖全市所有中小学生，内容包含环保知识讲授、科学实验互动、处理设施参观等多种元素，被区教委授予"朝阳区中小学社会大课堂教育基地"，成为全市第一家固废处理专业知识学习场所。开办全市首家以固废处置为主题的3期高级研修班，打破行业界限，面向源头管理、中间运输、终端处理及后续资源化利用等各个环节，培训辐射全市环保事业整条产业链。12月，与中国城市环境协会等单位共同组织承办2016年中国环境园战略联盟发展论坛。引入3D打印技术，与园区环保绿色理念相结合，制作体现园区循环发展理念和特色的纪念品，增强园区科普宣传新亮点。

（李佐娟）

【媒体宣传】 年内，央视、北京电视台、北京广播电台、《北京日报》《朝阳报》等21家主流媒体先后对园区采访报道26次。

（李佐娟）

【为群众办实事】 年内，园区接通市政自来水工程，不仅满足园区内部办公区自来水使用需求，还惠及周边马各庄村，得到村委会和村民一致拥护，为园区送来题词为"喝水不忘挖井人"的锦旗。解决填埋场94名农转工人员养老、医疗保险问题。

（李佐娟）

水　务

【概况】 朝阳区水务局是负责区水行政管理工作的区政府工作部门，公务员管理单位。有公务员编制50名，内设机构10个，下属事业单位12个。年内，建成运行清河第二、高安屯、定福庄3座再生水厂。新建4座联村污水处理站、4处一体化小型污水处理站、32处一体化临时应急处理设施。查处涉水违法行为120起，罚款308.19万元。完成萧太后河沿线两岸低级次产业102.4万平方米清退拆除工作，疏解人口4.7万人，完成沿线14.5公里污水管线和16.3公里中水管线建设，截流6万吨污水、补充10万吨中水。落实防汛责任制，强化"1+7+4+43"防汛指挥体系和三级防汛应急管理体系。成立由4450名官兵和7个部门、716人组成的抢险应急队伍，明确防汛应急避险场所119处、转移安置场所87处。深入推进雨水口门前双包机制及防汛网格化管理；开展安全检查，整改隐患43处，消除重点防汛隐患31处，清淤、清掏排水沟渠、雨水管线、雨水篦子231公里。

地址：团结湖北路1号

邮编：100026

电话：85970772

邮箱：cyswj@bjchy.gov.cn

（马宇轩）

【水环境治理工作专项采访】 1月6日，在区委宣传部协调下，中央电视台、北京电视台、《人民日报》等20余家媒体到区水务局专项采访水环境治理工作。

（马宇轩）

【坝河南岸段截污工程启动会】 1月8日，将台洼外水沟治理工程正式进场施工，标志区黑臭水体治理工作正式启动。

（马宇轩）

【北甸污水站升级改造会】 1月11日，区水务建设管理办公室组织召开孙河组团——北甸污水站升级改造工程专题会。区水务局副调研员王俊青、建管办相关人员、各在施工程单位负责人、监理单位负责人参加会议。区建管办汇报孙河组团项目整体进展和存在问题，施工单位汇报在施部分实施情况及问题。王俊青听取建管办和各单位意见，根据现阶段存在的问题，提出下一步解决方案。

（马宇轩）

【大柳树沟治理工程专题会】 1月12日，区水务局组织召开2013年中小河道（第一阶段）大柳树沟治理工程专题会。区水务局副调研员王俊青、建管办相关人员、各参建单位负责人参加会议。会议进一步梳理大柳树沟现状问题，制定解决方案并划定时间节点，确保按市区要求汛前完成项目工程合同验收。各施工单位汇报大柳树沟治理工程治理现状，监理公司说明施工期间存在的问题。

（马宇轩）

【领导调研】 1月18日，市人大常委会农村办公室主任安钢一行视察萧太后河截污工程，区水务局副局长刘明辉陪同视察。在萧太后小武基施工现场，安钢详细了解工程进展情况、完工时间及存在问题。2月18日，区委书记吴桂英，区长王灏，区人大常委会主任、区委副书记、政法委书记陈宏志，区委常委、副区长陈涛，区委常委、宣传部部长刘军胜，区人大常委会副主任胡良森，副区长王志勉等区领导集体调研萧太后河治理工作，区水务局局长路军、副局长刘明辉等陪同调研。区领导一行先后实地查看定福庄再生水厂配套主干线萧太后河施工现场和马家湾闸西侧生物治污技术现场，了解水环境治理后效果。随后，在黑庄户乡政府由陈涛主持召开座谈会。路军汇报2016年区域水环境治理工作及萧太后河治理情况，区环保局、园林绿化局结合单位任务补充汇报。2月29日，市水务局局长金树东、副巡视员张世清及排水处、水资源处、排水集团等有关部门领导到区水务局调研座谈，区委常委、副区长陈涛、区水务局领导班子参加调研。区水务局局长路军汇报区水务各项工作，特别是水环境治理工程开展情况。4月5日，区人大常委会围绕《关于加快污水综合治理，提升我区水环境质量》议案办理情况，现场调研全区水环境治理工作。区人大常委会主任陈宏志，副主任苑文新、胡良森，副区长王志勉以及区政府相关部门负责人参加调研。路军、刘明辉陪同调研。调研组现场调研亮马河四环到五环段，区水务局、区环保局、区农委、区社会办、相关街乡汇报全区水环境治理工作。4月23日，副市长林克庆到区小场沟黑臭水体治理工程现场、萧太后河马家湾闸施工现场，调研区河道黑臭水体治理及污水截流工程进展情况。市政府副秘书长赵根武，市水务局局长金树东，区领导王灏、杨树旗，路军、刘明辉陪同调研。6月29日，区政协副主席张永新带领10余名委员调研全区水环境治理工作。路军、刘明辉及相关科室人员陪同调研。委员先后前往萧太后河马家湾闸及双桥西路拆迁现场实地调研，并在座谈会上与局领导沟通交流。在萧太后河现场，刘明辉向委员们详细介绍萧太后河系综合治理和绿色文化休闲廊道工程进展情况，并着重与委员们交流沟通拆迁和重要节点效果。在随后召开的座谈会上，刘明辉、规划计划科分别汇报黑臭水体治理和萧太后河系综合治理工程。路军代表水务局介绍区水环境治理整体工作。7月12日，市人大常委会副主任牛有成带队，部分市人大常委、市人大代表就“加快管网建设，解决污水直排问题”议案办理情况，到区萧太后河马家湾闸现场视察调研，了解萧太后治理及截污工程进展。王灏参加调研，路军及相关科室人员陪同调研。牛有成一行在萧太后河马家湾闸听取萧太后河整治和截污管线工程进展情况汇报。7月21日，水利部水文局副局长蔡建元带队检查区水利行业安全生产工作。区水务局局长路军、纪委书记虞南燕、区安委会常务副主任王俊青等陪同检查。检查组首先对水利部安全监督司随机抽取的北小河北湖橡胶坝和东岗子闸开展现场检查。河道所汇报两座建筑物安全生产工作。现场检查结束后，检查组在温榆河管理所召开座谈会。会上，局领导与水利部专家组展开交流，介绍区安全生产管理工作具体情况，并听取专家组对于区水务局相关工作的意见。8月11日，区政协副主席张永新、高向宇等一行20余人到区水务局视察水环境工作。区水务局党委书记高永红、调研员刘明辉及业务科室相关人员陪同视察。政协委员们先后来到亮马河、小场沟、高安屯再生水厂，听取相关工作人员汇报，详细询问水环境建设远景目标、污水治理情况、生态保护措施等。随后，在温榆河管理所召开区政协领导督办重点提案协商座谈会。10月13日，市委书记郭金龙、市长王安顺等市领导到萧太后河马家湾段调研，实地查看萧太后河两岸拆迁腾退情况，听取区关于萧太后河系综合整治工作汇报。市领导李士祥、陈刚、张工、张延昆、林克庆，市政府秘书长李伟，区领导王灏、陈涛陪同调研。10月19日，市发改委“运河文化带”规划调研组对区内主要历史河道萧太后河及坝河开展文化调研，区水务局、区发改委、区文化委相关领导、行业专家及具体负责人陪同调研。10月31日，市水务局副局长杨进怀带队到区调研水务工作，副区长王志勉、黑庄户乡主要领导、区水务局领导班子及相关科室人员陪同调研。杨进怀一行首先到南大沟治理工程现场调研，区水务局介绍治理整体情况及区重点水务工程开展情况，黑庄户乡汇报南大沟治理存在的拆迁问题及工作安排，并表示按照时间节点推进拆迁工作。在座谈会上，区水务局领导班子成员向市局领导汇报全区中小河道治理、水管员管理和使用、水系规划等工作进展情况，特别是工作中遇到的难点和问题，与市局有关部门及时沟通，了解政策。11月8日，区委常委、组织部部长何明到区水务局实地调研，现场察看萧太后河治理工程后，在水务局临时办公地点听取水务局党委的整体工作汇报。区委组织部副部长张中华陪同调研，水务局处级领导班子8名成员参加汇报。

（马宇轩）

【南水调蓄池规划选址座谈会】 1月19日，区水务局副局长彭庆彬主持召开南水调蓄池规划选址座谈会，市南水北调办、区规划分局、国土分局、绿化局、奥管委、黑庄户、豆各庄、东坝、将台、崔各庄、孙河乡政府和奥运村街道的主管领导及具体负责人参加会议。与会单位就在区修建南水调蓄池达成共识，并从项目合理性、可行性等角度出发，提出意见和建议，为最终选址提供支持。

（马宇轩）

【水务工程建设项目安全检查】 1月27日，区水务建设管理办公室开展水务工程建设项目安全检查。检查内容包括各电气设备使用状况和是否使用有危险隐患的生产工具，并向在场工人详细宣讲安全生产的重要性。

（马宇轩）

【萧太后河项目座谈会】 2月3日，区水务局副局长彭庆彬主持召开萧太后河滨河绿廊建设项目座谈会。区农委、绿化局、十八里店乡、垡头街道、豆各庄乡、黑庄户乡和区河道管理所、东南郊水务管理所主管领导及具体负责人参加会议。与会各单位重视建设萧太后河滨河绿廊项目，并从区域规划建设、土地供给情况等角度出发，提出意见和建议。

（马宇轩）

【跨界断面及黑臭水体专题会】 2月3日，区水务局召开跨界断面及黑臭水体治理专题会，区水务局副局长刘明辉主持会议，市排水集团项目管理部梁毅副部长、第二管网运营分公司经理杨光及河道所、温榆河所、羊坊所、平房所、东南郊所、排水所、水政大队参加会议。排水集团汇报前期摸排情况及初步方案，并提出进一步深入调查的需求及建议。区水务局与排水集团对接黑臭水体及其汇水范围内的基本情况。

（马宇轩）

【水环境治理专题会】 2月5日，区水务局召开水环境治理专题会，区水务局副局长刘明辉主持会议，市排水集团项目管理部梁毅副部长、区农委、各乡主管领导、区河道所、温榆河所、羊坊所、平房所、东南郊所参加会议。刘明辉分析水务工作面临的紧迫形势、机遇和挑战，并向大家介绍新三年方案具体内容。

（马宇轩）

【水务科技交流座谈】 2月15日，区科委主任冯守华等一行6人就水务科技工作与区水务局交流座谈，区水务局局长路军、党委书记王慧峰参加座谈。王慧峰向区科委相关人员介绍朝阳水务行业科技工作基本情况，并指出用现代化手段推动水务工作的重要意义，提出就“智慧水务”和专业技术人才队伍建设可与区科委进一步合作。

（马宇轩）

【政府采购培训会】 2月29日，区水务局邀请区财政局及北京建信衡工程管理有限公司开展政府采购培训会，讲解政府采购法规及招投标相关事宜。区水务局领导班子参加培训。

（马宇轩）

【萧太后河治理工作采访】 3月11日，20余家社会媒体在萧太后河马家湾段，采访萧太后河治理工作，局党委书记王慧峰、副局长彭庆彬接受采访。彭庆彬向各媒体介绍萧太后河现状及治理规划。

（马宇轩）

【温榆河水环境规划座谈】 4月20日，区水务局在温榆河水务管理所与北运河管理处总工孙凤刚带队的调研小组交流座谈。双方深入交流“十三五”期间温榆河水环境规划问题。市北运河管理处、局规划计划科、温榆河水务管理所、市水利规划与设计研究院主管领导及具体负责人参加座谈。北运河管理处责成市水利规划与设计研究院就“十三五”期间温榆河流域水利要素设计及技术要点确定等问题，与区水务局交换意见。

（马宇轩）

【萧太后河文化研讨会】 7月1日，区水务局组织召开萧太后河文化研讨会。区委宣传部、区文化委、区水务局及东方园林公司相关人员参加会议，山东聊城大学教授官士刚、市社会科学院历史研究所副所长吴文涛两位专家参加探讨。设计单位简要介绍萧太后河系治理整体方案，两位专家将前期搜集的萧太后河历史文化相关研究成果向与会人员分享。

（马宇轩）

【三年行动方案部署会】 8月9日，区水务局在区河道管理所召开区第二个三年行动方案工作部署会。市排水集团、区政府办、区发改委、区市政市容委等10个委办局和19个街乡主管领导参加会议，副区长杨树旗参加会议并讲话。市排水集团简要介绍集团新三年行动方案中已开工的工程及已经开展的工作，区水务局副局长刘明辉安排区第二个三年行动方案工作。

（马宇轩）

【自备井置换工作专题会】 8月30日，区水务局组织召开三间房乡自备井置换工作专题会，区农委、三间房乡和市自来水集团相关领导参加会议。会上，区水务局汇报三间房乡自备井置换工作方案，涉及居民小区和企事业单位70个，涉及用水人口约17.4万人。

（马宇轩）

【“十三五”水务信息化规划研讨会】 9月1日，区水务局召开区“十三五”水务信息化（智慧水务）规划研讨会。北京水科学技术研究院高院长一行5人参加会议并作专题汇报，区水务局领导和机关相关科室负责人参加会议。水科院汇报朝阳水务信息化编制背景、发展现状与问题、指导思想和规划目标、体系架构设计、重点建设任务和投资估算5方面内容。

（马宇轩）

【黑臭水体治理工程调度会】 9月13日，区水污染综合治理办公室召开黑臭水体治理工程调度会。水污染综合治理办公室主任、区水务局局长路军主持会议，市排水集团总经理助理张军及区发改委、区农委、区审计局、规划分局、金盏乡、十八里店乡、东坝乡、常营乡等部门参加会议。会议听取市排水集团黑臭水体治理工程进展情况汇报，各参会部门分别沟通项目前期协调配合工作。

（马宇轩）

【亮马河景观设计方案征集见面会】 10月27日，区水务局组织召开亮马河园林景观设计方案征集设计单位见面会。区水务局局长路军主持会议，副局长刘明辉、副局长娄立仓参加会议。会上，AECOM、SEMCO、IJburg等6家全球顶尖设计单位专题汇报各公司的公司文化、基本情况、人员构成、成功案例及亮马河相关设计构想和思路。与会领导和相关科室人员结合区水务发展定位及亮马河现状交流与研讨设计单位的设计理念。路军从项目规划意义、规划目标、规划内容和规划重点等方面做详细总结。

（马宇轩）

【市委市政府领导参与河道义务劳动】 11月26日，市委书记郭金龙，市委副书记、代市长蔡奇，市人大常委会主任杜德印，市政协主席吉林利用周末休息时间，与首都志愿者、部队官兵、水务工作者300余人到区萧太后河马家湾段，参与河道清淤义务劳动。

（马宇轩）

【民事公益诉讼工作座谈】 12月1日，区检察院检察长张玉鲲、副检察长陈旭等一行5人到区水务局专题座谈民事公益诉讼工作，区水务局局长路军、副调研员王俊青及各相关科室人员参加座谈。路军汇报区水务局水资源管理、治污等工作的重点、难点问题。张玉鲲表示，区检察院会充分利用检察部门检查职能，以民事公益诉讼为起点，支持、帮助相关部门加大治污力度和工作强度。

（马宇轩）

【黑臭水体治理】 年内，全面推进33条黑臭水体治理，全面进场施工。区负责的5条黑臭水体治理任务基本完成，由市排水集团负责的14条黑臭水体应急治理措施基本完成。

（马宇轩）

【考核断面治理】 年内，加快治理“11+5”考核断面，9个出境补偿考核断面实现达标，2个出境补偿考核断面采取临时应急治理措施；2处市级考核断面实现达标；3处国家级考核断面污染物指标下降。

（马宇轩）

防　汛

【概况】 朝阳区人民政府防汛抗旱指挥部办公室为区防汛应急指挥部常设机构，设在区水务局。年内，全区平均降水量639.2毫米，比上年同期多9%，其中6月1日至9月15日，平均降雨量466.8毫米，比上年同期增加14%。7月19日6时至21日6时，全区平均降雨量233.7毫米，最大降水点四惠桥295.1毫米。7月19日夜间至20日白天，全区平均降雨量210.8毫米。全区未出现人员伤亡。

地址：团结湖北路1号

邮编：100026

电话：85975066

（马宇轩）

【汛前准备工作检查】 3月22日，市防办总工刘洪伟、副调研员张赛带队检查区汛前准备工作，市民政局、市中小河道办、市防办相关业务科室参加检查。检查组现场检查坝河首段、通惠排干、萧太后河，区防汛办副主任王俊青陪同检查并汇报坝河行洪调度、中小河道治理、萧太后河综合治理、汛前准备总体工作及防汛网格化建设等情况。

（马宇轩）

【防汛抗旱工作电视电话会】 5月26日，全市召开防汛抗旱工作电视电话会，区组织收听收看，并随后召开全区防汛抗旱工作电视电话会，落实全市防汛抗旱电视电话会精神，部署区2016年防汛工作。区委副书记、区长王灏指出，各街乡、各单位要重视防汛工作，明确工作任务，抓好工作落实，确保全区安全度汛。副区长杨树旗、黄晓伟参加会议。各街道、地区办事处主要领导及本行政区域防汛分指挥部成员，各基层防汛组织在分会场收听收看。

（马宇轩）

【防汛工作部署会】 5月31日，区水务局召开防汛工作部署会。区水务局局长路军、纪委书记虞南燕、副局长彭庆彬、副局长娄立仓、总工张环山，机关全体人员、基层单位全体人员分别在各单位视频会议室参加会议。彭庆彬部署全局防汛应急工作。

（马宇轩）

【昆明市防汛办到区交流】 6月1日，昆明市水务局、防汛办一行11人在副市长王道兴、市政府办公厅副秘书长陈江、市水务局局长储汝明带领下到区学习交流防汛工作。区长助理郭智，区防汛抗旱指挥部副指挥、区水务局局长路军，副局长彭庆彬，市防办通信科科长霍风霖，区防汛办陪同考察。市防汛办介绍市防汛指挥系统的运行情况，区防汛办从区防汛指挥体系、城市内涝应对、防汛指挥平台建设几方面介绍区防汛工作，昆明市水务局介绍昆明市防汛整体情况。双方就防汛各项工作展开交流。

（马宇轩）

【积水抢险演习】 6月24日，区水务局在金泰桥开展2016年城区内涝排水暨区下凹桥区积水抢险演习。演习由区防汛办牵头，区水务局、和平街街道、市排水集团二分公司、朝阳交通支队等单位，区水务局副局长彭庆彬、和平街街道副主任李刚、排水集团二分公司副经理严瞿飞参加演习。市防汛办副调研员张赛、区应急办相关领导观摩演习。

（马宇轩）

【防汛工作检查】 7月12日，区防汛抗旱指挥部总指挥、区长王灏带队检查全区防汛工作，区防汛办、区农委、区社会办、堡头街道、王四营乡、黑庄户乡、豆各庄乡、北京排水集团等单位参加检查。检查组现场检查排水集团垡头桥积水治理工程，中小河道治理工程通惠排干节制闸。路军汇报2016年防汛工作整体情况，王灏对下一阶段主汛期防汛工作提出要求。

（马宇轩）

【全区雨情】 7月19日，全市迎来入汛以来最强降雨过程，7月19日16时区启动汛期四级应急响应。7月20日9时10分，区气象台发布暴雨黄色预警，区防汛指挥部启动三级应急响应，11时40分，区气象台发布暴雨橙色预警，区防汛指挥部启动二级应急响应，区应急委统一指挥全区应对工作。从7月19日20时至21日8时，全区平均降水量223.3毫米，最大降水点四惠桥站281.4毫米，区防汛办接报化工路、康化路、常营中路等多处积水，及时安排现场处置。“7·20”特大暴雨造成全区43个街道（地区）道路积水201处、房屋进水2000余处、塌房2处、转移安置群众30余人、河道水毁100余处、树木倒伏400余棵、路面坍陷10余处，各相关单位均在第一时间开展现场处置和清理。街乡投入抢险人数21504人次、抢险车辆642车次、水泵380台，投入编织袋14330条、沙袋4957条、沙石料28吨。全区31处雨洪利用工程蓄水214.72万立方米，主要河道正常行洪，完成北护城河分洪任务，未发生人员伤亡事件。

（马宇轩）

【驻区部队防汛工作会议】 7月21日，区驻区部队防汛工作会议在区温榆河管理所召开。区防汛办副主任王俊青主持会议，区武装部、武警总队、武警一师、武警五支队、武警十七支队、武警十八支队、66322部队、66194部队、区消防支队、区气象局等单位参加会议。路军参加会议并讲话，王俊青通报“7·20”降雨情况及全区各级部门应对情况，区气象局局长张沛刚介绍2016年区气象形势、特点及主汛期天气情况，区防汛办副主任、武装部副部长黄丙起部署驻区部队2016年防汛工作任务，各部队结合自身工作开展情况及各自任务分工开展交流发言。

（马宇轩）

【强降雨应对工作小结会】 7月22日，区水务局召开“7·19”强降雨应对工作小结会，区水务局领导班子、机关科长参加会议。会上，区防汛办副主任、副调研员王俊青介绍降雨及应对整体情况。

（马宇轩）

【民兵防汛演习】 7月28日，区防汛办组织在楼梓庄闸开展驻区部队和民兵防汛演习，区武装部、区防汛办、驻区部队、武警五支队、金盏乡等部门参加演习。路军、王俊青参加演习。路军担任演习总指挥，武警五支队40名官兵，金盏乡50名民兵集结，演习提闸、子堤加固等科目。

（马宇轩）

【主汛期防汛工作交流会】 7月29日，路军带领局领导班子成员到排水集团第二管网分公司，沟通交流主汛期防汛工作。二分公司经理杨光指出，在“7·20”特大暴雨中，二分公司与区防汛办相互配合，完成区防汛排水工作任务，未出现大范围积水。

（马宇轩）

【防汛隐患消除工作项目启动会召开】 10月26日，区水务局总工程师张环山主持召开朝阳区五项防汛隐患消除工程项目实施启动会。区防汛办及东坝乡、三间房乡、孙河乡、来广营乡、管庄乡、河道管理所、质监站、北京禹冰水利勘测规划设计有限公司、中水建管、朝阳水利工程公司、中兵勘察等部门参加会议。会议对工程建设涉及的施工、设计及监理等单位提出相关工作要求，并提出各乡域及工程运行管理单位做好配合协调工作，按期完成工程实施工作。

（马宇轩）

节　水

【概况】 朝阳区节约用水办公室设在区水务局，负责全区节约用水工作；另设朝阳区节约用水管理中心，为局属全民所有制事业单位。

地址：团结湖北路1号

邮编：100026

电话：85978122

（马宇轩）

【“世界水日”宣传】 3月22日，区水务局在朝阳公园南门广场开展“世界水日”启动仪式，区水务局副局长娄立仓、副局长彭庆彬等4位局领导、机关正副科长、基层单位正职和水政监察大队全体、高校节水护水志愿者及现场群众200余人参加活动。活动现场悬挂主题标语和系列宣传展板，咨询台专家直面公众解读政策，高校节水护水志愿者积极参与，向周围群众发放《北京市水土保持条例》《北京市排水和再生水管理办法》宣传画册、折页、水日水周宣传彩页及宣传品等10余类节水宣传资料。

（马宇轩）

【“志愿同行 亲水朝阳”主题活动】 3月26日，区水务局联合区委宣传部、区文明办、教委、团区委在朝阳公园组织开展“志愿同行　亲水朝阳”主题志愿服务活动。游园市民在现场参与主题涂鸦、净水实验、合影墙、健步走等互动活动。路军介绍全区水环境治理重点工作，倡议大家共同努力，从身边小事做起，做节水护水先行者。

（马宇轩）

【节水宣传活动】 5月15日至21日，区水务局开展第25个“全国城市节水宣传周”主题宣传活动，宣传主题是“坚持节水优先，建设海绵城市”。在市水务局、市节水办统一部署及安排下，区水务局牵头组织，发动各街道（地区）办事处、区教委、区卫生计生委、区国资委，在社区、学校、广场、大学等场所以不同形式开展节水宣传活动，发放宣传资料、展示高效节水器具、讲解节水法规、解读海绵城市建设相关问题和日常生活中的节水小窍门。

（马宇轩）

功能区建设

2017

北京朝阳年鉴

北京商务中心区

【概况】 北京商务中心区（CBD）管委会为北京市政府在商务中心区设立的行政机构，代表市政府统一行使北京商务中心区开发建设和管理职能，由朝阳区政府代管。内设机构10个，下设北京商务中心区土地资源发展中心、北京商务中心区投资和服务中心两个事业单位，分别为全额拨款事业单位和自收自支事业单位。年内，核心区15个二级地块项目中，13个项目取得立项批复，12个项目完成设计方案审定，9个项目取得全部工程规划许可证，清华、三星等7个项目开工，其中清华、国寿项目主体结构封顶，三星项目核心筒封顶，中信项目施工达到420米，成为北京第一高楼。中心区税收收入422.42亿元，同比增长11.54%，占全区的21.58%；税收过亿楼宇52座，其中8座超过10亿元，国贸中心、财富金融中心、华贸中心3座超过20亿元。功能区税收收入1136.93亿元，同比增长2.07%，占全区的58.08%；实现财政收入263.41亿元，同比增长4.41%，占全区的55.21%。

地址：东大桥路8号SOHO尚都北塔A座7层
邮编：100020
电话：58780000
邮箱：cbd@bjchy.gov.cn

（刘静敏）

【商协会管理】 1月8日，CBD管委会联合多部门就北京市服务业扩大开放、中小企业扶持、推动企业上市、鼓励总部经济及金融业发展、国际高端商务人才认定等政策举办政策解读会。1月26日，物业管理及地产开发企业协会召开会员大会。1月27日，北京CBD传媒产业商会召开第十届会员代表大会。4月21日，北京CBD跨国公司俱乐部举办“十三五”规划及中国宏观经济研判专题交流讨论会。

（刘静敏）

【区域项目建设】 1月20日，中弘大厦开工建设。4月7日，关东店综合楼项目完工。6月24日，耀辉国际城南区公寓项目完工。10月9日，国贸三期B阶段裙楼地上、主塔楼一至六层、地下部分完工。

（刘静敏）

【中国商务区蓝皮书编写】 1月22日，中国商务区联盟联合中国社会科学院城市发展与环境研究所、社会科学文献出版社共同举办中国商务中心区发展高峰论坛暨《商务中心区蓝皮书NO.2》发布会。9月7日，召开2016中国商务区联盟闭门会议。会上，就2016年中国商务中心区蓝皮书NO.3围绕“智慧CBD”主题展开讨论。11月至12月，中国商务区联盟组织课题组到上海、天津、南京、杭州等地CBD开展调研，了解各CBD在智慧建设和创新发展等方面的主要经验和做法，为蓝皮书NO.3的编写收集案例与素材。

（刘静敏）

【核心区二级地块建设】 1月26日，Z14正大项目南楼地下结构完工。1月27日，Z12泰康项目获得建筑工程施工许可证（底板及以下）。3月29日，Z15中信项目完成核心筒第43层结构混凝土浇筑，结构高度突破200米(200.9米)。3月31日，Z9安邦项目获得立项批复和用地规划许可证。4月12日，Z12泰康项目完成15344立方米底板混凝土浇筑，正式进入主体结构施工。4月16日，Z2a阳光项目完成10500立方米底板混凝土浇筑，正式进入主体结构施工。5月20日，Z2b三星项目完成主楼第25层核心筒混凝土浇筑，结构高度突破百米。5月30日，Z13国寿项目完成主楼第22层核心筒混凝土浇筑，结构高度突破百米。6月23日，Z1b清华项目核心筒结构封顶，成为CBD核心区第一座封顶的建设项目。8月18日，Z15中信项目核心筒施工至70层，结构高度达到333米，超过国贸三期，成为北京第一高楼。8月19日，Z12泰康项目地下室结构封顶，成为核心区第六个主体结构达到正负零的项目。9月8日，Z13国寿项目地上核心筒结构封顶。9月9日，Z1b清华大学项目主体结构全面封顶。11月8日，国寿项目主体结构全面封顶。11月12日，Z15中信项目82层墙体混凝土浇筑完成，结构高度突破400米。12月11日，Z2b三星项目实现主塔核心筒封顶。12月24日，Z2a阳光项目裙楼地下室顶板结构浇筑完成，实现地下结构全面封顶。

（刘静敏）

【核心区文化设施建设】 1月26日，核心区文化设施项目取得土地划拨决定。3月25日，取得工程规划许可证。8月9日，取得消防设计审核意见。9月20日，获得建筑工程施工许可证。10月28日，首层钢柱吊装成功，进入全面施工阶段。

（刘静敏）

【核心区LEED-ND金级预认证】 1月，正式启动核心区LEED—ND金级预认证工作。11月，与USGBC（美国绿色建筑委员会）探讨建立CBD绿建认证开发战略，并交流CBD整体绿建认证推广工作。12月22日，北京CBD核心区通过USGBC的审核，获得LEED—ND金级预认证，这也是国内第一个由政府主导、多业主共同开发的LEED—ND认证项目，国内第一个通过LEED—ND认证的城市中央商务区项目，国内开发建设体量最大的LEED—ND认证项目。

（刘静敏）

【企业入驻】 1月 民信资本投资管理有限公司完成注册，注册资本金60亿元。同月，联络互动信息科技股份有限公司入驻，新成立联络优家和联络金服两家公司，注册资本分别为100万元和2.3亿元。2月，大志天成（北京）信息技术有限公司成立，注册资本5000万元。3月，金联钱包（北京）科技有限公司完成注册，注册资本10亿元。7月，中国人民人寿保险有限公司营业部项目落地。9月，成立新公司北京传富星云科技有限公司，注册资本1.1亿美元。同月，新华养老保险股份有限公司完成注册，注册资本5亿元。11月，中融国际信托有限公司完成注册，注册资本金60亿元。年内，中心区新增企业5080家，总注册资本689.95亿元。其中注册资本过亿企业172家，总注册资本450.07亿元。

（刘静敏）

【永安里旧城区改建】 2月4日，常务副区长甘靖中组织召开永安里项目专题会，听取补偿方案征求意见情况汇报，并安排部署下一步召开征收补偿方案听证会等工作。5月18日，召开永安里项目房屋征收补偿方案听证会。10月18日，在项目范围内公示最终补偿方案。10月19日至25日，开展预签征收补偿协议相关政策咨询工作。10月26日，永安里旧城区改建项目正式启动预签协议工作，首日签约475户，占总户数的50.42%。11月11日，永安里旧城区改建项目签约628户，达到项目总户数的2/3。11月23日，永安里旧城区改建项目累计签约724户，占项目总户数的76.86%。其中永安东里11号楼、7号楼2个楼突破85%的预签生效比例。12月24日，永安里旧城区改建项目预签约居民801户，签约比例85.03%，达到该项目确定的预签约生效比例。

（刘静敏）

【党团建设】 2月26日，正式启动基层党组织关系集中排查工作，梳理出失联党员31人，其中4名党员取得联系并继续纳入组织管理。结合“两个覆盖”非公企业党组织摸底工作，梳理出CBD区域规模以上企业（员工数超过100人）300余家，在此基础上继续完善“四库”（规模以上非公企业库、非公企业党组织库、党员库、党组织书记及后备库）建设。年内，CBD区域发展新党员28人，组织党务工作者、入党积极分子培训100余人次，办理党组织关系转接340余人次。4月28日，北京CBD党工委举办共青团北京商务中心区工委授牌仪式，成立CBD团工委新任委员会。

（刘静敏）

【北京CBD“十二五”发展白皮书编制】 4月，启动《北京CBD“十二五”发展白皮书》编制。年底，《北京CBD“十二五”发展白皮书》形成初稿。

（刘静敏）

【“十三五”规划编制】 5月5日，常务副区长甘靖中召开专题会议，听取CBD功能区“十三五”规划内容和编制进展情况。7月1日，区委书记吴桂英，区委副书记、区长王灏听取CBD功能区“十三五”规划编制情况的汇报。7月，经区长办公会、区委常委会审议。8月，规划完成印制并发布。规划提出，未来五年，北京CBD将通过首都服务业开放综合承载区、国家文化融合创新示范区、国际商务交往核心引领区建设，强化商务核心功能，以“一城四体系”建设为抓手（打造国际一流水平的光华国际金融城，构建产业协同发展体系、企业信用体系、人才服务体系、环境品质体系），建成产业高精尖发展、功能布局更加完善、国际氛围浓厚、创新能力突出、区域环境更加怡人的国际一流现代化高端商务中心区。

（刘静敏）

【区领导调研CBD】 7月1日，区委书记吴桂英，区委副书记、区长王灏到CBD管委会调研CBD发展相关工作。会议强调，要站在发展前沿，当好引擎和动力源，推动内涵发展，将CBD建设成为首都发展、朝阳发展的重要承载区域、引领示范窗口。区委常委、常务副区长甘靖中，区委常委、区委办主任张维刚一同调研。

（刘静敏）

【2016北京CBD商务节】 9月7日，朝阳区“十三五”规划展暨2016北京CBD商务节开幕式在朝阳规划艺术馆举行，文化部党组成员、部长助理于群，北京市委常委、宣传部部长李伟等领导出席开幕式。此届商务节以“新机遇、新动能、新发展”为主题。同日，在朝阳规划艺术馆举办北京CBD圆桌会、北京CBD国际金融圆桌会两场论坛。CBD圆桌会以“创新引领，服务支撑，推进CBD转型升级”为主题，从技术创新、产业创新、机制创新、管理创新等方面，探讨如何发挥区域优势，深入实施创新驱动发展战略，推进CBD创新发展；国际金融圆桌会以“全球经济调整与人民币国际化”为主题，围绕世界最新的经济走势及中国金融业面临的机遇和挑战，为朝阳区金融业今后的发展方向和应对措施等提供智库支持，也为首都金融业发展提供经验和借鉴。9月8日，在北京奥运塔举办以“创新·融合·协同”为主题的国家文化产业创新实验区高端峰会，围绕“十三五”时期实施创新驱动发展战略，构建现代产业体系这一主旨，探讨培育壮大新兴产业、改造提升传统产业、推进文化经济新发展的有效路径。

（刘静敏）

【核心区公共区域信息发布系统建设】 10月，安装调试完成核心区公共区域信息发布系统。该系统在日常固定时段播放安全常识、安全提示、天气预报、空气预警信息等，扩展核心区的需用信息获知途径；在应急状态下系统能及时广播应急疏散信息，通知应急情况和出口位置，以便高效疏散人员，降低灾害损失，提升核心区现场应急管理水平和信息化管理水平。

（刘静敏）

【第九届国际跨国公司领袖圆桌会议】 12月7日至8日，第九届国际跨国公司领袖圆桌会议暨“一带一路”合作发展论坛在北京朝阳亮马河会议中心举行。以“开放、包容、合作、共赢”为主题，围绕“一带一路”对全球经济格局的深层次影响、投资与商贸的机遇和挑战、跨国公司在“一带一路”发展中的作用、“一带一路”金融合作创新和投资与贸易合作等主要议题，举办“引进来”与“走出去”发展论坛、跨国公司政府事务高层论坛和“一带一路”合作发展论坛等多场论坛，展开探讨。九届、十届全国政协副主席，十一届全国人大常委会副委员长，中国国际跨国公司促进会特邀会长周铁农，十一届全国政协副主席、中国国际跨国公司促进会会长、国际跨国公司领袖圆桌会议组委会主席郑万通出席会议。

（刘静敏）

【区域人才服务】 年内，为区域11家企业申报2016年度应届生指标327个，获得区人力社保局批复指标43个。启动新一轮公租房配租工作，确定配租房源174套，入住近300户，涉及企业33家。商务班车累计运行约6万公里，搭载人次达36万人次，辐射楼宇19座，服务企业约2500家。

（刘静敏）

【工会建设】 年内，区域内新增10家企业工会。截至年底，区域企业累计建工会380家。CBD总工会相继组织开展唱响CBD、北京CBD白领马拉松赛接力跑、绿色CBD环保摄影大赛、单身联谊、《奔跑吧！向日葵》话剧等活动。

（刘静敏）

【考察交流】 年内，接待各级领导视察调研、省级交流、国内外考察团38场589人次。接待场数较2015年同期下降约37%，接待人数较2015年同期下降约22%。

（刘静敏）

北京奥林匹克公园

【概况】 北京奥林匹克公园管理委员会为市政府派出机构，委托朝阳区政府代管。设综合处、安保交通处、综合治理处、大型活动处、发展处、市政管理处、党建工作办公室和监察科8个处、科、室，下设1个城管大队和1个服务中心。主要职责为贯彻执行国家及北京市有关法律、法规和政策。研究提出奥林匹克公园发展规划和相关政策，并组织协调市、区有关部门及区域内企事业单位共同落实。参与拟定奥林匹克公园的建设规划工作。负责区域内大型活动的组织管理和服务保障。负责组织协调区属各单位开展社会秩序、市政基础设施、城市绿化、市容和环境卫生整治等工作，统筹园区及周边景观管理工作，实施标准化城市管理。按照功能区建设要求，组织、协调、统筹区域内产业发展和促进工作。负责统筹区域应急管理工作。负责组织协调有关部门及区域内的企事业单位，开展食品卫生、防火安全、生产安全、交通管理、社会治安、旅游市场管理等工作。完成市、区政府交办的其他工作。年内，公园完成固定资产投资29.15亿元，完成全年任务指标（29亿元）。奥运功能区完成区级财政收入74.24亿元，同比增长3.84%，完成全年任务（79.5亿元）的93.4%。接待游客4703万人次，接待外宾及参观团300余次。

地址：朝阳区北辰东路15号

邮编：100101

电话：84972647

网址：www.bogac@sina.com

（杨　盼）

【贵州年货节暨贵州特色商品（北京）展示交易会】 1月17日至23日，由贵州省人民政府主办的“2016贵州年货节暨贵州特色商品（北京）展示交易会”在奥林匹克公园新奥购物中心举行。中共中央政治局委员栗战书，十二届全国政协副主席齐续春，贵州省领导陈敏尔、孙志刚、陈刚、刘凡奇、蒙启良，商务部部长助理刘海泉，北京市副市长程红，朝阳区领导吴桂英、陈宏志、甘靖中、刘军胜、黄晓伟出席交易会启动仪式。交易会以“多彩贵州、特色精品”为主题，来自贵州的223家参展商携2000余种贵州特色商品进京，线上线下有3000余种产品，市民既可购买到优惠的贵州特产，又能体验贵州民族文化。

（杨　盼）

【奥林匹克文化旅游知名品牌示范区创建】 3月，园区成立自查小组，对照全国奥林匹克文化旅游知名品牌创建示范区验收标准开展内审。4月下旬，奥管委通过北京中建协认证中心专家组外部审核，获得质量管理体系认证证书。9月14日，北京市质监局及示范区创建预验收专家组对北京奥林匹克公园“全国奥林匹克文化旅游知名品牌创建示范区”开展预验收，园区创建工作通过预验收。

（邱雯昕）

【第四届中国（北京）国际服务贸易交易会】 5月28日至6月1日，第四届中国（北京）国际服务贸易交易会（简称“京交会”）在位于奥林匹克公园的国家会议中心举办，此届京交会突出开放、创新、融合的新理念，聚焦科学技术、互联网和信息、文化教育、金融、商务和旅游、健康医疗六大重点领域，举办122场论坛会议和洽谈交易活动，展览展示总面积5万平方米，吸引126个国家和地区的17.1万人次客商参展参会。国务院副总理汪洋参观展览、听取汇报并指导工作，北京市委书记郭金龙出席全球服务贸易峰会并发表主旨演讲，区领导吴桂英、王灏、马继业、张维刚出席开幕式。此届京交会集中展示中国及与会国家和地区服务贸易发展的最新成就，与会人员围绕服务贸易发展的前沿和热点展开研讨。

（杨　盼）

【北京奥林匹克塔命名暨奥运五环标志落成仪式】 6月12日，北京奥林匹克塔命名暨奥运五环标志落成仪式在北京奥林匹克公园举行。北京市委书记郭金龙，市长王安顺，国家体育总局局长刘鹏，国际奥委会主席托马斯•巴赫，国际奥委会副主席于再清等领导出席仪式。北京奥林匹克塔体由五座186米至246.8米高的独立塔组合而成，建筑总面积18687平方米。其中塔冠面积5257平方米，塔座面积13430平方米。经国际奥委会批准，北京奥林匹克塔1号塔的最高点和塔西侧主门口处分别设置奥运五环标识巨型雕塑。1号塔的安装位置位于塔顶246.8米处，雕塑形式为一座高达18米的可旋转发光的奥运五环标识，每个单环直径为5米，地面可视距离约600米，施工完成后，北京奥林匹克塔整体高度由246.8米升高至264.8米。

（杨　盼）

【2016大型活动与旅游产品商务推介会】 6月28日，北京奥林匹克公园2016大型活动与旅游产品商务推介会暨北京奥林匹克公园大型活动微信上线启动仪式在北京奥林匹克公园玲珑塔举行，来自全国体育、文化、旅游、会展、商务领域的300余名高端商务人士参加。国家体育场、国家游泳中心等单位在项目路演环节推介项目，与会嘉宾与专家学者就“北京奥林匹克公园的大型活动和旅游如何融合发展”“奥运场馆如何拥抱互联网+”开展研讨。推介会上，“北京奥林匹克公园大型活动”微信公众号正式上线发布。推介会以“推介精彩、续写辉煌、寻求合作、共筑梦想”为主题，为奥运场馆与众多体育文化会展商务公司搭建交流合作平台，集中展示园区在大型活动和旅游方面的成果，推介园区特色资源和优势项目。

（李　硕）

【“玲珑圣火”迎冬奥艺术作品征集展】 8月8日至24日，“玲珑圣火”迎冬奥艺术作品征集展在玲珑塔5层、7层展出，包括30多位著名油画家、国画家的作品。新奥玲珑艺术中心于8月8日正式开馆，不定期展出中外艺术名家作品。活动由北京新奥和元文化发展有限公司主办，中国美术家协会、中国国家画院、法国艺术家之家协会、澳大利亚美术家协会、清华大学美术学院为学术支持单位。

（杨　盼）

【第39届国际标准化组织（ISO）大会】 9月12日，第39届国际标准化组织（ISO）大会开幕式在国家会议中心举行。国家主席习近平发贺信，向大会表示热烈祝贺。此次大会是由国家质量监督检验检疫总局、中国国家标准化管理委员会、北京市人民政府共同承办，是继1999年后，时隔17年中国再次承办国际标准顶级大会。国家会议中心承担大会开幕式、全体大会、理事会、双边会等20余场会议及50余场餐饮等重要接待任务。

（杨　盼）

【亚洲基础设施投资银行总部奠基仪式】 9月23日，亚洲基础设施投资银行（以下简称“亚投行”）总部奠基仪式在北京奥林匹克公园中心区举行，财政部部长楼继伟，北京市市长王安顺，亚投行行长金立群、副行长洛基出席奠基仪式并共同为奠基石培土。亚投行总部位于奥林匹克公园中心区B27-2地块。按照亚投行奉行的精干、廉洁、绿色的核心理念要求，结合亚投行近期和长远办公需求，北京市与亚投行通过前期开展建筑设计方案国际征集活动，经过多轮比选、专家评审，最终确定入选方案。

（杨　盼）

【“十三五”规划编制完成】 9月，按照区委、区政府关于“十三五”规划研究编制工作的统一部署和要求，奥管委结合首都、朝阳区经济社会发展大局，对照京津冀协同发展战略要求和首都城市功能新定位，围绕朝阳区“十三五”规划纲要提出的“建设‘三区’、建成小康”和构建“一廊两带三区”功能布局等要求，立足奥运功能区发展实际，完成奥运功能区“十三五”时期发展规划编制工作。经区长办公会、区委常委会审议通过，以区政府名义正式印发。

（邱雯昕）

【编制奥林匹克公园体育产业综合发展报告】 9月，编制完成《北京奥林匹克公园体育产业综合发展报告（2015）》。进一步丰富完善园区体育产业发展指数研究，并创新性地提出园区治理指数，得到国家体育总局、北京市领导和业界专家的肯定。4月、9月，分别编制完成2014年度、2015年度《北京奥林匹克公园杂志体育产业综合发展报告》（英文版），结合奥园国际交往联络窗口、世界文化交流平台、国家体育休闲中心三大核心定位，旨在提升园区国际影响力。

（邱雯昕）

【国际奥委会北京2022年冬奥会协调委员会考察】 10月10日，国际奥委会北京2022年冬奥会协调委员会在北京召开第一次会议，市委书记郭金龙和国际奥委会北京2022年冬奥会协调委员会主席茹科夫分别致辞。会议期间，茹科夫率团到北京奥林匹克公园，实地考察2022年冬奥北京赛区的场馆规划和建设情况。在北京2022年冬奥组委领导张建东、杨树安、韩子荣陪同下，一行人参观北京奥林匹克塔、国家体育馆、国家游泳中心、国家体育场。协调委员会与北京冬奥组委会谈，就筹办中保持愿景理念一致性、增强基础阶段创新和效率、积极推动“3亿人参与冰雪运动”、践行《奥林匹克2020议程》等问题交换意见。

（杨　盼）

【国际冬季运动（北京）博览会】 10月19日至22日，首届国际冬季运动（北京）博览会（以下简称“冬博会”）在北京国家会议中心召开，冬博会拥有超过两万平方米的展览区，涵盖冰雪运动、赛事与文化、户外及休闲和互动体验四个核心板块。此届冬博会以“开启未来”为主题，通过会议论坛、专题展览、项目推介等活动展示产业成果，研讨未来发展的思路，促进各方的合作交流。市委书记郭金龙、市长王安顺、国家体育总局局长刘鹏出席开幕式。从2016年起，每年在北京举办冬博会，旨在促进中国冬季体育运动的全面进步，拉动中国乃至全球的冬季运动产业链发展。

（杨　盼）

【冬奥知识进社区】 10月25日，“讲讲冬奥那些事儿”冬奥知识进社区系列活动在鸟巢文化中心启动。活动由北京奥林匹克公园管委会主办，国家体育场有限责任公司、北京国家游泳中心有限责任公司、奥运村街道办事处、亚运村街道办事处、大屯街道办事处、鸟巢文化中心协办，北京奥林匹克公园杂志社承办，是国内首个面向群众开展的冬奥知识普及系列活动。系列活动随后在位于北京奥林匹克公园周边的大屯街道社区、奥运村街道社区及北京信息科技大学陆续开讲，邀请的讲师包括北京冬奥专家易剑东、桂琳、杨占武和世界双人花样滑冰冠军佟健。授课内容包括冬奥场馆建设、冬奥项目解读、冰雪项目等。

（杨　盼）

【鸟巢“顶美——空中走廊”旅游线路改造升级】 11月9日，国家体育场完成对五层“顶美——空中走廊”的全面改造升级，成为世界上首座向大众全方位开放场馆屋面的奥运主体育场。此次改造实现整个鸟巢屋面南北贯通，在原有230米空中观光走廊的基础上，新建上部600米、中间100米、全程约1000米的旅游新路线，首次开放两层膜之间的钢结构森林。在鸟巢屋顶的最高点设置南北两处观景点位，使游客在空中走廊不仅可以俯视鸟巢，还可欣赏整个奥林匹克公园的景色。

（杨　盼）

【国家体育场获奖】 12月29日，第二十三届国家级企业管理创新成果对外发布。在445个申报项目中，国家体育场有限责任公司管理创新成果——“特大型奥运场馆的市场化运营管理”获评一等奖，成为首个获此荣誉的体育场馆。此次获奖是国家体育场赛后运营成果获得国家层面的认可。

（石　磊）

【功能区发展联盟平台建设】 年内，完善奥运功能区羽毛球长效活动机制，参与活动群体人数达到63人。开展2016北京奥运功能区系列趣味体育赛事活动。举办“奥园杯”网球友谊赛，16支球队32人参赛；举办“奥园杯”羽毛球友谊赛，33支球队66人参赛。活动参与群体面向功能区业主单位、重点企业、街乡，发挥奥运功能区发展联盟沟通联系的纽带作用，加强政企沟通联系。

（邱雯昕）

【楼宇建设招商】 年内，奥体文化商务园区2号地、5号地投入使用。其中天圆祥泰注册企业11家，累计注册资本约23亿元。通过奥林匹克公园工商登记“绿色通道”为新入驻园区的亚设（北京）国际体育文化发展有限公司等57家企业办理工商注册“绿色通道”服务。

（邱雯昕）

【国家体育产业示范基地后续建设】 年内，在国家体育总局基地主管部门的组织下，奥管委组织园区重点企业观摩、参展体博会、体育文化·体育旅游博览会等展会。此届体育文化·体育旅游博览会是奥林匹克公园自2014年以来连续三度参展，展位面积由最初的100平方米扩大为200平方米，展板内容以及奥运功能区各单位的宣传片在大屏上的滚动播放，吸引大量参观者。奥林匹克公园作为北京2022年冬季奥运会的主要场馆所在区域，2016年引入在水立方嬉水乐园设立体验馆的彩虹朵朵VR体验项目，重点推介越野滑雪等冬奥体验项目。

（邱雯昕）

【“智慧场馆　在水立方”项目上线】 年内，国家游泳中心“智慧场馆　在水立方”项目正式推出上线。项目借助信息化手段，实现水立方场馆的智能化服务，内容包括“炫彩•水立方”灯光APP、智能导览系统、“动感•水立方”全景摄影、“百变•水立方”VR体验等。项目受到公众的普遍关注，菲尔普斯、秦凯、何姿、孙杨、吴敏霞等体育明星通过“炫彩•水立方”APP与水立方互动。“智慧场馆 在水立方”项目获得2016北京文化消费品牌榜“十大文化创意产品”称号，基于该项目，水立方在第十二届文博会上获得“2016中国优秀文创机构”称号。

（杨 盼）

【媒体接待】 年内，接待中国国际广播电台、奥地利电视台、蒙古国国家电视台、湖北卫视等34家媒体及单位，近500人次在园区拍摄。邀请朝阳有线电视台、《朝阳报》等媒体多次拍摄报道管委会相关工作，接待17家媒体、28人。

（崔 念）

【重点工程项目建设】 年内，推进重点工程项目建设。中国国学中心于8月30日完成项目工程建设竣工验收。亚洲基础设施投资银行总部于9月23日在园区举行奠基仪式。奥林匹克塔于6月12日正式命名并悬挂起永久性奥运五环标志。奥体文化商务园区项目工程2号地天圆祥泰A座、5号地商务楼宇启动招商工作。国家科技传播中心于10月31日在奥园奠基。冬奥会相关项目方面，深化大道速滑馆设计方案。

（邱雯昕）

【大型活动服务保障工作】 年内，园区举办大型活动1243项，其中会议1044项，展览79项，文化活动58项，体育赛事20项，其中国际性活动155项。完成北京奥林匹克塔命名暨奥运五环标志落成仪式、亚投行奠基仪式的外围保障工作，第四届中国（北京）国际服务贸易交易会、国际冬季运动（北京）博览会、2016国际田联世界田径挑战赛北京站、中国网球公开赛、安利纽崔莱2016北京国际长跑节——北京半程马拉松、2016年国际泳联跳水世界杯系列赛（北京站）、全球移动互联网大会暨GMIC大会HelloTech科技庙会、五月天演唱会、陈奕迅演唱会等活动的服务保障工作。

（李 硕）

【入园安检】 年内，安检游客2062万余人次、包728万件，查获禁带物品138件，其中管制刀具114把、警棍3个、拳刺13个、手铐5把、甩棍3根。查获限带物品13087件，其中酒类4877瓶、水果刀5458把、工具915个、飞行器405个、模型355个、海报421张、条幅193个、旗帜91面、风筝34个、发胶68瓶、弹弓21个、弩10个、剑7把、音响8个、打印机11个、子弹制模型213个。

（孙 鹏）

【安全检查】 年内，开展企业常规自查、管委会日常督察、执法部门联合执法检查。组织安全生产检查431次，检查单位372家次，出动检查人员800人次，下达检查记录361份，下达整改通知书10份，排除安全生产隐患1000余处。执法部门立案9起，罚款8.5万元。

（张晓云）

【规范交通秩序】 年内，查处假车证50余张，告知违法停车2100余辆，暂扣电动车、摩托车213辆。

（孙 鹏）

【整治园区秩序】 年内，立案720起，罚款33.39万元，暂扣相机312台、打印机184台、三轮车228辆，罚没小商品51430件、非法小广告35.4万张。抓获违法人员625人，治安拘留380人、刑事拘留1人，教育释放244人。没收电动三轮车62辆、电动自行车87辆、打印机112台、照相机131个、笔记本电脑1台、塑封机15个，其他小商品若干。

（詹发尚 孙 鹏）

【市政环卫】 年内，园区环卫保障出动保洁人员8.7万人次、环卫保障车辆2万车次，清运垃圾1万余吨、粪便3000余吨。

（赵 杰）

【旅游服务接待】 年内，园区游客服务中心、游客服务站、可视咨询系统接待游客200余万人次，免费发放地图资料3万余份，免费讲解15万余人，免费为游客提供轮椅、婴儿车、雨伞、拐杖4万余次，提供母婴室百余次，导游机近7000台次，便民服务箱2000余次。园区服务站、游客服务中心拾到游客丢失相机、手机、钱包、旅行包400余次，核实后归还失主。

（刘迎南）

【“i在奥园”便民服务活动】 年内，继续开展“i在奥园”便民服务活动，以“i在你身边”为主题，上岗2000余人次，服务游客约20万人次。进驻游客服务站内为游客答疑指路、发放资料、劝导文明游园，并为园区内“科学阅读”活动、“丝绸之路首发”活动、北京奥林匹克塔命名暨奥运五环标志落成仪式提供引导等志愿服务。

（刘迎南）

中关村朝阳园

【概况】 中关村科技园区朝阳园管委会为区政府派出机构，负责中关村朝阳园的规划设计、开发建设和协调服务等工作，主任由主管副区长兼任。下设办公室、纪检监察处、组织人事处、规划建设处、产业促进处、创新处、招商处、经济分析处、财审科、电子城科技园服务中心。行政编制40人。2015年8月，朝阳区机构编制委员会印发《关于调整中关村科技园区朝阳园管理机构设置的通知》，撤销堡头科技商务区管委会及其下设的管委会办公室，其主要职能和行政编制划入中关村朝阳园管委会。园区企业可以享受到国家、北京市、中关村示范区、朝阳区的各类优惠政策。年内，园区入统高新技术企业总数1445家；从业人员2.2万人；工业总产值391.3亿元；总收入4603.6亿元；进出口总额168.3亿美元；实缴税费449.3亿元；利润总额441.9亿元；资产总计10246.1亿元；科技活动经费支出总额205.1亿元；专利申请8105件，专利授权4184件。

地址：酒仙桥路甲12号电子城科技大厦15层

邮编：100015

电话：64311811 64317300（传真）

网址：www.zgccyy.gov.cn

（苏 姗）

【院士专家工作站授牌】 1月11日，经北京市科学技术协会认定，中科宇图科技股份有限公司“院士专家工作站”正式成立。院士专家工作站的成立，旨在构建企业高端人才培养与领域核心专家相结合的产学研创新体系，实现院士及其研究团队与企业技术创新人才的对接。通过整合科技资源、人力资源、学科资源、专业资源等优势，实现院士前沿技术与企业科研、产业化的优势互补。

（张　晔）

【乐视超级汽车入驻中关村朝阳园】 2月16日，乐视超级汽车在电通创意产业园举行搬迁仪式，乐视超级汽车中国研发中心、试验室及试制车间正式入驻中关村朝阳园。该基地占地面积约2万平方米，是乐视汽车在硅谷的生态总部、美国加州的研发总部之后，在中国的首个综合多功能研发及业务基地。乐视超级汽车中国研发中心承担乐视超级汽车的整车技术研发工作，包括三电技术、轻量化车身技术及底盘等整车技术的研发。

（赵　培）

【隋振江考察中关村朝阳园】 2月24日，副市长隋振江到中关村朝阳园调研指导工作，市经信委、中关村管委会等市有关部门领导，区领导吴桂英、王灏、甘靖中、张维刚陪同调研。隋振江一行考察安捷伦科技（中国）有限公司。听取安捷伦大中华区总裁霍丰对公司发展的情况介绍，参观气相色谱和液相色谱等实验室，并同科研人员交流，勉励研发人员要立足于创新研发，为建设绿色北京发展做出贡献。在座谈会上，隋振江对中关村朝阳园取得的成绩给予肯定，他指出，中关村朝阳园要立足长远、抓好定位，在推动建设特色园区和实现国际化研发聚集发展等方面做出新的成绩。安捷伦科技是生命科学、诊断和应用化学市场领域的全球领导者，中国区业务涉及软件和硬件研发、技术支持与服务等，主要产品广泛应用于科研分析、制药、食品安全、兴奋剂检测、生物医疗、能源化工、环境保护等各领域。

（赵　培）

【党建工作调研】 3月10日，北京市委常委、组织部部长姜志刚等一行到中关村朝阳园园区企业洛娃集团调研指导党建工作，市委组织部副部长张革，部务委员张强，社工委书记宋贵伦，社工委委员陈建领，朝阳区委书记吴桂英，区委常委、组织部部长何明，区委组织部常务副部长唐行安及朝阳区非公工委书记王素荣陪同调研。听取洛娃集团董事长胡克勤、党委书记吕晏及党委班子汇报集团党委关于参与企业经营决策机制保障和建立集团党校目的、意义和做法，并参观洛娃集团企业展厅、党员之家、道德讲堂及党校。

（苏　姗）

【高新企业座谈会】 3月16日，召开电子城科技园高新企业座谈会。此次座谈会服务中心邀请携程、阿里健康、东方园林在内的15家园区代表性企业参加，与参会企业代表针对如何提高电子城服务水平，以及如何加强园区企业间沟通交流，增强园区凝聚力开展座谈。

（司　维）

【市领导调研大望京】 4月8日，市领导郭金龙、王安顺、李士祥、张工及市有关部门负责人员，围绕“深入贯彻习近平总书记系列重要讲话精神，优化城市功能布局，提高城市治理能力，促进经济社会发展”主题，到中关村朝阳园调研工作。区领导吴桂英、王灏、甘靖中、张维刚陪同调研。市领导首先参观大望京科技商务创新区绿地中心大楼，结合展板了解大望京科技商务创新区基本区位情况、建设历程及发展理念等，并从绿地中心大楼顶层俯瞰大望京科技商务创新区及周边规划建设情况。随后到阿里巴巴集团，察看公司专利展示墙、实时交通大数据展示屏，并在高德软件公司听取该公司软件服务市民交通出行、缓解交通拥堵的数据支持情况。

（苏　姗）

【青年精英交流会】 5月7日，第二届企业青年精英交流会在蓝调庄园举行。阿里健康、携程、七星集团、大豪科技等近40家园区企业的160多名青年精英报名参与。

（司　维）

【“互联网+”企业调研】 5月19日，区委书记吴桂英，区委副书记、区长王灏，区委常委、常务副区长甘靖中，区委常委、副区长马继业等领导围绕构建高精尖产业结构、促进“互联网+”产业发展主题，到中关村朝阳园调研指导工作。中关村朝阳园管委会常务副主任苏向东、常务副书记齐建宗及相关委办局街乡负责人陪同调研。区领导一行实地走访58同城、百合网、美团点评网、握奇数据，了解企业发展情况和未来发展规划。在58同城，区领导重点了解互联网本地生活服务信息平台运行情况；在百合网，了解红娘服务、婚庆服务等业务情况；听取美团点评网的网站餐饮、影视消费O2O服务等业务情况汇报；了解握奇数据主要产品，对智能交通项目给予肯定；在阿里巴巴集团察看企业文化墙，观看企业介绍短片，了解企业在朝阳区的发展规划。

（苏　姗）

【苹果公司落户中关村朝阳园】 5月25日，苹果采购运营管理（上海）有限公司北京分公司与朝阳园金汉王科技有限公司签订租赁合同，总租赁面积约为21617.54平方米，用于设立研发中心和实验室。苹果研发中心注册资本1亿元人民币，总投资3亿元人民币，选址在金汉王科技大厦，坐落于北京市朝阳区望京新兴产业区利泽中园一区一号。之前苹果公司只将生产设在中国，但研发中心一直位于美国，此举标志着除美国本土以外的首个独立运营的苹果研发中心落户中关村朝阳园，而这也成为苹果全球研发布局的一个重要组成部分。

（段　梅）

【“七一”表彰大会】 6月28日，电子城工委在中关村朝阳园党群活动中心召开电子城功能区纪念建党95周年暨“七一”表彰大会，电子城工委表彰园区党建先进集体及个人，华润万东医疗营销党支部等10个基层党组织获“先进基层党组织”称号，黄家祥等19人获“优秀党务工作者”称号，戴婷等50人获“优秀共产党员”称号，北广科技创意园等7个重点功能产业园被评为“示范服务站”，普天科创产业园等3个重点功能产业园被评为“达标服务站”，北京兆维电子（集团）有限责任公司等8家单位被评为“电子城功能区党建共建工作先进单位”，张南等10人被评为“电子城功能区党建共建工作优秀个人”。

（苏　姗）

【区块链主题孵化器落户】 6月，中国第一家区块链主题孵化器——亚洲区块链孵化器，落户望京摩托罗拉大厦，占地面积2500平方米，是北京面积最大、条件最好的区块链专业孵化器。该孵化器由中国区块链领军企业太一云科技与全国知名的众创空间侠客岛联合办公室共同打造，并与IBM中国实验室、亚洲区块链基金会、亚洲DACA区块链协会、德丰杰资本、心元资本、泽谷投资等多家区块链行业协会、国际知名区块链企业、风险投资机构建立战略合作。亚洲区块链孵化器是亚洲第一个专注于区块链行业的孵化器，孵化器将面向个人、企业、产业组织、投资机构提供开放办公空间服务以及基于区块链节点的联合办公管理系统服务，并提供区块链技术支撑、解决方案咨询、公共关系对接、产业资本对接等核心功能服务。孵化器内还建立“区块链大学”人员培训机制，举办各类公益性质的研讨、培训活动，汇聚区块链专家、创业极客和区块链爱好者，打造中国区块链产业发展的人才高地，弥补国内区块链人才匮乏的短板，助力中国区块链产业化发展。

（王仁清）

【3家企业入选“新三板”百强】 6月8日，《证券时报》和中国风险投资研究院在深圳共同举办“2016‘新三板’投资峰会”，活动现场发布首届“新三板”百强榜，中关村朝阳园3家企业入选。此次投资峰会有上百家优秀“新三板”企业参与，并邀请全国中小企业股份转让系统代表、投资机构负责人、“新三板”研究机构等，与会人数超过400人。“新三板”百强榜评选包括初步筛选、财务指标评分、网络投票3个环节，最终评选出“新三板”百强企业、“新三板”最具成长潜力企业等5个奖项，中关村朝阳园的北京智华信科技股份有限公司、北京华高世纪科技股份有限公司及德御坊食品股份有限公司入选“新三板”百强企业榜，中关村朝阳园的北京奥维云网大数据科技股份有限公司入选“新三板”最具成长潜力企业榜。

（段　梅）

【阿里巴巴落户大望京】 7月11日，阿里巴巴正式入驻大望京科技商务创新区绿地中心项目3号楼（阿里中心望京A座），该项目地上总面积5.5万平方米。阿里巴巴计划以北方运营中心为核心，整合在京业务，打造集团云计算、大数据、移动互联网等信息技术领域的研发基础平台。同时，北方运营中心也成为阿里巴巴集团电子商务、阿里健康、阿里音乐、互联网金融等相关创新产业的运营基地。9月7日，阿里巴巴与中关村朝阳区签署战略合作协议，双方在共建“智慧朝阳”政务云平台、“互联网+”发展、共建“文化朝阳”方面展开合作。

（王仁清）

【签订合作协议】 9月7日，中关村朝阳园管委会与58集团、华芯通半导体、休斯车联网3家重点企业签订入驻及深度合作协议。华芯通半导体、休斯车联网是朝阳园2016年新引进的重点企业，前者专注于设计、开发并销售供中国境内使用的先进服务器芯片，后者则致力于通过统一的运营管理平台和覆盖全国的服务网络，以呼叫中心、网站及客户端等多种方式，为国内外著名汽车厂商、专业车队、保险公司等行业用户和广大的个人用户提供全程一站式出行服务和保障。上述3家企业均承诺将继续在朝阳区进行投资并依法经营和缴税，履行社会责任，并充分运用行业经验，发挥专业优势，扩大业务及市场规模，支持区域经济优化协调可持续发展，并为推动朝阳区社会和谐发展贡献力量。

（赵　培）

【保利国际广场获国际奖】 9月16日，美国国家结构工程师协会（NCSEA）在佛罗里达州奥兰多市举行的大会中宣布，北京保利国际广场项目获得2016年优秀结构工程设计奖。该奖项是结构工程界最具权威的国际大奖，北京保利国际广场成为2016年度全球仅有的4个获奖建筑之一（造价一亿以上新建筑），另外3个获奖建筑是美国旧金山国际机场的交通控制塔、美国匹兹堡的PNC广场塔、韩国首尔的乐天世界大厦。北京保利国际广场位于中关村朝阳园大望京商务核心区，由迪拜塔设计师阿德里安•史密斯亲自设计，项目总建筑面积达16.8万平方米，由3栋比肩国际的地标建筑组成，T1主塔名为“钻石灯笼”，其双层玻璃幕墙和斜网格支撑结构设计，源于中国传统文化“折纸灯笼”，又利用钻石切割般棱镜反射效应，成为机场高速与五元桥边的新国门地标建筑。

（段　梅）

【秦皇岛市领导参观考察】 9月21日，秦皇岛市委副秘书长、研究室主任金瑞钢一行到朝阳区，开展“深化京津冀协同发展合作”专题调研，并参观考察中关村朝阳园，中关村朝阳园管委会产业处负责人陪同考察。金瑞钢一行先听取朝阳区情的相关介绍，包括朝阳区经济社会发展情况、推动京津冀协同发展的主要安排、重点做法和现有成效，以及与秦皇岛市合作意向等。随后到中关村朝阳园实地考察，调研北京东方园林股份有限公司、北京超图软件股份有限公司，通过观看宣传片、听取介绍等方式，了解园区高新技术企业的生产运营、科技研发、产品销售等情况。

（段　梅）

【“新三板”奖励资金拨付】 9月27日，依据《朝阳区高新技术产业发展专项资金管理办法》，中关村朝阳园管委会组织召开2016年“新三板”挂牌奖励资金拨付工作会，2015年挂牌“新三板”的14家企业代表参会，每家企业获得奖励资金50万元。参会企业中，有军队涉密资质的企业3家，“双软”企业4家，主营业务涉及北斗卫星遥感定位、航空航天信息技术、信息交互生态系统等“高精尖”领域。“新三板”挂牌公司通过全国股份转让系统可以实现股份转让、定向发行、债务融资、并购重组、股权激励、规范治理以及信用增进，全面提升企业获取金融服务的能力。

（段　梅）

【首座户外净化器媒体见面会】 9月29日，“减霾计划”雾霾塔媒体见面会在中关村朝阳园的北京时尚设计广场举行，由荷兰艺术家丹•罗斯加德设计的名为“无霾之洞”的雾霾净化塔亮相北京。该净化塔通过产生洁净空气为市民提供免费的清新空气体验，并按照“减霾在行动”活动计划开始开展中国巡展。这座7米高的雾霾净化塔是世界上最大的空气净化器，使用小量的绿色能源和专利的无臭氧离子技术，捕捉并收集空气中至少75%的PM2.5和PM10雾霾颗粒，同时360度全方位释放清新空气，在塔的周围制造出一个环状清新空气区域。雾霾净化塔每小时能够净化3万立方米的空气，收集到的雾霾颗粒可被压缩做成黑色的宝石。

（段　梅）

【3家惠普公司入驻望京】 9月，慧与（中国）有限公司（原中国惠普有限公司）、惠普科技（北京）有限公司、紫光华山科技有限公司3家惠普公司企业陆续入驻望京B15地块文化交流中心项目。该项目由北京利星房地产开发有限公司开发建设，总投资30亿元，建筑面积31万平方米。

（王仁清）

【未来论坛科技创新峰会】 10月15日，以“创新源于科技”为主题的未来论坛科技创新峰会在中关村朝阳园望京昆泰酒店举行，此次峰会由中关村科技园区管理委员会、北京市朝阳区人民政府与“未来论坛”共同主办，中关村朝阳园管委会和新盟国际具体承办。作为“2016全国创新创业周”活动的重要组成部分，此次未来论坛科技创新峰会邀请国际知名科学家、投资人分享最新科技研究成果，探讨产学研创新机制。首届未来科学大奖物质科学奖得主、清华大学副校长薛其坤在此次未来论坛科技创新峰会上发表关于量子力学的主旨演讲。

（段　梅）

【中国电科太极产业园完工】 10月23日，中国电科旗下太极计算机股份有限公司投资建设的中国电科太极信息技术产业园举行竣工仪式。中电科资产经营有限公司总经理岳峰，中国电科第十五研究所所长刘学林、党委书记张云，太极公司总裁刘淮松以及参建单位有关负责人出席仪式。中国电科太极信息技术产业园位于北京市朝阳区中关村朝阳园区，占地面积4.87公顷，2014年3月31日破土动工，2016年10月23日工程完工，历时两年七个月。太极产业园遵循现代简约、稳重大气、科技精致的设计风格，园区整体呈四合院布局，包括三座科技办公楼、云计算数据中心、测试中心共5个单体建筑，总建筑面积15万平方米，可容纳6000人入驻。产业园全面应用太极自主“智慧园区”解决方案，运用物联网、云计算、移动计算、社交网络等新技术管理和调度园区各类资源，最大限度实现园区活动主体便捷安全地获取、交换和共享园区各类感知信息和服务。

（苏　姗）

【德国考察团参观考察】 11月1日，电子装备制造类德国企业考察团到朝阳园参观考察，并与相关园区企业座谈交流。德国考察团赴望京绿地中心50层俯瞰电子城东区、西区、北区及大望京地区的开发情况，中关村朝阳园管委会工作人员介绍园区的发展情况。

（司　维）

【高新专项资金拨付】 11月16日，中关村朝阳园第二批高新技术产业专项资金完成拨付，涉及金额3268.11万元；此前于9月27日，第一批高新技术产业专项资金拨付14家“新三板”挂牌企业的奖励资金700万元。至此，2016年高新技术产业专项资金拨付工作全部完成。第二批高新技术产业专项资金支持对象为：针对北京望京新兴产业区综合开发有限公司等9家产业园、商务楼宇主体予以补贴奖励，涉及资金1000万元；针对奇智软件（北京）有限公司等34个企业技术创新项目予以补贴奖励，涉及资金2234.3万元；针对北京安珂罗工程技术有限公司等25家2015年新认定的国家高新技术企业实际发生的认定审计费用予以补贴奖励，涉及资金33.81万元。

（段　梅）

【政策宣讲会】 11月18日,中关村先行先试政策宣讲会中关村朝阳园专场在望京科技园A座报告厅举行，政策宣讲团由中关村管委会牵头，联合市科委、市财政局、市国税局、市地税局、市工商局等部门组成，中关村朝阳园管委会全体工作人员和朝阳区科委、区财政局相关工作人员，以及园区100余家重点高新技术企业参加宣讲活动。中关村创新处处长孙晓峰在宣讲会上介绍，国家部委在科技体制改革、税收制度改革、工商管理制度改革等方面出台一系列法规政策，此次重点围绕近年新出台的促进科技成果转化法系列政策、股权激励和技术入股所得税政策、工商总局促进中关村创新发展政策等政策开展集中宣讲，有助于指导各分园区、中介机构和平台组织以及各类创新主体准确认识理解中关村各项先行先试政策，用好用足政策，最大程度地发挥政策效应。

（段　梅）

【中组部调研】 12月1日，中组部二局局长、基层办副主任石军一行调研中关村朝阳园园区党建工作。市委组织部副部长张革、区委组织部部长何明等市、区领导陪同调研。石军一行参观中关村朝阳园（电子城）党群活动中心，并询问园区党组织建设、线上线下党建阵地建设等情况，中关村朝阳园工委常务副书记齐建宗随行汇报园区党建工作情况。

（赵　培）

【国家高新技术企业认定200家】 年内，按照2016年新修订的《高新技术企业认定管理办法》，针对新政策向中小企业倾斜、知识产权指标放宽、高新技术领域范围拓宽的特点，中关村朝阳园管委会3次组织召开中关村朝阳园2016年高新技术企业认定政策宣讲会，做好政策的学习、培训与宣传。给予新认定国家高新技术企业资金奖励，连续8年从高新技术产业发展专项资金中列支资金。全年，中关村朝阳园管委会分两批组织、辅导园区200家企业提交认定申请，较2015年申报国家高新企业数增长8.1%，连续3年实现园区申报企业100%获得高新技术企业资质。

（赵　剑）

【5人获中关村高端领军人才教授级职称】 年内，中关村朝阳园北京星河亮点技术股份有限公司张治，北京超图软件股份有限公司李绍俊、王康弘，北京中电华大电子设计有限责任公司叶茵，以及精进电动科技（北京）有限公司余平等5人获中关村高端领军人才教授级职称。

（张　晔）

【认定登记技术合同635份】 年内，中关村朝阳园认定登记技术合同635份，合同登记总金额306.16亿元，同比增长362.37%。其中技术交易额287.79亿元，同比增长338.43%；实现合同1285份，同比增长0.54%；实现合同总金额69.82亿元，同比增长170.42%；其中实现技术交易额69.82亿元，同比增长170.71%。在技术领域的划分中，电子信息类的合同为529份，占登记合同总数的83%，电子信息类合同登记金额为189.89亿元。

（司　维）

【政策培训会】 年内，中关村朝阳区电子城科技园服务中心组织6场园区政策培训会，培训围绕新《高新技术企业认定管理办法》、社会保险费率调整及生育保险办理流程、技术合同登记、工作居住证相关政策等内容进行讲解。园区1000余家企业2000余人次参加。

（司　维）

【专场招聘会】 年内，朝阳区电子城科技园服务中心举办中关村朝阳园企业中华英才网招聘活动。3月，吸引包括安东石油技术（集团）有限公司、洛娃科技实业集团有限公司在内的在50家园区龙头企业参加，招聘岗位400余个，三周的招聘浏览数有214494人次，主动应聘简历数20454人次。11月，电子城科技园服务中心组织园区企业举办中关村朝阳园2016年秋季网络招聘会。园区内包括携程、京东方在内的50家高新技术企业在线参与。在线招聘企业提供岗位近300个，吸引的招聘浏览数358364人次，其中主动应聘简历数29085人次。10月至12月，电子城科技园服务中心组织校园巡回招聘活动。根据园区企业的专业需求，选取包括北京航空航天大学、北京科技大学在内的10家重点高校作为进校园巡回招聘活动的目标学校。七星集团、东方国信等40家园区企业参与招聘，收到的简历达百余份。

（司　维）

温榆河生态走廊

【概况】 北京市朝阳区温榆河生态走廊建设管理委员会为区政府派出机构，负责温榆河地区开发建设管理和协调服务工作，主要职责：负责研究编制温榆河地区总体规划、控制性详细规划和各专项规划，制定地区发展规划、相关政策和开发建设计划，并组织实施；负责统筹温榆河地区市政基础设施建设、产业发展和生态环境建设，制定地区土地开发建设计划，并组织实施；负责协调建设用地的征地、拆迁、转工、转居工作，制定征地拆迁安置计划和政策；负责温榆河地区开发建设项目的初审和报批工作，并协助相关部门开展对工程项目的财务管理和审计监督工作；负责研究温榆河地区的财政、金融运行态势，组织对外宣传和招商引资工作。北京市朝阳区温榆河生态走廊服务中心为下属事业单位，主要负责区域相关信息化建设和服务，政策咨询和信息发布、追踪及反馈，管委会的后勤保障及服务等工作。年内，温榆河管委会完成党支部换届选举，召开工会第二次大会、共青团第二次团员大会暨第一届妇女大会。以无记名投票方式选举产生党支部委员5人、工会委员3人、团支部委员3人及妇委会委员3人。年内，完成固定资产投资约0.2亿元。

地址：朝阳区金盏乡金盏东街9号
邮编：100018
电话：84334239
邮箱：wenyuriver@163.com

（孙　北）

【温榆河森林湿地公园规划前期准备】 4月，温榆河管委会与区文化馆联合开展温榆河功能区历史文化保护与利用研究课题实地调研，中央民族大学课题小组到地区范围内具有文化特点的行政村收集具有本地区特色和价值的故事和传说。7月，温榆河管委会会同区规划分局启动方案征集工作，前期准备6项工作完成区财政立项，并开展公园水文地质勘察、地形测量、公园产业运营课题研究和公园绿色交通课题研究等项目的公开招标工作。8月，孙河湿地公园水文地质勘察、地形测量、公园产业运营课题研究和公园绿色交通课题研究4项工作发布中标结果公告。10月，湿地公园水文地质勘察、地形测量、公园产业运营课题研究和公园绿色交通课题研究4项工作，前期研究及方案公开征集两家代理机构签订合同；数字温榆河小组完成本单位的数字平台搭建工作，GIS系统平台完成初步成果。11月，温榆河管委会召开孙河湿地公园景观规划方案征集前期研究工作协调会，市规划委朝阳分局、温榆河管委会、区市政市容委、孙河乡、市规划院、清华大学、北京智联建邺公司参加会议。12月，市规划院在湿地公园各项研究成果基础上提炼并完成项目方案规划设计任务书；管委会会同专业招标代理单位拟定规划设计方案国际征集工作方案，包含征集内容、方式、程序及进度安排、相关费用等内容。为下一步正式开展方案征集打下基础。

（孙　北）

【学习教育】 7月，温榆河管委会组织全体工作人员前往海淀翠湖湿地学习考察优秀湿地建设管理经验。11月，温榆河管委会组织全体员工及市规划院、孙河乡等相关单位，邀请北京土人景观设计研究院和北林地景设计公司就湿地公园的规划设计理念开展学习培训和交流研讨活动。

（孙　北）

【“十三五”规划编制】 8月，温榆河功能区“十三五”规划经区发改委审查通过。11月，经区政府批准，温榆河功能区“十三五”规划正式对外发布。

（孙　北）

【课题研究】 12月，北京温榆河森林湿地公园前期7项研究工作（公园整体研究、设计任务书制作、水文地质勘察、地形测量、公园产业、公园绿色交通课题研究、温榆河生态走廊历史文化资源保护与利用研究）形成研究成果，为湿地公园设计方案征集工作打下基础。

（孙　北）

金盏金融商务区

【概况】 北京市朝阳金盏金融商务区管理委员会为区政府派出机构，负责金盏金融商务区规划、发展、建设、管理和综合协调工作。6月20日，根据北京市朝阳区机构编制委员会办公室朝编办〔2016〕15号《关于印发北京市朝阳金盏金融商务区管理委员会“三定”规定的批复》，原东坝国际商贸中心区管理委员会主要职责划入金盏金融商务区管委会。主要职责：贯彻执行关于金盏金融商务区建设发展的法律、法规、政策，以及区委、区政府的决议和决定；负责组织编制园区总体规划、控制性详细规划和各专项规划，制定园区发展规划、年度计划、相关政策和开发建设计划，并协调实施；负责组织研究园区产业发展规划，对外宣传、招商引资、综合协调等工作，协助区政府做好园区重大项目引进的研究和决策工作；负责协调推进园区开发建设项目的规范审核、报批工作，并对园区规划、土地、建设的相关政策落实进行监督；负责市、区相关专项资金的使用和监督管理工作；负责协调园区市政基础设施、配套服务设施、户外广告、广场绿地和重要景观的建设工作；负责园区信息化建设工作；承办区政府交办的其他事项。年内，完成固定资产投资93128万元。

地址：朝阳区东坝大街（楼梓庄路）9号

邮编：100018
电话：84398989
邮箱：jzyqgwh@bjchy.gov.cn
（杨　雪）

【温榆河人民法庭及档案楼项目】 1月4日，温榆河人民法庭及档案楼建设项目取得《关于温榆河人民法庭及档案楼建设工程初步设计概算的批复》。3月1日，取得人防工程设计审核批准意见书。3月7日，取得中华人民共和国不动产权证书。4月14日，取得人防工程初步设计技术审查意见书。5月9日，取得《关于温榆河人民法庭及档案楼项目的园林审核意见复函》。6月13日，取得建设工程规划许可证。

（齐宏意）

【中信金盏金融后台综合服务中心28#地项目】 1月13日，中信金盏金融后台综合服务中心28#地项目取得地上部分《北京市人防工程施工图设计文件审查报告》。1月22日，取得北京市民防局人防工程施工图备案意见书。1月29日，取得工程规划许可证。3月18日，取得北京市朝阳区公安消防支队建设工程消防设计审核意见书。3月23日，取得北京市固定资产投资项目投资计划单。4月12日，取得28#地1#楼、3—9#楼北京市建筑节能设计审查备案登记表。4月21日，取得28#地1#楼、3—9#楼工程质量监督注册登记表。4月22日，取得28#地1#楼、3-9#楼《建筑工程施工许可证》。4月28日，取得28#地1#楼、3—9#楼施工安全监督告知书（BA160113号）。9月29日，28#地项目完成结构封顶，地下二层，地上五层，建筑檐高24米。

（齐宏意）

【广发金融中心（北京）项目推进】 1月14日，广发金融中心（北京）项目取得北京市民防局人防工程建设方案咨询意见书。5月25日，完成签署《土地开发建设补偿协议》。6月2日，完成土地开发建设补偿款缴费工作。6月15日，取得项目备案延期通知书。6月23日，取得北京市规划委员会关于广发金融中心（北京）项目规划设计方案审查意见。7月11日，取得土地权属审查告知书。7月18日，取得北京市水务局关于广发金融中心（北京）项目水影响评价报告书的批复。7月25日，取得北京市民防局人防工程设计审核批准意见书。8月26日，取得关于广发金融中心（北京）项目的园林审核意见复函。

（齐宏意）

【基础设施建设】 3月16日，园区8条道路取得征地结案证明。年内，东坝路完成东侧500米全幅路的地下管线及路面铺油。三岔河村北街完成拆迁东段约100米雨污水管线及电力管井。东高路完成东坝大街以南的所有管线。金盏纵五路完成东坝大街南侧约200米清表降水工作。东坝大街的道路养护移交完成档案移交和现场勘验工作。

（易洪芳）

【民航清算中心业务用房项目推进】 4月18日，金盏金融商务区、区土地储备分中心、民航清算中心签订临时用地三方协议。4月27日，金盏金融商务区会同区土地储备分中心、民航清算中心及测量单位对临时建筑及相关设施开展测绘钉桩。5月5日，区土地储备分中心移交给民航的临时建筑用地办理土地移交手续。7月31日，该项目主体结构封顶，地上5层。8月中旬，开始幕墙外装施工。年底，实施内部装修。

（齐宏意）

【中信金盏金融后台综合服务中心29#地项目推进】 5月6日，中信金盏金融后台综合服务中心29#地项目取得《项目备案延期通知书》。5月13日，取得《规划设计方案审查意见》。6月7日，取得北京市民防局人防工程设计审核批准意见书。7月20日，取得北京市朝阳区园林绿化局园林审查意见复函。8月22日，取得人防工程初步设计技术审查意见书。12月19日，取得《国有建设用地使用权出让合同补充协议》。

（齐宏意）

【宣传推介】 5月18日至22日，金盏金融商务区参加第十九届中国北京科技产业博览会，重点推介园区综合功能定位及整体风貌。年内，金盏金融商务区参加"十三五"期间规划艺术馆展览展示，通过借助这一高端平台，加大宣传力度，力争吸引更多洽谈企业。

（邢　琳）

【土地上市】 年内，位于金盏金融商务区的1113-603和1113-604地块的入市前期手续完备，待市国土局安排上市。总用地规模84265.911平方米，容积率2.0，控制高度60米，建筑密度40%，绿地率30%。

（邢　琳）

国家文化产业创新实验区

【概况】 国家文化产业创新实验区（简称文创实验区）以"北京商务中心区（CBD）—定福庄"一带为核心承载空间，东至八里桥朝阳区与通州区界，南至广渠门外大街—广渠路及其东延长线，西起东二环朝阳区与东城区界，北至工体北路—姚家园路及其东延长线，行政区域面积78平方公里。北京朝阳国家文化产业创新实验区管理委员会（加挂北京国家广告产业园区管理办公室牌子）为区政府的派出机构，机构级别正处级，主要职责：负责国家文化产业创新实验区（不含北京商务中心区）规划、建设、管理等组织协调工作；负责国家文化产业创新实验区内文化产业发展的协调推进工作。年内，在文创实验区登记注册的文化企业（单位）34848家，占全区文创企业总数的48.2%。新增文创企业7180家，其中注册资本5000万元以上文创企业274家，注册资本1亿元以上文创企业99家，注册资本合计282.3亿元。文创实验区聚集有北京国家广告产业园、郎园文化创意产业园、莱锦创意产业园、懋隆文化产业创意园等55个文化产业园区（基地）。年内，文创实验区管委会接待国家相关部委、省市文化产业官方参观考察团63批次4260人。

地址：西大望路甲12号
邮编：100124
电话：010-67730990
邮箱：wenchuangshiyanqu@126.com
（李孟杰）

【"十三五"规划编制】 1月26日，副区长孙其军主持召开国家文化产业创新实验区"十三五"规划专题会，区委常委、区委办主任、宣传部部长刘军胜出席会议并讲话。4月26日，文创实验区管委会、中国传媒大学联合组织召开《朝阳区"十三五"时期建设国家文化产业创新实验区发展规划》课题专家评审会。与会专家经认真讨论研究，一致认为该规划立意高、理念新、内容实，与国家、北京市、朝阳区"十三五"时期发展要求呼应性强，目标合理、任务明确、举措清晰，对于文创实验区"十三五"时期建设发展具有较强的指导意义，并同意结项。5月10日，召开2016年第10次区长办公会，会上审议并原则通过《朝阳区"十三五"时期建设国家文化产业创新实验区发展规划》，提请区委常委会审议。5月20日，召开2016年第13次区委常委会，会上审议并原则通过《朝阳区"十三五"时期建设国家文化产业创新实验区发展规划》。

（李孟杰）

【区领导专题调研】 3月3日，区委书记吴桂英，区委副书记、区长王灏，区委常委、区委办主任、宣传部部长刘军胜，副区长孙其军等区领导专题调研国家文化产业创新实验区建设情况，实地参观考察爱上电视传媒（北京）有限公司、掌阅科技股份有限公司、华腾世纪总部公园、中信国安创客•北京中心等实验区重点项目企业，并召开国家文化产业创新实验区专题工作会。吴桂英指出，要提升区域文化底蕴，提升区域环境品质，提升文化产业层级，聚焦顶层设计、功能性项目、存量空间和统筹协调，以文化引领带动提升区域发展品质。

（李孟杰）

【国家部委和市领导调研】 3月15日，文化部党组成员、部长助理于群，北京市副市长王宁一行到朝阳区，专题调研国家文化产业创新实验区相关工作开展情况，实地考察朝阳规划艺术馆、莱锦文化创意产业园、华腾世纪总部公园、中信国安创客•北京中心等重点文创项目，文化部文化产业司有关领导吴江波、宋奇慧，市有关部门领导余俊生、陈冬、周茂非，区领导吴桂英、王灏、刘军胜、张维刚、孙其军陪同调研。11月14日，北京市副市长程红一行到位于国家文化产业创新实验区的莱锦文化创意产业园和北京国家广告产业园，实地调研国家重点文化出口单位——蓝海电视，以及阿里巴巴一达通公司。北京市政府副秘书长徐志军，区领导王灏、马继业陪同。程红强调，要抓住机遇，趁势而上，弘扬首创精神，继续研究挖掘试点新突破，注重体制机制创新，强化首都核心功能建设，提升自身发展质量的同时，为全市发展提供新动能。

（李孟杰）

【扶持广告产业发展】 4月7日，2015年度朝阳区广告产业发展扶持资金支持项目兑现工作结束，有21个项目获得217万元资金支持。

（李孟杰）

【区政协领导调研】 5月17日，区政协主席谢莹一行调研国家文化产业创新实验区重点文化企业，实地参观考察大业传媒集团和时尚传媒集团。谢莹指出，传媒公司发展要和国家传媒战略大局相结合，企业要坚定政治方向履行社会责任，弘扬社会主义核心价值观和正能量；要和朝阳区国家文化产业创新实验区相结合，既要做实验区新政策的践行和宣传者，更要发挥企业的辐射作用，带动整个实验区的发展；要与区域推进文化发展相结合，创新朝阳地标，突出朝阳特色，将传统国学和文创相融合，让文明走进千家万户，带动整个朝阳区域文化文明的提升。区政协副主席汪洋、张永新、王文远，秘书长王玉华一同调研。

（李孟杰）

【获得"服务贸易示范基地"称号】 6月1日，在第四届中国（北京）国际服务贸易交易会"北京主题日"活动中，国家文化产业创新实验区被授予"北京市服务贸易示范基地"（第一批）称号。

（李孟杰）

【外资演艺机构管理】 6月1日，北京朝阳国家文化产业创新实验区被纳入北京市"允许外商投资者独资设立演出经纪机构，在全市范围内提供服务"的4个特定区域之一。

（李孟杰）

【区人大领导调研】 6月17日，区人大常委会主任陈宏志、副主任朱春霞和部分区人大代表调研国家文化产业创新实验区建设情况，实地参观考察爱上电视传媒（北京）有限公司、掌阅科技股份有限公司、华腾世纪总部公园、中信国安创客•北京中心等实验区重点项目企业，并召开国家文化产业创新实验区专题座谈会，听取文创实验区工作推进情况及实验区"十三五"规划有关情况的汇报。陈宏志指出，要总体把握文化创新产业对朝阳发展的重要性，围绕城市功能定位，以实验区建设为载体，在全区层面上整合资源，创造更好的发展条件；在实施路径上，要着力解决发展中遇到的瓶颈问题，凝聚社会共识，统筹社会力量，实现融合发展。区领导刘军胜、孙其军和政府相关部门负责人陪同调研。

（李孟杰）

【信用体系建设】 8月10日，北京市朝阳区文创实验区企业信用促进会成立大会在朝阳规划艺术馆举行。该促进会的成立，是文创实验区为创新服务发展模式、搭建文化金融公共服务平台而做出的探索。文化部文化产业司副司长高政，市文化局副局长关宇，市文资办副主任董殿毅，朝阳区委常委、宣传部部长刘军胜等领导及文创实验区重点园区企业代表120余人出席活动。

（李孟杰）

【签署战略合作协议】 6月25日，首届文化经济创新论坛在中国传媒大学举行。论坛上，文创实验区管委会与中国传媒大学经管学部签署战略合作协议，在智库建设、文化规划、信息咨询、人才培养等方面展开全方位合作，共同推进国家文化产业创新实验区建设。

（李孟杰）

【体制机制建设】 6月27日，根据区编委《关于成立北京市朝阳区建设国家文化产业创新实验区领导小组的批复》，为加快推进国家文化产业创新实验区的规划建设，经区政府研究，同意成立北京市朝阳区建设国家文化产业创新实验区领导小组，为区政府议事协调机构。7月19日，文创实验区部、市建设工作协调小组批复成立，建立文化部、北京市共同推进实验区建设发展的决策机制。

（李孟杰）

【承办全国文化产业工作会】 6月28日至29日，由文化部主办、文创实验区管委会承办的2016年全国文化产业工作会在朝阳区召开。文化部党组书记、部长雒树刚出席会议并讲话，要求以更大力度推动文化产业创新发展，实现文化产业成为国民经济支柱性产业。文化部党组成员、部长助理于群主持会议并部署文化产业重点工作。北京市委常委、宣传部部长李伟，文化部有关负责人吴江波、高政、宋奇慧，市有关部门负责人陈冬、关宇、龙晓雯等，区领导吴桂英、王灏、刘军胜、张维刚、孙其军参加会议。

（李孟杰）

【“新三板”挂牌专题培训班】 7月12日，文创实验区管委会与区发改委共同举办文创企业“新三板”挂牌专题培训班，朝阳区重点文创企业高层管理人员70余人参加培训。培训班邀请股转系统及律师事务所、会计师事务所、税务师事务所等机构负责人，结合股转系统、券商、法律、财务及涉税5个篇章开展课堂讲授。

（李孟杰）

【政策支持】 8月15日，经区政府2016年第20次区长办公会审议，通过《国家文化产业创新实验区发展引导资金管理办法（试行）》。9月6日，文创实验区集中推出“政策十五条”，促进国家文化产业创新实验区升级发展，涵盖品牌提升、信用体系、文化贸易、文化消费、文化保税、旗舰企业、精品园区、风投奖励、上市融资、孵化创新、外资准入、高端人才、服务平台、知识产权、登记服务等15个领域。

（李孟杰）

【京津冀文化产业园区联盟成立】 9月2日，由北京市国有文化资产监督管理办公室、北京市朝阳区文创实验区企业信用促进会等单位联合倡议发起成立的京津冀文化产业园区（企业）联盟在郎园Vintage举办成立活动。该联盟旨在推动京、津、冀三地文创产业加强交流合作、资源和要素对接，并开拓文创园区、企业、项目之间的合作渠道，服务京津冀协同发展。该联盟的成立标志着京津冀地区首个以建立完善的产业生态为目的的非营利性协同发展组织正式成立。

（李孟杰）

【召开高端峰会】 9月6日，以“创新•融合•协同”为主题的2016国家文化产业创新实验区高端峰会在北京奥林匹克塔召开。围绕文化产业发展模式和创新举措开展探讨和交流，旨在更好地发挥国家文创实验区在全面服务疏解非首都功能、构建“高精尖”经济结构，服务首都全国文化中心建设、京津冀文化产业协同发展，服务国家“一带一路”战略和中华文化“走出去”中的积极作用，为全国文化产业升级发展探索经验。文化部党组成员、部长助理于群，北京市委常委、宣传部部长李伟，文化部文化产业司副司长宋奇慧，市委宣传部副部长余俊生，市文化局局长陈冬，市文资办副主任董殿毅，区领导吴桂英、何明、马继业、刘军胜、张维刚、朱春霞、黄晓伟出席活动。9月9日，作为2016国家文化产业创新实验区高端峰会的两个分项活动——“文化创意改变城市”文化产业创新发展论坛和“文化+时代：创新驱动经济发展”文化经济创新发展论坛分别在郎园Vintage和中国传媒大学举行。

（李孟杰）

【“国家文创实验区”APP上线】 9月6日，在2016国家文化产业创新实验区高端峰会活动期间，“国家文创实验区”APP正式对外发布上线。这款APP集成政策资讯、工作动态、文化金融和空间资源等模块功能，通过搭建信息对接平台，文创企业可自主发布融资需求、金融产品、空间需求等相关信息，实现线上约谈，达成合作。

（李孟杰）

【启动“蜂鸟计划”】 10月27日，在第十一届北京文博会开幕式上，国家文化产业创新实验区正式启动“蜂鸟计划”项目。“蜂鸟计划”以信用体系建设为媒介，使重点文创企业通过获得快捷担保、银行见保即贷、执行优惠担保费率和贷款利率等金融服务，打通企业融资通道。

（李孟杰）

【“文创四版”落地实验区】 10月28日，在第十一届北京文博会上，国家文化产业创新实验区与北京股权交易中心正式签署战略合作协议，北京股权交易中心（又称北京“四板”市场）文创板块正式落地国家文创实验区，标志着北京专门针对文化创意产业的股权交易平台“文创四板”建设正式启动。

（李孟杰）

农业

农村城市化

【概况】 朝阳区农村工作委员会（简称区农委），挂北京市朝阳区动物卫生监督管理局（简称区动物卫生监管局）牌子，与中共北京市朝阳区委农村工作委员会（简称区委农工委）合署办公。区委农工委是负责区农村工作的区委派出机构，区农委是负责区农村发展和农村经济工作的区政府部门。区委农工委、区农委（区动物卫生监管局）行政编制61人，设13个内设机构。年内，在区委、区政府领导下，农村地区广大干部群众贯彻落实京津冀协同发展战略和首都城市战略定位，围绕建设国际一流和谐宜居之都，建设"三区"、建成小康奋斗目标，把握"新、转、疏、补、稳"阶段性特征，落实"一绿"试点、人口调控、功能疏解和生态环境建设，各项工作取得进展。

地址：日坛北街33号
邮编：100020
电话：65099260
邮箱：cyngw（内网）

（苏一喆）

【疏解非首都功能】 年内，拆除清退市场46家、废品回收场站19处、出租大院131个，王四营万润汇鑫钢材市场等一批吸附人口多、规模体量大的产业全面完成拆除清退。调减流动人口19.5万人。

（苏一喆）

【"一绿"地区城市化试点】 年内，第一批6个试点乡城市化进程全面加快，完成拆迁腾退54.57万平方米，实现绿化116.5公顷，调减人口2.93万人，南磨房等2个乡3800余名农民身份全部转变，太阳宫等4个乡安置房项目和将台国际文化硅谷等7个产业项目加快推进，拆迁腾退、转居转工、人口调减总任务基本完成。三间房等5个乡纳入第二批"一绿"试点，总体实施方案获市政府审批通过。

（苏一喆）

【重点区域棚户区改造和环境整治】 年内，黑十八里店白墙子等7个项目完成腾退居民2143户。广渠路二期周边环境整治扎实推进，孙河湿地公园总体方案编制完成，萧太后河两侧105万平方米产业全部拆除清退。3处"三起来"工程、5个新农村基础设施建设和高碑店乡450户农宅抗震节能改造全部完成。

（苏一喆）

【生态环境品质提升】 年内，完成1.5万户"煤改清洁能源"和6.1万吨优质燃煤替代，四环路内"无煤化"基本实现。拆除违法建设396.5万平方米。5个环境建设项目全部完工，32条"环境优美示范街"创建全面实现，50个环境脏乱点位得到治理，金盏乡东窑等3个村整体提升工程进一步实施。

（苏一喆）

【公共服务】 年内，小红门、黑庄户等4个乡、6个村6400余名农民实现转居转工。16所幼儿园注册登记，八十中学睿德分校建成并招生，东坝、崔各庄等2个社区卫生服务中心正式投入运营，单店养老产业示范基地和24个养老驿站项目建设进一步实施。

（苏一喆）

【农村社区建设】 年内，新建7个社区，23个社区星级服务站、37个社区农民市民化工程和377项为民办实事项目完成，51处社区办公服务用房改造扎实推进。

（苏一喆）

【文化文明建设】 年内，建成9个文化广场和2个乡情村史陈列室，开展"乡村大舞台"等特色文化活动。设立11个文化能人志愿服务工作室和38个学雷锋志愿服务站（岗），平房"社区便民服务大篷车"等34项志愿服务项目扎实开展。

（苏一喆）

【安全维稳】 年内，完成30个城乡接合部重点村整治，建成9个平安示范小区和81个微型消防站。加强消防安全隐患排查治理，一批潜在安全隐患得到消除。建立病死畜禽无害化处理体系，动物疫病防控和农产品安全工作扎实有效。

（苏一喆）

农村经济管理

【概况】 朝阳区农村集体经济办公室是区政府农村经济管理部门，为正处级参照公务员管理事业单位，编制40人，在职人员39人，内设办公室、监察科、统计科、集体资产管理科、调研科、合同管理科、财务审计科、产业发展科、信息培训科。年内，农村地区贯彻全区城乡统筹发展工作会精神，推进农村"三资"管理、农村产权制度改革、农经统计、政策调研等工作；全区农村地区完成区级财政收入76.1亿元，集体经济总收入124.6亿元、利润9.4亿元、税金9.5亿元，人均所得31873元，分别增长13.9%、25.8 %、14.5%、13.1%和6.6%；全区乡镇企业营业收入210.35亿元、利润14.37亿元、税金14.18亿元，其中规模以上企业88家，营业收入171.65亿元、利润13.35亿元、税金13.12亿元。

地址：团结湖北里9号楼
邮编：100026
电话：85983940
邮箱：cynongjingban@163.com

（苏一喆　向会娟）

【"三资"管理】 年内，规范清理合同541份，回收集体土地160.59公顷，增加集体收益1957.8万元。村干部任期和离任经济责任审计全面完成，乡集体经济组织审计整改进一步开展。常营、豆各庄等2个乡22个村级改革和东风乡原麦子店村集体资产处置完成。

（苏一喆）

【产业结构调整】 年内，出台《朝阳区农村地区产业发展指导目录》，严把产业项目准入关口。全力推动常营乡东方华瑞等一批重点产业项目建设。产业用地及招商管理系统正式运行，农村产业用地信息资源实现区级共享。加大产业项目资金扶持力度，城乡接合部产业发展引导基金功效进一步发挥。

（苏一喆）

【集体经济合同管理】 年内，全区农村新签、续签486份经济合同，全部履行联预审程序，年租金总额3.56亿元，新续签合同土地亩均收益8.7万元，是实施合同联预审前亩均收益的4倍，为农村集体增收2.67亿元。

（向会娟）

【农村土地承包调解仲裁体系建立】 年内，区农经办下发《朝阳区建立健全农村土地承包经营纠纷调解工作机制实施方案》。根据“乡村调解、县市仲裁、司法保障”工作思路，建立健全农村土地承包调解仲裁体系，全区19个乡成立调解委员会，154个村成立调解小组。全区调解员备案人数778人，其中乡级调解员184人，村级调解员594人。

（向会娟）

【农民负担检查】 年内，开展区农民负担秋季检查工作。2016年，全区154个村获得补助资金1848万元，村级公益事业专项补助资金全部及时足额拨付到位；各村严格按照村级公益事业专项补助资金使用要求，坚持专款专用；坚持依法依规收费，无农民负担问题发生。

（向会娟）

【社会统一信用代码换证试点工作】 年内，完成农村集体经济组织社会统一信用代码换证试点工作。全区197个农村集体经济组织完成原组织机构代码证书和农村合作经济组织登记证书换证工作，实现“二证合一”，拥有统一代码的法定身份标识，此项试点工作成果经验被《北京日报》《朝阳报》《北京城乡经济通信》专题报道。

（向会娟）

【产权制度改革】 年内，加快推进常营、来广营、南磨房、豆各庄、太阳宫、将台6个“一绿”城市化建设试点乡产权制度改革。完成豆各庄、常营2个乡22个村的村级集体产权制度改革，豆各庄乡量化和处置集体资产2.75亿元，量化股份258701股，常营乡登记劳动年限26.7万元，量化和处置集体资产1.75亿元。原东风乡麦子店村完成集体资产处置工作。原太阳宫乡左家庄村、小黄庄村加快推进集体资产处置工作。

（向会娟）

【社员代表换届选举】 年内，全区组织届满到期农村集体经济组织社员代表换届选举工作。完成换届选举集体经济组织106个，其中乡集体经济组织11个，村集体经济组织95个；涉及社员74399人，选举社员代表3208人；选举产生管委会委员494人，其中社长106人；选举产生监委会委员332人，其中监委会主任106人。

（向会娟）

【集体资产年检】 年内，全区开展农村集体资产产权登记证年检工作。实检乡村集体经济组织173个，其中乡级集体经济组织19个，村级集体经济组织154个。截至年底，全区乡、村两级集体资产总额1112.4亿元，其中乡级资产总额768亿元，村级资产总额344.4亿元。

（向会娟）

【集体资金预算管理】 年内，全区17个乡150个村村级预算总收入48.30亿元，其中主要资金来源30.16亿元，财政拨款金额10.03亿元，其他资金来源8.10亿元；预算总支出金额46.45亿元，其中基本支出31.35亿元，专项工程支出13.11亿元，资产（固定资产）支出1.98亿元；预算结余1.85亿元。

（向会娟）

【村干部任期和离任经济责任审计】 年内，各乡采取自主审计或委托审计形式，完成90个村、107名村干部（29名兼任经济合作社社长）村干部任期和离任经济责任审计，审计金额353亿元，提出审计建议467条。

（向会娟）

种植养殖服务

【概况】 朝阳区种植业养殖业服务中心是负责区畜牧兽医、农业、农机、水产管理服务工作的区政府直属部门，归口区农委管理，为全额拨款正处级事业单位，事业编制47人；内设11个科室，下设朝阳区动物疫病预防控制中心、植物保护检疫站、鱼种场3个事业单位。年内，全区存栏牛265头，散养羊28户2489只；特禽9户1087只；马属动物27户858匹，注册犬41885只；鸽子3389户153628只。动物诊疗机构83家，兽药经营单位10家，肉类储藏分销单位61家。全区农业用地面积1468.8公顷，其中蔬菜261.7公顷，粮食50.3公顷，果树252.2公顷，苗木795.1公顷，花卉62.5公顷，草皮47公顷。区疫控中心完成2016年北京地区执业兽医资格考试组织工作。

地址：东坝红松园14号
邮编：100018
电话：65495193
邮箱：zyzx@chy.egov.cn（内网）

（罗建华）

【增殖放流活动】 4月，在奥林匹克森林公园开展景观水域增殖放流活动。放流鲢鱼、鳙鱼、草鱼鱼种8000公斤，8万尾。

（简　洁）

【重大动物疫病防控应急演练】 9月7日，区疫控中心组织43个街乡动物防疫负责人在蟹岛开展区重大动物疫情应急演练活动。

（韩　颖　冯学娣）

【老北京特色蔬菜推广】 年内，引进种植老北京心里美萝卜等8个品种。在农耕园、京城梨园等12个园区示范推广，种植13.3公顷。推广环境友好型生物有机肥500余吨，推广滴灌、微喷节水技术13.3公顷。

（于洪伟）

【阳台菜园项目】 年内，都市型阳台菜园在区5个乡、3个街道、5个机关单位、2个公园、3所学校、20个社区示范推广，推广阳台菜园标准示范户2000户，每个社区培养阳台菜园推广技术服务团队；推出阳台菜园室外露台集约式立体栽培等4种栽培模式。推出五彩番茄等4种特色景观品种组合，获国家实用新型发明专利2项，在《北京农业》上发表论文1篇，编著专业科技书籍1部。

（于洪伟）

【菜田划定工作和基本菜田补贴】 年

内，区种养中心配合区农委完成区226.7公顷基本菜田划定工作。全区菜田补贴资金170万元。

（于洪伟）

【蔬菜种植面积普查】 年内，区种养中心对涉及蔬菜生产的6个乡开展蔬菜普查工作。全区菜田总面积261.7公顷，其中设施蔬菜面积100.6公顷，露地蔬菜面积161.1公顷。全区蔬菜播种面积194.9公顷，其中春播面积45.7公顷，夏播面积84.6公顷，秋播面积46.7公顷，冬播面积17.9公顷。

（于洪伟）

【农情上报】 年内，报送农情信息21条、农情报表151套、农业局蔬菜处平台报表28套、粮食种植档案3套、其他报表106套，数据上报5万余个。区玉米播种、收获面积50.3公顷，其中春玉米25公顷，夏玉米25.3公顷。

（于洪伟）

【防疫宣传】 年内，区疫控中心会同市农业局、安贞街道、呼家楼街道、孙河乡、公安分局、区农业综合执法大队、田华小学开展狂犬病防控、动物性产品安全及食品安全等农业联合宣传活动，发放宣传材料34.9万份，受众人数37万余人。利用户外LED电子显示屏每天滚动播出预防狂犬病知识，播出1800余次。

（韩 颖）

【检疫净化】 年内，完成全区存栏2223头奶牛及1518匹马属动物的结核、布病、马传贫和马鼻疽检疫净化工作。

（韩 颖）

【春秋季动物疫病防控】 年内，区疫控中心开展春秋防工作，实现禽流感、口蹄疫等重大动物疫病免疫率100%。牛口蹄疫免疫1531头，羊口蹄疫免疫1880只，羊布病免疫1408只，免疫特禽1085只，免疫小反刍兽1408只。发放消毒药物30.3吨、各类防护用品38万余个（副、套）。

（韩 颖）

【狂犬病集中免疫】 年内，区疫控中心对辖区内犬只开展两次狂犬病集中免疫，对6.2万只犬免疫注射并佩戴免疫标识。

（韩 颖）

【无害化处理】 年内，区疫控中心无害化处理病死动物608只、动物产品680公斤。

（韩 颖）

【犬防疫信息平台管理】 年内，区疫控中心对13个自免乡、44家动物医院73名基层信息员开展培训。市农业局平台技术人员讲解平台信息管理。

（韩 颖）

【动物防疫免疫技术培训】 年内，区疫控中心与市动物疫病预防控制中心联合举办重大及常见动物疫病防控技术培训班。辖区内签约兽医、马场防疫人员、检疫人员、马术运动比赛举办人员150余人参加培训。

（韩 颖）

【村（社区）级动物防疫员培训会】 年内，区疫控中心召开2016年村（社区）级动物防疫员培训会2次。区疾病预防控制中心专家讲解人畜共患病中的布病和狂犬病。全区动物防疫人员1000多人参加培训。

（韩 颖 冯学娣）

【行政审批】 年内，区疫控中心审批动物诊疗许可证21件、兽药经营许可证2件、农作物种子经营许可证3件、持许运输证15件、农机维修合格证1件，检疫标志审批3家，注册执业兽医师363人、助理执业兽医师86人、狂犬免疫定点单位4家。

（韩 颖）

【动物疫病监测】 年内，区疫控中心监测样品21238份、34292项次。其中，对3361份血清计6963项次开展抗体监测，检测结果均达到部颁标准；对319份样品计366项次开展病原学监测，检测结果100%阴性；对17502份样品计26476项次开展兽药残留监测，检测合格率99.7%；对56份水质检测样品计487项次开展水质监测，检测合格率100%。

（韩 颖）

【动物及动物产品检疫】 年内，区疫控中心检疫动物1.02万头（条、只、羽、匹），检疫换证动物及动物产品6167.5万公斤。

（韩 颖）

【农产品质量检测技能大赛】 年内，区疫控中心实验室5名技术人员在北京市农产品质量安全检测技能竞赛中分别获第一名、第二名、第三名。郭睿代表北京市参加全国第三届农产品质量安全检测技能（水产检测）竞赛，获第一名。

（韩 颖）

【动物防疫知识进校园活动】 年内，区种养中心技术人员在北京市第八十中学康营分校举办家庭宠物免疫、养殖知识进校园活动。讲解如何预防狂犬病等知识，发狂犬病宣传材料1000份、宠物玩具500个，发放金鱼漫画宣传册《淘淘在古代》150册。

（冯学娣）

【世界狂犬病日宣传】 年内，在“9·28”世界狂犬病日，区种养中心联合市农业局、区公安养犬办、区疾控中心、区动物疫病预防控制中心、各地区和街道办事处开展主题宣传日活动。以呼家楼、安贞为主会场，其他地方为分会场，开展第十个世界狂犬病日宣传活动。

（冯学娣）

【动物防疫工作绩效考核】 年内，由区种养中心、疫控中心、农业执法队组成4个考核小组，通过听、看、查等形式，对照绩效考核项目，按照标准对43个街乡动物防疫工作考核打分，日常固化考核与现场检查考核综合评定后确定考核结果。

（冯学娣）

【项目验收】 年内，区种养中心组织有关专家验收北京市农产品质量安全监管创建示范区、先进区扶持奖励——农产品质量安全管理信息中心硬件升级改造工程（一期）项目。专家组听取项目汇报，审阅有关资料，认为该项目完成合同书要求的考核指标，同意通过验收。

（李 佳）

【农业部领导调研】 年内，农业部党组副书记、副部长余欣荣一行到区种养中心调研指导工作。区种养中心汇报区农产品质量安全监管追溯体系在农产品质量安全管理及农业信息化建设方面的应用和取得的成效。区委副书记陈涛、区长助理郭智、区农工委书记张克斌陪同调研。

（李 佳）

【科普宣传进社区】 年内，区种养中心联合三间房乡、建外街道、机场街道、酒仙桥街道、亚运村街道、王四营乡在三间房珠江绿洲社区、永安里东社区、机场街道社区、南十里居社区、华严北里西区社区和王四营村举办6场农业科普进社区系列活动，300余名社区居民参加活动，活动发放宣传和互动材料1000余份。

（李 佳）

【涉农信息数据采集和填报】 年内，开展行政村涉农信息数据采集和填报工作。涉及14个乡、97个行政村、23大类、2107个涉农信息数据采集和填报工作。

（李 佳）

【农产品质量安全检测工作会】 年内，召开农产品质量安全检测工作会。区种养中心、区农业执法大队、区疫控中心、区植保站和8个乡公共事务服务中心、23家企业及农贸批发市场负责人和检测员65人参加会议。会议总结2015年农产品安全检测工作，部署2016年全区农产品质量安全检测管理工作。

（董鹤笛）

【农产品质量安全普法宣传】 年内，区种养中心结合“3·15”消费者宣传日，联合区农委、区食品药品监管局，组织种植、养殖、渔业等部门在宜家广场开展宣传，采取现场发放材料、专业讲解等方式，引导消费者正确识别选购无公害农产品和地理标志农产品。发放宣传材料600余份。

（董鹤笛）

【农产品质量安全培训】 年内，区种养中心对20个园区生产基地、加工配送企业、大型农贸市场负责人及基层农产品检测员50余人开展农产品质量安全培训。讲解植保技术，果蔬检测，畜禽、水产品检测相关知识，发放学习材料1000余份。

（董鹤笛）

【农产品质量安全交流学习】 年内，区种养中心联合区农委等部门20人到河北省唐山市交流学习农产品质量安全先进工作经验。

（董鹤笛）

【农产品质量安全监管追溯体系培训】 年内，举办朝阳区农产品质量安全监管追溯项目培训班。区种养中心相关领导及科室，各乡农服中心、基地、市场企业负责人及农产品质量安全检测员、信息员、内检员50余人参加会议。会议讲授农产品质量安全监管追溯系统维护，追溯系统数据信息填报等相关内容。

（董鹤笛）

【标准化基地建设】 年内，按照《标准化生产基地等级划分与评定考核表》的10个大项66条标准检查与评定全区现有符合条件的2家“菜篮子”工程标准化生产基地。金天茂基地获评“2016年北京市‘菜篮子’工程优秀级标准化生产基地”。

（董鹤笛）

【“三品”认证管理】 年内，对蟹岛、大运河翰林8个品种开展网上申报、文书申报及现场认定检查。组织专业执法调查人员，对永辉超市、凤凰汇、欧尚等重点经营单位及京客隆、华堂等辖区内大型经营单位，开展无公害农产品和地理标志农产品标志使用专项检查，全面摸清重点农贸市场、超市使用无公害农产品和地理标志农产品情况，建立数据档案。推行“三品”（无公害农产品、绿色食品、有机农产品）备案规范管理制度，对11家园区基地29个无公害、19个绿色食品、44个有机食品认证品种开展备案；对全区从事“三品”认证管理的22名检查员、20名内检员开展备案。

（董鹤笛）

【农产品质量安全检测】 年内，全区12家生产、加工、配送、销售单位检验农产品样品161272个，合格率99.6%。其中蔬菜样品128753个，合格率99.5%；水果样品13875个，合格率99.9%；畜禽样品18644个，合格率99.8%。

（董鹤笛）

【水产品检测】 年内，区种养中心对属地内散、多、杂的休闲垂钓小场开展自查自检。全年自检样品51个，合格率98%；委托区疫控中心检测水质样本68个，理化项目检测458项次，重金属检测40项次，检测结果均符合地表水Ⅲ类水标准。

（简　洁）

【推广优质水产品种】 年内，引进金鱼新品种泰狮、琉金、虎头、蝶尾、兰寿等400尾，锦鲤30尾，血鹦鹉等苗种1万尾，观赏龟200只，鳄龟300只，在郁金香锦鲤养殖中心、京朝花园农业发展中心和黑庄户观赏鱼养殖发展中心推广。

（简　洁）

【开展农业文化遗产普查】 年内，区种养中心普查区农业文化遗产，归纳整理以黑庄户金鱼、高碑店高跷老会和洼里龙王堂村等为代表的9项农业文化遗产普查材料，经市农业文化遗产普查相关部门审核，朝阳洼里油鸡养殖系统、朝阳黑庄户宫廷金鱼养殖系统、朝阳郎家园枣树栽培系统3项文化遗产入选市农业文化遗产名录。

（简　洁）

【落实农机购置补贴政策】 年内，区种养中心落实市级农机补贴工作资金16.99万元。购置农机具12台，其中大中型拖拉机6台、微耕机4台、骑乘式割草机2台。

（王　东）

【农机作业及秸秆禁烧】 年内，“三夏”“三秋”农机作业投入机具18台次，培训农机操作人员32人次。机播玉米50公顷，机播小麦8公顷，作物秸秆全部综合利用，实现秸秆全面禁烧。

（王　东）

【政策性农业保险】 年内，全区有2家农业企业（农户）投保政策性农业保险，保费214752元，其中市财政补贴107376元，区级财政补贴64425.6元，企业（农户）自缴42950.4元。

（王　东）

【植物疫情普查】 年内，区植保站在全区范围内开展美国白蛾、红火蚁等10种危险性有害生物普查，普查面积1053公顷，未发现美国白蛾、红火蚁等10种危险性有害生物。

（新　为）

【推广生物防治病虫害技术】 年内，区植保站引进烟盲蝽防治烟粉虱示范项目，在区永顺华、自然乐章农庄等蔬菜园区实施生物防治技术，释放烟盲蝽500000头、东亚小花蝽30000头、异色瓢虫500卡等天敌，放飞面积9.3公顷。

（新　为）

【植物检疫行政许可】 年内，省间调运检疫32批次（151693公斤蔬菜种子），未发现危险性有害生物。

（新　为）

【农业执法宣传检查】 年内，区植保站执法人员对全区5家种子销售单位、3个花卉市场开展执法检查；开展植物检疫知识宣传培训，发放《北京市农业植物检疫办法》展板4套、宣传材料200余份。

（新　为）

【植物农残检测】 年内，区植保站检测农贸市场、基地及配送企业、超市20096个蔬菜水果样品，合格率99.9%。完成市农业局“菜篮子”区县互检工作，定量抽检平谷、顺义、海淀等区县蔬菜样品306个、食用菌样品14个。

（新　为）

【春季农区灭鼠】 年内，区植保站完成6666.7公顷春季农区灭鼠工作；完成1333.3公顷秋季农区灭鼠工作；毒饵站使用面积2666.7公顷。

（新　为）

【完善植物疫情监测点视频监控系统】 年内，区植保站完善有线网络视频通信系统，使用30倍变焦摄像头，安装拾音器，并将监测点有线视频接入互联网。

（新　为）

【检疫站实验室通过资质认定评审】 年内，植保站检查站实验室通过市农业局农产品质量安全检测机构资质认定评审，领取新的实验室资质认证证书，批准检测项目54项（重金属检测项目3项，农药及农药残留检测项目51项）。

（新　为）

【完成“朝阳区动植物快速检测技术研究”项目】 年内，区科委批准植保站申报的“朝阳区动植物快速检测技术研究”项目，购置重金属快速检测仪，编写检测技术操作规程。

（新　为）

【淡水鱼供应】 年内，区鱼种场为全国“两会”供应5个品种10468.37公斤淡水鱼。其中罗非鱼754.2公斤，鲤鱼1014.69公斤，草鱼7611.78公斤，花鲢615.45公斤，鲫鱼472.25公斤。送货97车次。

（刘　宁）

农业综合执法

【概况】 朝阳区农业综合执法大队是区农委直属行政执法机构，加挂区动物卫生监督所牌子，机构规格副处级，内设11个科（站、室）。负责辖区内动物卫生、兽药、饲料及饲料添加剂、农药、肥料、种子、转基因生物安全、农机、渔政等9项行政执法监督职能。年内，出动执法人员4582人次、执法车辆1654车次，检查管理相对人1473家次，检查农业机械2619台次。查处各类涉农违法案件169件（其中一般程序案件62件、简易程序案件107件），罚没款金额合计361641元。受理举报72起，开展联合执法检查53次；开展法制宣传22次，发放宣传材料6万余份；开展犬免疫专项宣传13次，发放犬免疫告知书8014份；开展培训14次，培训管理相对人562家次，签订责任书143份。收容非犬类无主遗弃动物7只。检疫监督运输外埠动物及动物产品进京车辆2.17万车次，检查活体动物6.2万头（只）、动物产品22.7万吨，劝返不符合规定运输车辆23车次，涉及活体畜禽550头（只）、动物产品220.3吨。

地址：团结湖北三条甲8号院

邮编：100026

电话：85979219

网址：http://nyzf.bjchy.gov.cn

（白国辉）

【协同市兽药监察所抽样】 1月18日，区农业综合执法大队协同市兽药监察所对朝阳区的东郊市场、北京美联众合爱康动物医院有限公司、北京管庄关忠动物医院有限公司3个单位的兽药、动物性产品8个品种15个批次开展监测抽样，完成第一季度动物性产品、兽药监测抽样工作。

（白国辉）

【协调市民饲养鲟鱼放生】 1月30日，区农业综合执法大队接到市民电话，询问自养鲟鱼放生的相关事宜。值班人员联络执法二科科长勾军民，协调渔政部门，确定放生地点。在接到咨询后2小时内，协助市民将鲟鱼放生于昌平沙河水库水域。

（白国辉）

【处理私屠滥宰举报】 2月4日，区农业综合执法大队接到一起关于私屠滥宰的举报，执法人员到孙河乡沈家村污水处理站一处简易房内，会同孙河乡社会公共事务服务中心、食药所工作人员清查该窝点，现场查处生猪1头、屠宰工具和设备若干，并对注水当事人罚款6600元。

（白国辉）

【春节应急值守】 2月7日至13日，区农业综合执法大队做好春节期间应急值守工作。遵守值班应急制度，实行领导带班，按时交接班，认真做好传真的接收、传达落实等工作，详细做好值班记录。开展卫生大扫除，清理卫生死角。做好防火、防盗、节水、节电的安全检查。白鹿公路检查站坚持24小时值班制度，按照查证、验物、登记、消毒、签章工作程序开展检查。出动执法人员28人次，监督检查进京动物440头（只），监督检查进京动物产品134.1吨，消毒进京车辆20车次，未发现违法行为。

（白国辉）

【农产品生产基地专项检查】 2月16日至26日，区农业综合执法大队检查区18家农产品生产基地和直接供应全国“两会”水产品的北京水产科技园。检查重点包括是否存在非法使用不符合国家规定的农业投入品行为，农产品生产记录是否健全，农产品质量管理制度是否健全；杜绝在农产品生产过程中使用国家禁用的农药和其他化学物质；督促货源地在外阜的农产品生产企业，做好外埠进京农产品质量监测工作，完善农产品质量追溯信息记录管理。

（白国辉）

【春季农用拖拉机集中检验】 3月1日至4日，区农业综合执法大队农机检验人员到崔各庄、孙河等5个乡的7个生产基地和2家园林绿化单位，开展拖拉机送检下乡便民服务，检验合格拖拉机14台，保障农机安全生产。

（白国辉）

【水产品抽样检测】 3月1日，区农业综合执法大队协同区种植业养殖业服务中心到市蟹岛生态农庄有限公司开展2016年度首期水产品质量抽检工作，抽选鲤鱼、鲫鱼、鲈鱼、草鱼、罗非鱼5个品种的样品送检，执法检查中未发现其他异常情况。

（白国辉）

【整治非法活禽交易】 3月2日，区农业综合执法大队协同公安、食药、城管，及辖区村联防队等职能部门，对十八里店乡大洋路市场外高铁桥下非法活禽经营的3家商贩集中执法整治。执法队员对商贩开展相关法律告知与教育，依法没收铁笼、屠宰刀具等非法经营用具30余件，拆除部分存放和加工活禽的临时房屋门窗，并将300余只未售出活禽移交区动物疫病控制中心无害化处理。

（白国辉）

【生物安全反恐专项检查】 3月3日，区农业综合执法大队对辖区3家实验室开展专项检查。检查内容包括人员管理、规章制度落实、是否非法从事试验活动、菌毒种是否专柜双人双锁管理、应急预案是否完善等。针对普遍存在的突发事件应急演练开展较少的问题，执法人员下达监督意见，要求各实验室每年至少开展1次突发事件的应急演练，做到妥善处理突发事件，确保生命财产安全。

（白国辉）

【明确年度工作任务】 3月4日，区农业综合执法大队召开2016年工作会，会议明确2016年工作重点：夯实执法工作基础，提高队员办案能力；发挥专业统领优势，消除执法检查盲区；加强多方协调配合，突出检打联动机制；强化责任考核制度，实现工作绩效跨越。

（白国辉）

【鳄龟收容和认养】 3月11日，区农业综合执法大队动物收容站会同执法四科收容爱心人士收购的鳄龟一只。经执法人员联系，饲养龟类的爱心人士愿意认养饲养此龟，并于3月14日到大队动物收容站，签订《北京市非犬类收容动物认养协议》《收容动物认养表》，领取《北京市非犬类收容动物认养须知》。同时，大队执法人员与收养人开展动物收容相关法律法规宣传互动，收养人也做出爱护鳄龟、保护环境承诺。

（白国辉）

【“3·15”普法宣传】 3月15日，区农业综合执法大队开展以“放心农资进乡村，打假护农保春耕”“强化犬只标识佩戴，推进狂犬病免疫”为主题的系列普法宣传活动。大队执法队员到宜家家居广场、京客隆团结湖店、京客隆甜水园店开展宣传活动。活动采取悬挂条幅，发放动物防疫宣传袋、犬只狂犬病强制免疫便民手册、“科学养犬文明养犬依法养犬”海报、保护水生野生动物手册、农资小常识、新种子法等宣传材料及现场接受市民咨询等形式，发放各类宣传材料7300余份，解答疑问百余人次。

（白国辉）

【村级防疫员培训】 3月18日，区农业综合执法大队对东风乡辖区内的村级防疫员开展法律法规培训，增强村级防疫员的法制观念，提高防疫意识。

（白国辉）

【春季农机安全生产联检】 4月6日至21日，区农业综合执法大队会同区种养中心，开展春季农机隐患排查暨安全生产联检工作，涉及9个乡、25家单位，检查各类机具906台次。

（白国辉）

【马术行业培训】 4月15日，区农业综合执法大队举办首次马术行业培训会，市马术行业协会赛事主管、区13家马术企业负责人及业务主管参加会议。培训从区位情况、人员结构、农村城市化进程、经济总量4个方面阐述朝阳马术行业快速发展的特点，以“马场及赛事的防疫监管”为主题详细讲解，同时要求企业依法依规开展经营活动，保证行业安全健康发展。

（白国辉）

【春季电鱼专项整治】 4月20日，区农业综合执法大队联合市水务局北运河管理处、区水务局温榆河管理所对温榆河开展春季电鱼专项整治，收缴地笼50余米。

（白国辉）

【动物诊疗行业培训】 4月27日，区农业综合执法大队联合区疫控中心对辖区内动物诊疗单位开展培训。大队执法人员从诊疗单位应遵循的法律依据，诊疗单位、职业兽医应注意的问题，兽药、饲料及饲料添加剂简易鉴别，禁止人用药用于动物，饲料、兽药购销台账记录，狂犬病强制免疫，病死动物及医疗垃圾无害化处理等7个方面详细讲解。

（白国辉）

【舞台秀《CAVALIA•舞马》服务保障】 4月28日，区农业综合执法大队采取4项措施，服务保障大型舞台秀《CAVALIA•舞马》。强化业务培训，邀请专家详细讲解活动前注意事项，告知主办方活动前要向动物卫生监督部门报告，接受执法人员防疫指导。协调相关部门开具检疫证明，保证参演马匹顺利抵达活动场地。市区联合督导，检查防疫消毒制度、马匹健康状况等，纠正主办方动物防疫条件存在的问题。建立沟通机制，要求主办方在每场演出完毕后向动物卫生监督机构上报参演马匹健康状况。

（白国辉）

【农药监管培训】 4月28日，区农业综合执法大队开展农产品质量安全培训会，辖区15家农药生产、经营企业及农药使用单位参加培训。会后，大队与15家管理相对人分别签订《农产品安全生产承诺书》和《农资生产经营责任书》。

（白国辉）

【兽药饲料行业普法培训】 4月29日，区农业综合执法大队对区内兽药、饲料生产经营单位开展兽药饲料行业普法培训。培训通报区兽药、饲料基本状况，执法检查中遇到的问题及区兽药饲料抽检等相关情况，并结合《饲料和饲料添加剂管理条例》《兽药管理条例》等法律法规详细讲解兽药饲料标签的常规鉴别、违禁药品识别等内容，重点问题与参会人员交流。40家单位人员参加培训，发放宣传材料40份，签订责任书20余份。

（白国辉）

【联合护渔行动】 5月3日，区农业综合执法大队与水务、公安部门组成联合行动小组开展护渔行动。在通惠河四惠桥下查获泥鳅300公斤、鳖1只。从河道中启出地笼17个、皮筏1艘。最后，执法人员将收缴的网具现场销毁，将查获的渔获物全部放归河道。

（白国辉）

【配合开展水产品抽样】 5月10日，区农业综合执法大队执法人员配合农业部渔业环境及水产品质量监督检验测试中心，到大洋路农贸市场抽取花鲢、草鱼、鲤鱼等3个品种8个样品送检。

（白国辉）

【微耕机事故应急处理演练】 5月12日，区农业综合执法大队在北京永顺华蔬菜基地开展微耕机事故应急处理演练活动，金盏、孙河、黑庄户等8个重点乡农机监管人员观摩整个演练过程。演练按照事故报接案、启动预案、应急响应、现场勘查、事故救援5个环节展开。

（白国辉）

【赴外埠基地开展种子执法】 5月17日至19日，区农业综合执法大队执法人员到云南省嵩明县，对注册地点为区的北京鼎丰现代农业发展有限公司的生产基地执法检查，并就存在的问题提出整改意见。

（白国辉）

【动物病原微生物实验室互查】 5月24日至25日，区农业综合执法大队组织辖区3家动物病原微生物实验室开展生物安全互查。市动物卫生监督所业务专家、大队执法业务骨干、实验室负责人组成专家组，重点检查实验室人员管理、规章制度落实、菌毒种管理、生物实验规范操作、实验活动记录等内容。

（白国辉）

【过期农药销毁】 5月31日，区农业综合执法大队将1000公斤过期、废弃及假劣农药集中转移至市农药检定所指定地点销毁。大队详细统计各农产品生产基地过期、废弃农药的种类、数量，并要求各单位妥善保管。同时，与市植保站协调，安排无害化销毁相关事宜。

（白国辉）

【动物性产品、兽药监测抽样】 6月2日，区农业综合执法大队协同市兽药监察所对京客隆集团股份有限公司甜水园店、北京美联众合爱康动物医院有限公司、北京宝盛堂生物技术有限公司、北京中农牧贸易有限公司、北京康达动保商贸中心、北京立时达药业有限公司6家单位的兽药、动物性产品14个品种监测抽样，采集样品62份，完成动物性产品、兽药监测抽样。

（白国辉）

【水生野生动物经营利用培训】 6月3日，区农业综合执法大队对北京燕莎友谊商城、北京古玩城有限公司等9家单位30名管理者和商户开展水生野生保护动物经营利用法律法规培训。采取播放视频、案例介绍等方式讲解水生野生动物及其产品价值认定、办理水生野生动物经营利用流程、违反法律应承担的责任等专业知识。

（白国辉）

【食品安全监督员培训】 6月7日至8日，区农业综合执法大队在区食品药品监督管理局组织的街乡食品安全监督员法律法规及业务知识培训会上，以“加强动物产品质量安全监管，保障市民食肉安全”为题，对全区食品安全监督员开展业务培训。培训从动物产品进入市场前农业部门的监管措施、进入市场后对质量安全的监管方式及如何强化市场个体商户自觉守法意识3个方面详细讲解，全区520名食品安全监督员参加培训。

（白国辉）

【上道路农用车集中整治】 6月14日至17日，区农业综合执法大队会同区交通支队机场、亚运村、劲松大队，在属地相关部门配合下，到金盏、孙河、崔各庄、黑庄户地区的重点路口开展上道路农用运输车辆交通违法行为集中整治和安全检查活动，针对存在车辆逾期未检、号牌污损不清等严重违法行为的车辆，开展行政处罚宣传教育，检查农用运输车辆11台次。

（白国辉）

【区食品安全宣传周启动仪式】 6月17日，区农业综合执法大队参加以“尚德守法，共治共享食品安全”为主题的区2016年食品安全宣传周启动仪式。以动物防疫安全、文明养犬为宣传内容，向参加活动的市民发放动物防疫手册、狂犬病免疫便民手册和宣传袋等宣传材料600余份，并解答市民关心的犬防疫知识等问题。

（白国辉）

【种养殖基地专项检查】 6月20日至24日，区农业综合执法大队完成对区所属12家种植养殖基地的执法检查。执法人员查阅农产品生产经营记录、农产品出入库记录、投入品领用使用记录，查看农业投入品使用情况。针对问题，执法人员与相对人沟通，责令其现场改或下达限期整改通知，确保纠正存在的问题。

（白国辉）

【京津冀动物性食品安全联席会】 7月1日，区农业综合执法大队参加第五届朝阳区防控重大动物疫病暨京津冀动物源性食品安全和协同发展联席会。京津冀三地介绍重大动物疫病防控和动物源性食品安全监管方面典型经验，并签署联防联控协议，进一步加强同各区及河北、天津动物卫生监督机构的交流沟通和信息共享。

（白国辉）

【夏季设施农机安全生产检查】 7月20日至8月3日，区农业综合执法大队组织开展夏季设施农机安全生产检查，会同各乡农机监管人员深入园林绿化公司、郊野公园和花卉蔬菜种植基地等10家单位，检查各项制度落实情况，了解机具维修保养情况，排查机具安全隐患，向各单位负责人宣传安全生产重要性，确保设施农机规范管理安全生产。

（白国辉）

【动物诊疗行业专项整治】 7月22日，区农业综合执法大队组织召开区动物诊疗行业专项整治工作会，大队执法人员及辖区内动物诊疗机构负责人72人参加会议。会议部署《朝阳区开展动物诊疗活动专项整治行动实施方案》，全面讲解和总结执法检查中发现的问题，并通报农业部2015年兽药行业十大典型案件，发放《北京市动物诊疗机构管理办法》等文件和宣传材料146份。

（白国辉）

【动物产品抽样】 8月2日，区农业综合执法大队配合农业部农产品质量安全监督中心上海分中心到区大洋路市场、东郊市场、永辉超市双桥店，抽取牛肉4份、羊肉4份、禽肉8份、猪肉3份、猪肝6份、鸡蛋6份，共31份动物产品样品，检测动物产品中是否含有瘦肉精等违禁药品。

（白国辉）

【拖拉机驾驶培训考证】 8月18日，区农业综合执法大队邀请延庆区农机监理所和农机驾校开展初学拖拉机驾驶人员培训考证。16名参加考试人员在经过《中华人民共和国道路交通安全法》、拖拉机维修保养和典型事故案例分析等内容培训后，全部通过相关驾驶科目考试。

（白国辉）

【农药专项检查】 8月25日，区农业综合执法大队到北京朝来万通农贸市场开展农药专项检查，针对部分商贩经营未取得农药登记证或农药临时登记证的农药产品的行为，做出处罚决定，制作简易处罚案件5起。在执法过程中，执法人员就《农药管理条例》对涉案人员开展普法教育，保障G20峰会期间朝阳区农药经营市场安全。

（白国辉）

【联合处理活禽经营举报】 9月12日，区农业综合执法大队根据群众举报线索，会同城管、公安、食药等职能部门及属地办事处组成联合执法队伍，取缔位于十八里店大洋路批发市场北门附近的2家非法经营活禽场所。执法行动没收鸡鸭等活禽200余只，用于装载活禽的铁笼20余个，大队执法队员就相关法律法规向涉事人员告知和教育。现场执法结束后，大队组织将没收的活禽运送到区动物疫病防控中心，开展无害化处理。

（白国辉）

【“三秋”农机安全生产宣传】 9月23日、26日，区农业综合执法大队会同金盏乡、孙河乡社会公共事务服务中心和安监科，在金盏乡政府东侧和孙河乡下辛堡村市场门口，开展系列宣传活动。活动悬挂横幅2条，发放农机知识挂图200张，农机事故警示教育、农机安全生产操作规程等宣传折页600余份，环保宣传袋500个。

（白国辉）

【“三秋”农机安全监管培训】 9月26日，区农业综合执法大队会同区种养中心组织召开农机安全生产培训会，部署2016年“三秋”期间农机安全监管工作。各乡农机监管人员、生产基地及园林绿化单位负责人、机手代表等38人参会。各乡汇报农机检查工作情况。大队部署秋季设施农机联检工作，通报发生的农机事故情况，开展农机安全生产教育。种养中心解读国补机具政策，并对秸秆禁烧工作提出具体要求。参会人员共同观看农机安全生产系列宣传片。

（白国辉）

【打击私屠滥宰】 9月，区农业综合执法大队采取4项举措，打击私屠滥宰行为。根据群众举报线索来源，通过事先摸排，明确私屠滥宰违法活动地点、时间及运输方式等基本情况。深化执法检查联动机制，加强与公安、城管、属地街乡等相关部门沟通协作，强化对城乡接合部等私屠乱宰多发地区的监管力度。采取夜查等执法行动，对私屠滥宰窝点实施突击查处。突出源头监管，对给未经定点从事生猪屠宰活动提供场所的房屋业主实施处罚。

（白国辉）

【动物卫生执法工作督导】 10月26日，市动物卫生监督所到区监督指导动物卫生执法工作。区农业综合执法大队从案件查办完成情况、动物疫病风险控制、扩大行业影响等方面汇报动物卫生工作总体情况。主要介绍“以执法办案年”为核心的5项工作：详细梳理涉及动物卫生的监督处罚职权，鼓励办案拓展新案由；加强检打联动，会同公安、城管、工商等部门，牵头开展犬只免疫联合执法；打击私屠滥宰，对为私屠滥宰提供场地的人员进行行政处罚；与检验检疫局建立联系，保证快速出具检测结果，解决执行衔接难点问题；召开马场培训会，编写发放宣传材料，填补监管空白。最后，参观狂犬病免疫示范点石佛营小区。

（白国辉）

【农机安全生产警示教育培训】 10月27日，区农业综合执法大队开展农机安全生产警示教育培训，各乡农机监管人员，蔬果种植基地、园林绿化公司、郊野公园管理负责人和设施农机驾驶操作人员38人参加培训。培训现场发放《农机安全警示教育案例》《设施农机安全生产小常识》《农机驾驶操作知识》等宣传品900余份，结合拖拉机、设施农机安全生产操作规程，开展安全生产警示教育。要求农机驾驶操作人员牢固树立安全生产观念和安全责任意识；要求各乡对使用卷帘机、微耕机的单位开展安全检查，落实安全措施，及时发现并消除隐患，填补管理漏洞，预防农机事故发生。

（白国辉）

【种子经营企业培训】 10月27日至28日，区农业综合执法大队种子管理站联合区农委许可大厅对区核发种子经营许可证的企业和经营门店开展为期2天的培训。培训详细讲解种子生产经营许可证申请和使用，结合具体案例说明种子监督管理工作，并解答参会企业的疑惑。发放《中华人民共和国种子法》等普法宣传材料40余份。

（白国辉）

【农机事故应急处理演练】 10月29日，区农业综合执法大队在孙河乡下辛堡村南沙坡子地块组织开展区农机事故应急处理演练，重点模拟拖拉机旋耕作业事故应急处置，检验市、区、乡三级农机事故处置协调能力，积累事故处理实战经验。

（白国辉）

【兽药行业专项整治培训】 10月31日，区农业综合执法大队召开区兽药行业专项整治培训会，辖区3家兽药生产企业、15家兽药经营企业20余人参加培训。会议布置兽药行业出入库上传工作，宣读《朝阳区关于开展兽药行业专项整治行动的实施方案》，通报全国兽药行业十大典型案例和兽药行业发展方向规划，分析区兽药行业发展现状、行业存在的问题并提出指导意见。

（白国辉）

【冬季农机安全生产大检查】 11月3日至28日，区农业综合执法大队会同区安监局、区种养中心和各乡社会公共事务服务中心，对全区19个乡、33家涉及农机具使用的生产基地、郊野公园、林业站等单位开展安全生产联检工作。联检人员察看各单位农机管理制度上墙、安全生产责任书签订和机具维护保养等情况，宣传冬季安全生产知识，排查农机具存放场所安全隐患，针对个别单位存在灭火器数量不足、供电线路老化和照明灯安装使用不规范等问题，要求其负责人整改。联检活动检查各类农机具1318台次。

（白国辉）

【农机安全监管工作总结会】 12月19日，区农业综合执法大队会同区种养中心召开2016年农机安全监管工作总结会，各乡农机主管主任及监管人员30余人参加会议。各乡汇报农机工作开展情况；大队农机监理科总结2016年区农机监管工作，部署2017年重点工作，并与各乡农服中心签订2017年农机安全生产责任书；通报表扬2016年度农机安全监管优秀、先进单位及个人；最后，区种养中心农机管理科部署农机年报、秸秆禁烧工作，解读有关国补机具补贴政策。

（白国辉）

【“法制宣传日”系列普法宣传】 年内，区农业综合执法大队在“法制宣传日”期间，在石佛营小区、团结湖京客隆超市等地，开展以“依法对犬只进行强制免疫”为主题的系列普法宣传活动。大队执法人员讲解狂犬病人畜共患的危害，宣传国家对狂犬病强制免疫的相关法律法规，明确免疫定点单位及免疫流程，并提醒养犬市民确保为其饲养犬只进行狂犬病免疫。活动详细解答群众提出的相关问题，发放《狂犬病防治便民手册》《动物卫生便民手册》、科学养犬海报等宣传材料。

（白国辉）

农村人才培训

【概况】 朝阳区农村人才就业服务指导中心，隶属于朝阳区农村工作委员会，为全额拨款事业单位。负责农村人才服务工作，建立人才管理体系，开展农村地区人才需求分析预测，承担农村人才教育档案管理工作；承担农村人才调研工作，指导农村管理干部、社区工作者、农村劳动力教育培训工作；负责农村人才就业服务工作，搭建就业服务平台，开展就业岗位、就业趋势分析统计，及农村人才供求信息收集、发布等相关工作；协助农委开展农村社区建设研究工作，及农民市民化宣传教育工作。年内，区农村工作委员会特别设立区农村系统人才工作领导小组办公室，并将该办公室设在区农村人才就业服务指导中心。同时，人才数据库项目基本程序完成，待试运行后即可正式录入信息，为下一步的人才工作提供各类人才信息资料。全年为农村地区提供各类教育培训服务2672人次。

地址：东坝红松园13号
邮编：100018
电话：65493070
网址：http://ncpx.bjchy.gov.cn

（胡　亮）

【培训调研】 年内，根据市农村工作委员会、市农业局“关于2016年农业领域分类转移支付资金考核方案的通知”和区委农工委《朝阳区“十三五”时期农村实用人才研究报告》精神，制定2016年区农村人才就业服务指导中心农村实用人才培养计划。

（胡　亮）

【农民市民化培训】 年内，编写《农民市民化专题培训课程目录》，分为《市民素质、观念培训》《市民行为、城市生活能力培训》《市民社会权益、公益知识培训》《市民居家生活、兴趣爱好培训》等4个大类、11个模块。培训活动涉及12个乡，培训37个社区有关人员，培训模块43个，培训人员1534人。

（胡　亮）

【农村地区社会工作协会】 年内，区农村地区社会工作协会以社区正职培训、社区专业人才培训为重点，组织多种形式，涵盖各个层次的教育培训活动。同时，在区农委指导下，承担“三社一体化”社区治理项目（该项目是以社区党组织为领导，运用专业社工理论和方法，领导和培育居民社会组织，最终实现居民“自我管理、自我服务、自我教育、自我监督”的居民自治）管理工作，组织人员完成项目中期评估工作。全年提供各种培训服务1078人次。

（胡　亮）

工业·商贸服务业

2017

北京朝阳年鉴

工业产业发展

【概况】 年内，受工业品市场需求偏弱、产业功能疏解等因素的叠加影响，全区工业生产规模持续缩减。276家规模以上工业企业实现工业总产值688.5亿元，同比下降4.8%。高技术制造业企业经济规模逐步缩减，对区域工业发展贡献力减弱，全年实现工业总产值165.7亿元，同比下降3.4%，占全区工业总产值的24.1%。实现主营业务收入180.9亿元，利润总额28.0亿元。

（张中来）

【工业产业发展】 年内，全区工业涉及的29个行业大类中，18个行业产值同比下降，10个行业同比增长，1个行业与同期持平。产值总量排名前五位的支柱行业"一升四降"，累计实现产值458.8亿元，同比下降8.1%。11月，开始全月供暖，各企业生产平稳，电力、热力生产和供应业以179.3亿元的累计产值排名第一，同比增长4.0%。开采辅助活动受重点企业业务量减少影响，累计产值同比下降31.8%。医药制造业企业全年累计实现产值71.7亿元，同比下降0.4%。计算机、通信和其他电子设备制造业由于重点企业产值同期数高，全年累计实现产值61.2亿元，同比下降2.2%。电气机械和器材制造业受重点企业业务量减少的影响，全年累计实现产值60.4亿元，同比下降8.1%。

（张中来）

【镇村产业集聚区整治】 年内，落实《北京市2013—2017年清洁空气行动计划重点任务分解2015年工作措施》，推进镇村产业集聚区污染治理，根据《镇村产业集聚区工业污染整治工作方案》，对区内将台乡将驼房营—东八间产业集聚区、黑庄户乡萧太后河沿线产业集聚区、十八里店乡西直河产业集聚区开展整治工作，并报送北京市经信委、北京市环保局申请验收。将台乡驼房营—东八间产业集聚区含12家加工制造企业，重点分布在驼房营、东八间地区，主营业务及产品是加工生产包装器材、金属机械等，占地面积约200亩（13.33公顷），各类工作人员约2000人，主要污染物为VOC（挥发性有机化合物）、污水等。黑庄户乡萧太后河沿线产业集聚区含13家加工制造企业，重点分布在萧太后河沿线，主营业务及产品是家具及木制品加工、建材加工等，主要污染物为VOC、烟（粉）尘。西直河加工制造集聚区含15家加工制造企业，重点分布在十八里店乡西直河村，主营业务及产品是加工生产石材、家具、建材，主要污染物为烟（粉）尘、VOC。3个集聚区的40家企业全部停产并完成设备拆除，清退完毕。

（张　洋）

【淘汰45家工业企业】 年初，建立区域工业企业退出基础台账，并逐乡实地调研，在各乡拟定年度退出名单的基础上，通过现场走访，拟定年度退出企业名单。各乡牵头对拟退出工业企业开展腾退工作，各职能部门配合，引导企业主动退出，确保完成退出任务。10月底，提前完成年度45家企业退出任务，并获得市经信委认定。

（张　洋）

【工业企业空气重污染应急】 年内，确定27个街乡、停限产工业企业名单，包括空气重污染橙色和红色预警期间工业停限产企业224家。按照《北京市空气重污染应急预案》和《朝阳区空气重污染应急预案》要求，在空气重污染橙色和红色预警时，逐一现场检查市级名单内企业措施落实情况，并对其他企业抽查，对发现的问题督促整改。各街、乡成立督察组，督察检查辖区内所有应急工业企业停限产措施落实情况。建立工业停限产企业联系人制度、应急工作负责人和联系人备案制度，确保工业应急措施落实到位。

（张中来）

高新技术产业

【概况】 年内，推动新升级百个"高精尖"产业项目，引进亿利资源控股、苹果公司北京研发中心等25个项目。加强中小企业服务体系建设，全方位服务中小企业发展。

（王秀程）

【中小企业银企对接会】 10月27日，举办朝阳区中小企业银企对接会，北京银行、工商银行、建设银行、广发银行、交通银行、民生银行、农业银行、邮储银行、招商银行等9家银行向参会的60余家驻区中小企业介绍各自针对中小企业推出的特色金融产品。通过搭建银企对接平台，解决中小企业融资难题，提振企业发展信心。

（王秀程）

【设立"朝阳助力成长"微信公众号】 12月14日，为更好地服务区域内中小企业，开通"400-005-6878"免费咨询热线，同时设立"朝阳助力成长"微信公众号，为区域内中小企业提供相关政策解读及经济信息服务，微信公众号内开设信息中心、活动速递、平台服务3个栏目。

（王秀程）

【启动中小企业"助力成长"系列培训】 年内，为促进朝阳区中小企业发展，组织朝阳区中小企业"助力成长"系列培训，培训日期自2016年10月1日至2017年9月30日，培训企业数量不少于800家。

（王秀程）

【中小及上市资金安排方案】 年内，朝阳区促进中小企业发展引导资金全年安排1949万元，支持项目（企业）32个。推动企业上市专项资金安排3100万元，支持企业55家。

（王秀程）

商贸服务业

【概况】 朝阳区商务委是负责全区内外贸易、对外经济合作和现代服务业发展的区政府工作部门，挂北京市朝阳区人民政府口岸办公室（简称区口岸办）牌子。年内，区商务委坚持稳增长、疏功能、调结构、惠民生，推进服务业扩大开放，巩固国际经贸枢纽功能，带动消费市场转型升级，提高生活性服务业品质，促进开放型经济发展，商务工作质量效益稳步提升。年内，实际利用外资74.5亿美元，占全市总量的57.2%。全区新设合同外资1000万美元以上大项目企业30家，累计吸引合同外资金额14.9亿美元；合同外资增资1000万美元以上企业63家，累计吸引合同外资增资金额29.2亿美元。全年完成进出口总额 1178.1亿美元，同比下降6.7%，占全市总量的41.8%。其中，进口完成1025.6亿美元，同比下降8.3%，占全市总量的44.6%；出口完成152.5亿美元，同比增长5.4%，占全市总量的29.4%。跨国公司地区总部累计111家，实现社会消费品零售额2654.5亿元，新建（改造）便民服务网点301个。

地址：日坛北街33号

邮编：100020

电话：65099185

网址：http://sww.bjchy.gov.cn

（马伟超）

【服务业扩大开放】 5月26日，朝阳区被认定为市服务业扩大开放综合试点示范区。8月3日，北京市服务业扩大开放综合试点工作领导小组办公室主任、副市长程红到朝阳区主持召开领导小组办公室第十一次会议，研究部署朝阳区创建服务业扩大开放综合试点示范区工作。8月5日，朝阳区举办市服务业扩大开放综合试点示范区推介会，市政府副秘书长徐志军、市商务委主任闫立刚，区领导吴桂英、王灏等及市相关部门领导出席。11月14日，程红走访调研重点企业蓝海电视集团和阿里巴巴集团，并主持召开座谈会，研究加快推进北京市及朝阳区服务业扩大开放试点工作。年内，建立服务业扩大开放综合试点示范区工作联席会议制度，召开联席会议5次。制定《朝阳区创建北京市服务业扩大开放综合试点示范区实施方案》，围绕文化创新、金融服务、中医药服务贸易、生活服务、科技信息服务、商务服务六大重点领域，提出33项试点政策措施和81项重点任务，重点任务完成60%。

（马伟超）

【承担京交会任务】 5月28日至6月1日，在国家会议中心举办第四届中国（北京）国际服务贸易交易会（简称“京交会”）。朝阳区完成第四届京交会分销服务板块工作。创新策划分销服务板块以“分销服务引领供需新变革”为主题，向国内外推介朝阳区优势资源和重点企业，展示朝阳区在现代分销服务领域的发展成果。组织“一带一路”服务贸易大会，围绕“一带一路”战略热点话题，展开高层对话和讨论。会上，副市长程红、区委书记吴桂英分别致辞，区长王灏参加研讨对话。组织34项签约和25场推介活动，实现签约额1500亿元，比上届增长24%，占京交会签约总额的22.5%。

（马伟超）

【领导调研】 6月8日、7月6日，市商务委领导、区领导先后调研外贸稳增长工作，并召开区重点外贸出口企业稳增长座谈会。9月14日、11月14日，副市长程红先后到朝阳区调研走访中粮集团、北京阿里一达通外贸服务有限公司。

（马伟超）

【经贸交流】 年内，搭建国际经贸平台。支持举办2016国际产能与绿色产业中外商机研讨会，组织雅宝路15家服装企业赴俄罗斯参加第27届CPM展会，参加2016中加经贸洽谈会，深化国际经贸交流合作。组织进出口企业参与京交会，以京交会为平台，巩固与世界贸易网点联盟合作关系，推进国际贸易合作，利用分销服务板块各项活动，展示区外向型企业发展成果，现场组织签署“中巴经济走廊”战略合作等项目。

（马伟超）

【总部经济发展】 年内，引入高精尖总部企业，加速提升总部经济能级。落实市相关总部政策，为驻区总部企业做好相关服务保障工作，大力引进具有投融资、结算、研发等功能的跨国公司地区总部，促进总部经济实体化发展。新引进苹果研发中心等20余家总部企业；在存量总部企业聚集程度高的优势基础上，进一步提升总部经济能级。新认定乐华梅兰咨询顾问（北京）有限公司等3家跨国公司地区总部，提升泰雷兹（中国）企业管理有限公司为跨国公司地区总部，跨国公司地区总部累计111家，占全市七成。

（马伟超）

【疏解商品交易市场21家】 年内，街道、地区累计疏解商品交易市场21家，包括5家区域市场、4家专业市场和12家农副产品市场。涉及建筑面积6.6万平方米，从业人员1.1万人，摊位2053个，完成全年疏解任务。同时，正式启动潘家园地区旧货市场的疏解工作，清退1009个摊位。

（马伟超）

【生活性服务业】 年内，制定《朝阳区生活性服务业品质提升三年行动计划》。累计新建（改造）便民服务网点301个，其中生鲜超市（便民菜店）60个。推动早餐示范工程建设。经公开招标、项目征集等形式，有北京永和大王餐饮管理有限公司等15家企业参与全区早餐示范工程建设，完成新建改造各类早餐建设项目224个。探索社区物流最后100米承载新模式。引导建设社区服务平台、智能自提柜（箱）、电子收发室、搭载服务4种模式末端配送网点196处。

（马伟超）

【两行业稳增长】 年内，全区批发零售业和租赁商务服务业形成区级收入145.3亿元，同比增长16.8%，完成全年任务的106.2%，占全区的30.5%。其中，批发零售业实现区级收入67.7亿元，同比增长18.5%；租赁商务服务业实现区级收入77.6亿元，同比增长15.4%。两行业保持良好增长态势，为全区经济发展提供支撑。

（马伟超）

【商务服务业】 年内，制定《商务服务业发展三年行动计划》。全年区规模以上商务服务业实现收入4196.5亿元，同比增长10.5%。加大政策落实力度，对接会展产业协会，吸引高端会展活动入驻，引进2016中国国际智能建筑展览会等50个国际高端展会入驻；支持国家会议中心、北京国际会议中心等场馆建设。提升商务楼宇促进商务服务业发展，加强市级政策落实力度，推进商务楼宇升级改造，远洋国际中心等通过第三方评审核定，获得奖励资金支持。

（马伟超）

【拍卖企业行政许可】 年内，拍卖企业行政许可初审完成企业年度核查管理、许可新办管理、许可变更管理等相关工作，对181家企业进行年度核查工作，占全市396家参加年审企业的46%，完成新设拍卖企业49家、变更企业66家的网上申报材料、纸质申报材料审核工作。

（马伟超）

【社会消费品零售额】 年内，通过培育体验消费，组织品牌特色活动，促进电子商务发展，提升时尚消费品质，扩大服务消费规模，带动消费市场升级，促进区域消费稳步增长。全区全年累计实现社会消费品零售额2654.5亿元，同比增长5.6%，占全市总量的24.1%，总量稳居全市首位。

（马伟超）

【电子商务引进培育】 年内，不断强化聚集效应，加大电子商务企业的引进与培育力度。引进优信数享（北京）信息技术有限公司等5家电子商务企业，培育聚美优品等重点电子商务企业。推动小狗电器、每日优鲜等新兴电子商务企业在区纳统。

（马伟超）

【成品油销售】 年内，区石油及制品行业累计实现零售额108.8亿元，同比上升2.4%，占社会消费品零售额总量的4.1%。有140个加油站，其中中石化北分经营59个（中石化全市586个加油站），占全区的42%。商务委作为成品油零售行业主管部门。区县一级商务部门负责成品油零售经营资格初审（审批权在市一级商务委）、年检及加油站日常的生产经营。

（马伟超）

【盐业执法检查】 年内，根据举报和实地排查，区商务委执法人员单独或配合市商务委执法大队多次检查各城乡接合部各类批发市场，查处假冒食盐案件20起，合计罚没假冒中盐公司食盐10898.25千克，处罚8起，罚款5615.89元。

（马伟超）

【粮食安全区长责任制实施】 年内，区商务委首次牵头完成《北京市朝阳区粮食安全区长责任制工作实施方案》，并以区政府办名义下发。完成2016年粮食流通统计专项执法检查、市级储备泊三个代储点专项检查，对15家纳统企业进行安全培训和《北京市粮食行政处罚裁量基准》。

（马伟超）

朝阳副食品总公司

【概况】 北京市朝阳副食品总公司是朝阳区国资委直接监管的国有企业。主要承担国有资产保值增值、离退休人员及内部退休、待岗人员的管理工作，负责北京市中良实业总公司（区粮食局）的全面委托管理工作。持有北京京客隆商业集团股份有限公司股份1.67亿股，占其总股本的40.61%；对北京市腾远兴业汽车服务有限公司（简称“腾远公司”）投资3280万元，占其总资本的82%；对北京富安小额贷款有限公司投资5960万元，占其总资本的18.01%。年内，管理职工6702人，其中在职职工428人，离退休职工6274人（含托管区粮食局离退休职工899人）。全年实现收入3.28亿元，资产总额9.02亿元，净资产6.06亿元，上缴税费1932万元，上缴国有资本收益546万元。

地址：姚家园路石佛营101号

邮编：100025

电话：65867726

邮箱：cfbangongshi@bjchy.gov.cn

（李　凌）

【商业网点出租管理】 10月，统计和分析公司所属不动产及出租情况，查找经营管理中存在的问题，明确整改方向，形成《房产出租管理情况自查报告》，并上报区国资委。

（李　凌）

【支持京客隆发展】 年内，继续履行国有股东和国有董事职责，建言献策，支持和配合京客隆的各项工作。

（李　凌）

【支持小额贷款公司发展】 年内，发挥大股东及董事长单位的主导作用，了解经营情况，监督其完善风险防范措施，督促其采用多渠道、多种方法收回问题贷款。关注小贷公司挂牌“新三板”相关政策，推进小贷公司股份制改造及增资扩股（注册资本由3亿元增加至5亿元）的相关工作。全年实现营业收入4784万元，净利润3012万元。

（李　凌）

【支持腾远公司发展】 年内，支持腾远公司按照“关停并转”调整方针，根据自身实际及市场形势调整经营结构、促进企业转型、创新企业发展。完成奇瑞品牌全线退网，多点合作推动进口车业务，抓好现有品牌经营，提升销量，联系宝沃等其他品牌经营。全年营业收入30700.73万元。

（李　凌）

【完成朝副安兴清算工作】 年内，依据《中华人民共和国公司法》和《朝富安兴公司章程》，经全体股东一致同意，报国资委批准，完成朝副安兴清算工作，收回清算款1300万元。

（李　凌）

【“十三五”规划研究编制】 年内，修订完成公司“十三五”规划最终稿并上报区国资委。

（李　凌）

【帮扶困难职工】 年内，为未在岗职工每人每月上调工资120元。开展节日走访、专项帮扶、医疗救助、互助保障等各项帮扶工作，慰问职工281人次。

（李　凌）

蓝岛大厦

【概况】 北京蓝岛大厦有限责任公司（简称蓝岛大厦）位于朝阳区朝外大街东大桥路口，毗邻CBD，分东、西区，总建筑面积4.5万平方米，营业面积2.6万平方米。东、西两个经营区域由2、3、4层连廊贯通，东区地下1层至6层经营食品、滋补品、药品、日用品、化妆品、珠宝首饰、钟表、男女服装、运动服装、运动器材、家居用品、儿童用品、办公用品、蓝岛·悦动童年国际艺术教育中心和美食街；西区1层至4层经营鞋帽、箱包、休闲服装、内衣、针织服饰类商品。公司下辖北京通州蓝岛大厦有限公司，参股北京金隅蓝岛商业运营管理有限公司。在职职工772人。

地址：朝外大街8号

邮编：100020

电话：85634422

网址：http://www.ldds.com.cn

（康　晶）

【便民服务】 1月6日，公司开展“喜迎新年，蓝岛便民志愿服务进社区”主题服务活动。区国资委纪委书记姜仁忠参加活动。

（康　晶）

【获得荣誉】 1月，蓝岛幼儿园园长年小霞被北京市教育委员会评为“优秀幼儿园园长”。2月，蓝岛通州店和蓝岛金隅百货分别荣获“北京市优质服务商店”称号。3月，公司原运动针织卖场被市妇女联合会、市总工会、市人力资源和社会保障局联合授予“北京市三八红旗集体”称号。5月，通州店经理李国新被北京市总工会授予“首都劳动奖章”荣誉称号。6月，蓝岛幼儿园党支部书记年小霞获“朝阳区优秀党务工作者”称号；公司首饰男服卖场党支部吴晓燕、鞋帽皮件卖场党支部郭德云和蓝岛通州店党支部王秀玲分别被授予“朝阳区国资委系统优秀共产党员”称号；党委办公室主任陈爽被授予“朝阳区国资委系统优秀党务工作者”称号；蓝岛幼儿园党支部被授予“朝阳区国资委系统先进基层党组织”称号。

（康　晶）

【2016年工作会】 3月10日，公司召开第五届第五次职工（第二次会员）代表大会暨2016年工作会。审议通过《公司2016年工作报告》《公司2015年业务招待费使用情况的报告》《公司工会2016年工作报告》及《公司工会2015年财务预算执行情况报告》，通报《公司2015年财务预算执行情况报告》和《公司2016年财务预算报告》。总经理冯亦娜作《公司2016年工作报告》，纪委书记刘彦娟和副总经理汪斌分别作《公司2016年纪委工作报告》《公司2016年安全稳定工作报告》。

（康　晶）

【签订协议】 3月17日，公司工会与公司行政方共同签订《2016年公司集体合同》《工资集体协商协议》《女职工权益保护专项集体协议》。

（康　晶）

【参加国资委主题党课活动】 6月30日，在区国资委党委召开的“两学一做”暨朝阳区国资委纪念建党95周年主题党课活动中，公司办公室康晶作为区国资委系统宣讲团成员，在大会上宣讲获北京市和朝阳区优秀党务工作者的蓝岛幼儿园党支部书记年小霞的先进事迹。

（康　晶）

【服务工作交流会】 7月28日，公司举办十大商场服务工作交流会。中商联质量处处长崔素艳及十大商场服务工作负责人应邀出席。

（康　晶）

【点赞服务明星活动】 7月，公司开展“点赞服务明星”活动。借助企业微信公众号平台，对16名三星级以上服务明星开展宣传推广。

（康　晶）

【服务技能大赛】 8月22日，公司员工参加2016年北京市商业服务业服务技能大赛。通州店收款员刘宏岳在收银员技能比赛中取得决赛第7名的成绩；女装休闲卖场片长高世国、首饰男服卖场信息员梁素英在商品营业员比赛中分别获得第18名和第22名，其中梁素英获得高级商品营业员证书。

（康　晶）

【生鲜超市开业】 9月1日，公司联手“鲁满仓”食品（北京）有限公司合作打造的生鲜超市开门营业。生鲜超市是蓝岛探索“农超结合”的新模式。

（康　晶）

【安全生产】 年内，开展安全演练5次、安全培训6次。邀请北京市公安消防教育中心教员乔有才，安全生产标准化评审专家、注册安全工程师马文，防火中心主任教官苏智勇，区安监协会副会长、注册安全工程师、北京市“双百”活动专家王汝平开展消防安全生产培训。

（康　晶）

【专业培训】 年内，开展专业培训5次。3月，邀请朝阳区建宏培训学校老师开展办公软件系列培训。4月7日，邀请国家首饰质量监督检验中心工作人员开展首饰类商品执行标准培训。5月19日，邀请北京市轻工产品监督检验一站主任张欣欣开展鞋类、箱包类商品质量培训。6月20日至21日，举办高级收银员再教育培训。11月29日，邀请中国人民大学管理学硕士王睿开展互联网专题培训。

（康　晶）

【营销活动】 年内，开展“跨年盛宴 超值钜惠”“蓝岛周年庆 欢购喜乐惠”“抄底抢年货 臻品连环惠”“元宵佳节有奖猜谜”“温馨三月 美丽绽放”“五月‘价’临，全场‘惠’顾”“质惠六一，再享童年”“六月嘉年华，粽情欢乐GO”“暑期放价 清凉一夏”“相约七夕”“暑期全线酬宾 名品周周特惠”“名品惠出清 低折派大礼”“金秋名品惠 感恩超值礼”“小长假 耍大牌 十天限时名品‘呆萌’价”“双节棍劲扫 跨年答谢惠”等系列主题促销活动。大厦门前广场先后举办6场促销活动。举办员工内购会12场。举办“开门红‘新春杯’”促销竞赛和第十四届“舞动金秋”购物节暨“金秋杯”促销竞赛系列营销活动。

（康　晶）

【工会慰问】 年内，工会组织慰问病、困职工122人次，发放慰问金6.65万元。

（康　晶）

京客隆集团

【概况】 北京京客隆商业集团股份有限公司（简称“京客隆”）是一家国有控股的以经营日用消费品零售及批发业务为主的香港联交所主板上市公司（股份代号：HK0814）。京客隆集社区购物中心、大卖场、综合超市、便利店4种零售经营业态为一体，拥有248家零售网点，营业面积30余万平方米，店铺网络覆盖北京市十余个区县及河北廊坊地区。京客隆下设北京朝批商贸股份有限公司、北京欣阳通力商业设备有限公司、北京京客隆（廊坊）有限公司、北京京客隆首超商业有限公司和北京京客隆超市连锁有限公司等5个控股子公司。以经营日用消费品批发业务为主的朝批商贸股份有限公司在天津、青岛、石家庄、上海及香港等地设立30余家子公司，和国内外300余个生产企业建立合作关系，代理单品2万余个。京客隆自建有常温和生鲜两个现代化配送中心，配备的拆整配零自动分拣系统和整箱商品自动分拣系统能快速完成自动化分拣工作。京客隆采取线上线下协同发展策略，京客隆APP于7月上线超市全品类商品，实现包括生鲜商品在内的全品类商品2小时自提和3小时送货上门服务。全年，京客隆实现销售总额147.33亿元，实现利润1.27亿元。拥有线上线下会员320余万人。

地址：新源街45号楼

邮编：100027

电话：64688233

网址：http://www.jkl.com.cn

（魏新颖）

【市场营销】 春节前夕，推出“新年放‘价’团圆福来”为主题的系列、连贯性大型促销活动，礼品类、年货类、生鲜类及家庭餐桌商品等集中陈列，满足不同顾客购物需求。6月18日，开展以“22载回馈盛典”为主题的22周年公司庆大力度促销活动，7天实现销售1.64亿元。中秋节、国庆节前夕，以“中秋聚‘惠’名品直降”为主题推出中秋礼品、知名品牌商品直降等促销活动，满足消费者中秋节购物需求。

（魏新颖）

【获“北京市优质服务商店”称号】 2月3日，京客隆新桥店、京客隆黑山店等店铺获得“北京市优质服务商店”称号，该评选是北京市商务委会同北京市商业联合会、北京市旅游协会等部门在全市范围内组织实施的首次评选活动，评选条件包括基础设施、诚信经营、服务品质等。

（魏新颖）

【安全检查】 2月18日，区政协主席谢莹带领豆各庄乡政府相关部门领导到京客隆天达路店开展元宵节安全检查，重点查看卖场、安全疏散通道、商品库房等区域，肯定店内采取的各项安全措施。

（魏新颖）

【职工（会员）代表大会】 3月10日，召开第四届第八次职工（会员）代表大会，审议通过《经理工作报告》《工会工作报告》《京客隆集团2016—2020年发展规划》，签订《独立性工资专项集体合同》，选举表决新一届职工代表监事，报告集团公司《2015年业务招待费使用情况》《2015年集体合同履行情况》《2015年特困基金收缴和使用情况》。

（魏新颖）

【早餐便民服务】 年初，21家社区便利店搭载早餐工程通过市区相关部门验收并挂牌经营，为顾客提供早餐服务。

（魏新颖）

【协助政府调控猪肉市场】 5月5日，北京市首次在市场投放政府储备猪肉以调控猪肉价格，投放的鲜猪肉每公斤降价5元，政府储备冻猪肉每公斤降价9元，京客隆113家店铺参与调控行动，两个月销售猪肉629吨，协助政府实现猪肉价格调控及惠民利民目的。

（魏新颖）

【京客隆京捷生鲜店开业】 6月10日，首家以生鲜经营为主的子品牌——京客隆京捷生鲜店开业，这是京客隆业态创新的举措。该店位于朝阳区八里庄北里306号楼，营业面积约200平方米，主要经营蔬菜、水果、肉类等生鲜食品、日配商品及居家日用品等，满足社区居民日常生活便利性需求，开业五天实现销售44.53万元，日均8.91万元，日均客流量2477人次。截至年底，新开同业态门店6家。

（魏新颖）

【区领导调研】 6月13日，区委常委、副区长马继业携区国资委书记刘勇、主任王春平等领导到京客隆集团调研，公司董事长李建文、总经理商永田及领导班子其他成员陪同调研并做企业发展情况专题汇报。

（魏新颖）

【京客隆APP发展】 7月5日，京客隆移动APP功能全面升级，实现超市购功能，上线超市全品类商品，实现包括生鲜商品在内的全品类商品2小时自提和3小时送货上门服务，提高顾客购物便利性。截至12月底，京客隆移动APP完成6次版本升级，注册用户16.45万人，实现销售2349万元。

（魏新颖）

【推进生鲜经营“2.0”升级】 年内，京客隆挖掘自身经营潜力，推进生鲜经营标准化工作，11月底，完成所有店铺生鲜经营2.0版升级改造，通过卖场布局调整、通透性调整、装饰升级、设施设备更新，完成卖场升级调整，实现商品结构、品质、设施设备升级，全年“生鲜五品”销售同比增加3934万元，增幅4.75%；毛利额同比增加737万元，增幅7.19%。

（魏新颖）

【物流配送发展】 年内，廊坊子公司在河北廊坊投资建成一座生鲜配送中心，8月18日投入使用，内设冷库、保鲜库、常温库及分拣加工区，满足廊坊子公司5家大中型超市及8家便利店的经营需求。

（魏新颖）

【客户服务】 年内，开展客户服务工作，“3·15”期间，开展以“新消费·我做主”为主题的宣传活动，普及《中华人民共和国消费者权益保护法》《中华人民共和国食品安全法》相关知识。组织21位义务监督员走访店铺并召开座谈会，参观固安蔬菜基地，增加顾客放心购物透明度。4月，首次线上线下同步开展会员积分回馈，满足不同会员需求。4月26日至27日，开展“2016年京客隆顾客满意度调查活动”，针对商品经营、员工服务、服务设施和促销活动等方面开展满意度测评，回收有效问卷1250份，顾客总体满意度较高。开展“爱心服务卡”活动，延伸爱心服务内涵，2016年，各店铺为爱心服务对象送货上门240余次，商品金额2.9万元。

（魏新颖）

【节能减排】 年内，完成51家店铺照明系统、52家店铺PSG冷链系统和久隆百货旗舰店4台燃气供暖锅炉低氮排放能源改造工作，年节约电费600余万元。

（魏新颖）

【工会送温暖】 年内，开展送温暖活动，出资约213.47万元慰问一线职工、劳动模范以及困难职工、边缘困难职工和患病职工。

（魏新颖）

弘朝伟业公司

【概况】 弘朝伟业国有资产经营有限责任公司是朝阳区政府授权的资产运营机构，对原社区办、工业局和物资局3家单位及所属企业的国有资产行使监督、运营和管理职责，并管理授权范围内的城镇集体资产。公司注册资本1000万元人民币。年内，公司在职职工835人，离退休人员9312人。资产总额22.94亿元；净资产9.49亿元，同比增长7.47%；实现营业收入15.03亿元，同比增长186.29%；利润总额5605万元，同比增长432.29%；上交税费7121万元。

地址：芍药居北里208、209楼底商
邮编：100029
电话：84645512

（胡基明）

【副区长检查消防安全】 1月28日，常务副区长甘靖中在弘朝伟业公司领导班子主要成员陪同下，到三源里菜市场开展节前消防安全检查。公司领导向甘靖中介绍市场的安全管理模式情况。甘靖中参观消防控制室、监控室、化验室，查看市场安全检查记录，并询问市场安全管理情况。

（胡基明）

【集贸市场功能疏解】 1月，根据市、区两级政府解决非首都核心功能疏解工作的有关精神，开展北京鑫安贞民利集贸市场功能疏解工作。安贞中心在确保安全稳定的情况下，1月31日，北京鑫安贞民利集贸市场及外围6商户正式关闭撤市，疏解经营商户49家，疏解经营人员120余人。

（胡基明）

【保障春节期间蔬菜供应】 1月至2月，为保障春节期间市场蔬菜供应，满足市民消费需求，公司组织所属市场增加蔬菜储备，优化品种结构，确保春节期间蔬菜的均衡供应。所属市场控制基本蔬菜品种的价格涨幅，确保价格稳定。潘家园松榆里市场增加10%的蔬菜货源供应量，即日均蔬菜库存量整体提高1.5吨，市场蔬菜日销量8.04吨，库存15.275吨。该市场还落实“保本菜”目标价格管理机制，做好春节期间“保本菜”的供应，除人工费外，确保零利润销售。麦子店农展北路集贸市场设置大宗蔬菜专供柜台，保证进、销价格平衡，并派专人管理蔬菜周转车停车位，延长市场营业时间，确保开市期间补货、发货顺利，使蔬菜供应量和平时能够持平。引进菜农直供，减少流通环节，降低价格。在保证市场蔬菜日常供应的基础上，两家市场均加大对蔬菜价格的监测力度，对白萝卜、大白菜、西红柿、青椒、土豆等18种蔬菜的销量及价格情况进行重点监测，确保蔬菜产品供应充足和价格平稳。

（胡基明）

【提升弘朝品牌知名度】 5月13日，经北京市食品药品监管局推荐，三源里菜市场代表北京市参加国家食品药品监管局拍摄食品安全的专题宣传片，用于国家食品安全周的宣传工作。市食品药品监管局等相关部门对三源里菜市场的食品安全开展整体检查，并要求市场全力配合、协助拍摄工作。市食品药品监管局等相关部门对三源里菜市场的日常食品安全管理工作给予肯定。

（胡基明）

【签订“批零挂钩”协议】 7月13日，农光里市场完成对大洋路农副产品批发市场的实地考察，并与其签订《批零挂钩协议》，明确畜产品的源头控制、严格准入的主要责任，加强市场对畜产品风险联控和自律经营意识。

（胡基明）

【清退地下室商户】 8月28日，在弘朝伟业公司指导部署下，北京市融川商贸有限公司完成芍药居北里309号楼地下室商户清退工作。清退商户15户、经营人员60余人，腾退房屋500余平方米。

（胡基明）

【奥地利政府商务代表团参观】 12月6日，商务部领导，市、区商委的相关领导和奥地利政府商务代表团到三源里市场参观。弘朝伟业公司董事长、左家庄中心总经理介绍政府对民生工程的扶植政策、市场的经营运作方式、食品安全管理及采取的具体措施、商户的管理和培训等事项。

（胡基明）

【燃气管道改造】 年内，弘朝伟业公司通过对下属企业的情况摸排，发现存在大量使用液化石油气瓶的现象，存在安全隐患。经过前期统计，使用液化石油气瓶涉及公司系统内24家单位、156个点位。公司召开专题会部署相关工作，决定将燃气管道改造工作作为一项重点工作来抓。涉及的24家相关单位根据企业自身实际，制定燃气管道改造计划，并逐步改造。截至6月底，左家庄中心一个点位完成改造工作，其余单位也逐步开展相关改造工作。

（胡基明）

旅游业

2017
北京朝阳年鉴

综　　述

朝阳区旅游发展委员会（简称区旅游委）是负责全区旅游业管理的区政府工作部门。年内，朝阳区旅游业实现平稳较快发展。围绕市、区重点工作，通过服务质量提升、市场秩序整治、产业融合发展、安全质量提高，提高为民服务实效;以推动旅游产业转型升级为工作主线，做大做强传统旅游产业；以优化旅游空间格局为发展方向，拓展旅游发展空间；以培育新兴旅游产业形态为重点内容，丰富旅游产业要素。努力促进都市休闲、商务会议、奥运旅游、文化创意、文体节会、旅游商贸等诸多旅游形式和谐共生，优化旅游发展环境，规范旅游市场秩序，创新旅游工作手段，努力把朝阳区建设成为中国商务旅游休闲示范区、北京世界城市旅游核心区和北京生态游憩城市体验中心区。

地址：团结湖北五条5号
邮编：100026
电话：65099077
网址：http://chy.bjtravel.gov.cn

全区有A级旅游景区20家，其中AAAAA级景区1家、AAAA级景区5家、AAA级景区14家。星级饭店101家，其中五星级（含白金五星）饭店26家、四星级饭店28家、三星级饭店30家、二星级饭店17家。旅行社795家，其中出境社359家、一般社418家、外资社18家。全区21个咨询站接待771105人次。

（张灿锋）

景区景点建设

【概况】 截至年底，全区A级旅游景区20家，其中AAAAA级景区1家、AAAA级景区5家、AAA级景区14家。基本情况如下：

朝阳区A级景区一览表

表 14

序号	名称	级别	门票价格	开放时间
1	北京奥林匹克公园	AAAAA	免费	7：00—21：30
2	北京朝阳公园	AAAA	5 元	4 月 1 日—10 月 31 日：6:00—22:00 11 月 1 日—3 月 31 日：6:00—21:00
3	中国紫檀博物馆	AAAA	50 元	周二至周日开馆：9:00—17:00 周一闭馆
4	元大都城垣遗址公园	AAAA	免费	4 月 1 日—10 月 31 日：5：30—22：30 11 月 1 日—3 月 31 日：6：00—22：00
5	北京欢乐谷	AAAA	60-260 元不等	3 月 16 日—11 月 15 日：9:00—22:00 11 月 16 日—3 月 15 日：10:00—17:30
6	北京蟹岛绿色生态农庄	AAAA	免费	全天开放
7	日坛公园	AAA	免费	5 月 1 日—9 月 30 日：6:30—21:30 10 月 1 日—4 月 30 日：6:30—21:00
8	红领巾公园	AAA	免费	4 月 1 日—10 月 31 日：6:00—22:00 11 月 1 日—3 月 31 日：6:00—21:00
9	团结湖公园	AAA	免费	6:00—21:00
10	蓝色港湾	AAA	免费	10:00—22:00
11	蓝调庄园	AAA	免费	蓝调庄园全年开放 其中薰衣草园开放时间为 6 月 10 日—10 月 20 日：7:00—19:00
12	大望京公园	AAA	免费	5 月 1 日至 9 月 30 日：6:00—22:00; 10 月 1 日至 4 月 30 日：6:00—21:00

续表 14

序号	名称	级别	门票价格	开放时间
13	北小河公园	AAA	免费	6:00—21:00
14	庆丰公园	AAA	免费	5 月 1 日—9 月 30 日：6:00—22:00 10 月 1 日—4 月 30 日 6:00—21:00
15	古塔公园	AAA	免费	6:00—21:30
16	将府公园	AAA	免费	5 月 1 日—9 月 30 日：6:00—21:30 10 月 1 日—4 月 30 日：6:00—20:30
17	兴隆公园	AAA	免费	5 月 1 日至 9 月 30 日：5:00—22:30 10 月 1 日至 4 月 30 日：5:00—22:00
18	四得公园	AAA	免费	6:00—21:30
19	白鹿公园	AAA	免费	6:00—21:30
20	北京陶瓷艺术馆	AAA	免费	9:30—18:00

（张灿锋）

【景区实地复核】 年内，按照《2016年朝阳区A级旅游景区复核工作方案》对蓝调庄园、庆丰公园、北小河公园、大望京公园4家AAA级旅游景区开展实地复核。协助市旅游委开展《旅游景区质量等级评定与划分》（新版）国家标准的试点实施工作，对北京奥林匹克公园、北京蟹岛绿色生态农庄、北京欢乐谷、中国紫檀博物馆、中华民族园、北京朝阳公园、元大都城垣遗址公园等7家AAAA级以上旅游景区开展实地复核。

（张灿锋）

【景区等级评定】 年内，按照《旅游景区质量等级评定与划分》国家标准，组织专家团队对申报AAA级景区的白鹿郊野公园和北京陶瓷艺术馆开展等级评定。经过踏勘审核，两家景区均被评定为AAA级景区，并报市旅游委备案。

（张灿锋）

旅 游 节 庆 活 动

【概况】 年内，在朝阳公园举办第十三届国际风情节，在北京中华民族园举办傣族泼水节、苗族四月八节、羌族瓦尔俄足节、土族安召纳顿节、白族中秋节、藏族雪域风情节等民族节庆活动，在奥林匹克森林公园举办春花节、新年倒计时活动等节庆活动。

（张灿锋）

【2017北京新年倒计时活动】 12月31日晚，2017北京新年倒计时活动在奥林匹克森林公园举行。来自北京各大院校的学生、各行业代表千余人在奥林匹克森林公园共同迎接2017年的到来。在奥林匹克塔举办中外嘉宾联欢,现场不仅有北京老字号、非物质文化遗产等京味浓郁的传统文化展示，还设置机器人互动、冰球体验等项目,来自多国的驻华使节、海内外游客参加活动。23时58分，来自丝路沿线的5个世界旅游城市联合会会员代表——丹麦首都哥本哈根、芬兰首都赫尔辛基、以色列城市特拉维夫、约旦首都安曼、印尼首都雅加达的市长，为北京送上新年的祝福。区旅游委、公安朝阳分局、北京奥林匹克公园管理委员会、属地街乡办事处等15个单位及市旅游委大型活动处、执行公司新奥盛典公司负责活动场地保障和观众组织工作。

（张灿锋）

旅 游 公 共 服 务

【概况】 年内，全区21个咨询站接待771105人次，其中三里屯咨询站接待126620人次，高碑店2个咨询站接待19301人次，奥林匹克3个咨询站接待200280人次，欢乐谷咨询站接待143681人次，中华民族园咨询站接待125258人次，中国紫檀博物院咨询站接待41763人次。

（张灿锋）

旅游监督管理

【旅游市场管理】 5月5日，副区长孙其军主持召开朝阳区旅游市场秩序专项治理整顿工作会，各相关部门24家成员单位参加会议。8月1日，召开旅游市场秩序整治工作推进会，朝阳区旅游委主任兰学军主持会议，副区长孙其军出席会议并发表讲话。

（张灿锋）

【安全管理培训】 5月9日，朝阳区旅游委召开旅游行业安全生产培训暨市场秩序整治工作会，全区旅游企业法人和安全负责人1100余人参会。会前参会的旅游企业在《朝阳区旅游企业安全生产和旅游市场秩序承诺》背板上签名，承诺履行企业安全生产和旅游市场秩序双主体责任。会场下发朝阳区旅游委编印的《朝阳区住宿业安全生产管理手册》和《旅游企业须知》各1100余份。

（张灿锋）

【安全应急演练】 6月22日，联合北京市旅游委、欢乐谷景区在欢乐谷组织反恐防爆应急演练活动，全区各旅游景区主要负责人和主管领导及欢乐谷领导班子和员工300余人参加观摩活动。

（张灿锋）

【旅游饭店管理】 年内，先后对吉利大厦等19家星级饭店开展复核，完成对北京南航明珠商务酒后三星级饭店的评定。截至年底，朝阳区有星级饭店101家，其中五星级（含白金五星）饭店26家、四星级饭店28家、三星级饭店30家、二星级饭店17家。

（张灿锋）

【旅行社管理】 截至年底，全区旅行社795家，其中出境社359家、一般社418家、外资社18家。备案登记分社119家、服务网点631家。

（张灿锋）

旅游宣传

【摄影图片展】 10月1日至7日，在朝阳公园举办"美丽朝阳"摄影大赛暨京津冀旅游摄影图片展，持续7天为市民游客展现朝阳区和京津冀周边城市日新月异的城市风貌。

（张灿锋）

【扶持旅游商品开发】 年内，扶持区域内旅游商品开发企业，争取市旅游委旅游商品扶持资金，指导9家企业获得扶持资金213万元，鼓励旅游企业创新的积极性。

（张灿锋）

【旅游宣传】 年内，通过国内外重要旅游展会、推介会展示朝阳旅游风采，提升城市品牌形象。除多次参加国内有影响力重要展会外，拓展美国、南美多国旅游市场，并与美国密歇根州、纽约布鲁克林商会建立联络合作机制。联合北京电视台制作《北京朝阳旅游》宣传片，展示朝阳旅游四季魅力及朝阳精品旅游路线。策划"亲历北京"朝阳旅游资源推介活动，邀请70余名外国驻华使馆官员、商会代表、国际组织驻京负责人等，亲历朝阳特色旅游线路，《人民日报》等多家媒体报道。举办"美丽朝阳"摄影大赛活动，带动京津冀地区旅游资源协同推介。在第十三届"北京礼物"旅游商品大赛中，朝阳区获优秀组织奖。

（张灿锋）

旅游区域合作

【概况】 年内，帮助河北承德、秦皇岛等地培训旅游管理人才，通过人员挂职、考察参观、经验交流、宣传促销、线路互推、客源互送、信息共享等措施，提高承德等地旅游业管理水平，拓展产业发展思路。完成对河南淅川和贵州开阳的对口帮扶工作。

（张灿锋）

财税金融

2017
北京朝阳年鉴

财 政

【概况】 北京市朝阳区财政局（简称区财政局）是区政府领导下的主管区财政收支和财政监督工作的职能部门。设办公室、综合科、预算科、资产管理科、国库科、街乡科、行政政法科、教科文科、政府采购办公室、基本建设科、市政管理科、社会保障科、农业科、产业资金科、会计科、财政监督科、法制监察科、人事科。下属单位有监督检查所、国库集中收付中心、预算编审中心、绩效考评中心4个事业单位，全局行政编制104人，事业单位人员编制61人。年内，一般公共预算收入完成4771349万元，比上年增加291535万元，增长6.5%，完成年初任务的100%。

地址：朝阳区日坛北路3号

邮编：100020

电话：65090308

（李 伟）

【强化预算管理】 年内，强化预算执行管理，通过加强制度建设、细化支出任务、强化主体责任意识、优化资金拨付方式等措施，督促预算单位应支尽支，加快支出进度；盘活存量资金、压缩库款，制定并下发《朝阳区财政局关于做好2016年财政支出进度管理和盘活存量资金有关工作的通知》，通过消化存量资金，降低国库库款规模，加快当期财政支出进度；落实新《中华人民共和国预算法》关于预算公开的要求，进一步扩大预算信息公开范围，推进区本级政府及部门预决算、“三公”经费预决算等公开工作，增加《财政拨款基本支出经济分类预算表》；压缩“三公”经费及行政运行费用，“三公”经费预算安排8070万元，比上年降低10%。

（李 伟）

【确保资金安全】 年内，区财政局通过完善机制确保资金安全。全面启动内部控制体系建设工作。完成《北京市朝阳区财政局内部控制体系建设工作方案》的制定，确定内控体系建设“时间表”。加强动态监控管理，规范资金使用。截至11月30日，动态监控系统监控财政资金支付信息333289条，金额2503482.73万元，发现预算单位疑点信息188条，金额423.48万元。开展财政监督检查工作。提出全年检查工作计划，确定七大项检查内容和八个专项资金检查项目，完成春节期间财政监督检查、2015年预算调整情况检查、财政资金安全检查等工作。

（李 伟）

【扩大绩效监督】 年内，区财政局探索路径扩大绩效监督。实施全过程预算绩效管理，即年初设置绩效目标，年中开展绩效跟踪管理，年底开展绩效自评工作；对“垃圾中转站升级改造”“节能发展资金”等18个项目开展事前绩效评估工作，涉及财政资金6.29亿元；落实上一年度事后评价项目结果应用，完成对各预算单位整改落实情况的检查工作；将历年绩效考评报告编辑成册，面向全区预算单位发行；加大对重大支出项目的财政投资评审，截至11月30日，完成评审项目79个，送审金额22.02亿元，审定金额18.93亿元，审减金额3.09亿元，平均审减率14.03%。

（李 伟）

【健全资产监管】 年内，完成北京市朝阳区行政事业单位国有资产清查及事业单位产权登记工作，以2015年12月31日为资产清查工作基准日，对623个单位（其中行政单位103个、事业单位518个、社会团体2个）开展资产清查，确认朝阳区资产清查汇总数730.96亿元，负债清查汇总数130.78亿元，净资产清查汇总数600.17亿元；统筹调剂已收回国有资产，对于已收回国有资产，或部分本身闲置的办公用房，由国有资产规范工作小组对国有资产综合统筹，不超标准使用办公用房。

（李 伟）

【规范政府采购】 年内，加强代理机构的日常管理，通过考核机制开展项目评价。通报考核情况，严格执行约谈机制，针对考核中发现的突出问题约谈采购人和代理机构，明确整改期限。

（李 伟）

【推进公车改革工作】 年内，区财政局负责朝阳区参改车辆的处置工作，先后拟定《关于做好封存朝阳区党政机关及相关单位一般性公务车辆及部分执法执勤车辆相关工作的通知》《关于做好朝阳区党政机关及相关单位一般性公务车辆及部分执法执勤车辆替换、报废等处置工作的通知》，向区政府提交《关于我区公车改革车辆处置替换工作相关情况的请示》。

（李 伟）

【宜居环境塑造投入】 年内，区财政局采取措施加快塑造宜居环境。推进“煤改电”工程。收到并拨付市级转移支付资金11467.54万元，全部拨付至区各街乡，其中包括还原至各乡部门预算的市级提前下达转移支付资金5246万元，用于优质燃煤替代和燃煤炉具替代，其余市级资金根据区农委申请拨付至各乡用于“煤改电”工作，另投入区级预算资金36216.42万元。安排专项资金治理重点河道污水问题。拨付跨界断面治理专项经费4899万元，追加应急经费8200.26万元。积极推进年内环境建设及绿化美化工作，做到早启动、早落实。保障缓解交通拥堵、平原万亩造林工程、区属道路运行维修、垃圾分类工作经费及时到位。

（李 伟）

【统筹城乡事业发展投入】 年内，区财政局采取措施统筹城乡事业发展。加强资金管理，积极推进农村地区功能疏解工作。区财政局联合区农委、区发展改革委共同出台《朝阳区农村地区功能疏解专项资金管理办法（暂行）》。分两批拨付农村地区功能疏解专项资金32248.40万元，给予85个疏解项目资金补助，可享受补贴拆除面积391967.35平方米，其中低级次市场15个，建筑面积176207.87平方米；出租大院67个，建筑面积214469.13平方米；废品回收站3个，建筑面积1290.35平方米。推进老旧小区综合整治工作。截至年底，拨付2016年老旧小区综合改造市级资金86021万元，用于老旧小区抗震节能及热计量改造。

（李 伟）

【社会保障建设投入】 年内，落实各项社保政策，保障财政补助资金及时足额拨付，全年区财政拨付城乡居民养老保险基础养老金10332.89万元，同比增加1331.63万元，增幅14.8%，惠及1.9万人；拨付无保障老年人福利养老金12350.24万元，同比增加2011.82万元，增幅19.46%，惠及2.6万老年人；城镇居民基本医疗保险21784.66万元，惠及28.51万人。落实各类救助政策，与相关部门共同制定优抚人员待遇调标、低保及困难人员供暖、因病致贫家庭救助等区级政策；支持区儿童福利院建设，研讨成年孤儿安置政策；继续推进养老服务体系建设，进一步严格市区资金使用要求。开展残疾人帮扶工作，奖励安排残疾人就业的企业，拨付残疾人岗位补贴和超比例奖励经费2289.53万元。

（李　伟）

【提高健康服务水平】 年内，继续加大对重大公共卫生和基本公共卫生服务的扶持力度，在对基层卫生服务机构完成公共卫生服务任务考核的基础上，拨付基本公共卫生经费12298万元，拨付“两癌”筛查、艾滋病母婴阻断等经费1633万元。支持社区卫生发展，拨付社区卫生服务中心（站）常用药品零差率补贴9611万元，对于新接收的社区卫生配套用房，安排专项资金8000万元标准化装修。区新型农村合作医疗筹资标准1385元，其中大病统筹945元，基本医疗440元；市、区财政筹资额805元。乡、村及个人筹资额580元，新农合参合人数74849人，参合率99.76%，筹集新农合资金10366.59万元，其中市、区两级财政补助6625.27万元，足额缴入新农合区财政专户。

（李　伟）

【就业服务投入】 年内，就业服务投入4794万元，用于公益性就业组织区级补助、街乡就业工作绩效考核奖励、高技能人才培训补贴等各类就业再就业项目，保障各项就业政策落实。

（李　伟）

【平安朝阳建设投入】 年内，安排东坝乡市重点挂牌督办整治工作经费820万元，解决东坝乡存在的社区可防性案件高发、群众安全感低、城管热线受理举报量大等问题。加强政法转移支付资金管理，制定使用计划、项目调整、支出方式等流程，使该项资金与部门预算结合，加快预算执行进度，同时加大对公安系统的资金支持，保障政法机构建设等。

（李　伟）

【保障教育事业投入】 年内，不断加大教育投入，调整和优化财政支出结构，建立与财政补助相结合的质量评价指标体系。继续推进教育资金改革工作，加强教育资金管理，召开全区教育系统资金使用工作会，加大走访调研力度，对部分资金量大、支出缓慢的单位开展实地调研，在保证资金安全的情况下要求预算单位加快执行。

（李　伟）

【公共文化发展投入】 年内，继续保证朝阳区文化相关经费投入，拨付市区两级财政资金1亿元，保证朝阳区地方特色的群众文化活动、“三馆一站”免费开放、自助图书机运维等经费投入。安排各类科技预算资金4800余万元，支持区科技企业进一步发展；安排各类科普预算资金1600余万元，支持社区科普场馆建设、科普惠农兴村、科普益民等事项。支持区体育全民健身工作及重大赛事活动的举行，拨付市、区两级财政资金6000余万元，保障区少儿业余体校及全民健身设施的硬件更新和升级，搭建智慧体育平台，加快体育产业升级，促进体育消费。

（李　伟）

【学习教育活动】 年内，专题学习中央、市、区关于“两学一做”学习教育的相关文件，成立专题教育活动领导小组和办公室，制定切合实际的工作方案。建立健全党组织，结合工作职能，重新划分党小组，推选党小组组长，以科室为单位，成立党小组16个。配发学习书籍，为全体党员干部配发《党章学习问答》《做合格共产党员党内法规学习手册》《中国共产党党员权利保障条例》等学习书籍，并配发学习教育专用笔记本。

（李　伟）

【实施廉政建设责任制】 年内，制定《2016年处级领导班子党风廉政建设规定动作》，将党风廉政建设全年重点工作计划逐条分解，进一步将党风廉政建设各项工作具体化。签订责任书，明确各级干部党风廉政责任，落实“一岗双责”，组织全局科级以上干部签署《2016年朝阳区财政局党风廉政建设责任书》。每月对重要岗位干部、新提任干部开展廉政提醒谈话，按时向区纪委报送谈话记录。印发《朝阳区财政局关于开展整治和查处侵害群众利益的不正之风和腐败问题专项治理和开展“为官不为”、“为官乱为”专项治理的工作方案》，明确“提高窗口服务”“盘活资金存量”的治理重点，对照治理内容自查自纠，保证整改到位。紧盯“四风”，增强“纠风”持续力，节前签订承诺书，开展专项监督检查，紧盯重大节日。

（李　伟）

税　务

国家税务

【概况】 朝阳区国家税务局是北京市国家税务局的派出机构，在朝阳区行政区域内行使国家税收征管职能。主要工作任务是：在北京市国家税务局（以下简称市局）和北京市朝阳区人民政府的领导下，贯彻执行国家税收法律、法规和规章，组织中央税收收入和中央、地方共享税税收和部分地方税税收收入，维护和规范税收秩序，为促进市、区的改革开放、经济建设服务。局内有32个单位。其中，内设机构15个，包括办公室、政策法规科、货物和劳务税科、所得税科、收入核算科、纳税服务科、征收管理科、财务管理科、人事科、教育科、监察室、大企业和国际税务管理科、进出口税收管理科、机关党委办公室、离退休老干部科。直属机构2个，包括稽查局、车辆购置税征收管理分局。事业单位2个，包括信息中心、机关服务中心。派出机构13个，即第一税务所至第十三税务所。有干部职工699人。年内，税收收入完成1068.18亿元，收入总量首次突破1000亿元，比上年增长17.4%，增收158亿元。其中，组织区级收入211.3亿元，区级收入首次突破200亿元，比上年增长29.5%，增收48亿元。2016年，在绩效管理考评中，朝阳国税局位列全市国税系统第一名。

地址：左家庄东里甲3号

邮编：100028

电话：64653418

（党若洁）

【营业税改征增值税】 5月1日起，营改增试点改革全面推开，营业税正式退出历史舞台。朝阳国税局严格落实国家税务总局“20条服务措施”要求，开辟营改增“专窗专线”服务快车道，增设资料预审岗，提供错峰预约办理服务，营改增纳税人顺利完成纳税申报。开展营改增进项税额抵扣的专项辅导工作，实现进项税额“应抵尽抵”，辖区内27947户纳税人顺利实现税制转换。市、区级领导多次视察朝阳国税局国展办税服务厅，中央电视台先后4次正面报道朝阳国税局营改增工作。

（党若洁）

【税务登记】 年底，税务登记户数452778户，正常开业299489户，其中企业户253847户，个体工商开业登记45642户。年内，新增税源57549户，其中企业户53500户，个体户4049户。与上年相比，企业户新增41345户，增长19.46%；个体户减少749户，下降1.61%。

（党若洁）

【税收管理】 年内，按照年初制定的工作目标，狠抓基层建设，优化纳税服务，全面实施营改增试点改革和金税三期工程上线，大力组织收入，完成各项工作任务。

（党若洁）

【纳税服务】 年内，朝阳国税局微信公众号升级改版，在功能设置上，实现纳税人端表格单书下载，创建关键字自动回复功能，实现“发一条微信，资讯全知道”。截至年底，朝阳税务微信公众号关注人数近7万人；利用现代化手段引入多媒体显示终端，通过触摸屏增加纳税人互动体验，优化纳税服务方式；涉税事项全市通办业务在全市范围内推行，纳税人可以自主选择任一办税服务厅办理业务；朝阳国税局、地税局与北京邮储银行朝阳支行等10家银行共同签署“银税互动”合作协议，正式建立以“征信互认，银税互动”为基础的银税合作机制；开展2015年度纳税信用评定工作，经初步评定，4133户企业被评为纳税信用A级企业，86855户被评为B级企业，26078户企业被评为C级企业，7667户被评为D级企业。

（党若洁）

【税务稽查】 年内，在选案软件中设置风险评估指标，对全区24万开业户、每户4000条信息开展大数据分析，形成以房地产、汽车和商贸三个行业的372户企业为目标的自选案源备查库，并有计划、有步骤地从中选取被查对象开展检查；借助选案软件，深入分析169户风控企业，确定风险指标较高的66户企业，对其中收入较高的15户商贸企业申请案源并开展检查工作；借助国地税联合检查扩大发票检查范围，全年查补税款1.84亿元。

（党若洁）

【税收宣传】 年内，将税收宣传与“互联网+”深入融合，构建以针对性宣传、主动性宣传和创新性宣传为主要结构的全方位、多层面、立体化税收宣传体系。加强与中央电视台、《北京日报》《北京青年报》等媒体合作，对朝阳国税局营改增等重点工作开展20余次正面报道；国地税联合宣传，与北京交通广播电台合作，以“聚焦营改增试点，助力供给侧改革”为税收宣传主题，做客FM103.9《一路畅通》节目。到高校开展税收“体验营”、税收知识小品竞赛等。

（党若洁）

【所得税汇算清缴】 年内，完成2015年度企业所得税汇算清缴，企业所得税纳税人汇算户数13.6万户，同比增加2.3万户，实现2015年度所得税汇算清缴入库124.5亿元。

（党若洁）

【“金税三期”上线】 年内，完成43万次数据调整，集中清理7万余条内部协查记录及8000多条财务负责人电话信息，确保“干干净净上金三”。“金税三期”单轨开放前，周末开展办税服务厅突发事件模拟演练，宣传鼓励纳税人分段报税，加强跨部门协作，对办税服务厅周边开展安全巡逻和交通疏导。

（党若洁）

【风控管理】 年内，实施风险应对25831户，全年完成风险核查25644户，其中有问题22736户，风险分析识别命中率88.66%，查补税款60.83亿元，同时调减留抵税额0.46亿元，弥补亏损5.46亿元。

（党若洁）

【深化国地税合作】 年内，落实委托地税代开代征个人出租房屋和二手房交易工作。从互派窗口人员做起，稳步推进国地税联合办税服务厅建设。在政府行政服务大厅内实现国地税办税服务厅的同址联合办公，15个联合办税窗口可以为纳税人办理税务登记、纳税申报等一系列的综合办税业务。

（党若洁）

【办税环境优化】 年内，世通国际大厦17000平方米办公区投入使用，成为朝阳国税局首个集申报大厅、税源管理、税务稽查为一体的综合办公区。完成左家庄办公区2000平方米的屋顶绿化工作。

（党若洁）

【税务文化建设】 年内，成立文体兴趣小组，设乒乓球、羽毛球、篮球、足球、瑜伽、健步走、游泳7个兴趣小组，丰富朝阳国税局广大税务干部业余文化生活。

（党若洁）

【推进绩效管理】 年内，坚持“五位一体”推进绩效管理：以考评体系为基础、以过程管理为核心、以绩效文化为助力、以立足实际为抓手、以结果运用为保障，打造体现“朝阳特色”的绩效管理体系，营造“人人讲绩效、事事看绩效、个个重绩效”的工作氛围，形成绩效管理工作落地生根和税收中心工作质效显著提升“双赢”的良好局面，切实发挥绩效管理的积极作用。

（党若洁）

【落实“两个责任”】 年内，建立“纵向到底、横向到边”的责任网络，确保主体责任和监督责任共同发挥作用。把守纪律、讲规矩摆在重要位置，结合朝阳国税局实际，推出部门领导和干部签订工作纪律、工作质量责任书制度。注重将党风廉政建设融入各项税收业务的流程之中，尤其是在风控工作中，将廉政风险防控的要求融入风控工作的每个环节，确保权力运行不出轨、干部队伍不出问题。

（党若洁）

【开展党员群众结对子活动】 年内，向全体党员发出倡议书，强调党员思想觉悟要高于群众，业务能力要强于群众，服务水平要优于群众，使每一名党员的先进性体现在日常工作和生活之中。全局400余名干部积极参与贫困户帮扶工作，帮助山西吉县受灾果农售出苹果4600多箱，价值近20万元，精准扶贫的生动实践被国家税务总局《税务党建》刊物评选为“两学一做”学习教育特色项目，并被《中国税务报》《北京晚报》作为“两学一做”专题报道刊出。

（党若洁）

【国税局税务所】

	名称	地址	电话
1.	朝阳区国家税务局	左家庄东里甲 3 号	64653418
2.	第一税务所	左家庄东里甲 3 号	84516036
3.	第二税务所	小八里庄 37 号	67343755
4.	第三税务所	姚家园路 101 号新七彩商业中心西楼 4 层	85569628
5.	第四税务所	姚家园路 101 号新七彩商业中心西楼 4 层	85569622
6.	第五税务所	潘家园华威北里甲 26 号	87716176
7.	第六税务所	左家庄东里甲 3 号	84551699
8.	第七税务所	管庄乡燕京医药公司东侧	65765705
9.	第八税务所	姚家园路 101 号新七彩商业中心西楼 4 层	85569632
10.	第九税务所	小八里庄 37 号	87373718
11.	第十税务所	驼房营南里	64369392
12.	第十一税务所	朝外大街乙 6 号（朝外 SOHO）C 座 3 层	58697940
13.	第十二税务所	小关东街 24 号	64968597
14.	第十三税务所	潘家园华威北里甲 26 号	67793301
15.	车购税管理分局	姚家园路甲 1 号东办公楼 3 层“一站式”服务大厅	51193150

（党若洁）

地方税务

【概况】 朝阳区地方税务局受北京市地方税务局和朝阳区人民政府双重领导，在朝阳区行政区域内行使地方税收管辖权。主要职责是负责辖区内宣传、贯彻、实施有关地方税收工作的法律、法规及规章。根据市地税局和朝阳区政府确定的预算收入计划指标，负责编制辖区内地方税收计划，并组织实施。负责依法实施征管范围内各种税、费的征收和管理工作。监督检查辖区内各纳税义务人依法履行纳税义务的情况，并对各种涉税违法、违规行为进行行政处罚。实施辖区内税收政策咨询和纳税服务工作。研究税收理论和税收政策，分析税收信息，掌握税收动态。设16个科室（含机关后勤服务中心）、15个税务所、1个稽查局（下设检查科5个、综合科1个）、1个税务学会。年内，完成各项税费收入889.2亿元（含工会经费），同比增收34.9亿元，增长4.1%。其中税收收入819.8亿元，同口径增长24.5%；一般公共预算收入590.5亿元，同口径增长24.5%,占全市一般公共预算收入的22%。

地址：北京市朝阳区来广营红军营南路甲三号
邮编：100012
电话：010-64933333
网址：http://chaoyang.tax861.gov.cn

（杨　超）

【税务登记】 年内，有税务登记户数340493户，其中内资企业276349户（包括国有企业1635户、集体企业2262户、股份制企业2679户、联营企业68户、有限责任公司117358户、股份有限公司1890户、私营企业150419户、其他企业37户），港澳台商投资企业4755户，外商投资企业10100户，个体工商户45672户。

（杨　超）

【费金收入】 年内，组织教育费附加、地方教育费附加、文化事业建设费、外商投资企业土地使用费、残疾人就业保障金、工会经费等费金收入69.3亿元，同比增收18.2亿元，增幅35.5%。

（杨　超）

【税收收入】 年内，房地产业税收完成175.8亿元，同口径增长50.5%，占比21.4%，金融业、科技服务业、商务服务业和信息服务业完成283.6亿元，占总体税收的比重近四成。按税种划分，个人所得税完成381.8亿元，增长24.1%，占比为42.9%；企业所得税完成76.5亿元，增长28.5%，占比为8.6%；财产和行为税完成222.7亿元，增长15.8%，占比为25%。非首都功能疏解相关产业税收规模下降，采矿业下降19.4%。减免各项税费149.8亿元。

（杨　超）

【营业税改征增值税】 年内，确立工作领导小组，制定营改增试点工作任务分解表、工作流程及应急预案；与区国税局合作，召开4次联席会议，在委托代征等35项内容上达成共识；及时向区国税局移交七大类49.6万条涉税数据资料，完成朝阳区8.28万户营改增纳税人的交接工作；全面测试征税、开票系统，向市地税局反馈问题建议18条。减收营业税140亿元。

（杨　超）

【税收征管】 年内，制定分级分类管理指导意见，建立“重点税源管理+专业化管理+属地税源管理”模式。规范新办企业的管理与服务，新增纳税人46127户，入库税款15.2亿元。加强零散税源征收，扩大个人出租房屋委托街乡代征规模，委托代征11万笔，征收税款5.4亿元。制定新的注销税务登记工作流程，以集中办理协查方式规避执法风险，受理核查2403户，补缴税款2404万元。加强申报征收管理，平均入库率达99.56%，申报率达98.96%。开展申报入库不一致清理工作，清理5143户次，涉及金额3443.62万元；处理及核销3948户次，核销金额

3099.38万元。贯彻《深化国税、地税征管体制改革方案》，联合区国税局制定国地税合作工作规范2.0版。

（杨　超）

【税收法治】 年内，做好行政复议诉讼工作，成立复议委员会，规范重大疑难复议案件的审理工作。办理行政复议及诉讼案件16件，积极应诉并运用调解手段化解纳税争议，7名行政复议申请人主动放弃复议申请。落实2016版税务行政处罚裁量权，在裁量权范围内开展行政处罚工作。落实总法律顾问制度，协助总法律顾问在重大行政决策、推进依法行政中发挥作用，推进税务机关法制建设。

（杨　超）

【税收政策落实】 年内，成立疏解非首都功能产业税收政策办公室，制定《疏解非首都功能产业税收政策服务小组工作分解方案》。在各办税服务厅增设税收支持政策咨询服务岗，编制5000份宣传册发放给迁出企业。

（杨　超）

【税种管理】 年内，存量房缴税业务实现全区通办，办理能力达到日办结600份以上，共办理82151份，征收税款85.5亿元。审核个人股权转让22052人次，征收个人所得税17.55亿元。落实房产税新政，入库房产税57.67亿元，同比增收19.98亿元，增长53%。编写《2015年度企业所得税优惠备案事项工作流程及业务要求》，核查2669户次企业的数据，调增应纳税所得额6422万元。做好1289户企业土地级次调整工作，税款净增2940万元。

（杨　超）

【纳税服务】 年内，国地税共同接听咨询来电20.6万个，其中地税接通率84.1%，日均接听超过1000个。对12.6万户企业开展纳税信用等级评定，评定A级纳税人4080户。与区国税联合建设"北京朝阳税务"微信公众号，共同推出营改增特色服务，互设办税窗口并派驻工作人员。编写国地税通用版《新办企业纳税培训手册》。推进银税互动工作。对外开展培训50场，培训纳税人超过25000人次。

（杨　超）

【大企业税收服务与管理】 年内，完成千户集团成员企业名册采集工作、审核工作和京粮集团下属企业专项检查工作。开展大企业税收风险应对工作，将总局第五批千户集团风险应对工作下发至金税三期税收管理系统。采取按规模分级、按行业分类的专业化管理方式，实现对税源专业化、精细化管理和个性化服务。集中管理市局签订的战略合作企业集团的下属企业，统一政策执行标准，降低税企双方征纳成本。

（杨　超）

【国际税收管理】 年内，加强外籍个人所得税征收管理，通过对零申报核查追缴税款、滞纳金及罚款6870万元；核查8项补贴追缴税款及滞纳金1206万元，查补税款1425万元；开展"走出去"企业风险核查，追缴税款及滞纳金241.35万元。

（杨　超）

【税务稽查】 年内，立案108户，检查221户，其中有问题户219户，查补入库税款2.25亿元。对部分集团及其下属企业开展重点税务稽查。进一步落实稽查全覆盖，继续推进积案清理，采取阻止法人出入境等惩戒措施，防范税款流失。召开税务稽查案件集体审理会7次，审议通过案件219件，查补收入1.95亿元；召开重审会1次，审议通过案件5件，查补收入1.62亿元。

（杨　超）

【电子税务管理】 年内，加快风险监控指标体系建设，初步建成科学有效的税收风险监控指标情景特征库，结合金税三期系统逐步完成数据整备、疑点筛选和模型手册的编写工作，开展重点行业、重点税种及重要事项的风险管理应对工作。加强数据管理，制定《数据后台查询管理办法》和《第三方信息管理办法（讨论稿）》。加强信息安全管理，全局电脑防护、杀毒、准入软件安装率达100%。

（杨　超）

【教育培训】 年内，组织全局干部开展"岗位大练兵 业务大比武"活动，分4批开展脱产培训工作，组织556名干部参加5个岗位初赛考试，选派50名干部参加上级单位复赛和决赛活动。开展中层干部培训工作，组织全体科级领导干部开展岗位知识培训。分类别、分岗位组织全局干部分别开展个人股权转让、金税三期等专项业务培训，认真开展"三师"、职称考试和北京干部教育网网络培训。

（杨　超）

【执法督察与内部审计】 年内，制定并实施2016年度税收执法督察工作计划，围绕重点工作和实际工作情况确定督察项目并开展执法督察。创新引入税务专业中介机构协助存量房税款征收案卷执法检查，做到存量房税款征收全流程监控、征收案卷全覆盖监督，归档房产交易案卷7.9万份。完善税收执法过错责任追究管理办法，对北京市地方税务局及朝阳区地方税务局展开的执法督察工作中发现的问题落实整改，并落实税收执法过错责任追究。

（杨　超）

【党建工作】 年内，以"两学一做"学习教育为抓手，通过党组中心组、第一党支部理论学习、专题讲座等多种形式不断加强思想建设。严格组织程序，召开换届选举党员代表大会和第三次工会会员代表大会，完成机关党委和工会换届工作。探索"互联网+党建"新模式，搭建"朝阳地税党建"微信公众号。融合"两学一做"与扶贫工作，全局干部认购受冰雹灾害地区苹果2600箱。朝阳区地方税务局主要负责人聚焦巡视反馈问题整改，开设专题党课3期。各党支部开展"三会一课"。

（杨　超）

【纪检监察】 年内，持续纠正"四风"问题，严格干部选拔、教育、管理及监督，建立科学有效的权力运行制约和监督机制。构建"5310"风险防控体系1.0版，以风险信息的查询、提示、推送、采集为着眼点，打造侧重于警示、教育和事前防范的信息化应用系统。配合市局和区人民检察院办理案件工作，查办存量防腐败案件，开展警示教育活动，批组织处、科级领导和干部旁听涉案人员庭审。拓宽监督渠道，发挥特约监察员和廉政平台的作用，在节假日、干部婚丧喜庆、营改增、金税三期上线、公车改革等重要时点，落实"两个责任"监督检查力度。

（杨　超）

【税收宣传】 年内，开展税收宣传活动，与北京交通广播电台联合制作税收宣传特别节目，与首都经济贸易大学联合举办第七届"朝阳地税杯"税收风采展示大赛，与朝阳有线台合作录制《地税你我他》电视专题节目52期。在市级以上媒体刊发稿件269件。

（杨　超）

【地税局税务所】

	名称	地址	电话
1.	朝阳区地方税务局	安苑东里3区1号	64933333
2.	第一税务所	霄云路霄云里1号	84681185
3.	第二税务所	广渠东路40号	65933740
4.	第三税务所	来广营红军营南路甲3号（来广营乡政府南侧）	84950400
5.	第四税务所	来广营红军营南路甲3号（来广营乡政府南侧）	84950448
6.	第五税务所	广渠东路40号	67799245
7.	第六税务所	姚家园路101号新七彩商业中心西楼	65939941
8.	第七税务所	广渠东路40号	67344506
9.	第八税务所	太阳宫中路甲6号临1号（太阳宫公园南门西侧）	85967915
10.	第九税务所	定福庄路9号（朝阳路二外丁字路口向北500米路西）	65711572
11.	十里堡税务所	定福庄路9号（朝阳路二外丁字路口向北500米路西）	85094667
12.	酒仙桥税务所	来广营红军营南路甲3号（来广营乡政府南侧）	64382829
13.	呼家楼税务所	太阳宫中路甲6号临1号（太阳宫公园南门西侧）	85967917
14.	双井税务所	广渠东路40号	67320305
15.	小关税务所	来广营红军营南路甲3号（来广营乡政府南侧）	64915005
16.	商务中心区税务所	东大桥路8号SOHO尚都北塔A座3层	64938346

（杨　超）

金　融

【概况】　朝阳区金融服务办公室（简称区金融办）是负责促进区金融发展、金融服务工作的区政府工作部门。内设综合科、金融发展科、金融服务科、金融市场科。行政编制20人。年内，50家金融机构落户朝阳，注册资金超过80亿元。其中法人机构16家，分行、分公司7家，支行、代表处、营业部27家；外资金融机构8家。朝阳区金融机构1515家，占全市1/4，外资金融机构312家，占全市65%以上。

地址：呼家楼京广中心商务楼9层
邮编：100020
电话：65978750
网址：http://finance.bjchy.gov.cn

（郭振华）

【企业取得外汇试点资格】　2015年至2016年，朝阳区有3家企业（索尼、阿尔卑斯、乐金电子）获批跨国公司总部外汇资金集中运营管理资格。截至年底，朝阳区有19家企业获得业务资格。

（郭振华）

【观看“京交会”朝阳金融展区】　5月28日至6月1日，第四届“京交会”在北京国家会议中心举行。区委书记吴桂英，区委副书记、区长王灏，区委常委、副区长马继业，区委常委、区委办主任张维刚，副区长李俊杰等区领导观看金融服务板块朝阳展区，区金融办党组书记、主任赵捷陪同。

（郭振华）

【互联网金融风险专项整治】　5月，区打非办针对互联网金融风险隐患集中的六大重点领域，研究制订朝阳区的工作方案，统筹协同区相关部门，全面开展排查工作，建立互联网金融监管机制。

（郭振华）

【环保健步行活动举办】　6月8日，由北京CBD金融商会主办的“2016北京CBD金融家低碳环保健步行”活动在奥林匹克森林公园举行，朝阳区副区长李俊杰、区金融办党组书记、主任赵捷与花旗银行（中国）有限公司北京分行行长滕红军、澳新银行北京分行行长刘雪斌、中信集团业务协同部总经理苏国新等近50名金融企业家参加健步行活动。

（郭振华）

【防范和处置非法集资工作专题会召开】　7月27日，朝阳区防范和处置非法集资工作专题会议在区政府南楼召开。会议审议并通过由区处非办提交的《朝阳区2016年打击非法集资专项整治行动工作方案》《朝阳区互联网金融风险排查工作实施安排》，部署下半年处非工作的主要任务。副区长李俊杰、副区长杨树旗出席会议并讲话。朝阳区30多家相关职能部门以及管委会、街乡参加会议。

（郭振华）

【北京CBD国际金融圆桌会】　9月8日，由国家金融与发展实验室、中国社科院金融研究所、北京CBD商务节组委会联合主办的2016北京CBD国际金融圆桌会在朝阳区规划艺术馆召开。圆桌会以“全球经济调整与人民币国际化”为主题，由中国社会科学院学部委员、国家金融与发展实验室理事长、北京CBD国际金融研究院院长李杨主持。北京市人民政府副秘书长王文杰出席并致辞，区委书记吴桂英出席，区长王灏出席并发表演讲，区委常委、副区长马继业，区委常委、区委办主任张维刚，副区长李俊杰等区领导出席会议。

（郭振华）

【“金台金融沙龙”】 11月初，“金台金融沙龙第壹期·保险行业”在区金融办会议室举行。香港友邦保险控股有限公司总代表赖祥麟、中意财产保险有限公司总经理游一冰、中意人寿保险公司副总裁伦羽、中英人寿保险公司副总裁罗国兴，以及中法人寿保险有限公司、中国人民人寿保险公司、新华保险资产股份有限公司、日本财产保险（中国）有限公司相关负责人受邀参加。

（郭振华）

【“银税互动 征信互认”启动】 11月24日，由区国税局、区地税局与区金融办联合举办的朝阳区“银税互动”合作框架协议签约仪式在望京昆泰酒店举办。通过“银税互动”合作，银行可通过网上办税平台实现贷款客户需求信息获取等功能，并将中小微企业的信贷业务以国税部门的权威涉税信息做参考，从而化解信贷风险。

（郭振华）

【国家金融与发展实验室落户】 年内，金融服务办公室吸引国家金融与发展实验室落户朝阳区，为其提供学术研讨和国际交流场所，双方在京广中心商务楼9层合署办公。国家金融与发展实验室系中央批准的首批国家级高端智库建设试点（2015年11月，中央全面深化改革领导小组第十八次会议通过《国家高端智库建设试点工作方案》，首批试点25家），为国家制定货币金融政策和宏观经济政策服务。

（郭振华）

【开展金融业务知识培训】 年内，区金融办邀请全国金融青联委员、北京大商所期货与期权研究中心有限公司总经理赵大鹏博士为朝阳区经侦大队的民警开展金融知识专题培训。区经侦大队长曹克亮、政委郑朝辉等40余名骨干民警参加。

（郭振华）

【金融业收入】 年内，区金融业实现税收330.3亿元，同比增长6.1%。实现区级收入69.4亿元，按“营改增”同口径计算同比增长6.4%，占全区一般公共预算收入的14.5%。

（郭振华）

银 行

中国银行北京朝阳支行

【概况】 中国银行股份有限公司北京朝阳支行下设9个部室、1个营业部和22家经营性网点支行。有职工629人，其中网点行长以上级别管理人员68人。年内，支行资产汇总折人民币总额489.66亿元。

地址：东三环北路霞光里18号

邮编：100027

电话：59207155

（屈 璐）

【业务发展】 年内，本外币存款日均余额437.68亿元，贷款日均余额132.67亿元；实现计费净收入11.4亿元，中间业务收入3.01亿元，拨备前利润7.49亿元；净利润5.55亿元。

（屈 璐）

中国银行北京商务区支行

【概况】 中国银行股份有限公司北京商务区支行下辖20家经营性物理网点，均可开办包括对私结售汇、外汇汇款、个人理财、银行卡业务以及对公结算、国际结算、跨境业务、金融机构业务等全部个人、公司金融业务。有职工484人，其中基层经营管理人员59人。年内，实现拨备前利润7.24亿元，本外币存款总额折合人民币515.00亿元。

地址：东三环北路乙19号

邮编：100020

电话：85731825

（杨雪巍）

【存贷款业务】 年内，人民币存款日均余额529.32亿元，其中人民币对公存款（含金融机构）日均余额397.13亿元，人民币储蓄存款日均余额132.19亿元；外币存款日均余额5.08亿美元，其中外币对公日均存款（含金融机构）1.99亿美元，外币储蓄日均存款3.09亿美元。

（杨雪巍）

【中间业务】 年内，实现中间业务收入1.97亿元。

（杨雪巍）

【网点建设】 年内，完成网点装修改造3家；加强渠道建设，完成智能化网点升级改造10家；新建BST多功能自助终端5台、自助发卡机15台、多功能自助终端30台、自助叫号机15台。

（杨雪巍）

【社会公益活动】 年内，支行家庭金融安全志愿者服务队先后走进朝阳辖区街道社区、企业、写字楼、公园、学校、地铁等开展金融安全知识专题宣讲十余次；到朝阳区彩虹村庄养老院和打工子弟幼儿园开展公益活动。支行家庭金融安全志愿者服务队获北京市妇联颁发的“三八红旗集体”荣誉称号，其走进彩虹养老院，送服务、送温暖活动的事迹，先后被《京华时报》《北京商报》等媒体刊载。

（杨雪巍）

【内控安保】 年内，处置各类案件4起，其中冒用他人证件开户案件3起，堵截电信诈骗案件1起，涉案金额51万元。

（杨雪巍）

中国工商银行北京朝阳支行

【概况】 中国工商银行股份有限公司北京朝阳支行内设13个部室，下辖25家物理网点、7家离行式自助银行。拥有财富管理中心3家、理财中心22家。辖内25家网点均可开办包括对私结售汇、外汇汇款业务在内的全部个人金融业务，并且均可开办人民币对公业务、外汇对公存款及对公结售汇业务。年内，拨备前利润实现16.64亿元。

地址：朝阳区朝外大街1号金麒大厦

邮编：100020

电话：65991155

（赵匀暄）

【存贷款业务】 年内，本外币各项存款余额1030.1亿元，比上年增长12.09亿元。其中，人民币对公存款余额619.77亿元，人民币储蓄存款余额470.44亿元。

（赵匀暄）

【中间业务】 年内，累计实现中间业务收入6.86亿元。

（赵匀暄）

中国工商银行北京九龙山支行

【概况】 中国工商银行股份有限公司北京九龙山支行内设8个部室、3个团队，下辖15家物理网点、5家离行式自助银行。拥有财富中心网点2家、贵宾理财中心网点13家，辖内15家网点均可开办包括对私结售汇、外汇汇款业务在内的全部个人金融业务和人民币对公业务、外汇对公存款及对公结售汇业务。年内，实现拨备前利润6.16亿元，较上年增长1069万元。

地址：北京市朝阳区广渠路甲40号

邮编：100021

电话：67767437

（刘　楠）

【存贷款业务】 年内，本外币各项存款余额329.00亿元，较年初增长16.61亿元。其中人民币对公存款余额89.26亿元，人民币储蓄存款余额231.66亿元。本外币各项贷款余额113.13亿元，较年初增长20.80亿元。其中人民币公司贷款余额77.33亿元，个人贷款余额35.65亿元。

（刘　楠）

【中间业务】 年内，累计实现本外币中间业务收入2.34亿元，较上年增长1646万元。

（刘　楠）

【网点建设】 年内，迁建网点2个，新建新型金融便利店1个，原址装修改造1个。

（刘　楠）

中国工商银行北京亚运村支行

【概况】 中国工商银行股份有限公司北京亚运村支行内设部室8个，包含3个保障部室、5个前中台部室，下设1个银行卡业务直营团队，挂靠1个融工分部。网点营业牌照14个，均为综合网点，其中财富中心3家、理财中心11家、离行式自助银行3家、附行式自助银行14家。年内，撤并1个网点，实现智能服务全覆盖，投入运行智能设备57台，日台均业务量113笔。

地址：慧忠北里407号

邮编：100012

电话：64872228-5035

（王玉丹）

【存贷款业务】 年内，本外币存款余额452.5亿元，较年初增长25亿元，其中人民币存款余额429.9亿元，较年初增长60.9亿元，外币存款余额27157万美元，较年初减少7048万美元。本外币贷款余额118.5亿元，较年初增长12.9亿元，其中人民币贷款余额108.8亿元，较年初增长3.2亿元。不良贷款率0.2%，较年初下降0.02个百分点。

（王玉丹）

【利润和中间业务】 年内，实现拨备前利润7.47亿元，实现净利润6.81亿元，同比增加928万元；实现中间业务收入36958万元。

（王玉丹）

中国工商银行北京望京支行

【概况】 中国工商银行股份有限公司北京望京支行内设11个部室，下辖26家物理网点。其中财富管理中心4家，理财中心15家，金融便利店8家。财富管理中心和理财中心网点占比70%。辖内27家网点均可开办包括对私结售汇、外汇汇款业务在内的全部个人金融业务，其中14家网点可开办人民币对公业务、外汇对公存款及对公结售汇业务。年内，实现拨备前利润8.76亿元，比上年增长0.49亿元。

地址：酒仙桥路甲10号星城国际大厦C座

邮编：100015

电话：64368822

（刘　媛）

【信贷业务】 年内，本外币各项贷款余额为200.97亿元，比上年增加63.93亿元。其中人民币公司贷款余额52.84亿元，个人贷款余额33.4亿元，比上年增加11.4亿元。

（刘　媛）

【存款业务】 年内，本外币存款时点余额为512.1亿元，较年初增加12.39亿元。其中人民币对公存款余额129.27亿元，人民币储蓄存款余额357.14亿元。

（刘　媛）

【中间业务】 年内，实现中间业务收入4.48亿元，同比多实现0.21亿元。信用卡客户净增1.7万户，工银e支付净增客户数9.48万户，企网证书客户净增1146户。对公理财实现4288万元，法人理财日均规模实现32.52亿元。

（刘　媛）

【风险管理】 年内，对涉及行借据、表内外信贷业务开展风险排查；召开专题风险会，对法人大户、融资开展风险会诊工作；加强作业监督审核工作，完成放款核准业务738笔，涉及金额193.96亿元，放款核准及时率、放款后作业监督及时率、信贷业务档案及时入库率均为100%。

（刘　媛）

【开展服务活动】 年内，开展服务提升活动、服务面貌整治季等系列活动，把服务作为一项战略措施来抓。提高服务温度。通过严格规范“三声”（来有迎声、问有答声、走有送声）、“三一”（一杯水、一场微沙龙、一句安抚）微笑服务、首问负责制等方式，向客户提供贴心、耐心、热心的服务。改善物理环境。维修或优化老旧网点。为特殊客户提供优质服务。对于养老金客户，在高峰期配备更多的柜员和大堂服务人员，提前开门半小时，提前登折、开设绿色窗口等；对于残疾客户，配备轮椅、眼镜等设备，开展员工手语学习等；对于客户的金融以外的其他需求，在全部网点建设便民服务区，配备充电器、雨伞、纸袋、老花镜、针线等便民设备，部分网点还建有母婴室。提升服务效率。通过优化业务处理流程、窗口设置和岗位协调，提高网点业务处理能力和速度；全部网点均放置智能机具，平均排队时间下降到13分钟以内。

（刘　媛）

【网点建设】 年内，完成全部网点智能化改造，完成2家轻型化网点建设。

（刘　媛）

中国工商银行北京商务中心区支行

【概况】 中国工商银行股份有限公司北京商务中心区支行内设8个部室、1个营业部，下设13个网点支行。拥有财富中心1家和贵宾理财中心12家，财富中心和贵宾理财中心网点占比92.9%。智能化网点12家，投入运作9家，智能化覆盖率86%。辖内14家网点均可开办包括对私结售汇和外汇汇款业务在内的全部个人金融业务，其中13家网点可开办人民币对公业务，外汇对公存款及对公结售汇业务。年内，实现分行口径本外币拨备前利润9.7亿，较上年增长9702万元。

地址：建国路108号

邮编：100022

电话：85215933

（杨　然）

【存贷款业务】 年内，本外币各项存款余额451亿元，较上年增长27亿元。其中人民币对公存款余额232亿元，人民币储蓄存款202亿元。本外币各项贷款余额140亿元，较上年增长24亿元。其中人民币公司贷款余额77亿元，个人贷款余额58亿元。

（杨　然）

【中间业务】 年内，实现中间业务收入4.17亿元，较上年增长4658万元。

（杨　然）

【党建工作】 年内，党委班子开展中心组学习18次，其中学习专题报告、讲座8次，并以“两学一做”学习教育为依托，开展专题学习讨论5次，参加基层党支部集中学习活动12次，全年形成中心组调研成果6篇、思想体会27篇，意识形态工作和企业文化建设调研成果1篇，并获得北京市金融业文化建设协会“关于意识形态与金融文化建设工作的专题调研活动”一等奖。

（杨　然）

【职工之家建设】 年内，辖内工会分会12个，其中10个分会获评分行级先进职工小家，合格小家覆盖率100%，先进小家覆盖率83%。支行工会持续贯彻“以人为本”理念，组织员工参加各类文体活动，并荣获2016年健身操比赛一等奖。

（杨　然）

【创先争优活动举办】 年内，开展创先争优，组织综合技术比赛，并选拔优秀选手代表北京分行参赛，获得2016年全国金融系统银行证券保险综合业务技能竞赛北京地区选拔赛优秀奖。开展以“核心竞争力提升”和“互联网+”为主题组织的两届营销风采展示大赛。

（杨　然）

中国建设银行北京朝阳支行

【概况】 中国建设银行股份有限公司北京朝阳支行设8个部室（含营业部）、8个综合营业中心、8个个人金融中心。年内，实现本外币账面利润12.7亿元。本外币全口径存款时点余额1149.29亿元。本外币各项贷款时点余额738.22亿元。五级分类不良贷款余额0.23亿元，不良率0.1%。

地址：朝外大街乙10号

邮编：100020

电话：51995610

（马晓婧）

【负债业务】 1月4日，企业存款时点达到1064.27亿元，突破1000亿元；3月31日，一般性存款日均达到1004.40亿元，首次突破1000亿元。营销安邦保险集团境外收购项目贷款承诺函事项，实现企业存款906亿元和中间业务收入5000万元；营销安邦保险内保外贷业务，用于购买加拿大养老公寓项目，保函金额15.135亿加元，贷款金额14.68亿加元，新增企业存款85亿元。

（马晓婧）

【海外业务】 年内，与俄罗斯诺里尔斯克镍业公司签署人民币备用银团贷款协议，金额8亿元；联合巴西子行为巴西奇瑞投放500万美元跨境内部银团贷款；签署约旦扎尔卡联合循环电站国际银团项目，金额6000万美元；营销安邦国际控股公司办理国际商业贷款风险参与业务，金额56亿港元，期限3年期；营销宝马集团人民币海外代付业务，金额20亿元；营销卡特比勒公司全球备用银团贷款项目，金额1.25亿美元；承销卡特彼勒(中国)融资租赁有限公司发行的私募债券1.375亿元。

（马晓婧）

【创新业务】 年内，与卢森堡分行联动合作成功办理国际商业贷款风险参与业务，金额12亿港币；为中信金属有限公司办理电子交单信用证业务，金额145万美元；为华能罗源发电有限责任公司办理“固贷项下非固贷支用——银证固通业务”，金额151万元；为杭州银行办理以境外拆借美元+美元调期为负债端来源的新型同业投融资业务，金额16.74亿元，期限210天。在分行“5331”考评中，朝阳支行等级行排名分行第2位，KPI排名第5位，竞争力排名第1位，转型指标排名第1位，差异化指标排名第1位。

（马晓婧）

【网点转型】 年内，实现南十里居、东坝中路两家个人金融中心的综合化转型。为除营业部外的8家综合机构配置对公客户经理。为17家网点配备智慧柜员机，迁移率47%。

（马晓婧）

中国农业银行北京朝阳支行

【概况】 中国农业银行北京朝阳支行下辖二级支行27家。年内，核心存款日均余额600余亿元，时点余额650余亿元，各项贷款日均余额280余亿元，主要投向基础设施建设、民生工程、环保工程及个人住房与助业需求。

地址：朝外工体路东2号

邮编：100020

电话：65522914

（田　慧）

【公司金融业务】 年内，基础设施贷款表内表外净增投放100余亿元。助力小微企业发展，创新服务模式，解决融资难题，向20余家小微企业提供信贷支持。

（田　慧）

【个人金融业务】 年内，辖内营业网点实现软转型全覆盖，WIFI环境搭建全覆盖，全年未发生有效客户投诉。本外币个人存款余额220余亿元，个人贷款余额50亿元。

（田　慧）

【电子银行业务】 年内，净增个人掌上银行客户4.8万户，净增个人短信动账通知、K码支付近14万户；净增企业网银客户622户，E商管家签约293户。

（田　慧）

【国际金融业务】 年内，国际结算量近30亿美元，其中跨境人民币结算近70亿元，结售汇客户270余户。

（田　慧）

中国农业银行北京朝阳东区支行

【概况】 中国农业银行股份有限公司北京朝阳东区支行（简称农行朝阳东区支行）内设6个部门，下设9个二级支行，在建网点3家。全行员工180人，其中本部44人、网点136人。年内，一般核心存款146亿元，各项贷款127亿元,经济增加值9190万元，人均经济增加值51万元。

地址：建国门外大街8号国际财源中心B座

邮编：100022

电话：85660996

（陈　馨）

【金融业务合作】 年内，农行朝阳东区支行继续支持企业经营，作为牵头行，继续为北京丰科万达提供银团贷款7.4亿元，并完成万达中期票据主承销发行且完成推荐购买万达中票16.8亿元。完成对三峡光伏项目投放4100万元。加强与建工集团、首创集团、新奥集团的合作，在支持项目开发、棚户区改造以及机场凌空经济区建设等方面为企业提供金融服务，支持企业的发展。

（陈　馨）

【个人金融业务】 年内，农行朝阳东区支行个人核心存款时点余额45亿元，个人贷款19亿元，零售中收4295.57万元。

（陈　馨）

【国际业务】 年内，农行朝阳东区支行同业客户存款余额7亿元，同业借款余额12.5亿元。

（陈　馨）

【风险防控】 年内，农行朝阳东区支行风险水平评价总得分均达到A类行标准，内控管理工作在年度内控评价达到一类行标准，信贷业务基础管理被评为“三化三无”单位，辖内王四营支行被评为农行分行级“三化三达标”先进单位，全年运行平稳，未发生一起安全事故。

（陈　馨）

【社会活动】 年内，农行朝阳东区支行定期组织辖内网点开展金融知识进万家及防范打击非法集资等活动，走进社区、企业、市场、商户、校园和乡村开展活动，以播放宣传片、发放宣传手册以及现场讲解示范，向社会公众普及金融知识，开展反假币、防范非法集资、金融诈骗及银行卡犯罪风险防范措施宣传等活动。

（陈　馨）

保　险

中国人寿北京市分公司

【概况】 中国人寿保险股份有限公司北京市分公司（简称中国人寿北京市

分公司）是中国人寿在京分支机构，内设14个部门，下辖分支机构79个。年内，公司实现总保费90.6亿元，同比增长10.3%。新单保费41.5亿元，同比增长8.9%；首年期交保费13.5亿元，同比增长49.0%；十年期及以上首年期交保费7.4亿元，同比增长49.7%；短期险保费12.6亿元，同比增长1.9%。全年处理各类赔付、给付金额55.84亿元。在《新京报》与北京市保险行业协会、保险学会共同组织的年度"金保单"评选活动中，"鑫福赢家保险组合计划"获最佳保险产品奖。

地址：朝外大街16号中国人寿大厦

邮编：100020

电话：56909895

（施　巍）

【人身意外伤害保险项目签约】 8月19日，中国人寿北京市分公司举行2016年北京市实名注册志愿者团体人身意外伤害保险项目签约仪式，中国人寿北京市分公司副总经理张志军与北京市志愿服务指导中心主任、市志愿服务联合会副会长兼秘书长郭新宝代表双方签署保险协议书，中国人寿与北京市志愿服务联合会合作为北京市350万实名制注册志愿者提供意外伤害保险保障。

（施　巍）

【赞助中国网球公开赛】 10月1日，由中国人寿赞助的中国网球公开赛在国家网球中心开幕。中国人寿连续7年赞助中网赛事，通过赛事平台向社会公众和广大客户传递出"运动、健康、快乐"的生活理念。活动期间，包括国寿寿险、财险在内，出动300余人次的志愿者，全程助力中网，全天候为公众服务，并普及保险理念和知识。

（施　巍）

【老年人意外伤害保险业务】 年内，中国人寿北京市分公司老年人意外伤害保险业务覆盖全市所有辖区。全市老年意外伤害保险承保57.36万人，北京市财政统一出资为全市7万名特殊老年人统保老年险，超过50万人为自愿购买，对北京市老年人的承保覆盖率达到20%。项目所有理赔案件自受理之日起，平均在5个工作日内结案。

（施　巍）

中国太平洋财产保险北京市朝阳支公司

【概况】 中国太平洋财产保险股份有限公司北京市朝阳支公司内设经理室、业务管理科、客户服务科、综合管理科、车险业务一至五科、非车险业务一至三科、农业保险业务科。业务范围为：承保人民币和外币的各种财产保险，包括机动车辆保险、财产损失保险、工程保险、责任保险、信用保险、短期人身意外伤害保险等保险业务；办理各种法定财产保险业务；与国内外保险机构建立代理关系和业务往来关系，代理国外保险机构办理对损失的鉴定和理赔业务及其委托的有关事宜；《中华人民共和国保险法》所规定的资金运用业务；经批准参加国际保险活动；经中国保险监督管理委员会批准的其他业务。在北京市有百余家合作伙伴，包括专业保险代理公司、保险经纪公司、保险公估公司和兼业保险代理机构等。拥有员工近百人。

地址：左家庄路2号一汽大众院内祥龙博瑞大厦三层

邮编：100028

电话：84482495 95500（客服）

（杨　静）

【业务数据】 年内，完成保费收入43508.33万元，完成全年考核指标，达成预算目标。其中车险完成保费收入30777.34万元，同比增长9.37 %，业务占比70.74%；非车险完成保费收入12730.99万元，同比减少5.28%，业务占比29.26%。全年上缴税金2441.27万元，支付各类赔款 24062.44万元，全险种赔付率56.09 %。

（杨　静）

【车险业务经营】 年内，在车险业务发展中逐步控制综合成本率的攀升，根据不同渠道的特点，制定针对性的差异化车险促销政策，取得超过预计的发展指标，全年业务增速超过分公司的平均增速。为保证车险业务健康长远发展，公司根据车险市场业态，调整业务结构，继续执行非车商发展的三年规划，非车商业务团队积极拓展非车商渠道。全年新增7家非车商渠道、3家车商渠道。同时，公司在产寿险交叉销售、网销等新渠道积极探索。

（杨　静）

【非车险业务经营】 年内，做好存量业务的深度挖掘、创新发展新业务、优化人员岗位配比。重大项目国美延保业务继续控制品质；在诉讼财产保全责任险领域中设计新产品。9月，正式参与政府统一安排的安全生产责任保险项目推广，截至年底，参加活动85场，其中培训宣讲36场、集中投保49场，承保企业数量1078家，保费1705925元。同时，在寿险市场上推动产险多项产品的销售。

（杨　静）

【客户服务】 年内，公司持续关注天气预报并提前做出工作部署，通过短信、微信向客户发送天气变化提醒、应急处理建议及报案定损提示。随时关注重案、大案，及时通报；持续跟踪重案的核损、核价情况，保持对重案的责任划分、理赔流程的关注。清理未决案件9177笔并逐笔备注；电话回访6377笔。截至年底，车险赔付率下降7.16%，未决金额减少255万；特约定损员覆盖11个渠道，日均查勘量35笔，派驻渠道结案率均大于90%。

（杨　静）

【党建建设】 年内，开展"两学一做"学习教育活动，订购"手抄党章笔记本"，赠送《党员手册》，组织党员充分运用共产党员微信公众号等网络载体开展学习；组织观看专题学习教学片、庆祝建党95周年优秀影片《杨善洲》以及反腐倡廉警示教育片；组织全体党员和积极分子开展庆祝建党95周年的学习教育活动（参观密云白乙化革命烈士馆）；每季度开展一至两次党员集体学习。

（杨　静）

【内部管理】 年内，强化管理目标责任制管理，各职能科室针对各自的职责范围，完成年度审计任务，杜绝违规现象。

（杨　静）

信　托

北京国际信托有限公司

【概况】 北京国际信托有限公司（简称北京信托）是北京市国资控股、外资参股的大型金融企业，注册资本22亿元。公司内设机构35个，控股公司2个。员工237人。年内，实现收入总额17.3亿元（含税18.1亿元）；实现净利润9.75亿元，同比增长2%；固有资产总额84亿元，负债总额7.7亿元，不良资产率为零。年末受托管理信托资产总额2586.21亿元，实收信托总额2527.36亿元，存续项目631个。年内向信托受益人分配收益125亿元。各项监管指标继续达标，信托赔偿准备金足额提取，达到注册资本金的32%。全年税收贡献6.48亿元。

地址：安立路30号院1、2号楼

邮编：100012

电话：59680666

传真：59680999

（王连顺）

【中小企业金融服务】 年内，北京信托以信托融资方式为1100家中小企业提供1084笔信托融资支持，融资规模123亿。新增100余家贷款支持企业，新增16亿元贷款规模。

（王连顺）

【参与基础设施建设融资】 年内，北京信托独家与其他7家银行合作共同设立300亿元海淀建设发展基金；与北京市建工集团合作，共同设立200亿元的京津冀基础设施建设产业基金；参与北京市昌平区建设发展基金子基金的设立并认购优先级有限合伙份额170亿元。

（王连顺）

【农村资产管理】 年内，北京信托为北京市门头沟、怀柔等区50余个自然村提供25亿元规模的农村集体资产管理服务，全年分配收益超过1.5亿元，增加农村集体财产性收入。

（王连顺）

【家族信托】 年内，家族信托实现客户定制，3个系列存续218单，客户200余位，存续管理资产规模42亿元。与上年相比，客户数量增加150%，管理资产规模上涨100%。

（王连顺）

【慈善信托】 年内，北京信托探索“家族财富管理+慈善信托”“互联网+慈善信托”等创新方向，发起设立以捐助贫困地区或经济条件较为困难但有艺术潜力的青年艺术工作者和帮助自闭症儿童减轻病症的公益活动为信托目的的慈善信托；设立30万元规模的大病关爱慈善信托。

（王连顺）

经济管理与监督

2017
北京朝阳年鉴

统 计 管 理

【概况】 朝阳区统计局是朝阳区政府负责综合统计工作的职能部门。朝阳区经济社会调查队为北京市经济社会调查总队派出机构，与区统计局合署办公。国家统计局朝阳调查队为国家统计局北京调查总队派出机构，10月以前，与区统计局合署办公。10月底前，根据市局总队《关于北京统计管理体制整改工作安排的通知》要求，完成国家统计局朝阳调查队与区统计局、调查队在人员、业务、办公、财务上的分离，实现单独设立党组织、独立建队、独立办公、独立上报统计数据的整改要求，全区统计工作在整改中平稳过渡。区统计局内设11个科室、派驻1个科室，下属5个事业单位，下设43个街乡统计所。年内，把握发展态势，推进体制整改，以数据质量为核心，以基层基础工作和队伍建设为抓手，以工作创新为手段，以法制建设、统计宣传、队伍建设为保障，重点做好服务"稳增长"、人口调查、第三次全国农业普查、统计监测分析、统计年报等重点工作。

地址：日坛北街33号区政府北院南楼4层

邮编：100020

电话：65094641

网址：http://www.chystats.gov.cn

（李海林）

【年度人口抽样调查】 11月1日起，开展年度人口抽样调查。涉及全区43个街乡、264个社区、526个调查小区。成立区、街乡人口抽样调查办公室，开展调查员选调、动员培训、调查小区图绘制、建筑物核查、清查摸底、登记复查、数据处理等工作。选调调查员1300人，开展9场一级业务培训1700人次，组建10个督导组，采取分片包干办法开展业务督导。委托第三方公司抽查全区所有街乡，重新走访2000个空户，开展事中质量抽查。依据调查资料推算，区2016年末常住人口为385.6万人，其中男性197.1万人，女性188.5万人；0—14岁人口37.4万人，15—64岁人口306.4万人，65岁以上人口41.8万人；常住外来人口174.8万人。2016年1—12月，出生人数33402人，出生率8.55‰；死亡人数15517人、死亡率3.97‰。

（李海林）

【统计信息发布】 年内，通过区委办、区人大、区政府办采编信息，《朝阳报》《统计经纬》杂志、局队统计网站等渠道发布《朝阳区2015年国民经济和社会发展统计公报》、统计分析报告215篇、统计快报27期、统计专报10期、专题分析2篇、产业监测5篇、区域监测4篇、经济信息270篇。

（李海林）

【统计服务】 年内，撰写《2016年朝阳区促企业收入增长工作方案》，加大40家总部企业等重点单位监测和调研力度，强化跟踪反馈机制，为部门提供数据支撑和统计服务。将《统计报告》刊物细分为快报、专报、区域监测、产业监测、专题分析和研究报告6个序列，提高规范性和可操作性。围绕市区工作重点，突出区域监测、产业监测、人口调控、经济转型发展等热点问题，完成20篇局队重点研究课题。报送291篇经济信息，被区两办和人大采登经济信息270篇。报送388篇政务信息，被市局总队采登政务信息141篇，被国家局内网采登24篇，被全国报刊采登15篇。编印《统计经纬》杂志11期，编印《朝阳局队2015年统计分析报告汇编》《北京市朝阳区2016年统计年鉴》，公开出版发行《北京市朝阳区统计局志（1996—2010）》。

（李海林）

【经济运行监测】 年内，围绕GDP、全社会固定资产投资、社会消费品零售额、工业总产值、城乡居民收入等重点指标逐月开展监测，分析经济增长和结构优化亮点和问题，做出预判、预测和预警，提出科学对策建议。修订《朝阳局队进一步加强统计监测工作办法》，规范区域经济运行中重点行业、重点产业、重点区域以及新兴领域的监测内容和标准；将文化创意产业、科技服务业、旅游业、体育产业四项重点产业纳入监测范围；完善CBD区域监测，优化监测指标和内容；开展奥林匹克中心区、中关村朝阳园、国家文化产业创新实验区监测，搭建监测框架，及时反映发展成效。

（李海林）

【统计专项调查】 年内，按季度开展群众安全感民意调查、政府绩效管理考评居（村）民、居（村）干满意度调查。完成北京节能减排补贴政策追踪调查、北京高校大学生创新创业及就业意愿调查、商品交易市场清退升级后外来人口迁移意向调查、"互联网+政务服务"评价调查、企业发展状况调查、市落实"网约车"新政民意调查、2016年全国党风廉政建设民意调查等专项调查。

（李海林）

【人口监测】 年内，增加监测内容，完善人口动态监测台账。提高监测频率，把季度监测提高为月度监测。拟定《利用移动通信大数据进行人口分析方案》，弥补现有人口统计和监测方法不足。与北京工业大学专家成立课题研究组，开展《朝阳区人口动态监测方法研究》，形成《朝阳区2016年人口抽样调查扩样方案》，全区年度人口抽样调查区级样本社区扩样123个，达到264个，占全区社区总量的50.6%。

（李海林）

【全国农业普查前期准备】 年内，组建以副区长为组长的区级普查机构和以各乡行政正职为组长的各乡乡级普查机构。选调普查指导员及普查员8703人，建立人员变动台账。采用录制课件上网、统一制作PPT等措施开展普查培训。制定《朝阳区三农普查物资管理办法（试行）》，分发普查员物资7700余套。采购530台PDA设备和5万份正式登记入户宣传品。制定《朝阳区三农普查下拨经费使用管理办法（试行）》，建立普查经费支出台账。完成来广营村29个普查小区、3862户、7831人试点调查工作。完成以11月1日为时点的摸底清查工作。第三次全国农业普查标准时点为12月31日。

（李海林）

【统计执法检查】 年内，修订《执法工作考核办法》，将执法方面的党风廉政建设工作延伸到统计所。向社会公示执法检查名单，接受社会监督。向社会公示以区统计局为执法主体实施的行政处罚结果。建立健全执法工作完成情况、立案情况、科所催报情况等电子台账，监控执法检查完成量、案卷审理及后期处理进度等各阶段工作。加大对统计违法行为的查处和处罚力度，全年完成统计执法507家单位，立案126起，其中销案1起、行政警告10起、行政罚款115起，罚款金额194.15万元。

（李海林）

【统计普法宣传】 年内，对重大复杂案件开展统计行政处罚案卷审核，加强事中事后监管。依法实施行政许可审批，受理统计从业资格认定764人次。开展普法宣传，组织统计法培训会5场512人次。开展会前讲法活动47场2187人次。在朝阳统计信息网开设"普法宣传"栏目。日常发放普法宣传教材105本、材料8298份。推进统计信用建设宣传，评定10家统计诚信单位。推出"北京朝阳统计"官方微信公众号，下设"统计数据""统计服务""统计之窗"三个一级栏目。举办第二届朝阳统计开放日。编印《朝阳区年度人口抽样调查工作手册》，开通"朝阳人口调查"微信公众号。建立朝阳农普专题网站，开通"朝阳农普"公众微信号。

（李海林）

物价管理

【概况】 区物价检查所机构依法进行物价监督检查、接待并处理群众来信来访等。区物价所设有价格举报中心、价格监督检查一科、价格监督检查二科、价格监督检查三科4个科室。年内，对区1230个单位的价格执行情况进行检（巡）查，并相应处理查实的违法行为。全年累计行政处罚111家价格违法经营者，经济制裁总金额497.49万元，其中罚款369.4万元、没收84.17万元、退款43.92万元。

地址：百子湾西里303号

邮编：100124

电话：65090504

（何　珊）

【行政事业性收费管理】 5月31日，区发改委和区财政局联合发布《关于进一步规范行政事业性收费管理相关工作的通知》。《通知》明确各收费单位业务主管部门和执收单位应在本单位网站或服务收费场所显著位置公示本部门、本系统具体实施行政事业性收费的单位和收费情况，规范收费公示内容和形式。要求行政事业性收费业务主管部门和收费单位建立健全收费台账，及时将上一年度收费情况报告本单位业务主管部门，并通过业务主管部门将相关情况报送区发改委、区财政局。

（罗凤鸣）

【药品价格专项检查】 7月15日至11月15日，开展药品价格专项检查。检查药品生产企业3家、药品流通企业6家、零售药店48家、公立医疗机构12家、非公立医疗机构10家、疾控中心1家。个别零售药店、医疗机构存在明码标价不规范现象，执法人员责令相关企业整改，并复查合格。对问题较为突出的5家零售药店作出行政处罚。

（何　珊）

【涉企收费专项检查】 7月29日起，开展为期3个月的涉企收费专项检查。重点检查区卫生计生委、区园林绿化局、区民防局、区残联、朝阳人民法院5个行政单位及所属4家行业协会和北京博瑞祥安机动车检测场有限公司。检查行政事业性收费项目8项、经营性收费4项。

（何　珊）

【建材市场价格专项检查】 8月22日至11月15日，开展建材市场价格专项检查。检查建材交易市场3家、建材经营户8家。个别建材经营户存在明码标价不规范现象，执法人员责令相关企业整改，并复查合格。

（何　珊）

【商品房销售价格行为专项检查】 9月29日、30日，检查辖区内商品房经营者和中介服务机构销售价格行为。区发改委安排4个检查组、执法人员12人，检查5家商品房售楼处、15家房地产中介机构。北京新京润房地产有限公司等5家公司商品房销售标价不规范，部分中介机构未标示"12358"价格监督举报电话，个别中介机构标示房屋信息不完整，执法人员向各房产公司负责人提出整改意见。

（何　珊）

【商品房销售专项检查】 11月10日起，开展为期1个月的商品房销售明码标价专项检查。重点检查房地产开发企业在售楼盘和房地产中介机构门店明码标价情况。检查25个房地产开发企业在售项目、54家房地产中介机构门店。部分房屋中介机构门店明码标价不规范，房地产开发企业存在价目表放置位置不醒目、在售地下车位未明码标价等情况。不合格行为均已整改完毕。

（何　珊）

【占道停车收费管理】 11月28日，将东大桥路（建外大街至朝阳门外大街）作为区差别化停车收费道路。差别化停车收费道路涉及3个街道办事处的2个停车收费经营管理单位，车位数209个。

（罗凤鸣）

【价格诚信建设】 11月，组织召开2016年朝阳区价格诚信建设培训会。国家发改委价监局、市价监局专家出席并授课，分别从国家、市和全区等不同层面讲述价格法律法规政策及相关案例、容易发生的价格违法行为等。区域内10条价格诚信街区300余家商户参加会议。

（何　珊）

【汽车销售专项检查】 12月起，提醒告诫汽车销售和拆解企业，集中检查金盏汽车产业园及姚家园汽车产业园等汽车销售园区。

（何　珊）

【政府定价公示】 12月6日，梳理并公示区景区门票、经济适用住房销售价格、教育住宿收费等3类43项政务公开事项。

（罗凤鸣）

【定向安置住房成本价格测算】 12月25日，委托中介机构达华工程管理有限公司，调整北花园定向安置房项目成本价格。调整后，该项目剩余20.44万平方米，房源单方造价为13153元/平方米，较原剩余房源价格12928元/平方米增加225元/平方米。

（罗凤鸣）

【价格监督检查】 截至12月25日，接收举报、投诉、信访3260件，其中反映机动车与非机动车停车收费问题1242件，占38.10%；价格问题924件，占28.34%；明码标价问题621件，占19.05%；其他收费问题473件，占14.51%。办结1304件，其中作出行政处罚274件（合并办理后111件），占21.01%；无问题446件，占34.20%；移送其他部门113件，占8.67%；纠正166件，占12.73%；无法核实22件，占1.69%；不予受理43件，占3.30%；双方自行协调和解71件，占5.44%；一方拒绝调解117件，占8.97%；消费者撤回投诉41件，占3.14%；达成调解协议1件，占0.08%；退回1件，占0.08%；应视为投诉办结9件，占0.69%。

（何　珊）

【重大活动、节假日价格监督检查】 年内，完成元旦、春节、清明、“五一”、端午、中秋、国庆等节日和“两会”重大活动期间的市场价格监督检查。各节前制定工作方案，对企业进行提醒告诫，发出价格诚信倡议书、告诫函。元旦期间，派出检查组3个，出动检查人员12人次，检查单位16个，接收市转价格举报11件。春节期间，派出检查组8个，出动检查人员16人次，检查22个单位，接收市转价格举报17件、投诉1件。清明节期间，派出3个检查组，出动检查人员7人次，检查13个单位，接收市转价格举报12件。“五一”期间，派出检查组6个，出动检查人员12人次，检查10个单位，接收市转价格举报10件、投诉1件。端午节期间派出检查组3个，出动检查人员12人次，检查单位9个，接收市转价格举报与投诉17件。中秋节期间，派出检查组6个，出动检查人员12人次，检查单位11个，接收市转价格举报与投诉18件。国庆节期间，派出7个检查组，出动检查人员30人次，检查22个单位，接收市转价格举报与投诉46件。

（何　珊）

【机动车检测收费专项检查】 年内，重点检查辖区内北京博瑞祥安机动车检测场有限公司、北京东方四环汽车检测有限公司、北京望京北机动车检测场、北京汽车检修有限公司4家机构机动车检测收费情况。自发布新版《北京市定价目录》，明确机动车检测收费不再由政府定价和政府指导价范围，各检测场对于机动车检测收费均存在不同程度上涨现象，涨幅13%—15%。各机动车检测场提前公示价格调整标准和原因，但个别单位存在未公示监督举报电话情况，要求检测场完善。

（何　珊）

【医疗机构病历复印收费专项检查】 年内，抽查区内11家三级医院的病历复印收费情况。1月1日价格放开前，各单位A4纸病历复印费每页收费0.4元；价格放开后，各医疗机构仍按原标准收费，未出现上涨情况。

（何　珊）

【住宅小区停车服务专项检查】 年内，开展住宅小区停车服务专项检查。对4家存在价格违法行为的停车场管理公司进行行政处罚，处罚总金额25947.5元，其中罚款10269.25元、没收15633.75元、退还44.5元。

（何　珊）

【景区门票价格专项检查】 年内，开展景区门票价格专项检查。重点检查A级旅游景点、局属和行政管理公园18家及其周边经营商户33家。检查出的主要问题有在执行优惠减免政策“身高1.2米（含1.2米）以下儿童实行免票”规定中，未标明“（含1.2米）”、残疾人未按规定实行优惠政策；未在收费窗口公示企业服务监督电话和“12358”价格举报电话；个别商亭明码标价不规范；个别企业存在多个项目混合标价问题。对存在上述问题的旅游景点负责人进行现场指导并要求限期整改，复查全部合格。

（何　珊）

【房地产中介服务收费专项检查】 年内，抽查区内5家房地产经纪机构中介服务收费情况。各房地产经纪机构在1月1日中介服务收费放开以后，对于房屋买卖、出租中介服务费用并未做出调整，部分经纪机构表示并不知情。检查中，各房地产经纪机构公示中介服务收费标准和服务内容，对个别存在问题的中介机构要求修改完善。

（何　珊）

【机动车停车收费专项治理】 年内，对全区停车场开展机动车停车收费专项治理。重点查处停车场不执行政府定价，“私自打折”，未经批准擅自按次收费，不按照规定内容和方式明码标价，不执行军车、残疾人专用车等免费政策等价格违法行为。

（何　珊）

【旅游市场价格专项检查】 年内，制定区旅游市场价格专项检查工作方案，检查全区旅行社、宾馆饭店、景区及其周边商超、停车场等经营单位不执行政府定价和政府指导价、不按规定明码标价、价格欺诈等违法违规行为。

（何　珊）

质量技术监督

【概况】 朝阳区质量技术监督局是北京市质量技术监督局设在朝阳区，负责朝阳区行政区域内质量技术监督管理工作的派出机构。局机关设6个职能科室、1个稽查队，全局下设直属事业单位3个。全年受理行政许可和服务类申请3431件，开展行政执法活动1282起，查处案件153起，罚没款66万元，受理投诉举报案件3663件；检验特种设备46551台（件）；检测计量器具12.8万台（件）。

地址：朝阳区平房乡姚家园村8号

邮编：100123

电话：85576988

网址：http://cy.bjtsb.gov.cn

（李　娟）

【建立友好单位】 年初，区质监局与云南省昆明市质监局建立友好单位，签订友好单位协议。通过服务地区中心工作、保障重大活动安全、提升宏观质量水平、发挥技术基础作用、打造品牌效应、注重人才培养、加强内部建设7个方面协作，建立互相学习、互通有无、互相借鉴的长效机制，促进共同发展。年内，两局间多次开展座谈交流，区质监局协助昆明市质监局开展作弊加油机调查取证工作。

（李　娟）

【“5·20”世界计量日】 5月18日，到平房乡国美家园社区开展便民服务活动。宣传计量法规，普及计量常识，发放宣传彩页，提供公益计量器具检测和修理服务。

（李　娟）

【推进《质量发展纲要》实施】 年内，为贯彻落实国务院《质量发展纲要2016

年行动计划》和区政府《质量发展纲要（2011—2020年）实施意见》，起草区《质量发展纲要实施意见2016年行动计划》，广泛征求意见后正式印发，进一步明确年度各部门质量工作重点和工作方向，统筹全区质量工作发展，推动质量工作水平提升发挥。

（李　娟）

【政府质量奖申报动员】 年内，根据国家质检总局和市政府开展质量奖申报工作要求，采取向全区43个街乡发放通知、局网站发布公告等方式动员优秀企业参加。区政府组织区商务委、区国资委等20多家成员单位召开推进会，对政府质量奖进行申报。

（李　娟）

【特种设备超期使用专项整治】 年内，组织特种设备重点使用单位、气瓶充装单位和电梯维保单位召开工作会。印发超期未检和检验不合格问题通知，督促加强设备安全管理。加强科所配合，检验同时送达超期设备明细，督促办理停用、注销等手续。加大处罚力度，立案处罚10起，罚款合计41.2万元。

（李　娟）

【优质燃煤替换】 年内，配合治理环境违法行为，与煤炭生产、销售和使用单位签订质量承诺书。全年检查109家次，进村入户走访156户。

（李　娟）

【工业产品许可证管理】 年内，完成2016年生产许可证年度审查和实地核查工作。根据市质监局2016年工业生产许可证年审工作要求，结合区生产许可证管理工作实际，全面部署年度审查工作。督促46家企业公示年度报告，强化质量安全主体责任。

（李　娟）

【机动车检测机构监管】 年内，全年开展检测场检查43家次，加强对区内机动车检验机构监督管理，规范机动车安全技术检验工作，通过明察暗访方式规范检测行为。

（李　娟）

【计量监督】 年内，对122家超市、加油站等民生重点行业开展计量监督。检查计量器具2557台件、抽查定量包装商品29批次、自包装商品60件。加强春节、国庆节等节假日前市场计量检查，保障节日市场秩序稳定。

（李　娟）

【资助、补助受理】 年内，受理31家单位140项标准资助申请，同比增长49%。经评审，30家单位120项标准获150余万元资助。受理辖区市级技术标准补助申请工作，包括17家单位54项标准，经评审有9家单位24项标准获163万元的资金补助。

（李　娟）

【国家级服务业标准化试点】 年内，在市商务委支持下，经国家标准委审查，北京德邦货运代理有限公司被确定为2016年度国家级服务业标准化试点企业。

（李　娟）

【社会管理和公共服务综合标准化试点】 年内，社会管理和公共服务标准化工作联席会议办公室发布全国第一批社会管理和公共服务综合标准化试点项目，区城市管理监督指挥中心通过中期评估检查。同时中和亚健康服务中心被国家标准委批准为第二批试点，并推荐区行政服务中心申报第三批试点。

（李　娟）

【中关村国家自主创新示范区标准创新试点】 年内，通过资助鼓励园区企业加强标准化工作，征集标准创新试点、发放书籍资料等方式鼓励园区企业参与中关村标准化活动。北京控股磁悬浮技术发展有限公司等6家企业被确定为园区标准化试点，中关村储能产业联盟被确定为标准化示范联盟，京东方科技公司被确定为标准化示范企业。

（李　娟）

【养老服务机构星级评定】 年内，推进区养老服务业标准化工作，与区民政局合作，对来广营国际老年公寓等9家养老服务机构进行评审。专家组依据养老服务机构星级划分与评定相关国家标准、行业标准及地方标准，以听取工作汇报、文件阅审、现场检查等方式进行评审，并现场打分。经评审，9家机构全部通过，其中8家养老服务机构通过2星级、1家通过1星级评定。

（李　娟）

【统一社会信用代码制度】 年内，区质监局综合服务中心配合区编办、区民政局及其他登记部门做好区统一社会信用代码制度实施平稳过渡、有序衔接。做好过渡时期代码证书短期延期、变更等，在窗口做好政策解释和引导工作。

（李　娟）

安全生产监督管理

【概况】 朝阳区安全生产监督管理局（简称区安监局）是负责区安全生产综合监督管理的区政府工作部门。下设局办公室、法制培训科、安全生产综合管理科（区安全生产委员会办公室、区道口管理办公室）、安全生产抢险协调科（应急指挥部办公室）、生产安全事故调查科、生产安全事故处理科、工业安全监督管理科、危险化学品监督管理科、职业卫生管理科、职业卫生监督检查科、监察科11个科室；下属安全生产综合执法一队、二队、三队、四队；事业单位有区公共安全馆。年内，全区发生道路交通、生产安全、火灾等非正常死亡事故204起、死亡221人，其中生产安全事故28起、死亡28人。开展安全生产培训，全区累计培训17.52万人次。年内，区被市安全生产委员会评为2015年度安全生产工作先进单位，区安全生产监督管理局被市安全生产委员会办公室和市人社局评为2013—2015年度北京市安全生产先进单位。

地址：百子湾西里303号楼

邮编：100124

电话：87312475

邮箱：http://aqscj.bjchy.gov.cn

（潘蔚然）

【烟花爆竹管控】 1月20日起（烟花爆竹销售网点设置开始），区安监系统（含局机关、属地街乡安监科及专职安全检查员）出动2160人次，检查网点1425家次，发现并督促网点整改隐患902项，责令停业整顿网点3家。网点销售期间，属地街乡安排专人负责，每天至少检查1次辖区内网点，除夕、初五等重点时段开展燃放高峰期夜间检查。在重点时段，区安监局由6名处级领导带队，分6路包片负责网点检查，及时发现和消除安全隐患。主动对外公布24小时举报电话，所有举报在24小时内查处回复完毕。处理群众对网点举报12件，涉及网点7家，同比下降30%。春节期间，区审批许可烟花爆竹零售网点81家、提货点1家。零售网点位于五环以外28家，位于四环至五环26家，位于三环至四环18家，位于二环至三环9家。网点总数同比压减22%，其中三环以内网点压减35%，五环以内网点压减27%，压减幅度为历年最大。区烟花爆竹销售量25012箱，同比下降20.6%。截至2月13日21时，区网点剩余烟花爆竹产品回收工作全部完成。全区81家销售网点、1家提货点累计回收剩余烟花爆竹7825箱，回收进度为历年最快。年内，累计组织烟花爆竹零售网点申请单位主要负责人82人、从业人员537人参加全员安全培训，对培训合格人员发放上岗证，防止私自调换从业人员，确保从业人员上岗前掌握必备的安全知识和应急技能。编写印制《朝阳区2016年烟花爆竹销售网点安全监管手册》《烟花爆竹销售网点应急救援预案》《销售区域安全提示》并下发至网点，明确各类管理规定及安全措施要求。制作《烟花爆竹购买及燃放安全提示》宣传材料4万份，在销售烟花爆竹时一并发放。

（夏旭昀）

【安全检查】 1月25日，区长王灏、副区长杨树旗带领区安监局、公安分局、朝阳消防支队、区商务委、区旅游局、区城管执法局、工商分局等部门相关负责人，对鸟巢“冰雪嘉年华”、大屯一处平房、来广营奶西村出租大院、三元万顺达加油站等4个单位开展安全检查，消除安全隐患14项。1月26日，副区长张维刚带领区安监局、朝阳消防支队，对乐天玛特超市东湖店、眉州东坡酒楼望京店开展安全检查，消除安全隐患8项。1月27日，副区长杨树旗带领区社工委、区应急办、区流管办、区安监局、区食品药品监管局、城管执法局、公安分局、朝阳消防支队等部门相关负责人，对和平街天丰利小商品市场、十四区社区进行安全检查，消除安全隐患7项。1月28日，常务副区长甘靖中带领区安监局、区质监局、区食品药品监管局、朝阳消防支队、公安分局、城管执法局等部门主管领导，对左家庄辖区三源里菜市场、金盏地区中信国安呼叫中心项目工地开展安全检查，消除安全隐患8项。国庆节前期，由区领导带队分25组，对全区大型活动、公园景区、文化娱乐场所、商市场、宾馆饭店等人员密集场所，对建筑工地、地下空间、危险化学品等重点行业领域，对城乡接合部等重点敏感地区开展安全生产检查。区安监局出动执法人员85人次，执法车辆27台次，检查各类生产经营单位65家，发现隐患115项，均督促整改完毕。

（刘　宁　史晓梅　王世会）

【应急管理示范企业创建】 4月27日，召开应急管理培训会，市安监局应急处处长李怀冰，区安监局副局长周琼，应急、危化，执法三队、四队，43个街乡安监科长、专职安全员队长，示范企业试点单位负责人，近200人参加会议。会议下发《朝阳区安全生产应急管理示范企业试点工作方案》，并对2016年应急管理示范企业创建工作提出具体要求。9月，制定《朝阳区生产经营单位安全生产应急管理示范试点工作检查验收方案》及《朝阳区安全生产应急管理示范企业试点检查验收标准》，由区安全生产协会聘请专家组成专家组，于9月25日至10月30日，对应急管理示范企业中的40家单位完成验收工作。

（甘建伟）

【用电安全专项执法检查】 4月29日至5月8日，全区开展以建筑施工领域为重点的用电安全专项执法检查行动。制定《朝阳区建筑施工领域生产经营单位用电安全专项执法检查行动方案》，并下发43个街乡。区出动执法人员947人次，检查生产经营单位336家，发现安全隐患710项，下达责令整改指令书159份，下达现场处理措施134份，对存在违法行为的8家生产经营单位进行处罚。

（刘　宁）

【重要活动安全检查】 5月9日至5月16日，第十九届中国北京国际科技产业博览会在中国国际展览中心老馆举行。区安监局在“科博会”前期拉网式排查展场周边200米的生产经营单位。截至5月16日，已对涉及的170家单位全部检查完毕。出动执法检查人员118人次，其中出动专职安全员84人次；检查生产经营单位179家，查处隐患185项；下达执法文书数77份，其中限期整改9份，现场立即处理68份。5月18日至21日，首届世界旅游发展大会在北京举行。区安监局拉网式排查驻地周边200米范围内的生产经营单位，截至5月17日，对涉及的94家单位全部检查完毕。出动执法检查人员239人次，其中出动专职安全员180人次；检查生产经营单位94家，发现安全隐患301项，消除安全隐患297项；下达执法文书数94份，其中限期整改25份；现场检查记录94份，立案2起，处罚金额1.6万元。6月24日至26日，亚洲基础设施投资银行2016年首届理事会年会于在中国大饭店举行。区安监局安排执法人员摸排建立会场及周边200米范围内18家生产经营单位基础台账，并展开安全生产执法检查。出动执法人员72人次，检查生产经营单位35家次，发现安全隐患46项，下达各类文书44份，其中下达责令整改指令书11份。G20峰会期间，设立8个检查督导组，处级领导为小组组长，对直接监管单位和重点单位开展安全检查。出动执法人员（含街乡执法人员和专职安全员）1866人次，检查生产经营单位1641家，发现安全隐患2311项，下达责令整改指令书681份，下达现场处理措施683份，下达其他文书312份，对已发现的安全隐患均督促整改到位。10月24日至27日，中共十八届六中全会召开，在全区范围内开展安全大检查。出动执法人员78人次，检查生产经营单位101家，发现安全隐患109项，下达责令整改指令书23份，下达现场处理措施78份，整改安全隐患109项，隐患整改率达100%。

（刘　宁）

【应急演练】 5月16日，会同南磨房地区办事处、北京欢乐谷有限公司在北京欢乐谷开展“防灾减灾携手共建，安全朝阳全民共享”水晶神翼设备故障应急救援安全生产应急演练。6月28日，在北京益利精细化学品有限公司开展危险化学品事故应急救援演练。9月28日、10月18日，分别在大兴防化团训练基地及三间房危险化学品应急救援物资储备库、区三间房东路加油站开展预备役防化团一营二连应急救援队伍集结和实战演练，预备役防化团一营二连官兵70余人参加演练。

（甘建伟）

【“5·12”防灾减灾日宣传】 5月12日，由区应急委主办，区安监局等部门承办，在元大都城垣遗址公园、公共安全馆开展“防灾减灾携手共建，安全朝阳全民共享”“5·12”防灾减灾安全生产宣传活动。市相关部门负责人，区长王灏、副区长杨树旗，各街乡、委办局负责人，区安监局局长刘炳起等参加活动。活动发放宣传材料3000多份，受教育人员6000多人。

（甘建伟）

【安全生产法律法规培训】 6月2日，组织开展《北京市生产安全事故隐患排查治理办法》培训。各街乡安监科、区安监系统全体执法人员200余人参加培训。9月6日，针对国家安监总局下发的《安全生产执法程序规定》，聘请专家对全系统执法人员开展培训，各街乡安监科及区安监系统全体执法人员参加培训。

（余 捷）

【职业病危害评估】 6月中旬，区通过市局组织的验收评估，17家开展职业病危害现状评价的用人单位，全部按标准要求委托具有职业病危害评价资质的技术服务机构进行职业病危害现状评价。12月22日至27日，由国家安监总局职业安全卫生研究中心与市安全生产科学研究院5名专家组成评估组，评估区2016年度职业病危害防治工作。评估组在全区476家职业病危害项目申报单位中随机抽取查阅42家单位职业卫生档案和职业健康监护档案资料，并选取7家用人单位开展现场检查。核查金盏乡、酒仙桥街道、大屯街道3个街乡的职业卫生工作开展落实情况。评估组认为区职业病危害防治工作领导重视、组织严密、成效显著。

（姜 南）

【安全生产月】 6月，是第15个“全国安全生产月”，全区各街乡、各部门围绕“强化安全隐患治理，携手共建安全朝阳”的活动主题，先后组织开展“安全生产月”宣传咨询日、“看电影、学安全”活动、“暑期消防安全宣传教育行动”、“安全法规我知道”知识竞赛、“我与安全同行”摄影比赛等系列活动。安全月期间，对1835家单位开展安全生产执法检查，发现隐患1576处，整改1572处；发动各街乡、各部门在道路、社区、企事业单位悬挂大型宣传横幅1630条，张贴宣传海报7305张，发放宣传材料143620份，设置专栏园地718处。

（罗 鹏）

【专职安全员队伍建设】 7月1日，第一批139名职能部门安全生产专职安全员正式入职上岗。专职安全员经过发布公告、组织报名、网上验资、笔试、现场验资、面试、体检、政审、岗前培训、取证考试、人员分配、合同签订、组织报到等多道程序。

（余 捷）

【专职安全员系列竞赛】 9月29日，组织全区926名专职安全员参加由市总工会开展的2016年“职工技协杯”竞赛初赛，并于11月18日推荐前23名参加复赛。最终，来自崔各庄乡的孙明华获市总工会奖项第一名，获“北京市职工高级职业技术能手”证书，优先推荐参加“首都劳动奖章”评选，同时获市安全监管局优秀个人奖一等奖，并获评“2016年市安全生产检查业务能手”；金盏乡李彦奇获市总工会奖项第二名，获“北京市职工高级职业技术能手”证书，同时获市安全监管局优秀个人奖二等奖，并获评“2016年市安全生产检查业务能手”；平房乡吴迪获市安全监管局优秀个人奖三等奖，获评“2016年市安全生产检查业务能手”。10月9日，贾庆轩等14名队长入选全市安全生产检查队队长标兵。12月1日、2日，通过笔试、演讲等评比方式，在全市范围内评选出60名专职安全员领军人才，其中区内侯名玉、李彦奇、甄凯等10人入选。

（张 强）

【安全生产条件普查】 年内，全区有生产经营单位252276家，其中实有生产经营单位140310家，核销生产经营单位111966家。在实有生产经营单位中，有照单位110461家，无照单位29849家。以2个街道2个乡为试点，开展数据动态更新及系统建设。4个街乡分别选取不同研发单位，各自研发系统平台。

（杨 毅）

【完善职业卫生监管台账】 年内，全区有职业病危害项目申报单位477家，按行业分布为汽车维修企业206家，危化单位143家，建筑企业31家，电子加工企业21家，家具制造企业14家，印刷企业20家，制药企业8家，其他行业企业34家。建立新发职业病、疑似职业病病例台账，全区新发职业病17例，疑似职业病8例。其中14例职业病为历史遗留问题导致，3例为在岗新发病例。

（姜 南）

【放射职业危害调查】 年内，区安监局会同区环保局和各街道（地区）办事处对辖区内医疗机构之外存有放射源（含放射性同位素和射线装置）的所有用人单位（包括工业企业、大专院校实验室、动物医院，不含机场、火车站、地下轨道交通）及具有核反应堆的单位开展摸底统计。区有放射非医疗机构放射用人单位63家，接触放射劳动者683人。

（姜 南）

【白酒制造企业专项整治】 年内，完成白酒制造企业专项整治。涉及区3家白酒制造企业，其中区酿酒厂、北京京宫城酒业技术发展公司按要求改造；北京双庆和酒业有限责任公司从区内退出。

（陈 京）

【特种作业培训】 年内，区有特种作业培训机构10家，培训工种包括电工作业、焊工作业、建筑脚手架拆装、高处悬挂建筑物表面清洗、制冷与空调作业、地下有限空间作业。全年培训、考核特种作业人员22271人次。

（姜 南）

【行政审批】 年内，办理完成危险化学品建设项目安全条件及安全设施设计审查6家、危险化学品经营许可139家、易制毒备案21家，全部按要求办理，未产生许可复议、申诉。

（夏旭昀）

【危险化学品企业疏解】 年内，有4家企业申请全部退出，4家企业转为无储存经营。截至年底，全区危险化学品企业总数从424家压减至379家。

（夏旭昀）

【加油站改造监管】 年内，先后组织召开专家审查会16次，对6家需要变更储存设施的改造项目、32家不变更储存设施施工方案开展专家审查。完成改造加油站38座，未发生安全事故。

（夏旭昀）

【“对话谈心”活动】 年内，开展“百名安全监管干部与万家企业对话谈心”活动。5月23日，区安监局副局长姜金平和执法一队队长王峰等，与欢乐谷、朝阳公园、国家会议中心、国际展览中心、农业展览馆、国家体育场、国家游泳中心、北京职工体育服务中心等8家人员密集场所经营单位主要负责人开展对话谈心活动。7月7日，姜金平、王峰等与区重点涉及人员密集场所的大型商市场、体育场馆经营单位主要负责人开展对话谈心活动。参加活动的单位有世贸天阶、蓝岛大厦、大悦城、蓝色港湾、七彩大世界商品市场、潘家园民间文化发展有限公司、燕莎奥特莱斯、贵友大厦、奥体中心等9家企业。姜金平向企业主要负责人发放新《中华人民共和国安全生产法》《北京市生产安全事故隐患排查治理办法》等法律法规宣传册，听取各负责人的情况汇报、企业安全生产形势及对政府监管工作的建议和意见。

（刘　宁）

【职业卫生宣传培训】　年内，采取“互联网+职业卫生培训”新模式，使用“安全100”职业卫生培训远程教育学习平台，为辖区内用人单位主要负责人和职业卫生管理人员提供职业卫生培训服务。举办“职业病防治宣传周”活动，并以“5·12”防灾减灾宣传日及“安全生产宣传月”为平台，宣传职业病防治工作，发放宣传资料3000余份。

（姜　南）

【地下有限空间作业大比武】　年内，组织辖区内电力、污水处理、污水管线维护、热力、物业等行业10支代表队、50名有限空间作业人员，在市排水集团有限空间作业培训中心举行2016年区地下有限空间作业大比武活动。北京排水集团高碑店污水处理厂和北京排水集团第二管网运营分公司及10名参赛队员，分别获市安监局授予的“优秀参赛队伍奖”和“北京市安全生产技术能手”称号。

（姜　南）

【有限空间作业执法检查】　年内，全区开展有限空间作业执法检查759次，出动执法检查人员3084人次、各类执法检查车辆595车次，并对7家施工单位的违规作业行为立案处罚。

（姜　南）

【职业卫生执法检查】　年内，完成执法检查636家，指导街道（地区）办事处安监科对已申报476家用人单位做到100%检查全覆盖。已立案处罚23起，行政处罚23万元。

（姜　南）

【危险化学品执法检查】　年内，对危险化学品单位及烟花爆竹网点完成执法检查467家次，办理完成行政处罚案件20件，处罚金额37.5万元，其中重大案件3件，处罚金额17.5万元。协助指导黑庄户、孙河、大屯等街乡做好8起非法储存仓库案件查处工作，移交公安拘留8人，安监部门立案处罚3起。

（夏旭昀）

【参观接待与外出活动】　年内，公共安全馆接待阿拉伯外事团体，北京市安监局、广州市安监局、南充市人民政府等政府团体，民政部紧急救援中心等企事业单位，市内大中小学及社区群众参观。全年接待参观人员3万余人。外出活动3项，包括区科协、区教委主办的“科普游园会”，望和公园主办的“低碳环保主题游园会”和“2016年度安全技术进社区”活动，为近万名区内群众、小微企业单位员工进行安全技能培训。

（高　明）

审计管理

【概况】　朝阳区审计局是负责朝阳区审计监督工作的政府职能部门，实行双重领导，对区政府和市审计局负责并报告工作，审计业务受市审计局指导。内设12个科室，下设审计指导中心（纳入工资规范管理事业单位）。年内，完成审计项目51个，审计单位31家，延伸审计119家，查出问题金额23.9亿元，其中违规金额0.98亿元、管理不规范金额22.92亿元。审计发现非金额计量问题110个。出具审计报告和专项审计调查报告51篇，被批示43篇；提交审计信息159篇，被采用212篇次。提出审计建议151条，被采纳151条；推动完善规章制度42项。2个项目获市审计机关优秀审计项目与表彰审计项目。年内，获评群众性精神文明创建工作规范化建设文明单位、2016年内部审计理论研讨组织奖；信息工作获2016年度北京市审计系统优秀单位。2篇论文分别获北京审计学会“审计制度的创新与发展”征文一、二等奖。

地址：朝阳区北三环东路甲26号
邮编：100029
电话：84272266
邮箱：cysj@bjchy.gov.cn

（赵慧敏）

【内部审计指导】　10月，联合中央财经大学举办业务培训班。政府审计和内部审计人员参加培训。授课内容涉及审计、会计、财务等最新政策导向，采用案例模拟和专题讨论等培训方式。

（赵慧敏）

【政策落实跟踪审计】　年内，开展政策落实情况跟踪审计。对财政存量资金统筹盘活、地方债券资金使用情况及“放管服”政策落实进展情况进行审计，分析管理机制层面原因并提出建议，推进简政放权、疏解非首都功能等重点项目和改革任务完成。

（赵慧敏）

【预算执行审计】　年内，对17个区级部门开展预算执行审计。按照新《预算法》要求，首次对决算草案编制情况进行审计。全口径预算审计和决算草案审计，为区政府和区人大常委批准区决算提供依据。重点审查决算草案编制真实性、合法性，选取部分预算单位作延伸审计。重点审查政府性基金预算、国有资本经营预算和社会保障基金预算收支情况。掌握收支规模、分析收支余结构，关注收入是否完整，支出是否真实、合法。突出检查街乡预算执行及零余额改革情况，加大对教育资金的审计力度，将重点放在学校上，关注教育资金使用的基层单位和末端环节。持续加强对“三公”经费、会议活动费支出方面的审计力度。

（赵慧敏）

【政府投资建设项目审计】　年内，对崔各庄农民定向安置房、坝河南岸截污等3个工程项目进行决算审计。关注投资政策的落实情况，重点审查工程造价控制和项目建设管理情况，重点关注建设程序、招标投标程序履行、合同签订和执行、项目建设、资金收支及管理、竣工财务决算等关键环节。揭示项目建设资金使用中存在的突出问题，促进建设单位规范项目建设管理。对伊斯兰教清真礼拜寺、垂杨柳医院改扩建等4个重点民生工程项目实施过程跟踪审计，重点关注执行政策制度和项目实施情况，审查审批程序履行、项目进度管理、资金筹集使用及项目预算执行等情况，确保重要资金使用安全有效。

（赵慧敏）

【经济责任审计】　年内，对18家单位30名领导干部开展经济责任审计。重点强化领导干部履行经济职责，促进地区经济或部门事业科学发展、重大经济事项决策执行、廉洁从政等方面内容。推进自然资产资源离任审计试点工作，对区水资源管理使用情况开展审计。实行审计对象分类管理，提高审计计划主动性、灵活性和实效性。根据区经济责任审计内容、重点及街道办事处职责特点，初步建立朝阳区街道办事处党政主要领导干部经济责任审计评价体系。

（赵慧敏）

【国有企业审计】 年内，完成区国资委监管企业对外投资情况及区国有资本经营管理中心资产负债损益情况2个审计项目。主要检查国有资产管理、使用和运营过程中遵守法律法规情况，国有资产真实完整和保值增值情况，资产质量、经营风险管理情况及资金运营效果。

（赵慧敏）

【专项资金审计】 年内，加大专项资金审计，开展道路建设情况、垃圾分类体系建设状况、社会救助资金管理使用情况和农村地区产业结构调整升级专项资金使用情况等专项审计调查，重点关注专项资金使用绩效，促进相关部门规范项目和资金管理，研究健全完善制度，确保政策措施有效落实，提高资金使用绩效。

（赵慧敏）

【审计信息化建设】 年内，探索大数据审计工作模式，对部门预算执行情况开展大数据审计，实现由局部审计向全覆盖审计转变。对17个部门预算执行审计项目，利用局数据分析平台方法模型，分析常规审计内容。对区财政、教委及专项资金等重点审计项目，采取数据分析组全程协审、审中重点分析方式。

（赵慧敏）

【审计结果公告】 年内，通过朝阳审计信息网，向社会公布15家单位年度预算执行审计及2项政府投资建设项目决算审计结果。公告包括单位基本情况、审计发现的主要问题、处理情况及建议、发现问题的整改情况4个方面内容。

（赵慧敏）

国有资产监督管理

【概况】 朝阳区人民政府国有资产监督管理委员会代表国家履行国有资产出资人职责。年内，监管企业资产总额690亿元，同比增长1.4%；净资产247.5亿元，同比增长3.6%；监管企业实现营业收入207.3亿元，同比增长7.9%；累计实现利润7.2亿元，同比增长17.3%。

地址：日坛北街33号

邮编：100020

电话：65099193

邮箱：gzwanquan@126.com

（林春照）

【企业领导班子和领导人员考核】 2015年12月24日至2016年1月4日，采取书面述职述德述廉、民主测评、实地检查等方式，完成2015年度19家企业领导班子及93名领导人员考核工作，评选出29名（正职14名、副职15名）优秀企业领导。

（林春照）

【下发内审指导意见】 1月11日，下发《朝阳区国资委关于进一步加强区属国有企业内部审计工作的指导意见》，加强区属国有企业内部控制制度建设，提高经营管理水平。

（林春照）

【安全生产】 1月22日，市安委会、市人社局授予区国资委2013—2015年度北京市安全生产先进单位。2月至3月，区国资委党委书记王文远、主任王春平等委领导在春节、“两会”前带队对20家监管企业开展安全生产大检查，主要涉及底商、餐饮、超市、建筑工地、宾馆饭店、综合市场、公园等9类行业、56个点位，发现安全隐患36处，立即整改28处，限期整改8处。6月，区国资委党委会专题研究部署《朝阳区国资委系统2016年“安全生产月”活动实施方案》，聘请安全生产专业机构易辰公司对系统企业普查，检查一级公司12家、二级公司16家、三级公司9家，重点对城乡接合部企业安全隐患开展综合整治，排查出安全隐患12项，截至6月底，全部整改完毕。11月8日，组织系统单位在潘家园旧货市场召开“消除火灾隐患，共建平安社区”“11・9”消防宣传日应急演练现场会，区消防支队、区安监局、潘家园街道、潘家园派出所相关领导及系统企业、潘家园属地社会单位代表、市场商户代表等300余人参加现场会。

（林春照）

【系统内部审计研究会成立】 3月16日，召开系统内部审计研究会成立大会，系统20家单位60人参加会议。区国资委党委书记刘勇、主任王春平、区审计局局长田峡出席会议并作要求。

（林春照）

【同意昆泰集团项目转让事项】 3月18日，经区委常委会研究，同意昆泰集团下属北京乾景房地产开发有限公司大望京2号地项目总体转让方案。

（林春照）

【完成企业财务决算审核】 3月24日，通过市国资委会审，完成区属国有企业财务决算审核工作，涉及企业183户，资产总量682.5亿元。

（林春照）

【拨付预算资金】 3月31日，完成2016年国有资本经营预算一批资金拨付项目单位资金拨付，涉及资金5919万元。

（林春照）

【朝开公司产权挂牌交易】 3月底，朝开公司所属六里屯、南小营两处锅炉房土地及建筑物资产在北京产权交易所公开挂牌交易完成。

（林春照）

【专题培训】 4月20日至24日、6月22日至26日，选派系统企业14名副职领导参加第五期高级职业经理资质评价培训班，就团队领导能力、管理创新能力、资本运营能力等内容培训，提升企业领导人员综合能力素质。5月25日，举办深化国企“十项改革试点”讲解培训暨“两学一做”中心组扩大学习，邀请国务院国资委监事会专职监事，原国务院国资委研究中心主任、党委书记李保民解读国企“十项改革试点”和2016年深化国有企业改革9项重点任务，国资委和监管企业领导班子、监事会主席、部分企业中层及机关干部200余人参加培训。5月30日，国家安监总局法律司司长支同祥及国家应急救援指挥中心、指挥协调部副主任甄小丰对系统安全生产员开展北京市生产安全事故隐患排查治理办法培训。8月4日，举办董事会、监事会培训班，市国有企业监事会工作办公室副主任孙红军、住总集团派出监事会二办主席徐长海讲解国有企业法人治理结构运行、监事会理论与实践等内容，监管企业董事会成员、监事会成员、董事会秘书，在出资企业兼任董事、监事的企业领导班子成员、中层管理人员和系统二、三级企业董事会、监事会成员参加培训。6月23日至24日，召开系统企业人力资源工作会，针对企业养老保险政策、企业劳动合同管理及劳动纠纷调解开展培训。9月22日，召开内部审计业务培训会，系统20家单位内审部门负责人、内审工作人员和区审计局内审指导中心领导等40余人参加会议，会计师事务所有关专家讲授企业内部控制基础理论和政策要求及企业内审技巧、案例分析。9月至10月，选派28名企业领导人员分2期参加高级职业经理资质评价培训班，提升企业领导人员综合能力和素质。11月15日，举办国有企业员工持股政策解读培训，中智人力资源管理咨询有限公司副总经理、WorldatWork®（世界薪酬协会）专家会员、CIPT（国际职业培训师）认证讲师佟虎，讲解国有企业员工持股与中长期激励政策，系统企业领导班子成员、相关部门负责人及机关干部参加培训。12月6日至9日，举办系统优秀中青年管理人员培训班，各单位优秀管理人员73人参加培训。12月22日，召开系统企业2016年度财务决算培训会，部署2016年度国有企业财务决算、2017年度财务预算及财务月报工作。

（林春照）

【区纪委领导调研】 5月17日，区委常委、区纪委书记宋铁健到区国资委就落实党风廉政建设与纪律审查工作开展专题调研。区国资委党委书记刘勇、主任王春平及纪委书记姜仁忠分别汇报落实党风廉政建设主体责任、监督责任情况，其他班子成员补充汇报。宋铁健对区国资委党风廉政建设工作予以肯定，强调下一步工作要加强学习，提高认识；要健全制度，传导压力；要强化监督，挺纪在前，要加强班子建设和纪检队伍建设。

（林春照）

【同意昆泰集团成立分公司】 5月23日，经委党委会研究并报区政府批准，同意昆泰集团成立文化产业发展公司。昆泰集团单独出资，注册资本5000万元人民币，公司设董事会，成员5人，董事长由昆泰集团总经理兼任，公司设监事会，成员3人，公司经理由董事会选聘，公司法定代表人由董事长担任。

（林春照）

【审批同意成立子公司】 6月6日，经主任办公会研究同意、党委会审议通过，同意北京乾景房地产开发有限公司成立北京航投置业有限公司、北京居业置业有限公司和北京中言房地产开发有限公司3家全资子公司。3家子公司注册资本均为1000万元人民币。均不设董事会，各设执行董事1人，由股东委派。不设监事会，各设监事1人，由股东委派。法定代表人、总经理由执行董事担任。

（林春照）

【完成国有资本收益入库】 6月15日，经区国资委汇总审核、区财政局复核确认，完成2016年国有资本收益入库，相关企业于6月15日前完成利润上缴工作，涉及利润收入5980万元。

（林春照）

【核准股权事项】 6月，经区国资委核准、区政府审批，同意朝开公司收购永辉鸿景公司股权事项的收购方案和评估结果，评估基准日为2015年12月31日，收购标的永辉鸿景公司的净资产评估值为1996.12万元。

（林春照）

【完成国资预算收入全年预算】 6月，完成2016年国资预算收入全年预算。实现收入11871万元，完成年度预算的107.57%；国资预算支出7594万元，完成年度预算的68.81%。

（林春照）

【企业领导班子调整】 上半年，调整充实6个系统企业领导班子，调整考察企业领导人员20人（续聘15人，免职4人，交流1人），完成潘家园公司董事会、监事会换届工作。

（林春照）

【同意投资清算事项】 7月7日，经主任办公会研究，同意北京朝富安兴投资管理有限公司的清算方案，按照出资比例分配朝富安兴3179万元净资产（全部为货币资金）。北京天伦伟业公司与其他2位股东同意给副食公司补偿283万元，副食公司分配资金1300万元。

（林春照）

【系统企业财务情况调查】 7月11日至15日，开展系统企业财务基础情况摸底调查工作，与会计师事务所组成调查组，对企业财务制度建设、会计机构及会计人员、会计基础工作、对外投资及下属单位管理、预决算情况等展开调查，结果于8月29日反馈给企业。

（林春照）

【同意企业使用债资金及设立投资基金方案】 7月21日，区国资委研究并经区长办公会和区委常委会审议，同意国资中心使用三期企业债资金及设立投资基金方案，要求该投资基金要围绕区域发展需求确定资金投向和基金名称，按照政策和法规健全管理制度，严格基金运行管理，加强风险防控，确保资金使用依法合规。

（林春照）

【专题调研】 7月28日，建立国资系统党委（支部）书记例会制度并召开第一次座谈会，组织参会人员到北汽集团开展党建工作调研，围绕国企党建工作座谈。7月，到系统企业围绕“在深化国企改革中充分发挥党组织政治核心作用”开展调研，摸清区属国有企业党建工作主要成效和存在的问题，为下一步开展工作奠定基础。

（林春照）

【同意股份制改造方案】 7月29日，研究同意望京综开关于参股企业全维智码信息技术（北京）有限公司股份制改造方案。望京综开对全维智码信息技术（北京）有限公司出资200万元，股权比例为3.226%。股改后，望京综开持有股本为333355股，股本比例不变。

（林春照）

【对大望京2号地增资项目核准】 8月1日，根据昆泰集团下属北京乾景房地产开发有限公司大望京2号地项目总体转让方案，对乾景公司拟以在建工程对北京航投置业有限公司（航投置业）、北京中言房地产开发有限公司（中言）和北京居业置业有限公司（居业）3家公司增资项目开展核准。评估确认乾景公司拟对航投置业增资项目所涉及的在建工程626-1号楼评估价值为162366.72万元，拟对中言公司增资项目所涉及的在建工程626-2号楼评估价值为159426.76万元，拟对居业置业公司增资项目所涉及的在建工程618-3号楼评估价值为161162.91万元。

（林春照）

【同意股份转让】 8月5日，研究同意望京综开关于参股企业全维智码信息技术（北京）有限公司进入全国中小企业股份转让系统挂牌并公开转让的申请，并要求望京综开严格按照国有企业改革及"新三板"挂牌的相关政策要求，履行好出资人职责。11月21日，经区政府批复，区国资委同意昆泰集团将泛利房地产开发有限公司（泛利地产）持有的昆泰嘉华房地产经营有限公司（嘉华地产）25%股权无偿划转至昆泰集团；将昆泰集团所持有的泛利地产公司80%股权、昆泰嘉禾酒店有限公司（嘉禾酒店）持有的泛利地产公司20%股权无偿划转至嘉华地产公司；将昆泰集团所持有的北京金朝房地产发展有限公司（金朝地产）80%股权、嘉禾酒店公司持有的金朝地产公司20%股权无偿划转至嘉华地产公司；将嘉华地产公司持有的北京昆泰嘉豪房地产开发有限公司（嘉豪地产）30%股权无偿划转至昆泰集团；将嘉华地产公司持有的廊坊嘉奥房地产开发有限公司（嘉奥地产）30%股权、嘉豪地产公司持有的嘉奥地产公司70%股权无偿划转至昆泰集团。上述无偿划转事项完成后，嘉华地产公司成为昆泰集团全资子公司；泛利地产公司、金朝地产公司成为嘉华地产全资子公司；嘉豪地产公司和嘉奥地产公司变更为昆泰集团全资子公司。

（林春照）

【同意昆泰集团成立新公司】 9月13日，研究同意昆泰集团成立前苇沟组团棚户区改造土地开发项目公司，注册资本为2880万元，由昆泰集团单独出资。新公司设执行董事1名、监事1名，法定代表人和经理由执行董事兼任。

（林春照）

【部署房产出租专项工作】 9月23日，部署区属国有企业中开展房产出租管理专项规范工作。通过企业自查上报和专项检查，汇总分析企业在房产基础管理、招租管理、合同管理等各方面的情况，总结经验，分析工作中遇到的困难和存在的问题。核实不合规情况并有针对性地督促整改，制定完善有关房产出租制度，实现区属企业房产出租公开透明、合规高效的长效机制。

（林春照）

【同意北京首联商业集团有关转让事项】 10月8日，批复同意北京首联商业集团有限公司转让所持有的北京联超商业有限公司85%国有股权，转让价格由具有专业资格的中介机构评估并报区国资委核准后确定。同日，批复同意市昌平糖业烟酒公司位于昌平区和平家园4号楼、清秀园北区6号楼的2处底商及沙河镇巩华城大街7号房屋1451.37平方米及对应国有土地使用权无偿划转至北京首联商业集团有限公司名下。

（林春照）

【完成国有资本经营预算草案】 10月20日，完成2017年国有资本经营预算草案报送工作。收入包含上缴利润收入5564万元，股利股息收入5176万元，超收结转收入2138万元。预算支出规模为12878万元，支出包括9家监管企业的11个项目，建议安排资金9400万元。按22%比例上缴一般公共预算2833万元；国资监管费用建议安排645万元。

（林春照）

【组建朝阳水务集团】 10月至12月，根据区委、区政府组建北京朝阳水务集团有限公司要求，协助区水务局办理完成北京国研昭阳水务投资公司全部股权从市金龙水道经济开发公司、区水利工程公司无偿划转至区水文站所涉及国有资产产权变动登记事项。朝阳水利工程公司总资产账面值26534.27万元，评估值26432.53万元，减值额101.73万元；净资产账面值9689.50万元，净资产评估值9587.77万元，减值额101.73万元。朝水钻井队总资产账面值219.86万元，评估值221.95万元，增值额2.09万元；净资产账面值32.15万元，净资产评估值34.24万元，增值额2.09万元。区国资委对上述评估结果分别给予核准备案。

（林春照）

【内部审计交流座谈会】 11月30日，召开内部审计交流座谈会，系统20家单位主管内审工作领导、内审部门负责人和区审计局内审指导中心领导等40余人参加会议，区审计局内审指导中心主任吴晓刚到会指导，各单位主管领导全面总结和介绍内审内控工作开展和机构建设、制度建设等方面取得的成果及具体做法。

（林春照）

【同意朝开公司成立新公司】 12月1日，同意朝开公司成立北京甜水园房地产开发有限公司，新公司注册资本1000万元，由朝开公司所属全资子公司北京东坝基础设施开发有限公司和北京迪阳房地产有限公司分别出资510万元和490万元。

（林春照）

【空气重污染应急指挥部成立】 12月9日，根据《朝阳区空气重污染应急预案（2016年修订）》，建立国资系统空气重污染预警应急响应体系，成立空气重污染应急指挥部，制定《区国资委空气重污染预警应急分预案》，以微信群方式，实现信息沟通及时、顺畅，从2017年开始将环保工作纳入企业负责人经营业绩考核，各企业组建应急响应管理体系。

（林春照）

【同意扩股】 12月15日，经区政府同意，批复同意京客隆集团所属北京朝批商贸股份有限公司（朝批商贸）下属子公司北京朝批茂利升商贸有限公司（茂利升）通过增资扩股引入新股东，新增注册资本833万元人民币，增资后，茂利升公司注册资本为8333万元人民币；同意京客隆集团所属朝批商贸公司转让其在茂利升公司的487.5万元出资对应股权，所占增资前股权比例为6.5%，占增资后股权比例为5.85%。

（林春照）

【核准资产评估】 12月，核准同意区教委所属教育国资管理中心拟转让北京呀咪呀咪营养快餐有限公司4.374%股权事项的资产评估报告，全部权益价值评估结果为9150.17万元，增值5957.68万元，增值率为186.62%。

（林春照）

食品药品监督管理

【概况】 朝阳区食品药品监督管理局（简称区食品药品监管局）实行双重管理体制。局领导实行双重管理，以市食品药品监管局党组管理为主，区党委协助管理。主要负责实施食品行政许可和监督管理，药品零售经营许可、保健食品经营许可、医疗器械经营许可、药品经营质量管理规范认证，食品药品监督的稽查制度，查处违法行为，食品药品安全事故应急体系建设、应急处置和调查处理，食品药品检验检测体系、电子监管追溯体系、诚信体系建设等工作。局机关设12个职能科室，编制51人。下设区食品药品稽查大队、2个事业单位及43个街道（地区）食品药品监督管理所。全局实有干部职工233人、食品药品监察员203人。年内，围绕“让首都市民享受更高水准的食品药品安全保障”目标，强化基层所规范化建设，加大从源头上预防和治理腐败力度，推进党风廉政建设和反腐败工作。全年处理食品、药品突发应急事件37起，协办市年内食品安全应急演练，立案2160件，罚没款8100余万元，完成22项大型活动食品、药品安全保障任务，辖区未发生重大食品、药品安全事件。全年受理食品药品经营许可申请22077户次。被人力资源社会保障部、国家食品药品监督管理总局授予“全国食品药品监督管理系统先进集体”称号，获评朝阳区思想建设工作先进单位，政务服务中心被区政府评为红旗窗口。

地址：管庄乡1号

邮编：100024

电话：65776115

邮箱：bjcysyj@163.com

（肖　洁）

【食品安全宣传周】 6月17日至27日，举办“尚德守法，共治共享食品安全”2016年朝阳区食品安全宣传周。来自全区食品药品安全相关职能部门、食药协会、食药企业、社区居民、新闻媒体代表等120余人参加启动仪式。举行食品安全知识“进社区、进超市、进餐厅、进学校、进工地、进农村”食品安全“六进”活动、食品生产经营及从业者宣传教育、食品安全标准与营养安全、消费者权益保护科普、打击食品安全违法犯罪成果集中宣传等食品安全主题宣教活动、现场宣传咨询、讲座、新《中华人民共和国食品安全法》解读、选择优秀企业讲授相关食品安全知识等系列活动。

（肖　洁）

【区食品药品安全监控中心建成】 9月8日，区食品药品安全监控中心建成并完成搬迁工作。从左家庄前街3号和望京西园103号迁至高碑店乡高碑店村1355号，建筑面积增至2700多平方米。

（肖　洁）

【风险防控】 年内，区食品药品监管局完成食品各环节区级抽检样品7088个任务，合格率98%；完成全部药品抽检抽验1072件，合格率99.63%；抽检保健食品32批次、化妆品90批次，全部合格。开展风险监测，检测大型超市及农副产品批发市场的汤圆、食用油、蜜饯等470批次高风险食品，定期分析食品药品安全监测数据，建立研判机制，推进监测数据对实际工作的指导作用，实现食品药品合格率既定目标。

（肖　洁）

【质量管理规范落实】 年内，在食用植物油、白酒生产企业中先行建立追溯体系；在药品生产、经营和医疗器械生产环节全面实施GMP、GSP认证，强化全过程、全链条质量安全监控。将GMP跟踪检查、药品抽检等与药品生产企业监督结合开展，严格医疗机构制剂监管，加强特殊药品管理，确保药品规范GCP管理。开展药品零售企业GSP跟踪和飞行检查工作，确保药品质量安全。

（肖　洁）

【食品召回制度建立】 年内，制发《朝阳区食品召回管理工作实施细则》，推动食品召回制度，尝试开展食品生产企业飞行检查。

（肖　洁）

【分级分类管理】 年内，遵循风险分析、量化评价、动态管理、客观公正原则，有序推进食品生产、流通企业量化分级工作，完成76家食品生产企业、67家食品集中交易市场、216家商场超市、603家便利店、6344家食品贸易商风险分级，根据相应经营类别和风险级别实施监督管理工作，并确保项目被市政府列为“为民办实事”重点工作。

（肖　洁）

【专项整治】 年内，在重要时间节点、重大节假日、高风险领域等，组织开展夏季食品、畜产品、疫苗、中药饮片、特殊药品、十里河保健品市场等54项专项整治，通过错时执法、快速检测、检验抽检等手段，及时消除潜在风险。部署十余次食用农产品专项检查工作，确保从源头上消除风险。

（肖　洁）

【投诉受理】 年内，区食品药品监管局受理各类举报17331件，同比增长30%，举报均在规定时限办结。借助举报奖励平台，受理举报奖励申请41个，奖励金额19431元。

（肖　洁）

【案件查办】 年内，区食品药品监管局处理食品药品案件1442件，罚没款3828.43万元，其中包括四川海底捞餐饮股份有限公司北京第八分公司未经许可从事餐饮服务活动案、北京北口义齿技术研究有限公司未按照经注册的产品技术要求组织生产案件。

（肖　洁）

【大型活动保障】 年内，区食品药品监管局优化大型活动保障团队，完善“一部、五组、六片区”（一部：食品药品安全保障工作指挥部。五组：建立行政指挥组、综合协调组、核心区安全保障组、城市安全运行组和应急投诉处理组。六片区：43个食药所按区域分成6片，建立食药所之间联合执法体系）保障指挥体系，制定方案，保障组织到位，完成全国“两会”、第五届全国少数民族文艺会演、首届世界旅游发展大会、等22项大型活动期间食品药品安全保障工作，未发现有腹泻病例及食源性疾患。

（肖　洁）

【刑事司法衔接】 年内，区食品药品监管局制发《食品药品行政执法与刑事司法衔接工作办法》，完善与公安、检察院有关案件会商、联查联动、信息共享等工作机制，向公安机关移转涉刑案件7件。

（肖　洁）

【应急处置】 年内，处置37件食品药品突发应急事件。11月15日，协办市食品突发事件应急演练，京津冀食品药品监管和市公安、卫生计生等部门21支一线执法队伍600余名执法人员参加应急演练，实战检验应急预案，磨合协作机制。

（肖　洁）

【执法信息化】 年内，区食品药品监管局建成新网络机房，机房借助朝阳区政务外网及相关网络设备，与43个街乡食药所网络汇聚，成为核心数据交换中心。涉密政务内网和相关网络配备独立UPS供电系统，保证涉密政务信息传达的及时性和稳定性。行政执法综合指挥调度平台完成大型活动保障、应急处置、视频会议三大模块功能建设，提升行政执法信息化水平。

（肖　洁）

【基层建设】 年内，43个基层食药所监察员达203人，比2015年底增加15人；安贞、南磨房、黑庄户等食药所搬迁至新办公场所，43个食药所办公面积达7533平方米，同比增长31.95%。

（肖　洁）

【社区监测点】 年内，新增65个社区监测点。区食品药品监管局在32个超市、43个中小型市场设立检测点，监测点数量195个，各监测点运行正常。

（肖　洁）

【信息公开】 年内，区食品药品监管局承办依申请公开信息170件并办结；主动公开信息147件；局官方微信公开信息90余件。

（肖　洁）

【畜产品专项检查】 年内，区食品药品监管局开展为期2个月的畜产品专项整治工作。监督抽检畜产品2121个样本，其中不合格225个，立案187起，移刑案件2起。结案142起，罚没款507万余元。

（肖　洁）

【无照无证餐饮整治】 年内，区食品药品监管局完成辖区6010户无照无证餐饮单位销账工作。专项整治全区42个无照无证聚集区。全年对无照无证餐饮单位开展有规模的联合执法400余次，查抄无照无证餐饮商户8000余户次，开展行政处罚145件，罚款金额831万余元。

（肖　洁）

【网络经营行为规范】 年内，区食品药品监管局针对网络订餐迅猛发展，研究网络食品安全监管工作，完成辖区15家网络食品交易平台主体资质信息采集，建立信用档案；开展监督抽检、行政约谈等形式，完善监管工作；对微店网、“回家吃饭”、卓越亚马逊等平台未审查入网食品经营者许可证行为立案查办，罚没款40余万元。

（肖　洁）

【过期药品回收】 年内，区食品药品监管局完善辖区过期药品回收箱工作。重新梳理全区21个街道95个过期药品回收箱设置点台账，将更新后的过期药品回收箱设置点信息发布于局官网；重新定制及维修丢失及损坏的过期药品回收箱。

（肖　洁）

【食品药品安全调研】 年内，区人大常委会组织40余名人大代表，调研辖区食品药品安全监管情况。实地察看第三方交易平台“到家美食会”、朝来万通农贸综合批发市场，了解第三方订餐平台在商户认证、资质审核、监管措施等方面的情况，及批发市场里食品药品监管局驻市场办公室、批发市场追溯系统、市场自检室等运行情况，围绕网络订餐、大型批发市场监管进行座谈。

（肖　洁）

【安全用药月】 年内，区食品药品监管局采取“1+2+3+43”形式开展“安全用药月”宣传活动。“1”指举办一场“安全用药进社区”科普宣传活动。组织医学药学专家、执业药师代表、食品药品监管局人员走进社区，解答群众有关安全用药和政策法规的疑问。“2”指综合运用好局官网和官方微信两个平台，实时通过局官网和官方微信发布安全用药相关科普知识及“安全用药”月相关信息，局官方微信推送“安全用药月”专题。“3”指组织3场“科学用眼及科学佩戴隐形眼镜科普讲座进校园”活动，组织眼科专家走进校园，就保护眼睛、矫正视力及正确使用隐形眼镜等相关知识作科普宣传。“43”指以43个食药所为基点，做好老年人、孕妇、高血压患者、糖尿病患者等特殊人群用药知识宣传工作，发放安全用药宣传资料，综合提高辖区群众安全用药知识。

（肖　洁）

烟草专卖与管理

【概况】 朝阳区烟草专卖局负责辖区内烟草专卖管理、卷烟市场供应和卷烟销售网络建设。年内，办理各类涉烟违法案件153起，查获总烟量2020.4万支，同比增长6.72%；总案值1199.39万元，同比增长15.37%。办理涉烟网络案件8起，刑事拘留人数19人，同比提升58.33%。市场净化率92.46%。与工商等行政部门开展联合执法31次，平均单个案件查获违法卷烟13.55万支，同比增长261.33%。全年销售卷烟15.06万箱，同比下降9.5%；实现利税10.81亿元，同比下降7.94%。年内，获评2015年度市级交通安全先进单位、纳税信用A级企业。

地址：和平街十三区甲17号
邮编：100013
电话：64207306
邮箱：bjcyyc@163.com

（丁　鑫）

【市场净化行动】 4月4日，开展辖区市场净化行动。针对集贸市场、繁华商业区、城乡接合部等违法卷烟流动频发地区开展摸排和违法信息收集，对各网格地理环境、违法特点、主要违法品种、来源等问题摸底排查，运用APCD工作法和专卖信息系统确定需要整治的违法户，摸清各网格无证户情况并制定相关档案。市场检查队和稽查队采取多样化检查方式，运用错时检查、交叉检查、隐身检查等方式开展工作。

（李健都）

【课题入选“精益十佳”】 11月，在市局组织的课题发表赛中，朝阳烟草局《提高辖区卷烟市场净化率》精益课题入选年度北京烟草“精益十佳”课题，并在12月中国质量协会组织的第四届全国精益课题发表赛中获三等奖。

（丁　鑫）

【科技项目验收通过】 12月15日，“内管经营监督管理辅助应用系统”“朝阳烟草客户经理移动工作平台”开发及应用2个科技项目通过市局（公司）验收。2个科技项目组聚焦提升管理水平与降低员工劳动强度，应用自动化软件技术，向传统工作要效率，向日常工作要效益，同时结合2016年度开展的降本增效改善活动，为提高工作质量、提升管理效率服务。

（丁 鑫）

【破获涉烟网络案件】 年内，破获8起销售违法卷烟团伙网络案件。4月13日，联合昌平区烟草专卖局，历时1个月，查获违法卷烟88.18万支，涉烟案值522515.4元，抓捕涉案人员7人，刑事拘留3人，查获窝点6个，涉案车辆2台。5月20日，联合密云区局，历时近2个月，查获违法卷烟185.38万支，价值1047622.2元，抓捕涉案人员10人，刑事拘留3人，查获窝点11个，涉案车辆1台。5月27日，朝阳、西城、门头沟、平谷等区局，历时4个多月，查获违法卷烟196万支，涉烟案值1055183.6元，抓捕涉案人员11人，刑事拘留3人，查获窝点13个。6月12日，朝阳、西城、房山等区局联合密云、东城、石景山等区局，历时2个多月，查获违法卷烟142.32万支，涉烟案值680826元，抓捕涉案人员15人，刑事拘留3人，查获窝点15个，涉案车辆3台。6月30日，朝阳、西城、房山等区局联合通州区局，历时2个多月，查获各类违法卷烟14626条，涉烟案值1198122.7元，抓捕涉案人员17人，刑事拘留4人，查获窝点17个。7月18日，西城区局联合朝阳、丰台区局破获西朝丰“7·18”网络案件，查获违法卷烟136.42万支，抓获涉案人员9人，刑事拘留3人，捣毁窝点9个，涉案金额52.78万元。10月26日，朝阳、丰台区局，历时2个多月，查获违法卷烟121.58万支，涉烟案值1131771.8元，抓捕涉案人员10人，刑事拘留3人，查获窝点10个，涉案车辆2台。11月29日，历时3个多月，查获违法卷烟214.2万支，涉烟案值1080761.4元，抓捕涉案人员13人，刑事拘留3人，查获窝点13个。

（房 颖）

【创立“三权监督”制度】 年内，结合执法权、检查权、许可权监督工作，创立“三权监督”制度。遵循监督与指导相结合、纠正错误与改进工作相结合原则，确保“三权”监督行为合法合规。制度创立后，审核行政执法案卷300余卷次，抽查行政许可案卷数十卷次，抽查执法记录200余条，发现执法、许可、检查过程中的问题100余项，提出工作建议数十条。

（王静月）

【法制监督】 年内，审查行政处罚案卷262卷次，发现一般要素问题568处，基本要素问题32处。监督行政执法行为，审查执法记录仪156条，发现执法程序履行不完备等普遍性问题6个。全年审查经济合同43份，提出修改意见38处；审核管理规范28份。

（刘 韬）

【法律法规培训】 年内，分别在“3·15”“5·15”“6·29”“12·4”等重要节点组织宣传活动。在零售客户领证前、经营中、违法后等不同时间节点组织普法宣传，印发宣传材料2600份。

（刘 韬）

【QC小组活动】 年内，跟踪各QC小组（Quality Control Circle，质量控制小组）活动情况，调整小组活动内容。派遣活动骨干参加各类改善知识培训，保障QC活动骨干知识储备，并加强小组成员知识培训。推荐出色的QC课题参加对外交流，展示QC活动成果，学习行业内外优秀成果。

（丁 鑫）

工商行政管理

【概况】 北京市工商行政管理局朝阳分局（以下简称工商朝阳分局），主要负责辖区内市场经济主体登记注册、商标广告监管、经济合同监管、市场竞争监管、打假维权及规范市场经济秩序等工作。年内，撤销外商投资企业管理科，原业务划归企业监督管理科管辖；设商品质量监督管理科及网络交易监督管理科。全局有485人，下设稽查大队1个、科室15个、事业单位5个、工商所15个。年内，以朝阳区特点及区社会经济发展现状和功能定位，从“放、管、服”入手，以抓好党建工作为基础，服务非首都功能疏解和“一廊两带三区”功能布局，推动落实商事制度改革、事中事后监管和消费环境建设，服务辖区经济发展，努力实现“十三五”时期市场监管良好开局。截至12月底，区实有市场主体402678户，同比增长10.82%。其中内资企业307483户，同比增长16.50%；外资企业13252户，同比增长4.46%；个体工商户81943户，同比减少5.52%。年内，区新增市场主体58664户，同比增长11.77%。其中，新设内资企业54288户，同比增长21.14%；新设外资企业1039户，同比减少8.86%；新设个体工商户3337户，同比减少49.00%。行政处罚案件12580起（虚数清理的案件10124件、其他一般程序案件2456件），含虚数清理案件人均办案53.3件，不含虚数清理案件人均办案10.4件；罚没款总额1780.32万元，人均罚没款7.54万元。案件数（不含虚数清理）较上年同期上升65.2%，罚没款总额较上年同期下降3.8%。年度新发生行政复议案件128件，同比增长54.22%。新发生行政诉讼案件105件，同比增长25%。召开案审会15次，审议处罚案件94件，销案6件，吊销恢复案件4件，撤销处罚决定5个，审议罚没金额598.4万元；组织听证18次，维持办案单位意见3个，当事人自撤3个，事实不清需补证9个，处罚不当建议撤销1件，建议明确、降低处罚2件。年内，登记注册科获国家工商行政管理总局颁发的企业登记工作成绩突出窗口单位。

地址：朝阳区霄云路霄云里1号
邮编：100125
电话：51069009
网址：http://www.hd315.gov.cn

（赵金英）

【企业公示信息抽查】 1月至8月，组织开展生活服务类、投资理财类、先照后证类企业定向抽查及企业年报信息抽查。抽查区内企业4677户，其中无问题企业2838户，未公示即时信息135户，信息隐瞒235户，无法联系1721户，不予配合31户。

（赵金英）

【多节点服务体系建立】 3月18日起，15个工商登记三级平台（工商所）对全区简易换照工作实行通办模式。4月8日，望京、酒仙桥、商务中心区、双桥4个工商登记服务站正式挂牌成立。10月20日，在建外街道正式开设登记注册CBD分中心。各服务站运行以来，为辖区企业办理约25000户次登记注册业务，分中心办理各项业务6500余件，为分局登记注册大厅分流工作量近三成。

（赵金英）

【普法宣传】 4月26日，在第16个世界知识产权日到来之际，组织召开"加强知识产权保护运用、加快知识产权强国建设"活动。北京商标协会、区知识产权局、区无假冒商标示范店、著名商标企业、重点商场、电商代表参加活动。现场发放普及商标知识宣传材料500余份。12月4日，国家宪法日来临之际，分局代表市工商系统参加市法治宣传教育领导小组办公室、市委宣传部、市司法局在首都图书馆举办北京市"12·4"国家宪法日宣传活动。活动以"弘扬宪法精神，共建和谐社会"为主题，分局各工商所开展普法宣传，通过在市场、商圈悬挂宪法宣传横幅，电子屏播放普法宣传标语，及为企业发放行政提示和消费提示等形式宣传工商法规和政策。

（赵金英）

【著名商标培育、复审、奖励】 6月14日，市工商行政管理局公布2015年度市著名商标认定结果。区内有17家企业的20件商标被认定为2015年度市著名商标。10月10日，工商朝阳分局组织召开朝阳区申请（复审）北京市著名商标企业培训会，57户新申请著名商标企业和33户复审企业负责人参加培训。向市局推荐新申请商标13件、复审商标32件。

（赵金英）

【拓宽投诉热线】 6月，在"84912315"投诉举报热线基础上增设"52012315"投诉热线。新热线可满足同时打进30个投诉电话。新投诉热线开通以后，未接到一起因朝阳投诉热线无法拨通的消费者投诉。

（赵金英）

【消费商圈绿色通道】 上半年，利用各大主流媒体、分局网站、官方微博（@北京朝阳工商）等方式公示区内333家绿色通道成员企业名称、注册号、投诉电话、管辖工商所，建立全市首家"高品质消费商圈"绿色通道联盟。6月16日，中国国际贸易中心有限公司成为全国首家以奢侈品为主的"国贸商圈消费维权绿色通道联盟"。商务中心区已形成国贸、赛特、世贸天阶等区域消费主体维权合作机制，打造全区首家"高品质消费商圈绿色通道联盟"。强化市场主体责任，引导市场主体从产品质量、服务效能、投诉处理等方面完善工作标准，深化化解消费纠纷的能力，减少消费投诉和违法行为的产生。与同期相比，此区域投诉下降35.6%。

（赵金英）

【企业登记档案多点查询】 7月1日，工商朝阳分局除在办事大厅设档案查询点之外，增设酒仙桥、望京、双桥3个档案查询点。10月底，增加商务中心查询点，如需查询企业自身档案，均可到就近档案查询点办理。截至年底，查询点接待8838户企业，打印档案351277页。

（赵金英）

【启动"五证合一""两证整合"】 9月27日，正式实施营业执照、税务登记证、组织机构代码证、统计登记证及社保登记证"五证合一"登记工作。12月1日，市全面实行个体工商户"两证整合"登记制度改革，朝阳工商分局华威工商所发放首张个体工商户"两证整合"营业执照，此项工作在区全面实施。

（赵金英）

【拓宽登记准入前端渠道】 10月20日，工商朝阳分局与北京农商银行签订《银政业务合作代理协议》，并举行新闻发布会，率先在代办工商登记服务领域开展合作。通过将企业客户注册资料在工商部门与银行之间相互传递方式，实现企业客户免费、快速获取营业执照。企业可自愿选择北京农商银行下辖的朝阳支行4家首批试点代理网点免费办理营业执照。

（赵金英）

【法制建设与理论研究】 11月下旬，完成《广告典型案例与法理原则解析》一书编纂。全书包含7章29节，收集分局历年来典型的广告案例并解析，总结广告案件应从四个角度、三个维度入手进行解析和逻辑推理。四个角度：消费者角度分析违法广告行为潜在和实质性对公平交易影响；同行业者角度分析广告行为是否构成不正当竞争影响；广告主角度分析广告行为初衷是否合理与诚实；从执法者角度判定广告违法行为是否构成。从三个维度适法定案：遵循法定条款及程序，结合相关证据证明，对违法广告进行判定；应用逻辑推理推定违法广告行为存在的危害性质及情节轻重，适法查处；从法定及社会主流道德价值角度，评判广告影响是否存在不利行为。在此基础上，以法理原则、逻辑推理分析，形成成果性论述。

（赵金英）

【非首都功能疏解】 年内，有效完成24家市场、7家业态企业、2个摊群、1个早市疏解任务。其中，停业退市32家、升级改造1家、业态转型2家、清退摊位5234个，清理市场内虚数主体5580户，疏解经营人员11541人，拆除面积184971平方米。

（赵金英）

【市场内行政处罚和执法检查】 年内，以"双打"（打击假冒伪劣、打击非法经营）和各项专项整治为契机，加强行政处罚和执法检查，助推商品交易市场疏解进程。截至12月，立案531件，罚没款281.264万元，涉及汽车、农资、限塑等，其中商标类案件34件，罚没款16.244万元；虚假宣传类案件2件，罚没款5.75万元；产品质量类案件77件，罚没款10.58万元；消保维权类案件3件，罚没款202万元；广告类案件1件，罚没款10万元；塑料袋类案件29件，罚没款1.54万元；无照经营类案件375件，罚没款31.81万元；擅自变更住所类案件6件，罚没款0.3万元；为无照提供场所类案件2件，罚没款2.04万元；其他类案件2件，罚没款1万元。加强市场内商品质量监测，向区政府申请专项经费450余万元，全年完成500余组涉及建材、日用百货、服装等类别的市场内商品抽检任务。

（赵金英）

【市场主体发展分析报告】 年内，工商朝阳分局、信息中心编写《2016年上半年朝阳区市场主体发展分析报告》《朝阳区企业集中办公区（孵化器）发展情况及趋势分析》《朝阳科技型企业发展分析报告》《2016年朝阳区市场主体发展分析报告》4篇分析报告。其中《朝阳区企业集中办公区（孵化器）发展情况及趋势分析》及《朝阳科技型企业发展分析报告》分别刊登在2016年第三期、第四期《数字工商》杂志，《朝阳科技型企业发展分析报告》被国家工商总局采用。

（赵金英）

【企业登记全程线上办理】 年内，以

无纸化办公为改进原则，通过电子化智能化提升审批效率和服务水平、管理手段，优化区域投资环境。探索试行从名称预核到电子营业执照发放的企业登记全程线上办理，12月28日成功发放首张电子营业执照。

（赵金英）

【“双随机、一公开”抽查】 年内，采用“双随机、一公开”方式（即检查对象和检查人员双随机，检查结果通过信用信息平台向社会公开），对辖区餐饮、住宿、居民服务等行业9326户企业开展9次抽查。

（赵金英）

【企业信用体系建设】 年内，推进区信用体系建设，推动区政府出台《北京市朝阳区企业信用体系建设三年行动计划（2016—2018年）》，对于发现有未按规定期限公示年度报告、未依照相关规定公示有关企业信息、公示企业信息隐瞒真实情况弄虚作假、通过登记住所或经营场所无法取得联系4种情况的区内企业，落实企业经营异常名录列入、移出工作，全年完成42158户次企业经营异常名录列入，8364户次移出。

（赵金英）

【无证无照经营行为治理】 年内，与区食品药品监管局联合出台《关于2016年朝阳区无照无证餐饮单位监管和综合整治工作方案》，遵循“政府领导、属地负责、部门联动、疏堵结合、综合治理、标本兼治”原则，将无照无证餐饮单位作为整治重点，坚决打击和取缔非法餐饮单位，完成全区无证无照经营行为销账率30%工作目标。

（赵金英）

【“僵尸企业”清理】 年内，加大对经济主体虚数清理工作法理、程序和操作方式研究，加快推进“僵尸企业”退出市场，吊销各类经营主体10178户。

（赵金英）

【企业年报服务】 年内，利用微博、微信等新媒体宣传年报政策，拓展年报服务渠道。2015年度，内资企业年报率91.41%，外资企业年报率90.26%，外资代表机构年报率90.86%，个体工商户年报率82.88%，农民专业合作社年报率100%；2015年度应报代表机构2264户，占全市总数的66.4%。截至限期办理年报时间7月15日，年报代表机构2057户，年报率为90.86%。

（赵金英）

【查办外资监督类案件】 年内，办结外资监督类案件59件，其中代表机构逾期年报24件，代表机构未按规定办理变更或注销登记34件，代表机构从事业务活动以外活动1件，罚没款74.5万元。

（赵金英）

【红盾护农活动】 年内，开展农资企业认领工作，完成市工商局名单1310个企业中283个农资企业认领确定，并完善企业资料。加大执法检查力度和检测力度，创新开展对亚马逊网站农膜商品抽检。抽检过程中对每一个重要网页均采取截屏手段保存证据，抽样全程均连续录像确保整个过程完整有效。此次网上抽检是全市首次农资产品网上抽检，立案涉农案件10件，罚没款11.4万元。

（赵金英）

【商标专用权保护专项整治】 年内，制定《北京市工商行政管理局朝阳分局打击制售假冒伪劣商品保护知识产权专项行动方案》，成立“打击侵犯知识产权和制售假冒伪劣商品专项整治行动”工作领导小组。查处商标侵权类案件203件，罚没款148万元；产品质量类案件130件，罚没款300万元。开展酒类专项整治工作，检查酒类经营主体200余户，查扣侵权商品3000余件，办结酒类侵权案件53件，罚没款23.51万元。同时，开展加强保护“迪士尼”注册商标专用权专项行动，在迪士尼纪念品和衍生产品商品流通领域、广告宣传领域和网络销售领域，开展对侵权行为的打击态势，防范和制止侵犯迪士尼注册商标专用权违法行为。年内，继续加大对重大案件的查处力度，商标科联合稽查大队查处侵犯“SWISSGEAR”注册商标专用权行为。查处销售侵犯奥德赛ODESIRE及图商标权格册案被《中国工商报》作为典型商标案例选登。

（赵金英）

【广告监督管理】 年内，报纸监测52293条，同比下降40.14%；杂志监测20971条，同比下降77%。全年市局监测分局各类媒体广告发布量333301条，违法条数908条，违法率0.27%，同比下降37.21%。国家局广告数据中心监测涉嫌违法广告13条，均按要求处理。广告经营资格登记34户；户外广告登记1块次。广告案件立案274件，结案115件，罚没款512.11万元。对辖区内479家媒介单位分级分类。在《互联网广告暂行管理办法》于9月1日正式开始执行后，开展对辖区内所有大型网站的巡查及专项整治，包括乐视、亚马逊、蜜芽网、陌陌、新氧等各类网站，1个月内立案调查13件，行政约谈4家企业，行政提示3件，责令改正4件。案值124万元整，其中P2P金融类案件5件。

（赵金英）

【合同监督管理】 年内，完成拍卖备案会前574 场次，会后513场次，检查成交确认书47440份，成交金额794239.12万元。完成动产抵押登记147 次，促进信用贷款和信用融资457966.712万元。立案84件，结案93件，其中格式条款案件76件，经纪人案件9件，拍卖案件6件，罚没款44.34 万元。针对房地产经纪机构投诉率多发情况，制定房地产经纪行政提示单，入户检查2249户房地产经纪公司，下发行政指导提示单1009份。5月，制定《合同争议自主快速解决办法》，召开6家房地产经纪连锁机构总部参加的合同行政指导工作会。要求企业依法规范经营，对企业内部是否存在侵害消费者权益行为，特别是合同到期不退客户押金问题开展自查。要求企业在6月中旬以前，建立合同争议自主快速解决机制。在具备相关条件的情况下，向属地工商所申请加入消费争议快速解决绿色通道。

（赵金英）

【“守合同重信用企业”推荐】 年内，完成7个区委办局及工商分局各业务科室对推荐企业的审核。通过汇总各方审核意见，确立11户企业为推荐企业。经过市局、国家局评审，区内有6户企业获评国家级“守合同重信用”单位。

（赵金英）

【反不正当竞争执法】 年内，不正当竞争案件结案75件，罚没款154.43万元。其中对北京华韩医疗美容医院有限公司、北京艺龙信息技术有限公司虚假宣传行为，分别罚款20万元和15万元。

（赵金英）

【直销企业典型案例】 年内，依据《直销管理条例》第四十二条，对直销企业嘉康利（中国）日用品有限公司超出直销产品范围从事直销经营活动行为予以查处。没收销售收入198.47万元，罚款30万元。同时，对该公司虚假宣传行为，罚款20万元，罚没款248.47万元。

（赵金英）

【非法集资专项检查】 年内，制定《北京市工商行政管理局朝阳分局类金融企业专项整治方案》，对区金融办提供的243户重点高危企业分批分片开展实地摸排。专项行动出动执法人员150余人次，查办类金融企业虚假宣传案件5件，并将易租宝在区注册的8家关联企业做出限制变更登记处理。

（赵金英）

【辖区综合治理】 年内，全区综合治理工作包括清洁空气计划、群租房整治、市政环境整治、拆除违法建设、人口调控、旅游市场秩序整治及危爆物品寄递物流清理整顿等方面。分局稽查大队出动执法人员56人次参与其他部门牵头发起的各项综合治理执法行动，派出40余人次参加市区政府及各委办局组织的各项会议及培训工作，牵头组织协调辖区校园周边100米内56户烟草专卖许可证过期商户检查的控烟工作及涉嫌假冒旅行社网站专项检查工作。

（赵金英）

【重点领域消费维权】 年内，全市投诉重点行业是"网络零售""房屋中介""房屋装修""超市零售""健身服务"。将北京花旺在线商贸有限公司、北京神奇时代网络有限公司、北京嗨学网教育科技有限公司3家投诉较多企业定为区重点企业，对3家重点企业多次走访，听取企业制度、流程和各部门负责人介绍，并当场指出问题，提出建议，要求做出整改。3家重点企业投诉下降54%，重点行业投诉受2次群体突发消费纠纷影响整体上升23.64%。

（赵金英）

【打造消费宣讲品牌】 年内，发挥消费教育宣讲团作用，开展"精品课堂"，坚持工商所"每月一讲"，吸纳检测机构、专家学者讲授150余场。其中面向消费者64场，面向经营者86场，发放宣传材料3.2万件；创新宣传手段，加强与传统媒体、新媒体线上线下跨线合作。

（赵金英）

【快速和解机制建立】 年内，建立消费纠纷快速和解机制企业157家，达成企业与消费者自行和解105368次，涉及金额4699万元。达成企业与消费者自行和解105368次，涉及金额4699万元。

（赵金英）

【商品质量抽检】 年内，将流通领域商品质量检测工作作为促进区域产业转型升级、疏解非首都功能工作利器，以发现不合格商品为核心，以区政府疏解名录为重点，对不符合首都功能定位的产业功能分类分级抽检，开展低端业态、低端商品淘汰清退工作，辅助区政府完成疏解任务。年内，主要抽检服装、鞋、电子产品、五金水暖等产品，完成任务928组，发现不合格样本603组，整体合格率35.02%，结案217起，罚没款339万元。

（赵金英）

【消费者权益保护】 年内，"12315"综合信息采集服务平台处理各类信息27445件，其中投诉21820件（商品类投诉3974件，其中2140件为质量问题；服务类投诉17846件，其中3391件为质量问题）；举报6165件（其中215件反映质量问题），办结21809件，挽回经济损失18735273.48元。

（赵金英）

【工商朝阳分局工商所】

	名称	地址	电话
1.	六里屯工商所	甜水园北里 1 号楼	65076946
2.	团结湖工商所	团结湖北头条 2 号楼东侧	85589300
3.	双井工商所	松榆东里 37 号楼	67316857 转 1
4.	酒仙桥工商所	驼房营路 3 号（将台派出所南）	64329430
5.	左家庄工商所	西坝河西里 28 号英特公寓 4 层	64292464
6.	奥运村工商所	安惠里 1 区 11 号	64915551
7.	高碑店工商所	康家园 25 号	85782132
8.	北京商务中心区工商所	建国路 93 号万达广场 3 号楼 1 层	58205533 转 525/500
9.	双桥工商所	管庄乡杨闸环岛东 200 米路南	85708720
10.	华威工商所	双龙南里 212 楼	87312145
11.	大屯工商所	惠新东街 8 号设计大厦 E 层	84644537
12.	望京工商所	望京西园 103 楼	64707739
13.	安贞工商所	西坝河西里 28 号英特公寓 3 层	64433315
14.	十八里店工商所	双龙南里 129 楼	87310453
15.	崔各庄工商所	崔各庄乡政府东侧	64321040

（赵金英）

消费者权益保护

【概况】 朝阳区消费者协会（简称区消协）是依法保护消费者权益的社会团体，会长由工商朝阳分局副局长兼任，下设15个基层分会，指导和开展消费维权工作。

地址：霄云路霄云里1号
邮编：100125
电话：51069009
网址：http://www.hd315.gov.cn

（赵金英）

【“3·15”宣传活动】 3月，全区消协系统按照年主题“新消费、我做主”，开展“3·15”宣传活动。消费者协会到社区，商场，市场，学校开展宣传活动54次，发放材料5万余分，组织消费课堂10次。“3·15”活动现场受理投诉20件。

（赵金英）

【消费者投诉受理】 年内，区消协及各消协分会受理消费者投诉16377件，已办结14306件，为消费者挽回经济损失17443483.56元；接待来访、咨询8314人次；因欺诈行为得到加倍赔偿333件；赔偿额为501670.1元。

（赵金英）

科技·教育

2017
北京朝阳年鉴

科　技

科技工作

【概况】 朝阳区科学技术委员会（以下简称区科委）是区政府主管全区科技工作的综合职能部门。区知识产权局与区科委合署办公，负责全区知识产权保护组织协调和专利工作。有行政编制17人，内设办公室、监察科、综合科（知识产权科）、计划管理科、高新技术产业发展科。下属朝阳区生产力促进中心、朝阳区知识产权服务中心、朝阳区知识产权快速维权中心，有事业编制17人。年内，全区技术合同输出6778项，同比增长1.8%；技术合同成交额754.7亿元，占全市的19.2%，同比增长16.2%，高于全市增速。全区国内专利申请量为38611件，同比增长46%；专利授权量为17780件，同比增长10%。全区专利申请和授权量占全市的比重分别为20%和18%，在全市区县排名第二。年内，有国家高新技术企业1939家，占全市高新企业总数的12.14%，在全市区县排名第二，同比增长45.13%。

地址：日坛北街33号
邮编：100020
电话：65099678
邮箱：kewei0001@yahoo.com.cn

（李小骏）

【工作交流】 1月7日，唐山市路北区副区长徐战虎、科技局书记张继宗等一行，到区生产力促进中心开展考察交流活动，并与中心相关业务部门和区内高新企业代表座谈。2月26日，昆明市委组织部人才工作处处长谷少华、科技局人事处处长付思华等一行四人到区考察高校发展合作联盟建设情况，区委组织部副部长高敬茹、区科委副主任李晓霞等陪同调研，区人才办、区高校发展合作联盟秘书处工作人员参与调研。3月2日，昆明市科技局局长刘燕琨带队到区科委（知识产权局）开展考察交流活动，区科委主任冯守华、党组书记林广吉、副主任戚道铎等参加活动。3月25日，区生产力中心携区内企业到北京师范大学开展对接交流活动。北京师范大学分析测试中心主任李崧、研发实验服务基地管理部部长常崇艳参加活动。4月18日，昆明市·朝阳区高端人才合作峰会在昆明举行，冯守华、昆明市科技局局长刘燕琨分别签署两地科技合作框架协议。8月12日，市科委技术市场管理办公室主任董齐超、书记李明亮等一行4人到区调研技术市场工作，冯守华及相关人员参加调研座谈。

（李小骏）

【领导调研】 1月29日，国家知识产权局专利复审委常务副主任葛树等一行6人到区调研外观设计专利保护社会需求。市知识产权局副局长潘新胜、区知识产权局局长冯守华等陪同调研。3月11日，市科委高新处处长王金勇一行到区科技服务业重点企业——安捷伦科技公司调研。3月29日，北京知识产权举报投诉与维权援助中心主任王连洁一行到朝阳区（设计服务业）知识产权快速维权中心开展工作座谈和业务交流，区知识产权局副局长高连顺参加座谈。4月7日，国家知识产权局外观部副部长贾海岩一行到区调研朝阳（设计服务业）知识产权快速维权中心工作开展情况。区知识产权局党组书记林广吉、副局长高连顺等陪同调研。6月20日，区委常委、副区长马继业到朝阳（设计服务业）知识产权快速维权中心调研工作开展情况，冯守华陪同调研。9月13日，马继业到国创城、公司宝、融创动力调研区众创空间发展情况，冯守华、戚道铎陪同调研。11月23日，马继业带队考察区重点高新技术企业北京掌阅科技有限公司。区科委、区商务委、中关村朝阳园管委会、区金融办、区文创办、区文化创意产业实验区管委会等相关部门随行调研。

（李小骏）

【国家级科技企业孵化器认定】 1月29日，科技部正式公布区洪泰创新空间、融创空间、云研社、极地国际创新中心四家众创空间纳入国家级科技企业孵化器的管理服务体系。3月11日，区科委、生产力中心联合北京工业大学、电科院三所，在创亿谷孵化器举办“条件平台资源进孵化器”主题宣传活动暨需求征集会，区内36家电子信息领域在孵企业参加会议。12月15日，在望京科技创业园召开区科技企业孵化器联盟第一届理事会第二次会议，联盟理事单位及18家新成员单位代表参加会议。年内，全区47家孵化器和众创空间，包括孵化器21家（市级以上孵化器9家）、众创空间26家，其中获市级认定的众创空间达17家。孵化器和众创空间办公场地面积102.6万平方米，在孵企业达1371家，收入总额超过31亿元。

（李小骏）

【创业大赛】 2月2日，香港科技大学百万奖金国际创业大赛启动会在区国家级科技企业孵化器洪泰创新空间举办。香港科技大学、科技部火炬中心、市创业孵育协会、区科委生产力中心等单位出席会议，区科技企业孵化器联盟相关单位及全市各类创新型众创空间参加会议。

（李小骏）

【市级科技进步奖】 2月19日，市科委公布2015年北京市科学技术奖获奖成果名单，有188个成果获奖。朝阳区有24家单位单独或与相关单位联合申报并获奖成果29项，其中一等奖8项、二等奖5项、三等奖16项。

（李小骏）

【高校联盟】 3月14日，区高校发展合作联盟秘书处在北京联合大学组织召开联盟信息平台上线培训暨2016年联盟工作座谈会。区科委副主任李晓霞、戚道铎出席会议。中国传媒大学、北京联合大学、北京工业大学等20余家联盟成员单位科技（研）、区域合作主管部门代表参加会议。5月18日至6月26日，区高校发展合作联盟秘书处联合中央美术学院协同创新中心，组织区内企事业单位参观2016年中央美院毕业季展览，北京工业大学、中国传媒大学、中科院微电子所等联盟成员单位以及北京中计新业科技发展有限公司等区内企业代表80余人参加活动。5月25日，由区科委、区生产力促进中心主办，中科院、中国建材院、北工大、北师大协办的首都科技条件平台朝阳工作站“百进千”暨朝阳区高校发展合作联盟需求对接会召开。中科院、中国建材院、北工大、北师大基地及成员单位负责人，区15家企业代表等，共50余人参加会议。

（李小骏）

【专利联合执法】 3月31日，区知识产权局牵头组织城六区专利行政执法人员开展联合执法行动。市知识产权局执法处副处长陈军、区知识产权局负责人及各区行政执法骨干12人参加行动。执法行动分成两组，重点对区域内三家红星美凯龙家居建材市场、1家大型商场、1家家乐福超市开展执法检查，检查专利商品1000余件，立案查处假冒专利案件17件，对涉案商品采用下架处理，并约谈商场和市场负责人。

（李小骏）

【电动汽车充电桩建设】 4月14日，区科委联合社会办、农委等部门调研70余家社区，初步摸清年内拟安装充电桩示范试点社区的基础信息，并组织区农委、社会办、发改委、规划分局、房管局等有关部门召开工作会。年内，为全区20个示范试点小区建设电动汽车充电桩103个，总功率2300千瓦，覆盖居民约3万户。

（李小骏）

【区“十三五”时期科技创新发展规划】 4月20日，组织召开区“十三五”时期知识产权事业发展规划征求意见座谈会。高连顺主持会议，各相关单位负责人及部分知识产权专家参与座谈。12月11日，《朝阳区“十三五”时期科技创新发展规划》正式发布实施。

（李小骏）

【世界知识产权日】 4月26日，是第16个“世界知识产权日”。区知识产权局联合区委宣传部、工商朝阳分局、望京科技园等部门，围绕“加强知识产权保护运用，加快知识产权强国建设”主题，组织开展“一推、三会、五进”（“一推”是一项微信推送；“三会”是举办三场培训交流会；“五进”是知识产权进园区，进校园，进社区，进市场，进展会）知识产权系列宣传活动。活动覆盖机关、产业园区、大学校园、商场市场、大型展会等，区内50余家商（市）场、1000余家企业参加活动，培训300余人次，发放宣传资料2000余份，受众3000多人次。

（李小骏）

【科普活动】 4月29日，区科委联合区学生活动管理中心、青少年活动中心，在小关街道安全教育馆举办“创客培育、体验科普”2016年朝阳区系列科普活动首场活动——创客社团进社区。该活动由区科委2016年科普专项支持、思麦星（北京）教育科技公司具体承办。年内在南湖东园社区、樱花园实验学校、莲葩园社区等中小学和社区陆续开展8场活动，向青少年和社区居民普及科学知识和科学方法，提升居民综合科学素养。

（李小骏）

【知识产权培训】 5月10日至11日，联合市知识产权局在蟹岛度假村举办2016年知识产权政策及业务培训会。培训内容包括专题培训、政策及业务培训。市知识产权局副局长周砚出席开班仪式并讲话。来自区内试点单位、示范企业、专利项目实施单位、高新技术企业及知识产权服务机构等130余人参加培训。6月17日，联合市知识产权信息服务中心举办“专利信息利用能力提升培训会”，来自区内50余家骨干企业、试点示范单位和代理机构的70余人参加培训。

（李小骏）

【金融工作研讨会】 5月12日，由区科委、区生产力促进中心组织的区科技金融工作研讨会在瀚海博智众创空间举办。区政协委员张小文、区科委副主任戚道铎、区生产力促进中心负责人刘悦镔出席会议。民生银行、邮储银行、科技金融领域中心、瀚海博智科技孵化器、汉唐通信、普华永道、水木资本等16家投融资机构、孵化器及众创空间企业代表参加会议。

（李小骏）

【项目评审】 5月17日，区生产力促进中心组织举办2016年度区科技企业技术创新专项项目专家评审会。评审会组织33位专家，评议全区范围内征集到的143项科技企业技术创新项目，项目范围涉及科技服务业、电子信息、能源环保、科技金融等多个领域。

（李小骏）

【知识产权联席会】 6月15日，区召开2016年知识产权联席会议工作会。会议总结2015年工作，交流经验体会，并部署下一阶段工作。区委常委、副区长马继业出席会议并讲话，知识产权联席会议各成员单位负责人参加会议。

（李小骏）

【众创空间】 7月8日、8月5日，先后召开区长办公会、区委常委会，部署“双创”发展相关工作。区委书记吴桂英、区长王灏、组织部部长何明、副区长马继业分别就众创空间发展提出指导意见。12月13日，市科委组织开展2016年度“创新创业服务机构建设促进”专项申报工作，经区科委推荐，3W空间、公司宝、优客工场、氪空间、星库空间等10家优秀孵化机构获得项目支持。

（李小骏）

【首都科技条件平台朝阳工作站】 7月12日，举办首都科技条件平台朝阳工作站再准入签约仪式。市科委副主任郑焕敏，马继业代表双方出席签约仪式。首都科技条件平台区县工作站、领域中心、研发实验服务基地及区内优秀科技企业代表100余人参加会议。7月27日，朝阳工作站参加市科委组织的首都科技条件平台绩效考评验收会。工作站负责人刘悦镔汇报2016年朝阳工作站工作开展情况及下一步工作计划。年内，推动建立条件平台工作站与孵化器联盟、高校联盟的联动机制，联合重点实验室开展平台资源进孵化器主题活动。开展对接活动40余次，对接科技需求300余项，实现合同金额近1000万元。首都科技条件平台朝阳工作站发展成员单位160余家，累计向79家小微企业和创业团队发放创新券482.5万元。

（李小骏）

【政协提案办理】 7月21日，召开“关于在朝阳区设立创业投资引导基金支持创新创业的建议”协商座谈会，会议由区政协领导督办、区科委承办。区政协副主席王文远及17位政协委员出席会议。区政府办、区科委、区发改委、区财政局、区人力社保局、区政协提案处、区政协经济处等相关部门人员参加会议。

（李小骏）

【科普体验厅】 8月4日，奥运村街道组织科普体验厅启动仪式，奥运村街道办事处主任韩军、区科委主任冯守华等出席活动。“奥运村街道科普讲师团”宣告成立，中科院生物物理所张锦珠、中国科技大学黄吉虎等10位中科院退休老专家暨科学园社区居民被聘请为“奥运村街道科普讲师团成员”。年内，加强社区科普体验厅建设，2015年度奥运村市级社区科普体验厅通过市科委验收；来广营、东坝两个社区获批2016年市级社区科普体验厅，全区科普体验厅数量达8家。

（李小骏）

【区“十三五”规划展】 9月7日，区“十三五”规划展暨2016北京CBD商务节在朝阳规划馆正式开幕。展览主题为“创新驱动发展，科技引领未来”。

（李小骏）

【知识产权维权中心工作】 年内，中国北京朝阳（设计服务业）知识产权快速维权中心向国家知识产权局申请，在国知局批复的4个类别基础上，新增加服装和服饰用品类外观设计专利并纳入快速申请通道。1月至11月，新增备案企业29家；受理外观设计专利快速申请438件，同比增长25.5%，其中353件已获授权。

（李小骏）

【市级国际科技合作基地认定】 年内，市科委开展4批市级国际科技合作基地认定，其中区内基地61家，占比为16%，位居全市各区第二。

（李小骏）

【科技人才】 年内，由区生产力促进中心承担的区委组织部人才项目"朝阳区孵化器联盟创新创业人才集聚服务体系建设"和"搭建创新平台开展'双创'人才建设"通过验收，后者被评为区人才工作优秀项目。同时，加强高端人才服务，为17名高端科技人才发放体检卡。

（李小骏）

【社会发展项目】 年内，支持实施社会发展项目26项，投入经费600万元。围绕节能技术示范推广，沙子营、亮马河等河流水体修复，垃圾处理，智慧城市，卫生事业发展等重点问题开展技术示范及科技成果推广应用。区科委加强重点用能单位的节能管理与服务，中国计量科学院等9家单位获2015年度节能考核优秀奖励。

（李小骏）

【科普基地】 年内，新增汉能清洁能源展示中心、奇虎360等6家科普基地，市级科普基地50家，占比为19.2%。

（李小骏）

【区级科普项目】 年内，组织实施2016年区级科普项目，科普互动产品开发、科普导览App、科普基地能力提升和科普活动进学校进社区等8个项目获支持。

（李小骏）

【协同创新项目】 年内，支持协同创新项目22项，围绕科技与文化融合、智能制造产业发展，支持中国传媒大学、北京联合大学重点协同创新中心建设；依托高校院所资源支撑企业开展关键技术研发攻关和居家养老、创新创业基地建设等技术研发与成果应用；支持开展移动互联技术应用、艺术惠民等6场大型主题论坛，营造创新创业良好氛围。

（李小骏）

地震服务

【概况】 朝阳区地震局是负责全区防震减灾工作的区政府职能部门，正处级，参照公务员管理事业单位，内设办公室、监测震防科和应急救援科，编制12人。业务受市地震局指导，与区民防局合署办公。年内，新建两处地震安全示范社区。检查维护区属44处地震观测台站，组织培训地震观测人员。完成朝阳区大震巨灾仿真模拟项目试点工作，召开全区43个街乡调查工作部署动员会，培训1000余名调查人员，在全区开展基础数据调查。组织开展47期基层应急志愿者培训，培训1750余人。组织开展"5·12"防灾减灾日等宣传活动，指导区属有关单位开展宣传教育。组织社区、学校开展地震应急疏散演练9次。新建望和公园应急避难场所，检查维护应急避难场所设施。补充购买部分应急物资。朝阳区地震局被评为2016年度北京市区防震减灾工作综合考核优秀单位。太阳宫乡夏家园社区获得"北京市地震安全社区"称号，将台乡丽都社区获得"国家地震安全示范社区"称号。

地址：亮马桥路34号
邮编：100125
电话：64617795
邮箱：dzjbgs@bjchy.gov.cn

（王　淼）

【大震巨灾仿真模拟项目试点工作】 3月，召开大震巨灾仿真模拟项目工作部署会，公布"朝阳区示范区域大震巨灾仿真模拟项目"工作方案，建外街道办事处、十八里店地区办事处分别介绍先行试点的经验和做法，市地震局震害防御处处长刘博在会上介绍华北地区、首都圈地区地震趋势，强调朝阳区做好此项工作，将为全市开展大震巨灾仿真模拟项目打好坚实基础，提供有价值、可借鉴的经验、做法。副区长杨树旗出席会议，区财政局、区统计局、区农委主管领导以及43个街乡的武装部部长、干事参加会议。5月5日至6日，分别在朝阳宾馆、北京国际会议中心分三次组织召开朝阳区大震巨灾仿真模拟项目基础数据调查工作培训会，辖区43个街乡522个社区的1000余名调查员参加培训，邀请北京市防震抗震工作领导小组的3名工程师进行授课。5月1日至8月30日，投入129万元专项资金完成区域内建筑物基础数据调查收集标注，联合市地震局项目专家组进行调查过程中的答疑解释和业务指导。9月1日至10月30日，对各街乡上报数据进行核查，发现不合格的调查内容及时通知各单位补充调查，并督促各街乡做好工作总结及资料归档工作。

（王　淼）

【防震减灾宣传】 4月6日，联合区民防局、公共安全馆在元大都城垣遗址公园组织开展以"提高防灾意识，构建安全社会"为主题的"平安中国"系列防震减灾宣传活动，向群众讲解防震减灾法律法规和科学避险等知识，发放《防震减灾宣传手册》、防震减灾宣传袋、防灾科普安全贴画等宣传资料1200余份。5月4日，在团结湖小学开展防震减灾知识讲座。5月5日，在夏家园社区举办"普及防灾减灾知识，提升防灾减灾文化"主题宣传活动，发放防震减灾自救互救知识手册等宣传材料300余份。5月10日，在泛海国际南社区举办以"科学防震减灾，构建安全社区"为主题的防震减灾宣传活动。5月12日，在元大都城垣遗址公园参加以"弘扬防灾减灾文化，提高防灾减灾意识"为主题的朝阳区"5·12"防灾减灾日宣传周系列活动启动仪式，活动现场展出各类宣传展板10块，并向公众发《防震减灾宣传手册》、防震减灾宣传袋、防灾科普安全贴画等各类宣传资料1200余份，北京市地震局局长任利生、朝阳区区长王灏、主管副区长杨树旗、区属各部门、各街乡主要领导参加活动。7月28日，为纪念唐山大地震40周年，在团结湖街道南北里社区等10处社区开展主题为"时光抚平记忆伤痕，居安还需防灾意识"的宣传活动，讲解家庭地震自救互救常识，并组织防震减灾科普知识竞赛，鼓励社区居民关注"地震三点通"、"科普中国"等微信公众号，增强居民防灾减灾能力。11月28日，朝阳区地震局联合安贞街道40名地震志愿者在北京安贞华联广场开展了防震减灾科普宣传活动。全年开展防震减灾知识宣传教育47场次，直接受教育群众2000多人。年内，制作包括公交卡套、卡包、签字笔、无纺布袋等多种宣传品，并借助"5·12"防灾减灾日和"7·28"唐山地震纪念日等时机，向辖区内各街乡及有关单位发放3万余份，起到良好的宣传效果。

（王　淼）

【地震应急演练】 5月10日，联合东湖街道办事处在北小河公园举行地震应急演练，进行包括居民疏散、伤员救治、地震次生灾害（火灾）处置、临时安置区搭建、赈灾物资发放等各个实战环节的演练，中央电视台在新闻联播节目中报道此次活动。5月17日，联合小关街道办事处在小关街道奥林匹克文化广场举行地震应急演练。7月11日，联合东风地区办事处在华中师大一附中举行以“减少灾难风险、建设平安家园”为主题的地震应急演练。年内，先后在安贞中心幼儿园、中直机关幼儿园、南湖东园小学、团结湖小学、人大附中朝阳学校、华师一附中朝阳学校等学校，以及东湖街道南湖中园北社区、小关街道惠新里社区、东风地区泛海国际南社区等单位，开展了以地震安全应急疏散演练、安全意识建立和自救互救技能为主题的系列防灾减灾演练活动，加强防灾减灾意识，帮助学生、社区居民掌握防灾减灾、避险逃生、自救互救基本技能与方法。

（王　淼）

【机关应急救援队拉动训练】 8月8日至12日，区地震局、民防局组织机关救援队在平谷区金海湖训练场进行应急救援技能拉动训练。集训主要内容有应急指挥部开设、应急通信指挥车通信设备的基本操作，生命探测、气垫顶撑、破拆等救援装备的使用，学习体验冲锋舟的驾驶、班用帐篷及单兵帐篷的搭建等。通过拉动训练，提高机关干部应对地震灾害、组织救援、通信保障等能力。

（王　淼）

【地震安全示范社区建设】 年内，确定在东湖街道南湖中园北社区、东风乡泛海国际南社区建设地震安全示范社区，此项工作被列入区政府2016年重要民生实事项目。区地震局按照地震安全示范社区建设标准，分别在两个社区召开建设工作会，确定项目设计施工方案，明确组织机构建立、应急预案编制、防震减灾宣传、应急物资储备等12项建设内容，建设过程中，全程跟进指导，确保建设工作按期完成。两个社区重点完成完善应急疏散预案体系、组建社区志愿者队伍并开展救援技能培训、开展防震减灾应急演练、利用“5·12”及“7·28”等时机开展防震减灾宣传活动、规划社区应急避难场所并配备社区减灾公共设施、购置应急物资等六方面工作。建设工作于11月全部完成并通过项目验收。此外，组织开展北京市地震安全社区和国家地震安全示范社区的申报工作，太阳宫乡夏家园社区获“北京市地震安全示范社区”称号，将台乡丽都社区获“国家级地震安全示范社区”称号。

（王　淼）

【地震安全示范学校建设】 年内，与朝阳区教委沟通协调，确定在华师一附中朝阳学校建设地震安全示范学校。按照全区一标准、一校一方案、一校一演练和一校一队伍的“四个一”方案，开展学校志愿者队伍建设、应急疏散方案修订、应急疏散演练、应急预案优化等工作。5月11日，联合区教育委员会、人大附中朝阳学校组织开展以“减少灾害风险，建设安全校园”为主题的校园安全知识与技能运动会，设置了紧急避险、安全逃生、应急包扎、简易担架等比赛项目，以运动会的形式强化学生们对安全知识的掌握，提高安全意识和自救互救技能，人大附中朝阳学校14支代表队400余名师生参加活动。6月，组织参加市地震局举办的北京市中学生防震减灾知识竞赛，北京青年政治学院附属中学获得初中组团体三等奖，华中师大一附中朝阳学校获得高中组团体三等奖。

（王　淼）

【震情会商与跟踪】 年内，制定年度震情跟踪工作措施和方案，分析研判所属观测台站数据异常并及时跟踪。年内，按照市地震局要求，根据地震监测数据情况，上报会商意见及每日情况，完成2016年年中及年度地震趋势会商报告。参加市地震局组织的2015年度地震前兆观测资料评比暨2016年度工作研讨会。执行24小时震情值班及领导带班制度，在特殊时段实行“双岗双班”，落实地震安全保障措施。

（王　淼）

【地震观测台站管理】 年内，按照《北京市地震局关于开展地震监测设施和地震观测环境保护专项执法检查的通知》要求，对辖区内22处强震台和6处前兆台站开展执法检查，经检查，地震监测设施运行正常，未发现破坏地震监测设施和地震观测环境的行为。7月27日，召开地震观测员培训会，区宏观观测员、前兆观测员、强震台管理员共38人参加培训，邀请市地震局监测预报处副处长柴金翼讲解北京地区地震活动与灾害特征、地震监测工作现状、地震预报预警等监测预报基本情况,与地震观测人员签订责任书，落实地震观测任务职责，确保监测系统运转运转正常,为震情会商提供连续、准确的数据支持。

（王　淼）

【应急志愿者队伍建设】 年内，制定地震应急志愿者培训方案，把应急志愿者培训工作向社区、村、学校延伸，采取理论授课与实践操作相结合的方式，向应急志愿者讲授公共安全意识、防灾应急基本知识和技能，提高基层应急志愿者业务能力。4月12日至14日，在潘家园街道办事处开展社区地震应急志愿者培训，对地震应急避险知识、灾害自救互救技术、简易应急救援装备制作等内容进行讲解和训练，潘家园街道所辖各社区干部150人参训。5月12日，组织地震应急志愿者参加朝阳区政府组织的“防灾减灾日”宣传活动，进行应急救援课目展示和演练。7月7日，在东风地区举办地震应急志愿者培训班，泛海国际南社区及华师一附中40余人参加培训。9月14日，组织40名志愿者参加“国防教育日和北京市防空警报试鸣宣传教育活动”，进行应急救援装备的操作演示和群众体验活动。11月16日，在小关地区办事处对40余名志愿者进行地震救援设备的使用培训，使志愿者们掌握声波探测仪、雷达探测器、液压剪扩钳、正压式空气呼吸机等地震救援设备的基本使用方法。11月21日，在十八里店地区老君堂社区组织40名地震应急志愿者开展以“安全意识的建立”为主要内容的地震应急志愿者培训。12月2日，区地震局组织泛海国际南社区近40名地震志愿者在区公共安全馆进行地震应急知识和技能培训。全年开展47期应急志愿者培训，培训基层应急志愿者1750余人，通过培训使应急志愿者掌握地震应急救援的基本知识和技能，达到初级应急救援员标准。

（王　淼）

【应急避难场所维护管理】 年内，按照《2016年防震减灾工作任务清单》要求，根据基层单位推荐申请，组织现场调查摸底，选址望和公园建设应急避难场所，以国家标准应急避难场所建设要求进行规划设计，投资44万元组织施工建设，完成望和公园应急避难场所建设工程并报北京市地震局备案。投资12.7万元，维护维修京城梨园应急避难场所设施，更换各种标志标牌156块，确保应急避难场所设施功能处于良好状态。

（王　淼）

【地震应急预案修订】 年内，组织开展朝阳区地震应急预案修订工作学习研讨，召开朝阳区地震应急预案修订专家评审会，协调防灾学院朝阳区地震应急预案修订项目组，接收项目组对朝阳区防灾基础数据调查成果，根据市地震局意见和朝阳区实际，对应急预案内容进行修改，完成朝阳区地震应急预案修订工作，并报请区政府以应急委名义印发执行。

（王 淼）

【应急物资库建设】 年内，指导东湖街道南湖中园北社区和东风地区泛海国际南社区建设地震应急物资库，落实应急物资储备；完善地震应急物资库管理制度，做到账物相符，防止受潮霉变，确保应急物资的安全规范管理；购买20种343件应急装备物资，价值10余万元，补充库存物资消耗，保障应急指挥部和现场工作队应急工作需要。

（王 淼）

【信息与交流】 年内，通过政府信息公开系统、市地震局网站、区民防地震局信息网主动公开工作信息41条。配合中央电视台新闻联播和朝闻天下等栏目体对辖区应急避难场所建设、应急演练等工作进行宣传报道。接待来自喀麦隆、马达加斯加等14个非洲法语国家应急管理研修班学员21人，到元大都城垣遗址公园应急避难场所参观考察，交流介绍应急避难场所建设和管理情况。

（王 淼）

【应急值守工作】 年内，严格落实区委、区政府和市地震局关于应急值守和应急处置的工作部署及要求，完善应急预案和应急反应工作机制。扎实做好“两节”“两会”等特殊时段应急值守工作，认真落实24小时值班和领导带班制度。加强应急避难场所和应急救援物资管理，圆满完成地震应急各项工作任务。

（王 淼）

气象服务

【概况】 朝阳区气象局是由朝阳区政府和北京市气象局双重领导，并以上级气象主管机构领导为主的管理机构，承担辖区内气象数据收集整编、预报服务、预警服务、科技服务、科研及行政管理职能。区气象局被北京市科委、北京市科协授予“2015—2017年北京市科普基地”称号。6月，区气象局荣获“区群众性精神文明创建工作规范化建设文明单位”称号。

地址：酒仙桥东风南路6号

邮编：100016

电话：64378628/8211

邮箱：Chyqxj@bjchy.gov.cn

（戴 健）

【异常天气及气候】 1月，日最高气温极低值为-12.4℃，为1959年建站以来历史同期极低值；3月，平均气温比常年平均值偏高2.9℃；4月，平均气温比常年平均值偏高2.1℃；8月，平均气温比常年平均值偏高2.9℃；12月，平均气温比常年平均值偏高2.0℃。2月，降水量是常年平均值的3.2倍；7月，降水量比常年平均值偏多92.3%，降水集中在中下旬，其中20日日降水量达223.6毫米，为1959年建站以来单日降水量最大值；9月，降水量是常年平均值的2.5倍；10月，降水量是常年平均值的3.8倍。6月10日15时18分至15时30分，出现冰雹，最大冰雹的最大直径为8毫米。

注：历年平均值统计值采用1981—2010年气候平均值。暴雨过程采用12小时30.0—69.9毫米，大暴雨过程采用12小时70.0—139.9毫米标准。

（戴 健）

【预警中心成立】 2月18日，区突发事件预警信息发布中心批复成立，加挂区气象灾害防御中心，为区政府办（应急办）所属事业单位，在区气象局内办公。5月12日，区长王灏、副区长杨树旗及市气象局副局长高云为朝阳区突发事件预警信息发布中心、朝阳区气象灾害防御中心揭牌。

（戴 健）

【参观交流】 3月22日，法国气象局局长让·马克·拉卡夫法国国家气象学院院长让·马克·波奈在中国气象局双边处处长陈永清、北京市气象局办公室副主任杨经博陪同下，到区气象局考察参观。4月19日，韩国首尔市气象厅代表团一行5人在市气象局减灾处副处长海玉龙陪同下，到区气象局考察参观。12月15日下午，外交部机关及驻外机构服务中心副主任孟越一行40余人，在北京市气象局副局长高云的陪同下，到区气象局参观交流。

（戴 健）

【气象信息员队伍建设】 5月27日，区气象局组织召开街乡气象协理员防灾减灾工作会，43个街乡的气象协理员出席会议。会议总结2015年气象工作，介绍2016年气象灾害防御工作，预测2016年汛期天气形势，明确安全社区的建设和认证问题工作计划，并进一步明确街乡协理员汛期气象工作职责。区气象局开展全区气象信息员培训，其中1人被评为北京市十佳气象信息员，2人被评为北京市优秀气象信息员。

（戴 健）

【气象灾害】 7月27日19时，朝阳区突发强对流天气，出现短时强降水和雷暴大风天气，造成奥林匹克森林公园内一处活动临时搭建的“拱门”被大风吹倒，2人受伤。

（戴 健）

【气候概况】 年内，平均气温为13.8℃，比历年平均值12.4℃偏高1.4℃。冬、春、夏、秋季平均气温分别为-1.3℃、15.8℃、27.2℃、13.2℃，与历年同期平均值-1.8℃、13.7℃、25.2℃、12.5℃相比，冬、秋季分别偏高0.5℃、0.7℃，春、夏季分别偏高2.1℃、2.0℃。极端最高气温为37.8℃，出现在6月25日，极端最低气温为-17.0℃，出现在1月23日。年降水量为713.8毫米，比历年同期平均值559.1毫米偏多27.7%。冬、春、夏、秋季降水量分别为15.2毫米、40.2毫米、440.3毫米、220.2毫米，与历年同期平均值8.3毫米、70.3毫米、397.3毫米、83.3毫米相比，冬、夏、秋季分别偏多83.1%、10.8%、60%，春季偏少43%，一日最大降水量为223.6毫米，出现在7月20日；最长连续降水日数为4天，降水量为267.3毫米，出现在7月18日至7月21日；最长连续无降水日数为58天，出现在2月14日至4月11日。

（戴 健）

【气象科普】 年内，区气象局在“3·23”世界气象日、“5·12”防灾减灾日、“12·4”法制宣传日等主题日，组织十余次科普宣传活动，发放宣传材料3000余份，将气象防灾减灾知识带入学校、社区、工地。3月16日，区气象局于将台地区、中央音乐学院附属北京实验学校，围绕主题“直面更热、更旱、更涝的未来”举行气象日主题教育及气象日倡议签名活动。依托“5.12”防灾减灾日，5月13日，联合同乐幼儿园举行开放参观活动。5月19日，联合中国气象局气象出版社在朝阳区安贞街道开展以气象防灾减灾为主题的宣传活动，以现场解答的形式为居民普及气象防灾减灾知识，发放宣传书籍、影像材料千余份。10月17日，举行气象知识大讲堂，以“观察气象、了解气象”为主题，为白家庄小学师生40余人讲解气象知识。

（戴　健）

【气象服务】 年内，区气象台发布预警信号125期。其中大雾预警13期、霾预警26期、道路积冰预警4期、寒潮预警3期、雷电预警41期、大风预警22期、高温预警4期、暴雨预警8期、冰雹预警1期、持续低温预警1期、霜冻预警1期。发布预报、预警、科普类微博1084条，发布微信1000余条、影视天气预报249期；每周五制作发布未来一周环境气象趋势预测，共发布52期；制作发布天气情况317期，包括天气情况、雨情分析、重要天气等；制作发布气象信息专报67期，包括节假日气象旅游服务、气候预测、特色服务、中高考天气服务等；制作发布旬月预报41期；预防煤气中毒开展服务20期。

（戴　健）

【气象执法与行政服务】 年内，开展气象执法检查124次，其中施放气球安全检查21次，气象设施和气象探测环境保护检查37次，防雷安全检查66次。执法检查中发现违规行为立案4起并结案；检查易燃易爆场所60余家。办理行政事项424件。行政审批事项中，防雷装置设计审核27件，防雷装置竣工验收23件，升放无人驾驶自由气球或系留气球活动许可293件。行政服务事项中，开具气象证明81件。

（戴　健）

【气象科普馆建设】 年内，区气象科普馆主体工程及内部装修完成，投入运营后免费对外开放。科普馆是一所VR气象科普馆，以虚拟现实技术为主，包括小球大世界、气象动感座椅、虚拟气象演播室、虚拟现实互动及气象仪器变迁等展区。

（戴　健）

【科研合作】 年内，依托区科委《朝阳区空气污染变化特征及重污染天气预报预警概念模型分析研究》项目，区气象局与中科院大气物理研究所合作，联合开展雾霾观测，编写《北京市朝阳区大气污染物时空分布特征及与气象要素的关系研究》及《北京市朝阳区重污染天气类型分析》。组织业务人员发表文章、参加国内学术交流会议，撰写《2016年7月27日朝阳区雷暴大风天气分析》和《北京市朝阳区2016年7月一次雾霾天气过程分析》。参加华北地区夏季极端天气暨北京区域中心气象台2016年预报技术交流会。

（戴　健）

【气象灾害标准化建设】 年内，在区政府正式印发《2016年办好重要民生实事分工方案》中，区气象局负责的“建成2个气象防灾减灾标准化乡，完成区气象防灾减灾群众科普宣传教育基地建设”列为重要民生实事第15项，区社会办、区农委、各街乡为协办单位。通过项目，建设室内多媒体触摸显示终端5部、室外多媒体触摸显示终端1部、LED气象信息显示终端10部、“智慧社区”综合信息显示终端2部、制作气象科普宣传栏4套、气象科普展板9套、定制气象应急物资23套、制度管理机7台，并印制气象科普挂图分发至将台地区和王四营地区所辖社区。两个地区制定气象灾害防御相关管理规定，明确联系人，开展气象科普宣传活动。

（戴　健）

【气象安全社区认证】 年内，区气象局与区社会办联合发文推进气象安全社区建设和认证。组织国家气象局减灾司、社会办及街道专家审核上交申报材料，对达标社区颁发“气象安全社区”标牌。截至年底，区气象安全社区认证率在80%以上。

（戴　健）

教　育

综　述

朝阳区教育委员会（简称区教委）是区政府主管教育工作的职能机构。区委教育工作委员会（简称区教工委）是区委负责全区教育系统党的建设、思想政治工作和干部教育管理工作的派出机构，与区教委合署办公。内设23个科室，有公务员119人，工勤人员4人。年内，有幼儿园236所，开设2832个教学班，幼儿离园16320人、入园29985人、在园72166人；有教职工13259人，其中教师7042人。全年教育经费投入53201万元，其中国家拨款53180万元，自筹经费21万元。新建幼儿园23所，改扩建幼儿园6所，增加学位5648个。有市示范性幼儿园22 所、市一级一类园114所、一级二类园16所、二级一类园1所、二级二类园15所。有市社区早教基地50个。年内，有小学87所（教育部门办学80所，民办学校7所），教学班4473个，在校生136820人，教职工7419人（其中专任教师6977人）。小学入学率100%，巩固率100%，毕业及格率100%。中学91所（教育部门办71所，民办学校20所；初中20 所，高中1所，完全中学13所，九年一贯制学校32所，十二年一贯制学校25所），教学班2022个（初中1468个、高中554个），在校生49345人（初中35771人、高中13574人），教职工12969人（其中专任教师10627人）；初中入学率100%，巩固率100%。校外教育单位1个，教职工116人。中小学教师学历合格率100%，高级专业技术职务教师2624人（小学522人、初高中2102人）。教育部门办校占地总面积4413815.08平方米，建筑面积2869163.27平方米，纸质图书藏书891.11万册。全年教育经费总投入1289155万元，教育财政拨款885724万元，同比增加39481万元、增长4.67%，高于财政经常性收入增长0.67%。生均教育事业费支出40560元，同比增加2502元；生均公用经费21975元，同比增加1265元。预算内教育经费支出（含城市附加）885724万元，占财政支出的19.55%，同比增长4.67 %。自筹经费6596.87万元。有特教学校、小学附设特教班7所，班级数37个，在校学生365人，教职工72人，专任教师86人。残疾儿童入学率100%,巩固率100%。工读学校1所，班级数4个，学生数34人。教职工33人，专任教师22人。民族学校2所，在校正式生407人，借读生905人，正式生中少数民族学生数331人，少数民族学生占81.33 %；教职工136人，其中少数民族教职工26人。年内，有职业高中5所，开设44个专业，287个教学班；毕业学生942人，招生575人，在校生7140人；教职工936人，其中专任教师741人、教辅人员195人；职业高中占地面积337050 平方米，产权建筑面积237696平方米，图书馆藏书46.17万册，固定资产总值88394万元；有计算机2680台。全年教育经费投入55560万元。设有劲松职高劲松校区、求实职业学校望京校区和北京市电气工程学校将台路校区等16个校区。有各级各类成人学校1所，区职工大学占地面积34700平方米，产权建筑面积10400平方米、非产权建筑面积24300平方米；图书馆建筑面积316平方米，藏书7.8万册；有计算机852台，固定资产总值6118万元，其中教学、科研仪器设备总值68万元；全年教育经费投入8808万元，其中国家拨款8119万元、自筹经费689万元；社区学院信息化经费投入108万元，多媒体教室座位2500个，信息化设备资产125万元，网络信息点数630个，校园网出口总带宽200Mbps，电子邮件系统用户数100个，上网课程数3345门，数字资源量110GB，管理信息系统数据总量5.5GB；设有和平里、和平西街、首都机场和双龙南里4个教学区；设有4个教学系，开设36个专业；有教职工 122人，其中专任教师29人，副教授18人；学历教育在籍生3967人，其中职工大学367人，开放大学3600人；有毕业生920人，其中职工大学249人，开放大学671人；非学历教育年均培训2.2万人；职工大学获国家、市、区级以上集体荣誉10项，个人荣誉17项。年内，有民办学校425所，民办中小学27所（其中完小7所、完中1所、九年一贯制6所、十二年一贯制12所、职高1所）；民办幼儿园141所，班数1787个，在园40597人；民办培训学校257所；无办学许可证学校340所（其中自办学校11所、自办托幼场所329所），在校生35621人。

地址：石佛营西里2号

邮编：100025

电话：85851085

网址：http://www.bjchyedu.cn

（张　明）

【义务教育学区发展理事会组建】 1月12日至20日，15个义务教育学区分别召开理事会成立大会，通过《学区发展理事会章程》《学区发展理事会选举办法》，选举产生第一届理事长、常务副理事长，构建以“共商共治”为核心的义务教育学区治理新体系。

（张清军）

【朝阳教育传媒实践基地揭牌】 1月23日，区教育系统、区广播电视新闻中心“北京朝阳教育传媒实践基地”揭牌。这是区内第一个面向青少年开放传媒类实践活动的基地。

（文　叶）

【区送餐公司食品安全工作会】 3月10日，召开区32家营养餐公司负责人会议，按照《关于贯彻落实新食品安全法促进北京市中小学食品安全保障和营养改善工作通知》要求，签订区学生餐责任承诺书，培训食品原料供货商登记表使用要求和方法。

（车凤鸣）

【合作办学国际教育项目推进会】 3月14日，外经贸大学附中与外经贸大学召开合作办学国际教育项目推进会。会议特邀国际教育专家结合目前国际教育形势，重点解读“美国荣誉课程”国际教育项目，附中就引入美国公立高中学校课程与大学达成初步合作意向。

（尹　帅）

【首次召开学校内涵式发展研讨会】 3月16日，区教研中心首次召开义务教育学区化管理之后学校内涵式发展研讨会。会议研讨培养科研型教师、建设研究型学校、促学校内涵式发展等问题。15个学区80名科管干部参加会议。

（何爱英）

【京昆教育手拉手学校对接完成】 3月16日至26日，区50所学校分成6组、3批到昆明参与京昆教育手拉手学校对接工作，将根据实地考察对接情况分别制定双方3年发展规划。

（王　静）

【全国中小学挂牌督导创新区核查任务完成】 3月24日至25日，陈经伦中学分校代表朝阳区接待全国中小学挂牌督导省市代表观摩团。观摩团听取学校报告，查阅督导档案、听课，了解区挂牌督导工作在促进学校发展中所发挥的作用及工作特点。

（刘　杰）

【荣誉表彰】 3月，区教委表彰2015年度民办教育先进工作者和优秀教师，有67人获“2015年度朝阳区民办教育先进工作者”称号。117名教师获“2015年度朝阳区民办教育优秀教师”称号。

（邢　凯）

【朝阳特级教师贵阳工作室授牌仪式】 4月19日，在市润丰学校贵阳分校举行“京筑教育合作·朝阳特级教师贵阳工作室”授牌仪式。朝阳区和贵阳市领导为区10名特级教师授牌。区委常委、组织部部长何明表示，特级教师工作室工作会在双方政府支持和全体教师共同努力下，实现两地教育共赢。区教委3年内支持贵阳教育局180万元资金，用于特级教师工作室运行经费。

（李　景　王　静）

【首届优秀青年班主任工作坊研修培训】 4月至12月，北京教育学院朝阳分院举办首届区优秀青年班主任工作坊研修培训。组织35岁以下骨干班主任、优秀青年班主任报名，遴选26人参加培训。工作坊围绕“班主任专业成长”“班级文化建设”“班级管理”等8个专题，采取集中学习、学员示范交流等形式研修，并每月主题培训一次。研修培训152学时。24名班主任通过考核，2名班主任因休产假延期结业。

（乔春江　宋　丹）

【首个学区“教研共同体”成立】 5月18日，区教研中心在幸福村义务教育学区召开首个“教研共同体”启动会，利用“教研共同体”形式，推动区域内学校教研合作、交流，为教师专业成长搭建平台，为在其他学区整合教师学习研究资源、推动教研一体化提供借鉴。幸福村学区校长、教学干部、部分教师40人参加研讨交流。

（何爱英）

【朝阳教育传播联盟启动会】 5月25日，召开朝阳教育传播联盟启动会暨首批成员单位工作会。首批成员单位41家，涵盖区教育系统部分公办学校、直属单位、区域内部分民办学校、高校及社会媒体。该联盟旨在整合区域内各级各类教育宣传载体和平台资源，实现信息沟通、资源共享、管理聚合功能，打造区教育传播共同体。

（井洪伟）

【科普游园会】 5月28日，举办红领巾公园科普游园会。游园会分为“学校特色展示区”“主题活动区”“玩具交换区”“科普互动区”，涵盖电子技术和3D打印、金属丝装饰挂件、“我是陶瓷传承人”、非遗手工体验、机器人对抗赛、智能机械臂采矿、趣味物理等内容。工作人员现场讲解玩具常识和玩法、科学原理、制作程序、比赛规则等，学生可自愿选择活动区。25000人次参加游园会。

（张　弛）

【区首批教科研骨干研修班开班】 6月17日，首批教育科研骨干研修班开班。区教研中心解读研修设计背景、课程设置、培养方式、途径以及考核办法。研修成绩纳入继教学分，研修时长1年。有学员30人。

（何爱英）

【朝花艺术总团京剧团成立】 7月11日，朝花艺术总团京剧团在垂杨柳教辅中心成立。6所朝花承办校负责老师带领学生参加成立仪式。朝花艺术总团京剧团建成后将设在垂杨柳教辅中心。

（倪旖乔）

【第二批正高级职称评审完成】 7月，制定区正高级教师评审工作推荐方案和工作程序。9月，组建区正高级评审推荐专家组，审阅38名申报人员材料，完成考核答辩。经区专业技术职务高级评审委员会投票，推荐8名正高级人选。11月，推荐人选全部通过市级评审。区内正高级教师达17人。

（张婉月）

【暑假安全工作大检查完成】 7月至8月，区教委每天有5组安全巡查员对全区343所公立校区和40所民办校园开展全覆盖安全大检查。着重检查各校区暑假期间值班值守、安全工作落实情况。此次大检查排查消除安全隐患46起。

（张　哲）

【领导调研】 8月26日，市教委主任刘宇辉等到区调研教育事业发展情况。调研内容有区教育基本情况、开学准备情况及问题操场处理情况等。10月19日，市政协常委、教文卫体委员会主任王守法一行到区调研中小学体育和体质健康工作情况。调研组到三里屯一中百子园校区、华中师大一附中朝阳学校实地查看体育运动场地及教室灯光、学生座椅等基础配套设施，观看学生垫上操、棒球等课间体育活动。区教委做工作汇报，介绍体育和体质健康工作机制、平台建设及措施等。

（黄阳艳）

【“蓝粉笔”公益活动】 8月，区教工委、教委和教育工会携手中航国际开展“蓝粉笔乡村教师培训公益行动”。区教育系统18位具有丰富教学经验的在职劳模及优秀教研员、教师，分2队到贵州省黔南州惠水县和龙里县为当地1000余名乡村教师进行为期1周的义务培训。

（赵　光）

【区长批示落实】 9月13日，区教委根据区长王灏批示，召集公安朝阳分局、区安监局、区维稳办、三间房派出所、三间房乡政府等单位，召开专题会议研究传媒大学博士生雷某某非正常死亡一事。与会单位就该事件提出处理意见和建议，并形成专题报告上报区政府。

（吴桂全）

【参加世界音乐教育大会】 9月，区教师合唱团到英国格拉斯哥大学参加第32届世界音乐教育大会，并举行专场演出。世界音乐教育大会被称为音乐教育界的奥林匹克盛会，由联合国教科文组织下属的全球性音乐教育组织国际音乐教育学会（简称ISME）组织。音乐大会每2年举办1次，在全世界选拔30支合唱团演出。区教师合唱团是2016年唯一入选的中国合唱团。

（赵　光）

【国防教育特色学校遴选】 9月，区开展全国、市国防教育特色学校遴选工作。据审核，求实职业学校等4所学校获教育部“国防教育特色校”称号，对外经贸大学附属中学朝阳新城分校等8所学校获市“国防教育特色学校”称号。国防教育特色学校将在国防教育教学、骨干教师研修、巡回授课、经验交流、选送学生参加活动等方面获得支持。

（柴　伟）

【全民终身学习活动周】 9月底至11月初，开展以“育精益求精工匠，圆创新创意梦想”为主题的全民终身学习活动周系列活动，全区各街乡、部分社区教育领导小组成员单位及中小学参与。学习活动周期间举办成果展示、学习研讨、专题报告、培训等活动共计573场次，参加人数达53000人次。

（高　健）

【“法治宣传教育月”活动】 10月8日，在全区中小学、职业学校、民办学校开展“法治宣传教育月”活动。为中小学校配发15种12000余册法治教育读本，举办10次现场法律咨询活动，13所学校组织开展社会实践活动，50名法治副校长走进校园举办法治讲座。

（杨金重）

【危险化学品管理】 10月10日，督促各校梳理上报危险品使用和管理工作，并完成危险物品摸底工作。协调环保局、治安支队完成28所学校实验室100余公斤废弃危险化学品统计收缴和集中销毁，清除危及校园安全潜在隐患。

（谢仲能）

【最美校园摄影比赛】 10月26日，区教育系统举办“最美校园”摄影比赛。90所学校参加比赛，征集摄影作品1236幅。经过10天26万人次网络投票，评出网络人气奖10名、专业评审奖10名、最佳组织奖5名。

（井洪伟）

【参加第七届可持续发展教育国际论坛】 10月27日至29日，区教研中心组织25所实验校参加联合国教科文组织第七届可持续发展教育国际论坛。白家庄小学在论坛作“创新适合学生未来发展的课程”专题报告。高碑店中心小学、中国音乐学院附属北京实验学校获“中国可持续发展教育示范学校”称号；垂杨柳中心小学和花家地实验小学被批准为“中国可持续发展教育实验学校”；8名教师获“中国可持续发展教育优秀实验教师”称号；区获“中国可持续发展教育国家实验区”称号。

（何爱英）

【信息安全服务】 10月，信息网络中心召开“全区落实区教委两个责任及信息安全部署”工作会，对参加会议的194家教育教学单位展开基础设施摸底调查。参会单位现场签署网络信息安全责任书。中心定期整体漏洞扫描核心机房432台服务器；定期更新提醒信息安全信息；督促87家有信息安全漏洞的学校整改。

（李全增）

【校园伤害防控体系建设】 11月24日，召开区校方责任险工作会议。区教委《校园伤害防控课题研究报告》得到市教委和市风险管理办公室肯定。该报告是为有效防控校园伤害事故，区教委聘请安全专家组成课题组对区校园伤害开展的专题调研成果。

（赵灼飞）

【新闻报道】 截至11月30日，监测到朝阳教育相关新闻 17129条；在自媒体方面，微信、微博等针对朝阳教育发稿7842篇次；电视媒体发布新闻128条，其中中央电视台19条、北京电视台109条。报道内容包括专版专题、素质教育、学生天地、教师风采、综合新闻等方面。

（陈　洋）

【项目监督数字平台运行】 11月30日，区教育系统项目监督数字平台投入试运行。信息中心、东方德才学校、三里屯一中、求实职业学校、传媒附小、团结湖小学、丽景幼儿园7家单位被选作平台试点单位。

（冯　君）

【政民互动系统来件办理】 11月，区教委启用政民互动内部办公平台，实现网上统一派单，各承办部门网上接件、回复，加强过程管理。全年办理政民互动系统来件2000余件。来件诉求主要涉及学前、义务教育阶段招生入学，为学校配备空气净化装置，教育资产管理、使用等方面。

（彭　蕾）

【民族团结教育展示活动】 12月1日，项目中心开展“中国梦格桑情——以人为本，资助育人”民族团结教育展示活动。活动以西藏生培养和资助为切入点，以学生才艺展示贯穿资助育人全过程，凸显“育人为本、尊重个性、和谐发展”育人宗旨，展示资助育人细节和成果。588人参加活动，资助金额30万元。

（姜　春　李　钰）

【区教职工志愿服务队成立】 12月8日，区教育工会在北京精诚实验小学国际部召开教职工志愿服务工作推进暨“蓝蚂蚁行动”志愿服务展示会。截至11月底，有6350名教职工加入到首都职工志愿服务行列中，并已逐步开展多种形式和内容的志愿服务活动。

（赵　光）

【首次接受市安委会安全督察】 12月19日，区教委接受市住建委对朝阳区安全生产开展综合督察。针对督察问题，召开专题会议，研究制定整改方案并予以落实。

（吴桂全）

【学生健康监测工作任务完成】 12月底，区保健所完成2016年度278所学校190556名学生健康体检监测工作。监测结果中，内科阳性体征183人，追访145人，先心病未手术者66人、心脏生理性杂音3级以上追访者130人、心律失常52人、待进一步诊断者16人、心肌炎4人、腹部包块待诊断1人。

（车凤鸣）

【校园防汛】 年内，区教委防汛抢险小组开展整体屋面防水维修工程90项；接各校抢险电话148起，排除险情165次，出动即时抢险人数1296人次，即时出动抢险车次451次。抢险维修项目包括树木摘帽56项、积水排除42项、抢救被淹物资10项、屋面防水补救75项、电力设施保护19项、地面塌陷回填26项、地下室积水排除45项。此次汛期无倒房、无淹车、无人员伤亡。

（亢鹏宇）

【普通话机辅测试工作完成】 年内，人才分中心（语测分中心）组织8次普通话水平机辅测试，其中有6次面向社会人员测试；2次为区内中等职业学校学前教育专业学生集体测试，累计1339人。其中一级乙等474人，占比35.4%；二级甲等690人，占比51.5%；二级乙等129人，占比9.6%。达标率为96.6%（二级乙等及以上水平）。

（白增云）

【教师干部学习服务平台改造】 年内，分院改造区教师干部学习服务平台（研修网）。12月5日，平台门户、课程申报、招生组班、个人中心、成长档案等功能先期上线；12月15日，备课管理、在线学习服务功能试运行，研修网改造基本完成。改造后，研修网将承担2万余名干部教师培训，通过大数据分析决策辅助系统，为区优秀教师、干部选拔提供数据支撑；通过人才成长轨迹，为未来教师发展规划提供有效依据。

（宋　丹）

【阳光校园足球师资培训】 年内，完成1033名阳光校园足球师资培训。其中，取得社会体育指导员（足球）证书826人、中国足协D级教练员证书36人、C级教练员证书13人、三级裁判员证书79人。

（宋　丹）

【区春秋季教师资格认定工作完成】 年内，教师资格认定工作完成。认定939人，其中春季665人、秋季274人，并颁发教师资格证书。

（佟　宁）

【获得荣誉】 年内，有60人获“朝阳教育劳动奖章”，40家单位被评为“朝阳教育先锋号”，20家单位获得“朝阳教育劳动奖状”；4人获“首都劳动奖章”，1家单位获“首都劳动奖状”，2家单位被评为“北京市工人先锋号”，3人获市“三八红旗奖章”，2家单位获市“三八红旗集体”，16位教师获“北京市师德先锋”荣誉称号。

（赵　光）

【校方险投保完成】 年内，区公办校投保校方责任险183430人、无过失责任险171533人，保险费合计1774815元。年内，保险出险122所学校，其中公办校75所，赔付金额416085元；民办校47所，赔付金额84082元。

（徐庚会）

【学生资助资金拨付】 年内，资助学生328966人次，总金额为3552万元。其中，学前教育阶段共资助幼儿43人次，资助总额27.63万元。义务教育阶段公办学校学生资助308487人次，总金额2687.82万元；义务教育阶段民办学校学生资助18444人次，总金额549.78万元。普通高中阶段学生资助137人次，总金额40.50万元。职业高中教育阶段学生资助1855人次，总金额246.27万元。

（马恬静）

【教育系统财政经费预算】 年内，财政教育经费预算99.32亿元。涉及行政事业单位211个，其中行政单位1个，职业高中3所，中学67所，小学86所，幼儿园33所，工读学校1所，特殊教育学校1所，直属单位19个。

（马恬静）

【校园及周边综合治理】 年内，区校园及周边治安综合治理专项组办公室等17个委办局，全年汇总整理挂账任务62项，下发督办单32份，召开协调会议9次，解决区领导批示9项，处理校园及周边治安治理隐患问题。3月至11月，完善38个校门及周边交通安全基础设施。

（吴桂全）

【“朝教e社区”微信平台】 年内，推进“朝教e社区”微信平台建设。5月，“家教之声”家庭教育语音指导服务提前上线；7月至8月，初一、高一年级“伴随成长父母学院”信息同步指导服务上线；11月，线上答疑正式上线。截至12月31日，“朝教e社区”微信平台公众号使用者达10500人，推送信息1500期（条），累计阅读在11万人次以上。

（温永春）

【指导服务项目】 年内，“朝阳区新婚、孕期（准父母）家庭教育同步信息指导服务”项目新增服务家庭5.6万个，试点“北京市0~6岁儿童社区早期教育指导与服务”项目新增服务家庭3.8万个，使用家庭累计达12.5万个。

（温永春）

【校园欺凌专项治理】 年内，针对校园欺凌现象，学校采取多种形式集中对学生开展“四个一”专项教育工作：一次思想品德教育、一次心理健康教育、一次安全预防教育、一次心理咨询和疏导工作。各校制定完善校园欺凌现象预防和处理制度、措施，建立校园欺凌事件应急处置预案，构建学生心理健康问题预警机制，明确相关岗位教职工预防和处理职责，组织校内多种心理健康教育活动。

（乔春江）

【行政审批事项改革推进】 年内，规范行政行为，梳理行政审批事项，清理非行政许可审批事项。取消非行政许可审批事项2项，调整非行政许可审批事项8项（调整为行政许可类3项、其他类5项）；保留行政许可类7项、其他类11项。推行行政审批标准化，编制权利清单、责任清单和权力事项流程图、行政处罚裁量基准并在全区公示。

（杨金重）

【合法性审查工作规范】 年内，做好重大行政决策、规范性文件合法性审查工作，对入学、入园工作等相关规范性文件进行合法性审查，审查各类合同、协议120份。

（杨金重）

【法律支持与服务】 年内，与区人民检察院、区人民法院、区司法局、朝阳律师协会等司法机构加强合作，为10所学校重新配备法治副校长，为40所中小学校协调聘请法律顾问。利用法学专家、律师人才，开展学校领导干部法律培训，探索推进律师参与学校重大决策、法律文书、法律关系合法性审查工作，引导学校解决纠纷走法律途径，维护教育系统安全稳定。

（杨金重）

【区教委直属单位】

	学校	地址	值班电话	传真电话
1.	职工大学	和平里南口砖角楼北里5号（本部）	64213152	64210193
		北三环东路17号（和平西街校区）	64429681	
		双龙南里120号（双龙校区）	87316195	
2.	朝阳分院	甜水园1号	65088899	65021964
3.	教研中心	柳芳南里14号	64631140	64676535
4.	信息中心（宣教中心）	水碓子北里14号	85979246—81111	85972413
5.	国资管理中心	西坝河东里103号	64654693	64618222
6.	招生考试中心	团结湖南路1号	85988626	85967037
7.	教学设备中心	安华里二区5号楼	64218150	64257125
8.	青少年活动中心(学生活动管理中心)	红庙延静西里19号(本部)	65060549	65025721
		安华西里1区1号楼北座（图管中心）		
		三源里北小街甲1号（科教中心）		
9.	保健所	团结湖路23号	85964042	85967496
10.	老干部管理服务中心	水碓子东路5号楼（水碓子本部）	85989474	85968533
		新源西里中街甲5号（新源里分址）		
11.	人才服务教育分中心	西坝河中里11号	64618369	64616335
12.	社会力量办学管理所	胜古北里甲9号	65017723	65012454
13.	项目资金管理中心	石佛营西里28号楼	85811944	85817929
14.	教产中心	建华南路6号 地杰长安驿B座5层	85980233	84512535
15.	特教中心	安华西里二区12号	64260060	64254732

【教辅中心】

	学校	地址	值班电话	传真电话
1.	芳草地国际学校教辅中心	育慧里二区15号院	84622955—8000	84625622/84628771
2.	香河园少年之家	左家庄后街4号	64674983	64669301
3.	垂杨柳教辅中心	松榆东里南新园小区14号	87312818—0	87312818—8006
4.	朝阳区酒仙桥少年宫之家	酒仙桥红霞中路10号	64371782	64356698
5.	黑庄户教辅中心	垡头西里1号	67380361—8000	67385725

学前教育

【概况】 年内，有幼儿园236所，开设2832个教学班；幼儿离园16320 人、入园 29985人、在园72166人。教职工13259人，其中，教师7042人。全年教育经费投入53201万元，其中，国家拨款53180万元，自筹经费21万元。年内，新建幼儿园23所，改扩建幼儿园6所，增加学位5648个。全区有北京市示范性幼儿园22所、北京市一级一类园114所、一级二类园 16所、二级一类园1所、二级二类园15所。有北京市社区早教基地 50个。

（张　明）

【“6S”管理培训】 4月19日，团结湖第一幼儿园组织后勤人员开展“6S”（整理、整顿、清扫、清洁、素养、安全）管理培训活动。培训以案例形式学习“6S”管理在幼儿园中的应用，了解“6S”管理内涵、作用及应用步骤。

（赵丽萍）

【全国培训班园长到区交流】 4月25日，松榆里幼儿园接待全国65名培训班园长观摩、交流。园长介绍幼儿园环境、育人教育特色及教师队伍培养，3名骨干教师带领参观幼儿园环境。通过观摩、交流，培训班成员对创设教育环境、发挥环境育人作用、环境与幼儿互动等问题有新理解和新体验。

（周立光）

【幼儿园变更】 5月16日，区世纪东方国际幼儿园更名为区清华附中国际幼儿园。7月，区朝花幼儿园在东坝地区福润四季小区、常营地区万象新天小区增设2所分院，分别命名为"北京市朝阳区朝花幼儿园福润四季园""北京市朝阳区朝花幼儿园万象新天园"。7月，成立2所公办幼儿园，王四营乡第一幼儿园和豆各庄乡中心幼儿园，其资产均归集体所有，人员由社会招聘。年内，市建材制品总厂幼儿园被撤销。

（赵 影 邢 凯 郝 晋）

【京昆携手挂职锻炼】 5月31日至6月10日，安华里第二幼儿园接待昆明市政府机关幼儿园1名中层干部、3名骨干教师到园参加2周挂职锻炼，其间安排观摩园所环境、参加行政例会、交流园所文化、考察班级管理等活动。

（赵 萍）

【区入园儿童家长手册发放】 5月，区家教中心完成《朝阳区入园儿童家长手册》编写，手册以问题解答方式编写，对新入园儿童家长常见50个问题做具体解答。向全区幼儿园和新入园儿童家长发放25000册。

（温永春）

【"沁孕水心"艺术教育论坛】 6月27日，水碓北里幼儿园举办"沁孕水心"主题艺术教育论坛。园长刘晓琴作"水润的教育情怀——向文化内涵的精品特色幼儿园转变的思考"主题报告。报告阐释园所环境、办园理念与特色、教育教学理念。与会人员围绕"水润的教育情怀"主题研讨，为实现打造市艺术精品特色幼儿园目标提出意见、建议。有专家、领导、教师52人参加活动。

（吴 燕）

【童话剧展演】 6月28日，群星幼儿园举办落实《指南》精神健康童话剧展演。展演以班级为单位，以爱牙护齿、交通安全等小知识为题材，宣传健康知识，培养健康意识。有《来自群星的你》《大眼猫的故事》等6个剧目。25名家长参加演出。

（田淑云）

【"海森高幼儿主动学习"专题培训】 8月30日，和平街幼儿园开展"海森高幼儿主动学习"专题培训。培训结合经典案例，讲授教师指导用书使用方法、幼儿材料使用方法、教学形式等内容。50名教师参加培训。

（刘 婧）

【"微家园"APP平台开通】 9月1日，泛海幼儿园与土星网合作开通"微家园"APP平台。每月将班级特色活动通过平台展示给家长，保健室、党务、保教部门通过平台向家长推送宣传内容、每周食谱等，实现"家园"沟通现代化。

（车殿文）

【奥森定位寻宝活动】 9月18日，西坝河第一幼儿园在奥森公园举办亲子集体定向探宝活动，408名家长和幼儿参加。

（裘 伟）

【"共享社区资源 共育幸福宝贝"联席会】 9月21日，西坝河第三幼儿园与香河园街道、西坝河中里社区举行联席会，现场解决幼儿园周边垃圾清理、树木修护、社区早教场地等长时间积压问题；设立社区早教专用教室，定期开展活动。街道在专家入园指导、经费支持、社区互动活动等方面给予支持。

（王宏伟）

【图书捐赠活动】 9月28日，劲松二幼幼儿、家长、教师携手北京电视台开展"带本书给家乡的孩子"——爱心图书捐赠大型公益活动。全园13个班捐出3000本儿童绘本；幼儿园选出儿童图书500本，赠予西部贫困地区适龄儿童。

（董世英）

【"京昆携手共促成长"交流活动】 9月至11月，惠新里幼儿园与云南昆明教工第一幼儿园互派20名骨干教师到园指导、交流。该活动是区"京昆两地教育交流合作"中的任务之一。

（郭越宏）

【中华民间传统游戏亲子运动会】 10月10日，华洋紫竹幼儿园举办6周年园庆暨第七届中华民间传统游戏亲子运动会。中华民间传统游戏包括踢毽子、踩高跷、滚铁环等14项，233名幼儿及家长参与活动。

（孟 颖）

【京昆教育对口支援培训项目启动】 10月31日至11月18日，京昆教育对口合作项目"禄劝彝族苗族自治县园长及保教主任培训项目"在分院启动。课程设置为拓展训练、理论提升、岗位挂职三大模块，涵盖园长专业化、管理思维、园所教研、家庭心理学、课程结构建设等内容。27名云南干部参加120学时培训。11月11日，禄劝彝族苗族自治县6名园长、主任到丽景幼儿园观摩学习，互相交流办园理念、经验。

（宋 丹 吴向红）

【区示范园申报专项视导】 11月2日，区示范园验收小组到奥园幼儿园开展专项视导。园长汇报幼儿园基本情况、园本文化、课程设置、教师队伍建设进展和目前验收困难等。检查组观摩幼儿区域活动、集体教学活动及户外体育活动，参观幼儿园公共环境、园区建设、各功能室。审阅幼儿园管理、队伍、人员及其保教工作资料，对幼儿园整体环境建设、一日常规管理、特色园本文化建设方面给出意见和建议，鼓励幼儿园发挥自身优势资源，办出园所特色。

（冯 桃）

【承担区数学工作坊公开观摩课】 12月13日，朝阳分院数学工作坊38名教师到翠成幼儿园观摩。青年教师孝莹作"找朋友"数学展示。工作坊成员肯定活动设计能够抓住小班幼儿年龄特点，让幼儿在直接感知、实际操作和亲身体验中完成目标。

（张雅静）

【室内设计培训活动】 12月21日，新源里第二幼儿园24名教师到西红门宜家家居广场，参加室内环境创设现场培训活动。教师从环境颜色、空间格局、物品摆放、材料运用等方面，结合班级环境区角设置创新设计。

（韩聪利）

【自办学校（托幼场所）安全监管】 年内，加强对自办托幼场所安全监管。将未批自办学校（托幼场所）纳入属地安全监管重点，加大安全隐患排查力度；会同相关街乡推进自办园清理整治工作，对存在隐患严重的，采取约谈、联合执法、责令限期停止办学等手段。自办园数量从2015年底的360所下降到343所，幼儿数量由33479人下降到29548人。

（邢 凯）

【参加"童康杯"大赛并获奖】 年内，福怡苑幼儿园2名厨师参加市保教协会组织的第二届"童康杯"幼儿园食堂营养餐制作技能大赛，获一等奖。

（常燕玲）

【学前教研机制创新】 年内，区教研中心学前教研室将原有7个教研组扩展为保教主任教研组、幼儿园教科研教研组、幼儿园课程教研组、健康教研组及男教师团队、语言教研组、社会教研组、科学教研组、数学教研组、音乐教研组、美术教研组 10个组别，形成完整专业教研团队和教研组织体系。

（何爱英）

【幼儿园（教育部门办33所）】

	学校	地址	值班电话	传真电话
1.	三里屯幼儿园	朝外大街吉庆里3号楼	65511829/65510877/65515460	65510877
2.	团结湖一幼	团结湖北头条11号楼	65823906	65827221
3.	水碓子北里幼儿园	水碓北里10号楼	85982394	85982395
4.	枣营幼儿园	枣营北里26楼	65917384	65917384
5.	新源里幼儿园	新源里12号（本部）	64674716	64674716
		新源西里中街17号（分部）	64624196	
6.	光华路幼儿园	通惠家园惠生园16号	65584729—0	65584729—0
7.	新源里二幼	三源里北小街7号	64662141	64662142
8.	劲松一幼	劲松一区126号楼（劲松校区）	87719385	67797762
		青年路29号院18楼（华纺易城分园）	58779273	58779000
9.	劲松二幼	劲松7区711楼	67781987	67746630
		华威西里43号（华威部）	67761959	
10.	松榆里幼儿园	松榆里21号	67339920	67339917
11.	垡头幼儿园	垡头二区12号（本部）	67383337	67380657
		王四营乡白鹿司中街5号（分部）	67207014	87338011
12.	京通幼儿园	京通苑38楼	65700438	65700438
13.	西坝河三幼	西坝河中里20号（本部）	64679621	64673136
		利泽西园一区115楼（分部）	84720194	
14.	西坝河一幼	望京南湖中园237号楼（望京）	64700192	84718062
		西坝河东里71楼（西坝河部）	84552533	84552043
15.	群星幼儿园	西坝河西里12号	64275351	64223248
16.	和平街幼儿园	和平街八区6号楼（南园）	64211548	64224096
		胜古北路南里3号楼（北园）	64425482	
17.	惠新里幼儿园	惠新里230号楼（惠新部）	64948637	64951459
		北苑路紫绶园11号楼（北苑部）	84960837	
18.	秀园幼儿园	安慧北里秀园19楼	64945420/64932540	64923601
19.	安华里幼儿园	安华里二区12楼（安华部）	64234828	64234828
		安贞西里一区18号楼（安贞部）	64411019	64426890
20.	安华里二幼	安华西里一区23号楼（本部）	64251691—0	64251691
		安贞西里四区19号楼（安贞部）	64411393—11	
21.	花家地幼儿园	花家地小区11号楼	64730729	84711628
22.	清友实验幼儿园	北苑家园清友园小区13楼	84966124—816	84964917
23.	福怡园幼儿园	定福庄北街6号楼	65407227	65402680
24.	望京新城幼儿园	望京新城西园四区409楼	64707003	64707003
25.	华洋紫竹幼儿园	管庄双柳北街1号院9号楼	65439200	65438767
26.	康泉新城幼儿园	双桥东路12号院5号楼	65463458	65463345
27.	奥园幼儿园	东坝中路京奥家园611号楼	52508692	52508662
28.	翠成幼儿园	翠城馨园B211楼	67368331—8000/67364559	67369559
29.	北辰福第幼儿园	常营中路 7 号院东侧	57923871	57923874
30.	定福家园幼儿园	朝阳北路定福家园南里一号院7号楼	58791078	58791747
31.	中国人民大学朝阳幼儿园	芍药居北里217号（本部）	84158387	84298867—8115
		太阳宫一街2号院（一部）	84158374	84158375
32.	泛海幼儿园	华章东路5号院1号楼2号	85855777—8002	85854900
33.	丽景幼儿园	常营乡五里桥一街4号	57845303	57845302

（张　明）

【区域内部门办幼儿园（62所）】

1. 中国科学院第四幼儿园
2. 农业部机关幼儿园
3. 外交部幼儿园
4. 北京市朝阳区人民政府机关幼儿园
5. 北京佳华安琪幼儿园
6. 中华女子学院附属实验幼儿园
7. 中国农业机械化科学研究院幼儿园
8. 中国聋儿康复研究中心启聪幼儿园
9. 中国传媒大学幼儿园
10. 北京航空制造工程研究所银梦幼儿园
11. 中国建筑材料科学研究院幼儿园
12. 北京工业大学后勤服务集团幼儿教育中心
13. 北京市工商业联合会安贞东里幼儿园
14. 北京师范大学实验幼儿园
15. 北京市朝阳区十八里店乡周庄嘉园幼儿园
16. 北京市朝阳区安贞街道中心幼儿园
17. 北京市朝阳区亚运村第二幼儿园
18. 北京市朝阳区亚运村第一幼儿园
19. 北京市朝阳区亚运村中心幼儿园
20. 北京市朝阳区左家庄幼儿园
21. 北京市朝阳区左家庄街道中心幼儿园
22. 北京市朝阳区香河园街道中心幼儿园
23. 北京市朝阳区香河园街道办事处西坝河东里第一托幼园所
24. 北京市朝阳区团结湖街道中心幼儿园
25. 北京市朝阳区呼家楼街道中心幼儿园
26. 北京九龙幼儿园
27. 北京市朝阳区雨禾艺术幼儿园
28. 北京市朝阳区双井中心幼儿园
29. 北京市朝阳区南磨房乡幼儿园
30. 北京市朝阳区王四营乡幼儿园
31. 北京市朝阳区十八里店乡西直河村东明幼儿园
32. 北京市朝阳区十八里店乡吕家营村幼儿园
33. 北京市朝阳区十八里店乡横街子村向阳幼儿园
34. 北京市朝阳区十八里店兴华幼儿园
35. 北京市朝阳区童欣幼儿园
36. 北京星海艺术幼儿园
37. 北京市朝阳区松榆东里幼儿园
38. 北京市朝阳区黑庄户乡人民政府中心幼儿园
39. 北京市朝阳区六里屯街道中心幼儿园
40. 北京市朝阳区十八里店乡幼儿园
41. 北京市朝阳区三间房乡中心幼儿园
42. 中建一局建设发展公司幼儿园
43. 北京电子城幼儿园
44. 普天首信通信设备厂（集团）幼儿园
45. 北京首都机场物业管理有限公司幼教管理中心第一幼儿园
46. 北京首都机场物业管理有限公司幼教管理中心第三幼儿园
47. 北京首都机场物业管理有限公司幼教管理中心第二幼儿园
48. 北京飞机维修工程有限公司幼儿园
49. 北京市朝阳区建筑工程公司幼儿园
50. 北京市朝阳区双桥幼儿园
51. 北京市朝阳区环宇幼儿园
52. 北京蓝岛大厦幼儿园
53. 北京市蓓蕾幼儿园
54. 中国人民解放军总装备部后勤部幼儿园
55. 中国人民解放军总装备部直属机关幼儿园
56. 中国人民解放军61599部队幼儿园
57. 中国人民解放军63918部队幼儿园
58. 中国人民解放军63961部队幼儿园
59. 中国人民解放军北京军区空军育翔幼儿园北纬40度分园
60. 北京市朝阳区小红门中心幼儿园
61. 北京市朝阳区王四营乡第一幼儿园
62. 北京市朝阳区豆各庄乡中心幼儿园

（张　明）

【区域内民办幼儿园（141所）】

1. 北京市朝阳区艾毅双语幼儿园
2. 北京市朝阳区爱丽尔幼儿园
3. 北京市朝阳区博凯智能全纳幼儿园
4. 北京市朝阳区彩虹路幼儿园
5. 北京市朝阳区家育苑幼托中心
6. 北京市朝阳区金色摇篮潜能开发婴幼园
7. 北京市朝阳区金雁幼儿园
8. 北京市朝阳区北方之星民族幼儿园
9. 北京市朝阳区启航双语幼儿园
10. 北京市朝阳区启明东润双语幼儿园
11. 北京市朝阳区青苗幼儿园
12. 北京市朝阳区三为园托幼中心
13. 北京市朝阳区世纪阳光幼儿园
14. 北京市朝阳区手牵手幼儿园
15. 北京市朝阳区孙瑞雪至尊宝宝幼儿园
16. 北京市朝阳区唐纳朝来幼儿园
17. 北京市朝阳区陶乐园托幼中心
18. 北京市朝阳区爱绿艺术幼儿园
19. 北京市朝阳区先策幼儿园
20. 北京市朝阳区向日葵艺术幼儿园
21. 北京市朝阳区小牛津双语才艺幼儿园
22. 北京市朝阳区小橡树三元桥幼儿园
23. 北京市朝阳区精诚实验幼儿园
24. 北京市朝阳区凯尔宝宝婴幼园
25. 北京市朝阳区可儿幼儿园
26. 北京市朝阳区可儿金港幼儿园（乐儿）
27. 北京市朝阳区满天星幼儿园
28. 北京市朝阳区美格双语幼儿园
29. 北京市朝阳区美真幼儿园
30. 北京市朝阳区培基双语幼儿园
31. 北京市朝阳区中育万科青青幼儿园
32. 北京市朝阳区春宇幼儿园
33. 北京市朝阳区德福双语幼儿园
34. 北京市朝阳区甘露艺术幼儿园
35. 北京市朝阳区格顿双语幼儿园
36. 北京市朝阳区根姆赞蒂双语幼儿园
37. 北京市朝阳区管庄建东苑幼儿园
38. 北京市朝阳区海嘉实验幼儿园
39. 北京市朝阳区合生罗马幼儿园
40. 北京市朝阳区新世纪幼儿园
41. 北京市朝阳区星河湾德福双语幼儿园
42. 北京市朝阳区幸福泉北苑幼儿园
43. 北京市朝阳区幸福泉世茂幼儿园
44. 北京市朝阳区幸福天使幼儿园
45. 北京市朝阳区亚奥幼儿园
46. 北京市朝阳区伊顿双语幼儿园
47. 北京市汇佳幼儿园
48. 北京市刘诗昆音乐艺术幼儿园
49. 北京市忠德双语幼儿园
50. 北京市朝阳区阳光幼儿园
51. 北京市朝阳区新园双语幼儿园
52. 北京市朝阳区为明实验幼儿园
53. 北京市朝阳区淘乐思幼儿园（名山）
54. 北京市朝阳区百年嘉华幼儿园
55. 北京市朝阳区小金星幼儿园
56. 北京市朝阳区卧龙幼儿园
57. 北京市朝阳区花家地婴幼儿培育中心
58. 北京市朝阳区艾毅多元智能幼儿园
59. 北京市朝阳区百年实验艺术幼儿园
60. 北京市朝阳区威斯顿幼儿园
61. 北京市朝阳区红黄蓝幼儿园
62. 北京市朝阳区二十一世纪实验幼儿园
63. 北京市朝阳区伊顿慧智双语幼儿园
64. 北京市朝阳区培华实验幼儿园
65. 北京市朝阳区吉美瑞幼儿园（奇德儿）
66. 北京市朝阳区拔萃蓝天双语幼儿园
67. 北京市朝阳区红黄蓝中灿苑幼儿园
68. 北京市朝阳区石佛营幼儿园

69. 北京市朝阳区聪明娃娃幼儿园
70. 北京市朝阳区东方子檻双语幼儿园
71. 北京市朝阳区可儿苹果幼儿园
72. 北京市朝阳区金蓓蕾幼儿园
73. 北京市朝阳区伊顿慧智华侨城双语幼儿园
74. 北京市朝阳区巧智博仁双语幼儿园
75. 北京市朝阳区立城苑小金星幼儿园
76. 北京市朝阳区红黄蓝和平里幼儿园
77. 北京市朝阳区宜宝双语幼儿园
78. 北京市朝阳区启明国风双语幼儿园
79. 北京市朝阳区新世界幼儿园
80. 北京市朝阳区红黄蓝东坝幼儿园
81. 北京市朝阳区双龙幼儿园
82. 北京市朝阳区刘诗昆万象新天幼儿园
83. 北京市朝阳区红黄蓝新天地幼儿园
84. 北京市朝阳区京师实验幼儿园
85. 北京市朝阳区爱迪幼儿园
86. 北京市朝阳区倍康宝贝水育小规模幼儿园
87. 北京市朝阳区华溢艺术实验幼儿园
88. 北京市朝阳区二十一世纪安德鲁斯幼儿园
89. 北京市朝阳区启明润泽双语幼儿园
90. 北京市朝阳区嘉德蒙台梭利双语幼儿园
91. 北京市朝阳区德育苑双语幼儿园
92. 北京市朝阳区卓悦童双语艺术幼儿园
93. 北京市朝阳区清华附中国际幼儿园
94. 北京市朝阳区格顿双语东湖湾幼儿园
95. 北京市朝阳区凯尔宝宝望京幼儿园
96. 北京市朝阳区春宇凤凰苑幼儿园
97. 北京市朝阳区金雁飞鸣幼儿园
98. 北京市朝阳区为明多元智能幼儿园
99. 北京市朝阳区朝花幼儿园
100. 北京市朝阳区劲松红黄蓝幼儿园
101. 北京市朝阳区王子岛双语幼儿园
102. 北京市朝阳区远洋星空幼儿园
103. 北京市朝阳区春风化雨双语幼儿园
104. 北京市朝阳区伊禾木双语幼儿园
105. 北京市朝阳区北大公学幼儿园
106. 北京市朝阳区将台可儿幼儿园
107. 北京市朝阳区子乐幼儿园
108. 北京市朝阳区思贝乐幼儿园
109. 北京市朝阳区又一城幼儿园
110. 北京市朝阳区爱悦蓝天幼儿园
111. 北京市朝阳区德爱双语幼儿园
112. 北京市朝阳区青苗常青藤幼儿园
113. 北京市朝阳区青苗大望路幼儿园
114. 北京市朝阳区红黄蓝筑华年幼儿园
115. 北京市朝阳区伊顿首府双语幼儿园
116. 北京市朝阳区青苗望湖幼儿园
117. 北京市朝阳区幸福天使翠成幼儿园
118. 北京市朝阳区博识梦飞幼儿园
119. 北京市朝阳区北京师范大学奥林匹克花园幼儿园
120. 北京市朝阳区向日葵逸翠幼儿园
121. 北京市朝阳区好思之家三语小规模幼儿园
122. 北京市朝阳区二十一世纪金茂府双语幼儿园
123. 北京市朝阳区阳光起点幼儿园
124. 北京市朝阳区未来荣华北花园幼儿园
125. 北京市朝阳区可儿观唐幼儿园
126. 北京市朝阳区好思之家三语幼儿园
127. 北京市朝阳区艾毅新城小规模幼儿园
128. 北京市朝阳区艾德沃双语幼儿园
129. 北京市朝阳区北方之星来北幼儿园
130. 北京市朝阳区蓝星幼儿园
131. 北京市朝阳区馨德家双语幼儿园
132. 北京市朝阳区青苗蓝港幼儿园
133. 北京市朝阳区森润幼儿园
134. 北京市朝阳区骏德幼儿园
135. 北京市朝阳区吉米小天使艺术幼儿园
136. 北京市朝阳区孩子的故事幼儿园
137. 北京市朝阳区伊顿国奥村双语幼儿园
138. 北京市朝阳区睿泽双语幼儿园
139. 北京市朝阳区沃德兰双语幼儿园
140. 北京市朝阳区北大学园幼儿园
141. 北京市朝阳区太阳宝贝双语幼儿园

（张　明）

基础教育

【概况】 年内，有小学87所（教育部门办学80所，民办学校7所），教学班4473个，在校生136820人，教职工7419人（其中专任教师6977人）。小学入学率100%，巩固率100%，毕业及格率100%。中学91所（教育部门办71所，民办学校20所；初中20 所，高中1所，完全中学13所，九年一贯制学校32所，十二年一贯制学校25所），教学班2022个（初中1468个、高中554个），在校生49345人（初中35771人、高中 13574人），教职工12969人（其中专任教师10627人）；初中入学率100%，巩固率100%。工读学校1所，在校生34人，教学班4个。

（张　明）

【特级教师进校重新匹配工作完成】 1月8日，区人才分中心按照新划分15个义务教育学区，将特级教师重新匹配。通过中心、学区、特级教师三方协商，签订三方协议，完成匹配，全区129位中小学特级教师分配到81所学校指导工作。

（王秉超）

【区中小学生首届冰上趣味运动会】 1月19日，区教育系统“畅想2022，我与冬奥同行”冰雪项目运动系列——首届朝阳区中小学生冰上趣味运动会在浩泰冰上运动中心开幕。7所学校9支球队参加活动。此次运动会设置30米双脚绕标往返接力、春播秋收、20米往返携冰球绕标竞速和冰球射门4项比赛。陈经纶中学小学部夺冠。

（张　弛）

【杨柳书院落成典礼暨国学论坛】 1月23日，垂杨柳中心小学举办杨柳书院落成典礼暨国学论坛。爱新觉罗·启镶任院长，并为书院提名。区文明办主任毕崇伟与启骧为杨柳书院揭牌。

（郑丹娜）

【社区青少年寒假快乐营】 1月23日至2月22日，中小学生寒假期间，区社区青少年寒假快乐营开营，麦子店、安贞、将台、平房等18个街乡141个社区的未成年人入营，体验亲子冰雪嘉年华、家庭生活、科学小实验、中华传统手工等40个项目。

（高　健）

【书画作品捐赠活动】 2月29日，王四营中心小学举办“笔墨注爱心，书画传真情”书画作品捐赠活动。区农民书画研究会会长、副会长及王四营地区书画家参加活动。王四营地区农民书画研究院现场捐赠100幅书画作品。

（李明利）

【以色列工程实践课程引进】 3月19日至20日，陈经纶中学与美中科技文化教育促进会合作，为高中部引进以色列工程实践课程“从想象到创新”。高一年级107名学生分21个小组参加课程学习，物理教研组、技术教研组教师观摩并承担教学辅助工作。

（黄　杰）

【女足主教练进校园交流活动】 3月22日，中国国家女子足球队主教练布鲁诺•比尼及家人到呼家楼中心小学参加足球交流活动。学校聘任布鲁诺为名誉教练兼课程指导专家。

（郭灵静）

【教育教学诊断智慧分享会】 3月22日，召开八十中学与北师大合作项目——基于学生发展学校自我诊断第一次分享会。诊断涉及全人教育、个别化教育、课堂效果、学科素养、受学生喜爱程度和作业布置与反馈6个维度及 18个指标。

（方　媛）

【名著阅读主题活动】 3月25日，东方德才学校初中部举办"与先贤对话与智者为伍名著阅读绽放课堂"主题活动。酒仙桥学区、八里庄学区、呼家楼学区、劲松学区、十八里庄学区317位语文教师和教学干部参加活动。学校语文教研组汇报"一、二、三"模式，5位教师从散文阅读、古诗词赏析、名著阅读三方面做5节阅读展示课，参会教师进行评课。

（赵怀颖）

【两地同课异构教研活动】 3月27日，陈经伦中学分校与贵州省贵阳市第三中学举办同课异构教研活动。双方120名干部、教师就多元课堂教学模式研究、提升教学水平开展研讨。

（刘　杰）

【学区教研共同体推进会】 3月29日，呼家楼义务教育学区在团结湖第二小学召开"构建教研共同体推进学区化改革"推进会。共同体主要任务是通过集体备课、专家引领、骨干带动、教学研究，加强资源共享，带动区域教师专业水平提升，促进教育均衡发展。会后，5所学校教师围绕同课异构、提升学生学科素养开展沙龙活动。

（苏宏杰）

【首届"国之魂"诵读展示活动】 3月31日，陈经伦中学帝景分校举办初一年级首届"国之魂"诵读展示活动，集中展示语文阅读教学成果，展现学生青春风采。

（黄　杰）

【陈经纶中学本部初中学生科协成立】 4月5日，陈经纶中学本部初中召开学生科学技术协会成立大会。学生科协会长吴硕介绍科协组成人员，解读科协现状及发展规划，带动同学走近科技、学习科技、提升科学素养。

（黄　杰）

【手拉手活动】 4月12日至15日，东方德才学校初中部8年级师生29人到南水北调教育协作单位河南省淅川县第一初级中学，参加"南北一水连情谊，知恩共建友谊桥"手拉手实践活动。学生参观南水北调淅川移民遗址及南水北调中线工程纪念馆，进入淅川县第一中学初级中学课堂，参与课堂讨论。教师结合新教学理念和方法，举办初二语文中考专题讲座。

（张蓉蓉）

【首个"全民国家安全教育日"活动】 4月15日，是国家第一个"全民国家安全教育日"，区教委组织全区中小学开展普及国家安全教育活动。

（吴桂全）

【国家级课题申报】 4月22日，完成国家级20项课题申报。研究方向涉及课程领导力提升、学生学科素养培养、学科教学研究等方面。朝阳实验小学"马芯兰教学法在新课程改革中继承与发展的研究"、清华附小中心商务区实验小学"基于核心素养的小学'读整本书'课程实施与评价体系研究"和八十中学"用学术研究成果提升高中生生物科学探究能力的实践研究"3项课题获准立项。

（何爱英）

【第六十届田径小学生春季运动会】 4月23日，区第二实验小学田径队30名队员参加区第六十届田径小学生春季运动会。学校田径队以团体总分197分成绩，获团体总分冠军。比赛中，学校男子接力队以52.4秒成绩打破区纪录，女子接力队以58.7秒获第二名。

（赵海东）

【"校内督导"启动】 4月25日，朝师附小启动"校内督导"仪式，开展日常性自我检查诊断。"校内督导"通过听取校区主管或相关负责人汇报、查阅资料、问卷、个别访谈、实地查看等方式，对各区校务管理和制度执行、招生、收费、课程开设和课堂教学、学生学习、体育锻炼和课业负担、教师职业道德和专业发展、校园及周边安全，学生交通安全、食堂、食品、饮水等卫生及校风、教风、学风建设情况进行督导检查。

（王新霞）

【"感悟生命"项目实践周活动】 4月25日至28日，北京师范大学朝阳附属小学举办"感悟生命"项目实践周活动。活动在学校各专业教室及奥林匹克森林公园、科技馆等场所同步开展，指导学生进行综合性学习，锻炼学生学科实践、综合运用和合作探究能力。

（朱兴艳）

【创建首批党建示范点暨评选活动】 4月，朝阳教育党校开展创建首批党建示范点暨评选活动。24所学校申报，专家通过材料评审和实地考察，认定朝师附小、十七中学、芳草地国际学校、润丰学校、华师大一附中、华侨城黄冈中学、陈经纶中学、陈经纶中学分校、人大附中朝阳学校、青少年活动中心、望京实验学校等11校为"首批朝阳区教育系统党建示范点"。

（宋　丹）

【"南水北调水资源保护"课题研究活动】 4月，三里屯小学依托摄影特色，融合多学科成立"南水北调"课题研究小组。先后到北京团城湖管理处、三峡大坝、丹江口水库等地调查研究，历时4个月。学生通过南水北调工程知识宣传展、摄影作品展、绘画展等形式向全校、全社会展示成果，宣传南水北调工程和节约用水重要性、紧迫性。

（侯海涛）

【"十佳中小学生"评选】 4月至5月，开展以"托起我的中国梦，争做阳光少年"为主题的"十佳中小学生""百个道德之星""千名文明礼仪标兵""万名美德少年"评选活动。选出"十佳中小学生"各10人、道德之星206人；学校推荐文明礼仪标兵5650人、美德少年17107人。

（乔春江）

【小学生学习习惯培养研究成果展示】 5月8日，在朝阳区小学生学习习惯培养工程实践与思考研讨会上，花家地实验小学推出语文、数学等各学科习惯培养研究课20节及学生学习习惯培养典型经验，展示学校"践行习惯三个一构建智慧课堂为核心素养奠基"，构建智慧课堂策略研究成果。

（王　辉）

【"一带一路"国际学生走进贵州】 5月9日，芳草地国际学校国际部组织来自伊朗、越南、新加坡、匈牙利等国家学生与家长到芳草地国际学校贵阳分校参加"一带一路"文化交流活动。贵阳分校是国际部学生开展"一带一路"交流活动第一站。

（杜娟芳）

【初中毕业升学体育考试】 5月9日至13日，初中毕业升学体育考试在市楼梓庄中学完成。该项考试第一次全面使用统一仪器设备进行测试，并增设足球、排球考试项目。区公办中学、民办中学京籍户口初三应届毕业生9887人、学籍在外省市返京考试初三学生76人参加考试，考试通过率99%。

（周　杰）

【全员运动会】 5月13日，八里庄中心小学举办首届"精彩教育幸福绽放"全员运动会。运动会打破年级界限，采用跨年级同班编号、以班为单位，按照日常学生体质监测训练项目设计15个运动项目。运动会有4个环节，分红黄蓝绿紫5个队，1100名师生和400名家长参加运动会。

（张育红）

【音乐学科连片教研活动】 5月16日，东方德才学校小学部承办八里庄、黑庄户、幸福村、呼家楼学区100名教师音乐学科连片教研活动。通过同课异构唱歌课，研究“如何指导学生富有美感地歌唱”。学校音乐教师钱丽芹和柏杨学校教师康博上展示课，区教研中心教研员做点评。

（赵怀颖）

【“抖动空竹绘美童年”文化展示】 5月19日，在北京教育科学研究院举办“抖动空竹绘美童年”文化展示暨课程展示活动。九十四中朝阳新城分校通过展板呈现抖空竹融入美术及书法作品的教学成果，学生用作文描绘抖空竹列为非物质文化遗产传承体验。

（杜春蕊）

【区青少年传统文化才艺大赛】 5月21日至22日，由区教委和社区学院主办、区社区青少年教育培训中心承办的“2016朝阳杯社区青少年传统文化才艺大赛”举办。比赛有五大类项目，在上年传统声乐、传统器乐、传统舞蹈、传统戏曲曲艺基础上新增加传统武术。来自全区42所学校和社会机构的299人，共45支队伍参赛。

（蒋　薇）

【初中入学体育艺术科技特长生考查】 5月21日至22日，组织初中入学体育、艺术、科技特长生现场考查。小学六年级有4369人报名。区教委建立现场沟通机制、问题快速反应与解决机制，实现统一标准、统一考点、统一评委、统一录取，完成考察。具有招收特长生资格的19所中学录取793名特长生。

（刘雪峰）

【学校文化节】 5月24日至31日，白家庄小学举行“让尊重成为一种文化”文化节。5个校区举办环境文化、课程文化、社团文化、师生文化成果展，合唱团、主题课程“北京中轴线”、金鹏科技团、“非遗进校园”项目进行展示。芬兰文化参赞、巴基斯坦学校师生代表、中国教育科学研究院、北京教育学院课程中心、北师大专家团队、河南省淅川县对口支援学校、湖南名师国培班学员及各友邻单位代表200人参加活动。

（李瑞霞）

【个性化课程成果展示】 5月31日，十八里店小学举办“实文化浸润我成长”个性化课程成果展演暨纪念温家宝总理来校5周年庆祝活动。活动分为3个篇章：我运动，我健康，身体结实；我学习，我快乐，底蕴厚实；我多艺，我幸福，成果丰实。节目有抖空竹、打花棍、跆拳道、中华武术、校园剧、相声、英语剧、朗诵、舞蹈、合唱、管乐等多种形式。

（冯婷婷）

【藏生周末课程展示】 5月31日，八十中学举行第十一届西藏学生德育导师结对仪式暨周末课程展示。导师代表做《鼓励和关爱是帮助学生建立自信的钥匙》发言，学生代表表演歌伴舞、舞蹈和以高三毕业生向秋旺姆为原型创作话剧《向秋旺姆》。

（方　媛）

【学科课程拓展成果展示】 5月31日，八十中学实验学校康营分校举办首届艺术节暨“我们梦想一定实现”学生素质教育展示。活动展示高跷、轮滑、散打等体育类课程，合唱、紫砂、茶艺、书法、摄影等艺术类课程，英语表演、语文阅读等学科类课程。

（邵　君）

【“和之韵”课程文化展示】 5月31日，酒仙桥中心小学举办“和之韵”践行社会主义核心价值观课程文化展示。活动通过说、绘、演、唱等艺术表现形式，展示学生风采，宣传学校和谐教育理念。千余名教师及学生家长参加活动。

（郑　亚）

【中小学校长“课程领导力”专题培训班】 5月，区教工委举办2016年中小学校长“课程领导力”培训班。培训采用理论学习、论坛交流、参观交流、教育考察、自主研修等形式，142名中小学校长将完成校长在课程价值定位、规划设计、开发、实施、评价导向、管理决策、整体推进、特色创新等学习任务。培训时长一年。

（靳国立）

【骨干教师学科关键问题工作坊组建】 5月，分院在小学、初中、高中学段组建22个涵盖13个学科的骨干教师学科关键问题工作坊。其中，语文、数学、英语各3个，化学、体育、音乐各2个，物理、生物、历史、信息、美术、地理、小学科学各1个。市区级一线骨干教师220人到工作坊参加研究。

（宋　丹）

【北京服装学院小学工程艺术作品展】 6月1日，三里屯小学协办“蓝天下的科学艺术创新梦”——暨北京服装学院支持小学美育与创意艺术作品展。开幕式及艺术展在中华世纪坛当代艺术馆举行。学校展出艺术作品50余件，均出自2年来“高参小”合作课程、美术实践活动中学生的作业精品。

（侯海涛）

【“书香校园行”活动】 6月2日，兴隆小学举办“美文飘香，润泽童年——著名儿童文学作家曹文轩书香校园行”主题活动。参与者围绕童书阅读、阅读梦想话题，与曹文轩现场畅谈互动。

（水　宁）

【校园保安防暴恐实战能力培训】 6月2日，区教委会同朝阳公安分局、区“防恐办”在楼梓庄中学举办区校园保安防暴恐实战能力培训启动仪式。培训由专业人员讲授防暴恐知识及防暴器材使用技巧。区教育系统386所（址）校（园）400名校园保安参加培训。

（吴桂全）

【课题中期汇报会】 6月3日，芳草地国际学校远洋小学召开“十二五”规划办课题——“小学优质课堂中教学技艺运用的实验研究”中期汇报展示会，汇报展示语文、数学、英语、科学、音乐、美术、体育8节现场课。课题负责人校长于亚玲就课题开展情况作系统汇报。

（王淑昆）

【传统文化课堂教学活动展示】 7月8日，劲松第三小学在北京教育科学研究院课程教材发展研究中心举办“北京市中华优秀传统文化与学校课程一体化建设项目阶段交流研讨会暨中华优秀传统文化课题推进”主题培训会。17位教师以《中华优秀传统文化》读本为主，分“传统文化课”“传统文化班会课”和“传统文化与学科整合”三大类型展示传统文化课堂教学活动。

（朱卫华）

【支教活动】 7月24日至27日，北京工业大学附属中学教师30人到云南昆明禄劝一中和屏山一中开展支教交流活动。学校通过专题报告、经验分享、座谈交流形式，与2所学校沟通学校管理、课程建设、课堂教学、德育科研等工作。8月24至11月25日，劲松第一幼儿园10名教师分2批到云南省昆明市禄劝县幼儿园，通过驻班、对口部门业务交流、专题培训、深入班级指导等方式开展支教活动。

（戚 放 刘俊红）

【学校合并】 7月，市朝阳外国语学校分校并入市朝阳外国语学校，北京教育科学研究院附属实验中学并入首都师范大学附属实验学校。并入前学校作为并入后学校分部继续办学，其人员编制纳入新学校统一协调使用，新学校办学性质不做调整。

（张志达）

【全国打击乐比赛获金奖】 7月，国美家园小学打击乐团受全国青少年打击乐比赛组委会邀请，参加上海第十一届全国青少年打击乐比赛，获校园组合小学组拉丁打击乐类金奖。

（王重萱）

【高中校军训】 7月至8月，暑假期间，区21所高中校2720名学生参加军训活动。

（柴 伟）

【“灵动课程”体系建立】 9月1日，望京新城南湖中园小学建立基于生命教育“灵动课程”体系。该体系包括生命奠基课程、生命拓展课程和生命发展课程三个层级。在全员参与生命拓展课程中，结合课程标准、学科改进意见和课程设置方案，及未来人才核心素养，研发学校“生命灵动相约成长”实践手册。该手册从学校篇、班级篇和家庭篇三个维度设计学科整合后的实践活动内容。

（马淑玲）

【课程改革推进研讨会】 9月3日至4日，区实验小学举办《梦开始的地方》——“自然成长、幸福绽放”课程改革推进研讨会。全校区1770名师生，历时3个月训练排演，通过合唱、舞蹈、京剧、合唱、器乐、武术、情景剧等形式展示课堂学习及社团活动，呈现学校课程改革5年来教学成果。中国爱乐乐团多名专家指导，著名导演陈维亚助阵排练。

（金 姬）

【首批绿色出行推广共建学校】 9月12日，区6所学校开展中学生绿色出行素养教育，通过学生带动身边人选择绿色出行。清华大学附属中学朝阳学校、北京工业大学实验学校、北京工业大学附属中学、市金盏学校、市劲松第一中学、市劲松职业高中6所学校成为首批绿色出行推广共建学校。

（慕学锋）

【“一校一策”项目预算论证培训会】 9月12日至14日，召开引进学校2017年“一校一策”项目预算论证培训会。24所学校经过专家现场指导，进一步完善梳理本校2017年“一校一策”项目预算思路，形成预算草案。

（王 静）

【全民健身操大赛获特等奖】 9月20日至25日，呼家楼中心小学“呼啦啦”健美操队27人参加“青岛2016亚洲大众体操节暨第五届全民健身操舞大赛总决赛”。在小学混合组有氧健身操舞表演轻器械健身操项目比赛中，获全国特等奖。

（张东江）

【首批“朝英”学生科技社团评审】 9月21日，开展第一批“朝英”学生科技社团评审工作。经过评审，69个申报社团中有65个成为第一批学生科技社团成员单位。

（张 昶）

【参加市第五届中学生模拟联合国大会】 9月24日至25日，八十中学、陈经纶中学、日坛中学、工大附中、和平街一中、外经贸附中和十七中学7所学校参加由市教委、外交部公共外交办公室主办的以“追求和平，实现和平”为主题的市第五届中学生模拟联合国大会。朝阳区获优秀组织奖，日坛中学学生张琛获杰出代表奖，工大附中获“十佳地球村”称号。

（王圆圆）

【多门类校本课程开发】 9月，府学胡同小学朝阳学校所有年级在每周五下午开始实施校本选修课程。主要学习茶艺、折纸、电脑绘画、数学魔术等25门课程。这些选修课程全部为各学科教师为满足学生需求，丰富学生活动体验，在不同领域自主开发而成。

（王海洪）

【中法中学双语项目班开设】 9月，二外附中中法中学项目班正式开学。作为北京市与巴黎友好城市合作项目，由法国教育部提供师资力量及教师培训保障。第一期在小学四年级开设2个班级，招收学生31人。双语教学班参照二外附中小学部常规课程教学和管理，每周学习法语10小时。该项目将长期开展，逐年覆盖四年级至高三年级，已纳入中法人文交流机制。

（夏文钦 欧新华）

【改扩建小红门地区1所完全中学】 9月，小红门地区在七十一中原址基础上改扩建，转为完全中学建制。该校占地面积30089平方米，建筑面积30360平方米，规模36个班，学位1440个。

（赵 影）

【陈经纶中学嘉铭分校新增校区】 9月，陈经纶中学嘉铭分校在大屯地区欧陆经典小区增设配套学校，命名为北京市陈经纶中学嘉铭分校欧陆经典校区。该校区占地面积14023平方米，建筑面积8400平方米，有27个班，新增学位1080个。

（赵 影）

【获得荣誉】 10月14日，市教委民族团结教育示范学校检查评估工作启动。万子营民族小学、二外附中、工大附中被认定为北京市教委民族团结教育示范学校。

（乔春江）

【“清华-朝阳”合作办学成果汇报展示】 10月17日至19日，清华附小商务中心区实验小学举办教学实践研讨会暨5年（清华-朝阳）合作办学汇报展示。校长窦桂梅总结学校5年办学理念和办学成果，解读学校“1+X课程”核心内容，即将优化整合国家基础课程与实现个性化发展的校本特色课程相结合，形成有机有效育人体系。20名教师向与会者展示“语文主题教学课程群”“数科应用创新课程群”“艺体特色发展课程群”特色课程。与会专家在学校办学创新模式、课程与教学改革、教师队伍建设等方面提出建设性意见。

（崔慧敏 黄阳艳）

【京津冀成语文化龙门阵邀请赛】 10月30日，在芳草地国际学校双花园校区举办“老少共圆中国梦”——2016年京津冀成语文化龙门阵邀请赛。天津河北区及河北邯郸市两地4支代表队参赛。天津河北区光明小学赵禄文家庭、李明辉家庭，河北邯郸市展览路小学闫睿嘉家庭、世纪路小学孙一诺家庭及朝阳区田华小学宋佳颖家庭、朝阳实验小学姚儒钰家庭参赛队获优胜奖。

（韩志波）

【心理学培训课程下校送课服务】 10月至12月，分院进一步转变培训理念，改变传统集中培训模式，开展中小学教师心理学素养提升培训课程下校送课服务。培训采用分院提供课程菜单、学校自愿申报、专家送课到校方式送课。此次课程派送服务涵盖40所中小幼职学校，培训一线教师3000人（次）。培训内容包括生命与成长、团队建设与合作、与情绪共舞、压力管理与情绪调控、冰山探索与自我觉察、非暴力沟通、教师职业生涯规划、青少年性发育与性教育、原生家庭如何塑造人等9个专题。

（宋　丹）

【专职护校队成立】 11月1日，八十中学温榆河分校发生学生遭社会人员侵扰事件。区教委领导带队到现场指导妥善处置，同时立即协调综治、公安等委办局及属地政府召开协调会，在全区展开校园周边治安隐患排查，对安全隐患问题逐项分析，开展专项整治行动。区教委成立专职护校队，与该校保安配合联动、统一指挥；协调相关部门加强联防联控，护送学生上下学，做好“护校安园”工作。

（吴桂全）

【提升核心素养展示会】 11月2日，传媒附小举办“引导深度学习提升核心素养”展示会。校长张丽荣作专题报告，介绍学校“美教育”特色文化理念体系建构“美丽童年”课程体系，教师展示52节课，覆盖全部学科，总结多种途径变革学习方式取得的教学成果。

（陈希思）

【美术作品展】 11月2日至4日，幸福村义务教育学区举办第一届“爱与幸福”主题美术作品展。展示成果包括学生书法、画作、摄影和手工作品。学区4所中学和8所小学参加展示。

（方　媛）

【首次教学质量月活动】 11月3日至12月12日，首次组织15个义务教育学区开展教学质量月活动。全区义务教育学段267名中小学教学干部听课2069节，198个校区作学科教研组活动展示，198个校区教学干部作质量分析报告，185个校区作开展10%学科实践活动情况汇报，16所学校展示“精品课堂”，3所学校教学干部做评课汇报，5所学校开展课题研究和课程建设交流。

（汪　烨）

【参加市优质教育资源推进会】 11月16日，二外附小参加市扩大优质教育资源改革总结推进会。校长张冬云在“聚焦学生实际获得，推进优质教育资源实质性扩大”专题会上作题为“有温度管理，让外教和孩子们一起成长”经验分享。

（邵　帅）

【校本课程大楼揭幕】 11月17日，陈经纶中学举行校本课程大楼揭幕暨特色课程开课仪式。校长阐述设置校本课程大楼意义及校本课程建设规划，与语文教研组组长为校本课程大楼揭幕，并发放专用教室钥匙。

（黄　杰）

【参加市“十三五”课题开题论证会】 11月18日，北皋中心小学课题组教师参加市教育学会课题“农村新任教师校本培训策略研究”和“低年级小学生行为习惯培养策略与实践”开题论证会，进一步明确学校课题研究目标定位及研究步骤。

（芮秀军）

【建校60周年暨文化节主题活动】 11月20日，二外附中举行“缘聚甲子不忘初心，情系母校共话未来”文化节暨建校60周年主题活动。活动由开幕式、校友嘉年华和社团嘉年华组成，师生同台表演《光阴的故事》《明天会更好》《四世同堂》等剧目展示学校建校60年文化传承和课程改革、学生社团建设等办学成果。

（欧新华）

【普通高中教师信息化专题培训】 11月22日，组织高中130名教师参加信息化专题培训。培训采用线上线下两种模式，线下课程包括《电子白板在教育教学中的应用》《电子书包课堂体验》《微课制作与网络资源建设》3个专题模块。此次培训纳入教师继续教育系列。

（王圆圆）

【全国青少年建筑模型教育竞赛获金奖】 11月24日，在“共筑家园”全国青少年建筑模型教育竞赛活动总决赛中，青少年活动中心学员在“最美家乡”创意赛中，以作品《黄河韵》获金奖。朝阳区再次被评为全国优秀组织单位。

（张　弛）

【“变教为学”论证会】 11月24日，南磨房中心小学召开“变教为学”理念下小学课堂教学方式实践研究交流暨开题论证会。学校做开题汇报，展示5个学科的13节课。首师大教授、市教育学会肯定课题研究价值，市教科院提出研究目标。

（邱红立）

【艺术教育课程展示活动】 11月25日，“全国艺术教育创新研讨会暨中国音乐学院附属北京实验学校艺术教育课程展示活动”在北辰绿色家园校区落幕。来自全市各区县及云南、陕西、河南、河北、内蒙古等地基础教育一线校长、教师500人参加会议。学校会同中国人生科学学会，展示在课程改革及艺术教育创新工作中的成果，有展示课21节。金帆民乐团、朝花舞蹈团及各类艺术社团汇报演出。

（李　璐）

【中小学生核心素养培养研究开放论坛】 11月16日，区教研中心在南磨房中心小学举办“基于STEAM（Science、Technology、Engineering、Arts、Maths）理念中小学生核心素养培养研究”开放论坛。观摩“吉祥图案纸飞机”和“竹蜻蜓”STEAM理念课程，汇报引进课程推进情况。美国约克大学Christina博士和Dolly总监，北师大教育学部STEAM创新教育研究中心副教授江丰光等专家对课程实施现状提出意见、建议。

（何爱英）

【“好家长”认定完成】 11月28日，2016年区中小学、幼儿园“好家长”认定活动结束，认定“好家长”4542名。

（温永春）

【德育质量月活动】 11月，组织义务教育阶段15个学区、84个校区开展德育质量月活动。活动中，各校德育干部听一节常态课、巡视校园，专项汇报与交流学生常规管理、家校协同教育、德育特色工作。

（乔春江）

【北京中学成为国际学校联盟（CIS）会员】 11月，北京中学成功申请国际学校联盟会员资格，该校为全国第1所申请成功的公办学校。该联盟作为一个全球非营利会员组织，致力于提高教育质量，为中小学、高等教育机构和外籍师资提供服务。加入联盟后可享受国际学校联盟优秀教育资源，招聘世界范围内优秀师资力量，有机会与世界各地国际教育工作者交流并开展有关合作项目。

（夏文钦）

【第三届“阳光杯”赛课获奖】 12月2日，区19所实验校参加第三届“阳光杯”生态语文教育高峰论坛赛课活动。三里屯小学副校长赵军讲授作文课“书——儿童诗创作训练课”获特等奖，高家园小学教师王雨晖获一等奖。

（南懿城）

【区国际化课堂教学改进工作坊启动】 12月7日，区国际化课堂教学改进工作坊正式启动。泛海幼儿园、白家庄小学、日坛中学实验学校等10所工作坊基地校，基于“steam教学设计”“以学生为中心”等不同课程主题展开探讨研究，有针对性地进行课堂教学改进跟踪。

（宋　丹）

【构建生命力课堂展示活动】 12月8日，劲松四小举办构建生命力课堂，作“做最好的我”课程建设展示活动。24位教师展现学校课程体系与课程实施学科融合后、构建生命力课堂研究，实践活动等课堂教学活动初步成果。

（孙　薇）

【核心素养与课堂变革研讨会】 12月8日，朝师附小召开"学生核心素养与课堂变革"研讨会。会上展示学校"悦动"课堂文化思考与实践，学校教师主管郭新新做《提升教师课程领导力全面提高学校教学质量》工作报告。

（王新霞）

【DI创新思维中国区总决赛获奖】 12月12日，陈经纶中学嘉铭分校小学DI团队参加第11届DI创新思维中国区总决赛，作品《街头流浪者》获全国一等奖，入围该赛事全球赛。

（于永涛）

【创建市级文化建设示范校】 12月15日，市教委主办市第三批学校文化建设示范校创建活动总结交流会。市樱花园实验学校、北京师范大学三帆中学朝阳学校、区教研中心附属学校、东北师范大附属中学朝阳学校等22所中小学被认定为市第三批中小学学校文化建设示范校。区有59所市级文化建设示范校。

（井洪伟）

【中学生"时事达人秀"展示活动】 12月15日，举办"培养家国情怀成就青春梦想"初中学生时事达人秀展示活动。11位选手分别来自 9所学校。八十中学刘浩男《做光盘一族》等3个展示节目获特等奖，陈经纶中学帝景分校吴艺婷《传递网络正能量讲述中国好故事》等12个节目获一等奖。

（乔春江　南懿城）

【"停课不停学"】 12月16日至21日，全市空气重污染红色预警。区教委立即召开视频会，部署红色预警期间"停课不停学"工作，小学停课，初中实施弹性教学方式，开通"在线教学平台"，包括朝阳直播课程、朝阳智慧课堂和北京数字学校三个板块，组织中小学生在家自主学习，部分学校组织家中无人看管学生在校学习，其中小学6827人次、中学4030人次。12月17日，工大附中启动"停课不停学"应急预案，做到"教学不断、网络授课"，各科教师按时到校为70名西藏内高班学生授课；同时与专业教育云平台合作，通过"高清、同步"直播，满足在家自习学生进行网络学习，还将教师授课视频和课件传到网盘。

（果春平　孙颖瑜）

【酒仙桥学区首届中小学生书画展】 12月22日，酒仙桥义务教育学区首届中小学生书画展在青院附属中学开幕。学区10所学校提交参展作品150幅，专家评选出一等奖10个、二等奖20个、三等奖30个。

（王　佳）

【校训重塑项目验收答辩会】 12月22日至23日，举办校训重塑项目验收答辩会，40所"北京市文明校园"学校参加答辩。各校从校训与办学理念、学校文化、办学目标、校风、教风、学风建设等方面的关系，校训内涵、作用、知行合一等方面进行答辩，专家现场点评。40所学校全部通过验收。区校训重塑工作将持续推进5年。

（乔春江）

【寄宿制学校安全管理强化】 12月29日，召开区内47所寄宿学校安全管理工作会。会议就寄宿学校消防安全、学生外出管理、应急预案制定、食品安全、流行病防控、校园欺凌防范、应急突发事件预案制定和应急演练等项安全管理工作做出部署。

（谢仲能）

【确保校园冬季供暖】 年内，国资中心在暑期安排完成23所校址暖气系统改造工程。会同区质监局特种设备检验部门对学校（园）宿舍各种类型采暖承压锅炉进行年度内、外部检验，累计33家单位47台采暖承压锅炉达到检验项目规定运行标准。组织专人、专业队伍对325所校址、6处教工宿舍采暖系统进行试压工作，做好对自烧锅炉、自管热力站学校及教工宿舍锅炉、热力站设备定期维护保养。

（亢鹏宇）

【引进民培机构参与外语教学改革】 年内，英孚教育机构派出一名教师参与市第八十中学枣营分校小学部英语教学，为学生开设英语戏剧课程及英语社团活动，为英语教师提供培训，参与英语教研活动，提升英语教师专业化素养。

（尉　晶）

【规范学生装管理】 年内，区国资中心推荐11家学生装定点企业，并与各企业签订《学生装质量保证责任书》，对出现严重质量问题企业给予除名处理，自动解除合同，并追究企业相关责任。各中小学征订学生装159217套，其中体育装122412套、制式装27082套、其他款式9723套，减免33名特困生。

（徐庚会）

【教育信息化应用】 年内，为全区115所中小学配备电子书包35819台，完善并新建117所学校无线网络系统，初步建设以北京中学智慧教育云为代表的区学生自助学习平台及覆盖113所学校的智慧校园服务器承载网络。在2个教育城域网核心机房扩充朝阳教育城域网"云服务"虚拟化服务器资源池，实现朝阳教育网络视频平台、自主学校平台两套系统同时服务全区20万名中小学生。

（周　力）

【社区进校园百场专题讲座】 年内，组织"百场家庭教育指导专题讲座进社区、进校园活动"158场，家长、教师等3万人次参加讲座。讲座内容为由重视孩子生理发展转变为重视孩子心理和人格发展；由重视孩子学业成长转变为关注孩子品德和综合素质培养；由关注孩子学习能力、学习方法引导转变为关注孩子习惯养成和育子能力提升。

（温永春）

【主题班会评选完成】 年内，在全区中小学开展"我的价值观，我的微行动"主题班会评优活动。中学上交240节，小学上交666节。评审出中学一等奖班会48节、小学一等奖101节，从一等奖班会中评选出中学特等奖10节、小学特等奖18节，并将获奖班会刻盘作为培训材料下发学校。

（乔春江）

【接收教育配套学校】 年内，接收9所教育配套学校。分别位于大屯、东坝、豆各庄、三间房、崔各庄、常营、高碑店、小红门地区。占地面积82297平方米，建筑面积51536.75平方米，有144个教学班，新增学位4950个。

（赵　影）

【游学实验项目】 年内，继续推进远郊区县学生游学项目实验。人大附中朝阳学校和中科院附属实验学校分别接待密云区不老屯中学、高岭中学等9所学校10批25个班634名学生到校上课学习1周。

（张丽娟）

【民生实事工程落实】 年内，对八十中学初中部等30所学校食堂改造、配备设备，投资5600万元；完善操场改造工程16所学校，重点改造东北师范大学附属朝阳学校操场，其他以改造操场面层项目为主，投资1900万元；实施学校电力增容工程，解决19所学校用电量不足和可能带来安全隐患问题，投资6955万元。

（亢鹏宇）

【教育部门办小学（不含一贯制学校小学部）】

直属小学（19所）

学校	地址	值班电话	传真电话
1. 芳草地国际学校	日坛北路1号（本校）	85635120	85613856
	北四环东路71号（万和城校区）	84639335	84632125
	双花园南里二区15号院1号楼（双花园校区）	87721406	87511985
	朝阳门外雅宝里1号（民族校区）	85630356	85622389
2. 芳草地国际学校世纪小学	育慧东路3号	84624378	84624378
3. 芳草地国际学校远洋小学	八里庄西里78号	85865631	85865631
4. 白家庄小学	三里屯南路40号（本校）	65025893	65060121
	核桃园北里甲2号（本部南部）	65061623	65076055
	望京西园四区408楼（新城校区）	64703053	64706630
	望京西园一区117楼（科技园）	64747679	64747289
	朝阳门外大街杨家胡同3号（朝外）	65522165	65527258
5. 朝阳实验小学	幸福一村4巷36号（本部）	64154368	64154564
	水岸庄园1107号（润泽校区）	84999852	84999853
6. 朝阳实验小学罗马嘉园分校	朝阳北路罗马嘉园（罗马嘉园分校）	58627466	58627468
7. 朝阳实验小学南校	小红门后街130号（南校）	87608361	87605731
8. 朝师附小	和平街11区17楼（和平街校区）	64212623	64206809
	太阳星城夏家园8号楼旁（太阳星城校区）	52018678	
	望京利泽西园116号楼（望京校区）	64711496	
	曙光里社区（西坝河高部）	64686967	
	西坝河东里19号（西坝河低部）	64675043—0	
9. 星河实验学校	朝阳北路四季星河路1号院（星河湾校区）	85560416	85560416
	朝阳区甘露园中街（天鹅湾校区）	59075091—8000	
10. 北师大奥林匹克花园实验小学	东坝京奥家园288楼	51079190—8001	51079636
11. 北师大朝阳附属小学	林萃路倚林佳园26号楼	82723310	82723187
12. 花家地实验小学	望京中环南路花家地小区18号楼（花家地部）	64737775—815	84780010
	朝来绿色家园蕴实园6号（朝来校区）	84953717—801	
	北四环东路甲9号（方舟校区）	58233436—801	
	花家地113号楼（花西部）	64706853—200	
13. 清华附小商务中心实验小学	建国门外大街4号	59009192—8000	58693387
	朝阳区建外砖厂胡同33号	65023002—8000	65021296
14. 府学胡同小学朝阳学校	六里屯苇子坑路101号东侧	59283928/59283430—8008	59283005
15. 北京市第二实验小学朝阳学校	茂兴东路11路	87152715—8000	87152717
16. 朝阳区第二实验小学	管庄东里55号（管庄高部）	65761083—0	65753171
	建东苑19号（管庄低部）	65713171—601	65717353
	双桥路4号（双桥高部）	85365525	85369262
	双桥小寺村西(双桥低部)	65427168	65427168
	常营中路7号院（北辰福地校区）	57923856	57923856—1106
	远洋新悦小区（远洋一方校区）	56497613—1000	56497876
17. 首都师范大学附属朝阳实验小学	垡头翠成馨园219号楼（翠城北校区）	67368277—8051	67202809
	垡头翠成馨园E区444号楼（翠成南校区）	87523733—8050	67293003
	垡头西里8号楼（金蝉北校区）	67383315	67370080
	垡头西里三区9号楼（金蝉南校区）	67383314	67378548
18. 中国人民大学附属中学朝阳实验学校	朝阳区太阳宫新区D区	84296255	84296255
19. 中国音乐学院附属北京实验学校	安慧里4区12号楼（本部）	64913239	64982906
	仰山路9号（北辰绿色家园校区）	84369529	
	慧忠北里409号楼	64864377	

幸福村学区（8所）

	学校	地址	值班电话	传真电话
1.	幸福村学区	西坝河西里15号楼	64285136	64285136
2.	三里屯小学	三里屯东街4号(本部)	64150873	64150873
		柳芳北里18号楼（柳芳里分部）	64621209	
3.	新源西里小学	新源西里中街17号	64673010—8011	64661615
4.	新源里四小	三源里北小街5号（本部）	64641522	64635036
		三源里街13号（分部）	64641509	
5.	左家庄二小	左家庄前街2号	64662588	64662588
6.	黄胄艺术实验小学	西坝河中里37号楼（本部）	64656080	64654119
		西坝河西里15号楼（分部）	64273150	
7.	和平街中心小学	和平街12区（本部）	64277790	64212713
		和平街13区（分部）	64224009	
8.	对外经贸大学附属小学	惠新里甲243号	64811187 64810772—801/802	64810013

垂杨柳学区（7所）

	学校	地址	值班电话	传真电话
1.	垂杨柳学区	松榆西里3号楼	67782086—0	67712508
2.	垂杨柳中心小学	朝阳区松榆西里40号楼（本部低部）	87370915—8001	
		朝阳区松榆西里3号楼（本部高部）	67321545—0	67317890
		垂杨柳南里3号楼南（杨柳低部）	67783259—8000	67796510
		垂杨柳北里（杨柳高部）	67720128—8000	67721008
		朝阳区劲松1区124楼(杨柳中部)	67784949—0	87778212
3.	垂杨柳中心小学金都分校	百子湾西里430号（金都低部）	67783274—8000	67787789
		百子湾西里112号（金都高部）	67760742—8011	67769685
4.	劲松四小	劲松七区甲713楼（本部）	67785781	67750342
		劲松七区706楼（南校）	67781919	67712550
		垂杨柳南街13、14号（北校）	67783150	87771649
		朝阳区劲松417楼（东校）	67782219	67757767
5.	劲松三小	广渠门外东架松24号	67782086—0	87712151
6.	南磨房中心小学	松榆东里社区3号楼（低部）	67317538	87384787
		双龙小区226号（高部）	87327628	67317539
7.	田华小学	紫南家园社区田华小学	87352953	87352915

呼家楼学区（5所）

	学校	地址	值班电话	传真电话
1.	呼家楼学区	呼家楼西里七巷12号	65022087	65022087
2.	呼家楼中心小学	呼家楼西里七巷12号（本校）	65022087	65022087
		呼家楼西里甲5号（西校区）	65003408	65065609
		金台西路2号院（东校区）	65954923	65954923
		新街大院（南校区）		
		南豆各庄5号院（青青家园分部）	85301847	85301857
3.	团结湖小学	团结湖北头条10号楼（本校）	65825526/65824091	65825118
		六里屯13号（丽水嘉园校区）	65919502	
4.	日坛小学	通惠家园惠生园20号（四惠校区）	65584309	65584121
		十里堡甲3号院13号楼（东恒学区）	58624124	
5.	团结湖二小	团结湖中路南二条1号楼	85989512—8001	85989121

八里庄学区（10所）

	学校	地址	值班电话	传真电话
1.	八里庄学区	八里庄北里114号	85833007—0	85825970
2.	八里庄中心小学	慈云寺北里117号(本部)	65574553	65577948
		八里庄北里114号(北里校区)	85833007—0	
3.	平房小学	平房南街96号	85573217	85575176
4.	甘露园小学	甘露园南里一区18号	85771712	85783880
5.	康乐园小学	康家园小区14楼	85775875—0	85746545
6.	石佛营小学	石佛营东里125号（本校）	85815228	85821705
		石佛营西里28号楼（分校）	85811944	
7.	将台洼小学	东风乡将台洼	84301535	84301535
8.	国美家园小学	青年路西里1号院1号楼	52063116—0	52069578
9.	北马各庄小学	金盏乡北马各庄村	65419803—801	65419803
10.	楼梓庄小学	金盏乡楼梓庄村	84316551	84313160

酒仙桥学区（12所）

	学校	地址	值班电话	传真电话
1.	酒仙桥学区	南湖中园二区239楼	64706415—188	64705275
2.	南湖中园小学	望京南湖中园239楼（本校）	64706415—188	64705275
		望京南湖中园309楼（知语城分校）	64790026—8053	
		望花路东里7号（望花路分校）	64723888	
3.	酒仙桥中心小学	酒仙桥路乙28号（本部）	64358508—8000	64373914
		驼房营南里2号院22楼（梵谷水郡校区分校）	64347501	
		将台乡驼房村210号	64372379	
4.	酒仙桥二小	酒仙桥红霞路9号	64377543	64323893
5.	大山子第二小学	酒仙桥路甲1号	64328695	64369697
6.	将台路小学	芳园里小区	64349027	64322526
7.	高家园小学	高家园小区112号	64373123—8001	84565875
8.	南湖东园小学	望京南湖东园109号楼（本校）	64710957	64748066
		红军营南路108号（青年城分校）	84954606	
9.	北皋中心小学	崔各庄马南里小区	64371370	64325641
10.	苇沟小学	孙河乡前苇沟村	84311933—8001	84320279
11.	奶子房小学	崔各庄乡奶子房西村	84709118	64320324
12.	上辛堡小学	孙河乡上辛堡村	84790276—8000	51274722

管庄学区（7所）

	学校	地址	值班电话	传真电话
1.	管庄学区	定福庄南里2号	65761705	85765792
2.	中国传媒大学附属小学	定福庄南里2号（高部）	65761705	65791268
		定福庄北里1号（中部）	65761547	
		大黄庄1号（低部）	65761108	
3.	二外附小	京通苑39号	65709825	65707902
4.	兴 隆 小 学	兴隆家园31号	85756182	85756216
5.	定福庄一小	三间房西村	65767934—8000	65773083
6.	高碑店中心小学	高碑店乡高西店村甲1号	85761245	85761147
7.	半壁店小学	广渠东路半壁店村	87743386	87743921

黑庄户学区（11所）

	学校	地址	值班电话	传真电话
1.	黑庄户学区	王四营乡柏阳景园白鹿司中街3号	67207027	67207726

	学校	地址	值班电话	传真电话
2.	黑庄户中心小学	黑庄户乡黑庄户村	85382787	85386776
3.	王四营中心小学	观音景园201号楼	51351011	51351005
		官庄村	67292576	67292785
4.	万子营民族小学	万子营东村	85383370	85386660
5.	双桥第二小学	双桥中路乙 5 号	85395632—8000	85395525
6.	定辛庄小学	定辛庄村	85370574	85372136
7.	豆各庄中心小学	豆各庄乡豆各庄村	67364404	87392886
8.	于家围小学	朝阳区石槽村	85367186	85367186
9.	孛罗营小学	王四营乡孛罗营村194号	87393180—0	87390082
10.	柏阳学校	王四营乡白鹿司中街1号	67207027—811	67207029
11.	官庄小学	王四营村官庄村南	67364290—0	67372863

十八里店学区（8所）

1.	十八里店学区	十八里店乡十八里店村127号	67478516—606	67474440
2.	十八里店中心小学	十八里店乡十八里店村127号	67478516—606	67483926
3.	新升小学	周庄嘉园东里甲28号	67330546—8008	67318053
4.	张家店小学	十八里店乡横街子村910号	87303606—801	87303493
5.	祁 庄 小 学	十八里店乡吕家营村175号	87693280	87694976
6.	小武基小学	十八里店乡小武基村46号	67364288—802	67373386
7.	老君堂小学	十八里店乡老君堂村276	67383445	67384701
8.	牌坊小学	小红门乡少角中街1号院（本校）	87612739—8000	87612739—8017 87611662
		小红门乡肖村后街15号	67689857	

（张　明）

【中学（教育部门办学71所）】

	学校	地址	值班电话	传真电话
1.	陈经纶中学	朝外大街38号（高中部）	65094792—8017	65094797
		东大桥路15号（初中部）	85617985	
		广渠路28号院307楼（帝景校区）	58633769	
		常营高安屯路35号（保利校区）	57922568—4539	
2.	陈经纶中学嘉铭分校	北苑路86号3区7号（嘉铭分校东校区）	84857604—8000	
		朝阳区北苑路170号9号院（嘉铭分校欧陆校区）	64969036	
		安慧北里安园5号（嘉铭分校西校区初中）	64952374—8001	
		安慧北里秀园18号楼（嘉铭分校西校区小学）	84976801	
		安慧北里安园9号楼（嘉铭分校西校区住宿）	64925745—802	
3.	陈经纶中学崇实分校	朝阳区王四营乡官悦欣园 B区(小学部)	87151463	
		朝阳区王四营乡官庄村南（初中部）	67364290	
4.	陈经纶中学分校	利泽西街4号院(东湖湾校区)	64707533	64707538
		望京南湖东园二期223号（南湖东园校区）	64707533	
		利泽西园210号（小学部）	64786228—801	
5.	芳草地国际学校富力分校	豆各庄乡大鲁店北路30号	59641731—8003	59645296
6.	三里屯一中	北三里屯路甲5号（三里屯校区）	64166435	64162264
		幸福村路41号（幸福村校区）	64154635	
		后现代城百子园20号（百子园校区）	87766174	
7.	十七中学	百子湾家园404号（百子湾校区）	87517309—8053	87210264
		高碑店村西店村甲1号（高碑店校区）	85758343—8601	85759093
		陶家湾甲80号（陶家湾校区）	65503902—8024	85766473

学校	地址	值班电话	传真电话
	百子湾东里105号（沿海赛洛城校区）	87214116 —8021	67715336
8. 华侨城黄冈中学	东四环金蝉欢乐园1号院甲1号楼(华侨城校区)	67385479—8023	67389318
	翠城馨园317号楼(初中部)	67361203—8173	
	垡头西里二区（垡头校区）	67377202	
9. 人大附中朝阳学校	太阳宫南街8号（东校区）	84158123	84158318
	芍药居北里303号（西校区）		
	芍药居北里212号（小学低部）		
10. 垂杨柳中学	十八店乡弘善家园201楼	67319045	67345732
11. 工大附中	双井富力城小区（富力城校区）	58766868	58768355
	营盘沟路8号（首城国际校区）	67397742	
	垂杨柳中街旱1号（垂杨柳校区）	67781820—8010	
12. 工大附中双合分校	双合家园8号院（双合校区）	67369727	
13. 工大附中双桥分校	双桥中路	85365502	85363065
14. 北京工业大学实验学校	潘家园华威西里48号(南校区)	67779121	67770358
	劲松四区406楼（北校区）	67783070	
15. 北京中学	西坝河东里一号	50981199	50981098
16. 和平街一中	和平街八区16楼（和平街校区）	64293036	64293036
	北苑家园莲葩园1号（北苑莲葩园校区）	84957677	84957677
	朝来绿色家园赢秋苑临25号（朝来校区）	84955041	84955041
	北苑家园清友园15号楼（北苑清友园校区）	84967660	84962241
17. 中医学院中	和平街15区	64289324	64289324
18. 呼家楼中学	呼家楼西里南街2号	65066670	65087815 65081105
19. 青年政治学院附属中学	大山子西里10号	64372718	64365325
20. 化大 附中	惠新里38号（高中部）	64936658—8001	64936574
	安苑北里小区7号楼（初中部）	64911725—8000	
	安苑北里6号楼（小学部安苑校区）	64910182—0	
	小关北里205号楼（小学部小关村区）	64919764—8010	
21. 八十中学	望京北路甲16号（高中部）	58047100	64745778
	白家庄西里2号（初中部）	59037001	59039016
22. 八十中学睿德分校	小红门路5号	52592678/52592671	
23. 八十中学枣营分校	枣营南里1号(中学部)	65025417—0	65917920
	枣营北里12号楼(小学部)	65034393	
24. 八十中学实验学校温榆河分校	崔各庄乡崔各庄村北	64385341—8000	64365618
25. 八十中学管庄分校	管庄西里（管庄校区）	65761485	65792376
	单店西路12号（常青藤校区）	65496319	65463984
26. 八十中学体育运动学校	平房乡平房村1861号	85574462	85573746
27. 东方德才学校	小庄东里38号（红庙校区）	65911983	85970292
	金台北路40号（初一及国际部）	85961301	
	道家园甲7号（小学低部）	65060405	65061935
	延静西里9号院（小学高部）	65934280—8305	65912252
28. 日坛中学	建外光华西里4号（本校）	65910558	65068385
	永安里10号（本校初中部）	65685498	
	南十里居38号（东润分校）	64374054	
	通惠家园惠泽园3号（四惠分校）	59673988	
	甘露园南里1区10号楼（甘露园分校）	85772185—0	
	东四环北路3号（阳光上东小学）	64374054	
29. 日坛中学实验学校	八里庄西里10号（初中部）	65560166	65565615

学校	地址	值班电话	传真电话
	八里庄东里10号	65488390	
	十里堡北里晨光家园220号（小学部）	85527255	
30. 二外附中	管庄东里（高中部）	85094547	65756119
	管庄办事处西侧（初中部）	65762291	
	八里桥北	85700363	
	瑞祥里小区17号区	85708655—8000	
31. 中国科学院附属实验学校	科学园南里703号（小学科学园分部）	64876586—810	82846980
	南沙滩33号楼（小学南沙滩分部）	64871575—8003	
	华严北里21号楼（华严里学部）	82848995—8000	
	华严北里68号楼(初中部)	82844649—8001	
	南沙滩6号楼（高中部）	64879324—8128	
32. 对外经贸大学附属中学	朝阳区南湖中园315楼（高中部）	64725572	64790087
	花家地北里18、19楼（初中部）	64728669	
33. 对外经贸大学附属中学朝阳新城分校	朝新嘉园东里六区10号院（朝阳新城分校本部）	85094361	85094258
	东坝娘娘庙街72号（一分部）	84311847	
	东坝西北门84号（二分部）	84311549	
	东坝白衣庵街（三分部）	84328836	
34. 对外经贸大学附属中学机场分校	首都机场燕翔西里19号	64576844—6000	64576845 64564797
35. 首师大附属实验学校	望京花园133号（花园校区）	64745843	64745839
	花家地西里105号（花西校区）	64727530	
	望京西园四区428号(西园校区)	64702847	
36. 体育场路中学	工体南路1号	65524274—116	65516563
37. 北京工业大学附属中学英才分校	磨坊北里230号(本部)	87373400—802	87373401
	农光里1号(沙小校区)	67312193	67347843
	平乐园小区103号(平小校区)	67315049	67315048
38. 劲松一中	劲松一区125楼(西校区)	67796413	67796413
	农光东里100号（东校区）	67306078	
39. 朝阳外国语学校	风林绿洲23号（小学部）	64830871—104	64939287
	慧忠里216号（小学部）	64958690	
	慧忠里414号（小学部）	64921679—8000	
	慧忠里232号（初中部）	64989474	
	慧忠北里203号（初中部）	64860864	
	慧忠里217号（住宿部）	64974327	
	来广营清河营中街东口（高中部）	84870908	
	来广营清河营中街148—1（来广营校区小学部）	64133479—8000	
	来广营清河营中街148—4（来广营校区中学部）	84932641—8000	
40. 朝阳外国语学校北苑分校	来广营乡北苑村临2号	84922680	84932285
41. 五路居一中	安贞西里一区13号楼	64426628—8000	64448507
	安贞西里二区28号（小学高部）	64414922	
	安贞里二区17号（小学低部）	64424243	
	安华西里三区3号（安华里校部）	64212313	
42. 樱花园实验学校	樱花园小区16号楼（初中部）	64439334	64428428
	樱花园小区18号楼（小学部）	64442398	
43. 八里庄三中	八里庄北里203楼	85835028—8042	85847923
44. 团结湖三中	水碓子东路14号（初中部）	85985347	85981827

学校	地址	值班电话	传真电话
	团结湖中路8号（高中部）	85970620	
45. 北京教育学院朝阳分院附属学校	朝外慈云里甲1号(中学部)	65021293—8001	85952080
	朝外英家坟2号楼(小学部)	65031287—8000	
46. 教育研究中心附属学校	酒仙桥南路甲7号（本部）	64371227	64372045
	酒仙桥十街坊三号（分部）	644338976	
47. 中央商务区实验学校	西大望路下甸甲1号（初中部）	67781103—8000	67781103—8000
	西大望路五号（小学部）	65813892—8000	
48. 望京实验学校	望京西园三区313楼（本校）	64727464 —8000	64759571
	望京东园113楼（宝星分校）	84780946—8000	84780942
49. 草场地中学	崔各庄乡草场地77号	64389502—801	64389962
50. 奶子房中学	朝阳区崔各庄乡奶西村626号	84911296	84700272
51. 民族学校	常营民族家园12号	65481748	65481700
52. 十八里店中学	十八里店周庄甲一号	67472284—0	67477674
53. 七十一中学	小红门龙爪树834号	67622310—8001	67643226
54. 楼梓庄中学	金盏乡楼梓庄村北后街2号	84390668	84319147 84319146
55. 十 六 中 学	东坝红松园甲3号	51883244	51883248
56. 金 盏 学 校	金盏大街1号	84333187—8001	84333174
57. 豆各庄中学	南豆各庄乡豆各庄村	67364392—805	87391169
58. 九十七中学	黄杉木店206号	85525287	85521608
59. 黑庄户中学	黑庄户乡政府东侧	85383656—1000	85380057
60. 中国传媒大学附属中学	大黄庄西里1号	65795950	65793775
61. 北师大朝阳附属中学	林萃西里8号	82721627	82720310
62. 润丰学校	青年路西里6号院	85515988—6010	85519898
63. 东北师范大学附属中学朝阳学校	楼梓庄路临6号	52060110	52060100
64. 清华大学附属中学朝阳学校	新源街31号（本校）	64652102	84482386
	新源西里中街8号（新源里校区）	64673757	
	新源里12号（小学部）	64668990	
	柳芳南楼20号（柳芳校区）	64652461	
	朝阳区建安里甲30号（三元桥校区）	64673052	
65. 华中师大一附中朝阳学校	华章路6号院一号楼2号	85855215	85854173
66. 北师大三帆中学朝阳学校	南湖南路12号	64711515—8116	84294863
67. 新教育实验学校	常营住欣园小区102号	57914238—8032	57914128
68. 高家园中学	高家园小区210号	64375830	64345274
69. 北京景山学校朝阳学校	来广营创达路62号	58540999—1304	58540926
70. 八十中学实验学校康营分校	康营家园14区西侧108楼	84354838—8052	84354807
71. 西藏中学	北环东路高原街1号		

（张　明）

【民办中小学】

学校名称	地址	值班电话	传真电话
1. 中国红十字基金会北京拔萃双语学校	平房北街137号	65497035	65496627
2. 乐成国际学校	百子湾南二路77号	87717171—1246	87717778
3. 爱迪外国语学校	楼梓庄路8号	84392266	84391583
4. 青苗国际双语学校	南十里居38号	51307951—0	51307946
5. 忠德学校	东苇路9号	51397425	51397602
6. 北京市力迈中美学校	仰山路2号	84928247—2052	84928241

	学校名称	地址	值班电话	传真电话
7.	世青国际学校	花家地北里18号	64617779	64617717
		高家园210号		
		来广营新生村新生路11号		
8.	新亚中学	十八里店乡886号	67473875	67473938
9.	国际艺术与科学学校	麦子店正街53号	65911051	65911051
10.	金色河畔高尔夫学校	孙河北甸甲1号	80466066	80466066
11.	朝阳外语小学	胜古家园7号楼	64442623—101	64447414
12.	金色摇篮全程实验学校	慧忠北里119号楼	64839189—111/112	64849403
13.	精诚实验小学	和平街十三区	64279253—1107	52091068
		华严里34号	52091068	
14.	启明星双语学校	崔各庄乡奶东村顺白路2号	64337366—0	84705221
15.	实验外国语学校	常营北路与高安屯路交口处	57922545	57922575
16.	安民学校	和平东街14区9号楼东	64284929	64285279
		百子湾路水南庄1号		
		东坝乡七棵树（西坝校区）		
		崔各庄乡马泉营村（马泉营校区）		
		东风乡辛庄（辛庄校区）		
		东坝乡单店（单店校区）		
		平房乡姚家园旧路（姚家园校区）		
		将台乡东八间村（东八间房校区）		
		三间房乡定福庄北里（定福庄校区）		
		金盏乡黎各庄村（黎各庄校区）	13910758718	13910758718
		十八里店乡小武基村（小武基校区）	13552207211	13552207211
17.	星河双语学校	十八里店乡十里河村	67330154	87377907
		北京市朝阳区金盏乡东村		
18.	博雅小学	驹子房村147号	65494007/65490089	65492435/65490089
19.	博文学校	十八里店乡十八里店村46号	67476889	67476889
20.	金地老君堂实验学校	十八里店乡老君堂村	87308176	87308176
21.	百年实验学校	崔各庄乡何各庄村顺白路301号	64319970—803	
22.	人大附中朝阳分校	太阳宫新区D区	84296303	84296366
23.	清华附中国际学校	林萃路2号国家网球中心	84370668	84370903
24.	北京市陈经纶分校实验学校	将台乡东八间房临乙 8 号	64707533	84717642
25.	北京市八十学校	望京北路甲16号国际教育大楼	58047118	64745778
26.	北京市朝阳区哈罗学校	崔各庄何各庄村288号	64319960—6760	

（张　明）

高等教育

【概况】 年内，辖区内有教育部直属高等教育学校6所，北京市属院校9所。

（蒋　薇）

【区域内部属高等教育学校（6所）】

	学校名称	地址
1.	中央美术学院	北京市朝阳区花家地南街8号
2.	北京化工大学	北京市朝阳区北三环东路15号
3.	北京中医药大学	北京市朝阳区北三环东路11号
4.	中国传媒大学	北京市朝阳区定福庄东街1号
5.	对外经济贸易大学	北京市朝阳区惠新东街10号
6.	中华女子学院	北京市朝阳区育慧东路1号

（张　明）

【区域内北京市市属院校（9所）】

	学校名称	地址
1.	中央音乐学院	北京市朝阳区安翔路1号
2.	北京工业大学	北京市朝阳区平乐园100号
3.	北京第二外国语学院	北京市朝阳区定福庄南里1号
4.	北京服装学院	北京市朝阳区樱花园东街甲2号
5.	北京联合大学	北京市朝阳区北四环东路97号
6.	北京青年政治学院	北京市朝阳区花家地街9号
7.	北京信息职业技术学院	北京市朝阳区芳园西路5号
8.	北京经济管理职业学院	北京市朝阳区花家地街12号
9.	北京劳动保障职业学院	北京市朝阳区惠新东街5号

（说明：1—6为普通高等学校，7—9为高等职业院校）

（张　明）

职业教育

【概况】 年内，有职业高中5所，开设44个专业287个教学班；毕业学生942人，招生575人，在校生7140人；教职工936人，其中专任教师741人、教辅人员195人；职业高中占地面积337050平方米，产权建筑面积237696平方米，图书馆藏书46.17万册，固定资产总值88394万元；有计算机2680台。全年教育经费投入55560万元，设有劲松职高劲松校区、求实职业学校望京校区和北京市电气工程学校将台路校区等16个校区。

（张　明）

【母婴师资培训】 3月23日，社区学院培训中心联合市家政服务协会母婴专业委员会，在和平里教学区举办“如何做个好月嫂”母婴师资培训专题讲座。北京玛丽妇婴医院院长主讲，十余家家政公司、60余人参加培训。培训内容有新生儿护理、新生儿心理卫生、新生儿健康十大标准、产后抑郁症防治等16个方面。

（蒋　薇）

【区中职专业创新团队建设评比】 9月，开展第二批区中职专业创新团队建设评比，5所职业高校的7个专业团队申报。经论证评审，劲松职业高中计算机动漫与游戏制作专业、求实职业学校金融事务专业与学前教育专业、电气工程学校电气运行与控制专业4个专业团队获评。

（何爱英）

【京冀协同发展职业学校教师培训完成】 12月23日至30日，唐山职业教育干部教师60人在劲松职业高中接受培训。12名专家开设“职业学校教师的能力培养”、“当前职业教育发展形势”和“十三五”教师综合素养提升研学课程等12门培训课程。

（王旻昱）

【职业学校（教育部门办学4所）】

	学校	地址	值班电话	传真电话
1.	求实职业学校	望京北路20号（望京校区）	64391628	64391623
		团结湖北三条10号（团结湖校区）	85972408—8000	
		团结湖北二条5号楼（团结湖校区）	65828051—8000	
		安华西里11号（安华里校区）	64215825—8000	
		首都机场南路东里21号（机场校区）	64595218—8108	
		安慧里三区21号楼（亚运村校区）	64812361—8000（8029）	
		和平街十四区9号楼东（和平街校区）		
		安贞里三区11楼（安贞里校区）	64418343	
2.	电气工程学校	朝阳区将台路四号（将台校区）	64343714—8204	64384407
		大山子西里甲一号（大山子校区）	64314922—8217	
		八里桥塔营东甲1号（管庄校区）	52114004	
		甘露园南里60号（甘露园校区）	85774115	
3.	劲松职高	住欣家园102号院（主校区）	57913478—5117/57913478—8001	57913826/67710311
		双龙小区135号（双龙校区）	87323242	
		新源街14号楼（新源里校区）	64676749	
		劲松八区811楼（劲松校区）	67710322	
4.	朝阳区职业技术学校	广渠门外广和里八巷2号	67783813	87776056

（张　明）

【民办职业学校（1所）】

	学校	地址	值班电话	传真电话
1.	金色河畔高尔夫学校	孙河北甸甲1号	80466066	80466066

（张　明）

【区域内中等专业学校（3所）】

	学校名称	地址
1.	北京水利水电学校	北京市朝阳区定福庄东里1号
2.	北京市自动化工程学校	北京市朝阳区北沙滩双泉堡科荟路甲2号
3.	北京市对外贸易学校	北京市朝阳区来广营水岸南街一号院

（张　明）

【区域内中等专业技工学校（4所）】

	学校名称	地址
1.	北京电子信息高级技工学校	北京市朝阳区酒仙桥路四号
2.	北京市工业技师学院（北京市工业高级技工学校）	北京市朝阳区惠新东街5号
3.	北京劳动保障技师学院（原北京市实验技工学校）	北京市朝阳区惠新东街5号
4.	北京飞机维修工程有限公司航空技工学校	北京市朝阳区首都机场路2号

（张　明）

继续教育

【概况】 全区有成人学校1所，即北京市朝阳区职工大学（社区学院），含北京开放大学、朝阳师范学校两所分校。学校占地面积34700平方米，产权建筑面积10400平方米、非产权建筑面积24300平方米；图书馆建筑面积316平方米，藏书7.8万册，均为纸质图书；计算机852台。固定资产总值6118万元，教学、科研仪器设备总值68万元。全年教育经费投入8808万元，其中国家拨款8119万元、自筹经费689万元。社区学院信息化经费投入108万元，多媒体教室座位2500个，信息化设备资产125万元，网络信息点数630个，校园网出口总带宽200Mbps，电子邮件系统用户数100个，上网课程数3345门，数字资源量110GB，管理信息系统数据总量5.5GB；设有和平里、和平西街、首都机场和双龙南里4个教学区。3月7日，北京开放大学同意“北京广播电视大学朝阳分校”更名为“北京开放大学朝阳分校”；设有4个教学系，开设36个专业；有教职工 122人，其中专任教师29人，副教授18人；学历教育在籍生3967人，其中职工大学367人，开放大学3600人；有毕业生920人，其中职工大学249人，开放大学671人；非学历教育年均培训2.2万人；职工大学获国家、市、区级以上集体荣誉10项，个人荣誉17项。

（张　明）

【公务员初任培训班】 3月14日，朝阳区2016年公务员初任培训班（第一期）开班。涉及49个单位，101名公务员参加培训。社区学院培训中心以开展学习型班级建设为载体，推进“读书品事、知理合作、风采展示”三项主题活动，执行“诗词晨诵制”“考勤公示制”“课堂笔记评比制”“培训行为观察反馈制”“培训质量追踪制”5项制度。

（蒋　薇）

【社区教育活动骨干培训】 3月15日，区第十一期社区教育活动骨干培训开班。开设11个科目，23个培训班，8个社团。参加培训学员500人。

（蒋　薇）

【开学典礼】 3月19日，举行北京开放大学朝阳分校2016年春季新生开学典礼。本科、专科17个专业290余名新生参加典礼。党委书记、院长马金东，副院长王黎明，远教处负责人出席典礼。

（蒋　薇）

【区组工干部培训班】 3月23日至25日，区农村工作委员会联合社区学院举办2016年区组工干部培训班。来自区内各乡党委副书记、组织科科长、组织人事干部，直属单位组织人事工作主管领导60人参加培训。

（蒋　薇）

【青年论坛主题读书活动】 4月，青年论坛启动“读书助力成长 读书伴随生活”读书活动。以推荐图书和图书漂流等方式，在社区学院职工之家建立读书角，收集图书80余本，并开展读书沙龙、青年论坛微信平台交流。

（蒋　薇）

【知识竞赛】 4月26日，社区学院在和平西街教学区举办国学知识竞赛。工商管理、法律文秘、财务管理专业8个代表队24名参赛队员及近百名学生参加比赛。比赛分为选手必答、抢答和场外观众抢答互动三个环节，工商管理代表队获第一名。6月，举办以“传播低碳理念、倡导低碳生活、共建低碳校园”为主题的绿色环保知识竞赛。12月，举办以“弘扬国学传统，增强人文修养”为主题的国学知识竞赛，全体教职工参与。竞赛将国学知识与青年发展相融合，将民族复兴中国梦融入青年教职工思想行动中。

（蒋　薇）

【特色课程教材送街乡】 4月20日，临近“世界读书日”，开展区特色课程教材送街乡活动，为全区43个街乡派送4万余本教材。

（蒋　薇）

【经验交流】 6月1日，由教育部高校毕业生就业协会、中国职业教育学会主办，朝阳社区学院、市联合国教科文组织协会承办的京津冀文化创意与职业教育协同发展研讨会在国家会议中心召开。研讨会上，社区学院作题为“服务区域发展 拓展办学功能 培养文化创意人才”经验介绍。7月7日，第二届全国成人继续教育学术论坛交流在河北省保定市召开。社区学院在老年教育分论坛上发言，分别介绍社区学院构建社区老年教育服务网络、统筹城乡老年教育发展、推进老年教育可持续发展、为老年教育开展搭建平台、让老年人共享老年教育改革发展成果等方面的实践经验。

（蒋　薇）

【端午民俗活动】 6月9日，社区学院与东坝乡政府、安贞街道安华西里社区、红庙北里社区等12个街乡、社区联合举办庆端午活动并开展“中医话端午”讲座。

（蒋　薇）

【合唱与朗诵比赛】 6月15日，“最美夕阳红，唱响中国梦”——区社区教育活动骨干培训暨合唱、朗诵比赛在社区学院体育馆举行。来自全区13个社区的600多名队员参加比赛。

（蒋　薇）

【庆祝教师节暨教科研年会】 9月13日，召开庆祝2016年教师节暨教科研年会。社区学院作“做有用研究，提升学院科研水平”科研工作报告，宣读2015—2016学年度教职工科研成果奖励名单和社区学院先进个人表彰决定。年内，社区学院集体和个人公开发表论文17篇，出版教材、著作26部，区级以上科研成果19项，校内获奖论文10篇，20名先进个人受到表彰。

（蒋　薇）

【巾帼亲情服务队骨干培训班】 9月19日，区妇联巾帼亲情服务队骨干培训开班，为期6天。来自区内各街道、地区75人参加培训。内容包括沟通与倾听、压力自我调适等通用课程，涵盖婚姻感情基础、亲子关系辅导训练、心理问题的评估与转介等专业课程。

（蒋　薇）

【区学习型城区建设及社区教育展示交流】 9月29日，区学习型城区建设及社区教育展示交流活动在社区学院双龙南里教学区举行。社区学院通过画册、杂志、科研成果汇编、教材等静态成果和丝绢花、剪纸、蛋壳画等动态体验成果，展示朝阳学习成果。戏曲人物造型、插花、香道、古琴等现场体验活动受到欢迎。

（蒋　薇）

【第四届国际老年教育论坛】 10月21日，中国国际教育年会第四届国际老年教育论坛在朝阳社区学院举办。论坛主题是“学校、企业和社会合作，建设学习型家庭和社区——实现老年教育创新发展”。主办单位是中国教育国际交流协会、教育部社区教育研究培训中心、国家开放大学、朝阳社区学院、中华女子学院、北京东方妇女老年大学和中国成年人教育协会老年教育研究中心。来自28个国家的200余名专家与代表参加论坛。

（蒋　薇）

【区首届社区老年学习成果展示】 10月22日，举办“朝阳映晚霞银发致青春”——2016年朝阳区首届社区老年学习成果展示。活动由区教委与区文化委联合主办，各方代表600人参加活动。活动以汇报演出、图文展示和互动交流等形式展现老年人学习风采，介绍、总结区老年学习成果，展示老年学习项目。

（高　健）

【区社区青少年阅读体验活动】 10月22日，由区教委指导、朝阳社区学院主办，区社区青少年教育培训中心承办的青少年阅读体验活动在宝钢大厦四层交流互动中心举行。来自安民学校的学生、家长和老师150余人参加活动。

（蒋　薇）

【教育手册编写】 10月，《家庭教育工作教师指导手册》出版。《家庭教育工作教师指导手册》内容涉及家庭教育概述，儿童发展规律和特点，儿童认知和智力发展，学校、教师家庭教育指导工作概要，家庭教育指导工作实务等方面。

（蒋　薇）

【完成“大学生村干部”离岗培训】 11月21日至25日，社区学院举办区2016年“大学生村干部”离岗培训，31名学员参训。

（蒋　薇）

【“茶叶感官质量鉴别”技能比赛】 11月26日，社区学院组织2015级工商管理专业30余名学生在和平西街教学区参加“茶叶感官质量鉴别”技能比赛。学生们看茶叶形状、颜色，闻茶香，品茶汤，掌握区分茶叶品种、鉴别茶叶质量的方法，了解正确泡茶、饮茶、斟茶、奉茶方法和礼节。

（蒋　薇）

【社区教育志愿者风采展示会】 12月5日，“志愿服务与爱同行”文化节暨第十二期社区教育志愿者风采展示会在社区学院体育馆举行。展示会分为动态展和静态展。

（蒋　薇）

【青年论坛国学知识竞赛】 12月30日，召开2016年最具影响力事件评选表彰暨青年论坛国学知识竞赛。全院教职工观看9个入围事件宣传片，学院成为全国职工教育培训示范点、借传统文化之力助社区教育品质提升、举办第四届国际老年教育论坛、《对话成长》家庭教育电视节目走进千家万户、承接区教育“十三五”规划研究编制工作被评为2016年最具影响力事件。远教处、双龙南里教学区、社区教育处、家教中心、教育发展研究中心受到表彰。

（蒋　薇）

【“百场讲座进社区、进校园”】 年内，家庭教育指导中心组织“百场讲座进社区、进校园”家庭教育专题讲座153场，家长、教师3万余人次参加讲座。

（蒋　薇）

民办教育

【概况】 年内，有民办学校425所，民办中小学27所42址（其中完小7所、完中1所、九年一贯制6所、十二年一贯制12所，职高1所）；民办幼儿园141所187址，班数1787个，在园40597人；民办培训学校257所；无办学许可证学校340所（其中自办学校11所、自办托幼场所329所），在校生35621人。

（张　明）

【民办机构参与中小学教学改革交流会】 1月20日，召开“民办教育培训机构参与中小学学科教学改革项目”交流会，朝阳分院附属学校、垂杨柳中心小学等15所学校分别汇报项目推进情况及效果，英孚教育集团和精诚文化学校2家民办教育机构交流配合学校推进工作落实情况。

（苏宏杰）

【民办机构参与中小学教学改革展示】 5月17日至19日，“民办机构参与中小学教学改革项目”展示交流活动分别在八十中学枣营分校和垂杨柳中心小学举办。活动主题为“借助社会资源助力教学改革达到互融多赢”，通过舞台剧表演、配音表演、英语剧表演及播放课堂教学视频、教师教研活动汇报项目推进情况。项目推进过程以“三个坚持”和突出“三个相结合”，坚持教师队伍建设、坚持授课方式多样、坚持学生能力提升，特点是与学区化综合改革相结合、与学科建设相结合、与提升学生能力相结合。

（苏宏杰）

【民办学校教师培训班】 5月，举办3期民办学校教师培训班。培训主要内容有学习《中华人民共和国教师法》《中小学幼儿园安全管理办法》，民办幼儿园教师依法执教培训，《3—6岁儿童学习与发展指南》讲座，幼儿园一日生活安全管理问题诊断与防范讲座，解读《幼儿园教师专业标准》等。1900名民办学校教师参加培训。

（邢　凯）

【成立21所民办幼儿园】 7月，成立区向日葵逸翠幼儿园、区好思之家三语小规模幼儿园、区二十一世纪金茂府双语幼儿园、区阳光起点幼儿园、区未来荣华北花园幼儿园、区可儿观唐幼儿园、区好思之家三语幼儿园、区艾毅新城小规模幼儿园、区艾德沃双语幼儿园、区北方之星来北幼儿园、区蓝星幼儿园、区馨德家双语幼儿园、区青苗蓝港幼儿园、区森润幼儿园、区骏德幼儿园、区孩子的故事幼儿园、区吉米小天使艺术幼儿园、区伊顿国奥村双语幼儿园、区睿泽双语幼儿园、区沃德兰双语幼儿园、区北大学园幼儿园。

（郝　晋）

【民办教育机构2015年财务年审完成】 年内，审计部门审核中介机构出具的351个单位审计报告。年检一次性通过337家，经整改后通过14家。

（李庆春）

特殊教育

【概况】 年内，有特教学校、小学附设特教班 7 所，班级数 37 个，在校学生数 365 人，教职工72人，专任教师86人。残疾儿童入学率 100%，巩固率100%。

（张　明）

【送教上门】 9月至10月，会同区残联联合开展适龄未入学重度及多重残疾儿童少年送教上门入户调研工作。调研43个街乡，149名学生。组建由普通学校、特教学校、康复机构和退休教师组成的专兼职送教教师团队，34名教师提供送教课程12240学时。

（桐　娇）

【首届区特殊教育艺术展演】 10月10日，举办首届“阳光下成长”朝阳区特殊教育艺术展演。150名特教师生参加演出，所有学生均获最佳表演奖。

（张　弛）

【参加市级“非遗、特教”展演】 11月15日，由市教委主办、北京学生活动管理中心承办的市第十九届学生艺术节非遗、特教展演活动在北京天桥剧场举办。这是市学生艺术节首次举办非遗和特教展演，新源西里小学特教学生表演节目“跪羊图”代表朝阳区参加市级“非遗、特教”展演获最佳表演奖。

（张　弛）

【特殊教育学校（2所）】

1. 学校：朝阳区工读学校
   地址：广渠门外广和里八巷2号
   值班电话：67783813
   传真电话：87776056
2. 学校：安华学校
   地址：安华西里二区12号
   值班电话：64264399
   传真电话：64266823

教育督导

【概况】 朝阳区人民政府教育督导室编制9人，内设职成教育督导科、基础教育督导科2个科室。教育督导与教育评价研究中心有专职督学15人，兼职督学122人（学校督学97人、督政督学25人）。年内，围绕市区教育重点、难点任务，深化教育督导综合改革，突出抓好督政机制创新、督学队伍选聘、督学责任区建设、责任督学挂牌督导、诊断式督导实践与探索等工作。对22所中小学及22所公办幼儿园全面实施素质教育进行综合督导。完成150所中小学开展春秋两季开学情况随访督导，完成4所职业高中拓展社会服务功能专项督导调研。

（苏纪玲）

【组建督政责任区】 年内，组建4个督政责任区，管理43个街乡学校落实素质教育目标责任情况。

（苏纪玲）

【通过国家级挂牌督导创新区验收】 3月24日，区通过全国中小学责任督学挂牌督导国家级验收，成为北京市首批通过国家级验收的挂牌督导创新区县。

（王　茜）

【第六届责任督学聘任大会】 5月19日，召开区新督学责任区成立暨第六届责任督学聘任大会。建立中小学、学前、职高、校外及特教20个责任区并颁牌，聘任112名责任督学。督学专业涵盖中小学所有学科，副高级以上职称督学占78.3%，形成专兼职相结合的专业化督学队伍。

（王　茜）

【开展诊断式督导】 6月20日至7月1日，组织市区两级教育专家、区专兼职督学25人对首都师范大学附属朝阳实验小学开展诊断式督导，实验性操作《北京市普通中小学诊断式督导的评价指标体系》，优化督导程序与流程。分别对润丰学校、清华附中朝阳学校、华中师范大学第一附属中学朝阳学校3校开展诊断式督导，帮助学校找到制约发展问题根源，提出指导意见。

（王　茜）

【职业高中拓展社会服务功能督导调研】 6月22日至28日，组织责任督学和特聘专家对4所职业高中拓展社会服务功能情况开展专项督导调研，提升服务区域经济和社会发展水平。

（苏纪玲）

【街乡随访督导】 6月至11月，区教育督导室按照“督政责任区”到43个街乡开展年度考核前随访指导2次。实地了解街乡日常落实教育责任工作情况，全区全覆盖，协助各单位完成2016年度落实素质教育相关考核项目。

（苏纪玲）

【街乡督导考核工作部署会】 11月28日，组织督政督学及督评人员48人，分2个时段召开街乡督导考核评价工作部署会，解读2016年对街乡开展考核工作，明确阶段考核任务及考核标准。

（苏纪玲）

【“京筑”联合开展诊断式督导】 10月17日至21日，区教育督导室与贵阳市教委和市教育督导室，对区4所输出学校贵阳分校开展诊断式督导评价工作。帮助学校总结办学经验，分析查找问题，指导和促进学校提升办学水平。

（王茜　王志忠）

【市中小学诊断式督导实践探索研讨会】 11月10日，区教育督导室“诊断式督导”项目组一行22人走东城区府学胡同小学进行实地考察，全面了解府学胡同小学办学理念、特色及教育教学情况。18日，区教育督导室在府学胡同小学朝阳学校承办北京市中小学诊断式督导实践探索研讨会，展现区诊断式督导工作全流程、工作理念和工作模式及区诊断式督导研究和实践成果。

（王　茜）

【全面实施素质教育综合督导】 5月至12月，区教育督导室依据学前教育全面实施素质教育综合督导计划，对建筑研究院幼儿园、工商联安贞东里幼儿园等22所幼儿园开展综合督导，总结园所发展优势和不足，提出改进措施。11月，开展第四轮普通中小学全面实施素质教育综合督导工作。依据实施方案，组织15个督学责任区主任、副主任、责任督学70人在望京实验学校开展综合督导试评工作，完成22所中小学校综合督导。

（王　茜）

【职业高中诊断式督导评价启动】 12月，区督导室组织责任督学和专家，完成3所职高学校诊断式督导。通过学校必选、自选、自定三种方式确定督导内容，提高督导针对性和实效性。

（苏纪玲）

【年度街乡依法落实教育责任督导考核评价完成】 12月8日至28日，由督政督学、专职督学和督评人员组成督导考核评价小组，完成2016年度街道、地区（乡）督导考核评价工作，形成2016年督导考核结果。

（苏纪玲）

【督察初中开放性科学实践活动属地】 12月，筛查注册地在朝阳的48家资源单位初中开放性科学实践活动中安全隐患，督察授课教师师德和活动实效。经督察，区内资源单位未出现安全隐患和教师师德问题，学生参与积极性高，教学效果良好。

（王　茜）

【完成市督导室调研】 年内，先后完成挂牌督导及诊断式督导工作、中小学办学情况、区特殊教育中心及安华学校、校外教育机构教师队伍建设4项督导调研，为北京市教育督导室工作提供案例及数据。

（王　茜）

【教育考察团交流】 年内，来自陕西、深圳、内蒙古、上海、南京、河南、大连、江西、广东、贵州、北京市兄弟区县等各地教育督导300余人，到朝阳区开展教育督导考察交流，促进朝阳区与各地教育督导部门的教育交流。

（王　茜）

【创新督政考核评价管理机制】 年内，创建街乡联系人制度，构建评价新机制。将43个街乡分为4个督政责任区，选出督政督学、督评联系人，聘请15个督学责任区主任参与街乡督政工作，使督政、督学关联，工作互通、互促，有效融通。组织督评人员按街乡责任区2次进行全覆盖随访，强化过程指导，促进街乡有效落实教育责任。抓好督政常规任务，规范自查工作。完成年度教育法律法规执行情况自查、区学前教育发展状况统计监测、迎接北京市中小学校办学情况督导调研等。

（王　茜）

文化

2017
北京朝阳年鉴

综　　述

朝阳区文化委员会（简称区文化委）是负责朝阳区文化、文物、新闻出版和广播电影电视工作的政府职能部门。设办公室、文化科、文物管理科、出版发行管理科（审批管理科）、电视音像管理科（调研室）、组宣人事科、财务基建科。编制33人。其中，行政编制30人，工勤编制3人。下属事业单位有文物管理所、图书馆、北京民俗博物馆、朝阳京剧文化艺术中心、文化馆、垡头地区文化中心、香河园地区文化中心、国声京剧文化艺术中心、朝阳剧场、紫光影城、劲松电影院、群众文化厅。朝阳区文化委员会行政执法队（简称区文化执法队）为区文化委所属的行政执法机构，主要负责区文化领域行政执法工作。设文化市场管理办公室、法制办公室、一分队、二分队、三分队、四分队（798文化执法办公室）。行政执法专项编制27人。年内，全区43个街乡文化中心、510个社区和行政村（不含新建社区筹备处和已拆迁行政村）公共文化设施实现全覆盖。全年开展各类文化活动5800余场，受益人群559余万人次。群众文艺团队发展到2844支，参与人数7.4万人。朝阳区古琴艺术（九嶷派古琴艺术）传承人邓红等8人获评第四批市级非物质文化遗产项目代表性传承人。有7个项目被列入国家级非遗名录，27个项目被列入市级非遗名录。开展多项跨省和市内文化交流活动，全国公共文化服务体系示范区带动作用不断增强。左家庄街道文化中心建成并投入使用。

地址：朝阳区东三环北路36号
邮编：100026
电话：65014855
网址：http://whw.bjchy.gov.cn

（冯　映）

文化活动

【概况】 年内，加强区域品牌文化建设，制定"1+10"政策体系，即《朝阳区创建百个基层文化品牌的实施意见》和10个类别的认定标准及扶持办法，对区公共文化设施、群众文艺团队、公益性文化活动、文化能人（名人）四类基层文化品牌开展创建认定工作，评选出4个类别、37个基层文化品牌。丰富文化供给，开展"百姓原创文化节""百姓周末大舞台""全民星秀""社区一家亲""我们的节日""书香朝阳全民阅读活动"等系列文化惠民活动。全年举办区级文化活动3630场、街乡级文化活动2170场，惠及人群559万余人次，较上年翻一番，增强朝阳群众的文化获得感、认同感及满意度。

（冯　映）

【"看理想"主题开放日首次举办】 1月9日，区文化馆举办首次主题开放日，设计"个性展出""时光走廊""文化交流""新年集市"4个板块，邀请百姓参与，展现区文化馆特色。

（冯　映）

【文化科技卫生"三下乡"集中示范活动】 1月20日，在崔各庄乡文化中心礼堂启动区2016年文化科技卫生"三下乡"活动。现场北京歌剧舞剧院演出文艺节目，开展科普宣传、法律咨询，文联艺术家们现场写春联，剪窗花，将新春祝福送给大家。

（冯　映）

【2016打工春晚】 1月24日，在区文化馆上演以"打工者的中国梦"为主题的2016打工春晚。晚会寄托打工者的心情与理想，选拔17个节目，表演者多为一线工友。500余名打工者在晚会录制现场观看演出。

（冯　映）

【文化交流】 2月5日至7日，朝阳区文化馆"红半天"女子鼓乐团参加布鲁塞尔首届"中国春节巡游活动"。2月6日至7日，区文化馆50尊"漂亮的兵马俑"灯笼到布拉格展览馆，参加当地使馆主办的"欢乐春节"系列活动，4万余名当地居民观看展览。应捷克官方邀请，展览参加当地大型旅游博览会"World Holiday"，持续到2月21号。

（冯　映）

【金台书院"德金班"开班】 2月27日，朝阳文化大讲堂精品项目金台书院"德金班"举办开学典礼，该班由区图书馆携手百家讲坛知名学者鲍鹏山教授创设的"浦江学堂"共同举办。该项目旨在面向青少年开展专业、系统、完整的中国传统文化经典教育，用经典陪伴和引导孩子们成长。培训班经过招生报名和面试录取学员60人，2月27日至3月27日为试听期。

（冯　映）

【第十一届潮流音乐节】 4月30日至5月2日，在798艺术区玫瑰之名艺术中心举办"五月浪潮"第十一届潮流音乐节。每日9场演出，每日上午11点至晚19时30分，15个国家的16个乐队、艺术团及音乐人，带来横跨雷鬼、索卡、摇滚、民谣等音乐风格演出。2万余人次观看演出。

（冯　映）

【"全民星秀"区首届公益K歌挑战赛】 5月6日至8月7日，区委宣传部、区文明办、区文化委、区广电新闻中心、区文联主办，唱吧及唱吧麦颂KTV承办的"全民星秀"——区首届K歌挑战赛举办。活动分海选、打榜赛、三甲冲刺赛、汇报演出4个阶段，歌曲类型包括正能量类和通俗类。旨在通过政府与专业公司合作，为歌唱爱好者搭建平台，展示才艺，挖掘一批创作人才，推出一批精品曲目，展示朝阳文化凝聚力、创造力。该活动持续近4个月，通俗曲目组和正能量曲目组比赛有1100余人报名参赛，通过网络参与网友15万人次。正能量曲目组闫雪晨、通俗曲目组吕日通获冠军和"全民人气王"称号；叶凡获正能量曲目组亚军，姜寒获通俗曲目组亚军并获"实力唱将”称号；胡银玲获正能量曲目组季军，马行空获通俗曲目组季军并获“K歌达人”称号。

（冯　映）

【“七月畅想”潮流音乐节】 7月8日至10日，以“七月畅想”为主题的潮流音乐节首次走出北京，走进贵阳，在贵阳分场演出。每日16时至21时，在贵阳市观山湖公园民族广场，13组音乐人及乐队演出，每天5场。53000余人观看演出。

（冯　映）

【“亦读亦思亦欣赏”青少年读书节】 7月10日，区图书馆首届“亦读亦思亦欣赏”青少年读书节暨“小书友”评选活动启动。首届青少年读书节活动由5个部分组成，包括“小书友”评选活动；“忆空间”阅读分享会、北京青少年文博志愿服务总队成果分享会；低龄儿童绘本故事会；青少年国学爱好者“国学体验营”和“百姓周末大舞台”系列儿童剧。

（冯　映）

【第15届金刺猬大学生戏剧节】 8月6日至20日，举办第15届“金刺猬大学生戏剧节”展演，由北京戏剧家协会、区文化馆及北京开心麻花演艺经纪有限公司联合主办。其间，全国高校18部剧目到京演出。8月21日，在9剧场举行闭幕式暨颁奖典礼，清华大学学生戏剧创作社原创话剧《失物招领》获“金刺猬”大奖和最佳剧本奖；国际关系学院团委改编话剧《青蛇之天生绝配》获最佳改编剧目奖；中央民族大学话剧团改编话剧《花落云杉坪》获最佳服装设计奖；北京戏曲艺术职业学院影视表演系原创话剧《少年少年》获最佳舞美设计奖；《奶奶》剧组奶奶扮演者谢诚岑、《边缘》剧组赵大爷扮演者秦超及《花与剑》剧组女性角色的扮演者高晚晴获最佳表演奖；北京现代音乐研修学院表演系原创话剧《同一屋檐》获最佳演出奖；云南艺术学院“化”剧社原创话剧《孤独的星空》获评委会特别奖。包括上述剧目在内，重庆邮电大学移通学院大学生音乐剧团《青春的呼唤》、北京联合大学甜点戏剧工作室《罗斯•莱尔》、北京青年政治学院北青话剧团《猴爪三愿》、华南师范大学菁菁剧社《三藏》、江南大学种子话剧团《我的世界》、中山大学新华学院分身剧社《我要上天的那一晚》、丽水学院清远剧社《牡丹亭•游园惊梦》、海南大学海棠剧社《莎翁客栈》以及浙江大学黑白剧社《斯人独憔悴》共同获优秀剧目奖。新设置的“原创喜剧奖”空缺。

（冯　映）

【中秋节社区融合活动举办】 9月14日，区文化馆携手八里庄街道办事处，在十里堡南里早安公园举办“大碗茶故事会——从农夫到邻居”中秋节社区融合特色活动。八里庄街道十里堡社区、十里堡南里社区、华庭社区、无限社区约400名居民参加活动。活动邀请老北京民俗美食家姜波，现场制作月饼，讲述中秋节老理儿。活动还演出杂技、独唱、快板等节目。

（冯　映）

【“行走的力量”读书分享活动】 11月5日，区图书馆举办“行走的力量——和连环画一起去体验长征”读书分享会。活动邀请驻区小读者、家长参加。北京画院美术馆老师以经典长征题材连环画《地球的红飘带》为主要内容，开展读书分享、亲子互动。

（冯　映）

【《朝阳少年》音乐剧演出】 12月27日，由区文化委主策划，北京手拉手儿童艺术剧团组织创作演出的大型原创舞台剧作品——亲子家庭音乐剧《朝阳少年》在国声京剧文化艺术中心首演。该剧历时1年创作，针对区国际化、包容性、开创性特点，围绕“家在朝阳，身边的朝阳群众”主题，通过朝阳场景、朝阳故事、朝阳人物的塑造，讲述一个普通家庭三代人追求梦想的故事，呈现改革开放新时的“朝阳特质”。

（冯　映）

【“2016，我的‘悦’读故事”跨年演讲会】 12月31日，在区图书馆（新馆）一层举办由区图书馆主办，《宸冰读书》节目组和“宸冰声音工作”协办的“2016，我的‘悦’读故事”跨年演讲会。演讲会开启全新“听阅读”模式。主讲人回顾《宸冰读书》节目2016年阅读时光，畅谈年内公益活动。主讲人、嘉宾与现场读者围绕“新媒体环境下我们该怎样学习”主题进行互动交流。

（冯　映）

公共文化服务

【概况】 年内，推进文化体制机制改革创新，不断完善公共文化服务机制。加快推进文化馆、图书馆、博物馆法人治理结构建设。继续推广“文化居委会”文化治理模式，探索文化治理社区新途径。深化“五乡一街”文化建设，构建“五乡一街”文化联盟体系理事会制度，构建“五乡一街”文化联盟体系。全年完成“三下乡”“周末大舞台”“星火工程”等公益性演出273场，为特殊少年儿童及全区老年人举办丰富多彩的文化活动1000余场，开展各类文化活动5800余场。设施网络日趋完善、街乡文化中心效能不断提升。

（冯　映）

【“城市书房”落成】 4月21日，由区文化委员会、区残疾人联合会支持，区图书馆、北京梦工坊咖啡有限公司共同推动的区首个“城市书房”在西坝河东里落成。“梦工坊 · 城市书房”旨在整合政府或社会组织公共空间，引入社会力量参与设施建设、服务和管理，延长服务时间，提供便利的公益文化阅读服务，提升基层文化设施服务效能，解决公共文化建设“最后一公里”。“梦工坊 · 城市书房”在残联“残疾人辅助性”就业实践点“梦工坊”基础上建立，打造残障人士回归社会、回报社会的公益性服务平台。区图书馆注入阅读服务资源，为残障人士及周边百姓一次性提供书籍4000册，配置4台带有盲人辅助功能的电脑设备。开放时间为早9:00至晚12:00。

（冯　映）

【“京津冀公共文化服务示范走廊”发展联盟第一次轮值主席总结会】 6月26日至27日，区召开“京津冀公共文化服务示范走廊”发展联盟第一次轮值主席总结会。包括发展论坛、成果展览、交接仪式和京剧票友联谊活动4个板块。6月26

日，“京津冀公共文化服务示范走廊”发展联盟论坛以“传承创新 价值再生 合作共赢——非物质文化遗产保护与传承”为主题，联盟单位专家学者、非遗传人，围绕非遗传承创新与城市特色、传统文化的价值再生、非遗保护传承京津冀协同发展等议题开展讨论、建言献策。活动设置发展联盟文化建设成果展，通过文字、图片、视频展示各地文化成果。6月27日，举办“京津冀公共文化服务示范走廊”发展联盟轮值主席交接仪式。轮值主席交接由朝阳区递交至天津市和平区。联盟LOGO首次亮相——由京津冀三地在地图上连接后形成一个V字，设计成飘带造型，寓意联盟将三地更多的人和文化联结在一起。26日和27日，京津冀三地京剧票友为戏迷举办演唱会及折子戏演出。

（冯　映）

【市民音乐厅】 7月21日，在首图剧场举办由市文化局主办，区文化委、北京交响乐团、首都图书馆共同发起并承办的“市民音乐厅”启动仪式暨“艺术朝阳”纪念长征胜利80周年交响音乐会。北京交响乐团专业演奏团队由著名指挥家谭利华指挥，演奏以纪念“长征胜利80周年”为主题的大型交响音乐会。12月25日，在首图剧场举办首都市民音乐厅——2017新年音乐会。该音乐会是由北京交响乐团演奏、谭利华指挥，以世界名曲为主题的大型新年音乐会。“市民音乐厅”作为文化惠民活动，旨在把高雅艺术送到百姓身边。

（冯　映）

【区街乡文化干部100学时双周培训班】 9月20日至23日，10月18日至21日，区文化委、区人力社保局合作主办，区文化馆承办的2016年朝阳区街乡文化干部100学时双周培训班举行。区内37个街乡、9个社会单位、77名学员参加培训班，封闭学习和现场观摩学习120学时。中央戏剧学院、中央美术学院、中国传媒大学、国家话剧院、中国武警文工团、北京军区战友文工团等专家授课。开设“小品创作”“街乡文艺演出策划实施”2门课程；安排“导表演基础训练”“心理能力建设”“音乐支持”“鼓圈体验”等现场创意活动；现场学习观摩国家大剧院、今日美术馆、798艺术园区、9剧场等活动。48名学员取得结业考核证书。23个街乡30名学员展示结业成果，演出小品《朝阳群众》、声音小品《生活交响曲》、画面小品《社区一家亲》、快板《朝阳群众》4个节目。

（冯　映）

【“春雨工程”文化志愿服务】 11月15日至19日，区文化委、区文化馆、区图书馆、北京民俗博物馆业务人员，及区文联书协、美协、摄协艺术家到贵阳市开展“春雨工程”系列文化活动。主要包括展览展示、文化讲座、艺术交流、图书捐赠等。

（冯　映）

【北京首家社区流动美术馆揭幕】 11月24日，全市首家社区流动美术馆在呼家楼街道金台社区揭幕。“文蕴朝阳 艺术惠民”工程是由区委宣传部、区文明办、区文化委、区文联主办，北京文化发展基金会承办，旨在凝聚城市人文精神，弘扬中国优秀传统文化，厚植区域文化底蕴，真正实现为民惠民构建现代公共文化服务体系，推进“艺术朝阳”建设，高水平建设全国文化创新实验区的一项重要活动。金台社区流动美术馆分室内外两种形式，包括中国古代书画鉴赏、当代名家作品鉴赏、时代主旋律作品鉴赏、中国传统文化精粹等六大板块。

（冯　映）

【文化朝阳云平台启动仪式】 12月15日，在规划艺术馆举行文化朝阳云平台启动仪式。文化朝阳云平台可通过资源统筹整合、社交互动评论、O2O运营推广模式及开放式链接等方式，为百姓提供精准个性化定制服务，满足百姓多元文化需求。文化朝阳云平台有活动信息、票务资讯、阅读推广、场馆场地、数字资源、交流互动等6项功能，是集公益、便利、汇聚、互动为一体的多媒体平台。“文化朝阳”提供免费图书、视频、音频、场地、票务等免费资源，市民可通过电脑PC、手机Web、APP（Android、IOS）多终端享用途径，便捷享受文化资源。该平台还实现群众与群众、群众与政府文化部门、群众与优秀文化人才、群众与社会机构等之间即时互动，具有意见建议、反馈、评论、点赞、收藏等功能，并可实现大数据分析，该大数据由“用户需求”“用户信息”“用户行为轨迹”“图书轨迹”“文化资源使用情况”“文化资源活跃度”“文化服务匹配度”“文化活动执行情况”“平台运行”等多类信息组成，再结合时间轴、指标模型进行大数据分析。

（冯　映）

【群众文化干部队伍建设】 年内，继续开展“千场讲座下基层”基层文化辅导培训项目，年内培训1993课时。与区京剧艺术中心合作，举办3期京剧艺术培训班，培训人员400余人。组织农村地区文化组织员54人参加市文化局培训。开展品牌群众文艺团队认定，完成合唱、戏曲、民乐、舞蹈四项认定比赛。全区有各类群众文艺团队2815支，参与人数7.3万人。11月，在苏州大学举办第四期公共文化建设高级研修班，43个街乡主管领导及区文化委机关、文化馆、图书馆、博物馆文化管理干部参加培训。

（李宏钧）

【图书馆服务】 年内，办理借书证14852个。图书流通总量160万余册次，接待读者91万余人次。馆藏总量2473415册件，包括图书、报刊、电子视听文献。举办活动387次、97610余人参加，其中外语大课堂225场，朝阳文化讲堂73场，其他活动56场。区图书馆被中国图书馆学会授予全国“全民阅读示范基地”称号。图书配送服务141次150948册。完成团结湖、三里屯等10家分馆升级改造工作。

（曹京燕）

文化遗产保护

【概况】 年内，深入挖掘探究区域历史文化内涵，组织开展《萧太后河历史文化专题研究》，完成《皇木厂研究报告》和《皇木厂历史现状及保护思路》。与中央民族大学合作完成《温榆河生态走廊历史文化资源保护与利用》，并组织《朝阳区温榆河、通惠河影像巡展》。加强文物修缮和保护，制定《朝阳区文物安全巡查办法》，对全区不可移动文物进行安全巡查，完成5项文物工程、5项抢险工程及6项文物安防工程。开展区流散石刻拓印工作，完成拓片300余幅。传承和保护文化遗产，扶持民办博物馆，打造传统文化传承基地。举办2016年文化遗产日主题活动——朝阳区文化遗产保护项目及成果展，开展“博物馆家庭计划”“我爱我家”炎黄艺术节等系列活动。区内北京中国紫檀博物馆、芳草地国际学校教育辅助中心及崔各庄地区“奶子房庙会”等8家单位获市非物质文化遗产保护专项资金支持，获批资金总计260万元。

（冯　映）

【桃花坞木版年画展览】 3月12日至20日，苏州公共文化中心与区文化馆合作，在798玫瑰之名艺术中心举办国家级非物质文化遗产——桃花坞木版年画展览。展品包括60幅苏州桃花坞木版年画及部分年画制作工具。展览为全国巡展首站，免费向游人开放。

（冯　映）

【“我们的节日”系列文化活动】 4月4日，北京民俗博物馆联合庆丰公园管理处，在庆丰公园举办“第四届北京二闸清明踏青节”活动。活动包括民俗活动和文化展览。6月7日至8日，“我们的节日•端午节”系列文化活动从高碑店村到东岳庙博物馆主馆渐次展开，包括端午传统节俗体验、展览讲座、诗词笔会、古筝、茶艺、香道、非遗项目展示等。8月6日，“我们的节日•爱在七夕”系列文化活动在北京民俗博物馆举办，以“诗诵七夕‘巧’聚东岳”为主题，首次将“七夕节”纳入“我们的节日”品牌活动。9月14日，“我们的节日 · 中秋节”系列文化活动在北京民俗博物馆举办，以“月圆中秋 情暖朝阳”为主题，包括中秋场景营造、中秋习俗体验、中秋内涵溯源、非遗文化展演等。10月9日至11日，“我们的节日•重阳节”系列文化活动在北京民俗博物馆举办，活动以“孝道”为主题，包括赏九花塔、喝菊花酒、太极拳、太极扇、知识竞答、诗词朗诵等内容。

（冯　映）

【国际博物馆日】 5月18日，是第40个国际博物馆日，主题为“博物馆与文化景观”。北京民俗博物馆举办多项活动，包括免费对外开放，“幡鼓齐动十三档”狮子花会展演，《降以瑞相 吾在其中——十二生肖文化展》，剪纸、泥塑、风筝、中国结、毛猴等北京特色民间工艺展示。通过设立宣传展板，免费发放折页、年刊、北京民俗报等形式，让市民走近博物馆。发放赠票400余张，免费接待游客近1000人。

（冯　映）

【京津冀地区民间花会展演活动】 5月21日，首届京津冀地区民间花会展演活动在蟹岛度假村举办。活动由京津冀公共文化服务示范走廊发展联盟成员单位——朝阳区文化委、东城区文化委、海淀区文化委，天津市和平区文化和旅游局、河西区文化局、北辰区文化广播电视局、津南区文化体育局，河北省秦皇岛市文化广电新闻出版局、廊坊市文化广电新闻出版局、沧州市文化广电新闻出版局、唐山市文化广电新闻出版局主办；区委宣传部、区文明办、区农委、区广电中心支持，由北京民俗博物馆承办。京津冀三地24支民间花会队伍带来表演，北京民俗专家王作楫为表演作现场点评。

（冯　映）

【非物质文化遗产日活动】 6月8日，区文化馆举办非物质文化遗产宣传、展示、融入活动，迎接中国第11个非物质文化遗产日。包括第三届“芳草非遗嘉年华”、著名相声表演艺术家丁广泉收徒仪式、北京竹乐团公益演奏表演等。

（冯　映）

【文化遗产保护及宣传】 年内，完成普门寺、上辛堡观音寺、上辛堡文昌宫、流散石刻集中保护、普门寺正殿油饰彩画等5项文物工程。完成东岳庙围墙抢险修缮工程、延寿寺倒地石碑抢险复立工程等5个抢险工程。完成东岳庙牌楼、九天普化宫等6个文物安防工程。启动真武庙二期和延寿寺遗址保护及复建一期文物修缮保护工程。启动文物库房字画修复工作，对文物库房中150幅字画进行展开、鉴定、登记。通过“文化遗产日”“国际博物馆日”宣传区文化遗产保护项目及成果。开展区域历史文脉研究，完成《皇木厂研究报告》和《萧太后河历史文化研究报告》。

（殷小鹏）

【文物保护单位】

全国重点文物保护单位

	名称	地址	电话
1.	东岳庙	朝外大街 141 号	65510151
2.	日坛	日坛北路 6 号（日坛公园内）	85614261
3.	清净化城塔院	黄寺大街 11 号	62018968
4.	元大都城墙遗址（朝阳段）	健安东路、健安西路北侧，东起土角楼西侧北京服装学院以东 673 米处，西至京藏高速路	84648252

	名称	地址	电话
5.	大运河（通惠河朝阳段）永通桥、平津闸	管庄乡八里桥村东南、高碑店乡高碑店村西北	85709886/85770796
6.	四九一电台旧址	豆各庄乡双桥街9号院	85363264

北京市文物保护单位

	名称	地址	电话
1.	十方诸佛宝塔	王四营乡古塔公园内	67376310
2.	北顶娘娘庙	奥林匹克中心区国家游泳馆南侧	65510151
3.	顺承郡王府	朝阳公园南路19号	65940948

朝阳区文物保护单位

	名称	地址	电话
1.	海阳义园（山东会馆）	呼家楼南里2号	85976279
2.	马骏烈士墓	日坛北路6号日坛公园内	85614261
3.	张翼祠堂	豆各庄乡豆各庄村西	65479035
4.	常营清真寺	常营乡民族家园东路西南侧	65484914
5.	肃慎亲王敬敏墓	王四营乡道口村西北（现柏阳景园小区西侧）	67376310
6.	显谨亲王衍璜墓	潘家园东里	87381835
7.	南下坡清真寺	朝外二条129号	85626316
8.	那桐墓	三间房乡双桥路西里6号	65420049

（殷小鹏）

文化市场管理

【概况】 年内，加强行政审批规范化制度化建设，不断完善各项规章制度，全年办理行政审批事项共计792件，年检换证927家。制发《朝阳区文化市场意识形态领域规范管理联动机制》，在全市范围内首创文化市场管理的信息共享机制、工作会商机制、联防联控机制、培训指导机制和应急处置机制。整治违法违规行为，开展护苗、净网、清源、秋风、净空、固边六大专项行动，全年执法检查文化娱乐场所7870家次，立案调查92件，同比增长69%，有效维护文化市场安全。

（冯　映）

【文化市场管理】 年内，区"扫黄打非"成员单位和街乡出动车辆2229台次，执法人员1.1万人次，检查文化娱乐场所8073家，其中出版物单位518家次，印刷企业392家次，演出174场次，娱乐场所397家次，网吧1044家次，影院86家次，798艺术园区4566家次，其他场所896家次。受理举报121件，回复121件。立案调查92件，同比增长69%，警告65家次，罚款29.55万元。取缔游商562起，召开文化娱乐场所安全生产例会8次，上报各类信息67篇。

（于甜恬）

【行政许可】 年内，办理行政审批事项792件，其中办理许可事项593件，办理备案项目199件。其中举办营业性演出许可289件，娱乐场所设立及变更许可54件，出版物零售企业设立及变更许可194件，网吧设立及变更许可41件，共用天线许可4件，营业性电影放映单位设立及变更许可11件，增加演出地备案9件，市文化局审批演出备案143件，艺术品经营单位备案46件，营业性演出场所备案1家。现场核查场所85家，156人次；审核剧本163件。区文化委有许可项目9项：歌舞娱乐场所、游艺娱乐场所设立及变更（内资企业），互联网上网服务营业场所设立及变更，举办营业性演出（国内演员）等。有备案项目6项：演出场所经营单位备案，艺术品经营单位备案，个体演员、个体演出经纪人备案等。设立内资文艺表演团体审批，设立内资娱乐场所审批，设立互联网上网服务营业场所经营单位审批，设立电影放映单位审批，从事出版物零售业务许可由前置许可改为后置许可。

（白　静）

文化创意产业

【概况】 朝阳区文化创意产业领导小组办公室是朝阳区文化创意产业领导小组的下设机构，设在区委宣传部，负责统筹、协调全区文化创意产业发展，日常工作由区委宣传部所属全额拨款事业单位朝阳区文化创意产业发展中心（相当副处级）和文化创意产业发展科具体负责。年内，全区工商注册文化创意企业超过7.2万家，其中规模以上企业1674家。全年规模以上文化创意企业实现收入2702.5亿元，实现利润114.2亿元。全年实现区级收入94.5亿元，占全区的比重为22%。全年包括新媒体在内的文化传媒业实现收入占全区文化创意产业总收入的63.8%。

地址：日坛北街33号

邮编：100020

电话：65099650

（郭　琪）

【领导调研】 3月，区委常委、宣传部部长刘军胜调研高碑店乡半壁店村文化创意产业发展情况；副区长孙其军调研优客工场（阳光100）、惠通时代广场（新址）等文化创意产业。4月29日，区委常委、宣传部部长刘军胜调研极地国际创新中心，对极地国际创新中心开展的人才、项目孵化工作表示肯定，并对下一步工作提出“七个关注”的指导意见。6月13日，区委常委、宣传部部长刘军胜调研国家文化产业创新实验区国有企业转型升级发展文化产业的有关情况，实地走访首农集团双桥农场E9区创新工场、北京塞隆国际文化创意园。6月28日至29日，文化部2016年全国文化产业工作会议在朝阳区召开。文化部党组书记、部长雒树刚出席会议并讲话，要求以更大力度推动文化产业创新发展，实现文化产业成为国民经济支柱性产业。文化部党组成员、部长助理于群主持会议并部署文化产业重点工作。北京市委常委、宣传部部长李伟，中国工商银行总行副行长胡浩，朝阳区委书记吴桂英出席会议。7月1日，区委常委、宣传部部长刘军胜调研管庄地区文化创意产业发展情况，协调推进重点项目建设。8月1日，区政协副主席王文远视察751艺术园区，参观极地国际创新中心及在孵企业太火鸟、数据公园、加意新品等创新项目。8月8日，区委常委、宣传部部长刘军胜到东风乡调研文化创意产业发展情况。提出要整合乡域内文化创意产业各类资源，在摸清底数的基础上，做好产业发展的统筹协调工作。9月27日，西藏自治区拉萨市党政代表团一行到朝阳区考察交流。西藏自治区党委常委、拉萨市委书记齐扎拉，北京市副市长王宁，朝阳区领导王灏、马继业陪同考察798艺术区。10月19日，市委常委、宣传部部长李伟调研完美世界集团、乐视控股集团、高碑店民俗文化园区，市委宣传部副部长余俊生、秘书长张爱军，朝阳区领导吴桂英、王灏、刘军胜、张维刚、孙其军陪同。11月7日，市委副书记、代市长蔡奇，市委常委、常务副市长李士祥调研位于国家文化产业创新实验区的莱锦文化创意产业园，市政府秘书长李伟，市有关部门领导王芳、刘占兴、魏成林、王广双、赵成，朝阳区领导吴桂英、王灏陪同。11月14日，北京市副市长程红一行到国家文化产业创新实验区的莱锦文化创意产业园和北京国家广告产业园，实地调研国家重点文化出口单位——蓝海电视，以及阿里巴巴一达通公司。北京市政府副秘书长徐志军，朝阳区领导王灏、马继业陪同。11月21日、25日，朝阳区委常委、宣传部部长刘军胜分别调研位于国家文化产业创新实验区的东方华瑞文化产业中心、一展空间、宣亚国际品牌管理（北京）股份有限公司和北京铜牛电影文化产业园。11月23日，朝阳区委常委、时任副区长马继业调研国家文化产业创新实验区的掌阅科技股份有限公司，了解“互联网+文化”产业发展情况。11月30日，北京市委宣传部副巡视员、市文化创意产业促进中心主任梅松调研位于国家文化产业创新实验区的铜牛电影文化产业园和爱上电视传媒有限公司，并就文化金融工作与文创实验区管委会、文创实验区企业信促会座谈。12月27日，2016中国网络文化产业年会活动在中国大饭店举办。文化部党组成员、部长助理于群出席，文化部文化产业司司长吴江波、副司长高政和中央网信办社会工作局副局长孙爱萍参加，区领导吴桂英、刘军胜、张维刚出席。12月29日，市委宣传部副部长余俊生，市新闻出版广电局（版权局）党组书记、局长杨烁，市新闻出版广电局（版权局）副局长王野霏参观中国出版创意产业基地先导区，调研中国版权协会、冠勇科技、云莱坞文化、全时频道等入驻先导区的相关行业协会和文化企业。朝阳区委常委、宣传部部长刘军胜陪同。

（兰　坤）

【文创产业高级经营管理培训班】 5月23日至27日，2016年朝阳区文化创意产业高级管理经营培训班在区委党校举办，相关委办局、街乡主管文化创意产业的处级领导及文化创意产业园区、重点企业、重点项目高层管理人员等54人参加培训。

（杨　光）

【获首批服务贸易示范基地并授牌】 6月1日，国家文化产业创新实验区及北京东亿国际传媒产业园被北京市认定为首批服务贸易示范基地，并参加授牌仪式。

（何金翰）

【文化企业信用促进会成立】 8月10日，全国首个文化企业信用促进会在朝阳区的国家文化产业创新实验区成立。

（刘　莹）

【第二届国家文创实验区高端峰会】 9月6日，2016国家文化产业创新实验区高端峰会主论坛在北京朝阳奥林匹克塔举行。峰会在国家文化产业创新实验区建设工作协调小组的指导和中国文化产业协会的支持下，由中国传媒大学和北京CBD商务节组委会共同主办，中国传媒大学经管学部文化发展研究院、北京朝阳国家文化产业创新实验区企业信用促进会、北京市朝阳区对外文化交流协会承办。文化部党组成员、部长助理于群，北京市委常委、宣传部部长李伟及相关部门领导，朝阳区委书记吴桂英，区委常委、宣传部部长刘军胜等相关部门领导及北京、上海、天津、河北、江苏、广东、浙江、福建、山东、云南、贵州、四川、甘肃、山西、河南等15个省市的相关部门负责人和知名专家学者、重点文化企业和行业组织代表等100余人参加活动。

（吕　洋）

【区文创产业发展引导资金支持】 10月24日，第27次区长办公会审定通过2016年度区文化创意产业发展引导资金安排方案。有86个文化创意产业项目获得区文化创意产业发展引导资金支持，支持资金11196万元。其中奖励类项目（项目、企业）69个，支持资金7568万元；贷款贴息类项目11个，支持资金1750万元；补助类项目4个，支持资金 1068万元; 贴租类项目2个，支持资金810万元。

（赵建杰）

【参加文创产业博览会】 10月27日至10月30日，第十一届中国北京国际文化创意产业博览会在中国国际展览中心举办，朝阳展区主会场设在中国国际展览中心4号馆，展区面积为636平方米。此届文博会朝阳区采取“1+21”参展模式，即1个主会场加21个分会场活动，举行22场新闻发布会。《人民日报》、中央电视台、新华社、《北京日报》、北京电视台、北京广播电台等近60家主流媒体采访报道朝阳区文博会展览展示亮点活动和“十二五”时期文化创意产业取得的成就、发展模式、发展理念，特别是国家文化产业创新实验区建设等情况，媒体报道及重要网络转载超过900余篇次，中央电视台、《人民日报》《北京日报》、北京电视台等媒体对展览展示活动给予大篇幅深度跟踪报道。市委常委、市委宣传部部长李伟到朝阳展区视察指导，区领导吴桂英、刘军胜、孙其军陪同。

（冯　芳）

【市文化创新发展专项资金支持】 年内，朝阳区“基于移动端的汽车专业媒体精准传播服务平台”等86个文化创意产业项目获得2016年度北京市文化创新发展专项支持，支持资金1.12亿元。其中项目补助4个，支持金额1068万元；贷款贴息11个，支持金额1750万元；项目贴租2个，支持金额810万元；企业奖励20个，支持金额1260万元；项目奖励49个，支持金额6308万元。

（武　雯）

【文化创意产业人才建设】 年内，经评选，2016年文化创意产业人才分别获得凤凰计划认定创业类1人、人才资助类23人，获得区国际高端商务人才认定商务精英3人，认定青年英才9人，获得2015年“四个一批”文创技术人才称号3人。

（刘　敏）

798艺术区

京798艺术区管理委员会负责798艺术区综合协调、监督管理、产业促进和接待服务等工作；对艺术区实行统一规划、统一管理、统一服务和统一推介，优化周边交通环境和园区内公共服务设施，建立长效统一管理和统一联动机制。下设综合协调办公室、警务工作站、文化执法分队、安全生产和城市管理办公室、服务保障办公室。

地址：酒仙桥路2号院A04楼
邮编：100015
电话：57626177
网址：http://798.bjchy.gov.cn

（季　昕）

【参观调研】 1月11日,贵州省遵义市委宣传部常务副部长胡凤海带队到798艺术区调研。参观尤伦斯艺术品商店、+86及798老工厂等。3月17日，全国人大原常委会副委员长路甬祥一行到访798艺术区，市人大常委会副秘书长刘凤仪、区人大常委会副主任苑文新陪同参观。路甬祥一行实地走访园区的尤伦斯当代艺术中心、798桥艺术空间、亚洲艺术中心、朝鲜万寿台创作社美术馆、林冠艺术基金会、佩斯北京等艺术机构。3月21日，昆明市人大常委会副主任金志伟一行到798艺术区调研并座谈交流，实地走访园区的尤伦斯当代艺术中心、798桥艺术空间等艺术机构。3月22日,四川省宜宾市委宣传部副部长李华带队到798艺术区调研。参观尤伦斯艺术中心、桥画廊、亚洲艺术中心、白盒子艺术馆、朝鲜万寿台美术馆等艺术机构。4月7日,朝阳区委副书记、区长王灏带领区规划局、区住建委、区国土分局等部门负责人到798艺术区调研,先后参观尤伦斯当代艺术中心、朝鲜万寿台创作社美术馆，并实地考察园区798文化公司拍卖中心项目、创意广场CUBE项目等单位,研究如何推动国有企业转型升级等相关工作。王灏实地调研结束后强调要创新产业发展模式,依托朝阳区内企业的老工业厂房和老工业设施资源,通过引进、合作、自主创新等方式,大力发展文化创意产业。4月20日，昆明市妇联党组书记、主席杨文惠一行到798艺术区，参观尤伦斯当代艺术中心、亚洲艺术中心、林冠艺术基金会、佩斯北京等园区的重点机构。4月22日,北京市委统战部到798艺术区调研自由职业人员情况。市委统战部副巡视员贺淑晶、中央统战部研究室七处副处长肖照青等出席调研活动。调研组实地走访园区两家自由职业人员的工作室和画廊，然后就相关问题与园区内外的艺术家、书法家、戏剧工作者、自由媒体人等自由职业人员座谈交流。5月6日，重庆市南岸区委常委、宣传部部长黄红率南岸区委宣传部、南岸区文化委等部门的负责人一行到798艺术区考察交流。6月8日，区信息办主任王臻、区信息办副主任李容珍到798管委会调研考察“798APP”项目。6月13日，昆明市政协副主席杨品才一行到798艺术区考察调研，实地走访园区的尤伦斯当代艺术中心、百雅轩艺术中心等艺术机构。7月29日，内江市市中区区长陈伦一行到访798艺术区，参观尤伦斯当代艺术中心、798艺术工厂、亚洲艺术中心、曹勇艺术世界及百雅轩艺术中心等园区内艺术区机构。10月23日，卢森堡大公储殿下纪尧姆、财政大臣格拉美亚、驻华大使石泰嵋一行到798艺术区参观，主要参观尤伦斯当代艺术中心、长征空间。10月28日，台北市副市长邓家基到访798艺术区，参观尤伦斯当代艺术中心、木木美术馆、亚洲艺术中心。10月30日，正在访华的比利时首相查尔斯·米歇尔到798艺术区的尤伦斯当代艺术中心参观，比利时男爵、尤伦斯当代艺术中心创始人盖伊·尤伦斯携夫人一起陪同首相参观，艺术家曾梵志导览，介绍自己的创作历程，展示中国当代艺术的魅力。

（季　昕）

【“北京798印象·贵阳站”(第二单元)开幕】 1月15日，北京“798印象·贵阳站”(第二单元)展览在贵州省贵阳市云岩区中天未来方舟开幕。展览由贵阳市委、市政府和北京798艺术区管理委员会主办，贵阳市委宣传部、云岩区委、云岩区政府、市文广新局、中天城投集团与北京798文化创意产业投资股份有限公司承办。展览为期半年，继续由798艺委会委员程昕东牵头，园区艺委会委员联合策展，延续“798印象”系列——“先锋实验、多元融合”主题，展出园区艺术机构选送的应天齐、祁志龙、朱炳仁等艺术家的油画、水墨、雕塑、影像、摄影、视频等50余件作品，免费向市民开放。

（季　昕）

【“六一”国际儿童周】 6月1日，798艺术区国际儿童艺术周开幕活动在尤伦斯当代艺术中心举办。区委宣传部常务副部长、文明办主任毕重伟，团区委书记孔钢城，区残联副理事长杨瑞臣等相关部门领导和嘉宾出席开幕活动或讲话。在活动主会场，小朋友们不仅能看到儿童传统艺术表演，还能在现场体验到做风筝、捏泥人、做毛猴等中国传统手工艺魅力。此次活动由区文明办、团区委、区残联及798艺术区管委会共同主办，联合艺术区内尤伦斯艺术中心、悦美术馆、圣之空间等多家艺术机构，以“小朋友·大艺术家”为主题，聚焦残障儿童和公益，为国内外小朋友们提供一场艺术交流的平台，同时为普通儿童和特殊儿童搭建互助和交流的平台。艺术周包括“小朋友·大艺术家”主题绘画展、传统手工艺互动教学、“悦在童年——生命的痕迹”儿童艺术与公益联展和“阳光少年·绿色梦想”主题活动在内的40余项活动。

（季　昕）

【“北京798印象”中国当代艺术展】 6月15日，“北京798印象”当代艺术展在罗马国家地理协会图书馆开幕，展期一周。罗马当地政界、艺术界、媒体界及嘉宾100余人参加。展览开幕当天还举办中外文化交流论坛，来自中国的艺术家、相关政府部门领导和当地的艺术家、艺术爱好者就文化创意产业的发展进行交流。此次展览由北京市贸促会与北京798艺术区管理委员会等相关部门共同策划发起，由798艺委会委员程昕东牵头798艺委会联合策展，在意大利罗马国家地理协会图书馆展出798艺术区画廊和机构选出的35位著名当代艺术家的油画、摄影、雕塑、装置等近40件（组）作品，全部来自中国的中青年艺术家，迟群的《平行-蓝》、孔令楠《域》等艺术作品深受罗马当地民众喜爱。此次展览是“北京798印象”当代艺术展继2014法国波尔多、2015荷兰海牙后又一次登陆欧洲。“北京798印象”当代系列展旨在推动中国当代艺术与世界先进文化艺术的交流与对话，在互相学习、互相影响中让中国了解世界，让世界了解中国，推动两国文化创意及相关产业的交流，推进中国当代艺术的发展。罗马博览局主席阿曼多•索达尼，北京市贸促会会长熊九玲、副会长林彬出席开幕仪式并致辞。

（季　昕）

【“2016北京798艺术节”举办】 9月24日，“2016北京798艺术节”在玫瑰之名艺术中心开幕。10月23日结束。艺术节期间，举办主题系列展、同盟系列展、雕塑展、推介展、798中国创新大赛、青年科技创新汇、手机摄影大赛、街头涂鸦文化交流、摇滚音乐节、音乐剧等近百场文化艺术活动。

（季　昕）

【798国际艺术交流中心展厅首展举办】 10月15日，798国际艺术交流中心展厅开馆首展——聚焦亚洲影像艺术展举行。798国际艺术中心位于798艺术区西北角，面积约500平方米，由798管委会打造，为艺术机构及艺术家提供展示、交流、合作的公共服务平台。798管委会希望借此平台，进一步提升园区公共服务管理水平，为入驻园区的艺术机构和艺术家提供更为便捷的公共服务，引领园区发展方向。

（季　昕）

北京潘家园国际民间文化发展有限公司

【概况】 北京潘家园国际民间文化发展有限公司是由朝阳区国有资产监督管理委员会监管的区国有资本经营管理中心下属的国有独资企业，公司设董事会、监事会、经理层、党总支委员会、工会、妇女委员会和共青团组织，下设办公室、董事会办公室、党群工作部、财务部、规划运营部、人力资源部、安全生产部、项目开发部、合规部，员工编制47人。经营范围：销售工艺品及收藏品、字画、家具、日用杂品、珠宝首饰；组织文化艺术交流活动（不含演出）；承办展览展示活动；从事投资及投资管理等活动，并对经营管理的国有资产承担保值增值责任。子公司北京潘家园旧货市场有限公司，员工编制70人。市场占地4.92万平方米，经营面积5.12万平方米，分为地摊区、古建房区、古典家具区、现代收藏区、石雕石刻区、餐饮服务区等6个经营区域，经营摊位3500余个。子公司北京潘家园古玩艺术品文化传媒有限公司，员工编制23人。主要从事设计、制作、代理、广告发布；承办展览展示；组织文化艺术交流活动（演出除外）等生产经营活动。“潘家园”品牌被认定为中国驰名商标、北京市著名商标，市场入选全国十大古玩市场、全球十大“跳蚤”市场，潘家园文化公司入围“首都文化企业30佳”。公司被区安全生产管理协会授予“2015年度朝阳区安全生产管理先进单位”荣誉称号。

地址：华威里18号
邮编：100021
电话：67765739
网址：http://www.panjiayuan.com
邮箱：panjiayuanban@126.com

（蔡子翠）

【领导视察】 1月28日，区政协副主席王文远、潘家园街道办事处书记王毅、街道办事处主任张贵林到潘家园旧货市场进行消防安全检查。2月3日区安监协会、华威消防中队及驻场民警对潘家园市场联合开展安全生产大检查。3月3日，区国资委副主任宋超荣一行到公司检查消防安全；3月9日，区安监局局长刘炳起带队，对市场外包餐厅“京韵园”进行全国“两会”期间安全检查。3月29日，市公安局副局长陈思远带队一行6人到潘家园旧货市场检查、指导反恐维稳工作。9月26日，区委常委、副区长马继业，区国资委党委书记刘勇等一行7人到潘家园旧货市场调研。12月2日，区国资委党委书记刘勇一行对潘家园旧货市场进行“四不两直”（不发通知、不打招呼、不听汇报、不用陪同和接待，直插基层、直奔现场）检查。

（蔡子翠）

【外事活动】 2月28日，俄罗斯联邦最高法院院长维亚切斯拉夫•列别杰夫一行7人到潘家园旧货市场参观游览；3月1日，马来西亚文化旅游部部长纳兹里一行16人到潘家园旧货市场参观游览；4月29日，斯里兰卡外长曼加拉•萨马拉维拉一行6人到潘家园旧货市场参观游览。

（蔡子翠）

【主题活动】 3月15日，举办“3·15”法治宣传活动；4月14日至17日，举办第十八届连环画交易会；4月23日至5月1日，举办第二届南红玛瑙精品展；4月28日，举办北红珠宝首届玉石文化节；5月7日至24日，举办“丛林探宝”——潘家园昊天琥珀精品展览交易会；5月28日至6月12日，举办2016年潘家园战国红玛瑙精品展；6月18日至7月3日，举办第二届尚亿年缅甸琥珀精品展；7月9日，举办“吉香传吉祥”——第四届沉香展；8月18日，举办潘家园第二十一届全国连环画交易会暨拍卖会；9月20日，举办北京潘家园第十三届全国红色收藏展交会暨

“党在我心中”红色收藏展览；10月1日，举办第五届大千猛犸专场精品展；10月6日，举办第二届北红玉石文化节；10月20日，举办和善第四届潘家园全国核雕名家名作精品展销会；11月3日，举办首届缅甸硬琥珀文化节；11月24日至27日，举办第九届非物质文化遗产手工艺品交易博览会。

（蔡子翠）

【红色收藏展交会】 9月20日，为纪念中国共产党建党95周年、红军长征胜利80周年，举办北京潘家园第十三届全国红色收藏展交会暨“党在我心中”红色收藏展览，特邀新四军老战士焦润坤出席展会。此次展会深入结合“两学一做”，将展览内容分为牢记党章党规、传承长征精神、学习党员楷模、坚守廉洁自律四大板块，通过徽章、宣传画、瓷器、老照片、生活用品、珍贵史料等物件揭示红色文化所蕴含历史内涵。

（蔡子翠）

朝阳规划艺术馆

【概况】 朝阳规划艺术馆(以下简称规划馆)是区委宣传部直属的差额拨款事业单位，下设综合办公室、文化传媒部、文创研究室、展陈技术部、活动策划部、运营保障部6个部门，全馆正式员工总数52人。规划馆全年接待参观1万余人，先后接待海内外121个重要参观团体，被中央宣传部、全国文联、中央文化管理干部学院选定为干部培训定点参观学习基地，成为团市委示范社区青年汇、处级干部和初任公务员现场教学培训基地，被授予北京市爱国主义教育基地、北京市红色旅游景点及北京市科普基地，是“北京地区百家社会单位旅游开放日”定点场馆和区级市民学习基地、爱国主义教育基地、朝阳区文化旅游示范单位和朝阳海外学人俱乐部活动基地。

地址：朝阳公园南路1号

邮编：100125

电话：65851500

网址：www.t-space.com.cn

【参观接待】 1月6日，区副区长黄晓伟，区各委办局一行20余人到馆参观学习朝阳区产业空间研究成果展。1月7日，北京电子科技职业学院退休教师一行90余人到馆参观。1月18日，湖北省武汉市委宣传部副部长陈汉桥等一行10余人到馆参观。1月25日，河北省廊坊市副市长喻华锋等一行20余人到馆参观，朝阳区委常委、宣传部部长刘军胜等陪同。3月1日，中共四川省成都市委宣传部一行10余人到馆参观。3月15日，国家文化产业创新实验区建设工作小组组长、文化部党组成员、部长助理于群，副市长王宁带领工作小组成员到馆调研国家文化产业创新实验区建设及工作推进情况，区委书记吴桂英、区长王灏出席。3月16日，吉林省通化市委常委、宣传部部长经希军等一行10余人到馆参观。3月23日，四川省宜宾市委宣传部副部长李华、翠屏区委副书记、区长李强等一行10余人到馆参观。4月27日，三间房地区办事处归国华侨联合会组织地区侨眷和侨务工作者一行40余人到馆参观。5月8日，宁夏回族自治区银川市文化新闻出版广电局书记、局长刘涛等一行10人到馆参观。5月12日，云南省昆明市副市长王春燕等一行30余人到馆参观，副区长李俊杰陪同。5月18日，河北省承德市委书记周仲明，市委副书记、市长常丽虹等一行20余人到馆参观，副区长孙其军陪同。5月23日，广东省佛山市委政策研究室一行8人到馆参观调研。6月16日，市残疾人联合会一行20人到馆参观。6月28日，区房屋管理局资产运营中心一行20人到馆参观。6月30日，市政法委（首都综治办）调研处处长徐建民一行6人到馆参观。7月5日，广东省广州市荔湾区住房和建设局副局长吴宇等一行10人到馆参观考察。7月7日，区国有资本经营管理中心一行25人到馆参观。7月12日，区检察院新入职员工一行35人到馆参观学习。7月27日，怀柔区文化产业发展促进中心、怀柔国家影视产业示范区管理委员会一行15人到馆参观。7月28日，区归国华侨联合会组织“亲情中华•汉语桥”华裔青年夏令营营员一行35人到馆参观。7月29日，四川省内江市市中区委副书记、区长陈伦带领考察团一行10人到馆参观调研，副区长孙其军等领导陪同。9月21日，河北省秦皇岛市委研究室一行10人到馆参观学习。9月30日，致公党北京市委“侨海同心 · 聚力筑梦”第二届海外华侨华人代表团一行50余人到馆参观。区侨联组织归国华侨一行100人到馆参观学习。10月10日，云南省昆明市委组织部一行10余人到馆参观，区委组织部部长何明陪同。10月12日，广东省文化厅一行10余人到馆参观。10月14日，贵州省贵阳市云岩区委宣传部一行10人到馆参观。区研究室组织昆明代表团一行60人到馆参观学习。10月18日，石景山区政府督察室一行10余人到馆参观。10月20日，区委宣传部全体党员一行10余人到馆开展党员活动。云南省昆明市挂职干部一行10人到馆参观学习。10月21日，天津市文创产业园区一行7人到馆参观，区文创实验区管委会副主任王涓陪同。10月26日，上海市发改委一行7人到馆参观。10月27日，东城区委常委宣传部部长宋甘澍等一行10余人到馆参观，区委常委、宣传部部长刘军胜陪同。10月28日，麦子店街道办事处一行17人到馆参观。八里庄办事处一行10余人到馆参观。10月29日，浙江省宁波市东部新城开发建设指挥部一行3人到馆参观。11月3日，北京联合大学师生21人到馆参观学习。11月17日，内蒙古自治区鄂尔多斯市委书记白玉刚，市委常委、副市长赵文亮等一行7人到馆参观。11月24日，中关村朝阳园一行7人到馆参观。11月25日，上海市虹口区政协主席石宝珍，区委督察室主任郭启文，文化局副局长赵亦农等一行7人到馆参观。11月28日，云南省昆明市住房和城乡建设局副局长李波等一行22人到馆参观。11月30日，浙江省宁波市东部新城开发建设指挥部党委书记、总指挥陈寿旦等一行10余人到馆参观。12月19日，香港乐善堂梁球琚学校分校50名小学生到馆参观学习。12月26日，西藏考察代表团一行20余人到馆参观。

（李天然）

【百姓大舞台群众文化活动】 1月9日，在T空间举行由朝阳规划艺术馆自主策划主办的“夕阳争叠彩，朝阳展芳华——2016年北京国际中老年模特大赛”初赛，来自北京各区县社区、街道的50余支队伍报名参赛，有30支队伍进入初赛。1月23日，在T空间举行决赛，最终有12支队伍及1支展演队伍参加。清华大学美术学院教授袁洁英、中国戏曲学院美学教授王九成、北京服装学院教授甄祯、中国戏曲学院导演系主任王永庆、模特孔瑶竹担任现场评委，通州区文化馆运河风尚模特队《逆袭》、朝阳区麦子店秋之韵艺术团《印象北京》获一等奖；海淀区羊坊店新丝采模特队《红梅花儿开》、北京市夕阳红服饰表演队《自在夕阳》获二等奖；东城区第二文化馆模特队《国韵芳华》、北京老年艺术协会艺术团《冬日的遐想》、西城区老教协时装队《岁寒三友》获三等奖；东城区中海油-海之恋模特队《大自然的馈赠一缕心绿》、西城区阳光之梦艺术团模特队《圆梦》获优秀表演奖；朝阳区奥之光艺术团模特队《姹紫嫣红》、怀柔区泉河杨树干旗袍沙龙模特队《旗袍风韵》、东城区阳光枫林时装艺术团《生命之图腾》获优秀组织奖。

（李天然）

【媒体宣传报道】 1月14日，新浪网、搜狐网、央视网、《北京晚报》、时尚生活网等50余家媒体以"2016北京国际中老年模特大赛总决赛1月23开战"为题对活动进行前期报道。1月31日，BTV新闻频道《北京您早》栏目以"2016北京国际中老年模特大赛决赛在北京开幕"为题对活动进行前期报道。8月12日，腾讯网、新浪网、环球网、中国企业新闻网、中文商业新闻网等50余家媒体以"2016中国3D技术与创意博览会即将举办，探索数字创意产业的未来"为题对活动进行前期报道。10月25日，人民网、央广网、中国国际在线、中国网、网易新闻、新浪网、搜狐网、中新网等30余家媒体以"2016中国3D技术与创意博览会盛装开幕"为题对活动报道。10月26日，北京电视台BTV新闻《特别关注》栏目以"文博会•朝阳分会场动静结合，古今穿越享受盛宴"为题对2016中国3D技术与创意博览会开幕式和展览进行报道。北京电视台BTV新闻《都市晚高峰》栏目以"2016中国3D技术与创意博览会开幕"为题对活动进行报道。北京电视台BTV财经《首都经济报道》栏目以"3D技术与博览会体验最炫虚拟特效"为题报道2016中国3D技术与创意博览会展览活动。《北京日报》以"老厂房里呈现神奇3D世界"为题报道中国3D技术与创意博览会，北京晨报以"3D博览会开幕"为题报道活动，《北京青年报》头条以"创意3D——市民零距离接触3D孙悟空"为题对活动开展报道，《朝阳报》头条以"2016中国3D技术与创意博览会聚焦产业发展——12个板块全面解读数字创意，好莱坞大师再现特效制作过程"为题对活动开展报道。10月30日，中央电视台CCTV《新闻直播间》栏目以"文博会上VR技术纷纷亮相"为题报道2016中国3D技术与创意博览会。11月2日，中国网新闻中心以"对话中国3D博览会大咖：七年之'氧'为数字产业带来什么"为题对2016中国3D技术与创意博览会秘书长杨军、中国青年艺术国际交流中心专家委员会主任委员张焘开展专访，对2016中国3D技术与创意博览会在发起数字创意产业产融联盟、展示数字城市应用解决方案、发布数字体验中心创意技术清单、推出电影工业化协作平台、探讨中国数字创意产业未来发展等方面进行深度报道。11月5日，《中国文化报》《创意经济》栏目以"产融联盟 为数字创意产业注入'催化剂'"为题报道2016中国3D技术与创意博览会。

（李天然）

【海外参观团体接待】 1月20日，日本驻华大使馆组织日本国土交通省都市局都市政策课课长井崎信也、日本国土交通省都市局国际室副室长川濑敦雄等一行5人到馆参观调研。3月23日，国家发改委宏观院组织古巴研修班学员一行25人到馆参观学习。5月26日，韩国首尔江南区议会议长、行政财经委员长等一行11人到馆参观。6月7日，国家发改委宏观院研修班学员一行40人到馆参观，研修班学员分别来自阿塞拜疆、埃及、巴勒斯坦、厄瓜多尔等国家。7月12日，老挝万象市占塔布里县县委书记兼县长布隆女士率代表团访问朝阳区并到馆参观调研。

（李天然）

【教学培训基地】 3月1日，2016年第一期全国地市级文化局长班学员一行60余人到馆参观学习。3月9日，朝阳区军转干部培训班学员一行50人到馆参观学习。4月1日，朝阳区初任公务员第一期培训班101名学员到馆参观学习。4月8日，中央文化干部管理学院组织宁夏文化干部研修班40余名学员到馆参观。4月17日，2016年第二期全国地市级文化局长班学员一行60余人到馆参观学习。5月6日，2016年第三期全国县市文化局长培训班学员一行90人到馆参观。朝阳区初任公务员第二期培训班112名学员到馆参观学习。5月7日，中央文化管理干部学院组织第四期全国县市文化局长培训班学员包括全国各省市和新疆生产建设兵团近90名县市文化局局长到馆开展现场教学活动。5月17日，国家行政学院第十三期西部领导干部培训班一行31人到馆参观学习。5月19日，昆明市委宣传部副部长马谦带领文化产业干部培训班一行43名学员到馆开展现场教学活动。5月27日，2016朝阳区文化创意产业高级培训班成员一行40余人到馆参观。5月31日，朝阳区委党校组织新疆和田地区财政干部培训班成员一行26人到馆参观。6月19日，中央文化管理干部学院组织陕西省图书馆"三区管理人才"高级研修班一行45人到馆参观。6月23日，重庆市区域文化建设专题研修班成员一行40余人到馆参观。6月30日，台湾青年暑期研习营学员一行65人到馆参观。7月8日，清华大学公共管理学院培训中心组织昆明滇池国家游泳度假区管委会领导一行65人到馆参观。7月8日，中国侨联2016海外侨领中国国情研修班学员及部分外省市侨联领导到馆参观。7月21日，北京国华置业有限公司党员一行50人到馆参观。7月26日，中宣部全国宣传干部学院宣传思想文化工作创新研讨班学员一行130余人到馆参观。9月14日，朝阳区初任公务员第三期培训班学员一行114人到馆参观学习。9月20日，朝阳区科级干部素质提升培训班学员一行30余人到馆参观。昆明市呈贡区2016年公共文化服务体系建设培训班学员一行50人到馆参观学习。9月21日，秦皇岛市委研究室一行10人到馆参观学习。昆明市呈贡区纪检监察干部综合素质提升研修班学员到馆参观。9月22日，朝阳区委宣传部青年干部培训班成员一行60余人到馆参观。9月23日，中国人民大学环境学院组织昆明市呈贡区公共文化服务体系培训班学员一行52人到馆参观学习。国家发改委宏观院组织研修班一行30名学员到馆参观学习。10月12日，朝阳区中青年干部培训班学员一行10人到馆参观学习。10月13日，广东省佛山市顺德区委组织部专题培训班学员一行37人到馆参观学习。10月20日，昆明市呈贡区纪检监察干部综合素质提升北京大学研修班学员到馆参观学习。10月26日，清华大学公共管理学院一行70人到馆参观学习。10月28日，朝阳区初任公务员第四期培训班学员一行116人到馆参观学习。

（李天然）

【朝阳规划艺术馆开馆6周年座谈会】 3月19日，在T空间举办朝阳规划艺术馆开馆6周年座谈会，故宫博物院前副院长李文儒、北京电影学院数字媒体技术研究所书记陈军、广电总局广播电视规划院研究所所长何剑辉、北京服装学院教授甄祯、国家话剧院导演吴晓江、中国电影艺术主编王纯、中国国际广播电台国际在线主编熊瑛等合作伙伴参加座谈，总结开馆6年来工作成果，听取合作伙伴意见，谋划未来发展方向。

（李天然）

【公益活动】 3月24日，在T空间举办艺术中华——“我们的青春”系列微电影展映活动新闻发布会，由中国青年艺术国际交流中心主办，艺术中华理事会、中国电影导演协会、中关村时尚产业创新园、北京朝阳规划艺术馆、乐视视频、蜻蜓fm、快手等联合举办，由北京中艺文昌文化传媒有限公司、雅晨文化投资（北京）有限公司承办。10月18日，在T空间举行由中国电影家协会、武汉市人民政府主办的第十一届华语青年影像论坛媒体沟通会，中国电影家协会党组书记张宏、中国文联电影艺术中心主任胡子光、影视演员颜丙燕、导演张杨等参加，中国文联电影艺术中心主任胡子光与党组书记张宏共同为第十一届论坛海报和论坛全新LOGO揭幕。

（李天然）

【固定展陈更新】 4月19日至6月15日，由规划馆自主策划举办“2016最强大脑展陈设计创意大赛”，面向国内外公开征集朝阳规划艺术馆展陈更新空间创意改造策划方案，25家国内设计单位参赛，征集作品数量25份，最终米田空间策划营造、吉石空间设计获二等奖，小拜景观设计获三等奖，合顺设计、MDH设计、秉道设计、上海达派景观设计有限公司获入围奖。5月10日，在水云间举行朝阳区成就及规划展陈更新工作会议，区委常委宣传部部长刘军胜，区发改委、文化委等30余家委办局负责人出席，区委宣传部常务副部长、区文明办主任毕重伟主持会议，馆长杨军就展陈更新工作现阶段情况进行汇报，刘军胜部署展陈更新工作安排。9月7日，完成“十三五”规划展区展陈更新工作，展区于2016年3月启动策划，6月正式动工，北京CBD国际商务节期间正式对外开放，展区面积600平方米，展示朝阳区“十三五”规划内容、朝阳区重点功能区规划简介，运用物理沙盘、虚拟现实、裸眼3D、大数据等技术，使用LED屏、触摸屏、背投等设备动态交互展示。

（李天然）

【时尚活动】 4月24日，在T空间举办“2016大众汽车集团媒体之夜”，现场展出全新一代迈腾、奥迪A4-L、保时捷718 Cayman S、 PHIDEON辉昂、斯柯达VisionS概念车、兰博基尼Huracán LP 580-2、宾利全新慕尚长轴距首发限量版及BUDD-e概念车等8款全新车型，近350家媒体及150位大众汽车集团高管到馆参加活动。

（李天然）

【政府活动】 4月28日，在水云间举办由团区委组织的“创青春，创未来”—2016年朝阳区青年创新创业工作座谈会。5月10日，在3D大剧场举办由朝阳区商委推介的朝阳区与淅川县弘扬移民精神、深化京淅协作商务系统专场活动。6月26日，在水云间举行由京津冀公共文化服务示范走廊发展联盟主办，中国传媒大学文化发展研究院承办的“传承创新，价值再生，合作共赢——非物质文化遗产保护与传承”主题论坛，来自京津冀11家联盟单位的专家学者、非遗传人们分别围绕非物质文化遗产传承创新与城市特色、传统文化的价值再生、非遗保护传承的京津冀协同发展等议题进行探讨。6月27日，在水云间举行京津冀公共文化服务示范走廊发展联盟首次轮值主席交接仪式，联盟主席由北京市朝阳区交接至天津市和平区，交接仪式上，联盟LOGO首次亮相。8月10日，在T空间举行全国首个文化企业信用促进会成立大会，文化部文化产业司、中国人民银行营管部、北京市委宣传部、市经信委、市文资办、市文化局、市金融局、市文促中心、中国文化产业协会、朝阳区相关部门、文创实验区信促会会员单位领导及文创实验区重点园区企业代表等120余人出席活动。8月16日，在3D剧场举行“北京朝阳”APP启动仪式，朝阳区委常委、宣传部部长刘军胜，广电新闻中心主任潘竞，北青传媒总裁、北京青年报社总编辑余海波，各街乡委办局宣传干部代表等出席启动仪式。12月15日，在水云间举行由北京市朝阳区文化委员会主办的“文化朝阳云平台启动仪式”，文化部，市文化局，朝阳区有关部门、产业园区、文化机构、街乡文化干部以及文委（文联）系统干部160余人参加，文化部公共文化司副司长白雪华，北京市文化局副巡视员马文，朝阳区委常委、宣传部部长刘军胜，朝阳区委常委、副区长孙其军，朝阳区文化委主任高春利共同开启“文化朝阳”云平台。

（李天然）

【“魅力朝阳”主题创作成果展】 5月16日，在2号馆举行“魅力朝阳”主题创作成果展开幕式，作为朝阳区建区53周年系列庆祝活动之一，由朝阳区委宣传部、朝阳区文委主办，朝阳区诗书画研究会承办，朝阳规划艺术馆协办，以“创新之美、景观之美、文化之美、人心之美”四大板块公开展出，展览持续10天，共接待36场，近6000人参观。

（李天然）

【海外学人创新创业大会】 7月16日，在T空间举办由朝阳海外学人中心、中国与全球化智库、动点科技、飞马旅、真格基金等联合主办的第四届OTEC海外学人创业大会国际创业聚和创业大赛国内挑战赛。7月30日，在馆举办2016 OTEC海外学人创业大会“智能•智造•智绘未来”创新峰会。欧美同学会党组成员、秘书长张学军，人社部留学人员和专家服务中心副主任李璟，朝阳区副区长、人才工作领导小组副组长孙其军，飞马旅创始人袁岳，“凤凰计划”海外高层次人才等参加活动。

（李天然）

【2016北京CBD国际商务节】 9月7日，在2号馆举行朝阳区服务业扩大开放成果签约暨2016北京CBD商务节开幕式，朝阳区委书记吴桂英、区长王灏、阿里巴巴集团总裁金建杭、乐视金融CEO王永利、亿利资源集团总裁王文彪等参会并致辞，启动项目签约仪式。阿里巴巴北方运营中心、乐视控股集团总部等一批项目正式签约落户朝阳，区委书记吴桂英携同各领导及国内外重要嘉宾参观特斯拉(汽车)、精进电动、乐视集团、施耐德电器、超图、东方园林等代表企业科技创新产品展及朝阳区众创空间孵化产品展示。在水云间举行由北京CBD商务节组委会主办，北京CBD国际论坛承办的2016北京CBD圆桌会议，大会围绕“创新引领、服务支撑，推进CBD转型升级”为主题，由中国人民大学校长、经济学博士刘伟主持，工业和信息化部原党组成员总工程师朱宏任，国务院参事、中国城市科学研究会理事长仇保兴，世界经济论坛中国区执行董事兼大中华区首席代表 David Aikman（艾德维），西门子（中国）有限公司执行副总裁、数字化工厂集团总经理王海滨，高德纳执行副总裁及大中华区研究部总裁 Andrew Phillips（费予恒），工业和信息化部电子科学技术情报研究所副所长李新社，掌阅科技创始人、总裁张凌云，商务部国际贸易经济合作研究院副院长张威，软通动力集团联合创始人、副董事长兼首席营销官冯峪，朝阳区委常委、副区长马继业等国内外嘉宾出席

会议并演讲。9月8日，在水云间举行由国家金融与发展实验室、中国社会科学院金融研究所等部门主办，北京CBD国际金融研究院承办的2016北京CBD国际金融圆桌会，以“全球经济调整与人民币国际化”为主题，美国硅谷银行亚洲区总裁、浦发硅谷银行行长Dave Jones（蒋德），蒙特利尔银行金融集团副主席Kevin G. Lynch（林凯文）博士，国际货币基金组织驻华首席代表席睿德Alfred Schipke，英国英杰华集团执行官、数字化全球主席韦嘉珣等国内外金融机构的高管及知名专家学者参会。9月9日，在水云间举行由北京市朝阳区国际高端商务人才发展中心（CBTC）主办，中国与全球化智库（CCG）承办的2016年朝阳区国际高端商务人才峰会，中国组织人事报社社长张宝忠，前驻旧金山、纽约总领馆经济商务参赞，全球中小企业联盟副主席何伟文，北京市委组织部人才工作处处长、北京市人力资源研究中心主任刘敏华，光辉国际人力资源咨询(北京)有限公司首席代表、客户合伙人刘家良等出席，并就转变人才培养模式、加速人才高地建设、激发北京国际人才建设活力、创新人才服务机制等议题发表演讲。

（李天然）

【2016中国3D技术与创意博览会】 10月24日，在T空间举行第十一届中国北京国际文化创意产业博览会朝阳区新闻通气会，会议由区委宣传部副部长丰春秋向参会媒体通报第十一届北京文博会朝阳区参展企业和亮点、朝阳区文化创意产业发展情况及下一步发展战略，朝阳规划艺术馆馆长杨军介绍2016中国3D技术与创意博览会具体活动内容。10月25日，在T空间举行主题为“数字创意产业的未来”2016中国3D技术与创意博览会（以下简称“3D博览会”）开幕式暨数字创意产业论坛，活动由北京市贸促会、中国电子学会、中国青年艺术国际交流中心主办，朝阳规划艺术馆、北京电影学院、中传华瀛文化传媒有限公司承办。文博会组委会办公室副主任、北京市贸促会副主任林彬，中国电子学会秘书长刘明亮，中国电影制片人协会秘书长王凤麟，北京电影学院中国电影高新技术研究院执行院长刘戈三，中国电视剧导演工作委员会活动部主任孔令晨等出席活动并致辞，北京国有文化资产监督管理办公室投融资处处长吴锡俊，国家信息中心主任分析师张振翼，美国视效协会（VES）董事Dayne Cowan，北京大学文化产业研究院副院长陈少峰以及来自中国文化管理协会、中国电影产业后期联盟、中国电子学会、北京电影学院、北京理工大学等300余位嘉宾出席，各行业领军企业代表、专家学者就中国数字创意产业的未来、中国电影工业化技术链•新格局，虚拟现实技术应用场景开发等话题展开演讲和讨论。会上，3D博览会组委会、中国青年艺术国际交流中心、3D体验中心院线联盟、3D集散中心、中佳银投资基金管理（深圳）有限公司、北京银行、康得新功能材料有限公司等机构共同发起成立中国数字创意产业产融联盟并举行揭牌仪式。10月26日，在T空间举行3D博览会活动“中国电影工业化生态系统搭建”，中国文艺评论家协会副主席、清华大学新闻与传播学院教授尹鸿，北京欣和景成科技有限公司联合创始人范晓冬，东方影业CEO祖军，柠萌数码CEO韩雷，CGview创始人高枫等出席，并就中国电影如何实现工业化制片、资本如何助力大片生产、海外人才的引入机制、高规格一站式拍摄基地如何为电影制作提供协同有序的服务等话题展开讨论。在T空间举行“坚持不懈的追求——十年视效电影探索之路”，导演郑保瑞，星皓影业有限公司总裁王海峰，墨极（北京）影像制作有限公司创始人兼CEO徐建，北京盛悦国际文化发展有限公司董事长王乃鹏，北京盛悦国际文化发展有限公司总经理薛松，无锡国家数字电影产业园总经理等嘉宾出席，回顾中国电影十年视效发展历程，探讨中国视效电影的未来走向。在T空间举行“影视技术制片体系研讨会”，电影《寻龙诀》制片人陶昆，天工异彩联合创始人、副总裁王璇等出席，分享电影《寻龙诀》的制作技术并对国内电影工业化体系建设提出建议。10月27日，在T空间举行“电影技术实体特效人才教育成果展”。在水云间举行“数字创意产业产融联盟资本沟通会及优秀企业项目推荐会”，中国青年艺术国际交流中心专家委员会主任委员张焘，北京银行大望路支行行长王强，康得新功能材料有限公司3D内容中心总经理王敬朝以及来自新华信托、非比资本等多类型金融机构人士出席并就数字创意产业市场发展及产融联盟操作模式等问题展开谈论。在T空间举行“影视工业化人才培养之路”，北京华疆文化传媒有限公司董事长黄埔开疆，奥山影视文化有限公司总经理邱石，瀚华金控北京公司总经理王岩，中经博雅研究院执行院长何毅，中关村互联网文化创意产业园董事长齐康丞等出席并就全球影视工业看中国发展、影视工业化现状以及中国影视工业化人才现状等问题展开演讲，探讨中国影视工业化人才培养之路。10月28日，在3D大剧场举行 后期制作国际化团队协作经验分享，美国视效协会（VES）董事Dayne Cowan，《快手枪手快枪手》执行制片人忻宁宁，视效导演陆贝珂等出席，并就视效影片的整体后期制剖析及后期制作管理梳理等方面进行交流和分享。在3D大剧场举行 电影工业化技术协作研讨会，中国电影产业后期联盟秘书长巩朝晖，3D博览会组委会秘书长、朝阳规划艺术馆馆长杨军，武汉当代明诚文化股份有限公司DDMC互娱 CEO 郑飞，墨极（北京）影像制作有限公司执行CEO 蔡猛，诺华视创电影科技（江苏）股份有限公司CEO 米春林，十星人影视科技有限公司总经理杨好刚等出席，并就中国电影技术人才培养、电影工业化面临的困难、后期协作重要性等问题展开讨论，会上，由3D博览会组委会及十几家国内影视制作后期公司共同发起成立中国电影工业化协作平台。10月29日，在T空间举行 数字创意场景开发及技术应用主题演讲，来自北京光影化境文化传播有限公司、墨极（北京）影像制作有限公司、量子云未来（北京）信息科技有限公司、山东动量影视技术有限公司等10家企业代表就虚拟拍摄、动作捕捉、动画制作、数字虚拟演员、3D拍摄、实体特效等方面进行技术讲解和案例分析。10月25日至30日，在2号馆和T空间举行2016中国3D技术与创意博览会活动之“中国电影工业化交流大会——技术/设备展”，展区面积近3000平方米，设有28个展位，CG视效、VR虚拟拍摄、3D技术、实体特效、MOCO、动作捕捉、特种拍摄、DIT流程管理等技术团队及影视产业基地参展，裸眼3D显示器、VR、3D4K设备、子弹时间等科技产品展出，展会期间，面向公众推出“数字体验中心创意技术清单”。分影像制作、人机交互、拼接融合、设备管控四大类，包含自动层次化模型质量检测技术、基于传感动作捕捉数据的角色动作动画制作技术、数字虚拟演员系统、CG

毛发系统、相机矩阵系统、子弹时间、自动异型投影融合技术、3D影像拍摄、虚拟拍摄等15项技术。10月26日至30日，在3D大剧场举行国内外优秀电影片段赏析（3D），《大山的精灵•神农架金丝猴》《化蝶》《西游记之孙悟空三打白骨精》等十余部3D影片参展。

（李天然）

新闻传播

【概况】 年内，朝阳区广播电视新闻中心把握"党媒姓党"定位，牢记"三贴近"（贴近实际、贴近生活、贴近群众），深化"走转改"（走基层、转作风、改文风）。《朝阳报》创新内容和形式，推出《两学一做》《实事连民心》《一乡一亮点》等栏目，推进系列宣传，策划深度报道，推出《春韵》《风物》等副刊版面，提升报纸可读性。朝阳有线围绕全区教育、养老、环境建设、河道治理、大气治理等和百姓生活密切相关的民生话题，发挥品牌栏目优势，加强《问政》栏目策划，回应百姓关切；继续《镜头对准死角》发挥媒体舆论监督的作用；改版和包装《一周新闻综述》等栏目，提升自制节目质量。《朝阳报》出刊151期，制作专刊、特刊8期，完成8份合作报的编辑出版，刊出合作报105期。

地址：六里屯西里3号

邮编：100026

电话：65025172

邮箱：cygdzx@163.com

（张鑫蕊）

【北京朝阳教育传媒实践基地揭牌】 1月23日，在北京朝阳传媒影视技术服务中心举行北京朝阳教育传媒实践基地揭牌仪式。基地由区教工委、区教委，区广播电视新闻中心共同建设，旨在扩大朝阳区中小学生社会大课堂资源，基地位于朝阳区大黄庄花园闸北里，占据"北京CBD——定福庄国际传媒产业走廊"制高点。配有500平方米SONY六讯道高清演播大厅、100平方米虚拟演播室、导播控制室、高清机房、非编培训教室、5.1声道专业录音棚、语录室等各类视音频专业制作设备，是传媒走廊上"一站式"影视服务基地。区委宣传部副部长、广播电视新闻中心主任潘竞，区教工委副书记、区政府教育督导室主任王世元及相关领导出席活动。

（张鑫蕊）

【朝阳有线电视节目制作】 年内，朝阳有线电视制作完成《朝阳新闻》263期，7890分钟（含聚焦人力社保、与法同行、健康朝阳、迈向城市化、同在蓝天下、朝阳工会等板块）；《一周新闻综述》47期，705分钟；《平安朝阳》44期，440分钟；《地税你我他》55期，275分钟。拍摄《镜头对准死角》4期，120分钟；制作《两会访谈间》4期，60分钟；制作专题片40余部。

（张鑫蕊）

【对外宣传】 年内,朝阳区广播电视新闻中心围绕朝阳区非首都功能疏解、生态宜居环境建设、城市环境治理、保障和改善民生、社会治理、重点领域改革等中心工作，策划组织系列专题报道160余场次，媒体报道及网络转载3.5万篇次。中央电视台报道20余次，同比增长5%；《人民日报》报道50余篇，同比增长23%；《光明日报》报道40余篇，同比增长50%。北京电视台全年报道300余篇次，《北京日报》报道350余篇，《新京报》《法制晚报》《京华时报》《北京青年报》等都市类媒体对朝阳发展变化给予关注和报道。

（张鑫蕊）

【新闻应急处置培训】 年内，朝阳区广播电视新闻中心监测到媒体对朝阳区监督性报道1894篇，实现365天无间断监测模式，新闻应急处置116起。对全区新闻发言人和30余家单位开展舆论引导和突发事件新闻应急处置培训。

（张鑫蕊）

【媒体融合】 年内，朝阳区广播电视新闻中心从导向、整合、内容、平台、团队5个方面，完成"相加"迈向"相融"阶段。1月7日，开通"北京朝阳"政务微信公众号，在下半年实现4个突破，内容单篇阅读量突破10万；微信公众号粉丝突破1万名；在北京政务微信排行榜排名突破前三名，先后两次位列第二；突破传统宣传信息传播方式，通过自有新媒体平台，引发市属媒体关注并跟踪报道。"北京朝阳"政务微信正式开通朝阳区微信矩阵板块，全区70余个区属部门、街乡、社区、村微信公众号形成集群效应，实现"朝阳声音"同频共振，全区各部门、属地公众号集中展示、集中推广，集中管理。

（张鑫蕊）

【"北京朝阳"微信公众号推送】 年内，"北京朝阳"APP发布新闻2725条，注册人数4220人，总阅读量20万余人次。在功能上完成"五个实现"：实现突发口径权威发布，实现不真实信息及时辟谣；实现预警服务信息及时推送，实现内部资源整合，实现政民良性互动。

（张鑫蕊）

【"朝闻道"微信公众号推送】 年内，"朝闻道"微信公众号共推送365期，800余条信息，收获粉丝9960人。"朝闻道"致力于"朝阳大事、小事、身边事"，每日为朝阳百姓提供新闻资讯服务类信息，12月20日，新闻《十面"霾"伏下的逆行者，怎能忍心不爱你》，在当日北京政务微信热文榜名居榜首，"朝闻道"也凭借此文获全市政务微信排行榜第三名。

（张鑫蕊）

【公共服务平台】 年内，北京朝阳传媒影视技术服务中心立足"实验区"区域特点和产业特色，推进一站式公共技术平台和文化创新人才交流与培养平台,为朝阳区的文创企业提供一站式技术服务、人才交流培养等公共服务。录制各类演播室节目145场,提供音乐合成编辑8次，开展培训11班次，培养文创人员近200人。

（张鑫蕊）

【商务节采访报道】 年内，区广电新闻中心围绕2016年商务节举办"十三五"发展思路、重点功能区建设发展、朝阳区国际金融业发展等6场新闻发布会；集中采访2016年商务节系列活动，《朝阳报》出版商务节专刊1期，报道33篇次；朝阳有线开设"聚焦商务节"版块，报道新闻20余篇；《人民日报》《北京青年报》《法制晚报》等新媒体平台以及"北京朝阳”政务微信、“北京朝阳”APP、“朝闻道”微信公众号等推送相关报道，阅读量260余万人次，“北京朝阳”政务微博开设“美丽北京 · 商务朝阳”微话题，相关报道阅读量5万余人次；新华网、凤凰网网络直播平台访问量约152万人次。

（张鑫蕊）

卫生·体育

2017

北京朝阳年鉴

卫 生

【概况】 全区有医疗卫生机构1441个，其中医疗机构1413个（营利性862个、非营利性551个）有卫技人员46347人，其中执业（助理）医师18278人、注册护士20283人。实有床位22937张。每千常住人口实有床位5.09张、卫技人员11.44人、执业（助理）医师4.52人、注册护士4.83人。全区常住人口385.6万人，其中户籍人口210.9万人。全区户籍育龄妇女491991人，其中已婚育龄妇女288400，户籍人口出生18448人，计划生育率98.34%，出生人口性别比107.42；流动人口出生23254人，计划生育率93.60%，出生人口性别比112.24。年内，办理一孩生育登记17595例，二孩生育登记11965例，办理再生育确认（三孩及以上）328例。户籍人口出生22061人，其中男性11303人、女性10758人，出生率10.55‰；死亡13498人，死亡率6.45‰；人口自然增长率4.10‰。因病死亡13075人，占总死亡人数的96.87%；死因顺位前10位依次为恶性肿瘤、心脏病和脑血管病、呼吸系统疾病、内分泌、营养和代谢疾病、损伤和中毒、消化系统疾病、神经系统疾病、泌尿生殖系统疾病和传染病。户籍人口期望寿命82.46岁，男性80.29岁、女性84.80岁。太阳宫、南磨房和来广营乡被北京市命名为北京市卫生乡。获北京市社区卫生绩效考核和公共卫生考核社区综合考评全市第二名、基本公共卫生服务项目第一名。岗位练兵和技能竞赛活动囊括北京市个人3个第一，同时获团体竞赛三等奖。取得全国竞赛全科医师农村组总冠军和城市组一等奖。高碑店社区卫生服务中心在北京市开展2016北京社区药师、医师处方技能大赛中获得一等奖。

地址：甜水园东里甲1号

邮编：100026

电话：65850902（值班）

网址：http://wsj.bjchy.gov.cn

（王琳琳　田　辰　宋　岩）

【卫生改革】 年内，完成国家卫生计生委执法全过程记录试点工作项目。东坝、崔各庄乡第二社区中心实现独立运营。年初完成东湖社区卫生服务中心交接。确定潘家园和朝外社区卫生服务中心实体选址。推进南磨房、太阳宫社区卫生服务中心以医联体为依托，试点开展专全团队家医签约服务：完善医联体双考核双评价工作机制，开展2次考核、1次评价。构建朝阳区危重症新生儿转诊网络，首都儿科研究所附属儿童医院认定为市级转诊机构，华信医院为新生儿特殊专病救治医院。确定儿研所、华信医院、妇产医院、朝阳医院、中日友好医院、地坛医院6家机构为朝阳区危重新生儿抢救、转会诊指定医院。牵头完成阳光药品采购低价药品目录，并确定区阳光药品采购的遴选程序以及医联体内5种慢病统一规范用药目录。开展医师多点执业医疗，总人数1070人。完成医师电子注册11359人。完成突发公共事件信息报送与指挥系统一期建设，实现通过数字化指挥调度系统支持下多点位同时处置突发公共事件。部分社区以信息化手段为支撑，试点开展药品实时采购零库存、自动化药房管理等药事服务工作，探索开展送药上门服务工作。

（王琳琳　田　辰　宋　岩）

【社区卫生】 年内，建成47个社区卫生服务中心，运行 199 个社区卫生服务站。全区社区卫生技术人员4470人，其中医生2175人，全科医生886人，护士1499人。新建、转建崔各庄第二社区卫生服务中心、南磨房第二社区卫生服务中心。完成门急诊10489619万人次，出诊服务33184人次，医占比22.39%。全区家庭医生式服务签约1313394人，签约率30.04%。二、三级医院对口支援门诊服务74931人次，对口支援开展健康教育 132次，对口支援组织专业讲座151次。双向转诊上转79620人次，下转3484人次。全区建立健康档案3133207份，建档率81.25%，其中建立电子健康档案3099972份，电子健康档案建档率80.39%。

（王琳琳　田　辰　宋　岩）

【农村卫生】 年内，针对18名乡医开展在职岗位培训并参加北京市统一组织的理论考试，考试合格率100%。参合74849人，参合率99.76%，人均筹资标准1385元，其中个人缴费160元。筹集资金1.04亿。门诊报销53万人次，支付资金4341万元；住院报销6645人次，支付资金6838万元。年底大病统筹基金结余1515万元。新11月21日，新型农村合作医疗工作移交朝阳区人力资源与社会保障局管理。

（王琳琳　田　辰　宋　岩）

【疾病控制】 年内，传染病防治。报告甲乙丙类传染病21种、23448例，报告发病率592.87/10万，报告死亡率0.78/10万。甲类传染病报告1例，为霍乱。乙类传染病报告发病率居前三位的依次为肺结核、梅毒、痢疾。全年确诊肺结核患者1227例，登记管理结核病患者1110例，包括肺结核970例、结核性胸膜炎140例。报告5种性病、3333例，其中梅毒、淋病、尖锐湿疣、生殖道沙眼衣原体感染和生殖器疱疹分别为1808例、490例、487例、518例和30例。报告HIV/AIDS现住病例1101例，比上年减少2.7%；新发现病例以同性传播为主，占82.3%。年度报告1例（北京市首例）人感染H9N2型禽流感确诊病例，报告2例人感染H7N9输入性病例。报告手足口病5061例，比上年增加26.81%；其中重症病例9例，无死亡病例。调查中东呼吸综合征（MERS）排查病例1例，经实验室检测排除。调查处理5例黄热病输入性病例，1例裂谷热、3例输入性寨卡病毒病确诊病例。接报、调查、处理1例本地狂犬病病例。开展全国慢病综合防控示范区工作，完善疾控中心—街（乡）、社区卫生服务中心—居（村）委会、社区卫生服务站、二三级医院的三级慢病防控网络。开展肿瘤高危人群筛查，临床筛查838例、2019人次，完成肿瘤患者随访10165例。新增市级健康生活方式示范机构21家；对高血压、糖尿病自我管理成员1000余人和体重控制自我管理小组成员652人进行效果调查、评估；开展老年痴呆和帕金森1756人、老年跌倒2323人、双生子1307对、心血管病700余人等慢病危险因素专项流行病学调查。终期评估社区预防老年人跌倒干预项目，完成调查2323人，完成150人的基线、5个月持续活动和干预后评估；开展脑卒中高危人群筛查及管理，新筛查4209人，随访干预既往参加筛查人群4148人。重性精神疾病患者建档人数14627人，其中六类严重精神障碍患者10940人，发现报告率2.86‰，在册管理率92.55%，在册规范管理率86.69%，病情稳定率99.21%，规律服药率81.50%。为6863名重性精神疾病患者免费体检；发放贫困诊疗费补助108万元，1461人次患者受益；4815人通过免费服药资格审核，投入免费服药经费458.5万元。全年在册管理患者未发生肇事肇祸事件。学生发育评价分析：身高受检172289人，其中上等53910人、下等3579人；体重受检172289人，其中上等63475人、下等3318人。学生疾病监测：视力受检172258人，检出视力不良96650人；贫血受检171647人，检出贫血3736人；沙眼受检171434人，检出沙眼5人；龋齿受检172123人，龋齿患者29418人。全年朝阳区常规免疫（不含应急接种）接种疫苗1179059针次，其中基础免疫729297针次，加强免疫449762针次；市户籍儿童接种644205针次，流动儿童接种534854针次；其中卡介苗35523针次，脊灰疫苗211475针次，百白破三联疫苗209498针次，白破二联疫苗31245针次，麻风疫苗45280针次，麻风腮疫苗93830针次，麻疹疫苗7243针次，流脑疫苗167408针次，乙脑疫苗102793针次，甲肝疫苗119583针次，乙肝疫苗155181针次。各疫苗报告接种率均在99%以上，达到相关指标要求。接报AEFI 1111例，其中一般反应782、异常反应161例、偶合症167例、心因性反应1例。全年朝阳区水痘、麻疹、麻风、麻风腮、三联分别应急接种2249针次、4592针次、28743针次、203针次和7针次。免费接种流感疫苗189705支。其中学生免费接种流感疫苗111330支，接种率66.47%（111330/167494）；老人免费接种流感疫苗76585支，接种率45.46%（76585/168483）；保障人员免费流感疫苗1796支。完成国家重点职业病监测及风险评估工作及重金属污染监测工作，审核职业病个案卡85张、有毒有害企业健康监护汇总卡431张。受理8例职业病鉴定病例，完成鉴定8例。开展职业卫生健康教育宣传培训，并与区安监局建立职业病防治协调机制。放射卫生完成设备性能检测及场所防护检测179台次，个人剂量监测375家、4327人次；完成建设项目评价报告112项；完成北京市医用辐射防护检测网点工作、北京市职业性放射性疾病监测与职业健康风险评估工作及放射性本底监测工作。完成49家健康教育示范基地创建工作，完成健康科普讲师团重聘工作，讲师团增至471人，完成北京市级健康素养标准课件5个，完成3个北京市卫生乡镇创建评审工作。全年控烟专业卫生行政处罚案件546起，其中一般程序162件，简易程序384件，行政处罚罚款金额47.02万元。处罚控烟个人384起，罚款金额1.92万元；对违法吸烟单位处罚162起，罚款金额45.1万元。

（王琳琳　田　辰　宋　岩）

【妇女保健】 年内，常住孕产妇死亡率5.02/10万，户籍孕产妇死亡率9.06/10万；剖宫产率36.94%。婚前检查2853人，婚检率5.51%。疾病检出200人，疾病检出率7.01%。

（王琳琳　田　辰　宋　岩）

【儿童保健】 年内，0—6岁儿童195515人，健康管理人数192953人，健康管理率98.64%，系统管理率97.16%；新生儿死亡50人，常住新生儿死亡率1.25‰，户籍新生儿死亡率1.4‰；常住婴儿死亡率1.81‰，户籍婴儿死亡率2.13‰；常住5岁以下儿童死亡率2.23‰，户籍5岁以下儿童死亡率2.54‰。围产儿出生缺陷率20.0‰,围产儿出生缺陷发生顺位前5位分别是先天性心脏病、外耳其他畸形、多指(趾)、隐睾、唐氏综合征。

（王琳琳　田　辰　宋　岩）

【卫生监督】 年内，全区有公共场所专业被监督单位5187家，其中A级1924家、B级3182家、C级81家，监督覆盖率100%，完成监督户次17118，监督频次达3.30。行政处罚公共场所专业卫生案件604件，其中一般程序392件，简易程序212件，行政处罚罚款金额108.61万元。生活饮用水专业应监督户数2888户，监督户数2888户，监督覆盖率100%，完成监督户次7903，监督频次达到2.74。医疗卫生监督检查。有医疗卫生机构1552家，监督检查1552家，覆盖率100%，合格率99.45%，处罚数量248件，罚没款金额157万余元，其中没收违法所得33.5万元。取缔无证行医点189户次，没收药品、器械等220余包（件）,行政处罚62件，罚没款金额215.03万元。移送公安部门处理4件，无追究刑事责任人。吊销医疗机构执业许可证单位1家。

（王琳琳　田　辰　宋　岩）

【医疗工作】 年内，全年总诊疗41255454人次，急诊2194501人次，家庭卫生服务50731人次；急诊观察82417人次；出院632025人次；平均住院日9.52天。区级医疗机构门诊10649135人次，急诊335113人次，急诊观察8957人次；家庭卫生服务27667人次；住院50811人次，出院50650人次，平均住院日9.55天，床位使用率78.45%，床位周转25.85次，死亡率1.44%；住院病人手术19310例。

（王琳琳　田　辰　宋　岩）

【对口支援】 年内，对口支援工作主要覆盖7个省区（云南、贵州、河南、青海、西藏、内蒙古、新疆）。市内城乡对口支援工作，主要对口怀柔区和顺义区。对口支援内容涉及引入优质医疗资源，分批次接收受援地区医务人员学习进修，根据支援帮扶地地域特点，制定科学合理、可操作性强的发展路径和解决方案。

（王琳琳　田　辰　宋　岩）

【中医药工作管理】 年内，启动第四批中医药专家下基层暨学术经验继承工程，首批中药特色技术传承工程和首批中医医师砺剑工程。开通运行朝阳中医师承网及中医健康网外文版。区内6家中医类医疗机构参加第四届中国（北京）国际服务贸易交易会。举办外籍人士中医药体验活动2次。编印《百名专家在基层》。开展朝阳区中医药科普宣讲人才选拔，遴选46名中医药宣科普讲员。完成北京市朝阳区中医协会换届改选工作。

（王琳琳　田　辰　宋　岩）

【血液管理】 年内，自愿无偿献血量57418单位（200毫升/单位），比上年增长7.4%。采血点6个。全年医疗用血106862单位，比上年上升3.6%。其中成分输血106852单位，全血10单位，成分输血率100%。血浆97042单位，比上年下降0.8%；自体输血为64967单位，比上年提高35.6%，自体输血率为37.8%。

（王琳琳　田　辰　宋　岩）

【急救工作】 年内，推进区域协同胸痛救治网络建设工作，完成辖区10家三级医疗机构加入区域协同胸痛救治网评。在小红门等7个街道办事处建立朝阳区自救互救科普培训基地。在2016年北京市“职工技协杯”职业技能大赛暨第三届北京市120网络心电图技能大赛中，获一、二、三等奖。全面推进信息化建设，助推主体业务能力。

（王琳琳　田　辰　宋　岩）

【科研与教学】 年内，区级医疗机构2016年，申报国家级科技项目1项，获北京市科学技术进步三等奖1项，首都卫生发展科研项目2项，发表SCI文章5篇、发表核心期刊文章96篇，垂杨柳医院申报首都十大疾病推广项目。区属三级医院获批地方及其他科技项目49项，批准经费403万元；区属社区卫生服务中心获批地方及其他科技项目57项，批准经费403万元。

（王琳琳 田 辰 宋 岩）

【人才队伍建设】 年内，精选19名社区卫生全科骨干到台湾开展为期14天的社区卫生服务中心专业管理培训。开展高、中、低层次英语口语培训，45人参加培训。组织辖区医疗机构开展2016年朝阳区海外高层次人才认定资助申报工作。为6名人才申请进京指标。

（王琳琳 田 辰 宋 岩）

【计划生育】 年内，全面实施二孩政策，完成流动人口二孩以内生育服务登记13207例、流动人口再生育服务登记28例。区流动儿童各类疫苗接种率95%以上，流动人口免费计划生育手术53人。开展避孕措施及指导，优生指导。投入30余万元，开展药具智能库房升级；区药具发放网点达到2176个，对外发放网点1410个；完成4个大类、25种、230余万元免费避孕药具发放工作。发放口服药35箱、避孕栓186箱、宫内节育器16箱、避孕套4155箱、其他99箱。孕前优生健康教育2676人次，咨询指导4492人次免费孕前优生健康检查定点医院为朝阳区妇幼保健院。全区免费孕前优生健康检查1481对。全年符合计划生育奖励扶助政策总人数59292人，金额5110.93万元。独生子女父母奖励人数47409人,金额915.11万元；经济帮助271人，帮助金额271万元。独生子女奖励扶助金标准为每人每月120元，独生子女死亡家庭特别扶助金标准为每人每月500元，独生子女伤残家庭特别扶助金标准为每人每月400元，全年发放奖励扶助对象11612人，金额3924.82万元。开展以关注家庭成员和谐健康为基础的系列活动，全区举办活动115场，参与群众23万人，发放宣传小折页20万份，为街乡配发宣传品7000份。组织全区43个街乡开展知识课堂、社会实践等关爱女孩系列活动，将心理疏导、性健康等内容渗透到女孩成长之中。开展符合条件的224户失独家庭“暖心计划”养老金兑付工作。

（王琳琳 田 辰 宋 岩）

【医疗卫生机构】

三级医院（21家）

	机构名称	地址	电话号码
1.	北京华信医院	酒仙桥一街坊 6 号	64308020
2.	煤炭总医院	西坝河南里 29 号	64667755
3.	首都医科大学附属北京安贞医院	安贞路 2 号	64456205
4.	卫生部中日友好医院	和平里樱花园东街 2 号	84206092
5.	航空总医院	安外北苑 3 号院	59520088
6.	民航总医院	朝外高井甲一号	85762244
7.	北京市垂杨柳医院	垂杨柳南街 2 号；三间房乡三间房西村甲 479 号	67718822
8.	首都医科大学附属北京朝阳医院	工体南路 8 号	85231000
9.	北京市公安医院	豆各庄乡豆各庄村甲 505 号	65133377
10.	中国中医科学院望京医院	望京中环南路 6 号	84739000
11.	北京市第一中西医结合医院	金台路 13 号内 2 号、东坝乡东风大队二条	85993431 转 3905
12.	北京中医药大学第三附属医院	安定门外小关街 51 号	52075555
13.	北京朝阳中西医结合急诊抢救中心	十八里店乡周家庄村 123 号	87929692
14.	中国医学科学院肿瘤医院	潘家园南里 17 号	87788208
15.	首都儿科研究所附属儿童医院	雅宝路 2 号	85695555
16.	北京地坛医院	京顺路东街 8 号	84322009
17.	北京京城皮肤病医院	双泉堡甲 4 号	64870888
18.	北京市红十字会急诊抢救中心	清河南镇	62922345
19.	武警北京市总队医院	东三里屯 1 号院	67570329
20.	解放军 306 医院	安翔北里 9 号	66356238
21.	北京市妇产医院	姚家园路 251 号	52275417

二级医院（30家）

	机构名称	地址	电话
1.	北京市朝阳区双桥医院	双桥东路	85390910

	机构名称	地址	电话
2.	北京首都机场医院	首都机场南路东里 17 号楼	64591120
3.	北京市朝阳区中医医院	工体南路 6 号	65531155
4.	中国藏学研究中心北京藏医院	小关北里 218 号	64972929
5.	北京市朝阳区第三医院	双桥南路甲 8 号；延静西里 12 号楼；金盏大街 2 号	52023406
6.	北京市老年病医院	华严北里小关西街甲 2 号	62027018
7.	北京市朝阳区妇幼保健院	潘家园华威里 25 号	67719999 转 9188 87789960
8.	北京五方桥中医肾病医院	王四营乡王四营村 339	18911771937
9.	北京市朝阳区三环肿瘤医院	十里河 352 号	67475557 转 126
10.	北京美迪中医皮肤病医院	高碑店乡半壁店村惠河南街 1092 号	67289555-8006
11.	北京朝阳急诊抢救中心	周庄嘉园东里 27 号	87156869
12.	北京东苑中医医院	朝来绿色家园广华居 18 号、19 号底商	52320333
13.	北京瑞程医院管理有限公司瑞泰口腔医院	天居园 1 号楼	84828880
14.	北京优联耳鼻喉医院	东四环南路 53 号院 7 号楼	59153556
15.	北京市朝阳区桓兴肿瘤医院	十八里店吕家营南里甲 1 号	87697396
16.	北京玛丽妇婴医院	和平里北街 5 号	64236677
17.	北京五洲妇儿医院	西大望路 24 号	87769899
18.	北京俪婴妇产医院	雅成一里 16 号楼	85512009 转 8933
19.	北京新世纪妇儿医院	望京北路 51 号院第 2 号楼、第 5 号楼	51783366 转 6010
20.	北京安慧宜和妇儿医院	安慧北里逸园 5 号楼	52346899
21.	北京嫣然天使儿童医院	望京东园 519 号楼	84781877
22.	北京麦瑞骨科医院	北苑路 1 号	64479900
23.	北京精诚博爱康复医院	崔各庄乡南皋路 188 号	53220500 53220466
24.	北京光熙康复医院	光熙门北里 22 号北楼	64225588 转 1330
25.	北京美中宜和妇儿医院	芳园西路 9 号，四得公园将台西路 9-9 号	64342388/64342399
26.	北京和美妇儿医院	安外小关北里甲 2 号	64990499
27.	北京凤凰妇科医院	将台西路 18 号	84308631
28.	北京华府妇儿医院	百子湾南二路 18 号	50951111
29.	北京和睦家医院	将台路 2 号	59277095
30.	北京和睦家康复医院	东风乡将台洼村甲 168 号	85581800

一级医院（114家）

	机构名称	地址	电话
1.	北京二十一世纪医院	亮马桥路 40 号二十一世纪大厦	84446158
2.	北京化工实验厂华仁医院	垂杨柳中街甲 1 号	67755088
3.	对外经济贸易大学医院	惠新东街 12 号	64492478
4.	北京全胜医院	黄厂南里 3 号院 1 号楼	52022396
5.	北京贵美汇医院	团结湖南里甲 12 号	85961888
6.	北京天伦医院	朝阳门南大街 12 号	85617849
7.	北京七星华电科技集团有限责任公司医院	大山子北里 29 楼	64388395
8.	北京华泰医院	平房西口	85573683

	机构名称	地址	电话
9.	北京西直河仁安医院	十八里店乡西直河村村委会南院	67367115
10.	北京建国医院	西大望路 2 号	65850611
11.	路桥集团第一公路工程局周井医院	管庄周井大院周井医院	65761831
12.	北京金凤凰医院	成寿寺路 136 号院 2 号楼 101-102 商铺	67611215
13.	北京朝阳凌和望京医院	宏昌路望京西园一区 120 楼	84710221
14.	北京黎明医院	世纪东方嘉园 212 楼 3 号	87354450
15.	北京十里河医院	十八里店乡周庄村周家庄 136 号	87777999
16.	中电建建筑集团有限公司定福庄医院	定福庄西街 21 号楼	65766175
17.	北京国门医院	北皋村 1 号	84336045
18.	北京朝阳区大黄庄医院	大黄庄南里 16 号楼	65434975
19.	中国建筑材料科学研究总院管庄东里医院	管庄东里 1 号	51167329
20.	北京市第五建筑工程公司职工医院	红庙柴家湾 5 号五建职工医院	65060104
21.	北京市朝阳区双龙医院	双龙南里 101 楼	87321894 转 802
22.	北京凯尔医院	望京湖光中街 8 号 1 号楼西段第二、四层	84729642
23.	北京惠兰医院	望京北路 18 号 401 室	64390833
24.	慈铭健康体检管理集团股份有限公司北京亮马桥医院	亮马桥路 39 号"第一上海中心"	84535177
25.	北京维特奥医院	东三环南路乙 52 楼 9-1	67727789
26.	北京北亚医院	安定门外安苑里 1 号院 1 号楼	64758523
27.	北京易货通科技发展有限公司京润医院	霄云路 18 号京润水上花园别墅公寓 C\C'座	64681355
28.	北京东方博大医院	华威西里 55 号	87789575
29.	北京工业大学医院	平乐园 100 号	67391547
30.	北京普祥医院	大山子南里甲 2 号	84573888
31.	北京海文医院	华威北里甲 10 号	67754353
32.	北京高新医院	左安门外饮马井 45 号	87677266
33.	北京长虹医院	东三环北路甲 17 号	65069996
34.	北京善尔医院	望京西园四区 412 楼	64750525
35.	北京圣马克医院	东四环南路 53 号院 5 号楼	50967626
36.	北京善方医院	工人体育场北路 13 号院 4 号楼	64136688
37.	北京世纪晨光医院	王四营乡观音惠园 1 号汇泰大厦	67639929
38.	北京宜健三业医院	新源里 111 号	53202666
39.	北京中山医院	南新园中路 112 号楼	87321392
40.	北京卢安医院	孙河乡康营东路康营家园回迁安置房小区 E06 楼、E07 楼	57627333
41.	北京基恩医院	南湖东园 122 楼 2 层 S-05、S-08、S-09、3 层 T-3 号	84711123
42.	北京红松仁和医院	红松路 2 号院 1 号楼	56195678
43.	北京明德医院	酒仙桥北路 9 号（厂区）2、3、4 号楼	59850200
44.	慈铭健康体检管理集团股份有限公司北京奥亚医院	北苑路 91 号	59658600
45.	北京至微金诺医院	建国路 29 号兴隆家园 29 号楼	53207116
46.	中国舰船研究院北京舰船医院	德外双泉堡甲 2 号	64831728

	机构名称	地址	电话
47.	北内集团总公司北京双井医院	广渠路 31 号	67786459
48.	北京市朝阳区大屯医院	慧忠里小区 301 楼	64951760
49.	北京炼焦化学厂医院	化工路东口	67364382
50.	北京同春堂中医医院	管庄杨闸环岛西侧北角 P3 商业楼	87367190
51.	北京广慈中医药研究院广济中医医院	安华西里一区 12 号楼	64256931
52.	北京济民中医医院	八里庄西里 61 号楼 1-2 层 B 区	85863120
53.	北京玉林中医医院	八里庄北里 305 楼	85822318
54.	北京黄枢微创骨伤中医医院	金台路 25 号楼北侧	52012866
55.	北京华大中医医院	劲松四区 405 楼	67749242
56.	北京颐康中医医院	北苑路 172 号万兴苑 15．16 号楼裙房	84851886
57.	北京京师中医医院	团结湖北三条甲 4 号	85984751
58.	北京中海中医医院	松榆北路 5 号楼	59910899
59.	北京闫三毛骨病中医院	黄寺大街 3 号	64234016
60.	北京世华针刀中医医院	十八里店乡十里河路 391 号	87366577
61.	北京中京苑医学科学研究院恒安中医院	西大望路甲 27 号	67306211
62.	北京弘医堂中医医院	团结湖北路 2 号	67331993
63.	北京方舟医院管理有限公司方舟中医医院	广渠东路 38 号	65827961
64.	北京中研万康中医医院	西坝河南路 4 号	87711888
65.	北京奥北中医医院	大屯路 36 号	84497156
66.	北京朝阳国医之家中医医院	酒仙桥路 26 号院 1 号楼 1 至 2 层 A08、1 层 A09	64887911 转 806
67.	北京芸众本草中医医院	望京北路 39 号 10 号楼	52027955/52027956
68.	北京医圣堂中医医院	芍药居北里 305 号一层 24-29 室	84770188
69.	北京国宗济世中医医院	望京西园二区京电商综合楼 2	84641810
70.	北京汉典中医医院	石佛营东里 133 号院 4 号楼	13701117755
71.	北京军山中医医院	十八里店乡老君堂村村北（瑞兴隆综合市场西侧）君堂路 479 号	67292900
72.	北京朝阳罗有明中医骨伤科医院	高碑店北路甲 8 号	85776217
73.	北京月犁中医医院	将台乡铁路大环内将府庄园内	84561766
74.	北京年轮中医骨科医院	八里庄北里 87-89 号	59101069
75.	北京永寿中医医院	十八里店乡横街子村 18 号	51091957 13501232930
76.	北京伟达中医肿瘤医院	王四营乡官庄大队官庄路 100 号	67366120
77.	北京广仁中西医结合医院	农光里 112 号楼南综合楼	51399888
78.	北京朝阳中西医结合医院	芍药居北里 315 楼 26-32 号	64030283
79.	北京东区口腔医院	广渠路 33 号石韵浩庭 B 座 101、102	87767117
80.	北京南区口腔医院	华威北里 24 号楼	67784820
81.	北京维尔口腔医院	朝阳北路八里庄南里 3 2 号楼	85822858
82.	北京通策京朝口腔医院	八里庄西里 100 号住邦 2000 商务楼	85868399
83.	北京华德眼科医院	金台路甜水园东街 10 号	65865928
84.	北京同仁福康眼科医院	安立路 66 号安立花园 C 座七、八、九层	64907894

	机构名称	地址	电话
85.	北京爱尔英智眼科医院	潘家园南里12号潘家园大厦	67715558
86.	北京民众眼科医院	林萃西里22号楼	82726600
87.	北京东方美华医院投资管理有限公司东方美华妇儿医院	安外小关北里边218号1号楼	64968888
88.	北京东区儿童医院	广渠路南侧44号(5-3)	87667252
89.	北京天使儿童医院	广渠东路大郊亭2号	61994412 13057870000
90.	北京国奥心理医院	安外大街安定路1号国家奥林匹克体育中心院内	64936766
91.	北京垡头大柳树医院	王四营路大柳树153号	67200300
92.	北京英智康复医院	八里庄南里5号楼	85813399
93.	北京天轩脑病康复医院	西坝河东里16号	84486879
94.	北京和谐康复医院	孙河乡顺黄路158号	84914946
95.	北京美联臣医疗美容医院	东三环南路乙52楼3、5、6、7、8号	87728888转8201
96.	北京史三八医疗美容医院	广渠门外大街富力城A9-6	58764769
97.	北京伊美尔医疗美容医院	水碓子北里11号	85963388
98.	北京新时代伊美尔幸福医学美容专科医院	东三环北路3号	64654266
99.	北京美雅枫医疗美容医院	望京西园三区315楼	64729926/64729920
100.	北京薇琳医疗美容医院	东直门外大街12号	68528448
101.	北京基础美医疗美容医院	广渠路大街28号珠江帝景家园商铺甲209号	58631555
102.	北京华韩医疗美容医院	劲松东口农光里109号	67308002
103.	北京叶子整形美容医院	高碑店北路5-3号	85778199
104.	北京丽都医疗美容医院	慧忠里103楼D座	58396888/58366889
105.	北京艺星医疗美容医院	东三环中路（东环南路22号北侧3号楼）	87762998
106.	北京美莱医疗美容医院	朝外大街227号	56935043
107.	北京奥东中康医院	安外北苑3号院	51372036
108.	北京朝阳糖尿病医院	甜水园东街1号	65074638
109.	北京天使望京妇儿医院	望京西园一区117楼	84710866
110.	北京万和颈椎病医院	立水桥北8号	010-84844800
111.	北京东大肛肠医院	东大桥路5号	85631169
112.	中国老龄事业发展基金会北京松堂关怀医院	管庄166号	65756051
113.	北京华盛医院	成寿寺路威仪路5号	87673558
114.	北京龙脊中医骨伤医院	广顺北大街17号四层B03/B03a号	84711267

（王琳琳）

朝阳区妇幼保健院

【概况】 朝阳区妇幼保健院为区卫生计生委直属二级甲等专科妇产医院。总面积11636.64平方米，其中租用及使用院外业务用房1414.7平方米。有职工533人，其中在编198人，合同制335人。卫生技术人员441人，正高职称13人，副高职称26人，中级职称75人，初级师职称142人，初级士职称150人。编制床位139张，实有床位115张。年底医疗设备总价值约9299.41万元，年内，新购置医疗设备总价值494.39万元，其中100万元以上设备1件。12月16日，北京市朝阳区妇幼保健院、朝阳区妇幼保健和计划生育服务中心合并成立北京市朝阳区妇幼保健计划生育服务中心加挂北京市朝阳区妇幼保健院牌子。年内被评为朝阳区节水型单位、北京市师范孕妇学校、“守护童年”中国辣妈优生计划公益项目单位，获推广产科管理服务新模式示范项目优秀奖及突出成绩奖。

地址：潘家园华威里甲25号

邮编：100021

电话：67719999
网址：http://www.beijingcych.com
邮箱：cyfybjy@126.com

（王　茜　王海燕）

【医疗工作】　年内，门诊353190人次，急诊2535人次，危重症抢救人次，成功率100%。出院8595人次，床位周转78.14次，床位使用率89.25%，平均住院日4.19天，死亡率零。住院手术2483例。剖宫产率30.4%，无孕产妇死亡。开展临床路径管理，子宫腺肌病、输卵管妊娠、卵巢良性肿瘤、宫颈癌、计划性剖宫产、乳腺癌等入径865例。开通电话、网络、诊间、自动预约4种预约挂号形式，采取分时段预约，开放号源103210人次，预约挂号99549次，占门诊比例的29%。新开展项目：乳腺结节超声引导下旋切术、超声子宫输卵管造影、妇科盆底超声检查、糖化人血白蛋白检测、血液维生素B12检测、血液叶酸检测、血液铁蛋白检测、血液同型半胱氨酸检测。宫颈疾病门诊业务增长，发现宫颈CIN II级及以上1600余例、宫颈浸润癌72例。11月，盆底康复门诊通过验收，全年治疗2680人次，比上年增长160.2%。加强医院感染委员会—院感科—科室三级监控网络管理，全年未发生医院感染。住院病人抗菌药使用率低于60%，Ⅰ类手术切口抗生素使用率不超过30%。

（王　茜　王海燕）

【医保工作】　年内，医保出院5371人次，总费用2451万元，次均费用4563元。医保门诊18.01万人次，总费用7373万元，次均费用409元。完成医保总额预付指标88.82%。获朝阳区医疗保险医师管理先进单位奖。继续实施医保监控系统监测各科室医生医保指标情况，推进“优秀医保医师”管理举措。

（王　茜　王海燕）

【护理工作】　年内，有护士198人，注册护士197人，合同护士157人，医护比例1:1.45。护理不良事件上报率100%，整改率100%。护理人员外出学习118人次，投入资金4万元。选派2人参加中华护理学会手术室专科护士及中国妇幼保健学会助产士规范化培训。院内护理继续教育项目11项。追踪、跟进分析护理改进措施落实。病区开展胎盘早剥抢救演练、针刺伤应急演练、产后出血、羊水栓塞等抢救演练。升级改造病房、产房、手术室进行区域。在生育高峰时，调配护理人员支援门诊工作，增加3处采血点。制定《新生儿油浴操作标准》。将病区新生儿沐浴改为新生儿油浴。开展品管圈活动。开展护士长理论考核工作。科室品管圈活动总结汇报以竞赛形式进行。将治疗室有坎门改为无门坎折叠门。全院统一培训新生儿窒息复苏、除颤仪的使用、母乳喂养操作技能操作。8月，开展“国际母乳喂养宣传周”大型宣传活动，通过区卫生计生委助产专家组2016年度妇幼助产验收。

（王　茜　王海燕）

【科研工作】　年内，申报区级科研项目2项，其中协同创新项目1项，经费20万元；社会发展项目1项，经费10万元。完成区级科研课题4项。发表科研论文16篇。

（王　茜　王海燕）

【医学教育】　年内，录取硕士研究生14人。安排医务人员外出学习367人次，投入资金18.47万元，比2015年增加投入5.2万元。2人脱产1年到三级医院参加骨干医师专业培养。7人参加3年住院医师规范化培训。选送乳腺科主任任东到中国医学科学院整形外科医院进行整形美容外科培训，邬静到首都医科大学附属北京妇产医院进行助产士规范化培训，王伟伟到上海参加实验室内审员资格培训，全部取得资质证书。河南省南阳市淅川县妇幼保健院5名医生到院妇产科进行为期3个月进修。昆明市东川区妇幼保健院6名医生到院妇产科、儿科、麻醉科进行为期6个月进修学习。北京卫生职业学院妇产科高级讲师到院妇产科进行为期6个月的专业实践学习。承接郑州卫校15名助产专业学生到院进行为期10个月的实习任务。

（王　茜　王海燕）

【学术交流】　年内，在中国疾控中心妇幼中心国际合作项目部主任董胜利的带领下，发展中国家医生一行40余人到院参观交流。成都市卫生计生委妇幼处处长闫梅带队一行9人到院参观考察。河北省卫生计生委一行8人到院交流经验。云南省鹤庆县副县长带领医疗卫生单位负责人一行16人到院参观交流。昆明市卫生计生委副主任马红军带队，昆明市卫生计生委、昆明市妇幼保健院、昆明市妇幼保健中心一行9人到院学习交流妇幼卫生工作。院党总支书记王海燕、副主任张红霞到台湾参观交流。选派10人参加第七届中国妇幼保健发展论坛、1人参加第三届中美医疗信息化发展高峰论坛暨2016HIMSS大中华区年会。

（王　茜　王海燕）

【医院信息化建设】　年内，投入信息化建设149万元。妇幼信息化建设从核心系统基础改造转向精细化整合、互通互联阶段，完成新院址规划。完成放射信息系统、手麻信息系统、医保接口改造项目等，院信息中心配合医院完成新院址信息工程预算工作和2017年度预算。

（王　茜　王海燕）

垂杨柳医院

【概况】　北京市垂杨柳医院（又名北京微创医院）为区卫生计生委直属三级综合性医院。医院处于新院建设改扩建阶段，开放本院区、东院区及管庄院区3个院区。有职工1053人，其中专业技术人员884人（主任医师28人，副主任医师63人、主治医师132人、医师139人、护士370人、药剂人员43人、检验人员35人、影像人员15人、其他专技人员59人），行政及工勤人员169人。医院固定资产总值8.2亿元。年内，医院通过母婴保健助产技术机构验收、全国百姓放心示范医院复审及朝阳区三级急救网络质控中心评审和验收，加入朝阳区区域协同胸痛救治网。被评为朝阳区先进基层党组织，获北京市医疗保险管理服务三等奖等荣誉。

地址：垂杨柳南街2号
邮编：100022
电话：67700622
网址：http://www.cylh.com/
邮箱：cylhospital@163.com

（王　娜）

【医疗工作】　年内，医院门急诊总量108.80万人次，比上年增长12.77%；出院1.88万人次，比上年增长89.14%；病房手术量6127人，比上年增长287.29%；床位使用率83.61%，比上年增长12.4个百分点；平均住院日7.5天，床位周转次数37.51人/床。年平均病案合格率达到99.77%。全年收到病人锦旗141面、表扬信103封。开展抗菌药物使用、病案管理、预约挂号、不良事件上报等专项活动。门诊抗菌药物使用率9.04%，比上年下降13.74%；住院抗菌药物使用率47.72%，比上年增长7.62%；住院抗菌药物使用强度46.79%，比上年下降2.15%；Ⅰ类切口手术预防使用抗菌药物比例18.08%；住院患者微生物送检率

62.99%。

（李贵华）

【护理工作】 年内，有护理人员370人。迁入新装修病房楼，实行统一规范化管理，修订护理相关制度标准、规范流程、应急预案等174项，新增59项，开展系列规范操作培训。组织召开护理质量管理与持续改进培训会议。持续推进优质护理服务，建立优质护理长效奖励机制，开展延伸护理服务，定期开展满意度调查，将养老护理服务、医养融合建设融入优质护理，借助信息化推进“移动护理工作站”，护理质量得到持续改进。开展“创新模式、优化流程、舒适服务”护理先行活动，促进医护和谐。继教工作。外请专家授课3项、主任护师讲座4项、副主任护师讲座5项、主管护师讲座20项，其中市级2项、区级23项、院级9项，参加培训人员4028人次。科研工作。上报院内护理论文80篇，核心期刊发表5篇，承办朝阳区第15届护理学术年会。组织院级“三基”（基本理论、基本知识、基本技能）理论考试4次，750人次，合格率97.17%。全年未发生护理安全事件。

（王吉英）

【医保工作】 年内，门诊医保患者65.67万人次；住院医保患者8771人次；城镇职工医保结算费用3.87亿元，申报费用2.653亿元，区医保中心到院检查2次、检查病历107份，院内自查大额病历87份，审核、统计分析单病种费用352人次。完成349名医保医师服务协议续签，全年未发生医师违反医保服务医师管理被罚扣分者。

（胥　阳）

【信息化建设】 年内，完成内镜系统建设、重症监护系统验收、200余个工作站电子病历系统升级改造，完成眼科、耳鼻喉科、体检及超声放射科等科室11个设备PACS影像传输及报告管理工作，实现全院所有科室影像检查的全院级应用及存储。启动移动医疗项目、门诊自助设备升级。增加支付宝及微信等多种支付方式、药房发药系统、合理用药系统的升级、新建采血系统、医保个人账户认证及相关改造、医联体分级诊疗系统改造、医院信息系统安全建设等工作。

（周杰红）

【科研教学】 年内，组织申报各类各级别科研项目52项，获立18项，资助经费75万元，在研项目39项，中期评估与结题项目7项。发表论文90篇，其中SCI 2篇。获批继续医学教育项目有国家级6项、市级10项、区级28项，全院继续教育学习达标率99.76%；完成各类继续教育课程109场、12445人次。正式成为华北理工大学教学医院，从软硬件各方面完善师资、教材、实验室、图书馆、宿舍等配备。全年指导研究生4人，接收实习生17人。外送进修21人，其中参加北京市骨干医师培训4人，参加在职研究生实习1人，出国进修4人。外送22人参加住院医师规范化培训。举办医院第九届科技大会、第八届Ilizarov技术（骨外固定）与骨关节修复重建学习班。

（高艳华）

第一中西医结合医院

【概况】 北京市第一中西医结合医院为区卫生计生委所属的三级甲等中西医结合医院，分本部（CBD院区）、东坝院区、来广营院区（筹建中）。占地2万平方米，总建筑面积2.6万平方米，设有22个职能科室，32个临床医技科室，11个病区，编制床位1513张（来广营筹建中），实际开放床位306张。有职工999人。卫生专业技术852人，其中正高14人，副高54人，中级267人，初级517人。医疗设备总价值7698万元。年度新购置医疗设备总值3566万元，其中100万元以上设备6台。年内，东坝院区新增胃镜室，开设消化门诊。

地址：金台路13号
邮编：100022
电话：85992788
网址：http://www.bjcy2y.com

（贺　蕾　李玉娟）

【改革与管理】 年内，参照《三级甲等中西医结合医院评审标准》，推进持续整改工作，设立院级质量监控机构质控办，建立项目进度推进表、督察考察机制，并将持续整改工作纳入目标管理考核。根据“双向选择、竞聘上岗、量才使用、适才适岗”原则，面向全体干部职工开展管理岗位竞聘工作。分析成本核算数据，将分析结果运用到临床工作中，指导科室合理领取各项支出；北京电视台、《北京晨报》《北京日报》《北京晚报》《中国中医药报》《健康报》《朝阳报》、朝阳有线及人民网等20余家传统媒体及门户网站报道医院改革与管理工作。《健康之路》栏目《中西医结合 打响心脏康复战》、第一医学频道《院长说》栏目，宣传医院特色专科、名医大家、技术、设备、服务优势。

（贺　蕾　李玉娟）

【医疗工作】 年内，门诊843223人次，急诊27296人次，急诊抢救1466人次。实际可开放床位306张，出院11394人次，病床周转次数37.24次，床位使用率89.21%，平均住院日8.71天，死亡率2.13%，住院手术例数3246人，孕产妇死亡率0/万，剖宫产率43.99%，新生儿死亡率0.31‰，围产儿死亡率0.19‰。医院开展9个专业13个病种临床路径。临床路径总体入径率96.63%，完成率89.54%，变异退出率10.46%。医院为患者提供114电话及网络平台预约、电话预约、窗口预约（现场预约）、医生诊间预约等预约挂号方式。开放号源比例30%，预约挂号人次及占门诊比例2.38%。临床医技科室申请准入16项新技术新业务，审核通过11项。医院感染率0.87%；住院患者抗生素使用率45.94%；接受特殊抗菌药物治疗住院患者微生物检验样本送检率97.89%。

（贺　蕾　李玉娟）

【医保工作】 年内，医保出院总人次6423人次、医保总费用0.88亿元、门诊次均费用503元、住院次均费用1.38万元。

（贺　蕾　李玉娟）

【护理工作】 年内，护士数378人，注册护士数378，医护比例0.83:1，ICU床位数6张。护理工作继续实施一院两区统一管理模式，自2014年始，病房、门诊、急诊科室全面开展优质护理服务，责任制整体护理落实率达到100%。护理不良事件实施主动、非处罚的上报原则，各科室上报率达到100%，未出现漏报、瞒报现象，并对上报的不良事件进行分析、讨论，提出整改措施并积极整改。全年组织护理继续教育讲课39次，组织中西医护理操作培训3次，护士长及护理骨干参加院外培训78人次，邀请护理专家对282名护理人员开展大型医院巡查的培训。

（贺　蕾　李玉娟）

【科研工作】 年内，申报课题数43项，中标28项，资金总额180万元（专项经费138万元、匹配经费42万元）。立项项目为：中医基础理论研究所第十批（2016年度）自主选题“院所协同创新科研专项基金”22项，专项经费20万元，单位匹配13万元，资金总额33万元。北京市朝阳区科技计划项目1项，专项经费30万元，单位匹配5万元，资金总额35万元。北京市中医药科技发展资金项目3项，专项经费13万元，单位匹配13万元，资金总额26万元。首都卫生发展科研专项项目1项，专项经费35万元，单位匹配11万元，资金总额46万元。北京市科技计划项目1项，专项经费40万元，资金总额40万元。在研课题数63项，结题6项。年内，举办国家级继续医学教育认可项目1项（包括子项目4项），市级继续医学教育项目3项；区级继续医学教育认可项目30项（包括子项目及循环宣讲项目68项）、12107人次，单位自管项目6项（包括子项目及循环宣讲项目9项）、1027人次。开展《北京市朝阳区中医药专家下基层暨学术经验工程》和《北京市朝阳区中医药薪火传承工程名老中医工作室》工作，34人参加师承，其中市级师承1人，区级师承26人（包括首届中药师承3人），2个区级名医工作室师承4人，中医骨伤协会1人，院内师承2人。

（贺　蕾　李玉娟）

【医学教育】 年内，选派11人进修学习，其中3名骨干医师参加北京市区县级学科骨干进修学习；9人参加住院医师专业培训。医院派驻受援单位主治以上医务人员19人，接收受援单位医师进修8人。

（贺　蕾　李玉娟）

【信息化建设】 年内，医院信息化建设投入189万元，扩展业务需求；完成体检系统升级改造；医院疑难病会诊中心启用远程会诊系统，精神科采购启用成人版与儿童版专业测评软件，启用药房排队系统、杏林院感系统、医院客户服务管理平台（回访系统）。扩容改造机房电力系统；为保障医院网络信息安全，改造内外网物理隔离网络；东坝院区机房建设HIS及EMR的灾备系统，保证医院的数据和业务不受影响；启用网络监控管理系统，集中监控网络设备、通信线路、服务器和桌面，提升网络运行维护的效率。

（贺　蕾　李玉娟）

【基本设施建设】 年内，改扩建项目8项，包括小庄院区食堂改造、小庄院区住院楼西侧电梯拆除、小庄院区门诊楼门头字改造、东坝院区房屋防水工程、东坝院区核磁用房改造、东坝院区路面改造、东坝院区行政办公用房改造、东坝院区内镜中心用房改造。基建项目面积5030平方米，改建房屋面积680平方米。全年度实际完成投资额505万元，其中财政性投资191万元，单位自有资金314万元。

（贺　蕾　李玉娟）

朝阳区第三医院

【概况】 北京市朝阳区第三医院为二级精神病专科医院，年内，有职工总数272人（在编人数98人、合同制人数161人），其中卫生技术人员211人，其中正高职称人数2人，副高职称人数6人，中级职称人数34人，初级师人数107人，初级士人数41人，无职称21人。完成2014年、2015年专项设备采购项目，金额358.3万元，购置全自动生化仪、心理CT系统及全自动药品分包机。6月27日，院领导班子调整。核心期刊发表论文4篇，申报朝阳区精神卫生特色服务项目3项。

地址：八里庄延静西里12号楼

邮编：100022

电话：52023406

网址：http://haodf.health.sohu.com

（徐　芳　马万欣）

【医疗工作】 年内，精神科门诊37296人次，比上年增加8%，精神残疾评定365人次，美沙酮维持治疗门诊服药62400人次，危重症抢救4人次，死亡4人。医院编制床位260张，实有床位数360张。年出院385人次，出院患者平均住院日197天，病床使用率111.4%，床位周转率1.0，死亡率1.1%。9月份参加“服务百姓健康行动”全国大型义诊活动周工作，选派5名医生到对口支援医院—延庆县张山营镇精神卫生保健院及延庆县大榆树医院参加义诊活动。按照《朝阳区开展全国精神卫生综合管理试点工作方案》《朝阳区开展全国精神卫生综合管理试点工作2016年工作要求》，承担高风险患者主动社区治疗，入组患者42例，社区访视500余人次，涉及11个社区，处理应急事件15人次；托养机构巡诊完成患者普查3次，不稳定患者随访12次，不稳定患者经处置由26人降至16人；医院—社区—家庭康复一体化实现出院前评估、社区随访无缝连接，纳入患者38例，随访30例，涉及20个社区；精神卫生分级诊疗，协助社区办理精神科增项，办理25个医生多点执业，协助卫生计生委完成26家社区卫生服务中心申请精神科的验收工作。年内，医院感染管理委员会对冰箱内物品架及门细菌超标进行评估、分析，制定整改措施，复测环境卫生学、消毒灭菌效果及手卫生监测均合格，达标率100%。

（徐　芳　马万欣）

【医保工作】 年内，医保出院207人次，医保基金使用2429万元，使用率93%；门诊次均费用501元，住院日均费用251元。

（徐　芳　马万欣）

【护理工作】 年内，有护理人员129名，床位与护士比为1:0.31。新入职护士8人，辞职护士7人。医院鼓励病区及时主动上报护理不良事件，全年报告93例。基础护理合格率96.1%，特级、一级护理全年合格率达98.4%。选派护理骨干及管理人员参加多种形式的专科技术知识及管理培训班培训44人次；选派骨干护士1名到安定医院进修学习；选派老年科护士1人到北京护理学会参加急诊专科护士资格认证培训。

（徐　芳　马万欣）

【医学教育】 年内，派出参加培训66人次，其中参加国家级培训57人次，参加市级培训7人次，参加区级培训医疗2人，培训费用支出约18.49万元。参加继续教育学习达标率100%。录取硕士研究生数2人。脱产学习人数7人，其中1人参加为期1年的北京市基层医院骨干培训班，6人参加住院医师规范化培训。社区全科医生精神病学系统培训40学时，12人次参与教学；北大社工系研究生实习带教，130学时，6人参与带教；华夏心理咨询师带教，每期120学时，11人参与带教。

（徐　芳　马万欣）

【学术交流】 年内，选派1人到意大利培训学习，5人参加中国医师协会精神科分会年会，3人参加中西医结合学会精神疾病专业委员会第15届全国学术会议。

（徐　芳　马万欣）

【信息化建设】 年内，完成机房基础环境的整体改造，并配合区卫生计生委完成6家区属医院的互联互通平台的数据采集工作。

（徐　芳　马万欣）

【基本建设】 年内，完成小关美沙酮门诊楼线路改造、检验科安装防盗门锁工程。完成医院屋顶避雷、消防通道、屋顶防水改造工程招标工作。大屯院区完成燃气线路改造和电力改造。

（徐　芳　马万欣）

朝阳区中医医院

【概况】 朝阳区中医医院为区卫生计生委直属二级甲等中医医院。占地3557.58平方米，建筑面积12700平方米，内设9个职能科室、5个临床医技科室。职工330人，编制人员217人，专业技术人员281人。有执业医师127人，其中中医类别执业医师93人，占全院执业医师总人数的73.23%；药学专业技术人员27人，其中中药专业技术人员22人，占全院药学专业技术人员总人数的81.48%。医疗设备总价值6395.13万元，其中100万元以上设备13台。固定资产总价值8372.36万元。年内，院获批北京市中医药科技发展资金项目1项，朝阳区科委社会发展项目1项，朝阳区人才工作项目2项。

地址：工体南路6号

邮编：100020

电话：65534914

网站: www.cyqzyyy.com

邮箱：cyqzyyy@163.com

（刘　媛）

【医疗工作】 年内，全年门诊284774人次，急诊17545人次，急诊危重症抢救1人次，抢救成功100%。医院编制床220张，实有床220张。年出院3572人次，床位周转16.77人次，床位使用率80.22%，平均住院17.61日，死亡率4.7%。继续完善治未病科的建设，针对体质偏颇人群、亚健康人群、病前状态人群、慢性疾病需实施健康管理人群及其他关注健康特殊人群，提供相应的预防保健措施，制定常见健康状态的高危人群中医预防保健服务技术指南，定期分析评价指南的实施情况和效果，优化医疗指南；组织编写高血压、糖尿病、颈椎病、慢性阻塞性肺疾病的健康宣教文稿，整理排版，制作“治未病”宣传手册，制定慢性疾病需实施健康管理人群预防保健服务技术指南，促进治未病科室建设。

（刘　媛）

【医保工作】 年内，全年医保出院2383人次，申报总金额3445.37万元，次均费用1.67万元。向市、区医保中心递交医保定点医疗机构续签协议申请，完成医院、社区中心及8个社区站定点医疗机构年度审核和医保服务协议签订工作。完成医保医师的签订工作。完成医院及8个社区站“基本医疗保险费用总额控制工作计划表”申报工作。参加市、区医保培训 20次。医保办带领信息科、社区站人员参加首信医保业务培训4次。审核异地参保人员在朝阳区中医医院就医申请600人次。

（刘　媛）

【护理工作】 年内，有护理人员105人，在编护士56人，合同护士49人，注册护士100人，中医护理人员56人，西医护理人员49人。完成11例患者PICC（经外周静脉穿刺中心静脉置管）置管。优质护理病房工作开展达到100%，继续细化优质护理病房工作，每月按时上报医管中心优质护理病房工作开展情况。开展中医操作项目4项以上，均已达标，其中耳穴埋豆、中药足疗、拔罐、艾灸、刮痧、热敷、穴位贴敷等操作项目为5名护士办理首次注册，7名护士延续注册，2名护士变更注册。安排昆明东川中医院1名护理人员进修中医理疗科，完成北京海淀卫校1名实习生培训及带教工作。参加北京护理学会第11届静疗认证班，并取得PICC证书。

（刘　媛）

【医学教育】 年内，继续加强名医工作室的建设，开展杜怀棠教授师承座谈会暨杜怀棠名医工作室启动会；完成北京中医药薪火传承“3+3”工程金伯华名老中医工作室年度考核及李书义基层老中医传承工作室年度考核；传承学术思想，探讨金伯华教授学术思想的渊源，建立完整金伯华学术思想传承谱系脉络图，收集整理金伯华教授珍贵的个人医案、教案、科研资料、图片、声像资料等原始材料；学术继承人按期完成跟师医案、跟师月记、读书临证心得，举办老中医学术思想交流会，发表及会议交流论文7篇，“金伯华针灸临证精粹”系列讲座被评为第二批北京中医药传承精品课程。

（刘　媛）

【信息化建设】 年内，院计算机网络有联网终端170台（含服务器4台），信息系统主要由HIS（医院信息管理系统）、LIS（医学检验系统）、PACS（医学影像传输系统）和体检系统组成。升级改造HIS系统。

（刘　媛）

【基本建设】 年内，完成购买和租赁中国生殖健康产业协会综合楼签约仪式，院建筑面积由12700平方米增至27000平方米。

（刘　媛）

朝阳区双桥医院

【概况】 北京市朝阳区双桥医院为朝阳区卫生计生委直属二级综合性医院。双桥医院有职工总数382人（在编150人、合同制232人），其中，卫生技术人员331人，包括正高职称3人，副高职称13人，中级职称78人，初级师151人，初级士86人。医院编制床位236张，实有床位204 张。医疗设备总价值 9451.72万元。购置医疗设备总值 2509.67万元。有25个临床科室、7个医技科室、4个辅助科室。设立中医馆、晕病科，细化眼科、耳鼻喉科、功能科、心功能科分科。6月20日，双桥医院中医馆成立。设中医内科、中医骨科、中医妇科、针灸、推拿按摩，人人有专科，在诸多病症上做到“病有专治、治有特色”，探索中医康复一体化健康模式。参加中医师承6人，医院作为中医师承砺剑工程首批轮训工作站，6人在院轮转。年内，医院为清华大学继续教育学院医疗卫生高级研修班培训基地，为3批次157名院级行政领导开展以“信息化助力精细化管理”为主题的专题培训。开展29次健康咨询及义诊宣传活动，内容涵盖了高血压、糖尿病防治，爱眼，爱肾等健康讲座及义诊多个方面，覆盖黑庄户乡90%的村居，受众人群达8700人次。组织医生志愿者开展社区居民健康大课堂33次，孕妇学校课堂40次，受众居民达到3040人次。开展分级诊疗工作。派出医、技专业技术骨干人员157人次到黑庄户社区出诊。

地址：双桥东路

邮编：100024

电话：85390910

网址： http://www.bjsqyy.com.cn

（张冬梅　刘　剑　李宗英）

【医疗工作】 年内，门诊466722人次，急诊50577人次，急诊危重症抢救1396人次，抢救成功率 100%。年出院 7266人次，床位周转次数36.12，床位使用率86.23%，平均住院日为 8.85天，高风险死亡率14.97%。住院手术3231例，剖宫产率34.34%，孕产妇死亡率0‰，新生儿死亡率0 ‰，围产儿死亡率0‰。全年药占比49.18%。实施临床路径的科室7个，病种数量31个，入径病例1032例，入径率100%，完成率100%。预约挂号方式包括现场预约、电话预约及114挂号平台预约、诊间预约、网上预约，开放号源比例100%，预约挂号154590人次，占门诊比例为30.96%。医院感染发生率0.3%。门诊抗菌药物使用率10.5%，急诊抗菌药物使用率38.3%，住院抗菌药物使用率49.5%。医院除基本医疗卫生服务外，还承担着公共卫生工作职能，是朝阳区“三线四片”片长单位，也是朝阳区公共卫生突发事件、传热病、疫苗接种不良反应后备医院，狂犬疫苗接种定点医院、埃博拉防控定点医院、北京市职业健康体检定点医院、朝阳区120急救分中心，担负着“两癌”普查、长效避孕妇女体检工作、孕龄妇女免费手术、生育后期取环、流动人口孕检、老干部体检、街村村民体检等工作。为朝阳区窝沟封闭氟化泡沫预防定点医院，为7—9岁在校儿童提供窝沟封闭治疗1085人次、氟化泡沫1679人次。完成乡政府拆违等重大活动医疗保障工作11次。派驻新疆和田县医院援疆干部1人、西藏堆龙德庆县医院援藏干部1人，河南淅川医院对口支援有6名管理、专业技术人员到医院进修。完成援助、怀柔区喇叭沟门医院对口支援等政府职能工作任务。新农合血透中心17499人次，举办以“博爱、奉献”为主题的第二届肾友联谊会。

（张冬梅　刘　剑　李宗英）

【医保工作】 年内，医保出院总3567人次，总费用4464.07万元，次均费用1.25万元。严格适应证用药，控制次均费用，定期开展医保政策培训，落实总额预付各项工作，推进医保医师管理工作。

（张冬梅　刘　剑　李宗英）

【护理工作】 年内，有护士133人，注册护士133人，医护比例1:1.12。年内不良事件上报率100 %，整改率100 %。在统计源期刊发表的护理论文2篇。3名专科护士到三甲医院进修血液透析、急诊、助产专科护理技能。推进优质护理，落实责任制整体护理模式，继续开展“三心六到位”（“三心”：对患者有爱心、解释工作有耐心、护理工作有责任心;“六到位”：自我介绍到位、介绍环境到位、评估病人到位、安排饮食到位、执行治疗到位、生活护理到位）创品牌服务，为患者提供温馨的护理服务。完成全院护理管理人员管理专业培训工作；继续开展电话随访工作，使护理服务延伸至家庭。全年开展33次护士操作培训，每季度开展一次护理查房，每季度进行一次护士理论考试。

（张冬梅　刘　剑　李宗英）

【科研工作】 年内，申报朝阳区科委课题20项，结题1项，待结题1项。其中区级人才培养课题“多层次医院人才群体的培养模式探索”项目获区级人才培养优秀项目。全院在核心期刊上发表论文20余篇。

（张冬梅　刘　剑　李宗英）

【医学教育】 年内，9人参加住院医师规范化培训，9人参加北京市骨干医师培训，16人参加三级医院或专科医院相关专业中短期培训。医院继教在读博士生1人，研究生5人，本科生41人。派出各级专业技术人员参加各种高研进修班、培训班、论坛相关会议92人次。开展区级继续医学教育项目15个、院内自管项目28个，5799人次参加培训。聘请三级医院知名专家对重点专科进行培训、授课、指导手术、会诊；与三级医院对口科室建立业务联系，寻求技术方面的支持和人才培养方面的支持。

（张冬梅　刘　剑　李宗英）

【信息化建设】 年内，以信息化为工具，以绩效管理为手段，实现精细化管理。以数字化助力精细化管理，医院的信息化建设实行HIS、LIS、PACS、NIUS、RIS系统整合，开展血液透析管理系统、病理管理系统、OA协同办公系统、护士移动工作站等信息化工作。开展无纸化医疗、掌上微信医疗、健康管理、PDA，简便流程，方便患者，提升患者就医感受。推进合理用药、处方点评系统，规范临床医师用药，消除了信息孤岛。

（张冬梅　刘　剑　李宗英）

【基本建设】 年内，区卫生计生委确立双桥医院以综合救治为主体，以公共卫生临床中心及朝阳区突发事件后备医院为两翼的“一体两翼”整体发展方案，朝阳区“十三五”卫生事业发展规划将双桥医院改扩建列入发展规划中。双桥医院全面推进“一体两翼”改扩建工作，市卫生计生委批复医院500张床位规模，医院改扩建工作情况在首都之窗、北京市规划和国土资源管理委员会公示，完成交通、环保和水资源等专项论证、可研性报告、概念性设计方案。

（张冬梅　刘　剑　李宗英）

体　育

综　述

朝阳区体育局是区政府工作部门，主管全区体育工作。下设11个事业单位，分别为体育运动学校、第一少儿业余体校、第二少儿业余体校、第三少儿业余体校、体育产业管理中心、郡王府体育中心、朝阳体育馆、体育健身休闲公园、社会体育管理中心、体育总会、体育科研所。区体育局机关编制31人（含工勤编3人），事业单位编制236人。年内，围绕“现代体育文化中心”的区域定位，以服务“民生幸福，健康朝阳”为核心目标，以筹办2022年冬奥会、实施“一带一路”和助推京津冀协同发展为契机，形成群众体育普及、竞技体育领先、体育产业繁荣和市场监管有力的良好态势。

地址：朝阳区姚家园路10号

邮编：100026

电话：85971017

邮箱：tyj20062008@163.com

（胡　珩）

群众体育

【概况】 年内，全面推行《朝阳区全民健身系列工作标准》，指导、帮助街乡在健身场地、健身活动、健身组织等方面开展精细化管理服务。全年举办区级全民健身活动15项，组织街乡开展全民健身活动2000余次，受益人群130余万人次。结合“一刻钟健身圈”建设，运用“大数据”概念更新完善智慧体育平台，实现电子地图360度全景模式，数据量增加16%，为群众自主健身提供便利。

（胡　珩）

【群体活动品牌化】 年内，承办2016年世界田径挑战赛、北京国际龙舟邀请赛等大型国际赛事，开展北京·朝阳国际体育文化节、朝阳区徒步长走大会、“我与奥运选手打比赛”三项区级全民健身赛事活动，邀请了NBA著名球星韦伯、拉塞尔，以及孙杨、冯坤、陈露等数十位著名运动员参与各项目活动。在全区打造“三大球”“三小球”、游泳等全民健身八大联赛，将在职职工群体重点纳入，活动覆盖全区120余家单位。

（胡　珩）

【体医结合】 年内，针对运动康复手段缺乏问题，在全市率先尝试“体医结合”。与国家体育总局运动医学研究所联合开办运动康复技能培训班，与国家体育总局医院开展首创性合作，为运动员预防和缓解伤病，提升医疗保障服务。引进国际水中康复项目和“不倒翁”中医中老年人防跌倒公益项目。

（胡　珩）

【宣传推广冬奥会知识】 年内，与北京电视台合作策划制作“冬奥会知识系列”宣传动画短片，于12月17日至31日黄金时间及春节期间，在北京电视台、朝阳电视台同步播出，并在“北京时间”“北京朝阳”网站滚动播出，最大范围向全市推广普及冬奥会知识及冬奥会观赛礼仪。同时，组建宣讲团队，29名成员来自朝阳区社区青年汇、冰雪俱乐部的专业教练及辖区内的文体干部和社体中心。开展冰雪观赛礼仪、冰雪赛事规则、冰雪运动注意事项等相关培训172场，受众17000余人。

（胡　珩）

【辖区大型体育场馆】

	所属街乡	单位名称	地址	联系人	电话
1.	来广营	北京会议中心	北京市朝阳区来广营西路 88 号	李洪亮	13522652626
2.	金盏	北京金郁金香文化发展有限公司（魔锐水世界）	北京市朝阳区东苇路郁金香花园内	王东海	13691391932
3.	金盏	北京市蟹岛绿色生态农庄有限公司	北京市朝阳区金盏乡长店村北凌云 600 号	严勇	13381058997
4.	金盏	北京市城市海景绿色生态农庄有限公司（城市海景）	北京市朝阳区金盏乡长店村北凌云 600 号	王家杰	13601159416
5.	金盏	北京森禾源农业发展有限公司（蓝调庄园）	北京市朝阳区金盏乡楼梓庄村南	杨国强	13911851155
6.	金盏	北京金港展览展示有限公司（金港汽车公园）	朝阳区金盏乡金港大道 1 号（办公室）	叶志威	84333990
7.	奥运村	国家奥林匹克体育中心（英东游泳馆）	北京市朝阳区安定路 1 号	王磊	84375855
8.	奥运村	北京欢乐水魔方水上乐园有限公司	北京市朝阳区天辰东路 11 号 国家游泳中心水上乐园	黄永娜	13911947015
9.	奥运村	北京水立方游泳俱乐部有限公司	北京市朝阳区天辰东路 11 号 国家游泳中心北区办公楼三层	盛雅华	13661078777
10.	崔各庄乡	北京宏昌竣投资有限公司	北京市朝阳区崔各庄乡善各庄村西	王勋刚	64306655
11.	平房	朝阳区体育健身休闲公园	北京市朝阳区姚家园路 77 号	常建民	13501249706
12.	三间房	北京第二外国语学院	朝阳区定福庄南里 1 号	李硕	13520527580
13.	东湖	北京竞时天地体育发展有限公司	北京市朝阳区望京科技创业园 第十九号至二十号地	冯帅	13811302062
14	六里屯	朝阳体育馆	北京市朝阳区姚家园路 10 号	杨小文 （副馆长）	13511008759 85971016
15	朝外	北京市朝阳区陈经纶青少年体育俱乐部（陈经纶中学游泳馆）	北京市朝阳区朝外大街 38 号 （陈经纶中学内）	王建国	13901119699
16	麦子店	中日青年交流中心银橄榄体育世界	北京市朝阳区亮马桥 40 号	张伟王	13501088568
17	麦子店	北京市朝阳区开发经营公司沙滩主题乐园	北京市朝阳区朝阳公园南路 1 号	李先生	13501006665
18	麦子店	北京郡王府游泳馆	北京市朝阳区朝阳公园南路 21 号	苗润国	13911339525
19	金盏	北京蓝调庄园发展有限公司	朝阳区金盏乡楼梓庄南蓝调庄园	付郡青 吴鹏	13910628267 18600017356
20	麦子店	北京嘉乐美时体育有限公司	朝阳区农展南路 1 号朝阳公园内万人广场	王世奎	18911188651
21	大屯	国家体育场有限责任公司	朝阳区国家体育场南路 1 号 国家体育场有限责任公司	李质菲 于云飞	84373068 13488720720
22	善各庄	北京宏昌竣投资有限公司	北京市朝阳区崔各庄乡善各庄村西	国安	13910069192

	所属街乡	单位名称	地址	联系人	电话
23	常营	精英假日（北京）体育发展有限公司朝阳分公司	朝阳区常通路2号院1号楼4层4F-225	梁希磊	13911606628
24	平房	北京零度阳光体育文化有限公司	朝阳北路101号朝阳大悦城7F	黄钢	18601942331
25	朝外	中国国际贸易中心股份有限公司二期物业中心	朝阳区建国门外大街1号国贸商城B2	周力	13801234127
26	平房	小狼国际冰上中心	北京市朝阳区平房村48号	曹宝楠	15810166937
27	大屯	北京世纪星滑冰俱乐部有限公司	北京市朝阳区北苑路甲13号	范军	13520628897
28	崔各庄	华星辉煌体育管理有限公司	朝阳区崔各庄奶东村黄港桥	战风祥	13693965407
29	十八里店	华星辉煌体育管理有限公司	朝阳区博大路8号润京会所	战风祥	13693965407
30	高碑店	远景浩泰体育发展有限公司	朝阳区兴隆公园内甲8号	于文生	13121645668
31	麦子店	精英假日（北京）体育发展有限公司	朝阳公园路6号蓝色港湾国际商区2号楼首层	郭晓然	18310076689
32	三里屯	工人体育场	朝阳区工人体育场北路	场地预定管理部	65525665

（胡　珩）

竞技体育

【概况】 年内，建立数据监控机制和运动员跟踪指导数据库。对第十五届市运会做出整体战略部署，提出目标结果，对训练质量、训练创新做法等进行有效监控，对重点项目的运动员体能、营养、恢复等进行大数据跟踪，建立运动员指导数据库，为教练员训练提供指导建议。加强训练管理体制建设，落实教务人员岗位责任制，抓好校风及队风建设，充分发挥科研对业训工作的服务保障作用。全年布局了60所体育传统项目学校，训练网点校116个，长训青少年运动员人数达到2454人，基本上全部为2018年第十五届市运会适龄运动员，最大限度覆盖市运会竞技项目。

（胡　珩）

【竞技体育赛事】 年内，举办朝阳区首届中小学生排球运动会、朝阳区青少年游泳锦标赛、李宁“放开打”壹战成名篮球总决赛和“Jr.NBA儿童节”篮球训练课等活动。与区教委联合举办朝阳区第60届中小学生运动会，115所中小学986人次参加比赛，比赛中有8个项目8人次打破朝阳区中小学生田径纪录。朝阳区运动员在参加全国、全市各级比赛中，全年获得金牌278枚、银牌188枚、铜牌196枚。

（胡　珩）

学校体育

【概况】 年内，强化体教结合，逐步推进“竞训项目进课堂，体校教练上操场”。关注学龄前儿童体育工作，制订相关课程标准在全区幼儿园中推广。在全市首创“朝阳体育欢乐嘉年华”活动；研究筹备在全区中小学中分步骤推广游泳课，逐步实现全区小学生都能掌握游泳技能和全区中学生都能掌握游泳救生技能的最终目标。

（胡　珩）

【“快乐体操”推广】 5月20日，由区体育局主办，区综合全民健身活动中心、朝阳第一少儿业余体校和北京春泉俱乐部协办的朝阳区“快乐体操”启动仪式暨“庆六一，我运动，我快乐，我成长”主题活动在区综合全民健身活动中心举行。国家体育总局体操管理中心主任罗超毅、国家体育总局体操管理中心体操部部长王童洁，市快乐体操推广委员会主任景雪竹、副主任张佩山，区体育局局长马海鹰、副局长冯长林，奥运冠军邓琳琳等出席活动。区8所幼儿园园长，100名区小体操运动员和100名位学生家长参加活动。

（胡　珩）

【冰雪活动】 6月2日，在全市率先发起“移动冰场进校园”活动，在朝阳区芳草地国际学校、八十中学和朝阳外国语学校等17所重点大中小学校推进“可拆装式移动冰场”活动，帮助学校开展校园冰雪运动。承办市首届青少年冰球锦标赛，由5个区8支代表队参赛。举办朝阳区首届青少年冰球挑战赛，组织区44支青少年冰球队参赛，比赛覆盖6—16岁6个组别。

（胡　珩）

【体教结合】 年内，强化体教结合，田径、篮球、排球项目在20余所学校实现竞训项目纳入布点校校本教程，棒球、皮划赛艇等项目在10余所学校设立课外班。足球项目依托校园足球联盟，在全区建立27个训练网点校和3所市级重点示范校，固定会员2000余人，形成自下而上的竞技体育人才三级培养体系。游泳项目借助中国游泳协会朝阳学校平台进一步扩大招生，运动员1500人。

（胡　珩）

体育产业

【概况】 年内，制发《北京市朝阳区人民政府关于加快发展体育产业促进体育消费的实施意见》，开展区体育产业重点领域主营情况专项调研。推进“互联网+体育”，对区19家体育产业重点单位开展体育产业规模摸底调研，掌握重点单位的基本情况、管理运营现状及未来发展规划，评估区域内具有一定示范作用和影响力的企业。在全区范围内面向各体育产业经营单位，开展2016年度北京市体育产业基地申报工作。

（胡　珩）

【统筹推进体育产业发展】 6月26日，

出台《朝阳区人民政府关于加快发展体育产业促进体育消费的实施意见》。联合区发改委研究制订《加快发展体育产业促进体育消费重点工作分工方案》。成立区体育产业促进会，搭建区域体育产业相关企业沟通合作平台，募集体育产业首批会员单位49家。

（胡　珩）

【“互联网+体育”】 年内，在全市率先打造朝阳区智慧体育服务平台“乐动朝阳”。整合区域体育场馆、赛事活动、场地预定、培训及其他体育产业资源，方便群众通过网页、APP及微信公众号实现服务需求。推进智能场馆运营系统，“智能场馆”系统在朝阳体育馆、郡王府体育中心、朝阳体育中心上线使用。系统拓展场馆信息发布、智能管理、网络销售与推广等多项业务，同时系统实现数据实时整合和分析，实现管运结合，为决策提供依据。

（胡　珩）

【强化体育市场安全监管】 年内，依法对4家存在违法事实的体育经营单位实施行政处罚。通过高频次、大密度的执法监督检查，实现全年主体安全责任为零的指标。在“安全生产月”活动期间，传达部署安全生产工作精神及指导意见10余次，教育培训人员近万人。在许可办理过程中，做到对现场情况逐一核查并留影像资料，执法人员在核查中反复与场馆人员沟通核实，确保每家场馆符合标准，做好事前监管。截至年底，为335家单位办理经营许可证，为42家单位办理行政许可变更手续。

（胡　珩）

体育设施

【概况】 年内，新建全民健身工程135套，全区有全民健身设施器材17861件（约合1411套），覆盖全区每个社区、行政村。

（胡　珩）

【全民健身工程建设】 年内，按照区政府为民办实事任务工作要求，在全区43个街乡150余个社区、村新建全民健身设施135套，创建53个体育生活化社区，在各街乡完善健身工程，丰富健身器材。全区有全民健身设施器材17861件（约合1411套），覆盖全区每个社区、行政村。

（胡　珩）

体育社团

【概况】 年内，结合全民健身体育节、全民健身日和传统节假日等重要节点，充分发挥体育单项协会的带动作用，举办篮球、门球、武术、钓鱼、健步走等赛事活动，在满足会员健身需求的同时，带动广泛爱好者参与健身。组队参加2016年北京市武术太极拳锦标赛、北京市传统武术锦标赛等赛事活动、北京市“京弈杯”围棋邀请赛，均名列前茅，提升协会在全民健身中的影响力。

（胡　珩）

【健身培训专业化】 年内，在街乡开展“一街乡一品牌健身队伍”建设，全年培训社会体育指导员、裁判员、技能类人才数量同比增长20%，确保每个社区、村有1—2名社会体育指导员，并为全区配发“百姓健身大讲堂”光盘。全区有630支全民健身晨晚练辅导站，常年健身人数增长至7.2万人。以社区居民为主要受测人群，开展国民体质监测工作，全年完成1.35万人的测试任务，出具区国民体质测试报告。

（胡　珩）

社会与生活

民　政

【概况】 朝阳区民政局是负责全区民政事业管理工作的区政府职能部门，主要负责养老服务、低保救助、社会组织、婚登收养、民生工作、双拥共建、优待抚恤、接收安置、救助管理、征地超转、社区服务、基层政权、行政区划、慈善捐赠、防灾减灾、见义勇为、殡葬服务、孤残保障、福彩发行等民政事业发展的监督管理、服务保障和组织协调工作。行政编制54人、机关工勤编制3人，行政科室13个，事业单位34个。年内，区民政系统全面落实从严治党要求，开展"两学一做"学习教育，坚持贯彻区委、区政府决策部署不走样，坚持深化民政事业改革主题不动摇，着力推动养老服务幸福工程、社会救助暖心工程、社会组织善治工程建设，落实年度重点任务46项。开展"街乡级"行政区域界线联检、优化工作，完成区牵头开展的区级界线巡检工作。新增见义勇为人员6人，全区有148名见义勇为人员。开展"两节"送温暖活动，慰问8.69万人次，慰问金额3399.447万元。

地址：磨房南里甲19号
邮编：100021
电话：67315765
网址：http://mzj.bjchy.gov.cn

（白　媛）

【养老服务】 年内，建立区远程视频健康服务中心、老年用品展示中心，完善基层设施布局，新建养老照料中心18家、养老服务驿站100家，基本实现街乡、社区广覆盖；创建全市养老领域首个PPP项目，探索发展智慧养老，创新建立"大数据"健康管理云平台，支持街乡开展家医签约、送医上门等项目试点，初步构建全方位的医养结合服务模式。

（白　媛）

【城乡低保】 年内，完成城乡低保标准和分类救助规则调整工作，审批认证低收入家庭239户507人，全区城乡低保家庭7364户13088人，发放城乡低保金12222.96万元；审批医疗救助7104人次，发放救助资金1230.48万元；制发《关于进一步完善临时救助制度的通知》，设立统一受理急难事项救助窗口，畅通救急渠道，简化审批流程，形成"一门受理、协同办理"部门联动机制。审批临时救助284户583人，发放临时救助金108.3万元；委托社会组织通过走入低保家庭进行入户核查和走进街乡提档核对方式，提升社会救助对象核对精准率。入户核查1320户低保（困补）家庭，新申请入户核查率100%，在册低保家庭入户率93.8%。

（白　媛）

【慈善捐赠】 年内，开展京津冀定向捐赠和对口支援，新增39个捐赠站点、1个慈善超市。开展区域联合捐助，区民政局、区红十字会、慈善协会在多领域开展合作，帮扶35736户困难家庭；建立微信公众号，探索手机客户端捐赠模式，开展"慈善北京周"宣传活动。43个街乡完成设立慈善救助专项基金。

（白　媛）

【防灾减灾】 年内，成立应急救助指挥部，完成应急救助预案编制，制定防汛抗旱工作方案，完善防灾减灾机制建设；组织开展防灾减灾日宣传和防汛演练，开展社区防灾减灾大课堂100余课时，引导公众参与防灾减灾；首次培训街乡和社区灾害信息员，完成手机AFP模拟报灾工作。推进防灾减灾示范社区建设，增加国家级防灾减灾示范社区7个、市级防灾减灾社区6个；全区创建国家级综合减灾示范社区44个、市级58个；引导社会力量，推进应急救援站建设，完善城市综合防灾减灾体系。

（白　媛）

【救助管理】 年内，完成重大节日期间救助保障工作，成功救助全市第1例受家暴妇女，开展流浪乞讨人员救助2600余人次，组织协调多个部门，开展"三留守"人员（城乡留守儿童，农村留守妇女、老人）摸底排查工作，引导社会组织主动开展街面救助巡视和主题宣传，以将台儿童友善保护中心为平台，依托社会专业机构探索推行危机介入工作模式，开展全区困境未成年人入户调查和个案帮扶，帮助困境未成年人回归正常生活轨迹。

（白　媛）

【福利企业】 年内，落实福利企业"两节"慰问、福利企业扶持、奖励资金1130.39万元；组织福利企业负责人、安全主管人员开展安全救助实操演练活动。全区有福利企业24家，安排残疾职工就业405人。

（白　媛）

【福利彩票】 年内，销售福利彩票8.23亿元，年销售总量继续保持全市首位；根据人口结构和流动性变化，开展销售站装机移机工作，合理配置游戏品种，避免不良竞争；完成销售站点"六统一"（统一投注站门头，统一投注站号码走势图，统一制作"警示语"标牌，统一制作福利彩票公益宣传品，统一制作开奖公告牌和喜报栏，统一制作背景墙）标准化建设。

（白　媛）

【地退超转】 年内，新接收超转人员1558人，支出资金5.69亿元。有在册征地超转人员22006人；通过社会化购买家政服务，为400余户试点超转家庭和500名90岁以上超转高龄老人送去爱心服务；制发超转人员简化变更定点医疗机构流程和死亡人员信息核查相关办法，区有地退人员918人，核算发放地退人员退休工资及各类补贴6937.7万元。

（白　媛）

【孤儿保障】 年内，确定儿童福利院按照PPP模式开展运营，启动招标装修改造工程，整理完备在院儿童健康资料档案，开展孤儿医疗、教育、康复、收养工作，接收弃婴11人，国内送养3人，涉外送养7人，现在院孤残儿童79人。

（白　媛）

【双拥共建】 年内，调整区双拥工作委员会成员名单，确保双拥工作有序进行。持续推进"双拥在基层"品牌项目，紧扣"两节"、"八一"慰问基层部队，制发《朝阳区为驻区部队办实事工作方案》，开展20余项实事活动进军营。为现役军人子女提供专场入学服务，确定50个社区工作者名额定向招收随军家属和部队自主择业干部，保障驻区部队军人家属入学就业。区四套班子领导走访慰问挂钩联系37支团以上部队，发放慰问品，总价值187.13万元，推进驻区部队慰问和演出，帮扶困难官兵311人。

（白　媛）

【优抚安置】　年内，全区各类优抚对象3987人，落实各类优抚资金16105.58万元，开展区2016年烈士公祭活动。接收退役士兵557人，开展招聘会20余次，实现退役士兵有需求者100%参加技能培训，发放补助金、奖励款4063.42万元。

（白　媛）

【军休服务】　年内，区军休11所、12所、15所分别获北京市四星级表彰。组织军休干部开展多种文艺演出、诗书画影等文体活动。新接收安置军休干部267人、无军籍职工2人，为军休干部和军工发放生活待遇经费7.6亿元。

（白　媛）

【社会组织】　年内，新增社会组织43家，全区现有注册登记社会组织886家。完善第三方评估和审计制度，社会组织评估覆盖率100%；各类社会组织承接购买项目308个。组建京津冀社会组织联盟，与天津武清、河北廊坊签订合作框架协议。

（白　媛）

【社区服务】　年内，加强“96156”社区服务平台建设，规范热线业务管理，全年采集上线信息22844条，接单服务28788张，实现便利便民服务随叫随到。完善“社区红娘”和“96156社区大课堂”品牌，为老人举办金婚庆典和集体婚礼，开展各类课程2965节次，扩展社区居民学习、交友、活动平台。培育志愿服务品牌项目和队伍，引入社会资本，完成购买机场街道项目中期报告，指导公益志愿者协会以社区为主阵地，突破志愿服务发展瓶颈，推进志愿服务由传统意义向普遍意义的战略转向。

（白　媛）

【村委会换届选举】　年内，完成区第十届村委会换届选举工作，全区71个参选村选出村委会成员305人，新任村委会成员培训后上岗。

（白　媛）

【殡葬服务】　年内，为1041人发放丧葬补贴金额520.5万元，办理遗体外运10件。完成保障清明节群众扫墓服务工作，接待扫墓群众近21万人次，同比增长16%。组织开展殡葬行业竞赛，开展绿色殡葬主题宣传，推进绿色生态殡葬建设。

（白　媛）

【婚姻收养】　年内，办理结婚登记25081对，办理离婚登记15384对，涉外婚姻434对，上门服务43对，收养儿童8个。被区行政服务中心列为标准化窗口试点单位。为医护人员、“银龄”新人、部队军人举办专场集体颁证仪式，被市民政局列为创新试点单位。颁证仪式预约系统正式上线，完成婚姻登记网络综合平台建设。

（白　媛）

社会建设管理

【概况】　中共朝阳区委社会工作委员会、朝阳区社会建设工作办公室是负责区社会建设管理及街道工作的主管部门。年内，紧抓全国社区治理和服务创新实验区验收契机，围绕首都城市战略定位，在抓大事、抓重点、抓落实上下功夫，推进社会治理能力和水平。全年调控城区人口近6.6万，完成率109.99%。统筹“稳增长”，通过稳定存量、规范纳税、优化环境，全年城区完成区级税收343.5亿元，同比增长5.2%。区召开社会领域纪念建党95周年暨基层服务型党组织建设成果交流会。公布2016年区社会领域基层服务型党组织“十百千万”示范工程，其中八里庄街道“一轴两轮驱动+”区域化党建模式、六里屯街道“走动联”工作法、潘家园街道“115”小区微治理、三里屯街道商务楼宇企业“关爱联盟”、大屯街道商品房小区“薇动员”、东坝地区“东坝e家人”、劲松街道“共产党员+”十大行动、平房地区“同舟共益”、安贞街道“你提需求 我服务”、亚运村街道“党员义工超市”获“十大优秀服务品牌”。

地址：日坛北街33号

邮编：100020

电话：65099333

网址：http://jb.bjchy.gov.cn

（杨　旭）

【“金蜜蜂奖”颁奖暨社区工作者才艺展示活动】　1月25日，在北京青年政治学院举行区第二届爱岗敬业模范社工“金蜜蜂奖”颁奖暨社区工作者才艺展示活动。中国社会工作联合会副会长王国英，市委社会工委委员、市社会办副主任陈建领，副区长黄晓伟，区政协副主席、区委社会工委书记张永新，市民政局基层政权和社区建设处处长赵森等出席活动，街乡领导、全区社区工作者、社会组织代表600余人参加活动。

（杨　旭）

【社区建设工作会】　3月3日，区社会办召开2016年社区建设工作会。以“民主协商”为主题，奥运村、朝外、麦子店、潘家园等街道结合党政群共商共治向小区楼院延伸、开展楼院议事等内容作典型发言。制发《2016年朝阳区社区建设工作会资料汇编》，部署深化全国社区治理和服务创新实验区建设、推进党政群共商共治工作、社区公共服务综合信息平台建设、社区管理体制改革、市级示范点建设等重点工作。

（杨　旭）

【社区工作者招考】　5月3日，启动2016年面向社会公开招考社区工作者工作。招考涉及42个街道（地区）办事处，招考职数774人（含50名随军家属和自主择业干部）。

（杨　旭）

【百个绿色智慧平安社区建设统筹城乡社区发展工作部署会】　5月5日，召开区推进百个绿色智慧平安社区建设统筹城乡社区发展工作部署会。部署推进百个绿色智慧平安社区建设统筹城乡社区发展相关工作，宣读《关于推进绿色智慧平安社区建设城乡社区手拉手结对共建决定》，签订城乡社区手拉手结对共建协议，区委办局、社区代表作典型发言。43个街乡、30余个委办局、100余个社区300余人参加会议。

（杨　旭）

【社区公共服务综合信息平台项目验收会】　8月26日，区召开社区公共服务综合信息平台项目验收会。区社会办、区信息办、区行政服务中心领导、团结湖街道用户代表及信息化专家参加验收会。专家一致认为，平台设计合理、运行平稳、文档资料规范，验收通过。

（杨　旭）

【公共服务综合信息平台二期建设部署会】 10月20日，召开区公共服务综合信息平台二期建设部署会。区农委、区行政服务中心、区信息办主管领导，朝外、建外、劲松、潘家园、垡头、八里庄、呼家楼、六里屯、三里屯、左家庄、和平街、安贞、亚运村、机场、小关、大屯、酒仙桥、望京、东湖、奥运村等街道办事处主管领导，三间房地区和南磨房地区办事处主管领导参加会议。部署公共服务综合信息平台二期推广工作硬件建设、资金使用、沟通联动等工作并提要求。

（杨　旭）

【社区创享计划展示会】 11月9日，召开2016年社区创享计划展示会。展示2015年至2016年度优秀社区创享计划提案项目20个。市社会办副巡视员卢建，副区长黄晓伟及43个街乡领导和提案人代表400人参加会议。

（杨　旭）

【国家社区治理和服务创新实验区验收】 11月9日至10日，国家社区治理和服务创新实验区专家组到区检查验收。区委书记吴桂英、区长王灏会见实地验收专家组成员，区委常委、宣传部部长刘军胜作实验区创建工作汇报，专家组到创享空间观看实验区成果展，实地考察潘家园街道松西东小院、奥运村街道国奥村社区、八里庄街道华贸中心社区、团结湖公共服务综合信息平台等。国家社区治理和服务创新实验区通过验收。

（杨　旭）

【社会治理改革】 年内，形成社会治理体制改革架构，制发《关于深化朝阳区社会治理体制改革的实施意见》《关于深化朝阳区社区管理体制改革的实施意见》等系列文件。新增2520个优质学位，教育整体水平进入先进区行列。在全市率先实现医联体服务全覆盖，开展全国精神卫生综合管理、卫生计生综合监督执法规范化建设等试点工作。开展医养结合与社区驿站式养老服务试点，实现养老照料中心全覆盖。编制全区“十三五”社会治理发展规划。

（杨　旭）

【区域化党建】 年内，推进区域化党建工作体系，加强党建议事平台、党政群共商共治平台和街道区域化党建工作中心平台建设，构建“三级网络全覆盖、党建主体全参与、民意诉求全收集、党建服务全享受”区域化党建工作格局。通过单位组建、行业组建、区域组建、联合组建、临时组建等方式，将党组织与党的工作覆盖面向社会组织和非公组织延伸，建立社会组织党组织306个、非公组织党组织3084个。

（杨　旭）

【全国社区治理和服务创新实验区建设】 年内，聚焦“加强共商共治、构建协作式社区”，完成党政群共商共治、社区分类治理、公共服务综合信息平台、社工队伍建设等各项实验任务，实验成果通过民政部结项验收。完成236个社区议事厅和199个小区议事厅规范化建设，推动1430个共商共治工程落地，协商解决楼道卫生共管、老旧电梯更换等问题1904个，解决服务群众“最后一米”难题。在100个农村社区推广“三社一体化”（“三社一体化”是将社区、社会组织、社工有机整合起来开展社区服务的一种社区治理模式）社区专业治理模式，解决新农村建设过程中凸显主要矛盾。在31个街乡300个社区开展“社区创享计划”（三要采用社区提案大赛方法支持社区居民参与社区建设，激发社区活力提升居民参与意识与能力），引导居民开展自我服务，征集居民金点子15882个，解决小区服务管理难题5类2100余个，辐射受益人群达260万人次。

（杨　旭）

【社区治理体系建设】 年内，在26个街乡263个社区，推进社区公共服务综合信息平台建设，规范优化公共服务事项150余项，推动卫计、残联等75个服务项目上线运行，建成区、街道（地区）、社区三级连通的“一站式”公共服务办理系统。新建181个智慧社区，试点建设“微网格”70个，运用“互联网+”推动便民便利服务智能化，朝阳“一刻钟社区服务圈”被列入市社会治理“十三五”规划。建成46个“绿色智慧平安社区”，实现社区绿色颜值、智能服务、安全守护能力提升。坚持居民自治、共建共享，在全区建设5016个楼门文化阵。全区持证社工达1555人，持证率达32%，同比提升5%。

（杨　旭）

【社会动员能力】 年内，建成面积7200平方米区级创享空间，实现街乡社会组织服务平台全覆盖，建立社区公益空间135个，为全区社会组织提供党建支持、组织培育、项目管理、资源对接、人才培养等服务。市、区购买社会组织服务项目308个，资金支持达3532.45万元，同比增长16%，购买服务数量和金额连续5年居全市首位。利用专业社会工作方法支持、引导、协助社区居民自我解决难题。新认定区社会组织联合会、区慈善协会、区人民调解员协会等9家区级枢纽型社会组织，形成党委、政府与社会力量互联、互动、互补的社会治理与公共服务网络。动员36.83万人次参与“志愿同行　亲水朝阳”等大型主题志愿活动，服务居民120万人次。

（杨　旭）

【“疏减稳”重点任务超额完成】 年内，坚持目标引导，建立健全协调会商、督察考核、工作约谈等机制，“控”“疏”双管齐下，城区疏解转型雅宝红城、朝园文化收藏等区域性市场和无证照市场21家，拆除违法建设95处、5.8万平方米，超额完成年度疏解任务。以“一廊、二环、两路”（广渠路、三环路、四环路、朝阳路和朝阳北路）为重点区域，治理“开墙打洞”，整治1828户，完成542户挂账任务，完成东大桥路、新东路、朝阳路、朝阳北路、金台路等5条大街无“开墙打洞”治理目标。

（杨　旭）

【基本公共服务】 年内，基础教育通过“全国义务教育发展基本均衡区”评估认定。全区83.6%的学生在优质校就读，新增22所注册幼儿园，中考综合优秀率72.6%，同比提高8.55%，高考本科和一本上线率分别达到95.12%、56.88%，超出市均水平16.2%、15.96%。启动垂杨柳医院建设，完成疾控中心二期建设，完成南磨房社区卫生服务中心新址建设。建成区级家庭医生签约服务平台，开展数字化中医分级诊疗平台（一期）建设。新建养老照料中心18家、养老服务驿站100家，实现街乡全覆盖、社区广覆盖，惠及20余万人次。精准识别和救助1.31万低保、低收入对象。全区街乡文化中心、社区和行政村文化活动室实现全覆盖，全年组织基层文化活动5800场，文化朝阳云平台线上公共文化服务系统及“文蕴朝阳”微信公众号上线。

（杨　旭）

【城市环境】 年内，推进网格化体系建设，坚持“区域联动、综合治理”，实施边界环境提升工程，改善区与区、街与街、街与乡边界管理秩序。试点推进“交通微循环”建设，针对城区重点区域、次支路、社区路和居民小区分类缓解交通拥堵，改善交通微循环道路115条，新增停车位6880个，设置交通装置7634个，拆除地桩地锁14170个。实现城区“煤改电”居民3538户，完成5100户“无煤化”任务，实现四环内“无煤化”目标。

（杨　旭）

【矛盾调处与安全维稳】 年内，推进科技维稳体系建设，科技创安工程覆盖率90%以上。构建起区、街乡、社区（村）三级应急队伍体系，重点矛盾化解率达90.7%。为城区27915户空巢老人、独居老人和低保残疾人家庭安装燃气自闭阀、报警器和长寿命胶管。建立专群结合的群防群治一体化联防联控工作体系，发挥“朝阳群众”品牌效应，挖掘“小橘灯”等群防群治先进典型。全区群众安全感91.4%，同比提高近3.33个百分点。

（杨　旭）

人力资源管理

【概况】 朝阳区人力社保局是负责全区人力资源和社会保障工作的区政府工作部门。区编办是区机构编制委员会常设办事机构，负责全区行政管理体制和机构改革及机构编制日常管理工作，与区人力社保局合署办公。年内，加强人力资源服务体系建设，优化人才发展环境，深化机关事业单位人事制度改革，加强专业技术人员队伍建设。区内新增就业人数4.4万人，登记失业人员实现就业2.37万人，全区城镇登记失业率0.82%。区应届高校毕业生3500余人，就业率95%。办理高层次人才引进32人，留学人员引进35人。

地址：八里庄南里21号院

邮编：100025

电话：65099937

网址：http://cyrlsb.bjchy.gov.cn

（王　欢）

【区人力资源公共服务中心正式成立】 1月1日，按期完成人力资源市场公共服务体系整合工作，区人力资源公共服务中心正式对外办公。区人力资源公共服务中心整合后，设定编制员额178人，内设机构17个。

（王嘉硕）

【“就业援助月”专项活动】 1月上旬至2月中旬，区人力资源公共服务中心在全区范围内开展以“就业帮扶　真情相助”为主题的就业援助月暨就业政策宣传周专项活动。开展就业政策主题宣传日、主题招聘日和“帮困助残　真情送暖”残疾人专场招聘会等多场次活动。援助月期间，入户走访1774家就业困难人员，举办招聘活动12场，向就业困难人员提供就业岗位3290余个，帮助777名就业困难人员实现就业，其中750名就业困难人员实现灵活就业，27人实现单位就业。

（武　彬）

【事业单位新版证书换发】 1月至3月，组织全区开展事业单位法人年度报告公示和新版证书换发工作。事业单位对外开展业务不再持有组织机构代码证书，换为由区编办核发加载有统一社会信用代码的新版事业单位法人证书，简化事业单位办事手续，实现“多证合一、一证一码”。

（王　欢）

【干部年度考核奖励】 1月至5月，开展2015年度全区党政机关科级及以下工作人员考核奖励工作。1680人考核优秀，2人基本称职，2人不称职；全区受奖励人员1828人，其中235名干部记三等功。

（刘胤睿）

【“春风行动”专项活动】 3月8日至25日，区人力资源公共服务中心开展“春风行动”主题活动。在区级人力资源市场举办春风行动“搭建供需平台　促进转移就业”主题招聘活动，以多种形式帮扶就业。广泛摸查本地区劳动者求职需求，为有用人需求的企业提供精细指导服务；拓宽宣传渠道，应用定向短信、微信等新媒体宣传活动；开展春风行动“三八”妇女节专场招聘活动，春风行动大学生专场招聘活动；与湖北十堰市及云南昆明市建立对口支援、帮扶协作关系，组织11家用工单位赴外省市参与劳务对接活动；与豆各庄、平房、王四营、三间房和延庆区合作多场“手拉手”招聘活动。活动期间，全区发放各类宣传资料16000余份，全区公共就业服务机构组织专场、进社区、“手拉手”等各类招聘洽谈活动36场，发布岗位信息13589个，提供免费服务6955人次，本地单位吸纳农村劳动力就业395人。

（武　彬）

【街乡公务员职级晋升】 3月至4月，集中开展街乡公务员职级晋升工作。通过审核晋升职级432人，其中67人晋升为副科级，25人晋升为正科级，205人晋升为副处级，135人晋升为正处级。

（王云龙）

【民营企业招聘月大型招聘】 5月11日，区人力资源公共服务中心联合区工会、区工商联、建外街道、大屯街道和南磨房地区，在朝阳体育中心举办区2016年民营企业招聘月大型招聘会。CCTV新闻频道、北京电视台等21家媒体采访报道。招聘活动设1个主会场、3个分会场，184家企业参加活动，涉及文化创意、餐饮物业、医疗医药、金融IT、电子商务、网络科技等多个行业，提供就业岗位10654个，求职人员2652人，其中1052人初步达成就业意向。活动现场发放各类宣传资料和书籍7000余份（本）。

（武　彬）

【市“人民满意的公务员”表彰】 5月16日，市委、市政府表彰第六届市“人民满意的公务员”和“人民满意的公务员集体”。区发改委原党组书记、主任刘野和奥运村街道办事处劳动和社会保障科科长陈静仪获“人民满意的公务员”称号。

（刘胤睿）

【事业单位法人登记服务指南】 5月25日，编制印发区《事业单位法人登记（备案）服务指南》及相关附件，明确办理依据、办理条件、办理时限等事项，细化办事流程图、各类登记材料要求、网上登记操作方法、视频演示等9部分内容。

（王　欢）

【“大学生村干部”招聘】 5月，通过笔试、面试等环节确定新一届“大学生村干部”拟招聘人员40人。其中研究生39人，本科1人；北京生源1人，非京生源39人。6月，组织“大学生村干部”续聘、专项事业编制和事业编岗位面试。19名合同期满“大学生村干部”报名参加面试，最终4人进入专项事业编制，11人考入事业编。

（苑辛洁）

【毕业生接收】 5月至11月，接收非北京生源应届毕业生575人。

（苑辛洁）

【政府部门权责清单公示】 6月3日，在首都之窗朝阳网站公示区政府部门“9+X”权力清单。公示内容包括职权名称、职权类型、法律依据、法定实施主体、区级实施主体等，涉及全区33个部门，6079项权力。按照权责一致原则，公示区政府部门通用责任清单。

（王　欢）

【重点政府工程管理体制调整】 6月12日，区重点政府工程协调领导小组更名为区重大项目建设协调领导小组。相应将区重点政府工程协调领导小组办公室更名为区重大项目建设协调办公室，且不独立设置，改在区住房城乡建设委加挂牌子，原人员编制一并划转。

（李夏姝）

【和谐劳动关系单位表彰】 6月12日，区人社局、区总工会、区企业联合会对获得“2015年朝阳区和谐劳动关系单位”称号的87家企业做出表彰决定。

（陈艺文）

【机构和人员调整】 6月14日，为区发改委增加临时副主任领导职数1名，重点用于组织推进区非首都功能疏解与人口调控工作，相应调整发改委相关内设机构职能，并增加必要人员力量。11月14日，继区志办与区档案局（馆）合署办公后，进一步优化机构设置、理顺工作关系，调整区档案局（区档案馆、区志办）内设机构、人员编制、科室职责。12月16日，集中整合分散的商务行政执法职能，交由区商务监督管理所统一实施。12月16日，将卫生计生委所属的区妇幼保健院、区妇幼保健和计划生育服务中心合并，成立“北京市朝阳区妇幼保健计划生育服务中心”，加挂“北京市朝阳区妇幼保健院”牌子，具体明确职能调整、人员管理及社区卫生服务机构管理等内容。12月16日，将卫生计生委机关计划生育行政执法职能交由卫生监督所统一承担，并将区卫生局卫生监督所更名为区卫生计生监督所。12月27日，将原设在区法制办的区政府信访复查委员会办公室改设在区信访办，并将区法制办内设的信访事项复查科整建制划入区信访办。

（李夏姝）

【《统一社会信用代码证书》发放】 6月，制定并下发《关于发放<统一社会信用代码证书>的通知》，明确发放《统一社会信用代码证书》的意义、工作内容、工作范围、工作时限等。党政机关及编办直接管理机构编制的群众团体统一使用覆盖全面、稳定且唯一的统一社会信用代码证书，不再使用原组织机构代码证。

（王　欢）

【公务员交流】 6月，推进落实城管执法队员交流制度。会同区城管执法监察局、社工委、农委、奥管委4家单位，完成8名常务副队长和副队长转任交流。年内，机关单位转任交流214人，10名事业单位干部通过调任走上机关科级领导岗位。

（刘胤睿）

【基层调解培训】 7月，区劳动人事争议仲裁院分批次组织辖区内街乡、企事业单位调解员业务培训。学习劳动争议案件处理中的常见问题、仲裁审查确认流程，加强业务交流和经验分享。

（佟垚磊）

【小企业劳动关系状况调查】 7月至9月，区开展30人以下小型企业劳动关系状况调查。走访1119家企业，涉及2.3万名劳动者，劳动合同签订率99.65%。

（陈艺文）

【新型农村合作医疗管理体制机制调整】 9月18日，将原设在区卫生计生委的区新型农村合作医疗管理委员会办公室改设在区人力社保局，并调整明确相应行政职责和经办职责。

（李夏姝）

【事业单位工勤岗位设置调整】 9月，开展事业单位工勤岗位设置调整。突破以往只以工勤岗位为主体的事业单位才能设置技师岗位限制，事业单位工勤技能岗位统一按照技术工岗位总量的40%设置高级工及以上等级岗位。全区有19家单位新设置高级工及以上等级岗位，增设高级技师岗位。按照市局规定的结构比例，全区新设8名高级技师岗位。

（苑　媛）

【机关事业单位工资标准调整】 10月11日，调整全区机关事业单位工作人员基本工资标准和离休人员离休费标准，于10月31日兑现到个人账户。

（胡　洋）

【“全覆盖”工作推进】 10月至12月，对全区纳入全覆盖范围单位的编制、职数及现有纪检监察机构等情况开展统计摸底。与区纪委研究派驻机构设置、编制来源、管理方式及现有纪检监察机构撤销等事项，形成有关派驻组机构分组、编制职数设置的具体实施意见。

（李夏姝）

【环保职责明确】 10月至12月，会同区环保局，梳理区委、区政府、有关职能部门和街乡环境保护职责。研究起草《朝阳区环境保护工作职责分工》，明确相应的环境保护工作职责。

（李夏姝）

【群众办事创业证明清理】 11月至12月，组织开展清理各类证明和盖章环节工作。区（不含垂直管理部门）设定的涉及群众办事创业的各类证明或盖章环节共1项，清理意见为取消。

（王　欢）

【军转安置】 11月，召开全区军转安置工作部署会。全年接收计划安置军转干部306人，实际报到43人，其中团职5人、营连职38人；安置在公务员（参照公务员）岗位35人、事业单位6人。接收安置随军家属192人，其中自谋职业189人、政府安置3人。为165名接收的随军家属发放一次性补助共495万元。

（杜　明）

【非行政许可审批事项清理】 12月21日，印发《朝阳区非行政许可审批事项清理意见和开展权力清单动态调整工作的通知》。清理非行政许可审批事项83项，其中取消非行政许可审批事项12项；调整非行政许可审批事项62项（调整为行政许可10项、行政确认30项、其他类22项）；确认为政府内部审批事务9项。不再保留非行政许可审批事项这一审批类别。

（王　欢）

【公务员考录】 年内，先后分两批为112家区属单位265个职位公开招录516人，其中应届毕业生186人，“大学生村干部”41人，退役大学生士兵13人，具有基层工作经历276人，硕士研究生及以上学历209人。

（徐丽妍）

【纳入规范管理事业单位招考】 年内，先后两次面向社会招录纳入规范管理事业单位工作人员，为61家单位补充工作人员106人。

（徐丽妍）

【事业单位分类改革】 年内，继续推进事业单位分类改革。按照分类指导、分业推进、分步实施原则，再次认定9个单位类别，剩余未分类事业单位10个。

（李夏姝）

【接收市级机关挂职锻炼】 年内，接收市人大、市地震局2家单位4名年轻干部到区挂职锻炼。锻炼单位为朝外街道、建外街道、八里庄街道、太阳宫地区等单位，时间为1—2年。

（刘胤睿）

【公务员遴选】 年内，组织开展2016年区内公务员遴选工作。13家区级机关提供21个职位，3家规范管理事业单位提供4个岗位参与遴选工作。

（刘胤睿）

【选调生选拔】 年内，组织全区2015年新招录的公务员、“大学生村干部”及区属国有企事业单位招聘人员中符合条件的人员报名。前期有32名考生进入面试环节，最终确定13人，均来自人民大学、中国政法大学等重点院校。

（徐丽妍）

【人才引进】 年内，审批人才引进71人，其中高层次人才引进36人，留学人员引进35人。

（周彦璋）

【工作居住证办理】 年内，新办居住证8627人、续签3095人、补办114人，随往人员变更1632次，居住地址变更1047次，聘用单位变更3337次，一般性变更155次。

（丁明园）

【调京工作】 年内，办理夫妻两地分居调京36人，其中机关、事业单位、国有企业34人，高新技术企业2人。办理工人单调进京4人。

（杜　明）

【考务与资格审核】 年内，区考试鉴定中心承接市各类人事、鉴定考试组织29次（其中计算机考试5次，经济初级电子化考试1次）。累计使用考场7200余场次，涉及考生23.9万人次。承接市各类人事、鉴定考试资格审核工作10次，审核考生4.3万人次。年内，承接区内、区外用人单位委托的自主命题考试，完成笔试考试组织工作10次，涉及考生8500余人次；承接区内各用人单位委托组织面试工作40余次；承接区内2家用人单位委托开展心理测评工作，完成10余个岗位100余人测评。发放各类资格证书22种，2.5万册。全年派遣督考考试380场，涉及考生18205人次，派遣督考员252人次。对辖区内注册的鉴定机构组织报名考生资格复审，审核新旧两套系统52批次，涉及工种17个，考生4913人次。

（黄　磊　苏宇鹏　彭　宁）

【职业技能鉴定全国统考】 年内，区考试鉴定中心组织2次职业技能鉴定全国统考，涉及考生近4000余人，使用考场131个，派遣监考员262人、考场巡视员30余人次。

（彭　宁）

【在线学习】 年内，开展科级及以下公务员在线学习。全区有6384名公务员及参照公务员法管理机关（单位）工作人员参加在线学习，其中参加考核5998人，累计完成612182学时。

（戴晓霏）

【干部培训】 年内，举办军转干部、公务员初任培训，正科、副科任职培训，事业单位管理岗新录用人员培训等各类培训24班次、1492人。

（戴晓霏）

【高技能人才队伍建设】 年内，出台《北京市朝阳区职业培训专家团队伍建设管理办法（试行）》。规定评审专家、讲师和督导员3支队伍聘用标准、聘用程序、工作职责、工作程序、队伍管理和资金管理等内容。为10家用人单位173名职工拨付高技能人才培训补贴215600元。

（张　丽）

【城乡劳动力职业培训】 年内，批准新成立5家民办职业技能培训学校，认定9家定点培训机构，审批职业培训补贴3710人、2729230元。全区开展技能培训82068人，其中在职职工培训46188人，失业人员培训6116人，农村劳动力培训14245人，其他人员培训15017人；初级工培训15885人，中级工培训8514人，高级工培训4854人，技师培训407人，高级技师培训52人，促进27024人实现就业。

（张　丽）

【城镇失业登记】 年内，城镇登记失业率0.94%，登记失业人员就业率66.28%。城镇登记失业人员实现就业2.25万人，其中就业困难人员实现就业1.63万人。开发就业岗位12.43万个，岗位开发总量连续9年突破10万个。

（党志杰）

【社会公益性就业】 年内，印发《朝阳区社会公益性就业组织建设试点工作方案》，先行选取7个有代表性的街乡作为社会公益性就业组织试点，在此基础上出台《朝阳区社会公益性就业组织管理（试行）办法》，新办法按照市级政策要求，招用人员范围进一步放宽。同时，针对市级政策中补贴资金调整，加大区级财政投入，增加资金投入520余万元，确保全区1300余名公益性组织安置人员工资标准不降低，促进城乡就业困难人员实现就业。

（党志杰）

【农村劳动力就业】 年内，继续落实区鼓励农村劳动力转移就业奖励办法和就业评审奖励办法，对招用区农村劳动力并确保其稳定就业的企业和符合条件的个人给予社会保险补贴和资金奖励。为420余家单位、5818名农村劳动力拨付社会保险补贴、各类奖励资金7000余万元。

（党志杰）

【转居转工】 年内，对农转非的5个乡开展实地调研10余次，开展各类业务指导、座谈会20余场，完成2702名农村劳动力转工工作。

（党志杰）

【“走进中途之家”职业指导活动】 年内，区人力资源公共服务中心举办20余场“走进中途之家”职业指导活动。为43个街、乡200余名社区矫正解矫前人员做社会保险、档案转移、如何就业等方面指导。

（武　彬）

【劳动人事争议仲裁】 年内，区劳动人事争议仲裁院受理劳动人事争议案件17495件，同比增长5.39%；不予受理案件1643件，同比下降19.7%。受理集体案件1166件，涉及劳动者7041人，分别同比增长10.84%和12.57%；10人以上集体案件118件，同比增长6.31%。农民工案件8304件，同比增长7.16%，占案件总量的47.46%。截至12月25日，审结劳动人事争议案件16121件，结案率92.15%；调解案件6393件，案件调解率40.71%；一裁终局率37.19%。

（佟垚磊）

【城乡劳动力职业培训】 年内，修订《朝阳区职业技能培训补贴审批拨付流程》。认定并公布10家定点培训机构。全年培训城乡劳动者3270人，指标完成率164%。技能培训3213人，其中失业人员2893人、本市农村劳动力320人；创业培训57人，全部为失业人员。审批职业培训补贴3703人，审批资金269.399万元。

（陈立峰）

【职业技能培训质量督导员队伍建立】 年内，于全市率先建立区级职业技能培训质量督导员队伍，联合市职业能力建设指导中心举办区督导员专场培训。全区有督导员60人，全年开展实地检查与督导321次。

（陈立峰）

【行政许可】 年内，区审批综合计算工时工作制及不定时工作制企业667家，涉及职工5.2万人。截至12月底，区有241家劳务派遣企业获行政许可，51家企业申请事项变更，70家企业办理派遣证延续，17家企业为其在异地的分支机构作报告，3家异地劳务派遣企业分支机构在京备案。

（陈艺文）

【集体劳动合同制度推进】 年内，落实劳动法律法规，推进集体劳动合同制度。截至12月底，备案集体劳动合同19726户，涉及职工290347人。

（陈艺文）

社会保障

【概况】 年内，推进社会保险经办管理便捷化、规范化、标准化进程。开展城乡居民基本医疗保险制度整合，推动机关事业单位养老保险制度改革，优化社保经办精细化服务模式。全年5项社会保险累计征缴额625.79亿元，追回历年社会保险欠费245万元。

（黄　莹）

【养老保险行政管理制度出台】 1月1日，《朝阳区养老保险行政事务办理规程（试行）》正式下发，进一步规范基本养老保险行政事务审批流程和工作内容，缩小审批自由裁量权，规范区养老保险行政行为。

（管志文）

【医保服务协议签署会议】 3月31日，区医保中心召开定点医疗机构服务协议签署会。年内，区372家定点医疗机构及8家定点零售药店签署《朝阳区基本医疗保险补充服务协议》，其中21家定点医疗机构首次与市医保中心签署电子协议。

（刘　杨）

【机关事业单位养老保险制度改革启动】 5月，正式启动区机关事业单位养老保险制度改革。区将逐步建立独立于机关事业单位之外、资金来源多渠道、保障方式多层次、管理服务社会化的养老保险体系，统一实行统账结合的基本养老保险制度。截至11月，全区参保入库总人数65775人，其中在职42181人、退休23594人。在所有入库人员中，除教育系统外，入库在职人员22753人、退休11858人；教育系统入库在职人员19428人、退休人员11736人。区机关事业单位劳动合同制工人3014人，参加养老统筹1758人，1256人未参保，补缴金额为14827.34万元（含截至2016年9月30日的滞纳金），其中单位补缴金额11573.39万元（本金8242.29万元，滞纳金3331.10万元），个人补缴金额3253.95万元。

（管志文）

【“双随机一公开”医疗费用外审】 6月6日，区医保中心启动“双随机一公开”医疗费用外审工作。按照“审”“查”分离原则，实现对辖区基本医疗保险定点医疗机构监管内容随机产生、检查人员随机安排、处理结果公开。

（刘　杨）

【定点医药机构实行协议管理】 7月18日起，区人力社保局取消对定点医疗机构和定点零售药店的行政审查认定，由区医保中心与相关医药机构签订服务协议，实行对定点医药机构协议管理。

（何胜民）

【参保特困职工一次性医疗救助】 8月16日，市人力社保局批复对2015年度参加城镇职工基本医疗保险的全市1376名特困职工予以一次性医疗救助，其中区214名特困职工得到救助，救助金额396万元。

（何胜民）

【医保中心办公地址搬迁】 10月24日，区医疗保险事务管理中心迁至区世通国际大厦E座8层，对外咨询电话变更为“53918743”，投诉电话变更为“53918715”。

（刘　杨）

【养老保险政策检索系统1.2版发布】 10月，自行研发的“北京市养老保险政策全文检索系统”1.2版发布。在1.0版基础上，该系统对养老保险政策文件作进一步补充，便于日常工作中文件检索利用，为养老保险行政审批标准化建设奠定基础。

（管志文）

【门诊特殊病备案】 11月1日，市门诊特殊病备案工作由区医保中心延伸至定点医疗机构，实现门诊特殊病申报、查询、备案、治疗在同一家定点医疗机构办理。

（刘　杨）

【新农合管理机制体制调整转移】 11月21日，区卫生计生委将区新型农村合作医疗相关工作移交给区人力社保局。

（何胜民）

【城镇职工社会保险】 年内，全区基本养老保险、失业保险、工伤保险、生育保险、医疗保险参保人数分别为312.53万人、236.31万人、213.80万人、201.61万人、327.59万人，分别同比增长3.69%、1.64%、1.93%、1.33%、3.26%。全区5项社会保险基金征缴625.79亿元，同比增长12.36%；支出372.02亿元，同比增长为7.1%；五险基金结余253.77亿元，同比增长21.07%。

（姜桂枝）

【城乡居民养老保险】 年内，全区城乡居民养老保险参保人数3.85万人，收缴保费1.58亿元；支出养老金2.39万人，支出金额1.5亿元；结余753.06万元。

（姜桂枝）

【机关事业单位养老保险】 年内，机关事业单位养老保险参保人数6.99万人，缴费单位643家，缴费人数4.48万人，基本养老保险基金收入16.27亿元，基金支出32.14亿元。

（姜桂枝）

【社会保险转移接续】 年内，全区养老保险关系跨省转入6300人，转入养老保险基金总额2.47亿元；转出11959人，转出养老保险基金总额3.84亿元。医疗保险关系跨省转入4193人，转出6687人。

（姜桂枝）

【社会保险稽核】 年内，接待举报投诉来访2974人次，立案978件，补缴人数2188人，补缴社会保险费5110.22万元，分别同比增长11%、2%、59%、102%；

日常稽核单位2705家，稽核人数41万人，补缴金额7171万元；清理历年欠费245万元。

（姜桂枝）

【社会保险待遇资格认证】 年内，完成2016年度资格认证工作。认证3820人，认证率94.1%；未认证238人，自11月停发其所享受的社会保险待遇。

（姜桂枝）

【社会保险缴费工资申报】 年内，完成全区9.6万家参保单位缴费工资申报工作，其中现场核定4200余家。

（姜桂枝）

【社保个人权益记录查询服务】 年内，辖区内参保单位和个人通过业务前台查询下载或打印市社会保险个人权益记录59533人次，自助终端114274人次，网上服务平台312745人次。

（姜桂枝）

【个人账户持卡实时结算验收】 年内，区医保中心完成个人账户持卡实时结算验收工作。涉及辖区定点医疗机构近330家、定点零售药店8家。

（刘　杨）

【医疗保险费用审核】 年内，审核结算医疗保险费用105.93亿元，同比增长11.2%，绝对增长额10.67亿元。其中，审核支付持卡结算门诊费用58.84亿元，同比增长8.5%，涉及交易5348.87万笔；审核支付持卡结算住院费用43.93亿元，同比增长15.85%，涉及49.1万人次；审核支付各类手工报销险种费用3.17亿元，同比上升1.93%，涉及14.88万人次。

（刘　杨）

【医疗保险总额控制】 年内，对28家二、三级和18家一级及以下定点医疗机构下达总额预付指标，占区定点医疗机构的12.43%；区总额预付指标81.39亿元，全年基金申报80.87亿元，指标使用率99.36%。对7家二级和317家一级及以下定点医疗机构下达总量控制指标，占全区医疗机构的87.57%；区总量控制指标20.87亿元，全年申报19.89亿元，指标使用率95.26%。

（刘　杨）

【医保服务医师管理】 年内，全区签约医保服务医师13178人，违规扣分医师2580人次，7名医师被中断医师服务协议6个月。

（刘　杨）

居民生活

【概况】 年内，按照国家统计局《住户收支与生活状况调查方案》抽样调查方法，实行一体化住户调查制度，调查对象为以抽样方式选取的1025户城市住户和农村住户。调查主要内容包括住户成员及劳动力从业情况、住房和耐用消费品拥有情况、居民现金和实物收支情况、居民家庭食品和能源消费情况等。调查数据以日记账和问卷相结合的方式采集。调查数据显示，辖区居民收入增长较为平稳，消费增长略显乏力。

地址：日坛北街33号区政府北院南楼4层

邮编：100020

电话：65094641

网址：http://www.chystats.gov.cn

（李海林）

【居民收入】 年内，全区居民人均可支配收入60056元，比上年增加4606元，同比增长8.3%。在居民收入的4项构成中，人均工资性收入35191元，占人均可支配收入的58.6%；人均经营净收入1693元，占人均可支配收入的2.8%；人均财产净收入11791元，占人均可支配收入的19.6%；人均转移净收入11381元，占人均可支配收入的19 %。

（杨　琪）

【居民消费支出】 年内，全区居民人均消费性支出40034元，比上年增加374元，同比增长0.93%。其中食品烟酒支出8106元，占人均消费性支出的20.25%；衣着支出2778元，占6.94%；居住支出14209元，占35.49%；生活用品及服务支出2634元，占6.58%；交通通信支出4582元，占11.45%；教育文化娱乐支出4367元，占10.93%；医疗保健支出2074元，占5.18%；其他用品和服务支出1284元，占3.21%。

（张　挺）

【耐用消费品拥有量】 年内，每百户居民家庭耐用消费品拥有量为摩托车2辆，助力车14辆，家用汽车47辆，洗衣机99台，电冰箱101台，彩色电视机131台，家用电脑103台，组合音响9套，摄像机26台，照相机71架，其他中高档乐器10件，微波炉84台，空调器173台，淋浴热水器90台，消毒碗柜7台，洗碗机1台，健身器材10套，固定电话75部，移动电话219部。

（张　挺）

老龄工作

【概况】 朝阳区人民政府老龄工作办公室（以下简称区老龄办），于5月24日归口区民政局管理，原机构性质、机构规格、经费形式均保持不变。区老龄办财政补助（全额）事业编制21人，其中常务副主任1人、副主任1人，年内，围绕贯彻《北京市居家养老服务条例》和区委、区政府确定的重点工作任务，加强老龄工作机制改革，谋划“十三五”老龄事业规划，推进全国养老服务业综合改革试点任务，促进老龄事业健康发展。年内，为35640名65岁以上老年人办理老年优待卡，为15574名60岁以上老年人办理优待证，完成30万余名老年人优待卡变更养老助残卡信息比对工作。11月，完成21.5万张新卡发放工作，发放高龄津贴7084人次，发放金额851.19万元。为95周岁及以上老年人核报高龄医疗补助，补贴349人次，支出90万余元。在全区推广免费申请“智能手环”活动，1000余名失智老人领取使用。为200户独居老年人安装紧急医疗救援呼叫器和独立式感烟报警器。启动140户困难老年人家庭适老化改造项目。

地址：劲松中街405号楼乙楼
邮编：100020
电话：67717467
邮箱：cyllb4470@126.com

（邵　巍）

【救助慰问】 元旦及春节期间，开展“温暖行动在朝阳”——真情关爱老年人活动。对全区2100名70岁以上生活在低保边缘的困难老年人实施一次性救助，标准为每人500元，区财政投入105万元。针对生活困难的高龄、失能老年人开展评估试点，以购买服务形式，对全区6.3万名老年人进行能力评估和需求调查，并集中开展“五个一”关爱活动；重阳节期间，区民政局副局长谭孔辉及区老龄办相关人员慰问百岁老人、革命老人及居住在敬老院、托老所内的老人。

（邵　巍）

【居家养老助餐服务体系建设】 1月，区老龄办对2015年承担区居家养老助餐服务体系试点建设项目的9家单位使用政府扶持资金情况开展审计。2月29日，区老龄办主任蔺红主持召开2015年居家养老助餐服务体系试点建设项目资金审计情况通报会，相关街乡及服务商近30人参加会议，会上通报该项目扶持资金审计情况及存在的问题，并对下一步整改工作提出具体要求。12月5日至9日，区老龄办对基层2016年申报的12个养老助餐服务中心建设项目开展集中督察。年内，全区完成20个街乡养老助餐中心建设任务。

（邵　巍）

【孝亲敬老园建设】 3月，在全区开展孝亲敬老园建设工作，有8个单位提交新建项目申请。年内，在酒仙桥街道、机场街道、呼家楼街道、双井街道、孙河地区建成5个孝亲敬老园，全区达19个。

（邵　巍）

【老龄事业发展状况报告】 4月，《朝阳区2015年老年人口信息和老龄事业发展状况报告》编制完成。截至2015年底，全区60岁及以上户籍老年人口数54.35万人，占户籍总人口数的26.20%，同比增长5.33%。其中，65岁及以上户籍老年人数38.86万人，占户籍总人口数的18.73%。

（邵　巍）

【“五月鲜花”老年文化活动展示】 5月13日，由区老龄办主办、区老年协会承办的“五月鲜花”老年文化活动展示暨第四届文化体育节启动仪式在大屯街道温馨家园举行。部分街乡老年人代表200余人参加活动。

（邵　巍）

【业务培训】 5月25日，在朝阳宾馆召开老龄工作培训会。全区43个街乡民政科（社会事务管理科）科长、老龄干部和区老龄办全体人员约90人参加培训。培训组织学习习近平总书记、李克强总理关于加强老龄工作的重要指示精神；回顾全区“十二五”时期老龄事业发展情况，进一步明确“十三五”时期老龄事业发展规划重点任务；部署2016年要抓好落实的重点工作任务。市老龄办权益保护处处长尹政伟围绕老年优待卡变北京通-养老助残卡、适老化改造等5个方面作专题辅导。

（邵　巍）

【“孝星”命名推荐】 6月，区“孝星”暨“孝星榜样”评选推荐工作启动。全区320人被命名为市级“孝星”，其中家庭孝老类“孝星”251人，行业助老类“孝星”33人，社会敬老类“孝星”34人，孝道传承之家类“孝星”2人；7人当选“孝星榜样”候选人；团结湖街道南北里社区获市“敬老和谐社区”称号，北京龙振养老服务中心荣获市“敬老模范单位”称号。

（邵　巍）

【“十三五”时期老龄事业发展规划发布】 9月，朝阳区《“十三五”时期老龄事业发展规划》正式发布。规划以区老龄工作实际为背景，涉及24家区老龄委成员单位，从健全老龄事业制度体系、建立社会养老保障体系、加快完善社会养老服务体系、构建高效的老龄工作体系和加快促进老龄事业改革创新等5个方面提出27类65项具体任务。

（邵　巍）

街道·地区（乡）

2017 北京朝阳年鉴

街　　道

安贞街道

【概况】 安贞街道位于朝阳区西北部,1989年12月成立。东起安定路、安定门外大街与和平街相邻，南至外馆斜街、外馆西街、黄寺大街与东城和平里接壤，西与海淀区花园路、西城区德胜门相交，北与亚运村街道、奥林匹克公园公共区南相连。辖区面积3.6平方公里。下辖6个社区居委会。年内有户籍人口18790户、47644人，常住人口75773人，流动人口14931人；新出生479人，死亡267人。有规模以上企业约199家。有医院3所，社区卫生服务中心1个、社区卫生服务站3个。有大学1所、中学2所、小学3所、幼儿园7所、国际学校1所、特殊教育学校2所。途经辖区公交线路26条，有地铁8号线、10号线贯穿其中。有206.4平方米为民服务大厅、980平方米地区文化中心，有4处文化广场和2处24小时自助图书馆。年内，完成区级财政收入8.876亿元，同比增长9.3%。代征个人出租房产税800万元。

地址：安华西里一区13号楼

邮编：100011

电话：64260018

邮箱：azxzb@sohu.com

（初鑫月）

【地区运动会】 5月21日，“真运动真健康”安贞地区首届运动会开幕式暨安贞街道体育界联合会成立仪式在安华里小操场举行。区体育局局长马海鹰、北京奥运会武术冠军赵庆健、羽毛球世界冠军董炯等名将及其他体育界知名人士参加活动。

（初鑫月）

【地区文化节】 6月27日，“欢乐安贞活力无限”安贞地区文化节暨安贞街道文学艺术界联合会成立仪式在安贞西里社区公园举行。数百位社区居民和数十家社会单位以及安贞街道文体协会代表参加。北京歌剧舞剧院、驻区部队、学校以及社会单位多家艺术团体现场表演。区文联秘书长金童,安贞街道工委书记董会生、办事处主任董健,安贞街道文联名誉主席、中国木偶艺术剧院股份有限公司董事长赵永庄,安贞街道文联主席、国家一级演员杨菲等共同宣布文学艺术界联合会成立。

（初鑫月）

【社区公益基金会成立】 9月30日，安贞街道“安和社区公益基金会”成立，注册资金为200万元，由20家辖区社会单位和热爱公益事业的社会人士共同出资。社区公益基金会以优化服务、改善居民生活、促进社区建设为宗旨，对社区开展扶老、助残、扶贫、济困、恤病、优抚等公益慈善活动，是愿意参与社区治理的企事业单位、社会组织、社区居民等多元主体搭建社区资源与需求对接的公益服务平台。

（初鑫月）

【《记忆中的长征》发行】 10月21日，由数位长征老战士后代口述编纂的《记忆中的长征》一书发布会暨道德大讲堂活动开讲仪式在街道会议室举行。此书编辑整理9位生活在安贞地区的红军老战士后代口述资料，书中详细记录老战士的长征经历和革命历程。

（初鑫月）

【区第十二次党代会代表选举】 11月2日，街道工委召开党员代表大会，选举出席朝阳区第十二次党代会代表，145名党员代表参加选举投票。大会以无记名投票方式选举6名出席区第十二次代表大会代表。

（初鑫月）

【平安联盟成立】 11月4日，街道办事处召开地区社会治安综合治理委员会全体会议暨平安联盟成立大会。安贞地区治安综合治理委员会全体成员及相关社会单位120余人参加会议。

（初鑫月）

【党政群共商共治】 12月15日，街道召开党政群共商共治年度总结暨2017年度立项工作会。年内落实街道和社区项目28件，涉及物业管理、平安建设、健康运动、文化惠民、公共服务、社会教育等6个方面。

（初鑫月）

【区域化党建工程】 年内，编制《安贞地区党建工作三年行动计划》。排查企业444家，摸排出党员252人，其中流动党员132人，新建“两新”党组织43家。实施非公企业党建创新工程，开展活动28场，5000余人次受益。

（初鑫月）

【党风廉政建设】 年内，通过逐级传导，压实“两个责任”。完善党风廉政建设责任清单。逐级签订任务书、承诺书，逐级落实提醒谈话、定期报告等制度，落实党风廉政建设全程纪实。逐项梳理115项涉权事项工作流程。完善“三重一大”决策制度和中小工程、服务（货物）项目、民生资金管理规定。集中检查10个方面执纪情况。

（初鑫月）

【非首都功能疏解】 年内，围绕“控增减存”，关停低端有形市场、拆除摊位89处，腾退2300平方米。完成北三环中路、安贞路等5条道路和安贞医院东门重点区域147户开墙打洞整治工作。拆除各类违法建设2400余平方米，完成59处人防工程、普通地下室和违法群租房的清理整顿，调控减少流动人口2827人，完成全年指标的125%。

（初鑫月）

【边界提升拓展工程】 年内，街道办事处对四边交界环境实施边界提升及拓展工程。升级改造外馆斜街、黄寺大街、中轴路两侧及周边区域环境，铺装道路5992平方米，绿化1500平方米，修复挡土墙、粉刷外墙等11365平方米，完成1.3万余平方米小微公园建设和中轴路两侧绿地改造工作。

（初鑫月）

【交通环境治理】 年内，治理交通大环境，打造“畅通安贞”工程。拆除私装地锁1300个；清理僵尸车34辆；新增停车位432个；改造外馆斜街等交通瓶颈路段，在公共区域安装挡车桩、隔离墩80余个；改造小区车辆出入口，引进智能停车管理系统，引导错峰停车，打通小区交通微循环。

（初鑫月）

【环境综合治理】 年内，完成31户“煤改电”、617户4万平方米节能改造任务。安华路、安贞路为“门前三包示范街”。查处无照经营140余起，拆除非法广告牌匾78块。设置163个再生资源回收柜，实行垃圾分类。

（初鑫月）

【居家养老服务】 年内，地区形成“线上线下”一体化养老服务模式：在线上结合智慧养老服务平台，开展医疗、家政、护理等便捷服务。在线下，建成“一南一北”两家养老照料中心和5处养老驿站，配备7台自助售餐机，每日提供500人次养老餐，订餐居民1300余人，年供餐量12万余份。

（初鑫月）

【社区居委会】

名称	地址	电话
1. 安贞里社区居委会	安贞里二区20号楼	64428863
2. 安贞西里社区居委会	安贞西里三区5号楼东小2层	64453619
3. 安华里社区居委会	安华西里二区11号楼	84241354
4. 安华西里社区居委会	安华西里一区21号楼平房	64268241
5. 裕民路社区居委会	裕中东里1号院	82027289

（初鑫月）

奥运村街道

【概况】 奥运村街道位于朝阳区西北部。东靠来广营乡，南与亚运村和大屯街道相连，西接海淀区清河镇，北与昌平区天通苑接壤。辖区面积9.6平方公里。年内有户籍人口64178人，流动人口15928人，常居住总人口约107936人。社区居委会12个，党政机关5个，军事单位5个,事业单位35家，规模以上企业272家，小学5所，中学2所，三甲医院2个，社区卫生服务中心1个，社区卫生服务站2个。街道处于奥运功能区核心区域，有“鸟巢”“水立方”等7个奥运会大型竞赛场馆，有600公顷奥林匹克森林公园，中国科技馆、中科院感光所及天文台、国家动物博馆、中国环境科学院等中央、部委企事业单位17家，三星级以上酒店5家。辖区有北顶娘娘庙、龙王庙、弥陀古寺等历史文物古迹，是集商业、文化、旅游、休闲为一体发达区域。年内，街道完成城市管理、社区建设与社会动员水平提升，控违拆违、人口调控、群租房整治等重点任务，“五环”国际社区建设取得新成果。实现区级财政收入6.11亿元，同比增长0.18%。代征个人出租房屋税1210万元。

地址：安立路28号院3号楼

邮编：100107

电话：84945556

邮箱：aycdas@bjchy.gov.cn

（王志华）

【社区工作者工会成立】 1月21日，奥运村街道社区工作者工会委员会正式成立。社区工作者工会分13个工会小组，有会员17人。

（张春红）

【京津冀健身毽比赛】 5月29日，地区文化服务中心举办京津冀奥林匹克民间体育健身毽比赛，来自京津冀三地32支代表队参加比赛。

（白　颖）

【“清夏行动”】 6月至9月，地区城管队联合综治、公安、食药监等部门开展“清夏行动”。严查道路两侧露天烧烤、餐饮、大排档、无照游商等各类违法经营行为，期间，出动执法人员320余人次，动用车辆40余次，查处无照游商135起，暂扣三轮车65辆、机动车14辆，查处露天烧烤6起，规范店外经营80余起，罚款1.7万元。

（杨　凯）

【养老服务驿站揭牌】 10月30日，龙祥、绿色家园、北沙滩、风林绿洲、双泉、总装6个社区“养老服务驿站”揭牌并运营，为社区老年人提供日间照料、康复理疗等养老服务。

（薛金秋）

【《内控手册》编制完成】 12月，完成《奥运村街道办事处内部控制手册》编制工作，并实施。

（王少亭）

【基层党组织建设】 年内，街道工委扩大党组织在非公企业和社会组织中覆盖面，136家社区社会组织实现党组织全覆盖，1012家非公有制企业“两个覆盖”（党组织覆盖和党的工作覆盖）率94.07%，新建正式党组织14个、流动党员党支部97个。

（魏悦爽）

【信访处置】 年内，街道初访化解率100%，重点矛盾结案率100%，做出书面答复意见14件。

（王　伟）

【食药品安全检查】 年内，分级分类检查22家药店，量化评级检查320家餐饮服务单位，完成41户挂账治理任务。

（陈燕华）

【“双百”示范项目】 年内，除拂林路和仰山路被评为“门前三包”示范街，关西街、奶牛中心门前路和科荟前街被评为精细管理示范街巷，科学园、大羊坊成为老旧宜居示范小区，北沙滩、大羊坊为无地锁社区。

（栗朝阳）

【协调处理讨薪事件】 年内，协调处理讨薪事件13起，涉及300余人，劳务费及工人工资600余万元。

（陈静仪）

【劳动就业】 年内，开发空岗2927个，完成率191%；失业人员就业率72%，完成率106%；就业困难人员就业率81%，完成率102%。建用人单位档案153家，完成率100%。完成失业人员免费技能培训92人，完成率243%。创建充分就业社区8个，完成率100%。

（于海澜）

【工会建会】 年内，地区成立工会319家，会员3368人，其中独立工会13家，会员1700人，联合工会306家，会员1668人。

（焦　娜）

【拆除违法建设】 年内，拆除新增984处违法建筑，拆除面积3916平方米。

（潘　倩）

【社区居委会】

	名称	地址	电话
1.	总装社区居委会	安翔北里10号院	66355671
2.	南沙滩社区居委会	南沙滩66号院3号楼1单元	52071973
3.	科院社区居委会	科学园南里东街2号楼2层	64841885
4.	风林绿洲社区居委会	科学园南里f12号楼4单元	64874476
5.	绿色家园社区居委会	天居园5号楼1层	84916766
6.	大羊坊社区居委会	双营路11号院1号楼东北角	64528614
7.	龙祥社区居委会	清林路1号院世茂奥临7号楼	84940730
8.	万科星园社区居委会	万科星园北门	84924006
9.	北沙滩社区居委会	北沙滩8号院5号楼	64830145
10.	双泉社区居委会	域清街2号院5号楼	52925020
11.	林翠社区居委会	林翠路9号（京师园5楼18号）	58213290
12.	国奥村社区居委会	林翠东路2号院西门	84370050

（王志华）

八里庄街道

【概况】 八里庄街道位于朝阳区中西部。东起青年路与平房接壤，南以京通快速路及铁路线为界与高碑店地区相邻，西至大望路和金台路与建外、呼家楼街道相连，北临二道河与六里屯街道相望。辖域面积4.4平方公里。下辖14个社区,年内有户籍人口126601人，其中户籍人口95611人，流动人口29565人，外籍人口1425人。驻地单位4079个，其中中央单位30个、市属单位56个、区属单位38个、私营及其他单位3955个。区域交通便利，东四环路横跨南北，朝阳路贯穿东西。地铁1号线、6号线驶经辖域，18条公交线路可达办事处所在地红庙路口，其中4条以红庙为起点，有53条公交途经地区。紧邻CBD核心区，中国纺织科学院、国华置业、北京SKP、西单商场、北京京棉集团有限责任公司、朝阳区青少年活动中心、莱锦文化创意产业园等坐落在辖区内。年内，一般财政收入17.04亿元,同比减幅3.89%。

地址：柴家湾12号

邮编：100025

电话：53203504

邮箱：blzjd@bjchy.gov.cn

（刘文毅）

【文学艺术界联合会成立】 1月，八里庄街道文学艺术界联合会成立。62支文化队伍纳入地区社会文化建设整体规划，让更多居民群众从文化活动的参与者转变为文化建设的创享者。

（刘文毅）

【社区党支部改为党委制】 年内，罗马嘉园社区、远洋天地家园社区、十里堡南里、朝阳无限、甘露园中里、城市华庭6个社区党支部改为党委制。辖区14个社区全部实行党委工作机制。

（刘文毅）

【党风廉政建设】 年内，街道工委根据办事处机关岗位职责逐级签订责任书109份，岗位责任清单78份。细化《八里庄街道2016年两个责任工作任务表》，建立"一岗双责"工作台账，完善廉政提醒谈话制度，记录主体责任落实情况。制定《八里庄街道中小型工程管理办法》，规范投资额100万元（不含）以下工程项目流程，建立小型工程施工单位库、监理单位库、工程评审单位库。全年接受及上级转交案子6件，立案调查1人，办理刑事案1件，开除党籍1人。街道机关开展廉政提醒谈话65人次，函询1人。各社区开展廉政谈话32人次，1名劳动协管员被调离工作岗位。利用第三方加强监督检查工作，制定《八里庄街道党风政风监督员管理及劳务补助办法》，7月起，每月补贴社区纪委书记100元工作奖励金。

（刘文毅）

【非公和社会组织"两覆盖"】 年内，街道工委推进非公企业和社会组织两覆盖。成立非公企业和社会单位党组织21家，党员103人，完成42个党组织服务群众项目。

（刘文毅）

【非首都功能疏解】 年内，阻止劝退40余家不符合政策的企业在地区新设及变更。6月，完成十里堡商宇农副产品市场的腾退工作。清理封闭出租地下空间42处，清空房屋2141间，控减流动人口3596人。

（刘文毅）

【"煤改电"工程】 年内,完成红庙北里、延静里等四环路内居民"煤改电"工作。查处四环外经营性燃煤炉，收缴各种炉具300余套。为1551户独居老人家庭、享受低保生活补助的残疾人家庭免费安装燃气报警器、燃气自闭阀、更换燃气管等。

（刘文毅）

【环境整治】 年内，完成168户"开墙打洞"整治工作。拆除违章建设4260平方米，整治露天烧烤、大排档61处，拆除擅自设立的电子屏43处、违规牌匾标识58处，查扣无照经营236起、取缔无照经营小市场1处，搬移影响人行报亭2处、查扣"黑摩的"138辆，清理非法小广告1.5万张，消除卫生死角300余处，清理无主垃圾1500余吨。组织红北、红庙、延静里、十里堡4个社区开展垃圾分类达标"绿足迹行动"，延静西里小区和机二委小区成为朝阳区垃圾分类示范小区和街道环境管理示范小区。

（刘文毅）

【社区居民自治】 年内，街道全部社

区建成居民议事厅。成立社区自管会，共同商讨解决群众“出行难”“停车难”等难题。完成街道层面24个党政群共商共治项目工程。启动19个计划项目。成立八里庄物业自律协会，征集首批会员34家。

（刘文毅）

【社区规范化建设】 年内，推进星级智慧社区建设，社区微网格、楼门文化建设实现全覆盖，推进“一社区一品牌、一社区一精品”工程。华庭社区市级社区规范化示范点工作通过验收，完成华贸等4个社区绿色智慧平安社区创建工作。实施八里庄东里社区、甘露园社区的办公用房消隐改造，改善罗马嘉园社区办事大厅及活动场所环境。

（刘文毅）

【社区治理人才队伍建设】 年内，依托睦邻社会组织基地，培养社区治理人才队伍，由12家专业组织和155家社会单位组成联合会，启动基层党组织服务项目46个，社区公益金项目34个。通过举办各类公益活动吸引志愿者和服务商加入联合会。约1.5万人关注志愿服务微信号，参与志愿服务者超过8400人，参加“一刻公益”志愿反哺服务商超过150家，实名注册志愿者达5595人。

（刘文毅）

【“互联网+”居家养老】 年内，依托互联网启动健康“家”养老服务体系，为地区300余名老人配备智能穿戴设备，对老人生命体征实施监测，提供紧急救助、送医上门和慢病防治。建立4个养老驿站，为社区老人提供用餐、日间照料、健康义诊、文化活动等服务。

（刘文毅）

【帮困助残】 年内,在重大节日，慰问优抚对象210人次，发放慰问补助金100万元，为443户低保家庭补发保障金665万余元，为208户困难群众发放采暖补贴34万余元。全年投入73万余元，走访慰问2436名残疾人员。

（刘文毅）

【文化活动与服务】 年内，依托朝阳文化馆和莱锦文创,举办“大碗茶”“市民美育创新周”活动。完成八里庄VI视觉形象识别系统设计,举办庆祝建党九十五周年暨长征胜利八十周年文艺会演和书画摄影展等20余场活动，举办八里庄第二届足球联赛,开办社区教育大课堂60余场。

（刘文毅）

【就业和社会保障】 年内,组织大型招聘会2次，各类技能培训129人次，城镇登记失业人员就业率72.34%，27人实现创业，带动就业106人。

（刘文毅）

【矛盾调处和维护稳定】 年内，对456名重点人员加强日常监管。受理”政民互动”平台3175件，处理信访55件，案件办结率100%。发动社区力量群防群治，收集上报维护稳定情报信息28条。

（刘文毅）

【缓解交通拥堵】 年内，制定《八里庄缓解交通拥堵2016年工作方案》。对无照游商、“黑摩的”、违法占道等乱点进行整治16次，拆除私装地锁1000个，清除停车乱收费点3处，清理“僵尸车”6辆，在朝阳路、西大望路加装2处隔离护栏和地桩。

（刘文毅）

【安全生产】 年内,构建“互联网+安全生产”信息化体系，形成政府主导、行业监管、企业负责的安全生产综合联动治理模式。开展各类安全执法检查6200余次，行政处罚42起，罚款20.4万元。通过八里庄安全生产互动平台报送各类安全生产信息600余条,签订安全生产责任险67份、消防安全责任书3000余份、预防煤气中毒责任书2690份，整改和排除各类安全隐患5200余处，监督检查食品、药品700余次，罚没款项25万余元。

（刘文毅）

【社区居委会】

	名称	地址	电话
1.	红庙北里社区居委会	红庙北里53号楼平房	65014186
2.	红庙社区居委会	慈云寺4号楼东侧平房	65046519
3.	八里庄西里社区居委会	慈云寺北里207号楼26号	65570478
4.	八里庄东里社区居委会	八里庄东里12号楼平房	65569064
5.	十里堡社区居委会	十里铺东里27号楼平房	65577555
6.	延静里社区居委会	延静里西里22号楼东平房	65014362
7.	甘露园社区居委会	甘露园南里18号楼后	85781756
8.	朝阳无限社区居委会	甘露园方清苑小区4号楼	85739508
9.	城市华庭社区居委会	十里堡城市广场2号楼	85789902
10.	十里堡南里社区居委会	甘露园中里2号院12号楼	65577308
11.	罗马家园社区居委会	朝阳北路107号院19楼	58627490
12.	华贸中心社区居委会	建国路89号15楼	52036920
13.	远洋天地社区居委会	八里庄西里59号楼南配楼	85866626
14.	甘露园中里社区居委会	林翠东路2号院西门	84370050

（刘文毅）

朝外街道

【概况】 朝外街道位于朝阳区中西部，成立于1954年,是朝阳区最早成立的街道之一，是区委、区政府办公所在地。东起工体东路、东大桥路与呼家楼街道相连，西至朝阳门南北大街与东城区接壤，南至光华路与建外街道为邻，北至工体西路、工体南路与三里屯街道连接。辖区面积2.2平方公里。下辖7个社区居委会、39个小区。年内有户籍人口16213户、33223人，常住人口46029人，流动人口12806人。辖区有外交部、司法部、民建中央、中石化等国家机关及大型国企单位，首都第一使馆区坐落于此。朝外街道是北京少数民族聚集区，有回、满、蒙古、藏等21个少数民族，约3300余人。域内商业服务业发达，商务楼宇众多，是北京重要的商业繁华街区和CBD休闲消费功能区，有昆泰、蓝岛等大型商业企业和驰名中外的雅宝路、老番街服装市场及悠唐广场、侨福芳草地等娱乐场所。有医院2所、社区卫生服务中心1个、社区卫生服务站5个、社会管理中心1个、社区服务中心1个。地铁2号线、6号线贯穿其中。有215.44平方米为民服务大厅、2000平方米地区文化中心、8处文化广场和7处社区文化活动室。年内，开展"疏功能、减人口、稳增长"重点工作，按照政策要求及区委、区政府关于雅宝路商圈市场定位招商引资,商厦通过"反租—改造—整租"转型升级方式，奥特利玛鞋业市场、雅宝红城、国星童装市场、威格德纳批发市场、瑞丰裘聚服装市场5家属于雅宝路功能疏解范围内的市场疏解完毕，开展环境整治行动。年内，实现区级财政收入27.82亿元，同比增长19.55%。

地址：朝外芳草地北巷5号院

邮编：100020

电话：85629992

网址：www.bjcwjd.gov.cn

（李爱璇）

【电视云服务上线】 2月1日，"朝外生活圈"电视云服务在歌华有线上线。"朝外生活圈"基于高清交互电视云平台，引入移动互联网与电视互动的社区服务新模式，向社会展示并提供社会资讯、历史传承、便民生活、多彩社区、街景地图、教育平台、时尚文化、一刻钟服务圈等，为地区2万余户家庭提供智慧电视云服务。

（李爱璇）

【社会建设和老年协会成立】 2月至5月，朝外地区社会建设协会和老年协会经区民政局批准成立。其主要职责是统领和协调区域社会组织开展各种社会服务和建设，通过自身团队建设，发挥枢纽型社会组织作用。

（李爱璇）

【对外合作交流】 3月4日，河北唐山市路北区翔云道街道领导到朝外街道考察交流。双方商定建立合作关系，并签订友好街道框架协议书。

（李爱璇）

【第十届春分·朝阳文化节】 3月20日至21日，在日坛公园举办第十届"春分·朝阳"民俗文化节。活动主要为祭日表演、文化展示、公益展卖等。

（李爱璇）

【侨联维权服务站成立】 9月7日，街道办事处召开侨联依法维权工作暨依法维权工作服务站成立大会，市侨联维权工作部部长陈赞兴、区侨联主席曾旭出席会议。是市首家成立的街道层面的侨联依法维权服务组织。

（李爱璇）

【人大代表换届选举】 11月15日，朝外街道7个社区全部完成区第十六届人大代表换届选举工作。选举产生新一届人大代表16人。其中女代表8人，占50 %；少数民族代表1人，占6.25%；中共党员代表11人，占68.75%；民主党派代表1人，占6.25%；35岁以下代表1人，占6.25%。朝外地区登记选民55544人，其中单位选民35521人，占70%；居民选民20023人，占30%。街道划分7个混合选区，942个选民小组，分设28个投票站和9个流动投票箱。参加投票选民55069人，参选率为99.14%。

（李爱璇）

【社会矛盾化解】 年内，接受群众电话咨询120余人次，收到群众来信、来访286件次。排查调处人民内部矛盾纠纷2次，信访重点人排查2次，重大节日矛盾排查5次。利用"群众服务室"平台化解矛盾纠纷181件（次），为居民提供义务法律咨询服务300余人次。

（李爱璇）

【非首都功能疏解】 年内，以疏解腾退、产业转型升级为工作目标，以市场为主导，整合资源，在保定白沟、廊坊大厂、天津武清等地协助下，完成15栋大厦15万平方米的疏解任务。清退商户1258家，拆除违法户外广告195块。

（李爱璇）

【"开墙打洞"整治】 年内，重点在芳草地、雅宝里、天福园、体东、三丰里5个社区开展"开墙打洞"专项整治行动。完成5个社区229户，腾退6800余平方米门脸房，其中涉及雅宝路市场特色皮毛、服装等零售批发低级产业114户，腾退3000余平方米，调减人口1800余人。

（李爱璇）

【环境综合整治】 年内，完成市级挂账违法建设5处432.4平方米和新增违法建设13处125平方米拆除任务。取缔无照经营和擅自摆摊设点510余起，暂扣物品830余件，取缔挂账无证餐饮单位75家，查扣烧烤车34辆、烤炉9个、桌子93张、椅子120余把。

（李爱璇）

【帮困助贫】 年内，开展对各类群体慰问活动。为300多户老人家庭安装"一按铃"；为127人次发放医疗救助金14.5万元；为5人办理丧葬补助，发放补助金2.5万元；为51户享受低保家庭办理集中供热采暖补助，为2名孤儿办理社会保障保险，为1名特困人员发放生活困难补助1.37万元。临时救助26人，为其发放救助金8.4万元。慈善救助33人，为其发放救助金3.8万元；慈善医疗卡救助6人，发放救助金2419.59元。

（李爱璇）

【平安社区建设】 年内，检查4707家生产经营单位，发现安全隐患3077处，责令限期整改较大隐患单位1440家。清理辖区内市级挂账占压燃气管线5处。建设社会治理平台，成立保安夜巡队，为重点单位区域接入监控设施。

（李爱璇）

【全模式社会管理平台】 年内，街道指挥中心处理各类网格案件28480件，政民互动类案件结案、反馈满意率考核位居全区街道系统之首。二级平台将社区环境卫生等纳入社区居民自治体系，由社区环境委员会牵头，以自管会为主，吸收楼门长、志愿者、居民代表作为监督队伍有效补充。以吉庆里社区作为"二级闭环"试点社区开展调研，并成立网格事务协调委员会。

（李爱璇）

【垃圾分类管理】 年内，芳草地社区完成垃圾分类标准小区审核和全面实施垃圾分类工作。9个生活小区、25个垃圾站点参加试点，涉及2193户居民。完成三丰里、雅宝里、天福园、芳草地4个社区29个垃圾分类标准小区，91个分类站点改造工作，更新改造封闭式箱体分类站点57个。

（李爱璇）

【市场秩序治理】 年内，检查小门店餐饮单位70家、无照摊点18处，发放告知书等材料130余份，暂扣燃煤炉等经营工具22个。开展联合执法25次，重点对东大桥沿线、区政府周边、雅宝路无证餐饮聚集区、三丰里南巷、芳草地西街的无证餐饮单位进行清理，取缔挂账无证餐饮单位75家。

（李爱璇）

【社区居委会】

	名称	地址	电话
1.	芳草地社区居委会	东大桥路23号院	85619525
2.	吉庆里社区居委会	工体西路4号楼南侧园内	65538102
3.	吉祥里社区居委会	朝外大街北侧112号楼旁	65514388
4.	三风里社区居委会	三风里14号楼南侧小楼	85612610
5.	体东社区居委会	工体南路甲1号平房院	85611495
6.	雅宝里社区居委会	朝外大街甲14号楼北侧	85628668

（李爱璇）

大屯街道

【概况】 大屯街道位于朝阳区西北部。东邻望京街道和来广营乡，南面与亚运村街道、小关街道和太阳宫乡相连，西面、北面均与奥运村街道接壤。辖区总面积10.013平方公里。下辖14个社区居委会。年内有户籍人口28382户、74634人，实住人口56132户、169980人，流动人口55821人。有法人单位5804家、个体工商户1442个、实体产业单位980家、住宿餐饮类企业254家。辖区主要道路有49条，其中市管道路8条、区管道路21条、社区道路20条。有大学3所、中学3所、小学8所、幼儿园19所。医疗机构和养老机构各1所。途经辖区公交线路十余条，有地铁5号线、15号线贯穿其中。有2处为民服务大厅、7处文化活动中心、1处文化广场，绿地面积395.92万平方米，绿化覆盖率为41.06%。实现区级财政收入21.55亿元，同比增长0.7%，完成指标的92%；征收个人出租房屋税2240万元，完成指标的112%。

地址：安慧北里雅园1号

邮编：100101

电话：64917665

邮箱：dtxzb@aliyun.com

（刘语桐）

【“手牵手送温暖”活动】 3月4日，街道举办“公益手牵手邻里守望送温暖”活动。41家社会单位、高校及公益组织参加活动。活动提供公益服务项目90余个。

（刘语桐）

【“清夏行动”】 8月，街道开展“清夏行动”。全面整治辖区环境秩序。出动人员1460余人次、240余车次，取缔露天烧烤122起、非法大排档及店外制作238起次，暂扣冰箱12台、烧烤炉具84个、桌椅550余套，取缔无照游商76起，暂扣机动车、三轮车54辆。

（刘语桐）

【党代表选举】 11月2日，街道工委召开党员代表大会，141名代表出席。大会选举马继业、吉旭初、高敬茹、杨堃、王佼为街道出席朝阳区第十二次党代会代表。

（刘语桐）

【人大换届选举】 11月15日，区人大换届选举投票工作正式展开。大屯地区设置投票站20个，47081名选民参加投票选举，参选率99.02%。张永贵、张维刚、顾昱、田晔、吉旭初、高秀丽、刘永芳、钱军、金朵、张农科、田振清、朱迎波、杨鹏、冯良等14人当选。

（刘语桐）

【养老照料中心落成】 12月6日，大屯地区养老照料中心落成。总面积为1260平方米，设有54张床位。采取“医养结合、托养一体”运作模式服务社区老年人。

（刘语桐）

【安全生产检查】 年内，开展对辖区所有生产经营企业进行安全隐患大排查。检查320个（次）单位，下达检查文书270份，发现隐患470处，整改432处。行政处罚15家隐患较大的单位，处罚金额6.7万元。专职安监员检查5491家，查出隐患6027处，整改5712处。开展专项排查9次，参加联合执法56次，出动人力420余人次。

（刘语桐）

【助残帮困】 年内，街道14个社区完成第三届残协换届工作。为52名无业重度残疾人发放困难生活补助44.5万元，为38名低保、残疾人发放困难生活补助4万元，为163人发放助残购物券（折合人民币）17.9万元，为372名残疾人发放护理补贴61万元。

（刘语桐）

【环境综合整治】 年内，街道组织召开社区及责任单位门前三包会议20次，检查“门前三包”责任单位7355家，规范4486家，处罚6起，罚款6500元，拆除挂账违法建设4040平方米、账外违法建设5358平方米，清理腾退出租大院、公寓、地下室及拆除违法建筑39处9398平方米，整治“开墙打洞”19起。组织联合执法200余次，出动人员5000余人次，动用执法车辆700余台次，取缔露天烧烤行为273起，没收各类经营工具1581件，立案13起，罚款1.7万元。全年查处无照经营违法行为880起，暂扣各类车辆790辆，立案115件，罚款5.96万元。

（刘语桐）

【和谐社区建设】 年内，14个社区、52个小区成立议事厅，召开议事会284次，协商解决消防通道清理、楼道照明等事项211项。近200支各类组织和队伍，开展公益服务、居民活动等800余场次。

（刘语桐）

【社会综合治理】 年内，街道聘用60名专业保安，配备巡逻车8辆，成立大屯地区治安巡防队。地区发案151起，检查社会单位858家，处理网格2015张，检查安全隐患2845处，下发限期整改通知书423张。地区新登流动人口11761人，核销17424人；新登出租房屋701户，核销1127户；治理违法群租房46户，劝退流动人口376人。调控流动人口5902人，清理僵尸车40余台，拆除地锁2700个。

（刘语桐）

【社区居委会】

	名称	地址	电话
1.	惠中里第一社区居委会	惠中里甲16号楼北侧	64980308
2.	惠中里第二社区居委会	惠中里b区108号楼东南	64959011
3.	惠中北里第一社区居委会	惠中北里411楼104号	64869360
4.	惠中北里第二社区居委会	惠中北里108号楼0106室	64864019
5.	秀雅社区居委会	安慧北里秀园17号楼110	64950058
6.	安逸社区居委会	安慧北里安园6号楼104	64951098
7.	大屯里社区居委会	大屯里115号楼208号	84806303
8.	安慧东里社区居委会	北苑路178号院光大名筑8号楼	64826118
9.	欧陆经典社区居委会	欧陆经典172院16楼103	84853151
10.	育惠西里社区居委会	育惠西里小区办公楼	64979709
11.	嘉铭园社区居委会	嘉铭园a区5号楼2单元	84858717
12.	育惠里社区居委会	成慧路2号院1楼1单元	84656040
13.	世纪村社区居委会	世纪村西区8号楼北侧	84634647
14.	亚运新新家园社区居委会	辛店路亚运新新家园物业	51737167

（刘语桐）

东湖街道

【概况】 东湖街道位于朝阳区的东北部，紧邻望京街道和来广营乡。2014年12月正式成立。东至机场高速路与崔各庄乡接壤，南至北小河北侧望京西路中心线至湖光北路、宏泰西街中心线与望京街道毗邻，西至地铁十三号线西侧，北至五环路与来广营乡连接。区域面积5.4平方公里。下辖7个社区居委会。有户籍人口14899户、36797人，常住人口76675人，流动人口14740人，外籍人口2980人；新出生登记688人，死亡登记93人。有外商投资企业183家、港澳台商投资企业37家。有医院8所、社区卫生服务中心1个，社区卫生服务站1个、有中学5所、小学6所、幼儿园11所。有养老机构3所。途经辖区公交线路37条，地铁13号线、14号线、15号线贯穿其中。有406平方米的为民服务大厅、2054.87平方米的地区文化中心、25处文化广场和3处24小时自助图书馆。辖区绿地覆盖率为42%。年内，按照"高端国际化、新型智慧化、现代宜居化"工作思路，实现"十三五"规划发展良好开局，年内区级财政收入7.37亿元，同比增长24.06%，征收房产税1600.8万元，同比减少40%。

地址：宏昌路6号

邮编：100102

电话：64716674

邮箱：donghudzb@163.com

（王　妍）

【人大换届选举】 4月至11月，登记选民14406人，划分4个选区，选民小组推荐代表初步候选人29人，其中政党、人民团体推荐的2人，选民10人以上联名推荐的27人，确定正式代表候选人14人。11月15日，投票选举日设置8个投票站、28个流动票箱，参加选举投票选民13991人，参选率97.12%，选举产生新一届区级人大代表10人。

（黄文波）

【党员教育管理】 5月，街道获区"学党史、强党性、爱朝阳——庆祝建党95周年党史知识竞赛"街道系统第二名。开展"十百千万"优秀服务项目评选推荐工作，成功申报1个优秀服务品牌、4个服务项目、29支服务队伍以及211名优秀党员志愿者。组织"党员献爱心"捐款活动，捐得善款51417.5元。排查街道1851名党员组织关系，找回失联党员26人。开展党费专项核查，546名党员补缴党费44万余元。

（赵建刚）

【区域化党建】 年内，联合叶青大厦、第八十中学等36个基层党组织成立地区党建工作协调委员会，在7个社区建立党建分会。组建"网格化"居民支部协作组29个；与河南省光山县建立党建工作联系制度并签订《跨区域党建共建联系协作协议书》；建成地区"一网一号三群"党建信息网，报送信息近千条。

（赵建刚）

【共青团建设】 年内，完成共青团朝阳区委第十二次代表大会代表换届工作和团费收缴工作。成立东湖街道青年政策研究会，组织区域性论坛1次、志愿服务活动3次，地区青年汇组织公益讲座27场，专题培训32次。

（王　聪）

【科安防范措施】 年内，完成利泽西园朝阳区平安示范小区创建工作和南湖中园社区、望京西园二区、果岭里社区防爬刺安装工程。为困难家庭、独居老人等210户安装燃气报警器更换及燃气软管，为7个社区建立微型消防站，为南湖中园一区更换单元门禁48套。开展打击“黑车”“黑摩的”专项行动，查扣各种违法车辆40台，组建一支“东湖哨兵”队伍，配备治安巡逻车10辆，组建移动警务工作站，发动志愿者、治保积极分子、社区治安员、社会单位等群防群治力量2万余人次。

（刘晶晶）

【社会综合治理】 年内，拆除现有和新增违法建设3355平方米，清理整治地下人防5处、散居出租地下室33处1.9万平方米、“群租房”27套，清理流动早餐车26台（处）、固定摊点8处，取缔无照经营430余起，减少流动人口2333人。

（刘晶晶）

【安全生产监管】 年内，开展排查治理危化、生产、餐饮、学校、烟花爆竹等重点行业安全工作。检查生产经营单位4218家次，排查安全隐患5930处，立案18起，行政处罚13.6万元。开展宣传教育及专业培训30余次，发放安全宣传材料1.35万份，悬挂张贴宣传标语、条幅、宣传海报470余条，摆放展板70余块，2万余人受到教育。

（邢 君）

【社区建设】 年内，完成2条“精细化管理示范街”和2个“宜居示范小区”创建工作。道路修补、铺装700平方米，渣土清运280立方米，绿化美化4000平方米，防粘贴、防涂鸦粉刷楼体外立面1.36万平方米，整理卫生死角50余处，清理堆物堆料50吨，清理小广告5000余张。完成望京花园、利泽西园一区、南湖中园北、果岭里4个社区“四星级”智慧社区创建工作，完成望湖、望京西园、南湖东园北3个社区“五星级”智慧社区创建工作，完成南湖中园北社区绿色、平安、智慧社区创建，完成南湖中园北社区安全地震示范社区创建工作。

（王殿文 张 红）

【社会组织建设】 年内，东湖地区建有各类社区组织98个，其中备案社会组织73个，公益服务性社会组织35个，建成东湖地区社会动员中心。开展社会组织调查，培育孵化社会组织，组织社会服务资源大集等活动。

（张 红）

【抚恤优待】 年内，新接收伤残军人3名，为伤残军人、老复员军人、军退职工等发放护理费、定期补助、抚恤金、奖励金、优待金、工资等88万余元；为269名超转人员发放津贴516万余元。

（范红仔）

【助残帮困】 年内，完成老年优待卡更换养老助残卡4599张。对391名持证残疾人进行需求核查，为31名残疾人办理残疾人证，为8名残疾儿童办理康复专项补贴102735元，协助2名残疾人申请配发辅具，为143名重度残疾人申请护理补贴、为63名重残无业者申请生活补贴（包括24名残疾儿童）。走访慰问残疾人家庭104户，慰问金额7.21万元，为17户残疾人家庭实施无障碍改造。组织120名残疾人进行春秋季户外康复活动2次，完成残疾人联合会换届选举和温馨家园建设工作。

（范红仔）

【社会保障】 年内，为544人办理城镇居民医疗保险，为50人办理城乡居民养老保险，为3人办理享受领取城乡养老保险养老金手续，为参保居民变更个人信息124人次，为6人办理异地就医，为726名内退人员变更医院，办理药费报销177笔、111万余元。办理社保卡挂失补卡806人次，二次申领补卡70人次，换卡47人次，发卡1751人次。办理退休审批手续21人，接收、转入退休关系39人，为21名退休人员申请自采暖补贴，为3名去世退休人员办理丧葬费和一次性补贴。组织社会化退休人员开展书法、国画、油画、版画、插画、健步走等活动。

（赵红曦）

【就业服务】 年内，开展职业指导206人次，失业人员技能培训33人次，免费为失业人员技能培训33人次，就业困难摸查68人，新增招聘单位登记13户，开发就业岗位530个，推荐失业人员就业成功54人。

（赵红曦）

【妇联建设】 年内，地区开展三八国际妇女节宣传服务活动。召开优秀妇女、最美家庭慰问及座谈会。西园社区马崇群家庭、望湖社区申京淑家庭被评为区级最美家庭，南湖东园北社区张兵家庭获区级最美家庭提名奖。南湖东园张兵获北京市2016“我家最美”家风故事汇征集活动一等奖。望京西园社区妇女之家被评为2016年区级示范“妇女之家”，众运大厦中“姐妹驿站”被评为2016年区级示范“姐妹驿站”，望湖社区“爱心邻里手工坊”被评为2016年区级优秀活动项目。

（孟晓霞 孙媛媛）

【人口与计划生育工作】 年内，地区开展“东湖一家人”全程关爱活动，核查和动态监测流动人口信息。通过卡片核对流动人口1万余人，为400余名育龄妇女提供免费体检、孕前优生、补服叶酸等服务。办理生育服务登记卡、独生子女证等312份，发放独生子女死亡扶助金33万余元，为失独家庭提供体检、理疗、安康保险、优先、优诊等服务。

（单继红）

【环境综合整治】 年内，街道投资610万元，完成环境整治提升项目。取缔无照经营637起，规范门前“三包”单位500余家，处罚社会单位及门前“三包”单位78家次、个人80人，非法小广告停机52个，立案查处施工工地问题5起，查处并规范燃气安全隐患3个，立案查处露天烧烤59起，查处违规停车1起，立案查处餐厨垃圾乱倒21起，罚款13.46万元。

（王殿文 纪智华）

【劳动监察】 年内，采集、更新企业信息180家，劳动用工审查用人单位55家，劳动监察立案66件，清理办理社保登记未交费企业50家，完成工商注册企业办理社保登记7家，调查重点企业薪酬情况18家；受理发生劳动争议及被举报投诉企业18家，调解劳务纠纷65起，为15人协调解决与用人单位工资问题，金额3.2万元。

（殷康国）

【矛盾化解】 年内，开展“矛盾纠纷排查”“信访工作研究”“信访评估”“信访宣传”“网上信访百日会战”等工作。接待群众来访22批次，接听群众来电（含96105）35次，接收市、区转来信访信件258封，排查化解社会矛盾27次、145件。

（徐日强）

【社区居委会】

	名称	地址	电话
1.	望京花园社区居委会	望京花园130号楼2测光	64700550
2.	利泽西园社区居委会	利泽西园一区104号楼106	64758250
3.	望湖社区社区居委会	望湖花园209号楼底商101	64721670
4.	望京西园社区居委会	望京西园一区116号楼南	64794570
5.	南湖东园北社区居委会	南湖东园一区临123号	64791990
6.	南湖中园北社区居委会	南湖中园117号楼底商	64728432
7.	果岭里社区居委会	望京广泽路6号院东门	84727412

（徐日强）

垡头街道

【概况】 垡头街道位于朝阳区东南部，东与豆各庄交界，南与十八里店为邻，西与南磨房接壤，北与王四营乡连接。辖区呈条状，属于城乡接合部。区域面积5.32平方公里。年内，有户籍常住人口9.2万人，流动人口近1万人。有居民楼277栋、平房院11个、社会单位435家（含门店）。下辖13个社区。规模以上企事业单位10家，教育机构15家（含北京工业技师学院和北京联合大学生物化学工程学院），有一级医院1所、社区卫生服务站2个。途经辖区公交线路13条。有2000平方米综合服务活动中心（内有党风廉政教育基地500平方米）、387平方米群团综合服务中心、5600平方米双合家园社区综合服务中心、5400平方米的地区文化中心、6处文化广场和5处24小时自助图书馆。年内，实现区级财政收入6852.57万元，同比增长231.39%，房产税82.78万元，同比增加27.63%。

地址：垡头金蝉北里20号

电话：67365451

邮编：100023

网址：ftjd2015@163.com

（李　瑾）

【节能太阳灯安装】 6月，在辖区道路安装并使用240盏节能太阳灯。

（仇　博）

【团工委会议召开】 8月，团垡头工委召开会议，选举出席共青团朝阳区第十二次代表大会代表4人。其中团区委委托选举产生刘苗苗（朝阳团区委副书记）和林宝俐（北焦高科技孵化器北京有限公司企业服务主管）2名代表。垡头街道选举产生张冉（团垡头街道工委委员）和李月晨（垡头街道三区社区团干部）2名代表。

（张　冉）

【人口抽样调查】 8月至11月,开展年度人口抽样，内容包括姓名、性别、年龄、民族、受教育程度、行业、职业、迁移流动、社会保障、婚姻、生育、死亡、住房情况等。调查标准时点为2016年11月1日零时。此次垡头街道样本情况为市级样本6个(三区、西里、雅园各2个)，区级样本6个(东里、一区、熙园各2个)，调查小区12个。市级样本登记户数905户，登记人口3124人；区级样本登记户数484户，登记人口1157人；登记总户数1389户，登记总人数4281人。

（陈荣升）

【安康广场投入使用】 10月，垡头东里南院，集停车、休闲、文体活动于一体的东里社区安康广场竣工并投入使用。

（仇　博）

【党代表换届选举】 11月2日，垡头街道工委召开党员代表大会。选举产生出席朝阳区第十二次代表大会代表5人。分别是黄晓伟、高智勇、孙欣、孙京荣、田晓丽，其中领导干部代表3人，基层一线代表2人，妇女代表3人，少数民族代表1人，50岁以下的代表2人。

（张　冉）

【文化建设】 年内，垡头街道文学艺术界联合会成立，聘请歌唱家戴玉强为文联主席，由地区文化骨干担任秘书长。新建3个乒乓球室、16处健身活动区。投入60万元，为社区文体队伍购置服装和装备，为13个社区图书馆更换新书。翠城雅园凤凰太极队获北京市太极拳比赛一等奖，交谊舞队获全区大赛二等奖。举办“垡头好声音”歌唱比赛、羽毛球比赛。依托百家社区健身分中心资源优势，聘请专业师资指导，开展群众性健身运动。

（王晓琳）

【社区教育建设】 年内，13个社区达到北京市星级智慧型社区标准，升级改造街道、社区两级教育中心，配备电脑26台、图书1.3万册。申报手工项目并获教委专项资金15.5万元，追加配比资金30万元作为社区未成年人教育专项经费。业务指导和培训辖区民办幼儿园12次，签订《安全责任协议书》28份，自办园（所）由7家减至5家，关停小规模作坊式园所2家。

（王晓琳）

【安全生产】 年内，检查生产经营单位405家次，整改隐患23家，处罚13家，行政处罚5.8万元，签订《垡头街道安全生产责任书》992份。

（张志武）

【平安社区建设】 年内，街道投入345万元，在双合家园、老旧小区内重点部位安装50个高清探头，并派专人24小时值守监控，重点清理整顿私设地桩地锁、私划停车泊位、占路经营、私搭乱建、非法停车场、违法指示牌等行为；对残疾人摩托车进行实名登记审核。投入25万元在各小区入口处安装大门，新增小区内道路隔离墩200个、隔离桩50个、隔离带170块、停车指示牌7块。在小区大门口安装车辆管理系统。在垡头街北口、金蝉中路东口、金蝉南路西口金蝉小街东口）安装交通执法抓拍系统。

（宁艺玮）

【楼门文化建设】 年内，粉刷翠城及双合家园等社区楼门楼宇墙面。全年有7个社区、167个楼门完成楼门文化建设，其中双合家园社区的楼门彩绘完全是居民自发选定主题、自我设计内容、自行完成制作。

（王晓琳）

【社区队伍建设】 年内，组织41名社工参加社工师资格考试，12人通过资格考试。选调社区副职以上干部7人参加区职能部门培训。下拨社区专项经费，由各社区自行组织开展业务培训。推进社区减负增效工作，明确社区居民委员会承担公共服务事项清单，规范印章管理、牌匾清理。协调区社工委，为社区增编18人，招录社工27人。

（王晓琳）

【居民议事厅】 年内，13个社区完成标识明确、制度明晰、机制健全的社区议事厅建设任务。全年征集各类群众建议262条，解答落实率92%。街道层面重点工程17项，筹集和投入资金800余万元，动员15家社会单位、4个社会组织进行协助建设。

（王晓琳）

【小区道路改造】 年内，修补道路12条，面积18.32万平方米。完成东里社区糖库路、西里社区38楼东侧路、400米承压排水管线和燃气管线改线任务。

（仇　博）

【社会综合治理】 年内，街道开展排查人口调控与人口调查、拆违控违、群租房排查、地下空间清退、治理无证经营行为，调控1480人，完成年度调控任务的103%（指标：1438人）。

（宁艺玮）

【中央环保督察整治】 年内，落实区迎接中央环境保护督察工作领导小组交办单12件，涉及违法建设、交通管理，商户排污、社会环境、扬尘污染等5个大类。集中整治垡头西里39号楼、40号楼东侧违建造成环境脏乱差及无证照违规经营餐饮门店污染环境等顽疾，拆除垡头路北侧违章建筑2000平方米。

（仇　博）

【“开墙打洞”整治】 年内，封闭整治垡头街、金蝉中路38家“开墙打洞”商户，还原楼体原貌，绿化周边环境。完成全年挂账任务100%。

（仇　博）

【环境综合整治】 年内，投资270余万元，综合整治垡头街、化工路。规范牌匾2000平方米，铺装道路4000平方米。投资1700余万元，综合整治一区社区、三区社区和北里社区3个老旧小区环境。内部铺砖改造4.17万平方米，沥青路面改造20189平方米，补建绿化近2万平方米改善居民的出行条件和居住环境。

（仇　博）

【关爱行动】 年内，走访慰问特困单亲母亲132户、困难低收入家庭188户、女性“两癌”致贫家庭8户，送去慰问金12.8万元；市慈善协会为大病家庭蔡洁芳送去大病救助慰问金2.5万元,为30名乳腺癌患者送去义乳文胸。为董兰和张秀芳两户特困老人送去慰问金各500元。7月1日，区慈善协会将党员献爱心救助款1.4万元送到困难群众手里。8月26日，走访慰问消防25中队，为5名困难战士每人送去1500元。

（李海洋）

【发放助洁服务卡】 年内，与爱依家政公司合作，为地区空巢、失独、失能老人以及优抚对象开展助洁助浴专项助老服务。发放助洁服务卡400张。6月开始，爱依家政公司将对上述特定老人开展上门服务，服务内容包括打扫室内外卫生、清洗抽油烟机等。

（李海洋）

【劳动就业】 年内，开发就业岗位指标为1064个，实际完成1230个，完成率116%。实现失业人员就业430人，就业率指标64%，完成71.55%。实现困难人员就业342人，困难人员就业率69%，完成率75%。

（王　腾）

【劳动监察】 年内，劳动监察小组完成区人保局指定巡查指标320户，立案20件，对建筑业劳务公司工资支付情况及最低工资支付标准执行情况开展专项检查7次，对使用童工情况开展专项检查5次，对劳动合同签订情况开展专项检查6次。

（冯　晨）

【社区居委会】

	名称	地址	电话
1.	垡头一区社区居委会	垡头一区6号楼北侧	67382011
2.	垡头二区社区居委会	金蝉里19号楼1层11号	67367009
3.	垡头三区社区居委会	金蝉里16号楼北侧	67365471
4.	垡头东里社区居委会	垡头东里东院11排房南侧	67365570
5.	垡头西里社区居委会	垡头西里24楼北侧	67360853
6.	垡头北里社区居委会	垡头北里17号楼北侧	67374703
7.	翠城馨园社区居委会	翠城馨园34号楼南侧	67383900
8.	翠城雅园社区居委会	翠城馨园237号楼北侧	67202700
9.	翠城趣园社区居委会	翠城馨园103号楼	67363500
10.	翠城盛园社区居委会	翠城馨园143号楼	67376900
11.	翠城熙园社区居委会	翠城馨园420号楼1层	67371136
12.	翠城福园社区居委会	翠城馨园501号楼底商	87156463
13.	双合家园社区居委会	双合中路3号院c14楼2层	84727412

（王　腾）

和平街街道

【概况】 和平街街道位于朝阳区西北部。东以地铁13号线为界，南起北二环路，西至安外大街，北至元大都公园。辖区面积4.54平方公里。下辖9个社区居委会。年内有户籍人口25696户、89937人，新出生人口789人，死亡人口399人，流动人口21244人。辖区有中国计量科学研究院等14家科研院所、中国交响乐团等10家文化艺术团体、北京化工大学等3所大专院校、1所成人教育学院、1所中专、3所中学、3所小学、9个200平方米以上的社区文化活动室和700平方米的社区文化活动中心。有中国特种设备检测中心等中央企业45个、北京化工研究院等市属企业25个、规模以上企业222个，有中日友好医院、27个各具特色的医疗机构和占地2500平方米的寸草春晖养老院。年内，街道办事处以开展"两学一做"教育为主线，以推动京津冀协同发展为核心，以争当"五有"干部为保障，以全力推进"五大建设"（即党的建设、平安建设、环境建设、民生建设、社区建设）为重点，完成年度工作。完成区级财政收入5.83亿元，同比增长13.67%。完成个人出租房产税收入996.32万元。

地址：和平街和平西苑10号楼
邮编：100029
电话：84280465
网址：http://hepingjie.bjchy.gov.cn
邮箱：hpjoff ce@bjchy.gov.cn

（王爱君）

【无偿献血日】 1月8日，街道办事处组织所属社区以及北京城建亚泰公司、北京龙文学校、北京众信国际旅行社股份有限公司、贵州大厦、天丰利市场等373名体检合格人员，无偿献血7.46万毫升。

（周　洁）

【"拆墙打洞"专项治理】 3月，街道执法队向北三环东路两侧沿线房主及商户发放告知书400余份，动员其自行拆除违法建设。9月，封堵三环路两侧（13栋楼128家、健安东路11家）139家临街经营店面。10月，走访青年沟180家拆墙打洞商户，并向其发放依法整治临街"拆墙打洞"告知书200余份，劝其拆除违法建设。12月28日，副区长刘海涛在青年沟组织召开朝阳区"疏减整治促提升"十大专项行动暨2017年"拆墙打洞"治理再动员大会。封堵小黄庄2号楼内8家拆墙打洞商户。

（李　蕊）

【文化中心建设】 3月，街道办事处升级改造社区图书馆，调整区域布局，扩大阅览区域，设置密集型书架，增添新书7000余册，馆藏图书达到3万余册。

（李　正）

【工会建设】 6月6日，街道办事处对樱花28号院内注册企业开展建会宣传，与26家企业达成建会意向，现场有3家企业办理建会手续。

（徐　建）

【整治露天烧烤】 6月7日，街道办事处联合工商、食药等部门,整治樱花西街、小黄庄路、东土城路等露天烧烤、大排档污染区域。出动人员120人次，联合执法8次，查处露天烧烤5起，非法大排档23起，店外经营67起，无照经营20起，暂扣烧烤工具5套、桌椅等经营工具150件、蔬菜水果50千克、电动三轮车5辆、人力三轮车4辆，罚款2000元。

（李　蕊）

【区人大代表选举】 9月至12月，朝阳区选举委员会和平街街道分会完成朝阳区第十六届人民代表大会代表选举工作。69498名选民划分为10个选区、1637个选民小组，分别参加投票选举，参选率为98.45%。包括3所高校、5个科研院所在内的20岁左右选民3.38万人，设置投票站19个、流动票箱56个。10个选区包括7个混合选区、3个单一选区。依法正式产生朝阳区人大代表17人。

（刘　泽）

【环境综合大治理】 10月，开展"门前三包示范街"创建"无地锁社区"专项整治行动。和平东街、樱花西街"门前三包"责任书签订率100%。建立"门前三包"管理台账，规范"门前三包"单位1300余家，发放《关于整治居民小区内违规设置地桩、地锁的通知》。拆除地锁、地桩120个，规范停车场20个。和平家园、樱花园成为无地锁（桩）社区。拆除违法设置广告牌匾57块，电子显示屏34块，责令限期整改超高、超大、超厚广告牌匾49块，拆除违法建设180处、1999.75平方米，腾退土地2844.75平方米。其中历史遗留违法建设175处、1943.75平方米，腾退土地2788.75平方米；拆除新增违法建设5处、56平方米。12月，街道进行四环路内"无煤化"专项执法工作，发放《关于"无煤化"工作专项整治告知书》420余份，联合执法8次，检查平房区84处、楼房17处，餐馆、早餐点85家；查扣煤炉137个（其中无照经营煤炉12个）、蜂窝煤1.95万块（其中监督居民自行处理蜂窝煤9030块）。

（李　蕊）

【社区便民服务】 年内，完成砖角楼、十四区、和平东街、和平家园、小黄庄、胜古庄、胜古北7个社区11栋楼房及2片平房区966户"煤改电"和平房区200户自来水内线管网改造工作，改造范围1.4万平方米，投入资金85.79万元。

（麻慧溶）

【城市环境建设】 年内，市区两级投入资金2299.21万元，完成樱花园小区环境整治项目工程，改造道路1.06万平方米，铺装硬化2.9万平方米，安装庭院灯49座，新建整合停车泊位48个，补建绿化1.06万平方米，修建围墙铁艺围栏4772米，改造自行车棚23处，更新报箱2238户，修建管理服务用房13间，改造园区大门12个，楼道粉饰3.25万平方米，外墙粉饰842平方米，防粘小广告线杆800平方米，安装宣传栏、指示牌54个，拆除公共区域私搭乱建、违建28处2686平方米，规范一层172户阳台，拆除私搭乱建1820平方米，设置防护栏1800平方米、防坠网350平方米、遮阳棚705平方米，更新安装窗户2100平方米，整理缆线6600米，门禁修缮更新、增设安全技防监控设备。

（麻慧溶）

【劳动用工监管】 年内，街道办事处对辖区150家用人单位劳动用工情况进行日常性监督检查，书面审查70家，涉及劳动人员1600余人。责令补签劳动合同70余份，督办社会保险登记8家，受理群众举报投诉案件45件，涉及310余人。接转举报投诉案件32件，结案13件。

（左艳菊）

【居民生活保障】 年内，辖区有失业人员2200人、社会化退休人员4000人、城镇居民基本医疗参保4400人、享受低社会保救助500人、公益性组织就业50余人。登记失业人员就业率为73.16%，完成年度指标的112.6%，实现就业人数714人。375名失业人员参加免费职业技能培训，290人实现订单式培训与就业，完成年度考核指标的255%；新增小额担保贷款2人，发放政策性担保贷款65万元；开发就业岗位2489个，完成年度指标的101.47%；走访用人单位117户，完成年度指标的114.71%；就业困难人员求职就业率96.74%，完成年度指标的121%。召开公益性就业组织业务培训会48次。发放工资482人次、13.14万元。接收社会化退休人员档案195份，办理退休审批手续152人，异地养老金待遇资格认证252人。“两节”慰问困难退休职工515人次，发放电影票275人次，组织文体活动6场次，210名社会化退休人员参与。城镇居民医疗参续保4369人，新增711人，减员397人；16名95岁老人二次报销4.63万元；城乡居民养老参续保200人，享受退休13人，清算5人，享受政策补贴172人，个人缴纳0.94万元，补贴20.72万元；更换办理社会保障卡2983人，收取制卡工本费2.73万元；大额医疗救助6人次，发放8.89万元；受理失业及退休人员清洁能源自采暖补贴51人次，发放4.35万元；职工基本养老保险个人账户清算8人，退还个人账户金额6.69万元；职工养老保险待遇发放154人次，共63.6万元，追回因死亡未报发放养老保险待遇22人次、13.83万元；为8名高中复读生提供高考报名服务保障。低保家庭277户、490人；新申请低保家庭3户、5人，停止待遇19户、34人，审核低收入家庭6户，发放低保待遇金485.9万元 临时救助家庭18户、0.76万元；申请医疗救助303人次、57.53万元；核发丧葬补贴43人、21.5万元；申请清洁能源补贴8户、0.99万元，城市低保户供暖补助67户、9.04万元；优抚对象12户、2.26万元。实现辖区困难人员应保尽保。

（张雪峰）

【社会救助】 年内，审核发放最低生活保障金473万元。实施补充医疗救助8人次，发放救助金7.88元；实施教育救助13人次，发放教育救助金7.17万元；实施临时救助5户，发放救助金2.08万元。走访慰问特困561户，发放慰问金15.4万元。为163名严重精神障碍患者监护人发放补贴19.56万元。

（郑学宁）

【居家养老】 年内，居家养老新增1503人，变更413人，实际享受居家养老服务4898人，服务商户30家，服务资金400余万元，服务项目30个。为2345户空巢老人家庭、独居老人家庭及困难家庭安装燃气报警器、燃气自闭阀和更新燃气软管。

（郑学宁）

【社区建设】 年内，和平街街道科技苑建成北京市五星级智慧社区，小黄庄社区和胜古北社区建设成北京市四星级智慧社区，和平家园社区建设成北京市三星级智慧社区。

（马晓宇）

【安全生产监管】 年内，街道办事处依法对生产经营单位检查1269家（次），下达现场检查记录、责令限期整改指令书、询问通知单等执法文书1894份，排查整改各类安全隐患912处，立案4起，处罚金额5万元。与辖区内重点生产经营单位、门店签订《和平街地区2016年安全生产责任书》290余份。

（潘丽红）

【三产清理】 年内，清理社区服务中心账上43家三产出租房屋，清理25家，完成率58%。

（马晓宇）

【社区居委会】

	名称	地址	电话
1.	和平家园社区居委会	和平街11区甲12号	84291139
2.	砖角楼社区居委会	砖角楼北里5号院平房	64219740
3.	十四区社区居委会	和平街十四区14楼北平房	84258576
4.	和平东街社区居委会	和平东街十五区东门平房	64294800
5.	樱花园社区居委会	樱花园24号楼7单位	64443929
6.	胜古庄社区居委会	胜古庄中路皇姑坟	64452943
7.	小黄庄社区居委会	和平街西苑15号楼西平房	84270383
8.	胜古庄北社区居委会	安定路12号院2号楼	64437323
9.	煤炭科技园社区居委会	和平街13区34号楼	84264316

（王爱君）

呼家楼街道

【概况】 呼家楼街道位于朝阳区中心地带，1956年5月成立。东与八里庄街道相连，南与建外街道为邻，西与朝外街道接壤，北与团结湖街道、三里屯街道搭界。三环路贯穿南北，朝阳路、朝阳北路横跨东西。辖区面积2.8平方公里。辖区有10个社区居委会。年内有户籍人口21307户、66870人,其中外来人口17173人。辖区有中央单位64家、市属单位89家、区属单位73家、社会单位7434家。有医院4所、社区卫生服务中心1个、社区卫生服务站5个、社区服务中心1个。有老年乐园1个、老年日间照料点10个。有科研院所4个、大学1所、中学1所、小学3所、幼儿园4所。有社区公园3处、健身园19处。驻有中央电视台、人民日报社、世贸天阶、京广中心等单位。年内，围绕朝阳“建设‘三区’、建成小康”工作目标，始终以“建设幸福呼家楼”为宗旨，累计完成区级财政收入22.62亿元，同比增长18.33%。

地址：呼家楼北街甲6号

邮编：100026

电话：65012264

邮箱：cyhjl@bjchy.gov.cn

（杨常有）

【“感动呼家楼”人物评选】 1月，王志胜、郑茂坤、赵宏基、甄凤琴、杨立峰、郑珺葆、白秀英、廉洪、金志远、唐子人等10人被评选为第二届“感动呼家楼”榜样人物。

（刘 畅）

【领导调研】 5月10日，全国妇联副主席、书记处书记焦扬一行到街道调研妇幼工作。市委副秘书长刘宇辉，市妇联党组书记、主席马兰霞，区委副书记、政法委书记陈涛，区妇联党组书记、主席蒋东燕等陪同。

（杨常有）

【《呼家楼之歌》发布】 5月，由呼家楼

街道创作的《呼家楼之歌》对外发布。

（王　洁）

【区人大代表选举】 9月至11月，朝阳区选举委员会呼家楼分会完成朝阳区第十六届人民代表大会代表选举工作。地区划分为6个选区，登记选民63807人，参加投票选民62636人，参选率为98.2%，依法选举产生朝阳区人大代表17人（王春清、邢平芳、殷金凤、周强、何薇、郃武淳、封国生、邱建军、王清友、夏桂兰、马骏、刘野、陈雷、李弘艳、韩峰、郝艳为、封岩）。

（解天泉）

【社区美术馆建成】 11月，北京首家社区美术馆在呼家楼金台里社区建成。该馆利用基层办公场所、文化活动场地、闲置的空白墙面、宣传栏，经过修缮整治，用优秀的书画作品进行布置装饰而成。

（刘　畅）

【文联会成立】 12月，呼家楼街道文学艺术界联合会成立。该会以“贴近实际、贴近社区、贴近群众，面向文艺，面向广大社区居民”为基本方针，旨在整合地区资源，吸纳地区的文化名人和文化人才。建会初始会员35人。常设办公机构呼家楼街道文化服务中心。办公地址位于呼家楼北街甲6号。

（王　洁）

【地区实现“无煤化”】 年内，呼家楼北、呼家楼南等7个社区“煤改电”436户，小庄、呼家楼南、关东店社区“煤改气”48户，化石营地区电采暖补贴292户，实现地区“无煤化”。

（王柱峰）

【抗震节能改造】 年内，呼家楼南、呼家楼北等5个社区居民楼进行抗震节能综合改造。

（张洁卿）

【环境综合整治】 年内，治理金台路沿线、光华路、CBD区域零星54处“开墙打洞”，拆除违法建设4处、50平方米。连续开展“春风”“清夏”等专项执法行动，查处无照经营、露天烧烤等各类违法行为2000余起，治理非法小广告50余次、停机80个。实地走访666家“门前三包”单位，完善“门前三包”工作台账，治理店外经营、堆物堆料、违规设置灯箱广告等问题。

（杨常有）

【党建工作协调体系完善】 年内，地区区域化党建工作形成“1+1+10+N”组织体系（即以街道工委为核心，以区域化党建服务指导中心为执行机构，加10个社区工作组+N个区域内党政机关、企事业单位、非公经济组织和各类社会组织党组织的区域化党建工作组织体系），调整成立党建工作协调委员会，人民日报社、中央电视台等34家单位参加，中复集团、千禧酒店等60余家单位签订共建共享协议书，实现组织联建、工作联动、队伍联合、服务联办、保障联享。

（赵　堤）

【非公党建“全覆盖”】 年内，辖区26座商务楼宇及50人以上的非公企业建立党组织，北京途牛国际旅行社有限公司等110家非公企业和社会组织成立党支部，组织覆盖率83.65%，工作覆盖率100%。按照“幸福呼家楼之阳光创享计划”，培育组建白领公益团、媒体联谊会等项目，开展楼宇服务日、七夕交友会等30余场活动。

（赵　堤）

【建设服务型党组织】 年内，按照“四百计划”（进百家门、知百家情、解百家忧、暖百家心），走访2.6万户家庭、841家社会单位，征集意见问题11类、260条，建立台账和问题清单，创新服务载体，实现1个区级党建创新品牌、4个区级优秀服务项目、40支区级优秀服务队伍，建立支部、非公层面25个党建服务品牌，“一带四议多方联动”工作机制被朝阳区委列为基层党建创新项目。

（赵　堤）

【社会保障】 年内，地区登记失业人数为1650人，同比增长70人。受理失业金领取1700人次，发放失业保险金 1911543元。实现就业困难帮扶456人，开发企业就业岗位2652个，开发空岗采集信息2677条。

（张　淡）

【宣传报道】 年内，在中央级媒体报道13篇，在市级媒体报道51篇，在区级媒体报道322篇，出版《呼声报》47期，制作“掌上呼家楼”微信公众号信息200余条。

（刘　畅）

【社区教育】 年内，开展“糯香飘千里 社区粽关情”端午文化传承活动、“家风抵万金”道德讲堂，组织社区居民参观“魅力朝阳”主题创作成果展，参加“煮茶绘陶感受非遗传承”等主题的社区教育大课堂活动30余场。举办“爱满京城——‘3.5’学雷锋志愿服务推动月”活动，带领呼家楼中学50名学生参加“六小”志愿服务活动，组织地区150名中小学生开展“扣好人生第一粒扣子”“孝行天下”青少年道德讲堂活动及“学长征精神，做红色传人——争当社区文明小使者”等主题教育实践活动。

（刘　畅）

【百姓宣讲团】 年内，结合开展第二届“感动呼家楼”榜样人物活动和“两学一做”学习教育活动，成立周良震、肖秀英、高忠玉等6人宣讲队伍，在地区范围开展20场“感动呼家楼·身边榜样”主题先进事迹巡回宣讲活动。

（刘　畅）

【为老服务】 年内，办理老年证 443张、老年优待卡1012张、养老助残卡3492张，为1956户空巢困难老人家庭免费安装天然气安全自闭阀、烟感报警器，发放各类保障金310万元，涉及2158户次、3655人次。

（孟静心）

【卫生计生服务】 年内，办理两孩生育登记624例，发放社会化管理及无业人员独生子女一次性奖励27.5万元。实施免费孕前优生健康检查，加强出生缺陷综合防治。完成60岁以上老人及学龄儿童免费流感疫苗接种3678人，应急接种麻风疫苗2104针次，为外来务工人员接种麻疹疫苗、流脑疫苗3285人。

（杨常有）

【综治维稳】 年内，组织开展社会面等级防控56天，发动社区治安志愿者2万余人次；安装、更换探头68个；建成微型消防站5家，配置消防巡逻车5辆；治理群租房36户，疏解流动人口2149人。

（杨常有）

【食药监察】 年内，开展食药专项检查72项，处理投诉举报案件82件，处罚金额53余万元。

（杨常有）

【安全生产】 年内，开展建筑工地、加油站等高危行业和酒店、餐饮企业等人员密集场所安全生产检查。执法检查2983家次，开具执法文书6528份，立案51起，罚金16.3万元。

（杨常有）

【劳动监察】 年内，日常巡查262家单位，监察立案60件，开展“春风”行动、“劳动用工规范一条街”等6次专项检查，对辖区2695家企业单位信息实行动态管理，处理劳资纠纷20余起，涉及人员300余人次。

（杨常有）

【矛盾调处】 年内，排查矛盾隐患87件次，受理群众来信来访365件、445人次。

（杨常有）

【社工建设】 年内，组织开展第三期后备干部选拔（补充）工作。确定正职后备4人、副职后备15人。

（谭　瑞）

【基层民主协商】 年内，按照“地域相邻、人员相熟、构成相似”原则，在10个社区划分64个单元，组建自治队伍265个（楼委会228个、院委会31个、小区管委会6个）、10个社区议事厅和14个楼院议事厅，引导社区居民献言献策，参与社区建设。

（谭　瑞）

【社区创享计划】 年内，在10个社区开展社区创享计划，动员10个社区党委、51个居民支部、600余名居民参与其中，支持实施居民提案44件。

（谭　瑞）

【志愿服务】 年内，与群团组织共同联合开展社区公益服务项目15个，覆盖商务楼宇白领、社区青少年、老年人、残疾人、归侨等各类群体，受益人数5000余人次。新培育社区工作者带头人12人、社区居民志愿者带头人26人，挖掘、新增志愿服务人员300余人，培育、扶持品牌社区社会组织6个，整体推动40余个社区社会组织向参与自治、参与公益方向拓展。

（谭　瑞）

【文化特色品牌活动】 年内，举办呼家楼地区第五届金台文化艺术节、呼家楼街道第五届中外家庭草坪节，开展“凝聚党旗下”大合唱比赛、廉政文化主题书画展、“鱼水情深长征颂歌”纪念红军长征胜利八十周年主题活动、“浓情粽意过端午”特色活动、百姓大舞台才艺展示活动。组织街道品牌合唱团体红星男声合唱团代表街道走进清华大学、各区敬老院展演。

（王　洁）

【社区居委会】

	名称	地址	电话
1.	小庄社区居委会	金台里甲2号楼平房	85996939
2.	新街社区居委会	光华路泰达时代中心4号楼	85885071
3.	关东店社区居委会	向军南里5号楼北侧	65021910
4.	关东店北街社区居委会	圣世一品28号院	65861972
5.	东大桥社区居委会	东大桥路8号商都南塔一层	59003781
6.	金台里社区社区居委会	金台北街甲1号	85996291
7.	核桃园社区居委会	中纺街28号核桃园北里11号楼	65061163
8.	呼家楼北里社区居委会	呼家楼北里平房甲1号	65950122
9.	呼家楼南里社区居委会	呼家楼南里20楼旁平房	65022156
10.	金台社区社区居委会	金台西路2号院（报社）	65369875

（杨常有）

建外街道

【概况】 建外街道位于朝阳区中南部。成立于1976年。东起西大望路，南到通惠河，西至建国门立交桥，北至光华路。辖区面积4.4平方公里。下辖8个社区居委会。年内有户籍人口13380户、40439人，流动人口12699人，外籍人口1187人，汉族12152人。新出生346人，出生率8.5‰。死亡213人，死亡率为5.2‰。有国贸饭店、建国饭店、秀水街等11722个法人单位，有35个外国驻华使馆、2个代办处，2个外交公寓群。有社区卫生服务站6个。有中学1所、小学2所、幼儿园5所。有养老机构1个。途经辖区公交线路46条，有地铁1号线、2号线、10号线、14号线贯穿其中。有750平方米为民服务大厅、2400平方米地区文化中心，有4处文化广场和1处24小时自助图书馆。年内，实现区级财政收入65.8亿元，同比增长6.4%。征收房产税3557.58万元。

地址：东三环中路39号SOHO西区18号楼
邮编：100022
电话：58789620
网址：http://jwjd.bjchy.gov.cn

（孙贞英）

【领导班子调整】 7月，区委组织部任命田华任街道工委书记，李霄任街道工委副书记，李凤玲、周莉娟任街道办事处副主任，赫粤冀任街道办事处副调研员。

（孙贞英）

【环境专项整治】 7月至8月，街道办事处开展对露天烧烤、店外经营专项整治行动。整顿25处露天经营场所，暂扣店外经营餐桌320余张、座椅1100个，没收室外露天烧烤箱16个，查扣违规使用液化气罐28个。

（王　毅）

【党费补缴】 7月至10月，街道工委组织科开展党费收缴专项工作。街道自管党员补缴2008年4月1日至2016年6月30日党费5786万元，其中，非公企业和社会组织领域党员补交党费27.89万元。

（刘铁辉）

【双拥共建】 7月27日至8月1日，街道开展军民共建、军地共建工作，走访慰问驻区部队，赠送慰问品和慰问金，为10名困难战士申请救助金1万元。

（邢　霞）

【选举第十二次团代会代表】 8月30日，街道召开共青团朝阳区第十二次代表大会。选举出席共青团朝阳区第十二次代表大会代表4人。

（朱砚君）

【提案大赛】 9月1日，街道举办社区提案大赛，征集点子47个，43个成形项目参与决赛。其中，获区级奖项提案3个，刘三姐、红娘工作室在区创享计划表彰会上受表彰。

（邢骕璇　黎冀涛）

【人大换届选举宣传日】 9月19日，在万达广场进行建外地区人大换届选举集中宣传日活动。活动设1个主会场和7个分会场。市委常委、组织部部长姜志刚，市人大常委会副主任牛有成，区领导吴桂英王灏、陈宏志等与选民互动并发放宣传材料。

（张怡坤）

【成立联合会3个】 9月27日，建外地区CBD企业联合会成立暨第一次会员大会召开。通过《建外地区CBD企业联合会章程》及会长、副会长单位人选。10月21日，建外地区社会组织联合会成立。通过联合会的章程、理事长、副理事长及秘书人选，联合会成员100家，其中街道级10家、社区组织71家、社会组织19家。11月23日,建外地区物业企业联合会成立并召开第一次会员大会。审议通过《建外地区物业企业联合会章程》和会长单位、副会长单位人选。

（乔池 王梦晗 柳旭）

【服务系统上线】 9月，“建外线上服务系统”上线。街道将原有门户网站升级改造为建外线上服务系统，建成集基层党建、政务服务、企业服务、生活服务、家园文化、志愿公益等功能于一体的综合性服务平台。

（王晨）

【人口抽样调查】 9月至11月，街道开展1%人口抽样调查工作。建外地区8个调查小区，登记户数901户、人口2560人，常住人口1683人。

（郭洋 刘铁辉）

【区人大换届选举】 11月15日，街道完成地区人大代表换届选举工作。建立选民登记站25个，登记选民36509人，划分选民小组701个。发动机关干部、社区居干、民警等300余人参与组织工作，选举产生地区人大代表16人。

（张怡坤）

【中央环保督察交办件办理】 12月，接收办理中央环保督察交办件14件。其中主办12件，会办2件，内容属实4件，基本属实和部分属实10件。12个问题主要涉及无证无照经营、开墙打洞、违规收费、占道经营、违法建设和群租房。

（王晨）

【党风廉政建设】 年内，制定《关于落实党风廉政建设两个责任的意见》《2016年街道领导班子党风廉政建设“一岗双责”责任分工及工作任务书》《全程纪实工作实施方案》。逐级签订责任书131份，建立责任清单50份。开展廉政文化宣传与教育活动，制发《遏制负面行为，远离违纪雷区》《节假日期间八个温馨提示》等宣传页3000余份，聘请党员志愿者担任廉政宣传员。建立“街道—社区—楼宇”三级纪检监察工作体系，利用党政群共商共治平台征集意见、建议。聘请16名特邀监督员，开展党风政风行风督察活动。在社区党建服务站设立52个党风政风投诉台。

（徐岚）

【党员组织关系排查】 年内，街道梳理正式组织关系转出后未收到回执关系介绍信的党员，排查回执不详问题党员530人，督促136名“口袋党员”落实组织关系，街道自管党员信息采集全部入库。

（刘铁辉）

【区域化党建】 年内，街道“党建三维平台”上线运行，实现地区3375名自管党员动态管理。配齐书记140人、党务专职32人、党建指导员51人，新建社区党建工作站3个、非公党组织32个，找到失联党员32人，实现5381家非公企业党组织工作全覆盖。

（刘铁辉）

【共商共治工程】 年内，街道开展党政群共商共治工程。整修自行车车棚7座、929平方米，修补小区人行步道1850米，安装小区围栏421平方米，整修小区污水管线130米，粉刷老旧小区楼道5763平方米。整修小区大门14个，安装便民座椅7组，安装小区路灯6处，绿化小区面积1908平方米。整修光华里社区小花园和永东社区街心小公园。

（曹晓惠）

【社会面防控】 年内，开展安全维稳“百日护航”行动。完成了“两节”“两会”“G20峰会”等重要节日、重大活动服务保障任务。开展社会面防控170余天，出动各类防控力量1万余人次，发现和处置聚众讨薪、群体上访等突发事件20余起。

（王晗）

【消防安全管理】 年内，投入70余万元，完成“建外地区消防安全教育基地”项目，普及消防安全知识。开展重点单位消防安全检查评估、培训指导。开展各类检查5300余次，整治隐患2600余个。

（王晗）

【安全生产检查】 年内，街道配备专职安全员队伍，开展安全生产执法检查。检查生产经营单位20128家次，出动检查人员7900余人次，排查并消除各类安全隐患20247处，立案15家，行政处罚4.4万元。联合区住建委重点约谈CBD核心区的建设单位、施工单位和监理公司，强化施工工程安全监管。检查施工工程17个，开展安全检查440次，排查安全隐患2366个，完成辖区大楼内的二次装修备案590家，装修面积11万平方米。

（曹晓惠 王梦晗）

【“开墙打洞”整治】 年内，街道联合城管、工商、食药所、派出所等部门开展联合执法，集中整治光华里甲1楼、乙1楼、1号楼，光辉里小区5号楼、8号楼及东大桥路两侧91户非法底商，恢复居民楼体原建筑结构。

（曹晓惠）

【人口调控】 年内，街道人口调控指标为1490人。通过拆违控违、“开墙打洞”、群租房、地下空间和无证无照经营专项整治行动，调减1633人。

（王晗）

【拆违控违】 年内，通过梳理工作台账、开展社区宣传、执法打击等措施，对新增违法建设做到“第一时间发现、第一时间查处、第一时间拆除”。拆除违法建设16处，面积4012平方米，其中包括4处市、区挂账拆违任务。

（王毅）

【老旧居民楼节能保温抗震加固】 年内，完成辖区25栋老旧居民楼的抗震加固与节能保温工作，面积13.1万平方米。

（曹晓惠）

【街面环境整治】 年内，街道城管队实施全天候巡查盯守机制，通过“联勤联动”捆绑执法机制，与公安、食药、安监、交通、工商等职能部门开展联合执法。查处无照经营1930余起，暂扣经营物品3400余件、经营工具三轮车251辆；查扣“黑摩的”、电三轮、人力三轮等非法运营车辆476辆；取缔非法散发小广告1080起；拆除私装地锁124个，清理废弃“僵尸”自行车162辆。

（王毅）

【计划生育服务】 年内，推进二孩政策，办理一孩生育服务证570件、二孩生育服务证142件、独生子女证63件，上报审批2个以上再生育服务登记5件。

（谷峪）

【智慧社区建设】 年内，各社区建立微信公众号。南郎家园和建东院小区议事厅建设、永安里东社区绿色平安智慧社区创建工作均已完成。南郎社区“一刻钟服务圈”格局基本形成，完成社区45栋楼房楼门文化建设。

（邢骕璇 黎冀涛）

【社会就业保障】 年内，街道开发就业岗位1864个，380名失业人员实现再就业。对417名新失业人员进行基础职业指导，组织300名失业人员参加免费技能培训，其中94名失业人员取得技能证书，为405名失业人员办理灵活就业保险补助审批手续。发放失业保险金124万元、低保金242万元、民政地退人员工资285万元。为122名失业人员办理退休手续。组织7名往届及外地回京考生参加高考。为293人次退休人员报销医药费400万元。

（王军进）

【社区居委会】

名称	地址	电话
1. 建国里社区居委会	建国里三道街1号楼南平房	58783536
2. 永安里社区居委会	灵通观煤炭宿舍大院	58783636
3. 秀水社区社区居委会	东大桥路57号院平房	59006763
4. 永安里东社区居委会	东三环中路39号搜狗15	58783615
5. 光华里社区居委会	光华西里1号温莎大道a座	65005301
6. 北朗社区社区居委会	朗家园15号万大广场西侧	65831573
7. 北朗东社区居委会	蓝堡国际公寓d座s215	85999344
8. 南朗社区社区居委会	东三环中路朗家园大北写字楼	85783660

（孙贞英）

劲松街道

【概况】 劲松街道位于朝阳区南部。1981年1月成立。东与南磨房乡相连，南与潘家园街道相邻，西与双井街道和东城区相望，北与双井街道相接。辖域面积5.2平方公里。下辖13个社区居委会。年内有户籍人口31037户、76884人。其中汉族71917人，常住人口17.8万人，流动人口2.9万人，外籍人口890人。新出生1080人，出生率14.22‰。死亡354人，死亡率4.66‰。有法人单位7789家，其中中央单位9家、市属单位70家、区属单位157家、其他单位7553家；有医疗机构27所、社区卫生服务中心1个、社区卫生服务站5个；有职业高中1所、中学2所、九年一贯制学校3所、小学1所、幼儿园12所；有养老机构2个。建有1900平方米的为民服务大厅。途径辖区公交线路50条，地铁10号线、7号线、14号线贯穿其中。辖区有2座电影院、2处文化广场、1处图书馆和13个社区图书阅览室。辖区绿化率33.3%，有3处街心公园。年内，劲松街道工委、办事处把握街道提升期和发展期的定位，全力推进疏功能、减人口、保增长等“十三五”开局之年各项工作，扎实推动“两学一做”学习教育和“走清建树”主题实践活动，完成全年工作。实现区级财政收入4.87亿元，同比增长26.45%。征收房产税1170.34万元，同比降低21.51%。

地址：东三环南路华腾园甲6号
邮编：100022
电话：87735209
网址：http://jsjd.bjchy.gov.cn

（沈丽娟 王静媛）

【党建工作】 1月19日，街道工委召开社区党委书记述职述廉会。街道工委、办事处领导，机关科室负责人，社区干部，党员及群众代表等120余人参加会议。5月10日，举办“共产党员+党史国史暨庆祝建党95周年党史知识竞赛”。6月28日，举行纪念中国共产党建党95周年区域化党建工作总结表彰大会。表彰先进社区党委5个、先进党支部38个、优秀共产党员319人、优秀党务工作者16人。7月，开展“共产党员献爱心”捐献活动。捐款10.54万元。12月底,劲松地区1146家非公企业实现党组织覆盖和工作全覆盖。

（吴 萌）

【文化系列活动】 1月22日，在富顿中心广场举办“炫彩劲松”闹元宵猜灯谜活动。5月27日，在劲松电影院举行“炫彩劲松”红五月歌咏比赛。6月9日，举办“炫彩劲松·端午粽香情”活动。6月至7月，金松各社区分别举办夏日文化广场活动。6月24日、27日，组织百姓周末大舞台公益演出活动，北京国声京剧团、北京歌剧舞剧院应邀为居民献演。9月20日，在劲松电影院举办纪念红军长征胜利80周年音乐会。10月23日，街道在北京工业大学举行“炫彩劲松”2016年优秀健身项目展示暨第八届社工运动会。10月，举办第三届“炫彩劲松”金秋文体艺术节。

（廖 欢）

【“云端劲松V”公众号建立】 2月1日，街道联合北京四海归巢教育有限公司建立“云端劲松V”微信公众号。有新闻采编、推送街道工作动态、组织线上线下活动等。年底有粉丝有4万余人，报送信息1200余条。

（陈玉娜）

【京台交流】 2月15日至22日，街道、社区干部一行5人随区京台交流考察团，到台湾开展交流活动。9月13日，街道在北京市妇女儿童社会服务中心多功能大厅举办“两岸升明月 共炫民族风”暨2016朝阳劲松京台社区中秋文化大舞台视频连线交流活动。国台办、市台办、区台办、街道领导及社区居民代表、文化团体骨干成员等150余人参加。活动是京台基层社区交流的重要组成部分，被列为国台办重点交流项目。

（吴 萌）

【党风廉政建设】 2月29日，街道工委召开党风廉政建设和反腐败工作大会。建立强化风险防控制度：每日一次QQ提醒，每周一次微信提示，每两周一次理论中心组学习，每月一次廉政谈话，每两个月一次作风集中检查，每季度一次培训教育，每半年一次廉政党课，每年一次廉政知识测试。年内，制定党风廉政建设责任清单79份，逐级签订责任书135份，实现党风廉政建设全程记录在案。组织集中检查5次，制发督察通报4份。开展廉政提醒谈话32人次，对13名新任职干部进行廉政法规知识测试，组织290人参与廉政知识答卷，组织40名科级以上干部旁听职务犯罪案件庭审，组织机关、社区干部500余人参观廉洁文化园、参观警示教育展、观看警示教育片。举办"廉洁劲松"第四届廉政书画笔会活动，征集作品100余件，其中3幅作品被北京市纪委网站"清风北京"采用。

（王爱青）

【慈善捐助】 4月，街道开展"送温暖献爱心"社会捐助活动，募集捐款1.18万元。6月17日，街道联合萤火虫爱心公益基金会、朝阳区教委、愿行公益等，举行"美丽中国慈善劲松"为青海省藏区小学图书捐赠启动仪式。近万名在校学生为青海省藏族自治州的11所学校捐赠图书46000千余册。

（孙 大 力廖欢）

【青少年创新部落成】 5月，街道投资40万元，统筹中远通达（北京）商务中心500平方米场地，建成青少年创新教育平台。

（仝 珊）

【拆违控违】 5月至8月，街道完成93户整治工作，完成计划总数的219%。拆除账外违建37处、1563平方米。

（刘雄辉 陈伟光）

【综合执法】 6月3日，街道展开"文明消夏雅纳清凉"行动。取缔露天烧烤68起、夜市大排档82起。受理办结城管热线举报5075件、信访转办件218件。开展街面秩序类专项执法行动72次，规范、查处无照经营3000余起，暂扣无照经营三轮车387辆。拆除违规广告标识480余块，拆除大型违规户外广告5处，拆除主要大街、重点地区LED违规户外电子显示屏182块。完成区政府绩效考核立案处罚工作，罚款22.1万元，同比增长13.1%。

（刘雄辉）

【文学艺术界联合会成立】 8月11日，劲松地区文学艺术界联合会成立。特请著名相声表演艺术家孟凡贵任文联常务主席。

（廖 欢）

【共商共治工程】 10月28日，街道召开2017年党政群共商共治项目议事协商会暨2016年党政群共商共治工作总结大会。街道领导、区党代表、人大代表、街道层面议事代表、机关科室负责人、各社区党委书记、居委会主任80余人参加会议。年内，投入资金966.8万元，完成56项街道级和社区级共商共治项目。

（王静媛 沈丽娟）

【党员代表大会】 11月2日，街道召开党员代表大会。152名来自机关、社区、社会单位的党员代表出席会议。选举产生出席区第十二次党代会的代表9人。

（吴 萌）

【消防安全】 11月9日，街道联合朝阳区公安消防支队举行以"消除火灾隐患，共建平安社区"为主题的"119消防宣传月"启动仪式。年内，检查社会单位611家，发现隐患821处，整改821处。街道投入30万元，购置3辆微型消防车，辖区60家重点防火单位均建立微型消防站，组织消防演练27次。

（胡永富）

【人大换届选举】 11月15日，劲松分会完成朝阳区第十六届人民代表大会换届选举工作，全地区设22个投票站、42个流动票箱，选民参选率为99.2%，选出区人大代表15人，平均得票率96.4%。

（王建军）

【残联换届选举】 11月23日，召开街道残疾人联合会第七次代表大会，选举产生新一届残联主席团。街道工委书记李靓、朝阳区残联理事长赵玲参加会议并讲话。

（顾 瑀）

【安全生产监管】 年内，开展安全检查4982家次，出动执法检查人员5400人次，发现整改隐患3250处。在6家规模较大的重点企业开展"一企一标准、一岗一清单"编制试点工作。为934户空巢、独居老人及低保、残疾家庭安装燃气管道自闭阀，更换长、老、旧燃气胶管等。

（刘 友）

【社会治安综合治理】 年内，投入资金137万元,完成280米防爬刺安装工程。完成1038面老旧小区门禁日常维护工作。完成劲松七区、农光里北区"平安示范小区"创建。投入16万元，购置20辆警用摩托车。投入120余万元，新增监控探头112个。完成4500家互联网金融风险企业调查摸底工作。

（胡永富 张 晶）

【功能疏解与人口调控】 年内，北京绿自然蔬菜市场升级改造，劲松服装服饰市场全部撤销，完成年度功能疏解任务200%。减少流动人口4109人，完成全年人口调控任务的117.8%。

（张 晶 陈伟光）

【交通秩序整治】 年内，投入55.5万元，改造交通设施。投入30万元，整治交通秩序。新增交通标识170余处、交通画线10万余米、阻车桩150个、隔离栅栏200长米。修建公共停车场1处，增加停车位208个，依托老旧小区环境改造，在三环内增加机动车停车位80余个。

（张 晶）

【街区环境建设】 年内，在广渠路、西大望路、劲松大街开展环境优美大街建设。完成南磨房北里二区、农光东里社区、农光里社区18栋住宅楼外墙保温、更换窗户节能改造工作，改造面积110561.01平方米。投资304万元，改造农光里二区及北三间房等处污水管线2112.01米，修建检查井55座、雨水口56座、路面铺装3210.55平方米。投资9700余万元，对劲松一至八区、农光里二区、磨房北里小区、北人小区、农光东里老旧小区公共部位实施改造，铺装沥青道路6.18万平方米，铺装透水砖15.21万平方米，绿化补种补建10.34万平方米，补建信报箱7716户，弱电入地改造2.95万米，补建照明设施106处，无障碍设施建设666.4米。

（陈伟光）

【环保治理】 年内，检查工地30余次，纠正施工工地违法行为300余次，苫盖裸露地面5万平方米。开展"无煤化"专项整治行动，取缔燃煤经营食品62起，销毁小煤炉170个，查扣燃煤38吨。"煤改电"225户。

（陈伟光）

【智能环卫信息中心】 年内，与北京首创智慧环卫发展有限公司合作，投资260万元，建成劲松街道级智能环卫信息中心并开始试运行。项目以垃圾分类与再生资源回收"两网融合"为载体，通过搭建互联网平台，线上线下互动，使垃圾实现全程计量和转移监控，实现"互联网+"与居民生活有机衔接，实现垃圾分类收集、分类运输、分类处理过程的信息化管理，街道以此为依托，建立起智慧环卫指挥调度中心，对生活垃圾产生、收集、运输等环节全流程数据进行采集分析。

（陈伟光）

【工会建设】 年内，完成建会批复360家，新增会员3811人；新办"京卡·互助服务卡"3806张。独立建会单位138家，发展工会会员5363人；联合建会单位1065家，发展工会会员7764人。全年收缴会费1008.38万元。开展职工特色服务10项，参与人员9000余人次。

（徐文峰）

【社区建设】 年内，完成农光东里、和谐雅园、西大望路、百环、大郊亭等五星级智慧社区创建和劲松东、农光里、农光里中、磨北里、八棵杨三星级智慧社区的创建工作。劲松中街社区被定为微网格试点社区。

（王爱军）

【劳动监察】 年内，劳动监察616家社会单位，立案66件，处罚案件6起。各类企业劳动合同签订率100%，各类企业劳动合同续订率100%。清理办理社保登记而未申报缴费单位118家，新增工商注册单位办理社保登记855家，新增单位农民工参加5项社会保险7家。完成7家劳动和谐单位申报工作。完成10名社会青年高考工作。书面审查60家企事业单位劳动保障情况。

（周俊义）

【卫生计生服务】 年内，办理生育服务证169件，存档育龄人员婚育情况登记489人次，办理独生子女父母光荣证86件，办理随父随母进京落户9件。投资10万元，为失独家庭114人发放体检卡、蛋糕券，为每个失独家庭免费订阅《健康报》。春节前夕，街道为174户计生失独、计生困难残疾家庭送去8.35万元慰问金、价值4万元慰问品。为382名独生子女父母发放一次性奖励费38.2万元。投入用于流动人口健康服务宣传资金近6万元。

（张艳平　刘　丽）

【网格管理】 年内，处理网格案件36.55亿件，同比下降50.4%。11月，街道"全模式网格化管理'二级闭环'系统"试运行，接收派发处理案件1991件。

（杨　洁　石玉玲）

【助老帮困】 年内，街道新建5个社区养老驿站，面积2221平方米。办理"北京通-养老助残卡"4318个，老年优待卡2042件、老年证1105件，为300余位老人发放高龄老人津贴。为448位80岁、90岁、100岁老人祝寿，并送上生日礼物。年内，街道实现失业人员就业725人，登记失业人员就业率72.31%。为1691人次补办社保卡，为5018名"一老一小"、城镇无业人员提供大病医疗保险服务，为低保家庭541户、1000人及高龄老人、困难人员按时发放各类保障金、救助金2597万元。10个社区被评为北京市充分就业社区。

（孙大力　夏　勤　王丽丽）

【食品药品监管】 年内,接待行政许可申请咨询300余人次，受理许可申请材料26份，发证24份，完成食品流通现场核查157份，餐饮服务现场核查91份。开展专项检查72项，受理投诉763件,办结665件,罚没款51.51万元，取缔聚集区内65家无证无照餐饮单位。

（王丽丽）

【社区居委会】

	名称	地址	电话
1.	劲松北社区居委会	劲松二区218号楼	67790796
2.	劲松东社区居委会	劲松三区321号楼	67756254
3.	劲松中社区居委会	劲松五区507号楼	67794210
4.	劲松西社区居委会	劲松八区甲813号楼	87714607
5.	农光里社区居委会	农光里小区102号楼南侧	67354935
6.	农光里中社区居委会	农光里212号楼	67364936
7.	农光里东社区居委会	农光东里临甲9号	67356577
8.	南磨房北里社区居委会	磨北临甲120号楼	67313633
9.	八棵杨社区居委会	东三环南路54号乙七君楼	87735585
10.	大郊亭社区居委会	广渠路珠江帝景208楼北a156	58634292
11.	和谐雅园社区居委会	武圣北路6号院1号楼	67775535
12.	白环社区社区居委会	广渠路白环家园10号楼	87728617
13.	西大望路社区居委会	硬盘沟路9号院	67799895

（沈丽娟）

酒仙桥街道

【概况】 酒仙桥街道位于朝阳区东北部。1957年成立。东至酒仙桥北路与崔各庄乡接壤，南至亮马河与东风乡毗连，西至酒仙桥路和将台路与将台乡相交，北到京顺路与东湖街道、望京街道相邻。辖区呈哑铃状，与将台乡一样，属于典型的城乡接合部。辖区面积5.3平方公里。下辖大山子、高家园、怡思苑等9个社区。年内有户籍人口99174人，常住人口74829人，流动人口总量16914人。辖区有企业3379家、重点监管企业138家、医院4家、社区卫生服务站1个、科研院所3个、中小学及幼儿园12所、养老机构1处、文化活动场所3处。街道工委、办事处以"绿色、平安、民生、文化、和谐、智慧"建设为目标，围绕稳增长、疏功能、调人口、美环境、强治理等重点任务，完成各项工作。实现区级财政收入12.7亿元，同比增长9.5%；小房产税税收收入866万元,同比增长1.1%。

地址：酒仙桥六街坊六号。
邮编：100016
电话：64309101
邮箱：jxqxzb@163.com

（李满飞）

【无偿献血】 1月11日，社区办开展"无偿献血日"活动。募集献血志愿者225人，献血者128人，采血总量2.86万毫升。

（李满飞）

【火灾事故】 4月8日上午，位于驼房营东北郊粮油仓库宿舍1号楼前发生火灾，过火面积80平方米。起火原因为一居民燃烧柳絮引起周边自行车棚起火所致。

火灾未造成人员伤亡和财产损失。

（李满飞）

【环境综合整治】 4月26日，街道城管执法队集中整治大山子市场。规范店外经营17家，没收违规灯箱2个，劝离无照经营摊贩8处。5月25日，街道城管队强制拆除孙家村13处、280平方米违建房屋。6月16日，拆除12街坊60余个私装地锁。6月29日，清理整治驼房营西里1号楼北侧一待建地，拆除11处篱笆墙及私搭乱建，恢复约4000平方米土地。7月12日，拆除将台西路芳园里小区8号、12号、13号、甲13号楼“开墙打洞”底商38家牌匾。7月30日至31日，拆除驼房营南里粮库宿舍院内陶乐园幼儿园1处占压燃气管线房屋，拆除建筑160平方米。12月，综合性检查辖区环境卫生，包括暴露垃圾、在建施工工地裸露地面及扬尘，燃煤锅炉使用、汽修点使用涂料等含挥发性有机物的原料及产品等情况，检查工地6处，消除安全隐患1处，检查汽修点3家，清理暴露垃圾11处。

（李满飞）

【讨薪维权】 9月12日上午，在751厂做建筑装修的7名农民工因老板拖欠工资到街道要求维权。经与正东集团飞特投资有限公司协调，为7名农民工讨回工钱42677元。

（李满飞）

【非公企业党支部成立】 9月13日，非公企业——北京蓝色光标品牌管理顾问有限公司党支部正式成立。街道工委书记、副书记，北京蓝色光标品牌管理顾问股份有限公司董事长，蓝色光标集团副总裁以及党员代表40余人参加成立大会。

（李满飞）

【花园式社区通过验收】 11月3日，驼房西里社区争创首都花园式社区通过首都绿化委员会办公室验收专家组评审。

（李满飞）

【党员代表大会】 11月4日，召开中共酒仙桥街道第十二次党员代表大会。大会应到党员代表124人，实到党员代表120人。投票选举7名党代表出席中国共产党北京市朝阳区第十二次代表大会。

（李满飞）

【水污染事件】 11月8日晚22:55，四街坊1号、4号楼自来水受到污染，区应急办、城建科、自来水公司、卫生防疫站工作人员第一时间到现场处置。此次自来水污染事件涉及旧城改建区四街坊1号、4号楼，共3个单元36户居民。事故原因为四街坊甲4号楼2单元301户主私自改装自来水线路，错将暖气管与自来水管串联，导致供暖水倒流而污染自来水。11月9日，供水恢复正常。此次水污染事件未对人员健康造成损伤。

（李满飞）

【“扫黄打非”工作站成立】 12月1日，街道成立“扫黄打非”工作站，社区设立联络站。人员由地区文化市场监督员、“扫黄打非”信息员、文化组织员、治安志愿者、流管员、巡防员、安稳信息员组成，通过“五进”工作（进农村、进社区、进企业、进学校、进景点）达到“六有”标准（有办公地点、有人员力量、有经费保障、有宣传专栏、有举报电话、有工作台账），形成横向到边、纵向到底、全覆盖立体监管格局。

（李满飞）

【社区居委会】

	名称	地址	电话
1.	高家园社区居委会	高家园小区118号楼	64309142
2.	大山子社区居委会	大山子北里小五楼	64309134
3.	电子球场路社区居委会	三街坊2号楼旁平房	64309151
4.	红霞路社区居委会	六街坊11号楼6单元	64909146
5.	中北路社区居委会	酒仙桥路11号院后平房	64309139
6.	酒仙桥东路社区居委会	驼房营南里兆维小区综合楼	64309168
7.	怡思苑社区居委会	南十里居15号院8号楼	64309129
8.	驼房营西里社区居委会	驼房营西里临甲8号	84707693

（李满飞）

六里屯街道

【概况】 六里屯街道位于朝阳区中西部。东起京包铁路与东风乡、平房乡相邻，南以二道沟河为界与八里庄街道、呼家楼街道和高碑店乡相邻，西至朝阳体育馆，与团结湖街道相邻，北以农展南路为界与麦子店地区相邻。面积4.4平方公里。下辖11个社区。年内有总人口148461人，常住人口49775户、121104人，居民为8973户、26187人，流动人口26059人，港澳台和外籍人口1298人，少数民族1382人。辖区有法人单位1316个，包括中央单位15家、市属单位38家、区属单位85家、事业单位56家。驻有北京出入境检验检疫局、北京妇产医院、北京妇幼保健院、中国音乐学院附中、北京住总实业投资控股有限公司、北京联合大学商务学院、北京糖尿病医院等单位。辖区内有区人力社保局、区卫生局、区广电中心、区民防局、区体育局、公安分局、区人民法院、区检察院、区司法局、区绿化局、区民政局等区属委办局十余家。医疗卫生机构16个，其中医院9个、社区卫生服务中心1个、社区卫生服务站6个。年内完成区财政收入2.98亿元，同比增长9.5%。

地址：甜水园北里17号楼

邮编：100026

电话：65958641

邮箱：liulitunjiedao@163.com

（冯　珺）

【治安巡逻队成立】 3月10日，六里屯街道巡逻队挂牌成立。巡逻队员由54名巡逻队员组成，配备巡逻车16辆，车内配有记录仪、喊话器、灭火器、GPS定位器等设备。巡逻队24小时昼夜巡查，街巷、胡同全覆盖。

（冯　珺）

【党政群共商共治】 年内，在11个社区居委会及10个工作站成立居民议事厅，召开议事协商会36次，解决居民实际问题22个；通过居民议事厅形式，52个项目全面落实。

（冯　珺）

【人大换届选举】 年内，区第十六届人大代表换届选举工作完成。经宣传动员、选民登记、提名酝酿候选人、组织选举四个阶段，召开动员及培训会6次，6个选区登记选民42566人，登记率98.02%，投票当天选民参选41974人，参选率98.60%。选举产生区第十六届人大代表12人，其中中共党员9人，妇女代表3人，连选连任代表4人，政府机关代表3人，基层社区代表1人，教育界代表2人，文化界代表1人，商业、服务业代表3人，医疗界代表2人。

（冯　珺）

【党建工作】 年内，街道工委开展"三严三实"专题教育与"为官不为、为官乱为"专项治理和"六提倡六反对"思想大讨论。街道机关全体干部深入基层社会单位、百姓家中了解情况，通过"大走访、深动员、促联建"，为广大居民送安全、送健康、送服务，解决群众普遍关心的问题。走访社会单位70余家、居民2000余户，解决群众反映的热点难点问题120余件。筹建党员精神家园，组建街道区域化党建研究会，开发党建统领服务管理信息平台。

（冯　珺）

【党风廉政建设】 年内，制定"两个责任"实施办法，明确工委班子、工委第一责任人、班子成员21类68项的主体责任、纪委9类31项监督责任；逐级签订责任书和承诺书，建立岗位责任清单。制发《六里屯街道工委"三重一大"监督管理办法（试行）》《六里屯街道工程管理办法（试行）》《财务管理》《机关工作人员请销假》《编外人员用工管理暂行办法》。开展风险点排查，排查廉政风险点80个，制定防控措施90条；开展"四风"问题一键拍宣传推广，加大对资金管理、项目建设、干部人事工作等重点领域和关键环节监督检查。

（冯　珺）

【社区建设】 年内，完成十里堡北里、炫特家园、甜水园等社区三星级智慧社区创建和星级提升工作，其中道家园由四星级升五星，甜水西园由三星级升五星级。地区智慧社区占45%。碧水园2个老旧小区被列为推进市场化保洁工作试点，交由万顺保洁公司负责保洁。甜水园北小区、甜水园西小区、燃气小区及道家村小区等完成准物业化管理。

（冯　珺）

【困难助残】 年内，走访慰问贫困残疾家庭173户，发放慰问金和救助款6万余元；启动2016年度安康计划，为低保家庭570人、伤残家庭139人、特扶家庭74人投保；为147名伤残扶助申请人、105名死亡扶助申请人进行年度审核，5名伤残和3名死亡特扶汇总材料申报区卫生计生委；开展市"庭院式"残疾人法律服务活动，43名残疾人及亲友参加活动。

（冯　珺）

【环境建设】 年内，完成朝阳北路绿化美化工程；八里庄和马道口大街环境提升工程；道家园社区，延静东里1号楼、2号楼及炫特区5间宿舍公共区维修；燃气小区、甜北小区、甜西街及延静里等老旧小区改造工程。整治朝阳北路73户开墙打洞违法行为，拆除四环路周边1380个私装地锁和3处13979平方米挂账违章建筑，制止新增违建13处、283平方米。夏季露天烧烤专项治理收缴非法经营用具210件。依托城市网格化管理模式，处理网格案件23232件、公众举报案件518件。

（冯　珺）

【安全维稳】 年内，开展地下空间及违法群租房治理工作。治理违法群租房22户86间，清退流动人口455人；检查人防工程78处，排查隐患800处；开展八里庄北里和甜水园"平安小区"建设，安装多功能视频探头51个。开展重点矛盾纠纷排查及专项排查16次，完成对"公园1872"及甜水园二期危改项目两大重点调处稳控工作。在纪念抗日战争胜利70周年期间，检查辖区内物业单位、地下空间和在建施工地120余次，发动志愿者1000余人。检查352家煤火取暖户，清除安全隐患100余处。监督和检查食品药品销售经营单位，立案25起，罚款25.5万元。甜水园餐饮食品一条街被评为饮食安全示范街。

（冯　珺）

【文化活动】 年内，举办地区"一节、两唱、三展、四演、五赛、六教"等一系列群众性文化及民俗节日活动32场，3000余人参加。在市区两级舞蹈、京剧、合唱、体育等比赛中获市级比赛一等奖1个、区级比赛二等奖5个、优秀奖7个。举办科普知识讲座23场，组织北京百万家庭数字技能大赛网上答题5760人次。炫特社区被评为区级优秀科普社区。

（冯　珺）

【安全生产】 年内，完成地区安全生产考核指标。检查生产经营单位4879家次，整改安全隐患728处，罚款5.5万元。开展"安全生产月"宣传教育活动，在主要干道、小区、公园等公共场所张挂横幅、宣教图，LED屏滚动播放，宣传安全生产主题内容和精神，落实企业安全生产主体责任。开展食品药品安全专项整治92次，行政处罚32万余元。对121户生煤火家庭实施监控。

（冯　珺）

【民生保障】 年内，为1992名残疾服务对象提供"七进家庭服务"，为449户享受低保对象实施基础性救助，安置11名残疾人就业，建立街道养老助残服务中心。编印《社保政策指南》3800册（内容有法律、政策、具体规定，缴费、领金标准，定点医院，药费报销比例）。登记失业人员实现就业率64%，走访单位107家，开发就业岗位2946个；办理城镇居民养老保险385人，为5664人办理城镇居民基本医疗保险的参保、续保手续；地区劳动合同签约率、完成率及续订率均为100%，创建和谐劳动关系单位7家。为96名老人免费做白内障手术；为65岁以上老人免费体检3907人次；为精神病人免费体检107人次；为1608名老人和1071名中小学生免费接种流感疫苗；为501名流动人员接种麻疹疫苗，为513人接种流脑A+C疫苗；建立高血压和体重控制小组，开展活动14次。

（冯　珺）

【人口调控】 年内，治理违法群租房9户、32间；拆除7户、10个隔断，2户、15个上下铺；劝退流动人口41人；治理挂账违法群租房3户、10间；拆除2户、3个隔断，1户、8个上下铺；劝退流动人口22人；疏解整治姚家园路早市，面积4100余平方米；拆除八北313楼违建，核销流动人口3663人；拆除违法建筑1.2万平方米，开展地下空间和人防工程专项治理，关停地下空间13处、人防30处，疏解流动人口1500余人。

（冯　珺）

【就业服务保障】 年内，为371人办理城镇居民社会养老保险，为6280人办理城镇居民医疗保险，补办社保卡1719张；接收社会化管理退休人员349人，为216人办理退休手续，实有社会化退休人员4648人；各类困难人员医疗救助260万元；692名失业人员实现再就业，城镇登记失业人员就业率65%；就业困难人员实现就业523人次；岗位开发2631个；推荐就业成功93人次；职业指导2408人次。

（冯　珺）

【花园式社区创建】 年内，完成“花园式社区”创建工作。在社区成立一支45人的护绿志愿队、6人的清扫保洁队、17人的文化宣传队、105人的环保志愿者队伍。绿化道家园社区环境，铺绿植6000余平方米，社区绿化覆盖率35%。

（冯　珺）

【社区居委会】

	名称	地址	电话
1.	秀水园社区居委会	水碓子北里4号楼西平房	85961850
2.	碧水园社区居委会	甜水园北里6号楼7单元	65033285
3.	甜水园社区居委会	甜水园东里纺织小区	6507498
4.	道家园社区居委会	道家园7号楼9单元	65920781
5.	八里庄南里社区居委会	八里庄南里24号楼北平房	85831049
6.	八里庄北里社区居委会	八里庄北里公园1872小区	85913862
7.	晨光社区居委会	晨光家园212号楼107号	85843811
8.	十里堡北里社区居委会	实力草北里29号楼北侧平房	85332145
9.	六里屯北里社区居委会	丽水家园1号楼	85362417
10.	炫特家园社区居委会	炫特家园3号楼	85356772
11.	甜水西园社区居委会	甜水西园甲12号楼	85972199

（冯　珺）

麦子店街道

【概况】 麦子店街道位于朝阳区中部，1987年成立。东起东四环路，南临朝阳公园和农展南路，西至东三环路，北连机场高速公路。辖区面积6.5平方公里。下辖农展南里、枣营北里、枣营南里、朝阳公园及霞光里等5个社区。年内有常住人口9003户、45204人，其中流动人口22530人，户籍人口22674人，另有外籍居民2504人，有汉族21275人、少数民族1399人。出生人口247人，人口出生率为11‰。死亡106人，人口死亡率为5‰。有公立幼儿园、小学、中学各1所，各类民办学校及教育机构17所，社区卫生服务站3个，霞光里养老助残中心1处。地铁10号、14号线在辖区通过，有公交站点43个，有社区服务中心、国际社区服务中心各1个。地区绿化覆盖率69％。辖区常住法人单位4402家，有美、法、日、韩等13处外国使馆的第三使馆区，有上合组织、中国·东盟中心为代表的国际组织等涉外机构，具有涉外主体多元化的典型区域特征。年内，完成区级财政收入28.99亿元，实际完成收入超30亿元，完成率103%，同比增长19%。

地址：朝阳公园西里南区6号楼
邮编：100125
电话：58260700
邮箱：mzdjd2016@126.com

（曹荣贵）

【文化友好交流】 5月10日，全国妇联副主席焦扬一行到麦子店街道国际社区服务中心调研社区家庭建设工作。5月20日，市委组织部北大第十九期学习班40余名学员调研国际化社区建设工作。6月22日，来自台湾省台南、台中、彰化三县30名基层社区工作者和居民到街道调研社区建设工作。9月6日至11日，应丹麦霍尔拜克市政府及丹麦霍尔拜克文化节组委会邀请，15名居民及学校师生代表应邀到丹麦霍尔拜克市参加“中国文化节”文化交流活动。11月26日，由塞尔维亚、罗马尼亚等5个国家主要政党青年干部、政府青年事务机构负责人、青年组织领导人组成的中东欧青年干部考察团到街道社区服务中心参观。

（戴德生）

【楼院自治建设】 年内，5个楼院完成议事厅建设，205位楼院议事代表参加楼院自治管理工作,实现楼院自治平台有效运转。完成街道、社区五大类12项问政民生项目。

（张　妍）

【社区文化教育】 年内，北京第八十中学枣营分校挂牌；枣营幼儿园成为北京市一级一类示范园；朝阳老年大学麦子店街道分校揭牌；启动“和美麦家”文化品牌建设，举办摩洛哥、哥伦比亚、丹麦等国家主题文化周；社区文艺团队受邀参加丹麦霍尔拜克市“中国文化节”。10月31日，麦子店街道第五届国际文化季系列活动在凤凰传媒中心开幕，中国艺术家协会、中国舞蹈家协会多名艺术家参与公益演出。文化季活动历时4个月，分为“味道、温馨、生活”等8个板块。举办中外居民圣诞联欢、中外居民过大年等系列文化交流活动。

（白　广　冀叶超）

【社会服务保障】 年内，完成2万平方米的老旧小区环境升级改造；完成枣北、枣南环境精品社区,推进环境优美大街提升工程;完成农南平房、供电局宿舍区“煤改电”任务。成立“麦田阳光”助残志愿服务队；养老服务中心新增20余床位；老年送餐覆盖率达95%；190名失业人员实现再就业；走访慰问特困家庭1104户，发放慰问金22.57万元。

（魏　东　刘　丹）

【平房原拆原建】 年内，通过楼院组织居民和产权单位协商，先后召开议事会18次，促成产权单位出资200万元，完成17户居民、750平方米的平房改造。在全区推广霞光里35号院平房区翻新重建经验。

（董建英　金哲浩）

【人口调控疏解】 年内，调减流动人口3800人，完成15户违法群租房的挂账治理任务和文化收藏品市场1.4万平方米、2320间商户疏解调控工作；关停整改40家社区服务网店；办理生育登记300余份、流动人口生育服务信息单150余份。

（王　正　王书平）

【综合治理维稳】 年内，动员社会防控力量6万余人次，完成涉南海仲裁案、G20峰会、十八届六中全会等重大时点社会面防控任务。群众安全感指数排名位居全区前列，街道综治考核在全区街道系统排名第一。

（王　正）

【安全生产检查】 年内，制定安全生产网格化管理实施方案，以社区为基础划分7个网格，321户空巢老人家庭、独居老人家庭“安全守护”落实到位。开展企业安全生产“一企一标准”“一岗一清单”，进行个性化安全生产管理。分类管理商务楼宇、“有限空间”、人员密集场所。推进社区微型消防站建设，完成“安责险”推广工作92家。

（金捍东）

【环境综合整治】 年内，治理“开墙打洞”66处，拆违建1600平方米；开展“双百”环境建设工程，拆除违规广告牌匾59块、LED屏22块、条幅45条，整改新25块；清理社区“六小门店”，查处无照经营221起。完成占压煤气管线治理3处挂账任务。

（董建英　金哲浩）

【智慧社区建设】 年内，创建枣北社区“一号楼院管家服务队”、农南社区“环保低碳服务队”等一批服务品牌。完成智慧社区“微网格”建设任务，所辖5个社区全部建立社区微信公众平台、开展农南社区和朝阳公园社区“绿色智慧平安社区”建设，完成安装煤气安全自闭阀60户的指标任务。

（蔚全金）

【社区创享计划】 年内，5个社区25个楼院开展实施创享计划，征集“金点子”53个，形成有效提案47个，执行项目47个，1000余人直接参与实施，受益群众近万人次，5个项目参加区级优秀项目评选，形成草根社区社会组织39个；召开楼门文化专题议事会14次，组建楼门文化建设队伍，参与从方案设计到准备施工全过程，完成8座塔楼的8个楼门、24座板楼的124个楼门的修缮工作。

（张　妍）

【社会保障】 年内，开发就业岗位834个，就业困难人员实现就业率100%,辖区城乡登记失业人员就业率77.87%；新参保256人，受理医疗报销356人次，报销医疗费用168万余元，城乡居民养老保险参保67人;有63户、111人享有最低生活保障待遇，发放低保金117万余元。

（佘国柱）

【劳动监察管理】 年内，劳动监察检查单位全年指标任务为200家，实际完成206家；劳动监察立案全年指标为60家，实际完成64家；劳动监察处罚案件指标6家，实际完成8家。妥善处理讨薪要资案件22起，涉及农民工300余人。

（李　晶）

【食品药品监管】 年内，开展食品快速检测11次，抽检食品55样；完成食品检测抽样4次，抽样105种、210样；药品抽样2次，8种、32样。立案一般程序案件30件，其中食品案件29件，医疗器械案件1件。简易程序案件30件。受理举报185件，解决172件，其中立案27件。3次配合检测中心，对辖区京客隆枣营店、华联超市和餐馆等6户企业进行食品抽检工作。完成460户餐饮企业的所有分类分级工作。

（马学军）

【司法矛盾调解】 年内，农南社区、朝阳公园社区人民调解委员会规范化建设工作通过北京市司法局复查验收。调解矛盾纠纷598件，涉及当事人1667人，调解成功579件，成功率96.8%。

（杨　靖）

【微信公众平台】 年内，建立街道微信公众平台“微麦”，包括微麦亨、微麦乐、国际家三大板块，展示和介绍麦子店地区文化活动。

（尉全金　施曼怡）

【党风廉政建设】 年内，街道办事处领导班子组织主题学习5次、理论中心组学习19次。开展“走清建树”主题实践活动，管理与指导2300余名自管党员和党组织。新建非公企业基层党组织127个；推进基层服务型党组织品牌建设。召开街道第七次党员代表大会，完成区党代表和区人大代表选举工作。梳理完善岗位责任清单，逐级签订责任书175份；建立和完善《街道工程建设项目管理办法》《关于加强街道内审内控监管工作的意见》，编制《街道党风廉政建设纪实内容清单》，配发《街道党风廉政日志》，制定《街道工委开展党风廉政专项检查工作方案》，实现纪实监督检查常态化。组织观看警示教育片5次，监督检查302人次，制发监督检查情况通报单281份，开展各层级谈话353人次。

（徐进华）

【社区居委会】

	名称	地址	电话
1.	霞光里社区居委会	霞光里30号院5号楼	51302817
2.	枣营北里社区居委会	枣营北里30号楼	65928551
3.	枣营南里社区居委会	枣营南里21号楼前平房	65089525
4.	朝阳公园社区居委会	朝阳公园西路9号北小楼	65383824
5.	农展南里社区居委会	农展南里3号楼	85972199

（曹荣贵）

潘家园街道

【概况】 潘家园街道位于朝阳区南部。东与南磨房地区相邻，南与十八里店乡相邻，西与东城区隔河相望，北与劲松街道连接。辖区面积3.4平方公里。下辖12个社区。常住人口约13万人，流动人口3万人，人口出生率3%、死亡率1%。辖区有老年公寓1座、夕阳红驿站4个、居民活动站12个、社区文化广场2处、温馨家园2处，社区教育中心、文化中心、图书馆、老年大学各1所。地区绿化面积达59.44万平方米，绿化覆盖率25.18%。潘家园旧货市场、北京古玩城、天雅古玩城、河南大厦、陕西大厦、广西大厦坐落其间。辖区有中、小学校和幼儿园11所。有中国医学科学院肿瘤医院、肿瘤研究所、北京工业大学研究生院等不同隶属关系的企事业单位1400家。年内，实现区级财政收入2.8亿元，同比增长49%。完成全年任务指标的102.%。

地址：松榆里43号楼

邮编：100021

电话：87381916

邮箱：pjybgs@bjchy.gov.cn

（肖体树）

【领导调研】 3月6日，北京市副市长王宁，市委政法委副书记、首都综治办主任闫满成等市领导带队到潘街道调研全国“两会”社会面防控工作，并慰问基层干部及群防群治力量。

（肖体树）

【人大换届选举】 11月15日，地区选举分会区人大换届选举工结束。选举登记选民38185人，其中居民选民30468人、单位选民7717人，非本市选民197人。划分6个选区，477个选民小组，设立47个固定投票站、16个流动投票箱。37761名选民参加投票，占已登记选民的98.89%。选举产生区人大代表17人（其中中国共产党党员13人、其他党派和无党派4人，政党团体推荐当选人士3人，少数民族代表1人，女代表7人，大专以上学历代表17人）。

（肖体树）

【安保维稳】 年内，全国“两会”、南海仲裁案、G20峰会、十八届六中全会等重大活动和敏感日期间，启动社会面等级防控7次，发动群防群治力量15万余人次。发挥地区1400余名专（兼）职安稳信息员的作用，上报安全稳定情报信息323件，获区奖励6.53万元。

（肖体树）

【功能疏解】 年内，清理潘家园旧货市场等8个低级次及人员密集市场，清退旧货市场地摊1000个，压缩营业面积6000余平方米。

（肖体树）

【人口调控】 年内，采取“突出重点，以点带面、动态管人”等措施，调控人口2676人，超额完成2534人的调控任务，完成率105.6%。

（肖体树）

【“拆墙打洞”整治】 年内，街道开展三次集中整治行动，在原有72处挂账基础上完成356处“拆墙打洞”商户治理任务，超额完成394%。

（肖体树）

【廉政建设】 年内，街道工委重点监督“三重一大”“三不分管”“全程纪实”等制度落实和权力制约。举办专题学习15次，查找廉政风险点7项，制定防范措施24项，组织观看警示教育片5次；逐级签订《党风廉政建设责任书》173份，形成三级压力传导机制；建立《党风廉政建设责任清单》61份，全员签订承诺书310份；清查“小金库”，健全和完善相关制度；加强党员干部《党章》和《问责条例》等党规学习；开展“六个一”系列活动，增强政治纪律和规矩意识，加大节点期的监督检查，严防“四风”防弹；开展“两个专项”治理，重点整治4类群众反映突出的问题。检查作风建设50余次，处理违反党纪党员4人，约谈8人，开展廉政提醒谈话300余人次，调查核实投诉举报件11件。

（肖体树）

【干部管理】 年内，接收军转干部2人。开展专门审核清理干部人事档案中“三龄（年龄、工龄、党龄）两历（学历、工作经历）一身份（干部身份）”97人。办理人事关系调动手续6人，落实职级并轨政策15人。制定街道公务交通补贴发放办法，保证交通补贴按月落实。依据上年度个人年度考核结果，完成105人、142项工资级别档次调整工作。提拔任用科级干部5人。以竞争上岗形式，职级并行晋升16人。轮换工作岗位4人。以竞争上岗的方式选拔事业编职位2人。

（肖体树）

【党建工作】 年内，街道工委开展党员组织关系集中排查，查找回流动党员56人、“口袋”党员2人、失去联系党员293人，处理违纪党员4人；完成基层党组织按期换届专项检查工作；开展党费收缴、补缴专项检查，补缴党费53万余元；推进非公企业和社会组织“两个覆盖”，60个社会组织全部纳入党组织覆盖范围，有非公党组织63个，非公企业覆盖率89.17%。发展党员11人，推荐街道提拔处级领导干部1人、科级干部7人。招录社区工作者22人，落实职级并轨政策16人。依法选举产生9名区党代表、17名区人大代表。坚持“19”党员奉献日活动，“115”小区微治理服务体系被评为北京市党建创新活动品牌。

（肖体树）

【环境综合整治】 年内，完成市区挂账任务专项整治。开展联合执法1000余次，收缴“黑摩的”1300余辆，现场集中销毁3次，销毁“黑摩的”100余辆。查处无照经营3831起、大排档415起、店外经营586起。拆除10户在区挂账的群租房，拆除13间隔断、上下铺85组，劝退租房流动人口100余人。

（肖体树）

【社区平安建设】 年内，完成潘家园、华威北里和松榆里3个试点社区绿色智慧平安社区创建工作；新增650平方米绿化和2处小区公园；配备便民信息查询机，开通街道系统微信公众号；购置治安巡逻车5台；安装数字监控探头125个；拆除私装地锁260个，建立小区监控室。整合各方资源，形成以居家养老为主体，社区养老为依托，机构养老为补充的“一刻钟社区生活服务圈”。

（肖体树）

【社会创享动员】 年内，以潘家园街道创享空间为阵地，推进街道社会动员中心建设，完成“1710”社会组织体系建设，组建社区社会组织联合会和社区工作者协会；引进社会组织3家，与社区创享计划对接；购买服务项目8个，街道投入资金44.8万元；新登记注册志愿者649人，开展志愿者服务项目160件，组织志愿者服务活动410次，参与志愿服务11880人次，受益人群72350人。为民办实事项目97件。其中街道层面10件、社区层面87件。

（肖体树）

【社会矛盾调处】 年内，开展矛盾纠纷排查16次(专项4次)，举办法律宣传讲座32次，法律义务咨询47次，接待信访群众110批379人（集体访21批201人），化解矛盾纠纷326件，处理政民互动案件2639件。

（肖体树）

【安全生产监管】 年内，开展安全生产大检查7次，检查生产经营场所5472个，整治安全隐患2256处；出动910次检查组检查密集场所894家，发现隐患493处、整改493处；开展预防煤气中毒宣传教育5次，发放安全提示告知书3500份，检查煤火取暖住户768家，整治隐患106处；开展消防安全培训160余次。

（肖体树）

【社会民生保障】 年内,开发就业岗位3600个，完成任务指标的104%；城镇登记失业人员实现就业率65.55%，完成年度任务指标的105%；开展技能培训110人，完成年度任务指标的118%；充分就业社区创建8个；为698名灵活就业人员按时办理审核上报存档手续,为401名灵活就业人员按时办理停险、减员等转出手续，为灵活就业、失业人员办理退休审批 206 名；850名60岁以上老年人办理老年证（含外埠）；为2643名65岁以上老年人办理优待卡，为358名申请审批发放90岁高龄津贴，为8人申请审批发放100岁以上高龄津贴，每月审核发放高龄津贴36620元，发放北京通养老助残卡11683张；对符合生育政策的187户低保家庭、59户独生子女死亡特扶家庭、113户独生子女伤残家庭和108户自行投保家庭办理投保资格确认并投保。在松榆里社区、武东社区增设2个小餐桌，实现12个社区养老助餐全覆盖。组织集中献血活动2次，260人献血。为辖区896名外来务工人员及流动人员儿童预防接种麻疹疫苗、流脑疫苗等。投资1.5万元，推进0—3岁早期教育项目重点建设。

（肖体树）

【平安社区建设】 年内，开展群众安全感入户调查3万余户，发放《致地区居民一封信》和宣传品3万份，群众安全感指数平均值93.7%；完成北汽生活区平安示范小区建设；维护保养地区1703套门禁系统，更换63套；安装防爬刺网4975米；在5个社区安装监控系统82套。

（肖体树）

【环境秩序整治】 年内，处理热线举报5602起，其中无照经营3831起，夜间施工550起，店外经营及小广告等市容环境卫生问题586起，露天烧烤415起，违法建设186起，其他案件34起。立案处罚767起，罚款10.3万元。检查餐饮企业餐厨垃圾和燃气安全42家，发放《致餐饮服务单位的一封信》260余份，处理“12331”热线及政民互动案件299件，立案81起，行政处罚32起，罚没款35.9万元；食品抽检442件,排除安全隐患57处；集中对租住地下室进行综合整治，按照“清空人员物品、拆除违章建筑、安装限电设施、实行封闭管理”标准，关停72家人防工程，规范3家人防工程，劝退租住人员3185人，清退建筑面积46640平方米，清退房间2750间。

（肖体树）

【应急事件处置】 年内，完善应急工作预案16个。利用“5·12”“8·12”纪念宣传日开展系列防震减灾、应急演练，悬挂标语200余条，发放《潘家园街道防灾应急手册》4000余册，发放传单65000份。处置各类应急突发事件12起，化解群体上访、非正常上访事件苗头21次，举办应急逃生和疏散演练3次、防汛应急演练2次，开展矛盾纠纷排查48次。

（肖体树）

【拆除违法建设】 年内,完成拆除原有违建4处、2200平方米，拆除新增违建15处、228平方米。

（肖体树）

【社区居委会】

	名称	地址	电话
1.	潘家园社区居委会	潘家园27号楼1单元	87701306
2.	潘家园南里社区居委会	潘家园南里11号楼北平房	87715076
3.	华威西里社区居委会	华威西里42号楼乙	87780406
4.	潘家园东里社区居委会	潘家园东里1号楼北平房	87711589
5.	华威北里社区居委会	华威北里甲32号楼	67790170
6.	松榆西里社区居委会	松榆西里61号楼西侧	67311248
7.	松榆东里社区居委会	松榆东里15号楼	67358840
8.	松榆里社区居委会	松榆里26号楼104号	67337813
9.	武圣农光社区居委会	松榆北路7号院9号楼	87379079
10.	武圣东里社区居委会	武圣庙6号院	87320695
11.	武圣南里社区居委会	武圣庙6号院	67356846
12.	华威里社区居委会	华威南路2号楼地下一层	87731033

（肖体树）

三里屯街道

【概况】 三里屯街道位于朝阳区中部。东起东三环北路，南临工体南路，西至春秀路与东城区相接，北临亮马河。区域面积2.9平方公里。辖区有大小街巷40余条，主要有工体北路、工体东路、新东路、三里屯路、东三环北路等8条大路，设有幸福一村、幸福二村、北三里、东三里、中三里、中纺里、白家庄西里等7个社区。年内有常住人口5.8万人，其中户籍人口3.8万人，其他外来人口1.8万人，境外人口2000余人。辖区有社会单位5000余家（法人单位2900余家），各国驻华使（领）馆97家，联合国开发计划署、难民署、儿童基金会、世界卫生组织、国际劳工组织等联合国驻华机构及其他国际组织驻华机构15家，涉外宾馆饭店5家，中央单位28家，市属单位47家，区属单位33家。有北京联合大学机电学院、北京市第八十中学、三里屯一中2所中学，有朝阳区白家庄小学、朝阳区实验小学、朝阳区三里屯小学。有61599部队幼儿园、北京幸福天使幼儿园。有北京法国国际学校、北京英国学校2所涉外学校。医疗卫生机构有武警北京总队医院、北京长虹医院、善方医院、三里屯佳美口腔门诊部、国宗中医门诊部、北京曹开镛中医门诊部、北京市红叶齿科医用器材厂北阿口腔诊所以及三里屯社区卫生服务中心。有幸福夕阳托老中心1所、日间照料室10处。三里屯街道地处CBD功能区的辐射区，是朝阳区经济文化发展最活跃的地带之一，也是朝阳区“时尚文化板块”重要组成部分。作为朝阳区首批授牌的文化创意产业聚集区，地区发展特色鲜明，培育出“三里屯国际时尚文化街区”品牌，打造“一街四圈”（酒吧街、三里屯SOHO商圈、机电院商圈、太古里商圈、工体商圈）特色功能区。形成集文化、休闲、娱乐、餐饮、体育、商贸等多种功能于一体的国际时尚文化街区。年内，街道办事处围绕建设“美丽、幸福、人文、魅力”三里屯的工作目标，全力保稳定、创新谋发展，完成年度工作任务。实现区级财政收入16.98亿元，同比增长24.7%。

地址：幸福村1号

邮编：100027

电话：64165276

网址：http://sltjd.bjchy.gov.cn

（王　敏）

【科普体验中心启动】 6月14日，仲夏同乐会暨“印象三里屯我的中国梦”科普体验中心揭牌，三所小学百余名师生参加揭牌仪式并观看儿艺演出“胡同.com”。科普体验中心设在街道综合服务中心，分为“太空探梦”“品质生活梦”“绿色生活梦”“我的求知梦”四个区域，总面积为500余平方米。

（王　敏）

【违法建设拆除】 年内，集中治理工体北路、新东路等54家临街住宅楼商户开墙打洞，恢复居民楼体原貌。完成12处、4700平方米违法建设销账任务，拆除账外违章建筑59处、1402平方米。

（王　敏）

【党建阵地拓展】 年内，在辖区楼宇成立38个党支部，选派26名具有党建工作经验人员为楼宇党支部工作指导员，非公企业党组织覆盖率87.7%。对所属党员进行党组织关系排查，151名人户分离、长期脱离组织党员恢复组织关系。

（王　敏）

【党政群共商共治工程】 年内，通过人大代表、政协委员和社会单位向居民群众征求意见、建议，发放建议案表3000余份，征集各类意见、建议400余条。经共同协商后，以居民投票表决方式拟定办事项目，完成涉及日常生活、环境秩序、公共服务、社会安全、社区建设等5大类，36个项目。

（王　敏）

【智能停车系统建设】 年内，街道建成“智能停车诱导系统”，诱导屏23个，其中二级诱导屏10个、三级诱导屏13个，地下车场空置率由28%下降到23%。

（王　敏）

【人口调控】 年内，在册流动人口比上年减少1131人，完成年度调控指标1002人的112.87%，出租房屋3737户，同比下降2.88%。

（王　敏）

【计划生育服务】 年内，按程序办理一胎、二胎生育服务证127个，新政实施后，通过网络和现场登记，办理户籍和流动人口《生育服务登记单》2孩以内325个、二胎外生育6个，办理独生子女父母光荣证39人。

（王　敏）

【安全生产检查】 年内，检查生产经营单位2800余家（次），整改安全生产隐患1000余处，为困难家庭安装燃气报警器1189个、自闭阀832个，更换胶管405根。配合有关部门查封8家餐厅及其他经营场所，处理投诉举报30余起，约谈企业负责人50余人（次），立案处罚11起，罚金6万元。

（王　敏）

【人大换届选举】 年内，完成三里屯地区第十六届人大代表换届选举工作，全地区21289位选民参加投票，选出10人为出席区第十六届人民代表大会代表，参选率98.58%。

（王　敏）

【地区残联换届】 年内，街道残疾人联合会召开第七次代表大会，审议通过《三里屯街道残疾人联合会第六届主席团工作报告》，选举产生13名街道残疾人联合会第七届主席团委员。

（王　敏）

【食品药品监管】 年内，辖区1672家单位建立台账，专项整治30余次，立案86件，结案81件，罚没款153万余元，抽检食品95批（种）301户次，调查处理投诉举报、来信来访、市长信箱、网格案件260件。

（王　敏）

【就业服务】 年内，开发就业岗位2071个，完成年计划的117.94%。城镇登记失业人员就业率90.48%，完成年计划的113.1%。建立企业用人需求档案170户，完成年计划的107.59%。城镇劳动者技能培训132人，完成年计划的356.75%。创建充分就业社区6个，自主创业10人，带动就业44人，超额完成全年指标任务。

（王　敏）

【关爱联盟志愿服务】 年内，举办“关爱联盟联动你我”三里屯街道商务楼宇志愿服务项目推广活动，60家企业认领服务项目50个。社会单位成为地区志愿服务主力军，会员千余人。

（王　敏）

【保障性住房审批】 年内，公租房申请60户，市场补贴申请55户，公租房补贴申请21户，补贴复核17户；限价房登记复核207户，选房144户；经适房复核161户；廉租房合同复核11户，实物住房复核15户，补贴确认48户，廉租补贴57户，变更信息申请20余户，市场补贴签约家庭38户。

（王　敏）

【街面秩序整治】 年内，按照“双百示范大街”建设标准，完成东外大街、东三环北路和“门前三包”示范大街（东大桥斜街、三村四巷）精细化管理示范街巷创建工作。街道办事处严格落实环境秩序管控的“三班、六定责任制”，全面推进无照经营、店外经营、非法小广告等难点问题的综合治理。围绕春节、“两会”、涉南海仲裁案、十八届六中全会等重要时间节点和重点地段，开展街面环境秩序专项整治，查处无照经营1987起，规范“门前三包”1489处，查处非法运营“黑摩的”329辆，清除非法小广告3579处。

（王　敏）

【社区居委会】

名称	地址	电话
1. 幸福一村社区居委会	太平庄南里甲3号	64169217
2. 幸福二村社区居委会	幸福二村5号楼北侧	64166399
3. 北三里社区居委会	北三里屯南楼西甲1号	64177960

名称	地址	电话
4. 中三里社区居委会	东三里屯中三楼院平房	66787026
5. 东三里社区居委会	东三里屯中11楼南侧平房	64176151
6. 中纺里社区居委会	中纺里9号楼北侧平房	65929071
7. 白西社区居委会	三里屯南路4号楼	65912776

（王　敏）

首都机场街道

【概况】 首都机场街道位于朝阳区东北部顺义境内，1959年成立。由于历史原因划归朝阳区管辖，后被撤销，1978年6月恢复建制。区域范围东至机场T3航站楼，南至顺义天竺镇楼台村，西至天竺镇，北至顺义空港保税区。辖区面积12.23平方公里。下辖4个社区居委会。年内有户籍人口7263户、23624人，常住人口32327人，流动人口8683人，外籍人口20人，有汉族22430人、满族484人、回族238人、蒙古族147人、其他少数民族325人。新出生268人，出生率11.34‰。死亡157人，死亡率6.65‰。有法人单位1006个，其中中央单位11家，包括中国民用航空飞行校验中心、中国外运北京空运公司、北京航空货运公司等。市属单位11家，有中华人民共和国首都机场出入境检验检疫局、中华人民共和国首都机场海关、中华人民共和国北京出入境边防检查总站、北京市人民政府口岸办公室、工商行政管理首都机场分局、首都机场公安分局等。区属单位7家，有北京市朝阳区首都机场社区经济管理中心、北京竞飞工贸有限责任公司、北京空管汽车维修服务有限责任公司等，其他社会单位977家。有医院1所、社区卫生服务站1个、社区服务中心1个。有中学1所、小学1所、幼儿园4所。途经辖区公交线路13条，地铁机场快轨线贯穿其中。有260平方米为民服务大厅、2300平方米地区文化中心，有文化广场和24小时自助图书馆各2处，绿化覆盖率43%。年内，开展人口调控、拆违控违、党政群共商共治工程、“两个”选举、税源建设等重点工作，全部超额完成年度任务指标数。实现区级财政收入1.15亿元，同比增长9.5%，征收房产税1106.36万元，同比增长122.87%。

地址：首都机场生活区西平街2号
邮编：100621
电话：64566971
邮箱：bjjcxzb@bjchy.gov.cn

（刘　娜）

【公务用车改革】 5月，与劳务派遣公司签订协议，提前终止受聘司勤人员劳务派遣关系，7名自聘司勤人员离岗。报废公务用车2辆，保留应急公务用车5辆；取消所属社区服务中心、绿化队名下公务用车10辆，保留作为社区服务中心特种服务车1辆。制定公务用车管理办法，落实车辆使用登记和驾驶人员资格审查。

（刘　娜）

【党代会代表选举】 11月2日，完成出席中国共产党北京市朝阳区第十二次代表大会代表选举工作。选举产生代表3人，其中处级领导干部代表2人、基层一线代表1人，女性代表1人。

（刘　娜）

【人大代表换届】 11月15日，完成区级人大代表换届选举工作。参加投票选举选民39494人，占选民登记人数的99.04%。选举产生区人大代表7人。其中中共党员5人，占应选代表的71.4%；非党人士2人，占应选代表的28.6%；妇女2人，占应选代表的28.6%；少数民族代表1人，占应选代表的14.3%；基层一线代表7人，占应选代表的100%；连任代表2人，占应选代表的28.6%。学历构成：研究生学历3人，大学本科学历3人，中专学历1人；年龄构成：40—50岁5人，50—60岁2人。

（刘　娜）

【干部队伍建设】 年内，街道工委制定“1+6+N”干部队伍建设三年规划，建立科级后备干部库；完成6名符合条件干部“职级并行”晋升工作；完成机关、事业单位、社区149名在编人员的年度考核工作；配合区委对办事处领导干部任期调整工作，1名转任到安贞街道，1名转任到区民宗办，1名转任机场街道办事处主任，1名转任机场街道纪工委书记，2名转任机场街道办事处副主任，2名被晋升为副处级干部，2名处级领导干部转任为副调研员，1名副处级领导干部退休，5名干部推荐为处级后备干部。

（刘　娜）

【社区文化建设】 年内，建立机场地区文化资源台账，完善图书馆硬件建设，新购置图书6000余册，藏书总量21000余册；改造老旧门球场2处，新增公共文化建设宣传栏2处；与区文化馆以及专业公司合作，开展国学、戏曲等专业培训8000人次，200余课时；举办京剧进校园等大型文艺活动2场、门球赛等系列文体活动48场，服务群众3000余人次；组队参加区级文体大赛4场，获一等奖2项、二等奖2项、三等奖2项、其他类奖项5项；成立地区“扫黄打非”工作站和4个社区联络站，成立领导工作小组，建立规章制度。投资60余万元，建成孝亲敬老主题公园。

（刘　娜）

【拆控违法建筑】 年内，拆除违章建筑390.78平方米，其中挂账任务1处、21平方米，存量违法建筑2处、246.78平方米，控制新增违法建筑10处、123平方米。

（刘　娜）

【党政群共商共治工程】 年内，机场街道党政群共商共治工程征集地区群众意见、建议150余条，完成确定工程项目14项，包括街道层面8项、社区层面6项，投入资金1105万元。

（刘　娜）

【社区生活服务】 年内，完成“绿色社区我先行”“最美夕阳红”等17个社区创享计划项目。南平里社区（市级试点单位）微信公众号“幸福南平里”于6月30日上线。“阳光东里”“爱驻西里”“西平那条街”三家公众号于8月上线运行。市区两级财政支持25万元，用于4个政府购买社会组织服务项目。依托社区空港体验厅与民航博物馆和机场运控中心党支部联合开展民航科普活动。区政府支持资金10.2万元，用于社区居民教育。

（刘　娜）

【劳动就业保障】 年内，街道完成就业重点指标9项。挖掘适合就业困难人员的批量岗位400个，涉及保洁、司机等20个工种；开展“送岗上门”，帮助2名就业困难人员实现单位就业，13名就业困难人员实现享受政策就业。为4678名退休人员提供药费报销服务，药费189.68万元；为2395人办理“一老一小”及无业人员参加医保手续；为2539人因丢失、损坏等原因补办医保卡，收缴换卡工本费2.34万元；为32户、50人办理低保手续，发放各类社会救助资金217.7万元；处理各类大小来访310件次。

（刘　娜）

【计划生育服务】 年内，按照“2+1”工作要求，办理各类行政核准事项2158例，计划生育率100%；通过“生育关怀慈善献爱”一元捐活动和“博爱在京城、在朝阳”捐献活动，筹集善款75546元；发放独生子女困难家庭、失独家庭等慰问款物10万元；推进“晨曦计划”，制作并发放0—3岁早教大礼包200份；组织流动已婚育龄妇女免费体检76人；创建幸福家庭生育关怀安康保障项目，为计划生育家庭投保809人；组织70余名献血志愿者献血10600毫升；为1165名外来务工人员接种麻疹疫苗、流脑疫苗。在2016年北京市第四届“幸福家庭”DV大赛中，机场街道报送作品《毛毛的幸福时光》获一等奖。

（刘　娜）

【城市综合管理】 年内，打造小天竺路、西平街2条优美街巷，创建北平里、燕翔西里2个无地锁小区，建设“小微绿地花园”1个，绿化养护绿地23248平方米，修整树池25处，铺设渗水石875.45平方米、花岗石路牙350.18米，拆移垃圾桶13个，清理雨水篦子23.46平方米，栏杆清理刷漆310.8平方米，墙面喷刷涂料1140.64平方米。完善防汛应急预案，健全组织机构，与重点单位签订责任书，明确职责，确保安全度汛。规范“门前三包”单位1600家次，查处无照游商、黑摩的98起，关闭整改违规电子显示屏79块，拆除违规广告牌匾、非法指路牌83块，非法小广告号码停机97起，处罚大气污染防治未落实施工单位6家次，罚款2.6万元，办理各类热线举报389件，督办、信访件51件，区监管通知单200件，网格案件38777件，办结率99.1%。

（刘　娜）

【安全稳定】 年内，完成全国“两会”、中共十八届六中全会、G20峰会、国庆节期间安全服务保障工作；检查辖区工地开展防火、防汛等112次，整改处理工地违章施工52次；为地区1157户特殊家庭（空巢老人、独居老人及残疾人家庭）安装家庭燃气报警器、燃气自闭阀，更新燃气软管。开展矛盾纠纷排查12次，实现排查率100%。

（刘　娜）

【帮残优抚助困】 年内，发放城市居民最低生活保障金、生活困难补助、城市特困人员生活补助等资金53.5万元。为448位高龄老人发放津贴4.76万元。为52名救助对象申请并实施慈善救助，动用慈善救助资金9.9万元。为优抚对象等发放定期抚恤金、伤残抚恤金、义务兵优待金、医疗减免、过节费等20余万元。为残疾人办理助残卡并发放助残补助5.29万元，残疾人保险补贴8.4万元，发放重残无业补助、特困残疾人补助、保险补贴等各项补贴35万余元、慰问金9.9万元。为13户残疾人家庭进行无障碍设施改造。

（刘　娜）

【社区居委会】

	名称	地址	电话
1.	南路西里社区居委会	燕翔西里2号楼北侧平房	64571565
2.	南路东里社区居委会	东平里5号楼北侧平房	64571579
3.	西平街社区居委会	西平街甲9号楼东侧平房	64579204
4.	南平里社区居委会	南平里23号楼西侧平房	64573848

（刘　娜）

双井街道

【概况】 双井街道位于朝阳区中南部。双井街道成立较早，1949年设立广渠门关厢街，1954年成立农业新村街道，1968年更名为双井街道。东起东四环路与南磨房乡相连，南至劲松大街和广渠路与劲松街道接壤，西至东二环路与东城区相邻，北至通惠河一线。辖区面积5.08平方公里。下辖广和里、垂东、垂西、双花园、富力、光环、广泉、广外南、九龙、九龙南、大望、百子湾12个社区居委会和社区服务站。年内有户籍人口74680人，流动人口21628人，包括1900余名来自110多个国家和地区的国际友人。企事业单位6259家，幼儿园11所，小学5所，中学2所，老年大学1所，医院2所，社区卫生服务站5个，属于CBD商务服务功能区。年内，完成区级财政收入5.17亿元,同比减幅24%。完成小房产税征收2647.65万元。

地址：百子湾南二路88号

邮编：100022

电话：87759533

网址：http：//sjjd.bjchy.gov.cn

邮箱：sjgxlb@163.com

（杨丁虹）

【整治“开墙打洞”】 7月26日，双井街道集中清理恢复辖区三环沿线“开墙打洞”门店。出动人员100余人、车辆4台，整治“开墙打洞”22户，拆除违章搭建台阶22处、广告牌匾22块。

（杨丁虹）

【党代会选举】 11月3日，街道召开党员代表大会，117名党员代表选举王文远、董健、吴志伟、丹红、张明军、庞莺、李伟、马健、柳灿勇等9人为出席朝阳区第十二次党代表大会的代表。

（杨丁虹）

【人大换届选举】 11月15日，完成地区人大换届选举工作。地区7个选区登记选民26363人，参加投票选举的选民26042人，投票率98.78%。选出14名人大代表，其中研究生以上学历8人，占代表总数的57%；女性5人，占代表总数的36%；35岁以下2人，占代表总数的14%。

（杨丁虹）

【组织人事工作】 年内，街道工委配合组织部门，调整部分干部，处级干部调出2人，调入2人，提职1人；对90名科级干部档案进行审核认定。组织机关及事业单位进行年度考核，评定年度优秀13人、称职48人，8人获三等功，13人获嘉奖。对符合条件的5名干部开展职级晋升，新招录公务员5人。

（杨丁虹）

【廉政责任落实】 年内，街道工委按照从严治党主体责任和监督责任的要求，梳理各级各类第一责任人的责任内容439项，查找廉政风险点226个，制定防控措施352条。强化末梢传导，检查考核社区党委党风廉政主体责任。通过打造廉政文化阵地、落实党风廉政全程纪实工作，开展"两个专项"整治及廉政文化建设。落实廉政提醒谈话制度，每月在处级、科级、社区之间开展廉政提醒对话。效能监督检查48次，提出工作建议22条，自查自纠3件。受理信访举报11件，其中初核1件、待查1件、立案1件。

（杨丁虹）

【功能疏解】 年内，清理、取缔居民反映强烈的双花园非法早市。完成挂账任务1350平方米，拆除账外违法建设13处。

（杨丁虹）

【人口调控】 年内，取缔群租房200余套，清理关闭地下室2528间；完成广渠路沿线、三环沿线"开墙打洞"治理58处。开展行政综合执法600余次，人口调控3233人，任务完成率119%。

（杨丁虹）

【环境建设】 年内，完成广渠路双井段国际景观廊道基础设施与环境建设整体规划设计任务。协助地铁公司、区住建委、区交通委等部门优化改造机动车出入口、公交站点、地铁换乘站点。京哈铁路沿线综合整治完工，外墙粉饰1.5万平方米，绿化4400平方米，路面铺装9400平方米。打通百子湾南二路东侧600余米断头路与东环18小区路微循环。

（杨丁虹）

【环境治理】 年内，开展"春夏平安行动""清夏行动""应对红色预警重污染天气"等专项治理，出动4000余人次开展巡回执法，取缔无照经营570余起，拆除违规广告牌匾200余块，签订门前三包责任书500余份，清理小广告44万张、暴露垃圾600余吨，回收经营性燃煤4万余块，1607户居民取暖由煤改为用电。

（杨丁虹）

【安全整治】 年内，取缔现代城、百子湾南一路、光华北街"黑收费"停车场；完成垃圾分类达标验收工作，建垃圾分类示范小区1个，成为"互联网+垃圾分类"试点小区。日常巡查45家自管单位、41家物业公司120余次，安全检查221家燃气用户（单位）560余次，核对普查95个单位用水大户指标。

（杨丁虹）

【社区建设】 年内，街道办事处投资117万元改造社区办公及活动场所实施，广外南、广泉、九龙南建成三星级智慧社区；建成九龙、九龙南、光环、大望4社区"微网格"；完成12个社区议事厅和15个小区议事厅的建设任务。完成205个楼门和2个平房院大门的文化设施建设。录用社工39人，选拔社区正职后备干部10人、副职后备干部20人。

（杨丁虹）

【社会动员】 年内，统筹市区街道三级政府购买服务项目53个，在12个社区实施36个社区"创享计划"项目；推进"动员小组"试点工作，培育出16个俱乐部和6个优质志愿服务组织。规范和量化运营指标，制作《双井社会动员中心运营手册》。13个社区举办生肖设计大赛等400余场线上线下活动，"掌上双井"粉丝数发展至3.5万人，阅读量61万余人次，制作出13万人次点击率的单条原创内容，形成1个中心、N个平台的全媒体动员格局。完成年度征兵任务。

（杨丁虹）

【安全维稳】 年内，以"两节""两会"、杭州G20峰会、十八届六中全会等为重要节点，发动各类群防群治力量3.8万人，开展点、线、面联防联控。推动"平安示范小区项目""防扒窃安装项目""地区新增监控探头项目"等安全工程建设，为地区2578户居民家庭安装燃气切断阀。落实监管责任，开展安全生产检查6871人次，消除安全隐患1565处，完成食品卫生专项整治任务42个，取缔无证餐饮60户，行政处罚76家失职社会单位和餐饮单位。解决矛盾纠纷3837件，提供法律服务625次。

（杨丁虹）

【公共服务】 年内，落实"二孩"新政策，办理"二孩"以内生育登记884人。依托"向阳花坊"组织各类服务活动300余次。新建养老驿站3家，办理老年证、卡1811张，投入100余万元，开展老年餐桌、保洁维修、老人免费体检等服务。开发社区就业岗位3113个，发放优抚、高龄、军工、养老等民政资金562.7万元。开展失业人员就业指导，实现困难人群就业660人。落实保障性住房政策，完成廉租房、经济适用房等各类申请582户，实施老旧小区抗震加固、节能改造9万余平方米。

（杨丁虹）

【帮扶救助】 年内，发放低保金617万元、4717人次，办理医疗救助、慈善救助、教育救助等3200人次、130余万元。在重大节日期间走访慰问孤儿、高龄空巢老人等困难群众，使用资金50余万元。以"残帮残""居家助残"为宗旨，投入资金54万元，用于慰问困难残疾人家庭。

（杨丁虹）

【文化建设】 年内，开展"北京榜样""最美志愿者"的评选活动，举办第四届北京清明踏青节、第二届社区小春晚等文化活动38场，6720人次参加；投入资金100万元升级改造街道中心幼儿园；接待读者5000余人次；普及居民体育健身运动，新安装健身器材7套，指导社区开展各类体育活动16场次。

（杨丁虹）

【共商共治工程】 年内，街道投资1441万元，完成共商共治街道级、社区级、楼门级与融合类项目68项，其中自筹资金100万元，对垂杨柳14栋楼房及部分平房进行防水改造和修缮。双井街道根据项目实施过程中的真实情况拍摄成小短片《到底听谁的》，在艺术朝阳文化原创作品比赛中获二等奖。

（杨丁虹）

【社区居委会】

	名称	地址	电话
1.	广和里社区居委会	广和南里二条14号楼平房	67747556
2.	垂东社区社区居委会	垂杨柳北区14号楼西门	67754505
3.	垂西社区居委会	垂杨柳西里6号楼西平房	87772862

	名称	地址	电话
4.	广外南社区居委会	光去门外大街22号楼平房	67751339
5.	广泉社区社区居委会	广渠门外大街甲28号15楼	87753405
6.	双花园社区居委会	双花园西里甲8号楼	67398192
7.	光环社区居委会	双花园南里2区6号楼	87721592
8.	富力社区居委会	富力城天力街3号楼	58621739
9.	九龙社区居委会	百子湾路32号院南区5楼	58253287
10.	九龙南社区居委会	百子湾南2路76号院5楼	87724721
11.	大望社区居委会	西大望路19号金港国际5号楼	87755016
12.	百子湾社区居委会	百子湾后现代城4号楼	87732860

（杨丁虹）

团结湖街道

【概况】 团结湖街道办事处位于朝阳区中西部。东起水碓子东里、水碓子东路、朝阳体育馆西侧，南至呼家楼北街、二道沟北侧，西至东三环北路，北至农展馆南路。辖域面积1.23平方公里。下辖6个社区居委会。年内有常住人口36195人，流动人口9719人，户籍人口出生率为6.59‰，死亡率为6.23‰。域内团结湖路纵贯南北，与农展馆南路、团结湖北路、姚家园路、团结湖中路、团结湖南路、朝阳北路依次相交，各小区间道路相互贯通，构成辖域纵横贯通的交通网络。辖区有银行多家，邮局、新华书店、京客隆超市等服务设施分布于团结湖路两侧。辖区驻有中轻国际工程有限公司、国家烟草局培训中心等中央单位，有北京青年报社等市属单位，有中专1所、中职1所、中学1所、小学2所、幼儿园2所、托老所1所、医院4所。完成区级财政收入2.32亿元，同比增长9.5%，个人出租房屋房产税征收1203万元，同比减少8.9%。

地址：团结湖北头条9号楼

邮编：100026

电话：85589999

网址：http://tjhjd.bjchy.gov.cn

（王　瑾）

【火灾事故】 2月23日00时16分，团结湖北二条1号楼发生火灾，过火面积10平方米，一辆标致牌小轿车被烧毁，6户居民14人受到不同程度伤害，无人员死亡。火灾发生后，团结湖街道办事处协助朝阳区公安消防支队灭火救援，妥善安抚受灾居民，火势于0时40分左右被扑灭。火灾系人为纵火所致。

（王　瑾）

【领导“接访月”活动】 3月2日至18日，街道办事处开展领导干部“接访月”活动。每日由1名领导到信访接待室值班。其间，接待群众13批次、18人，其中群体访1批、6人。

（王　瑾）

【街道文联成立】 5月20日，团结湖街道文学艺术界联合会在团结湖文化服务中心挂牌成立。设主席1人、名誉主席5人、副主席1人、理事26人、秘书2人。主要职责为地区文化团队联络、协调、服务、培训、展演等。

（王　瑾）

【艺术节】 5月至9月,街道办事处举办以“乐享艺术美好生活”为主题的最美团结湖艺术节活动。活动包括“暮年童歌”朗诵大赛、“国色天香”戏曲比赛、“乐音缭绕”歌唱比赛、“湖音淙淙”音乐节、“翰墨淋漓”书画展示、“妙手生花”手工制作展示、“湖影随行”电影赏析嘉年华及“瑞彩蹁跹”舞蹈比赛等，5000余人参加活动。

（王　瑾）

【北京青少年创新部落成】 6月12日，在团结湖文化活动中心，北京青少年创新部落成，为团结湖地区一个校外教育基地。以科学实验手工教具为载体，以锻炼脑、眼、手为目的游戏化学习方式，锻炼青少年逻辑思维和手眼协调能力。

（王　瑾）

【夏季送清凉活动】 8月至9月，街道总工会举办夏季送清凉活动。购置清凉包6000份，活动涉及335家建会单位，6000余名工会会员。

（王　瑾）

【人口抽样调查】 11月1日至25日，开展1%人口抽样调查工作，调查涉及一二条、三四条、中路南3个社区。

（王　瑾）

【党代会代表选举】 11月2日，街道工委召开地区党员代表大会，129名党员代表出席。大会以无记名投票方式差额选举产生5人出席中共朝阳区第十二次党代表大会。

（王　瑾）

【为民办实事】 11月，完成水碓子7号、8号、12号筒子楼卫生间改造工作。更换上下水管道、铺装地砖、墙砖，粉刷墙面等，改善600余名居民生活条件。

（王　瑾）

【人大代表换届选举】 11月，街道完成朝阳区人大代表换届选举工作。3个选区实有户籍人口36240人，登记选民18136人，实际参加投票选民17973人，投票率99.10%。选举产生朝阳区新一届人大代表9人，其中连任当选3人，新当选6人。新一届人大代表中男性5人，占代表总数的56%；女性代表4人，占代表总数的44%；中共党员6人，占代表总数的67%；民主党派2人，占代表总数的22%；普通群众1人，占代表总数的11%；年龄最大的55岁，最小的40岁，平均年龄47岁；公务员3人，占代表总数的33%；企事业单位负责人4人，占代表总数的44%；社区居委会党支部委员2人，占代表总数的22%。9人均为大专以上学历，其中本科以上学历8人，占代表总数的89%。

（王　瑾）

【残联会换届】 12月13日，街道残疾人联合会召开第七次代表大会，90余名代表出席会议。选举产生第七届主席团成员13人，其中残疾人及残疾人亲友8人，占委员总数的62%；其他人员5人，占委员总数的38%。

（王　瑾）

【交通安全示范区】 12月，团结湖中路北社区完成交通安全示范社区创建任务。整体改造小区道路，喷涂彩色路面1050长米，安装智能识别车辆装置2套、高低遮挡栏180米、路边U型桩15个，减速带3条，凸面镜1面，增设指路标志牌86个，施划黄色网格禁停线12处、小区行驶方向指示箭头16处、人行横道标线10处。拆除地锁85个，清理僵尸车2台，盘活停车位87个，新增停车位64个。

（王　瑾）

【区域化党建】 年内，非公企业——北京中宏基建工程有限责任公司党委成立。截至年底，在非公企业和社会单位建立的党基层组织52个，覆盖地区非公企业341家、社会组织60家。

（王　瑾）

【工会建设】 年内，新增建会单位100家，新增会员500余人。工会会费税务代收平均申报率90.2%，平均缴款率99.8%。集体合同签订26份，覆盖企业226家，工资集体协商建制率98%，百人以上企业建制率、建立工资集体协商的企业的续签率为100%。办"京卡"率92.53%，新增"京卡"办理1184张。开展建会单位培训2次，覆盖会员200人。开展职工活动10场，服务职工1万人次。慰问困难职工31人，慰问金2.68万元，困难职工子女金秋助学金1600元，完成职工互助保障投保3.36万元。

（王　瑾）

【共青团建设】 年内，完成区域团建工作。新建6个非公团组织。组织社区利用寒暑假举办"社区文明小使者"和星光自护活动12次，开展"雷锋公益岗"志愿服务系列活动及禁毒宣传教育活动。50余个单位600余人参加活动。街道团员代表参加朝阳共青团十二届代表选举工作。

（王　瑾）

【拆违控违】 年内，拆除违法建设22处、506平方米，完成水碓子东路、团结湖南路、团结湖中路、南北里社区109家开墙打洞商户封闭任务。

（王　瑾）

【执法集中整治】 年内，取缔无照经营和擅自摆摊设点350余起，暂扣非法经营工具、商品上千余件；暂扣"黑摩的"48辆；检查"门前三包"单位900余家次，规范"门前三包"单位459家，清理店外堆物堆料325次，规范店外经营267次；拆除广告牌匾167块；没收移动广告牌76块；没收街头擅自散发广告3000余张，清除张贴、喷涂广告400余处。全年罚款10.45万元。开展联合执法行动40余次，收缴"黑三轮""黑摩的"100辆，拘留扰乱社会秩序人员45人次，拆除私装地锁273个。整治团结湖北五条妇幼保健院西侧、北侧道路，安装隔离墩200米，施划交通标线300米。清理整治"僵尸车"10辆，与社会单位签订交通安全责任书500余份。开展各种形式交通宣传活动25次。

（王　瑾）

【安全生产检查】 年内，街道与587家生产经营单位签订安全生产责任书。检查生产经营单位147家次，解决隐患156处，行政处罚9起，处罚3.1万元。

（王　瑾）

【消防安全检查】 年内，开展联合检查36次，出动消防安检人员6996人次，检查单位4357家，查处消防隐患518处，整改506处。处理网格案件509起，消防培训1626人。开展消防宣传活动60次，发放各类宣传材料13166张，受教育人数2496人。

（王　瑾）

【"双百工程"与"最美大街"创建】 年内，创建水碓子西里小区、南北里北里小区为无地锁小区，水碓子、水碓子东里小区为宜居示范区，团结湖公园南路、团结湖北路西段为精细化管理示范街，农展南路、东三环路为门前三包示范街，农展南路等4条大街为"最美大街"，水碓子如意街等4条街为"最美街巷"，一二条北等4个小区为"最美小区"，团结湖南北里2号楼等20个楼门为"最美楼门"。南北里社区创建为区首批绿色智慧社区。

（王　瑾）

【劳动监察】 年内，核查120家劳动用工单位，专项执法检查3次，书面审查用人单位63家，查处用工违法行为立案42件，结案率100%。劳动监察执法处罚4件，处罚600元。查处拖欠工资事件4起，帮助350名来京务工人员讨要工资411万余元，办理农民工五项社会保险登记7家，为50户新工商注册单位办理社会保险登记，清理已办社保登记未缴费单位30户。

（王　瑾）

【议事厅建设】 年内，建成6个社区议事厅、10个小区议事厅、30个楼院议事厅。选举产生社区议事代表132人，召开社区议事协商会60次，解决社区装修垃圾、卫生死角、活动室管理等问题23件；完成街道级党政群共商共治项目14个、社区级项目33个。

（王　瑾）

【区域网格化管理】 年内，通过全模式系统平台接收处理各类网格案件22070件，结案率90.92%。因盗窃、民事纠纷等案件，派出所调取监控录像32次。热线平台接听电话1178个，派遣居民服务单343单。通过"三微"平台与居民互动627次；利用信息机及掌上团结湖发布社区新闻516条，图片1427张，信息机总点击量189467次。

（王　瑾）

【公共卫生服务】 年内，开展健康大课堂、户外宣传、讲座活动等20余次，2200余人受益；学龄前流动儿童流脑、麻疹查漏补种疫苗 551人，外来务工人员流脑疫苗接种467人，老人流感疫苗接种1760人；完成对流动人口、娱乐场所、吸毒人员等高危人群的宣传干预工作。

（王　瑾）

【红十字会工作】 年内，募集募捐50060元；初级急救员取证培训105人；应急救护普及培训1500余人；组织辖区中小学生避险逃生技能培训和演练活动14次，400余人次参加；91个单位完成无偿献血任务。

（王　瑾）

【计划生育工作】 年内，办理一孩生育服务证/单278件，二孩生育服务证/单114人次，办理独生子女父母光荣证58件、流动人口生育服务联系单279人次。办证准确率100%。发放独生子女父母奖励费824人次、2.479万元；为12人发放万元一次性救济金，共12万元；为110人发放千元一次性奖励，共11万元。

（王　瑾）

【劳动就业】 年内，劳动力实现就业383人，就业率82.01%。其中就业困难人员实现就业293人，就业率82.54%；职业技能培训58人，实现自主创业9人，带动就业35人，创建充分就业社区6个，采集空岗信息1405个，走访跟踪服务用人单位120户，就业困难求职人员实现就业比例为80%。

（王　瑾）

【社会保障】 年内，接收社会化退休人员档案178份，办理退休审批手续150余人次，异地养老金待遇资格认证174人，城镇居民医疗参续保2101人，为95岁老人二次报销4.54万元，城乡居民养老参续保81人，享受政策补贴75人，个人缴费32364元，区财政补贴94288元；办理社会保障补换卡业务1739笔，收取制卡工本费1.6万元；慰问社会化管理退休困难人员126户，受理自采暖补贴42人3.8万元；为7名高中复读生提供高考报名服务保障。

（王　瑾）

【民政帮扶】 年内，低保申请3户、5人，终止低保待遇19户、34人，审核低收入家庭6户，发放低保金199万元；临时救助18户，发放7609.54元；医疗救助154人，发放1.8万元；核发丧葬补贴9人、4.5万元；申请清洁能源补贴5户、5000元。接收捐衣、物、被等8604件，接收捐款2.08万元。

（王　瑾）

【助残帮困】 年内，走访慰问600户困难残疾人，发放慰问金26万元；为地区4名残疾儿童发放2016年康复补助；为2名成年智力残疾人办理2016年康复补助；为5人办理贫困精神病人住院补贴；安置残疾人就业10人；为2名新增残疾人办理北京市残疾人生活补助；为38名残疾人办理城乡居民养老保险缴费补贴审核；为24户肢体残疾人改造家庭无障碍设施。

（王　瑾）

【国有资产回收】 年内，回收出租、出借房屋41家，其中拆除3家，保留1家（低保），规范18个自行车车库，保留16个摊点。

（王　瑾）

【流动人口调控】 年内，清除群租房16户，劝退租居住人员168人。地区实有流动人口9281，减少1616人，完成全年调控任务130.11%。

（王　瑾）

【社区居委会】

	名称	地址	电话
1.	一二条社区居委会	团结湖北头条4号楼东侧	65824358
2.	三四条社区居委会	团结湖北三条16号楼	85971399
3.	中路北社区居委会	团结湖南一条8号楼	85982265
4.	水碓子社区居委会	团结湖水碓子24号楼	85936788
5.	南北里社区居委会	团结湖路21号楼1单元	85939524

（王　瑾）

望京街道

【概况】 望京街道位于朝阳区东北部，成立于2000年6月。东起机场高速路与酒仙桥街道、将台乡接壤，南起北四环路与太阳宫乡为界，西至京承高速路与来广营乡、大屯街道相望，北至湖光北街、宏泰西街与东湖街道和崔各庄乡相邻。辖域总面积10.36平方公里。下辖22个社区居委会。有户籍人口34813户、90510人，常住人口19.3万人，流动人口43782人，外籍人口6712人；新出生1074人，死亡221人。有法人单位6210个，有中央美术学院、国际竹藤网络中心、中建一局集团建设发展有限公司、中国民航管理干部学院、国家机床质量监督检验中心等中央单位37家，市属单位58家，区属单位481家，其他单位5634家。有医院3所、社区卫生服务中心1个、社区卫生服务站8个、科研院所1个、大学5所、中学7所、小学6所、幼儿园（托儿所）27个、养老机构1个。通过辖区的公交线路48条，地铁13、14、15号线贯穿其中。有3200平方米的为民服务大厅、地区文化中心、有2处文化广场和7处24小时自助图书馆，绿化率为36%。年内，街道紧密对接区“十三五”规划、“高标准建设‘三区’、率先建成小康”目标及年度各项任务，完成全年工作。实现区级财政收入29.34亿元，同比增长17.3%；征收房产税2734.76万元，同比下降4.5%。

地址：望京东园615楼

邮编：100102

电话：64703102 84778923

邮箱：wjjd_xzb@126.com

微信：wangjingjiedao

（项　悦）

【功能疏解】 3月至4月，联合公安、城管、工商、食药、消防等部门，执法检查望京西园三区312楼，拆除违法出租房896间。取缔低次级市场4个，升级1个，完成挂账任务166%，清理普通地下室79处，腾退面积35442平方米。全年减少流动人口5223人，完成调控指标任务106%。

（项　悦）

【榜样人物宣讲】 3月25日，望京榜样人物宣讲会在北京青年政治学院礼堂举行。评选出99名各行各业“榜样”人物。李楠等10人被授予“望京十大公德人物”，红心十姐妹、同心园等6个集体被授予“望京榜样团队”。

（项　悦）

【“开墙打洞”整治】 3月，街道整治南湖中园、花家地西里“开墙打洞”。10月，完成南湖中园217楼、218楼44处、花家地西里社区211楼9户10处“开墙打洞”整治任务。

（项　悦）

【棚户区治理】 4月25日至26日，街道联合执法拆除4间违建房、7处遮阳棚、6起占道经营违法建设。取缔废品收购站，清理消防通道，清运垃圾废品十余吨，劝导拆除8户，强拆3户，整治和改变用途147间。

（项　悦）

【坝北联防队成立】 5月20日，坝北社区联防队正式成立。联防队受社区居委会的领导，以警务站为依托，由社区民警负责管理，主要对坝北村防火、防盗、防煤气中毒、流动人口、环境建设、新增违法建筑等事项进行督促、检查。

（项　悦）

【“清夏行动”开展】 5月至8月，街道联合属地公安、交通、食药、工商，对无照经营、露天烧烤、非法大排档等开展“清夏行动”专项整治。治理广顺北大街、广顺南大街、望京西路、望京SOHO周边、凯德MALL周边等重点区域、地段。发放告知书500余份，张挂条幅40条，联合执法12次，取缔无照经营110余起、露天烧烤20余起，暂扣小商品60余包、三轮车30余辆，规范“门前三包”单位30余家，行政拘留无照经营者53人，罚款

2.3万元。

（项　悦）

【"七一"表彰大会召开】 7月1日，街道工委召开纪念中国共产党成立95周年暨"七一"表彰大会，600余名党员参加大会。表彰王玥、孙随虎、陈香蕉等100名优秀共产党员，吴长清、王秀云、李珂娜等20名优秀党务工作者，花家地南里社区党委、大西洋社区党委等10个先进基层党组织，"红心十姐妹""同心园"党员志愿服务队等20个优秀党员服务队，为党员先锋岗、党员志愿服务先锋岗等32个党员先锋岗命名。

（项　悦）

【人大换届选举】 9月至11月，朝阳区选举委员会望京地区分会成立，设立7个专项工作组，成立5个选区工作组。通过宣传动员，选民登记，提名酝酿、协商确定正式代表候选人和投票选举4个工作阶段。11月15日，望京地区5万名选民分别到各投票站投票，国家林业局国际竹藤中心副主任费本华、北京青年政治学院院长乔东亮、朝阳区人大办公室副主任朱春霞、望京街道工委书记杨洪福、中央美术学院教授叶楠等14人当选。14名人区大代表文化程度均在大专以上，其中研究生以上文化程度9人，占64.3%；中共党员10人，占71.4%，民主党派3人，占21.4%，无党派1人，占7.1%；妇女代表7人，占50%；连选连任代表4人，占28.6%。

（项　悦）

【交通安全示范区】 10月，在望京东园五区社区创交通示范社区工作。投入20余万元对社区内部交通环境进行整体规划。施划标线，增设提醒标识；安装交通护栏、隔离桩；配备2辆执法车，由亚运村交通大队警官统一带队，对望京东园五区周边的阜安路、阜安东路、阜通西大街等5条道路进行执法检查，疏导车辆停车。12月22日，区交通安全示范社区创建办主任李猛带领交通支队、交通委、社会办、朝阳公安分局、城管执法局、北京工业大学专家、亚运村大队以及相关民警等组成验收组，创建工作通过验收。

（项　悦）

【环境综合治理】 11月至12月，在中央环境督导组的监督下，重点整治10个老旧小区环境。动员社区、物业、居民清理楼前、院内垃圾，拆除私搭乱建，出动执法和整治力量2577人次，投入资金70万元，整治绿地4万平方米，清除居民私种菜园2000余平方米，拆除私搭乱建小院护栏16个，棚子30个、2500余平方米，清运垃圾渣土、堆物堆料200车，覆盖黄土露20000平方米。摸排、检查地区燃气、燃油供热、供暖单位，油烟净化、汽修喷漆生产企业，查处违规企业23家，责令整改19家。拆除违法建设39处3398平方米。完成挂账指标133.78%；"煤改电"264户、电表改造324块，完成率100%。占压燃气管线拆除或改线销账13处、19点。整顿交通秩序，查处违章停车4.5万起，清理僵尸车100辆，安装交通隔离桩107个，消除挂账乱点1个；街面秩序问题立案930起，罚款15.287万元，行政拘留100余人，消除挂账乱点2个，完成任务指标208%。

（项　悦）

【文联会成立】 12月13日，望京街道文学艺术界联合会成立。望京街道文学艺术界联合会，聘请中国舞蹈家协会理事滕爱民为名誉主席，中央美院团委副书记黄可一、北京市合唱协会组织活动部副主任张勇、望京诗书画协会会长韩家文等受聘为副主席。联合会下设舞蹈协会、书画协会、音乐协会、曲艺协会、民间艺术协会、摄影协会和望京文联晨曦艺术团。

（项　悦）

【大气污染防控】 12月，开展大气污染防控和安全生产大检查。检查企业197家，加油气站9家，发现隐患306项，消除安全隐患。关停辖区烤漆房，取缔露天烧烤3起，制止垃圾焚烧6起。督促裸露地面覆盖2.99万平方米，清理树叶、杂草12.56万平方米。查扣没收小门店煤炉32个、燃煤700余千克，查扣非法营运机动车12辆、摩的34辆，拘留非法营运人员3人，封存高污染排放机动车127辆。

（项　悦）

【非公党建】 年内，完成非公企业、社会组织的"两个覆盖"任务，成立流动党支部202个，1989家非公企业建立党组织，覆盖率93%；增派党建指导员1235人，成立望京SOHO锦融物业和李楠社会工作事务所2家党支部，并成为非公党建示范点。

（项　悦）

【综治维稳】 年内，投入300余万元更新升级监控设备；投入758万元，在公共区域与老旧小区重点位置加装监控探头241个；投入40万元，增加购置警用巡逻车8辆；投资20万元，为社区建立微型消防站8个。

（项　悦）

【安全生产监管】 年内，完善生产经营管理责任，建立安全生产"体检"机制，安全检查22965家，发现隐患7727处，立案11家，行政处罚10.6万元；食药监管立案82件，行政处罚117万元，取缔无证商户96户。街道食品药品监督管理所获"北京市优秀示范所"称号。

（项　悦）

【民生保障】 年内，联合辖区医疗卫生、公益组织，为居民提供义务诊疗、健康讲座、慰问关爱行动60余场次，惠及群众5万人次；发放各类救助、慰问、补贴，涉及8221人次、1437.42万元；投资400万元建成望京残疾人服务中心，并成为朝阳区首批政务服务体系标准化试点单位；引进蔬菜直销点8个，设立老年餐桌5处、养老驿站1处，居家养老覆盖率100%。投资50万元，为地区1000户空巢、60岁以上的独居老人、残疾家庭、老党员、工人、教师，为单位、集体、国家做出贡献的先进家庭，免费安装燃气报警器、燃气自闭阀门和更换燃气导管等。

（项　悦）

【社区居委会】

	名称	地址	电话
1.	西园四区社区居委会	望京西园四区414号楼107	64706915
2.	西园三区社区居委会	望京西园三区304号楼2层	64716249
3.	望京花园东里社区居委会	望京中环南路11号院5号楼后	64735021
4.	望花路西里社区居委会	望花路西里9号楼2单元	84715085

	名称	地址	电话
5.	花家地社区居委会	花家地9号楼附属楼	84712125
6.	花家地北里社区居委会	花家地北里小区院内	64730512
7.	花家地南里社区居委会	花家地南里2号楼1单元	64733093
8.	花家地西里社区居委会	花家地西里109、115号楼	64716251
9.	花家地西里三区社区居委会	花家地三区平房	64719483
10.	南湖东园社区居委会	南湖东园210号楼1单元	64706917
11.	南湖中园社区居委会	南湖中园215号楼4单元	64706293
12.	南湖西园社区居委会	引领国际122号楼	64704359
13.	南湖西里社区居委会	南湖西里5号楼东侧	64709018
14.	方舟苑社区居委会	方舟苑小区5号楼	64780673
15.	大西洋新城社区居委会	大西洋529号楼	64720193
16.	爽秋路社区居委会	广顺南大街蓝色家园西门	64773107
17.	圣星社区社区居委会	圣馨大地（大厦）c座	64729766
18.	望京园社区居委会	望京园三区华鼎世家304号楼	84727640
19.	南湖西园二区社区居委会	季景5号底商	52039158
20.	望京东园五区社区居委会	望京东园503号楼	84781519
21.	阜荣街社区居委会	佳美风尚小区1号楼2单旁	84763124
22.	望京西路社区居委会	望京西路50号院7号楼	84784239

（项　悦）

香河园街道

【概况】 香河园街道位于朝阳区中西部。东与左家庄相邻，南与东城区接壤，西与和平街相望，北与太阳宫乡交界。辖域面积2.5平方公里。下辖9个社区居委会。年内有常住人口36229人，流动人口13858人，出生人口353人，死亡人口300人。辖区有注册企业3118家，纳税企业1545家，规模以上企业单位91家。有地区级文化中心1个、街道级文化中心1个，有幼儿园9所、小学3所、中学2所，有煤炭总医院医疗机构1个、社区卫生服务中心1个、社区卫生站3个，有北控光熙国际康复老年公寓养老照料中心1个、社区养老服务驿站3家、注册养老服务商近40家。地区标志性文物为“诰封碑”。地区绿化面积58.006万平方米，绿化覆盖率32.73%。年内，实现区级财政收入2.038亿元，同比减少21%；征缴房产税386万元，同比减少26.7%。回迁异地企业2家，新注册企业331家，全年无税源户流失。

地址：西坝河南里26号楼

邮编：100028

电话：64677044

网址：xhyjd.bjchy.gov.cn

（王珊珊）

【慰问老党员】 2月3日，市委常委、组织部部长姜志刚和区委常委、组织部部长何明一同到香河园街道西坝河东里社区，慰问中华人民共和国成立前老党员孟秀荣。

（王珊珊）

【街道班子调整】 3月22日，区委组织部通知：董云增任街道工委书记，刘秀芹任街道工委副书记、办事处主任，葛强任调研员。

（王珊珊）

【庆“七一”表彰会】 6月29日，香河园街道在国际展览中心报告厅举办“凝聚党旗下服务得民心”庆“七一”表彰会，表彰辖区16个先进基层服务型党组织、113名优秀共产党员、10名优秀党务工作者、8名社会公益带头人、5家社会共建优秀单位、6个优秀基层党建服务品牌。

（王珊珊）

【政务分中心建成】 9月1日，香河园街道政务分中心建成并对外办公。香河园政务分中心位于西坝河中里社区21号楼，办公面积609平方米，分设两层办公区域。一层为公共服务区域，划分为自助服务区、等待区、档案室及12个对外窗口席位。二层为办公区，以“一门式”服务大厅为基础、社区公共服务综合信息为支撑、社区服务站为网点的三级政务服务体系，打通区、街道、社区业务流转，实现一站办理、线上线下全通办新格局。

（王珊珊）

【地区运动会】 10月15日，街道在北京中学组织举办“齐参与、共进步、共拼搏、同超越”2016年香河园地区运动会。运动会分为开幕式表演和趣味赛两大部分。来自各基层工会、机关工会、社区、社会单位25支职工代表队及3支表演队800余人参加运动会开幕式表演，400余名运动员参加比赛。

（王珊珊）

【养老服务驿站建成】 10月19日，柳芳南里社区养老服务驿站开业并举行开业仪式，200余名老年人参加仪式。柳芳南里养老服务驿站是香河园街道社区养老服务驿站之一，由街道委托朝阳区潘家园老年公寓筹建并运营。驿站设有专业管理人员2人、护理人员2人，床位17张，配有独立呼叫系统和多种适合老年人使用的设备。可为老年人提供医疗养生、文化娱乐、心理慰藉、老年大学、法律咨询、洗浴、用餐等养老服务。

（王珊珊）

【区人大代表选举】 11月4日，香河园街道召开党员代表大会，106名党员代表参加。选举张永新、董云增、刘秀芹、马俊东等5人为香河园街道出席区第十二次代表大会代表。

（王珊珊）

【区人大换届选举】 11月15日，朝阳区第十六届人大选举工作完成。香河园地区分会设3个选区，登记选民19063人，其中居民选民数为14460人，社会单位登记选民数为4603人；划分选民小组367组，推选选民小组组长367人。地区应选代表8人，经10人联名推荐的正式候选代表人为11人，其中女性代表4人，党派代表1人。地区有18979人参加投票，参选率99.56%。选举产生8名人大代表，分别是刘军胜、董云增、贺彩龙、曾庆玉、何剑雄、刘荣、刘子华、白勇涛。其中中共党员7人，占87.5%；民主党派成员1人，占12.5%；女性2人，占25%；连任代表3人，占37.5%；新当选人大代表平均年龄49岁，均为大学及以上学历。

（王珊珊）

【人口抽样调查】 11月，园街道完成人口抽样调查工作。抽样调查涉及辖区西坝河西里、西坝河东里、柳芳南里、柳芳北里4个社区，4个市级点、4个区级点，抽查628户，涉及1498人。

（王珊珊）

【宪法宣传日】 12月2日，在新华书店门前开展以"弘扬宪法精神，共建和谐社会"为主题的普法宣传活动。活动发放宣传资料400余份，提供义务法律咨询30余人次。

（王珊珊）

【党组织建设】 年内，通过单建、联建、依社区建、派驻党员等方式，新建非公企业党组织61个、社会组织功能型党组织33个，覆盖率85.6%；开展"特色党日""党员示范岗"等活动200余次；9个优秀服务品牌、9个优秀服务项目、41支优秀服务队伍、402名优秀党员志愿者入选区委社会工委"十百千万"工程。

（王珊珊）

【党政群共商共治工程】 年内，完成6个为民办实事、4个街道级以及74个社区级共商共治项目，投入经费691.61万元。依托"爱+"妙想征集活动，启动2016年度"问政季"工作，征集意见需求9351份，其中合理化建议564条。召开楼院级议事会79场、社区级议事会9场，形成社区级金点子提案92个，确定2017年度为民办实事项目3个、街道级共商共治项目3个、社区级项目54个。

（王珊珊）

【党风廉政建设】 年内，召开香河园街道党风廉政建设大会，签订《党风廉政建设责任书》243份。以自上而下、逐层梳理、按岗明责的思路，建立公示责任清单67份。推进廉政文化和"学、观、答、写、讲"等廉政教育主题系列活动30余次。编制街道内控手册。建立由辖区人大代表、政协委员、社区纪委书记、居民党员等24人组成的街道特约监督员队伍，制定《香河园街道关于进一步规范党风廉政监督员的督察检查办法》，收集检查记录表188份，收集纪实材料2148件。受理区纪检转交信访案3件，群众来电来访9次，政、民互动网络投诉举报37件，查办违法违纪党员4人，诫勉谈话3人次，提醒谈话32人次。

（王珊珊）

【社区建设】 年内，西坝河南里、柳芳南里等4个三星级"智慧社区"提升为五星级社区。规范9个社区议事厅布局，打造3个楼院议事厅和13个特色自治单元楼门。完成柳芳南里"市级规范化建设示范点"、光南四合苑"市级老旧小区自我服务管理试点"验收。

（王珊珊）

【社区服务】 年内，完善"一刻钟社区服务圈"建设，对694家服务商实行规范化管理。在6个社区安装"e栈"快递柜。

（王珊珊）

【就业服务】 年内，分别与左家庄、安贞、和平街街道社保所联合举办3次专题招聘会。发出宣传资料1500余份，邀请用工单位42家单位，提供800余个就业岗位，解答各类咨询问题150余条，130人在招聘现场达成初步求职意向，城乡登记失业人员实际就业率73.6%；城乡登记就业困难人员就业率75.85%；开发空岗1120个；登记失业人员技能培训指标32人，推荐参加培训112人。

（王珊珊）

【文艺品牌团队获奖】 年内，金叶子等5支舞蹈队携原创作品在第九届"炫舞朝阳"民族舞比赛中获3个三等奖、2个优秀奖；暖色光舞蹈队携《女人花》参加北京市第三届老年舞蹈大赛暨"舞动北京"群众舞蹈大赛，获表演和创作二等奖；国香京剧社、香缘合唱团和好心情民乐队参加朝阳区品牌团队认定比赛，分获第1名、第4名和第7名；雅韵至美交谊舞队参加"我的梦中国梦"——"旋舞朝阳"朝阳区第九届群众交谊舞比赛获三等奖；悠悦等3支舞蹈队参加"舞动北京"全民广场舞BTV电视大赛，获第5名；德圣舞蹈队携作品《初恋》参加北京市首届时尚舞蹈大赛，获成人组铜奖。光熙门北里北社区健身操队参加朝阳区健身操展示大赛，获一等奖。

（王珊珊）

【消防隐患排查整治】 年内，召开辖区消防协管员、社区综治主任、相关社会单位等人员参加的工作汇报会、会商会、协调会20余次，出动检查人数4500余人次，逐楼逐层检查地区的老旧居民楼，张贴自行清理告知书1350余处，清理整治较大防患107处、一般隐患794处、违法群租房210余人、堆物隐患"钉子户"1户；整治整改自行车棚可燃物隐患35处；整治居民室内电瓶充电10起，取缔"饿了吗"私自安装室内电瓶充电行为。完成1159户居民住宅燃气改造。

（王珊珊）

【交通秩序整治】 年内，通过宣传和联合执法，拆除车位地锁180个，清理"僵尸车"11辆，劝导乱停车行为30余起，规范停车48起。通过"护栏+隔离墩""微型停车场+错时停车""自我约束+互相监督"等措施，完成七圣路交通环境治理，安装隔离护栏300余米、隔离墩33个，新建微型停车场4个，整合车位20个。

（王珊珊）

【环境综合整治】 年内，开展环境综合整治工作，拆除违规设置广告牌45处，整改8处，拆除大型广告牌10块，拆除指示牌78块，清除临窗广告300余处。在无照经营专项整治工作中，出动车辆610台次、人员1120余人次，组织夜查78次，查处430余起，取缔无照经营乱点3个，立案1263起，行政处罚1263起，罚款6.7万元。露天烧烤专项整治，出动车辆360余次、人员1800余人次，查处露天烧烤25起，依法实施行政处罚9起，罚款4500元。在餐厨垃圾专项整治工作中，出动车辆78台次、人员250余人次，发放告知书500余份，责令39家餐饮企业整改，处罚14起未按规定处置餐厨垃圾的行为，罚款1.15万元。

（王姗姗）

【人口疏解调控】 年内，升级改造亚星

园市场进行，撤除摊位135个。完成街道市区挂账任务752平方米违法建设，通过巡查、网格案件、群众举报等途径发现并处理违法建设964平方米，清理整治群租房12处、地下空间54处，整治开墙打洞21处，拆除面积3500平方米，恢复墙体、路面等面积2000平方米。调减外来人口2496人，完成全年任务的119.6%。

（王珊珊）

【社会矛盾调处】 年内，排查调处各类矛盾纠纷11件，办结率100%，上报区信访办备案重点人2人。接收信访件64件，其中市长箱、区信访网络信访件42件，办理完成42件；自接22件，办理完成22件，办结率100%。

（王珊珊）

【安全生产检查】 年内，检查生产经营单位3500余家，查处隐患3621处，现场整改隐患2000余处，下发整改通知书300余份，限期整改隐患1000余处，立案处罚生产经营单位5家，罚款4.3万元。

（王珊珊）

【社区居委会】

	名称	地址	电话
1.	柳芳南里社区居委会	柳芳南里6号楼前平房	64607112
2.	柳芳北里社区居委会	柳芳北里甲14号楼	84514269
3.	西坝河南里社区居委会	西坝河南里20号楼前平房	64651709
4.	西坝河中里社区居委会	西坝河中里2号楼前平房	64676023
5.	西坝河西里社区居委会	西坝河西里4号楼	64296921
6.	西坝河东里社区居委会	西坝河东里107号楼东侧	64669324
7.	光熙门北里北社区居委会	光熙门北里甲6号楼平房	64272821
8.	光熙门北里南社区居委会	光熙门北里19号楼前甲20	64286009
9.	光熙家园社区居委会	光熙家园9号楼	59033492

（王姗姗）

小关街道

【概况】 小关街道位于朝阳区西北部，1976年成立。东起育慧南路与太阳宫接壤，南至元大都城垣遗址公园与和平街街道搭界，西靠北苑路与亚运村街道相连，北至北四环东路与大屯街道为邻。辖区面积2.58平方公里。下辖小关、小关东街、惠新里、惠新东街、惠新北里、高原街、惠新苑7个社区居委会。年内有常住人口25929户、68729人，流动人口18350人，外籍人口646人。小关街道地处世奥公园周边，定位为奥运功能区，区内有自建的奥林匹克文化广场，有小营国际珠宝城、紫光大厦等19处商务楼宇。辖区有2756家企事业单位，其中有2家新闻单位、4家国家级出版社、15家涉外饭店及购物中心、32家中央直属单位、28家市属单位。各类学校共9所，其中高校有首都对外经贸大学、北京工业大学艺术设计学院、北京劳动保障职业学院、社会主义学院、国家机关工委党校等。有化工学院附中、西藏中学等。有小关北里小学、惠新里小学。各类医院5所，包括北京医药大学第三附属医院、北京西藏医院、区疾病预防控制中心、惠新苑社区卫生站、惠新北里社区卫生站等。辖区内主要干道有北土城东路、惠新西街、惠新东街、安苑路、北四环路。辖区交通发达，通行便利，多条公交（地铁）线路贯穿其中。年内实现财政收入5.29亿元，同比增长9.5%，征收房产税6800万元，同比增长28.3%。

地址：北四环东路13号楼108号院
邮编：100029
电话：64975980
邮箱：xgxzb@bjchy.gov.cn

（侯林怀）

【领导调研】 1月28日，区人大常委会主任陈宏志带队到小关街道调研安全生产情况，实地检查市运输四场拆迁腾退工作。

（侯林怀）

【街面秩序整治】 5月19日，小关执法队与公安、食品药品监管部门联合开展无照经营专项整治行动，检查辖区5条主要大街和10条社区道路，查处无照流动食品摊10起，罚款3000余元，专项整治非法小广告，罚款3.05万元，停机21起，没收广告牌50块、广告宣传单6000余张。

（刘浩斌）

【“拆墙打洞”治理】 6月23日，完成辖区93家“拆墙打洞”商户治理工作，其中安苑路19家、惠新西街8家、惠新东街65家、北土城东路1家；拆除私自搭建避风阁6处、28平方米，违规牌匾93块，违规电子显示屏5块。

（刘浩斌）

【党代会代表选举】 11月3日，街道工委召开党员代表大会，125名党员参加会议。区委推荐候选人陈宏志，街道推荐候选人李钧、张昱和社区推荐候选人安晓峰4人当选，并出席朝阳区第十二次代表大会。

（钱世鑫）

【人大代表换届选举】 11月15日，朝阳区区级人大换届选举投票日开始投票。地区选举分会登记具有北京市户口选民26007人、非北京市户口选民4201人，登记率100.7%。全地区设置固定投票站22个、流动票箱36个，系统登记选民30144人，选民参加投票总人数为29798人，投票率98.85%。

（赵一帆）

【环境综合整治】 年内，在中秋、国庆两节期间开展环境综合整治行动。重点检查违规施工行为，罚款处理4家施工单位，并发放责令整改通知书。清理店外经营6家，拆除违规广告牌匾2块，查处无照经营3起，取缔“黑摩的”1辆，没收宣传板7块、非法小广告4000余张。

（赵一帆）

【科技创安维稳】 年内，街道投资60万元，在主要大街安装监控探头37个，实现重点道路、案件高发区域全覆盖。安装门禁23套，维修927套。购置消防车1台，协助53家重点防火单位建立微型消防站。

（唐万鹏）

【民生服务】 年内，辖区登记失业人员就业率75%，开发就业岗位1415个，实现就业314人。

（唐万鹏）

【安全生产管理】 年内，检查社会单位3442家次，发现隐患3098处，消除隐患3041处，下达整改文书4090份，实现安检工作全覆盖。6个重点部位安装巡更仪，完成47户的煤改电任务。

（侯林怀）

【联合治理环境】 年内，街道联合综治、安监、城建拆除小关热力厂及周边违法建设，拆除4处、645平方米，清理出租房 58 间，疏解租住人口 115 人。清理热力厂出租房屋122间，疏解流动人口221人。

（刘浩斌）

【腾退拆除】 年内，拆除市运四场院内的服装厅、建材厅和汽修厂院内低级产业。拆除面积2.18万平方米，疏解从业人员750余人。拆除各类违法建设2734平方米，关停租用厂房从事经营活动企业2家、违规水站3家、无照餐饮6家。

（徐凡伟）

【社区居委会】

名称	地址	电话
1. 惠新苑社区居委会	惠新西街9号院1号楼	64810094
2. 惠新北里社区居委会	惠新北里8号楼	64810092
3. 高原街社区居委会	高原街4号院	84626490
4. 小关社区社区居委会	小关北里204号楼	64914908
5. 惠新里社区居委会	惠新西街18号院南侧	64810091
6. 小关东街社区居委会	小关东街3号楼旁	64304889

（侯林怀）

亚运村街道

【概况】 亚运村街道位于朝阳区西北部，1989年9月成立。东起北苑西路与小关街道为邻，南至北土城公园与安贞街道相连,西到京藏路与海淀区接壤，北与奥运村街道、大屯街道链接。四面环绕国家奥林匹克体育中心，三面环绕国家体育场（鸟巢）和国家游泳中心（水立方），属奥运功能重点区域。辖域面积5.13平方公里。下辖10个社区。年内总人口为83963人，其中常住人口64786人，有户籍人口17731户、49575人，人户分离15211户，流动人口5209户、19177人，境外人员358人。辖区有3481家社会单位，其中中央单位85家、市属单位120家、区属单位203家、私企个体单位3073家。有大学2所、中学3所、小学4所、幼儿园6所、成人教育学院1所。有医院2家，有北京市第一福利院和第五福利院养老机构2家，有3000平方米的文体活动中心1个和上万平方米全民健身园。社区均设有文体活动室。1989年，因第11届北京亚运会而正式成立，以第29届奥运会为契机实现经济社会加速发展，成为集文化、教育、娱乐、体育、商贸、会展、旅游、居住等多种功能于一体的综合性区域，同时成为朝阳区对外交往的重要窗口。年内实现区级财政收入10.35亿元，同比增长10.4%，完成年度任务的101.2%。

地址：亚运村安苑里北里21号楼

邮编：100029

电话：64913007

邮箱：yycxzb@bjchy.gov.cn

（王　煜）

【领导调研】 7月7日，全国人大常委会副委员长、全国妇联主席沈跃跃到亚运村第一幼儿园调研家庭早期教育。

（王　煜）

【天圆祥泰大厦落成】 10月，在奥林匹克中心建成占地63万平方米，集办公、商业、酒店、文化、居住一体的天圆祥泰大厦。大厦位于奥林匹克中心商务区核心。

（王　灿）

【非公党组织建设】 年内，地区非公企业、社会组织党组织覆盖率分别为81%和100%。

（王　煜）

【党政群共商共治】 年内，街道筹措700余万元用于56个便民项目建设，规范化建设10个社区居民议事厅，通过议事协商会解决122个疑难问题。

（王　煜）

【党风廉政建设】 年内,街道工委制定全程纪实工作实施办法，严格落实“三不直接分管”“一审计四监察”，开展廉政谈话84次，实施检查800余次，党风廉政宣传教育活动68次，覆盖3000余人次。

（王　煜）

【社会综合治理】 年内，关闭清退无证照低级次市场34个、人防工程38处、地下空间23处，整治群租房5处，治理“开墙打洞”24户，取缔无证照经营39家，拆除违法建设4109平方米，疏解流动人口3111人。

（王　煜）

【整治环境】 年内，街道投入2000万元，翻新改造华严北里校园周边环境和部分公共设施。完成京民社区道路铺装，安慧北里、安苑里环境提升改造等11项工程。华严北里西社区成为首批绿色智慧平安社区，华严北里和安苑北里成为无地锁小区，北郊居住区和安苑北里成为宜居示范小区。完成环境整治“双百”示范项目。

（王　煜）

【服务平台建设】 年内，重新规划调整利用清退后地下空间。安苑北里19号楼地下人防工程改造成社区综合服务、活动场地，用于运动健身、舞蹈电影、生日派对、聊天交友、亲子游戏、图书阅览、拖小看护、科技讲座、临时租用等服务场所。

（王　煜）

【平安社区创建】 年内，升级57处高清

探头，更换61个门禁系统，为10个社区配备微型消防车，为每个社区增配安保员6人，配合民警巡逻。

（王 煜）

【再就业】 年内，开发就业岗位1210个，组织49人免费技能培训，实现就业305人。

（王 煜）

【住房保障】 年内，完成64户公租房材料审核、94户公租房租金补贴调整、109户经适房、限价房资格和廉租房补贴复核等工作。

（王 煜）

【食品药品监管】 年内，街道联合工商、城管、卫生、公安等部门开展执法检查12次，对9家药店、35家医疗机构、210家餐饮企业、206家食品流通企业实行日常性监管，处理办结案件81件，罚款36万余元。

（王 煜）

【养老助残】 年内，推进居家为老助残"6+x"联动服务、"居家安康360计划"等品牌服务项目，每周健康监护150余位社区老人，为31户老人配备全天紧急救助服务，为737户老人安装燃气速断装置，为28户重残特困家庭提供多种生活服务1646次，协调北亚医院为70户肢体残疾人提供康复指导、治疗、训练等39个服务项目。

（王 煜）

【信访与司法调解】 年内，处理群众来访427批次，化解率98%；接办群众诉求969件，办结率100%，满意率97.42%；处理群体讨薪16起；调解各类纠纷713件。

（王 煜）

【社区居委会】

	名称	地址	电话
1.	安慧里社区居委会	安慧里一区甲7号楼	64930228
2.	安慧里南社区居委会	安慧里三区3号楼	64932951
3.	北辰东路社区居委会	安慧北里1号楼	64978765
4.	安苑里社区居委会	安苑北里9号楼	64952829
5.	祁家豁子社区居委会	华严里16号楼前平房	62007530
6.	京民社区居委会	华严北里2号院	82070581
7.	华严北里社区居委会	华严北里45号楼	82841857
8.	华严北里西社区居委会	环严北里22号楼	82846462
9.	丝竹园社区居委会	丝竹园小区7号楼11门	64863722
10.	安翔里社区居委会	安翔里小区1号楼	64886323

（王 煜）

左家庄街道

【概况】 左家庄街道位于朝阳区中西部。东与麦子店街道为邻，南与三里屯街道相望，西与东城区和香河园街道接壤，北与太阳宫相连。辖域面积4.17平方公里。下辖新源里、新源西里、三源里、顺源里、左南里、左北里、左东里、静安里、曙光里9个社区居委会，年内总人口87778人，其中户籍人口66357人，暂住人口18816人，外籍人口2340人。辖区出租房屋11177户、18816人，低保户412户、741人，60岁以上老年人21495人。辖区有社区服务中心1所、社区卫生服务站4所、中学1所、职高1所、小学5所、幼儿园7所。区域有规模以上各类企业360家，其中央属企业23家、市属企业20家、区属企业12家，包括中信信托、中冶集团、中石化北京分公司、中信金属、中检集团等大型国有企业。年内实现区级财政收入36.38亿元,同比降低8.57%。

地址：新源里西18号
邮编：100027
电话：64643210
网址：http://zjzjd.bjchy.gov.cn

（冯 晨）

【"三清一整"专项治理】 10月20日，在9个社区开展"三清一整"专项行动，即清阳台、清楼道、清屋顶、整死角。出动人员3000余人次，完成1200余处楼道堆物堆料清理工作，清运垃圾261车、522余吨。

（冯 晨）

【党代表换届选举】 11月3日，左家庄街道工委召开党员代表大会，以无记名投票的方式，选举出9人为街道参加区党代会代表。

（冯 晨）

【人大代表换届选举】 11月15日，左家庄街道分5个选区，设12个投票站。实登选民37770人，选民登记率99.57%，其中居民选民27864人，社会单位选民9924人。划分636个选民小组，参选率98.43%，选出13名人大代表履新。

（冯 晨）

【残联第七次代表会】 12月13日，左家庄残联召开大会，大会选举产生出席朝阳区残疾人联合会第七次代表大会的代表。

（冯 晨）

【功能疏解】 年内，完成佳艺市场腾退疏解工作。清退商户近600余家，关停无照经营20余家，清理普通地下室15处，人防工程28处，疏解流动人口2291人。

（冯 晨）

【拆违控违】 年内，拆除违法建设7508.6平方米，其中区挂账任务1处、520平方米，占压燃气隐患挂账8处、246平方米，整治开墙打洞513户、4867平方米，拆除私装地锁3000个。

（冯 晨）

【环境治理】 年内，执法100余次，出动人员500余人次，取缔无照经营80余起，规范"门前三包"300家次，清理违章停车30余辆，关停无照经营临街底商17家。

（冯 晨）

【养老照料中心建成】 年内，街道与北京泰和养老院有限公司合作在左北里社区建成建筑面积2200余平方米的养老照料中心。

（冯　晨）

【文化建设】 年内，投资1500万元建设综合文化活动中心。投资60余万元，完成90栋楼380个楼门、3个楼院和3处文化墙的建设，打造独具特色的"教师楼门""邻里和美楼院""微法典"特色文化墙。

（冯　晨）

【社区居委会】

名称	地址	电话
1. 新源里社区居委会	新源街15号楼旁	84552609
2. 顺源里社区居委会	顺源里04号楼	64637571
3. 三源里社区居委会	三源里10号楼临1号	84541980
4. 新源西里社区居委会	新源西里东街甲11号	84551479
5. 左北里社区居委会	左家庄北里甲38号楼	64683979
6. 静安里社区居委会	静安里甲6号楼	84542961
7. 左南里社区居委会	香中里9号楼北侧	64656209
8. 曙光里社区居委会	曙光里39号楼	84515170
9. 左东里社区居委会	左东里小区14号楼	64656754

（冯　晨）

地区（乡）

常营地区（回族乡）

【概况】 常营地区（回族乡）位于朝阳区最东端。1955年成立常营民族乡，2003年2月成立常营地区（回族乡）办事处。东与通州区永顺镇相连，南与管庄乡为邻，西与平房乡搭界，北与金盏、东坝接壤。辖区面积9.4平方公里。下辖12个社区和10个行政村。年内有户籍人口31408人，常住人口171917人，流动人口25658人，外籍人口336人，其中有汉族23452人、回族7319人。出生806人，出生率为2.5%。死亡77人，死亡率为0.2%。辖区内法人单位2396个。有社区服务中心1个、社区卫生服务中心1个、社区卫生服务站4个。有大学1所、职业高中1所、九年一贯制学校3所、中学1所、小学1所、幼儿园7所。养老机构2所。途经辖区公交线路15条，地铁六号线贯穿其中。有400平方米为民服务大厅、1080平方米地区文化中心、4处文化广场和5处24小时自助图书馆。年内，全乡集体年经济总收入2.44亿元，比五年前增长55%；区级财政收入1.4亿元，比五年前增长172%；利润总额实现26万元，比五年前增长238%；税金总额实现420万元，比五年前增长167%；人均劳动所得2.8万元，比五年前增长48%。

地址：幺家店路1号
邮编：100024
电话：65481589
邮箱：cybangongshi@bichy.gov.cn

（张　蕾）

【乡第七届党代会四次会议】 1月21日至22日，召开中共常营回族乡第七届代表大会第四次会议，会议讨论审议乡党委、乡纪委2015年度工作报告和乡党委关于制定常营地区经济社会发展第十三个五年规划的建议，及2015年度党费收缴管理情况的报告。

（张　蕾）

【乡第十六届人代会十一次会议】 2月25日，召开乡第十六届人代会第十一次会议，45名乡代表出席。会上，审议并通过《政府工作报告》《关于常营乡2015年财政预算执行情况和2016年财政预算草案的报告》《人大主席团工作报告》。

（张　蕾）

【拆迁楼剩余房屋处置】 2月，完成被非法占有的农民拆迁楼剩余房屋拍卖处置，拍卖成交房屋219套。

（张　蕾）

【乡第十六届人代会第十二次会议】 5月7日，召开乡第十六届人代会第十二次会议。经35名乡人大代表审议，全票通过《常营回族乡村级集体资产量化工作方案（草案）》《常营回族乡村级集体资产清产核资工作方案（草案）》《常营回族乡村级集体济组织成员身份确认和劳动年限统计工作实施办法（草案）》。

（张　蕾）

【穆斯林开斋节】 7月6日，常营地区2500余名穆斯林群众与1500余名来京穆斯林群众在常营清真寺欢度穆斯林开斋节。区民族宗教办副主任马舍尔巴，常营地区工委书记刘大庆、办事处主任方泽等与穆斯林群众共度佳节。

（张　蕾）

【无证无照餐饮治理】 8月18日，乡综治办、食药所、工商所、派出所、城管队、安监科、宣传科等部门联合对北京像素无证餐饮场所执法。出动执法人员150余人，动用执法车32辆，关停北京像素周围无证无照餐饮商户89家，整治小区网络订餐平台送餐乱象。

（张　蕾）

【乡团员代表会】 9月6日，地区团工委召开团员代表大会，选举卢钠、曹雅芳、李虎、卞江、杜晓梦、马丽爽、杨磊等7人为出席朝阳区第十二次团员代表大会代表。

（张 蕾）

【群众文化节】 9月10日，以“展群众文化风采，享幸福文化生活”为主题的常营地区第五届群众文化节开幕。社区文艺团队展示文艺作品；学校和艺术培训机构展现青少年风采；以“点燃读书激情 共建书香常营”为题，展演地区居民读书情景。600余人参加演出，上万名观众观看。

（张 蕾）

【第八届党代会】 9月19日至20日，召开中共常营回族乡第八届党员代表大会，100名代表参加。选举产生中共常营回族乡第八届委员会委员11人、中共常营回族乡纪律检查委员会委员7人。刘大庆当选为新一届乡党委书记，方泽、李冠男为副书记。赵金祥当选为乡纪委书记，何宏为副书记。大会推选出席区第十二次党代会代表3人。

（张 蕾）

【地区（乡）人大换届选举】 11月15日，完成常营地区（回族乡）人大代表换届选举工作。地区15609人参选，参选率99.33%，选举产生地区（乡）人大代表5人。

（张 蕾）

【乡第十七届人代会】 11月19日至21日，召开常营回族乡第十七届人民代表大会第一次会议。回顾总结乡第十六届人代会以来的工作，确定今后五年的奋斗目标和任务。新一届48名乡人大代表出席会议，24名及40名相关工作人员列席会议。审议通过《常营回族乡人民政府工作报告》《常营回族乡2016年财政预算执行情况和2017年财政预算草案的报告》《常营回族乡人大主席团工作报告》。选举何文东为常营回族乡新一届人民代表大会主席，方泽为乡长，陈明智、马洪松、苏凯、岳卫红、胡唯夫副乡长。

（张 蕾）

【残联第七次代表大会】 12月13日，常营地区残疾人联合会召开第七次代表大会，48名代表参加。通过《常营地区残疾人联合会第六届主席团工作报告》《选举办法（草案）》《代表资格审查报告（草案）》及主席团委员候选人预备人选。经残疾人代表投票，选出常营地区残联新一届主席团委员。

（张 蕾）

【燃气爆燃事件】 12月23日11点59分，常营中路与管庄路交叉路口处一地下中压燃气管线泄漏起火。12点01分，乡党委书记刘大庆、乡长方泽第一时间到达现场。13时30分，现场明火扑灭。火灾对2712家商户和居民生活受到影响。次日0时20分，燃气管线修复，0时30分，陆续恢复受影响小区居民集中供暖，2时10分，2100户集中供暖用户全部恢复供暖。7时许，开始对万象新天115号楼受损的外墙进行修复。18时20分，2712家商户和居民全部恢复正常生活。事故未造成人员伤亡。

（张 蕾）

【村级资产处置】 年内，经三榜定案确定劳动年限，召开社员代表大会审议通过分配方案、清产核资审计报告及资产评估报告，完成乡10个村13700人1.58亿元的村级资产处置工作。

（张 蕾）

【产业项目】 年内，完成“未来时大厦”招租工作，年收益5000万元。东方华瑞工程主体结构封顶；东方和瑞文化体育产业园，完成配套方案并通过区农委产业项目初审会和区级产业项目联审会。

（张 蕾）

【环境综合整治】 年内，完成原宝港三信造纸厂6万平方米的绿化任务和五里桥公园一期工程；拆除占地6600余平方米乡属保洁和绿化两个公司；13.7万平方米电台“飞地”复垦；朝阳北路6000平方米的综合整治提升工程纳入朝阳靓丽东大门项目；整治民族家园B区和连心园小区市场，拆除集装箱16个、私搭乱建60处；完成管庄三号院小区楼体粉饰、道路铺装硬化等。

（张 蕾）

【人口疏解】 年内，综合整治出租房、群租房，运用经济、法律、行政等手段，以房、证管人，以业、税控人，从源头上控制人口盲目膨胀，疏解流动人口2173人，完成人口调控目标。

（张 蕾）

【社会保障工作】 年内，发放生活补助及各项补助2972万元，指导失业人员241人次，实现就业240人，提供空岗740个，指标完成率107%。

（张 蕾）

【智慧社区建设】 年内，各社区达到星级服务站建设标准和北京市智慧社区标准。完成保利等3个社区绿色智慧平安社区创建工作，东方华庭社区通过“北京市花园式社区”验收，5个社区通过“三社一体化”枢纽型社会组织验收。

（张 蕾）

【社区居委会】

名称	地址	电话
1. 民族家园社区居委会	常营民家小区59号楼	65738991
2. 连心园社区居委会	连心园小区底商	58240346
3. 苹果派社区居委会	苹果派小区13号楼	59466171
4. 荟万鸿社区居委会	荟康苑小区3号楼	65728145
5. 鑫兆家园社区居委会	三间房东路甲9号	55431083
6. 万象新天社区居委会	万象新天社区115号楼	55436228
7. 保利嘉园社区居委会	保利家园3号院19楼	57921994
8. 畅心园社区居委会	五里桥一街畅心园1号	59396206
9. 丽景园社区居委会	丽景苑小区1号楼2单元	57845099
10. 住欣家园社区居委会	住欣家园社区215号楼	57914007

（张 蕾）

崔各庄地区（乡）

【概况】 崔各庄地区（乡）位于朝阳区东北部，2004年5月由原崔各庄乡与南皋乡合并成立新的崔各庄地区办事处。东邻金盏乡，南邻将台乡，西邻来广营乡，北邻孙河乡。辖区面积31.7平方公里，其中集体土地19.1平方公里，约占总面积的60%；国有土地12.6平方公里，占总面积的40%。下辖15个行政村、3个社区居委会。年内常住户籍人口2.5万人，流动人口约9.3万人。辖区内有公立医院1所、民营医院1所、社区卫生服务中心2个、社区卫生服务站8个。有公立中学2所、小学2所、民办学校2所、幼儿园10所、涉外基础教育学校3所。地区有养老机构3家。途经辖区公交线路23条，地铁14号线、15号线贯穿其中。居民公共文化活动场所包括村（社区）级文化活动室10个、6978平方米，文化广场3个，乡级图书馆1个。年内，乡全面塑造“国际创意商务走廊”品牌形象，夯实“411”工作思路，坚持“三绿”空间布局，着力打造“北部生态休闲绿吧、中部科技商务绿港、南部国门创意绿谷”功能格局。辖区有圣露葡萄酒庄园等现代农业休闲区、大望京商业区，有中国电影博物馆、中国铁道博物馆、红砖美术馆、“一号地”艺术区、万荷艺术区等文化旅游点和创意产业聚集区。实现集体收入2.99亿元，同比增长3.7%；人均劳动所得33764元，同比增长8.2%；完成区级财政收入5.42亿元，同比增长51.6%。

地址：朝阳区南皋路1号
邮编：100015
电话：84307305
网址：http://cgzdq.bjchy.gov.cn

（刘　璠）

【第三届党代会六次会议】 1月21日，崔各庄乡第三届党代会第六次会议召开，82名党员代表、47名列席代表参加会议。审议通过《党委工作报告》《纪委工作报告》和2015年度党费收缴、使用和管理情况、提案提议办结情况。对第三届党委委员调整、乡党政领导分工调整、2015年度发展党员、2015年村党组织换届选举、2015年社区党组织换届选举等情况向大会通报。

（刘　璠）

【第十六届人代会十一次会议】 1月27日，乡召开第十六届人民代表大会第十一次会议。39名人大代表出席会议。审议通过《政府工作报告》《人大主席团工作报告》《2015年财政预算执行情况和2016年财政预算草案报告》。2015年21件为民办实事进展情况向大会通报。会议收到代表批评、建议、意见18件，其中3件转交区办理。

（刘　璠）

【领导调研】 2月4日，副区长张维刚一行10余人到崔各庄乡检查安全生产情况。4月6日，副区长孙其军到崔各庄乡调研民生工作。4月8日，中央组织部原部长张全景，中央党史研究室原副主任、中共党史学会常务副会长谷安林一行到崔各庄乡调研“三进三民”活动开展和文化产业发展情况。5月31日，市委书记郭金龙到马泉营村调研“煤改气”情况。2014年10月马泉营村完成345处院落、690户“煤改气”工程及配套设施。此项工程安装壁挂炉1380台，改造690户内部水暖。

（刘　璠）

【彭丽媛看望孤残儿童】 5月15日，彭丽媛到崔各庄东方博爱儿童福利院看望孤残儿童，慰问工作人员，并向全国残疾儿童致以问候。

（刘　璠）

【第四届文化艺术节】 5月22日，崔各庄地区第四届文化艺术节暨第二十五届奶子房庙会开幕，十三档民间传统绝活亮相文化节。北京市民俗博物馆馆长曹彦生、区非物质文化遗产保护中心负责人杜洋、副乡长宋丽琛等参加开幕式。

（刘　璠）

【村委会换届选举】 6月18日，崔各庄乡9个村完成第十届村委会换届选举工作。选举登记选民8941人，8733名选民参加投票，参选率97.67%。选举产生39名村委会成员，其中党员31人，占参投总数的79.49%。9个村均实现“两委”交叉任职。村委会成员有女委员9人，占总数的23.08%。

（刘　璠）

【第十六届人代会二十次会议】 7月29日，崔各庄乡召开第十六届人民代表大会第十二次会议。会议选举齐宝良为乡长、胡振俭为人大主席。齐宝良向大会作乡政府工作报告，审议通过《崔各庄乡2016年上半年财政预算执行情况和下半年预算调整情况的报告》和《崔各庄乡国民经济和社会发展第十三个五年规划纲要（草案）》。乡党委书记吴选辉作总结讲话。

（刘　璠）

【奶东公园开园】 8月13日，崔各庄乡奶东公园开园。该公园曾是奶东村一处砂石场和低次级产业聚集地。现为占地76412平方米郊野公园。园内建有以“莲塘和煦”为主题的廉政文化教育基地，为地区首个廉政文化主题公园。

（刘　璠）

【经合社换届选举】 8月23日，崔各庄乡农村（股份）经济合作社第三届社员代表大会，开展换届选举工作。全乡划分为15个选区，10313名社员参加投票，选举出569名村（股份）经济合作社社员代表。经各村社员代表民主推荐、公开投票、差额选举等程序，依法选举产生村级经济合作社社长、管委会委员、监委会主任和监委会委员120人。9月6日，乡完成15个行政村（股份）经济合作社换届选举工作。

（刘　璠）

【第四次党代会】 9月20日至21日，中共崔各庄乡第四次党员代表大会召开。会议审议第三届乡党委和乡纪委工作报告，经民主程序，选举马康伟、王建民、王艳平、石柏林、齐宝良、张平、张连华、吴选辉、赵锐、胡振俭、程振环等11人为中共崔各庄乡第四届委员会委员，牛秋荣、申平、张平、李俊、肖斌、沈广增、杨振彬等7人为中共崔各庄乡纪律检查委员会委员，张平、陈明、吴选辉等3人为出席中共北京市朝阳区第十二次代表大会代表。经会议表决通过，吴选辉为乡党委书记，齐宝良、程振环为副书记。张平为乡纪委书记，牛秋荣为副书记。

（刘　璠）

【国际文化艺术节】 10月18日，为期1个月的“2016崔各庄国际文化艺术节”结束。文化艺术节分为万荷、草场地、何各庄、费家村、红廷五大艺术区，联合推出当代艺术、新媒体艺术、艺术院校新锐、艺术生活、艺术美食、精品音乐舞蹈等八类艺术展，展区免费向社会开放。

（刘　璠）

【文艺界联合会成立】 10月18日，崔各庄地区文学艺术界联合会成立。中国文化产业促进会会长由青云、表演艺术家臧金生为崔各庄地区文联名誉主席，歌唱家、二胡演奏家程琳为地区文联顾问，朝阳区文联秘书长金童为地区文联主席。

（刘　璠）

【奶西村棚改启动】 11月1日，奶西村棚户区改造项目启动。该项目是区第一例集体土地棚户区改造项目，总用地面积约217.87公顷（不含首农集团用地），其中农村宅基地面积约51.90公顷，非住宅用地约93.77公顷，涉及1190户、2722人。

（刘 播）

【区乡人大代表换届选举】 11月15日，崔各庄乡集中选举区、乡两级人大代表。乡9个行政村、3个社区和24个单位划分为3个区级代表选区和22个乡级代表选区，依法选举出出席朝阳区第十六届人民代表大会代表7人、出席崔各庄乡第十七届人民代表大会代表54人。

（刘 播）

【国门京剧团成立】 11月18日，崔各庄国门京剧团成立。区文联领导胡世江、刘志敏，地区办事处副主任宋丽琛，京剧表演艺术家、国家京剧大师张春秋真传弟子马莲，京剧表演艺术家、中国戏曲学院副教授杨凌云出席揭牌仪式。

（刘 播）

【乡第十七届人代会第一次会议】 11月21日至23日，乡召开第十七届人民代表大会第一次会议。会议听取并审议齐宝良所作的乡政府工作报告和胡振俭所作的乡人大工作报告，书面审议乡财政工作报告。审议通过《崔各庄乡奶西村棚户区改造住宅房屋腾退补偿安置办法》和《崔各庄乡奶西村棚户区改造住宅房屋腾退补偿安置办法实施细则》。会议选举齐宝良为乡长，胡振俭为人大主席，马康伟、石柏林、宋丽琛、张震、韩永红为副乡长。

（刘 播）

【残联第七次会议】 11月29日，崔各庄地区召开残疾人联合会第七次代表大会。区残联副理事长杨瑞臣、地区办事处主任齐宝良等出席。选举王立新、王鹏、左金山、田国新、孙玉齐、李丽佳、李春蕊、宋竹丽、张凤江、周艳平、郑秉钧、徐文静、高洪岩、梁国明、董晓娟、董德锋、徽永辉等为崔各庄地区残疾人联合会第七届主席团成员，聘请齐宝良为地区残疾人联合会第七届主席团名誉主席，选举王鹏为主席团主席，王立新、徽永辉为主席团副主席，推荐王鹏、孙玉齐、徐文静、徽永辉为出席区残疾人联合会第七次代表大会代表，推荐徽永辉为区残疾人联合会第七届主席团委员候选人，推举董德锋为地区残疾人联合会理事会理事长。

（刘 播）

【村委会、社区居委会】

名称	地址	电话
1. 何各庄村委会	何各庄村	54310510
2. 马泉营村委会	马泉营村	64387484
3. 费家村村委会	费家村	84701232
4. 奶东村村委会	北奶东村	84569998
5. 奶西村村委会	奶西村	84709206
6. 南皋村村委会	南皋村	64363319
7. 黑桥村村委会	黑桥村	64335747
8. 草场地村委会	草场地村	64399193
9. 东辛店村委会	东辛店村	64340686
10. 崔各庄村委会	京旺家园崔各庄村	64313676
11. 善各庄村委会	京旺家园上各庄村	84560307
12. 索家庄村委会	京旺家园索家庄村	64340206
13. 望京村村委会	京旺家园一区北门	64364634
14. 东营村村委会	京旺家园一区13号楼	64160336
15. 北皋村村委会	京旺家园13号楼	84160377
16. 马南里村委会	马南里社区	84702160
17. 京旺家园社区居委会	京旺家园六区3号楼	64363132
18. 京旺家园二社区居委会	望京东园七区中央公园	84164058

（刘 播）

东坝地区（乡）

【概况】 东坝地区（乡）位于朝阳区东部，东邻金盏乡，南邻平房乡和常营乡，西邻将台乡，北邻崔各庄乡。辖区总面积24.6平方公里。下辖9个行政村、18个社区。年内有户籍人口47700人，常住外来人口32062人，流动人口32847人，外籍人口178人。有法人单位（经济、社会、教育、科研、卫生）1059个，其中中央单位3家、市属单位6家、区属单位8家、其他单位1042家。有三级医院1所、二级医院1所、社区卫生服务中心1个、社区卫生服务站7个、社区服务中心1个。有科研院所1个、大学2所、中学3所、小学6所、幼儿园11所。有养老机构1所。年内，乡农村经济总收入4.5亿元，同比下降47%。上缴税金总额1191.3万元，同比下降51.6%。完成区级财政收入2.13亿元，同比增长1.8%。

地址：红松园16号

邮编：100018
电话：65491768
邮箱：cydb@bjchy.gov.cn

（武　悦）

【东坝乡村（国际）俱乐部成立】 5月7日，在对外经济贸易大学附属中学朝阳新城分校体育场举行东坝乡村（国际）俱乐部成立仪式。邀请中央电视台主持人乔生主持仪式，区体育局局长马海英致辞，地区工委书记黄宏春宣告东坝乡村（国际）俱乐部成立。新任东坝乡村（国际）俱乐部主席、东坝乡党委副书记郝云峰介绍东坝乡村（国际）俱乐部的基本情况。600余名各界人士参加成立仪式，10余家新闻媒体现场采访。北京国安队主帅金志扬、北京国安队前队长韩旭到场祝贺。

（武　悦）

【领导调研】 5月12日，市农工委副书记刘福志带队到东坝乡调研党群志愿服务及换届选举情况，参观东坝乡共商共治中心党群志愿服务展览，参观奥园运动城社区安全卫士志愿者招募和培训工作，听取乡党委书记黄宏春汇报开展党群志愿服务情况及换届选举情况，并召开座谈会。

（武　悦）

【第十三次党代会】 9月8日至9日，在顺义阳光丽城国际会议中心召开东坝乡第十三次党员代表大会。大会应到会代表103人，实到会代表96人。大会审议通过乡十二届党委工作报告、纪律检查委员会工作报告。采用无记名投票方式，选举于淑杰、王小宝、朱兴农、刘双库、宋凤博、宋春虎、张思忠、周滢、郝云峰、高荣珍、黄宏春等11人为东坝乡第十三届委员会委员，冯志红、任立、闫立民、杨丽平、宋志杰、张立颖、周滢等7人为东坝乡纪律检查委员会委员，于淑杰、夏文华、郭艳、黄宏春等4人为出席区第十二次党代会代表。选举黄宏春为新一届党委书记，于淑杰、王小宝为副书记。选举周滢为新一届纪委书记、任立为纪委副书记。

（武　悦）

【领导检查】 10月27日，市委政法委副书记、首都综治办主任闫满成等到东坝乡检查市级挂账重点地区督办整治工作。实地查看东坝地区城市管理综合指挥中心建设和运行情况，听取区维稳办和区综治办就东坝乡重点挂牌督办整治工作情况汇报。

（武　悦）

【东坝第六届全民运动会】 11月5日，在北京信息职业技术学院体育场举行东坝地区第六届全民运动会。地区机关、村、社区、企事业单位34支代表队1200余人参加运动会。开幕式上，860人表演第九套广播体操，400人表演腰鼓，还有开路圣会、中幡、狮子、杠箱、舞龙、太极扇、武术等文体展示活动。

（武　悦）

【第十七届人代会】 11月24日至25日，在阳光丽城国际会议中心召开东坝乡第十七届人民代表大会第一次会议。会议应到代表49人，实到46人。选举黄宏春、于淑杰、郝云峰、王小宝、夏文华、王玉珍、冯志红为新一届人大主席团成员，选举王小宝为大会秘书长。审议通过乡《政府工作报告》《人大主席团工作报告》《关于2012—2016年东坝乡财政预算执行情况和2017年财政预算草案及未来五年财政总体规划的报告》。采取等额选举、无记名投票方式选举于淑杰为东坝乡乡长，郝云峰为东坝乡人大主席。采取差额选举、无记名投票方式，选举刘双库、徐文华、毕宏生、王昱、邢洁为东坝乡副乡长。

（武　悦）

【村委会、社区居委会】

	名称	地址	电话
1.	七棵树村村委会	鑫坝家园物业公司二层	84396988
2.	单店村村委会	东坝家园幼儿园4层	65498870
3.	西北门村村委会	西北门村里	52056006
4.	后街村村委会	后街村里	84312840
5.	东风村村委会	东风村里	84318341
6.	驹子房村村委会	驹子房村里	52070581
7.	三岔河村村委会	三岔河村里	84313874
8.	焦庄村村委会	焦庄村里	65780827
9.	东晓景村委会	东晓景村	65780863
10.	红松园社区居委会	红松园小区	65494922
11.	东坝家园社区居委会	东北家园小区206号楼	65415175
12.	康静里社区居委会	康静里小区13号楼	65734994
13.	高扬树社区居委会	高扬树中街15号院4楼	65479710
14.	朝阳新城社区居委会	新城山区1号楼东侧	65456084
15.	奥林匹克花园社区居委会	花园小区三期723号楼	65494272
16.	十六局社区居委会	红松园北里2号楼	65435259
17.	东坝大街社区居委会	东风村委楼上	84327090

名称	地址	电话
18. 常青藤社区居委会	单店路15号院1楼底商	85379755
19. 景和园社区居委会	朝新家园东里六区6楼	65479712
20. 丽富家园社区居委会	东坝中路30号院6号楼	65479660
21. 东泽园社区居委会	红松路1号院1号楼	56357389
22. 悦和园社区居委会	悦和园小区2号楼2层	85384681
23. 坝鑫家园社区居委会	坝鑫家园小区物业2层	84396988
24. 金驹家园一社区居委会	金驹小区d区116号楼	65493501
25. 金驹家园二社区居委会	金驹小区f区207号楼	65732411
26. 福润四季社区居委会	敬和路2号院8号楼	65479041

（武　悦）

东风地区（乡）

【概况】 东风地区（乡）位于朝阳区中部，东与平房乡、东坝乡接壤，南与六里屯街道相连，西与麦子店街道搭界，北与将台乡和酒仙桥街道为邻。辖域面积7.38平方公里。下辖4个行政村、10个社区、2个村中居民小区。户籍人口14025户32996人，其中农业户籍人口193人。常住人口68423人，流动人口28814人。辖区有幼儿园、托儿所8个，小学校5所，普通中学3所。辖区有中国冶金地质总局、乐视集团、北京振远护卫中心、和睦佳医院、朝阳区教育委员会、朝阳区房屋权属登记中心等企事业单位。有1处郊野公园、3处居民公共文化活动场所。全年完成区级财政收入4.54亿元，同比增长64.8%。代征个人出租房屋税款563.05万元。集体资产保值增值率120%，集体经济纯收入1.01亿元。

地址：星火西路9号

邮编：100016

电话：85810712

邮箱：chy_df@163.com

（李博彬）

【第十二届党代会四次会议】 2月29日，乡召开第十二届党代表大会第四次会议，85名党代表和13名人员列席会议。会议听取和审议中共东风乡第十二届委员会2015年度工作报告、东风乡第十二届纪律检查委员会2015年度工作报告。通报党费收缴、使用、管理情况专项工作报告和东风乡村党支部换届选举情况以及乡第十二届党代表大会第三次会议提案建议办理情况。代表们对乡党委领导班子成员2015年度述职述廉报告、乡党委领导班子及其成员进行民主评议。

（李博彬）

【党员组织关系排查】 3月至8月，梳理核查2350名党员组织关系，与组织失去联系6个月以上党员76人，有71名党员与组织恢复联系。接收“口袋”党员2人。

（李博彬）

【泛海国际南社区规模调整】 6月20日，根据区社会建设领导小组办公室批复，调整泛海国际南社区规模，调整后，泛海国际南社区由兰海园、香海园、樱海园、碧海园4个居住小区组成。区域范围东至星火西路，南至姚家园路，西至华章路，北至姚家园北路；社区面积为0.3平方公里;社区人口规划户数1600户、3400人，入住户数1600户、3267人。社区居委会办公地址位于星火西路17号。

（李博彬）

【东风苑社区居委会成立】 6月20日，东风苑社区居委会成立。社区区域范围东至京包铁路线，南至姚家园路，西至星火西路，北至辛庄南街（道路名称暂定），总面积为0.69平方公里。社区人口3000户，常住人口9100人。社区居委会办公地址位于辛庄南街9号。

（李博彬）

【东风地区五年回顾展】 “七一”前夕，乡举办地区发展五年回顾展。展览以图片资料为主，集中展示东风地区党的建设、经济发展、民生保障、社会管理、文化文明等多方面五年来工作成就，是一次创造新优势、谋划新发展的思想教育。

（李博彬）

【纪念建党95周年系列活动】 7月，地区工委组织各基层党组织开展纪念建党95周年系列活动。主要内容有走访慰问老党员和困难党员；组织党员开展“共产党员献爱心”捐献活动（1133名党员、166名群众参加，捐集善款53394.5元）；表彰优秀基层党组织、优秀党务工作者和优秀党员，泛海国际南社区党委等10个党委（党支部）被授予先进基层党组织称号，石佛营西里社区党委书记白俊书等10人被评为优秀党务工作者，东润枫景社区牟雪娟等10人被评为优秀共产党员，温馨家园康复站站长贾熙凤被评为北京市优秀共产党员，紫萝园社区党委、石佛营西里社区党委、豆各庄村党支部被评为区先进基层党组织，张士华、杨军萍、王德正被评为区优秀党务工作者，张雨平、王雅晶被评为区优秀共产党员；开展“党在我心中、争做合格党员”征文活动，收到90篇优秀征文。

（李博彬）

【第十三次党代会】 9月7日至8日，在蟹岛会议中心召开东风乡第十三次党代会。会议听取和审议中共东风乡第十二届委员会所作的工作报告和东风乡纪律检查委员会的工作报告。以无记名投票的方式选举毕淑双、刘珂、刘香民、刘高怀、张士华、姜志忠、郭君、谢庸、潘艳辉为中共北京市朝阳区东风乡第十三届委员会委员；选举刘志农、李晓丽、陈猛良、金玉梅、高颖、谢庸、潘志强为乡纪律检查委员会委员；选举刘珂、米福跃、张士华、郭君4人为东风乡出席朝阳区第十二次党代会的代表。张士华当选为中共东风乡第十三届委员会书记，郭君、毕淑双为副书记；谢庸当选为中共东风乡纪律检查委员会书记，高颖为副书记。

（李博彬）

【区人大换届选举】 11月16日，乡完成区人大换届选举工作。全乡登记选民

17260人，实参投票选民16850人，投票率97.62%。经选民投票产生的新一届区人大代表7人（张士华、张亚辉、周炜、于永杰、蒋晓琳、梁棣、尹红）。

（李博彬）

【社会组织联合会成立】 12月7日，地区社会组织联合会成立并召开第一次会员大会。50名会员通过联合会章程和选举办法，并选举出理事会成员。社团属非营利性、公益性社会团体，属于枢纽型社会组织。业务范围包括宣传社会领域法规政策，为地区提供专业性社会服务，组织社团间的交流和承办社会单位委托交办的相关事项等。宗旨是团结和带领全体会员积极投身地区社会工作平台建设，努力打造枢纽型依托组织，为推动地区社会治理工作献策出力；秉持“助人自助”公益服务理念，倡导广大会员，立足岗位，提升有效承接政府购买各类服务项目和社区购买公益金支持项目的工作能力和水平，为居民提供更多更好的社会公益服务。

（李博彬）

【二级闭环系统启用】 12月16日，地区网格化管理体系二级闭环系统启用。二级闭环系统是在地区办事处与各社区(村)之间建立的环境信息平台，并与区级平台交互的网络设备，可完成案件上报、处理、评价等功能的闭环工作式流程，形成街乡自我发现并解决问题的运行机制。

（李博彬）

【清退拆违拆迁】 年内，拆除豆各庄民天市场和六里屯东联兴市场，总建筑面积3.18万平方米，疏解人口3200余人；拆除账内违法建设14处，面积为5.69万平方米；腾退1245个院落，农民回迁653个院落，入住房屋1610套。

（李博彬）

【集体资产处置】 年内，东风乡完成三个撤队村（原东直门村、鬼王菴村、麦子店村）352名社员集体资产处置工作，30余年历史遗留问题得以解决。

（李博彬）

【“三资”管理】 年内，按照《东风乡合同联预审程序和会签标准》工作流程，全乡完善规范三资管理平台上乡级、村级经济合同49份。乡农工商公司完成清产核资工作，保证集体资金、资产、资源的安全使用。

（李博彬）

【交通疏堵】 年内，开展“畅行东风”交通行动。在将台洼铁道口、豆各庄路口、朝阳公园桥、双新桥等重点拥堵路段增设隔离栏、挡车栏1500长米，提示牌10块。组建一支26人的交通协管员队伍，疏导重点拥堵路口交通。紫萝园东商小区作为区交通疏堵示范小区通过验收。

（李博彬）

【社区建设】 年内，完成观湖国际、泛海国际南“绿色智慧平安”社区创建工作，及9个三星级智慧社区、7个全能岗社区建设工作。

（李博彬）

【安全排查】 年内，乡安委会组织检查各行业单位3548家次，排查安全生产隐患6000余处，无重大安全生产事故。开展商业食品安全、食堂卫生安全、疫苗转型及销售病死猪肉专项整治44项。

（李博彬）

【劳动就业】 年内，开发就业岗位1305个，实现失业人员再就业290人。

（李博彬）

【为民办实事】 年内，地区办事处确定为民办实事23项，涉及石佛营东里、西里、南里,紫萝园，观湖，泛海，公园大道，东润，南十里居等9个社区，预算总投资283.75万元。按照“三重一大”审批事项要求，办事处对其中20个超过5万元的项目综合工程评审。9月中下旬，完成23个项目，并通过相关部门验收。

（李博彬）

【非公党组织成立】 年内，东风乡通过“红风领”书记项目的开展，成立8家非公企业党组织（其中非公独立党支部5家、非公联合党支部3家）。

（李博彬）

【村委会、社区居委会】

	名称	地址	电话
1.	六里屯村委会	六里屯村	65862164
2.	辛庄村委会	辛庄村甲1号	85846037
3.	豆各庄村委会	高庙村东北角	85811977
4.	将台洼村委会	将台洼村里	84315469
5.	石佛营东里居委会	石佛营东里113号楼	85820154
6.	石佛营西里居委会	石佛营西里东北平房内	85811324
7.	石佛营南里居委会	八里庄北里128号楼	85835729
8.	紫萝园居委会	石佛营东里136号楼	85846204
9.	东润风景居委会	南十里居28号院6号楼	64312604
10.	观湖国际居委会	东四环88号院7号楼	59283405
11.	公园大道居委会	朝阳公园南路6号院4楼	65306652
12.	泛海国际南居委会	星火西路17号院	85844893
13.	泛海国际北居委会	辛庄居委会内	85814847
14.	将台洼社区居委会	七棵树西街158号	85312621

（李博彬）

豆各庄地区（乡）

【概况】 豆各庄地区（乡）位于朝阳区东南部，东与黑庄户位邻,南与通州台湖镇搭界，西与王四营和十八里店乡接壤，北与三间房乡相连。辖区总面积14.16平方公里。下辖12个行政村、8个社区、2个社区筹备组。年内有户籍人口13908人。辖区内有中学2所、全日制小学4所、公立幼儿园1所、私立幼儿园3所，有社区卫生服务中心1所、社区卫生服务站3个。实现经济总收入2.23亿元，同比增长28.3%。

地址：豆各庄乡西马各庄村

邮编：100121

电话：65479002

邮箱：dgzxck2013@126.com

（范单丹）

【第七次党代会四次会议】 1月21日，召开中共豆各庄乡第七次代表大会第四次会议，86名党员代表出席会议，26名列席会议。会议听取审议并通过豆各庄乡2015年度党委工作报告、纪委工作报告和乡党委关于“十三五”规划的建议报告。会议通报关于党费收缴、使用和管理情况，部署2016年全面加强党的建设及党风廉政建设等工作。

（范单丹）

【京哈高速豆各庄出口改造】 2月24日，京哈高速豆各庄出口改造工程完成。豆各庄出口处位于京哈高速五方桥东侧800米，是通往豆各庄地区及通州台湖地区的主要出口。改造后的出口辅路由11.25米拓宽为17.25米，由2车道增加至4车道；在白鹿收费站西侧新增7米宽的主路出口（郎辛庄出口）。

（范单丹）

【第十六届人代会第八次会议】 3月3日至4日，豆各庄乡召开第十六届人民代表大会第八次会议。会议审议通过于建国所作的2015年乡政府工作报告、杨荣福所作的2015年乡人大工作报告；审议豆各庄乡2015年财政资金收支情况和2016年财政预算的报告；审查并批准《豆各庄乡经济和社会发展第十三个五年规划纲要》。选举于建国为豆各庄乡乡长。

（范单丹）

【石槽村违建被拆除】 4月22日，石槽村委会与乡城管、派出所、安监、综治等开展联合执法，拆除该村东北树林里的违章建筑，拆除面积约2000平方米。行动出动执法人员100余人、执法车15辆、其他车10辆。

（范单丹）

【禁毒宣传教育】 5月4日 地区综治办联合禁毒教育基地在富力又一城第一社区开展“珍爱生命，远离毒品”宣传教育活动。现场悬挂横幅、标语，发放宣传资料,向广大市民讲解禁毒法律法规、禁毒知识。

（范单丹）

【消防安全大检查】 5月15日，豆各庄乡配合区消防支队检查辖区内5家建筑企业安全工作。检查主要内容消防安全制度是否落实、消防设施是否完备、消防通道是否畅通、应急预案是否到位等。实地查看工地现场、职工宿舍、职工食堂及办公区。

（范单丹）

【“七一”表彰大会】 6月29日，豆各庄地区工委在乡机关礼堂举行建党九十五周年暨“七一”表彰大会。乡机关全体党员、基层单位党组织负责人、优秀党务工作者、优秀共产党员200余人参加大会。表彰先进基层党组织10个、优秀党务工作者10人、优秀共产党员60人。重温入党誓词。

（范单丹）

【第六届全民运动会】 8月5日，豆各庄地区举办第六届全民运动会。15支代表队参加。主要项目有太极拳、太极刀、有氧行进操、广场舞、交谊舞等。

（范单丹）

【领导调研】 10月13日，市委书记郭金龙到豆各庄调研城乡接合部综合整治工作，市委副书记、王安顺一同调研。召开座谈会，听取对北京建设的意见和建议。

（范单丹）

【区、乡人大换届选举】 11月15日，开展区、乡换届选举工作。地区所属12个村、9个社区及24家社会单位分为3个区选区、17个乡选区。设立投票站30个，流动票箱25个。地区选举分会登记选民9564人，其中选举区、乡两级代表选民6548人。参加区代表选举投票选民9317人，参加区、乡两级代表选举投票选民6326人。选举产生区人大代表5人、乡人大代表44人。

（范单丹）

【第十七届人代会第一次会议】 11月22日至24日，召开乡第十七届人民代表大会第一次会议，44名代表列席，100余人旁听会议。依照法定程序选举杨荣福为豆各庄乡第十七届人民代表大会主席，于建国为乡长，白景元、刘晓利、邵光良、赵清志、田全喜为副乡长。

（范单丹）

【残联第七次代表大会】 12月2日，豆各庄地区残疾人联合会第七次代表大会召开。地区工委书记陈杰、办事处主任于建国等参加会议。通过无记名投票方式选举产生地区残疾人联合会新一届主席团。

（范单丹）

【农村留存资产处置】 年内，豆各庄乡完成所属各村留存资产处置工作。2月9日，各村正式发布公告。4月中旬，完成社员登记工作。通过对劳动年限的统计结果进行整理和审核后，年底分配全部落实到位（此项涉及参加过村集体生产劳动的所有人员）。

（范单丹）

【村委会、社区居委会】

	名称	地址	电话
1.	豆各庄村村委会	朝丰家园8号院6号楼	67206225
2.	孟家屯村村委会	朝丰家园天达路6号楼	87391357
3.	黄厂村村委会	朝丰家园8号院6号楼	67206288
4.	孙家坡村村委会	朝丰家园天达路6号楼	67206232
5.	水牛房村村委会	朝丰家园8号院6号楼	67373802
6.	马家湾村村委会	朝丰家园天达路6号楼	67206230

名称	地址	电话
7. 南何家村村委会	绿风家园小区院内	85308299
8. 于家围北村村委会	绿风西路绿风家园小区	85366353
9. 于家围南村村委会	绿风家园小区院内	85307431
10. 东马各庄村村委会	绿风家园小区院内	85307047
11. 西马各庄村村委会	朝丰家园8号院6号楼	67206181
12. 石槽村村委会	朝丰家园8号院6号楼	67206233
13. 青青家园社区居委会	豆各庄5号院131号楼	85300961
14. 京城雅居社区居委会	南豆各庄6号院	87391785
15. 绿丰家园社区居委会	西马各庄路绿丰家园	85309162
16. 文化传播社区居委会	双桥路9号院	85366817
17. 阳光家园社区居委会	豆各庄1号院	87392814
18. 朝丰家园社区居委会	天达路8号院6号楼	67287807
19. 富力又一城一区社区居委会	豆各庄广祥街3号a	59644824
20. 富力又一城二区社区居委会	马家湾村萧太后河边	67287591

（范单丹）

高碑店地区（乡）

【概况】 高碑店乡位于朝阳区东部。东邻三间房乡，南连王四营乡，西接南磨房乡，北靠平房乡。辖域总面积15.08平方公里。有5个村级单位和27个社区。年内常住总人口18.5万人。以疏解非首都功能为重点，抓人口调控、拆违控违和稳定增长，推进新农村建设，提升城市发展质量。高碑店村西区、西店村一期和高井白家楼村1562个宅院完成新农村建设。借助中央环保督导组进驻契机，加大环境治理力度。完成熏皮厂、康家沟、北花园村等"煤改电"1770户，减少燃煤5310吨。疏解流动人口11237人，拆除出租大院4处，拆除面积1.12万平方米，拆除各类违法建设5处、6.05万平方米。年内，完成乡村集体经济收入2.39亿元，上缴税金1108.9万元，完成区级财政收入5.66亿元（任务数4.84亿元），同比增长27.85%，完成小房产税收2025万元。

地址：高碑店北路甲1号

邮编：100123

电话：85778502

网址：http://gbddq.bjchy.gov.cn

（何　聪）

【法制文化街建设】 4月20日，在通惠河南岸法治文化广场举行半壁店村法治文化街开放仪式。区司法局和高碑店乡的领导，各村、社区负责人和基层司法专干，北京京润律师事务所等参加仪式。

（何　聪）

【新农村建设】 5月，启动半壁店村西店二期新农村建设。按照《西店二期新农村建设实施方案》，即高度统一、外观统一、回缩统一的原则，根据家庭意愿选择原址翻建和置换居民楼的方式参与新农村建设。6月底，70%以上农户完成拆迁腾退任务。

（何　聪）

【第十三次党代会】 9月12日，乡召开第十三次党员代表大会。出席会议代表104人，列席45人。会议通过乡工作报告、纪委工作报告。选举产生中共高碑店乡第十三届委员会和中共高碑店乡第十三届纪律检查委员会。

（何　聪）

【第十七届人代会】 11月27日至29日，乡召开第十七届人民代表大会。乡长郭光辉代表乡政府向大会报告2011—2015年政府工作；乡人大主席马玉才向大会报告2011—2015年人大主席团工作；乡财政科科长山德洪向大会作《高碑店乡2011—2015年财政预算执行情况报告》。选举郭光辉为高碑店乡乡长，马玉才为高碑店乡人大主席，许斌、文波、王喜环、李文、彭飞为高碑店乡副乡长。

（何　聪）

【司法信访】 年内，地区办事处与5家律师事物所签订合作协议，为全乡30个村、社区开展法律服务工作，法律咨询答复满意率、人民调解案件成功率100%。开展"七五"普法主题宣传月活动。接收信访件853件，接收和处理"96105"政府热线50件、群众来电6件，均依法依规妥善予以处理。

（何　聪）

【文体系列活动】 年内，开展主题文体系列活动。在重大传统民俗节日期间举办漕运庙会、二月二龙抬头、正月十五元宵灯会、端午节粽比赛等传统文化活动；开展全民健身运动，主要有地区首届全民健身千人太极展活动、广场舞、交谊舞、健身操比赛，组织篮球队参加市、区全民篮球联赛；文化惠民、大众参与，举办地区红歌合唱赛、地区金秋艺术节文艺会演等。

（何　聪）

【半壁店高架桥竣工】 年内，半壁店村内新建框架桥竣工。该桥处于交通要道，涉及半壁店村西店社区、方家园社区、水南庄社区、百子湾家园、西店文化产业园和通惠河畔文化创意产业园。

（何　聪）

【拆违控违】 年内，制定《高碑店地区禁止和查处违法建设工作方案》，乡领导及机关科室施行分片包干联系基层，把控违拆违纳入村干部考核内容，并与各村签订拆除违章建筑责任书。建立区域工程项目台账，实行动态管理。拆除违法建筑6.05万平方米。

（何　聪）

【“煤改电”工程】 年内，开展“无煤化”、实施“煤改电”工作。地区“煤改电”户数1770户，涉及熏皮厂村、陈家林村，花园闸村、妇联小区平房区、太平庄社区木材厂宿舍、大黄庄社区。完成上述各村“煤改电”工作。

（何　聪）

【城市环境建设】 年内，配合北京市首环境办、区环境办检查地区每月2次拉练式环境，迎接市、区领导检查4次；协调环卫中心、公联公司、绿化局、京通路管理中心清除卫生死角垃圾10余处，清除无主垃圾60余立方米；组织清除白色污染4起；专项整治市级、区级挂账环境问题，台账消除8件；消除市级环境脏乱点台账4处。

（何　聪）

【垃圾分类管理】 年内，开展“绿足迹行动”，组织机关干部入户宣传，引导居民自觉实行垃圾分类，垃圾分类投放率70%。培训社区垃圾分类负责人及垃圾分类分拣员。

（何　聪）

【社区服务管理】 年内，以便民服务、创建“智慧型社区”为载体，完成社区办公服务用房及服务站装修、便民市场建设项目7个、智慧社区创建26个、市级规范化社区试点建设1个、绿色智慧平安社区创建4个。

（何　聪）

【农业普查】 年内，完成农业普查入户摸底和录入工作。地区分28个普查区，输入61756户、121854人。其中常住户数56993户，常住人口111290人。

（何　聪）

【城管执法】 年内，城管队处理各类热线举报和群众来信4700余件，规范和取缔无照经营920余起，取缔露天烧烤80余起，规范店外经营520余起、堆物堆料140余起，清理违规户外广告牌匾75块，收缴非法小广告4000余张，非法广告号码停机66个，规范劝离“黑车”420余辆，暂扣电动三轮摩托车70余辆，劝诫非法营运人员200余人，清理“僵尸车”7辆。

（何　聪）

【村委会、社区居委会】

	名称	地址	电话
1.	高碑店村村委会	高碑店村1358号院	87741569
2.	高井村村委会	朝阳路高井村甲6号院	85760457
3.	半壁店村村委会	半壁店村里	87743221
4.	北花园村村委会	北花园村	65475898
5.	高碑店东社区居委会	高碑店村5区1号楼	85765010
6.	高碑店西社区居委会	高碑店西一区32号楼	85755601
7.	高井社区居委会	朝阳路高井甲6号院	85772433
8.	西店社区居委会	西店村527号	67043885
9.	方家园社区居委会	方家园村	85768651
10.	半壁店社区居委会	半壁店村280号院	87741051
11.	北花园社区居委会	北花园村委会院内	65475831
12.	八里庄社区居委会	康家沟甲30号	65586729
13.	甘露园南里一区居委会	康家园23号楼i	85752957
14.	甘露园南里二区居委会	甘南二区19号楼东	85773316
15.	丽景馨居社区居委会	甘南三区丽景宾馆二层	85758506
16.	花北社区居委会	花园闸北里13号楼	65745746
17.	花北西社区居委会	大黄庄南里25号楼	65791272
18.	太平庄南社区居委会	朝阳路69号院临甲9号	51386093
19.	太平庄北社区居委会	南太平庄北巷8号	85501889
20.	康家园东社区居委会	高碑店北路甲6号院5楼	51316821
21.	康家园西社区居委会	康家园小区1号楼北院	52029080
22.	兴隆家园社区居委会	建国路兴隆家园29号楼	85768044
23.	通惠家园社区居委会	通惠家园惠润园4号楼	59679522
24.	大黄庄社区居委会	大黄庄村152号	85762616
25.	文化园社区居委会	高碑店民俗文化街1712	87739893
26.	力源里社区居委会	力源里北街金地名京6	85723201

名称	地址	电话
27. 小郊亭社区居委会	小郊亭村268号	87741211
28. 花园闸社区居委会	花园闸村委会对面	65400766
29. 水南庄社区居委会	西店村1131号	87703699

（何　聪）

管庄地区（乡）

【概况】 管庄地区(乡)位于朝阳区最东端，2003年2月，由管庄乡与管庄街道合并成立管庄地区办事处，加挂管庄乡政府的牌子，行使街乡两项职能。东与通州区城关镇相连，南与豆各庄、黑庄户两乡毗邻，西与三间房乡接壤，北与常营乡搭界。属于CBD-定福庄国际传媒走廊的一部分。辖区总面积10.44平方公里。下辖11个社区、12个行政村。总人口约13.7万人。年内有户籍人口62311人、流动人口32383人、外籍人口282人，以汉族和回族为主，回族约3000人。新出生899人。辖区内有中国建筑材料科学研究总院、中交一公局第五工程有限公司、中国航空研究所等27家中央单位、14家市属单位和40家区属单位。有北工大实验学院培训中心、北京科技大学(管庄)校区、北京市电气工程学校(管庄)校区、中学3所、小学2所（含7个校区）、幼儿园10所、社区卫生服务中心1个、社区卫生服务站5个、一级医院2个、门诊部以下医疗卫生机构1个。京通快速路、朝阳路、地铁八通线、京秦铁路、通惠河贯穿地区。途经辖区公交线路12条。有200平方米为民服务大厅、1700平方米地区文化中心、1处1.3万平方米文化广场及3处24小时自助图书馆。地区绿化面积为195.5万平方米。年内，实现区级财政收入2.996亿元，同比增长10.18%；征收房产税231.54万元，与上年基本持平。

地址：管庄乡1号

邮编：100024

电话：65762117，65790560

邮箱：zcmlzz@bjchy.gov.cn

（冯　妍）

【第七届党代会第四次会议】 2月5日，乡召开第七届党代会第四次会议。乡党员领导干部、乡党代表，邀请非党代表中层以上领导干部和部分基层干部、部分普通党员参加。审议通过党委工作报告、纪委工作报告、党费收缴报告、“十三五”规划说明、党委委员述职述廉等。代表们对上述报告进行讨论和民主评议。

（冯　妍）

【第十六届人大十一次会议】 3月17日至18日，乡召开第十六届人代会十一次会议。会议审议通过各项工作报告、决议和“十三五”规划纲要，提出事关全乡经济社会发展的多项意见、乡与3个单位就管庄乡2016年度重点工作签订责任书。

（冯　妍）

【第十届惠河文化节】 6月29日，举办“穿梭岁月峰谷　欣伴历史云烟”纪念中国共产党建党95周年暨第十届惠河文化节开幕式。活动包括文艺演出、成果展览、生活体验等。

（冯　妍）

【村委会换届选举】 6月30日，乡完成第十届村委会选举工作。选举产生6个村（管庄村、杨闸村、小寺村、郭家场村、咸宁侯村、司辛庄村）新一届村委会，完成交接工作。新一届村委会成员20人，其中男性9人、女性11人，汉族16人、回族4人。

（冯　妍）

【城乡接合部专项整治】 6月，专项整治城乡接合部，监督检查咸宁侯、郭家场两村“五小企业”、“六小场所”、“三合一、多合一”经营场所295家生产经营单位，发现并整改隐患868处。规范整治两村主路路边占道经营及店外经营商户、无照经营商户，教育和劝导不符合“门前三包”条件的30余家商户。

（冯　妍）

【集体经济组织换届】 9月8日，管庄乡召开集体经济组织换届选举工作部署会，启动管庄乡新一届村集体经济组织换届选举工作。10月29日，依照民主选举程序，12个村集体经济组织完成新一届社员代表选举工作，选出社员代表282人，其中党员代表占39%，男女代表比例为49:51。

（冯　妍）

【第八次党代会】 9月18日至19日，召开中共管庄乡第八次代表大会，到会代表99人。会议审议并通过乡党委、乡纪委工作报告，党费收缴、使用和管理情况的报告。选举产生中共管庄乡第八届委员会委员11人、中共管庄乡纪律检查委员会委员7人、出席区第十二次党代会代表4人。

（冯　妍）

【经联社社员代表会】 11月23日，乡召开合作经济联合社团体社员代表大会，讨论并通过《管庄乡合作经济联合社章程（草案）》。以差额选举方式产生由5名成员组成的管委会和3名成员组成的监委会。选出管委会社长、副社长和监委会主任。

（冯　妍）

【第十七届人代会】 11月28日，召开乡第十七届人民代表大会第一次会议。会议听取并审议通过乡政府工作报告，审议和批准乡人大主席团工作报告、乡财政预算决算报告。征集代表议案、建议、批评和意见5条，通过各项决议、决定。选举王文俊为新一届乡人大主席，万小兵为乡长，王铁、贾淼、吕林成、曹阳、杨建忠等5人为副乡长。

（冯　妍）

【残联第七次代表会】 12月15日，乡召开残疾人联合会第七次代表大会。管庄乡、社区和村各类残疾人和非残疾人代表74人参加大会，36人列席代表。选出管庄乡残疾人联合会新一届主席团委员，选举吕林成为主席团主席，夏志森、张金英为副主席，推选夏志森任残联理事长。

（冯　妍）

【环保督察】 12月，中央环保督察期间，集中清退郭家场村沿路9家企业，清退塔营、咸宁侯两村木材厂；拆除辖区内一批低级次产业和违法建设点，总面积约7万平方米；重点整治管庄西里27号楼、44号楼、45号楼、62号楼，管庄东里，杨闸环岛北侧以及杨闸村临街开墙打洞、无照经营、燃煤游商等，查封无照经营37家，规范店外经营20余家，清理燃煤游商35个；消除温泉北里占压燃气管线临街商铺、东会村出租公寓、三角地出租大院等各类安全隐患473处；拆除咸宁侯沟盖板及私搭乱建，清理裸露漂浮物约120吨。清运生活垃圾和建筑垃圾400余车、落叶枯枝283车。苫盖裸露地面16万平方米。

（冯　妍）

【“煤改电”工程】 年内，完成惠河东里塔铁宿舍238户和惠河西里18号院、东一巷79户“煤改电”任务，更换取暖设备933台，优质燃煤替代8000余吨。

（冯　妍）

【功能疏解】 年内，通过清退、升级、拆除等措施，完成3家低等次级市场（瑞祥里便民市场、杨闸家具城、东会村通惠河北市场）疏解任务，疏解面积4.32万平方米。

（冯　妍）

【社会保障】 年内，举办2场大型招聘会，提供就业岗位820余个，424人实现再就业，114人退休，969人办理城镇参保手续，发放各类保障金3000余万元。受理保障房申请139件。

（冯　妍）

【为群众办实事】 年内，乡投入资金249.65万元，完成19项为民解忧办实事项目，包括安装路灯、疏通地下管线、更换小区楼道钢窗等。

（冯　妍）

【村委会、社区居委会】

	名称	地址	电话
1.	郭家场村村委会	郭家场村	85391679
2.	八里桥村村委会	瑞祥里小区26号楼	85708767
3.	重兴寺村村委会	重兴寺村里	65730972
4.	杨闸村村委会	杨闸村里	85708652
5.	司辛庄村村委会	司辛庄村里	65739298
6.	小寺村村委会	小寺村里	65703627
7.	果家店村村委会	瑞祥里小区4号楼	85708429
8.	管庄村村委会	管庄村268号	65761536
9.	东会村村委会	东会村里	52037551
10.	西会村村委会	瑞祥里小区4号楼	85709631
11.	咸宁候村村委会	咸宁候村414号楼	85365773
12.	塔营村村委会	瑞祥里小区29号楼	85709455
13.	八里桥社区居委会	东军庄8号楼	85701262
14.	京通苑社区居委会	京通苑社区10号楼	65709460
15.	管庄东里社区居委会	管庄东里（建材院35楼）	51167315
16.	管庄西里社区居委会	管庄西里3号楼南平房	65740261
17.	建东苑社区居委会	建东苑小区1号楼东侧	65753017
18.	惠河东里社区居委会	双桥东路12号院15号	65485807
19.	惠河西里社区居委会	双柳北街1号院14楼	65438728
20.	瑞祥里社区居委会	瑞祥里小区4号楼	65709409
21.	丽景苑社区居委会	管庄西里78号楼	65777481
22.	新天地社区居委会	杨闸新天地5号院12	59121092

（冯　妍）

黑庄户地区（乡）

【概况】 黑庄户地区（乡）位于朝阳区东南端，东与通州台湖镇接壤，南与北京光机电产业基地相连，西与豆各庄搭界，北与管庄乡为邻。辖区总面积24.1平方公里。下辖16个行政村、5个社区、5个直属企业。区内有小学4所、中学1所、医院2个。户籍人口2.1万人，流动人口5.7万人。年内，实现经济总收入6.03亿元（不含私企），利润总额1307.6万元。上缴税金总额392.5万元，农民人均所得24562元，同比增长14.3%。

地址：黑庄户工商大街甲1号

邮编：100121

电话：85383651

传真：85381999

邮箱：hzhxzxk@bjchy.gov.cn

（范东京）

【区领导调研】 2月18日，区委书记吴桂英等到萧太后河施工现场调研工程进展和水环境治理情况，在乡政府与区各有关部门及乡负责人座谈，听取萧太后河水环境治理意见。

（范东京）

【残疾人家庭慰问】 2月，开展春节送温暖活动，为全乡700余名持证残疾人发放慰问金和慰问品，折合金额22万余元。

（范东京）

【第七届党代会四次会议】 3月1日，中

共黑庄户乡第七届代表大会第四次会议召开，100余名代表出席。乡党委书记秦涛作乡党委工作报告，乡纪委书记徐枫作纪委工作报告。审议通过党委工作报告和纪委工作报告。

（范东京）

【第十六届人代会九次会议】 3月15日，召开乡第十六届人民代表大会第九次会议，乡长王春增代表乡政府作工作报告，乡人大主席王世纯代表大会主席团作人大工作报告。审议通过黑庄户乡2015年政府工作报告、人大工作报告及黑庄户乡2015年财政预算执行情况和2016年财政预算草案的报告。

（范东京）

【村委会换届选举】 3月，启动乡第十届村委会换届选举工作。16个村登记选民12355人，参加投票选举12347人，参选率99.93%。选举产生村委会成员60人，其中党员50人，占全部成员的83%。选举产生村委会主任16人，连选连任主任9人，新当选7人，女性村委会主任1人；选举产生村委会委员44人，女性17人。

（范东京）

【老年大学开班成立】 6月29日，黑庄户老年大学正式成立并举行老年大学开学典礼。

（范东京）

【第八次党代会】 9月20日，召开中共黑庄户乡第八次党员代表大会，105名党员代表参加大会。审议通过党委工作报告，纪委工作报告，党费收缴、使用和管理情况报告，就地区发展焦点、热点问题建言献策，提出意见和建议。选举产生11名黑庄户乡第八届党委委员、7名纪律检查委员会委员、4名出席朝阳区第十二次党代会代表。

（范东京）

【第六届全民运动会】 10月22日，在黑庄户中学举行黑庄户地区第六届全民运动会。地区办事处领导，各村、社区书记、主任、副书记和爱好文体的志愿者以及地区16个村、5个社区的22支代表队、近1600名体育爱好者参加运动会。

（范东京）

【区、乡人大换届选举】 11月15日，完成区、乡两级人大换届选举工作。换届选举设立乡人大代表选区27个、区人大代表选区3个，投票站42个，15874名选民参加选举。选举产生6名区人大代表、47名乡人大代表，区、乡两级投票率分别为99.76%、99.73%。

（范东京）

【第十七届人代会】 11月22日，乡召开第十七届人民代表大会第一次会议。46名正式代表出席、47名列席会议。

（范东京）

【残联第七次大会】 12月2日，地区召开残疾人联合会第七次代表大会。区残联纪检组组长王学贵、乡人大主席王世纯、地区工委组织委员汪宝成及56名代表、39名列席代表和22名残疾人工作者参加大会。

（范东京）

【重点工程项目保障】 年内，启动地铁7号线东延工程、南大沟、大稿村综合整治工程、住总集团保障房项目进入施工现场。实施郎辛庄110千伏变电站地块腾退等工作。

（范东京）

【环境保护】 年内，完成“减煤换煤，清洁空气”任务。发放购煤卡2882户，售煤6000吨，安装炉具4041台；完成郎辛庄村、四合庄村“煤改电”和“煤改清洁能源”改造工程；协助区环保局完成13家天然气锅炉加装低氮改造装置。

（范东京）

【功能疏解】 年内，拆除腾退萧太后河沿线非法建筑24万余平方米，清退加工企业10家；拆除一批产业级次低、安全隐患突出、流动人口聚集的地块，调减流动人口11848人，调控任务完成率102.14%（任务11600人）；拆除建筑面积近35万平方米。

（范东京）

【党组织基础建设】 年内，核查30个基层党支部，核查党员1721人，补充完善党员信息100余条，与组织失去联系党员4人、无介绍信回执党员28人，全乡140名在职党员补缴党费30.8万元。乡新成立非公企业党组织28个、社会组织联合党组织1个，新建群团组织39个，非公企业党组织覆盖率82%，覆盖企业及社会组织职工4800余人、党员40余人。22个基层党组织开展服务项目23个，用于服务群众经费支出360余万元。约谈提醒干部60人次。全乡1719名党员签订廉政承诺书。

（范东京）

【拆除违法建筑】 年内，拆除台账违法建设14处，面积约14万平方米；市级挂账督办案件10处，面积5693.5平方米。

（范东京）

【安全生产】 年内，建成村级微型消防站6个、社会单位53个，安装独立性烟感报警器14740个。清理燃气管道占压隐患9处，其中高压燃气占压8处、常压燃气占压1处。贯彻落实《中华人民共和国食品安全法》，清理挂账食品经营单位137户，处理投诉举报案件113件，处理食品药品违法案件76件，罚没款30余万元。

（范东京）

【平安建设】 年内，可防性案件为40起，同比下降9%，开展整治违法建设、环境卫生、治安秩序、消防安全、安全生产违法、违法经营、食品药品安全、违法出租房屋7项专项行动；开展交通示范社区、村创建工作，增加警示标牌6处，施画斑马线2处，增加居民停车位80余个，清理占道经营摊位180余个。

（范东京）

【环境整治】 年内，环境拉练检查12次，整改环境105处，推行“门前三包”管理责任制，签订责任书575份，规范“门前三包”7000余件，清理违规广告牌匾800余个，处罚露天烧烤76次（摊）、垃圾焚烧32次，整治暴露垃圾152处。

（范东京）

【文化建设】 年内，建成小鲁店文化广场、郎各庄篮球场。地区文体活动场地面积达200平方米。成立“扫黄打非”工作站、联络站22个。益民书屋开展在线阅览、公益讲座、优秀电影展播，文化惠民星火工程演出17场、电影放映215场、消夏晚会4场、书画摄影作品展览2次。举办第六届地区全民运动会，组织乒乓球、羽毛球、篮球、足球、骑行、趣味等13个赛事项目，1300余名运动员参加。为189人办理图书借阅手续。在村、社区开展健康宣讲大课堂20场（次）。

（范东京）

【就业保障】 年内，城乡登记失业人员就业率66.63%（指标数为65%），其中城乡登记就业困难人员就业率69.51%（指标数为69%）。采集空岗信息完成502个（指标数为457），企业用人需求档案完成71个（指标66个），就业困难求职人员就业率完成100%（指标80%）。充分就业社区、村完成16个（指标15个），城乡劳动者职业技能培训人数完成85人（指标24人）。

（范东京）

【村委会、社区居委会】

	名称	地址	电话
1.	大鲁店一村村委会	大鲁店一村	85386242
2.	大鲁店二村村委会	大鲁店二村	85385253
3.	大鲁店三村村委会	大鲁店三村	85383595
4.	小鲁店村村委会	小鲁店村	85386256
5.	双树南村村委会	双树南村	85373302
6.	双树北村村委会	双树北村	85370167
7.	定辛庄东村村委会	定辛庄东村	85371426
8.	定辛庄西村村委会	定辛庄西村	85372393
9.	郎各庄村村委会	郎各庄村	85387385
10.	郎辛庄村村委会	郎辛庄村	85382237
11.	万子营东村村委会	万子营东村	85381836
12.	万子营西村村委会	万子营西村	85384093
13.	黑庄户村村委会	黑庄户村村里	51235285
14.	苏坟村村委会	苏坟村村里	85372287
15.	幺铺村村委会	幺铺村村内	85370621
16.	四合庄村村委会	四合庄村村里	85381261
17.	东旭花园社区居委会	黑果宿舍旭园居委会	85384802
18.	康城社区居委会	双桥东路9号院物业楼	85375049
19.	怡景城社区居委会	郎辛庄北路58号院	85380351
20.	双桥一社区居委会	双桥农场5号井小区	85391807
21.	双桥二社区居委会	双桥农场6号井小区	85393238

（范东京）

将台地区（乡）

【概况】 将台乡位于朝阳区中北部。与酒仙桥街道交织一起,属于典型的城乡接合部。东与东坝乡相连，南与东风乡和麦子店街道为邻，西至京顺路与望京街道和太阳宫乡相望，北至将府家园与崔各庄乡接壤。辖区面积11.45平方公里。下辖驼房营、东八间房、安家楼3个行政村和芳园里、丽都、水岸家园、将府家园、梵谷水郡、瞰都嘉园6个社区。年内有常住总人口52452人，其中户籍人口27236人，流动人口21982人。有法人单位1945个，有中国皮革和制鞋工业研究院、丽都饭店等7家中央属单位，有北京信息职业技术学院等2家市属单位，有北京四得公园、北京电气工程学校等2家区属单位，社会单位1934家。有医院10所、社区卫生服务中心1个、社区服务中心1个。辖区有科研院所1个、大学3所、小学7所、幼儿园9所。有地区养老机构1个、社区养老服务站2个、民办养老机构1个。有260平方米的为民服务大厅、3000平方米的地区文化中心，有11处文化广场、3处24小时自助图书馆。全年完成经济总收入66.48亿元，同比增长8%；实现利润总额7.13亿元，同比增长8%；完成税金总额2.42亿元，同比增长8%；人均劳动所得3.56万元，同比增长8%。

地址：酒仙桥甲1号

邮编：100016

电话：64371688

邮箱：jtbgs__001@163.com

（魏　萌）

【第十二届党代会五次会议】 1月16日，中共将台乡第十二届党代会第五次会议召开。88名党员代表参加会议，会议审议通过《乡党委工作报告》《乡纪委工作报告》《党费收缴和使用情况报告》，总结2015年工作，部署2016年任务。

（魏　萌）

【第十六届人大七次会议】 1月17日，将台乡第十六届人民代表大会第七次会议召开。41名人大代表出席会议，将台地区区人大代表应邀参加会议，办事处机关干部及部分基层单位的负责人列席会议。会议听取并审议通过《将台乡政府工作报告》《将台乡人大主席团工作报告》《将台乡财政财务工作报告》。依法补选刘涛为将台乡乡长，张兴云为乡人大副主席。

（魏　萌）

【老物件回顾展】 1月19日至20日，地区举办“留住乡情——老物件回顾展”。活动征集到百余件老物件，亮相80件。

（魏　萌）

【领导调研】 2月24日，副市长隋振江到将台乡北窑地调研酒仙桥工业基地职工宿舍改建情况。3月8日，市委常委、副市长陈刚调研将台乡城市建设工作。察看回迁安置房施工现场，并听取工作汇报。4月8日，市委书记郭金龙到将台乡东八间房村调研。郭金龙现场察看郊野公园四期项目地块及周边环境整治情况，听取“一绿”试点工作推进情况汇报。11月7日，市委副书记、代市长蔡奇到乡调研，了解将台乡拆迁腾退、项目建设、绿化建设、转非安置等工作推进情况。

（魏　萌）

【领导植树】 4月6日，全国政协副主席张庆黎、李海峰、陈元、王正伟、马飚、刘晓峰及政协机关人员400余人，到将府郊野公园参加植树。市政协主席吉林，副主席王永庆、闫仲秋、李长友，区政协主席谢莹等一同参加。

（魏　萌）

【将台物业公司成立】 4月，北京阳光将台物业管理有限责任公司成立，企业法人代表魏文华，注册资本200万元。

（魏　萌）

【招商引资推介会】 5月18日，将台乡与昆明市东川区在乡会议中心共同举办扶贫合作暨招商引资推介会。将台乡乡长刘涛与昆明市东川区区长胡江辉签署北京将台·昆明东川友好合作帮扶捐赠协议书。将台地区21家企业单位与昆明东川区签订捐赠、帮扶及投资合作协议。内容项目涉及教育、医疗、社会治安、旅游开发、移民搬迁、环境保护、产业发展等项目。其中扶贫捐款9900万元，投资项目约20亿元。

（魏　萌）

【第十三届党代会】 9月9日，召开中共将台乡第十三届党员代表大会。选举刘涛、刘颖、刘守路、刘建军、李庆芳、连文胜、张玉石、张亚洲、武宁、周宏义、韩西晨为中共将台乡第十三届委员会委员，王敏、古向明、刘守路、张素馨、张振安、黄强、魏全武为中共将台乡纪律检查委员会委员，刘涛、刘桂英、连文胜、霍焰为将台乡出席区第十二次党代会代表。在新一届党委、纪委第一次全体会议上，选举连文胜为党委书记，刘涛、武宁为副书记；刘守路为纪委书记、古向明为副书记。

（魏　萌）

【区、乡人大换届选举】 9月12日至11月16日，完成将台区、乡人大换届选举工作。选举区人大代表6人、乡人大代表46人。

（魏　萌）

【“煤改电”工程】 9月至11月，乡完成第二批“煤改电”任务。涉及立新村、北窑地安家楼3个村、280户。

（魏　萌）

【大众汽车品牌体验中心开业】 10月18日，大众汽车品牌体验中心开业。中心由将台乡农工商总公司和北京星泰泓信资产管理有限公司共同开发建设，由大众汽车（中国）投资有限公司和北京骏宝捷汽车销售服务有限公司租用经营。项目占地0.633公顷，建筑面积2.3万平方米，总投资3.2亿人民币。年均收益约3000万元。

（魏　萌）

【第十七届人代会】 11月22日至23日，将台乡召开第十七届人民代表大会第一次会议。46名人大代表参加会议，部分机关干部及基层负责人列席会议。会议听取并审议通过《将台乡政府工作报告》《将台乡财政财务工作报告》《将台乡人大主席团工作报告》。依法选举刘建军为将台乡人大主席，刘涛为将台乡乡长，李庆芳、韩西晨、邢净、陈少毅为副乡长。

（魏　萌）

【残联第七次代表会】 12月13日，召开将台地区残疾人联合会第七次代表大会，60名残疾人代表出席会议。会议审议通过《将台地区残疾人联合会第六届主席团工作报告》，选举产生地区残联第七届主席团委员，推选邢净为主席团主席，王自明、费冬梅为副主席，梁永超为理事长，聘请刘涛担任残联名誉主席。

（魏　萌）

【安置房主体封顶】 12月30日，北岗子村回迁安置房工程主体结构封顶。项目东至规划中的东坝路，南至规划中的东八间房路，西至北石家村，北至大环铁一线。2015年9月开工建设，占地总面积224687.407平方米，建设用地118891.042平方米，规划建筑面积517430平方米，其中地上建筑337650平方米，地下建筑179780平方米，3960户，安置人口6657人，规划总人口为9702人，容积率2.84，建筑密度30%，绿地率30%。

（魏　萌）

【土地腾退绿化】 年内，完成集体土地上的出租大院和低级次产业腾退工作，拆除面积32.5万平方米，完成一绿试点建设46.67公顷，占绿化总任务量的80%。

（魏　萌）

【农转非安置】 年内，完成整建制农转非安置工作。为1152名劳动力和134名超转人员缴纳社会保险，发放自谋职业补贴和生活补贴6.38亿元。

（魏　萌）

【文化硅谷项目】 年内，北京国际文化硅谷项目开工建设。项目位于798艺术区与电子城IT产业园之间，东至驼房营路，南至规划电子城二号街，西至规划中的电子城东一路，北至酒仙桥北路。占地7.59公顷。

（魏　萌）

【村委会、社区居委会】

	名称	地址	电话
1.	东八间房村村委会	东八间房村	52053188
2.	驼房营村村委会	驼房营村	84561035
3.	安家楼管委会	安家楼村东林场	64372167
4.	丽都社区居委会	东四环北路6号上东	51303352
5.	梵谷水郡社区居委会	驼房营南路2号院14楼	84706491
6.	芳园里社区居委会	芳园里18号楼对面	64383088
7.	水岸家园社区居委会	酒仙桥路甲1号	64332726
8.	将府社区居委会	将府家园北里103号楼	51373060
9.	翰都家园社区居委会	东四环北路10号院2楼	84793471

（魏　萌）

金盏地区（乡）

【概况】 金盏地区（乡）位于朝阳区东北部，地处温榆河畔河西走廊，2006年与楼梓庄乡合并而成。北部、东部与顺义区、通州区隔河相望，南与常营乡为邻，西与东坝、崔各庄两乡接壤，北与孙河乡相连。区域总面积50.01平方公里。下辖13个行政村、4个社区。年内总人口97364人，户籍人口28477人，外来流动人口68887人(含外来居住6个月以上人口)。年内地区实现经济总收入82511.7万元，同比增长6.1%；实现利润4506.7万元，同比增长183.2%。完成小房产税收缴101万元，比上年增加201.76%。实现税金2665.5万元，同比增长35.4%；人均劳动所得28536元，比上年增长7.7%。

地址：金盏大街2号

邮编：100018

电话：84333130

邮箱：JZXZF@126.com

（王德铭）

【第三届党代会第四次会议】 1月20日，在郁金香会议中心召开中共金盏乡第三届党代表大会第四次会议。106名正式代表出席会议，41人列席会议。审议通过《中国共产党金盏乡第三届委员会2015年度工作报告》《中国共产党金盏乡第三届纪律检查委员会2015年度工作报告》。

（王德铭）

【第十六届人大第九次会议】 1月27日，在蓝调庄园会议中心召开金盏乡第十六届人民代表大会第九次会议。47名乡人大代表、56名列席代表出席会议。审议通过金盏乡政府工作报告、人大主席团工作报告、2015年金盏乡财政预算执行情况和2016年财政预算草案。大会接受乡人大主席于志刚、乡长孙玉辉辞职请求；选举孙玉辉任乡人大主席，张晓宁任乡长。

（王德铭）

【农村工作座谈会】 5月4日，区委书记吴桂英、区长王灏在金盏乡政府组织召开农村工作座谈会。孙河、崔各庄、黑庄户和金盏乡，汇报2015年的重点工作情况和2016年工作打算,及需要由区政府帮助解决的问题。

（王德铭）

【第四届党代会选举】 7月23日至8月23日，金盏乡所属21个党总支、党支部，以无记名投票方式，差额选举产生117名中共金盏乡第四届党代会代表。代表中，领导干部代表占42.7%，基层一线代表占57.3%，妇女代表占37.6%，少数民族代表占1.7%，50岁以下（含50岁）的代表占66.7%以上。

（王德铭）

【乡第十六届人大第十次会议】 7月26日，在郁金香会议中心召开金盏乡第十六届人民代表大会第十次会议。47名乡正式代表、62名列席代表出席会议。审议通过金盏乡《2016年上半年政府工作报告》《关于第十六届人民代表大会第九次会议代表议案建议办理情况的报告》。

（王德铭）

【第四届党代会】 9月8日，在郁金香会议中心召开中共金盏乡第四届党代表大会第一次会议。117名正式代表出席会议，31名代表列席会议。审议通过《中国共产党金盏乡第三届委员会工作报告》《中国共产党金盏乡第三届纪律检查委员会工作报告》。选举产生中共金盏乡第四届委员会委员11人、中共金盏乡纪律检查委员会委员7人、金盏乡出席朝阳区第十二次党代会代表4人。

（王德铭）

【领导调研】 10月21日，农业部副部长余欣荣、市政府副秘书长赵根武、市农委副书记康森一行到金盏乡调研“三资”（资金、资产、资源）管理工作。听取乡三资管理工作和二级闭环系统建设情况。

（王德铭）

【区、乡人大换届选举】 11月15日，金盏区、乡人大代表换届选举工作展开。全乡登记选民21680人，参加投票21661人，委托投票714人，参选比例99.91%。乡镇代表登记选民20817人，参加投票20809人，委托投票622人，参选比例99.96%。全程符合法律程序和要求，选举产生第十六届区人大代表6人、第十七届乡人大代表54人。

（王德铭）

【基层党建】 年内，辖区344家“两新组织”（新经济组织、新社会组织）实现组织、工作“两覆盖”。推进“金马在线”微信平台、“和谐金泽365”为民服务项目以及“盏新东窑”公众号、“强基聚力”工程、“党员民情联络室”等党建项目。

（王德铭）

【功能疏解】 年内，拆除区域专业市场1家，清理废品回收场（站）21家，取缔废品回收站点48家，关停一般性制造业企业10家，封闭公寓（大院）房间8584间，拆除活动房和临时性建筑105间。

（王德铭）

【安全生产管理】 年内，检查企业及社会单位384家次，发现隐患972个，下达执法文书324份，责令整改隐患972个；行政处罚立案39起，罚款13.1万元。专职安全员队伍检查企事业单位4846家次，发现隐患6822处，现场整改6730处。完成21家单位安全生产责任保险投保、职业卫生评估、8家信用体系建设，完成3844家安全检查单位系统录入工作。

（王德铭）

【集体资产登记年检】 年内，普查乡40个企事业单位资产，其中村级企业9个、乡级企业17个、村级组织13个、乡级组织1个。截至2015年底，乡、村两级集体资产总额为70.66亿元。所有者权益总额19.53亿元，全乡地域面积4406.45公顷。

（王德铭）

【大气污染防治】 年内，加强监控，在空气重污染期间停产限产23家生产企业，检查停产限产落实情况40余次，下达和转发停产限产通知11次。取缔露天烧烤60起，查处露天焚烧69起，查处道路遗撒71起，查处劣质燃煤销售使用点49个，规范清运垃圾3000吨，苫盖裸露地面400万平方米。开展联合执法13次、专项执法50余次，规范违规行为160余起。重污染期间检查二地、沙场、搅拌站40余次，大气污染防治罚款9.85万元。

（王德铭）

【拆违控违】 年内，完成控违129处、1.9万平方米。发现并制止新开工违章建设54处，派发网格案件356宗，下达停工通知单8份、限期拆除通知单17份、控违督办单79份。拆除原违建13.65万平方米（含2015年结转市级挂账督办1处、5万平方米）。

（王德铭）

【民生就业保障】 年内，核实2171名征地超转人员身份数据，完成超转和151名政策性农转居人员补助费调标工作；慰问四类（大病、高龄、空巢、特困）超转人员,发放慰问金9.28万元；核实上报超转人员清洁能源自采暖报销1500户，发放补助金260.4万元。开发就业岗位633个，技能培训50人，推荐234名农村劳动力实现就业，为121人办理灵活就业手续；为85人办理失业登记及失业金领取手续，发放失业金145万元。办理退休手续177人，为174名失业及退休人员办理自采暖补贴，补贴15万元。为3565人城乡居民办理养老保险续保手续，上缴保费85万余元。为1900人办理"一老一小"保险，参保率98%。受理丧葬补贴申请140人，发放丧葬补贴70万元。为各类服务对象申报医药费报销316人次，报销210万元。受理转移就业奖励申请1252人，发放转移就业奖励315万元。

（王德铭）

【文化体育事业】 年内，乡政府投资1700万元修建地区文化广场，购置26台广场机、7套健身路径，筹集149.6万元作为专项资金。以"文化舞台·筑梦金盏"为主题，开展金盏地区群众文化艺术节、金盏地区群众健身体育节，涵盖两大系列活动20项内容。

（王德铭）

【助残服务】 年内，为140人办理享受残疾补助，发放补助金85.6万元；为433名残疾人发放护理补贴费72.36万元。完成1198名残疾人基本服务状况和需求信息数据动态更新工作；帮助14名残疾人就业；完成63户残疾人家庭无障碍评估改造工作。开展"扶残助残夏日送清凉""金秋助残普惠"残疾人生活慰问活动，投入42.14万元。

（王德铭）

【社区平安建设】 年内，取缔444家无照无证餐饮企业；整顿治理6家食品流通企业、30家餐饮企业、30家食品销售企业，处罚31家；检查出租房屋5294间，开出《预防煤气中毒工作检查表》5294张，建立2358户、8790人的燃煤炉取暖登记，签订村与出租房主（企事业单位）预防煤气中毒责任书4204份、出租方与承租方预防煤气中毒责任书44023份，开具防火安全检查单6000份，发出火灾整改通知书2000份；开展矛盾纠纷排查50批次，排查出各类矛盾纠纷410件，调解民间纠纷332件；办理各类信访1913件，其中政民互动类1740件，市、区转140件，直访31件，信访复查复核案2件，均已办结。

（王德铭）

【村委会、社区居委会】

	名称	地址	电话
1.	金盏东村村委会	金盏东村内	84343674
2.	金盏西村村委会	金盏西村内	84333599
3.	楼梓庄村村委会	楼梓庄村	84393471
4.	曹各庄村村委会	曹各庄村	84391615
5.	黎各庄村村委会	黎各庄村	84317601
6.	马各庄村村委会	马各庄村	65418506
7.	北马房村村委会	北马坊村	84311013
8.	长店村村委会	长店村	84339965
9.	小店村村委会	小店村	84349120
10.	雷庄村村委会	雷庄村	84340179
11.	皮村村村委会	皮村	84331517
12.	沙窝村村委会	沙窝村	84317838
13.	金泽家园社区居委会	康各庄路金泽家园a区	56521073
14.	金泽家园北社区居委会	金泽家园b区318号楼	56521025
15.	金盏家园一社区居委会	金盏嘉园c区1号楼	64180101
16.	金盏家园二社区居委会	金盏嘉园d区1号楼	64180299

（王德铭）

来广营地区（乡）

【概况】 来广营乡位于朝阳区西北部，1983年10月成立。东邻孙河乡、崔各庄乡，南与望京街道、大屯街道相连，西与奥运村街道、大屯街道接壤，北与昌平区东小口镇、北七家镇毗邻。辖区总面积20.93平方公里。下辖21个社区、2个社区筹备处、5个行政村。年内有户籍人口58893人，常住人口89055人，流动人口114248人。有中央单位21家、市属单位25家、区属单位49家、乡属企业6家。有医院3所、社区卫生服务中心1个、社区卫生服务站5个。有中专（职高）1所、中学4所、小学8所、幼儿园16所。有养老机构6个。有文化中心2个、文化广场6处、社区文化活动室21个和5个24小时自助图书馆。年内，实现经济总收入169.5亿元，同比增长7.1%；实现利润总额7.6亿元，同比增长10.7%；实现辖区税金28.2亿元，同比增长6%；实现农民人均劳动所得4.14万元，同比增长13%。

地址：红军营南路甲1号

邮编：100012

电话：84953336

邮箱：cylgydzb@163.com

（吕琼琼）

【地下空间清理整治】 1月7日，来广营明天第一城小区6号院3号楼地下群租房问题被《北京日报》曝光。地区办事处开展专项整治地下群租房行动，1月底，完成明天第一城小区6号院3号楼地下空间群租问题整治工作，清退租户108人。

（吕琼琼）

【第十三届党代会第四次会议】 2月23日，中共来广营乡第十三届代表大会第四次会议召开。乡党委书记左景全作题为“服务首都新定位 推进农村城市化 努力开创党的建设工作新局面”的工作报告。会议审议并通过工作报告。

（吕琼琼）

【第十六届人大第十三次会议】 2月25日至26日，来广营乡第十六届人民代表大会第十三次会议召开。审议并通过乡《政府工作报告》《人大工作报告》《2015年财政资金收支情况和2016年财政预算（草案）的报告》《来广营乡国民经济和社会发展第十三个五年规划纲要》。

（吕琼琼）

【文化惠民活动】 4月28日至5月21日，举办来广营“奋进十三五 共圆朝来梦”五月鲜花夏日文化广场文化社区行活动。9月23日至24日，在勇士营郊野公园文化广场举办地区第二届朝来森林音乐节。9月28日，在来广营文化广场举行地区第二十二届金秋艺术节。年内，地区有文体协会13个，文体队伍150支、8000余人，举办有品牌、有影响的文化活动31场，近3万名居民参加活动。

（吕琼琼）

【经典古诗词诵读大赛】 5月27日，举办来广营地区第三届青少年中华古诗词经典诵读大赛，辖区8所学校200余名师生参加比赛。

（吕琼琼）

【“七一”表彰大会】 6月29日，地区工委举行纪念中国共产党成立95周年暨“七一”表彰大会。表彰来广营村党总支、红军营社区党总支等10个先进基层党组织，孙闫秀、彭宽等102名优秀共产党员，孟宪东、谭扬等10名优秀党务工作者。工委书记左景全作题为“牢记历史 认清形势 担起责任 做合格党员”的主题党课。

（吕琼琼）

【第十六届人代会第十四次会议】 7月28日，来广营乡召开第十六届人民代表大会第十四次会议，46名乡人大代表出席会议。会议审议并通过乡长王刚所作的《政府工作报告》。

（吕琼琼）

【卫生乡镇创建】 9月23日，市爱卫会办公室组织有关专家，考核验收来广营乡创建北京市卫生乡工作，命名为来广营乡北京市卫生乡。

（吕琼琼）

【乡第十四届党代会】 9月20日至21日，召开中共来广营乡第十四次党员代表大会。124名党代表出席大会，9人列席会议。左景全代表中共来广营乡第十三届委员会向大会作题为“改革创新 科学发展 为实现城市化 建设新四乡而奋斗”的报告。韩蓉蓉代表来广营乡第十三届纪律检查委员会作工作报告相关说明。审议通过党委、纪委工作报告。以差额无记名投票的形式，选举产生新一届党委、纪委委员和出席朝阳区第十二次党代会代表。左景全、王刚、韩潮、芦爽、韩蓉蓉、左秋玲、胡永峰、屈国华、马海生、李增华、李明哲当选为中共来广营乡第十四届委员会委员；韩蓉蓉、王立文、安文亮、夏春红、胡霞、孟宪东、王威当选为中共来广营乡第十四届纪律检查委员会委员；左景全、芦爽、李明哲、邵平当选为出席朝阳区第十二次代表大会代表。大会选举左景全为党委书记，王刚、芦爽为副书记；韩蓉蓉为纪委书记，王立文为副书记。

（吕琼琼）

【乡人大代表换届选举】 11月15日，开展来广营区、乡人大代表换届选举工作。全地区登记注册选举区人大代表的20093名选民中，18910人参加投票，投票率94.1%；登记注册选举乡人大代表的14163名选民中，12801人参加投票，投票率为90.4%。选举王岚、左景全、李洋等为新一届区人大代表；选举马海生、王立君、王刚等55人为乡人大代表。

（吕琼琼）

【第十七届人代会第一次会议】 11月28日至30日，召开来广营乡第十七届人民代表大会第一次会议。审议通过乡《政府工作报告》《人大工作报告》《来广营乡2012—2016年财政预算执行情况和2017年财政预算草案的报告》。韩潮当选为来广营乡新一届人大主席，王刚当选为新一届政府乡长，屈国华、马海生、许智勇、焦成志、马野为副乡长。

（吕琼琼）

【环保督察督办】 11月29日至12月29日，地区办结中央环保督察组督办件32件（其中主办18件、会办14件，重点案件5件、一般案件27件）。出动人力13000余人次、车辆500余台次，检查早餐店34个、便民亭160家，取缔露天烧烤78起，查扣“黑摩的”40辆，收缴小煤炉175个，整改燃煤锅炉5个，查抄劣质燃煤20吨，整顿施工扬尘7处，督促苫盖裸露地面5.2万平方米，清运砂石料400余车，清理垃圾、渣土5000余吨，清理道路遗撒2处，行政处罚6.4万元。

（吕琼琼）

【村级经合社换届】 12月6日，来广营、新生、北湖渠、清河营四村经济合作社召开换届选举工作社员代表大会，选举产生代表142人。12月9日，各村经济合作社召开第三次社员代表大会，产生新一届村级经济合作社管委会、监事会。

（吕琼琼）

【环境专项整治】 12月10日至13日，地区办事处开展对经营性小煤炉、劣质煤销售使用和露天烧烤、露天焚烧、道路遗撒、施工扬尘等环境问题专项整治行动。出动人员74人次、执法车辆22台次，执法检查24次，受理群众举报35起，查扣经营性小煤炉6个，取缔无照经营4起，查扣“黑摩的”2辆，规范店外经营12处，行政罚款1000元。

（吕琼琼）

【残联第七次代表会】 12月15日，来广营地区召开残疾人联合会第七次代表大会，49名代表出席会议。屈国华代表第六届主席团作题为“完善公共服务体系 切实保障改善民生努力 提高残疾人幸福指数”的工作报告。审议通过《来广营地区残疾人联合会第七次代表大会选举办法》，采取无记名投票形式，选举产生地区残疾人联合会新一届主席团成员。

（吕琼琼）

【乡经联社换届选举】 12月27日，来广营乡召开经济联合社第二届第一次全体社员代表大会，经联社35名代表参加。会议表决通过《来广营乡合作经济联合社章程（修订草案）》，选举产生新一届（第二届）管委会和监委会。谭扬任管委会社长。

（吕琼琼）

【功能疏解】 年内，辖区内的豹房建材市场完成转型升级，华威等4家企业转移退出市场；关闭散租住人的人防工程16处，治理群租房431套；立清路8号院1号楼、6号院3号楼地下室清理整治工作完成，拆除违法建设4万余平方米。

（吕琼琼）

【区域化党建】 年内，制发《来广营地区扩大非公企业和社会组织“两个覆盖”实施方案》，采取“三联四覆盖”模式，依托朝来科技园、国创等产业园区和商务楼宇，建立独立党组织33个、联合党组织62个。

（吕琼琼）

【重点产业项目】 年内，朝来科技园B01地块13.3万平方米项目对外运营，网康科技、凤凰金融等高端企业入驻。朝来体育休闲城项目（F区）前期完成手续。朝来老年公寓项目建成并投入运营。

（吕琼琼）

【社区基础建设】 年内，完成新街坊、紫绶园等5个社区公用房装修改造工程。地区21个社区办公和活动用房平均面积670平方米，达到北京市规定标准；红军营、绿色家园等8个社区入围朝阳区“十三五”期间创建“百个绿色平安智慧社区”；完成清河营社区科普场馆建设；社区工作者队伍285人，持证社工占45.6%。

（吕琼琼）

【就业保障】 年内，整建制转居人员实现就业1896人，就业率86.69%，其中困难人员就业率79.88%，15个社区（村）成为充分就业社区（村）。

（吕琼琼）

【慈善组织活动】 年内，辖区内各企业单位为红十字会募捐善款5万元。开展红十字救助活动12人次，发放救助款13万元；组织105人参加初级急救员取证培训、200人参加捐献造血干细胞知识普及讲座。

（吕琼琼）

【信访调解】 年内，接待群众来访28批次，接受群众来信216件，群众来访来信调处成功率和办结率分别为98%和100%；各调解委员会调解纠纷260件，成功254件，成功率97.7%。

（吕琼琼）

【安全生产检查】 年内，完善地区“1+10+1”检查组工作制度（1个主要领导检查组、10个机关职能科室检查组、1个纪检监察组），对辖区建筑工地、地下空间、人员密集场所、学校幼儿园等开展隐患普遍排查，检查13955个单位，参检人员15696人次，发现隐患6456处，整改3905处。

（吕琼琼）

【食品药品监督管理】 年内，食品流通市场核查203户，处理投诉举报案件466件、网格案件54件，行政处罚一般程序结案31件，罚没款40余万元，入库率100%。

（吕琼琼）

【村委会、社区居委会】

	名称	地址	电话
1.	来广营村村委会	来广营村	84903775
2.	红军营村村委会	北苑中街8号	84923441
3.	清河营村村委会	清河营郊野公园	84945392
4.	新生村村村委会	新生村	84913775
5.	北湖渠村村委会	来北家园东门c座3层	53015354
6.	北苑1号院社区居委会	北苑1号院10号楼	84936317
7.	北苑2号院社区居委会	北苑2号院内	66749494
8.	北苑3号院社区居委会	北卫新园小区6号楼西	84918952
9.	朝来绿色家园社区居委会	红军营东路蕴实园小区	84950419
10.	黄金苑社区居委会	旭珲奥都5号楼	84931521
11.	立城苑社区居委会	立水桥甲3号院5号楼	84813176
12.	立清路一社区居委会	立清路明天第一城5号院	84673960
13.	莲芭园社区居委会	北苑莲芭园小区西门	84925448
14.	莱黎园社区居委会	北苑莱黎园小区19号楼	84926067
15.	青年城社区居委会	红军营东路8号院2号楼	84954599
16.	青友园社区居委会	筑华年小区4号楼	84967852
17.	时代庄园社区居委会	红军营东路18号	84967984
18.	新街坊社区居委会	北苑5号院6区佳兴小区	84945426
19.	绣菊园社区居委会	北苑绣菊园5号楼	84966936
20.	紫绶园社区居委会	北苑家园紫绶园8号	84955849
21.	广达路社区居委会	广达路2号院5号楼	84364537
22.	清苑路一社区居委会	水岸庄园2区1010商业楼	84912960
23.	红军营社区居委会	来北家园4号楼4单元	53015222

（吕琼琼）

南磨房地区（乡）

【概况】 南磨房地区(乡)位于朝阳区东南部。东与高碑店乡、王四营乡、垡头街道相邻，南与十八里店乡交界，西临东三环与双井、劲松、潘家园三街道相接，北至通惠河。辖域9.43平方公里。年内有常住人口15万多人，流动人口3万余人。下辖2个行政村、12个居民社区。完成经济总收入35.5亿元，利润总额完成5.33亿元，上缴国家税金3.72亿元，同比增长8.6%。各项经济指标稳居全区农村地区前列。完成1887人转非工作，全乡居民社会保障全部到位。

地址：西大望路甲29号

邮编：100124

电话：67322223

网址：nanmofang.bjchy.gov.cn

（杨　洁）

【第十二届人代会第四次会议】 2月29日，召开南磨房乡第十二届人民代表大会第四次会议。乡党委书记郑勇、乡长张启顺、乡人大主席金亚静等乡领导，87名乡十二届人大代表、45名列席人员参加大会。会议围绕2015年全乡工作、2016年的任务及重点工作展开讨论和研究。

（杨　洁）

【“党员帮困行”活动】 2月，启动“五卡连民心党员帮困行”（党员结对卡、爱民连心卡、就业指导卡、医疗健康卡、助学成才卡）扶贫济困活动，是地区工委连续开展12年的党建品牌项目。以“五卡连民心”内容为主线，为困难家庭提供生活、就业、医疗、教育、服务等帮扶。

（杨　洁）

【第十六届人代会第九次会议】 3月29日，南磨房乡第十六届人民代表大会第九次会议闭幕。大会审议并通过《南磨房乡人民政府工作报告》《南磨房乡人大主席团工作报告》《南磨房乡关于2015年财政预算执行情况及2016年预算草案的报告》《南磨房地区（乡）国民经济和社会发展第十三个五年规划纲要》，并作出相关决议。

（杨　洁）

【地区党建工作会】 4月13日，地区工委召开2016年党建工作会。乡党委书记郑勇、办事处主任张启顺、人大主席金亚静等班子领导，各基层党组织书记、副书记，机关各职能科室负责人100余人参加大会。部署2016年南磨房地区的党建工作，对工、青、妇工作以及武装部等重点工作作出安排，并制发相关文件。

（杨　洁）

【地区全民运动会】 4月22日，在田华小学举行南磨房地区第十届全民健身体育节开幕式。乡党委书记郑勇、地区办事处副主任张燕、区体育局领导出席运动会开幕式，社区、村、机关、社会单位的32支队伍800余人参加运动会。

（杨　洁）

【领导调研】 5月31日，市人大常委会副主任、市总工会主席牛有成，市总工会党组书记、副主席曾繁新，市总工会党组成员、副主席张青山，区委副书记陈涛、副区长黄晓伟、区总工会主席王文军等到南磨房调研指导中央党的群团工作会议贯彻落实情况和地区工会工作开展情况。地区工委书记郑勇、工会主席姬维杰汇报相关工作。12月29日，市委宣传部副部长余俊升，市新闻出版广电局局长杨烁、副局长王野霏，到位于南磨房地区的中国创意产业基地先导区调研考察。国家文创实验区管委会主任丰春、乡党委书记郑勇、乡长张启顺汇报相关工作。

（杨　洁）

【残联换届选举】 6月至7月，南磨房地区社区、村残疾人协会完成换届选举工作。

（杨　洁）

【乡经联社社员代表大会】 9月18日，召开乡合作经济联合社第二届团体社员代表大会第一次会议。通过选举办法，郑勇当选南磨房乡合作经济联合社第二届社员代表大会社长，张启顺、金亚静、殷伟涛当选为副社长，刘宏伟、安金辉、宋少波、张启顺、张建国、张爱民、陈鹏、张德水、郑万生、金亚静、郑勇、侯国良、殷伟涛当选为乡经济联合社第二届社员代表大会管委会委员，周政当选为乡经济联合社第二届社员代表大会监察委员会主任，罗玉芳、周政、赵海当选为乡经济联合社第二届社员代表大会监察委员会委员。

（杨　洁）

【第十七届人代会第一次会议】 11月22日，南磨房乡召开第十七届人民代表大会第一次会议，44名人民代表和22名列席人员、32名旁听人员参加大会。会议听取并审议通过张启顺作的《南磨房乡人民政府工作报告》和金亚静作的《南磨房乡人大主席团工作报告》。会议依法通过投票选举产生新一届南磨房乡政府领导班子。张启顺当选南磨房乡人民政府乡长，金亚静当选乡人大主席，齐增义、张燕、赵歌帆、章哲、张雷当选副乡长。

（杨　洁）

【村委会、社区居委会】

名称	地址	电话
1. 楼梓庄村村委会	紫南家园小区207号楼	87351374
2. 大郊亭村村委会	窑洼村68号	67348539
3. 紫南家园社区居委会	紫南家园小区207号楼	87351374
4. 平乐园社区居委会	窑洼村68号	67303600
5. 双龙南里社区居委会	双龙南里	87320042
6. 南新园社区居委会	南新园26号楼	87322075
7. 东郊社区居委会	深沟甲168号院	87705761
8. 百子湾东社区居委会	百子家园109号楼	87715691
9. 百子湾西社区居委会	东石门村6号院	87956922
10. 欢乐谷社区居委会	金蝉西路南	67377070

11. 山水文苑社区居委会	山水文苑东园4号楼底商	87367539
12. 赛洛成社区居委会	百子湾东里社区居委会	67713718

（杨　洁）

平房地区（乡）

【概况】 平房乡位于朝阳区中部，1983年10月成立，2003年3月改为平房地区办事处。东部、北部与常营乡和东坝乡接壤，南临高碑店乡和三间房乡，西与六里屯街道、八里庄街道和东风乡相连。辖区总面积15.18平方公里。下辖12个社区、4个行政村。有常住人口66568人，户籍人口35013人，流动人口99856人，外籍人口763人。规模以上法人单位94个。有幼儿园9所、小学6所、中学4所，一级医院1所、社区卫生服务中心1处、社区卫生服务站6处，体育中心1个，郊野公园4个、村级公园3个。全年经济收入84.3亿元，同比增长6.0%；区级财政收入3.43亿元；人均劳动所得3.38万元，同比增长8.0%。

地址：黄杉木店路8号

邮编：100123

电话：85573164

邮箱：pingfangbangongshi@163.com

（刘小瑜）

【第十一届党代会第四次会议】 2月26日，中共平房乡第十一届代表大会第四次会议召开，86名代表出席会议。会上，乡党委书记马国勇作《2015年度党委工作报告》，大会审议并通过报告。

（刘小瑜）

【第十六届人代会第九次会议】 3月25日，召开乡第十六届人民代表大会第九次会议，41名乡人大代表出席会议，33名列席代表参加会议。乡长寇晔作2015年平房乡政府工作报告。大会审议并通过《政府工作报告》《平房乡2015年财政预算执行情况和2016年财政预算报告》《平房乡人民代表大会工作报告》。收到代表建议7件，经大会议案审查委员会审议后归纳为3件,并交有关部门办理。

（刘小瑜）

【党群服务中心建成】 6月8日，平房地区党群服务中心建成并运行。200余人参加启动仪式，地区办事处领导与志愿者一起为中心揭牌。

（刘小瑜）

【建党95周年庆祝活动】 6月24日，平房地区举办建党95周年庆祝活动，表彰优秀党务工作者、先进基层党组织、“平房榜样”、优秀社会组织。

（刘小瑜）

【第十二届党员代表大会】 9月12日，召开中共平房乡第十二届党员代表大会。审议并通过平房乡第十一届党委工作报告和纪委工作报告，投票选举产生平房乡第十二届党委委员9人、纪委委员7人和出席区第十二届党代会代表4人。

（刘小瑜）

【第十七届人大一次会议】 11月23日至25日，平房乡第十七届人大第一次会议召开，51名正式代表、47名列席代表出席会议，大会通过《平房乡人民政府工作报告的决议（草案）》《平房乡人大工作报告的决议（草案）》《平房乡2016年财政预算执行情况和2017年财政预算的决议（草案）》，选举产生新一届乡人大主席和乡政府领导班子。

（刘小瑜）

【残联第七次代表大会】 11月29日，平房地区残疾人联合会召开第七次代表大会，大会选举产生新一届残联主席、副主席、理事长各1人。

（刘小瑜）

【村级社员代表换届选举】 11月30日，平房乡四个村级集体经济组织分别完成第三届村级社员代表换届改选工作，选出新一届集体经济组织社员代表170人。

（刘小瑜）

【乡联社社员代表大会】 12月15日，平房乡联社召开第二届团体社员代表大会第一次会议。通过《平房乡合作经济联合社章程》,选举蒋学全为第二届乡联社社长，同时选举出其他管委会成员及监委会成员。

（刘小瑜）

【大气污染专项整治】 11月至12月，进入冬季，办事处联合相关部门开展大气污染专项整治。出动1500余人次，查抄燃煤炉具499个，规范出租大院及店外经营474处，清理没收劣质蜂窝煤12000余块、煤块10吨，组织联合执法，清理辖区街道违章停车200余辆。

（刘小瑜）

【拆违控违】 年内，在姚家园重点村拆迁腾退66个出租大杂院，拆除建筑面积13526.32平方米,清理废品回收场站30个，查出新增违法建设32起，拆除违章建筑11万余平方米。

（刘小瑜）

【安全生产监管】 年内，开展安全生产检查常态化，出动安检人员9943人次，检查单位、商户5320余家次，发现并限期整改各类安全隐患9615期，约谈告知生产经营166家次，其中立案处罚14家，罚款14.1万元。

（刘小瑜）

【社区建设与便民服务】 年内，12个社区均建立互联网和微信服务平台，星河湾、逸翠园为“绿色智慧平安社区”建设试点单位，完成富华家园等6个社区服务设施提升改造任务，姚家园西社区为民办实事工程项目按时完工。“社区便民服务大篷车”进社区服务居民万余人次，服务项目涉及义务理发、免费体检、缝补衣物、法律咨询等项内容。

（刘小瑜）

【村委会、社区居委会】

名称	地址	电话
1. 平房村村委会	平房村	85575115
2. 姚家园村村委会	姚家园村	85577136
3. 各庄村村委会	石各庄村	58488678
4. 黄渠村村委会	黄渠村	65741178

	名称	地址	电话
5.	平房社区居委会	平房村1780号院	85573366
6.	姚家园西社区居委会	姚家园西里1号院综合楼	85523355
7.	雅城里社区居委会	青年路小区14号综合楼	85512305
8.	富华家园社区居委会	黄杉木店路186号院	85762215
9.	华纺易城社区居委会	青年路路西29号院1号楼	58777563
10.	国美家园社区居委会	青年路路西果美第一城	52067042
11.	定福家园社区居委会	定福家园3号院5号楼	85791561
12.	星河湾社区居委会	四季星河路2号院1号楼	85561850
13.	姚家园东社区居委会	姚家园路8号院5号楼	85798698
14.	青年路东社区居委会	青年路西里5号楼润枫水	59125385
15.	天鹅湾社区居委会	雅城二里20号楼103	59075209
16.	逸翠园社区居委会	姚家园西里5号楼9号院	85798550

（刘小瑜）

三间房地区（乡）

【概况】 三间房地区（乡）位于朝阳区东部。东邻管庄乡，南接豆各庄，西至高碑店，北靠平房乡和常营乡。辖区面积8.75平方公里。下辖11个行政村、15个社区。年内有户籍人口68781人，其中农民1568人，常住人126940人，流动人口26353人，新出生551人，死亡206人。有法人单位2998家，其中中央单位28家，有中国传媒大学、中国水利水电建设工程咨询北京有限公司、中国能源建设集团北京电力建设公司等。市属单位17家，有北京第二外国语学院、北京工艺懋隆贸易有限公司、北京卫仁中药饮片厂等。区属单位13家。大学2所、中学1所、中等专业学校1所、小学3所、幼儿园7所。辖区建有600平方米为民服务大厅、3000平方米地区文化中心、4处文化广场和4处24小时自助图书馆。年内，实现区级财政收入2.33亿元，同比增长18%；征收房产税2575.68万元，同比增长30%。

地址：建国路22号

邮编：100024

电话：65420020

网址：http://sanjf.bjchy.gov.cn

（吴　迪）

【楼宇党建工作站落成】 1月13日，三间房地区首个楼宇党建工作站成立。举行金隅可乐+楼宇党建工作站及企业家联谊会揭牌仪式。地区办事处的领导、企业家联谊会会长单爱兰及企业代表、社区、村委会等80余人参加揭牌仪式。

（吴　迪）

【领导调研】 6月16日，市委组织部常务副部长贾沫微、市民政局巡视员赵森等到三间房乡东柳村考察基层支部建设情况。8月15日，市委政法委副书记、首都综治办主任闫满成带队到金家村调研考察。

（吴　迪）

【第十六届人大十次会议】 3月7日，召开乡第十六届人民代表大会第十次会议。听取审议通过《2015年三间房乡政府工作报告》、书面审议通过《2015年三间房乡人大主席团工作报告》《三间房乡政府2015年财政预算执行情况和2016年财政预算报告》《三间房乡政府办理乡十六届人大第九次会议议案、建议情况报告》。

（吴　迪）

【诗书画协会成立十周年活动】 4月22日，三间房地区诗书画协会，在文化活动中心举办庆祝协会成立十周年纪念画展笔会活动。朝阳书法家协会会长沈莉、农村系统书画家协会会长席大方等参加会议。三间房诗书画协会副会长李子河"朝阳区文化能人工作室"被区文化委授予荣誉称号。

（吴　迪）

【对口支援淅川县】 5月11日，地区办事处主任张军茹率队到淅川县滔河乡考察。双方签署协作协议，提供40万元用于改善滔河乡的医疗卫生和基础教育办学条件。10月9日，地区工委书记张小锋带队为滔河中学送去60台电脑，救护车一辆和60万元帮扶基金。

（吴　迪）

【廉政文化宣传长廊竣工】 5月30日，廉政文化宣传长廊建成。廉政文化宣传长廊位于朝阳路北侧，全长120米，设有32个具有中国传统古典特色的宣传画版面，为主题突出、特色鲜明的廉政文化教育宣传阵地。

（吴　迪）

【姚家坟拆迁】 6月4日，启动姚家坟村的拆迁腾退工作。10个工作日完成25处村民院落，建筑面积约1.2万平方米拆迁腾退任务。

（吴　迪）

【村委会换届选举】 6月18日，完成第十届村民委员会换届选举工作。全乡登记选民2807人，参加投票选民2744人，参选率97%。选出主任5人、委员12人，其中村党组织书记、村委会主任均由1人担任。在委员中，女性委员7人，占总数的41%；党员人数占94%。

（吴　迪）

【庆祝建党95周年】 6月29日，地区工委在北京第二外国语学院举行纪念建党95周年表彰大会。表彰先进基层党组织20个、优秀党组织书记15人、优秀党务工作者10人、优秀共产党员201人。

（吴　迪）

【第八次党代会】 9月13日，召开中共三间房乡第八次党员代表大会，104名乡党代表出席会议，乡机关各科室负责人，村、社区、企业正职列席会议。会议选举产生新一届党委委员11人、纪委委员7人、出席区第十二次党代会代表4人。张小锋当选为乡党委书记，张军茹、张国海为乡党委副书记。丁占良当选乡纪委书记，王凯为副书记。

（吴　迪）

【联社换届选举】 11月9日，乡召开联社换届选举大会，乡领导及村级集体经济组织团体社员代表、乡级直属企业团体社员代表等30余人参加会议。审议表决通过《三间房乡合作经济联合社章程》，选举产生三间房乡第二届合作经济联合社管委会社长1人、副社长2人、委员4人，监委会主任1人、委员2人。

（吴　迪）

【区、乡两级人大换届选举】 11月15日，完成区、乡两级人大换届选举。全地区登记选民46670人，其中乡选区登记选民6078人，参选率超过97%。选举出区人大代表11人，其中大学本科以上学历占90.9%，群众代表占18.2%，妇女代表占45.45%；选举乡人大代表50人，其中大学专科以上学历占70%，群众代表占28%，妇女代表占42%。

（吴　迪）

【第十七届人大第一次会议】 11月21日，召开三间房乡第十七届人民代表大会第一次会议，新一届三间房乡50名人大代表，新一届朝阳区人大部分代表，地区总工会、共青团、妇联等人民团体代表参加会议，村、社区、乡直属企业和机关部分党员干部列席会议。会议听取并审议通过《三间房乡人民政府工作报告》，审议批准《三间房乡人大主席团工作报告》《三间房乡2012—2016年财政预算执行情况和2017年财政决算报告》，选举魏强为新一届乡人大主席，张军茹为乡长，马旭辉、吕晓轩、姜文、龚巨明、蒋松为副乡长。

（吴　迪）

【残联第七次代表大会】 12月2日，召开三间房地区残疾人联合会第七次代表大会。区残联副理事长刘显威，三间房地区办事处主任张军茹、地区工委组织委员王荣荣、副主任龚巨明、主任助理张晖等正式代表70人，各社区、村列席代表25人及各类残疾人、非残疾人代表出席会议。审议通过《三间房地区残疾人联合会第六届主席团工作报告》，选举产生第七届主席团名誉主席张军茹，主席张晖及副主席2人、委员10人，残联理事长褚云，理事会成员4人；推举出席朝阳区残联第七次代表大会代表和主席团委员候选人5人。

（吴　迪）

【污染环境检查处理】 12月，地区开展为期1个月的安全生产和环境保护大检查。收到区交办事件和群众信访举报案件15件，其中，中国五建搅拌站扰民且污染环境重复举报2件，瑞和国际小区东侧垃圾房、简易洗车铺和南侧5米面馆存在垃圾随意堆放等问题重复举报3次。出动检查人员3708人次，拆除违法建设面积6平方米；取缔露天烧烤30起；查处露天焚烧8起；查出道路遗撒1起；查处劣质燃煤销售使用点344次，均为使用劣质燃煤；规范清运垃圾75吨。

（吴　迪）

【村委会、社区居委会】

	名称	地址	电话
1.	三间房东村村委会	三间房东村	65471869
2.	三间房西村村委会	三间房西村	65774855
3.	定福庄东村村委会	定福庄东村	65767150
4.	定福庄西村村委会	定福庄西村	65765938
5.	东柳村村委会	东柳村	65420301
6.	西柳村村委会	西柳村	65400756
7.	褡裢坡村委会	褡裢坡村	65763296
8.	金家村村委会	金卫路	85362188
9.	百家楼村委会	百家楼村	65752268
10.	北双桥村委会	北双桥村甲1号	65400913
11.	新房村村委会	新房村	65758174
12.	双桥路社区居委会	双桥路西大院12号院	65366803
13.	双桥铁路社区居委会	东柳西里北一区14楼北	65758180
14.	双柳社区居委会	双柳巷16号楼	65702611
15.	三南里社区居委会	三间房南里4号院	65756922
16.	双惠苑社区居委会	水郡长安家园1号院3号	65427426
17.	定西南里社区居委会	定福西街定福小区20楼	65769657
18.	定西北里社区居委会	定福庄西里电建北院平房	65715419
19.	定南里社区居委会	定福庄北里v1号院	65737663
20.	定北里社区居委会	定福北街23号院	65407714
21.	福怡园社区居委会	定福庄北街福怡园小区	65406809

名称	地址	电话
22. 美然动力社区居委会	朝阳北路50号院东侧	65769868
23. 艺水芳园社区居委会	北花园街8号院外	65400351
24. 绿洲家园社区居委会	建国路18号院1号楼	65403552
25. 泰福园社区居委会	本小区底商门	65407599
26. 聚福园社区居委会	朝阳路59号院1号楼	85301055

（吴 迪）

十八里店地区（乡）

【概况】 十八里店乡位于朝阳区最南端。东与豆各庄为界，东北与垡头街道和王四营乡为邻，东南与北京经济开发区连接，南与通州区接壤，西与小红门乡相连，西北与东城区搭界，北靠南磨房乡和潘家园街道。乡域总面积25.23平方公里。下辖8个行政村、4个社区。年内有户籍人口41005人，其中男性19891人、女性21114人，农民18175人、非农22830人。核定全乡流动人口总量为87063人，其中男性51165人、女性35898人。年内，实现集体经济总收入16.2亿元，利润总额1.26亿元，税金总额4614.9万元，同比增长41.9%。农民人均所得3.76万元。

地址：十八里店乡十八里店村18号

邮编：100122

电话：67473279

邮箱：sblddzb@163.com

（焦 健）

【第十一届党代会第四次会议】 1月31日，召开中共十八里店乡第十一届代表大会第四次会议。审议通过《关于2015年度党委工作报告》《关于2015年度纪律检查委员会工作报告》。

（焦 健）

【第十六届人代会第七次会议】 3月25日，召开十八里店乡第十六届人民代表大会第七次会议。会议听取审议十八里店乡政府工作报告、乡人大工作报告和乡2015年财政预算执行情况和2016年财政预算报告。乡党政领导班子成员、区人大代表、乡机关科室负责人、派出所所长、村党总支书记、村委会主任、乡属企事业单位负责人等列席会议。

（焦 健）

【领导调研】 4月22日，区委书记吴桂英带领区农委、区发改委、市政市容委等部门到十八里店乡调研。6月22日，区委副书记陈涛、副区长杨树旗等到萧太后河沿岸对整治情况进行调研考察。8月15日，市委政法委副书记、首都综治办主任闫满成实地调研城乡接合部重点地区综合整治工作。11月8日，市委党校第11期局级干部研修班到十八里店乡调研。党校学员就乡统筹集约利用腾退农村集体土地和地区功能疏解、人口调控、规划建设等交流座谈。

（焦 健）

【第二十届全民健身运动会】 4月26日，在和谐广场举行十八里店地区第二十届全民健身运动会开幕式。区农委副主任李兴泉、区体育局副局长韩红等到现场观摩指导。运动会为期4个月，由乡机关、各村、社区、直属企事业等13个单位组成代表队，比赛项目13项。乡领导及机关干部参加比赛。

（焦 健）

【第十二届党代会】 9月18日，在阳光丽城会议中心召开中共十八里店乡第十二届党员代表大会。104名乡党代表出席、39名基层及机关科室负责人列席会议。张宏明代表第十一届委员会向大会作题为“践行党的宗旨、不忘百姓重托、努力开创十八里店乡文明富裕的新局面”的报告，马维翰作题为“严明纪律规矩、监督执纪问责、为全乡经济社会发展提供坚强的纪律保证”的报告。选举产生新一届乡党委委员11人，其中书记1人、副书记2人；选举产生乡纪委委员7人，其中书记1人、副书记1人；选举产生出席区党代会代表6人。

（焦 健）

【人大换届选举宣传日】 9月20日，办事处举办换届选举集中宣传日活动，在乡政府前设立主会场外，各村、社区设16个分会场。区人大常委会副主任胡良森等参加宣传日活动。宣传日活动以发放《致朝阳区选民的一封信》《换届选举工作宣传提纲》、摆放人大换届选举工作问答展板、播放换届选举工作广播等形式，现场解答群众有关乡人大换届选举工作基本原则、政策法规等咨询。悬挂宣传横幅350条，设宣传展板85块，发放宣传手提袋、《选举提纲》及《一封信》等3500余份，惠及群众2万余人次。

（焦 健）

【第十七届人代会第一次会议】 11月28日至29日，召开十八里店乡第十七届人民代表大会第一次会议。大会审议并通过乡政府工作报告、人大工作报告、2016年财政预算执行情况和2017年财政预算草案报告，选举周银军为人大常委会主席，李万军为乡长，杨为民、黄海东、范方萍、高云汉、王征为副乡长。

（焦 健）

【村委会、社区居委会】

名称	地址	电话
1. 十八里店村村委会	十八里店村	67474039
2. 十里河村村委会	十里河村	67322734
3. 吕家营村村委会	吕家杨村	87691746
4. 周庄村村委会	周庄村	67330480
5. 小武基村村委会	小武基村	67473450

名称	地址	电话
6. 衡街子村村委会	横街子村	87305279
7. 老君堂村村委会	老君堂村	87309866
8. 西直河村村委会	西直河村	67388090
9. 老君堂社区居委会	老君堂好园5号楼	87300990
10. 弘善寺社区居委会	弘善家园315号楼	67049168
11. 弘善家园第一社区居委会	弘善家园409号楼	67049499
12. 弘善家园第二社区居委会	弘善家园315号楼	67049109

（焦　健）

孙河地区（乡）

【概况】　孙河地区（乡）位于朝阳区东北部温榆河畔，属于北京第二道绿化隔离带及温榆河绿色生态走廊规划控制区。东临顺义天竺镇，南与金盏乡和崔各庄乡接壤，西与昌平区搭界，北与顺义空港工业区相连，距首都机场3公里。辖区总面积35.4平方公里。下辖12个行政村、4个社区。年内有户籍人口11430户、21930人（农业人口4316人、非农业人口17614人），常住人口51946人，流动人口29588人，新出生237人，计划生育率97%。死亡98人，死亡率4.4‰。辖区交通便利，机场高速、机场南线、机场辅路、京承高速、京顺路、M15号线、机场专线、来广营北路、康营东路等横贯其中，405路、415路、538路、586路、696路、854路等公交车设有总站，359路、641路、915路、935路、975路、988路等公交车均通过辖区。辖区有卫生服务中心和3个社区卫生服务站，有北京银行支行1家、北京农商银行支行2家，有中学1所、小学3所、幼儿园2所，有养老机构1个，有3000平方米的地区文化中心，有9处文化广场和1个24小时自助服务图书馆。全年地区经济总收入1.52亿元，同比增长42.6%；区级财政收入4.7亿元，同比增长49.67%。

地址：顺白路6号

邮编：100103

电话：84595710

（王　方）

【村经济合作社换届】　1月1日至3月6日，完成村级经济合作社换届工作。有选举权的社员8963人，参加投票的社员8308人，投票率92.7%，选举产生新一届社长14人、主任14人、社员代表343人。

（王　方）

【“1·24”火灾事故】　1月24日2时55分，孙河前苇沟村一平房民宅发生火灾，造成8死5伤的特大伤亡事故。乡政府成立“1·24”善后工作处理领导小组，经现场处置、事故调查、医疗救助、家属安抚、安全督导、法律咨询、后勤保障等工作，2月5日善后工作全部完成。

（王　方）

【第三届党代会第四次会议】　2月26日，中共孙河乡召开第三届党员代表大会第四次会议，102名党员代表参加。张树宝、李兵因职务调整不再担任党委委员，补选翟留申、张春才为党委委员。

（王　方）

【领导调研】　3月17日，区委书记吴桂英、区长王灏到孙河调研。3月30日，市、区发改委、改革办、统计局等部门领导，围绕疏解还绿、人口调控等工作到孙河乡调研。4月6日，副区长孙其军等到孙河调研乡文化建设、民生保障工作等。5月10日，中央综治委秘书处处长禹丽云、副处长张玮到孙河乡调研村庄社区化管理工作。5月26日，区人大常委会主任陈宏志到孙河乡调研区、乡人大换届选举和2016年功能疏解工作。8月2日，区纪委书记宋铁健围绕“为官不为、为官乱为”专项治理工作到孙河乡调研。

（王　方）

【村委会换届选举】　3月18日，孙河乡召开第十届村民委员会换届选举动员部署会。5月19日至21日，4个村完成提名工作。6月18日，4个村登记选民6821人，其中6509位选民参加投票，参选率95.42%，推选委员12人、主任4人。

（王　方）

【领导植树】　3月26日，中央军委副主席范长龙和许其亮等军委领导，到沙子营村植树点参加义务植树劳动。市委书记郭金龙，中央军委机关、驻京部队、武警部队负责人参加植树。

（王　方）

【第十六届人代会第九次会议】　3月31日至4月1日，召开孙河乡第十六届人民代表大会第九次会议。49名人大代表听取并审议《政府工作报告》《人大工作报告》《2015年财政收支执行情况和2016年财政预算（草案）》《2016年新型农村合作医疗工作意见》。

（王　方）

【温榆河民俗文化节】　7月29日，“军民一家亲 共叙鱼水情”文艺会演暨第四届温榆河民俗文化节系列活动拉开序幕。9月25日，孙河乡与天津津南区葛沽镇、河北南宫市联合主办首届京津冀“温榆杯”民间艺术展演展示活动。

（王　方）

【第十六届人代会第十次会议】　8月5日，召开孙河乡第十六届人民代表大会第十次会议。听取并审议2016年上半年政府工作报告，听取第十六届人民代表大会第九次会议代表提案、建议办理情况通报。

（王　方）

【第四届党代会】　9月20日，召开中共孙河乡第四次党员代表大会，103名代表出席大会。选举丁振彪、王楠、王泽民、李欣、李国荣、张伟、张春才、陈栋、易湘林、孟秀琴、贾哲为第四届委员会委员，王利堂、王泽民、刘静、杨路斌、邵希荣、姜忠民、贺淑清为纪律检查委员会委员，李欣、易湘林、耿晓玲为出席区第十二届党代会代表。

（王　方）

【区、乡人大换选举】　11月15日，完成区、乡人大换届选举工作。全区登记选民16723人，16086人参与投票，选举出53名乡人大代表、5名区人大代表。

（王　方）

【第十七届人代会】 11月29日至30日，召开孙河乡第十七届人民代表大会第一次会议。选举贾哲为乡人大主席，易湘林为乡长，王楠、张伟、孟秀琴、李荣祥、李大鹏为副乡长。

（王　方）

【基层党建】 年内，以“两学一做”学习教育为主线，开展以“党建引领、组织凝聚、文化牵引、党员带头、群团联动”为党建新模式的研究。落实书记党建项目50万元，指导基层组织使用服务群众经费457万元、党建活动经费55万元，完成党建项目197个。发展新党员17人，排查党组织关系1153份，新成立企业联合党支部、康营家园一社区非公企业联合支部、物业总公司党支部、北东花卉流动党员党支部等非公企业党部17个，覆盖非公企业141家，实现“两个覆盖”率81.5%。

（王　方）

【整风严纪】 年内，审查“四风”问题2起。开展“两个专项”治理，查找整改各类问题70余条。接待处理来信来电来访20起，办结信访件18件。调整14个支部的纪检委员，选配36名科、队、站纪律监督员，廉政提醒谈话9人。

（王　方）

【非首都功能疏解】 年内，乡完成5个重点村整治任务，通过村规民约实行全封闭管理，防违控违，实现违建“零增长”。沙子营村被评为北京市重点整治标杆村。取缔无证照搅拌站、废机油窝点、非法制售窝点等低次级产业，涉及合同64份，土地132公顷，乡政府兜底兑现租金922万元。集中清理出租大院19个，关停各类公寓24处，清退非法打工子弟学校3所，清除无证照幼儿园20所，实现“三无”目标（无非法子弟学校、无无证照幼儿园、无非法公寓）。

（王　方）

【平安社区建设】 年内，为康营家园4个社区争取财政资金464.34万元，为民解忧办实事31项。完善社区治理机制，推行“分类明确职责、分层治理小区、分级处置问题”三分治理社区管理体系。乡政府采取5项措施加强平安建设（完善体系强化考评，加大技防织密网络，分向行动滚动检查，分别整治追踪督办，从严从重、高限处理）。

（王　方）

【村委会、社区居委会】

名称	地址	电话
1. 孙河村村委会	康家营小区	84354679
2. 上辛堡村村委会	上辛堡村	84590898
3. 下辛堡村村委会	下辛堡村	84794868
4. 前苇沟村村委会	前苇沟村	84329653
5. 后苇沟村村委会	后苇沟村	64331704
6. 北店东村村委会	康营家园	84591200
7. 北店西村村委会	康营家园	84590227
8. 沙子营村村委会	沙子营村	84912178
9. 康营村村委会	康营家园d区	84300237
10. 雷桥村村委会	康营家园24区3号楼	84911357
11. 李县坟村村委会	康营家园14区3号楼	84910132
12. 沈家坟村村委会	康营家园14区3号楼	84915939
13. 黄港村村委会	黄港村	84790295
14. 西店村村委会	西店村	57627122
15. 下辛堡社区居委会	下辛堡社区	84794868
16. 康营家园一区社区居委会	康营家园d区	84564543
17. 康营家园二区社区居委会	康营家园a区	64382639
18. 康营家园三区社区居委会	康营家园24区3号楼	84354635
19. 康营家园四区社区居委会	康营家园14区3号楼	84354330

（王　方）

太阳宫地区（乡）

【概况】 太阳宫地区（乡）位于朝阳区中西部。东北与望京街道和将台乡接壤，南与左家庄街道毗邻，东南与麦子店街道相连，西南与和平街街道、香河园街道搭界，西北与小关街道、大屯街道相接。辖区面积5.9平方公里。下辖3个行政村、10个社区居委会。全年实现总收入1.92亿元，同比减幅16%。实现利润4398.6万元，同比减幅26.3%。实现税金3351万元，同比减幅43.2%。

地址：太阳宫南街7号院7号楼

邮编：100028

电话：84158000

邮箱：tygbgsh@126.com

（杨　望）

【第十六届人代会第九次会议】 2月5日，乡召开第十六届人民代表大会第九次会议，乡人大代表及列席、旁听人员90余人参加大会。

（杨　望）

【地区治安巡逻队成立】 3月1日，地区治安巡逻队成立。治安巡逻队由24名专职保安组成，配备电动自行车12辆，配备警棍、特勤服装、治安巡逻专用马甲等。

（杨　望）

【廉政文化建设】 3月4日，地区办事处举办第六届"清风廉韵伴我行，文化文明太阳宫"廉政文化文艺演出活动。夏家园社区党员廉政文化宣教室对外开放，在《太阳宫报》上开辟《清风廉韵宣教园地》专栏。

（杨　望）

【慈善超市开业】 5月6日，慈善超市揭牌开业。地区办事处副主任贾小培，区民政局捐赠中心主任常岩杰、副主任李亮及各社区主任、民政专干及特困群体代表60余人参加揭牌仪式。

（杨　望）

【新纪家园综合整治工程竣工】 5月，新纪家园小区综合整治工程竣工，新铺沥青路面11607平方米，新建草坪砖停车场218平方米，修建方砖步道243平方米，改造更新排水管线584米，新建检查井22座、雨水井61座，绿化改造3699平方米。

（杨　望）

【抗震节能工程】 6月30日，芍药居14号院2号楼、3号楼、4号楼和西坝河北里1号楼、3号楼、4号楼改造工程竣工。改造范围为建筑外墙和建筑外立面保温、屋面保温防水、阳台顶部保温防水，更换外窗等。施工面积63587.73平方米。

（杨　望）

【第十三次乡党代会】 9月12日至14日，召开中共太阳宫乡第十三届代表大会，105名乡党代表出席。审议并通过乡《党委工作报告》和《纪委工作报告》，选举产生党委委员11人。

（杨　望）

【居家养老】 10月，走访慰问638名85岁以上老人和60岁以上大病特困人员，为1204名符合条件的老年人办理北京通养老助残卡，完成优抚对象、高龄老人、超转人员、政策性转居人员1030人认证工作。

（杨　望）

【残联第七次代表大会】 11月22日，太阳宫地区召开残疾人联合会第七次代表大会，70名残疾人代表参加会议。听取并审议通过《太阳宫地区残疾人联合会第六届主席团工作报告》，选举产生第七届主席团主席、副主席、理事长及出席2017年朝阳区残疾人联合会第七次代表大会代表和主席团委员候选人。

（杨　望）

【第十七届人代会】 11月24日至25日，召开乡第十七届人民代表大会，乡人大代表及列席人员120余人参加会议。会议审议通过《太阳宫乡政府工作报告》《太阳宫乡人大主席团工作报告》《太阳宫乡五年财政预算执行情况和2017年财政预算(草案)的报告》。大会依法选举产生新一届乡政府和人大领导班子。

（杨　望）

【帮残助残系列活动】 年内，为地区10名重度肢体残疾人申请居家康复服务；为27名视力残疾人免费发放火灾防溢报警器；为30名贫困残疾人免费体检；为29户贫困肢体残疾人进行家庭无障碍改造；为108名残疾人家属发放精神病人看护管理补贴25.68万元；发放残疾人生活补助60.35万元；走访慰问残疾人家庭934人，发放慰问金及慰问品42.09万元。

（杨　望）

【安全生产管理】 年内，检查生产经营单位374家次，下达执法文书312份，行政处罚7家。开展食品药品专项整治30次，下达各类文书77份，消除食品药品安全隐患63处。

（杨　望）

【全国农业普查】 年内，完成第三次全国农业普查任务。清查4.5万户、10.7万人，其中属于登记对象14户、24人。

（杨　望）

【人口抽样调查】 年内，太阳宫地区人口抽样调查涉及6个社区、12个小区，其中国家点1个、北京市点4个、朝阳区点7个，登记1009户、2202人，其中常住人口2011人。

（杨　望）

【社区建设】 年内，启动社区创享计划，申请资金333万元，完成芍药居二社区、芍药居等4个社区办公用房装修改造，配齐所有办公用具。太阳宫社区新增600平方米居民活动用房。

（杨　望）

【环境美化建设】 年内，完成四环路沿线环境整治工程和西坝河北里优美小区建设。绿化改造2300平方米，道路修补2000平方米，铺装硬化8360平方米，楼体粉饰2817平方米，平原造林0.67公顷，植树800余株。

（杨　望）

【产权制度改革】 年内，完成原左家庄村和小黄庄村4000名参加集体资产处置人员登记、身份界定、劳动年限统计核实工作，并张榜公示。两村各选出21名社员代表，聘请北京律理律师事务所和北京鲁光资产评估有限公司参与集体资产处置工作。5月9日和5月10日召开社员代表大会，完成原左家庄村、小黄庄村集体资产清查工作。

（杨　望）

【社会捐助】 年内，地区开展"春风送暖""冬衣送暖"社会捐助活动，收到捐款3.1万元、衣物2374件。太阳宫11个敞开式收捐站点收捐衣物0.28万件。

（杨　望）

【城市环境管理】 年内，查处环境违法行为9600起，拆除各类违法建设6775平方米，违规电子显示屏21块，违规广告牌匾和指示路牌108块，查处白色污染和生活垃圾类违法行为13起，罚款8080余元。

（杨　望）

【劳动就业指导】 年内，开发就业岗位2018个，失业人员再就业406人，困难人员再就业319人，灵活就业人员294人；检查劳动用工一条街，纠正违法用工行为并立案调查处理34件；走访发放《劳动就业报》、政策彩页、《用人岗位补贴和社会保险补贴管理办法》等宣传材料200余份；开办就业指导讲座4场次。

（杨　望）

【为民办实事】 年内，为牛王庙村、太阳宫村512户安装取暖设备；为地区4300余户居民安装防盗设施，更换安装C级锁芯482个，在芍药居老旧小区安装300余块安全提示灯；筹集资金532.9万元，完成牛王庙村厕所改造、十字口社区自行车棚修缮、太阳宫社区道路硬化等27项惠民工程。

（杨　望）

【农转居安置】 年内，为759名超转人员、33名按政策转居人员发放生活补贴2303.16万元。

（杨　望）

【燃料无煤化】 年内，对牛王庙村、太阳宫村、十字口村实行封闭式管理，采取回收、回购、销毁的办法，清退燃煤

48吨，为363户居民安装新取暖设备，改造供电线路4处，关停燃烧劈柴锅炉洗浴1处，取缔小锅炉经营（蒸馒头）1处，查处销毁经营、流动商贩、取暖等各类炉具500余台。

（杨　望）

【村委会、社区居委会】

名称	地址	电话
1. 十字口村村委会	十字口村	64616916
2. 牛王庙村村委会	牛王庙村	64365908
3. 太阳宫村村委会	太阳宫路临519号	65734994
4. 十字口社区居委会	太阳宫火星路8号楼	65479710
5. 牛王庙社区居委会	太阳宫五里沟甲20号	84327090
6. 太阳宫社区居委会	太阳能南街7号院6号	64220891
7. 芍药居一社区居委会	芍药居北里219号楼	84627464
8. 芍药居二社区居委会	芍药居北里203号楼	84628185
9. 芍药居三社区居委会	芍药居10号楼旁平房	84615524
10. 芍药居四社区居委会	芍药居2号院	84612696
11. 夏家园社区居委会	夏家园小区20号楼	52036309
12. 尚家楼社区居委会	尚家楼小区48号院	52087718
13. 惠忠魇社区居委会	太阳公元一街1号院10	64205711

（杨　望）

王四营地区（乡）

【概况】 王四营地区（乡）位于朝阳区东南部。东邻豆各庄乡，南邻十八里店乡，西邻南磨房乡，北邻高碑店乡。辖区总面积15.58平方公里。下辖6个行政村、2个社区，实行村居合一的管理模式。年内常住人口59144人，其中户籍人口20113人（农业人口9166人、非农业人口10947人）。全乡集体经济总收入4.84亿元，利润总额531.5万元；上缴税金2771.2万元，同比（2662万元）增加4.1%；人均劳动所得33202元，同比（30527元）增长8.8%。

地址：王四营村1号

邮编：100023

电话：67365472

邮箱：597708620@qq.com

（晏　国）

【乡第十三届党代会第四次会议】 1月8日，召开中共王四营乡第十三届代表大会第四次会议。乡党委书记张奎代表乡党委作工作报告，部署2016年重点工作。乡人大主席高玉利向大会作第十三届代表大会第三次会议代表提案办理情况报告。与会代表从“德”“能”“勤”“绩”“廉”五个方面，对乡党委班子及班子成员进行民主评议。

（晏　国）

【交通环境整治】 3月15日，地区办事处联合劲松交通大队、城管队、环境办、巡防队等，集中整治武基路两侧私装地锁、占路摆摊、私搭乱建等违法行为。整治出动执法人员30人，拆除私装地锁30个、私搭乱建1处，清理垃圾3车。

（晏　国）

【食品安全宣传】 6月16日，王四营食药所联合乡安监科、消防科、综治办在王四营文化服务中心开展宣传活动。以“尚德守法、共治共享”为主题，向群众讲解如何增强食品质量安全防范意识、如何通过法律途径解决和化解矛盾纠纷等。现场发放食品、药品宣传材料200余份。

（晏　国）

【社区(村)残协换届选举】 7月15日，王四营地区完成社区(村)残协换届选举工作,涉及6个社区(村)，参会者180余人。按照《王四营地区社区（村）残协换届选举工作方案》，6个社区(村)残协经过举手表决，各自推选出主席1人、副主席2人、委员2人。新一届残协成员平均年龄46岁，均为初中以上学历。

（晏　国）

【区、乡人大换届选举】 11月15日，王四营地区投票选举工作开始。乡党委书记张奎、人大主席高玉利、乡长邢志新在选区监督检查，并监督和指导投票。选举结果经由区、乡选举委员会依法确定后，按选区分别公布，并颁发代表当选通知书。

（晏　国）

【村委会、社区居委会】

名称	地址	电话
1. 王四营村村委会	王四营村	67389215
2. 官庄村村委会	官庄村	67365137
3. 观音堂村村委会	观音堂村	51352902
4. 南花园村村委会	南花园村	67366973

名称	地址	电话
5. 道口村村委会	道口村	87396973
6. 孛罗营村村委会	孛罗营村	87390092
7. 观音堂社区居委会	观音堂村	51352902
8. 白鹿社区居委会	道口村	87399671

（晏　国）

小红门地区（乡）

【概况】 小红门地区（乡）位于朝阳区西南端。东靠京津塘高速路，南邻北京经济技术开发区，西与丰台、大兴两区相连，北与十八里店乡接壤。辖区面积12.41平方公里。下辖4个行政村、社区。有户籍人口28307人，常住人口64195人，流动人口24301人。有法人单位2456家。中学1所、小学3所、幼儿园2所。有社区卫生服务中心1个、社区卫生服务站3个。辖区建有1个150平方米为民服务大厅、500平方米地区文化服务中心、1处文化广场、1个地秧歌文化大院、2处24小时自助图书馆，图书馆藏书1.2万册。绿化率41.12%。年内，实现地区集体经济总收入10.01亿元，利润总额6730.6万元，上缴税金1857万元，分别比上年下降9%、30.3%、49.7%。完成区级财政收入1.49亿元，人均劳动所得28251元，分别比上年增长23.8%、6%，“三降两升”更加凸显地区经济发展逐步提质增效。地区获2016年度北京市无偿献血工作集体荣誉、第一届北京人道杯先进集体奖。

地址：小红门鸿博家园6区5号楼底商
邮编：100176
电话：87694869
邮箱：xiaohongmenxiang@126.com

（李媛博）

【第十三届党代会】 9月8日，召开中共小红门乡第十三届党员代表大会第一次会议，大会听取并审议小红门乡党委五年工作报告（草案）。召开党员代表大会，选举产生乡党委委员9人，其中书记1人、副书记2人；纪委委员7名，其中纪委书记1名、副书记1人；乡长5人。

（李媛博）

【第十七届人代会第一次会议】 11月23日至24日，召开小红门乡第十七届人民代表大会第一次全体会议，大会听取并审议小红门乡五年政府工作报告（草案），地区选民投票选举产生乡人大代表54人、区人大代表6人。召开人大代表会议，选举产生乡人大主席1人、乡长1人、副乡长4人。

（李媛博）

【拆迁腾退】 年内，完成一号路北侧、龙爪树地块腾退民宅44户，三台山国有单位宿舍安置地腾退224户。

（李媛博）

【回迁安置】 年内，完成重点村安置房二期D区、F区（东区）45万平方米回迁楼建设。二期C区幼儿园总建筑面积2147.64平方米，主楼三层，9月移交区教委，可解决200名幼儿入托。

（李媛博）

【非首都功能疏解】 年内，疏解商品交易市场2家、再生资源回收场站1家，退出工业企业3家，拆除出租大杂院2个，整治群租房19处，拆除违法建设18.12万平方米，完成年度指标任务。

（李媛博）

【工会建设】 年内，地区工会组织覆盖面扩大，新建基层工会17家，加入联合工会165家，总数182家，发展会员1800余人，办理会员卡1872张。中保服务(北京)有限公司新吸纳新会员1600余名。16个单位建立“职工之家”。

（李媛博）

【“煤改电”工程】 年内，完成肖村、龙爪树村2434户“煤改电”任务，协助村民购买优质燃煤569吨，实现四环内“无煤化”目标。

（李媛博）

【社区自治】 年内，按照社区共商共治工作模式，完成三星级智慧社区创建2个、社区服务站2个、农民市民化项目3个。

（李媛博）

【为民办实事】 年内，地区办事处投入186.5万元，为居民办实事13件；完成地区养老照料中心工程前期工作，建设工作准备就绪。

（李媛博）

【劳动就业保障】 年内，小红门实现失业人员再就业496人，就业率65.26%。

（李媛博）

【村民转工转居】 年内，完成龙爪树村479名农民整体转居。

（李媛博）

【公共服务】 年内，完成二期C区幼儿园建设；引入八十中睿德分校；投入26.7万元，用于社区教育大讲堂品牌项目建设；乡落实8114人新农合医疗保险。

（李媛博）

【村委会、社区居委会】

名称	地址	电话
1. 小红门村村委会	小红门村	87602942
2. 萧村村委会	萧村	67627444
3. 龙爪树村村委会	龙爪树村	87695071
4. 牌坊村村委会	牌坊村	87600245
5. 恋日绿岛社区居委会	鸿博家园一区9号楼	52054488
6. 中海城社区居委会	少角中街8号院5号楼	87656764

名称	地址	电话
7. 三台山社区居委会	三台山甲一号	87601375
8. 四道口社区居委会	四道口小区	87609221
9. 玉器厂社区居委会	龙爪树街734号	87693193

（李媛博）

人　物

领导干部

中共朝阳区第十二届委员会

书　　记　吴桂英

副 书 记　王　灏　甘靖中

常　　委　何　明　马继业　刘军胜　张维刚　席成坡　孙其军　黄晓伟

委　　员（按姓氏笔画排列）

马继业　王　毅　王　灏　王雪梅　牛国泉　孔钢城　甘靖中　田　峡　朱　晟　刘　勇　刘军胜　刘海涛　许嘉宁　孙其军　苏　民　李　靓　李云飞　李国红　李俊杰　杨建海　辛燕琴　吴　冰　吴桂英　何　明　张　岩　张士华　张玉鲲　张克斌　张宏明　张维刚　陈　涛　陈宏志　邵水平　邵建云　欧晓勋　周　炜　郑　勇　赵年生　赵红伟　高春利　席成坡　唐行安　黄晓伟　康志华　蒋东燕　靳学军

候补委员　苏向东　殷金凤　董会生　谭国忠　孙玉辉　高智勇　田志刚　连文胜　刘福利

中共朝阳区委工作机构负责人

办公室主任　刘军胜（3月免）　张维刚（3月任）

区委区政府研究室主任　陈庆华

组织部部长　何　明

组织部常务副部长　唐行安

宣传部部长　刘军胜

宣传部常务副部长　毕重伟

精神文明建设委员会办公室（挂靠宣传部）主任　毕重伟（7月免）　张　爽（7月任）

统一战线工作部部长　何　明（兼）（12月免）　黄晓伟（兼）（12月任）

统一战线工作部常务副部长　胡杰华

台湾工作办公室（同时挂政府台湾事务办公室牌子，与统战部合署办公）主任　李　波

侨务办公室（与统战部合署办公）主任　石延刚（7月免）　李晓霞（10月任）

直属机关工作委员会书记　张维刚（兼）（12月免）　黄晓伟（兼）（12月任）

直属机关工作委员会常务副书记　刘　勇（3月免）　邵水平（5月任）

社会工作委员会书记　张永新（3月免）　赵年生（3月任）

农村工作委员会书记　胡良森（5月免）　张克斌（7月任）

政法委员会书记　陈　涛（兼）（12月免）　张维刚（兼）（12月任）

政法委员会常务副书记　赵红伟

社会治安综合治理委员会办公室（与政法委员会合署办公）主任　倪东新

防范和处理邪教问题领导小组办公室（同时挂政府防范和处理邪教问题办公室牌子，挂靠政法委员会）主任　于久翔

流动人口和出租房屋管委会办公室（与综治办合署办公）主任　顾洪涛

教育工作委员会书记　周　炜

非公经济工作委员会书记　王素荣

老干部局局长　郑　晶（5月免）　蔺　红（5月任）

党史工作办公室主任　刘伯韬（3月免）　邓献云（3月任）

党校校长　何　明（兼）（12月免）　甘靖中（兼）（12月任）

党校党委书记、常务副校长　董　伟

保密委员会办公室（挂区国家保密局牌子，由区委办公室管理）主任　金宏图

朝阳区人民政府、人民团体党政分设工作机构党委（组）书记

科学技术委员会（知识产权局）党组书记　林广吉

环境保护局党组书记　陈　伟（7月免）

住房和城乡建设委员会党组书记　孙　梅

水务局党委书记　王慧峰（5月免）　高永红（7月任）

文化委员会党委书记　李　洋（5月免）

卫生和计划生育委员会党委书记　苏　民

国有资产监督管理委员会党委书记　王文远（3月免）　刘　勇（3月任）

安全生产监督管理局党组书记　安永存

文学艺术界联合会党组书记　高春利

体育局党委书记　李守民

统计局党组书记　施咸超

园林绿化局党委书记　王　健

商务委员会党组书记　张仲凯

信息化工作办公室党支部书记　苏建华

信访办公室党组书记　胡铁闻

工商业联合会党组书记　梅诗曙（3月免）　王素荣（3月任）

民政局党组书记　孙建强

中共朝阳区第十二届纪律检查委员会

书　　记　席成坡
常务副书记　田　峡
副 书 记　高大中　于良佐
常　　委　张颖辉　汪冬梅　王建华　燕海涛　李传永

朝阳区第十六届人民代表大会常务委员会

主　任　陈宏志
副主任　朱春霞　常树奇　胡良森　牟燕东　叶　青
委　员　（按姓氏笔画排列）
丁清光　于志刚　马金东　王左敏　王　宁　王志华
王利如　王宝合　王春庆　王清友　韦　平　田树林
付小贺　兰万秋　邢平芳　吕　铮　任敬东　刘显威
刘　勇　孙　立　孙　琦　孙博洋　李革非　李　洋
张明森　陈　岚　陈春玖　郑　晶　郝云峰　侯湘君
徐福寿　殷　宁　高　峰　姬文革　黄　鹰　曹信红
韩　峰　褚　昱　樊碧发

朝阳区人大工作机构负责人

办公室主任　郑　晶
法制委员会主任　候湘君
财政经济工作委员会主任　兰万秋
城建环保工作委员会主任　邢平芳
教科文卫工作委员会主任　李　洋
代表联络室主任　孙　立
农村工作委员会主任　于志刚
研究室主任　付小贺

朝阳区人民政府

区　　长　王　灏（1月任）
常务副区长　马继业（12月任）
副 区 长　孙其军
王志勉　牛国泉（10月任）　李俊杰（4月任）
杨建海（12月任）　李国红（12月任）

朝阳区人民政府工作机构负责人

办公室主任　杨建海
发展和改革委员会主任　刘　野（3月免）
朱　晟（3月任）
教育委员会主任　肖　汶
教育督导室主任　王世元
科学技术委员会主任　冯守华
监察局局长　刘丽平（3月免）
田　峡（7月任）
民政局局长　张　岩
司法局局长　王远捷
财政局局长　欧晓勋
人力资源和社会保障局局长　牟燕东
机构编制委员会办公室（与人力资源和社会保障局合署办公）主任　牟燕东（兼）
环境保护局局长　关　伟（5月免）
马　龙（5月任）
住房和城乡建设委员会主任　刘海涛
房屋管理局局长　吴熙盛
市政市容管理委员会主任　康志华
农村工作委员会主任　张克斌
水务局局长　路　军
商务委员会主任　朱　晟（3月免）
赵海东（3月任）
文化委员会主任　高春利
卫生和计划生育委员会主任　师　伟
审计局局长　田　峡（7月免）
社会建设工作办公室主任　赵年生（3月免）
宝月凤（3月任）
国有资产监督管理委员会主任　王春平
安全生产监督管理局局长　刘炳起
体育局局长　马海鹰
统计局局长　邵建云
园林绿化局局长　李世喆
旅游发展委员会主任　兰学军
民防局局长　王　军
金融服务办公室主任　赵　捷
民族宗教办公室主任　梅诗曙（3月任）
外事办公室主任　谭林坤
法制办公室主任　马　龙（5月免）
田志刚（7月任）
信息化工作办公室主任　王　臻
信访办公室主任　宋少伟

政协朝阳区第十三届委员会

主　　席　陈　涛
副 主 席　杨树旗　张永新　王文元　连玉明　张兴凯
战春燕
秘 书 长　王玉华
常务委员　（以姓氏笔画为序）
于　欣　马立霜　王　强　王　臻　王小龙
王幼君　王素荣　鲁　宁　王　红　叶　昊
冯　静　司晓强　何炜东　刘元春　刘宁花
刘苗苗　刘敬疆　闫永红　孙　刚　苏俊武
李　红　李　明　李卫刚　李云燕　李玉立
李冬军　李树东　李秋玲　李海作　李征军
李景刚　扬　扬　杨　杰　杨　科　邹　游
宋关福　张　硕　张　维　李　瑞　张劲硕
张学军　李鸿声　陈　霞　陈巴黎　陈立华
所国有　金晓萍　郑　铁　赵建萍　胡杰华
钟　瑾　侯惠荣　袁　媛　顾婷婷　钱晓瑾

徐 伟　徐京玲　殷 峻　高 黎　高吉喜
郭秀芬　唐志辉　黄 征　黄 轶　黄金维
梅诗署　盛国辉　梁 丹　董 艳　曾 旭
阚存一　霍 超

朝阳区政协工作机构负责人

办公室主任　李冬军
研究室主任　陈 霞
专委会工作一室主任　郭秀芬
专委会工作二室主任　刘元春
专委会工作三室主任　李海作
专委会工作四室主任　李树东
专委会工作五室主任　盛国辉

朝阳区政协专门委员会负责人

提案委员会主任　郭秀芬
学习与文史委员会主任　盛国辉
教育卫生与体育委员会主任　刘元春
文化委员会主任　徐 伟
经济科技委员会主任　李海作
城建环保委员会主任　李树东
社会法制与民族宗教委员会主任　梅诗曙
港澳台侨委员会主任　曾 旭

朝阳区政法、军事机构负责人

人民检察院党组书记、检察长　张玉鲲（1月任）
人民法院党组书记、院长　靳学军（12月任）
人民武装部部长　汪建新
人民武装部政委　史连雪
交通支队队长　陈义成（3月任）

朝阳区各民主党派负责人

民革朝阳区委主委　张兴凯
民盟朝阳区委主委　张鸿声
民建朝阳区委主委　王志勉
民进朝阳区委主委　战春燕
农工党朝阳区委主委　马立霜
致公党朝阳区委主委　高吉喜
九三学社朝阳区委主委　张明森
台盟朝阳区工委主委　高 峰

朝阳区各团体负责人

总工会主席　王文军
共青团朝阳区委书记　孔钢城
妇女联合会主席　蒋东燕
科学技术协会主席　杨绍磊
残疾人联合会理事长　赵 玲
归国华侨联合会主席　曾 旭
工商业联合会主席　叶 青
红十字会会长　孙其军（兼）
红十字会常务副会长　赵宁江
文学艺术界联合会秘书长　金 童
慈善协会会长　屈亚凤

朝阳区其他单位负责人

北京商务中心区管理委员会工委书记、主任
甘靖中（兼）（12月免）
李国红（兼）（12月任）
北京商务中心区管理委员会常务副书记
张志国
北京商务中心区管理委员会常务副主任
李国红（12月免）
北京奥林匹克公园管理委员会党委书记、主任
王 春（3月免）
黄晓伟（兼）（3月任）
黄晓伟（兼）（12月免）
孙其军（兼）（12月任）
北京奥林匹克公园管理委员会常务副主任
汪巨清
中关村科技园区朝阳园(电子城科技园)工委常务副书记
齐建宗（3月任）
中关村科技园区朝阳园（电子城科技园）管理委员会常务副主任　苏向东（3月任）
金盏金融商务区管理委员会党支部书记
赵建国（3月任）
金盏金融商务区管理委员会主任　张树宝
温榆河生态走廊建设管理委员会主任　宋学强
城市管理综合行政执法监察局党委书记
良 彪
城市管理综合行政执法监察局局长　邢平芳（5月免）
聂宏伟（5月任）
城市管理监督指挥中心党组书记　刘晓玲（7月免）
城市管理监督指挥中心主任　宫敏武
重点政府工程协调领导小组办公室主任
高永红（7月免）
北京朝阳国家文化产业创新实验区管委会党支部书记
桑小为（3月免）
云建明（3月任）
北京朝阳国家文化产业创新实验区管委会主任
丰春秋
北京市朝阳区行政服务中心党支部书记
李珧静（5月任）
北京市朝阳区行政服务中心主任　吴景刚
北京798艺术区管理委员会主任　桑小为（3月任）
北京市公安局朝阳分局党委书记　高 岩（11月免）
牛国泉（11月任）
北京市公安局朝阳分局局长　高 岩（10月免）
（11月免）

牛国泉（10月任）
（11月任）
北京市规划委员会朝阳分局党组书记、局长
王雪梅
北京市国土资源管理局朝阳分局党组副书记、局长
赵北亭（11月免）
北京市国土资源管理局朝阳分局党组书记、副局长
李 燕
北京市朝阳区经济社会调查队队长 张建萍
北京市国家安全局朝阳分局党组书记、局长
李炳宽
北京市工商行政管理局朝阳分局党组书记、局长
王华鑫
国家税务局党组书记、局长 王炯东
地方税务局党组书记、局长 张 翅
质量技术监督局党组书记、局长 杨兆生
北京市朝阳区食品药品监督管理局党组书记、局长
刘立新
北京市朝阳区气象局党组书记、局长 陈秀杰（6月免）
张沛刚（6月任）
农村集体经济办公室（农村合作经济经营管理站）
党组书记 周卫东
农村集体经济办公室（农村合作经济经营管理站）
主任（站长） 何志立
老龄工作办公室主任 蔺 红（5月免）
张 岩（兼）（10月任）
档案局局长 王海军
种植业养殖业服务中心党委书记 辛 莉
种植业养殖业服务中心主任 马文虎
广播电视新闻中心党委书记 孙 帅
广播电视新闻中心主任 潘 竞
投资促进局党组书记 杨春雁
投资促进局局长 马英晖（3月任）
循环经济产业园管理中心党总支书记 郭团会
循环经济产业园管理中心主任 皮 猛
环境卫生管理服务中心党委书记、主任
陈万明
职工大学党委书记、校长 马金东（7月免）
农业综合执法大队党委书记、队长 李杰民

朝阳区街道工委、办事处负责人

八里庄街道
工委书记 许嘉宁（5月免） 张福来（7月任）
办事处主任 张福来（7月免） 赵国章（7月任）
左家庄街道
工委书记 郑金路（5月免） 苏 静（5月任）
办事处主任 苏 静（5月免） 王海涛（5月任）
和平街街道
工委书记 李连科（7月免） 秦 涛（7月任）
办事处主任 秦 涛（7月免） 韦小萍（7月任）
双井街道
工委书记 董 健
办事处主任 时春岗
酒仙桥街道
工委书记 王春庆（5月免） 崔少飞（5月任）
办事处主任 崔少飞（5月免） 陈文刚（5月任）
呼家楼街道
工委书记 王春清
办事处主任 洪广欣
朝外街道
工委书记 田志刚（7月免） 董会生（7月任）
办事处主任 孟凡森
劲松街道
工委书记 李 靓
办事处主任 杨丙章
安贞街道
工委书记 董会生（7月免） 陈伟航（7月任）
办事处主任 董 健
三里屯街道
工委书记 田 华（3月免） 唐涌涛（7月任）
办事处主任 唐涌涛（7月免） 刘晓玲（7月任）
建外街道
工委书记 邵水平（5月免） 田 华（7月任）
办事处主任 杨立亭
团结湖街道
工委书记 殷 宁（7月免） 陈 伟（7月任）
办事处主任 战春燕
潘家园街道
工委书记 王 毅
办事处主任 张贵林
香河园街道
工委书记 董云增（3月任）
办事处主任 董云增（3月免） 刘秀芹（3月任）
六里屯街道
工委书记 谭国忠
办事处主任 王 健
亚运村街道
工委书记 麻晓晖
办事处主任 历广权
小关街道
工委书记 吴 冰（7月免） 李 钧（7月任）
办事处主任 李 钧（7月免） 邢 伟（7月任）
垡头街道
工委书记 高智勇
办事处主任 张 爽（7月免） 石延刚（7月任）
麦子店街道
工委书记 聂宏伟（5月免） 吴 冰（7月任）
办事处主任 李燕梅
机场街道
工委书记 李 琪
办事处主任 陈伟航（7月免） 袁自斌（7月任）
望京街道
工委书记 杨洪福

办事处主任　胡建东

大屯街道

工委书记　宝月凤（3月免）　吉旭初（3月任）

办事处主任　吉旭初（3月免）　高敬茹（3月任）

奥运村街道

工委书记　徐桂士（3月任）

办事处主任　徐桂士（3月免）　韩　军（5月任）

东湖街道

工委书记　商建英

办事处主任　刘　红（7月免）　徐继锋（7月任）

朝阳区地区（乡）工委（党委）、办事处（乡）负责人

南磨房地区（乡）

工委（党委）书记　郑　勇

办事处主任（乡长）　张启顺

高碑店地区（乡）

工委（党委）书记　李云飞

办事处主任（乡长）　郭光辉

将台地区（乡）

工委（党委）书记　连文胜

办事处主任（乡长）　刘　涛

太阳宫地区（乡）

工委（党委）书记　张宏明（3月免）　李　华（5月任）

办事处主任（乡长）　贾恩松

十八里店地区（乡）

工委（党委）书记　张克斌（3月免）　张宏明（3月任）

办事处主任（乡长）　李万军

小红门地区（乡）

工委（党委）书记　李贺清

办事处主任（乡长）　王小红

王四营地区（乡）

工委（党委）书记　张　奎

办事处主任（乡长）　邢志新

平房地区（乡）

工委（党委）书记　马国勇（5月免）　寇　晔（5月任）

办事处主任（乡长）　寇　晔（5月免）　张志勇（5月任）

东坝地区（乡）

工委（党委）书记　黄宏春

办事处主任（乡长）　刘　伟（7月免）　于淑杰（7月任）

金盏地区（乡）

工委（党委）书记　孙玉辉

办事处主任（乡长）　张晓宁

来广营地区（乡）

工委（党委）书记　左景全

办事处主任（乡长）　王　刚

东风地区（乡）

工委（党委）书记　张士华

办事处主任（乡长）　郭　君

孙河地区（乡）

工委（党委）书记　李　欣

办事处主任（乡长）　易湘林

崔各庄地区（乡）

工委（党委）书记　吴选辉

办事处主任（乡长）　李　华（5月免）　齐宝良（7月任）

三间房地区（乡）

工委（党委）书记　张小锋

办事处主任（乡长）　张军茹

常营地区（回族乡）

工委（党委）书记　刘大庆

办事处主任（乡长）　方　泽

豆各庄地区（乡）

工委（党委）书记　陈　杰

办事处主任（乡长）　于建国

黑庄户地区（乡）

工委（党委）书记　秦　涛

办事处主任（乡长）　王春增

管庄地区（乡）

工委（党委）书记　高永荣

办事处主任（乡长）　于　军（5月免）　万小兵

先进人物

全国（含系统）先进个人

全国五一劳动奖章

张　欣　刘　健　徐云龙

全国医疗卫生技能大赛第一名

许艳萍

全国检察机关优秀案件获奖者

李长林

全国残疾人先进工作者

崔　影

全国企业登记先进工作者

王　瑾

全国私企业系统先进工作者

齐兴华

全国农科教优秀推广专家

刘士勇

全国模范司法所长

孟　文

全国民政宣传工作先进个人

奚玮琨

全国拘留所系统先进个人

魏同晶

全国“扫黄打非”进基层工作先进个人

曹雪兰

全国“最美在基层”优秀计生工作者

李玉霞

全国妇联系统先进工作者

邓　澄

全国优秀共青团干部

王韩丽

国家电力系统安全生产者

邱建军

全国“最美志愿者”

李　楠　梁会兰

北京市先进个人

首都劳动奖章

刘国中　程　春　刘　斌　杨　慧　秦润珊　李　凯
张锐锋　张亚兰　郑东海　顾美平　李咏梅　侯喜军
文三峰　张改荣　龙　梅　轩秀萍　薛振义　赵朋欣
尹　红　林　敏　张　洁　李增辉　贾立军　乔卫红
张峻志　李　丹　陈铁苹　钟亚利　佟　敬　殷　峻
陈美霞　韩小红　李国新　刘岚滨　李官卿　郭哲建

北京市优秀团干部

陈　浩　赵晶晶　王卫昕　刘孝峰

北京青年五四奖章

刘　黎

北京市三八红旗奖章

金英梅　李有光　张　明　张　爽　王海玲　李新宇
杨　琴　王希平　张素珍　胡素君　王　静　李革非
杨永梅　巩　秀　蒋立红　陈铁苹　李凤莲　李　蕊
韩卫勃　陈桂平　刘　欢　陈纳新　李玉红　刘红宇

北京市优秀残疾人工作者

许建林

第六届北京市政法系统优秀人才奖

臧德胜

北京市模范法官

朱军巍　吴　微　李增辉　李自柱

北京市先进法官

李佳丽　陈　雷　王　阳　李　方　周昌昊　侯世永

北京市法院先进工作者

薛　胤

北京市先进社区居委会主任

王　玮　董红艳　李宝新　高文京　林　京　宋海莲

逝世人物

孙克宽　男，汉族，1931年6月出生，山西省万荣县人，1947年8月参加革命，1953年6月加入中国共产党。历任山西省人民政府教育厅干部，山西省干部子弟学校、太原市师范附小教员，北京华北西苑小学教导副主任，北京市朝阳区酒仙桥中心小学教导主任、校长、党支部书记，酒仙桥街道办事处干部、副主任、主任，酒仙桥街道党委书记，朝阳区民政局局长，朝阳区人民政府市政办公室主任。1987年5月至1991年1月任北京市朝阳区第九届人大常委会副主任。1991年9月离休。2016年6月14日因病在北京逝世，享年85岁。

白汉平　男，汉族，1929年8月出生，山西省灵丘县人，1950年参加工作，1953年5月加入中国共产党。历任北京木工机械厂工人、科长，朝阳区委工业部干部，四清工作团高碑店公社八里庄大队党支部书记，将台公社党委书记、公社革委会副主任，朝阳区革委会公交组组长，朝阳区革委会副主任兼工业部部长，计划经济委员会主任，朝阳区副区长，北京京广中心董事长（保留副局级待遇）。1994年8月退休。2016年10月7日在北京逝世，享年87岁。

邱复天　男，汉族，1918年出生，福建省永定县人。原名邱福田，共产党员，1930年参加红四军，并参加了中央苏区历次反“围剿”作战，而后随中央红军到达延安。到达陕北后，他长期从事党的机要工作。解放战争时期，负责秘密护送中共高级干部赴南京、上海和香港等地。新中国成立后曾任通县卫生学校党委书记、北京市朝阳区劳动局副局长、区政协副秘书长等。1983年离休。2016年1月13日因病在北京逝世，享年98岁。

统计资料

2017

北京朝阳年鉴

统 计 资 料

地区生产总值

表 15

单位：万元

项 目	2016 年	构成（%）
地区生产总值	51710253	100.00
按产业分		
第一产业	11164	0.02
第二产业	3510348	6.79
第三产业	48188741	93.19
按国民经济行业分		
农、林、牧、渔业	11994	0.02
工业	2926869	5.66
建筑业	1188434	2.30
批发和零售业	10239420	19.80
交通运输、仓储和邮政业	2420564	4.68
住宿和餐饮业	1066325	2.06
信息传输、软件和信息技术服务业	3440707	6.65
金融业	6234712	12.06
房地产业	5019887	9.71
租赁和商务服务业	8840286	17.10
科学研究和技术服务业	4797428	9.28
水利、环境和公共设施管理业	426262	0.82
居民服务、修理和其他服务业	427432	0.83
教育	1722028	3.33
卫生和社会工作	1210412	2.34
文化、体育和娱乐业	753976	1.46
公共管理、社会保障和社会组织	983517	1.90

说明：产业划分依据国家统计局 2012 年制定的《三次产业划分规定》，行业划分依据《国民经济行业分类》（GB/T4754-2011）

一般公共预算收支

表 16

单位：万元

项 目	决算数	项 目	决算数
一般公共预算收入	**4771349**	**一般公共预算支出**	**4530253**
房产税	576661	一般公共服务支出	198182
车船税	55536	国防支出	8672
印花税	136006	公共安全支出	492630
资源税	497	教育支出	885723
耕地占用税	3211	科学技术支出	93078
国内增值税（含改征增值税）	1193192	文化体育与传媒支出	112267
其中：改征增值税	670973	社会保障和就业支出	1141269
营业税	543500	医疗卫生与计划生育支出	409429
城镇土地使用税	21894	节能环保支出	178821
土地增值税	232934	城乡社区支出	507230
教育费附加收入	118019	农林水支出	363455
城市维护建设税	409291	资源勘探信息等支出	39281
企业所得税	1104391	商业服务业等支出	28397
国有资源（资产）有偿使用收入	99710	金融支出	35884
其他收入	5786	国土海洋气象等支出	518
罚没收入	17358	住房保障支出	2425
行政性事业性收费	49713	粮油物资储备支出	7781
排污费收入	2900	其他支出	23255
水资源费收入	2310	债务付息支出	1956
残疾人就业保障金收入	136490		
教育资金收入	25896		
森林植被恢复费	34		
捐赠收入	61		
政府住房基金收入	35959		

户籍户数及人口数（按街、乡分）

表 17　　　　单位：人

项　目	年末总户数（户）	年末总人口					出生人数	死亡人数
			男	女	非农业人口	农业人口		
合计	827811	2109132	1054341	1054791	2015929	93203	31795	9244
街道	498547	1369298	686187	683111	1369273	25	17646	6268
建外	13332	40909	20799	20110	40909	—	358	215
朝外	12160	42607	22144	20463	42607	—	498	161
呼家楼	21756	65362	32255	33107	65362	—	700	346
三里屯	13883	38820	18897	19923	38820	—	430	177
左家庄	25354	66331	33422	32909	66331	—	740	386
香河园	14268	34732	17378	17354	34732	—	396	302
和平街	25696	89937	44733	45204	89937	—	790	399
安贞	18790	47644	23631	24013	47644	—	479	267
亚运村	17731	49579	25069	24510	49579	—	692	184
小关	14717	50965	24033	26932	50965	—	494	186
酒仙桥	24020	70742	36261	34481	70742	—	790	342
麦子店	8949	22574	11410	11164	22572	2	297	106
团结湖	13927	36195	18151	18044	36195	—	384	218
六里屯	25004	62925	31553	31372	62923	2	830	297
八里庄	31137	87228	43015	44213	87228	—	1061	399
双井	28190	74791	37391	37400	74787	4	1082	340
劲松	30967	76632	38460	38172	76627	5	1080	354
潘家园	32370	81692	40897	40795	81692	—	879	479
垡头	13759	35862	18718	17144	35862	—	514	117
大屯	30711	79158	39189	39969	79158	—	1410	216
望京	34568	90667	45476	45191	90667	—	1616	362
奥运村	25259	64078	32278	31800	64066	12	1079	202
首都机场	7274	23629	12885	10744	23629	—	347	122
东湖	14725	36239	18142	18097	36239	—	700	91
乡	329264	739834	368154	371680	646656	93178	14149	2976
南磨房	25985	62238	31689	30549	62117	121	1061	287
高碑店	24430	51538	25711	25827	49614	1924	917	237
将台	13483	27699	13632	14067	27658	41	455	137
太阳宫	22961	56014	28401	27613	55943	71	1278	192
小红门	13975	30369	14445	15924	18632	11737	470	120
十八里店	17914	41061	19392	21669	19701	21360	675	183
平房	17729	38067	18634	19433	29963	8104	836	219
东风	15217	33703	16690	17013	33481	222	559	133
来广营	28132	59694	30369	29325	59676	18	1676	163
常营	14975	31408	15976	15432	31272	136	806	79
三间房	23893	68781	32767	36014	67159	1622	860	206
管庄	24682	62006	33253	28753	57199	4807	1317	227
金盏	12944	28882	13940	14942	17701	11181	514	220
孙河	11432	22358	10770	11588	17879	4479	348	113
崔各庄	13200	25189	12152	13037	19503	5686	399	124
东坝	20591	46130	23605	22525	41243	4887	1102	146
黑庄户	9535	20532	10065	10467	13011	7521	355	89
豆各庄	7407	14005	7013	6992	13908	97	233	37
王四营	10779	20160	9650	10510	10996	9164	283	64

数据来源：北京市公安局朝阳分局

城镇固定资产投资完成情况（项目在地）

表 18

项 目	单位个数（个）	项目个数（个）	本年完成投资（万元）	#基础设施投资	本年新增固定资产（万元）	房屋建筑施工面积（平方米）	#住宅	房屋建筑竣工面积（平方米）	#住宅
合计	100	253	5294734	3913285	4208640	11064323	4305455	1557954	211770
按登记注册类型划分									
内资	93	240	3504946	2214463	2601818	10847378	4305455	1557954	211770
国有	48	112	1424145	685316	2119783	7447760	4015455	1206382	211770
集体	1	2	1083	—	9800	60497	—	21000	—
股份合作	—	—	—	—	—	—	—	—	—
国有联营	—	—	—	—	—	—	—	—	—
集体联营	—	—	—	—	—	—	—	—	—
国有与集体联营	—	—	—	—	—	—	—	—	—
其他联营	—	—	—	—	—	—	—	—	—
国有独资公司	10	81	1215342	1191496	147676	797853	—	147407	—
其他有限责任公司	24	33	656543	337651	280138	1966257	290000	99755	—
股份有限公司	4	6	199792	—	—	404421	—	—	—
私营独资	—	—	—	—	—	—	—	—	—
私营合伙	—	—	—	—	—	—	—	—	—
私营有限责任公司	3	3	2397	—	8197	79482	—	20302	—
私营股份有限公司	—	—	—	—	—	—	—	—	—
其他	3	3	5644	—	36224	91108	—	63108	—
港澳台商投资	4	10	1648892	1648892	1606822	0	0	0	0
与港澳台商合资经营	1	2	99209	99209	—	—	—	—	—
与港澳台商合作经营	2	7	37476	37476	94615	—	—	—	—
港澳台商独资	1	1	1512207	1512207	1512207	—	—	—	—
港澳台商投资股份有限公司	—	—	—	—	—	—	—	—	—
其他港澳台商投资	—	—	—	—	—	—	—	—	—
外商投资	3	3	140896	49930	0	216945	0	0	0
中外合资经营	3	3	140896	49930	—	216945	—	—	—
中外合作经营	—	—	—	—	—	—	—	—	—
外资企业	—	—	—	—	—	—	—	—	—
外商投资股份有限公司	—	—	—	—	—	—	—	—	—
其他外商投资	—	—	—	—	—	—	—	—	—
个体经营	—	—	—	—	—	—	—	—	—
个体户	—	—	—	—	—	—	—	—	—
个人合伙	—	—	—	—	—	—	—	—	—
按隶属关系划分									
中央单位	28	33	2396768	1661983	2896316	6728458	3358219	697406	114431
市属单位	31	163	1725680	1504099	653221	1866118	657236	470241	97339
区属单位	16	24	471042	394537	245349	489512	—	214250	—
其他单位	25	33	701244	352666	413754	1980235	290000	176057	—

续表 18

项 目	项目个数（个）	本年完成投资（万元）	# 基础设施投资（万元）	本年新增固定资产（万元）	房屋建筑施工面积（平方米）	# 住宅（平方米）	房屋建筑竣工面积（平方米）	# 住宅（平方米）
按项目所在地域分								
街道	**141**	**3447835**	**2626941**	**3335430**	**5742907**	**1288812**	**705211**	**92899**
建外	6	328590	124079	—	355557	—	—	—
朝外	2	64191	—	—	337882	—	—	—
呼家楼	50	194728	167390	889075	650248	—	—	—
三里屯	3	5907	5904	5902	70465	—	—	—
左家庄	6	84742	27366	15249	257854	—	27607	—
香河园	1	—	—	—	—	—	—	—
和平街	1	—	—	—	—	—	—	—
安贞	4	36400	36200	94615	18340	—	—	—
亚运村	8	26556	9230		102028	—	—	—
小关	2	4333			87436	—	—	—
酒仙桥	9	97273	1651	23885	189719	—	35000	—
麦子店	3	112863	95452	102498	648868	—	138199	—
团结湖	—	—	—	—	—	—	—	—
六里屯	2	5119	5119	3409	—	—	—	—
八里庄	3	44866	—	188581	113975	14220	113975	14220
双井	7	425769	372320	23040	212578	—	20881	—
劲松	4	116198	3499	37400	1063297	578679	113297	78679
潘家园	4	1149	277	7509	22300	—	—	—
垡头	2	56117	—	97346	687927	405913	148052	—
奥运村	9	84014	20995	105094	833855	290000	37898	—
大屯	3	9980	9980	—	—	—	—	—
望京	7	223754	223754	221423	50276	—	—	—
首都机场	2	1521386	1521386	1512207		—	—	—
东湖	3	3900	2339	8197	20302	—	20302	—
乡	**108**	**1608426**	**1144948**	**873210**	**5003780**	**3016643**	**852743**	**118871**
南磨房	12	249655	33445	13297	2991925	2829849	25833	—
高碑店	12	126434	120281	1041	109803	—	—	—
将台	4	316103	259065	298383	250510	—	191776	—
太 阳 宫	3	4036	4036	7350	—	—	—	—
小 红 门	5	76024	76024	17032	—	—	—	—
十八里店	2	7281	7281	641	960	—	—	—
平房	3	12834	—	67421	138424	21532	61316	21532
东风	6	15755	8299	625	59803	—	—	—
来广营	13	113846	76835	10614	389123	—	21000	—
常营	7	89634	56678	92439	351707	165262	212230	97339
三间房	7	21398	1485	83737	174954	—	98754	—
管庄	3	7884	5	72018	146857	—	119800	—
金盏	7	151593	106256	100653	252975	—	45317	—
孙河	3	60898	60898	4431	—	—	—	—
崔各庄	4	35981	28849	2657	25342	—	—	—
东坝	6	21371	7813	—	23040	—	—	—
黑庄户	2	168223	168223	—	11640	—	—	—
豆各庄	—	—	—	—	—	—	—	—
王四营	9	129476	129475	100871	76717	—	76717	—

房地产开发完成情况（项目在地）

表 19

项　目	单位个数（个）	本年完成投资（万元）	# 基础设施投资（万元）	# 住宅（平方米）	房屋施工面积（平方米）	# 住宅（平方米）	房屋竣工面积（平方米）	# 住宅（平方米）	本年新增固定资产（万元）	商品房销售面积（平方米）	商品房销售额（万元）	待售面积（平方米）	# 住宅（平方米）	# 一年以上住宅（平方米）
合计	256	6663651	58183	3116412	20343689	8238760	2775723	1799503	3120863	1623887	6964328	6112421	2181904	1506393
按登记注册类型划分														
内资	197	6184514	58183	2949146	18024701	7653494	2429561	1713725	3004106	1471756	6204869	4952357	1862587	1360075
国有	5	55877	—	17235	589261	439484	—	—	—	22177	15035	535618	204714	204714
集体	1	12498	—	—	373707	—	—	—	—	—	—	—	—	—
股份合作	—	—	—	—	—	—	—	—	—	—	—	—	—	—
国有联营	—	—	—	—	—	—	—	—	—	—	—	—	—	—
集体联营	—	—	—	—	—	—	—	—	—	—	—	—	—	—
国有与集体联营	—	—	—	—	—	—	—	—	—	—	—	—	—	—
其他联营	—	—	—	—	—	—	—	—	—	—	—	—	—	—
国有独资公司	9	457292	34158	—	873218	—	—	—	—	63294	211447	285854	95070	94655
其他有限责任公司	156	4948876	22425	2363420	14556940	6381638	2307392	1652386	2844526	1268332	5623779	3863359	1469337	996749
股份有限公司	8	486176		407711	599938	314292	104606	61339	128982	77890	272529	132804	31959	21196
私营独资	—	—	—	—	—	—	—	—	—	—	—	—	—	—
私营合伙	—	—	—	—	—	—	—	—	—	—	—	—	—	—
私营有限责任公司	17	215565	1600	154500	773636	303499	17563	—	30598	25163	78583	58772	10664	8402
私营股份有限公司	1	8230	—	6280	258001	214581	—	—	—	14900	3496	75950	50843	34359
其他	—	—	—	—	—	—	—	—	—	—	—	—	—	—
港澳台商投资	42	304285	—	153817	1704674	556334	223492	62725	83258	147994	751930	867891	229896	81294
与港澳台商合资经营	9	17397	—	7145	258646	104079	—	—	—	6690	11684	217001	10968	10968
与港澳台商合作经营	18	87821	—	72538	435771	147016	62725	62725	11195	126332	639277	349860	81793	59895
港澳台商独资	15	199067	—	74134	1010257	305239	160767	—	72063	14972	100969	301030	137135	10431
港澳台商投资股份有限公司	—	—	—	—	—	—	—	—	—	—	—	—	—	—
其他港澳台投资	—	—	—	—	—	—	—	—	—	—	—	—	—	—
外商投资	17	174852	—	13449	614314	28932	122670	23053	33499	4137	7529	292173	89421	65024
中外合资经营	3	88166	—	—	316000	—	—	—	—	401	1004	57424	18545	18545
中外合作经营	9	34415	—	13449	130799	28932	122670	23053	33499	2666	4556	189540	63813	39905
外资企业	15	52271	—	—	167515	—	—	—	—	1070	1969	45209	7063	6574
外商投资股份有限公司	—	—	—	—	—	—	—	—	—	—	—	—	—	—
其他外商投资	—	—	—	—	—	—	—	—	—	—	—	—	—	—
按隶属关系划分														
中央	9	252356		5864	669723	34236	24200		4200	24977	141769	60147	21203	19238
市属	29	1283830		412608	3844727	1736994	979923	755322	1098755	306245	1003749	492580	101106	89836
区及区以下	218	5127465	58183	2697940	15829239	6467530	1771600	1044181	2017908	1292665	5818810	5559694	2059595	1397319
按资质等级划分														
一级	28	564871	4986	340859	2379812	1727463	918944	754469	1228479	317134	1400925	1228704	331448	303395
二级	24	792347	—	273812	3766310	1080587	602227	314923	240150	319967	400733	866201	235488	230231
三级	28	263776	1414	166161	1634458	770744	464888	267653	241443	218056	960735	771110	251133	238688
四级	100	1049159	11203	463346	5127009	2034329	567949	287641	440566	501261	2868942	2185932	996397	579799
暂定	46	2823055	40580	1818988	5097756	1801325	221715	174817	970225	225610	1269630	278875	130220	122686
其他	30	1170443	—	53246	2338344	824312	—	—	—	41859	63363	781599	237218	31594

续表 19

项 目	项目个数（个）	本年完成投资（万元）	# 基础设施投资	# 住宅（平方米）	房屋施工面积（平方米）	# 住宅（平方米）	房屋竣工面积（平方米）	# 住宅（平方米）	本年新增固定资产（万元）	商品房销售面积（平方米）	商品房销售额（万元）	待售面积（平方米）	# 住宅（平方米）	# 一年以上住宅（平方米）
按项目所在地域分														
街道	148	2114611	14846	499542	7439832	1319058	672679	315250	1069482	388445	2608301	2897[illegible]88	1164237	563828
建外	20	594290	2043	—	2308334	—	—	—	—	11311	75061	13874	2770	2770
朝外	8	2444	—	—	139772	—	—	—	—	2848	4456	326103	20675	20005
呼家楼	14	32919	—	—	314735	—	21680	—	12540	23519	133790	279781	34073	28908
三里屯	7	25793		4847	122670	23053	122670	23053	33499	9673	43445	58025	36189	36189
左家庄	4	—	—	—	—	—	—	—	—	374	1168	53342	6705	6705
香河园	—	—	—	—	—	—	—	—	—	—	—	—	—	—
和平街	—	—	—	—	—	—	—	—	—	—	—	—	—	—
安贞	—	—	—	—	—	—	—	—	—	—	—	—	—	—
亚运村	7	246197	—	46208	785997	73846	17563	—	30598	17563	48486	212975	104639	104639
小关	2	—	—	—	—	—	—	—	—	918	5944	17730	11000	—
酒仙桥	5	111903	—	10077	550663	95570	56340	—	14314	16651	37485	202577	7898	—
麦子店	9	99282	—	71986	225794	77017	100843	62017	632033	29525	396907	166123	33505	24130
团结湖	—	—	—	—	—	—	—	—	—	—	—	—	—	—
六里屯	2	110500	11203	11270	223009	22745	—	—	—	67821	669066	10877	5028	5028
八里庄	12	38223	—	14882	409325	220460	24200	—	4200	52291	52672	160693	56009	39189
双井	7	613	—	—	98897	—	—	—	—	8303	19040	132078	10266	7130
劲松	7	36437	—	—	159144	—	—	—	—	2026	3277	47777	4629	1244
潘家园	—	—	—	—	—	—	—	—	—	—	—	—	—	—
垡头	—	—	—	—	—	—	—	—	—	—	—	—	—	—
大屯	13	243335	—	48205	549747	267526	—	—	—	34360	214179	393637	326531	18490
望京	20	33793	—	17332	890034	77519	—	—	—	12295	96578	326892	66940	59582
首都机场	3	9643	—	7824	173385	140679	58249	54379	34743	18544	30404	373049	338359	110798
东湖	3	44012	1600	8828	74917	37240	—	—	—	—	—	21151	—	—
奥运村	5	485227	—	258083	413409	283403	271134	175801	307555	80423	776343	100449	99021	99021
乡	178	4549040	43337	2616870	12903857	6919702	2103044	1484253	2051381	1235442	4356027	3215233	1017667	942565
南磨房	—	—	—	—	—	—	—	—	—	—	—	—	—	—
高碑店	13	109069		88293	286252	206557	59164	27742	87900	55762	230517	147604	56847	32939
将台	4	72462	22327	26708	655747	393400	400759	289321	272820	—	—	2281	—	—
太阳宫	8	626548	—	305133	783755	464746	—	—	—	10825	57302	184475	17689	15345
小红门	15	104511	—	28367	530054	89937	160767	—	72063	42401	172412	342541	94960	85988
十八里店	6	169693	—	143396	715873	467226	—	—	—	38214	131099	44207	44107	44107
平房	10	149312	—	124555	597995	424288	20350	—	4213	46666	244753	486324	105767	105767
东风	12	34976	2517	14432	326306	157614	—	—	—	105509	185454	187827	17636	16162
来广营	10	20562	—	—	275035	—	—	—	—	28587	167527	161383	27808	25141
常营	14	377408	4986	221109	1505278	770385	197797	148774	377997	145225	718148	519549	166052	165354
三间房	11	245291	8685	230122	74291	2958	71333	—	11919	49256	103176	430992	20925	20925
管庄	2	8076	—	5864	31576	22924	—	—	—	—	—	2335	—	—
金盏	4	—	—	—	—	—	—	—	—	6750	14297	18758	9915	9915
孙河	5	32235	—	1101	64494	10248	—	—	—	—	—	1578	1578	1578
崔各庄	12	788617		499805	910238	770827	242810	199543	357673	148258	866348	135487	117817	84726
东坝	11	394879	4043	176826	1697053	722217	232120	175093	71091	150076	678752	236339	100096	99681
黑庄户	29	794897	779	727892	2233152	1625744	699899	643780	737482	353461	612970	212863	150021	149929
豆各庄	4	427409	—	1063	745822	124931	—	—	—	7468	30762	17479	14985	13544
王四营	8	193095	—	22204	1470936	665700	18045	—	8223	46984	142510	84611	71464	71464

房地产开发企业主要财务指标

表 20　　单位：千元

项　目	单位个数（个）	固定资产合计	累计折旧 b022 18193301	本年折旧	资产总计 b029 1403643983	负债合计 b033 1082819955	营业收入	# 主营业务收入	主营业务成本 b048 69775192	主营业务税金及附加 b050 11032668	营业利润 b064 17367894	利润总额 b069 17485573	应交所得税 b070 3964411	应付职工薪酬 b076 5303788
合 计	606	45168589	18193301	2425432	1403643983	1082819955	111131143	109236439	69775192	11032668	17367894	17485573	3964411	5303788
按登记注册类型划分														
内资	491	27167024	9861831	1375767	1047511996	813668586	90466923	89459489	59184802	8775911	14630974	14782507	2851330	3888768
国有	8	183060	74998	8585	7788838	7374452	79969	78055	24191	1723	-48563	31542	3569	33893
集体	1	***	***	***	***	***	***	***	***	***	***	***	***	***
股份合作	—	—	—	—	—	—	—	—	—	—	—	—	—	—
国有联营	—	—	—	—	—	—	—	—	—	—	—	—	—	—
集体联营	—	—	—	—	—	—	—	—	—	—	—	—	—	—
国有与集体联营	—	—	—	—	—	—	—	—	—	—	—	—	—	—
其他联营	—	—	—	—	—	—	—	—	—	—	—	—	—	—
国有独资公司	8	443748	88791	16175	20325567	8703624	2695247	2520033	1671210	297902	566735	663171	221472	74359
其他有限责任公司	397	21495852	8332249	1094254	887804355	696871183	86163924	85376523	56866222	8407378	8181614	8046075	2513740	3459071
股份有限公司	9	829190	97508	22454	79731990	56927564	51540	48071	196	1154	5731722	5769609	714	166352
私营独资	—	—	—	—	—	—	—	—	—	—	—	—	—	—
私营合伙	—	—	—	—	—	—	—	—	—	—	—	—	—	—
私营有限责任公司	64	3110376	623445	169795	45228291	38011263	700627	661501	353971	26612	-138762	-121877	25223	134558
私营股份有限公司	4	114462	124007	14165	1844725	1314683	578509	578199	267532	40262	233936	233310	52368	11070
其他	—	—	—	—	—	—	—	—	—	—	—	—	—	—
港澳台商投资	70	15677853	6363826	921529	240549457	186858169	17868882	17057720	9835094	2113478	1657903	1680313	921146	1077669
与港澳台商合资经营	17	3197249	1788057	206234	28607291	14095715	2163825	2029120	631279	198828	875540	900730	248011	129780
与港澳台商合作经营	28	5042279	1368613	262805	51039156	40791480	6894081	6272304	2211364	1286698	2102801	2146712	584962	445034
港澳台商独资	25	7438325	3207156	452490	160903010	131970974	8810976	8756296	6992451	627952	-1320438	-1367129	88173	502855
港澳台商投资股份有限公司	—	—	—	—	—	—	—	—	—	—	—	—	—	—
外商投资	45	2323712	1967644	128136	115582530	82293200	2795338	2719230	755296	143279	1079017	1022753	191935	337351
中外合资经营	15	645785	639252	12937	41472353	29159626	845333	791222	121048	22134	382730	327470	130752	97206
中外合作经营	18	886669	466833	54960	33978461	21389957	1059326	1038254	274006	50242	748916	743096	32741	119499
外资企业	12	791258	861559	60239	40131716	31743617	890679	889754	360242	70903	-52629	-47813	28442	120646
外商投资股份有限公司	—	—	—	—	—	—	—	—	—	—	—	—	—	—
其他外商投资	—	—	—	—	—	—	—	—	—	—	—	—	—	—
按隶属关系划分														
中央	13	385482	137728	24488	87864934	68431114	506967	502020	303097	73617	6118680	6162487	41904	234329
市属	53	3134832	592613	112595	167269709	116554616	28177027	27948138	21171815	2118620	3147312	3225861	787184	634579
区及区以下	540	41648275	17462960	2288349	1148509340	897834225	82447149	80786281	48300280	8840431	8101902	8097225	3135323	4434880
按资质等级划分														
一级	26	2710206	1437500	202487	323039842	262967694	12115888	11922049	4843136	1931222	8728011	8759077	876362	952187
二级	41	8615132	3314283	429570	181767690	132102952	23886382	23001797	17848387	1535133	2234091	2309242	402292	638776
三级	56	2829430	1128896	136228	154511402	118261694	12195138	11859258	8866336	2008427	-2155631	-2073417	392371	719080
四级	234	20875558	6674802	927745	405395802	329350589	32670998	32344886	17905503	3295611	4672995	4705815	1592057	1595486
暂定	109	5045519	2124035	341935	194454148	132730943	23707377	23657938	16798651	2014299	2414714	2386363	402755	865984
其他	140	5092744	3513785	387467	144475099	107406083	6555360	6450511	3513179	247976	1473714	1398493	298574	532275

说明：*** 表示为使个体数据得以保密，该数据不予公布

社会消费品零售总额（按行业结构分）

表 21　　　　单位：万元

项 目	2016 年	2015 年	增长速度（%）
合计	26545102	25148504	5.6
# 限额以上	22132098	21135548	4.7
# 批发和零售业	20280226	19309865	5.0
# 汽车及配件销售	7288443	6678410	9.1
综合零售	3599746	3568302	0.9
石油及制品销售	1088215	1063328	2.3
家用电器及电子产品销售	3731446	4220446	-11.6
医药及医疗器材销售	163480	156656	4.4
互联网零售	2169316	1469191	47.7
五金、建材、家装销售	585551	516462	13.4
服装、鞋帽、纺织品销售	539592	535434	0.8
日用品销售	378419	376782	0.4
文化、体育用品销售	385411	378917	1.7

说明：本表数据口径为“产业经营地”口径

城乡个体工商业基本情况

表 22

项 目	户数（户）		从业人员（人）		注册资金（万元）	
		# 城镇		# 城镇		# 城镇
合计	81609	56703	132198	93357	278099	178067
农、林、牧、渔业	200	46	305	64	1788	320
采矿业	2	2	3	3	20	20
制造业	551	263	1304	554	2051	893
建筑业	187	114	364	213	542	373
批发和零售业	68663	47813	102595	72109	232497	147367
交通运输、仓储和邮政业	574	236	808	359	3419	1507
住宿和餐饮业	2108	1652	9460	7491	11971	9709
信息传输、软件和信息技术服务业	93	69	148	110	265	217
房地产业	14	10	21	16	43	33
租赁和商务服务业	2979	2250	4202	3191	6358	4329
科学研究和技术服务业	1114	682	1784	1158	3170	2012
水利、环境和公共设施管理业	16	5	37	12	60	10
居民服务、修理和其他服务业	4061	2805	9064	6522	11432	7803
教育	145	95	285	192	466	276
卫生和社会工作	34	32	71	66	559	524
文化、体育和娱乐业	868	619	1747	1297	3458	2674

数据来源：北京市工商行政管理局朝阳分局

对外经济基本情况

表 23 单位：亿美元

项目	2016 年	增长速度 (%)
新批三资企业（个）	505	-14.3
合同外资金额	49.1	-67.0
实际利用外资额	74.5	-20.3
外贸出口额	152.5	5.4

数据来源：北京市朝阳区商务委员会

外商投资企业新设立情况

表 24 单位：个

项目	企业数	
	2016 年	2015 年
合计	**505**	**589**
按登记注册类型分		
合资经营	86	53
合作经营	1	
独资经营	417	536
其他	1	—
按三次产业分		
第一产业	—	—
第二产业	2	4
第三产业	503	585
按客商国别（地区）分		
日本	12	15
美国	35	37
中国香港	194	286
澳大利亚	8	18
法国	8	6
新加坡	21	10
加拿大	9	5
德国	15	17
西班牙	2	6
中国台湾	35	24
瑞典	3	1
泰国	1	2
比利时	1	0
丹麦	1	1
韩国	77	58
俄罗斯	4	5
其他	79	98

数据来源：北京市朝阳区商务委员会

中资银行人民币月末存款余额

表 25　　　　　　　　　　　　　　　　　　　　　　　　　　单位：万元

月份	各项存款	# 单位存款	# 个人存款	
				# 储蓄存款
1 月	203793620	99362473	53295466	47212230
2 月	202788746	96342307	53663516	47291779
3 月	210843610	109815760	54762371	47957332
4 月	203436653	100633249	54549208	47778461
5 月	212911466	101550733	54382418	47941487
6 月	221000346	108190038	55927142	48663914
7 月	222517383	105514814	56107338	48811526
8 月	234216097	105419060	56543062	49189662
9 月	213671327	104379462	57327532	49483618
10 月	223223321	106723190	56732540	49197097
11 月	232893098	111914770	56953751	49401882
12 月	235687912	118077953	57032971	49408629

数据来源：中国人民银行营业管理部

中资银行人民币月末贷款余额

表 26　　　　　　　　　　　　　　　　　　　　　　　　　　单位：万元

月份	各项贷款	# 境内短期贷款	# 境内中长期贷款
1 月	76524022	26421656	49421333
2 月	75508254	25352979	49485072
3 月	75460251	25159061	49432543
4 月	75517712	25015235	49599990
5 月	76922792	25455993	50450868
6 月	78302686	26474259	50864334
7 月	78049567	25596353	51813167
8 月	77077153	24395443	52094144
9 月	77356253	23637437	53052534
10 月	77241748	23538730	53164743
11 月	77402388	23628254	53123857
12 月	77994981	23956377	53495474

数据来源：中国人民银行营业管理部

主要统计指标解释

一、地区生产总值

是按市场价格计算的地区生产总值的简称。它是一个地区所有常住单位在一定时期内生产活动的最终成果。地区生产总值有三种表现形式，即价值形态、收入形态和产品形态。在实际核算中，地区生产总值的三种表现形态表现为三种计算方法，即生产法、收入法和支出法。三种方法分别从不同的方面反映地区生产总值及其构成。

二、固定资产投资

本年完成投资：指从本年1月1日起至本年最后一天止完成的全部用于房屋建设工程和土地开发工程的投资额以及公益性建筑和土地购置费等的投资。

基础设施投资：是指能够为企业提供作为中间投入用于生产的基本需求；能够为消费者提供所需的基本消费服务；能够为社区提供用于改善不利的外部环境的服务等建设的投资，包括固定资产投资中用于市政工程、电信工程、公共设施和水利环保等建设的投资。具体包括电力、燃气和水的生产和供应业；交通运输业；邮政业；信息传输业；水利、环境和公共设施管理业等（该指标是指规划红线以外的市政道路及地下管线煤、水、电、气、热的施工）。

本年新增固定资产：指已经完成建造和购置过程，并已交付生产或使用单位的固定资产投资的价值，包括已经建成投入生产或交付使用的工程投资和达到固定资产标准的设备、工具、器具的投资及有关应摊入的费用。

三、房地产开发

房屋施工面积：指报告期内施工的全部房屋建筑面积。包括本期新开工的面积和上年开工跨入本期继续施工房屋面积，以及上期已停建，在本期恢复施工的房屋面积。本期竣工和本期施工后又停建、缓建的房屋面积仍包括在施工面积中，多层建筑应填各层建筑面积之和也就是整栋楼的面积（该指标数据取自施工许可证或规划许可证中的面积数）。

房屋竣工面积：指报告期内房屋建筑按照设计要求已全部完工，达到住人和使用条件，经验收鉴定合格，可正式移交使用的各栋房屋建筑面积的总和（该指标数据取自该项目的甲方、乙方、监理、设计四方竣工验收记录单或竣工验收备案表）。

商品房销售面积：指在报告期内出售商品房屋的合同总面积（即双方签署的正式买卖合同中所确定的建筑面积）。由现房销售建筑面积和期房销售建筑面积两部分组成。

商品房销售额：指报告期内出售商品房屋的合同总价款（即双方签署的正式买卖合同中所确定的合同总价）。该指标与商品房销售面积同口径，由现房销售额和期房销售额两部分组成。

待售面积：指报告期末已竣工的可供销售或出租的商品房屋建筑面积中，尚未销售或出租的商品房屋建筑面积，包括以前年度竣工和本期竣工的房屋面积，但不包括报告期已竣工的拆迁还建、统建代建、公共配套建筑、房地产公司自用及周转房等不可销售或出租的房屋面积。

四、社会消费品零售总额

指企业（单位、个体户）通过交易直接售给个人、社会集团非生产、非经营用的实物商品金额，以及提供餐饮服务所取得的收入金额。个人包括城乡居民和入境人员，社会集团包括机关、社会团体、部队、学校、企事业单位、居委会或村委会等。

五、实际利用外资额

指批准的合同外资金额的实际执行数，外国投资者根据批准外商投资企业的合同(章程)的规定实际缴付的出资额和企业投资总额内外国投资者以自己的境外自有资金实际直接向企业提供的贷款。

六、存款、贷款

存款：企业、机关、团体或居民根据可以收回的原则，把货币资金存入银行或其他信用机构保管并取得一定利息的一种信用活动形式。根据存款对象的不同可划分为企业存款、财政存款、机关团体存款、储蓄存款、农业存款等科目。它是银行信贷资金的主要来源。

贷款：银行或其他信用机构根据必须归还的原则，按一定利率，为企业、个人等提供资金的一种信用活动形式。我国银行贷款分为短期贷款、中长期贷款、委托及信托类贷款、其他类贷款等。

附录

2017

北京朝阳年鉴

朝阳区委、区政府主要文件

中共朝阳区委文件目录

京朝发〔2016〕1号：中共北京市朝阳区委关于制定朝阳区国民经济和社会发展第十三个五年规划的建议

京朝发〔2016〕2号：中共北京市朝阳区委关于加强社会主义协商民主建设的实施意见

京朝发〔2016〕3号：中共北京市朝阳区委关于命名表彰朝阳区优秀共产党员、优秀党务工作者和先进基层党组织的决定

京朝发〔2016〕4号：中共北京市朝阳区委关于进一步严明纪律确保北京市第一道绿化隔离地区城市化建设朝阳区试点工作顺利推进的意见（试行）

京朝发〔2016〕5号：中共北京市朝阳区委转发《中共北京市朝阳区人大常委会党组关于做好2016年区、乡两级人民代表大会换届选举工作的意见》的通知

京朝发〔2016〕6号：中共北京市朝阳区委北京市朝阳区人民政府关于全面深化改革提升城市规划建设管理水平的实施意见

京朝发〔2016〕7号：中共北京市朝阳区委北京市朝阳区人民政府北京市朝阳区人民武装部印发《关于深入推进人民防空改革发展的实施方案》的通知

京朝发〔2016〕8号：中共北京市朝阳区委北京市朝阳区人民政府转发《朝阳区依法治区领导小组关于在全区开展法治宣传教育的第七个五年规划（2016—2020年）》的通知

京朝发〔2016〕9号：中共北京市朝阳区委北京市朝阳区人民政府关于进一步加强禁毒工作的意见

京朝发〔2016〕10号：中共北京市朝阳区委关于授权区委各相关工委、区法院党组、区检察院党组负责选举中共北京市朝阳区第十二次代表大会代表工作的通知

京朝发〔2016〕11号：中共北京市朝阳区委关于构建“一轴四网”区域化党建体系进一步深化聚合力工程的意见

京朝发〔2016〕12号：中共北京市朝阳区委印发《关于培育和践行社会主义核心价值观的实施办法》的通知

京朝发〔2016〕13号：中共北京市朝阳区委北京市朝阳区人民政府印发《朝阳区环境保护工作职责分工》的通知

中共朝阳区委办公室文件目录

京朝办发〔2016〕1号：中共北京市朝阳区委办公室北京市朝阳区人民政府办公室关于参加区十五届人大七次会议和区政协十二届五次会议有关事宜的通知

京朝办发〔2016〕2号：中共北京市朝阳区委办公室关于印发《中共北京市朝阳区委工作网建设和管理制度》的通知

京朝办发〔2016〕3号：中共北京市朝阳区委办公室北京市朝阳区人民政府办公室关于在全国“两会”期间开展全区党政领导干部“接访月”活动的通知

京朝办发〔2016〕4号：中共北京市朝阳区委办公室北京市朝阳区人民政府办公室关于做好朝阳区“十三五”专项规划有关工作的通知

京朝办发〔2016〕5号：中共北京市朝阳区委办公室关于区委书记、副书记、区委常委工作分工的通知

京朝办发〔2016〕6号：中共北京市朝阳区委办公室印发《关于进一步加强政协协商民主建设的实施意见》的通知

京朝办发〔2016〕7号：中共北京市朝阳区委办公室北京市朝阳区人民政府办公室关于2016年清明节期间进一步做好厉行节约廉洁自律、强化防火安全和应急值守等工作的通知

京朝办发〔2016〕8号：中共北京市朝阳区委办公室印发《2016年朝阳区党风廉政建设和反腐败主要任务分工方案》的通知

京朝办发〔2016〕9号：中共北京市朝阳区委办公室关于印发《区委常委会2016年议题计划》的通知

京朝办发〔2016〕10号：中共北京市朝阳区委办公室北京市朝阳区人民政府办公室关于印发《区委2016年工作重点任务书》的通知

京朝办发〔2016〕11号：中共北京市朝阳区委办公室印发《关于在全体党员中开展“学党章党规、学系列讲话，做合格党员”学习教育的实施方案》的通知

京朝办发〔2016〕12号：中共北京市朝阳区委办公室北京市朝阳区人民政府办公室关于朝阳区处理信访突出问题及群体性事件联席会议更名为朝阳区信访工作联席会议的通知

京朝办发〔2016〕13号：中共北京市朝阳区委办公室北京市朝阳区人民政府办公室关于印发《朝阳区违法用地违法建设责任追究办法》的通知

京朝办发〔2016〕14号：中共北京市朝阳区委办公室关于印发《中共北京市朝阳区委党建工作例会制度》的通知

京朝办发〔2016〕15号：中共北京市朝阳区委办公室关于印发《朝阳区党（工）委（党组）意识形态工作责任制实施细则》的通知

京朝办发〔2016〕16号：中共北京市朝阳区委办公室北京市朝阳区人民政府办公室关于印发《朝阳区推进城乡发展“六个一百”工程实施方案》的通知

京朝办发〔2016〕17号：中共北京市朝阳区委办公室北京市朝阳区人民政府办公室关于印发《朝阳区推进“一廊”地区“五大提升工程”实施方案》的通知

京朝办发〔2016〕18号：中共北京市朝阳区委办公室北京市朝阳区人民政府办公室关于印发《北京市朝阳区卫生和计划生育委员会主要职责、内设机构和人员编制规定》的通知

京朝办发〔2016〕19号：中共北京市朝阳区委办公室北京市朝阳区人民政府办公室关于进一步严格执行请假报备制度的通知

京朝办发〔2016〕20号：中共北京市朝阳区委办公室北京市朝阳区人民政府办公室关于印发《朝阳区开展城乡接合部重点地区公共安全隐患问题综合整治工作方案》的通知

京朝办发〔2016〕21号：中共北京市朝阳区委办公室关于做好纪念中国共产党成立95周年有关工作的通知

京朝办发〔2016〕22号：中共北京市朝阳区委办公室关于印发《街道、地区（乡）纪工委（纪委）书记、副书记提名考察办法（试行）》《区纪委派驻纪检组组长、副组长提名考察办

法（试行）》《区属国有企业纪委书记、副书记提名考察办法（试行）》的通知

京朝办发〔2016〕23号：中共北京市朝阳区委办公室转发中共北京市朝阳区纪律检查委员会《关于加强和规范谈话函询处置问题线索工作的办法（试行）》的通知

京朝办发〔2016〕24号：中共北京市朝阳区委办公室关于调整朝阳区委党的建设工作领导小组的通知

京朝办发〔2016〕25号：中共北京市朝阳区委办公室北京市朝阳区人民政府办公室关于做好中秋节、国庆节期间有关工作的通知

京朝办发〔2016〕26号：中共北京市朝阳区委办公室关于转发《中共北京市朝阳区委党的建设工作领导小组2016年工作要点》的通知

京朝办发〔2016〕27号：中共北京市朝阳区委办公室北京市朝阳区人民政府办公室印发《关于加强朝阳区立体化社会治安防控体系建设的实施意见》的通知

京朝办发〔2016〕28号：中共北京市朝阳区委办公室北京市朝阳区人民政府办公室关于印发《朝阳区2016年随军家属安置指标分配表》的通知

京朝办发〔2016〕29号：中共北京市朝阳区委办公室关于做好2017年度《人民日报》《求是》杂志和《北京日报》《前线》杂志征订工作的通知

京朝办发〔2016〕30号：中共北京市朝阳区委办公室北京市朝阳区人民政府办公室关于参加区十六届人大一次会议和区政协十三届一次会议有关事宜的通知

京朝办发〔2016〕31号：中共北京市朝阳区委办公室北京市朝阳区人民政府办公室印发《关于深化朝阳区社会治理体制改革的实施意见》的通知

京朝办发〔2016〕32号：中共北京市朝阳区委办公室北京市朝阳区人民政府办公室印发《关于深化朝阳区社区管理体制改革的实施意见》的通知

京朝办发〔2016〕33号：中共北京市朝阳区委办公室北京市朝阳区人民政府办公室关于2017年元旦春节期间进一步做好有关工作的通知

京朝办发〔2016〕34号：中共北京市朝阳区委办公室北京市朝阳区人民政府办公室印发《关于加强城乡社区协商的实施意见》的通知

朝阳区人民政府文件目录

朝政发〔2016〕1号：关于印发《政府工作报告》的通知

朝政发〔2016〕3号：关于印发《北京市朝阳区国民经济和社会发展第十三个五年规划纲要》的通知

朝政发〔2016〕4号：关于开展第三次全国农业普查的通知

朝政发〔2016〕5号：关于进一步完善临时救助制度的通知

朝政发〔2016〕8号：关于第二批取消行政审批事项的通知

朝政发〔2016〕9号：关于加快发展体育产业促进体育消费的实施意见

朝政发〔2016〕10号：关于印发《朝阳区水污染防治工作方案》的通知

朝政发〔2016〕11号：关于印发《朝阳区进一步加快污水处理和再生水利用三年行动方案（2016年7月— 2019年6月）》的通知

朝政发〔2016〕12号：关于印发《北京市朝阳区突发事件总体应急预案（2016年修订）》的通知

朝政发〔2016〕13号：关于印发《朝阳区空气重污染应急预案（2016年修订）》的通知

朝政发〔2016〕14号：关于印发《朝阳区农村劳动力转移就业社会保险补贴管理办法》的通知

朝阳区人民政府办公室文件目录

朝政办发〔2016〕1号：关于印发《朝阳区政务服务体系建设指导意见》的通知

朝政办发〔2016〕2号：关于印发《朝阳区推广随机抽查规范事中事后监管工作方案》的通知

朝政办发〔2016〕3号：关于印发《朝阳区落实北京市2013—2017年清洁空气行动计划重点任务分解2016年工作措施》的通知

朝政办发〔2016〕4号：关于印发《2016年区政府工作报告重点工作分工方案》的通知

朝政办发〔2016〕6号：关于区政府领导同志工作分工的通知

朝政办发〔2016〕7号：转发区教委关于2016年非本市户籍适龄儿童少年在朝阳区接受义务教育证明证件材料审核实施细则的通知

朝政办发〔2016〕8号：关于印发《朝阳区2016年办好重要民生实事分工方案》的通知

朝政办发〔2016〕10号：关于印发《朝阳区落实北京市水污染防治工作方案2016年重点任务分解措施》的通知

朝政办发〔2016〕11号：关于印发《北京市朝阳区文化创意产业发展指导目录（2016年版）》的通知

朝政办发〔2016〕13号：关于印发《朝阳区人民政府决策咨询专家委员会工作规则》的通知

朝政办发〔2016〕14号：关于印发《朝阳区2016年政务公开工作要点》的通知

朝政办发〔2016〕15号：关于印发《北京市朝阳区企业信用体系建设三年行动计划（2016—2018年）》的通知

朝政办发〔2016〕16号：关于印发《朝阳区实施河道生态环境管理"河长制"工作方案》的通知

朝政办发〔2016〕18号：关于区政府领导同志工作分工的通知

朝政办函〔2016〕44号：关于印发《朝阳区旧城区改建项目房屋征收工作实施意见》的通知

先进集体

全国（含系统）先进集体

全国工人先锋号
北京握奇数据系统有限公司物业班组
区人民法院民事审判第二庭
北京中复电讯设备有限责任公司劲松商场
全国五一劳动奖状
北京爱慕内衣有限公司
全国绿化模范单位
区绿化局
全国检察宣传先进单位
区人民检察院
全国检察机关信息工作先进单位
区人民检察院办公室
全国残疾人系统先进单位
区残疾人工作委员会
全国法院先进单位
区人民法院
全国网络宣传先进单位
区人民法院
全国企业登记工作成绩突出窗口单位
工商朝阳分局登记注册科
全国税务系统先进集体
区国税局第二税务所
全国国土资源节约集约模范区
北京市朝阳区
全国科学普及示范单位
区科协
全国老干部工作先进集体
区老干部局
全国妇女儿童工作先进集体
区教育委员会
全国维护妇女儿童权益先进集体
区司法局
全国双拥模范区
北京市朝阳区
全国拘留所社会矛盾化解工作成绩突出单位
公安朝阳分局拘留所
全国食品药品管理系统先进单位
区食品药品监督管理局
全国保密工作先进集体
区保密局
全国中小型图书馆研讨会征文优秀组织奖
区文化馆培训学校
全国建设工程质量监督先进单位
区建设工程质量监督站
全国职工互助保障先进单位
区总工会
全国普法宣传教育先进单位
区司法局
全国第四届健康卫生杯先进集体
区卫生监督所
中国社区治理十大创新成果奖
区社会工作办公室
国家地震安全示范社区
将台丽都社区
全国基层卫生岗位技能竞赛特殊贡献奖
区卫生和计划生育委员会
全国社会工作服务示范区
亚运新新家园社区
全国创新型社区建设示范单位
安贞街道
全国人力资源和社会保障系统2014—2016年度优秀服务窗口
八里庄街道社保所
全国红十字报刊宣传先进集体一等奖
区红十字会

北京市先进集体

首都劳动奖状
区循环经济产业园管理中心
区行政服务中心
区社会体育管理中心
区望京李楠社会工作事务所
区十八里店乡西直河村经济合作社
区委政法委员会
北京市力迈外国语学校
大业传媒集团有限公司
北京市工人先锋号
区国家税务局第二税务所
区环境卫生服务中心第四清洁车辆场二分队
北京爱尔英智眼科医院有限公司视光中心
康辉出租汽车有限责任公司康辉女子爱心车队
团结湖街道办事处民政科
北京大洋房地产开发有限公司工程保障组
豆各庄地区办事处社会保障事务所
区人民检察院侦查监督一处
区民政局征地超转人员管理科
区社会治安综合治理委员会办公室综治基层基础科
求实职业学校计算机网络技术组
区教育研究中心初中教研组
洛娃科技实业集团有限公司洛娃日化包装二班
北京达美投资有限公司精装部

日盛达建筑企业集团有限公司第五分公司

北京市五四红旗团委

常营地区团委 六里屯街道团委

北京市五四红旗团支部

地税三所团支部

环卫中心四清场团支部

南磨房地区欢乐谷社区团支部

北京市三八红旗集体

区颐园老年公寓

朝阳公园开发经营公司票务管理部

区卫生和计划生育委员会卫生监督所

区法律援助中心

区民政局婚姻登记处

建外街道永安里东社区

呼家楼街道呼家楼北社区

东风地区紫萝园社区

区财政局

区环境保护局

北京市第八十中学实验学校温榆河分校

清华大学附属小学商务中心区实验小学

区广播电视新闻中心新闻科

蓝岛大厦有限责任公司运动针织卖场

慈铭健康体检管理集团股份有限公司北京奥亚医院体检部

第九届北京市“人民满意政法单位”

区人民法院双桥法庭

北京市模范人民法院

区人民法院

北京市法治宣传教育先进集体

朝阳图书馆

潘家园街道办事处

朝外街道办事处

垡头司法所

小关街道办事处

金盏乡政府

常营乡政府

索 引

索 引

说 明

本索引为主题索引，又称内容分析索引，主题词（标目）以《北京朝阳年鉴（2017）》正文中出现的专业名词、名词词组、机构名称为主。

本索引共三部分。第一部分为汉语拼音索引，以音序排列，音序相同时，以第二字排序，以此类推；第二、第三部分为数字索引和英文字母索引。

本索引的文字部分为主题词，主题词之后的阿拉伯数字表示所在正文中的页码（地址项），数字之后的小写英文字母（a、b、c）分别表示该页的左、中、右栏。主题词后有多个页码的，表示该主题词均在这些位置出现。

区情概览、特载、专文、大事记、人物、统计资料、附录、勘误及正文中的表格、图片等内容不在索引范围内。

汉语拼音索引

A

B

D

G

J

K

N

P

R

X

Y

Z

数字索引

英文字母索引

勘误

勘　　误

《北京朝阳年鉴（2016）》发现9处错误，特此更正，并向读者致歉。

1. 第78页中栏第37行第13字“力”应为“理”。
2. 第78页中栏第38行第1字“力”应为“理”。
3. 第78页右栏第2行“与专题”前加“加强”。
4. 第125页右栏第9行“区区档案事业”应为“区档案事业”。
5. 第125页右栏第11行“朝阳区档案局”至第17行“开发利用等工作”与前文重复，删除。
6. 第136页左栏第47行“车内”应为“年内”。
7. 第276页左栏第9行起，“‘记者体验日记’‘访民意立行立改’‘为民服务在岗位’等栏目”应为“《落实两个责任》《整治城乡环境 建设生态朝阳》等栏目”。
8. 第276页左栏第10行“以《身边2014》《记者走一线》等栏目，用群众视角反映全区在环境、民生、服务等方面的新做法”应为“以《问政2015》《平安朝阳》等栏目，把镜头对准群众需求、对准区域发展，反映朝阳区在国际一流和谐宜居之都建设中给百姓身边带来的变化”。
9. 第412页左栏第47行“清净化城塔”应为“清净化城塔院”。

感谢以下人员为本刊提供图片

（按姓氏笔画排列）

于洪伟	马宇轩	马宇晗	马奉明	马忠于	马　楠	王天天	王　正
王　冬	王志华	王　利	王利杰	王　妍	王金凤	王春玲	王　威
王　威	王洪军	王艳敏	王素琪	王晓蕾	王　峰	王爱君	王　爽
王　敏	王　琳	王　惠	王　辉	王淼晶	王　煜	王　静	王　磊
车　莹	牛雨辰	牛　荣	牛贵堂	方文在	邓冬芳	邓治远	邓洪涛
玉　红	艾　磊	左向军	左　振	申　健	田　莉	史超齐	白　广
白　媛	白　璞	冯学娣	冯　珺	冯　晨	冯　超	冯　瑞	边　群
吕　洲	朱伟青	朱　羿	朱晓辉	任　军	刘小瑜	刘　卫	刘文毅
刘　旭	刘　宇	刘　军	刘　杨	刘丽明	刘　直	刘建军	刘　洋
刘语桐	刘铁镇	刘　婷	刘　楠	刘静敏	刘　慧	齐　毅	关　鹏
米伟青	祁沐群	许　铭	孙　北	孙宏娟	孙贤婷	苏一喆	苏晨阳
杜　俊	杜　晶	李小俊	李子俊	李　扬	李　伟	李　旭	李明轩
李明轩	李　佳	李佳君	李宝华	李洪东	李健飞	李爱璇	李海君
李　娟	李雪梅	李　晨	李博彬	李　晶	李媛博	李满飞	李　瑾
杨丁虹	杨广峰	杨亚清	杨　帆	杨　帆	杨　旭	杨　洁	杨　雪
杨常有	杨　望	杨　超	杨粤宁	肖体树	肖　洁	时　斌	吴子毅
吴玉明	吴　迪	吴俊杰	吴晓东	吴　爽	吴　晨	何一凡	何　丽
何　佳	何　婷	何婷婷	何　聪	邹　月	汪　昆	沈丽娟	宋玉婧

宋俊肖	宋　娜	宋晓辉	宋超江	宋婷婷	张天一	张太勇	张长生
张正晔	张创国	张灿峰	张君瑜	张　劭	张　纯	张依然	张学建
张　建	张玲玲	张贵庄	张秋佳	张俊民	张胜男	张晓娇	张　峰
张维民	张　瑾	张　薇	张馨语	陈　飞	陈　冰	陈红卫	陈　轩
陈英泉	陈鸣飞	陈虹明	陈彩云	陈　婷	陈瑞华	陈　楠	陈　澳
陈　馨	邵　巍	武卫华	武永瑞	武　悦	范东京	季　昕	岳　阳
岳佳佳	岳美丽	金小萍	金哲浩	周晓彦	庞海明	郑希智	单联伟
郎春颖	孟　军	孟　媛	赵　云	赵云暄	赵东方	赵国强	赵河轮
赵　培	赵　鑫	胡波涛	胡媛媛	侯林怀	侯　鑫	施　巍	姜丽钧
洪　峰	祖　钢	姚庆旺	姚德文	耿　宁	莫小雷	莫宝林	贾云冰
顾克非	顾剑浩	顾　锐	钱素君	徐　刚	徐志浩	徐国林	徐婉利
徐漫宇	殷　洁	凌佩银	高宪龙	高　寅	郭伶利	郭冠军	郭靖南
郭瞳瞳	黄　晋	黄桂俊	黄维超	曹璐璐	扆文涛	康淑娟	康雅文
彭　沛	葛安凤	葛　岩	董建民	董珠媛	萱鹤笛	蒋　薇	韩　颖
程新伟	焦　健	舒冠勇	温晓峰	游雅熠	谢　江	谢　宾	靳　为
靳自强	雷　岩	蔡广培	翟冰非	翟　磊	黎　佳	薄潇潇	戴　健
魏雨龙	魏春芳	魏新顺					